Modelación de Riesgos

Tercera Edición

Aplicación de la Simulación de Monte Carlo,
Análisis de Opciones Reales, Pronóstico Estocástico,
Optimización de Portafolio, Análisis de Datos,
Inteligencia de Negocios, y Modelación de Decisiones

VOLUMEN I

Modelación de Riesgos
Tercera Edición

Aplicación de la Simulación de Monte Carlo,
Análisis de Opciones Reales, Pronóstico Estocástico,
Optimización de Portafolio, Análisis de Datos,
Inteligencia de Negocios, y Modelación de Decisiones

VOLUMEN I

Johnathan Mun, Ph.D.
California, EE.UU.

WILEY

Primera Edición & Segunda Edición

John Wiley & Sons, Inc.

Tercera Edición

IIPER
Press

Para Jayden, Emma, y Penny.

En un mundo donde el riesgo y la
incertidumbre abundan, ustedes son las únicas
constantes en mi vida.

Dedicado en memoria amorosa de mi mamá.

Deléitate asimismo en Jehová, y él te
concederá las peticiones de tu corazón
Salmos 37:4

PRÓLOGO

Vivimos en un entorno lleno de riesgos y operamos nuestros negocios en un mundo de riesgo, como las recompensas más altas sólo vienen con riesgos. Es inimaginable si el elemento de riesgo no se considera cuando se enmarca la estrategia corporativa y cuando se implementan proyectos tácticos. Modelación de Riesgos proporciona un nuevo punto de vista de la evaluación de las decisiones de negocio, proyectos y estrategias teniendo en cuenta un proceso analítico unificado estratégico de portafolio. El libro ofrece una descripción cualitativa y cuantitativa de riesgos, así como la introducción de los métodos de gestión integral del riesgo utilizados en la identificación, cuantificación, aplicación, predicción, valoración, cobertura, diversificación y gestión del riesgo, a través de rigurosos ejemplos de la aplicabilidad de métodos en el proceso de toma de decisiones. Se acentúa en las aplicaciones pragmáticas con el fin de desmitificar los muchos elementos inherentes en el análisis de riesgos. Una caja negra seguirá siendo una caja negra si nadie puede entender los conceptos a pesar de su poder y aplicabilidad. Es sólo cuando la caja negra se vuelva transparente y los analistas puedan entender, aplicar y convencer a los demás de sus resultados, de su de valor agregado, y su aplicabilidad, que el enfoque recibirá extendida influencia. Esto se hace a través de aplicaciones paso a paso de análisis de riesgos, así como la presentación de varios casos de negocios y la discusión de aplicaciones de la vida real. Este libro está dirigido tanto a profesionales no iniciados, así como para los bienes versados en el análisis de riesgos—hay algo para todo el mundo. También es aplicable para su uso a nivel de segundo año de MBA o como libro de texto introductorio para Ph.D.

AGRADECIMIENTOS

El autor está en deuda de gratitud con David Mercier, Robert Fourt, Professor Morton Glantz, Dr. Charles Hardy, Steve Hoye, Professor Bill Rodney, Larry Pixley, Dr. Tom Housel, Lt. Commander Cesar Rios, Ken Cobleigh, Pat Haggerty, Larry Blair, Andy Roff, Tony Jurado, Commander Mark Rhoades, Dr. Nelson Albuquerque, Thomas Schmidt, Alfredo Roisenzvit, y David Bittlingmeier por sus contribuciones.

¿QUÉ HAY DE NUEVO EN LA TERCERA EDICIÓN?

La tercera edición de *Modelación de Riesgos* incluye muchas discusiones actualizadas y nuevos ejemplos y casos de estudio. Esta nueva edición también actualiza algunos de los numerosos ejercicios prácticos, lo que hace aún más conveniente para clases y asignación de tareas. Esta nueva edición es aún más fácil de usar como libro de texto a nivel universitario. Hay varios casos de estudio nuevos en los Capítulos 7 y 14, en el marco de Basilea II y Basilea III en riesgo de crédito, riesgo de mercado y riesgo operacional con principios de gestión de activos y pasivos; aplicaciones de Gestión de Riesgos Empresariales(GRE) en varias empresas a nivel mundial; teoría del valor extremo con eventos de choque de mercado; Ley de Asistencia Asequible de los Estados Unidos (Obamacare) economía de las opciones reales en la atención médica; plan de negocios y análisis de modelos de ventas de tuberías; y la estrategia de la impresión en 3D y el escaneo en colaboración con la Marina de los Estados Unidos.

El Capítulo 16 es completamente nuevo y discute los aspectos cualitativos de la gestión de riesgos y cómo estos métodos cualitativos pueden ser integrados con las metodologías cuantitativas discutidas en el libro. El capítulo examina Gestión de Riesgos Empresariales (GRE) y utiliza simulaciones para subrayar y modelar los riesgos e incertidumbres en el impacto de GRE, la frecuencia, la severidad y la vulnerabilidad de los elementos de riesgo y controles dentro de una organización, y cómo tales enfoques están en conformidad con las normas internacionales estándares de riesgo como Basilea III, COSO, e ISO 31000: 2009. Un nuevo Capítulo 18 completa el círculo en términos de Gestión Integral de Riesgos® (GIR) medidas introducidas a lo largo del libro, que comienza en el Capítulo 1, mediante la resolución de forma metódica de un portafolio de proyectos basados en el riesgo. Este nuevo capítulo ofrece una rápida revisión del proceso de GIR e introduce la Herramienta de Análisis Económico de Proyectos (PEAT, por su sigla en inglés Project Economics Analysis Tool). La utilidad PEAT se utiliza para valorar múltiples proyectos y ejecutar análisis de alternativas, tornado, escenarios, sensibilidad, simulaciones de riesgo y optimización del portafolio para tomar la mejor decisión informada basada en el riesgo posible.

En otros lugares a lo largo del libro, se discuten nuevos métodos de ajuste de probabilidad de distribución (por ejemplo, los Criterios de Información de Akaike y Schwarz), así como nuevos métodos de predicción aplicados en el Simulador de Riesgo (Risk Simulator) como Redes Neuronales, Lógica Difusa Combinatoria, y los modelos de línea de tendencia. Árboles de decisión dinámicos (simulaciones con árboles de decisión) también se analizan con más profundidad. Aplicaciones de GIR en la gestión de proyectos, así como la economía del proyecto y la evaluación también se presentan en esta nueva edición. Por último, una serie de nuevos anexos y notas técnicas, guía de referencia rápida, resúmenes visuales, así como el solucionador de problemas del Simulador de Riesgo y consejos, proporcionan a los usuarios más ejemplos prácticos y teóricos detrás de las metodologías tales como árboles de decisión dinámicos (ejecutar simulaciones de Monte Carlo, actualización Bayesiana, valor esperado de la información y funciones de utilidad de los árboles de decisión). Aspectos técnicos adicionales discutidos incluyen los conceptos básicos de la interpretación de la PDF y la CDF de diferentes distribuciones de probabilidad, convolución de distribuciones de probabilidad y copulas, diagramas de Pareto frente a gráficos de sensibilidad, gráficos y tablas de distribuciones de probabilidad, ajuste de distribución por percentiles, gestión de proyectos dinámicos (simulación de costeo y riesgo de cronograma), y metodologías ROV BizStats.

LO QUE ERA NUEVO EN LA SEGUNDA EDICIÓN

La segunda edición de Modelación de Riesgos incluye muchas discusiones actualizadas y nuevos ejemplos, ejercicios y casos prácticos. Debido a que existen numerosos ejercicios prácticos adecuados para su clase y las tareas escolares, esta nueva edición es más fácil de usar como libro de texto en el nivel universitario.

Específicamente, el Capítulo 1 incluye una nueva discusión de la frontera eficiente de Markowitz sobre por qué el riesgo es importante en la toma de decisiones y los elementos en las razones retorno-riesgo. El Capítulo 2 tiene discusiones adicionales sobre las ecuaciones matemáticas de los cuatro primeros momentos de una distribución y sobre el uso de coeficiente de variación y el valor en riesgo como medidas de riesgo alternativos. En el Capítulo 3, las técnicas de modelado en Excel se han actualizado para incluir Excel 2010 y Excel 2013. El Capítulo 5 está completamente actualizado con la última versión del Simulador de Riesgo cuando se utiliza en Excel 2010 y Excel 2013, incluyendo dos ejercicios detallados paso a paso sobre la ejecución de simulaciones y simulaciones con correlaciones. Luego, en el Capítulo 6, hay una discusión actualizada sobre el análisis de tornado y sensibilidad; rutinas para el diagnóstico de datos y análisis estadístico para comprobar la existencia de heteroscedasticidad, multicolinealidad y otros; y cinco ejercicios prácticos detallados sobre análisis de sensibilidad, ajuste de distribución y pruebas de hipótesis, distribuciones de probabilidad, simulaciones no paramétricas (bootstraping), y diagnóstico de datos.

El Capítulo 7 incluye un nuevo estudio de caso sobre la gestión de proyectos basado en el riesgo para la planificación de cronograma mediante la ejecución de simulaciones. El Capítulo 8 añade más detalles sobre técnicas de predicción avanzadas tales como Auto ARIMA, Spline Cúbico, Modelos de Máxima Verosimilitud (Logit, Tobit, Probit), Econometría y Auto Econometría, Cadenas de Markov, procesos estocásticos, y una variedad de modelos GARCH incluyendo GJR / A / I / T modelos / EGARCH, para complementar los enfoques existentes, como la descomposición de series de tiempo, regresión múltiple, y la extrapolación. Una sección sobre los peligros de la predicción, discutiendo elementos tales como cambios estructurales, lazos de causalidad, no estacionalidad, procesos estocásticos, no linealidad, valores extremos, y así sucesivamente se ha añadido al Capítulo 9.

Se añadieron al Capítulo 11 cuatro ejemplos de casos detallados sobre el uso de la optimización estocástica, frontera eficiente, y técnicas de simulación-optimización para selección de proyectos a súper velocidad, optimización de portafolios, asignación de inversiones, y fijación óptima de precios, así como un detallado conjunto de ejercicios sobre optimización. El Capítulo 12 incluye actualizaciones de historias sobre las opciones reales y ejemplos de iniciación, mientras que el Capítulo 13 está completamente renovado para mostrar la versión más reciente de Real Options SLS donde las opciones reales, las opciones financieras y las opciones exóticas pueden ser valoradas rápidamente. El Capítulo 14 presenta algunos nuevos estudios de caso sobre riesgo de mercado y crédito que se aplica a los requerimientos bancarios de Basilea II /III y casos de estudio en la negociación de regalías en el mercado de petróleo y gas aplicando análisis de riesgo para el Estado de California, y el Capítulo 17 concluye con una nueva sección de recomendaciones sobre la forma de llevar el análisis de riesgos en una empresa y obtener un mayor nivel de adopción.

ACERCA DEL AUTOR

El Dr. Johnathan C. Mun es el fundador, presidente y CEO de Real Options Valuation, Inc. (ROV), una empresa de consultoría, formación y empresa de desarrollo de software especializada en opciones reales estratégicas, valoración financiera, simulación de riesgos de Monte Carlo, pronóstico estocástico, optimización, análisis de decisiones, inteligencia de negocios, análisis en salud, gestión del riesgo empresarial, gestión de riesgos de proyectos y análisis de riesgo con sede en el norte de Silicon Valley, California. ROV tiene socios en todo el mundo, incluyendo Argentina, Beijing, Chicago, China, Colombia, Hong Kong, India, Italia, Japón, Malasia, México, Nueva York, Nigeria, Perú, Puerto Rico, Rusia, Arabia Saudita, Shanghai, Singapur, Eslovenia, Corea del Sur, España, Venezuela, Zurich, y otros. ROV también tiene una oficina local en Shanghai.

El Dr. Mun es también el presidente del Instituto Internacional de Educación Profesional y la Investigación (IIPER, International Institute of Professional Education and Research), una organización mundial acreditada, atendido por profesores de renombradas universidades de todo el mundo que ofrece el Certificado en Gestión de Riesgos Cuantitativos (CQRM, Certified Quantitative Risk Management), entre otros. Es el creador de muchas herramientas de software de gran alcance, incluyendo el Simulador de Riesgo, Real Options SLS Super Lattice Solver, Modeling Toolkit, Project Economics Analysis Tool (PEAT), Credit Market Operational Liquidity Risk (CMOL), Employee Stock Options Valuation, ROV BizStats, ROV Modeler Suite (Basel Credit Modeler, Risk Modeler, Optimizer, and Valuator), ROV Compiler, ROV Extractor and Evaluator, ROV Dashboard, ROV Quantitative Data Miner, y otras aplicaciones de software, así como DVD en formación de análisis de riesgos. Lleva a cabo seminarios públicos sobre análisis de riesgos y programas de CQRM. Cuenta con más de 21 patentes y patentes registradas pendientes a nivel mundial. Es autor de 26 libros publicados por John Wiley & Sons, Elsevier Science, y ROV Press, incluyendo *Modeling Risk: Applying Monte Carlo Simulation, Real Options, Optimization, and Forecasting* [*Modelación de Riesgos: Aplicación de la Simulación de Monte Carlo, Análisis de Opciones Reales, Pronóstico Estocástico, Optimización de Portafolio, Análisis de Datos, Inteligencia de Negocios, y Modelación de Decisiones*], First Edition (Wiley, 2006), Second Edition (Wiley, 2010), Third Edition (ROV Press, 2015); *The Banker's Handbook on Credit Risk* (2008); *Advanced Analytical Models: 250 Applications from Basel II Accord to Wall Street and Beyond* (2008); *Real Options Analysis: Tools and Techniques*, First Edition (2003), Second Edition (2005), Third Edition (2016); *Real Options Analysis Course: Business Cases* (2003); *Applied Risk Analysis: Moving Beyond Uncertainty* (2003); y *Valuing Employee Stock Options* (2004). Sus libros y software se utilizan en más de 350 universidades de todo el mundo, entre ellos el Instituto de Berna en Alemania, Universidad Chung-Ang en Corea del Sur, Universidad de Georgetown, ITESM en México, Instituto de Tecnología de Massachusetts, Escuela de Posgrados de la Armada de los EE.UU., Universidad de Nueva York, Universidad de Estocolmo en Suecia, Universidad de los Andes en Chile, Universidad de Chile, Universidad de Pennsylvania Wharton School, Universidad de York en el Reino Unido, y la Universidad de Edimburgo en Escocia, entre otras.

Actualmente como profesor en riesgo, finanzas y economía, el Dr. Mun ha impartido cursos en gestión financiera, inversiones, opciones reales, economía y estadística en niveles de pregrado y MBA. Imparte y ha impartido clases en universidades de todo el mundo, desde la Escuela Naval de Postgrado de los EE.UU. (Monterey, California) y la Universidad de Ciencias Aplicadas (Suiza y Alemania) como Profesor de tiempo completo, hasta la Universidad Golden Gate (California) y el Colegio de Santa María (California), y ha presidido muchos comités de disertación para tesis de investigación de MBA y Ph.D. También es profesor de cursos de una semana de duración en Análisis de Riesgos, Análisis de Opciones Reales y cursos públicos de Análisis de Riesgos para Gerentes donde los participantes pueden obtener los certificados CRM y CQRM en la terminación. Es miembro senior del Centro Magallanes y pertenece a la mesa de la Academia Americana de Gestión Financiera.

Anteriormente fue el Vicepresidente de Análisis en Decisioneering, Inc., donde dirigió el desarrollo de los productos de software de opciones y análisis financiero, consultoría analítica, capacitación y asistencia técnica, y donde él fue el creador del software Real Options Analysis Toolkit, el predecesor más antiguo y mucho menos potente del software Real Options Super Lattice. Antes de unirse a Decisioneering, fue Gerente de Consultoría y Economista Financiero en los Servicios de Valoración y Práctica Global de Servicios Financieros de KPMG Consulting y Gerente de Práctica de Servicios de Consultoría Económica en KPMG LLP.

Tiene una amplia experiencia en modelos econométricos, análisis financiero, opciones reales, análisis económico, y estadística. Durante su permanencia en Real Options Valuation, Inc., Decisioneering, y KPMG Consulting, enseñó y actúo como consultor en una variedad de temas relacionados con opciones reales, análisis de riesgos, pronósticos financieros, gestión de proyectos, y valoración financiera para más de 100 empresas multinacionales (clientes actuales y antiguos incluyen 3M, Airbus, Boeing, BP, Chevron Texaco, Financial Accounting Standards Board, Fujitsu, GE, Goodyear, Microsoft, Motorola, Pfizer, Timken, el Departamento de Defensa de los Estados Unidos, La Marina de los Estados Unidos, Veritas, y muchos otros). Su experiencia antes de unirse a KPMG incluyó ser Jefe de Departamento de Planeación y Análisis Financiero en Viking Inc. de FedEx, desarrollando pronósticos financieros, análisis económico, y estudios de mercado. Antes de eso, hizo trabajo de consultoría independiente en planeación financiera.

El Dr. Mun recibió un Ph.D. en finanzas y economía de la Universidad de Lehigh, donde su investigación e intereses académicos fueron en las áreas de financiación de inversiones, modelación econométrica, opciones financieras, finanzas corporativas, y teoría microeconómica. También tiene un MBA en administración de empresas, una maestría en ciencias de la administración, y una licenciatura en biología y física. Es certificado en Gestión de Riesgos Financieros, Certificado en Consultoría Financiera, y certificado en Gestión de Riesgos. Es miembro de la American Mensa, Phi Beta Kappa Honor Society, y Golden Key Honor Society, así como de varias otras organizaciones profesionales, incluidas la Eastern and Southern Finance Associations, American Economic Association y Global Association of Risk Professionals.

Además, ha escrito numerosos artículos académicos publicados en el *Journal of Expert Systems with Applications; Defense Acquisition Research Journal; American Institute of Physics Proceedings; Acquisitions Research (Departamento de Defensa de los Estados Unidos); Journal of the Advances in Quantitative Accounting and Finance; Global Finance Journal; International Financial Review; Journal of Financial Analysis; Journal of Applied Financial Economics; Journal of International Financial Markets, Institutions and Money; Financial Engineering News;* y *Journal of the Society of Petroleum Engineers.* Finalmente, ha contribuido con capítulos en docenas de libros y escrito más de un centenar de whitepapers técnicos, boletines, estudios de casos y trabajos de investigación para Real Options Valuation, Inc.

JohnathanMun@cs.com
San Francisco, California
Amazon Author Site: *https://www.amazon.com/author/johnathanmun*
Google Scholar: *https://scholar.google.com/citations?hl=en&user=RdhYvvcAAAAJ*
Research Net: *https://www.researchgate.net/profile/Johnathan_Mun/research*
Linked In: *https://www.linkedin.com/in/drjohnathanmun*

TRADUCCIÓN DE LA EDICIÓN EN ESPAÑOL Y EQUIPO DE EDICIÓN

El autor desea agradecer y reconocer a los siguientes expertos por sus increíbles contribuciones en traducción y edición de esta actual versión en español de Modelación de Riesgos Tercera Edición.

Julián Meléndez

Julián Meléndez es el Gerente de Producto Cuantitativo de SOFTWARE shop para Latinoamérica. Ha trabajado en diversas entidades del sector académico, financiero, y real como docente en temas de Econometría, Análisis Financiero y Valor del Dinero en el Tiempo (Universidad Externado de Colombia, Fundación Universitaria Los Libertadores); como Analista de Riesgo, Analista Financiero, Director Comercial, y Subgerente de Estructuración en Leasing, Banca de Inversión y Consultoría Financiera (Leasing Bancoldex, Asesorías en Finanzas); como Consultor Financiero (Julia de Rodríguez); como Investigador Asistente (CENAC) entre otros cargos. Es Economista de la Universidad Externado de Colombia, cuenta con una Especialización en Gerencia de Mercadeo de la misma universidad y una Certificación en Gestión de Riesgos Cuantitativos (CQRM) otorgada por el International Institute of Professional Education and Research.

Miguel Angel Bello

Miguel Angel Bello es el Coordinador del Portafolio de Riesgo de SOFTWARE shop para Latinoamérica. Se ha desempeñado como profesor de Estadística, Toma de Decisiones y Econometría Financiera en especialización y maestría en diferentes universidades de Colombia, entre ellas: Universidad del Norte, Universidad del Rosario, Universidad Piloto de Colombia, Universidad Jorge Tadeo Lozano. Es Economista de la Universidad de la Salle, cuenta con una Maestría en Administración y Dirección de Empresas de la Universidad Villanueva en Madrid-España y una Certificación en Gestión de Riesgos Cuantitativos (CQRM) otorgada por el International Institute of Professional Education and Research.

Diego Pacheco

Diego Pacheco es socio fundador de Language Interplay, sitio web de intercambio de idiomas. Se ha desempeñado como catedrático universitario en el idioma inglés como segunda lengua en universidades como Universidad Católica de Colombia, Universidad de la Salle y Universidad UDCA de Colombia, ha participado en diversas traducciones impresas de tipo académico, así como traducciones simultaneas, docente de Negocios Internacionales e inglés aplicado a la Gestión Turística y Hotelera en la Escuela Aeronáutica de Colombia. Ha estado vinculado con empresas del estado (Registraduría Nacional del Estado Civil - Colombia); prestando sus servicios en el área administrativa y financiera de la entidad. Es técnico profesional en Idiomas y Negocios Internacionales de la Corporación Universitaria CUN, profesional en Negocios Internacionales de la universidad EAN y actualmente realiza un MBA (Master in Business Administration) en la universidad EAN.

Sandra C. Leal

Sandra Leal es profesional en Lenguas Modernas con énfasis en Traducción de Textos Comerciales y de Negocios, egresada de la Universidad EAN. Actualmente se desempeña como Analista de Compras y Activos Fijos en la Universidad Católica de Colombia. Se desempeñó como secretaria ante la Organización de las Naciones Unidas para la Educación, la Ciencia y la Cultura UNESCO a través el Observatorio Regional de Responsabilidad Social para América Latina y el Caribe ORSALC.

ELOGIOS RESUMIDOS PARA *MODELACIÓN DE RIESGOS*

...Potente conjunto de herramientas para los administradores de carteras / programa gerencial para tomar decisiones racionales entre alternativas...

Contralmirante James Greene (Ret.), Escuela Naval de Postgrado, Presidente de Adquisiciones (EE.UU.)

...Ineludible para cualquier enfoque profesional... lógico, concreto y concluyente...

Jean Louis Vaysse, Vicepresidente de Airbus (Francia)

...Una aproximación probada y revolucionaria para la cuantificación de los riesgos y oportunidades en un mundo incierto...

Mike Twyman, Vicepresidente Ejecutivo, Cubic Global Defense, Inc. (EE.UU.)

...Lectura obligada para cualquier persona que trabaje en economía de inversiones... la mejor manera de cuantificar el riesgo y opciones estratégicas...

Mubarak A. Alkhater, Director Ejecutivo, Negocios nuevos, Saudi Electric Co. (Arabia Saudita)

...Técnicas pragmáticas potentes de riesgo, valiosos conocimientos teóricos y análisis útiles en cualquier industria...

Dr. Robert S. Finocchiaro, Director, Servicios Corporativos de I + D, 3M (EE.UU.)

...Las herramientas de riesgo más importantes en un solo volumen, fuente definitiva sobre la gestión de riesgos con ejemplos vívidos...

Dr. Ricardo Valerdi, Ingeniería de Sistemas, Massachusetts Institute of Technology (EE.UU.)

...Conceptos complejos paso a paso con facilidad y claridad sin igual... una "lectura obligada" para todos los profesionales...

Dr. Hans Weber, Jefe de Desarrollo de Productos, Syngenta AG (Suiza)

...Claro enfoque paso a paso... la última tecnología para la toma de decisiones para negocios del mundo real...

Dr. Paul W. Finnegan, Vicepresidente, Alexion Pharmaceuticals (EE.UU.)

...Hoja de ruta clara y amplitud de temas para crear estrategias y opciones dinámicas ajustadas al riesgo...

Jeffrey A. Clark, Vicepresidente Planeación Estratégica, The Timken Company (EE.UU.)

...Claramente organizado con apoyo de herramientas para la exploración de riesgos empresariales, opciones, estrategias...

Robert Mack, Vicepresidente, Analista Distinguido, Gartner Group (EE.UU.)

...Toda la gama de metodologías para cuantificar y mitigar los riesgos para la gestión eficaz de la empresa...

Raymond Heika, Director de Planeación Estratégica, Northrop Grumman Corporation (EE.UU.)

...Una lectura obligada para los gestores de cartera de productos... capta la exposición al riesgo de las inversiones estratégicas...

Rafael Gutierrez, Director Ejecutivo de Planeación Estratégica de Mercadeo, Seagate Tech. (EE.UU.)

...Temas complejos explicados excepcionalmente... puede entender y practicar...

Agustín Velázquez, Economista Senior, Banco Central de Venezuela (Venezuela)

...Fuente constante de aplicaciones prácticas con teoría de gestión de riesgos... ¡simplemente excelente!

Alfredo Roisenzvit, Director Ejecutivo/Profesor, Risk-Business Latin America (Argentina)

...El mejor libro de modelos de riesgo es ahora mejor... de lectura obligatoria para todos los ejecutivos...

David Mercier, Vicepresidente Corporativo, Bonanza Creek Energy (EE.UU.)

...Puente entre la teoría y la práctica, intuitivo, interpretaciones comprensibles...

Luis Melo, Econometrista Principal, Banco Central de Colombia (Colombia)

...Herramientas valiosas para las empresas con el propósito de dar valor a los accionistas y la sociedad, incluso en tiempos difíciles...

Dr. Markus Götz Junginger, Lead Partner, Gallup (Alemania)

...Enfoque innovador que cierra la brecha entre la teoría y la práctica...

Dr. Richard J. Kish, Presidente y Profesor de Finanzas, Lehigh University (EE.UU.)

...Absolutamente el mejor libro en riesgo...permite que incluso los simples mortales lo hagan...útil en todas las industrias...

Dr. Thomas Housel, Profesor, Escuela de Posgrados de la Armada de los EE.UU. (EE.UU.)

...Apoyo teórico y práctico para los gestores de riesgos en todas las industrias que enfrentan los riesgos complejos de hoy día...

Dr. Timotej Jagric, Profesor/ Jefe de Finanzas y Banca, Universidad de Maribor (Slovenia)

...un enfoque sencillo y muy intuitivo en la explicación de los aspectos técnicos de análisis cuantitativo de riesgos...

Dr. Zaidi Isa, Profesor/Director de Riesgos, UKM, Universidad Nacional de Malasia (Malasia)

...Integra teorías avanzadas de estadística matemática con técnicas prácticas de fácil interacción...

Dr. Takao Fujiwara, Profesor de Gestión, Univ. de Tecnología de Toyohashi (Japan)

...Una "necesidad" para experiencias de primera mano con vanguardia, herramientas analíticas con alta productividad...

Dr. Roberto Santillan-Salgado, Profesor/Director, EGADE-ITESM, Monterrey (México)

...Exposición clara de temas no triviales, combinación de teoría y práctica en el mundo real...

Dr. Evaristo Diz, Profesor y Director de Riesgo, Universidad Católica UCAB (Venezuela)

...Conceptualiza y mide el riesgo... gran valor para los profesionales, capitalistas de riesgo, inversores...

Dr. Charles T. Hardy, Director, Hardy and Associates (EE.UU.)

...Combina la aplicación práctica con rigor intelectual y académico...

Paul Siegel, Director Ejecutivo, The Globecon Group (EE.UU.)

...Pionero en la aplicación de análisis financieros y opciones reales con los datos de la salud...

Thomas Schmidt, CEO, Health Quant, Inc. (EE.UU.)

...El más completo, comprensible, práctico e indispensable en la valoración...un tour-de-force...

Jay B. Abrams, Autor y Presidente, Abrams Valuation Group (EE.UU.)

...Ayuda a los administradores a tomar elecciones informadas, disciplinadas, replicadas, defendibles...

Capitán Mark D. Wessman (US Navy, Ret.), Presidente, Wessman Consultancy (EE.UU.)

...Potente y práctico con un elegante equilibrio entre la teoría y la práctica...

Kim Kovacs, CEO, OptionEase, Inc. (EE.UU.)

...Mi escritor preferido... una joya chispeante... conceptos complejos con explicaciones lúcidas y ejemplos...

Janet Tavakoli, Presidente, Tavakoli Structured Finance (EE.UU.)

ELOGIOS DETALLADOS PARA *MODELACIÓN DE RIESGOS*

Este libro ofrece un conjunto de herramientas de análisis de gran alcance para los directores de proyectos y gestores de portafolio para tomar decisiones racionales entre las alternativas mediante la monetización y la valoración de las opciones estratégicas.

- Contralmirante James Greene (Ret.), Escuela Naval de Postgrado, Presidente de Adquisiciones (EE.UU.)

El Dr. Johnathan Mun ha publicado una serie de libros muy populares, que tratan con los diferentes aspectos del análisis de riesgo, las técnicas asociadas y las herramientas. Esta última publicación pone juntas todas las piezas. El libro es indispensable para cualquier profesional que quiera dirigirse a la evaluación de riesgo siguiendo una aproximación lógica, concreta y concluyente.

- Jean Louis Vaysse, Vicepresidente de Mercadeo, Airbus (Francia)

¡El Dr. Mun lo hace de nuevo! Johnathan articula la teoría de opciones reales con ejemplos empresariales del mundo real y un conjunto de herramientas para ayudar a cualquier líder de negocios en el momento de efectuar estrategias en un mundo incierto. Una herramienta esencial para cualquier estratega de negocios interesados en cuantificar el valor de la mitigación del riesgo para maximizar el valor de una oportunidad estratégica.

- Mike Twyman, Vicepresidente Ejecutivo, Cubic Global Defense, Inc. (EE.UU.)

El Dr. Mun ha escrito este libro para ofrecer el mejor método para evaluar las opciones estratégicas en el mundo empresarial. Este libro utiliza el software en la ejecución de los resultados, por lo que es fácilmente reproducible y por lo que es posible modelar nuestros propios problemas estratégicos. Esta nueva edición cuenta con más aplicaciones prácticas que podemos utilizar y beneficiarse de nuestra transacción estratégica.

- Mubarak A. Alkhater, Director Ejecutivo, Negocios nuevos, Saudi Electric (Arabia Saudita)

Este libro es incomparable y lleno de técnicas pragmáticas y potentes acerca del riesgo, casos de la vida real y aplicaciones, recomendaciones útiles e instrucciones, junto con valiosos conocimientos teóricos y de análisis. Estas herramientas y técnicas son muy útiles en cualquier industria para la toma de decisiones estratégicas en condiciones de incertidumbre. Cubre con amplitud y anchura desde las técnicas de predicción y la simulación hasta la cobertura del riesgo a través de opciones flexibles y una gran escala de portafolios.

- Dr. Robert S. Finocchiaro, Director, Servicios Corporativos de I + D, 3M (EE.UU.)

El Dr. Mun es una de las pocas personas en el mundo que puede destilar las herramientas de modelado de riesgo más importantes en un solo volumen. Recomiendo este libro a los profesionales que buscan una fuente definitiva de la gestión del riesgo y para los investigadores que deseen entrar en el campo. Los ejemplos que se muestran a lo largo del libro ayudan a llevar los conceptos con vida.

- Dr. Ricardo Valerdi, Ingeniería de Sistemas, Massachusetts Institute of Technology (EE.UU.)

Es un placer leer este libro tanto para expertos en la materia, así como para principiantes. Posee un alto riesgo de adicción a sus lectores. El Dr. Mun conduce a los lectores a través de conceptos matemáticos complejos paso a paso con facilidad y claridad. Ejemplos bien elegidos y necesidades puntuales complementan los capítulos. Este libro será un éxito de ventas en la gestión del riesgo y es una "lectura obligada" para todos los profesionales.

- Dr. Hans Weber, Jefe de Desarrollo de Productos, Syngenta AG (Suiza)

El Dr. Mun rompe a través de la hipérbole y presenta una aproximación paso a paso, revelando a los lectores como los métodos y las herramientas cuantitativas pueden hacer una gran diferencia. En resumen, él enseña lo que es relevante y lo que se debe saber. Yo recomiendo este libro, especialmente si usted quiere incorporar efectivamente las últimas tecnologías en sus procesos de toma de decisiones para su negocio.

- Dr. Paul W. Finnegan, Vicepresidente, Alexion Pharmaceuticals (EE.UU.)

El desarrollo de estrategia ha tenido malos tiempos, siendo considerado irrelevante para un mundo cambiante. Con este libro el Dr. Mun ataca esta pobre excusa al presentar una metodología clara y organizada soportada con herramientas, que lógicamente progresa de la exploración de la falta de certeza que ata al riesgo a la creación de opciones para construir estrategias de negocio realistas.

- Robert Mack, Vicepresidente, Analista Distinguido, Gartner Group (EE.UU.)

Tiempos volátiles premian la agilidad. La Agilidad nace de estrategias dinámicas y sensatas. Como planificador estratégico corporativo que probablemente ha estado buscando formas de crear estrategias más dinámicas y robustas, este es el libro para usted. Su proceso paso a paso, el software que lo acompaña, ejemplos en Excel y plantillas proporcionan una ruta clara para mejorar de inmediato sus estrategias, y crear estrategias dinámicas, estrategias ajustadas al riesgo con opciones claramente valoradas cuando se está trabajando la incertidumbre. Lo más importante es que proporciona una amplitud de temas con el propósito de mejorar continuamente las estrategias y como puede llegar la cultura organizacional a tener familiaridad y aceptación de técnicas de modelación sofisticada.

- Jeffrey A. Clark, Vicepresidente Planeación Estratégica, The Timken Company (EE.UU.)

La Metodología flexible del Dr. Mun, los modelos y las aplicaciones son adecuadas para la aplicación dinámica de análisis estadístico para cuantificar y mitigar los riesgos para la gestión efectiva de la empresa. Su amplio análisis de riesgo y las herramientas de modelación ofrece una gama completa de capacidades para poner en práctica las técnicas de gestión de riesgo de portafolios que son consistentes con las mejores prácticas que han demostrado éxito en el mercado. En el mundo actual, el cambio y la incertidumbre son una constante. Este entorno requiere un mayor énfasis en las prácticas de gestión integrada de riesgos dentro de las organizaciones que miden y toman decisiones estratégicas frente a la incertidumbre, aprovechan oportunidades y aumentan la participación de las partes interesadas para garantizar que las soluciones óptimas son consideradas en el proceso de toma de decisiones.

- Raymond Heika, Director de Planeación Estratégica,
Northrop Grumman Corporation (EE.UU.)

Es una lectura obligada para los gestores de portafolios... captura la exposición al riesgo de las inversiones estratégicas, y proporciona una gestión con las estimaciones de los resultados y las opciones de mitigación de riesgos potenciales.

- Rafael Gutierrez, Director Ejecutivo de Planeación Estratégica, Seagate Tech. (EE.UU.)

La incertidumbre es una preocupación n la vida y no es prudente tomar una decisión sin tomar en cuenta el riesgo. En consecuencia, este libro trabaja el tema de riesgos el cual se explica de una manera excepcional, cubriendo todas las dimensiones de los elementos de riesgo y tomando al lector directamente a la comprensión y aplicación de los conocimientos con ejemplos prácticos integrados en una hoja de cálculo y una gran plataforma de software que es Risk Simulator.

- Agustín Velázquez, Economista Senior, Banco Central de Venezuela (Venezuela)

¡Excelente! se debe leer y se debe tener para cualquier persona relacionada con los campos de gestión de riesgos. En el ámbito aplicado, el enfoque práctico del Dr. Mun es extremadamente útil e instructivo. A nivel académico, su fortaleza, todavía muy didáctica, marco teórico es una constante fuente de referencia y apoyo. Cada nueva edición tiene información nueva, esta actualización vale mucho la pena. Sin duda, una de mis herramientas más valiosas, tanto en la práctica y en el aula.

- Alfredo Roisenzvit, Director Ejecutivo/Profesor, Risk-Business Latin America (Argentina)

El mejor libro de modelación de riesgos es ahora aún mejor. Esta nueva edición da mayor énfasis en los factores de riesgo, proporciona a los profesionales las herramientas esenciales para cuantificar y gestionar el riesgo, que es esencial para la toma de decisiones financieras y estratégicas de la vida real. Debería ser de lectura obligatoria por todos los ejecutivos.

- David Mercier, Vicepresidente Corporativo, Bonanza Creek Energy (EE.UU.)

Algunos conceptos de riesgo implican formulaciones matemáticas complicadas. En este libro, el Dr. Mun ofrece interpretaciones intuitivas y comprensibles de estos conceptos. Además, están muy bien complementados con casos prácticos.

- Luis Melo, Econometrista Principal, Banco Central de Colombia (Colombia)

Todos los años el mercado de los libros sobre gestión se llena, una y otra vez. Este libro es diferente. Pone una herramienta valiosa en las manos de administradores de empresas, que están dispuestos a levantarse frente a las incertidumbres y riesgos, y están determinados a entregar valor al accionista y a la sociedad, incluso en tiempos difíciles. Este es un libro para la nueva generación de administradores, quienes el mundo corporativo estaban esperando.

- Dr. Markus Götz Junginger, Lead Partner, Gallup (Alemania)

Es un enfoque innovador que reduce la brecha entre la teoría y la práctica, es especialmente relevante en un mercado lleno de falta de comprensión de las implicaciones del riesgo.

- Dr. Richard J. Kish, Presidente y Profesor de Finanzas, Lehigh University (EE.UU.)

Después de haber pasado años leyendo muchos libros de análisis acerca de la Gestión Integral de Riesgos y opciones reales y estar perdido en el mar de los métodos matemáticos, estadísticos, prácticamente no hay aplicaciones de la vida real o casos a seguir, me topé con los libros del Dr. Mun. El volumen es absolutamente el mejor libro acerca del riesgo con un excelente balance de la práctica con la teoría. Las instrucciones paso a paso, apoyados por el software, permiten incluso, para nosotros los simples mortales, aprender y aplicar la metodología a través de la referencia a sus excelentes ejemplos de casos aplicados en la vida real, sin necesidad de estudios avanzados en matemáticas. Los análisis son aplicables para cualquier industria o empresa, y especialmente para mí, en el ámbito de adquisición militar de Estados Unidos.

- Dr. Thomas Housel, Profesor, Escuela de Posgrados de la Armada (EE.UU.)

La comprensión a fondo acerca del riesgo es una situación de negocio compleja, situación que es crucial para todos los profesionales en la gestión de riesgos. Con la ayuda del libro del Dr. Mun, la medición del riesgo se hace comprensible y elimina las cajas negras para los usuarios. Me parece que la presentación de los fundamentos teóricos con casos reales en este libro es simplemente genial y el libro es una lectura valiosa para los gestores de riesgos en las entidades financieras, así como en otras industrias.

- Dr. Timotej Jagric, Profesor/ Jefe de Finanzas y Banca, Universidad de Maribor (Slovenia)

La medición del riesgo es siempre vista como la parte más difícil en el proceso de gestión de riesgos. En este libro, el Dr. Mun es capaz de traducir el concepto cualitativo de riesgos en elementos cuantificables en una simple, fácil de comprender, manera eficaz. Recomiendo este libro para aquellos que están en el área de análisis de riesgo cuantitativo y modelización.

- Dr. Zaidi Isa, Profesor/Director de Riesgos, UKM, Universidad Nacional (Malasia)

La nueva edición del Dr. Mun está llena de información valiosa en la gestión de riesgos financieros mediante la integración de las teorías avanzadas de estadística matemática con técnicas prácticas de fácil uso, haciendo de esta una excelente brújula para navegar por mares turbulentos de riesgo e incertidumbre.

- Dr. Takao Fujiwara, Profesor de Gestión, Univ. de Tecnología de Toyohashi (Japan)

Una vez más, el Doctor Johnathan Mun ha logrado su estándar usual: excelencia en hacer que técnicas, no tan simples, de análisis cuantitativo sean accesibles al lector interesado, que no necesariamente tiene que tener un entrenamiento como científico o ingeniero. Este libro presenta una guía comprensiva para los usuarios de modelos de hojas de cálculo, particularmente para aquellos que interesados en el análisis y la administración de riesgo; explica cómo ir más allá del simple análisis estadístico. Lo deben tener los académicos que buscan bibliografía "amigable con el usuario" y para prácticos que estén dispuestos a tener una experiencia sobre las herramientas analíticas de alta productividad.

- Dr. Roberto Santillan-Salgado, Profesor/Director, EGADE-ITESM, Monterrey (México)

El libro de Dr. Johnathan Mun es una brillante joya en mi biblioteca de finanzas. Mun demuestra una profunda comprensión teoría de la matemática subyacente, con su habilidad para reducir conceptos complejos a explicaciones y ejemplos lucidos. Por esta razón, él es mi autor favorito en este campo. Los profesionales con experiencia apreciarán la competencia de Mun para poder convertir matemática compleja en una clara explicación de las soluciones esenciales para el análisis de riesgo financiero, finanzas corporativas y pronósticos.

- Janet Tavakoli, Presidente, Tavakoli Structured Finance (EE.UU.)

Este libro proporciona análisis práctico y metodologías avanzadas con un elegante equilibrio entre la teoría y la práctica, por lo que es útil en una variedad de industrias y aplicaciones.

- Kim Kovacs, CEO, OptionEase, Inc. (EE.UU.)

¡Hay muchas razones para estar interesado en leer este libro, pero la razón principal es que el Dr. Johnathan Mun es un experto con un talento Churchiliano! Esto quiere decir que es capaz de simplificar lo complejo de una manera que trae el punto rápidamente con claridad y proporciona la lógica y la prueba con el análisis detallado que apoya los resultados bajo auditoría. Estos tipos de análisis son muy importantes en el análisis de datos de salud dentro de un marco de gestión de riesgos empresariales.

- Thomas Schmidt, CEO, Health Quant, Inc. (EE.UU.)

El Dr. Mun establece un enfoque y conjunto de herramientas que son necesidad para todos los gerentes y, por tanto, para aprender y utilizar. La administración es todo acerca de las elecciones, y el Dr. Mun ha proporcionado un recurso que ayuda a hacer esas elecciones en una, informada, disciplinada, replicable y defendible manera. Recomiendo de corazón Modelación de Riesgos como un recurso para todas las organizaciones y personas.

- Capitán Mark D. Wessman (US Navy, Ret.), Presidente, Wessman Consultancy (EE.UU.)

Me refiero a los libros de este alto calibre como "pracademico". El Dr. Mun combina la aplicación práctica de las herramientas financieras con rigor intelectual y académico para producir una de las herramientas más útiles de riesgo para profesionales. Este libro es de lectura obligatoria para todos los profesionales serios.

- Paul Siegel, Director Ejecutivo, The Globecon Group (EE.UU.)

El Dr. Mun ha reunido el conjunto de herramientas más completa de medición y gestión de riesgos cuantitativos de los que tengo conocimiento para su uso en las finanzas, los negocios, la ciencia y la ingeniería. Como nuestra manera de salir de la mayor crisis financiera mundial desde la Gran Depresión, la modelación del riesgo, en el sentido genérico, se ha convertido en una aplicación de misión crítica, y su libro, Modelación de Riesgos, es el libro más completo, pero comprensible y práctico para alcanzar ese objetivo. Es una herramienta indispensable en mi propio campo de la valoración de la empresa y es, obviamente, por lo que en una amplia gama de profesiones cuantitativos. Modelación de Riesgos es una obra magistral.

- Jay B. Abrams, Autor y Presidente, Abrams Valuation Group (EE.UU.)

Un principio fundamental en las finanzas es la relación entre el riesgo y la recompensa, pero hoy en día las mediciones empíricas de riesgo y de valoraciones todavía son usadas. Los profesionales de los negocios, inversionistas de riesgo empresarial y otros inversores encontrarán el último libro de El Dr. Johnathan Mun como un libro valioso que vale la pena agregarlo a sus bibliotecas.

- Dr. Charles T. Hardy, Director, Hardy and Associates (EE.UU.)

Confieso que tengo todos los trece libros del Dr. Mun. Una de las principales características de sus libros es la brillante exposición de temas que son no triviales. Sus habilidades pedagógicas combinado con su claridad de exposición de temas muy difíciles garantizan el éxito de este libro y los otros en el futuro. El Dr. Mun tiene esta perfecta combinación de la perspicacia académica y empresarial que le permite mezclar los aspectos teóricos de riesgo con el pragmatismo de la gestión en el mundo real.

- Dr. Evaristo Diz, Profesor y Director de Riesgo, Universidad Católica UCAB (Venezuela)

El Dr. Mun tiene la habilidad de esclarecer los complejos conceptos del análisis de riesgo y convertirlos en una guía práctica y fácil de leer para quienes toman decisiones. Este libro hace un camino que conecta teorías abstractas y poderosas con aplicaciones de la vida real, además utiliza ejemplos, dejando al lector iluminado y facultado.

- Stephen Hoye, Presidente, Hoye Consulting Group (EE.UU.)

TABLA DE CONTENIDO

RESUMEN DE LOS CAPÍTULOS

Este libro está dividido en once secciones, comienza con una discusión de lo que es el riesgo y cómo se cuantifica, de cómo se puede utilizar el pronóstico para la gestión del riesgo, el uso de la diversificación para mitigar el riesgo, tomar ventaja del análisis de riesgo, realizar coberturas, y gestionar el riesgo. La primera sección aborda la *identificación del riesgo*, donde se identifican los diferentes riesgos en un negocio, incluyendo una breve historia de cómo se evaluaba el riesgo en el pasado. La segunda sección, se ocupa de la *evaluación del riesgo* el cual explica por qué implicaciones desastrosas pueden aparecer si el riesgo no se considera en las decisiones empresariales. La tercera sección se refiere a la *medición del riesgo* y detalla cómo el riesgo puede ser capturado cuantitativamente paso a paso con aplicaciones de simulación de Monte Carlo. La sección cuatro ofrece *aplicaciones de la industria* y ejemplos de cómo se aplica el análisis de riesgos en cuestiones prácticas del día a día en el petróleo y gas, en el sector farmacéutico, la planificación financiera, la gestión de riesgos en un hospital, los problemas de compensación de los ejecutivos, el riesgo basado en la planificación de un proyecto, la teoría de evento extremo, y el análisis de riesgo según Basilea III para el riesgo de crédito, mercado, operacional y liquidez. La quinta sección se refiere a la *predicción del riesgo* en donde la incertidumbre y el riesgo se pueden pronosticar con métodos de análisis de series de tiempo. La sección seis se ocupa de cómo funciona la *diversificación del riesgo* cuando existen múltiples proyectos en un portafolio. La sección siete se ocupa de la *mitigación del riesgo* y cómo una empresa o administración puede aprovecharse del riesgo y la incertidumbre mediante la implementación y el mantenimiento de la flexibilidad en los proyectos. La sección ocho proporciona una segunda entrega de *casos de negocio* en que se aplica el análisis de riesgos en el sector bancario, bienes raíces, la estrategia militar, piezas de recambios para automóviles, sistemas de observación de la tierra a nivel mundial, el uso de las opciones sobre activos, opción de arrendamiento para el sector de hidrocarburos para el estado de California, Basilea II / III para la parte de crédito y análisis de riesgo de mercado, análisis de la intrusión de la seguridad, la gestión dinámica de proyectos, análisis de la asistencia médica, el pronóstico de ventas, y el uso de tecnologías de impresión 3D y digitalización por parte de los militares estadounidenses. La sección nueve ofrece una discusión, piedra angular, de la aplicación de la *gestión del riesgo* en las empresas, incluida la forma de obtener participación de la alta dirección y la implementación de un cambio de perspectiva en la cultura de la empresa. Esta sección también discute el enfoque cualitativo más tradicional de gestión del riesgo institucional y cómo puede ser adaptado para incorporar métodos cuantitativos. La sección diez presenta una serie de notas técnicas y la sección once proporciona una guía de referencia rápida para los análisis utilizados en todo el libro. Este libro es una actualización de *Applied Risk Analysis* (Wiley 2004) para incluir el uso propio del Simulador de Riesgo y el software Real Options Super Lattice Solver, software desarrollado por el mismo autor. A continuación, se presenta un resumen del material que cubre cada capítulo del libro.

SECCIÓN 1–IDENTIFICACIÓN DEL RIESGO

CAPÍTULO 1 – MAS ALLÁ DE LA INCERTIDUMBRE

Para las personas que vivieron hace siglos, el riesgo era simplemente la inevitabilidad de la casualidad más allá del ámbito del control humano. Hemos estado luchando con el riesgo en toda nuestra existencia, pero, a través de ensayo y error y por medio de la evolución del conocimiento y el pensamiento humano, hemos ideado maneras de describir y cuantificar el riesgo. La evaluación del riesgo debe ser una parte importante del proceso de toma de decisiones, en caso de no ser de gran trascendencia las malas decisiones pueden aparecer. El

Capítulo 1 explora los diferentes aspectos de riesgo dentro del dominio de un negocio, proporcionando una sensación intuitiva de lo que será el papel que desempeña el riesgo en las organizaciones.

SECCIÓN 2–EVALUACIÓN DEL RIESGO

CAPÍTULO 2 – DEL RIESGO A LA RIQUEZA

Los conceptos de riesgo y rendimiento, se detallan en el Capítulo 2, ilustrando sus relaciones en el mundo financiero, donde un proyecto riesgoso requiere un mayor retorno. Los temas que se tratan en este capítulo responderán las siguientes preguntas: ¿Cómo se estima la incertidumbre y como se calcula el riesgo? ¿Cómo convertir una medida de incertidumbre en una medida de riesgo?, estas preguntas son resueltas a partir de los conceptos básicos de la estadística y su aplicación en el análisis de riesgos, además incluye un análisis de las diferentes medidas de riesgo.

CAPÍTULO 3 – UNA GUÍA PARA MODELAR – ELABORACIÓN DE UN PROTOCOLO

El Capítulo 3 trata algunos de los errores y dificultades más comunes a la hora de crear un modelo, explicando algunas de los factores apropiados para la modelación. Los temas discutidos abordan temas desde la nomenclatura de archivos y modelación hasta la validación de los modelos complejos, y la secuencia de comandos por VBA. En el apéndice se proporciona algunos conceptos básicos de la modelación en VBA, como también macros, además se presenta un formato de inicialización a la programación.

SECCIÓN 3– MEDICIÓN DEL RIESGO

CAPÍTULO 4 – A ORILLAS DE MÓNACO

La simulación de Monte Carlo en su definición más sencilla, es un generador de números aleatorios que es útil para: la predicción, la estimación y el análisis de riesgos. Una simulación calcula numerosos escenarios de un modelo al recoger varias veces los valores de la distribución de probabilidad de las variables inciertas y el uso de esos valores para eventos, eventos tales como: valores totales, beneficio neto, o gastos brutos. De manera sencilla se debe pensar en la simulación de Monte Carlo como el proceso de recoger repetidamente pelotas de golf en una canasta grande. El Capítulo 4 ilustra mediante un ejemplo por qué es importante la simulación en contraposición al error que podría presentarse en la interpretación de los promedios. Excel se utiliza para realizar simulaciones rudimentarias, y la simulación se muestra como una extensión a los enfoques tradicionales utilizados en el análisis de riesgos.

CAPÍTULO 5 – SIMULADOR DE RIESGO – USO DE LA HERRAMIENTA

El Capítulo 5 guía al usuario a través del software de análisis de riesgo más importante y de simulación en el mundo: *Simulador de Riesgo*. Con unos pocos clics del mouse, el lector estará en un sofisticado análisis de simulación de Monte Carlo para capturar tanto la incertidumbre y los riesgos utilizando el software. Además, la interpretación de dicho análisis también es muy importante. El mejor análisis en el mundo es sólo tan bueno como la habilidad del analista para comprender, utilizar, presentar, reportar, y convencer a la gerencia o a los clientes de los resultados.

CAPÍTULO 6 – LA CAJA DE HERRAMIENTAS DE PANDORA

En el Capítulo 6 se discuten algunas poderosas herramientas relacionadas con simulación como: bootstrapping, ajustes de distribución, pruebas de hipótesis, simulación con correlación, simulación multidimensional, análisis tornado y gráficos de sensibilidad, este capítulo muestra estas herramientas con ilustraciones paso a paso. Estas herramientas son de gran utilidad para los analistas que trabajan en el ámbito del análisis de riesgos. La aplicabilidad de cada herramienta se discute en detalle. Por ejemplo, el uso de la simulación no paramétrica bootstrap a diferencia de los enfoques paramétricos de simulación de Monte Carlo se trabajan en el capítulo.

SECCIÓN 4–APLICACIONES DE LA INDUSTRIA

CAPÍTULO 7 – CASOS DE NEGOCIO I: NEGOCIACIÓN BIOTECNOLÓGICA Y FARMACÉUTICA, EXPLORACIÓN DE PETRÓLEO Y GAS, APLICACIÓN DE LA SIMULACIÓN EN LA PLANEACIÓN FINANCIERA, GESTIÓN DE RIESGOS HOSPITALARIOS, VALORACIÓN DE LA COMPENSACIÓN PARA EJECUTIVOS BASADA EN RIESGO, PLANIFICACIÓN DEL CRONOGRAMA BASADO EN RIESGO, TEORÍA DEL VALOR EXTREMO, Y MODELACIÓN DE RIESGOS FINANCIEROS SEGÚN EL MARCO DE BASILEA II/III PARA RIESGO DE CRÉDITO, MERCADO, OPERACIONAL, Y LIQUIDEZ

El Capítulo 7 contiene la primera entrega de casos de negocios reales en el análisis de riesgo. Estos casos de negocio fueron aportados por una variedad de expertos de la industria en la aplicación de análisis de riesgos en las áreas de farmacéutica y biotecnología, la exploración de petróleo y gas, la planificación financiera, la gestión de riesgos de hospitales, la valoración de la remuneración de los ejecutivos, el riesgo basado en los costos y planeación en la gestión de proyectos, la teoría del valor extremo y su análisis, y Basilea II / III en la medición de los riesgos: crédito, mercado, operacional y liquidez con la gestión de activos y pasivos.

SECCIÓN 5– PREDICCIÓN DEL RIESGO

CAPÍTULO 8 – EL PRONÓSTICO DEL MAÑANA A PARTIR DEL HOY

El Capítulo 8 se centra en la herramienta del Simulador de Riesgo para ejecutar métodos de pronóstico de series de tiempo, regresiones multivariantes, extrapolación lineal, procesos estocásticos, y los modelos ARIMA. Además, se discuten los temas de estacionalidad y tendencia en una serie de tiempo, junto con ocho técnicas de series de tiempo más utilizadas por los analistas para pronosticar eventos futuros dados los datos históricos. Las aplicaciones del software de cada método se discuten en detalle, con sus medidas asociadas a los errores de pronóstico y potenciales obstáculos que se podrían presentar en su uso.

CAPÍTULO 9 – USANDO EL PASADO PARA PREDECIR EL FUTURO

El principal objetivo del Capítulo 9 es mostrar la forma fácil de trabajar las series de tiempo y el análisis de regresión. A partir de algunos modelos básicos de descomposición de series de tiempo, incluyendo el suavizamiento exponencial y el de medias móviles, y dirigirnos a modelos más complejos, como los modelos aditivos y multiplicativos de Holt–Winters, el lector podrá fácilmente navegar por el laberinto del análisis de series de tiempo. También se discuten los conceptos básicos del análisis de regresión, con discusiones pragmáticas de pruebas de validez estadística, así como las dificultades de análisis de regresión, incluyendo la identificación y corrección de: heteroscedasticidad, autocorrelación y multicolinealidad.

SECCIÓN 6–DIVERSIFICACIÓN DEL RIESGO

CAPÍTULO 10 – LA BÚSQUEDA DE LA DECISIÓN ÓPTIMA

En la mayoría de los modelos de negocio o de análisis, hay variables sobre las que tiene control, como la cantidad a cobrar por un producto o cuánto invertir en un proyecto. Estas variables controladas se llaman variables de decisión. Encontrar los valores óptimos para las variables de decisión puede ser la diferencia entre alcanzar un logro o no alcanzarlo. El Capítulo 10 detalla el proceso de optimización a un alto nivel, con ilustraciones sobre las soluciones de problemas de optimización de manera manual, utilizando gráficos, y aplicando el complemento de Excel: Solver. El Capítulo 11 ilustra la solución a problemas de Optimización bajo Incertidumbre, lo que refleja de manera más cercana las condiciones de negocio en un mundo real.

CAPÍTULO 11 – OPTIMIZACIÓN BAJO INCERTIDUMBRE

El Capítulo 11 ilustra dos modelos de optimización con detalles paso a paso. El primer modelo es una optimización discreta de un portafolio de proyectos bajo incertidumbre. Dado un conjunto de 12 proyectos potenciales, el modelo evalúa todas las posibles combinaciones discretas de los proyectos sobre una base "aceptar" o "no aceptar" de tal modo que una restricción presupuestaria debe cumplirse, este modelo además proporciona de manera simultánea el mejor nivel de los retornos sujetos a incertidumbre. De esta manera, los mejores proyectos serán elegidos en base a estos criterios. El segundo modelo evalúa una optimización de tipo continuo de un portafolio financiero constituido por diferentes clases de activos con diferentes niveles de riesgos y rendimientos. El objetivo de este modelo es encontrar la asignación óptima de los activos sujetos a una restricción sobre una asignación de 100 por ciento que maximiza el índice de Sharpe, o la relación retorno riesgo del portafolio. Esta relación va a maximizar el retorno del portafolio sujeto a la minimización del riesgo que se puede presentar por la correlación cruzada entre los diferentes activos y que afecta de manera directa la optimización del portafolio.

SECCIÓN 7–MITIGACIÓN DEL RIESGO (VOLUMEN II)

CAPÍTULO 12 – ¿QUÉ ES LO REAL DE LAS OPCIONES REALES, Y PORQUE SON OPCIONALES?

El Capítulo 12 describe lo que es el análisis de opciones reales, quienes han utilizado el enfoque, cómo las empresas lo están utilizando y cuáles son algunas de las características de las opciones reales. El capítulo describe el análisis de opciones reales en pocas palabras, proporciona al lector una sólida introducción a sus conceptos sin necesidad de sus fundamentos teóricos. Las opciones reales son aplicables si se cumplen los siguientes requisitos: el análisis financiero tradicional se puede llevar a cabo y los modelos se puede construir; existe incertidumbre; la misma incertidumbre influye en el valor; la gestión o el proyecto tiene opciones estratégicas o son flexibles y en cualquier ocasión se puede tomar ventaja de esta incertidumbre, como también cubrirse de estas mismas; y la gestión debe ser creíble para ejecutar las opciones estratégicas pertinentes cuando se convierten en una necesidad para hacerlo.

CAPÍTULO 13 – LA CAJA NEGRA SE HACE TRANSPARENTE: REAL OPTIONS SLS

El Capítulo 13 introduce a los lectores al primer software de opciones reales del mundo aplicable en todas las industrias. El capítulo ilustra cómo un usuario puede empezar con el software en algunos momentos después de que se ha instalado. El lector se encontrará con autonomía en la solución de problemas con el uso de *Real Options Super Lattice Solver* para obtener resultados inmediatos—una verdadera prueba cuando se llega al momento de la verdad.

SECCIÓN 8– MÁS APLICACIONES DE LA INDUSTRIA (VOLUMEN II)

CAPITULO 14 – CASOS EXTENDIDOS DE NEGOCIO II: BIENES RAÍCES, RIESGO DE CRÉDITO BANCARIO, ESTRATEGIA MILITAR, MERCADO POSTVENTA AUTOMOTRIZ, SISTEMAS DE OBSERVACIÓN GLOBAL DE LA TIERRA, OPCIONES SOBRE ACCIONES PARA EMPLEADOS, NEGOCIACIÓN DE REGALÍAS Y RENTA DE PETRÓLEO Y GAS, RIESGOS DE EMPRESAS DE TECNOLOGÍAS DE LA INFORMACIÓN, RIESGO DE MERCADO Y CRÉDITO BASILEA II / III, GESTIÓN DE SEGURIDAD DE LA INFORMACIÓN EN LA INTRUSIÓN DE TECNOLOGÍAS DE LA INFORMACIÓN, GESTIÓN DEL RIESGO EMPRESARIAL DINÁMICO, METAS DE VENTAS CON PREDICCIONES DE EMBUDO DE VENTAS, ECONOMÍA DEL CUIDADO DE LA SALUD, Y ESTRATEGIAS DE ESCANEO E IMPRESIÓN 3D EN COLABORACIÓN CON LA MARINA DE LOS ESTADOS UNIDOS

El Capítulo 14 contiene la segunda entrega de casos de negocios en la industria con aplicaciones al análisis de riesgo. Estos casos de negocio fueron aportados por una variedad de expertos que aplican la simulación, la optimización y el análisis de opciones reales en las áreas de desarrollo de bienes raíces, el riesgo de crédito bancario, la estrategia militar, piezas de automóviles en el mercado de autopartes, sistemas de observación de la tierra a nivel mundial, opciones sobre acciones, arrendamiento para el campo petrolífero en el estado de California, los riesgos de la tecnología de la información, Basilea II y Basilea III en cuanto al riesgo de crédito y la modelación de riesgo de mercado, gestión en el delito de seguridad informática, evaluación dinámica de la gestión de riesgos de la empresa, uso del pronóstico de ventas para un plan de negocios, economía de la asistencia médica y Ley de Asistencia Asequible de los Estados Unidos, y por último, el uso de las tecnologías de impresión 3D y digitalización en colaboración con la marina de Estados Unidos.

SECCIÓN 9– ADMINISTRACIÓN DEL RIESGO (VOLUMEN II)

CAPÍTULO 15 – LOS SIGNOS DE ADVERTENCIA

Las aplicaciones del software de análisis de riesgos que se presentan en este libro son herramientas muy poderosas y podría resultar perjudicial en manos de novatos sin entrenamiento. La gestión, el usuario final de los resultados, debe ser capaz de discernir si se ha realizado análisis de calidad. El Capítulo 15 profundiza en las treinta y tantas cuestiones comúnmente encontradas por los analistas que aplican técnicas de análisis de riesgo, y cómo la administración puede detectar estos errores. Si bien, puede ser el trabajo del analista crear los modelos y el uso de la suposición analítica, es trabajo de la administración desafiar los supuestos y los resultados obtenidos del análisis. Los errores del modelo, errores en supuestos de entrada, errores analíticos, errores del usuario, y errores de interpretación, son algunos de los temas tratados en este capítulo. Algunas de las cuestiones y preocupaciones planteadas en consideración de la gestión en la realización de la debida diligencia incluyen supuestos de la distribuciones, factores críticos de éxito, factores de impacto, truncamiento, validación de pronóstico, criterios de valoración, valores extremos, cambios estructurales, valor en riesgo, consideraciones a priori, backcasting, validación estadística, errores de especificación, pronóstico fuera de muestra, heteroscedasticidad, multicolinealidad, variables omitidas, relaciones espurias, causalidad y correlación, procesos autorregresivos, estacionalidad, paseos aleatorios y procesos estocásticos.

CAPÍTULO 16 – GESTIÓN DEL RIESGOS EMPRESARIAL

En este capítulo se profundiza el Gestión de Riesgos Empresariales (GRE) en una organización, por definición incluye los procesos de negocio y los métodos utilizados para identificar y gestionar los riesgos, así como aprovechar las oportunidades para alcanzar sus objetivos. La GRE proporciona un marco metodológico en la gestión de riesgos para identificar eventos o condiciones de riesgo relevantes para el cumplimiento de los objetivos en una organización, riesgos y oportunidades, identificación y evaluación de estas condiciones en términos de *probabilidad* o frecuencia de ocurrencia, así como la magnitud de la condición de riesgo o *impacto*, la determinación de la mitigación del riesgo y la estrategia de respuesta al riesgo residual, y monitorear el progreso de estos controles de riesgo. La GRE se aplica a un amplio espectro de riesgos que enfrenta una organización para asegurarse de que estos riesgos se identifiquen y se gestionen. Los inversores, reguladores gubernamentales, bancos y agencias calificadoras, entre otros, tienden a examinar los procesos de gestión de riesgos de una organización como un indicador clave de su éxito. Además, la GRE se describe como un enfoque basado en el riesgo a la planificación estratégica, así como para la gestión de una organización mediante la integración de los controles internos de riesgo y los requisitos de cumplimiento de riesgos externos. En este capítulo se explica cómo Project Economics Analysis Tool (PEAT) utilidad del módulo de GRE, mejora la gestión de riesgos con un análisis avanzado: Gestión Integral de Riesgos® (GIR), y concluye con los temas globales de cumplimiento de riesgo tales como COSO, ISO 31000: 2009, Basilea III, y la Ley Sarbanes-Oxley.

CAPÍTULO 17 – CAMBIANDO LA CULTURA CORPORATIVA

El análisis de riesgo avanzado es de difícil explicación hacia la dirección. Así que, ¿cómo se consigue que el análisis de riesgo sea aceptado como la norma en una corporación, especialmente si su industria es altamente conservadora? Es una garantía en empresas como éstas que un analista que muestre a la alta dirección una serie de modelos matemáticamente sofisticados sea lanzado hacia afuera de la oficina junto con sus resultados, y en el peor de los casos tienen la puerta cerrada de golpe. La gestión del cambio es el tema de discusión en el Capítulo 17. Al explicar los resultados y convencer a los gestores de decisiones, se articula las características de la herramienta de análisis con la gestión del cambio, conllevando a la fácil aceptación de los modelos sofisticados y el análisis de riesgo. El enfoque que garantice la aceptación en la empresa debe ser por tres elementos o agentes: el nivel superior, el nivel medio, y los niveles bajos deben participar en el proceso. Especialistas en gestión del cambio subrayan que el cambio viene más fácilmente si las metodologías para que sean aceptados son aplicables a los problemas actuales, son precisos y coherentes, ofrecen propuestas de valor añadido, son fáciles de explicar, tienen ventaja comparativa sobre los enfoques tradicionales, son compatibles con lo antiguo, tienen flexibilidad en la modelación, están respaldados por la gerencia, y están influenciados y abanderados por partes externas incluyendo competidores, clientes, contrapartes y proveedores.

CAPÍTULO 18 – TODO JUNTO: GESTIÓN INTEGRAL DEL RIESGO CON PEAT

Como su nombre lo indica, este capítulo se ofrece una aplicación final como piedra angular y completa el círculo en términos de medidas de GIR introducidas a través del libro, comenzando en el Capítulo 1 resolviendo metódicamente un portafolio de proyectos basados en riesgo. El capítulo comienza con una revisión rápida del proceso de GIR y continúa con la introducción de la utilidad de PEAT para valorar múltiples proyectos, estos se comparan en un portafolio de diferentes opciones para analizar, de esta manera se puede comparar mediante: análisis tornado, diseñar escenarios, análisis de sensibilidad, simulación, y optimización de portafolios sobre el resultado estático.

SECCIÓN 10–NOTAS TÉCNICAS

NOTAS TÉCNICAS 1–8

Esta sección incluye varias notas técnicas sobre la interpretación de PDF, CDF e ICDF; explicaciones de la teoría de convolución y cópulas; comparación de diagramas de Pareto con gráficos de sensibilidad; análisis y comparaciones de las gráficas de distribuciones de probabilidad; ajuste de distribución utilizando percentiles; gestión de proyectos dinámicos con costo y riesgo de no cumplimiento en el tiempo de ejecución; y una introducción a ROV BizStats para ejecutar análisis de estadísticas en las empresas.

SECCIÓN 11– GUÍAS VISUALES Y SUMARIO

GUÍAS VISUALES

Se presentan guías visuales que resumen los contenidos fundamentales del libro en un solo lugar.

RESUMEN ANALÍTICO

Esta sección provee una guía de referencia rápida a todos los análisis presentados en este libro en una lista conveniente.

TABLAS

Múltiples tablas se incluyen en la parte final del libro, las cuales cubren varios aspectos de las distribuciones de probabilidad como también opciones estratégicas para la valoración de opciones reales.

SECCIÓN UNO – IDENTIFICACIÓN DEL RIESGO

CAPÍTULO 1 – MAS ALLÁ DE LA INCERTIDUMBRE

UNA BREVE HISTORIA ACERCA DEL RIESGO
¿QUÉ ES EXACTAMENTE EL RIESGO?

Desde comienzos de la historia, los juegos de azar han sido un pasatiempo popular. Incluso en los relatos bíblicos, los soldados romanos echaron suertes sobre el manto de Cristo. En épocas anteriores, el azar era algo que ocurría en la naturaleza, y los seres humanos estaban simplemente sometidos a él, como un barco a los movimientos caprichosos de las olas en un océano. Incluso antes, en la época del Renacimiento, se pensaba que el futuro era simplemente una posibilidad de ocurrencia de eventos completamente aleatorios más allá del control de los seres humanos. Sin embargo, con la llegada de los juegos de azar, la codicia humana ha impulsado el estudio del riesgo y el azar para reflejar cada vez más de cerca los acontecimientos de la vida real.

Aunque inicialmente estos juegos fueron realizados con gran entusiasmo, nadie en realidad se sentó y calculó las probabilidades. Por supuesto, el individuo que entendía y dominaba el concepto de azar estaba destinado a estar en una mejor posición para beneficiarse de dichos juegos de azar. No fue sino hasta mediados del año 1600 que el concepto de azar fue estudiado apropiadamente, y el primer esfuerzo serio puede ser acreditado a Blaise Pascal, uno de los padres de la moderna selección, azar, y probabilidad.[1] Afortunadamente para nosotros, después de muchos siglos de innovaciones matemáticas y estadísticas de pioneros como Pascal, Bernoulli, Bayes, Gauss, Laplace y Fermat, nuestro mundo moderno de incertidumbre puede ser explicado con mucha más elegancia a través de las aplicaciones metodológicas de riesgo e incertidumbre.

Para la gente que vivió hace siglos, el riesgo era simplemente la inevitable posibilidad de ocurrencia más allá del ámbito de control humano. No obstante, muchos falsos adivinos se beneficiaron de su capacidad de ejercer convincentemente su clarividencia por simplemente afirmar lo que era obvio o leer el lenguaje corporal de las víctimas y decirles lo que querían oír. Los seres humanos de la era moderna, ignorando por el momento los videntes ocasionales entre nosotros, con nuestros fantásticos logros tecnológicos, seguimos siendo susceptibles a los riesgos y la incertidumbre. Podemos ser capaces de predecir las trayectorias orbitales de los planetas en nuestro sistema solar con asombrosa exactitud o la velocidad de escape necesaria para disparar un hombre de la tierra a la luna, pero cuando se trata del pronóstico de los ingresos del siguiente año de una empresa, nos encontramos perdidos. Los seres humanos han estado luchando con el riesgo toda su existencia, pero a través del ensayo y del error, y a través de la evolución de los conocimientos humanos y del pensamiento, han ideado maneras de describir, cuantificar, cubrirse, y aprovechar el riesgo.

Claramente todo el ámbito de análisis de riesgo es grande y es muy probable que no se pueda tratar dentro de unos pocos capítulos de un libro. Por lo tanto, este libro se refiere sólo a un pequeño nicho del riesgo llamado, *análisis y modelación del riesgo aplicado a los negocios*. Incluso en las áreas de análisis de riesgo en los negocios, la diversidad es grande. Por ejemplo, el riesgo en los negocios puede ser dividido rápidamente en las áreas de gestión de riesgos operacionales y de gestión del riesgo financiero. En el plano de riesgo financiero, se puede ver el riesgo de mercado, riesgo privado, el riesgo de crédito, riesgo de quiebra, riesgo de maduración, riesgo de liquidez, riesgo inflacionario, riesgo de tasa de interés, riesgo país, y así sucesivamente.

Este libro se centra en la aplicación de análisis de riesgos en el sentido de cómo aplicar adecuadamente herramientas para identificar, comprender, cuantificar, y diversificar el riesgo de tal manera que pueda ser cubierto y gestionado de una manera más eficaz. Estas herramientas son lo suficientemente genéricas que pueden aplicarse en toda una gama de condiciones empresariales, industrias y necesidades. Por último, la comprensión de este texto junto con *Real Options Analysis*, Third Edition [*Análisis de Opciones Reales*, tercera edición] (Thompson–Shore/Wiley, 2016) y el software Simulador de Riesgo y Real Options SLS son requisitos necesarios para la certificación y nombramiento del CQRM (véase www.realoptionsvaluation.com para más detalle).

INCERTIDUMBRE VS. RIESGO

El riesgo y la incertidumbre son animales muy diferentes en su aspecto, pero son de la misma especie; sin embargo, las líneas de demarcación son con frecuencia borrosas. Una distinción es crítica en esta coyuntura antes de proceder a cambiar de tema. Supongamos que soy lo suficientemente irracional para tomar un vuelo de paracaidismo con un buen amigo a bordo de un avión con destino el desierto de Palm Springs. Mientras somos llevados por el aire a 10,000 pies y viendo que nuestras vidas pasan a través nuestros ojos, nos damos cuenta de que en nuestro apuro olvidamos traer nuestros paracaídas a bordo. Sin embargo, en el avión hay un paracaídas de emergencia viejo, empolvado, y en mal estado. En ese momento, mi amigo y yo tenemos el mismo nivel de incertidumbre.

La incertidumbre de si el antiguo paracaídas se abrirá, y si no lo hará, vamos a caer y morir. Sin embargo, siendo el buen tipo que soy, adverso al riesgo, decido dejar a mi amigo a dar el paso adelante. Evidentemente, él es la persona que da el paso adelante y la persona que toma el riesgo. Yo no tengo riesgo en este momento, mientras que mi amigo tiene todo el riesgo.[2] Sin embargo, ambos tenemos el mismo nivel de incertidumbre en cuanto a si el paracaídas va a fallar. De hecho, ambos tenemos el mismo nivel de incertidumbre en cuanto a los resultados de la jornada de negociación en la Bolsa de Valores de Nueva York, que no tiene absolutamente ningún efecto sobre si viviremos o moriremos ese día. Sólo cuando el salta y se abre el paracaídas la incertidumbre es resuelta a través del paso del tiempo, eventos, y la acción. Sin embargo, aun cuando la incertidumbre es resuelta con la apertura del paracaídas, el riesgo aún existe en cuanto a si va a aterrizar a salvo en tierra.

Por lo tanto, el riesgo es algo que uno tiene y es el resultado de la incertidumbre. Sólo porque hay incertidumbre, muy bien podría no haber ningún riesgo. Si la única cosa que molesta a un CEO de una empresa con sede en Estados Unidos es la fluctuación en el mercado de divisas del kwacha de Zambia, entonces yo podría sugerir irse corto con algunas kwachas y cambiar su portafolio a dólares estadounidense-basado en deuda. Si esta incertidumbre no afecta a la empresa en el resultado final en ninguna manera, sólo es incertidumbre y no riesgo.

Este libro se interesa en el riesgo mediante la realización del análisis de la incertidumbre. La misma incertidumbre que trae consigo el riesgo por su mera existencia cuando este impacta el valor de un proyecto en particular. También se prevé que el usuario final de este análisis de incertidumbre haga uso de los resultados adecuadamente, si el análisis es para determinar, ajustar, o seleccionar proyectos respecto a sus riesgos, y así sucesivamente. De otro modo, ejecutar millones de complejas simulaciones y dejar que los resultados sean "marinados" será inútil.

Ejecutando simulaciones en el mercado de divisas del kwacha de Zambia, un analista sentado en una oficina en algún lugar en el centro de Denver no reducirá en ninguna forma el riesgo del kwacha en el mercado o la exposición de la empresa a la misma. Sólo utilizando los resultados de un análisis de simulación de la incertidumbre y la búsqueda de soluciones para hacer coberturas o mitigar la fluctuación ya cuantificada, y el riesgo de una caída por la exposición al mercado de divisas de la empresa a través del mercado de derivados podría el analista dar a entender que ha realizado análisis de riesgo y gestión del riesgo.

Para ilustrar las diferencias entre el riesgo y la incertidumbre, supongamos que estamos tratando de pronosticar el precio de las acciones de Microsoft (MSFT). Supongamos que MSFT está actualmente a un precio de U$25 por acción, y los precios históricos le asignan a la acción una volatilidad de 21.89%. Ahora supongamos que, para los próximos 5 años, MSFT no se compromete con ningún proyecto arriesgado y permanece exactamente en la forma en que se encuentra ahora, además, supongamos que todo el mundo económico y financiero permanece constante. Esto significa que el *riesgo* es fijo e inalterable, es decir, la volatilidad es inalterable para los próximos 5 años.

Sin embargo, la incertidumbre del precio aun aumenta con el tiempo, es decir, el ancho de los intervalos de los pronósticos aun aumentará a lo largo del tiempo. Por ejemplo, los pronósticos del Año 0 son conocidos y son de U$25. Sin embargo, si avanzamos un día, en muy probable que MSFT varíe entre U$24 y U$26. Un año más tarde, los límites de incertidumbre pueden estar entre U$20 y U$30. Cinco años en el futuro, los límites pueden estar entre U$10 y U$50. En este ejemplo, las *incertidumbres aumentan*, mientras que los *riesgos permanecen igual*. Por lo tanto, riesgo no es igual a incertidumbre.

Esta idea es, por supuesto, aplicable a cualquier tipo de pronóstico por lo que se vuelve más y más difícil pronosticar el futuro, aunque sea el mismo riesgo. Ahora, si el riesgo cambia con el tiempo, los límites de incertidumbre se vuelven más complicados (por ejemplo, los límites de incertidumbre de ondas sinusoidales con eventos de saltos discretos).

En otros casos, el riesgo y la incertidumbre se usan de forma intercambiada. Por ejemplo, Suponga que usted juega a lanzar una moneda. Usted apuesta U$0.50 y si sale cara usted gana U$1, pero usted pierde todo si aparece sello. El riesgo aquí es que pierda todo porque el riesgo es que puede caer sello. La incertidumbre es que puede caer sello. Habida cuenta de que caiga sello, se pierde todo; por lo tanto, incertidumbre trae consigo riesgo. La incertidumbre es la posibilidad de que se produzca un evento y el riesgo es la ramificación de que este evento se produzca. La gente tiende a utilizar estos dos términos de forma intercambiada.

En el debate sobre la incertidumbre, hay tres niveles de incertidumbre en el Mundo: la *conocida*, la *desconocida*, y la *incognoscible*. La conocida es, por supuesto, la que sabemos que ocurrirá y hay certeza de su ocurrencia (obligaciones contractuales o eventos garantizados); la desconocida es la que no sabemos y puede ser simulada. Estos acontecimientos vienen a ser conocidos con el paso del tiempo, eventos, y acciones (la incertidumbre de si un nuevo medicamento o una nueva tecnología pueden ser desarrollados con éxito será conocida después de gastar años y millones en programas de investigación. Éstos podrían funcionar o no, y nosotros lo sabremos en el futuro), y estos eventos llevan consigo riesgos, pero estos riesgos se reducirán o eliminarán con el paso del tiempo.

Sin embargo, eventos incognoscibles llevan ambos incertidumbre y riesgo donde la totalidad del riesgo y la incertidumbre podrían no cambiar con el paso del tiempo, eventos o acciones. Son eventos tales como cuándo el próximo terremoto o tsunami golpeará, o cuando se producirá otro acto de terrorismo alrededor del mundo. Cuando un evento ocurre, la incertidumbre se resuelve, pero el riesgo permanece (otro puede o no puede golpear mañana). En el análisis tradicional, nos preocupamos por los factores conocidos. En el análisis de riesgo, nos preocupamos por los factores desconocidos y los incognoscibles. ¡Los factores incognoscibles son fáciles de cubrir-consiga el seguro apropiado! Es decir, no hacer negocios en un país asolado por la guerra, manténgase lejos de economías políticamente inestables, comprar un seguro contra daños materiales o por lucro cesante en la actividad económica, y así sucesivamente. Es para los factores desconocidos que el análisis de riesgos proporcionará la cantidad de valor más importante.

¿POR QUÉ ES IMPORTANTE EL RIESGO EN LA TOMA DE DECISIONES?

El riesgo debería ser una parte importante del proceso de toma de decisiones, de lo contrario sin una evaluación de riesgo malas decisiones pueden ser tomadas. Por ejemplo, supongamos que los proyectos simplemente son escogidos con base en una evaluación de los retornos; claramente el proyecto con la más alta rentabilidad será elegido por encima de los proyectos con más baja rentabilidad. En la teoría financiera, los proyectos con mayor rentabilidad en la mayoría de los casos soportan mayores riesgos.[3] Por lo tanto, en lugar de confiar únicamente en resultado final en cuanto a ganancias, un proyecto debe ser evaluado sobre la base de sus rendimientos, así como de sus riesgos. Las Figuras 1.1 y 1.2 ilustran los errores en el juicio cuando los riesgos se ignoran.

> Los conceptos de riesgo e incertidumbre están relacionados, pero son diferentes. La Incertidumbre incluye variables desconocidas y cambiantes, pero la incertidumbre se vuelve conocida y se resuelve con el paso del tiempo, los eventos, y la acción. El riesgo es algo que uno tiene y es el resultado de la incertidumbre. A veces, el riesgo puede permanecer constante, mientras que la incertidumbre aumenta a lo largo del tiempo.

La Figura 1.1 enumera tres proyectos *mutuamente excluyentes* con sus respectivos costos de implementación, ganancias netas esperadas (neto de los costos de implementación), y niveles de riesgo (todos en valor presente).[4] Claramente, para el gerente con presupuesto limitado, el proyecto más barato será el mejor, lo que da como resultado la selección del proyecto X.[5] El gerente orientado por el retorno elige el Proyecto Y con los más altos rendimientos, suponiendo que el presupuesto no es un problema. El Proyecto Z será elegido por el Gerente con aversión al riesgo, ya que proporciona la menor cantidad de riesgo y al mismo tiempo un rendimiento neto positivo. El resultado es que, con tres proyectos diferentes y tres gerentes diferentes, tres decisiones diferentes serán tomadas. ¿Cuál gerente está en lo correcto y por qué?

La Figura 1.2 muestra que el Proyecto Z debe ser elegido. Para fines ilustrativos, suponga que los tres proyectos son independientes y mutuamente excluyentes,[6] y que un número ilimitado de proyectos de cada categoría se puede elegir, pero el presupuesto está limitado a 1,000 dólares. Por lo tanto, con este presupuesto de 1,000 dólares, 20 proyectos X pueden ser elegidos, dando $1,000 en ingresos netos y $500 en riesgo, y así sucesivamente. Es claro en la Figura 1.2 que el proyecto Z es el mejor proyecto para el mismo nivel de ingresos netos

(U$1,000), Con la menor cantidad de riesgo tomado (U$100). Otra forma de ver esta elección es que por cada U$1 de retorno obtenido, sólo una cantidad de U$0.1 de riesgo está implicado en promedio, o que para cada U$1 de riesgo, se obtienen U$10 como retorno promedio. Este ejemplo ilustra el concepto de bang-for-the-buck o cómo obtener el mejor retorno con la menor cantidad de riesgo.

Por qué es importante el riesgo?

Nombre del Proyecto	Costo	Ingresos	Riesgo
Proyecto X	$50	$50	$25
Proyecto Y	$250	$200	$200
Proyecto Z	$100	$100	$10

Proyecto X para el administrador restringido por el presupuesto

Proyecto Y administrador no restringido por presupuesto e impulsado por ingresos

Proyecto Z para el administrador adverso al riesgo

Proyecto Z para el administrado inteligente

Figura 1.1: ¿Por qué es Importante el Riesgo?

Un ejemplo aún más llamativo es suponer que existen varios diferentes proyectos con el mismo promedio de ganancias netas de 10 millones de dólares cada uno. Sin análisis de riesgos, un administrador, en teoría, le debería ser indiferente elegir cualquiera de los proyectos.[7] Sin embargo, con el análisis de riesgos, puede tomarse una mejor decisión. Por ejemplo, supongamos que el primer proyecto tiene un 10 por ciento de posibilidades de exceder los 10 millones de dólares, el segundo un 15 por ciento de posibilidades, y el tercero un 55 por ciento de posibilidades. El tercer proyecto, por lo tanto, es la mejor apuesta.

Este enfoque de obtener el mayor retorno de la inversión (bang for the buck) o relación retorno riesgo, es la piedra angular de la frontera eficiente de Markowitz en la teoría moderna de los proyectos. Es decir, si tenemos restringido el nivel de riesgo total del proyecto y se permite sucesivamente aumentarlo con el tiempo; obtendremos varias asignaciones del proyecto eficientes para diferentes características de riesgo. De esta forma, diferentes asignaciones eficientes del proyecto se pueden obtener por diferentes individuos con diferentes preferencias de riesgo. En la parte inferior de la Figura 1.2, vemos una muestra de la frontera eficiente de Markowitz. En el Capítulo 11, trataremos este tema detalladamente mediante el uso de un ejemplo de optimización de proyectos en varios escenarios de inversión, igualmente a través de un ejemplo de un proyecto del ejército, para determinar la óptima o mejor asignación de los activos y las inversiones o proyectar la selección de proyectos en el contexto de un plan de negocios (maximizar un objetivo determinado, tales como las ganancias o mayor beneficio del índice de Sharpe, sujeto a ciertas restricciones como tiempo, presupuesto, costo, riesgo, etc.). Pero brevemente, en el gráfico de la Figura 1.2; cada punto representa un *portafolio* de múltiples proyectos presentados en una grafico bidimensional de retornos (eje *y*) y riesgo (eje *x*). Si se comparan los portafolios A y B, un tomador de decisiones racional elegirá el proyecto A, porque tiene un mayor rendimiento con la misma cantidad de riesgo de B. Adicionalmente, el mismo que toma las decisiones elegirá el proyecto A sobre el proyecto C, ya que por la misma rentabilidad A tiene menor riesgo; por razones similares D será elegido sobre C.

Agregar un Elemento de Riesgo...

Mirando por encima, X (2), Y (1), Z (10), se debe escoger el Proyecto Z ... con presupuesto $1,000, es posible obtener lo siguiente:

Proyecto X:	20 Proyecto X retorna $1,000, con riesgo de $500
Proyecto Y:	4 Proyecto Y retorna $800, con riesgo de $800
Proyecto Z:	10 Proyecto Z retorna $1,000, con riesgo de $100

Proyecto X:	Por cada retorno de $1, se toma un riesgo de $0.5
Proyecto Y:	Por cada retorno de $1, se toma un riesgo de $1.0
Proyecto Z:	Por cada retorno de $1, se toma un riesgo de $0.1

Proyecto X:	Por cada riesgo de $1, se obtiene un ingreso de $2
Proyecto Y:	Por cada riesgo de $1, se obtiene un ingreso de $1
Proyecto Z:	Por cada riesgo de $1, se obtiene un ingreso de $10

Conclusión: El riesgo es importante. Ignorar los resultados de riesgo es tomar la decisión incorrecta

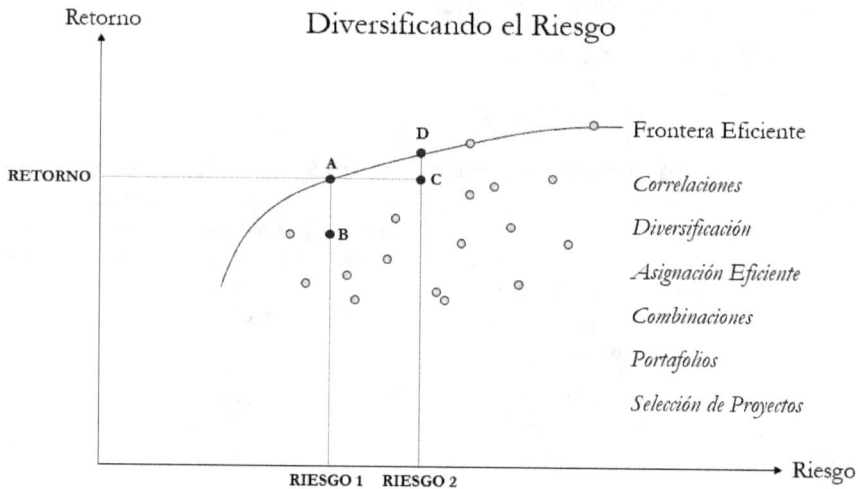

Figura 1.2: Añadiendo un Elemento de Riesgo

En otras palabras, existen múltiples combinaciones de proyectos que pueden ser desarrollados, pero hay un enorme conjunto de portafolios que producirán los mayores rendimientos sujetos a la menor cantidad de riesgo o el mejor retorno de la inversión, y estos portafolios se encuentran en el extremo superior de la curva, llamada la frontera eficiente. Podemos obtener estos puntos de portafolio mediante la ejecución de una optimización. *Cada punto en este gráfico representa una de ellas, y la frontera eficiente es simplemente varias ejecuciones de optimización a través de disímiles y cambiantes limitaciones.* Este enfoque le permite a la persona que toma las decisiones, flexibilidad o contar con varias opciones; un tema importante que será discutido en detalle más adelante (Capítulos 12 y 13), en lugar de tener solo un punto de referencia para la toma de decisiones. De hecho, si el trayecto de un proyecto a otro se encuentra en una curva de pendiente positiva empinada (pasando de P1 a P2 en la Figura 1.2), entonces es una buena idea pasar al siguiente proyecto, asumiendo que las limitaciones del nuevo proyecto son aceptables. En otras palabras, una pendiente positiva empinada significa que, para la misma cantidad de riesgo, la cantidad de retornos a obtener es significativamente mayor para compensar los recursos adicionales y de riesgo. Por el contrario, si la pendiente es relativamente plana (desde P3 a P4), hacia el siguiente proyecto, esta tal vez no es una buena idea ya que solamente se obtiene una pequeña rentabilidad marginal con un riesgo significativamente mayor. Sin embargo, si se dispone de recursos adicionales y no hay mejores alternativas, y si la persona a cargo de las decisiones está dispuesta a tomar el riesgo más alto por una leve ganancia, entonces el siguiente proyecto podría ser aconsejable. En el evento en que las pendientes se inclinan hacia abajo (al pasar de P4 a P5), ya no es eficiente y definitivamente no es recomendable debido a que, por las limitaciones de los recursos adicionales requeridos, el riesgo aumenta, pero la rentabilidad realmente disminuye, lo que indica no sólo rendimientos marginales decrecientes, sino también rendimientos marginales completamente negativos. Así que, cuando se presenta este tipo de análisis, el tomador de decisiones puede inclinarse por el proyecto a llevar a cabo, cuáles serán los recursos requeridos, cuál será la rentabilidad proyectada y cuáles serán los riesgos.

LA ANTIGUA FORMA DE TRATAR CON EL RIESGO

Las empresas han venido tratando con riesgo desde el comienzo de la historia del comercio. En la mayoría de los casos, los administradores han estudiado los riesgos de un determinado proyecto, reconocen su existencia, y avanzan. Poco se había hecho en el pasado para cuantificar el riesgo. De hecho, la mayoría de los encargados de tomar decisiones sólo miran algunas estimaciones basadas en un punto único de la rentabilidad de un proyecto. La Figura 1.3 muestra un ejemplo de una estimación basada en un punto único.

La estimación de los ingresos netos de $30 es simplemente esa, un único punto cuya probabilidad de ocurrencia está cerca de cero.[8] Incluso en el modelo simple que se muestra en la Figura 1.3, los efectos de las interdependencias son ignorados, y en el argot tradicional de modelación, tenemos el problema de *Garbage In–Garbage Out* (GIGO—Entra basura sale basura). Como ejemplo de las interdependencias, las unidades vendidas probablemente tienen una correlación negativa con el precio del producto,[9] y están positivamente correlacionadas con el costo variable promedio;[10] ignorar estos efectos en una estimación basada en punto único va a producir resultados totalmente incorrectos. Por ejemplo, si la variable venta de unidad se vuelve 11 en lugar de 10, el resultado de ingresos no puede ser simplemente $35. Los ingresos netos podrían disminuir debido a un aumento en la variable de costo por unidad, mientras que el precio de venta podría ser ligeramente inferior para acomodar este aumento en ventas de unidades. Haciendo caso omiso de estas interdependencias se reducirá la exactitud del modelo.

> Un gerente racional elegiría proyectos basados no sólo en los retornos sino también en los riesgos. Los mejores proyectos tienden a ser aquellos en los que se obtiene el mejor valor con la menor cantidad de riesgo, o los mejores rendimientos sujetos a algunos riesgos específicos.

Estimación de Punto Único

Unidades	10
Precio de Venta	$10
Total Ingreso	$100
Costo Variable/Unidad	$5
Costo Total Fijo	$20
Costo Total	$70
Ingresos Netos	$30

Interdependencias

Estimación de Punto Único

¿Qué tanto confía en el resultado del análisis? ¡Puede estar completamente mal!

Figura 1.3: Estimaciones Basadas en un Punto Único

Uno de los enfoques utilizados para hacer frente al riesgo y la incertidumbre es la aplicación de análisis de escenarios, como se ve en la Figura 1.4. Supongamos que se pueden dar tres casos, el peor, el caso promedio, y el mejor de los casos. Se analizan las ventas de unidades, los ingresos netos de los tres escenarios para encontrar los resultados correspondientes. Como se dijo anteriormente, los problemas de interdependencias no se han abordado. Los ingresos netos obtenidos son simplemente muy variables, van desde U$5 hasta U$55. No se puede determinar mucho a partir de este análisis.

Análisis de Escenarios

		Mejor Caso: 15
Unidades	10	Más probable: 10
Precio de Venta	$10	Peor Caso: 5
Total Ingreso	$100	
Costo Variable/Unidad	$5	
Costo Total Fijo	$20	
Costo Total	$70	Mejor Caso: $55
Ingresos Netos	$30	Más probable: $30
		Peor caso: $5

Los resultados son muy variables – ¿cuál ocurrirá?

El mejor, peor y caso más probable suelen ser ideas demasiado vagas!

Figura 1.4: Análisis de Escenario

Un enfoque relacionado es realizar el llamado *que pasaría si "Y Si"* o el análisis de *sensibilidad* como se ve en la Figura 1.5. Cada variable es cambiada una cantidad de veces pre-fijada y el cambio en los ingresos netos resultante es capturado. Este enfoque es excelente para conocer cuál de las variables afectan más el resultado final. Un enfoque concerniente es el uso de los gráficos de tornado y de sensibilidad según se especifica en *Capítulo 6, Caja de Pandora*, que trata una serie de herramientas de simulación. Estos enfoques usualmente eran la extensión a lo que el análisis de riesgo e incertidumbre realizaban tradicionalmente. Claramente, un enfoque mejor y más robusto será necesario.

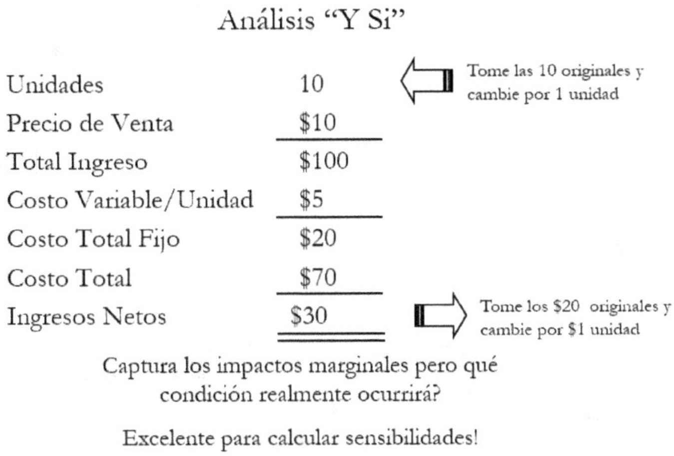

Análisis "Y Si"

Unidades	10	⇐ Tome las 10 originales y cambie por 1 unidad
Precio de Venta	$10	
Total Ingreso	$100	
Costo Variable/Unidad	$5	
Costo Total Fijo	$20	
Costo Total	$70	
Ingresos Netos	$30	⇒ Tome los $20 originales y cambie por $1 unidad

Captura los impactos marginales pero qué
condición realmente ocurrirá?

Excelente para calcular sensibilidades!

Figura 1.5: ¿Y qué sí? o Análisis de Sensibilidad

Este es el punto donde entra la simulación. La Figura 1.6 muestra cómo la simulación puede considerarse como una simple extensión de los enfoques tradicionales de análisis de sensibilidad y de escenario. Los factores críticos de éxito o las variables que afectan más la variable resultado final de ingresos netos, que al mismo tiempo son inciertas, son simuladas. En la simulación, las interdependencias son representadas mediante correlaciones. Las variables inciertas son entonces simuladas miles de veces para emular todas las posibles permutaciones y combinaciones de los resultados. Los ingresos netos resultantes de estos potenciales resultados simulados son tabulados y analizados.

En esencia, en su forma más elemental, la simulación es simplemente una versión mejorada de los enfoques tradicionales como el análisis de sensibilidad y de escenario, pero realizada automáticamente miles de veces, mientras que se da razón por todas las interacciones dinámicas entre las variables simuladas. Como se ve en la Figura 1.7, los ingresos netos resultantes de la simulación, muestran que hay un 90 por ciento de probabilidad de que los ingresos netos se sitúen entre U$19.19 y U$41.01, con un 5 por ciento de que ocurra el peor escenario y que los ingresos netos se sitúen por debajo de U$19.19. En lugar de tener sólo tres escenarios, la simulación creo 5,000 escenarios, o ensayos, en donde múltiples variables son simuladas y cambian al mismo tiempo (venta de unidades, precio de venta, y la variable costo por unidad), mientras que sus respectivas relaciones o correlaciones son mantenidas.

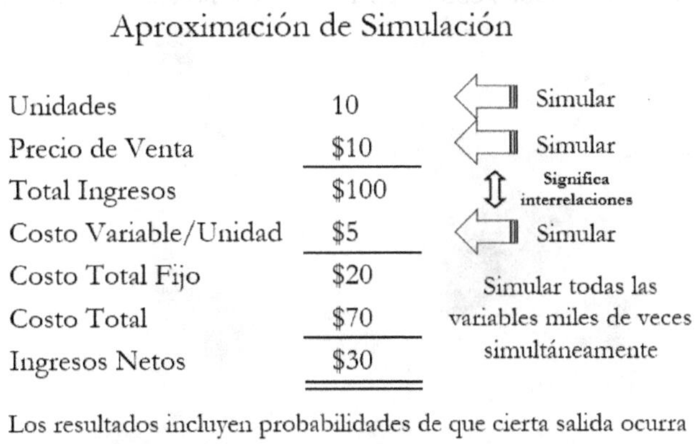

Aproximación de Simulación

Unidades	10	⇐ Simular
Precio de Venta	$10	⇐ Simular
Total Ingresos	$100	⇕ Significa interrelaciones
Costo Variable/Unidad	$5	⇐ Simular
Costo Total Fijo	$20	Simular todas las
Costo Total	$70	variables miles de veces
Ingresos Netos	$30	simultáneamente

Los resultados incluyen probabilidades de que cierta salida ocurra

Figura 1.6: Aproximación/Enfoque de Simulación

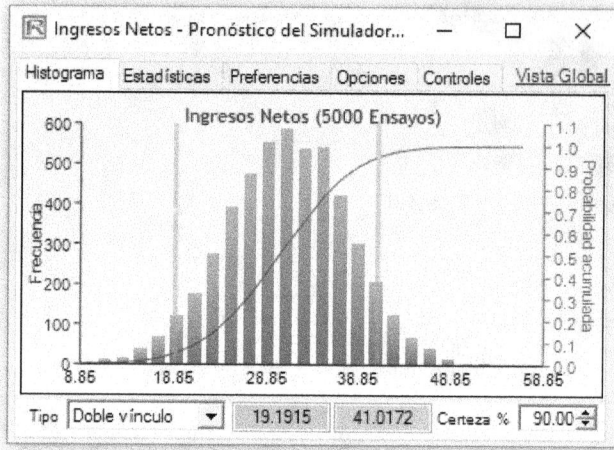

Figura 1.7: Resultados de Simulación

LA APARIENCIA Y SENSACIÓN
DEL RIESGO E INCERTIDUMBRE

En la mayoría de análisis de riesgo financiero, el primer paso es crear una serie de flujos de caja libre (FCL) descontados a una tasa de costo de capital ponderado (WACC), que puede tomar la forma de una declaración de ingresos o de un modelo de flujo de caja descontado (FCD).[11] El resultante determinista de los flujos de caja libre es representado en una línea de tiempo, similar a la que se muestra en la Figura 1.8. Estas cifras de flujos de caja son en la mayoría de los casos pronósticos del futuro incierto. En este ejemplo simple, los flujos de caja se supone que siguen una curva de crecimiento en línea recta (por supuesto, otras formas de curva también pueden ser construidas). Pronósticos similares se puede construir utilizando datos históricos y ajustando estos datos a un modelo de series de tiempo o un análisis de regresión.[12] Sea cual sea el método de obtención de dicho pronóstico o la forma de la curva de crecimiento, se trata de estimaciones puntuales del futuro desconocido. Realizar un análisis financiero sobre estos estáticos flujos de caja, proporciona un valor acertado del proyecto, si y sólo si todos los flujos de efectivo futuros se saben con certeza—es decir, no existe incertidumbre.

La Intuición: Análisis Determinístico

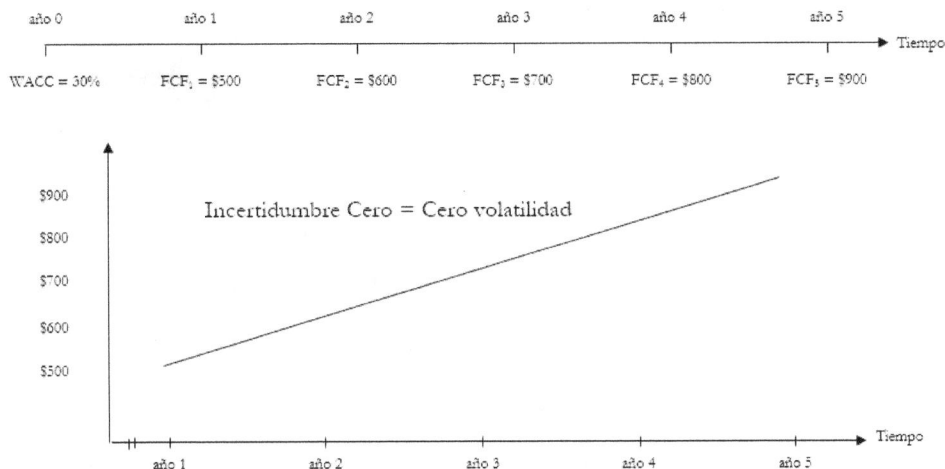

Esta proyección de línea recta de flujo de caja es lo básico en el análisis de
VPN. Asume un conjunto de flujos de cajas futuros estáticos y conocidos.

Figura 1.8: La Intuición del Riesgo—Análisis Determinístico [13]

Sin embargo, en la realidad, las condiciones en los negocios son difíciles de predecir. La incertidumbre existe, y los niveles reales de los futuros flujos de efectivo pueden ser más parecidos a los de la Figura 1.9, esto es, en determinados períodos de tiempo, los flujos de efectivo pueden estar más arriba, más abajo, o en los niveles previstos. Por ejemplo, en cualquier período de tiempo, el flujo de caja puede caer dentro de un rango de cifras con un cierto porcentaje de probabilidad.

Como ejemplo, el primer año de flujo de caja puede caer en cualquier lugar entre U$480 y U$520. Los valores reales se muestran que fluctúan en torno a los valores pronosticados con una volatilidad promedio de 20 por ciento.[14] (Utilizamos aquí la volatilidad como una medida de la incertidumbre, es decir, a mayor volatilidad, mayor es el nivel de incertidumbre, con una incertidumbre de cero, los resultados son 100 por ciento exactos[15]). Ciertamente, este ejemplo muestra de una forma mucho más precisa la verdadera naturaleza de las condiciones de los negocios, que son bastante difíciles de predecir con cierta cantidad de certeza.

La Intuición: Simulación de Monte Carlo

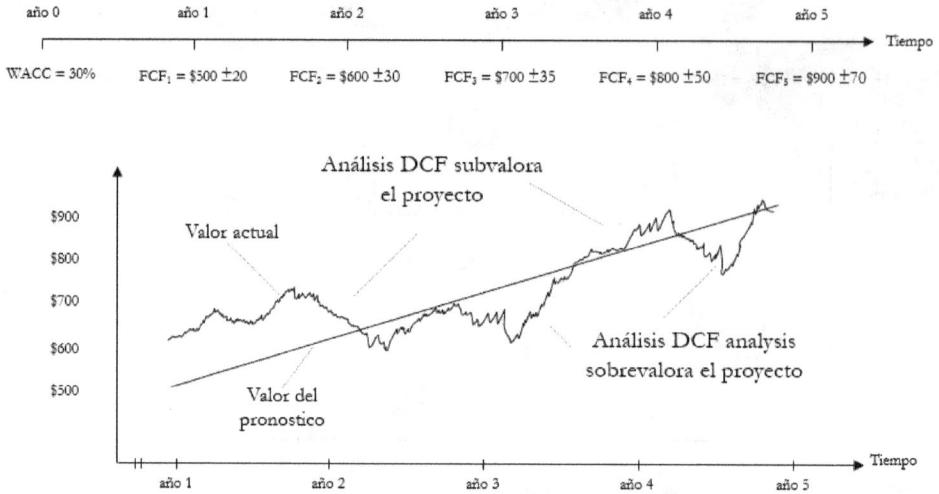

Esta gráfica muestra que en la realidad, en diferentes momentos, flujos de caja verdaderos pueden estar arriba, abajo, o en la línea de pronostico debido a la incertidumbre y el riesgo . Entre mas alto sea el riesgo, mas alta la volatilidad y la fluctuación de flujos de caja alrededor del valor de pronostico. Cuando la volatilidad es cero, los valores colapsan con el valor de línea recta del pronostico.

Figura 1.9: La Intuición del Riesgo–Simulación de Monte Carlo

La Figura 1.10 muestra dos ejemplos de los flujos de caja reales alrededor de la línea recta de valor pronosticado. Cuanto mayor sea la incertidumbre en torno a los niveles de flujo de caja reales, mayor será la volatilidad. La línea más oscura que tiene 20 por ciento de volatilidad fluctúa de una forma más salvaje en torno a los valores pronosticados. Estos valores pueden ser cuantificados con bastante facilidad utilizando la simulación de Monte Carlo, pero no pueden ser explicados adecuadamente usando los métodos tradicionales más simples, tales como análisis de sensibilidad y de escenario.

La Intuición: El rostro del Riesgo

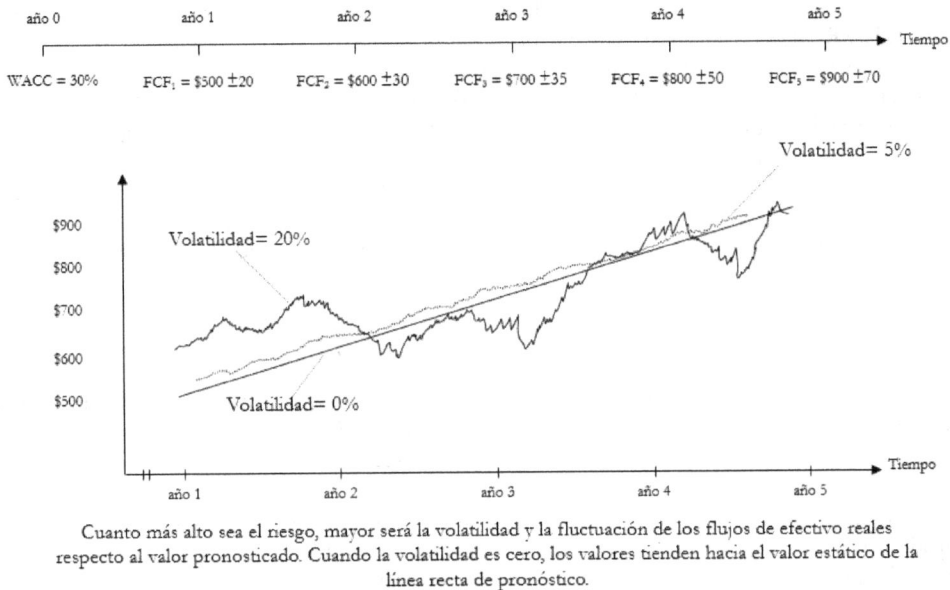

Cuanto más alto sea el riesgo, mayor será la volatilidad y la fluctuación de los flujos de efectivo reales respecto al valor pronosticado. Cuando la volatilidad es cero, los valores tienden hacia el valor estático de la línea recta de pronóstico.

Figura 1.10: La Intuición del Riesgo– El Rostro del riesgo

GESTIÓN INTEGRAL DE RIESGO (GIR)®

Antes de profundizar en los diferentes métodos de análisis de riesgos en los restantes capítulos del libro, es importante entender primero el marco de análisis de la *Gestión Integral de Riesgo* y de cómo estas diferentes técnicas se relacionan en un análisis de riesgo y en un contexto de gestión del riesgo. Este marco consta de ocho fases distintas para una exitosa y completa implementación de análisis de riesgo, pasando por un proceso de gestión cualitativa hasta la creación de informes claros y concisos para la gestión. El proceso fue desarrollado por el autor basado en anteriores implementaciones exitosas de análisis de riesgos, pronóstico, opciones reales, valoración y optimización de proyectos, tanto en el área de consultoría, como en el ámbito de problemas específicos de la industria. Estas fases se pueden realizar ya sea de forma aislada o conjunta en secuencia para realizar un análisis integrado más profundo. La Figura 1.11 muestra el proceso de la Gestión Integral de Riesgo de cerca. Podemos separar el proceso en los siguientes ocho sencillos pasos:

1.   Proceso de Gestión Cualitativa

2.   Modelación de Pronósticos y Predicciones

3.   Modelo Estático Caso Base

4.   Simulación de Monte Carlo

5.   Estructuración del Problema con Opciones Reales

6.   Valoración y Modelación de Opciones Reales

7.   Optimización de Recursos y de Portafolio

8.   Presentación de Informes y Actualización de Análisis

1. Proceso de Gestión Cualitativa

El proceso de gestión cualitativa es el primer paso en cualquier proceso de análisis de Gestión Integral de Riesgo. La gerencia tiene que decidir qué proyectos, activos, iniciativas, o estrategias son viables para su posterior análisis, de acuerdo con la misión de la empresa, visión, objetivo o estrategia empresarial general. La misión, visión, objetivo o estrategia general de la empresa pueden incluir estrategias de penetración en el mercado, ventaja competitiva, aspectos de carácter técnico, adquisición, crecimiento, sinergia, o temas relacionados con la globalización. Es decir, la lista inicial de proyectos debe ser calificada en términos de cumplimiento de la gestión del programa. A menudo, la visión más valiosa es creada al tiempo que la administración estructura el problema para ser resuelto. Aquí es donde los diversos riesgos de la empresa son identificados y resaltados.

2. Modelación de Pronósticos y Predicciones

Aquí el futuro es pronosticado utilizando análisis de series de tiempo, o análisis multivariado de regresión si existen datos históricos o comparables. En caso contrario, otros métodos cualitativos para pronosticar pueden utilizarse (estimaciones subjetivas, supuestos de tasa de crecimiento, opiniones de expertos, método Delphi, etc.). En un contexto financiero, esta es la etapa donde los ingresos futuros, el precio de venta, la cantidad vendida, el volumen, la producción, y otros ingresos y costos claves son pronosticados. Véanse los Capítulos 8 y 9 para obtener más información sobre pronósticos y la utilización del software *Simulador de Riesgo* del autor para ejecutar series de tiempo, extrapolación no lineal, procesos estocásticos, ARIMA, regresión multivariante, lógica difusa, redes neuronales, modelos econométricos, GARCH, etc.

3. Modelo Estático Caso Base

Para cada proyecto que pasa las primeras etapas cualitativas es creado un modelo de flujo de caja descontado. Este modelo sirve como análisis de Caso Base donde el valor presente neto se calcula para cada proyecto, utilizando los valores pronosticados en el paso anterior. Este paso se aplica también si solo un caso está en evaluación. Este valor presente neto se calcula utilizando el enfoque tradicional de utilizar el pronóstico de ingresos y costos, y descontar el neto de estos ingresos y costos con una apropiada tasa ajustada al riesgo. El retorno de la inversión y otros indicadores de rentabilidad, costo-beneficio, y productividad se generan aquí.

4. Simulación de Monte Carlo

Debido a que el flujo de caja descontado estático produce un resultado basado en un punto único, a menudo hay poca confianza en su exactitud, dado que los acontecimientos futuros que afectan los pronósticos del flujo de caja, son muy inciertos. Para calcular mejor el valor real de un proyecto en particular, lo siguiente que debe emplearse es la simulación de Monte Carlo. Véanse los Capítulos 4 y 5 para más detalles sobre el funcionamiento de la simulación de Monte Carlo utilizando el software *Simulador de Riesgo*. Por lo general, primero se realiza un análisis de sensibilidad en el modelo de flujo de caja descontado, es decir, se establece el valor presente neto como la variable resultado, nosotros podemos cambiar cada una de sus variables precedentes y percibir el cambio en la variable resultado. Las variables precedentes incluyen ingresos, costos, impuestos, tasas de descuento, gastos de capital, depreciación, etc., que, en última instancia, fluyen a través del modelo para afectar en la cifra de valor presente neto. Con la revisión de todas estas variables precedentes, se puede cambiar cada una de ellas por un monto preestablecido y ver el efecto resultante sobre el valor presente neto.

Una representación gráfica puede ser creada, esta representación con frecuencia es llamada gráfica tornado (véase el Capítulo 6 sobre el uso de herramientas de análisis del Simulador de Riesgo, como son los gráficos tornado, gráficos araña y gráficos de sensibilidad) debido a su forma, donde las variables precedentes más sensibles se enumeran en primer lugar, y en orden decreciente de magnitud. Armado con esta información, el analista puede entonces decidir cuáles de las variables fundamentales tendrá alta incertidumbre en el futuro y cuales son determinísticas. Las variables claves inciertas que inciden en el valor presente neto y, por tanto, la decisión, son llamadas *factores críticos de éxito*. Estos factores críticos de éxito son los principales elementos para la simulación de Monte Carlo.

Debido a que algunos de estos factores podrían estar correlacionados—por ejemplo, los costos de operación pueden aumentar en proporción a la cantidad vendida de un producto en particular, o los precios pueden ser inversamente correlacionados con la cantidad vendida— una simulación de Monte Carlo correlacionada puede ser requerida. Normalmente, estas correlaciones se pueden obtener a través de datos históricos. Ejecutar simulaciones correlacionadas proporciona una aproximación mucho más cercana al comportamiento que las variables tendrían en la vida real.

5. Estructuración del Problema con Opciones Reales

La pregunta ahora es que después de cuantificar los riesgos en el paso anterior, ¿qué sigue? La información sobre el riesgo obtenida de alguna manera tiene que ser convertida en *acciones inteligentes*. Ya que se ha cuantificado el riesgo al utilizar la simulación de Monte Carlo, ¿qué hacemos al respecto? La respuesta es utilizar el análisis de opciones reales para cubrir estos riesgos, para valorar estos riesgos, y para encontrar una posición donde usted pueda tomar ventaja de los riesgos. El primer paso en las opciones reales es generar un mapa estratégico a través del proceso de estructuración del problema. Basándose en la identificación del problema general que ocurre durante el período inicial de proceso de gestión cualitativa, cierto tipo de opciones estratégicas se han puesto de manifiesto para cada proyecto en particular. Las opciones estratégicas pueden incluir entre otras cosas, la opción de expandir, contraer, abandonar, cambiar, elegir, y así sucesivamente. Basados en la identificación de tipos de opciones estratégicas que existen para cada proyecto o en cada fase del proyecto, el analista puede entonces elegir entre una lista de opciones para analizar con más detalle. Las opciones reales se añaden a los proyectos para cubrir el riesgo de caída y aprovechar las oscilaciones alcistas.

6. Valoración y Modelación de Opciones Reales

Mediante el uso de la simulación de Monte Carlo, el flujo de caja descontado estocástico resultante tendrá una distribución de valores. Así, los modelos de simulación, analizan y cuantifican los diferentes riesgos e incertidumbres de cada proyecto. El resultado es una distribución de los Valores Presentes Netos y de la volatilidad del proyecto. En opciones reales, suponemos que la variable subyacente es la rentabilidad futura del proyecto, que es la serie de flujo de caja futuro. Una volatilidad implícita del futuro flujo de caja libre o de la variable subyacente puede ser calculada a través de los resultados de una simulación de Monte Carlo previamente realizada. Por lo general, la volatilidad se mide como la desviación estándar de los retornos logarítmicos en el flujo de caja libre. Además, el valor presente de los flujos futuros de efectivo para el caso base de modelo de flujo de caja descontado se utiliza como valor del activo subyacente inicial en la modelación de opciones reales. Usando estas entradas, se realiza el análisis de opciones reales para obtener los valores de las opciones estratégicas del proyecto— —ver los Capítulos 12 y 13 para más detalles sobre la comprensión de los fundamentos de opciones reales y sobre el uso software Real Options Super Lattice Solver.

7. Optimización de Recursos y de Portafolio

La optimización del portafolio es un paso opcional en el análisis. Si el análisis se realiza sobre múltiples proyectos, la gerencia debe ver los resultados como un portafolio combinado de proyectos, porque en la mayoría de los casos los proyectos se encuentran correlacionados entre sí, y verlos de forma individual no nos mostrará una verdadera perspectiva. Como las empresas no sólo tienen proyectos individuales, la optimización del portafolio es fundamental. Teniendo en cuenta que algunos proyectos están relacionados con otros, existen oportunidades para la cobertura y diversificación de riesgos a través de un portafolio. Ya que las empresas tienen presupuestos limitados, tienen restricciones de tiempo y de recursos, al mismo tiempo tienen requerimientos de ciertos niveles generales de retorno, tolerancias de riesgo, y así sucesivamente, la optimización del portafolio tiene en cuenta todo esto para crear una mezcla óptima del portafolio. El análisis proporcionará la asignación óptima de las inversiones a través de múltiples proyectos—véanse los Capítulos 10 y 11 para obtener más información sobre el uso del Simulador de Riesgo para llevar a cabo la optimización del portafolio.

8. Presentación de Informes y Actualización de Análisis

El análisis no está completo hasta que los informes pueden ser generados. No sólo son los resultados presentados, el proceso también debería ser mostrado. Explicaciones claras, concisas y precisas, transforman una caja negra compuesta de análisis complicados en pasos claros. La gerencia nunca aceptará resultados procedentes de cajas negras si no entienden de donde proceden los supuestos o datos, y qué tipos de matemática o proceso financiero se llevaron a cabo. El análisis de riesgo supone que el futuro es incierto y que la administración tiene el derecho de hacer correcciones a mitad de curso. Cuando se resuelven estas incertidumbres o el riesgo se vuelve conocido, el análisis se suele hacer antes de tiempo y, por tanto, antes de esas incertidumbres y riesgos. Por lo tanto, cuando se conocen estos riesgos, el análisis debe ser revisado para incorporar las decisiones tomadas o revisar cualquiera de los supuestos de entrada. A veces, para proyectos de largo plazo, varias repeticiones de análisis de opciones reales deben realizarse, donde las iteraciones futuras son actualizadas con los últimos datos y supuestos. La comprensión de los pasos necesarios para llevar a cabo un análisis de Gestión Integrado de Riesgo es importante porque da una idea no sólo en la metodología en sí, sino también en la evolución de la misma desde los análisis tradicionales, mostrando en donde termina el enfoque tradicional y donde el nuevo análisis comienza.

El libro entero está dedicado a explorar los pasos y métodos de la GIR y termina con el Capítulo 18 en donde se muestra cómo el proceso GIR puede integrarse a la perfección en una decisión basada en un modelo de análisis de riesgo que implica múltiples proyectos de riesgo en un portafolio.

1 PROCESO DE GESTIÓN

IDENTIFICACIÓN DEL RIESGO

A
B
C
D

Comience con una lista de proyectos o estrategias para ser evaluados que ya han pasado por la detección cualitativa...

2 MODELACIÓN DE PRONÓSTICOS Y PREDICCIONES

PREDICCIÓN DEL RIESGO

Ajuste hacia atrás, Pronósticos y Análisis de Escenarios

ARIMA, GARCH, Lógica Difusa, Cadenas de Markov, Modelos de Series de Tiempo ...

... Con la ayuda de algoritmos de predicción, los resultados futuros se pueden predecir...

3 MODELO ESTÁTICO CASO BASE

MODELACIÓN DEL RIESGO

Análisis tradicional ¡para aquí!

... Crear modelos tradicionales estáticos financieros o económicos para cada proyecto...

4 SIMULACIÓN DINÁMICA DE MONTE CARLO

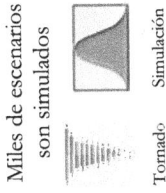

ANÁLISIS DEL RIESGO

Miles de escenarios son simulados

Tornado,   Simulación

... Análisis Tornado identifica los factores críticos de éxito, entonces el análisis de sensibilidad dinámico y la simulación de Monte Carlo son ejecutados...

5 ESTRUCTURACIÓN DEL PROBLEMA CON OPCIONES REALES

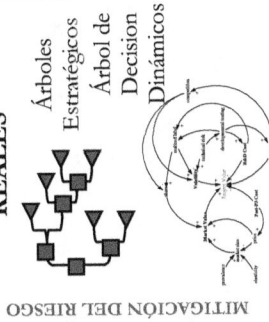

MITIGACIÓN DEL RIESGO

Árboles Estratégicos

Árbol de Decision

Dinámicos

... Opciones reales estratégicas están enmarcadas para cubrir y mitigar riesgos a la baja y aprovechar potenciales de crecimiento...

6 VALORACIÓN Y MODELACIÓN DE OPCIONES REALES

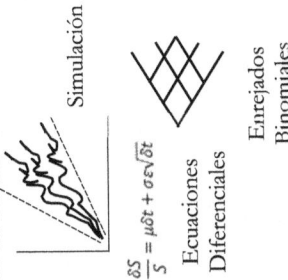

COBERTURA DEL RIESGO

Simulación

$$\frac{\delta S}{S} = \mu \delta t + \sigma \epsilon \sqrt{\delta t}$$

Ecuaciones Diferenciales

Enrejados Binomiales

... Las opciones reales son valoradas mediante enrejados binomiales y modelos diferenciales parciales de forma cerrada con la simulación...

7 OPTIMIZACIÓN DE RECURSOS Y DE PORTAFOLIO

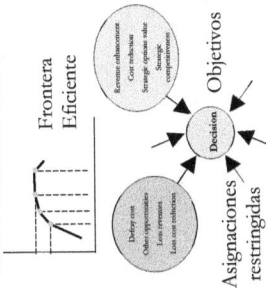

DIVERSIFICACIÓN DEL RIESGO

Frontera Eficiente

Objetivos

Decision

Asignaciones restringidas

... Optimización estocástica en múltiples proyectos para una eficiente asignación de activos sujetos a las limitaciones en los recursos...

8 REPORTES, PRESENTACIONES Y ACTUALIZACIONES

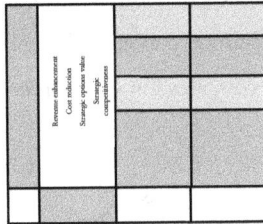

GESTIÓN DEL RIESGO

... Crear informes, tomar decisiones, y actualizar el análisis de forma iterativa cuando la incertidumbre se resuelve con el tiempo...

Figura 1.11: Representación Visual del Proceso de Gestión Integral de Riesgo

Preguntas de repaso

1. ¿Por qué el riesgo es importante en la toma de decisiones?

2. Cómo definiría el concepto "bang for the buck" en el contexto retorno riesgo.

3. Haga una comparación y un contraste entre riesgo e incertidumbre.

SECCIÓN DOS – EVALUACIÓN DEL RIESGO

CAPÍTULO 2 – DEL RIESGO A LA RIQUEZA

DOMESTICAR LA BESTIA

Proyectos con alto riesgo son la norma en el mundo diario de los negocios. La simple mención de nombres como George Soros, John Meriweather, Paul Reichmann, Nicholas Leeson, o empresas como Long Term Capital Management, Metallgesellschaft, Barings Bank, Bankers Trust, Banco Daiwa, Sumimoto Corporation, Merrill Lynch y Citibank nos dan una sensación de incredulidad y temor. Estos nombres son algunos de los más grandes en el mundo de los negocios y las finanzas. Su nombrada fama no es solamente por ser los mejores y más brillantes, ni por ser las empresas más grandes y respetadas, sino porque llevan el estigma de haber participado en proyectos de alto riesgo que se volvieron amargos casi de la noche a la mañana.[1]

George Soros ha sido y sigue siendo uno de los nombres más respetados en las altas finanzas. Él es conocido mundialmente por su inteligencia y por sus hazañas. Paul Reichmann fue un magnate brillante y con gran reputación de los bienes raíces. Entre los dos, nada era imposible, pero cuando se aventuraron en inversiones sobre bienes raíces en México, las fluctuaciones agresivas del peso en el mercado de divisas fueron nada menos que un desastre. A finales de 1994 y comienzos de 1995, el peso alcanzó su nivel más bajo de todos los tiempos y sus proyectos fueron de mal en peor, pero la única cosa que ellos no esperaban era que la situación pudiera ponerse mucho peor antes de que se expandiera la crisis y miles de millones se perdieran como consecuencia de esto.

Long Term Capital Management estaba encabezada por Meriweather, una de las estrellas en ascenso de Wall Street, con un montón de superestrellas en su equipo de gestión, entre ellos varios premios Nobel en economía y finanzas (Robert Merton y Myron Scholes). La empresa además era respaldada por grandes bancos de inversión. Una empresa que parecía literalmente indestructible, quebró con miles de millones de dólares en deudas, agitando la comunidad internacional de inversionistas, con repercusiones en todo Wall Street dado que los inversionistas individuales comenzaron a perder la fe en los grandes fondos de cobertura y en las firmas de administración de capitales, lo que obligó al eventual rescate masivo de la Reserva Federal.

Barings fue uno de los bancos más antiguos de Inglaterra. Era tan respetado que incluso la misma Reina Elizabeth II tuvo una cuenta privada con este. Esta institución de miles de millones de dólares fue quebrada por la acción de un solo hombre, Nicholas Leeson, un empleado promedio. Leeson era un joven y brillante banquero de inversión que dirigía la sucursal de Barings en Singapur. Su falso historial ilegal mostraba ganancias significativas de inversiones, lo que le dio con el tiempo mayor libertad de acción, y la confianza de la sede principal. Leeson fue capaz de cubrir sus pérdidas a través de contabilidad complicada y tomando cantidades significativas de riesgo. Sus especulaciones sobre el Yen japonés fracasaron, llevando a Barings a la ruina y la cúpula del banco en Londres nunca supo que los golpeó.

¿Se había molestado alguno de los directivos en la sala de juntas de sus respectivas sedes principales en mirar el perfil de riesgo de sus inversiones? Ellos seguramente habrían tomado una decisión muy diferente mucho antes, previniendo lo que se convirtió en la mayor vergüenza de la comunidad de inversionistas. Si las proyecciones de ingresos son ajustadas por riesgo, es decir, encontrar que niveles de riesgos que son necesarias para alcanzar tales rendimientos aparentemente extravagantes, sería prudente no proceder.

Los riesgos suceden en la vida cotidiana sin que se requieran inversiones en miles de millones. Por ejemplo, ¿Debería comprar una casa en un mercado de vivienda fluctuante? ¿Cuándo sería más rentable comprometerse con una hipoteca con tasa fija en lugar de mantener un interés variable? ¿Cuáles son las posibilidades de que tendrá fondos suficientes para la jubilación? ¿Y qué acerca de las posibles pérdidas de bienes personales, cuando golpee un huracán? ¿De qué valor debe ser un seguro de accidentes para considerarse suficiente? ¿De cuánto es el premio de un billete de lotería?

El riesgo permea todos los aspectos de la vida y uno nunca puede evitar tomar o enfrentar riesgos. Lo que podemos hacer es entender mejor los riesgos a través de una valoración sistemática de sus impactos y repercusiones. Esta estructura de valoración también debe ser capaz de medir, monitorear y gestionar los riesgos, de lo contrario, simplemente darse cuenta de que los riesgos existen y dejarlos pasar no sería óptimo. Este libro proporciona las herramientas y el marco necesario para atacar los riesgos directamente. Sólo con la comprensión adquirida a través de una rigurosa valoración de riesgos se puede gestionar y monitorear el riesgo de forma activa.

> Los Riesgos permean todos los aspectos de los negocios, pero nosotros no tenemos que ser participantes pasivos. Lo que podemos hacer es desarrollar una estructura para comprender mejor los riesgos a través de una valoración sistemática de sus impactos y repercusiones. Esta estructura también debe ser capaz de medir, monitorear y gestionar los riesgos.

CONCEPTOS BÁSICOS DEL RIESGO

El riesgo puede ser fácilmente definido como cualquier incertidumbre que afecta a un sistema de una manera desconocida, por lo cual las ramificaciones también son desconocidas, pero lleva consigo una gran fluctuación en valor y resultado. En todos los casos, para que el riesgo sea evidente, las siguientes generalidades deben existir:

- Las incertidumbres y los riesgos tienen un horizonte de tiempo.

- Las incertidumbres existen en el futuro y evolucionaran con el tiempo.

- Las incertidumbres se convierten en riesgos si afectan los resultados y los escenarios del sistema.

- Los efectos sobre el sistema de los escenarios cambiantes pueden ser medidos

- La medición tiene que ser establecida frente a un punto de referencia (benchmark).

Un riesgo nunca es instantáneo. Tiene un horizonte de tiempo. Por ejemplo, una empresa comprometida con un proyecto riesgoso de desarrollo e investigación se enfrentará a importantes cantidades de riesgo, pero sólo hasta que el producto está totalmente desarrollado o se ha probado en el mercado. Estos riesgos son causados por las incertidumbres de la tecnología del producto objeto de la investigación, incertidumbres sobre el mercado potencial, incertidumbres sobre el nivel de amenazas y sustitutos competitivos, y así sucesivamente. Estas incertidumbres cambiarán con el transcurso de las actividades de investigación y de mercadeo de la empresa. Algunas incertidumbres aumentarán mientras que otras—lo más probable— disminuirán con el paso del tiempo, las acciones y los eventos. Sin embargo, sólo las incertidumbres que afectan el producto directamente tendrán alguna incidencia en los riesgos de que el producto sea un éxito. Es decir, solo las incertidumbres que cambien el posible escenario de resultados harán que el producto sea riesgoso (por ejemplo, el mercado y las condiciones económicas).

Finalmente, el riesgo existe, si éste puede ser medido y comparado con un punto de referencia (benchmark). En caso de que no exista un punto de referencia (benchmark), entonces, tal vez las condiciones que se han descrito son la norma para actividades de investigación y desarrollo, y así los resultados negativos se han de esperar. Estos puntos de referencia, han de ser medibles y tangibles, por ejemplo, las ganancias brutas, las tasas de éxito, la cuota de mercado, tiempo de ejecución, y así sucesivamente.

> El riesgo es cualquier incertidumbre que afecta a un sistema en una manera desconocida y sus ramificaciones son desconocidas, pero lleva consigo una gran fluctuación en valor y resultado. El Riesgo tiene un horizonte de tiempo, en el sentido de que la incertidumbre evoluciona con el tiempo lo que afecta a los futuros resultados medibles y los escenarios respecto a un punto de referencia (Benchmark).

LA NATURALEZA DEL RIESGO Y EL RETORNO

La investigación innovadora del Premio Nobel Harry Markowitz sobre la naturaleza del riesgo y el retorno ha revolucionado el mundo de las finanzas. Su obra, que ahora es conocida en todo el mundo como la *frontera eficiente de Markowitz*, examina la naturaleza del riesgo y retorno. Markowitz no vio el riesgo como un enemigo, sino como una condición que debía ser aceptada y equilibrada a través de su rentabilidad esperada. El concepto de riesgo y retorno fue refinado más tarde a través de obras de William Sharpe, y otros, que afirmaron que a mayor riesgo debería haber un mayor retorno, sofisticadamente expresado a través del *Capital Asset Pricing Model* (CAPM—Modelo de fijación de precios de activos de capital), donde la tasa de rendimiento esperada en una acción riesgosa es equivalente a la rentabilidad de un activo equivalente sin riesgo más una sistemática y no diversificable medida de riesgo beta, multiplicado por la prima de retorno del riesgo de mercado. En esencia, un activo con mayor riesgo requiere un mayor retorno. En el modelo de Markowitz, uno podía lograr un equilibrio entre riesgo y retorno. Dependiendo del apetito de riesgo de un inversionista, el óptimo o el mejor caso de retorno se pueden obtener a través de la *frontera eficiente*. En caso de que los inversionistas exijan un mayor nivel de retorno, se tendrán que enfrentar a un mayor nivel de riesgo. El trabajo de Markowitz llevó más adelante a encontrar las combinaciones de distintos proyectos o activos en un portafolio que proporcionaría el mejor *"bang for the buck,"* un sorprendente y elegante equilibrio entre riesgo y retorno. Con el fin de comprender mejor este equilibrio, también conocido como ajuste de riesgo en el idioma del análisis de riesgos moderno, los riesgos primero deben ser medidos y comprendidos. La siguiente sección ilustra cómo se puede medir el riesgo.

LA ESTADÍSTICA DETRÁS DEL RIESGO

El estudio de la estadística se refiere a la recopilación, presentación, análisis y utilización de datos numéricos para inferir y tomar decisiones frente a la incertidumbre, donde los datos parámetros estadísticos de la población real son desconocidos. Existen dos ramas en el estudio de la estadística: la Estadística Descriptiva, donde los datos son abreviados y descritos, y la Inferencia Estadística, donde la *población* es generalizada a través de una pequeña *muestra* aleatoria, de manera que la muestra se vuelve útil para hacer predicciones o tomar decisiones cuando las características de la población son desconocidas.

Una muestra puede definirse como un subconjunto de la población que se está midiendo, mientras que la población se puede definir como todas las posibles observaciones de interés de una variable. Por ejemplo, si uno está interesado en las prácticas de votación de todos los electores registrados en EE.UU., todo el conjunto de cien millones de votantes registrados se considera la población, mientras que una pequeña encuesta de mil votantes registrados tomada de algunas pequeñas ciudades de todo el país es la muestra. Las características calculadas de la muestra (por ejemplo, media, mediana, desviación estándar) se denominan *estadísticos*, mientras que los *parámetros* implican que la población entera ha sido encuestada y los resultados tabulados. Así, en la toma de decisiones, la estadística es de vital importancia, ya que a veces la totalidad de la población es aún desconocida (por ejemplo, ¿quiénes son todos sus clientes?, ¿cuál es la participación total de mercado?, etc.) o es muy difícil obtener toda la información correspondiente a la población ya que consumiría demasiado tiempo o recursos. En Inferencia Estadística, los pasos usualmente adoptados incluyen:

- Diseñar el experimento—esta fase incluye el diseño de la manera de recolectar la información y todos los datos posibles.

- Obtención de datos muestrales—los datos son recopilados y tabulados.

- Análisis de datos—se realiza el análisis estadístico.

- La estimación o predicción—se hacen inferencias basadas en las estadísticas obtenidas.

- Pruebas de hipótesis—las decisiones se ponen a prueba frente a los datos para ver los resultados.

- Bondad de ajuste—los datos reales se comparan con datos históricos para ver cuán precisa, válida y fidedigna es la inferencia.

- Toma de decisiones—las decisiones se toman sobre la base de los resultados de la inferencia.

MIDIENDO EL CENTRO DE LA DISTRIBUCIÓN—EL PRIMER MOMENTO

El primer momento de una distribución mide de la *tasa de rendimiento esperada* en un determinado proyecto. Mide la ubicación de los escenarios del proyecto y los posibles resultados en promedio. Los estadísticos comunes para el primer momento incluyen la media (promedio), mediana (el centro de la distribución), y la moda (el valor de más frecuente ocurrencia). La Figura 2.1 ilustra el primer momento, en el cual el primer momento de esta distribución se mide por la media (μ) o valor promedio.

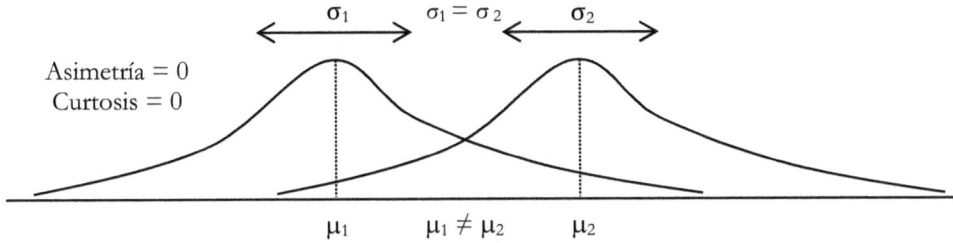

Figura 2.1: Primer Momento

MIDIENDO LA EXTENSIÓN DE LA DISTRIBUCIÓN—EL SEGUNDO MOMENTO

El segundo momento mide la extensión de una distribución, la cual es una medida de *riesgo*. La extensión o amplitud de una distribución mide de la variabilidad de una variable, es decir, el potencial de que una variable puede caer en diferentes regiones de la distribución—en otras palabras, los posibles escenarios de los resultados. La Figura 2.2 ilustra dos distribuciones con primeros momentos idénticos (medias idénticas), pero segundos momentos o riesgos muy diferentes.

La visualización se hace más clara en la Figura 2.3. Como ejemplo, supongamos que hay dos acciones y los movimientos de la primera acción (ilustrado por la línea punteada) con una fluctuación más pequeña son comparados con los movimientos de la segunda acción (ilustrado por la línea más oscura), que tiene una fluctuación mucho más grande en su precio. Claramente un inversionista vería la acción con la fluctuación más dispersa como más riesgosa porque los resultados de la acción más riesgosa son relativamente más inciertos que la acción de menor riesgo o fluctuación.

El eje vertical en la Figura 2.3 mide los precios de las acciones, de esta manera, la acción más riesgosa tiene un rango más amplio de posibles resultados. Este rango se traduce en la amplitud de la distribución (el eje horizontal en la Figura 2.2), donde la distribución más amplia representa el activo más riesgoso. De ahí que, la amplitud o extensión de una distribución mide los riesgos de una variable.

Note que en la Figura 2.2, ambas distribuciones tienen primeros momentos o tendencias centrales idénticas, pero claramente las distribuciones son muy diferentes. Esta diferencia en la amplitud de la distribución es medible. Matemática y estadísticamente, la amplitud o el riesgo de una variable pueden medirse a través de diferentes estadísticos, incluyendo el rango, la desviación estándar (σ), la varianza, el coeficiente de variación, la volatilidad, y el rango intercuartil.

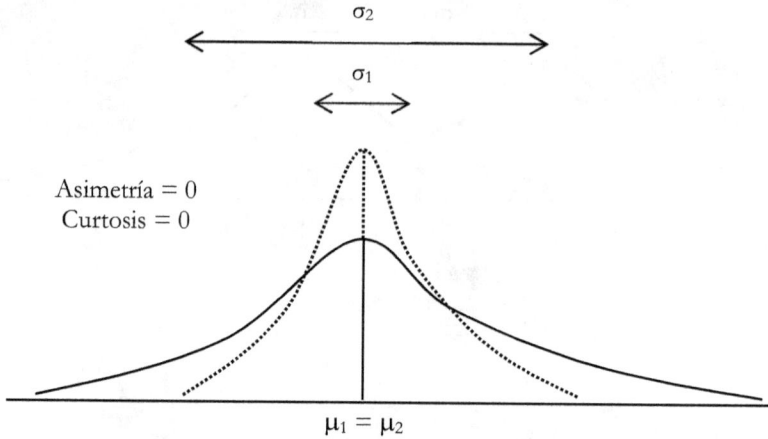

Asimetría = 0
Curtosis = 0

σ_2

σ_1

$\mu_1 = \mu_2$

Figura 2.2: Segundo Momento

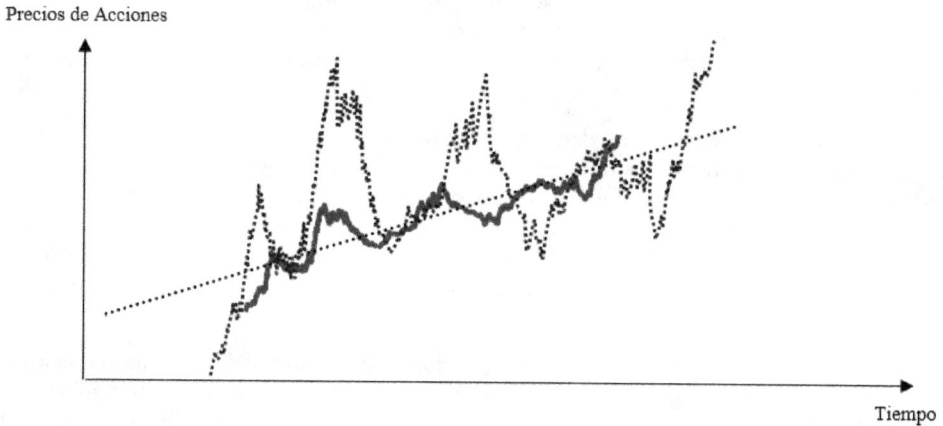

Precios de Acciones

Tiempo

Figura 2.3: Fluctuación en el Precio de las Acciones

MIDIENDO LA ASIMETRÍA DE LA DISTRIBUCIÓN—EL TERCER MOMENTO

El tercer momento mide la *asimetría* de la distribución, es decir, que tan orientada esta la distribución hacia un lado u otro. La Figura 2.4 muestra una asimetría negativa o sesgada hacia la izquierda (la cola de la distribución está orientada hacia la izquierda) y la Figura 2.5 muestra una asimetría positiva o sesgada hacia la derecha (la cola de la distribución está orientada a la derecha). La media siempre esta desviada hacia la cola de la distribución, mientras que la mediana permanece constante. Otra forma de ver esto es que la media se mueve, pero la desviación estándar, varianza, o amplitud permanecen aún constantes. Si el tercer momento no es considerado, entonces, examinar solamente la rentabilidad esperada (por ejemplo, la mediana o la media) y el riesgo (desviación estándar), ¡un proyecto con asimetría positiva podría escogerse incorrectamente! Por ejemplo, si el eje horizontal representa las ganancias netas de un proyecto, entonces claramente seria preferida una distribución con asimetría negativa o a la izquierda, ya que existe una probabilidad más alta de mayores ganancias (Figura 2.4) en comparación con una mayor probabilidad de un nivel menor de ganancias (Figura 2.5). Así, en una distribución asimétrica, la mediana es una mejor medida de los retornos, como las medianas de las Figuras 2.4 y 2.5 son idénticas, los riesgos son idénticos y, por lo tanto, un proyecto con una distribución de ganancias netas con asimetría negativa es una mejor elección. Fallar en la estimación de la asimetría de la distribución de un proyecto puede significar que el proyecto sea elegido de manera incorrecta (por ejemplo, dos proyectos podrían tener el primer y el segundo momento idénticos, es decir, que ambos tienen ganancias y perfiles de riesgo idénticos, pero las asimetrías de sus distribuciones pueden ser muy diferentes). Finalmente, note que una distribución con una asimetría de cero implica simetría, y esto no implica normalidad (normalidad implica simetría, pero simetría por sí misma no implica normalidad ya que pueden existir otras distribuciones que son simétricas diferentes a la normal, tales como: uniforme, triangular, t, etc.).

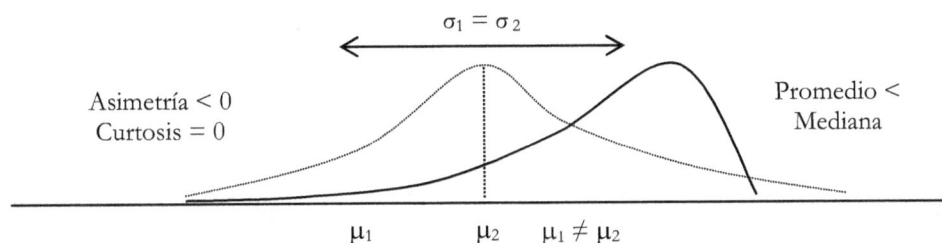

Figura 2.4: Tercer Momento (Asimetría Izquierda)

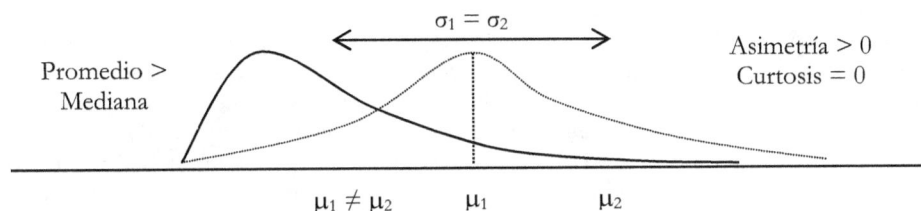

Figura 2.5: Tercer Momento (Asimetría Derecha)

MEDIR LA COLA DE EVENTOS EXTREMOS DE LA DISTRIBUCIÓN—EL CUARTO MOMENTO

El cuarto momento o curtosis, mide lo *puntiaguda* que es la distribución. La Figura 2.6 ilustra este efecto. Al fondo (indicado por la línea punteada) es una distribución normal con exceso de curtosis de 0, la nueva distribución tiene mayor curtosis, por lo que el área bajo la curva es más gruesa en las colas y el área en el centro del cuerpo es menor. Esta condición tiene importantes repercusiones en el análisis de riesgos, como en las dos distribuciones en la Figura 2.6, donde los tres primeros momentos (media, desviación estándar y asimetría) pueden ser idénticos, pero el cuarto momento (curtosis) es diferente. Esta condición significa que, aunque los ingresos y los riesgos son idénticos, las probabilidades de ocurrencia de eventos extremos y catastróficos (grandes pérdidas o grandes ganancias potenciales) son más elevados para una distribución con alta curtosis (por ejemplo, las ganancias en el mercado de valores se comportan como una distribución leptocúrtica o tienen una curtosis alta). Ignorar la curtosis de un proyecto puede ser perjudicial.

Note que en algunas ocasiones la curtosis esta denotada como 3.0, pero en este libro se usa la media de exceso de curtosis, a partir de aquí conocida simplemente como curtosis. En otras palabras, una curtosis de 3.5 es también conocida como un exceso de curtosis de 0.5, indicando que la distribución tiene un valor de 0.5 de curtosis adicional respecto a la distribución normal. El uso del exceso de curtosis es más prevaleciente en la literatura académica y por consiguiente usada aquí. Finalmente, la normalización de la curtosis a una base de 0 hace más fácil la interpretación de los estadísticos (por ejemplo, una curtosis positiva indica una distribución con colas gordas mientras una curtosis negativa indica una distribución con colas mucho más delgadas o colas no tan extensas donde los puntos extremos se truncan en algún valor mínimo o máximo).

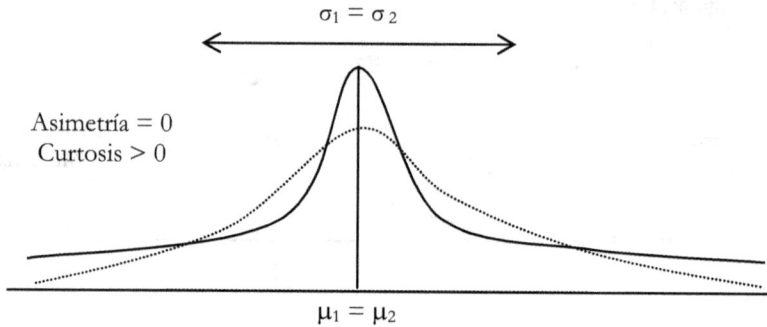

$$\sigma_1 = \sigma_2$$

Asimetría = 0
Curtosis > 0

$$\mu_1 = \mu_2$$

Figura 2.6: Cuarto Momento

La mayoría de las distribuciones se pueden definir por cuatro momentos. El primer momento describe su localización o tendencia central (la rentabilidad esperada), el segundo momento describe su extensión o amplitud (riesgos), el tercer momento su asimetría direccional (eventos más probables), y el cuarto momento, lo puntuda que es la distribución o el grosor de las colas (pérdidas o ganancias catastróficas). Los cuatro momentos deben ser calculados e interpretados para proporcionar una visión más comprensiva del proyecto objeto de análisis.

LAS FUNCIONES DE MOMENTOS

¿Alguna vez se ha preguntado por qué estas estadísticas de riesgo se llaman "momentos"? En matemática vernácula, "momento" significa *elevado a la potencia de algún valor*. En otras palabras, el tercer momento implica que, en una ecuación, tres es probablemente la potencia más alta. De hecho, las siguientes ecuaciones ilustran las funciones matemáticas y aplicaciones de algunos momentos para una muestra estadística. Por ejemplo, observe que la mayor potencia para el primer momento (promedio) es uno; para el segundo momento (desviación estándar), es dos; para el tercer momento (asimetría), es tres, y el más alto poder para el cuarto momento (curtosis) es cuatro.

Primer Momento: Promedio o media (la función equivalente en Excel es PROMEDIO)

$$\bar{x} = \frac{\sum_{i=1}^{n} x_i}{n}$$

Segundo Momento: Desviación Estándar (Muestral)

La función equivalente en Excel es DESVEST.M de una desviación estándar de la muestra

La función equivalente en Excel es DESVEST.P para una desviación estándar de población

$$s = \sqrt{\frac{\sum_{i=1}^{n}(x_i - \overline{x})^2}{n-1}}$$

Tercer momento: Asimetría (la función equivalente Excel es COEFICIENTE.ASIMETRIA)

$$asimetría = \frac{n}{(n\text{-}1)(n\text{-}2)} \sum_{i=1}^{n} \left[\frac{x_i - \overline{x}}{s} \right]^3$$

Cuarto momento: Curtosis (la función equivalente Excel es CURTOSIS)

$$curtosis = \frac{n(n+1)}{(n-1)(n-2)(n-3)} \sum_{i=1}^{n} \left[\frac{x_i - \overline{x}}{s} \right]^4 - \frac{3(n-1)^2}{(n-2)(n-3)}$$

LAS MEDICIONES DE RIESGO

Existen múltiples maneras de medir el riesgo en los proyectos. Esta sección resume algunas de las medidas más comunes de riesgo y menciona sus potenciales beneficios y dificultades. Estas medidas incluyen:

- Probabilidad de Ocurrencia

Este enfoque es simple y sin embargo efectivo. Como un ejemplo, tenemos un 10 por ciento de probabilidad de que un proyecto no alcance su punto de equilibrio o cubrir los gastos (devolverá un valor presente neto negativo, indicando pérdidas) en los próximos 5 años. Además, supongamos que dos proyectos similares tienen los mismos costos de implementación y de ganancias esperadas. Basados en una estimación establecida con base en un punto único, la gestión debería ser indiferente entre ellos. Sin embargo, se lleva a cabo un análisis de riesgo, tal como una simulación de Monte Carlo, el primer proyecto podría revelar un 70 por ciento de probabilidad de pérdidas en comparación con sólo el 5 por ciento de probabilidad de pérdidas en el segundo proyecto. Evidentemente, el segundo proyecto es mejor cuando se analizan los riesgos.

- Desviación Estándar y Varianza

La desviación estándar es una medida del promedio de la desviación de cada dato con respecto a la media.[2] Esta es la medida más popular de riesgo, en la cual una desviación estándar más grande implica una mayor amplitud de la distribución y, por tanto, conlleva un mayor riesgo. El inconveniente de esta medida es que tanto la variación al alza y a la baja se incluyen en el cálculo de la desviación estándar. Algunos analistas definen el riesgo como las posibles pérdidas o caídas, por lo tanto, la desviación estándar y la varianza penalizarán los movimientos al alza, así como a la baja.

- Desviación Semi-Estándar

La desviación semi-estándar sólo mide la desviación estándar de los riesgos de caídas o descensos y hace caso omiso de las fluctuaciones al alza. Las modificaciones de la desviación semi-estándar incluyen el cálculo sólo de los valores debajo de la media, o los valores por debajo de un límite (por ejemplo, ganancias negativas o flujos de caja negativos). Esto proporciona una idea más clara del riesgo de caída, pero es más difícil de estimar.

- Volatilidad

El concepto de volatilidad se utiliza ampliamente en las aplicaciones de opciones reales y se puede definir brevemente como una medida de la incertidumbre y riesgo.[3] La volatilidad puede calcularse utilizando varios métodos, incluyendo la simulación, en la cual varias variables inciertas afectan un proyecto particular y la estimación de la desviación estándar de los retornos logarítmicos de los activos resultantes a lo largo del tiempo. Este concepto es más difícil de definir y calcular, pero más potente que la mayoría de las otras medidas de riesgo, ya que se incorporan todas las fuentes de incertidumbre en un único valor.

- Beta

Beta es otra medida común de riesgo en el campo financiero de las inversiones. Beta puede ser definido simplemente como el riesgo sistemático, no diversificable de un activo financiero. Este concepto es famoso por el CAPM (Capital Asset Pricing Model) en el que una beta más grande significa un mayor riesgo, que a su vez exige un mayor rendimiento esperado de los activos.

- Coeficiente de Variación

El coeficiente de variación es definido como el cociente entre la desviación estándar y la media, lo que significa que los riesgos tienen las mismas medidas de comparación en términos estadísticos. Por ejemplo, una distribución de la altura de un grupo de estudiantes (medidas en metros) se puede comparar con la distribución de los pesos de los estudiantes (medidos en kilogramos).[4] Esta medida de riesgo o de dispersión se aplica cuando las estimaciones, las medidas, las magnitudes, o las unidades de las variables difieren.

- Valor en Riesgo (VaR – Por sus Siglas en Ingles)

El Valor en Riesgo se hizo famoso por J.P. Morgan a mediados de los 90´s mediante la introducción de su enfoque *RiskMetrics*, y hasta el momento ha sido aprobado por los órganos rectores de varios bancos de todo el mundo. En pocas palabras, mide la cantidad de reservas de capital en riesgo dado un periodo particular de tenencia a una determinada probabilidad de pérdida. Esta medida se puede modificar para aplicaciones de riesgo al expresar, por ejemplo, la cantidad de pérdidas potenciales con un porcentaje de confianza de las veces durante el periodo de vida del proyecto—claramente, un proyecto con un menor VaR es mejor.

- El Peor Escenario y Regret

Otra medida sencilla es el valor del peor escenario posible, bajo el supuesto de pérdidas catastróficas. Otra definición es regret. Es decir, si una decisión es tomada para avanzar en un proyecto en particular, pero si el proyecto se hace no rentable y sufre una pérdida, el nivel de regret es simplemente la diferencia entre las pérdidas reales en comparación con no hacer nada en absoluto.

- Retorno Sobre Capital Riesgo Ajustado a Riesgo (RAROC)

El Retorno sobre Capital con Riesgo Ajustado (RAROC – siglas en inglés) toma la proporción de la diferencia entre el retorno del percentil cincuenta (mediana) y el retorno del quinto percentil en un proyecto y su desviación estándar. Este método es utilizado principalmente por los bancos para calcular rendimientos sujetos a sus riesgos, midiendo sólo los potenciales efectos de las bajas y haciendo caso omiso de los movimientos alcistas positivos.

APÉNDICE—CÁLCULO DEL RIESGO

Este apéndice muestra cómo son calculadas algunas de las medidas más comunes de riesgo. Cada medida de riesgo tiene su propio cálculo y uso. Por ejemplo, ciertas medidas de riesgo sólo son aplicables en datos de series de tiempo (por ejemplo, la volatilidad), mientras que otras son aplicables a los datos de corte transversal y de series de tiempo (por ejemplo, la varianza, desviación estándar, y covarianza), mientras que otros requieren de un período consistente de tenencia (por ejemplo, el Valor en Riesgo) o un mercado de referencia o punto de referencia (por ejemplo, el coeficiente beta).

Probabilidad de Ocurrencia

Este enfoque es simple y, sin embargo, efectivo. La probabilidad de éxito o fracaso puede determinarse de varias maneras. La primera es a través de la gestión de las expectativas y los supuestos, también conocida como la opinión de los expertos, basada en las ocurrencias históricas o la experiencia de un experto. Otro método es simplemente capturar datos disponibles o información comparable, promedio de la industria, investigaciones académicas, u otras fuentes de terceros, indicando las probabilidades históricas de éxitos y fracasos (por ejemplo, la Investigación y Desarrollo de las farmacéuticas pueden hallar la probabilidad técnica de éxito de varias indicaciones de medicamentos a partir de una investigación externa de grupos consultantes). Por último, se puede ejecutar la simulación de Monte Carlo sobre un modelo con múltiples supuestos de entrada que interactúan y la salida de interés (por ejemplo, el valor presente neto, el margen bruto, el índice de tolerancia, las tasas éxito de desarrollo) puede ser capturada como un pronóstico de simulación y las probabilidades correspondientes pueden ser obtenidas, como la probabilidad de fracaso, o la probabilidad de obtener una ganancia, y así sucesivamente. Véase en el Capítulo 5 las instrucciones del paso a paso sobre la ejecución e interpretación de las simulaciones y probabilidades.

Desviación Estándar y Varianza

La desviación estándar es una medida del promedio de la desviación de cada punto de datos con respecto a la media. Una mayor desviación estándar o varianza implica una distribución más amplia y, por lo tanto, un mayor riesgo. La desviación estándar puede medirse en términos de la población o de la muestra, para fines ilustrativos, se muestra de la siguiente forma:

La desviación estándar de la población es: $\sigma = \sqrt{\dfrac{\sum_{i=1}^{n}(x-\mu)^2}{N}}$ y la varianza de la población es

simplemente la raíz cuadrada de la desviación estándar o σ^2. Opcionalmente, puede usar Excel y buscar las funciones DESVEST.P y VAR.P para la desviación estándar y la varianza de la población respectivamente.

La desviación estándar de la muestra es: $s = \sqrt{\dfrac{\sum_{i=1}^{n}(x-\overline{x})^2}{n-1}}$ y la varianza de la muestra es

similar, la raíz cuadrada de la desviación estándar o s^2. Opcionalmente, puede usar Excel y buscar las funciones DESVEST.M y VAR.S para la desviación estándar y la varianza de la muestra respectivamente. La Figura 2.7 muestra el paso a paso de los cálculos.

Cálculo de la Desviación Estándar y Varianza

	X	X - Media	Cuadrado de (X - Media)
	-10.50	-9.07	82.2908
	12.25	13.68	187.1033
	-11.50	-10.07	101.4337
	13.25	14.68	215.4605
	-14.65	-13.22	174.8062
	15.65	17.08	291.6776
	-14.50	-13.07	170.8622
Suma	-10.00		
Media	-1.43		

Desviación Estándar y Varianza de la Población

Suma de Cuadrados (X - Media)	1223.6343
Varianza = Suma de Cuadrados (X - Media) / N	**174.8049**
Usando la Función de Excel VAR.P:	**174.8049**
Desviación Estándar = Raíz Cuadrada de (Suma de Cuadrados (X - Media) / N)	**13.2214**
Usando la Función de Excel DESVEST.P:	**13.2214**

Desviación Estándar y Varianza de la Muestra

Suma de Cuadrados (X - Media)	1223.6343
Varianza = Suma de Cuadrados (X - Media) / (N - 1)	**203.9390**
Usando la Función de Excel VAR.S:	**203.9390**
Desviación Estándar = Raíz Cuadrada de (Suma de Cuadrados (X - Media) / (N-1))	**14.2807**
Usando la Función de Excel DESVEST.M:	**14.2807**

Figura 2.7: Cálculo de la Desviación Estándar y Varianza

El inconveniente de esta medida es que tanto la variación al alza y a la baja se incluyen en el cálculo de la desviación estándar, y su dependencia de las unidades (por ejemplo, los valores de x en miles de dólares frente a millones de dólares no son comparables). Algunos analistas definen el riesgo como las posibles pérdidas o caídas, por lo tanto, la desviación estándar y la varianza penalizarán los movimientos al alza, así como a la baja. Una alternativa es la desviación semi-estándar.

Desviación Semi-Estándar

La desviación semi-estándar sólo mide la desviación estándar de los riesgos de caídas o bajas y hace caso omiso de las fluctuaciones al alza. Las modificaciones de la desviación semi-estándar incluyen el cálculo sólo de los valores debajo de la media, o los valores por debajo de un límite (por ejemplo, ganancias negativas o flujos de caja negativos). Esto proporciona una idea más clara del riesgo de baja, pero es más difícil de estimar. La Figura 2.8 muestra cómo se calcula la desviación semi-estándar y semi-varianza de una muestra. Tenga en cuenta que el cálculo debe realizarse manualmente.

Volatilidad

El concepto de volatilidad se utiliza ampliamente en las aplicaciones de opciones reales y se puede definir brevemente como una medida de la incertidumbre y riesgo. La volatilidad puede calcularse utilizando varios métodos, incluyendo la simulación de que variables inciertas afecten un proyecto particular y la estimación de la desviación estándar de los retornos logarítmicos de los activos resultantes a lo largo del tiempo. Este concepto es más difícil de definir y calcular, pero más potente que la mayoría de las otras medidas de riesgo, ya que en un único valor se incorporan todas las fuentes de incertidumbre. La Figura 2.9 ilustra el cálculo de una volatilidad anualizada. La volatilidad es normalmente calculada solo para datos de series tiempo (es decir, los datos que siguen a una serie de tiempo como los precios de las acciones, el precio del petróleo, las tasas de interés, etc.) El primer paso es determinar la rentabilidad relativa de período a periodo, tomar sus logaritmos naturales (ln) y, a continuación, calcular la desviación estándar de la muestra de los logaritmos naturales de estos valores. El resultado es la volatilidad periódica. De ahí, la volatilidad se anualiza multiplicando esta volatilidad periódica por la raíz cuadrada del número de períodos en un año (por ejemplo, 1 si los datos son anuales, 4 de si los datos son trimestrales, y 12 si se utilizan datos mensuales). Para una explicación más detallada sobre el cálculo de la volatilidad, así como otros métodos para calcular la volatilidad como el uso del método de valor presente logarítmico, la administración de los supuestos y GARCH—Generalizado Autorregresivo de Heteroscedasticidad Condicional y cómo una tasa de descuento puede determinarse a partir de la volatilidad, consulte *Real Options Analysis*, tercera edición, por Dr. Johnathan Mun (Thompson–Shore/Wiley 2016).

Cálculo de la Desviación Semi-Estándar y Varianza

X	X - Media	Cuadrado de (X - Media)	
-10.50	2.29	5.2327	
12.25	Ignorar		(Ignorar los valores positivos)
-11.50	1.29	1.6577	
13.25	Ignorar		(Ignorar los valores positivos)
-14.65	-1.86	3.4689	
15.65	Ignorar		(Ignorar los valores positivos)
-14.50	-1.71	2.9327	
Suma		-51.15	
Media		-12.79	

Desviación Estándar y Varianza de la Población

Suma de Cuadrados (X - Media)	13.2919
Varianza = Suma de Cuadrados (X - Media) / N	3.3230
Usando la Función de Excel VAR.P:	3.3230
Desviación Estándar = Raíz Cuadrada de (Suma de Cuadrados (X - Media) / N)	1.8229
Usando la Función de Excel DESVEST.P:	1.8229

Desviación Estándar y Varianza de la Muestra

Suma de Cuadrados (X - Media)	13.2919
Varianza = Suma de Cuadrados (X - Media) / (N - 1)	4.4306
Usando la Función de Excel VAR.S:	4.4306
Desviación Estándar = Raíz Cuadrada de (Suma de Cuadrados (X - Media) / (N-1))	2.1049
Usando la Función de Excel DESVEST.M:	2.1049

Figura 2.8: Cálculo de la Desviación Semi-Estándar y Semi-Varianza

| Meses | X | Volatilidad | | |
		Retornos Relativos	LN (Retornos Relativos)	Cuadrado de (LN Retornos Relativos -
0	10.50			
1	12.25	1.17	0.1542	0.0101
2	11.50	0.94	-0.0632	0.0137
3	13.25	1.15	0.1417	0.0077
4	14.65	1.11	0.1004	0.0022
5	15.65	1.07	0.0660	0.0001
6	14.50	0.93	-0.0763	0.0169
Suma			0.3228	
Promedio			0.0538	

Desviación Estándar y Varianza de la Muestra

Suma de Cuadrados (LN Retornos Relativos - Promedio)	0.0507
Volatilidad = Raíz Cuadrada de (Suma de Cuadrados (LN Retornos Relativos - Promedio)/N-1)	**10.07%**
Usando la Función de Excel sobre DESVEST.M sobre LN(Retornos Relativos):	**10.07%**
Volatilidad Anualizada (Volatilidad Periódica x Raíz Cuadrada(Periodos en un Año))	**34.89%**

Figura 2.9: Cálculo de Volatilidad

Beta

Beta es otra medida común de riesgo en el campo financiero de las inversiones. Beta puede ser definido simplemente como el riesgo sistemático, no diversificable de un activo financiero. Este concepto es famoso por el CAPM en el que un beta más grande significa un mayor riesgo, que a su vez exige un mayor rendimiento esperado de los activos. El coeficiente beta mide los movimientos relativos del valor de un activo con un punto de referencia comparable o un portafolio del mercado; esto quiere decir que definimos el coeficiente beta como:

$$\beta = \frac{Cov(x,m)}{Var(m)} = \frac{\rho_{x,m}\sigma_x\sigma_m}{\sigma_m^2}$$

Donde $Cov(x,m)$ es la covarianza de la población entre el activo x y el Mercado o punto de referencia comparable m, $Var(m)$ es la varianza de la población de m, donde ambos pueden ser calculados en Excel usando las funciones $COVAR$ y $VAR.P$. El beta calculada será para la población. En cambio, el coeficiente beta de la muestra es calculado usando el coeficiente de correlación entre x y m o ρ_{xm} y la desviación estándar de la muestra de x y m o s_x y s_m en vez de σ_x y σ_m.

Un beta de 1.0 implica que los movimientos relativos o riesgo de x es idéntico a los movimientos relativos del benchmark (véase el ejemplo 1 de la Figura 2.10, donde el activo x es sólo una unidad menos que el activo del mercado m, pero ambos fluctúan en los mismos niveles). Del mismo modo, un beta del 0.5 significa que los movimientos relativos o riesgo o de x son la mitad de los movimientos relativos del benchmark (véase el Ejemplo 2 de la Figura 2.10 donde el activo x simplemente tiene la mitad de las fluctuaciones de mercado de m). Por lo tanto, la beta es una medida poderosa, pero requiere un punto de referencia para comparar sus fluctuaciones.

Coeficiente Beta

Ejemplo 1: Fluctuaciones similares al mercado

Meses	X	Mercado Comparable M
0	10.50	11.50
1	12.25	13.25
2	11.50	12.50
3	13.25	14.25
4	14.65	15.65
5	15.65	16.65
6	14.50	15.50

Beta de la Muestra

Correlación Entre X y M usando la función de Excel COEF.DE.CORREL:	1.0000
Desviación Estándar de X usando la Función de Excel DESVEST.M	1.8654
Desviación Estándar de M usando la Función de Excel DESVEST.M	1.8654
Coeficiente Beta	*1.0000*
(Correlación X y M * Desviación X * Desviación M)/(Desviación M * Desviación M)	

Beta de la Población

Covarianza de la Población usando la función de Excel COVARIANCE.P:	2.9827
Varianza de M usando la función de Excel VAR.P:	2.9827
Beta de la Población	*1.0000*
(Covarianza de la Población (X, M) /Varianza (M))	

Coeficiente Beta

Ejemplo 2: Mitad de las fluctuaciones del mercado

Meses	X	Mercado Comparable M
0	10.50	21.00
1	12.25	24.50
2	11.50	23.00
3	13.25	26.50
4	14.65	29.30
5	15.65	31.30
6	14.50	29.00

Beta de la Muestra

Correlación Entre X y M usando la función de Excel COEF.DE.CORREL:	1.0000
Desviación Estándar de X usando la Función de Excel DESVEST.M	1.8654
Desviación Estándar de M usando la Función de Excel DESVEST.M	3.7308
Coeficiente Beta	*0.5000*
(Correlación X y M * Desviación X * Desviación M)/(Desviación M * Desviación M)	

Population Beta

Covarianza de la Población usando la función de Excel COVARIANCE.P:	5.9653
Varianza de M usando la función de Excel VAR.P:	11.9306
Beta de la Población	*0.5000*
(Covarianza de la Población (X, M) /Varianza (M))	

Figura 2.10: Cálculo de Coeficiente Beta

Coeficiente de Variación

El coeficiente de variación (CV) es definido como el cociente entre la desviación estándar y la media, lo que significa que los riesgos tienen las *mismas medidas de comparación* y *relativizado* en términos estadísticos. Por ejemplo, una distribución de la altura de un grupo de estudiantes (medidas en metros) se puede comparar con la distribución de los pesos de los estudiantes (medidos en kilogramos). Esta medida de riesgo o de dispersión se aplica cuando las estimaciones, las medidas, las magnitudes, o las unidades de las variables difieren. Por ejemplo, en los cálculos del cuadro 2.1, el CV de la población es de 19.52% y 21.83% para la muestra. El CV es útil como medida de riesgo por unidad de rendimiento, o cuando se invierte se puede utilizar como una medida de ganancias por unidad de riesgo. Así, en la optimización de portafolio, uno estaría interesado en reducir al mínimo el CV o maximizar la inversa del CV.

En el análisis de riesgos, el CV se utiliza en una variedad de maneras, incluyendo las comparaciones de riesgo y optimización. Por ejemplo, suponga que tiene una cartera de proyectos de la siguiente manera:

	Analista 1 ($M)	Analista 2 ($K)	Analista3 ($)
Proyecto A	$10.25	$10,250	$10,250,000
Proyecto B	$11.55	$11,550	$11,550,000
Proyecto C	$12.79	$12,790	$12,790,000
Proyecto D	$9.57	$9,570	$9,570,000
Proyecto E	$16.25	$16,250	$16,250,000
Promedio	$12.08	$12,082	$12,082,000
Desviación Estándar	$2.64	$2,637	$2,637,370
Coeficiente de Variación	21.83%	21.83%	21.83%

El mismo portafolio de proyectos se calculó por tres analistas diferentes; uno utiliza millones de dólares, otro denomina los valores como miles de dólares, y el tercero simplemente utiliza dólares. Es el mismo portafolio de proyectos, pero si nos basamos únicamente en la desviación estándar como medida de riesgo, entonces el analista 3 diría que la cartera tiene un riesgo mucho más alto que lo que diría el analista 2 o 1 (la desviación estándar del analista 3 es la más alta). Así, la desviación estándar es una buena medida de los niveles de riesgo absoluto, especialmente cuando se analizan valores denotados en unidades similares (es decir, es útil cuando se comparan los proyectos o activos dentro de magnitudes similares). Sin embargo, observe que en contraste el CV produce exactamente el mismo valor para los tres analistas debido a que el CV toma la desviación estándar y la normaliza (es decir, la divide) por la media, lo que genera un valor de porcentaje relativo.

El coeficiente de variación es una buena medida de *riesgo relativo*. De hecho, ahora se puede utilizar CV para comparar el riesgo relativo en varios proyectos de diferentes tipos y magnitudes (por ejemplo, comparar el riesgo relativo de billones de dólares con un proyecto de miles de dólares). Además, las desviaciones estándar y los promedio estándar están denominados en las unidades originales en los que se midieron los valores (si el proyecto original se mide en dólares, entonces el promedio y la desviación estándar se denominan en dólares), mientras que el CV es una medida relativa y sin unidades (la desviación estándar dividida por el promedio en donde tenemos unidades de dólares divididas por unidades de dólares lo que hace una nueva variable sin unidades). Es decir, el CV se puede escribir en forma decimal o porcentaje, permitiendo así que sea comparable en múltiples tipos de proyectos (por ejemplo, la comparación de un proyecto denominado en dólares de Estados Unidos en miles de millones de dólares; con un proyecto de varios millones de dólares denominados en euros).

Por último, el CV es el segundo momento, dividido por el primer momento, o desviación estándar dividida por la media, que puede describirse en términos generales como *buck for the bang*. Tomando la inversa del CV se puede obtener *bang for the buck*. De hecho, el índice Sharpe que se utiliza a menudo en la optimización de proyectos es la inversa del CV. El índice de Sharpe es $S = \frac{E[R] - R_{rf}}{\sigma}$, que es el retorno esperado $E[R]$ o, a veces escrito como rentabilidad media μ, menos algunos retornos de referencia, tales como la tasa libre de riesgo R_{rf}, dividida por la desviación estándar o el riesgo σ. A veces, el punto de referencia se establece en cero por razones de simplicidad, y luego tener $S = \frac{\mu}{\sigma}$, que no es más que la inversa del CV. Debido a su característica relativa, el índice de Sharpe o relación retorno riesgo, por extensión, el CV o la relación riesgo retorno se utilizan en la optimización del proyecto para determinar la mejor rentabilidad de la inversión con el fin de reconstruir la frontera eficiente, tal como se describe en el Capítulo 1, que de nuevo, era simplemente la asignación del portafolio óptimo dados los niveles de riesgo-rendimiento de todas las combinaciones posibles en un portafolio.

El CV funciona en la mayoría de los casos, excepto cuando se espera que el valor (media) sea negativo, lo que quiere decir que el CV es negativo. En esta situación, tomar su valor absoluto resuelve el problema. Otro asunto que se presenta, es cuando los rendimientos esperados (media) son muy bajos (por ejemplo, 0.1 o 0.001), lo que inflará artificialmente el CV a muchas órdenes de magnitud. En tales casos, basta simplemente con cambiar las unidades de medida para resolver este problema (es decir, cambiar $0.1 millones a $100 mil).

Valor en Riesgo (VaR)

El Valor en Riesgo se hizo famoso por J.P. Morgan a mediados de los 90´s mediante la introducción de su enfoque *RiskMetrics*, y hasta el momento ha sido aprobado por los órganos rectores de varios bancos de todo el mundo. En pocas palabras, mide la cantidad de reservas de capital en riesgo dado un periodo particular de tenencia a una determinada probabilidad de pérdida. Esta medida se puede modificar para aplicaciones de riesgo al expresar, por ejemplo, la cantidad de pérdidas potenciales con un porcentaje de confianza de las veces durante el periodo de vida del proyecto—claramente, un proyecto con un menor VaR es mejor. El VaR tiene un requerimiento de un período de tiempo de tenencia, por lo general un año o un mes. Además, Esta medida tiene también un requisito de percentil, por ejemplo 99.9% de confianza de una cola. También hay modificaciones para las medidas del riesgo diarias tales como el DEAR (Daily Earnings at Risk) o ingresos diarios en situación de riesgo. El VaR o DEAR se puede determinar muy fácil usando el Simulador de Riesgo. Es decir, crear su modelo de riesgo, realizar una simulación, mirar la tabla de pronóstico e ingresar 99.9% como la probabilidad de cola derecha de la distribución, o 0.01% como la probabilidad de cola izquierda de la distribución y lea el VaR o el DEAR directamente de la tabla de pronóstico.

El Capital Económico es esencial para los bancos (así como los bancos centrales y los reguladores financieros que controlan los bancos) ya que vincula los ingresos y rentabilidad de las inversiones ligadas a los riesgos que son específicos de un portafolio de inversiones, línea de negocio, u oportunidad de negocio de un banco. Además, estas mediciones de Capital Económico se pueden agregar a un portafolio de participaciones. Para modelar y medir el Capital Económico, el concepto de Valor en Riesgo (VaR) se utiliza normalmente para tratar de entender la forma en que toda la organización se ve afectada por los diversos riesgos de cada participación como agregado en un portafolio, después de considerar las correlaciones cruzadas por pares entre varias participaciones. El VaR mide la máxima pérdida posible dado un cierto nivel de probabilidad predefinida (por ejemplo, 99.90%) durante un periodo de permanencia u horizonte de tiempo (por ejemplo, 10 días). La alta gerencia y los tomadores de decisiones de alto nivel en el banco suelen seleccionar la probabilidad o intervalo de confianza, lo que refleja el apetito de riesgo de la junta, o pueden estar basados en los requisitos de capital de Basilea III. Dicho de otra manera, podemos definir el nivel de probabilidad como una probabilidad deseada por el banco para sobrevivir durante un año. Además, el periodo de permanencia se elige de manera frecuente de tal manera que coincida con el período de tiempo que se necesita para liquidar una posición de pérdida.

El VaR puede ser calculado de varias maneras. Existen dos grandes familias de enfoques: los modelos de forma estructural cerrada y la simulación de riesgos Monte Carlo. Este último es un enfoque mucho más potente. En lugar de simplemente correlacionar líneas de negocios individuales o activos, la simulación de riesgos Monte Carlo puede correlacionar distribuciones de probabilidad usando enlaces matemáticos y algoritmos de simulación, mediante el uso de

Simulador de Riesgo. Además, decenas de cientos de miles de escenarios pueden ser generados mediante simulación, proporcionando un poderoso mecanismo de prueba de stress para valorar el VaR. Los métodos de ajuste de distribución se aplican para reducir los miles de puntos de datos en una distribución de probabilidad adecuada, permitiendo que el modelamiento sea manejable.

Para nuestros propósitos, se puede definir ligeramente el VaR como los valores de cola izquierda o de cola derecha dada cierta probabilidad. La Figura 2.11 ilustra el VaR de cola izquierda y VaR de cola derecha que se utiliza en el análisis de riesgos de los proyectos y portafolios. Por ejemplo, si decimos que hay un VaR de *cola derecha* VaR$_{10\%}$ de \$X, esto simplemente significa que hay un 90 por ciento de probabilidad de que se obtendrá menor o igual a \$X, y un 10% de probabilidad de que se obtendrá más \$X. La inversa es verdadera para la cola izquierda del VaR. Y esto realmente depende de que variable es la que se está buscando antes de poder determinar si un VaR alto o bajo es deseable. Por ejemplo, si usted está modelando retornos o beneficios, un valor *más alto* de \$X VaR de cola derecha; es más deseable que un VaR inferior, y un VaR \$X de cola izquierda *mayor* es mejor que un VaR de cola izquierda bajo (por ejemplo, si se tiene una probabilidad del 90 por ciento de conseguir \$10 M en comparación con \$1M). Por lo tanto, este análisis significa que el valor en "riesgo" debería ser mayor. Lo contrario sería cierto si usted está modelando costos, pérdidas, o el riesgo de un proyecto, donde usted preferiría y debería preferir un VaR *inferior* (por ejemplo, ¿preferiría tener un proyecto con una probabilidad del 90 por ciento de exceder \$10 millones en costos y pérdidas o \$1M en costos y pérdidas?), en este caso, el valor en "riesgo" debería ser inferior. De hecho, los bancos utilizan la última definición de VaR (es decir, un VaR de portafolio inferior indica una menor pérdida catastrófica potencial en el peor de los casos). Piense cuidadosamente e imagine el escenario para que se convenza usted mismo.

Por último, si se está usando VaR como medida de amplitud de la distribución y por extensión, el segundo momento y la incertidumbre del proyecto, un VaR inferior de cola izquierda o superior de cola derecha implica una distribución más amplia y, por lo tanto, un mayor nivel de *incertidumbre* (pero los riesgos no pueden ser distribuidos equitativamente, entonces se utiliza el termino de *incertidumbre* en este contexto).

Para más detalles técnicos sobre el modelado del VaR en un entorno bancario, le recomiendo acudir a mis otros libros, incluyendo *Advanced Analytical Models: 800 Functions and 300 Models from Basel II to Wall Street and Beyond* (Wiley Finance 2008). En los Capítulos 95 y 160 a 164 de ese libro, se encuentra un análisis detallado del VaR que incluye aplicaciones de covarianza estática, simulación y modelos de optimización para minimizar el VaR para los requerimientos de capital económico de un banco.

El peor escenario y regret

Otra medida sencilla es el valor del peor escenario posible, bajo el supuesto de pérdidas catastróficas. Otra definición es regret. Es decir, si una decisión es tomada para avanzar en un proyecto en particular, pero si el proyecto se hace no rentable y sufre una pérdida, el nivel de regret es simplemente la diferencia entre las pérdidas reales en comparación con no hacer nada en absoluto. Este análisis es muy similar al de VaR, pero no depende del tiempo. Por ejemplo, un modelo de retorno financiero sobre la inversión puede ser elaborado de manera estática y simulado para ver los diferentes escenarios que podría tener el retorno. El peor escenario (inferior a 5%) se puede leer directamente en la tabla de pronóstico del Simulador de Riesgo.

Retorno sobre Capital Ajustado a Riesgo (RAROC)

Retorno sobre Capital Ajustado a Riesgo (RAROC – siglas en inglés) toma la proporción de la diferencia entre el retorno del percentil 50, P_{50} o mediana y el retorno del quinto percentil P_5 en un proyecto y su desviación estándar σ se define RAROC como:

$$RAROC = \frac{P_{50} - P_5}{\sigma}$$

Este método es utilizado principalmente por los bancos para calcular rendimientos sujetos a sus riesgos midiendo sólo los efectos de potenciales bajas y truncando la distribución al peor 5% de los casos posibles en el tiempo, haciendo caso omiso de los movimientos alcistas positivos, mientras que al mismo tiempo se utiliza la desviación estándar como medida de riesgo comparable. Por lo tanto, RAROC puede considerarse como una medida que combina la desviación estándar, el CV, la desviación semi-estándar, y el análisis del peor escenario. Esta medida es útil cuando se aplica la simulación de Monte Carlo, donde la desviación estándar y los percentiles requeridos se pueden obtener a través de los estadísticos encontrados en la tabla del pronóstico del Simulador de Riesgo.

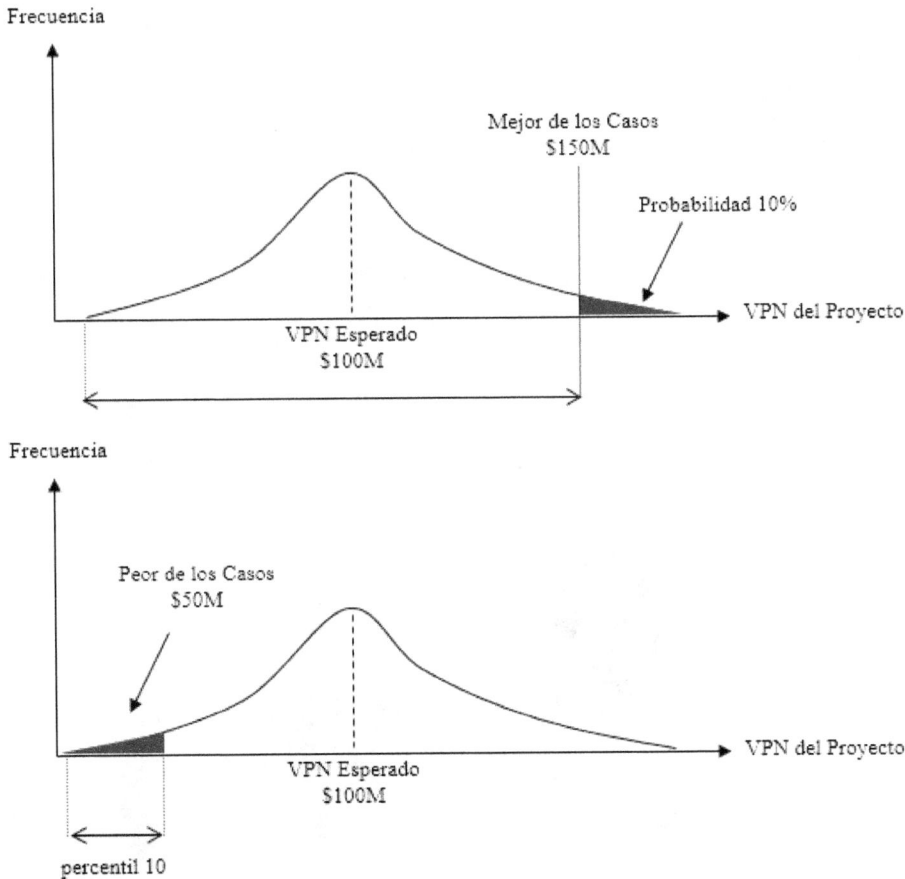

Figura 2.11: Valor en Riesgo (VaR)

Preguntas de repaso

1. ¿Qué es la frontera eficiente, y cuando se utiliza?

2. ¿Qué es la inferencia estadística y qué pasos son necesarios para hacer inferencias?

3. ¿Cuándo se prefiere utilizar la desviación semi-estándar antes que la desviación estándar como medida de riesgo?

4. Si se comparan tres proyectos con similares momentos estadísticos—primer, segundo y cuarto momento—¿preferiría un proyecto que no tiene ninguna asimetría, una asimetría positiva o una asimetría negativa?

5. Si compara tres proyectos con similares primer y tercer momento, ¿preferiría un proyecto con una distribución de retornos leptocúrtica (alta curtosis), mesocúrtica (curtosis promedio) o platicúrtica (baja curtosis)? Explique su razonamiento con respecto al área de la cola de la distribución. ¿En qué condiciones podría cambiar su respuesta?

6. ¿Cuáles son las diferencias y semejanzas entre el Valor en Riesgo y el peor escenario como medida de riesgo?

CAPÍTULO 3 – UNA GUÍA PARA MODELAR – ELABORACIÓN DE UN PROTOCOLO

PROTOCOLO PARA CONSTRUIR UN MODELO

El primer paso en el análisis de riesgos es la creación de un modelo. Un modelo puede ir desde una simple ecuación en una hoja de cálculo de Excel (por ejemplo, A + B = C) a una complicada y a veces enredada serie de hojas de cálculo interconectadas. La creación de un modelo adecuado requiere tiempo, paciencia, estrategia, y práctica. Evaluar o entender un complicado modelo que fue transmitido a usted, y que fue creado previamente por otro analista puede ser bastante engorroso. Incluso si la persona que ha construido el modelo lo revisa semanas o meses más tarde y trata de recordar lo que creó, a veces pueden convertirse en un reto. De hecho, es difícil entender lo que el autor del modelo estaba pensando en el momento en que el modelo fue construido por primera vez. Como la mayoría de los lectores de este libro son usuarios de Excel, este capítulo clasifica algunos parámetros para construir modelos, los cuales cada constructor de modelos debería al menos considerar la posibilidad de aplicar en sus hojas de cálculo de Excel.

Como regla general, recuerde siempre documentar el modelo; separar las entradas de los cálculos y los resultados, proteger los modelos contra la manipulación, hacer que el modelo sea de fácil uso; hacer seguimiento a los cambios realizados en el modelo; en lo posible haga del modelo un modelo automatizado, y tenga en cuenta la estética del modelo.

DOCUMENTAR EL MODELO

Una de las principales consideraciones en la construcción de modelos es su documentación. Aunque este paso es a menudo pasado por alto, es crucial a fin de permitir la continuidad, supervivencia, y la transferencia de conocimientos de una generación de constructores del modelo a otra. Heredar un modelo que no está documentado de un predecesor sólo frustrará al nuevo usuario. Algunos de los temas a considerar en la documentación del modelo incluyen los siguientes sencillos pasos:

Planee una Estrategia para la Imagen y Comprensión del Modelo

Antes de que el modelo sea construido, la estructura general del modelo debe ser considerada. Esta conceptualización incluye la cantidad de secciones que contendrá el modelo (por ejemplo, cada libro de trabajo como archivo se aplica a una división, mientras que cada libro tiene 10 hojas de trabajo que representan cada departamento en la división, y cada hoja tiene 3 secciones, representando los ingresos, costos, y diversos detalles), así como la forma en que cada una de estas secciones están relacionadas, vinculadas, o reproducidas unas con otras.

Nombrar las Convenciones

Cada uno de estos libros y hojas de trabajo debe tener un nombre propio. Es recomendado simplemente proporcionar a cada libro y hoja un nombre descriptivo. Sin embargo, uno siempre debe considerar la brevedad en la convención de la nomenclatura, pero aún, dando una descripción suficiente del modelo. Si múltiples iteraciones del modelo son necesarias, especialmente cuando el modelo ha sido creado por varias personas a través del tiempo, la fecha y el número de versión debe ser parte del nombre del archivo del modelo para poder ser archivado, ser guardadas sus copias de seguridad, y para fines de identificación apropiados.

Resumen Ejecutivo

En la primera sección del modelo, siempre debe haber una página de bienvenida con un resumen ejecutivo del modelo. El resumen puede incluir el nombre del archivo, la ubicación en una unidad compartida, la versión del modelo, los desarrolladores del modelo, y cualquier otra información pertinente, incluidas las instrucciones, supuestos, advertencias, avisos, o sugerencias sobre el uso del modelo.

Propiedades del Archivo

Hacer pleno uso de las propiedades de archivo de Excel (*Archivo | Información | Propiedades*). Esta simple acción puede marcar la diferencia entre un modelo sin dueño y un modelo en el que los usuarios tendrán más fe por lo que será más exacto y actualizado (Figura 3.1).

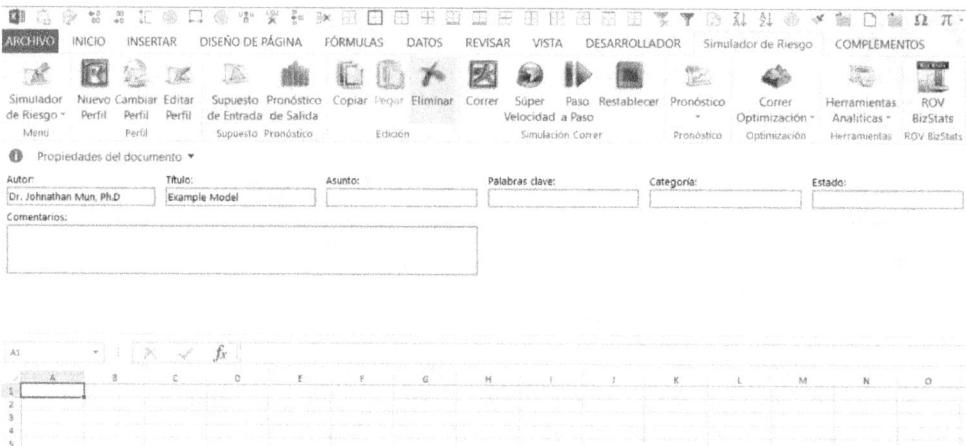

Figura 3.1: Cuadro de Diálogo: Propiedades de Archivo de Excel

Cambios en Documentos y Ajustes

Si hay varios desarrolladores trabajando en el modelo, cuando el modelo se guarda, los cambios, ajustes, ediciones y modificaciones siempre deben estar documentados de tal manera que cualquier acción pasada se pueden deshacer en caso de que fuera necesario. Esta simple práctica también proporciona un método para realizar un seguimiento de los cambios que se han hecho frente a una lista de errores o necesidades de desarrollo.

Ilustrar Fórmulas

Considere la posibilidad de ilustrar y documentar las fórmulas utilizadas en el modelo, especialmente cuando lo requieran ecuaciones o cálculos complicados. Utilice el Editor de ecuaciones de Excel para hacer esto (*Insertar | Objeto | Crear Nuevo | Microsoft Editor de Ecuaciones*), pero también debe recordar en proporcionar un marco de referencia para los modelos más avanzados.

Interpretación de Resultados

En el resumen ejecutivo, en los informes o en las páginas de resumen de resultados, incluya instrucciones sobre la forma como deben ser interpretados los resultados analíticos, incluyendo que supuestos se utilizaron en la construcción del modelo, cualquier teoría pertinente, cualquier material de referencia que explique los aspectos técnicos del modelo, las fuentes de datos, y supuestos usados para la entrada de los parámetros.

Estructura de Presentación de Informes

Un buen modelo debería tener un informe final después que las entradas han sido ingresadas y el análisis ha sido realizado. Este informe puede ser tan simple como imprimir una hoja de resultados, o una macro más sofisticada que crea un nuevo documento (por ejemplo, el simulador de Riesgo tiene una función de reportes que provee un análisis detallado sobre los parámetros de entrada y los resultados de salida).

Navegación del Modelo

Considérese cómo un usuario novato que navegará entre los módulos, hojas de trabajo, o celdas de entrada. Una consideración es incluir la capacidad de navegación dentro del modelo. Esta capacidad de navegación va desde un simple conjunto de nombres en las hojas de trabajo (por ejemplo, las hojas de un libro de trabajo pueden ser llamadas "1. Datos de Entrada", "2. Análisis" y "3. Resultados") donde el usuario puede identificar rápida y fácilmente las hojas más importantes por los nombres de las etiquetas (Figura 3.2), a métodos más sofisticados. Los métodos más sofisticados de navegación incluyen el uso de hipervínculos y Códigos para Visual Basic en Aplicaciones (VBA – por sus siglas en inglés).

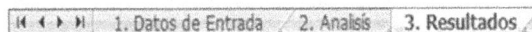

Figura 3.2: Nombres de las Etiquetas de las Hojas

Por ejemplo, con el fin de crear hipervínculos a otras hojas desde una hoja de navegación principal, haga clic en *Insertar | Hipervínculo | Lugar de este documento* en Excel. Seleccione la hoja de cálculo escogida para enlazar dentro del libro de trabajo (Figura 3.3). Coloque todos estos enlaces en la hoja principal de navegación y ponga sólo los vínculos correspondientes en cada una de las otras hojas (por ejemplo, sólo el menú principal y el paso 2 "análisis" se encuentran disponibles en la hoja Paso 1). Estos vínculos también pueden ser nombrados "siguiente" o "anterior", para seguir ayudando al usuario a navegar en un gran modelo. El segundo enfoque y el más largo es utilizar códigos de VBA para navegar por el modelo. Consulte el Apéndice 3—Manual sobre Modelación y Escritura de Macros, para ejemplos de códigos en VBA utilizados en dicha navegación y la automatización.

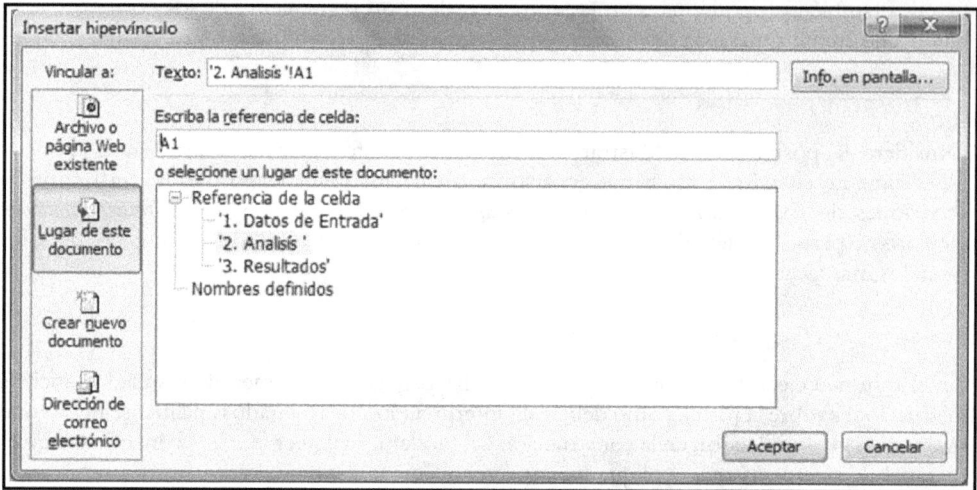

Figura 3.3: Cuadro de Dialogo—Insertar un Hipervínculo

Documentar el modelo haciendo estratégica su imagen y entendimiento, tener una adecuada convención de la nomenclatura, tener un resumen ejecutivo, incluir descripciones propias del modelo, indicar los cambios y ajustes realizados, ilustrar fórmulas difíciles, documentar como se interpretan los resultados, proporcionar una estructura de presentación de informes, y asegúrese de que el modelo sea fácil de navegar.

SEPARAR ENTRADAS, CÁLCULOS Y RESULTADOS

Diferentes Hojas para Diferentes Funciones

Tenga en cuenta utilizar una hoja diferente dentro de un libro de trabajo para los supuestos de entrada del modelo (estos supuestos deben estar todos acumulados en una hoja única), un conjunto de hojas con cálculos, y un conjunto final de hojas que resuma los resultados. Estas hojas deben estar debidamente nombradas y agrupadas para su fácil identificación. A veces, la hoja de entrada también tiene algunos de los principales resultados del modelo. Este arreglo es muy útil como *gestor del tablero de mando*, donde ligeras modificaciones y cambios a las entradas pueden ser hechas por los administradores y las fluctuaciones en los principales resultados pueden ser vistas y capturados rápidamente.

Descripción de Variables de Entrada

En la hoja donde se van a colocar los parámetros de entrada, tenga en cuenta la posibilidad de proporcionar un resumen de cada parámetro de entrada, incluyendo donde este es usado en el modelo. A veces, esto puede hacerse a través de celdas con comentarios (*Insertar | Comentario*).

Nombre las Celdas de Parámetro de Entrada

Tenga en cuenta nombrar las celdas individualmente mediante la selección de una celda de entrada y escribir el nombre correspondiente en *el Cuadro de Nombres* en la esquina superior izquierda de la hoja de cálculo y pulsar *Enter* (la flecha en la Figura 3.4). También, considere la posibilidad de nombrar intervalos, seleccionando intervalos de celdas y escribiendo el nombre correspondiente en el *Cuadro de Nombres*. Para modelos más complicados en donde existen múltiples parámetros de entrada con funciones similares, considere la posibilidad de agrupar estos nombres. Por ejemplo, si las entradas "costo" y "ganancias" existen en dos divisiones diferentes, considere la posibilidad de utilizar las siguientes convenciones de nomenclatura jerárquica (separados por puntos en los nombres) para las celdas de Excel:

Costo.División.A

Costo.División.B

Ganancia.División.A

Ganancia.División.B

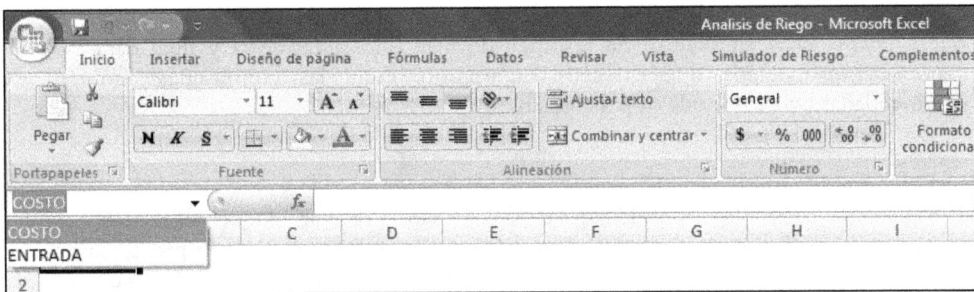

Figura 3.4: Cuadro de Nombres en Excel

Codificación de Colores para Entradas y Resultados

Otra forma de identificación es simplemente dar un código de color consistente a las celdas, mientras que los resultados, que suelen ser funciones matemáticas basadas en los supuestos de entrada y otros cálculos intermedios, deben ser codificados con colores diferentes.

Permitir Espacio para el Crecimiento del Modelo y las Modificaciones

Un buen modelo debe proporcionar siempre espacio para el crecimiento, la mejora, y la actualización del análisis con el tiempo. Cuando se añaden nuevas divisiones en el modelo, otras restricciones y supuestos de entrada se agregan en una fecha posterior, debe existir espacio para maniobrar. Otra situación que se presenta es la actualización de datos, donde, en el futuro, los anteriores pronósticos de ventas se han convertido ahora en realidad y las ventas reales sustituyen ahora los pronósticos. El modelo debe ser capaz de adaptarse a esta situación. Cuando se proporciona la capacidad de actualización de datos y de crecimiento del modelo, la estrategia de la modelación y la experiencia es donde toma relevancia.

Impresión de Modelo y Reportes

Siempre tenga en cuenta comprobar la totalidad del modelo, los resultados, el resumen, y las páginas de reportes para los diseños de impresión. Usando Excel *Archivo | Imprimir | Configurar Página* puede configurar la página adecuadamente para la impresión. Configurar los encabezados y pies de página para reflejar las fechas de los análisis, así como la versión del modelo para una fácil comparación más adelante. Utilice los vínculos, los campos automáticos, y formulas cuando sea apropiado (por ejemplo, la fórmula de Excel =*Hoy()* es un campo volátil que se actualiza automáticamente a la última fecha en que el modelo en la hoja electrónica fue guardado).

> Separar las entradas, los cálculos, y los resultados mediante la creación de diferentes hojas de cálculo para diferentes funciones, describir las variables de entrada, nombrar los parámetros de entrada, dar codificación por colores de las entradas y resultados, proporcionando espacio para el crecimiento del modelo y para subsecuentes modificaciones, y teniendo en cuenta el hacer reportes y diseños de impresión del modelo.

PROTEGER LOS MODELOS

Proteja el Libro de Trabajo y las Hojas de Trabajo

Considere la posibilidad de utilizar la protección de hoja de cálculo (*Revisar (Pestaña)* | *Proteger hoja* y *Proteger libro*) en su hoja de resumen de resultados intermedia y final para evitar la manipulación indebida o accidental del usuario. Aquí las contraseñas también son recomendadas para los modelos más sensibles.[1]

Ocultar y Proteger Fórmulas

Tenga en cuenta establecer propiedades de la celda como ocultar, bloquear o las dos, ocultar y bloquear (*Inicio (Pestaña)* | *Formato* | *Formato de Celdas* | *Proteger*), y luego proteja la hoja de trabajo (*Revisar (Pestaña)* | *Proteger Hoja*) para evitar que el usuario accidentalmente anule una fórmula (mediante el bloqueo de la celda y proteger la hoja), o puede permitir a los usuarios conocer la fórmula, sin la posibilidad de dañar el modelo de manera irreparable por borrar los contenidos de una celda (mediante el bloqueo de la celda, pero no ocultar la misma y proteger la hoja), o para evitar la manipulación y visualización de las fórmulas en la celda (mediante el bloqueo de la celda y ocultar, enseguida, proteger la hoja).

> Proteger los modelos de la manipulación por parte de un usuario al libro de trabajo y a los niveles de la hoja de trabajo a través de contraseñas de protección de libros o por medio ocultar y proteger fórmulas individualmente en cada celda de la hoja de trabajo.

VALIDACIÓN DE DATOS Y ALERTAS

VALIDACIÓN DE DATOS

Tenga en cuenta la posibilidad de prevenir al usuario de ingresar entradas incorrectas a través de validaciones en la hoja de cálculo. Evite entradas erradas a través de validación de datos (*Datos (Pestaña)* | *Validación de Datos* | *Configuración*), donde sólo se permiten entradas específicas. La Figura 3.5 ilustra los datos de validación para que una celda acepte solo entradas positivas. Las funciones pueden utilizarse para replicar la validación de los datos siempre y cuando la validación haya sido elegida desde *Inicio (Pestaña)* | *Pegar* | *Pegado Especial*.

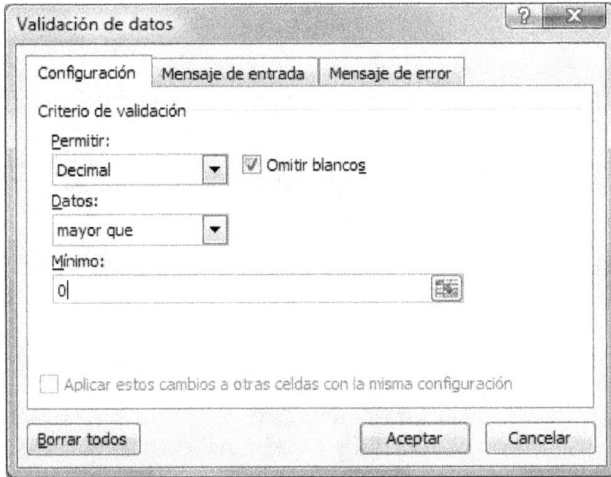

Figura 3.5: Cuadro de Diálogo—Validación de Datos

Alertas de Error

Proporcione un mensaje de error para permitir al usuario saber cuándo introduce un valor incorrecto a través de validación de datos (*Datos (Pestaña) | Validación de Datos | Mensaje de Error*) mostrada en la Figura 3.6. Si la validación es violada, un cuadro de mensaje de error será ejecutado (Figura 3.7).

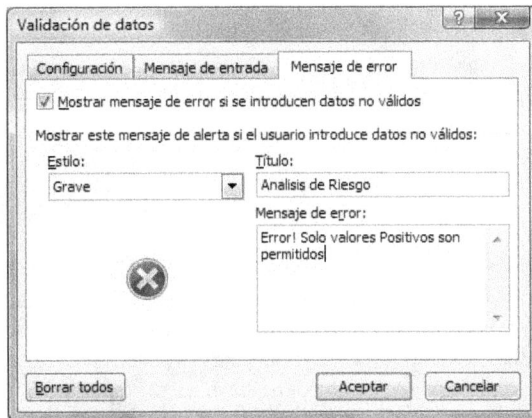

Figura 3.6: Configuración de Mensaje de Error para Validación de Datos

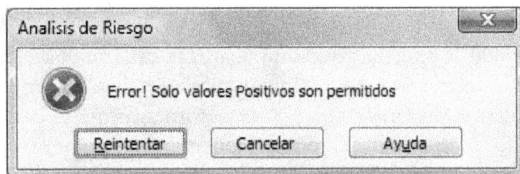

Figura 3.7: Mensaje de Error para Validación de Datos

Celdas de Advertencia y Mensajes de Entrada

Coloque mensajes de advertencia y mensajes entrantes cuando una celda es seleccionada, donde las entradas requeridas son ambiguas (*Datos (Pestaña) | Validación de Datos | Mensaje de Entrada*). El cuadro de mensaje se puede configurar para que aparezca cada vez que la celda es seleccionada, independientemente de la validación de datos. Este cuadro de mensaje se puede utilizar para proporcionar información adicional al usuario sobre el parámetro de entrada específico o para proporcionar los valores de entrada sugeridos.

Definir Todas las Entradas

Tenga en cuenta incluir una hoja con celdas y rangos nombrados acompañados con sus respectivas definiciones y donde cada variable sea usada en el modelo.

> Hacer el modelo de fácil manejo a través de validación de datos, mensajes de error, celdas de advertencia, y mensajes entrantes, así como definir todas las entradas requeridas en el modelo.

REALIZAR EL SEGUIMIENTO DEL MODELO

Insertar Comentarios

Tenga en cuenta insertar comentarios para las variables principales (*Revisar (Pestaña) | Nuevo Comentario; o dar clic derecho sobre una celda e Insertar Comentario*) para fácil reconocimiento y una rápida referencia. Los comentarios pueden ser fácilmente copiados en diferentes celdas través del procedimiento *Inicio (Pestaña) | Pegar | Pegado Especial | Comentarios.*

Seguir la Pista a los Cambios

Tenga en cuenta seguir la pista los cambios y colaborar con otros modeladores (*Revisar (Pestaña) | Control de Cambios | Resaltar Cambios*). Rastrear los cambios no sólo es importante, sino que también es un acto de cortesía con otros desarrolladores que podrán observar los cambios y ajustes que se han hecho.

Evite la Incrustación Directa de Valores

Considere el uso de fórmulas siempre que sea posible y evite la incrustación directa de números dentro de celdas que no sean supuestos y entradas. En modelos complejos, sería extremadamente difícil seguir la pista de donde se daña un modelo porque algunos valores están incrustados directamente en lugar de estar vinculados a través de ecuaciones. Si un valor necesita estar incrustado directamente, por definición, es un parámetro de entrada y debe estar listado como tal.

Vincular e Insertar

Considere la posibilidad de vincular e insertar archivos y objetos (*Inicio (Pestaña) | Pegar | Pegado Especial*) en lugar de utilizar la sencilla función pegar. De esta manera, cualquier cambio en los archivos de origen puede reflejarse en el archivo vinculado. Si se hacen vínculos entre las hojas de cálculo, Excel actualiza estas hojas vinculadas automáticamente cada vez que es abierta la hoja fijada. Sin embargo, para evitar las irritantes ventanas emergentes de diálogo cuando se actualizan los vínculos cada vez que se ejecuta el modelo, simplemente apague las advertencias a través de la actualización manual y ningún mensaje *Datos (Pestaña) | Editar Vínculos | Pregunta Inicial.*

Haga seguimiento del modelo mediante la inserción de comentarios, utilizando la función de control de cambios, evitando incrustación directa de valores, y la utilización de la función vincular e insertar.

AUTOMATIZAR EL MODELO CON VBA

Visual Basic para Aplicaciones es una poderosa herramienta de Excel que puede ayudar en la automatización de una cantidad significativa de trabajo. Aunque la codificación detallada de VBA está fuera del alcance de este libro, una introducción a algunas aplicaciones de VBA se proporciona en el *Apéndice 3–Manual sobre Modelación y Escritura de Macros*, que trata específicamente de los siguientes seis temas de automatización.

- Tenga en cuenta la creación de módulos VBA para las tareas repetitivas (*Alt-F11* o o agregue iconos para un acceso más fácil para la siguiente ocasión. Debe dar clic en *Inicio (Pestaña)* | *Opciones* | *Personalizar Cinta de Opciones* | *Personalizar la cinta de opciones (barra desplegable)* y habilite la casilla *Desarrollador,* luego podrá dar clic sobre la *Desarrollador (Pestaña)* | *Visual Basic.* De esta manera usted podrá acceder a las funcionalidades de Excel con iconos de acceso rápido en la parte superior del menú).

- Añada ecuaciones personalizadas en lugar de ecuaciones largas y complejas de Excel

- Tenga en cuenta grabar macros (*Vista (Pestaña)*| *Macros* | *Grabar Macro* o *Desarrollador (Pestaña)* | *Grabar Macro.* Si desea ver algunos ejemplos adicionales acerca del uso del ambiente VBA para codificar macros y personalizar ecuaciones puede ir al apéndice) para cálculos y tareas repetitivas.

- Tenga en cuenta colocar formas de automatización en su modelo (*Desarrollador (Pestaña)* | *Grabar Macro*) y los códigos correspondientes para apoyar las acciones deseadas.

- Tenga en cuenta añadir botones personalizados y elementos del menú en el modelo del usuario de Excel para localizar y ejecutar macros fácilmente.

Haga uso de VBA para automatizar el modelo, incluyendo la adición de ecuaciones personalizadas, macros, formularios de Automatización y botones predefinidos.

PRESENTACIÓN DEL MODELO Y FORMATO CONDICIONAL

Unidades

Tenga en cuenta las unidades de los supuestos de entradas y preséntelas adecuadamente en la celda para evitar cualquier confusión. Por ejemplo, si se necesita una celda de entrada con una tasa de descuento, los insumos pueden ser escritos como 20 o 0.2 y representan el 20 por ciento. Evitar una simple ambigüedad en una entrada a través del formato de las celdas con las unidades correspondientes hace que los errores del usuario y de modelo puedan ser fácilmente evadidos.

Magnitud

Tenga en cuenta la magnitud potencial de la entrada, donde un valor de entrada grande puede dañar el panorama de la celda si se está usando el ancho por defecto que tiene la celda. Debe cambiar el formato de la celda, ya sea para reducir automáticamente el tamaño de la fuente, para acomodar la entrada de mayor magnitud (*Inicio (Pestaña)* | *Formato* | *Formato de Celdas* | *Número* o presione *Ctrl+1*) o tener el ancho de la celda lo suficientemente grande para acomodar todas las posibles magnitudes de la entrada.

Ajustar Texto y Modificar Tamaño (Zooming)

Considere la posibilidad de ajustar el texto extenso en una celda (*Inicio (Pestaña)* | *Formato* | *Formato de Celdas* | *Alineación* | *Ajustar Texto* o use *Ctrl+1*) para una mejor estética y apariencia. Esta sugerencia también se aplica al tamaño de zoom de la hoja de cálculo. Recuerde que el tamaño de zoom es específicamente en la hoja y no en el libro de trabajo.

Combinar Celdas

Tenga en cuenta combinar las celdas cuando se trabaja títulos extensos (*Inicio (Pestaña)* | *Formato* | *Formato de Celdas* | *Alineación* | *Combinar Celdas* o use *Ctrl+1*) para un mejor entendimiento y apariencia.

Colores y Gráficos

Los colores y los gráficos son parte integral de la estética de un modelo, así como una pieza funcional para determinar si una celda es una entrada, un cálculo, o un resultado. Una cuidadosa combinación de colores de fondo y gráficos de primer plano marcan un gran avance en términos de la estética del modelo.

Agrupar

Considere la posibilidad de agrupar las columnas repetitivas o cálculos intermedios insignificantes (*Datos (Pestaña)* | *Agrupar* | *Agrupar*).

Ocultar Filas y Columnas

Tenga en cuenta ocultar el exceso de filas y columnas (seleccionar las filas y columnas para ocultar mediante la selección del encabezado de la fila o la columna, y enseguida, seleccione *Inicio (Pestaña)* | *Formato (Visibildiad)* | *Ocultar y Mostrar*) que se consideren como cálculos intermedios irrelevantes.

Formato Condicional

Tenga en cuenta dar un formato condicional de tal forma que si el resultado calculado de una celda es un valor particular (por ejemplo, los beneficios positivos frente a negativos) la celda o la fuente cambian a un color diferente (*Inicio (Pestaña)* | *Formato Condicional* | *Nueva Regla*).

Autoformato

Tenga en cuenta el uso de Autoformato de tablas de Excel (*Inicio (Pestaña)* | *Dar Formato como Tabla* y luego seleccione un estilo). El Auto formato mantendrá el mismo aspecto a través del modelo de Excel para dar mayor coherencia.

Estilos Personalizados

El formato que Excel tiene por defecto puede ser fácilmente cambiado, o bien, nuevos estilos se pueden añadir (*Inicio (Pestaña) | (Estilos) – Determine el estilo desde la barra desplegable o de un clic debajo de la barra desplegable | Nuevo estilo de celda*). Los estilos pueden facilitar el proceso de construcción del modelo en donde un formato consistente es aplicado por defecto a través de todo el modelo y el modelador no tiene que preocuparse por el formato de celdas específicas (por ejemplo, reducir para ajustar y cambiar el tamaño de la fuente, pueden ser aplicados consistentemente en todo el modelo).

Vistas Personalizadas

En modelos más grandes donde los datos de entrada y de salida están por todo el lugar, considere el uso de vistas personalizadas (*Vista (Pestaña) | Vistas Personalizadas | Agregar*). Esta característica de vista personalizada permite al usuario navegar a través de un largo modelo de hoja de cálculo con gran facilidad, especialmente cuando se añaden macros de navegación a estas vistas (véase el *Apéndice 3—Manual Sobre Modelación y Escritura de Macros en VBA*, para vistas de navegación personalizadas usando macros). Además, diferentes tamaños de zoom en las áreas de interés se pueden crear dentro de la misma hoja de cálculo a través de vistas personalizadas.

La estética del modelo se conserva teniendo en cuenta las unidades y magnitudes de las entradas, ajuste de texto y vistas de zoom, combinación de celdas, los colores y los gráficos, agrupación de información, ocultar el exceso de filas y columnas, dar formato condicional, auto formato, estilos personalizados y vistas personalizadas.

Ejercicios de repaso

1. Cree una hoja de cálculo de Excel con cada uno de los siguientes componentes activos:

   a. Las celdas en la hoja de cálculo de Excel deben tener las siguientes validaciones de datos: No permitir números negativos, solo se permiten números positivos enteros, solo se permiten valores numéricos.

   b. Crear un formulario macro desplegable (véase el apéndice 3) con los siguientes 12 temas en la lista desplegable: enero, febrero, marzo... diciembre. Asegúrese de que la selección de cualquier elemento de la lista desplegable correspondiente cambiará el valor de la celda.

2. Ir a los ejemplos de VBA en el Apéndice 3 y vuelva a crear las siguientes macros y funciones para su uso en una hoja de cálculo de Excel:

   a. Crear una columna con las ventas futuras con la siguiente ecuación para las ventas futuras (Años 2 al 11): "ventas futuras = (1 + ALEATORIO ())*(venta del año pasado)" para 11 periodos futuros iniciado con las ventas del año en curso de $100 (Año 1). Luego, en VBA, crear una macro utilizando "Para... Siguiente" bucle para simular este cálculo 1,000 veces e inserte un botón de formularios para activar la macro en la hoja de cálculo de Excel.

   b. Cree la siguiente función de ingresos en VBA para ser usada en la hoja de cálculo de Excel: "Ingresos = Beneficios – Costos." Pruebe diferentes entradas de beneficios y costos para asegurarse de que la función funcione correctamente.

APÉNDICE—MANUAL SOBRE MODELACIÓN Y ESCRITURA DE MACROS EN VBA

El Ambiente de Visual Basic (VBE Por sus siglas en Ingles)

En Excel, se tiene acceso a VBE digitando *Alt + F11* o *Desarrollador | Visual Basic*. VBE se ve como en la Figura 3.A.1. Seleccione el proyecto de VBA relacionado con el archivo de Excel abierto (en este caso, es el archivo Risk Analysis.xls). Haga clic en *Insertar | Módulo* y haga doble clic en el icono del módulo de la izquierda para abrir el módulo. Ahora está listo para iniciar la codificación en VBA.

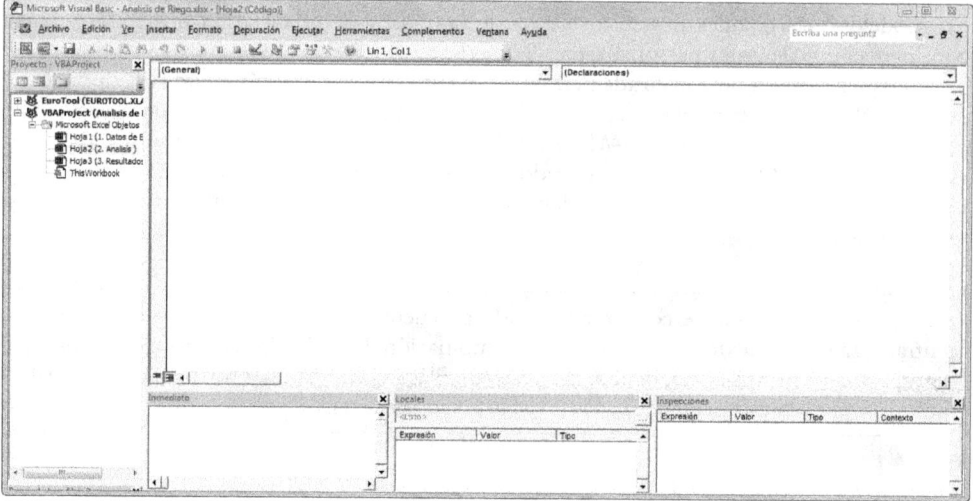

Figura 3.A.1: Ambiente Visual Basic para Aplicaciones

Ecuaciones y Macros Personalizados

El siguiente ejemplo ilustra dos ecuaciones básicas. Son simples funciones de combinación y permutación. Supongamos que hay tres variables, A, B y C. Además, suponga que dos de estas variables se eligen aleatoriamente. ¿Cuántos pares de resultados son posibles? En una combinación, el orden no es importante y son posibles los siguientes tres pares de resultados: AB, AC, y BC. En una permutación, el orden es importante y relevante, por lo tanto, los siguientes seis pares de resultados son posibles: AB, AC, BA, BC, CA y CB. Las ecuaciones son las siguientes:

$$Combinación = \frac{(\text{Variable})!}{(\text{Selección})!\,(\text{Variable} - Selección)!} = \frac{3!}{2!(3-2)!} = 3$$

$$Permutación = \frac{(\text{Variable})!}{(\text{Variable} - \text{Selección})!} = \frac{3!}{(3-2)!} = 6$$

Si estas dos ecuaciones son utilizadas ampliamente entonces será más eficaz crear una función en VBA y evitará errores innecesarios en grandes modelos cuando las ecuaciones de Excel tienen que ser creadas en varias ocasiones. Por ejemplo, la ecuación introducida manualmente tendrá que ser: "fact = ("=fact(A1)/(fact(A2)*fact(A1-A2))", en comparación con una función personalizada creada en VBA donde la función de Excel ahora será

"=Combinación(A1,A2)." Esta expresión matemática es exagerada si la función es más compleja, como se verá más adelante. El código VBA que se introducirá en el módulo anterior (Figura 3.A.1) para las dos ecuaciones simples es la siguiente:

Public Function Combinación(Variable As Double, Selección As Double) As Double

Combinación = Application.Fact(Variable) / (Application.Fact(Selección) * Application.Fact(Variable – Selección))

End Function

Public Function Permutación(Variable As Double, Selección As Double) As Double

Permutación = Application.Fact(Variable) / Application.Fact(Variable – Selección)

End Function

Una vez el código es ingresado, La función puede ser ejecutada en la hoja de cálculo.

	A	B	C	D	E	F	G
1							
2							
3		Variable		3			
4		Selección		2			
5		Combinaciones		3 <<"Combine(3,2)"			
6		Permutaciones		6 <<"Permute(3,2)"			
7							

Figura 3.A.2: Hoja de Cálculo de Excel con Funciones Personalizadas

La Figura 3.A.2 muestra el entorno de la hoja de cálculo con la función personalizada. Si se introdujeron múltiples funciones, el usuario también puede obtener acceso a las funciones a través del asistente de dialogo *Formulas | Insertar Función* eligiendo la categoría definida por el usuario y desplazándose hacia abajo hasta la función correspondiente (Figura 3.A.3).

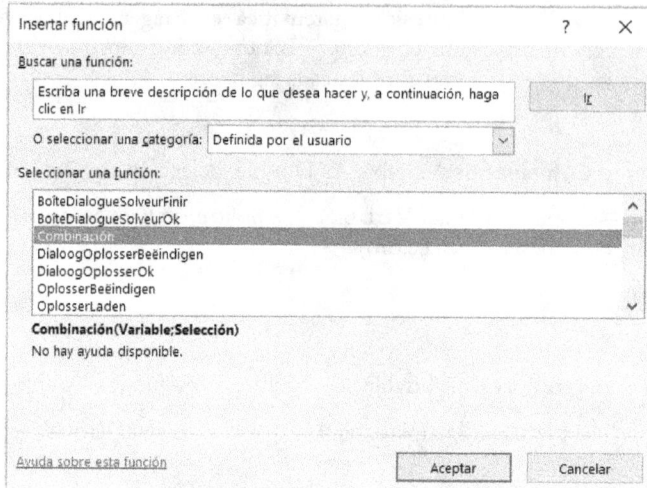

Figura 3.A.3: Cuadro de Diálogo Insertar Función

El cuadro de funciones de argumentos aparece para la función personalizada elegida (Figura 3.A.4) y se puede lograr ingresar o vincular las entradas correspondientes a las celdas de entrada.

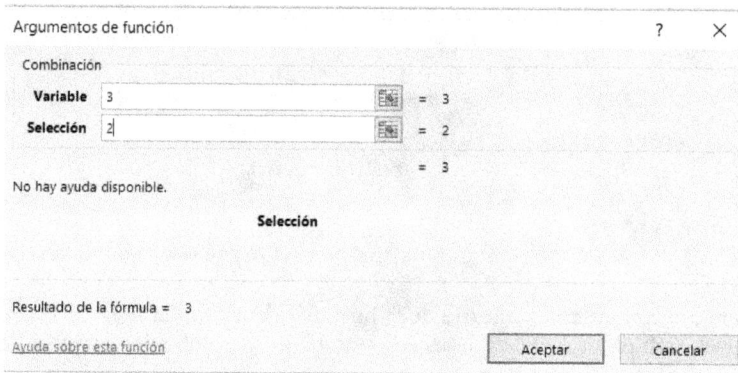

Figura 3.A.4: Cuadro de Función de Argumentos

Los siguientes son los códigos de VBA para los modelos de Black–Scholes para la estimación de opciones Call y Put. Las ecuaciones para Black–Scholes se muestran a continuación, y se simplifican a las funciones de Excel denominadas "BlackScholesCall" y "BlackScholesPut."

$$Call = S\Phi\left[\frac{\ln(S/X) + (rf + \sigma^2/2)T}{\sigma\sqrt{T}}\right] - Xe^{-rf(T)}\Phi\left[\frac{\ln(S/X) + (rf - \sigma^2/2)T}{\sigma\sqrt{T}}\right]$$

$$Put = Xe^{-rf(T)}\Phi\left[-\frac{\ln(S/X) + (rf - \sigma^2/2)T}{\sigma\sqrt{T}}\right] - S\Phi\left[-\frac{\ln(S/X) + (rf + \sigma^2/2)T}{\sigma\sqrt{T}}\right]$$

Public Function BlackScholesCall(Stock As Double, Strike As Double, Time As Double, Riskfree As Double, Volatility As Double) As Double

Dim D1 As Double, D2 As Double

D1 = (Log(Stock / Strike) + (Riskfree + 0.5 * Volatility ^ 2) * Time) / (Volatility * Sqr(Time))

D2 = D1 – Volatility * Sqr(Time)

BlackScholesCall = Stock * Application.NormSDist(D1) – Strike * Exp(-Time * Riskfree) *

Application.NormSDist(D2)

End Function

Public Function BlackScholesPut(Stock As Double, Strike As Double, Time As Double, Riskfree As Double, Volatility As Double) As Double

Dim D1 As Double, D2 As Double

D1 = (Log(Stock / Strike) + (Riskfree + 0.5 * Volatility ^ 2) * Time) / (Volatility * Sqr(Time))

D2 = D1 – Volatility * Sqr(Time)

BlackScholesPut = Strike * Exp(-Time * Riskfree) * Application.NormSDist(-D2) – Stock * Application.NormSDist(-D1)

End Function

Como ejemplo, la función de BlackScholesCall (100,100, 1.5 %, 25 %) se traduce en 12.32 y BlackScholesPut (100,100, 1.5 %, 25 %) tiene un resultado en 7.44. Note que Log es la función logaritmo natural en VBA, sqr es la raíz cuadrada, y asegúrese de que hay un espacio antes de la subraya en el código. La subraya al final de una línea de código indica que la misma línea de código continúa en la línea siguiente.

Formas para las Macros

Otro tipo de automatización son las formas de las macros. En Excel, seleccione *Inicio (Pestaña) | Opciones | Personalizar Cinta de Opciones| Personalizar la Cinta de Opciones (Barra Desplegable)* y *Habilite* la casilla *Desarrollador,* el icono *Desarrollador* aparecerá. Haga clic en el icono *Insertar* y seleccione (por ejemplo, cuadro combinado) como se muestra en la Figura 3.A.5 y arrástrelo a un área en la hoja de cálculo para insertar la lista desplegable.

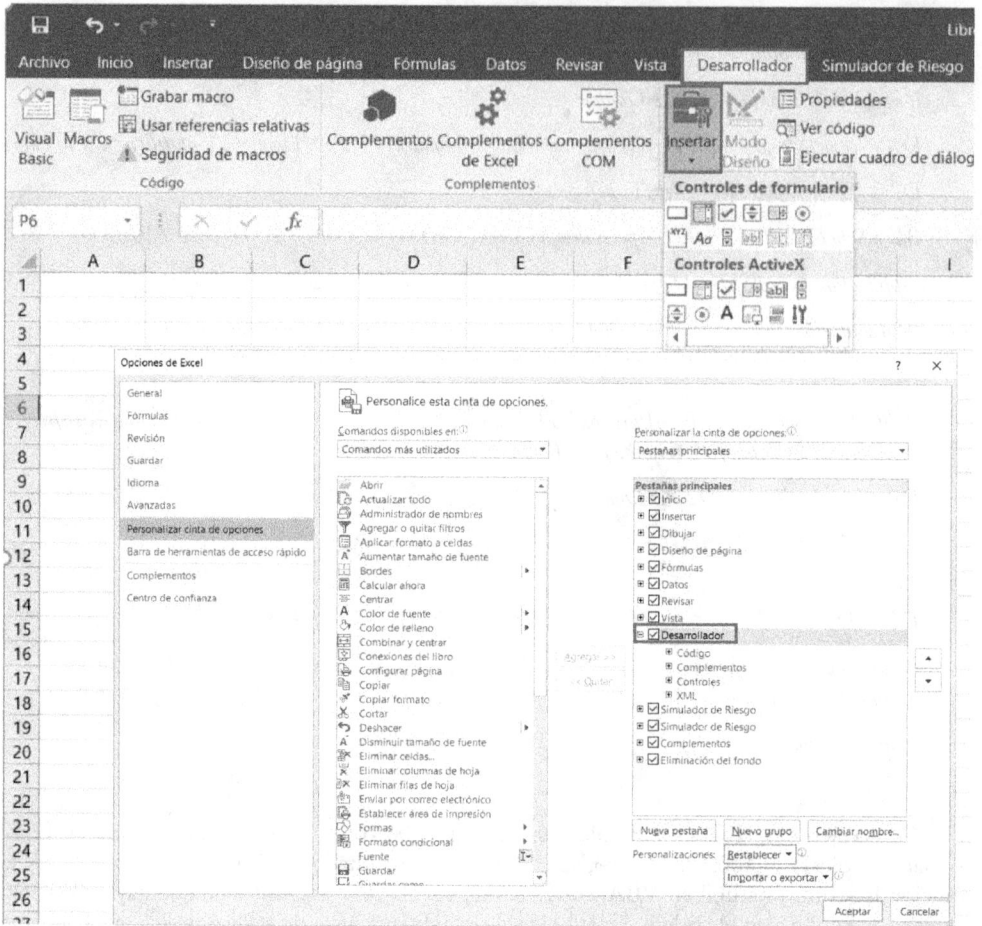

Figura 3.A.5: Barra de Iconos de Formas

A continuación, cree un con una lista de posibles selecciones como se ve en la Figura 3.A.6 (celdas B10 a D17). Debe dar clic derecho sobre el icono de lista desplegable y seleccione *Formato de Control | Control*. Introduzca el rango de entrada como las celdas C11 a C15, vincule la celda a C16, y establezca en las Líneas de unión verticales el número 5 (Figura 3.A.7).

Figura 3.A.6: Creación de una Caja Desplegable

En la Figura 3.A.6, la columna Índice simplemente lista los números de 1 a n, donde n es el número total de componentes de la lista desplegable (en este ejemplo, n es 5). Aquí, el índice simplemente convierte los componentes (anual, semestral, trimestral, mensual y semanal) en los índices correspondientes. La columna Elecciones en el rango de entrada es el nombre de los elementos en la lista desplegable. La columna Value lista las variables asociadas a la selección (semestral significa que hay 2 períodos en un año, o mensual significa que hay 12 períodos en un año). La celda C16 es la Elección por parte del usuario, es decir, si el usuario selecciona mensual en la lista desplegable, la celda C16 será 4, y así sucesivamente, ya que está relacionada con la lista desplegable en la Figura 3.A.7. La celda C17 en la Figura 3.A.6 es la ecuación:

=BUSCARV($C$16,$B$11:$D$15,3)

Donde la función BUSCARV busca el valor en la celda C16 (la celda que cambia de valor dependiendo del ítem escogido de la lista) con respecto a la primera columna en la zona B11: D15, haciendo coincidir la columna correspondiente con el mismo valor que hay en la celda C16, y devuelve el valor en la tercera columna (3). En la Figura 3.A.6, el valor es de 12. En otras palabras, si el usuario elige trimestral, entonces, la celda C16 será 3, y la celda C17 será 4. Es evidente que en un modelo construido apropiadamente, todo este cuadro será oculto en algún lugar fuera de la vista del usuario (ubicado en los extremos, en las esquinas de la hoja de cálculo o en un rincón lejano y se deberá cambiar su color de fuente para que coincida con el fondo, haciéndola desaparecer o se puede colocar en un hoja oculta). Sólo la lista desplegable se mostrará y los modelos se vincularán a la celda C17 como un parámetro de entrada. Esta situación obliga al usuario a elegir sólo a partir de una lista predefinida de entradas y evitará cualquier tipo de inserción de entradas de manera accidental que no son válidas.

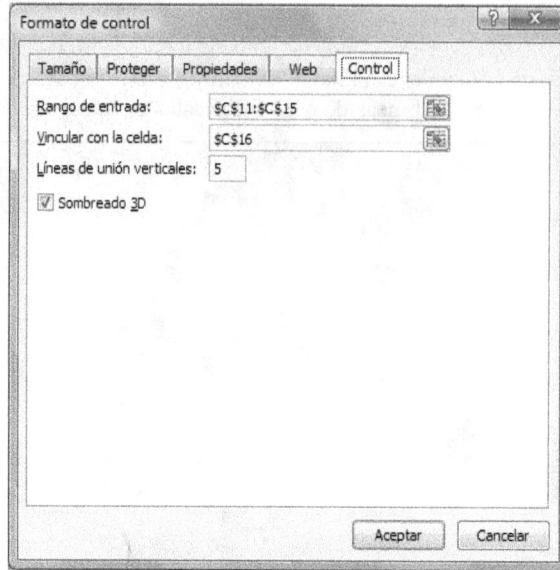

Figura 3.A.7: Cuadro de Dialogo—Formatear Objeto

Códigos de Navegación VBA

Una simple macro para navegar a la hoja "2. Análisis" se muestra aquí. Esta macro se puede escribir en el entorno de VBA. Utilice el icono *Grabar macro* después de que se haya habilitado *Inicio (Pestaña)* | *Opciones* | *Personalizar Cinta de Opciones* | *Personalizar la Cinta de Opciones (Barra Desplegable)* y *Habilite* la casilla *Desarrollador* y, a continuación, realice algunas acciones pertinentes de navegación (por ejemplo, al hacer clic sobre la hoja "2. Análisis" y pulsar la tecla detener grabación), devuélvase al ambiente VBA y abra la nueva macro grabada:

Sub MoveToSheet2( )

Sheets("2. Analisis").Select

End Sub

Sin embargo, si se han creados vistas personalizadas (*Vista (Pestaña)* | *Vistas Personalizadas* | *Agregar*) en hojas de cálculo de Excel (para facilitar la búsqueda o la visualización de algunas partes del modelo, tales como entradas, salidas, etc.), la navegación también se puede crear a través de lo que se muestra a continuación, cuando una vista personalizada denominada "resultados" se ha creado previamente:

Sub CustomView( )

ActiveWorkbook.CustomViews("Resultados").Show

End Sub

Se puede crear los botones de formas y los códigos de navegación pueden adjuntarse a estos. Por ejemplo, haga clic sobre el cuarto icono de la barra de iconos de formas (Figura 3.A.5) e inserte un botón de formularios en la hoja de cálculo y asígnele la macro creada con anterioridad. (Si el cuadro de diálogo de la macro seleccionada no aparece, haga clic con el botón derecho y seleccione *Asignar Macro*).

Campos de Entrada

Los campos de entrada también se recomiendan por su facilidad de uso. Acá se muestra algunos ejemplos de campos de entrada creados en VBA, donde se pide al usuario que introduzca algunas entradas restrictivas en diferentes pasos. Por ejemplo, la Figura 3.A.8 ilustra un simple modelo de cálculo de comisión de venta, donde las entradas del usuario son las celdas de colores en forma de caja. Las comisiones resultantes (celda B11 veces celda B13) se calcularán en la celda B14. El usuario comienza a usar el modelo haciendo clic sobre el botón *Calcular*. Una serie de sugerencias de entradas guiaran al usuario a introducir los supuestos correspondientes (Figura 3.A.9).

Figura 3.A.8: Modelo Automatizado Simple

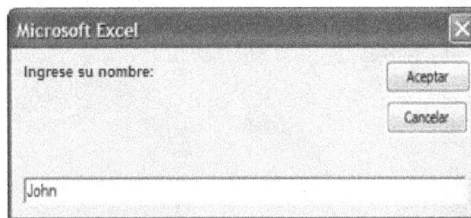

Figura 3.A.9: Ejemplo Cuadro de Entrada

El código también se puede configurar para comprobar que las entradas correspondientes, es decir, las comisiones de ventas estén entre 0.01 y 0.99. El código VBA total se muestra a continuación. El código primero es escrito en VBA y, a partir de ahí, El botón de formulario se coloca en la hoja de trabajo de donde se llamará el código VBA.

```
Sub UserInputs( )
Dim Usuario As Variant, Today As String, Ventas As Double, Comisión As Double
Range("B1").Select
Usuario = InputBox("Ingrese su nombre:")
ActiveCell.FormulaR1C1 = Usuario
Range("B2").Select
```

```
Fecha = InputBox("Ingrese la fecha actual:")
ActiveCell.FormulaR1C1 = Fecha
Range("B5").Select
Ventas = InputBox("Ingrese el monto de ventas:")
ActiveCell.FormulaR1C1 = Ventas
Dim N As Double
For N = 1 To 5
    ActiveCell.Offset(1, 0).Select
    Ventas = InputBox("Ingrese el monto de ventas para el siguiente período:")
    ActiveCell.FormulaR1C1 = Ventas
Next N

Range("B13").Select
Comisión = 0
Do While Comisión < 0.01 Or Comisión > 0.99
    Comisión = InputBox("Ingrese una comisión razonable entre 1% y 99%:")
Loop
ActiveCell.FormulaR1C1 = Comisión
Range("B1").Select
End Sub
```

Formas e Iconos

A veces, para uso global de macros y escritura VBA, un elemento de menú o un icono puede ser añadido a la hoja de cálculo del usuario. Inserte un nuevo icono en el menú dando clic sobre *Inicio | Opciones | Barra de Herramientas de Acceso Rápido (Comando Disponibles en) | Macros* y seleccione la macro personalizada o el código creado que desea *agregar* a la barra del menú. Para agregar un icono personalizado se necesita crear una pestaña nueva en el menú, para esto debe dar clic en *Inicio | Opciones |Personalizar Cinta de Opciones (Comando Disponibles en) | Macros,* deberá dar clic en *Nueva Pestaña* antes de *Agregar* la(s) macro(s) de su preferencia. La Figura 3.A.10 muestra la nueva pestaña creada y el nuevo icono dentro de esta. Para editar la forma y el nombre del icono se requiere dar clic sobre el botón *Cambiar Nombre*.

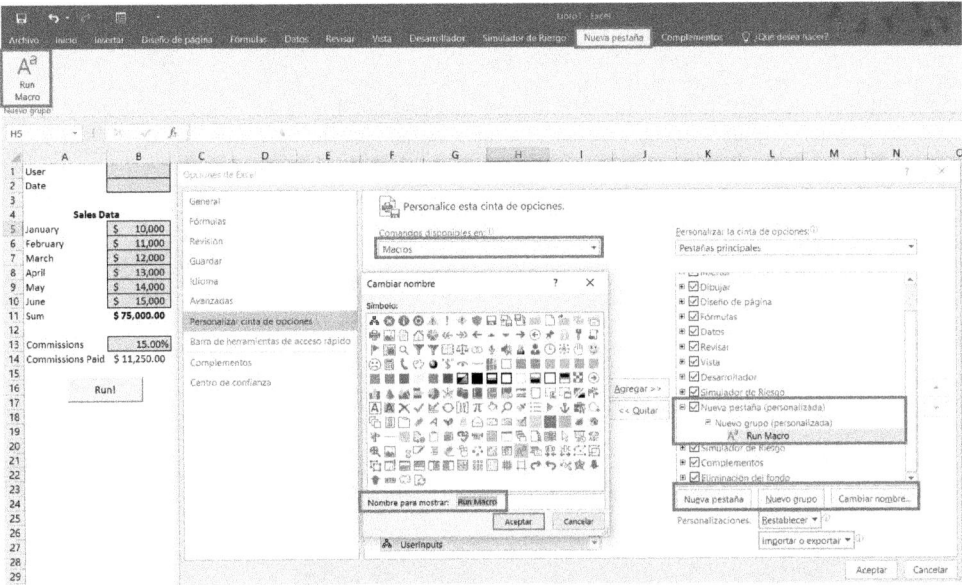

Figura 3.A.10: Personalizar Menú e Icono

SECCIÓN TRES – MEDICIÓN DEL RIESGO

CAPÍTULO 4 – A ORILLAS DE MÓNACO

La simulación Monte Carlo, llamada así por la capital de Mónaco famosa por sus juegos de azar, es una muy potente metodología. Para el principiante en el análisis de riesgo, la simulación abre las puertas para resolver problemas difíciles y complejos con gran facilidad. Tal vez, el primer uso reconocido que se le dio a la simulación Monte Carlo fue por el físico Enrico Fermi en 1930 (algunas veces referenciado como el padre de la bomba atómica, además de Nobel en Física), cuando usó un método aleatorio para calcular las propiedades del recién descubierto neutrón.

Los métodos Monte Carlo fueron centrales para las simulaciones requeridas en el Proyecto Manhattan. En los años cincuenta la simulación Monte Carlo fue usada en Los Álamos para el trabajo relacionado con el desarrollo de la bomba de hidrógeno, y se popularizó en los campos de la física y en la investigación de operaciones. En aquel tiempo, La Corporación RAND y la Fuerza Aérea de Estados Unidos fueron dos de las principales organizaciones responsables en financiar y difundir información acerca de los métodos Monte Carlo. Hoy en día, hay una amplia aplicación de la simulación Monte Carlo en diferentes campos incluyendo la ingeniería, física, investigación y desarrollo, negocios y finanzas. De una manera sencilla, la simulación Monte Carlo crea un futuro artificial al generar miles e incluso cientos de miles de caminos posibles de resultados y analiza sus características predominantes. En la práctica, los métodos de la simulación Monte Carlo son utilizados para el análisis de riesgo, cuantificación del riesgo, análisis de sensibilidad y predicción. Una alternativa a la simulación es el uso de modelos matemáticos estocásticos de forma cerrada altamente complejos. Para los analistas en una compañía, tomar cursos de matemática y estadística avanzada de nivel universitario no es lógico ni práctico. Un analista brillante usaría todas las herramientas disponibles a su disposición para obtener la misma respuesta de la forma más fácil y práctica posible. En todos los casos, cuando es modelada correctamente la simulación Monte Carlo, esta provee respuestas similares a la de los más sofisticados modelos matemáticos. Adicionalmente, hay muchas aplicaciones reales en las que los modelos cerrados no existen y el único recurso es aplicar métodos de simulación. Entonces, ¿Qué es exactamente la simulación Monte Carlo y cómo funciona?

¿QUÉ ES LA SIMULACIÓN MONTE CARLO?

Hoy, la velocidad de los computadores ha hecho posible muchas operaciones computacionales complejas que eran aparentemente imposibles de solucionar en los años anteriores. Para los científicos, ingenieros, estadísticos, administradores y analistas de negocios, entre otros, los computadores han permitido crear modelos que simulan la realidad y ayudan a hacer predicciones, algunos de estos modelos se utilizan para simular sistemas reales, al considerar la aleatoriedad y futuras incertidumbres por medio de la investigación de cientos e incluso miles de escenarios diferentes. Los resultados, luego son compilados y usados para tomar decisiones. De esto se trata la simulación Monte Carlo.

En su forma más simple la simulación Monte Carlo es un generador de números aleatorios útil para pronosticar, estimar y realizar análisis de riesgo. Una simulación, calcula múltiples escenarios de un modelo al escoger repetidamente valores de una *distribución de probabilidad* pre definida por el usuario para las variables inciertas y luego utiliza estos valores en el modelo. Como todos los escenarios producen resultados asociados en el modelo, cada escenario puede tener un pronóstico. Los pronósticos, son eventos (usualmente con fórmulas y funciones) que se definen como pronósticos de salida del modelo.

Piense en el enfoque de la simulación Monte Carlo como escoger bolas de golf de una canasta repetidamente y con reemplazo. El tamaño y la forma de la canasta depende de la distribución del *Supuesto de Entrada* (por ejemplo., una distribución normal con una media de 100 y una desviación estándar de 10, versus una distribución uniforme o una distribución triangular) donde algunas canastas son más profundas o más simétricas que otras, permitiendo a determinadas bolas salir con mayor frecuencia que otras. El número de bolas que han sido sacadas repetidamente depende del número de *Intentos* simulados. Para un gran modelo con múltiples supuestos relacionados, imagine a este gran modelo como una gran canasta en la que muchas canastas bebes residen. Cada canasta bebé tiene su propio conjunto de bolas de golf de colores que están rebotando alrededor. Algunas veces estas canastas bebes están relacionadas entre ellas (si hay una *Correlación* entre las variables), forzando a las bolas de golf a rebotar en grupos, mientras que en otros casos en los que no existe correlación, las bolas de cada canasta bebé están rebotando independientemente una de otra. Las bolas que son escogidas de estas interacciones dentro del modelo (la gran canasta) son tabuladas y guardadas, generando un *Pronóstico de Salida* como resultado de la simulación.

¿POR QUÉ SON IMPORTANTES LAS SIMULACIONES?

Un ejemplo de por qué la simulación es importante puede observarse en el caso ilustrado en las Figuras 4.1 y 4.2 denominado El Error En Los Promedios.[1] El ejemplo es sin duda digno de un estudio más detallado. Éste explica como un analista puede ser engañado sin el uso de la simulación y toma las decisiones equivocadas. Suponga, que usted es el dueño de un almacén que vende productos perecederos y usted necesita tomar una decisión acerca del inventario óptimo para tener a la mano. Su analista recién contratado tuvo éxito al obtener los niveles de ventas históricas mensuales y estima que el promedio es de cinco unidades. Usted acaba de cometer el error de los promedios. Como lo muestra el ejemplo, este error ocurre porque la distribución de la demanda histórica está altamente sesgada mientras que la estructura de costos es asimétrica. Por ejemplo, suponga que usted está en una reunión, y su jefe pregunta cuánto ganaron los empleados el último año. Usted hace una rápida encuesta y se da cuenta que el rango de los salarios está entre U$60,000 y U$150,000. Usted realiza un cálculo rápido y encuentra que el promedio fue de $100,000. Luego, su jefe le dice que ¡Él gano U$20 millones el último año! De repente, el promedio del grupo se vuelve U$1.5 millones. Este valor de U$1.5 millones claramente no representa cuanto ganó cada uno de sus compañeros el último año. En este caso, la mediana podría ser más apropiada. Acá, usted observa que usar simplemente un promedio puede llevarlo a resultados engañosos.[2]

Continuando con el ejemplo, la Figura 4.2 muestra como el nivel de inventario correcto es calculado utilizando una simulación. Este enfoque usado es llamado simulación bootstrap *no paramétrica.* Es no paramétrico porque en este enfoque de la simulación, no hay parámetros de distribución asignados. En vez de asumir una distribución (normal, triangular, lognormal, o personalizada) y sus parámetros requeridos (media, desviación estándar, y así sucesivamente) como se requiere en una simulación Monte Carlo paramétrica, una simulación no paramétrica usa los propios datos para contar la historia.

Imagine que usted recoge para 5 años los niveles históricos de la demanda y escribe la cantidad demandada de una bola de golf para cada mes. Lance las 60 bolas de golf en una gran canasta y mézclelas al azar. Escoja una bola de golf aleatoriamente y escriba su valor en un pedazo de papel, luego remplace la bola en la canasta y mézclela otra vez. Repita esto 60 veces y calcule el promedio. Este proceso es una prueba simple agrupada. Realice el proceso completo miles de veces, con remplazos.

La distribución de estos miles de promedios representa el resultado del pronóstico de la simulación. El valor esperado de la simulación, es simplemente el valor promedio de estos miles de promedios. La Figura 4.2 muestra un ejemplo de una distribución derivada de una simulación no paramétrica. Cómo se puede observar, la tasa de inventario óptima que minimiza los costos de transporte es de nueve unidades, lejos del valor promedio de cinco unidades previamente calculado en la Figura 4.1.

Claramente, cada enfoque tiene sus méritos y desventajas. La simulación no paramétrica que puede ser fácilmente aplicada utilizando la distribución personalizada del Simulador de Riesgo,[3] utiliza los datos históricos para contar la historia y para predecir el futuro. La simulación paramétrica, sin embargo, fuerza los resultados de la simulación para que las distribuciones presenten un buen comportamiento, lo cual es deseable en la mayoría de los casos. En vez de preocuparse por ajustar los datos con problemas (por ejemplo, valores atípicos y valores absurdos) como es requerido para las simulaciones no paramétricas, las simulaciones paramétricas empiezan desde cero cada vez.

> La Simulación de Monte Carlo es un tipo de simulación paramétrica, en la que los parámetros específicos de la distribución son requeridos antes de que la simulación empiece. El enfoque alternativo es la simulación no paramétrica en la que los datos históricos sin ninguna manipulación son usados para contar la historia y no se requieren parámetros distribucionales para correr la simulación.

COMPARANDO LA SIMULACIÓN CON EL ANÁLISIS TRADICIONAL

La Figura 4.3 ilustra algunos enfoques tradicionales usados para tratar con la incertidumbre y el riesgo. Los métodos incluyen realizar análisis de sensibilidad, análisis de escenarios, y escenarios probabilísticos. El siguiente paso es la aplicación de la simulación de Monte Carlo, que puede ser vista como una extensión del siguiente paso en el análisis de la incertidumbre y del riesgo. La Figura 4.4 muestra un uso más avanzado de la simulación de Monte Carlo para pronosticar.[4] Los ejemplos en la Figura 4.4 muestran como la simulación de Monte Carlo puede ser realmente complicada dependiendo de su uso. El software Simulador de Riesgo tiene un módulo de procesos estocásticos que aplica algunos de estos modelos de pronósticos más complejos, incluyendo el Movimiento Browniano, reversión a la media y modelos de caminata aleatoria.

El Error de los Promedios

Actual	5
Inventario Mantenido	6

Promedio   5.00

		Datos Históricos (5 Años)	
		Mes	Actual
Costos Perecederos	$100	1	12
Costos Fed Ex	$175	2	11
		3	7
Costos Totales	$100	4	0
		5	0

Su empresa es un minorista en productos perecederos le pidieron que encontrara el nivel óptimo de inventario para tener a la mano. Si su inventario excede la demanda actual, hay un costo perecedero de $100 mientras que se incurre un costo de Fed Ex de $175 si si su inventario es insuficiente para cubrir el nivel actual de demanda. Estos costos son por unidad. Su primera inclinación es coleccionar los datos históricos de demanda para los últimos 60 meses como se muestra a la derecha. luego, realiza un promedio simple cuyo resultado resulta ser de 5 unidades. Por lo tanto, usted selecciona 5 unidades como el nivel de inventario óptimo. Usted acabe de cometer una gran equivocación llamada ¡El Error de los Promedios!.

Mes	Actual
6	2
7	7
8	0
9	11
10	12
11	0
12	9
13	3
14	5
15	0
16	2
17	1
18	10

Los datos de la demanda actual son mostrados a la derecha. las filas 19 a la 57 están ocultas para conservar el espacio. siendo usted el analista, ¿Que debería hacer usted?

Mes	Actual
58	3
59	2
60	17

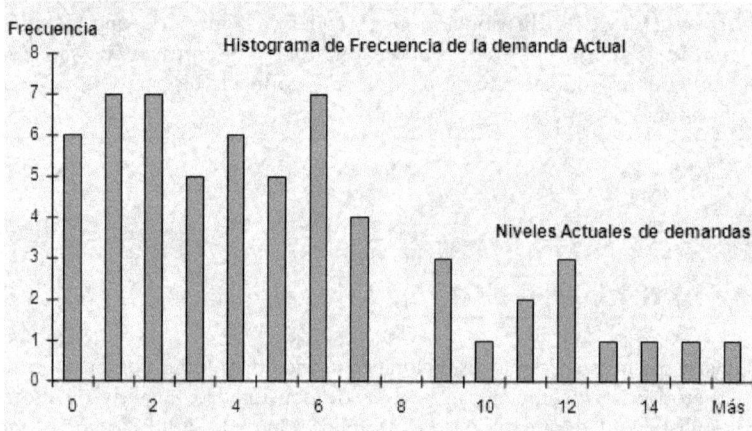

Figura 4.1: El Error de los Promedios

Arreglando el Error de los Promedios con Simulación

Promedio de Demanda Actual Simulada	8.53
Inventario Mantenido	9.00

Costos Perecederos	$100
Costos Fed Ex	$175
Costos Totales	$46.88

Rango de la Demanda Simulada   De 7.21 a 9.85
Rango de los Costos Simulados   De 178.91 a 149

El mejor método para utilizar es una simulación no paramétrica en la que se utilizan los niveles actuales de demanda histórica como variables de entrada para simular el nivel más probable de demanda al ir hacia adelante, que resulto ser de 8.53 unidades. Dada esta demanda, el resultado del costo más bajo obtenido a través de un inventario de prueba de 9 unidades, resulta ser muy lejano al error de los promedios original de 5 unidades.

Inventario Prueba	Costo Total
1.00	$1.318
2.00	$1.143
3.00	$968
4.00	$793
5.00	$618
6.00	$443
7.00	$268
8.00	$93
9.00	$47
10.00	$147
11.00	$247
12.00	$347
13.00	$447
14.00	$547
15.00	$647
16.00	$747

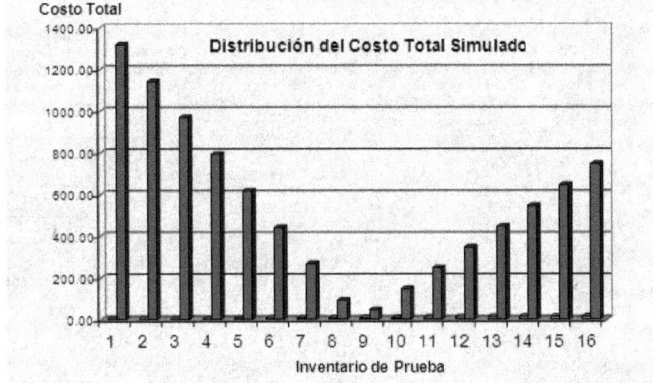

Figura 4.2: Arreglando el Error de los Promedios con Simulación

Estimaciones Puntuales, Análisis de Sensibilidad, Análisis de Escenarios, Escenarios Probabilísticos y Simulaciones

Estimaciones Puntuales

Ventas Unitarias	10
Precio Unitario	$10
Ingreso Total	$100
Costos variables unitarios	$5
Costos Fijos	$20
Costos Totales	$70
Ingresos Netos	$30

10 unidades x $10 por unidad

$20 Fijos + ($5 x 10) Variables

$100 - $70

Este es un ejemplo simple de un enfoque de estimaciones puntuales. Los detalles que surgen pueden Incluir el riesgo de que tan confiado esta en las proyección de las ventas unitarias. el precio de venta, y los costos variables por unidad.

Debido a que la línea final de ingresos netos es el indicador clave de desempeño financiero, Incertidumbre en el volumen de ventas futuras será impounded dentro del cálculo de los Ingresos Netos. ¿Qué tanta confianza tiene en su cálculo basado en una simple estimación puntual? Retome el ejemplo de El Error de los promedios en el que un simple estimador puntual podía ocasionar conclusiones desastoras.

Análisis de Sensibilidad

Aca, podemos hacer cambios a las unidades de las variables en un modelo simple para observar los efectos finales de tal cambio. Observando el ejemplo sabemos que solo en Estados Unidos, el precio unitario y el costo variable unitario pueden cambiar. Esto es porque los Ingresos totales, los costos totales y el ingreso neto son valores calculados, mientras que con los costos fijos asumimos que son fijos e inmodificables, a pesar de la cantidad de ventas unitarias o del precio de venta. Cambiando estas tres variables en 1 unidad, se observa que de los US$40 iniciales, el ingreso neto se ha incrementado en US$5 unidades para las ventas unitarias, se ha incrementado en 10 para el precio unitario y disminuido en US$10 para el costo variable por unidad.

Ventas Unitarias	11		Ventas Unitarias	10		Ventas Unitarias	10
Precio Unitario	$10	Cambio en 1 unidad	Precio Unitario	$11		Precio Unitario	$10
Ingreso Total	$110		Ingreso Total	$110	Cambio en 1 unidad	Ingreso Total	$100
Costos variables unitarios	$5		Costos variables unitarios	$5		Costos variables unitarios	$6
Costos Fijos	$20		Costos Fijos	$20	Cambio en 1 unidad	Costos Fijos	$20
Costos Totales	$75	Subió $10	Costos Totales	$70		Costos Totales	$80
Ingresos Netos	$35	Subió $5	Ingresos Netos	$40	Bajo $10	Ingresos Netos	$20

Sabemos que el precio unitario tiene el impacto más positive en el ingreso neto y el costo unitario el impacto más negativo. En terminos de supuestos Sabemos que este costo adicional debe ser tomado cuando se pronostican y se estiman estas variables. De todas maneras, aun continuamos en la oscuridad relacionado con la sensibilidad.

Analisis de Escenario

En funcion de proveer un elemento adicional de variabilidad. se usa el suguiente ejemplo, usted puede definir un analisis de escenario, al definir valores claves Al tener en cuenta el comportamiento de distintos escenarios. Por ejemplo, usted puede asumir tres scenarios economicos donde las ventas unitarias varian En una buena situacion economica, las unidades vendidas son 14 a US$11 por unidad. En condiciones normales, son 10 unidades a US$10 por unidad. En un scenario pesimista, las unidades bajan a 8 pero los precios se mantiene en US$10.

Unidades vendidas	14	Economia al alza	Unidades vendidas	10	Economia Promedio	Unidades vendidas	8
Precio unitario	$11		Precio unitario	$10		Precio unitario	$10
Ingreso Total	$154		Ingreso Total	$100		Ingreso Total	$80
Costo variable unidad	$5		Costo variable unidad	$5		Costo variable unidad	$5
Costo fijo	$20		Costo fijo	$20	Mala economia	Costo fijo	$20
Costo total	$90		Costo total	$70		Costo total	$60
Ingreso neto	$64		Ingreso neto	$30		Ingreso neto	$20

Mirando los resultados del ingreso neto, tenemos US$64, US$30 y US$20. El problema es que la variacion es muy grande. A traves del analisis de escenarios es factible identificar el impacto en diferentes condiciones.

Analisis probabilistico de escenarios

	Probabilidad	Ingreso neto
Buena economia	35%	$64.00
Economia Promedio	40%	$30.00
Mala economia	25%	$20.00
VEM		$39.40

Podemos asignar siempre a cada escenario que ocurra una probabilidad, creando un escenario probabilistico Analisar y calcular el valor esperado promedio (VEP) del pronóstico. Los resultados Son mas robustos y fiables que un analisis de escenrios basico en donde el potencial de salida Esta basado en los valores de US$64, US$30 y US$20 como un simple valor esperado. Este valor Es lo que usted espera ganar en promedio.

Analisis de simulacion

Unidades vendidas	10
Precio unitario	$10
Ingreso Total	$100
Costo variable unidad	$5
Costo fijo	$20
Costo total	$70
Ingreso neto	$30

Al mirar el modelo original. sabemos que a travez del analisis de sensibilidad, unidades vendidas. precio unitario y Costo variable unitario son variables con una alta incertidumbre. Podemos facilmente similar estas variables desconocidas miles de veces (basado en la certeza del supuesto de distribucion) se puede ver al final que el Ingreso Neto se vera asi:

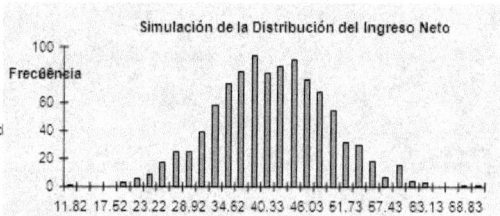

Simulación de la Distribución del Ingreso Neto

11.82 17.52 23.22 28.92 34.62 40.33 46.03 51.73 57.43 63.13 68.83

Al implementar la simulacion miles de veces. Nosotros desarrollamos miles de analisis de sensibilidad Y analisis de escenarios con diferentes probabilidades Se tiene en cuenta los parametros originales de los supuestos de simulacion (tipos de distribuciones probabilidad, los parametros de la distribucion y cuales variables similar)

Los resultados generados en la simulacion pueden ser relacionados a continuacion:

Promedio	$40.04
Mediana	$39.98
Moda	$46.63
Desviacion Estandar	$8.20
Confianza del 95	Entre $56.16 y $24.09

Figura 4.3: Estimación Puntual, Análisis de Sensibilidad, Análisis de Escenarios, y Simulación

Conceptualización de la Distribución Lognormal

Un ejemplo simple de simulación
Se requiere realizar muchas simulaciones para obtener una distribución válida.

Media	15%
Sigma	30%
Frecuencia de tiempo	Diaria ▼
Valor inicial	100

Se pueden observar los efectos de realizar una
simulación para los precios de las acciones siguiendo
un modelo de Movimiento Geométrico Browniano para
los precios de cierre diarios. Tres patrones de precios
Se observan acá. En realidad miles de simulaciones
Se realizan, y sus propiedades distribucionales son
Analizadas. Frecuentemente los precio de cierre promedio.
De miles de simulaciones son analizados basados
on these simulated price paths.

tiempo días	normal deviates	valor simulado
0	NA	100.0000
1	0.0873	100.2259
2	-0.4320	99.4675
3	-0.1389	99.2552
4	-0.4583	98.4549
5	1.7807	101.9095
6	-1.4406	99.2212
7	-0.5677	98.2357
8	0.5277	99.2838
9	-0.4844	98.4345
10	-0.2307	98.0634
11	0.8688	99.7632
12	2.1195	83.9088
13	-1.9756	100.1461
14	1.3734	102.8517
15	-0.8790	101.2112
16	-0.7610	99.8203
17	0.3168	100.4824
18	-0.0511	100.4452
19	0.0653	100.6301
20	-0.6073	99.5368
21	0.6900	100.9091
22	-0.7012	99.6353
23	1.4784	102.6312
24	-0.9195	100.8184
25	-0.3343	100.2411
26	-2.3395	95.9455
27	-1.7831	92.8103
28	-0.3247	92.2958
29	0.5063	93.2409
30	0.0386	93.3552
247	1.0418	100.9205
248	-0.7052	99.6388
249	0.1338	99.9521
250	0.0451	100.0978

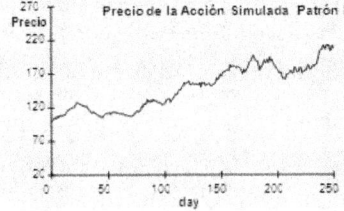

Rows 31 through 246 have been hidden to conserve space.

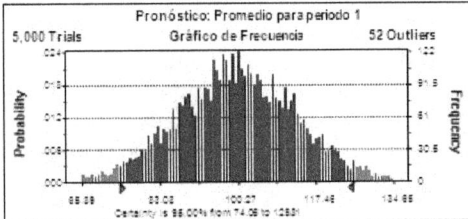

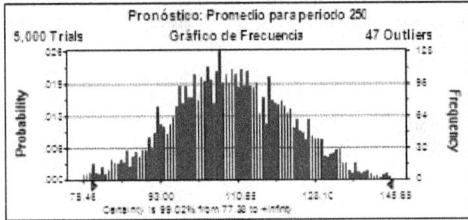

Los miles de patrones de precios simulados luego son tabulados en
Distribuciones de probabilidad. Aquí hay tres patrones de
Tres diferentes puntos en el tiempo, para los periodos 1, 20, y 250.
Se tendrá un total de 250 distribuciones para cada periodo de tiempo, que
Corresponde al número de día en que se negocia al año.

También se puede analizar cada una de estas distribuciones de
Probabilidad para periodos de tiempo específicos y calcular
Los intervalos de confianza estadísticamente válidos y
relevantes

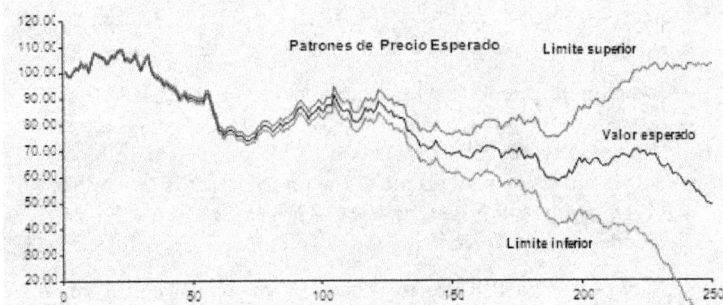

Luego, se pueden graficar los
Intervalos de confianza con
Los valores esperados para
Cada periodo de tiempo pronosticado.

Nótese que a medida que el tiempo
Aumenta el intervalo de confianza se
Amplía puesto que el riesgo y la
incertidumbre se están incrementando.

Figura 4.4: Conceptualización de la Distribución Lognormal

USAR EL SIMULADOR DE RIESGO Y
EXCEL PARA REALIZAR SIMULACIONES

Las simulaciones pueden realizarse usando Excel. Sin embargo, paquetes de simulación más avanzados como el Simulador de Riesgo realizan esta tarea de una forma más eficiente, además de tener características adicionales predefinidas en cada simulación. Ahora presentamos la simulación paramétrica Monte Carlo y la simulación no paramétrica bootstrap usando Excel y el Simulador de Riesgo.

Los ejemplos en las Figuras 4.5 y 4.6 son creados usando Excel para realizar un número limitado de simulaciones en un conjunto de supuestos probabilísticos. Asumimos, que después de realizar una serie de análisis de escenarios, obtenemos un conjunto de nueve valores resultantes con sus respectivas probabilidades de ocurrencia. El primer paso para construir una simulación en Excel para un análisis de sensibilidad es entender la función "*ALEATORIO( )*" en Excel. Esta función es simplemente un generador de números aleatorios que Excel utiliza para crear números aleatorios de una distribución uniforme entre 0 y 1. Luego convierte este rango entre 0 y 1 usando las probabilidades asignadas a los rangos o cestas vinculados a nuestro supuesto.

Por ejemplo, si el valor U$362,995 ocurre con un 55% de probabilidad, podemos crear un intervalo de clase con un rango entre 0.00 y 0.55. De igual forma, podemos crear un intervalo de clase con un rango entre 0.56 y 0.65 para el siguiente valor de U$363,522 el cual ocurre el 10% de las veces, y así sucesivamente. Basado en los rangos e intervalos de clase, la simulación no paramétrica puede ahora establecerse.

La Figura 4.5 ilustra un ejemplo con 5,000 conjunto de intentos. Cada conjunto de intentos es simulado 100 veces; es decir, que en cada conjunto de intentos de la simulación, los números originales son escogidos aleatoriamente con remplazo utilizando la fórmula de Excel *BUSCARV(ALEATORIO( ), $D$16:$F$24, 3)*, que escoge la tercera columna de datos del área entre la celda D16 a F24 al cruzar los resultados de la función *ALEATORIO( )* y los datos de la primera columna.

Luego, el promedio de la muestra de datos es calculado para cada conjunto de intentos. La distribución de los promedios de estos 5,000 conjunto de intentos es obtenida y la frecuencia de la distribución es mostrada al final de la Figura 4.5.

De acuerdo con el Teorema del Límite Central, el promedio de estos promedios muestrales se acercará a la verdadera media de la población en el límite. Adicionalmente, la distribución se acercará a la normalidad cuando un conjunto suficiente de intentos se realice.

Claramente, ejecutar esta simulación no paramétrica manualmente en Excel es tediosa. Una alternativa es utilizar la distribución personalizada del Simulador de Riesgo, que hace lo mismo, pero de una forma infinitamente más rápida y más eficiente. El Capítulo 6, *La Caja de Herramientas de Pandora*, ilustra algunas de estas herramientas de simulación en más detalle.

La simulación no paramétrica es una herramienta muy poderosa pero sólo es aplicable si hay información disponible. Claramente, entre mayor sea el número de datos, mayor será el nivel de precisión y de confianza en los resultados de la simulación. No obstante, cuando no existen los datos o cuando un proceso sistemático es inherente al conjunto de datos (ejemplo: física, ingeniería, relaciones económicas), la simulación paramétrica en la que distribuciones de probabilidad exactas son utilizadas, puede ser más apropiada.

Usar Excel para realizar simulaciones es fácil y efectivo para problemas simples. Sin embargo, cuando aparecen problemas más complicados o las necesidades surgen (por ejemplo: existe correlación entre supuestos de entrada, análisis de sensibilidad dinámica, reportes y gráficos, estadísticos de la simulación, optimización de portafolios, modelación predictiva, procesos estocásticos, entre otros), el uso de paquetes de simulación especializados es más práctico y eficiente. Simulador de Riesgo es uno de estos paquetes. En el ejemplo de la Figura 4.7, las celdas sombreadas de verde (Ingresos, Gastos Operacionales, FCL/EBITDA) son las celdas de los supuestos, donde vamos a ingresar los supuestos de distribución, estos supuestos son: el tipo de distribución que sigue la variable y que parámetros tiene la distribución de probabilidad. Por el momento, podemos suponer que los ingresos siguen una distribución normal con media $1,010 y desviación estándar $100, basados en la información histórica de la compañía. La celda del Valor Presente Neto (VPN) es el pronóstico de salida, es decir, los resultados de esta celda son los resultados que en definitiva se desean analizar. Remítase al Capítulo 5, Uso de la herramienta, para detalles de cómo estructurar modelos e iniciarse en el uso del software Simulador de Riesgo. El resto de este libro está dedicado a la modelación de necesidades más complejas utilizando el software.

La función ALEATORIO( ) en Excel es utilizada para generar números aleatorios para una distribución uniforme entre 0 y 1. La función ALEATORIO( )* (B-A)+A es usada para generar números aleatorios para una distribución uniforme entre A y B. La función INV.NORM.ESTAND(ALEATORIO()) genera números aleatorios de una distribución normal estándar con una media de cero y una varianza de uno.

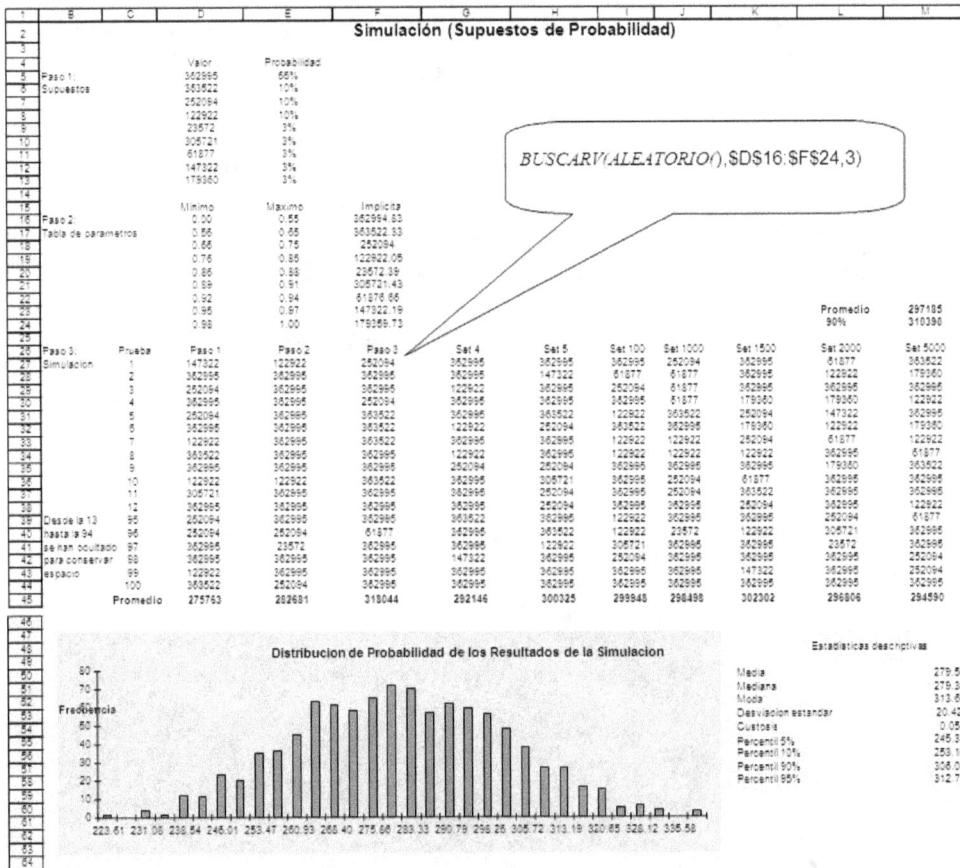

Figura 4.5: Simulación I Usando Excel

	A	B	C	D
1		Unidades Vendidas	10	
2		Precio Unitario	$10	
3		Ingresos Totales	$100	
4				
5		Costo Variable Unitario	$5	
6		Costo Fijo	$20	
7		Costo Total	$70	
8				
9		Ingreso Neto	$30	

Recordemos que anteriormente teníamos tres variables altamente inciertas con las cuales nos gustaría llevar a cabo una simulación de Monte Carlo. Estas variables fueron Unidades Vendidas, Precio Unitario y Costo Variable Unitario. Antes de comenzar la simulación, primero tenemos que hacer varios supuestos de distribución sobre estas variables. Usando datos históricos, hemos comprobado que las ventas históricas promedio siguen una distribución Normal con una media de 10.5 y una desviación estándar de 4.25 unidades. Adicionalmente, hemos visto que el precio unitario ha fluctuado históricamente entre $5 y $15 con una probabilidad casi igual de cualquier precio en el intervalo. Por último, la gestión se acercó con un conjunto de supuestos para el costo variable unitario con sus correspondientes probabilidades de ocurrencia como se ve a continuación.

Supuestos de las Unidades Vendidas
Ventas promedio de 10.5 con una desviación estándar de 4.5

Supuestos del Costo Variable Unitario:

	Costo programado		Probabilidad programada para el costo		
	Probabilidad	Costo Variable	Mínimo	Máximo	Costo Variable
Supuestos del precio unitario	0.3	$3	0.0	0.3	$3
Fluctúa con una Distribución Uniforme	0.5	$4	0.4	0.8	$4
entre $5 y $15 con la misma probabilidad	0.2	$5	0.9	1.0	$5

Unidades Vendidas	9.98	<< INV.NORM(ALEATORIO().10.5,4.25)
Precio Unitario	$7.38	<< ALEATORIO()*(15-5)+5
Ventas Totales	$144	

Utilizando los supuestos dados, configuramos el modelo de simulación que se observa en la izquierda.

Costo Variable Unitario	$5	<< BUSVARV(ALEATORIO().$H$15:$J$18,3)
Costo Fijo	$20	
Costo Total	$60	
Ingreso Neto	$84	

Unidades Vendidas	5.65	Unidades Vendidas	14.12
Precio Unitario	$12.50	Precio Unitario	$5.49
Ventas Totales	$71	Ventas Totales	$78
Costo Variable Unitario	$4	Costo Variable Unitario	$4
Costo Fijo	$20	Costo Fijo	$20
Costo Total	$43	Costo Total	$76
Ingreso Neto	$28	Ingreso Neto	$1

Estas son muestras adicionales de ensayos de simulación. Realizamos estos ensayos varios miles veces para obtener una distribución de probabilidad de los resultados. Los resultados se muestran previamente en el gráfico titulado Distribución simulada de los ingresos netos.

Tenga en cuenta que para cada ensayo de simulación, se obtienen una nueva Unidad Vendida, Precio Unitario y Costo Variable Unitario y, por tanto, un nuevo Ingreso Neto será calculado. Los nuevos niveles de ventas, el precio y el costo se obtienen a partir de los supuestos de distribución aludidos anteriormente. Después de miles de combinaciones de ventas, precio y costo, obtenemos varios miles ingresos netos calculados, que luego se muestran en el histograma de probabilidad previo.

Figura 4.6: Simulación II Usando Excel

Modelo de Flujo de Caja Descontado con Simulación de Monte Carlo

Proyecto A

		2016	2017	2018	2019	2020		
Ingresos		$1,010	$1,111	$1,233	$1,384	$1,573	Valor Presente Neto (VPN)	$126
Indicador Gastos Operacionales/Ingresos		0.09	0.10	0.11	0.12	0.13	Tasa Interna de Retorno	15.68%
Gastos Operativos		$91	$109	$133	$165	$210	Tasa de Descuento Ajustada a Riesgo	12.00%
EBITDA		$919	$1,002	$1,100	$1,219	$1,363	Tasa de Crecimiento	3.00%
Indicador FCL/EBITDA		0.20	0.25	0.31	0.40	0.56	Valor Residual	$8,692
Flujo de Caja Libre (FCL)	($1,200)	$187	$246	$336	$486	$760	Tasa Residual Ajustada a Riesgo	30.00%
Inversión Inicial	($1,200)						Valor Descontado Residual	$2,341
							Relación Valor Residual/VPN	18.52
Tasa de Crecimiento en Ingresos		10.00%	11.00%	12.21%	13.70%	15.58%	Periodo de Recuperación	3.89
							Valor de Riesgo Simulado	$390

Proyecto B

		2016	2017	2018	2019	2020		
Ingresos		$1,200	$1,404	$1,683	$2,085	$2,700	Valor Presente Neto (VPN)	$149
Indicador Gastos Operacionales/Ingresos		0.09	0.10	0.11	0.12	0.13	Tasa Interna de Retorno	33.74%
Gastos Operativos		$108	$138	$181	$249	$361	Tasa de Descuento Ajustada a Riesgo	19.00%
EBITDA		$1,092	$1,266	$1,502	$1,836	$2,340	Tasa de Crecimiento	3.75%
Indicador FCL/EBITDA		0.10	0.11	0.12	0.14	0.16	Valor Residual	$2,480
Flujo de Caja Libre (FCL)	($400)	$109	$139	$183	$252	$364	Tasa Residual Ajustada a Riesgo	30.00%
Inversión Inicial	($400)						Valor Descontado Residual	$668
							Relación Valor Residual/VPN	4.49
Tasa de Crecimiento en Ingresos		17.00%	19.89%	23.85%	29.53%	38.25%	Periodo de Recuperación	2.83
							Valor de Riesgo Simulado	$122

Proyecto C

		2016	2017	2018	2019	2020		
Ingresos		$950	$1,069	$1,219	$1,415	$1,678	Valor Presente Neto (VPN)	$29
Indicador Gastos Operacionales/Ingresos		0.13	0.15	0.17	0.20	0.24	Tasa Interna de Retorno	15.99%
Gastos Operativos		$124	$157	$205	$278	$395	Tasa de Descuento Ajustada a Riesgo	15.00%
EBITDA		$827	$912	$1,014	$1,136	$1,283	Tasa de Crecimiento	5.50%
Indicador FCL/EBITDA		0.20	0.25	0.31	0.40	0.56	Valor Residual	$7,935
Flujo de Caja Libre (FCL)	($1,100)	$168	$224	$309	$453	$715	Tasa Residual Ajustada a Riesgo	30.00%
Inversión Inicial	($1,100)						Valor Descontado Residual	$2,137
							Relación Valor Residual/VPN	74.73
Tasa de Crecimiento en Ingresos		12.50%	14.06%	16.04%	18.61%	22.08%	Periodo de Recuperación	3.88
							Valor de Riesgo Simulado	$53

Proyecto C

		2016	2017	2018	2019	2020		
Ingresos		$1,200	$1,328	$1,485	$1,681	$1,932	Valor Presente Neto (VPN)	$26
Indicador Gastos Operacionales/Ingresos		0.08	0.08	0.09	0.09	0.10	Tasa Interna de Retorno	21.57%
Gastos Operativos		$90	$107	$129	$159	$200	Tasa de Descuento Ajustada a Riesgo	20.00%
EBITDA		$1,110	$1,221	$1,355	$1,522	$1,732	Tasa de Crecimiento	1.50%
Indicador FCL/EBITDA		0.14	0.16	0.19	0.23	0.28	Valor Residual	$2,648
Flujo de Caja Libre (FCL)	($750)	$159	$200	$259	$346	$483	Tasa Residual Ajustada a Riesgo	30.00%
Inversión Inicial	($750)						Valor Descontado Residual	$713
							Relación Valor Residual/VPN	26.98
Tasa de Crecimiento en Ingresos		10.67%	11.80%	13.20%	14.94%	17.17%	Periodo de Recuperación	3.38
							Valor de Riesgo Simulado	$56

	Costo de Implementación	Ratio de Sharpe	Peso	Costo Proyectado	VPN Proyectado	Parámetro Riesgo	Periodo de Recuperación n	Nivel Tecnológico	Mezcla de Tecn.
Proyecto A	$1,200	0.02	5.14%	$62	$6	29%	3.89	5	0.26
Proyecto B	$400	0.31	25.27%	$101	$38	15%	2.83	3	0.76
Proyecto C	$1,100	0.19	34.59%	$380	$10	21%	3.88	2	0.69
Proyecto D	$750	0.17	35.00%	$263	$9	17%	3.38	4	1.40
Total	$3,450	0.17	100.00%	$806	$63	28%	3.49	3.5	3.11

Figura 4.7: Simulación Usando Simulador de Riesgo

Preguntas de repaso

1. Compare y contraste la simulación paramétrica y la no paramétrica.

2. ¿Qué es un proceso estocástico (ejemplo. Movimiento Browniano)?

3. ¿Qué hace la función "ALEATORIO( )" en Excel?

4. ¿Qué hace la función "INV.NORM.ESTAND( )" en Excel?

5. ¿Qué ocurre cuando las dos funciones son utilizadas al tiempo, es decir, "INV.NORM.ESTAND(ALEATORIO( ))"?

6. Para la modelación de cada uno de los siguientes eventos, determinar qué distribución (es) es/son más aplicables y explicar por qué. (Consulte el apéndice en el Capítulo 5 para las diferentes distribuciones.)

    a. Número de llamadas telefónicas por minuto o número de errores en una página.

    b. Número de artículos defectuosos en un lote de 100 artículos.

    c. Precios del mercado inmobiliario y precios de las acciones.

    d. Medir la frecuencia de terremotos y lluvias.

    e. Número de llamadas de ventas necesarias para llegar a la décima venta exitosa.

    f. Estatura, peso y coeficiente intelectual de los individuos.

    g. Condiciones con los límites mínimos y máximos, con los valores más probables en el medio.

    h. Número de personas en la fila de un banco dentro de un periodo de tiempo específico.

    i. Rentabilidad de las acciones.

CAPÍTULO 5 – SIMULADOR DE RIESGO – USO DE LA HERRAMIENTA

Este capítulo le da al analista principiante de riesgo una introducción al software Simulador de Riesgo para realizar simulaciones de Monte Carlo, una versión de prueba del software está incluida en este libro. El capítulo empieza ilustrando lo que hace el Simulador de Riesgo y cuáles son los pasos tomados en una simulación, así como algunos de los elementos básicos en los análisis de simulación. El capítulo continúa explicando cómo interpretar los resultados de una simulación y termina con una discusión de variables correlacionadas en una simulación, la aplicación del control de errores y la precisión del proceso. Como las versiones de software con nuevas mejoras se lanzan continuamente, asegúrese de ver el manual de usuario del software para obtener más detalles actualizados sobre el uso de la última versión del software.

EMPEZAR CON EL SIMULADOR DE RIESGO

El Simulador de Riesgo es un software de simulación, pronóstico, optimización y análisis de riesgo. Está escrito en Microsoft .NET C# y funciona en Excel como un complemento. Cuando usted tenga el software instalado, simplemente abra Excel y estará un nuevo elemento en el menú llamado Simulador de Riesgo. En caso de utilizar Excel 2010 o Excel 2013, usted se percatará de una nueva pestaña llamada Simulador de Riesgo como también un extenso menú de iconos a los cuales podrá acceder. Los ejemplos a los que se hace referencia a lo largo de este libro están basados en Simulador de Riesgo versión 2014 o posterior, con los siguientes idiomas: Inglés, Árabe, Chino (Simplificado), Chino (Tradicional), Francés, Alemán, Italiano, Japonés, Coreano, Portugués, Ruso y Español.

Este software también es compatible y usado frecuentemente con el software Real Options Super Lattice Solver (ver Capítulos 12 y 13), ambos desarrollados por el autor. Las diferentes funciones principales o módulos de ambos software son descritos brevemente a continuación. Las diferentes funciones o módulos en ambas aplicaciones de software se describen brevemente en la siguiente lista. Tenga en cuenta que hay otras aplicaciones de software como ROV Modeling Toolkit, Project Economics Analysis Toolkit (PEAT), ROV Employee Stock Options Valuation Toolkit, ROV Compiler, ROV Risk Extractor and Evaluator, ROV BizStats, ROV Modeler, ROV Valuator, ROV Dashboard, y otros, también creados por la misma empresa que desarrolló el Simulador de Riesgo presentado en este libro. Puede obtener más información acerca de estas herramientas visitando el sitio *www.realoptionsvaluation.com*, haciendo clic en la pestaña *Downloads*, donde también se pueden ver algunos videos de inicio y acceder a documentos técnicos, casos de estudio y otros modelos gratuitos.

A continuación, se enumeran los módulos disponibles en el software Simulador de Riesgo. Este capítulo se enfoca en el módulo de simulación, mientras que en el Capítulo 6 se hace un repaso del módulo de herramientas de análisis; en los Capítulos 8 y 9 se ilustra el módulo de predicción; en los Capítulos 10 y 11 se profundiza en el módulo de optimización; los Capítulos 12 y 13 explican el uso de Real Options SLS y decisiones dinámicas con árboles de decisión; y la nota técnica 8 aborda los conceptos básicos del módulo ROV BizStats.

- El Módulo de *Simulación* le permite ejecutar simulaciones en modelos existentes basados en Excel, generar y extraer pronóstico de la simulaciones (distribución de los resultados), realizar ajustes de distribución (encuentra automáticamente la distribución estadística que mejor se ajuste a la información), calcular correlaciones (mantener relaciones entre variables simuladas al azar), identificar sensibilidades (creando graficas de tornado y sensibilidad), probar hipótesis estadísticas (encontrando las diferencias estadísticas entre los resultados del pronóstico), ejecutar simulaciones bootstrap (probando que tan robustos son los resultados estadísticos) y ejecutar simulaciones que no tienen parámetros definidos (simulaciones usando información histórica sin especificar ninguna distribución o sus parámetros para pronosticar sin información o aplicando predicciones con base a la opinión de expertos).

- El Módulo de *Herramientas Analíticas* permite ejecutar segmentación de grupo, pruebas de hipótesis, pruebas estadísticas de los datos sin procesar, diagnóstico de los supuestos de las técnicas de pronóstico (por ejemplo, heteroscedasticidad, multicolinealidad, y similares), análisis de sensibilidad y de escenarios, análisis de gráficos sobrepuestos, gráficos de araña, gráficos tornado, y muchas otras herramientas de gran alcance.

- El Módulo de *Pronóstico* puede ser usado para generar pronósticos automáticos de series de tiempo (con y sin estacionalidad o con y sin tendencia), regresiones multivariadas (modelando las relaciones entre las variables), extrapolaciones no lineales (ajuste de curvas), procesos estocásticos (caminatas aleatorias, reversiones a la media, saltos de difusión y procesos combinados) y el proceso ARIMA de Box–Jenkins (pronósticos econométricos), Auto ARIMA, econometría básica y auto-econometría (modelador de relaciones y generador de pronósticos), curvas-J exponenciales, curvas-S logísticas, modelos GARCH y sus múltiples variaciones (modelado y pronóstico de volatilidad), modelos de máxima verosimilitud para las variables dependientes limitadas (modelos Logit, Tobit y Probit), Cadenas de Markov, líneas de tendencia, curvas spline, y otros.

- El Módulo de *Optimización* es usado para optimizar múltiples variables de decisión que están sujetas a limitaciones, para maximizar o minimizar un objetivo específico. Pueden ser ejecutadas como una optimización estática, como una optimización dinámica o como una optimización estocástica. El software puede manejar optimizaciones lineales o no lineales con variables enteras y continuas, así como también generar las fronteras eficientes de Markowitz.

- El módulo *Real Options Super Lattice Solver* es otro software independiente que complementa al Simulador de Riesgo y es usado para resolver problemas simples y complejos de Opciones Reales, opciones financieras, opciones exóticas, las opciones de compra de acciones para empleados, y otras opciones relacionadas a la inversión de vehículos y contratos. Para más detalles sobre el concepto, el software y las aplicaciones del análisis de Opciones Reales ver el Volumen II de Modelación de Riesgos.

- El módulo *ROV Decision Tree (Árboles de Decisión Dinámicos)* le permite al usuario crear y modelar arboles de decisiones tradicionales, junto con análisis más avanzados que incluyen simulaciones de ejecuciones dinámicas, escenarios, sensibilidades, cálculos minimax, funciones de utilidad basadas en riesgo y análisis Bayesiano.
- El módulo *ROV BizStats* cubre estadística aplicada a los negocios y análisis de inteligencia de negocio, desde el pronóstico y extracción de datos a los modelos paramétricos y no paramétricos.

Las siguientes secciones servirán de guía a través de los conceptos básicos del *Módulo de Simulación* en Simulador de Riesgo, mientras que los capítulos siguientes proporcionarán más detalles de las aplicaciones de otros módulos. Para seguir adelante, asegúrese de que tiene Simulador de Riesgo instalado en su equipo. Asegúrese de revisar la sección de *Descarga e Instalación del Software* al final de este libro para obtener instrucciones sobre como instalar el software y la licencia por 30 días. También tenga presente que hay ejercicios prácticos disponibles al final de algunos capítulos en los que se pueden obtener instrucciones paso a paso acerca de cómo ejecutar modelos de ejemplo utilizando el Simulador de Riesgo adicionales.

Una vez completada la instalación, abra Excel y si la instalación fue exitosa usted debería ver una pestaña adicional llamada Simulador de Riesgo en la barra de menú del programa, como se puede ver en la Figura 5.1. La Figura 5.2 muestra con más detalle los módulos que hacen parte del programa. Ahora usted está listo para empezar a usar el software. Como el software es continuamente actualizado y mejorado, los ejemplos de este libro pueden ser un poco diferentes a lo que se puede encontrar en la última versión.

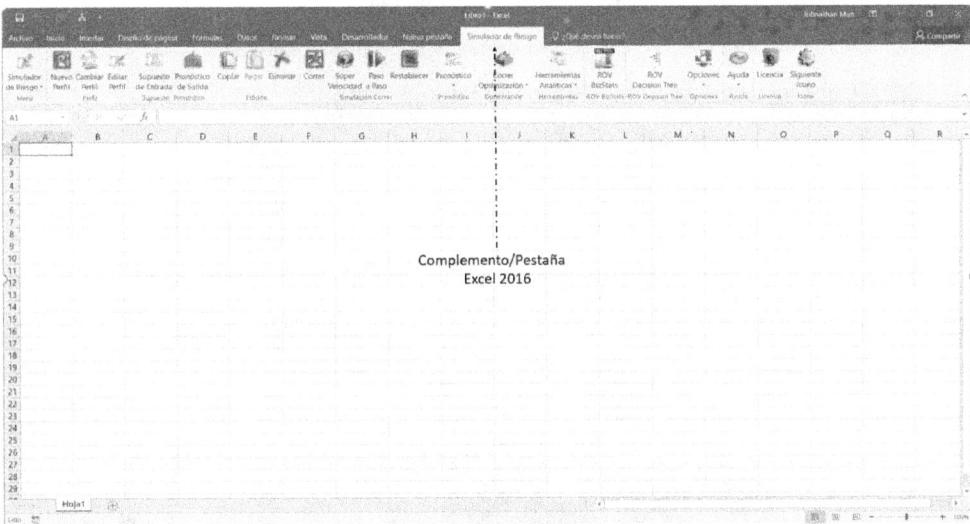

Figura 5.1: Anexo en la barra de herramientas de Excel para Simulador de Riesgo

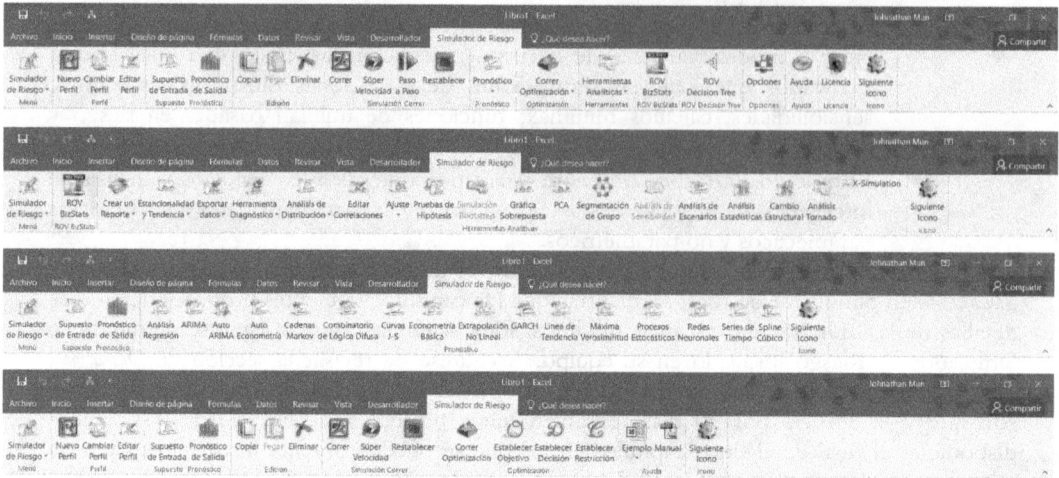

Figura 5.2: Módulos de Simulador de Riesgo

EJECUTAR UNA SIMULACIÓN MONTE CARLO

Para ejecutar una simulación en su modelo de Excel existente, debe seguir los siguientes pasos:

1. Crear un perfil de simulación nuevo o abrir uno ya existente.

2. Definir los supuestos de entrada en las celdas relevantes.

3. Definir los pronósticos de salida en las celdas relevantes

4. Ejecutar la simulación

5. Interpretar los resultados

Si lo desea, y para propósitos prácticos, abra el archivo de ejemplo llamado *Modelo Básico de Simulación* y siga los pasos descritos en los ejemplos para poder crear una simulación. El archivo de ejemplo puede ser encontrado dando clic sobre en *Simulador de Riesgo | Modelos de Ejemplo | 02 Modelo Básico de Simulación*.

1. Empezar un Nuevo Perfil de Simulación

Para empezar una nueva simulación, se tiene que crear primero un perfil de simulación. Un perfil de simulación contiene un conjunto completo de instrucciones de cómo se debería ejecutar una simulación (es decir, todos los supuestos, pronósticos, preferencias de la simulación, y así sucesivamente). Tener perfiles facilita la creación de múltiples escenarios de simulación. Esto significa, que se puede usar exactamente el mismo modelo con la creación de muchos perfiles y cada perfil contener especificaciones particulares a cada usuario, tales como: propiedades de la simulación, supuestos, pronósticos y requerimientos. El mismo analista puede crear diferentes escenarios de prueba usando diferentes supuestos de distribución y parámetros de entrada, o múltiples usuarios pueden probar sus propios supuestos y entradas en el mismo modelo. En vez de tener que hacer duplicados del mismo modelo, el mismo modelo puede ser usado y diferentes simulaciones pueden ser ejecutadas a través de este proceso. La siguiente lista muestra el procedimiento para crear un nuevo perfil de simulación:

- Abra Excel y cree un nuevo modelo o abra uno ya existente.

- Haga clic en *Simulador de Riesgo | Nuevo Perfil de Simulación.*

- Introduzca un título para su simulación, incluyendo toda la información pertinente (Figura 5.3).

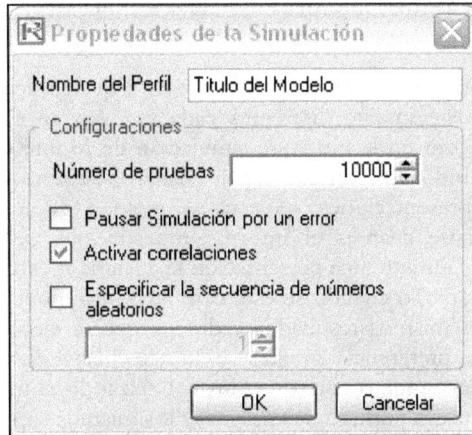

Figura 5.3: Nuevo perfil de simulación

Los siguientes son los elementos presentes en la ventana de diálogo del nuevo perfil de simulación (Figura 5.3):

- *Nombre del Perfil:* Especificar el título o nombre de un perfil de simulación le permite crear varios perfiles de simulación en un solo modelo de Excel, lo cual significa que ahora puede guardar diferentes escenarios de simulación en el mismo modelo sin tener que eliminar los supuestos existentes y cambiarlas cada vez que un nuevo escenario es necesario.

- *Número de Pruebas:* El número requerido de intentos o pruebas está predeterminado, es decir 1,000 intentos, lo que significa que se hacen 1,000 simulaciones de los resultados sobre la base de los supuestos de entrada. En cada perfil de simulación se pueden definir de manera independiente el número de intentos o simulaciones deseado. Se puede usar el control de precisión y error para determinar de manera automática cuantas pruebas deben ejecutarse (para más información remítase al final de la sección de este Capítulo sobre Control de Precisión y Error).

- *Pausar Simulación por un Error:* Si se escoge, la simulación parará cada vez que se encuentre un error en el modelo de Excel; esto significa que si su modelo encuentra un error en el cálculo (por ejemplo, algunos valores de ingreso generaron en uno de los intentos una división por cero en alguna de las celdas de la hoja de cálculo), la simulación se detiene. Esta función es importante para poder revisar su modelo y asegurarse que no hay errores computacionales en la hoja de cálculo de Excel. Pero si se está seguro que el modelo funciona bien, no hay necesidad de que esta función sea activada.

- *Activar Correlaciones*: Si se selecciona esta alternativa, las correlaciones entre los supuestos de entrada serán calculadas. De otra forma, las correlaciones serán automáticamente definidas como cero y la simulación se ejecutará sin correlaciones cruzadas entre los supuestos de entrada. Como un ejemplo, al activar las correlaciones se pueden obtener resultados más precisos si realmente existen correlaciones y tenderá a dar un pronóstico con un menor grado de confianza, si existen correlaciones negativas. Después de activar la correlación, se puede establecer los coeficientes de correlación en cada uno de los supuestos generado (para más información remítase al final de la sección de este Capítulo sobre Correlaciones y Control de Precisión).

- *Especificar la Secuencia de Números Aleatorios:* Por definición, la simulación abarca resultados ligeramente diferentes cada vez que se ejecuta la generación del número al azar en la rutina de simulación de Monte Carlo. Este es un hecho teórico en todos los generadores de números aleatorios. Sin embargo, a la hora de hacer presentaciones, a veces se pueden exigir los mismos resultados (especialmente cuando el informe muestra que se presenta una serie de resultados y durante una presentación le gustaría mostrar los mismos resultados que se generan, o cuando se está compartiendo modelos con otras personas y desearía los mismos resultados cada vez que se ejecuta el modelo), entonces habilite esta preferencia e ingrese u número inicial de semilla. La semilla puede ser cualquier número entero positivo. Utilizando el mismo valor de la semilla inicial, el mismo número de ensayos, y los mismos supuestos se tendrá siempre la misma secuencia de números aleatorios, lo que garantiza el mismo conjunto final de resultados.

Una vez el perfil de simulación ha sido creado, usted puede volver después y modificar estas selecciones. Para poder hacer esto, asegúrese que el perfil activo actual es el perfil que usted quiere modificar, de lo contrario, haga clic en *Simulador de Riesgo | Cambiar Perfil de Simulación*, seleccione el perfil que desea cambiar y haga clic en *OK* (la Figura 5.4 muestra un ejemplo donde hay varios perfiles y como activar un perfil seleccionado). Luego, haga clic sobre Simulador de Riesgo | *Editar Perfil de Simulación* y realice los cambios necesarios sobre el perfil seleccionado. También se puede duplicar o renombrar un perfil existente. Cuando tenga múltiples perfiles en el mismo modelo de Excel, asegúrese de proporcionar un único nombre para que pueda distinguirlos más adelante. También, estos perfiles de trabajo son almacenados en un sector oculto del archivo de Excel *.xlsx, por tanto, no tendrá que guardar archivos adicionales.

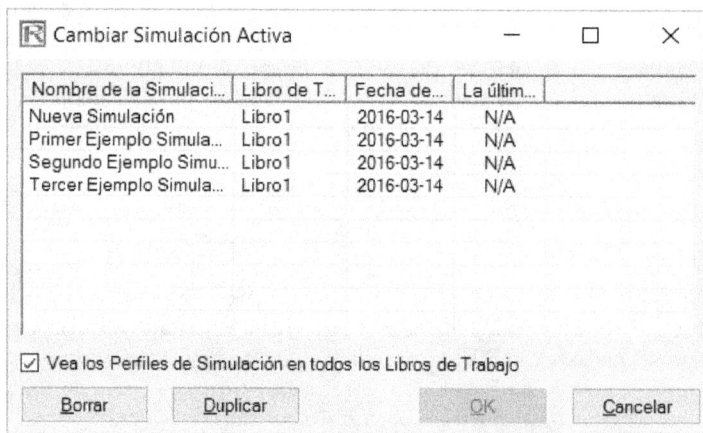

Figura 5.4: Cambiar Simulación Activa

2. Definiendo los Supuestos de Entrada

El siguiente paso es configurar los supuestos de su modelo. Los supuestos solo pueden ser asignados a celdas que no tienen ecuaciones o funciones. Acuérdese que los supuestos y pronósticos no pueden ser configurados a menos que exista un perfil de simulación. Siga este procedimiento para configurar un nuevo supuesto de entrada en su modelo:

1. Asegúrese de que existe un perfil de simulación, abra un perfil existente, o inicie con un nuevo perfil *(Simulador de Riesgo | Nuevo Perfil de Simulación)*

2. Seleccione la celda en la que desea definir el supuesto (por ejemplo, celda *G8* en el ejemplo del *Modelo Básico de Simulación*).

3. Haga clic en *Simulador de Riesgo | Entrada de Supuestos* o haga clic en el icono de *Supuesto de Entrada* en la barra de herramientas de Simulador de Riesgo.

4. Seleccione la distribución que desea, después ingrese los parámetros de la distribución y oprima *OK* para definir el supuesto en su modelo (Figura 5.5).

Tenga en cuenta que también es posible establecer supuestos seleccionando la celda en que desea establecer el supuesto y, con el clic derecho del ratón, acceder al menú rápido de Simulador de Riesgo para configurar un supuesto de entrada.

Además, para los usuarios expertos, se pueden establecer supuestos de entrada utilizando *RS Functions* de Simulador de Riesgo: seleccione la celda en la que desee establecer un supuesto, haga clic la pestaña *Fórmulas | Insertar función* y seleccione *Seleccionar una categoría*, y vaya a la lista de funciones RS (no se recomienda el uso de las funciones de RS a menos de que se trate de un usuario experto). Para futuros ejemplos, le sugerimos seguir las instrucciones básicas para acceder a los menús e iconos.

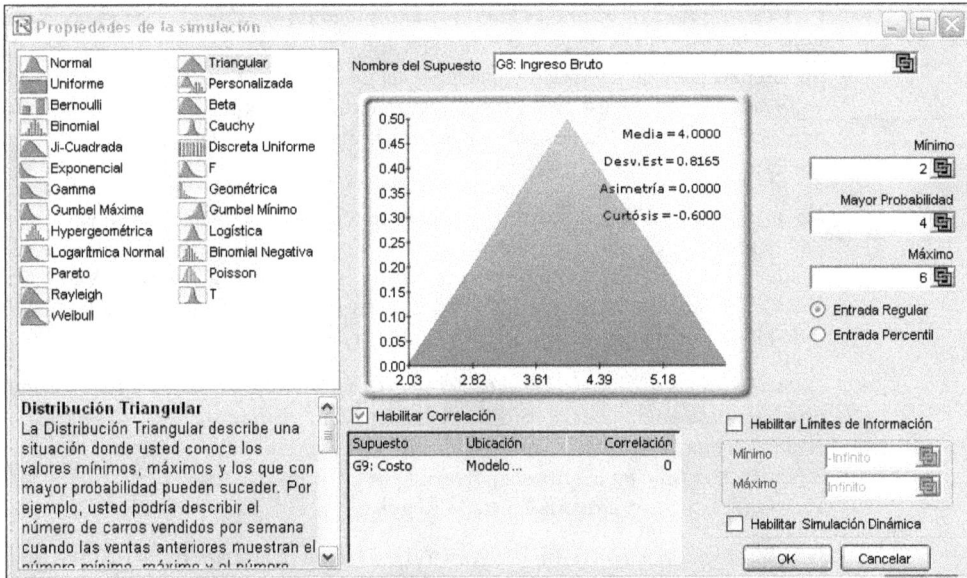

Figura 5.5: Configurando un Supuesto de Entrada

Vale la pena mencionar varios espacios claves en las Propiedades de la simulación. La Figura 5.6 muestra los elementos de la ventana anterior:

- *Nombre del Supuesto:* Este espacio opcional le permite ingresar nombres únicos para los supuestos, esto ayudará a dar seguimiento de lo que cada supuesto de entrada representa. Una buena práctica en la construcción de modelos es usar nombres de supuestos cortos pero precisos.

- *Galería de Distribución:* Este espacio a la izquierda muestra todas las distribuciones disponibles en el software. Para cambiar la vista, haga clic derecho en cualquier parte de la galería y seleccione lo que desee. Hay más de dos docenas de distribuciones disponibles.

- *Parámetros de Entrada:* Dependiendo de la distribución seleccionada, los parámetros relevantes requeridos son mostrados. Usted puede ingresar los parámetros directamente o vincularlos con celdas específicas en su hoja de cálculo Excel (haga clic en el icono de link para vincular un parámetro de entrada con una celda de una hoja de cálculo). La escritura de los parámetros es útil cuando se supone que estos parámetros del supuesto no van a cambiar. Crear vínculos con las celdas de la hoja de cálculo es útil cuando los parámetros de entrada tienen que ser visibles en las mismas hojas o pueden ser cambiados, como en una simulación dinámica (donde los parámetros de entrada están vinculados a los supuestos de la hoja de trabajo en la creación de un enfoque multidimensional de la simulación o una simulación de simulaciones).

- *Límites de Información:* Los límites de la información o de las distribuciones no son usados tradicionalmente por el analista promedio, pero funcionan para el truncamiento de las supuestos de la distribución. Por ejemplo, si una distribución normal es escogida, los límites teóricos están entre el infinito negativo y el positivo. Sin embargo, en la práctica, la variable simulada existe solo en rangos más pequeños y este rango puede ingresarse para truncar la distribución apropiadamente.

- *Correlaciones:* Acá las correlaciones en pares pueden ser asignadas a supuestos de entrada. Si los supuestos correlacionados son requeridos, recuerde seleccionar la preferencia *Activar Correlaciones*, haciendo clic en *Simulador de Riesgo | Editar Perfil de Simulación*. Vea la discusión sobre correlaciones más adelante en este capítulo para encontrar más detalles sobre la asignación de las correlaciones y los efectos que éstas tendrán en un modelo.

- *Descripciones Cortas:* Estas existen para cada una de las distribuciones en la galería. Las descripciones cortas explican cuando cierta distribución es utilizada, de la misma forma que los requerimientos de los parámetros de entrada. Vea en la sección de anexos, Entender las Distribuciones de Probabilidad, detalles sobre todos los tipos de distribuciones disponibles en este software.

- *Entrada Regular y Entrada Percentil.* Esta opción permite al usuario realizar una prueba rápida de diligencia apropiada del supuesto de entrada. Por ejemplo, si se establece una distribución normal con alguna entrada de media y desviación estándar, haga clic en la entrada percentil para visualizar los percentiles 10° y 90° a los cuales corresponden la Entrada Regular.

- *Habilitar Simulación Dinámica.* Esta opción está desactivada por defecto, pero si se desea ejecutar una simulación multidimensional (es decir, si enlaza los parámetros de entrada del supuesto a otra celda que es en sí misma es un supuesto, se está simulando las entradas, o simulando la simulación), entonces, recuerde revisar esta opción. La simulación dinámica no funcionará a menos que las entradas están vinculados a otros supuestos de entrada cambiantes.

Nota: Si está siguiendo el ejemplo, defina otro supuesto en la celda G9. Esta vez use la distribución uniforme con un valor mínimo de 0.9 y un máximo de 1.1. Después proceda a definir los pronósticos de salida en el siguiente paso.

Tiene a su disposición distintas formas de visualizar las distribuciones disponibles

Defina en nombre del supuesto

Ingrese los parámetros de la distribución seleccionada

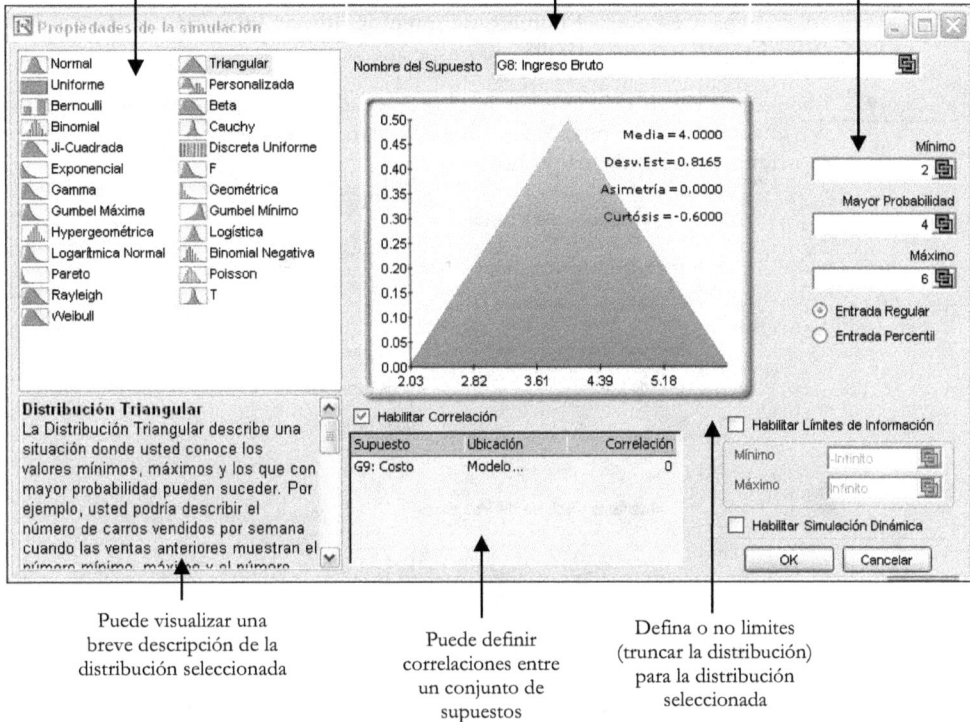

Puede visualizar una breve descripción de la distribución seleccionada

Puede definir correlaciones entre un conjunto de supuestos

Defina o no limites (truncar la distribución) para la distribución seleccionada

Figura 5.6: Propiedades de los Supuestos

3. Definiendo los Pronósticos de Salida

El siguiente paso es definir los pronósticos de salida en el modelo. Los pronósticos solo pueden ser definidos en celdas de salida con ecuaciones o funciones vinculadas. Use el siguiente procedimiento para definir los pronósticos:

1. Seleccione la celda en la que desea configurar un pronóstico.

2. Haga clic en *Simulador de Riesgo | Pronóstico de Salida*, o haga clic en el icono de *Pronóstico de Salida* en la barra de herramientas de Simulador de Riesgo.

3. Ingrese la información relevante y luego haga clic en *OK*.

Note que también se pueden establecer pronósticos de salida seleccionando la celda en la que desea establecer el supuesto, usando el clic derecho del ratón, puede acceder al menú rápido del Simulador de Riesgo y de esta forma establecer un pronóstico de salida.

La Figura 5.7 ilustra la configuración de las propiedades de los pronósticos:

- *Nombre del Pronóstico:* Especifique el nombre a definir para la celda de pronóstico. Esto es importante porque cuando se tiene un modelo grande con muchas celdas de pronóstico, tener las celdas nombradas permite un acceso a los resultados de una manera más rápida. No subestime la importancia de este pequeño paso.

- *Precisión del Pronóstico:* En vez de confiarse en conjeturas para estimar cuántos intentos debe ejecutar en su simulación, usted puede configurar los controles de precisión y manejo de error. Cuando se logra una combinación de error-precisión en la simulación, ésta se detendrá y le informará la precisión lograda, haciendo que la elección del número de intentos de simulación sea un proceso automático; y de ésta forma usted no tendrá que confiar en su intuición o en adivinar para escoger el número de intentos. Revise la sección de Control de Precisión y Error para detalles más específicos.

- *Mostrar la Ventana del Pronóstico:* Esta propiedad le permite al usuario mostrar o no una ventana de pronóstico en particular. Lo predeterminado es siempre mostrar un cuadro de los pronósticos.

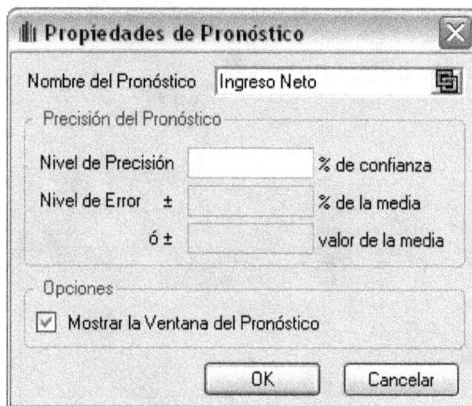

Figura 5.7: Configuración del Pronóstico de Salida

4. Ejecutar la Simulación

Si todo parece estar bien, simplemente haga clic en *Simulador de Riesgo | Correr Simulación* o en el ícono de *Correr* que se encuentra en la barra de herramientas del Simulador de Riesgo, y de esta forma la simulación procederá. También se puede reiniciar una simulación después de que ha sido ejecutada (*Simulador de Riesgo | Restablecer Simulación* o el ícono de Restablecer en la barra de herramientas), o pausarla durante la simulación. La función de paso a paso (*Simulador de Riesgo | Simulación Paso a Paso* o el ícono de Paso a Paso en la barra de herramientas) le permite simular un intento de forma individual, lo cual es útil para enseñarle a otros sobre la simulación.

También se puede acceder al menú de ejecución de simulación, haciendo clic derecho en cualquier lugar en el modelo y seleccionando Ejecutar Simulación.

El Simulador de Riesgo también le permite ejecutar la simulación a una velocidad extremadamente rápida, llamada Súper Velocidad. Para ello, haga clic en *Simulador de Riesgo | Correr Simulación a Súper Velocidad* o utilice el icono de súper velocidad. Observe cuanto más rápido se ejecuta la simulación en súper velocidad. De hecho, en la práctica, haga clic en *Restablecer Simulación* y luego en *Editar Perfil de Simulación* cambie el *Número de Pruebas* a 100,000, y haga clic en *Súper Velocidad*. Esto sólo debe tomar unos segundos para su ejecución. Sin embargo, tenga en cuenta que la simulación en modo súper velocidad no se ejecutará si el modelo tiene errores, VBA (Visual Basic for Applications), o enlaces a fuentes externas de datos o aplicaciones. En tales situaciones, se le notificará y la simulación a velocidad regular se llevará a cabo en su lugar. Las simulaciones a velocidad regular siempre tienen la capacidad de ser ejecutadas incluso con errores, VBA, o enlaces externos.

5. Interpretación de los Resultados del Pronóstico

El paso final en la simulación de Monte Carlo es la interpretación de los resultados encontrados en las celdas de pronóstico. De la Figura 5.8 a la 5.15 se muestran los cuadros de pronóstico y las estadísticas correspondientes generadas después de haber ejecutado la simulación. Las siguientes secciones de la ventana de la predicción son importantes a la hora de interpretar los resultados de una simulación:

- *Gráfico de Pronóstico:* La grafica de pronóstico mostrado en la Figura 5.8 es un histograma de probabilidad que muestra la frecuencia de valores que están ocurriendo y el número de intentos simulados. Las barras verticales muestran la frecuencia de un valor particular x, obtenido del número total de intentos, mientras que la frecuencia cumulativa (línea suave) muestra el total de probabilidades de que todos los valores iguales o menores a x ocurran en la predicción.

- *Estadísticas del Pronóstico:* Las estadísticas de la predicción mostradas en la Figura 5.9 resumen la distribución de los valores de la predicción en términos de los cuatro momentos de distribución. Vea en el Capítulo 2 la sección, La Estadística Detrás del Riesgo, para más detalles de cómo se utilizan y se interpretan los momentos de la distribución. Se puede rotar entre las lengüetas del histograma y las estadísticas al oprimir la tecla de espacio.

- *Preferencias:* La pestaña de preferencias en el cuadro de la predicción (Figura 5.10) le permite cambiar el estilo y la forma en la que se ve el cuadro. Por ejemplo, si se selecciona *Siempre Mostrar Ventana en Prime Plano*, los cuadros de pronóstico siempre serán visibles sin importar de que otro software esté siendo ejecutado en el computador. La opción de *Semitransparente cuando este Inactiva* sirve para comparar o sobreponer varios cuadros a la vez. La *Resolución de Histograma* la permite cambiar el número *Intervalos de Clase* del histograma, desde 5 hasta 100. El *Intervalo de Actualización de Datos* le permite controlar qué tan rápido se ejecuta la simulación contra la frecuencia en la que se actualiza el cuadro de predicción. Eso significa que si usted desea ver el cuadro de predicción después de cada intento la simulación será más lenta ya que más memoria está siendo asignada a la actualización del cuadro. Esto es solo una preferencia del usuario y no cambia los resultados de la simulación, simplemente la velocidad en la que se completa. Los dos controles *Cerrar todo* y *Minimizar* abren el Gráfico de Pronóstico, y *Copie el gráfico* permite copiar el histograma de frecuencia en el portapapeles en caso de que desee pegar el grafico en otra aplicación.

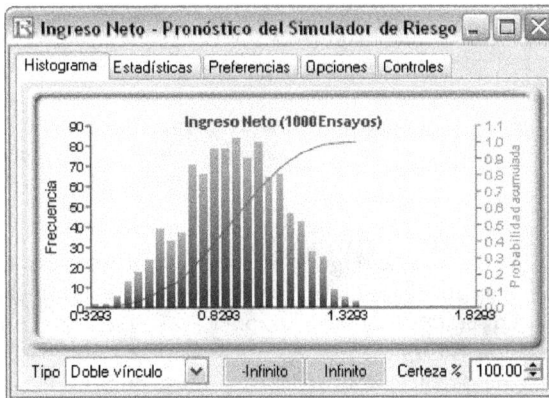

Figura 5.8: Grafico de Pronóstico

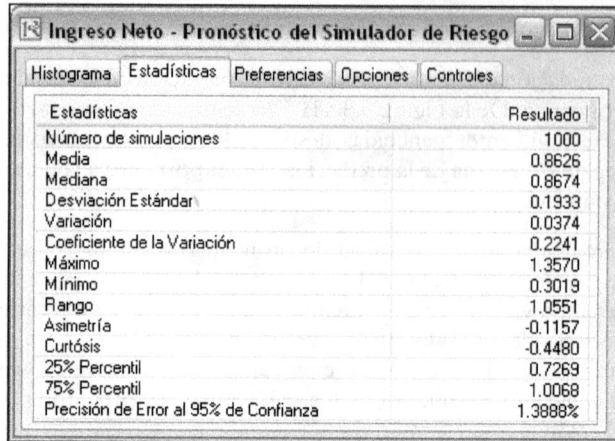

Figura 5.9: Estadísticas del Pronóstico

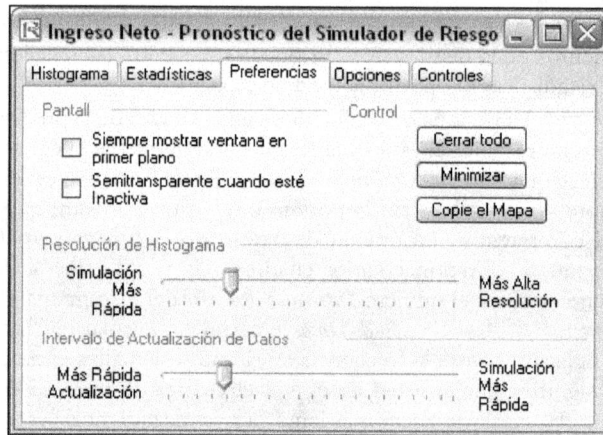

Figura 5.10: Preferencias del Cuadro de Predicción

- *Opciones:* Esta opción del cuadro de pronóstico le permite mostrar toda la información del pronóstico, o crear filtros para los valores que caen en determinado intervalo o en una desviación estándar que usted escoge. También se puede configurar el nivel de precisión para la predicción en específico para mostrar los niveles de error en las estadísticas. Vea la sección de control de precisión y error para más detalles. Si desea mostrar en el histograma la media, la mediana, el primer cuartil y el tercer cuartil con una línea vertical, habilite esto en *Mostrar las siguientes estadísticas en el histograma.* Las preferencias sobre el número de decimales que se presentan en el cuadro de pronóstico, también pueden ser establecidas aquí.

- *Controles.* Esta pestaña (Figura 5.11, abajo) tiene todas las funciones que le permiten cambiar el tipo, el color, el tamaño, zoom, inclinación, 3D, y otros aspectos en la tabla de predicciones, así como proporcionar gráficos de superposición (PDF, CDF) y el funcionamiento apropiado de distribución de sus datos de predicción (ver las secciones de Ajuste de Distribución en el Capítulo 6 para más detalles sobre esta metodología).

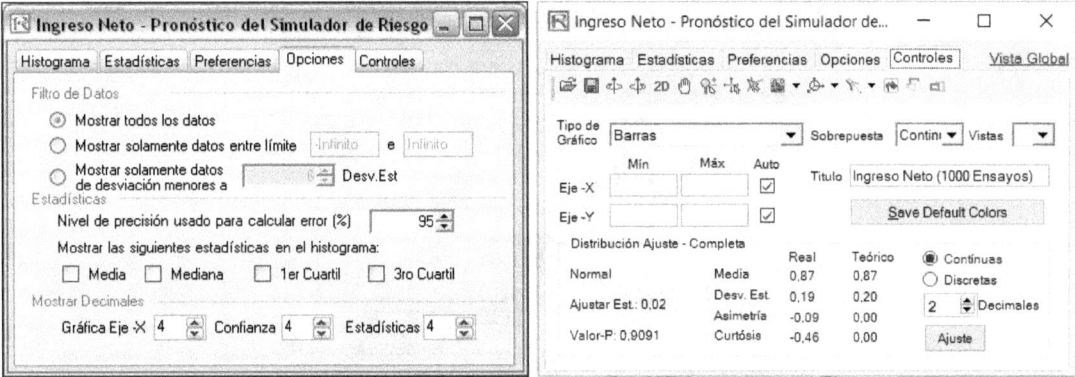

Figura 5.11: Opciones del Cuadro de Predicción

USAR LOS CUADROS DE PREDICCIÓN
Y LOS INTERVALOS DE CONFIANZA

En los cuadros de predicciones se puede determinar la probabilidad de ocurrencia, lo cual se llama *intervalos de confianza*, o sea, ¿cuáles son las probabilidades que el resultado caiga entre estos dos valores? La Figura 5.12 ilustra que existe un 90% de probabilidad de que el resultado final (en este caso el nivel de ingresos) estaría entre U$0.5307 y U$1.1739. El intervalo de confianza de dos colas puede ser obtenido al seleccionar *doble vínculo* como el tipo, ingresando el valor deseado y por último oprimir *Tab* en su teclado. Los dos valores computados que corresponden a la certeza del valor serán mostrados. Es ente ejemplo existe un 5% de probabilidad que los ingresos sean menores que U$0.5307 y otro 5% de probabilidad de que los ingresos sean mayores a U$1.1739; eso significa que el intervalo de confianza de doble cola es un intervalo simétrico centrado en la mediana. Por esto, ambas colas tendrán la misma probabilidad. De manera alternativa, también se puede calcular una probabilidad de una cola. La Figura 5.13 muestra una selección de *Cola Izquierda* a un 95% de confianza. Esto significa que hay un 95% de probabilidad de que los ingresos sean menores a U$1.1739 o un 5% de probabilidad de que los ingresos sean mayores a U$1.1739, lo que corresponde con los resultados vistos en la Figura 5.12.

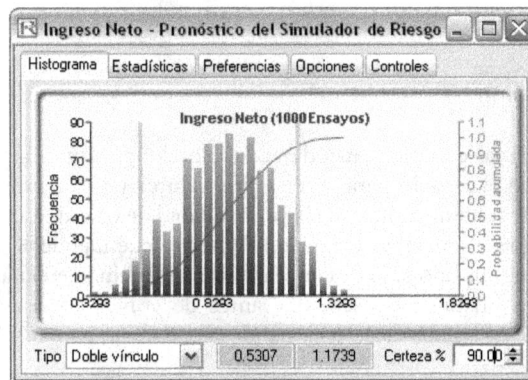

Figura 5.12: Cuadro de Pronóstico – Intervalo de Confianza

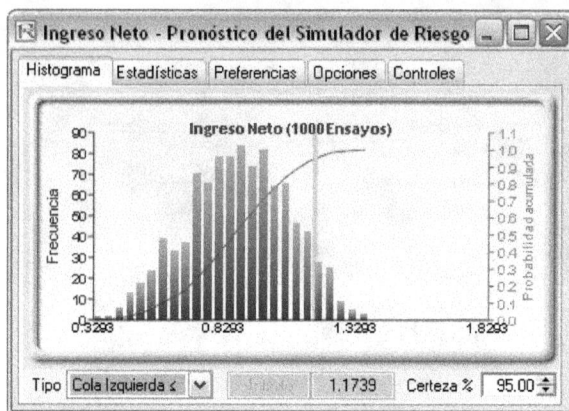

Figura 5.13: Cuadro de Pronóstico – Intervalo de Confianza de Una Cola

Además de evaluar el intervalo de confianza (dado un nivel de probabilidad y los valores de ingreso relevantes) usted puede determinar la probabilidad de un valor dado de ingresos (Figura 5.14). Por ejemplo, ¿Cuál es la probabilidad de que los ingresos sean menores a U$1? Para hacer esto seleccione el tipo de probabilidad *Cola Izquierda* e ingrese 1 en el espacio de ingreso de valor y a continuación oprima *Tab*. La certeza correspondiente será calculada.

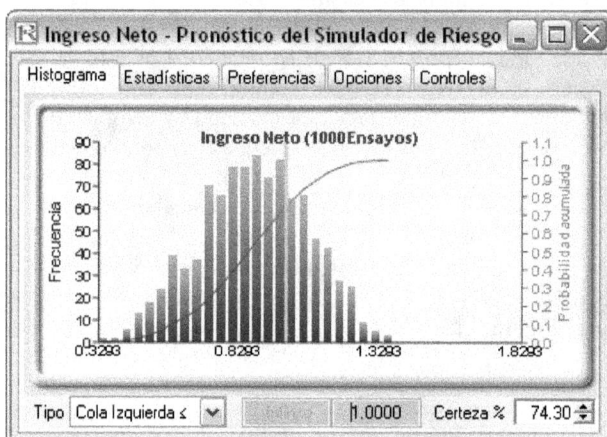

Figura 5.14: Evaluación de Probabilidad de Cuadro de Pronóstico con Cola Izquierda

Para que todo esté más completo, usted puede seleccionar el tipo de probabilidad de Cola-Derecha e ingresar 1 en el espacio para ingresar los valores y finalmente oprimir *Tab* (Figura 5.15). La probabilidad resultante indica que la probabilidad de cola-derecha pasa el valor 1, esto es la probabilidad de que los ingresos excedan U$1. Dese cuenta que el tamaño de la ventana de predicción puede ser ajustado si hace clic y arrastra la esquina derecha de la parte de abajo. Finalmente, siempre es un buen consejo que antes de volver a ejecutar una simulación la simulación actual debe ser reiniciada seleccionando *Simulador de Riesgo | Restablecer Simulación*.

Figura 5.15: Evaluación de Probabilidad en el Cuadro de Pronóstico

Consejos adicionales

- La ventana de predicción es de tamaño variable, haga clic y arrastre la esquina inferior derecha de la ventana de predicción. Siempre es recomendable que antes de volver a ejecutar una simulación, la simulación actual debe restablecerse *(Simulador de Riesgo | Restablecer Simulación)*.

- Recuerde que usted tendrá que oprimir la tecla *Tab* para actualizar la tabla y los resultados cuando ingrese los valores de certeza o los valores de cola – izquierda.

- También puede oprimir la *barra espaciadora* del teclado varias veces para desplazarse entre los histogramas, estadísticas, preferencias, opciones y fichas de control.

- A demás, si usted hace clic en *Simulador de Riesgo | Opciones*, puede acceder a diferentes opciones en el Simulador de Riesgo, incluyendo permitir al Simulador de Riesgo iniciar cada vez que se inicie Excel o iniciándolo cuando así usted lo desee (haciendo doble clic en el icono *Simulador de Riesgo* en el escritorio), cambiar los *colores de las celdas* de supuestos y predicciones, así como activar o desactivar los *comentarios de las celdas* (los comentarios de las celdas le permitirán ver cuáles celdas son entradas de supuestos y cuáles son salidas de predicciones, y también sus respectivos parámetros de entrada y sus nombres). Dedique algún tiempo a experimentar con los cuadros de pronóstico de salida y, varias comodidades y lujos, especialmente en la pestaña de *Controles*.

- También puede hacer clic en la *Vista Global* (esquina superior derecha de las tablas de predicción) para ver todas las pestañas en una única interfaz completa, y volver a la vista normal haciendo clic en el enlace *Vista Normal*.

CORRELACIONES Y CONTROL DE PRECISIÓN

Lo Básico de las Correlaciones

El coeficiente de correlación es un coeficiente que mide la fuerza y la dirección de la relación entre dos variables y puede tener cualquier valor entre −1.0 y +1.0; eso significa que el coeficiente de correlación puede ser descompuesto en su dirección o signo (relaciones positivas o negativas entre dos variables) y la magnitud o fuerza de la relación (cuando el valor absoluto del coeficiente de correlación sea más alto la relación será más fuerte).

El coeficiente de correlación puede ser computado de varias formas. La primera aproximación es la computación manual del coeficiente de correlación r de un par de variables x y y usando:

$$r_{x,y} = \frac{n\sum x_i y_i - \sum x_i \sum y_i}{\sqrt{n\sum x_i^2 - \left(\sum x_i\right)^2}\sqrt{n\sum y_i^2 - \left(\sum y_i\right)^2}}$$

La segunda aproximación es el uso de la función COEF.DE.CORREL de Excel. Por ejemplo, si los 10 puntos de información dados para x y y son listados en las celdas A1:B10, entonces la función para usar es *COEF.DE.CORREL*(A1:A10, B1:B10).

La tercera aproximación consiste en la ejecución de *Herramientas Analíticas | Ajuste de Distribución (Múltiple)*, y así la matriz de correlación resultante será computada y exhibida.

Es importante notar que la correlación no implica causalidad. Dos variables al azar que no están relacionadas pueden mostrar algún tipo de correlación, pero esto no implica que haya ninguna causalidad entre estas (por ejemplo, la actividad de las manchas solares y los eventos en mercado de valores son correlacionados, pero no hay ninguna causalidad entre los dos).

Existen dos tipos generales de correlaciones: las paramétricas y las no paramétricas. El coeficiente de correlación más usado frecuentemente para la medición de la correlación es el de Pearson, y usualmente se refiere a este simplemente como el coeficiente de correlación. Sin embargo, la correlación de Pearson es una medida paramétrica, lo que significa que requiere que las dos variables correlacionadas tengan una distribución normal subyacente y que la relación entre estas sea lineal. Cuando estas condiciones son violadas, lo cual pasa frecuentemente en la simulación de Monte Carlo, las contrapartes no paramétricas se vuelven más importantes.

Unas alternativas no paramétricass son la correlación de rango de Spearman y el tau de Kendall. La correlación de Spearman es la usada más frecuentemente y es la más apropiada para las simulaciones de Monte Carlo—no hay dependencia en las distribuciones normales o la linealidad, lo que significa que las correlaciones entre diferentes variables con diferente distribución pueden ser aplicadas. Para poder computar la correlación de Spearman, primero haga un rango de todos los valores de las variables x y y, y después aplique el cálculo de Pearson.

En el caso del Simulador de Riesgo, la correlación usada es la correlación de rango de Spearman más robusta. Sin embargo, para simplificar el proceso de simulación y ser consistente con la función de correlaciones de Excel, los ingresos requeridos de correlación son los del coeficiente de correlación de Pearson. El Simulador de Riesgo después aplicará su propia matemática para convertirlos en la correlación de rango de Spearman, simplificando así el proceso.

Aplicando Correlaciones en el Simulador de Riesgo

Las correlaciones pueden ser aplicadas en el Simulador de Riesgo de varias formas:

- Cuando se definen los supuestos, simplemente ingrese las correlaciones en la cuadrícula de correlaciones en la galería de distribución.

- Con información existente ejecute *Herramientas Analíticas | Ajuste de Distribución (Múltiple)* para realizar ajustes de distribuciones y obtener la matriz de correlación entre los pares de variables. Si existe un perfil de simulación, los supuestos ajustados contendrán los valores de correlación relevantes de forma automática.

- Con los supuestos de entrada ya definidos, puede dar clic sobre, haga clic en *Simulador de Riesgo | Herramientas Analíticas | Editar Correlaciones* para ver y editar la matriz de correlación de todos los supuestos de manera directa en una única interfaz.

Note que la matriz de correlación debe ser un número finito positivo; esto significa que la correlación debe ser válida matemáticamente. Por ejemplo, suponga que está tratando de correlacionar tres variables: las notas de unos estudiantes en un año particular, el número de cervezas que consumen a la semana y el número de horas que estudian a la semana. Uno asumiría que la siguiente correlación existe:

Notas y Cerveza: –   *Entre más toman, las notas son más bajas (no se ve en los exámenes)*
Notas y Estudio: +   *Entre más estudian son mejores las notas*
Cerveza y Estudio: –   *Entre más toman estudian menos (están borrachos y de fiesta todo el tiempo)*

Sin embargo, si usted pone una correlación negativa entre Notas y Estudio, y asumiendo que los coeficientes de correlación tienen altas magnitudes, la matriz de correlación será un número finito no positivo. Desafiaría a la lógica, a los requerimientos de las correlaciones y a las matemáticas de matrices. Pero coeficientes más pequeños pueden funcionar incluso con mala lógica. Cuando un número no positivo finito o una matriz de correlación errada es ingresada, el Simulador de Riesgo le informará del error automáticamente y le ofrecerá ajustar estas correlaciones a algo que sea semipositivo finito mientras mantiene el total de la estructura de la relación de correlación (mismo signo y fuerza relativa).

Los Efectos de las Correlaciones en las Simulaciones Monte Carlo

Aunque los cálculos requeridas para correlacionar variables en una simulación son complejas, los efectos resultantes son muy claros. La Figura 5.16 muestra un modelo de correlación simple (*Simulador de Riesgo | Modelos de Ejemplo | 04 Modelo de Efectos de Correlación*). El cálculo de los ingresos es simplemente el precio multiplicado por la cantidad. El mismo modelo es replicado para no correlaciones, correlaciones positivas (+0.9) y correlaciones negativas (-0.9) entre precio y cantidad.

Modelo de Correlación			
	Sin Correlación	Correlación Positiva	Correlación Negativa
Precio	$2.00	$2.00	$2.00
Cantidad	1.00	1.00	1.00
Ingresos Brutos	$2.00	$2.00	$2.00

Figura 5.16: Modelo de Correlación Simple

Las estadísticas resultantes son mostradas en la Figura 5.17. Dese cuenta que la desviación estándar del modelo sin correlación es 0.14, comparado con el 0.18 de la correlación positiva y 0.07 para la correlación negativa; es decir, para modelos con relaciones positivas (por ejemplo, sumas y multiplicaciones), las correlaciones negativas tienden a reducir la media diferencial de la distribución y, crear una mayor y concentrada distribución de pronóstico, en comparación con una correlación positiva con la media diferencial más grande. Esto implica que las correlaciones hacen poco para cambiar el valor esperado de los proyectos, pero puede reducir o incrementar el riesgo del proyecto. Acuérdese que en la teoría financiera las variables correlacionadas negativamente, proyectos o activos en un portafolio tienen a crear un efecto de diversificación donde el riesgo total es reducido. Por eso vemos una desviación estándar más pequeña para modelos correlacionados negativamente.

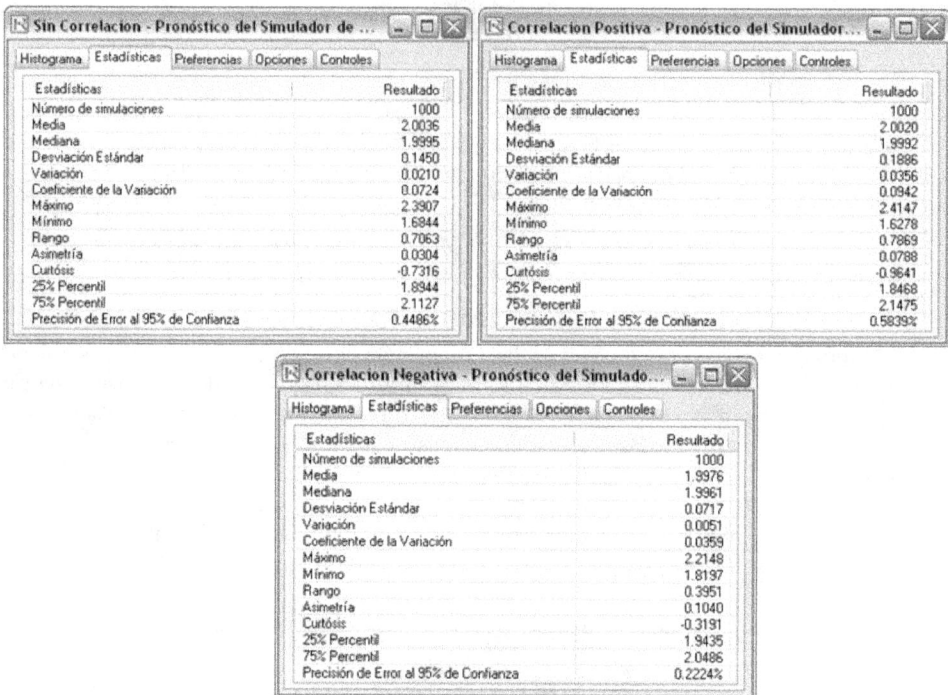

Sin Correlación - Pronóstico del Simulador de ...

Histograma | Estadísticas | Preferencias | Opciones | Controles

Estadísticas	Resultado
Número de simulaciones	1000
Media	2.0036
Mediana	1.9995
Desviación Estándar	0.1450
Variación	0.0210
Coeficiente de la Variación	0.0724
Máximo	2.3907
Mínimo	1.6844
Rango	0.7063
Asimetría	0.0304
Curtósis	-0.7316
25% Percentil	1.8944
75% Percentil	2.1127
Precisión de Error al 95% de Confianza	0.4486%

Correlación Positiva - Pronóstico del Simulador ...

Histograma | Estadísticas | Preferencias | Opciones | Controles

Estadísticas	Resultado
Número de simulaciones	1000
Media	2.0020
Mediana	1.9992
Desviación Estándar	0.1896
Variación	0.0356
Coeficiente de la Variación	0.0942
Máximo	2.4147
Mínimo	1.6278
Rango	0.7869
Asimetría	0.0788
Curtósis	-0.9641
25% Percentil	1.8468
75% Percentil	2.1475
Precisión de Error al 95% de Confianza	0.5839%

Correlación Negativa - Pronóstico del Simulado...

Histograma | Estadísticas | Preferencias | Opciones | Controles

Estadísticas	Resultado
Número de simulaciones	1000
Media	1.9976
Mediana	1.9961
Desviación Estándar	0.0717
Variación	0.0051
Coeficiente de la Variación	0.0359
Máximo	2.2148
Mínimo	1.8197
Rango	0.3951
Asimetría	0.1040
Curtósis	-0.3191
25% Percentil	1.9435
75% Percentil	2.0486
Precisión de Error al 95% de Confianza	0.2224%

Figura 5.17: Resultados de las Correlaciones

La Figura 5.18 ilustra los resultados después de haber ejecutado una simulación, extrayendo la información de los supuestos y calculando las correlaciones entre las variables. La figura muestra que las hipótesis de entrada son recuperadas en la simulación; es decir, usted ingresó las correlaciones +0.8 y −0.8 y los valores resultantes de la simulación tienen la misma correlación. Claramente habrá pequeñas diferencias de una simulación a otra, pero cuando se ejecutan suficientes intentos las correlaciones recuperadas se acercan a esas que fueron ingresadas.

Correlación Positiva			
Precios	Cantidades		
732	941		
820	736		
421	309	Correlación de Spearman:	
308	364		
907	969		0.80
597	281		
265	361		
947	919		
977	947		
236	335		
584	452		
562	675		
788	435		
482	399		
898	864		

Correlación Negativa			
Precios	Cantidades		
887	223		
609	242		
889	48	Correlación de Spearman:	
911	352		
665	859		-0.79
380	830		
506	426		
940	341		
672	442		
860	408		
813	18		
521	445		
965	26		
978	40		
999	28		

Figura 5.18: Correlaciones Recuperadas

Detalles Claves para la Correlación

La siguiente lista enumera algunos de los principales efectos de correlación y detalles que serán útiles en la simulación:

- Los coeficientes de correlación oscilan entre –1.00 a +1.00, con 0.00 como valor posible.

- El coeficiente de correlación tiene dos partes: un signo y un valor. El signo muestra la relación direccional mientras que el valor muestra la magnitud del efecto (cuanto mayor sea el valor, mayor será la magnitud, mientras que los valores de cero no implica ninguna relación). Otra manera de pensar en una correlación de magnitud es el inverso del ruido (cuanto menor sea el valor, mayor es el ruido).

- La correlación implica dependencia y no causalidad. En otras palabras, si dos variables están correlacionadas, simplemente significa que ambas variables se mueven en la misma o en el sentido opuesto (positivo versus correlaciones negativas) con cierta fuerza de los movimientos. Sin embargo, esto no implica que una variable es causa de la otra. Además, no se puede determinar el impacto exacto o cuánto una variable provoca a otra para mover.

- Si dos variables son independientes una de la otra, la correlación será, por definición, cero. Sin embargo, una correlación cero no puede implicar la independencia (porque podría haber algunas relaciones no lineales).

- Las correlaciones pueden aproximarse visualmente en un gráfico X-Y (ver las figuras 5E2.I y 5E2.J en los ejercicios de este capítulo podrá obtener algunos ejemplos). Si generamos un trazado X-Y y la línea es plana, la correlación es cercana o igual a cero; si la pendiente es positiva (los datos se inclinan hacia arriba), entonces la correlación es positiva; si la pendiente es negativa (datos se inclinan hacia abajo), entonces la correlación es negativa; cuanto más cerca este el gráfico de dispersión de los puntos de datos que se encuentran en una línea recta, mayor será el valor de correlación lineal.

- El coeficiente de correlación de la población (ρ) puede definirse como la covarianza normalizada:

- $\rho_{x,y} = corr(X,Y) = \dfrac{cov(X,Y)}{\sigma_X \sigma_Y} = \dfrac{E\left[(X - \mu_X)(Y - \mu_Y)\right]}{\sigma_X \sigma_Y}$ Donde X y Y son los datos de dos variables de población. La covarianza mide el promedio o expectativa (E) de los movimientos de todos los valores de X en su media (μ_X) multiplicado por los movimientos de todos los valores y de su población media (μ_Y). El valor de la covarianza entre negativo y positivo es infinito, por lo que su interpretación es bastante difícil. Sin embargo, por medio de la normalización de la covarianza y dividiéndolo por la desviación estándar de la población (σ) de X y Y, obtenemos el coeficiente de correlación, que está delimitada entre:

  -1.00 y $+1.00$.

- Sin embargo, en la práctica normalmente solo tenemos acceso para probar datos y el coeficiente de correlación de la muestra (r) puede ser determinado utilizando los datos de la muestra de dos variables x y y, sus promedios ($\bar{x}, \bar{y}$), sus desviaciones estándar (s_x, s_y) y el tamaño (n) de x y y por pares de datos:

$$r_{x,y} = \frac{\sum_{i=1}^{n} x_i y_i - n\bar{x}\,\bar{y}}{(n-1)s_x s_y} = \frac{\sum_{i=1}^{n}(x_i - \bar{x})(y_i - \bar{y})}{(n-1)s_x s_y}$$

$$r_{x,y} = \frac{\sum_{i=1}^{n}(x_i - \bar{x})(y_i - \bar{y})}{\sqrt{\sum_{i=1}^{n}(x_i - \bar{x})^2 \sum_{i=1}^{n}(y_i - \bar{y})^2}}$$

$$r_{x,y} = \frac{n\sum_{i=1}^{n} x_i y_i - \sum_{i=1}^{n} x_i \sum_{i=1}^{n} y_i}{\sqrt{n\sum_{i=1}^{n} x_i^2 - \left(\sum_{i=1}^{n} x_i\right)^2} \sqrt{n\sum_{i=1}^{n} y_i^2 - \left(\sum_{i=1}^{n} y_i\right)^2}}$$

- Las correlaciones son simétricas. En otras palabras, $r_{A,B} = r_{B,A}$. Por lo tanto, a veces llamamos coeficientes de correlación a correlaciones por pares.

- Si hay n variables, el número total de parejas, la correlación es: $C_x^n = \dfrac{n!}{x!(n-x)!}$. Por ejemplo, si hay n $= 3$ variables, A, B, C, el número de pares (x$=2$, o dos elementos son elegidos al mismo tiempo) el total de combinaciones $C_2^3 = \dfrac{3!}{2!(3-2)!} = \dfrac{3!}{2!1!} = 3$ pares de correlación: $r_{A,B}$, $r_{A,C}$ and $r_{B,C}$.

- Las correlaciones pueden ser lineales o no lineales. El coeficiente de correlación de Pearson se usa para modelar correlaciones lineales y el coeficiente de correlación Spearman es usada para modelar correlaciones no lineales. Para obtener más detalles, consulte el ejercicio 2 de este capítulo.

- Las correlaciones lineales (también conocida como R de Pearson) se pueden calcular usando la función COEF.DE.CORREL de Excel o utilizando las ecuaciones descritas anteriormente.

- Las correlaciones no lineales se calculan clasificando primero los datos no lineales y, luego, aplicar la correlación lineal de Pearson. El resultado es un rango de correlación no lineal o R de Spearman. Use la versión de correlación (lineal o no lineal) que tiene mayor valor absoluto.

- La correlación lineal de Pearson es también una correlación paramétrica, con una hipótesis implícita subyacente que los datos son lineales y cerca a distribuirse como una normal. La correlación de rango de Spearman no es paramétrica y no tiene ninguna dependencia en los datos subyacentes sobre un comportamiento normal.

- El cuadrado del coeficiente de correlación (R) se denomina coeficiente de determinación, o R-cuadrado. Este es el mismo R-cuadrado usado en la construcción de modelos de regresión, y este indica la variación porcentual de la variable dependiente que se explica con la variación en la variable independiente(s).

- El R-cuadrado está limitado para tomar valores entre 0.00 y 1.00, y por lo general se muestra como un porcentaje. Específicamente, como R tiene un dominio entre –1.00 y +1.00, elevando al cuadrado un valor R positivo o negativo siempre dará un valor R-cuadrado positivo y elevar al cuadrado cualquier valor R entre 0.00 y 1.00 siempre dará un resultado R-cuadrado entre 0.00 y 1.00. Esto significa que R-cuadrado se localiza entre 0% y 100% por construcción.

- En un modelo simple positivamente relacionado, las correlaciones negativas reducen el riesgo total de la cartera, mientras que las correlaciones positivas aumentan el riesgo total de la cartera. Por el contrario, en un modelo simple negativamente relacionado, las correlaciones negativas aumentan el riesgo total de la cartera, mientras que las correlaciones positivas disminuyen el riesgo de la cartera total.

  o   Modelo Positivo (+) Con Correlación Positiva (+) = Mayor Riesgo (+).

  o   Modelo Positivo (+) Con Correlación Negativa (–) = Menor Riesgo (–).

  o   Modelo Negativo (–) Con Correlación Positiva (+) = Menor Riesgo (–).

  o   Modelo Negativo (–) Con Correlación Negativa (–) = Mayor Riesgo (+).

- La Diversificación de la cartera normalmente implica la siguiente condición: Modelo positivo (+) con correlación negativa (-) = Menor Riesgo (-). Por ejemplo, el nivel de cartera de riesgo diversificado (p) se calcula tomando

$$\sigma_P = \sqrt{\sum_{i=1}^{n} \omega_i^2 \sigma_i^2 + \sum_{i=1}^{n} \sum_{j=1}^{m} 2\omega_i \omega_j \rho_{i,j} \sigma_i \sigma_j}$$ donde ω son los respectivos pesos o la

asignación de capital a través de cada proyecto; $\rho_{i,j}$ son las respectivas correlaciones cruzadas entre los activos, y $\sigma_{i,j}$ son las volatilidades. Por lo tanto, si las correlaciones cruzadas son negativas, hay efectos de diversificación del riesgo y, por tanto, el riesgo de la cartera disminuye.

- Un ejemplo de un modelo simple, positivamente relacionado, es una cartera de inversiones (el total de los rendimientos en una cartera es la suma de los rendimientos de cada activo individual, es decir, A + B + C = D, por lo tanto, aumentar A o B o C, y el resultando D aumentará también, lo que indica una relación direccional positiva) o el total de los ingresos de una empresa es la suma de todos los ingresos de los productos individuales. Las correlaciones negativas en tales modelos significan que si los rendimientos de un activo disminuyen (pérdidas), las devoluciones de otro activo aumentarían (beneficios). La propagación o distribución del total de los rendimientos netos de la cartera total disminuirían (menor riesgo). La correlación negativa sería, por lo tanto, diversificar el riesgo de la cartera.

- Alternativamente, un ejemplo de un modelo simple de una relación negativa es ingresos menos costos igual ingresos netos (es decir, $A - B = C$, lo que significa que como B aumenta, C disminuiría, lo que indica una relación negativa). Las variables negativamente correlacionadas en un modelo de este tipo aumentarían la extensión total de la distribución de ingresos.

- En los modelos más complejos o más grandes, donde la relación es difícil de determinar (por ejemplo, en un flujo de caja descontado, donde tenemos unos ingresos de un producto que se añade a los ingresos de otros productos, pero se debe restar los gastos para obtener los beneficios brutos, y donde la depreciación se utiliza como escudo fiscal, entonces, los impuestos se deducen, etc.), y las correlaciones positivas y negativas pueden existir entre los diversos ingresos (por ejemplo, líneas de productos similares contra líneas de productos que compiten canibalizan los ingresos de cada uno), la única manera de determinar el efecto final es a través de simulaciones.

- Las correlaciones normalmente afectan sólo el segundo momento (riesgo) de la distribución, dejando en el primer momento (quiere decir retornos esperados) relativamente estable. Hay un efecto desconocido en el tercer y cuarto momento (Sesgo y Curtosis), y sólo después de ejecutar una simulación de los resultados puede ser demostrados empíricamente porque los efectos son totalmente dependientes de las distribuciones ", tipo, sesgo, curtosis y forma. Por lo tanto, en las estimaciones de un solo punto tradicional, donde se determina sólo el primer momento, las correlaciones no afectarán los resultados. Cuando se utilizan modelos de simulación, se obtiene toda la distribución de probabilidad de los resultados y, por lo tanto, las correlaciones son un factor importante.

- Las correlaciones se deben usar en una simulación si hay datos históricos para calcular su valor. Incluso en situaciones sin datos históricos, pero con claras justificaciones teóricas para las correlaciones, uno todavía debe introducirlas. De lo contrario, los márgenes de distribución no serían exactos. Por ejemplo, una curva de demanda es teóricamente negativa inclinada (correlación negativa), donde a más alto precio, menor será la cantidad demandada (debido a los efectos de ingreso y sustitución) y viceversa. Por lo tanto, si no se introducen las correlaciones en el modelo, los resultados de la simulación pueden generar aleatoriamente precios altos con alta cantidad demandada, creando ingresos extremadamente elevados, así como los precios bajos y la baja cantidad demandada, creando enormes ingresos bajos. La distribución de probabilidad simulada de ingresos tendría, por lo tanto, diferenciales más amplios en la cola izquierda y derecha. Estos diferenciales más amplios no son representativos de la verdadera naturaleza de la distribución. No obstante, el valor medio o esperado de la distribución sigue siendo relativamente estable. Sólo los percentiles e intervalos de confianza se obtienen sesgados en el modelo.

- Por lo tanto, incluso sin datos históricos, si sabemos que existen correlaciones a través de la experimentación, ampliamente aceptada la teoría, o incluso simplemente por lógica y cálculos aproximados, todavía habría que introducir correlaciones aproximadas en el modelo de simulación. Este enfoque es aceptable porque el primer momento o los valores esperados de los resultados finales no se verán afectados (sólo los riesgos se verán afectados como se discute). Por lo general, las siguientes correlaciones aproximadas pueden ser aplicadas incluso sin datos históricos:

- o Usar 0.00 si no existen correlaciones entre las variables.

- o Usar ±0.25 para las correlaciones débiles (utilice el signo apropiado).

- o Usar ±0.50 para las correlaciones medias (utilice el signo apropiado).

- o Usar ±0.75 para las correlaciones fuertes (utilizar el signo apropiado).

- En teoría, es muy difícil, si no imposible, tener grandes conjuntos de datos empíricos a partir de variables de la vida real que son perfectamente no correlacionados (es decir, una correlación de 0.0000000... y así sucesivamente). Por lo tanto, teniendo en cuenta los datos aleatorios, añadiendo variables adicionales normalmente, aumentará el total de los valores absolutos de los coeficientes de correlación en un portafolio (el R-cuadrado siempre aumenta, razón por la cual en los Capítulos 8 y 9 se introduce el concepto de R-cuadrado Ajustado, que representa el aumento marginal de correlación total en comparación con el número de variables; pensar por ahora que el R-cuadrado Ajustado, es el ajuste del R-cuadrado teniendo en cuenta las correlaciones basura). Por lo tanto, es importante realizar pruebas estadísticas en los coeficientes de correlación para ver si los cambios son estadísticamente significativos o sus valores aleatorios pueden considerarse insignificantes. Por ejemplo, sabemos que una correlación de 0.9 es probablemente significativa, pero ¿qué pasa con 0.8 o 0.7, o 0.3, y así sucesivamente? Es decir, ¿en qué punto podemos afirmar que una correlación estadísticamente insignificante es diferente de cero; podría 0.10 calificar, o 0.05 o 0.03, y así sucesivamente?

- La prueba t con $n - 2$ grados de libertad para la prueba de hipótesis se puede calcular tomando $t = r\sqrt{\dfrac{n-2}{1-r^2}}$. La hipótesis nula es tal que la correlación de la población $\rho = 0$.

- Hay otras medidas de dependencia como la τ de Kendall, correlación Browniano, Randomized Dependence Coefficient (RDC), correlación de entropía, correlación policórica, correlación canónica, y la cópula de dependencia basada en medidas. Estos son menos aplicables en la mayoría de los datos empíricos y no son tan populares o aplicables en la mayoría de las situaciones.

- Por último, aquí hay algunas notas en la aplicación y el análisis de las correlaciones en el Simulador de Riesgo:

  - o El Simulador de Riesgo usa los métodos Cópula Normal, Cópula T, y Cópula Cuasi-Normal para simular variables de supuestos correlacionadas. El valor predeterminado es la Cópula Normal, y puede ser modificada en el menú de *Simulador de Riesgo | Opciones*. La Cópula T es similar a la Cópula Normal, pero permite valores extremos en las colas (resultados más altos de curtosis) y la Cópula Cuasi-Normal simula valores correlacionados entre la Normal y Cópulas T.

  - o Después de establecer al menos dos o más supuestos, puede establecer correlaciones entre las variables por pares seleccionando una de las supuestos existentes y utilizar el *Simulador de Riesgo | Entrada de Supuestos*.

o Alternativamente, *Simulador de Riesgo | Herramientas Analíticas | Editar Correlaciones* puede ser utilizado para introducir varias correlaciones utilizando una matriz de correlaciones.

o Si existen datos históricos de múltiples variables, mediante la realización de una distribución ajustada utilizando *Simulador de Riesgo | Herramientas Analíticas | Ajuste de Distribución (Múltiple)*, el informe generará automáticamente las distribuciones de mejor ajuste con sus correlaciones por pares, y estas mismas, incorporadas en los supuestos de la simulación. Además, esta herramienta le permite identificar y aislar las correlaciones que se consideran estadísticamente insignificantes utilizando la prueba T para dos muestras.

CONTROL DE PRECISIÓN Y ERROR

Una herramienta muy poderosa en la simulación de Monte Carlo es la de control de precisión. Por ejemplo, ¿cuántos intentos son considerados suficientes para ejecutar un modelo complejo? El control de precisión le quita el trabajo de adivinar ya que permite que la simulación pare si el nivel pre-especificado de precisión es alcanzado, lo que significa que esta herramienta muestra el número relevante de pruebas necesarias.

La función de control de precisión le permite configurar que tan preciso quiere que sea su predicción. Generalmente, entre más intentos sean calculados, el intervalo de confianza se estrecha y las estadísticas se vuelven más precisas. El control de precisión del Simulador de Riesgo usa las características de los intervalos de confianza para determinar cuándo se alcanza una precisión o estadística especifica. Para cada predicción se puede especificar el intervalo de confianza para el nivel de precisión.

Asegúrese de no confundir tres términos muy diferentes: error, precisión y confianza. Aunque puedan sonar similares, los conceptos son muy diferentes entre sí. Suponga que usted es un fabricante de tacos y está interesado en averiguar cuántos tacos rotos hay en promedio en una caja de 100 tacos. Una forma de hacer esto es recoger una muestra de cajas pre-empacadas, abrirlas y contar cuantos tacos están rotos.

Usted fabrica 1 millón de cajas al día (este es el tamaño de la *población*) pero usted abre solo 10 cajas al azar (este es el tamaño de la *muestra*, también conocido como el número de *pruebas* en una simulación). El número de tacos rotos es 18.2. Basado en estas 10 muestras o intentos, el promedio es 18.2 unidades, mientras basado en la muestra, el intervalo de confianza de 80% está entre 2 y 33 unidades (es decir, el 80% del tiempo el número de tacos rotos está entre 2 y 33 *basado en este tamaño de muestra o número de intentos ejecutados*). De todas formas, ¿Qué tan seguro está de que el promedio correcto sea 18.2? ¿Son 10 intentos suficientes para establecer este promedio o nivel de confianza?

El intervalo de confianza entre 2 y 33 es muy amplio y muy variable. Suponga que usted necesita un valor promedio más preciso, donde el error es ±2 tacos 90% del tiempo—esto significa que si usted abre *todo* el millón de cajas que se fabrican al día, 900,000 de estas cajas van a tener en promedio en una unidad media ±2 tacos rotos. ¿Cuántas otras cajas necesitarían muestrear para obtener este nivel de precisión? Acá 2 tacos son el error, mientras el nivel de precisión es el 90%. Si se ejecutan suficientes intentos, el 90% del intervalo de confianza será idéntico al 90% del nivel de precisión, donde se hace una medida más precisa del promedio obtenido. Como un ejemplo, digamos que el promedio son 20 unidades, entonces el intervalo de confianza de 90% estará entre 18 y 22 unidades, donde este intervalo es preciso el 90% del tiempo.

Dicho de otra forma, tenemos un nivel de error del 10% con respecto a la media a un nivel de confianza del 90%. Los términos porcentaje de error y porcentaje de confianza son términos estándar usados en estadísticas y en el Simulador de Riesgo. El número de intentos requerido para llegar a esta precisión está basado en la ecuación de error de muestreo $\bar{x} \pm Z\frac{s}{\sqrt{n}}$, donde, $Z\frac{s}{\sqrt{n}}$ es el margen de error o error de muestreo de 2 tacos, es la media muestral, $\frac{s}{\sqrt{n}}$ es el error estándar de la media, Z es el número de desviaciones que toma la distribución normal estándar con un nivel de confianza del 90%, s es la desviación estándar y n es el número de intentos necesarios para llegar a un nivel de error especifico.[1] Las Figuras 5.19 y 5.20 ilustran cómo el control de precisión puede ser llevado a cabo en varias predicciones simuladas en el Simulador de Riesgo. Esta característica previene al usuario de tener que decidir cuántos intentos ejecutar en una simulación y elimina todas las posibilidades de tener que adivinar.

Usando las técnicas sencillas mostradas en este capítulo estará en su camino a ejecutar buenas simulaciones de Monte Carlo con el Simulador de Riesgo. Los capítulos de más adelante continúan con otras técnicas y herramientas que están disponibles en el Simulador de Riesgo para poder mejorar su análisis. La Figura 5.20 muestra que hay un 0.4468% de error con respecto a la media a un nivel de confianza de 95%.

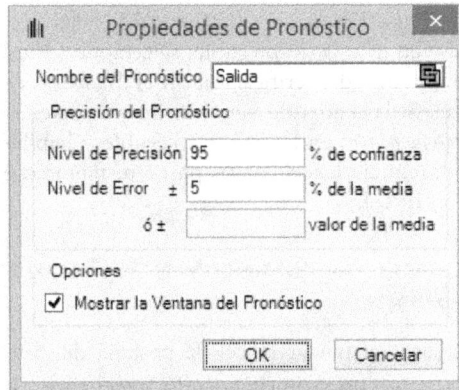

Figura 5.19: Configurando el Nivel de Precisión del Pronóstico

Figura 5.20: Calculando el Error

SOLUCIÓN DE PROBLEMAS Y CONSEJOS PARA EL SIMULADOR DE RIESGO

Es posible que encuentre algunos problemas mientras utiliza el *Simulador de Riesgo*. Esta sección explica algunos de los problemas más comunes, sus síntomas y cómo solucionarlos.

1. **La Pestaña Simulador de Riesgo no Aparece.**

   - Síntoma: A veces al iniciar Excel, la pestaña de *Simulador de Riesgo* falla o no se inicia cuando Excel abre.

   - Diagnóstico: Esto ocurre porque Excel a veces entra en modo seguro cuando algo adverso ocurre (por ejemplo, corte de energía eléctrica, cierre de Excel a la fuerza, Ctrl + Alt + Supr, virus troyano, etc.) que puede interrumpir un proceso del sistema existente en Excel.

   - Solución: Hay una solución fácil para esto y no tiene que volver a instalar el *Simulador de Riesgo*. En Excel 2010 o 2013, haga clic en *Archivo | Opciones | Complementos* y en la lista desplegable, seleccione *Complementos COM* y asegúrese de poner una marca de verificación en el *Simulador de Riesgo* y a continuación, reinicie Excel. Si la marca de verificación ya existe, a continuación, seleccione *Elementos Deshabilitados* en la lista desplegable y habilite el *Simulador de Riesgo*, a continuación, reinicie Excel. Estos pasos restaurarán el *Simulador de Riesgo* para comenzar con Excel.

2. **Puede haber otros complementos de Excel interfiriendo con el Simulador de riesgo.**

   - Síntoma: A veces al iniciar Excel, la pestaña del *Simulador de Riesgo* falla o el Simulator de riesgo no se inicia cuando Excel abre y la sospecha es que podría haber algún complemento compitiendo con Excel.

   - Diagnóstico: Antes de que algún nuevo software fuera instalado, el *Simulador de Riesgo* y otro software a base en Excel funcionaba bien, pero no se inicia correctamente con Excel después de instalar este nuevo software.

   - Solución Hay una solución fácil para esto y usted no tiene que volver a instalar el *Simulador de Riesgo*. Revise para ver si hay complementos instalados incompatibles compitiendo con Excel. En Excel 2010 o 2013, haga clic en *Archivo | Opciones | Administrar Complementos* y en la lista desplegable, seleccione *Complementos COM*, a continuación, desactive manualmente los complementos cada uno a la vez y reinicie Excel. A través del proceso de eliminación, se puede identificar al principal responsable y decidir si desea desinstalar el software con problemas.

3. **Los Perfiles de Simulador de Riesgo están Fallando.**

   - Síntoma: A veces, cuando alguien envía por correo electrónico un modelo de Excel con perfiles de *Simulador de Riesgo* , algunos de los perfiles podrían fallar y no se ejecutan.

- Diagnóstico: Usted tiene activa una *Vista Protegida* en Excel.

- Soluciones:

  o Copie el archivo de Excel en su escritorio/carpeta, a continuación, ábralo desde allí en lugar de hacer doble clic y abrir el modelo Excel directamente desde el correo electrónico o:

  o Desactive la Vista protegida: En Excel 2010 o 2013, haga clic en *Archivo | Opciones | Centro de confianza | Configuración del Centro de confianza | Vista protegida*. A continuación, desactive *Habilitar la Vista protegida para los datos adjunto de Outlook*. A continuación, *reinicie* Excel y vuelva a intentarlo.

4. **¿Qué versión del Simulador de Riesgo debo Instalar (32 o 64 bits)?**

- Síntoma: ¿Cuál de las dos versiones de *Simulador de Riesgo* (x32 y x64) puedo instalar? O bien, cuando instalé el *Simulador de Riesgo* (x32), no puedo ejecutarlo en Excel 2013 (64 bits).

- Diagnóstico: Es posible que haya instalado la versión incorrecta de *Simulador de Riesgo*.

- Solución: Compruebe la versión de Excel y desinstale / instale de nuevo la versión correcta del *Simulador de Riesgo*.

- Explicaciones: *Simulador de Riesgo* 2014 funciona en Windows XP, Vista, 7, 8, 10 (32 y 64 bits) con Excel 2007, 2010, 2013 (32 y 64 bits). Instale la versión de 32 bits más común del *Simulador de Riesgo* si se ha instalado Excel de 32 bits (sin tener en cuenta Windows de 64 o 32 bits), pero instale el *Simulador de Riesgo* de 64 bits si tiene un Excel de 64 bits.

- Nota: Existe el valor de bits del sistema operativo Microsoft Windows y, por otra parte, existe el valor de bits de Microsoft Office. Estos dos niveles de bits pueden ser iguales o diferentes. Lo importante aquí es el nivel de bits de Office / Excel. Si se ha instalado Excel de 32 bits, a continuación, asegúrese de que el Simulador de Riesgo ×32 sea descargado e instalado. Si es de 64 bits, desinstale las versiones antiguas, y vuelva a descargar e instalar el *Simulador de Riesgo* x64.

- Para identificar el nivel de bits de Excel, siga estos pasos:

  o Si tiene Excel 2013, iniciar Excel y haga clic en *Archivo | Cuenta | Acerca de Excel*, y tome nota de la configuración de bits en el menú que aparece al abrirse la pantalla. El valor de bits se muestra en la primera línea al abrirse la pantalla (por ejemplo, podría decir algo como "Microsoft Excel 2013 (15.0.XX) MSO (15.0.XX) 32 bits").

  o Si tiene Excel 2010, para comprobar el valor de bits de Excel: Inicie Excel, haga clic en *Archivo | Ayuda* y tome nota de la configuración de bits bajo el encabezado de Microsoft Excel (por ejemplo, podría decir algo como "Versión 14.0.XX [32 bits]").

CONSEJOS Y TÉCNICAS ÚTILES EN EL SIMULADOR DE RIESGO

Los siguientes son algunos consejos útiles y rápidas técnicas de acceso directo para los usuarios avanzados de *Simulador de Riesgo*. Para más detalles técnicos y de aplicación sobre el uso de herramientas específicas, consulte las secciones correspondientes en el libro.

CONSEJO: Supuestos (Establecer Supuestos de Entrada en la Interfaz de Usuario)

- Acceso rápido—seleccione cualquier distribución y teclee cualquier letra, esto le permitirá tener acceso rápido a cualquier distribución que comience con esa letra (por ejemplo, haga *clic sobre la distribución normal* y *oprima W*, esto lo llevara a la distribución de Weibull).

- Haga clic Derecho sobre la Vista—seleccione cualquier distribución, haga clic con el botón derecho y seleccione los diferentes puntos de vista de la distribución (grandes iconos, iconos pequeños, lista).

- Utilice la Tecla Tab para Actualizar Gráficas: después de ingresar algunos nuevos parámetros de entrada (por ejemplo, escriba un nuevo valor de desviación estándar o media), presiones *Tab* en el teclado o haga clic en cualquier parte de la interfaz de usuario fuera del cuadro de entrada para ver el gráfico de distribución que se actualiza automáticamente.

- Introduzca Correlaciones—introduzca correlaciones por pares directamente aquí (las columnas son de tamaño variable, según sea necesario), utilice la herramienta de ajuste de distribución múltiple para calcular automáticamente e introduzca todas las correlaciones por parejas, o, después de establecer algunos supuestos, utilice la herramienta de edición de correlación para entrar en su matriz de correlaciones.

- Ecuaciones en un Supuesto de Celda—sólo celdas vacías o celdas con valores estáticos se puede establecer como supuestos; sin embargo, puede haber momentos en los que se requiere una función o ecuación en una celda de supuesto. Para utilizar una función o ecuación, establezca primero el supuesto de entrada en la celda y escriba la ecuación o función (cuando se va a ejecutar la simulación, los valores simulados reemplazan la función, y una vez finalizada la simulación, la función o ecuación se muestra de nuevo).

CONSEJO: Copiar y Pegar

- Copie y Pegue en Múltiples Celdas—seleccionar varias celdas para copiar y pegar (con supuestos contiguos y no contiguos).

CONSEJO: Correlaciones

- Establecer Supuestos—establecer correlaciones por parejas utilizando el cuadro de diálogo de supuestos de entrada (ideal para solamente algunas correlaciones).

- Editar Correlaciones—configurar una matriz de correlación de manera manual o pegar desde el portapapeles de Windows (ideal para grandes matrices de correlación y correlaciones múltiples).

- Ajuste de Distribución Múltiple: calcula automáticamente y entra las correlaciones por pares (ideal cuando se realizan un ajuste de varias variables para calcular de manera automática las correlaciones y determinar cuáles de estas correlaciones son estadísticamente significativas).

CONSEJO: Diagnóstico de Datos y Análisis Estadístico

- Estimación de Parámetros Estocásticos—En el Análisis de Estadísticas y el reporte de Diagnóstico de Datos, hay una pestaña sobre estimaciones de parámetros estocásticos que estima la volatilidad, la deriva, el promedio de la tasa de reversión a la media y Salto – Difusión basados en datos históricos. Tenga en cuenta que estos resultados de parámetros se basan exclusivamente en datos históricos utilizados, y los parámetros pueden cambiar con el tiempo y dependiendo de la cantidad de datos históricos ajustados. Además, los resultados del análisis muestran todos los parámetros y no implican que modelo de proceso estocástico (por ejemplo, movimiento Browniano, reversión a la media, Salto – Difusión, o proceso mixto) es la mejor opción. Es responsabilidad del usuario hacer esta determinación según la variable de series de tiempo que va ser pronosticada. El análisis no puede determinar qué proceso es mejor; sólo el usuario puede hacer esto (por ejemplo, el proceso de movimiento Browniano es mejor para modelar precios de las acciones, pero el análisis no puede determinar que los datos históricos analizados son de una acción o de alguna otra variable, y sólo el usuario sabrá esto). Por último, una buena sugerencia es que, si un determinado parámetro está fuera del rango normal, el proceso que requiere este parámetro de entrada probablemente no es el proceso correcto (por ejemplo, si la tasa de reversión a la media es de 110%, lo más probable es que, la reversión a la media no es el proceso correcto).

CONSEJO: Análisis de Distribución, Gráficas y Tablas de Probabilidad

- Análisis de Distribución—se usa para calcular rápidamente la PDF, CDF y ICDF de las distribuciones de probabilidad de 50 disponibles en *Simulador de Riesgo*, y calcula una tabla con estos valores.

- Tabla y Gráfica de Distribución—se usa para comparar los diversos parámetros de la misma distribución (por ejemplo, toma las formas PDF, CDF y ICDF los valores de una distribución Weibull con Alfa y Beta de [2, 2], [3, 5], y [3,5, 8] y las superpone una encima de la otra).

- Gráfica Sobrepuesta—se usa para comparar diferentes distribuciones (supuesto teórico de entrada y pronóstico de salida simulado empíricamente) y sobrepone una encima de la otra para una comparación visual.

CONSEJO: Frontera Eficiente

- Variables de Frontera Eficiente—para acceder a las variables de frontera, primero establezca las Restricciones del modelo antes de ajustar las variables de frontera eficiente.

CONSEJO: Predicción de Celdas

- Pronóstico de Celdas sin Ecuaciones—puede establecer predicciones en las celdas sin ecuaciones ni valores (simplemente ignorar el mensaje de advertencia), pero tenga en cuenta que el resultado del gráfico de pronóstico estará vacío. Los pronósticos de salida se establecen normalmente en celdas vacías cuando hay macros que se están calculando y la celda se actualizará continuamente por la macro VBA.

CONSEJO: Gráficos de Pronóstico

- Tab versus Barra Espaciadora—dar *Tab* en el teclado para actualizar el gráfico de pronóstico y obtener los valores de percentil y confianza después de introducir algunas entradas, y pulsa la *barra espaciadora* para rotar entre varias pestañas en el gráfico de pronóstico.

- Normal versus Vista Global—haga clic en estos tipos de vista para girar entre una interfaz con pestañas y una interfaz global donde todos los elementos de los gráficos pronóstico están visibles.

- Copiar—copie el gráfico de pronóstico o toda la vista global, dependiendo de si usted está en la vista normal o global.

- Haga clic en el botón *Excel* en la pestaña *Opciones* para generar gráficos en vivo en Excel.

CONSEJO: Pronóstico

- Dirección de Enlace de Celda—si selecciona primero los datos en la hoja de cálculo, y luego, ejecutar una herramienta de pronóstico, la dirección de la celda de los datos seleccionados se ingresará automáticamente a la interfaz de usuario. De lo contrario, tendrá que introducir manualmente la dirección de la celda o utilícela el icono de enlace para vincular la ubicación de los datos pertinentes.

- Pronóstico RMSE—utilice como medida de error universal sobre múltiples modelos de pronóstico para la comparación directa de la exactitud de cada modelo.

CONSEJO: Pronóstico—ARIMA

- Pronóstico de Periodos—el número de filas de datos exógenos tiene que superar las filas de datos de series de tiempo, por lo menos, durante los períodos de pronóstico deseados (por ejemplo, si desea pronosticar 5 periodos en el futuro y tiene 100 puntos de datos de series de tiempo, usted tendrá que tener, por lo menos, 105 puntos o más de datos sobre la variable exógena). De lo contrario, basta con ejecutar ARIMA sin la variable exógena para pronosticar tantos periodos como desee sin ninguna limitación.

- ARIMA—puede utilizar sólo sus propios datos de series de tiempo para ejecutar los pronósticos, o agregar variables explicativas independientes al igual que en un modelo de regresión múltiple.

CONSEJO: Pronóstico—Econometría Básica

- Separación de Variables con Punto y Coma—separe las variables independientes utilizando punto y coma.

CONSEJO: Pronóstico—Logit, Probit y Tobit

- Requisitos de Datos—la variable dependiente, para evaluar un modelo Probit y logit, sólo debe ser binario (0 y 1), mientras que el modelo Tobit puede tomar valores binarios y otros valores decimales numéricos. Las variables independientes para los tres modelos pueden tomar cualquier valor numérico.

CONSEJO: Pronóstico—Procesos Estocásticos

- Entradas por Defecto—en caso de duda, utilice las entradas por defecto como punto de partida para desarrollar su propio modelo.

- Análisis de Estadísticas para la Estimación de Parámetros del Proceso Estocástico—use esta herramienta para calibrar los parámetros de entrada en los modelos de proceso estocásticos mediante su estimación de los datos sin procesar.

- Modelo de Proceso Estocástico—a veces si la interfaz de usuario de proceso estocástico se cuelga durante mucho tiempo, es probable que sus entradas son incorrectas y el modelo no está especificado correctamente (por ejemplo, si la tasa reversión a la media es de 110%, el proceso de reversión a la media probablemente no es el proceso correcto). Pruebe con diferentes entradas o utilice un modelo diferente.

CONSEJO: Pronóstico—Líneas de Tendencia

- Resultados de Pronóstico—desplácese hasta la parte inferior del informe para ver los valores previstos.

CONSEJO: Function Calls

- Funciones RS—hay funciones que se pueden utilizar dentro de la hoja de cálculo de Excel para establecer supuestos de entrada y obtener estadísticas de pronóstico. Para utilizar estas funciones, es necesario instalar primero las funciones RS *(Inicio | Programas | Real Options Valuation | Risk Simulator | Analytical Tools | Install Funtions)* a continuación, ejecute una simulación antes de configurar las funciones RS dentro de Excel. Consulte el modelo de ejemplo 24 en el Simulador de Riesgo para obtener ejemplos sobre cómo utilizar estas funciones. En Windows 8 o 10, también puede hacer clic en el botón de *Windows + C* o *Windows + S,* a continuación, escriba *Install Functions* como el término de búsqueda.

CONSEJO: Guía de Introducción con Ejercicios y Videos

- Guía de Introducción con Ejercicios—hay varios ejemplos prácticos paso a paso y ejercicios de interpretación de resultados disponibles en una ubicación de acceso directo *Simulador de Riesgo | Modelos de Ejemplo*. Estos ejercicios están diseñados para aprender a utilizar el software de manera rápida y sencilla. En Windows 8 o 10, también puede hacer clic en el botón de *Windows + C* o *Windows + S,* a continuación, escriba *Detailed Exercises* o *Examples* como el término de búsqueda.

  Todos los videos de introducción se encuentran disponibles de manera gratuita en el sitio web: www.realoptionsvaluation.com/download.html o www.rovusa.com/download.html.

CONSEJO: Hardware ID (HWID)

- Para comenzar a trabajar con el Simulador de Riesgo: haga clic en *Simulador de Riesgo | Licencia*. En la pantalla emergente, haga clic en el Hardware ID y *Copiar*—en la interfaz de usuario Instalar licencia, seleccione o haga doble clic en el Hardware ID para seleccionar su valor, haga clic derecho para copiar o haga clic en el enlace *E-mail identificación del Hardware* para generar un correo electrónico con el Hardware ID.

- Solucionador de Problemas—Ejecute el solucionador de problemas desde *Inicio | Programas | Real Options Valuation | Simulador de Riesgo,* y ejecute la herramienta Hardware ID para obtener el Hardware ID del ordenador. En Windows 8 o 10, también puede hacer clic en el botón de *Windows + C* o *Windows + S,* y escriba *Troubleshooter* como el término de búsqueda.

CONSEJO: Muestreo Hipercubo Latino (LHS) vs. Simulación de Monte Carlo (SMC)

- Correlaciones—al establecer correlaciones pares entre supuestos de entrada, se recomienda que use Monte Carlo en el menú de *Opciones* del *Simulador de Riesgo*. El *Muestreo Hipercubo Latino* no es compatible con el método de correlación cópula para la simulación.

- LHS por grupos—un mayor número de grupos ralentizará la simulación mientras que proporciona un conjunto más uniforme de resultados de simulación.

- Aleatoriedad—todas las técnicas de simulación aleatoria en el menú de *Opciones* han sido probadas y todas son muy buenas realizando la simulación, estas a su vez, se acercan a los mismos niveles de aleatoriedad cuando un mayor número de ensayos se ejecutan.

CONSEJO: Recursos en Línea

- Libros, Guía de Introducción con Videos, Modelos, Documentos Técnicos—todos estos recursos están disponibles en nuestro sitio web: www.realoptionsvaluation.com/download.html o www.rovdownloads.com/download.html.

CONSEJO: Optimización

- Resultados Inviables—si la optimización ejecuta resultados no factibles, puede cambiar las restricciones por un Igual (=) a una Desigualdad (≥ o ≤) y vuelva a intentarlo. Esto también se aplica cuando se ejecuta un análisis de frontera eficiente.

CONSEJO: Perfiles

- Múltiples Perfiles—crear y cambiar entre varios perfiles en un solo modelo. Esto le permite ejecutar escenarios de simulación, teniendo la posibilidad de cambiar parámetros de entrada y tipos de distribución en el modelo, con el propósito de ver los efectos sobre los resultados.

- Perfil Requerido—Supuestos, Pronósticos o Variables de Decisión no se pueden crear si no hay un perfil activo. Sin embargo, una vez que tenga un perfil, ya no tienen que seguir creando nuevos perfiles cada vez. De hecho, si desea ejecutar un modelo de simulación mediante supuestos o predicciones adicionales, usted debe tener el mismo perfil.
- Perfil Activo—el último perfil utilizado al guardar Excel se abrirá automáticamente la próxima vez que se abra el archivo de Excel.
- Múltiples Archivos de Excel—al cambiar entre varios modelos abiertos de Excel, el perfil activo será desde del modelo actual y activo de Excel.
- Perfiles de Trabajo Cruzados—tenga cuidado cuando usted tiene varios archivos de Excel abiertos porque si sólo uno de los archivos de Excel tiene un perfil activo y cambia accidentalmente a otro archivo de Excel y establece supuestos y pronósticos de este archivo, los supuestos y pronósticos no funcionarán y no serán validos.
- Eliminación de Perfiles—usted puede clonar perfiles existentes y eliminar perfiles existentes, pero tenga en cuenta que al menos un perfil debe existir en el archivo de Excel si elimina perfiles.
- Ubicación de Perfiles—los perfiles creados (que contienen los supuestos, pronósticos de salida, variables de decisión, objetivos, restricciones, etc.) se guardan como una hoja de cálculo oculta o encriptada. Por esta razón, el perfil se guarda automáticamente al guardar el archivo del libro de Excel.

CONSEJO: Haga Clic en Acceso Directo y otras Teclas de Método Abreviado

- Clic Derecho—puede hacer clic derecho sobre una celda en Excel para abrir el menú de acceso rápido de Simulador de Riesgo.

CONSEJO: Guardar

- Guardar el Archivo de Excel—guarda la configuración del perfil, suposiciones, pronósticos de salida, variables de decisión, y el modelo de Excel (incluyendo cualquier informe del Simulador de Riesgo, gráficos, y datos extraídos). Haga clic en *Archivo | Guardar* en Excel.
- Guardar la Configuración del Gráfico—Guarda la configuración del gráfico de pronóstico, la misma configuración puede ser recuperada y aplicar a futuras gráficas de pronóstico (utilice los iconos de guardar y abrir las gráficas de pronóstico). *Ejecute la Simulación*, a continuación, en el *gráfico de pronóstico*, haga clic en *Vista Global | Guardar* o *Abrir* sobre los iconos que se encuentran en la parte superior del gráfico de simulación.
- Guardar Extracción de Datos Simulados en Excel—extraer supuestos y pronósticos de una simulación; el archivo de Excel en sí, tendrá que ser guardado con el fin de guardar los datos para su posterior recuperación. *Correr Simulación*, a continuación, haga clic en *Simulador de Riesgo | Herramientas Analíticas | Exportar Datos |Nueva Hoja de Trabajo de Excel.*

- Guardar Datos Simulados y Gráficos en Simulador de Riesgo—utilizando la exportación de datos de *Simulador de Riesgo* se deberá guardar el archivo con la extensión *.RiskSim , esto le permitirá volver a abrir el gráfico dinámico de predicción con los mismos datos sin tener que volver a ejecutar la simulación. Haga clic en *Correr Simulación,* a continuación, haga clic en *Simulador de Riesgo | Herramientas Analíticas | Exportar Datos |Información del Simulador de Riesgo (.risksim).*

- Guardar Generación de Informes—los informes de simulación y otros informes analíticos se extraen como hojas de trabajo separadas de su libro, y todo el archivo de Excel se tendrán que guardar con el fin de salvar los datos para su futura recuperación más adelante. *Corra la Simulación*, a continuación, haga clic en *Simulador de Riesgo | Herramientas Analíticas | Crear un Reporte.*

- Guardar Gráficos en Vivo en Excel—después de ejecutar simulaciones, tornado, y análisis de escenarios, puede guardar los gráficos como gráficos de Excel editables. *Correr Simulación*, a continuación, en el gráfico de pronóstico, haga clic en *Vista Global | Excel.* Ejecute un análisis tornado, a continuación, en la interfaz de usuario, haga clic en el botón de *Excel* para crear un gráfico tornado editable en vivo en Excel.

CONSEJO: Técnicas de Muestreo y Simulación

- Generador de números aleatorios—hay seis generadores de números aleatorios de apoyo (ver el manual de usuario para más detalles) y, en general, el método predeterminado Simulador de Riesgo ROV y el método *Avanzada Aleatoria Sustractiva* son los dos métodos recomendados para su uso. No aplique los otros métodos a menos que su modelo o análisis requiera sus usos, y, aun así, se recomienda probar los resultados de estos dos enfoques recomendados.

CONSEJO: Kit de Desarrollo de Software (SDK) y Bibliotecas DLL

- SDK, DLL, y OEM—todos los análisis en *Simulador de Riesgo* se pueden utilizar fuera de este software e integrarlos en cualquier software registrado del usuario. Póngase en contacto con admin@realoptionsvaluation.com para obtener más información sobre el uso de nuestro Kit de Desarrollo de Software y para acceder a los archivos analíticos de la Biblioteca de Vínculos Dinámicos (DLL).

CONSEJO: Inicio de Simulador de Riesgo a partir de Excel

- ROV Troubleshooter (ROV Para Solucionar Problemas)—ejecutar este solucionador de problemas para obtener el Hardware ID del ordenador con fines de adquisición de licencias, para ver la configuración del equipo y los requisitos previos, y para volver a habilitar Simulador de Riesgo si se ha desactivado accidentalmente.

- *Iniciar Simulador de Riesgo Cuando* Inicia Excel—usted puede dejar que *Simulador de Riesgo* se inicie automáticamente cuando inicia Excel cada vez o iniciar manualmente desde el menú *Inicio | Programas | Real Options Valuation | Risk Simulator* o haga doble clic en el icono del escritorio del *Simulador de Riesgo.* En Windows 8 o 10, también puede hacer clic en el botón de *Windows + C* o *Windows*

+ *S,* y escriba al *Risk Simulator* como término de búsqueda. Esta preferencia se puede establecer en el *Simulador de Riesgo | Opciones.*

CONSEJO: Simulación a Súper Velocidad

- Desarrollo de Modelo—si usted desea ejecutar a máxima velocidad su modelo, puede probar su funcionamiento con unas pocas simulaciones a súper velocidad mientras que el modelo se está construyendo, esto se hace con el propósito de asegurar que el producto final es compatible con simulación a máxima velocidad. No espere hasta que el modelo final se complete antes de la prueba a súper velocidad, con el fin de no tener que dar marcha atrás para identificar dónde existe enlaces rotos o funciones incompatibles. En caso de duda, la simulación a velocidad regular siempre funciona.

CONSEJO: Análisis de Tornado

- Análisis de Tornado—El Análisis de Tornado nunca se debe ejecutar sólo una vez. Se entiende como una herramienta de diagnóstico de modelo, lo que significa que idealmente debe ser ejecutado varias veces en el mismo modelo. Por ejemplo, en un modelo grande, se pueden ejecutar análisis de tornado por primera vez y utilizar los valores predeterminados y todos los precedentes se deben mostrar (seleccione *Muestre todas las variables).* Este mismo análisis puede resultar en un informe extenso y largo de gráficos de tonado (y potencialmente desagradable*).* Sin embargo, esta ventana de diálogo proporciona un gran punto de partida para determinar cuántos de los precedentes se consideran factores críticos de éxito. Por ejemplo, el gráfico tornado puede mostrar que las 5 primeras variables tienen un alto impacto en la salida, mientras que las 200 variables restantes tienen poco o ningún impacto, en cuyo caso, un segundo análisis de tornado se ejecuta mostrando un menor número de variables. Para la segunda ejecución, seleccione *Muestre Variables* 10 variables, si las primeras 5 son críticas, creando así un informe más conciso y un gráfico tornado que muestra un contraste entre los factores clave y los factores menos críticos. (Nunca debe mostrar un gráfico de tornado con sólo las variables clave sin mostrar algunas variables menos críticas como un contraste con sus efectos en la salida.)

- Valores Predeterminados—por defecto los puntos de prueba predeterminados pueden incrementar el valor de ± 10% a un valor mayor para comprobar la no linealidad (el gráfico de araña mostrará líneas no lineales y gráficos de tornado sesgados hacia un lado si los efectos precedentes son no lineales).

- Valores Cero y Números Enteros—entradas con cero o números enteros sólo deben ser demarcadas en el análisis de tornado antes de que se ejecute. De lo contrario, el porcentaje de perturbación puede invalidar su modelo (por ejemplo, si el modelo utiliza una tabla de búsqueda donde Ene = 1, Feb= 2, Mar = 3, etc., la perturbación del valor 1 en un rango ± 10%, tomaría valores, 0.9 y 1.1, los cuales no tendrían sentido en el modelo).

- Opciones de Gráfico—puede probar diferentes opciones de gráficos para encontrar la mejor manera de presentar su modelo.

Preguntas de repaso

1. ¿Por qué necesita tener perfiles en una simulación?

2. Explique la diferencia entre los coeficientes de Pearson y Spearman.

3. Si se tiene en cuenta el número de simulaciones en un modelo, se deben aumentar o disminuir este número para conseguir: niveles de error más alto, mayor nivel de precisión, y un mayor intervalo de confianza.

4. Explique las diferencias entre error y precisión y como estos dos conceptos están relacionados.

5. Si usted sabe que dos variables de una simulación están correlacionadas, pero no sabe el valor de correlación entre ambas. ¿debería usted seguir adelante y correlacionarlas en una simulación?

Las siguientes imágenes provienen de ejercicios usando el Simulador de Riesgo Todos los archivos de ejemplos usados se encuentran en *Inicio | Programas | Real Options Valuation | Simulador de Riesgo | Ejemplos.*

APÉNDICE—ENTENDER LAS DISTRIBUCIONES DE PROBABILIDAD PARA SIMULACIÓN MONTE CARLO

Está sección demuestra el poder de la simulación de Monte Carlo, pero para comenzar con la simulación, se necesita primero el concepto de distribuciones de probabilidad. Para empezar a comprender probabilidad, considere este ejemplo: Usted desea observar la distribución de salarios no exentos dentro de cierto departamento de una gran compañía. Primero, reúna datos sin analizar—en este caso, los salarios de cada empleado sin excepción en el departamento. Segundo, organice los datos en un formato adecuado y trace los datos como una distribución de frecuencias en una gráfica. Para crear una distribución de frecuencia, divida los salarios en intervalos de grupo y muestre estos intervalos en el eje horizontal de la gráfica. Después enliste el número o frecuencia de empleados en cada intervalo en el eje vertical de la gráfica. Ahora ya puede ver fácilmente la distribución de salarios dentro del departamento.

Una mirada a la Figura 5A.1 revela que la mayoría de los empleados (aproximadamente 60 de un total de 180) gana entre $7.00 a $9.00 por hora.

Usted puede colocar datos en gráficas múltiples como una distribución de probabilidad. Una distribución de probabilidad muestra el número de empleados en cada intervalo como una fracción del número total de empleados. Para crear una distribución de probabilidad, divida el número de empleados en cada intervalo por el número total de empleados y enliste los resultados en el eje vertical de la gráfica.

La gráfica en la Figura 5A.2, muestra el número de empleados en cada grupo de salario como una fracción de todos los empleados; puede estimar la probabilidad de que un empleado seleccionado al azar del grupo entero gane un salario dentro de un intervalo definido. Por ejemplo, suponiendo las mismas condiciones que existen en el momento que el ejemplo fue tomado, la probabilidad es de 0.33 (una oportunidad de tres) de que un empleado sacado al azar del grupo entero gane entre $8.00 y $8.50 por hora).

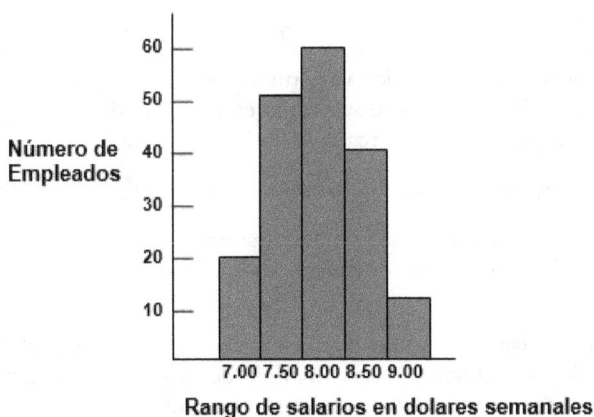

Figura 5A.1: Histograma de Frecuencia I

Las distribuciones de probabilidad pueden ser discretas o continuas. Las Distribuciones de Probabilidad Discreta describen valores discretos, usualmente enteros, sin valores intermedios y se muestran como una serie de barras verticales. Una distribución Discreta, por ejemplo, puede describir el número de caras en cuatro lanzamientos de una moneda como 0,

1, 2, 3, y 4. Las Distribuciones Continuas son realmente abstracciones matemáticas porque suponen la existencia de cualquier intervalo posible entre dos números.

Es decir, una distribución continua asume que hay un número infinito de valores entre dos puntos cualquieras, en la distribución. Sin embargo, en muchas situaciones, usted puede usar una distribución Continua efectivamente para aproximar una distribución Discreta aun cuando el modelo continuo no necesariamente describa la situación exactamente.

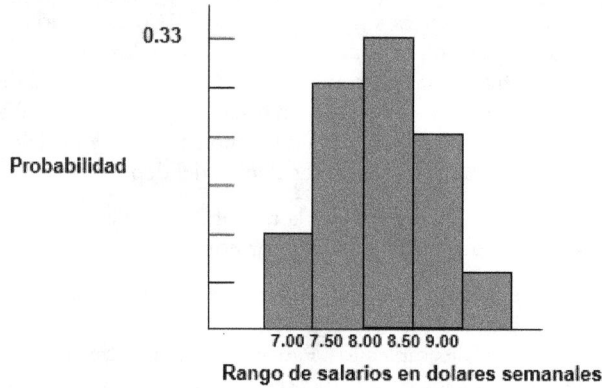

Figura 5A.2: Histograma de Frecuencia II

Seleccionar la Distribución de Probabilidad Correcta

Planear los datos es una guía para seleccionar una probabilidad de distribución. Los pasos siguientes proveen de otro proceso para seleccionar una distribución de probabilidad que mejor describan las variables inciertas en sus hojas de trabajo.

Para seleccionar la distribución de probabilidad correcta, siga los siguientes pasos:

- Vea la variable en cuestión. Haga una lista de todo lo que sabe de todas las condiciones alrededor de esta variable. Usted podría reunir valiosa información acerca de la variable incierta a partir de los datos históricos. Si los datos históricos no están disponibles, use su propio criterio, basado en la experiencia, al enlistar todo lo que conozca acerca de la variable incierta.

- Revise las descripciones de las distribuciones de probabilidad.

- Seleccione la distribución que caracteriza a esta variable. Una distribución caracteriza a una variable cuando las condiciones de la distribución hacen juego con las de la variable.

De manera alternativa, si usted tiene información histórica, comparable, contemporánea, o datos de pronóstico, usted puede usar el módulo de ajuste de distribuciones del Simulador de Riesgo para encontrar el mejor ajuste estadístico para sus datos existentes. Este proceso de ajuste se aplicará con base en algunas técnicas estadísticas avanzadas para encontrar la mejor distribución y los parámetros relevantes que describen los datos.

Función de Densidad de Probabilidad, Función de Distribución Acumulativa, y Funciones de Probabilidad de Masa

En matemáticas y en Simulación de Monte Carlo, una función de densidad de probabilidad (PDF) representa una distribución de probabilidad continua en términos de integrales. Si la distribución de probabilidad tiene una densidad de *f(x)*, entonces intuitivamente el intervalo infinitesimal de *[x, x + dx]* tendrá una probabilidad de *f(x)dx*. Por lo tanto, la PDF puede ser vista como una versión suavizada del histograma de probabilidad; esto es, para proporcionar una amplia muestra de forma empírica de una variable aleatoria continua en repetidas ocasiones, el histograma utilizando rangos muy estrechos que se asemejan a las variables aleatorias PDF. LA probabilidad del intervalo comprendido entre *[a, b]* es dado por $\int_{a}^{b} f(x)dx$

lo que significa que la función total de integración f debe ser 1. Es un error común pensar en la función de *f(a)* como la probabilidad de a. Esto es incorrecto. De hecho, *f(a)* puede ser a veces mayor que 1 – considere una función uniforme entre 0.0 y 0.5. La variable aleatoria x dentro de la distribución, tendrá *f(x)* mayor que 1. La probabilidad en realidad es la función *f(x)dx* discutida previamente, donde dx es un monto infinitesimal.

La función de distribución acumulada (CDF) es definida como $F(x) = P(X \leq x)$ indicando la probabilidad de que X tome un valor menor o igual que x. Cada CDF es mono tónicamente creciente, es continua desde la derecha, y en los límites sigue las siguientes propiedades: $\lim_{x \to -\infty} F(x) = 0$ and $\lim_{x \to +\infty} F(x) = 1$. más allá, la CDF está relacionada con la PDF por la formula

$F(b) - F(a) = P(a \leq X \leq b) = \int_{a}^{b} f(x)dx$, donde la función PDF f es la derivada de la CDF en la función F.

En teoría de probabilidad, una función de probabilidad de masa PMF da la probabilidad de que una variable aleatoria discreta sea exactamente igual a cierto valor. La PMF difiere de la PDF en que el valor de este último está definido solamente para variables continuas aleatorias. Una variable aleatoria es discreta si su distribución de probabilidad es discreta y es una probabilidad. Una variable aleatoria es discreta si su distribución de probabilidad es discreta y puede ser caracterizada por una PMF. Por tanto, X es una variable aleatoria discreta si

$\sum_{u} P(X=u) = 1$ ya que u corre a través de todos los posibles valores de la variable aleatoria X.

DISTRIBUCIONES DISCRETAS

El siguiente es un enlistado detallado de los diferentes tipos de distribuciones de probabilidad que pueden ser usadas en la simulación de Monte Carlo. Esta lista se incluye en el apéndice para referencia del lector.

Distribución Bernoulli o Si/No

La distribución Bernoulli es una distribución Discreta con dos resultados (por ejemplo, cara o cruz, éxito o fallo, 0 o 1). La distribución Bernoulli es la distribución binomial con un intento y puede ser usada para simular condiciones Si/No o Éxito/Fallo. Está distribución es piedra base de otras distribuciones más complejas. Por ejemplo:

- Distribución Binomial: la distribución Bernoulli con el número más alto del total de intentos n y calcula la probabilidad de éxitos x dentro de este total de intentos.

- Distribución Geométrica: la distribución Bernoulli con el número más alto de intentos y calcula el número de fallos requeridos antes de que ocurra el primer éxito.

- Distribución Binomial Negativa: la distribución Bernoulli con el número más alto de intentos y computa el número de fallos antes de que el *x-ésimo* éxito ocurra.

Las construcciones matemáticas para la distribución de Bernoulli son las siguientes:

$$P(x) = \begin{cases} 1 - p & for\ x = 0 \\ p & for\ x = 1 \end{cases}$$

or

$$P(x) = p^x (1-p)^{1-x}$$

$Media = p$

$Desviación\ Estándar = \sqrt{p(1-p)}$

$Asimetría = \dfrac{1-2p}{\sqrt{p(1-p)}}$

$Exceso\ de\ Curtosis = \dfrac{6p^2 - 6p + 1}{p(1-p)}$

La probabilidad de éxito (p) es el único parámetro de distribución. También es importante notar que solo hay un intento en la distribución Bernoulli, y el valor simulado resultante es de 0 o 1.

Requisitos de Entrada:

Probabilidad de éxito > 0 y < 1 (es decir, $0.0001 \leq p \leq 0.9999$)

Distribución Binomial

La distribución binomial describe el número de veces en el que un evento en particular ocurre en un número fijo de intentos, tales como el número de caras en 10 vueltas de una moneda o el número artículos defectuosos escogidos de entre 50.

Las tres condiciones subyacentes la distribución binomial son:

- Para cada intento, solo dos resultados son posibles que sean mutualmente exclusivos.

- Los intentos son independientes—lo que sucede en el primer intento no afecta al siguiente.

- La probabilidad de que ocurra un evento se queda igual de intento a intento.

Las construcciones matemáticas para la distribución binomial son las siguientes:

$$P(x) = \frac{n!}{x!(n-x)!} p^x (1-p)^{(n-x)} \quad para\ n > 0;\ x = 0,\ 1,\ 2,\ ...\ n,\ y\ 0 < p < 1$$

$Media = np$

$Desviación\ Estándar = \sqrt{np(1-p)}$

$Asimetría = \dfrac{1-2p}{\sqrt{np(1-p)}}$

$Exceso\ de\ Curtosis = \dfrac{6p^2-6p+1}{np(1-p)}$

La probabilidad de éxito (p) y el número entero de intentos en total (n) son parámetros de distribución. El número de intentos exitosos es denotado por x. Es importante notar que la probabilidad de éxito (p) de 0 ó 1 son condiciones triviales y no requieren ninguna simulación, y de ahí que no son permitidos en el software.

Requisitos de entrada:

Probabilidad de éxito > 0 y < 1 (es decir, $0.0001 \le p \le 0.9999$)

Número de intentos $\ge$ 1 o enteros positivos y $\le$ 1000 (para intentos más grandes, utilice la distribución normal con la media binomial calculada relevante y la desviación estándar como los parámetros de la distribución normal).

Distribución Uniforme Discreta

La distribución uniforme discreta es también conocida como la distribución de *resultados igualmente probables*, donde la distribución tiene un conjunto de N elementos, y entonces la selección de cada elemento tiene la misma probabilidad. Está distribución está relacionada a la distribución uniforme pero sus elementos son discretos y no continuos.

Las construcciones matemáticas para la distribución binomial son las siguientes:

$P(x) = \dfrac{1}{N}$

$Media = \dfrac{N+1}{2}$ valor en rango

$Desviación\ Estándar = \sqrt{\dfrac{(N-1)(N+1)}{12}}$ valor en rango

$Asimetría = 0$ (es decir, la distribución es perfectamente simétrica)

$Exceso\ de\ Curtosis = \dfrac{-6(N^2+1)}{5(N-1)(N+1)}$ valor en rango

Requisitos de entrada:

Mínimo < Máximo y ambos deben ser enteros (enteros negativos y cero son permitidos)

Distribución Geométrica

La distribución geométrica describe el número de intentos hasta que ocurra el primer éxito, tales como el número de veces que usted necesita hacer girar una ruleta antes de ganar.

Las tres condiciones subyacentes a la distribución geométrica son:

- El número de intentos no es fijo.

- Los intentos continúan hasta el primer éxito.

- La probabilidad de éxito es la misma de intento a intento.

Las construcciones matemáticas para la distribución geométrica son las siguientes:

$$P(x) = p(1-p)^{x-1} \quad para\ 0 < p < 1\ y\ x = 1,\ 2,\ ...,\ n$$

$$Media = \frac{1}{p} - 1$$

$$Desviación\ Estándar = \sqrt{\frac{1-p}{p^2}}$$

$$Asimetría = \frac{2-p}{\sqrt{1-p}}$$

$$Exceso\ de\ Curtosis = \frac{p^2 - 6p + 6}{1-p}$$

La probabilidad de éxito (p) es el único parámetro de distribución. El número de intentos exitosos simulados es denotado por x, el cual solo puede tomar valores enteros positivos.

Requisitos de entrada: Probabilidad de éxito > 0 y < 1 (es decir, $0.0001 \leq p \leq 0.9999$). Es importante notar que la probabilidad de éxito (p) de 0 ó 1 son condiciones triviales y no requieren ninguna simulación, y de ahí que no son permitidas como parámetros en el software.

Distribución Hipergeométrica

La distribución hipergeométrica es similar a la distribución binomial, pues ambas describen el número de veces que un evento en particular ocurre en un número fijo de intentos. La diferencia es que los intentos de la distribución binomial son independientes, mientras que en la distribución hipergeométrica cambian la probabilidad para cada cambio subsecuente y son llamados "intentos sin remplazo." Por ejemplo, suponga que una caja de partes manufacturadas es conocida por contener partes defectuosas. Usted escoge una parte de la caja y encuentra que está defectuosa, y quita esa parte de la caja. Si usted escoge otra parte de la caja, la probabilidad de que este defectuosa es de alguna manera más baja que la primera parte porque ya ha quitado una parte defectuosa. Si hubiera reemplazado la parte defectuosa, las probabilidades habrían quedado igual, y el proceso cumpliría las condiciones para la distribución binomial.

Las condiciones subyacentes de la distribución hipergeométrica son:

- El total de números de artículos o elementos (la medida de la población) es un número fijo, una población finita. La medida de la población debe ser menos o igual a 1,750.

- El tamaño de la muestra (número de intentos) representa una porción de la población.

- La probabilidad inicial conocida de éxito en la población cambia después de cada intento.

Las construcciones matemáticas para la distribución hipergeométrica son las siguientes:

$$P(x) = \frac{\dfrac{(N_x)!}{x!(N_x - x)!} \dfrac{(N - N_x)!}{(n-x)!(N - N_x - n + x)!}}{\dfrac{N!}{n!(N-n)!}} \quad para\ x = Max(n - (N - N_x), 0),\ ...,\ Min(n, N_x)$$

$$Media = \frac{N_x n}{N}$$

$$Desviación\ Estándar = \sqrt{\frac{(N - N_x)N_x n (N - n)}{N^2 (N - 1)}}$$

$$Asimetría = \frac{(N - 2N_x)(N - 2n)}{N - 2} \sqrt{\frac{N - 1}{(N - N_x)N_x n(N - n)}}$$

$$Exceso\ de\ Curtosis = \frac{V(N, N_x, n)}{(N - N_x)\ N_x n(-3 + N)(-2 + N)(-N + n)} \quad donde$$

$$V(N, N_x, n) = (N - N_x)^3 - (N - N_x)^5 + 3(N - N_x)^2 N_x - 6(N - N_x)^3 N_x$$
$$+ (N - N_x)^4 N_x + 3(N - N_x)\ N_x^2 - 12(N - N_x)^2 N_x^2 + 8(N - N_x)^3 N_x^2 + N_x^3$$
$$- 6(N - N_x)\ N_x^3 + 8(N - N_x)^2 N_x^3 + (N - N_x)\ N_x^4 - N_x^5 - 6(N - N_x)^3 N_x$$
$$+ 6(N - N_x)^4 N_x + 18(N - N_x)^2 N_x n - 6(N - N_x)^3 N_x n + 18(N - N_x)\ N_x^2 n$$
$$- 24(N - N_x)^2 N_x^2 n - 6(N - N_x)^3 n - 6(N - N_x)\ N_x^3 n + 6N_x^4 n + 6(N - N_x)^2 n^2$$
$$- 6(N - N_x)^3 n^2 - 24(N - N_x)\ N_x n^2 + 12(N - N_x)^2 N_x n^2 + 6N_x^2 n^2$$
$$+ 12(N - N_x)\ N_x^2 n^2 - 6N_x^3 n^2$$

Los parámetros de la distribución son los siguientes: Número de artículos en la población o Tamaño de Población (N), intentos muestrales o Tamaño de Muestra (n), y número de artículos en la población que tiene el rasgo exitoso o Éxitos de Población (Nx). El número de intentos exitosos se denota por x.

Requisitos de entrada:

Tamaño de Población ≥ 2 y entero

Tamaño Muestral > 0 y entero

Éxitos de Población > 0 y entero

Tamaño de Población $>$ Éxitos de Población

Tamaño de la Muestra $<$ Éxitos de Población

Tamaño de Población < 1750

Distribución Binomial Negativa

La distribución binomial negativa es útil para modelar la distribución del número de intentos adicionales requeridos en el número más alto de ocurrencias exitosas requeridas (R). Por ejemplo, para cerrar un total de 10 oportunidades de venta, ¿cuántos llamadas de ventas extras necesitaría hacer por encima de las 10 llamadas dada alguna probabilidad de éxito en cada llamada? El eje x muestra el número de llamadas adicionales requeridas o el número de llamadas sin éxito. El número de intentos no es fijo, los intentos continúan hasta el éxito R-ésimo y la probabilidad de éxito es la misma de intento a intento. La probabilidad de éxito (p) y el número de éxitos requeridos (R) son los parámetros de la distribución. Es esencialmente una superdistribución de la distribución geométrica y binomial. Está distribución muestra las probabilidades de cada número de intentos en exceso de R para producir el éxito R requerido.

Las tres condiciones subyacentes de la distribución binomial negativa son:

- El número de intentos no es fijo.

- Los intentos continúan hasta el éxito r-ésimo.

- La probabilidad de éxito es la misma de intento a intento.

Las construcciones matemáticas para la distribución binomial negativa son las siguientes:

$$P(x) = \frac{(x+r-1)!}{(r-1)!x!} p^r (1-p)^x \quad para\, x=r,\, r+1,\, ...;\ and\, 0<p<1$$

$$Media = \frac{r(1-p)}{p}$$

$$Desviación\ Estándar = \sqrt{\frac{r(1-p)}{p^2}}$$

$$Asimetría = \frac{2-p}{\sqrt{r(1-p)}}$$

$$Exceso\ de\ Curtosis = \frac{p^2 - 6p + 6}{r(1-p)}$$

La probabilidad de éxito (p) y éxitos requeridos (R) son los parámetros de distribución.

Requisitos de entradas:

Los éxitos requeridos deben ser enteros positivos > 0 y < 8000.

La probabilidad de éxito > 0 y < 1 (es decir, $0.0001 \leq p \leq 0.9999$). Es importante notar que la probabilidad de éxito (p) de 0 o 1 son condiciones triviales y no requieren ninguna simulación, y de ahí que no son permitidos en el software.

Distribución de Pascal

La distribución de Pascal es útil para el modelado de la distribución del número de intentos totales necesarios para obtener el número de eventos de éxito requeridos. Por ejemplo, para cerrar un total de 10 oportunidades de ventas, ¿cuantas llamadas de ventas totales usted tendría que hacer dada alguna probabilidad de éxito en cada llamada? El eje X muestra el número total de llamadas necesarias, que incluye llamadas exitosas y fallidas. El número de intentos no es fijo, los intentos continúan hasta el r-ésimo éxito, y la probabilidad de éxito es la misma de un intento a otro. La distribución de Pascal está relacionada con la distribución binomial negativa. La distribución binomial negativa calcula el número de eventos necesarios además del número de aciertos requeridos dada cierta probabilidad (en otras palabras, los fracasos totales), mientras que la distribución de Pascal calcula el número total de eventos necesarios (en otras palabras, la suma de fracasos y aciertos) para lograr los aciertos requeridos dada cierta probabilidad. Los aciertos requeridos y la probabilidad son los dos parámetros de distribución.

Las construcciones matemáticas para la distribución de Pascal se muestran a continuación:

$$f(x) = \begin{cases} \dfrac{(x-1)!}{(x-s)!(s-1)!}\, p^s (1-p)^{X-S} & \text{para todo } x \geq s \\ 0 & \text{en caso contrario} \end{cases}$$

$$F(x) = \begin{cases} \displaystyle\sum_{x=1}^{k} \dfrac{(x-1)!}{(x-s)!(s-1)!}\, p^s (1-p)^{X-S} & \text{para todo } x \geq s \\ 0 & \text{en caso contrario} \end{cases}$$

$Media = \dfrac{s}{p}$

$Desviación\ Estándar = \sqrt{s(1-p)p^2}$

$Asimetría = \dfrac{2-p}{\sqrt{r(1-p)}}$

$Exceso\ de\ Curtosis = \dfrac{p^2 - 6p + 6}{r(1-p)}$

Las tres condiciones subyacentes del Pascal, así como la distribución binomial negativa son:

- El número de intentos no es fijo.

- Los intentos continúan hasta el r-ésimo éxito.

- La probabilidad de éxito es el mismo de intento a intento.

Los aciertos requeridos y la probabilidad son los dos parámetros de distribución.

Requisitos de entrada:

Aciertos requeridos > 0 y es un numero entero.

$0 \leq$ Probabilidad ≤ 1

Distribución Poisson

La distribución poisson describe el número de veces que un evento ocurre en un intervalo dado, tales como el número de llamadas telefónicas por minuto o el número de errores por página en un documento.

Las tres condiciones subyacentes la distribución Poisson son:

- El número de posibles ocurrencias en cualquier intervalo es ilimitado.

- Las ocurrencias son independientes. El número de ocurrencias en un intervalo no afecta el número de ocurrencias en otros intervalos.

- El número promedio de ocurrencias debe permanecer el mismo de intervalo a intervalo.

Las construcciones matemáticas para Poisson son las siguientes:

$$P(x) = \frac{e^{-\lambda}\lambda^x}{x!} \ \text{ para } x \text{ y } \lambda > 0$$

$Media = \lambda$

$Desviación\ Estándar = \sqrt{\lambda}$

$Asimetría = \dfrac{1}{\sqrt{\lambda}}$

$Exceso\ de\ Curtosis = \dfrac{1}{\lambda}$

Clasificación o Lambda (λ) es el único parámetro de distribución.

Requisitos de entrada: Tasa > 0 y ≤ 1000 (es decir, $0.0001 \leq$ clasificación ≤ 1000)

DISTRIBUCIONES CONTINUAS

A continuación, se presenta una lista detallada de los diferentes tipos de distribuciones de probabilidad continuas que pueden ser utilizadas en la simulación de Monte Carlo.

Distribución Arcoseno

La distribución arcoseno tiene forma de U y es un caso especial de la distribución beta cuando tanto la forma como la escala son iguales a 0,5. Los valores cercanos a los mínimos y máximos tienen altas probabilidades de ocurrencia mientras que los valores entre estos dos extremos tienen muy pequeñas probabilidades de ocurrencia. Los mínimos y máximos son los parámetros de distribución.

Las construcciones matemáticas para la distribución arcoseno se muestran a continuación. La función de densidad de probabilidad (PDF) se denota *f(x)* y la función de distribución acumulada (CDF) se denota *F(x)*.

$$f(x) = \begin{cases} \dfrac{1}{\pi\sqrt{x(1-x)}} & para\ 0 \leq x \leq 1 \\ 0 & en\ caso\ contrario \end{cases}$$

$$F(x) = \begin{cases} 0 & para\ x < 0 \\ \dfrac{2}{\pi}\sin^{-1}(\sqrt{x}) & para\ 0 \leq x \leq 1 \\ 1 & para\ x > 1 \end{cases}$$

$Media = \dfrac{Min + Max}{2}$

$Desviación\ Estándar = \sqrt{\dfrac{(Max - Min)^2}{8}}$

Asimetría = 0 para todas las entradas

Exceso de Curtosis = 1.5 para todas las entradas

Los mínimos y máximos son los parámetros de distribución. Requisitos de entrada: Max $>$ Min (la entrada puede ser cualquier valor positivo, negativo o cero)

Distribución Beta

La distribución beta es muy flexible y es comúnmente usada para representar variabilidad sobre un rango fijo. Una de las más importantes aplicaciones de la distribución beta es su uso como una distribución conjugada para el parámetro de una distribución de Bernoulli. En esta aplicación, la distribución beta se usa para representar la incertidumbre en la probabilidad en la ocurrencia de un evento. También se usa para describir datos empíricos y predecir el comportamiento aleatorio de porcentajes y fracciones, como el rango de resultados es típicamente entre 0 y 1.

El valor de la distribución beta reside en la amplia variedad de formas que puede asumir cuando usted varía los dos parámetros, alfa y beta. Si los parámetros son iguales, la distribución es simétrica. Si cualquiera de los dos parámetros es 1 y el otro parámetro es más grande que 1, la distribución se en forma de "J". Si alfa es menos que beta, se dice que la distribución sea positivamente desviada (la mayoría de los valores están cerca del valor mínimo). Si alfa es más grande que beta, la distribución es negativamente desviada (la mayoría de los valores están cerca del valor máximo).

Las construcciones matemáticas para la distribución beta son las siguientes:

$$f(x) = \frac{(x)^{(\alpha-1)}(1-x)^{(\beta-1)}}{\left[\frac{\Gamma(\alpha)\Gamma(\beta)}{\Gamma(\alpha+\beta)}\right]} \quad para\ \alpha > 0;\ \beta > 0;\ x > 0$$

$$Media = \frac{\alpha}{\alpha + \beta}$$

$$Desviación\ Estándar = \sqrt{\frac{\alpha\beta}{(\alpha+\beta)^2(1+\alpha+\beta)}}$$

$$Asimetría = \frac{2(\beta-\alpha)\sqrt{1+\alpha+\beta}}{(2+\alpha+\beta)\sqrt{\alpha\beta}}$$

$$Exceso\ de\ Curtosis = \frac{3(\alpha+\beta+1)[\alpha\beta(\alpha+\beta-6)+2(\alpha+\beta)^2]}{\alpha\beta(\alpha+\beta+2)(\alpha+\beta+3)} - 3$$

Alfa (α) y beta (β) son los dos parámetros de distribución de forma, y Γ es la función Gamma. Las dos condiciones subyacentes de la distribución beta son:

- La variable incierta es un valor aleatorio entre 0 y un valor positivo.

- La forma de la distribución puede ser especificada usando dos valores positivos.

Requisitos de entrada: Alfa y beta ambos > 0 y pueden ser cualquier valor positivo

Distribuciones Beta 3 y Beta 4

La distribución beta original, sólo toma dos entradas, parámetros de forma alfa y beta. Sin embargo, la salida del valor simulado es entre 0 y 1. En la distribución beta 3, añadimos un parámetro extra llamado ubicación o desplazamiento, donde no somos libres de alejarnos de esta limitación de salida 0 a 1, por consiguiente, la distribución beta 3 también se conoce como una distribución beta desplazada. Del mismo modo, la distribución beta 4 añade dos parámetros de entrada, ubicación o desplazamiento y factor. La distribución beta original se multiplica por el factor y se desplaza por la ubicación, y, por tanto, la beta 4 también se conoce como el multiplicativo desplazado de la distribución beta.

Las construcciones matemáticas para las distribuciones beta 3 y beta 4 se basan en aquellos de la distribución beta, con los desplazamientos pertinentes y multiplicación factorial (por ejemplo, el PDF y CDF se ajustarán por el desplazamiento y el factor, y algunos de los momentos, tales como la media, de manera similar se verán afectados; la desviación estándar, en cambio, sólo se afectará por la multiplicación factorial, mientras que los momentos restantes no se ven afectados en absoluto).

Requisitos de entrada:

La ubicación puede tomar cualquier valor positivo o negativo incluyendo cero.

Factor > 0

Distribución Cauchy o Distribución Lorentziana o Distribución Breit–Wigner

La distribución Cauchy, también llamada la distribución Lorentziana o distribución Breit–Wigner, es una distribución continua que describe comportamiento de resonancia. También describe la distribución en las distancias horizontales en la cual un segmento de línea inclinado en un ángulo aleatorio corta el eje x.

Las construcciones matemáticas para la distribución Cauchy o Lorentziana son las siguientes:

$$f(x) = \frac{1}{\pi} \frac{\gamma/2}{(x-m)^2 + \gamma^2/4}$$

La distribución Cauchy es un caso especial donde que no tiene ningún momento teorético (media, desviación estándar, asimetría, y Curtosis) ya que son todos indefinidos.

La localización de modo (m) y escala (γ) son los únicos dos parámetros en esta distribución. El parámetro de localización especifica la cima o modo de la distribución mientras el parámetro de escala especifica la media amplitud hasta el máximo medio de la distribución. Además, la media y la varianza de una distribución Cauchy o Lorentziana son indefinidas.

Además, la distribución Cauchy es la distribución-t con solo 1 grado de libertad. Está distribución es también construida al tomar la razón entre dos distribuciones normales estándar (distribuciones normales con una media de cero y una variación de uno) que son independientes una de la otra.

Requisitos de entrada:

- La localización Alfa puede ser cualquier valor
- Escala Beta > 0 y puede ser cualquier valor positivo

Distribución Chi-Cuadrado

La distribución chi-cuadrado es una distribución de probabilidad usada predominantemente en pruebas de hipótesis, y está relacionada con la distribución gamma y la distribución normal estándar. Por ejemplo, la suma de las distribuciones normales independientes es distribuidas como una chi-cuadrado (χ^2) con grados k de libertad:

$$Z_1^2 + Z_2^2 + \ldots + Z_k^2 \overset{d}{\sim} \chi_k^2$$

Las construcciones matemáticas para la distribución chi-cuadrado son las siguientes:

$$f(x) = \frac{2^{-k/2}}{\Gamma(k/2)} x^{k/2-1} e^{-x/2} \quad \text{para todos } x > 0$$

$Media = k$

$Desviación\ Estándar = \sqrt{2k}$

$Asimetría = 2\sqrt{\dfrac{2}{k}}$

$Exceso\ de\ Curtosis = \dfrac{12}{k}$

Γ es la función gamma. Los grados de libertad k son el único parámetro de distribución.

La distribución chi-cuadrado puede ser también modelada usando una distribución gamma al establecer los parámetros: Parámetro de forma $= \dfrac{k}{2}$ y escala $= 2S^2$ donde S es la escala.

Requisitos de entrada: Grados de libertad > 1 y debe ser un entero < 300

Distribución Coseno

La distribución de coseno se parece a una distribución logística en el que el valor de la mediana entre el mínimo y el máximo tiene el pico más alto o el modo, llevando la máxima probabilidad de ocurrencia, mientras que las colas de los extremos cerca de los valores mínimos y máximos tienen probabilidades más bajas. Los mínimos y máximos son los parámetros de distribución.

Las construcciones matemáticas para la distribución de coseno se muestran a continuación:

$$f(x) = \begin{cases} \dfrac{1}{2b}\cos\left[\dfrac{x-a}{b}\right] & para\ Min \leq x \leq Max \\ 0 & en\ caso\ contrario \end{cases}$$

$$donde\ a = \frac{Min + Max}{2} \quad y \quad b = \frac{Max - Min}{\pi}$$

$$F(x) = \begin{cases} \dfrac{1}{2}\left[1 + \sin\left(\dfrac{x-a}{b}\right)\right] & para\ Min \leq x \leq Max \\ 1 & para\ x > Max \end{cases}$$

$$Media = \frac{Min + Max}{2}$$

$$Desviación\ Estándar = \sqrt{\frac{(Max - Min)^2 (\pi^2 - 8)}{4\pi^2}}$$

$La\ asimetría\ es\ siempre\ igual\ a\ 0$

$$Exceso\ de\ Curtosis = \frac{6(90 - \pi^4)}{5(\pi^2 - 6)^2}$$

Mínimos y máximos son los parámetros de distribución. Requisitos de entrada: Máximo> mínimo (la entrada puede ser cualquier valor positivo, negativo o cero).

Distribución Doble Logaritmo

La distribución doble log se parece a la distribución de Cauchy donde la tendencia central es máxima y lleva el valor, máximo de densidad de probabilidad, pero disminuye más rápido cuanto más lejos del centro se ubica, creando una distribución simétrica con un pico extremo en entre los valores máximos y mínimos. Los mínimos y máximos son los parámetros de distribución.

Las construcciones matemáticas para la distribución doble logaritmo se muestran a continuación:

$$f(x) = \begin{cases} \dfrac{-1}{2b} \ln\left(\dfrac{|x-a|}{b}\right) & \text{para } Min \leq x \leq Max \\ 0 & \text{en caso contrario} \end{cases}$$

$$\text{donde } a = \frac{Min + Max}{2} \quad y \quad b = \frac{Max - Min}{2}$$

$$F(x) = \begin{cases} \dfrac{1}{2} - \left(\dfrac{|x-a|}{2b}\right)\left[1 - \ln\left(\dfrac{x-a}{b}\right)\right] & \text{para } Min \leq x \leq a \\ \dfrac{1}{2} + \left(\dfrac{|x-a|}{2b}\right)\left[1 - \ln\left(\dfrac{x-a}{b}\right)\right] & \text{para } a \leq x \leq Max \end{cases}$$

$$Media = \frac{Min + Max}{2}$$

$$Desviación\ Estándar = \sqrt{\frac{(Max - Min)^2}{36}}$$

La asimetría siempre es igual a 0

El exceso de curtosis es una función compleja y no es representada fácilmente

Mínimos y máximos son los parámetros de distribución.

Requisitos de entrada: Máximo> mínimo (la entrada puede ser cualquier valor positivo, negativo o cero)

Distribución Erlang

La distribución Erlang es la misma que la distribución gamma con el requisito de que el parámetro o la forma alfa debe ser un número entero positivo. Un ejemplo de aplicación de la distribución Erlang es la calibración de la velocidad de transición de los elementos a través de un sistema de compartimentos. Estos sistemas se utilizan ampliamente en biología y ecología (por ejemplo, en epidemiología, un individuo puede pasar a un ritmo exponencial de ser saludable a convertirse en un portador de la enfermedad, y continuar de manera exponencial de ser un portador a ser contagioso). Alfa (también conocida como forma) y beta (también conocida como escala) son los parámetros de distribución.

Las construcciones matemáticas para la distribución Erlang se muestran a continuación:

$$f(x) = \begin{cases} \dfrac{\left(\dfrac{x}{\beta}\right)^{\alpha-1} e^{-\frac{x}{\beta}}}{\beta(\alpha-1)} & para\, x \geq 0 \\ 0 & en\, caso\, contrario \end{cases}$$

$$F(x) = \begin{cases} 1 - e^{-x/\beta} \displaystyle\sum_{i=0}^{\alpha-1} \dfrac{(x/\beta)^i}{i!} & para\, x \geq 0 \\ 0 & en\, caso\, contrario \end{cases}$$

Media $= \alpha\beta$

Desviación Estándar $= \sqrt{\alpha\beta^2}$

Inclinación $= \dfrac{2}{\sqrt{\alpha}}$

Exceso de Curtosis $= \dfrac{6}{\alpha} - 3$

Alfa y beta son los parámetros de distribución.

Requisitos de entrada: Alfa (forma)> 0 y es un número entero y Beta (escala)> 0

Distribución Exponencial

La distribución exponencial es ampliamente usada para describir eventos recurriendo a puntos aleatorios en el tiempo, tales como el tiempo entre fallas del equipo electrónico o el tiempo entre llegadas a una cabina de servicio. Está relacionada a la distribución Poisson, la cual describe el número de ocurrencias de un evento en un intervalo de tiempo dado. Una característica importante de la distribución exponencial es la propiedad "sin memoria" ("memoryless"), la cual significa que la vida futura de un dado objeto tiene la misma distribución, sin importar el tiempo que haya existido. En otras palabras, el tiempo no tiene efecto en los resultados futuros.

Las construcciones matemáticas para la distribución exponencial son las siguientes:

$f(x) = \lambda e^{-\lambda x}$ $para\, x \geq 0;\ \lambda > 0$

Media $= \dfrac{1}{\lambda}$

Desviación Estándar $= \dfrac{1}{\lambda}$

Asimetría = 2 (este valor aplica a todas las entradas λ de clasificación de éxito)

Exceso de Curtosis = 6 (este valor aplica a todas las entradas λ de clasificación de éxito)

El rango de éxito (λ) es el único parámetro de distribución. El número de intentos exitosos es denotado por x. La condición subyacente de la distribución exponencial es:

La distribución exponencial describe el monto de tiempo entre ocurrencias de eventos.

Requisitos de entrada: Clasificación > 0 y $\leq$ 300

Distribución Exponencial 2

La distribución exponencial 2 utiliza las mismas construcciones que la distribución exponencial original, pero agrega un parámetro de localización o desplazamiento. La distribución exponencial comienza a partir de un valor mínimo de 0, mientras que la exponencial 2, o distribución desplazada exponencial, desplaza la ubicación inicial a cualquier otro valor.

El índice, o lambda, y la ubicación o desplazamiento, son los parámetros de distribución.

Requisitos de entrada

Índice (lambda) > 0

La ubicación puede ser cualquier valor positivo o negativo incluyendo cero

Distribución de Valor Extremo o Distribución Gumbel

La distribución de valor extremo (Tipo 1) es comúnmente usada para describir el valor más grande de una respuesta por un periodo de tiempo, por ejemplo, en corrientes de inundaciones, precipitación de lluvia, y terremotos. Otras aplicaciones incluyen las fuerzas de ruptura de materiales, diseño de construcción, cargas aéreas y tolerancias. La distribución de valor extremo es también conocida como la distribución Gumbel.

Las construcciones matemáticas para la distribución de valor extremo son las siguientes:

$$f(x) = \frac{1}{\beta} z e^{-z} \text{ donde } z = e^{\frac{x-m}{\beta}} \text{ para } \beta > 0; \text{ cualquier valor de } x \text{ y } m$$

$$Media = m + 0.577215\beta$$

$$Desviación\ Estándar = \sqrt{\frac{1}{6}\pi^2\beta^2}$$

$$Asimetría = \frac{12\sqrt{6}(1.2020569)}{\pi^3} = 1.13955 \text{ (esto aplica para todos los valores de modo y escala)}$$

$$Exceso\ de\ Curtosis = 5.4 \text{ (esto aplica para todos los valores de modo y escala)}$$

Modo (m) y escala (β) son los parámetros de distribución.

Hay dos parámetros estándar para la distribución de valor extremo: modo y escala. El parámetro de modo es el valor más probable para la variable (el punto más alto en la distribución de probabilidad). Después que seleccione el parámetro de modo, usted puede estimar el parámetro de escala. El parámetro de escala es un número mayor que 0. Entre más grande sea el parámetro de escala, más grande será la variación.

Requisitos de entrada: Modo Alfa puede ser cualquier valor y Escala Beta > 0

Distribución F o Distribución Fisher–Snedecor

La distribución F, también conocida como la distribución Fisher–Snedecor, es también otra distribución continúa usada frecuentemente en pruebas de hipótesis. Específicamente, es usada para probar la diferencia estadística entre dos variaciones en análisis de pruebas de variación y pruebas de cociente de probabilidad. La distribución F con los grados de libertad n en el numerador y grados de libertad m en el denominador está relacionada con la distribución chi-cuadrado en:

$$\frac{\chi_n^2/n}{\chi_m^2/m} \overset{d}{\sim} F_{n,m} \quad \text{o} \quad f(x) = \frac{\Gamma\left(\frac{n+m}{2}\right)\left(\frac{n}{m}\right)^{n/2} x^{n/2-1}}{\Gamma\left(\frac{n}{2}\right)\Gamma\left(\frac{m}{2}\right)\left[x\left(\frac{n}{m}\right)+1\right]^{(n+m)/2}}$$

$$Media = \frac{m}{m-2}$$

$$Desviación\ Estándar = \frac{2m^2(m+n-2)}{n(m-2)^2(m-4)} \quad \text{para todo } m > 4$$

$$Asimetría = \frac{2(m+2n-2)}{m-6}\sqrt{\frac{2(m-4)}{n(m+n-2)}}$$

$$Exceso\ de\ Curtosis = \frac{12(-16+20m-8m^2+m^3+44n-32mn+5m^2n-22n^2+5mn^2)}{n(m-6)(m-8)(n+m-2)}$$

Los grados de libertad n en el numerador y grados de libertad m en el denominador son los únicos parámetros de la distribución.

Requisitos de entrada: Grados de libertad en el numerador y grados de libertad en el denominador > 0 y enteros

Distribución Gamma (Distribución Erlang)

La distribución gamma es aplicable a un amplio rango de cantidades físicas y está relacionada a otras distribuciones: lognormal, exponencial, Pascal, Erlang, Poisson, y Chi-cuadrada. Se usa en procesos meteorológicos para representar concentraciones contaminantes y cantidades de precipitación. La distribución gamma también es usada para medir el tiempo entre la ocurrencia de eventos cuando el proceso de eventos no es completamente aleatorio. Otras aplicaciones de la distribución gamma incluyen control de inventario, teoría económica, y teoría de seguros de riesgo.

La distribución gamma es mayormente usada como la distribución de un periodo de tiempo hasta la r-ésima ocurrencia de un evento en un proceso Poisson. Cuando se usa en esta forma, las tres condiciones subyacentes de la distribución gamma son:

- El número de posibles ocurrencias en cualquier unidad de medida no está limitada a un número fijo.

- Las ocurrencias son independientes. El número de ocurrencias en una unidad de medición no afecta el número de ocurrencias en otras unidades.

- El número promedio de ocurrencias debe permanecer igual de unidad a unidad.

Las construcciones matemáticas para la distribución gama son las siguientes:

$$f(x) = \frac{\left(\frac{x}{\beta}\right)^{\alpha-1} e^{-\frac{x}{\beta}}}{\Gamma(\alpha)\beta} \quad con\ cualquier\ valor\ de\ \alpha > 0\ y\ \beta > 0$$

$$Media = \alpha\beta$$

$$Desviación\ Estándar = \sqrt{\alpha\beta^2}$$

$$Asimetría = \frac{2}{\sqrt{\alpha}}$$

$$Exceso\ de\ Curtosis = \frac{6}{\alpha}$$

Parámetro de forma alfa (α) y parámetro de escala beta (β) son parámetros de distribución, y Γ es la función Gamma. Cuando el parámetro alfa es un entero positivo, la distribución gamma es llamada distribución Erlang, usada para predecir tiempos de espera en sistemas de formación de colas, donde la distribución Erlang es la suma de variables independientes e idénticamente distribuidas aleatoriamente cada una teniendo una distribución exponencial sin memoria. Establecer n como número de estas variables aleatorias, las construcciones matemáticas de la distribución Erlang son:

$$f(x) = \frac{x^{n-1}e^{-x}}{(n-1)!}$$ para todo $x > 0$ y todos enteros positivos de n

Requisitos de entrada:

Escala beta > 0 y puede ser cualquier valor positivo

Forma Alfa $\geq$ 0.05 y cualquier valor positivo

Localización puede ser cualquier valor

Distribución Laplace

La distribución Laplace también es a veces llamada la distribución doble exponencial, ya que se puede construir con dos distribuciones exponenciales (con un parámetro de ubicación adicional) empalmados juntos por la parte posterior, creando un pico inusual en el medio. La función de densidad de probabilidad de la distribución Laplace es una reminiscencia de la distribución normal. Sin embargo, mientras que la distribución normal se expresa en términos de la diferencia al cuadrado de la media, la densidad Laplace se expresa en términos de la diferencia absoluta desde la media, haciendo así que las colas de distribución Laplace sean más gordas que las de la distribución normal. Cuando el parámetro de ubicación se ajusta a cero, la variable aleatoria de la distribución Laplace se distribuye exponencialmente con una inversa del parámetro de escala. Alfa (también conocida como la ubicación) y beta (también conocida como escala) son los parámetros de distribución.

Las construcciones matemáticas para la distribución Laplace se muestran a continuación:

$$f(x) = \frac{1}{2\beta}\exp\left(-\frac{|x-\alpha|}{\beta}\right)$$

$$F(x) = \begin{cases} \frac{1}{2}\exp\left[\frac{x-\alpha}{\beta}\right] & donde\ x < \alpha \\ 1 - \frac{1}{2}\exp\left[-\frac{x-\alpha}{\beta}\right] & donde\ x \geq \alpha \end{cases}$$

$$Media = \alpha$$

Desviación Estándar = 1.4142β

La asimetría es siempre igual a 0, ya que es una distribución simétrica

Exceso de Curtosis siempre es igual a 3

Requisitos de entrada:

Alfa (ubicación) puede tomar cualquier valor positivo o negativo incluyendo cero

Beta (escala)> 0

Distribución Logística

La distribución logística es comúnmente usada para describir crecimiento, es decir, el tamaño de una población expresada como una función variable en el tiempo. También puede ser usada para describir reacciones químicas y el curso de crecimiento para poblaciones o individuos.

Las construcciones matemáticas para la distribución logística son las siguientes:

$$f(x) = \frac{e^{\frac{\mu-x}{\alpha}}}{\alpha\left[1+e^{\frac{\mu-x}{\alpha}}\right]^2} \quad \text{para cualquier valor de } \alpha \text{ y } \mu$$

Media = μ

Desviación Estándar $= \sqrt{\frac{1}{3}\pi^2\alpha^2}$

Asimetría = 0 (esto aplica a toda media y entradas de escala)

Exceso de Curtosis = 1.2 (esto aplica a toda media y entradas de escala)

Media (μ) y escala (α) son los parámetros de la distribución.

Hay dos parámetros estándar para la distribución logística: media y escala. El parámetro de media es el valor promedio, el cual para esta distribución es la misma que el modo, porque está es una distribución simétrica. Después que seleccione el parámetro de media, puede estimar el parámetro de escala. El parámetro de escala es un número mayor a 0. Entre más grande sea el parámetro de escala, mayor será la variación.

Requisitos de entrada:

Escala Beta > 0 y puede ser cualquier valor positivo

La media Alfa puede ser cualquier valor

Distribución Lognormal

La distribución lognormal es ampliamente usada en situaciones donde los valores son positivamente desviados, por ejemplo, en análisis financiero para valuación de seguridad o en bienes y raíces para valuación de propiedades, y donde los valores no pueden caer bajo cero.

Los precios de las acciones son usualmente desviados positivamente en vez de normalmente (simétricamente) distribuidos. Los precios de las acciones muestran está tendencia porque no pueden caer más abajo del límite de cero, pero se podrían incrementar a cualquier precio sin límites. Similarmente, los precios de bienes raíces ilustran desviación positiva como valores de propiedad no pueden llegar a ser negativos.

Las tres condiciones subyacentes de la distribución lognormal son:

- La variable incierta puede incrementarse sin límites, pero no puede caer bajo cero.

- La variable incierta es positivamente desviada, con la mayoría de los valores cerca del límite más bajo.

- El logaritmo natural de la variable incierta produce una distribución normal.

Generalmente, si el coeficiente de variabilidad es mayor al 30 por ciento, use una distribución lognormal. De otra manera, use una distribución normal.

Las construcciones matemáticas para a distribución lognormal son las siguientes:

$$f(x) = \frac{1}{x\sqrt{2\pi}\ln(\sigma)} e^{\frac{-[\ln(x)-\ln(\mu)]^2}{2[\ln(\sigma)]^2}} \quad \text{para } x > 0; \; \mu > 0 \text{ y } \sigma > 0$$

$$Media = \exp\left(\mu + \frac{\sigma^2}{2}\right)$$

$$Desviación\ Estándar = \sqrt{\exp\left(\sigma^2 + 2\mu\right)\left[\exp\left(\sigma^2\right) - 1\right]}$$

$$Asimetría = \left[\sqrt{\exp\left(\sigma^2\right) - 1}\right](2 + \exp(\sigma^2))$$

$$Exceso\ de\ Curtosis = \exp\left(4\sigma^2\right) + 2\exp\left(3\sigma^2\right) + 3\exp\left(2\sigma^2\right) - 6$$

Media (μ) y desviación Estándar (σ) son los parámetros de distribución.

Requisitos de entrada: Media y desviación estándar ambas > 0 y pueden ser cualquier valor positivo

Conjunto de Parámetros Lognormal: Por default, la distribución lognormal usa la media aritmética y la desviación estándar. Para aplicaciones para las cuales los datos históricos están disponibles, es más apropiado usar, ya sea, la media logarítmica y la desviación estándar, o la media geométrica y la desviación estándar.

Distribución Lognormal 3

La distribución lognormal 3 utiliza las mismas construcciones que la distribución logarítmica normal original, pero añade un parámetro de ubicación, o desplazamiento. La distribución logarítmica normal se inicia desde un valor mínimo de 0, mientras que en la lognormal 3 o Lognormal desplazada, la distribución desplaza la ubicación inicial a cualquier otro valor.

La media, la desviación estándar, y la ubicación (desplazamiento) son los parámetros de distribución.

Requisitos de entrada:

Media > 0 y desviación estándar > 0

La ubicación puede ser cualquier valor positivo o negativo incluyendo cero

Distribución Normal

La distribución normal es la más importante distribución en teoría de probabilidad porque describe muchos fenómenos naturales, tales como el IQ de las personas o su altura. Los que toman la decisión pueden usar la distribución normal para describir variables inciertas tales como el nivel de inflación o el precio futuro de la gasolina.

Las tres condiciones subyacentes de la distribución normal son:

- Algunos valores de la variable incierta son más probables (la media de distribución).

- La variable incierta podría probablemente estar por encima de la media, así como podría estar por debajo de ella (simétrica en relación a la media).

- La variable incierta es más probable que esté en la cercanía de la media a que se encuentre más lejos.

Las construcciones matemáticas para la distribución normal son las siguientes:

$$f(x) = \frac{1}{\sqrt{2\pi}\sigma} e^{\frac{-(x-\mu)^2}{2\sigma^2}} \quad \textit{para todos los valores de } x$$

$$\textit{y } \mu; \textit{ mientras } \sigma > 0$$

$Media = \mu$

$Desviación\ Estándar = \sigma$

$Asimetría = 0$ (esto aplica a toda entrada de media y desviación estándar)

$Exceso\ de\ Curtosis = 0$ (esto aplica a toda entrada de media y desviación estándar)

Media (μ) y desviación estándar (σ) son los parámetros de la distribución.

Requisitos de entrada: Desviación Estándar > 0 y puede ser cualquier valor positivo y la media puede tomar cualquier valor

Distribución Parabólica

La distribución parabólica es un caso especial de la distribución beta cuando *Forma = Escala =* 2. Los valores cerca del mínimo y el máximo tienen bajas probabilidades de ocurrencia, mientras que los valores entre estos dos extremos tienen probabilidades más altas de ocurrencia. Los mínimos y máximos son los parámetros de distribución.

Las construcciones matemáticas para la distribución parabólica se muestran a continuación:

$$f(x) = \frac{x^{\alpha-1}(1-x)^{\beta-1}}{\left[\frac{\Gamma(\alpha)\Gamma(\beta)}{\Gamma(\alpha+\beta)}\right]} \textit{ para todos } \alpha > 0, \beta > 0, x > 0$$

Mientras que la forma funcional mostrada arriba corresponde a una distribución beta, para una función parabólica, fijamos alfa = beta = 2 y un desplazamiento de ubicación en mínimo, con un factor multiplicativo de (Max – Min).

$$Media = \frac{Min + Max}{2}$$

$$Desviación\ Estándar = \sqrt{\frac{(Max - Min)^2}{20}}$$

$$Asimetría = 0$$

$$Exceso\ de\ Curtosis = -0.8571$$

Los mínimos y máximos son los parámetros de distribución

Requisitos de entrada: Máx > Mín (puede ser cualquier valor positivo, negativo o cero)

Distribución de Pareto

La distribución de Pareto es ampliamente usada para la investigación de distribuciones asociadas con fenómenos empíricos tales como la medida de población de las ciudades, la presencia de recursos naturales, el tamaño de las compañías, ingresos personales, fluctuaciones en el precio de acciones, y agrupamientos de error en circuitos de comunicación.

Las construcciones matemáticas para la distribución de Pareto son las siguientes:

$$f(x) = \frac{\beta L^{\beta}}{x^{(1+\beta)}} \quad para\ x\ >\ L$$

$$Media = \frac{\beta L}{\beta - 1}$$

$$Desviación\ Estándar = \sqrt{\frac{\beta L^2}{(\beta - 1)^2 (\beta - 2)}}$$

$$Asimetría = \sqrt{\frac{\beta - 2}{\beta}} \left[\frac{2(\beta + 1)}{\beta - 3} \right]$$

$$Exceso\ de\ Curtosis = \frac{6(\beta^3 + \beta^2 - 6\beta - 2)}{\beta(\beta - 3)(\beta - 4)}$$

Localización (L) y forma (β) son los parámetros de distribución.

Hay dos parámetros estándar para la distribución de Pareto: *localización* y *forma*. El parámetro de localización es el límite más bajo para la variable. Después de que seleccione el parámetro de localización, puede estimar el parámetro de forma. El parámetro de forma es un número mayor a 0, usualmente mayor a 1. Entre más grande sea el parámetro de forma, más pequeña será la variación y más gruesa la cola derecha de la distribución.

Requisitos de entrada:

Localización > 0 y puede ser cualquier valor positivo

Forma ≥ 0.05

Distribución Pearson V

La distribución Pearson V está relacionada con la distribución de gamma inversa, donde es el recíproco de la variable distribuida según la distribución gamma. La distribución Pearson V también se utiliza para modelar retardos de tiempo donde no hay casi certeza de un cierto retraso mínimo y el retardo máximo es ilimitado; por ejemplo, la demora en la llegada de los servicios de emergencia y el tiempo que toma reparar una máquina. Alfa (también conocida como forma) y beta (también conocida como escala) son los parámetros de distribución.

Las construcciones matemáticas para la distribución Pearson V se muestran a continuación:

$$f(x) = \frac{x^{-(\alpha+1)}e^{-\beta/x}}{\beta^{-\alpha}\Gamma(\alpha)}$$

$$F(x) = \frac{\Gamma(\alpha, \beta/x)}{\Gamma(\alpha)}$$

$$Media = \frac{\beta}{\alpha - 1}$$

$$Desviación\ Estándar = \sqrt{\frac{\beta^2}{(\alpha-1)^2(\alpha-2)}}$$

$$Asimetría = \frac{4\sqrt{\alpha-2}}{\alpha-3}$$

$$Exceso\ de\ Curtosis = \frac{30\alpha-66}{(\alpha-3)(\alpha-4)}-3$$

Requisitos de entrada: Alfa (forma) > 0 y Beta (escala) > 0

Distribución Pearson VI

La distribución Pearson VI se relaciona con la distribución gamma, donde es la función racional de dos variables distribuidas según las dos distribuciones gamma. Alfa 1 (también conocida como forma 1), alfa 2 (también conocido como forma 2) y beta (también conocida como escala) son los parámetros de distribución. Las construcciones matemáticas para la distribución Pearson VI se muestran a continuación:

$$f(x) = \frac{(x/\beta)^{\alpha_1-1}}{\beta\,B(\alpha_1,\alpha_2)[1+(x/\beta)]^{\alpha_1+\alpha_2}}$$

$$F(x) = F_B\left(\frac{x}{x+\beta}\right)$$

$$Media = \frac{\beta\alpha_1}{\alpha_2 - 1}$$

$$Desviación\ Estándar = \sqrt{\frac{\beta^2\alpha_1(\alpha_1+\alpha_2-1)}{(\alpha_2-1)^2(\alpha_2-2)}}$$

$$Asimetría = 2\sqrt{\frac{\alpha_2-2}{\alpha_1(\alpha_1+\alpha_2-1)}}\left[\frac{2\alpha_1+\alpha_2-1}{\alpha_2-3}\right]$$

$$Exceso\ de\ Curtosis = \frac{3(\alpha_2-2)}{(\alpha_2-3)(\alpha_2-4)}\left[\frac{2(\alpha_2-1)^2}{\alpha_1(\alpha_1+\alpha_2-1)}+(\alpha_2+5)\right]-3$$

Requisitos de Entrada: Alfa 1 (forma 1) > 0; Alfa 2 (forma 2) > 0; y Beta (escala) > 0

Distribución PERT

La distribución PERT es ampliamente utilizada en la gestión de proyectos y programas para definir el peor de los casos, casos nominales, y el escenario del mejor caso de tiempo de finalización del proyecto. Se relaciona con la distribución beta y triangular. La distribución PERT se puede utilizar para identificar los riesgos en proyectos y modelos de costos basados en la probabilidad de cumplimiento de los objetivos y metas a través de cualquier número de componentes del proyecto utilizando mínimos, más probables y los valores máximos, pero está diseñado para generar una distribución que se asemeja más a distribuciones de probabilidad realistas.

La distribución PERT puede proporcionar un ajuste cercano a la distribución normal o lognormal. Al igual que la distribución triangular, la distribución PERT hace hincapié en el valor *más probable* sobre las aproximaciones mínimas y máximas. Sin embargo, a diferencia de la distribución triangular, la distribución PERT construye una curva suave que hace progresivamente más énfasis en los valores alrededor de (cerca de) el valor más probable, a favor de los valores alrededor de los bordes. En la práctica, esto significa que *confiamos* en la aproximación para el valor más probable, y creemos que, aunque no es exactamente preciso (como rara vez lo son las aproximaciones), tenemos la expectativa de que el valor resultante será similar a la aproximación. Suponiendo que muchos fenómenos del mundo real tienen una distribución normal, el atractivo de la distribución PERT es que produce una curva similar a la curva normal en forma, sin saber los parámetros precisos de la curva normal relacionados. El mínimo, más probable y el máximo son los parámetros de distribución.

Las construcciones matemáticas para la distribución PERT se muestran a continuación:

$$f(x) = \frac{(x - Min)^{(A1-1)}(Max - x)^{(A2-1)}}{B(A1, A2)(Max - Min)^{(A1+A2-1)}}$$

$$donde \; A1 = 6\left[\frac{(Min + 4Probable + Max)/6 - Min}{Max - Min}\right] y \; A2 = 6\left[\frac{Max - (Min + 4Probable + Max)/6}{Max - Min}\right]$$

donde B es la función beta

$$Media = \frac{Min + 4Mode + Max}{6}$$

$$Desviación \; Estándar = \sqrt{\frac{(\mu - Min)(Max - \mu)}{7}}$$

$$Asimetría = \sqrt{\frac{7}{(\mu - Min)(Max - \mu)}} \left(\frac{Min + Max - 2\mu}{4}\right)$$

Exceso de Curtosis es una función compleja y no se puede calcular fácilmente

Requisitos de entrada: Min ≤ más probable ≤ Max y puede ser positivo, negativo o cero

Distribución de Potencia

La distribución de potencia está relacionada con la distribución exponencial en que la probabilidad de resultados pequeños es grande, pero disminuye exponencialmente en la medida que el valor del resultado aumenta. Alfa (también conocida como forma) es el único parámetro de distribución. Las construcciones matemáticas para la distribución de potencia se muestran a continuación:

$$f(x) = \alpha x^{\alpha-1}$$

$$F(x) = x^{\alpha}$$

$$Media = \frac{\alpha}{1+\alpha}$$

$$Desviación\ Estándar = \sqrt{\frac{\alpha}{(1+\alpha)^2(2+\alpha)}}$$

$$Asimetría = \sqrt{\frac{\alpha+2}{\alpha}}\left(\frac{2(\alpha-1)}{\alpha+3}\right)$$

Exceso de Curtosis es una función compleja y no se puede calcular fácilmente

Requisitos de entrada: Alfa > 0

Distribución de Potencia 3

La distribución de potencia 3 utiliza las mismas construcciones que la distribución original de potencia, pero añade un parámetro de ubicación, o desplazamiento, y un parámetro de factor multiplicativo. La distribución de potencia inicia desde un valor mínimo de 0, mientras que la distribución de potencia 3 o potencia multiplicativa desplazada, traslada el punto de partida a cualquier otro valor.

Alfa, ubicación o desplazamiento, y el factor son los parámetros de distribución.

Requisitos de entrada:

Alfa > 0,05

Ubicación desplazamiento, puede ser cualquier valor positivo o negativo incluyendo cero

Factor > 0

Distribución t-Student

La distribución t-Student es la distribución más ampliamente usada en prueba de hipótesis. Está distribución es usada para estimar la media de una población distribuida normalmente cuando el tamaño de la muestra es pequeño, y es usada para probar la significancia estadística de la diferencia entre dos medias muestrales o intervalos de confianza para tamaños de muestras pequeñas.

Las construcciones matemáticas para la distribución-t son las siguientes:

$$f(t) = \frac{\Gamma[(r+1)/2]}{\sqrt{r\pi}\,\Gamma[r/2]}(1+t^2/r)^{-(r+1)/2}$$

$Media = 0$ (esto aplica a todos los grados de libertad r excepto si la distribución es cambiada a otra localización central no cero)

$$Desviación\ Estándar = \sqrt{\frac{r}{r-2}}$$

$Asimetría = 0$ (esto aplica a todo grado de libertad r)

$Exceso\ de\ Curtosis = \dfrac{6}{r-4}$ para todo $r > 4$ donde $t = \dfrac{x-\bar{x}}{s}$ y Γ es la función gamma.

Grados de libertad r es el único parámetro de la distribución.

La distribución-t está relacionada a la distribución F como sigue: el cuadrado de un valor de t con grados r de libertad es distribuido como F con 1 y grados r de libertad. La forma completa de la función de densidad de probabilidad de la distribución-t también se parece a la forma de campana de una variable distribuida normalmente con media 0 y variación 1, excepto que es un poco más baja y amplia o es leptocúrtica (colas gruesas a los extremos y centro en pico). Ya que el número de grados de libertad crece (digamos, arriba de 30), la distribución-t se acerca a la distribución normal con media 0 y variación 1.

Requisitos de entrada: Grados de libertad ≥ 1 y debe ser un entero

Distribución Triangular

La distribución triangular describe una situación donde usted conoce los valores mínimos, máximos, y más probables a ocurrir. Por ejemplo, usted podría describir el número de carros vendidos por semana, cuando ventas pasadas muestran el número mínimo, máximo, y usual de carros vendidos.

Las tres condiciones subyacentes de la distribución triangular son:

- El número mínimo de artículos es fijo.

- El número máximo de artículos es fijo.

- El número más probable de artículos cae entre los valores máximos y mínimos, formando una distribución en forma de triángulo, la cual muestra que los valores cerca del mínimo y el máximo son menos probables de ocurrir que aquellos cerca del valor más probable.

Las construcciones matemáticas para la distribución triangular son:

$$f(x) = \begin{cases} \dfrac{2(x - Min)}{(Max - Min)(Probable - Min)} & para\ Min\ <\ x\ <\ Probable \\[3mm] \dfrac{2(Max - x)}{(Max - Min)(Max - Probable)} & para\ Probable\ <\ x\ <\ Max \end{cases}$$

$$Media = \frac{1}{3}(Min + Probable + Max)$$

$$Desviación\ Estándar = \sqrt{\frac{1}{18}(Min^2 + Probable^2 + Max^2 - Min\,Max - Min\,Probable - Max\,Probable)}$$

$$Asimetría = \frac{\sqrt{2}(Min + Max - 2Probable)(2Min - Max - Probable)(Min - 2Max + Probable)}{5(Min^2 + Max^2 + Probable^2 - MinMax - MinProbable - MaxProbable)^{3/2}}$$

$Exceso\ de\ Curtosis = -0.6$ (esto aplica a toda entrada de Min, Max, y Probable)

Valor Mínimo (Min), valor Más Probable (Probable) y valor Máximo (Max) son los parámetros de la distribución.

Requisitos de entrada:

Min $\leq$ Más Probable $\leq$ Max y puede tomar cualquier valor

Sin embargo, Min $<$ Max y pueden tomar cualquier valor

Distribución Uniforme

Con la distribución uniforme todos los valores caen entre el mínimo y máximo y ocurren con la misma probabilidad.

Las tres condiciones subyacentes de la distribución uniforme son:

- El valor mínimo es fijo.

- El valor máximo es fijo.

- Todos los valores entre el mínimo y máximo ocurren con la misma probabilidad.

Las construcciones matemáticas para la distribución uniforme son:

$$f(x) = \frac{1}{Max - Min} \quad para\ todos\ los\ valores\ tales\ que\ Min < Max$$

$$Media = \frac{Min + Max}{2}$$

$$Desviación\ Estándar = \sqrt{\frac{(Max - Min)^2}{12}}$$

Asimetría = 0 (esto aplica a toda entrada Min y Max)

Exceso de Curtosis = −1.2 (esto aplica a toda entrada Min y Max)

Valor Máximo (Max) y valor mínimo (Min) son los parámetros de distribución.

Requisitos de entrada: Min < Max y pueden tomar cualquier valor

Distribución Weibull (Distribución Rayleigh)

La distribución Weibull describe datos resultantes de pruebas de vida y fatiga. Es comúnmente usada para describir tiempo de falla en estudios de confianza y pruebas de control de calidad. Las distribuciones Weibull también son usadas para representar varias cantidades físicas, tales como la velocidad del viento.

La distribución Weibull es una familia de distribuciones que pueden asumir las propiedades de otras distribuciones. Por ejemplo, dependiendo del parámetro de forma que usted defina, la distribución Weibull puede ser usada para modelar las distribuciones exponencial y Rayleigh, entre otras. La distribución Weibull es muy flexible. Cuando el parámetro de forma de Weibull es igual a 1.0, la distribución es idéntica a la distribución exponencial.

El parámetro de localización Weibull le permite establecer una distribución exponencial para iniciar en una localización distinta de 0.0. Cuando el parámetro de forma es menor a 1.0, la distribución de Weibull se vuelve una curva en decline. Un manufacturador podría encontrar este efecto muy útil para describir fallas parciales durante un periodo de prueba.

Las construcciones matemáticas para la distribución Weibull son las siguientes:

$$f(x) = \frac{\alpha}{\beta}\left[\frac{x}{\beta}\right]^{\alpha-1} e^{-\left(\frac{x}{\beta}\right)^{\alpha}}$$

$$Media = \beta\,\Gamma(1 + \alpha^{-1})$$

$Desviación\ Estándar = \beta^2 \left[\Gamma(1 + 2\alpha^{-1}) - \Gamma^2(1 + \alpha^{-1}) \right]$

$Asimetría = \dfrac{2\Gamma^3(1 + \beta^{-1}) - 3\Gamma(1 + \beta^{-1})\Gamma(1 + 2\beta^{-1}) + \Gamma(1 + 3\beta^{-1})}{\left[\Gamma(1 + 2\beta^{-1}) - \Gamma^2(1 + \beta^{-1}) \right]^{3/2}}$

$Exceso\ de\ Curtosis =$

$$\dfrac{-6\Gamma^4(1 + \beta^{-1}) + 12\Gamma^2(1 + \beta^{-1})\Gamma(1 + 2\beta^{-1}) - 3\Gamma^2(1 + 2\beta^{-1}) - 4\Gamma(1 + \beta^{-1})\Gamma(1 + 3\beta^{-1}) + \Gamma(1 + 4\beta^{-1})}{\left[\Gamma(1 + 2\beta^{-1}) - \Gamma^2(1 + \beta^{-1}) \right]^2}$$

Localización (L), Forma (α) y Escala de localización central (β) son los parámetros de distribución, y Γ es la función Gamma.

Requisitos de entrada:

Forma Alfa ≥ 0.05

Escala Beta > 0 y puede ser cualquier valor positivo

Distribución Weibull 3

La distribución de Weibull 3 utiliza las mismas construcciones que la distribución original de Weibull, pero añade un parámetro de ubicación, o desplazamiento. La distribución de Weibull inicia desde un valor mínimo de 0, mientras que la Weibull 3, o distribución Weibull desplazada, traslada la distribución de punto de partida a cualquier otro valor.

Alfa, beta, y la ubicación o desplazamiento son los parámetros de distribución.

Requisitos de entrada:

Alfa (forma) ≥ 0.05.

Beta (escala ubicación central) > 0 y puede ser cualquier valor positivo.

La ubicación puede ser cualquier valor positivo o negativo incluyendo el cero.

RELACIONES ENTRE LAS
DISTRIBUCIONES DE PROBABILIDAD

La Figura 5A.3 ilustra las complejas interrelaciones entre las distintas distribuciones descritas anteriormente. Algunas distribuciones son simplemente casos especiales de otras distribuciones (por ejemplo, la distribución normal estándar, es un caso especial de la distribución normal), lo que limita los casos (por ejemplo, la distribución-t se aproxima a la distribución normal en el límite), modificaciones de otras (por ejemplo, la distribución de potencia 3 es una modificación de la distribución de potencia mediante la adición de una ubicación y el parámetro de factor multiplicativo), y transformaciones matemáticas (por ejemplo, la distribución log gamma es una transformación logarítmica de la distribución gamma). En otros casos, algunas distribuciones se pueden obtener a través de una convolución matemática de múltiples distribuciones idénticas (por ejemplo, la suma de las distribuciones uniformes converge a la distribución normal) o diferentes distribuciones (por ejemplo, la división de dos distribuciones diferentes chi-cuadrada se aproxima a la distribución F). Por lo tanto, nuevas y más complejas distribuciones se pueden desarrollar utilizando estos bloques de construcción básicos. Sin embargo, es matemáticamente compleja para crear o modelar nuevas distribuciones analíticamente, pero, mediante el uso de métodos de simulación de Monte Carlo, nuevas y únicas distribuciones pueden ser rápida y fácilmente creadas con sólo sumar, restar, multiplicar, dividir, y mediante la aplicación de cualquier otra combinación de operadores matemáticos entre los múltiples supuestos de simulación para generar su propia y única distribución de probabilidad, sin la necesidad de matemáticas complejas.

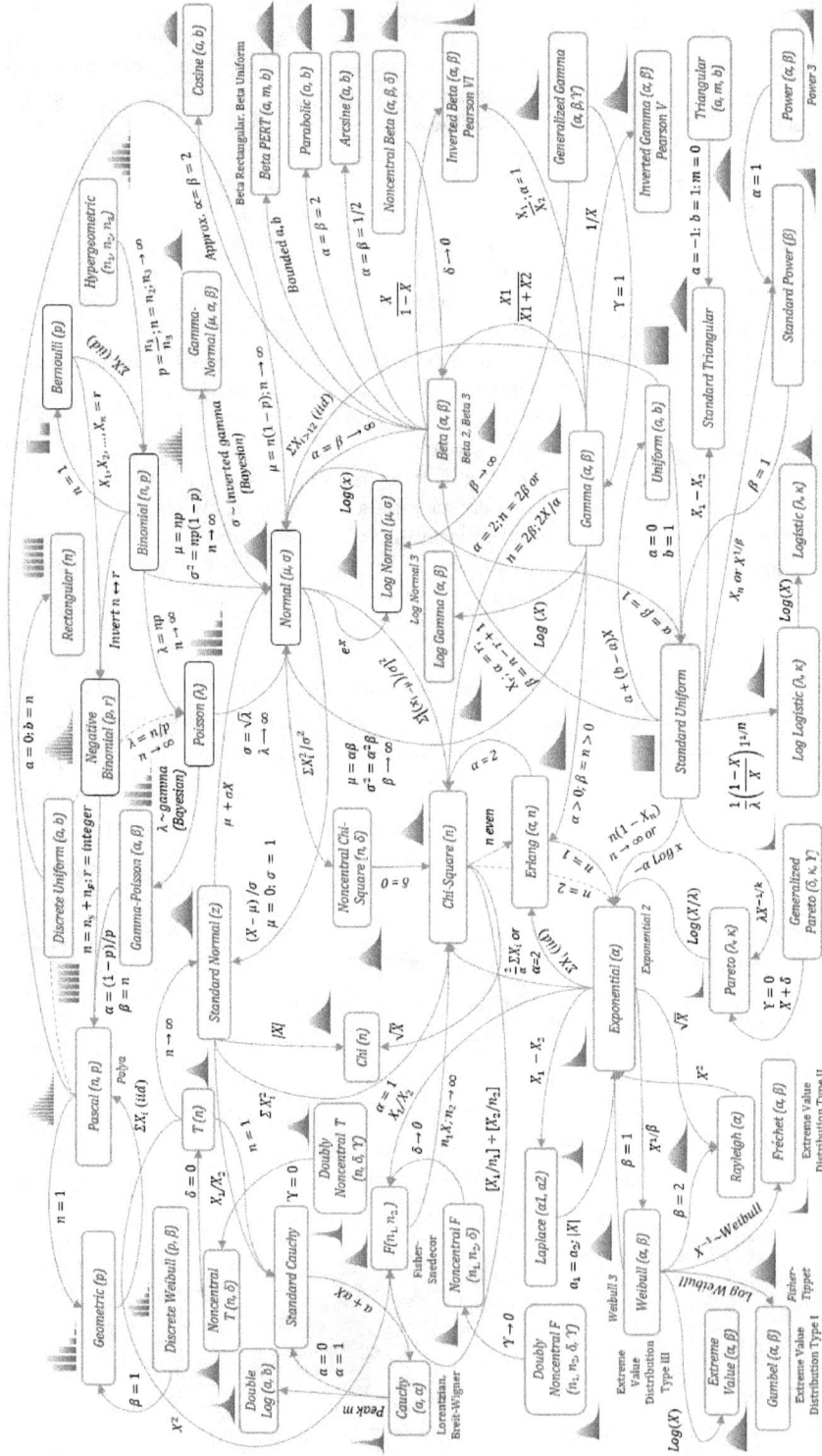

Figura 5A.3: Relaciones Entre las Distribuciones de Probabilidad

APÉNDICE—ROV COMPILER: PROTEGER Y CONVERTIR ARCHIVOS DE EXCEL EN EJECUTABLES EXE

En aras de tener un complemento integral, este apéndice ilustra el software ROV Compiler, el cuál bastante práctico para los modeladores de Excel. Este software está diseñado para convertir archivos y *extraer un modelo existente en Microsoft Excel 2007, 2010, y 2013 en las relaciones matemáticas puras y el código de tal manera que el mismo modelo se puede utilizar como de costumbre, pero la propiedad intelectual del modelo está protegida.* Ahora usted puede utilizar Excel como herramienta de desarrollo de software en lugar de usarlo solamente como una herramienta de modelado.

Es decir, supongamos que usted es un experto en un determinado sector, como productos farmacéuticos, biotecnología, manufactura, banca, seguros, aeronáutica, etc., y supongamos también que usted ha desarrollado modelos de Excel y hojas de trabajo que son apropiados para su uso por otros en el mismo campo. Ahora puede utilizar ROV Compiler para crear archivos EXE ejecutables desde sus modelos existentes de Excel, encriptar la lógica matemática y computacional en código binario y crear una licencia de hardware protegido extremadamente segura de su archivo, y distribuir el archivo como un programa de software. Cuando se ejecuta, el archivo compilado tendrá el aspecto exacto y la sensación de Excel, menos la capacidad de acceder a la lógica de cálculo crítico, además de la capacidad para ser asegurado y con licencia como un programa de software regular. Existe software de dominio público que descifra contraseñas de Excel de forma rápida y sin esfuerzo, pero este tipo de software no funciona en los archivos compilados.

Al ejecutar el modelo extraído, varios elementos se consiguen, es decir:

- Cualquier archivo existente en Excel 2007, 2010, 2013 y posterior puede ser compilado – extraído y convertido en un código matemático binario y el archivo se convertirá en un archivo EXE auto-ejecutable que, cuando se ejecuta, se abre en Excel. El archivo funcionará exactamente igual que un archivo de Excel, con todas las funcionalidades de Excel, pero el usuario final no tendrá acceso a los cálculos, las funciones, o la lógica. Este lucirá y se sentirá como Excel, pero todos los cálculos están incorporados en un formato binario que se cifra y no es accesible al usuario final.

- Toda la inteligencia de negocios y las relaciones se mantienen, pero ya no serán visibles para el usuario final, lo que le permite al creador del modelo distribuirlo de manera segura sin perder el control de cualquier propiedad o secretos corporativos.

- El modelo compilado se puede bloquear mediante un cifrado AES (protección en la fuerza militar) y sólo puede ser accesible utilizando los códigos de contraseña o clave de licencia correctos (con algoritmos de bloqueo de hardware).

- El modelo compilado no puede ser cambiado por el usuario final. Esta característica mantiene un estricto control de calidad y evita la manipulación malintencionada o ruptura accidental del modelo (por ejemplo, ecuaciones y funciones con enlaces rotos, funciones y cálculos erróneos, etc.).

- El archivo compilado también puede ser utilizado por las aplicaciones de software de terceros en un entorno modelado de componentes base. Por ejemplo, el usuario final podría tener su propio software o base de datos con cálculos predefinidos. El archivo compilado está vinculado y es una parte de este sistema privado existente. Este sistema privado simplemente obtiene las entradas para vincular el archivo compilado y el modelo compilado realizará los cálculos y devuelve los resultados requeridos.

La Figura 5A.4 muestra en una captura de pantalla un ejemplo de la configuración de seguridad para el archivo compilado, donde usted puede convertir su archivo de Excel (Figura 5A.5) y habilitar la licencia de protección avanzada que bloquea el hardware en el computador del usuario final, con algunas plantillas de encriptación avanzadas a las que sólo usted tiene acceso.

La licencia generada (Figura 5A.6) sólo puede ser utilizada por un computador con un número de identificación de hardware único. La parte superior de la Figura 5A.7 muestra el archivo protegido y compilado, mientras que la imagen inferior muestra el archivo original. Observe que el archivo protegido se ve y se siente exactamente igual que el archivo original, pero todos los cálculos, ecuaciones, códigos VBA, etc. están completamente protegidos e incorporados dentro de los códigos binarios compilados que no pueden ser descifrados. Por último, si es necesario, el archivo ejecutable puede ser incorporado en otros productos de software del propietario y se puede ejecutar en el código (Figura 5A.8), sin necesidad de tener que abrir el archivo de Excel. Para obtener información más detallada, remitirse a los videos de como iniciar, en la página web ROV:

www.realoptionsvaluation.com/rovcompiler.html.

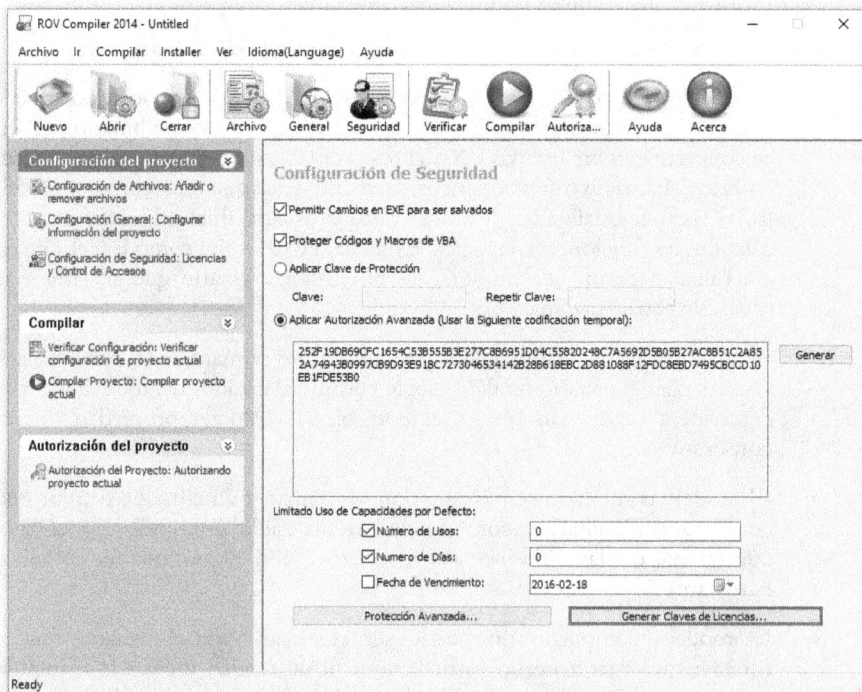

Figura 5A.4: Protección ROV Compiler

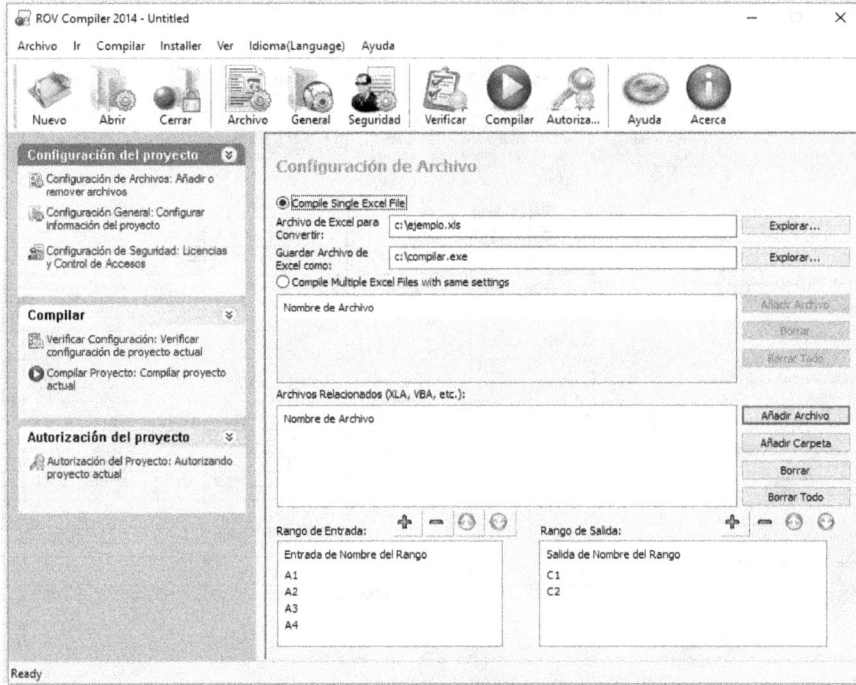

Figura 5A.5: Conversión de Archivos ROV Compiler

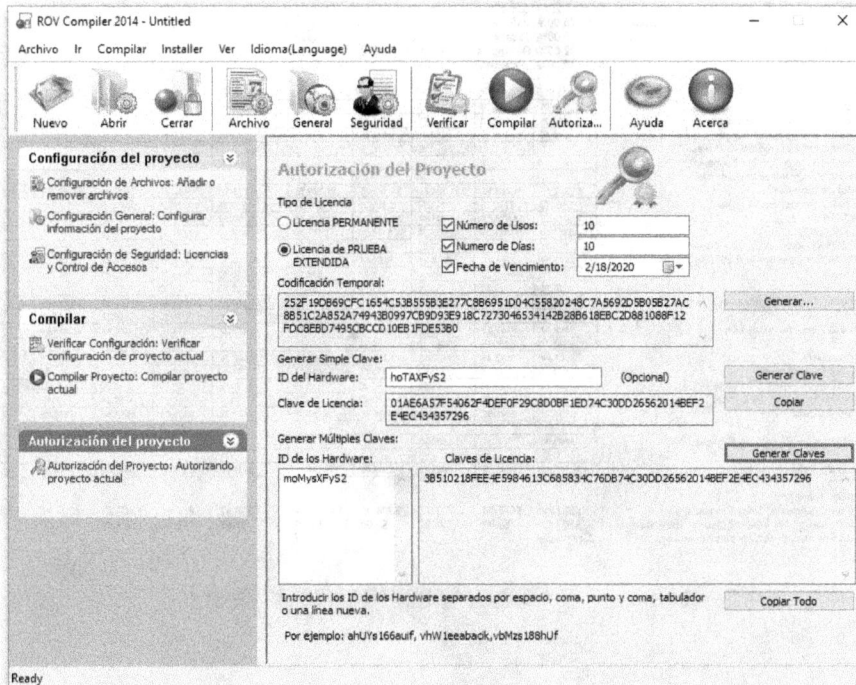

Figura 5A.6: Licenciamiento ROV Compiler

G6   ▾   × ✓ *fx*   =G4-G5

Modelo de Flujo de Caja Descontado

	2015	2016	2017	2018	2019	2020	2021	2022	2023	2024
Año Base	2015	Suma de los Beneficios Netos VP		$4,762.09		Tipo de Descuento	Descontar distinto de Fin de Año ▾		
Año de Inicio	2015	Suma de las Inversiones a VP		$1,634.22					
Riesgo de Mercado-Tasa de Descuento Ajustada	15.00%	Valor Presente Neto (VPN)		$3,127.87		Tipo de Modelo	Incluya la Valoración Terminal ▾		
Privado - Tasa de Descuento de Riesgo	5.00%	Tasa Interna de Retorno		55.68%					
Periodo de la Tasa de Crecimiento Terminal	2.00%	Retorno de la Inversión		191.40%					
Tasa Tributaria Efectiva	40.00%	Índice de Rentabilidad		2.91					

	2015	2016	2017	2018	2019	2020	2021	2022	2023	2024
Producto A Precio Promedio por Unidad	$10.00	$10.50	$11.00	$11.50	$12.00	$12.50	$13.00	$13.50	$14.00	$14.50
Producto B Precio Promedio por Unidad	$12.25	$12.50	$12.75	$13.00	$13.25	$13.50	$13.75	$14.00	$14.25	$14.50
Producto C Precio Promedio por Unidad	$15.15	$15.30	$15.45	$15.60	$15.75	$15.90	$16.05	$16.20	$16.35	$16.50
Cantidad de Ventas de Producto A (en miles)	50	50	50	50	50	50	50	50	50	50
Cantidad de Ventas de Producto B (en miles)	35	35	35	35	35	35	35	35	35	35
Cantidad de Ventas de Producto C (en miles)	20	20	20	20	20	20	20	20	20	20
Total de Ingresos	$1,231.75	$1,268.50	$1,305.25	$1,342.00	$1,378.75	$1,415.50	$1,452.25	$1,489.00	$1,525.75	$1,562.50
Costo Directo de los Bienes Vendidos	$184.76	$190.28	$195.79	$201.30	$206.81	$212.33	$217.84	$223.35	$228.86	$234.38
Utilidad Bruta	$1,046.99	$1,078.23	$1,109.46	$1,140.70	$1,171.94	$1,203.18	$1,234.41	$1,265.65	$1,296.89	$1,328.13
Gastos de Operación	$157.50	$157.50	$157.50	$157.50	$157.50	$157.50	$157.50	$157.50	$157.50	$157.50
Costos Administrativos, de Ventas y Grales.	$15.75	$15.75	$15.75	$15.75	$15.75	$15.75	$15.75	$15.75	$15.75	$15.75
Utilidad de Operación (EBITDA)	$873.74	$904.98	$936.21	$967.45	$998.69	$1,029.93	$1,061.16	$1,092.40	$1,123.64	$1,154.88
Depreciación	$10.00	$10.00	$10.00	$10.00	$10.00	$10.00	$10.00	$10.00	$10.00	$10.00
Amortización	$3.00	$3.00	$3.00	$3.00	$3.00	$3.00	$3.00	$3.00	$3.00	$3.00
Utilidad Antes de Intereses e Impuestos	$860.74	$891.98	$923.21	$954.45	$985.69	$1,016.93	$1,048.16	$1,079.40	$1,110.64	$1,141.88
Pago de Intereses	$2.00	$2.00	$2.00	$2.00	$2.00	$3.00	$4.00	$5.00	$6.00	$7.00
Utilidad Antes de Impuestos	$858.74	$889.98	$921.21	$952.45	$983.69	$1,013.93	$1,044.16	$1,074.40	$1,104.64	$1,134.88
Impuestos	$343.50	$355.99	$368.49	$380.98	$393.48	$405.57	$417.67	$429.76	$441.86	$453.95
Utilidad Neta	$515.24	$533.99	$552.73	$571.47	$590.21	$608.36	$626.50	$644.64	$662.78	$680.93
Depreciación y Amortización	$13.00	$13.00	$13.00	$13.00	$13.00	$13.00	$13.00	$13.00	$13.00	$13.00
Cambios en el Capital Circulante	$0.00	$0.00	$0.00	$0.00	$0.00	$0.00	$0.00	$0.00	$0.00	$0.00
Inversiones en Bienes de Capital	$0.00	$0.00	$0.00	$0.00	$0.00	$0.00	$0.00	$0.00	$0.00	$0.00
Flujo de Caja Libre	$528.24	$546.99	$565.73	$584.47	$603.21	$621.36	$639.50	$657.64	$675.78	$5,444.64
Inversiones en Bienes de Capital	$500.00		$1,500.00							
Flujo de Caja Libre Neto	($1,105.97)	$546.99	$565.73	$584.47	$603.21	$621.36	$639.50	$657.64	$675.78	$5,444.64

Modelo de Flujo de Caja Descontado

	2015	2016	2017	2018	2019	2020	2021	2022	2023	2024
Año Base	2015	Suma de los Beneficios Netos VP		$4,762.09		Tipo de Descuento	Descontar distinto de Fin de Año ▾		
Año de Inicio	2015	Suma de las Inversiones a VP		$1,634.22					
Riesgo de Mercado-Tasa de Descuento Ajustada	15.00%	Valor Presente Neto (VPN)		=G4-G5		Tipo de Modelo	Incluya la Valoración Terminal ▾		
Privado - Tasa de Descuento de Riesgo	5.00%	Tasa Interna de Retorno		55.68%					
Periodo de la Tasa de Crecimiento Terminal	2.00%	Retorno de la Inversión		191.40%					
Tasa Tributaria Efectiva	40.00%	Índice de Rentabilidad		2.91					

	2015	2016	2017	2018	2019	2020	2021	2022	2023	2024
Producto A Precio Promedio por Unidad	$10.00	$10.50	$11.00	$11.50	$12.00	$12.50	$13.00	$13.50	$14.00	$14.50
Producto B Precio Promedio por Unidad	$12.25	$12.50	$12.75	$13.00	$13.25	$13.50	$13.75	$14.00	$14.25	$14.50
Producto C Precio Promedio por Unidad	$15.15	$15.30	$15.45	$15.60	$15.75	$15.90	$16.05	$16.20	$16.35	$16.50
Cantidad de Ventas de Producto A (en miles)	50	50	50	50	50	50	50	50	50	50
Cantidad de Ventas de Producto B (en miles)	35	35	35	35	35	35	35	35	35	35
Cantidad de Ventas de Producto C (en miles)	20	20	20	20	20	20	20	20	20	20
Total de Ingresos	$1,231.75	$1,268.50	$1,305.25	$1,342.00	$1,378.75	$1,415.50	$1,452.25	$1,489.00	$1,525.75	$1,562.50
Costo Directo de los Bienes Vendidos	$184.76	$190.28	$195.79	$201.30	$206.81	$212.33	$217.84	$223.35	$228.86	$234.38
Utilidad Bruta	$1,046.99	$1,078.23	$1,109.46	$1,140.70	$1,171.94	$1,203.18	$1,234.41	$1,265.65	$1,296.89	$1,328.13
Gastos de Operación	$157.50	$157.50	$157.50	$157.50	$157.50	$157.50	$157.50	$157.50	$157.50	$157.50
Costos Administrativos, de Ventas y Grales.	$15.75	$15.75	$15.75	$15.75	$15.75	$15.75	$15.75	$15.75	$15.75	$15.75
Utilidad de Operación (EBITDA)	$873.74	$904.98	$936.21	$967.45	$998.69	$1,029.93	$1,061.16	$1,092.40	$1,123.64	$1,154.88
Depreciación	$10.00	$10.00	$10.00	$10.00	$10.00	$10.00	$10.00	$10.00	$10.00	$10.00
Amortización	$3.00	$3.00	$3.00	$3.00	$3.00	$3.00	$3.00	$3.00	$3.00	$3.00
Utilidad Antes de Intereses e Impuestos	$860.74	$891.98	$923.21	$954.45	$985.69	$1,016.93	$1,048.16	$1,079.40	$1,110.64	$1,141.88
Pago de Intereses	$2.00	$2.00	$2.00	$2.00	$2.00	$3.00	$4.00	$5.00	$6.00	$7.00
Utilidad Antes de Impuestos	$858.74	$889.98	$921.21	$952.45	$983.69	$1,013.93	$1,044.16	$1,074.40	$1,104.64	$1,134.88
Impuestos	$343.50	$355.99	$368.49	$380.98	$393.48	$405.57	$417.67	$429.76	$441.86	$453.95
Utilidad Neta	$515.24	$533.99	$552.73	$571.47	$590.21	$608.36	$626.50	$644.64	$662.78	$680.93
Depreciación y Amortización	$13.00	$13.00	$13.00	$13.00	$13.00	$13.00	$13.00	$13.00	$13.00	$13.00
Cambios en el Capital Circulante	$0.00	$0.00	$0.00	$0.00	$0.00	$0.00	$0.00	$0.00	$0.00	$0.00
Inversiones en Bienes de Capital	$0.00	$0.00	$0.00	$0.00	$0.00	$0.00	$0.00	$0.00	$0.00	$0.00
Flujo de Caja Libre	$528.24	$546.99	$565.73	$584.47	$603.21	$621.36	$639.50	$657.64	$675.78	$5,444.64
Inversiones en Bienes de Capital	$500.00		$1,500.00							
Flujo de Caja Libre Neto	($1,105.97)	$546.99	$565.73	$584.47	$603.21	$621.36	$639.50	$657.64	$675.78	$5,444.64
Análisis Financiero										
Flujo de Liquidez a Valor Presente	$528.24	$475.64	$427.77	$384.30	$344.89	$308.92	$276.47	$247.23	$220.91	$1,547.71
Valor Presente del Desembolso en Inversiones	$500.00	$0.00	$1,134.22	$0.00	$0.00	$0.00	$0.00	$0.00	$0.00	$0.00
Periodo de recuperación con descuento	3.47 Years									

Figura 5A.7: Archivo Completamente Protegido

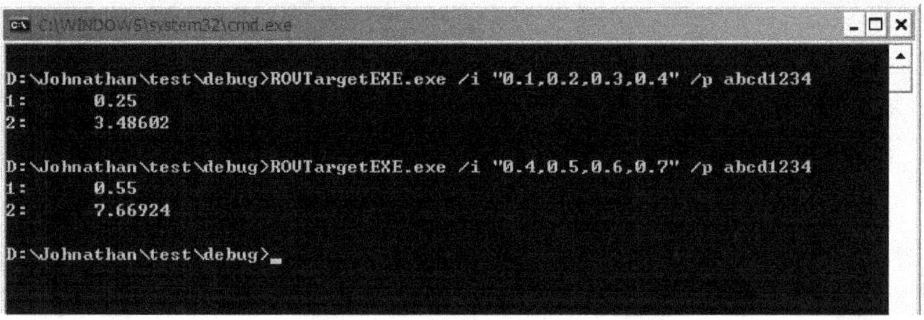

```
C:\WINDOWS\system32\cmd.exe

D:\Johnathan\test\debug>ROVTargetEXE.exe /i "0.1,0.2,0.3,0.4" /p abcd1234
1:      0.25
2:      3.48602

D:\Johnathan\test\debug>ROVTargetEXE.exe /i "0.4,0.5,0.6,0.7" /p abcd1234
1:      0.55
2:      7.66924

D:\Johnathan\test\debug>_
```

Figura 5A.8: Comandos de Consola

APÉNDICE—ROV EXTRACTOR Y EVALUATOR: EJECUTA SIMULACIONES A EXTREMAS VELOCIDAD Y CONVIERTE MODELOS DE EXCEL EN UN AMBIENTE DE CALCULADORA

Sin embargo, otra poderosa herramienta es ROV Risk Extractor y Evaluator, el cual está destinado a ser utilizado dentro de Microsoft Excel 2010 y 2013 para extraer un modelo existente en puras relaciones matemáticas para que el mismo modelo pueda ser ejecutado completamente fuera e independiente de Excel. Al ejecutar el modelo extraído, varios elementos se llevan a cabo:

- Toda la inteligencia de negocio y las relaciones en los modelos se mantienen, pero no pueden ser visibles para el usuario final, lo que permite que el creador del modelo lo pueda distribuir de una forma segura sin perder cualquier propiedad intelectual o información secreta de la compañía.

- Un modelo grande que puede tomar mucho tiempo para correr en Excel, ahora puede funcionar a velocidades extremadamente rápidas en el modelo levantado. Puede abrir ROV Extractor directamente en Excel y seleccionar las celdas específicas para configurar como entradas y salidas antes de levantar el modelo (Figura 5A.9).

- El modelo largo de Excel puede ser convertido en un ambiente calculadora como la (Figura 5A.10), donde el usuario final tiene que introducir entradas y obtener las salidas. Imagine que es de manera similar a la creación de una gran función de Visual Basic en Excel, pero en vez de una función con varias líneas, esta función ser convierte en un archivo de Excel con muchas hojas de cálculo interconectadas.

- A gran escala –Las Simulaciones de Monte Carlo de gran escala pueden ser realizadas a velocidades muy altas. La Figura 5A.11 ilustra un modelo que fue sometido a una simulación de juicio de 100,000 y tardó menos de unos segundos rápidos para completar! Si usted es una gran entidad, como un banco o empresa de inversión, o algún gran fabricante que requiere que se ejecuten simulaciones a gran escala, esta es la mejor plataforma para hacerlo. Puede desarrollar el modelo en Excel, a continuación, levante el modelo utilizando ROV Extractor y ejecute las simulaciones en ROV Evaluator.

- El modelo extracto puede ser bloqueado mediante un cifrado AES (protección en la Fuerza Militar) y sólo puede ser acceder utilizando la contraseña correcta.

- Identifica las partes irrelevantes de los modelos y, además, puede identificar los principales entradas y salidas claves que desea para la modelación. Por ejemplo, en un modelo como A + B + C = D, B + E = F, y si F es elegida como el producto clave, sólo el B y E son relevantes. El tiempo de cálculo para el modelo identificado disminuye mediante la identificación de entradas críticos, y el modelo luego puede ser optimizado para que corra aún más rápido una vez que se identifica el subproceso del modelo.

- El modelo extraído no puede ser cambiado por el usuario final. Así, se mantiene un estricto control de calidad y se evitan manipulaciones malintencionadas o rotura accidental del modelo (por ejemplo, enlaces rotos, funciones y cálculos incorrectos, etc.).

- El archivo extraído también puede ser utilizado por las aplicaciones de software de terceros en un entorno basado en modelado de componentes. Por ejemplo, el usuario final podría tener su propio software o base de datos con cálculos predefinidos. El archivo extraído está vinculado en y es una parte de este sistema de propiedad existente. Este sistema patentado simplemente obtiene las entradas para vincular en el archivo extraído, el modelo extraído llevará a cabo los cálculos a alta velocidad y los resultados requeridos.

Para obtener información más detallada, se pueden ver los videos de Inicio rápido en la página web ROV: www.realoptionsvaluation.com/rovextractor.html.

Figura 5A.9: ROV Risk Extractor en Excel

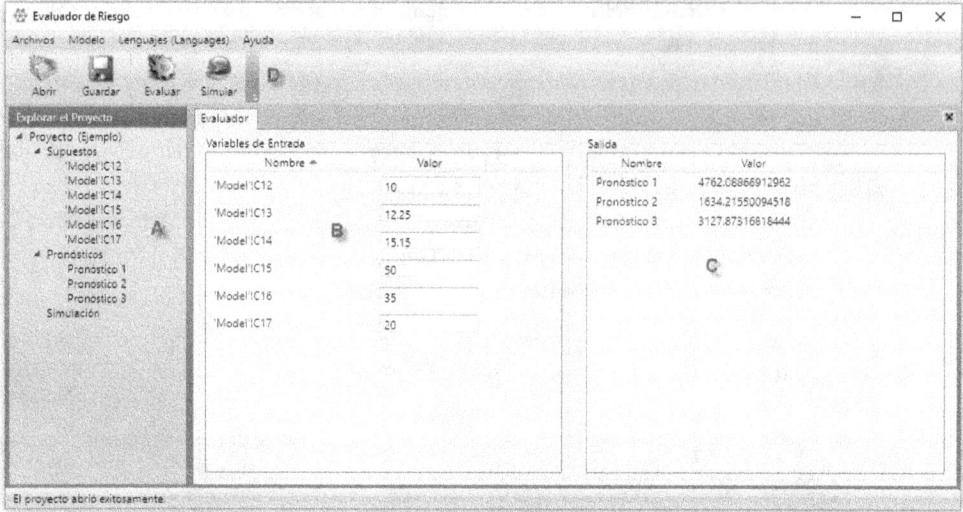

Figura 5A.10: ROV Risk Evaluator

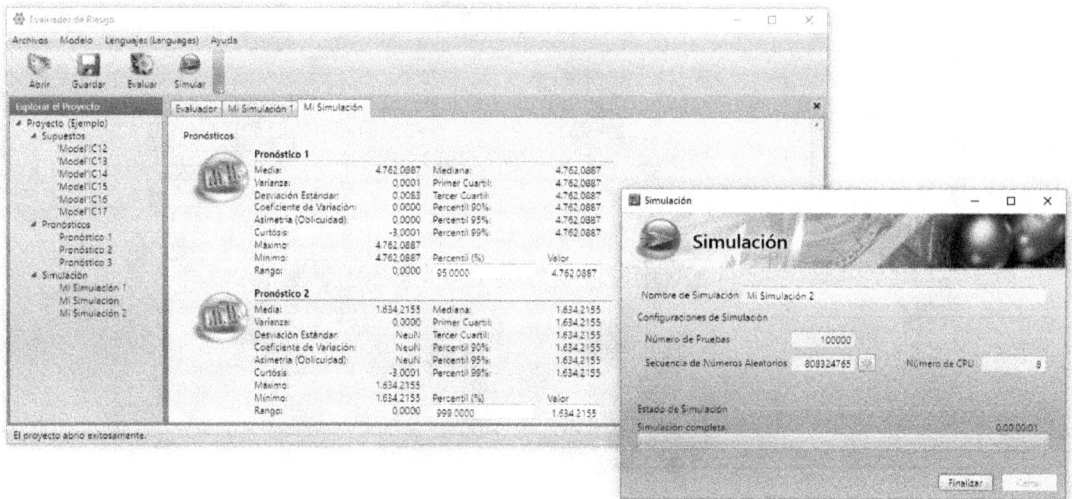

Figura 5A.11: Simulación Velocidad Súper Extrema

EJERCICIO 1: MODELO BÁSICO DE SIMULACIÓN

Este modelo ilustra cómo utilizar el *Simulador de Riesgo* para:

1. Ejecución de una Simulación de Monte Carlo.

2. Uso de Gráficos de Pronóstico

3. Interpretación de las Estadísticas de Riesgo

4. Ajustes de Valores Semilla

5. Ejecución de Simulación Súper Velocidad

6. Configuración Ejecutar Preferencias (Propiedades de Simulación)

7. Extracción de Simulación de Datos

8. Creación de un informe de Simulación y Tabla de Pronóstico de Estadísticas

9. Creación de las Estadisticas del Pronóstico usando las Funciones RS

10. Guardar el Proceso de Simulación de Pronóstico de Gráficos.

11. Creación e Intercambio de Nuevos los Perfiles de Simulación

12. Truncamiento de la Distribución y Simulación Multidimensional

Antecedentes de Modelo

Nombre del archivo: Modelo Básico de Simulación.xls

Acceso: *Simulador de Riesgo| Modelos de Ejemplo |02 Modelo Básico de Simulación*

Requisitos: Simulador de Riesgo 2014 o posterior, Capítulos 1 y 2 de *Modelación de Riesgos*

La hoja de cálculo estático y Modelo dinámico ilustra un modelo muy simple con dos supuestos de entrada (de ingresos y costos) y una predicción de salida (ingresos) como se ve en la Figura 5E1.A. El modelo de la izquierda es un modelo estático con las estimaciones de un solo punto mientras que el modelo de la derecha es un modelo dinámico en el que se establece supuestos de entrada de Monte Carlo y predicciones de salida. Después de ejecutar la simulación, los resultados pueden ser extraídos y analizados. En este modelo también podemos aprender a configurar diferentes preferencias de simulación, para ejecutar una simulación, cómo establecer los valores semilla, y mucho más. Para realizar estos ejercicios, usted necesitará tener el *Simulador de Riesgo*, versión 2014 o posterior, instalado y funcionando.

	MODELO ESTÁTICO				MODELO DINÁMICO			
Ingreso Bruto	$	2.00		Ingreso Bruto	$	2.00	<<---Este en un Supuesto Inicial
Costo	$	1.00		Costo	$	1.00	<<---Este en un Supuesto Inicial
Ingreso Neto	$	1.00		Ingreso Neto	$	1.00	<<---Este es un Pronóstico Final

Figura 5E1.A: Modelo Básico de Simulación

1. Ejecución de una Simulación de Monte Carlo

Para configurar y ejecutar un modelo de simulación utilizando el *Simulador de Riesgo* es tan simple como 1-2-3, es decir, crear un nuevo perfil, configurar inputs and outputs establecidas, y luego en Ejecutar. Para seguir adelante, abra el ejemplo (haga clic en *Simulador de Riesgo | Modelos de Ejemplo | 02 Modelo Básico de Simulación*) y haga lo siguiente:

1. Seleccione *Simulador de Riesgo | Nuevo Perfil de Simulación* (o haga clic en el icono *Nuevo Perfil*), deberá asignarle un nombre (por ejemplo, "simulación práctica") y dejar todo como esta (después revisamos algunas de estas opciones).

2. Seleccione la celda G8 y haga clic en *Simulador de Riesgo | Entrada de Supuestos* (o haga clic en el icono *Supuesto de Entrada*), a continuación, seleccione la distribución *Triangular* y establecer el *Mínimo* = 1.50, *Mayor Probabilidad*= 2.00, *Máximo* = 2.25 y después haga clic en Aceptar (Figura 5E1.B).

3. Seleccione la celda G9 y establecer otro supuesto de entrada. Esta vez utilice una distribución uniforme con *Mínimo* = 0.85 y *Máximo* = 1.25.

4. Seleccione la celda G10 y configure la celda como la predicción de salida haciendo clic en *Simulador de Riesgo | Pronóstico de Salida*. Puede usar el nombre predeterminado de "Ingreso neto" que recogió en el modelo.

5. Seleccione *Simulador de Riesgo | Correr Simulación* (o haga clic en el icono *Correr*) para iniciar la simulación.

Figura 5E1.B: Estableciendo un Supuesto de Entrada

La Figura 5E1.C muestra la ejecución de la simulación. Al final de la simulación, haga clic en *Ok*. Hay algunas cosas a destacar aquí. La primera es que el modelo resultante en el final de la ejecución de la simulación devuelve los mismos resultados que el modelo estático. Es decir, dos dólares menos un dólar es igual a un dólar. Sin embargo, lo que la simulación hace es crear miles de posibles resultados de "alrededor de dos dólares" en el Ingreso Bruto, menos los miles de posibles resultados de Costo "en torno a un dólar", dando lugar a los Ingresos netos de "alrededor de un dólar." Los resultados se muestran en un histograma, junto con las estadísticas de riesgo, que revisaremos más adelante en este ejercicio.

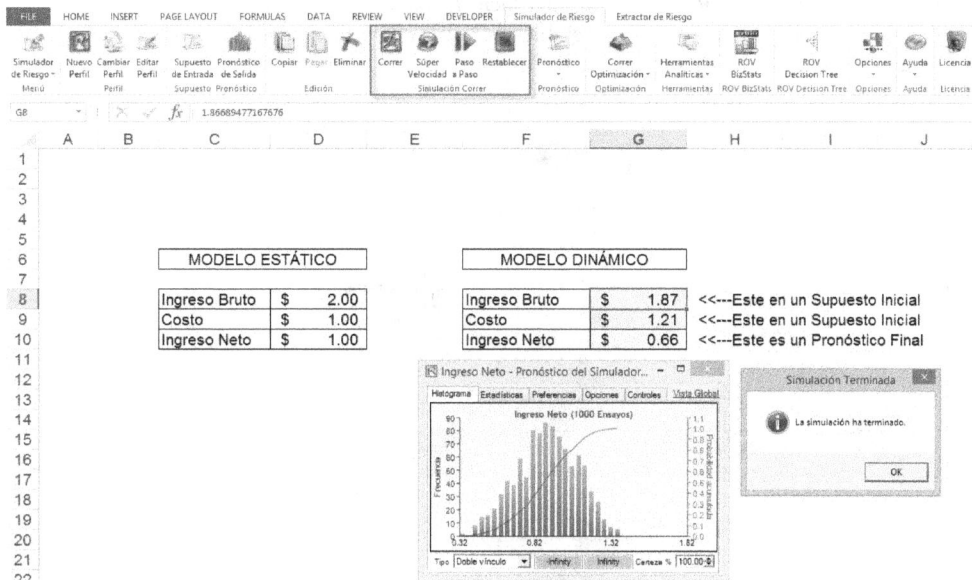

Figura 5E1.C: Ejecutar la Simulación

2. Usando Gráficos de Pronóstico

En el gráfico de predicción (Figura 5E1.D) se muestra cuando se ejecuta la simulación. Una vez terminada la simulación, el gráfico de predicción puede ser utilizado. El gráfico de predicción tiene varias pestañas: *Histograma, Estadísticas, Preferencias, Opciones* y *Controles*. De particular interés son las dos primeras, la pestaña de los histogramas y estadísticas. Por ejemplo, la primera pestaña muestra la distribución de probabilidad de la predicción de salida en forma de un histograma, donde los valores específicos se pueden determinar usando las cajas de seguridad.

En la pestaña *Histograma*, seleccione *Doble Vínculo*, introduzca 90 en el cuadro de *Certeza*, y pulse *Tab* en su teclado. Se muestra el intervalo de confianza del 90% (0.5295 y 1.1885). Este resultado significa que hay un 5% de probabilidad de que el ingreso se sitúe por debajo $0.5295, y otro 5% de probabilidad de que va a estar por encima de $1.1885. Alternativamente, puede seleccionar la *Cola Izquierda* ≤ y escriba 1.0 en el cuadro de entrada, pulse *Tab*, y ver que la certeza de cola izquierda es 75.30%, lo que indica que hay una posibilidad de 75.30% que los ingresos caerán en o por debajo de $1.0 (o que hay un 24.70% de probabilidades de que el ingreso será mayor a $1.0). Tenga en cuenta que los resultados *no* serán exactamente los mismos a los que ilustramos aquí debido al hecho teórico que estamos ejecutando una simulación de números aleatorios. Por favor, no se preocupe en este momento, y continuar hasta los próximos ejercicios para más detalles sobre cómo obtener los mismos resultados de la simulación en el futuro.

3. Interpretación de las Estadísticas de Riesgo

La ficha de *Estadísticas* muestra los resultados estadísticos de la variable de predicción. Consulte el Capítulo 2 para más detalles sobre cómo interpretar y utilizar estas estadísticas de perfil de riesgo en el análisis de riesgos y gestión de riesgos. Tenga en cuenta que los resultados no serán exactamente los mismos que los que se ilustran aquí porque una simulación (generación de números aleatorios) se ejecute y, por definición, los resultados no serán exactamente los mismos cada vez. Sin embargo, si se establece un valor semilla (véase la sección siguiente), los resultados serán idénticos en cada prueba individual.

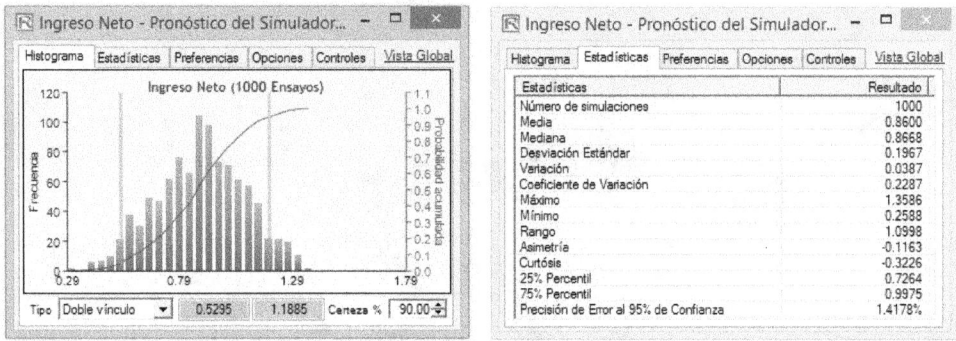

Figura 5E1.D: Resultados de Simulación y Gráficos de Pronóstico

Ejercicios Opcionales

Un ejercicio adicional consistirá en explorar las pestañas de *Preferencias*, *Opciones* y *Controles*, con el propósito de ver algunos de sus ajustes. En concreto, pruebe lo siguiente:

Preferencias:

1. Trate de seleccionar y deseleccionar la opción *Siempre mostrar ventana en primer plano*. Navegue por las diferentes aplicaciones que podrían tener abiertas y observe el comportamiento de la tabla de predicción.

2. Ejecute una simulación con al menos tres pronósticos y seleccione *Semitransparente cuando esté Inactiva* en los tres gráficos de predicción (por ejemplo, utilice su propio modelo o en la celda G11, configurarlo para que sea = G10, G12, establece también que = G10, establecer estas dos celdas G11 y G12 como las predicciones de salida y luego, corra una simulación). Después, minimice todas las demás aplicaciones abiertas, dejando estos tres gráficos de predicción de manera visible, sobreponga un gráfico en la parte superior de otro, a continuación, haga clic en cualquier parte del escritorio para desactivar los gráficos de predicción. Observe cómo ahora se puede comparar los diferentes gráficos de predicción.

3. Cambiar la *Resolución de Histograma* a diferentes niveles y ver la pestaña *Histograma* para ver cómo cambia de forma.

4. Además, si tiene varias tablas de predicción en marcha y olvida restaurar la simulación anterior (reiniciar la simulación se borrará todos los gráficos de predicción y los datos simulados de la memoria temporal, lo que le permite volver a ejecutar otra simulación), puede *Minimizar* todos los Gráficos, *Cerrar* todos los Gráficos, o *copiar* un gráfico específico (puede configurar el gráfico como quiera a continuación, copie el gráfico en el portapapeles y pegarlo en otro programa, como Microsoft Word o Microsoft PowerPoint) desde esta ficha. Haga clic en el botón de *Excel* para generar gráficos de histograma de probabilidad editable en Excel.

Opciones:

1. Jugar con el *Filtro de Datos*, mostrando sólo los datos limitados como sólo 2 desviaciones estándar de la media, o un rango específico de valores. Vuelva a la ficha *Histograma* y observe el cambio en el gráfico; vuelva a la pestaña de *Estadísticas* y observe que las estadísticas de riesgo calculadas se basan ahora se basan en los datos truncados y no a todo el conjunto de datos.

2. También puede seleccionar la opción *Estadística* para mostrar, o el número de *Decimales* a mostrar en el gráfico de *Histograma* y *Estadísticas* de pestañas. Esta opción puede ser útil si desea obtener una mayor precisión de los resultados (más decimales) o mostrar un menor número de decimales para obtener grandes resultados de valor.

Controles:

1. Desde esta pestaña, usted puede controlar y cambiar el aspecto del histograma cambiando la orientación, color, 2D y 3D en el gráfico, aspectos de fondo, el tipo de curva de superposición para mostrar (CDF versus PDF), tipos de gráficos, y muchos otros controles de gráfico. Pruebe varios de estos elementos y vea qué ocurre con el gráfico de histograma cada momento.

2. También se puede realizar un ajuste de distribución de los resultados de predicción y obtener la teoría versus momentos empíricos de la distribución (véase el ejercicio *Ajuste de Distribución de Datos* en el siguiente capítulo para obtener más detalles sobre cómo funcionan las rutinas de ajuste de distribución), o mostrar la curva teórica de distribución equipados en la parte superior del histograma empírico (primero haga clic en *Ajuste de Distribución*, a continuación, seleccione ya sea continua o discreta a partir de la superposición del gráfico de la lista desplegable, y a continuación vuelva a la pestaña *Histograma* para ver los gráficos resultantes).

3. Por último, puede cambiar el *Tipo de Gráfico* (Barra, cilindro, pirámide, y así sucesivamente), *Título* de gráfico, los valores *mínimo*s y *máximo*s para graficar sobre los ejes, número de los *Decimales* a mostrar en el gráfico. Probar varios de estos elementos y vea lo que sucede con el gráfico de histograma cada momento.

Si está utilizando *Simulador de Riesgo* 2014 o posterior, puede hacer clic en el vínculo de *Vista Global* en la esquina superior derecha de la tabla de predicción para ver todas las pestañas mencionadas y funcionalidades en una sola vista, o haga clic en el vínculo *Vista Normal* para volver a la vista con pestañas descritas anteriormente.

4. Configuración de Valores Semilla

1. Restablecer la simulación seleccionando *Simulador de Riesgo | Restablecer Simulación*.
2. Seleccione *Simulador de Riesgo | Editar Perfil de Simulación* (Figura 5E1.E).
3. Seleccione la *casilla de verificación* para *especificar la Secuencia de Números Aleatorios (Semilla)* e ingrese un valor de iniciación (por ejemplo, 999) y haga clic en *OK* (Figura 5E1.E).
4. Ejecutar la simulación y verificar que los resultados son los mismos que los resultados obtenidos en la Figura 5E1.E. De hecho, ejecute la simulación un par de veces más, y cada vez verifique que los resultados estadísticos simulados son idénticos en cada momento.

Tenga en cuenta que la secuencia de números aleatorios o número semilla tiene que ser un valor entero positivo. Ejecute el mismo modelo con los mismos supuestos y predicciones con un valor de semilla idéntico y el mismo número de ensayos será siempre con los mismos resultados. El número de ensayos de simulación a ejecutar se puede configurar en el mismo cuadro de propiedades (Figura 5E1.E). Establecer un valor semilla es importante, especialmente cuando se desea obtener los mismos valores en cada ejecución de la simulación. Digamos, por ejemplo, que lo que necesita el modelo en vivo para devolver los mismos resultados que un informe impreso durante una presentación en vivo. Si los resultados de la demostración en vivo están ligeramente fuera en comparación con los resultados impresos, podrán surgir dudas en cuanto a su validez. Al tener un valor semilla, los resultados están garantizados para ser siempre el mismo.

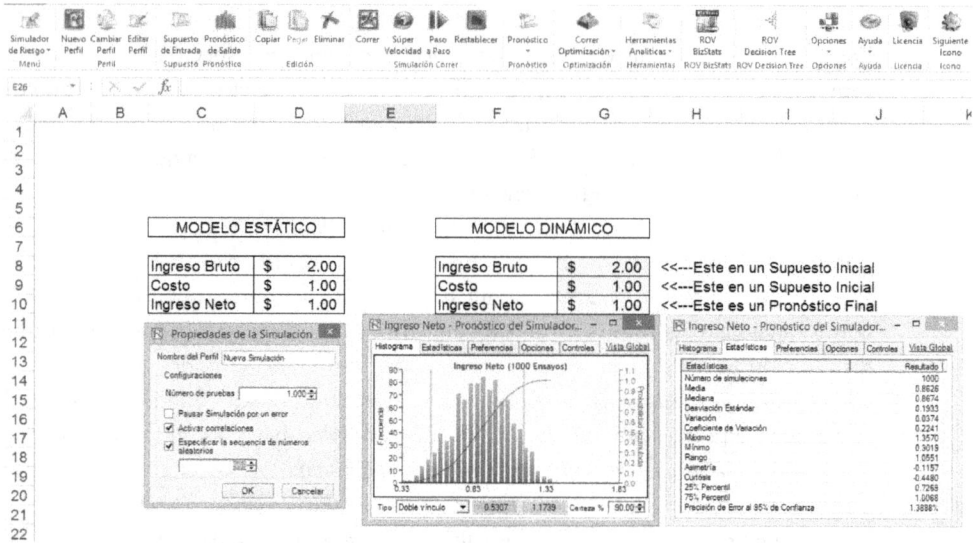

Figura 5E1.E: Uso de Valor Semilla

Vamos ahora a revisar el análisis de intervalo de confianza después de haber ejecutado otra simulación con el Valor Semilla. La Figura 5E1.F ilustra los resultados de estas manipulaciones:

1. Seleccione *Doble Vinculo*, ingrese una *Certeza* de 90, y pulse la techa *Tab* en el teclado. Usted obtendrá el 90% de dos colas de intervalos de confianza de 0.5307 y 1.1739, lo que significa que el 90% de las veces, el nivel de ingresos será entre estos dos valores,

con 5% de probabilidad de que estará por debajo de 0.5307 y el 5% va a estar por encima de 1.1739.

2. Para verificar el 5% del resultado anterior, seleccione *Cola Izquierda* <, introduzca una Certeza de 5, y presione *Tab*. Usted obtendrá el valor de 0.5307, lo que indica que hay un 5% de probabilidad de que usted recibirá un ingreso de menor de 0.5307.

3. A continuación, seleccione *Cola izquierda* ≤, ingrese el valor 1, y presione *Tab*. Esta vez, en lugar de proporcionar una probabilidad de recibir un valor, debe proporcionar un valor para recibir la probabilidad. En este caso, se indica que tiene un 74.30% de probabilidad de que su ingreso será menor o igual al valor de los 1.000, básicamente el valor que había tomado el modelo estático. De hecho, en la Figura 5E1.E, verá que el valor medio o promedio de ingresos es de 0.8626. En otras palabras, el *valor esperado* (media) no es el mismo que el *valor esperado* (en la estimación original de punto único en el modelo estático).

4. Seleccione el botón *Cola Derecha* >, ingrese 1, y presione *Tab*. Aquí puede ver el complemento de la Cola Izquierda ≤ valor. En otras palabras, el valor que usted recibe, 25.70%, indica la probabilidad de que usted a va hacer más de su objetivo de 1,000, y si usted toma 100% menos 25.70%, se obtiene 74.30%, de la Cola Izquierda ≤ valor. Al hacer este ejercicio, asegúrese de seleccionar los signos de desigualdad correctos (menor que, menor o igual que, mayor que, mayor o igual que).

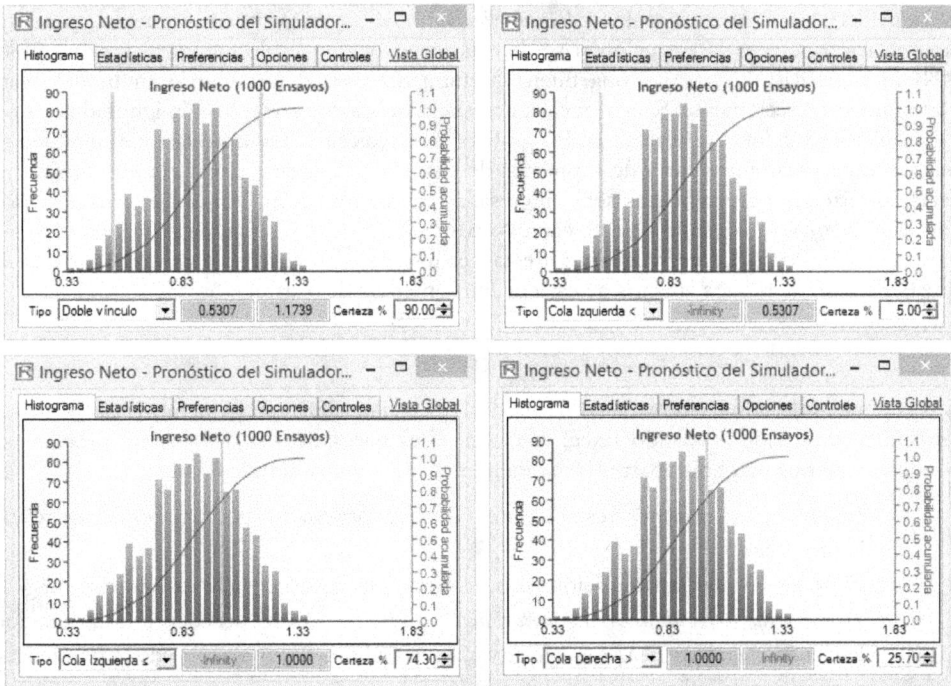

Figura 5E1.F: Izquierda, Derecha y Doble Vinculo de las Probabilidades (Resultados de la Simulación con Valor Semilla)

5. Ejecución de Simulación Súper Velocidad

1. Restablecer la simulación seleccionando *Simulador de Riesgo | Restablecer Simulación*.

2. Seleccione *Simulador de Riesgo | Correr Simulación Súper Velocidad* (Figura 5E1.C).

Note cuánto más rápido se ejecuta la simulación a súper velocidad. De hecho, para la práctica, *Restablecer la simulación*, *Editar Perfil de Simulación* y *Cambiar el Número de Pruebas* a 100,000, y *Correr a Súper Velocidad*. Sólo debe tomar unos segundos para ejecutar. Sin embargo, tenga en cuenta que la simulación súper velocidad no se ejecutará si el modelo tiene errores, VBA (Visual Basic para aplicaciones), o enlaces a fuentes externas de datos o aplicaciones. En estos casos, usted será notificado y la simulación velocidad normal se ejecutará en su lugar. Simulaciones velocidad regular siempre son capaces de funcionar incluso con errores, VBA, o enlaces externos.

6. Configuración De Ejecución de Preferencias (Propiedades de la Simulación)

Las preferencias de ejecución o las *Propiedades de la Simulación* del cuadro de dialogo que surgieron al crear un nuevo perfil o editar el perfil actual (Figura 5E1.E), le permite especificar el *Número de pruebas* a ejecutar en una determinada simulación (por defecto será 1.000 ensayos). En teoría, cuanto mayor sea el número de ensayos, más precisos son los resultados (intente ejecutar la simulación nuevamente y esta vez, no pierda de vista la *Precisión de Error al 95% de Confianza* en la pestaña *Estadísticas*, que debería disminuir a medida que aumenta el número de pruebas). Consulte el Capítulo 2 para obtener más detalles sobre la interpretación de estas estadísticas de riesgo, y en caso de error de precisión de la confianza, y como utilizarlas en la toma de decisiones. Además, colocar *Pausar Simulación por un error* se puede configurar para que la simulación detenga la ejecución si se detecta un error de cálculo en Excel (por ejemplo, #NUM o #ERROR), que es una buena herramienta para determinar si su modelo está configurado correctamente. Si esta opción no está marcada, los errores serán ignorados y sólo los resultados válidos se utilizarán en los gráficos de predicción. Las correlaciones también se pueden especificar entre pares de supuestos de entrada, y si se selecciona *Activar correlaciones*, estas correlaciones especificadas serán ingresadas en la simulación. Ver el ejercicio *correlación Efectos de Riesgo* más adelante en este capítulo para saber cómo configurar las correlaciones y para entender cómo las correlaciones afectan el resultado de sus resultados, la teoría de la diversificación de riesgos, efectos de cartera en momentos de distribución, etc.

7. Extracción de los Datos de Simulación

Los supuestos de simulación y datos de predicción se almacenan en la memoria hasta que se reinicie la simulación o cuando Excel se cierra. Si es necesario, estos datos sin procesar se pueden extraer en una hoja aparte Excel. Para extraer los datos, simplemente:

1. *Editar Perfil de simulación*, restablecer el *Número de pruebas* de 1000 a continuación, *Corra* la simulación.

2. Después de que la simulación se haya completado, seleccione *Simulador de Riesgo | Herramientas Analíticas | Exportar datos* (también puede acceder a esta función haciendo clic sobre el *Siguiente Icono* varias veces hasta llegar al icono de herramientas, y a continuación haga clic en el icono de *Exportar datos* como se muestra en la Figura 5E1.G).

3. Elija los supuestos o predicciones relevantes para extraer, seleccione *Nueva Hoja de Trabajo de Excel* como el formato de extracción y haga clic en *OK*.

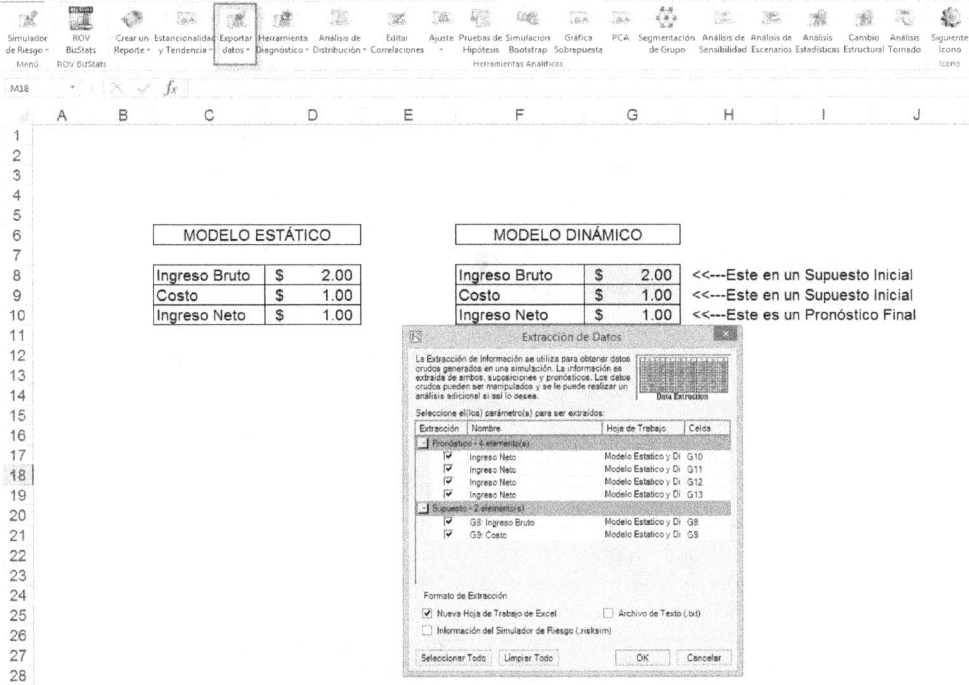

Figura 5E1.G: Extracción de Datos de Simulación

Ejercicio Opcional

1. Los 1.000 valores de ingresos y costos simulados serán extraídos, así como la variable de ingresos y predicciones calculada (Figura 5E1.G). Tenga en cuenta que, si primero no ejecuta una simulación, el informe de los datos extraídos estaría vacío, ya que no hay ningún valor para extraer. Intente hacer clic en el botón Seleccionar... un par de veces para ver qué pasa.

2. El uso de los datos extraídos, se aplican en funciones de Excel para calcular todas las estadísticas de riesgo, por ejemplo, la media, la mediana, la desviación estándar, y así sucesivamente, y comparar para asegurarse de que los resultados son idénticos a los obtenidos en el *Simulador de Riesgo* Predicciones estadísticas de la ficha. Sugerencia: Utilice las siguientes funciones de Excel para este ejercicio: PROMEDIO( ), DESVEST( ), VAR( ), COEFICIENTE.ASIMETRIA( ), CURTOSIS( ), MIN( ), MAX().

8. Crear un Informe de Simulación y Tabla Estadística del Pronóstico

La simulación de supuestos de input y output de las predicciones, así como las estadísticas de riesgo detalladas, también pueden ser extraídas después de que una simulación se ha ejecutado. Suponiendo que la simulación ya se ha ejecutado, simplemente:

1. Seleccione *Simulador de Riesgo | Herramientas Analíticas | Crear un Reporte* (también puede acceder a esta función haciendo clic sobre *Siguiente Icono* varias veces hasta llegar al icono de esa herramienta, a continuación, haga clic en el icono *Crear un Reporte*,

como se muestra en la Figura 5E1.G). Dedique algún tiempo a revisar el informe que se genera.

2. Seleccione *Simulador de Riesgo | Herramientas Analíticas | Crear la Tabla Estadística del Pronóstico* (también puede acceder a esta función haciendo clic sobre *Siguiente Icono* varias veces hasta llegar al icono de esta herramienta, a continuación, haga clic en el icono de la tabla Crear Pronóstico Estadísticas como se muestra en la Figura 5E1.G). Aquí puede seleccionar las predicciones que desea mostrar. En este sencillo ejemplo, sólo tenemos una predicción, pero en los modelos más grandes, usted puede seleccionar varias predicciones a la vez. Le sugerimos que intente crear esta tabla de estadísticas con los otros ejercicios.

9. Crear Estadísticas de Pronóstico Utilizando las Funciones RS

Usted también puede obtener las estadísticas de pronóstico que no en un formato de informe, pero en una celda específica mediante el Simulador de Riesgo llamada función. Por ejemplo, haga lo siguiente:

1. Guarde el archivo de ejemplo, a continuación, salga de Excel y haga clic en *Inicio | Programas | Real Options Valuation | Risk Simulator | Herramientas de Análisis | Instalar funciones.* Cuando la instalación se complete en unos pocos segundos, pulse la barra espaciadora para cerrar consola negra e inicie Excel. Nota: Si está ejecutando Windows 8 o 10, haga clic en el botón de Windows + C y buscar la aplicación Instalar Funciones, haga clic en la aplicación y seleccione Ejecutar como administrador.

2. Vuelva a abrir el ejemplo en *Simulador de Riesgo | Modelos de Ejemplo | 02 Modelo de Simulación Básica y ejecutar una simulación en súper velocidad en Simulador de Riesgo | Ejecutar Simulación en Súper velocidad*

3. Seleccione G12 celda y haga clic *fx* (Insertar Función) en el icono de Excel o haga clic en seleccionar TODAS las categorías y desplácese hacia abajo a la lista de funciones RS. Aquí puede ver varias funciones de supuestos de input establecidos para distintas distribuciones. El último elemento de la lista RS es RSForecastStatistic. Seleccione esta función o puede escribir esta función directamente en la celda. Por ejemplo, escriba= *RSForecastStatistic(G10, "Average")* donde G10 es la celda de output de predicción y "Average" es la estadística que desea obtener. Recuerde que debe mantener las comillas ("") y puede reemplazar el parámetro promedio con cualquiera de los siguientes: *Average, CoefficientofVariation, Median, Maximum, StandardDeviation, Minimum, Variance, Range, Skewness, Percentile75, Kurtosis, Certainty1.0, Percentile99.9.* De hecho, puede utilizar "*PercentileXX.XX*" y "*CertaintyXX.XX*" y solo debe reemplazar la X con su propio número para una cola izquierda < valor. El parámetro percentil significa que introduce el porcentaje y recibe el valor de X, mientras que, para el parámetro de certeza, se introduce el valor X y se obtiene el porcentaje de la cola izquierda.

4. Sólo para la práctica, reiniciar la simulación, ejecute una simulación de velocidad normal, y observe que las estadísticas van a cambiar ya que se corre la simulación, y se detiene el resultado final cuando se completa la simulación. Ahora puede utilizar esta llamada de función como parte de su modelo. Una nota rápida: Si ejecuta una simulación súper velocidad, la llamada a la función no se actualizará automáticamente. Usted tendrá que seleccionar la celda con una función después de ejecutar la simulación, pulse *F2* en el teclado, y a continuación pulse *Enter* para actualizar la función el cálculo.

10. Guardar el Proceso de Simulación la Proyección de Gráficos

Suponga que ejecuta un modelo grande y desea guardar la predicción de gráficos. Puede hacerlo en el Simulador de Riesgo al guardar los resultados como un formato de archivo *Risk Sim*. Guardar los gráficos de predicción le permite abrir los resultados sin tener que volver a ejecutar la simulación, y así ahorrar algo de tiempo.

1. *Corra* una simulación como de costumbre.
2. Seleccione *Simulador de Riesgo | Herramientas Analíticas | Exportar datos* (también puede acceder a esta función haciendo clic sobre *Siguiente Icono* varias veces hasta llegar al icono de herramienta, a continuación, haga clic en el icono de *Exportar datos*). Aquí puede seleccionar el formato *Información del Simulador de Riesgo* (*.risksim*) (Figura 5E1.H). Guarde el archivo en la ubicación deseada. Ahora puede guardar y salir de Excel.
3. Abra Excel y seleccione *Simulador de Riesgo | Herramientas Analíticas | Importar datos* (también puede acceder a esta función haciendo clic sobre el *Siguiente Icono* varias veces hasta llegar al icono de la herramienta, a continuación, haga clic en el icono de *Exportar datos / Importar datos*). Seleccione el archivo Risk Sim que guardó previamente y los gráficos de predicción ahora volverán a aparecer.

11. Crear e Intercambiar Nuevos Perfiles de Simulación

El mismo modelo puede tener varios perfiles en *Simulador de Riesgo*. Es decir, diferentes usuarios del mismo modelo pueden, de hecho, crear sus propios supuestos de entrada de simulación, predicciones, ejecutar preferencias, y así sucesivamente. Todas estas preferencias se almacenan en distintos perfiles de simulación y cada perfil puede ejecutarse de forma independiente. Esta es una potente función que permite que varios usuarios ejecuten el mismo modelo a su manera, o para que el mismo usuario ejecute el modelo en diferentes condiciones de simulación, permitiendo así el análisis de escenarios de simulación de Monte Carlo. Para crear e intercambiar diferentes perfiles, simplemente:

1. Cree varios perfiles nuevos haciendo clic en *Simulador de Riesgo | Nuevo Perfil de Simulación* y proporcionar a cada nuevo perfil un nombre único.
2. Agregue los correspondientes supuestos y predicciones, o cambie las preferencias de ejecución como se desee en cada perfil de simulación.
3. Cambie entre diferentes perfiles haciendo clic en *Simulador de Riesgo | Cambiar Perfil de Simulación*.

Tenga en cuenta que puede crear tantos perfiles como desee, pero cada perfil debe que tener su propio nombre. Además, puede seleccionar un perfil existente y hacer clic en *Duplicar* (Figura 5E1.I) para duplicar todos los supuestos de entradas y salidas de las predicciones que se encuentran en este perfil, lo que significa que no tiene que replicar todo esto de forma manual. A continuación, puede cambiar este nuevo perfil y hacer las modificaciones necesarias. Desde esta interfaz de usuario, también puede *Borrar* los perfiles no deseados (pero tenga en cuenta que es necesario tener al menos un perfil activo en el modelo, lo que significa que se puede eliminar cualquier perfil que usted elija, pero no puede eliminar a todos ellos como un perfil debe dejarse en el modelo). También puede hacer clic en un perfil, haga clic de nuevo en el nombre del perfil y cambiar el nombre del perfil según sea necesario. También puede hacer clic en un perfil, haga clic de nuevo en el nombre del perfil y cambie el nombre del perfil requerido.

Por último, como se guarda el archivo de Excel, usted también puede guardar estos perfiles en el mismo archivo de Excel. Los perfiles se almacenan en un segmento especial oculto del archivo Excel y estarán disponibles para usted al abrir el archivo de Excel en el futuro. Para más práctica, intente guardar el archivo de Excel y a continuación, abra el archivo de nuevo; tenga en cuenta que todos los perfiles y configuraciones están todavía disponibles. Sólo tenga en cuenta que, si tiene varios perfiles, el último perfil utilizado será el perfil que se activa por defecto cuando el archivo de Excel se abra la próxima vez. Dependiendo de lo que esté intentando hacer, puede que necesite recordar *Cambiar Perfil* que usted desea utilizar antes de empezar a correr cualquier simulación.

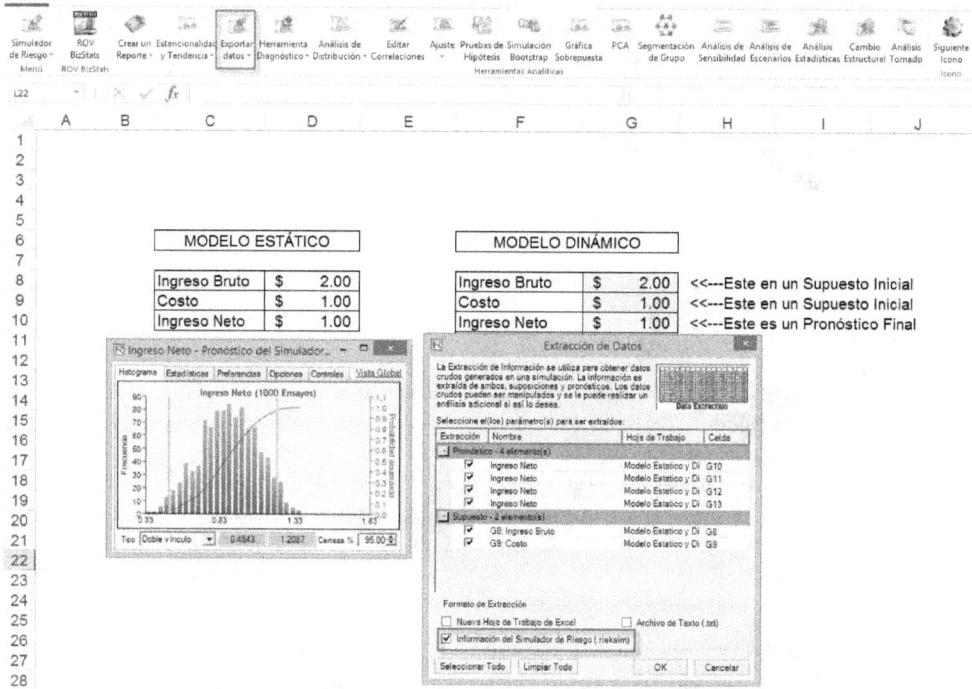

Figura 5E1.H: Extraer un Archivo Risk Sim

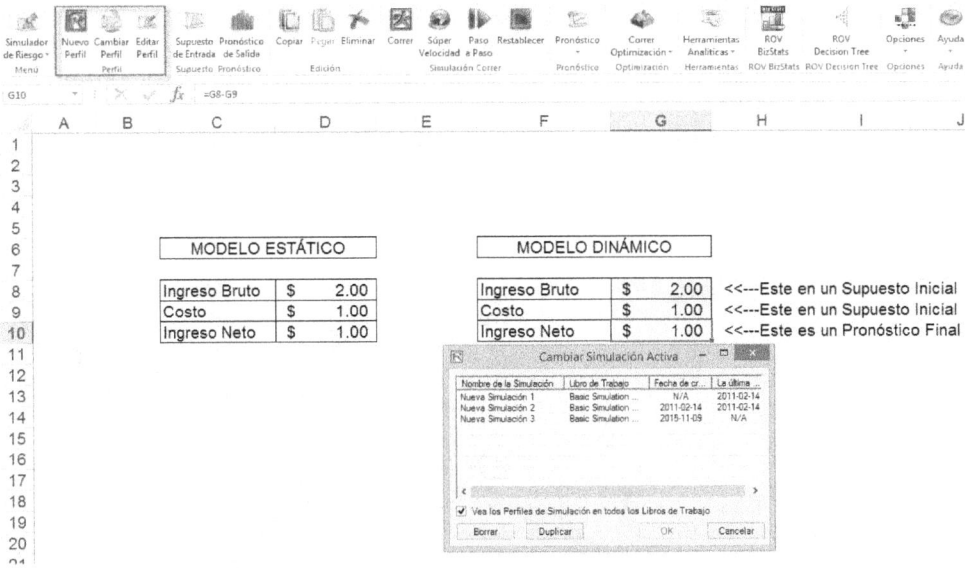

Figura 5E1.I: Múltiples Perfiles en el Simulador de Riesgo

12. Truncamiento de la Distribución, Parámetros Alternativos, y Simulación Multidimensional

El truncamiento de una distribución o fronteras de datos normalmente no son utilizados por el analista promedio, pero existen para truncar los supuestos de distribución. Por ejemplo, si se selecciona una distribución normal, los límites teóricos están entre el infinito negativo y el infinito positivo. Sin embargo, en la práctica, la variable simulada existe sólo dentro de un rango más pequeño, y este rango puede ser ingresado para truncar la distribución apropiadamente. No tener en cuenta el truncamiento es uno de los mayores errores que cometen los usurarios, especialmente cuando se usa la distribución triangular.

La distribución triangular es muy simple e intuitiva. De hecho, es probablemente la distribución más extensamente utilizada en el Simulador de Riesgo, aparte de las distribuciones normales y uniformes. Simplista, la distribución triangular percibe el valor mínimo, el valor más probable, y el valor máximo. Estas tres entradas a menudo se confunden con los escenarios del peor caso, el caso nominal y el mejor caso. Este supuesto es realmente incorrecto.

De hecho, el escenario del peor de los casos se puede traducir como una condición muy poco probable que aún ocurrirá dado un porcentaje del tiempo. Por ejemplo, se puede modelar la economía en escenarios altos, medios y bajos de forma análoga, al peor caso, el caso nominal y el peor caso. Por lo tanto, la lógica dictaría que el escenario del peor caso podría tener, digamos, una probabilidad de ocurrencia del 15 por ciento, el caso nominal una probabilidad del 50 por ciento de ocurrencia, y una probabilidad del 35 por ciento de que el mejor de los casos va a ocurrir. Esto es lo que se pretende conseguir con este enfoque usando el análisis de los escenarios del mejor caso, el caso nominal y el peor caso. Sin embargo, compare esto con la distribución triangular, donde casi nunca se producen los casos mínimos y máximos, ¡con una probabilidad de ocurrencia fijado en cero!

Por ejemplo, en la Figura 5E1.J, donde los escenarios del peor caso, el caso nominal y el mejor caso se establecen como 5, 10 y 15, respectivamente. Observe que en los valores extremos, la probabilidad de que ocurran 5 o 15 es prácticamente cero, ya que las áreas bajo la curva (la medida de la probabilidad) de estos puntos extremos son cero. En otras palabras, 5 y 15 casi nunca ocurrirán. Compare esto con el escenario económico en donde estos valores extremos tienen ya sea un 15 o 35 por ciento de probabilidad de ocurrencia. En cambio, el truncamiento de distribución debe ser considerado aquí. Lo mismo se aplica a cualquier otra distribución. La Figura 5E1.K ilustra una distribución normal truncada, donde los valores extremos no se extienden a ningunos infinitos positivos y negativos, pero se truncan en 7 y 13.

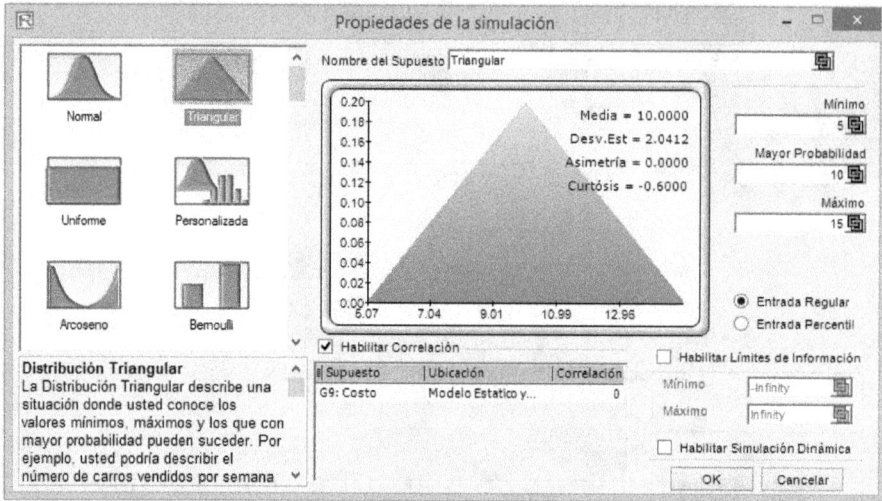

Figura 5E1.J: Ejemplo de Distribución Triangular

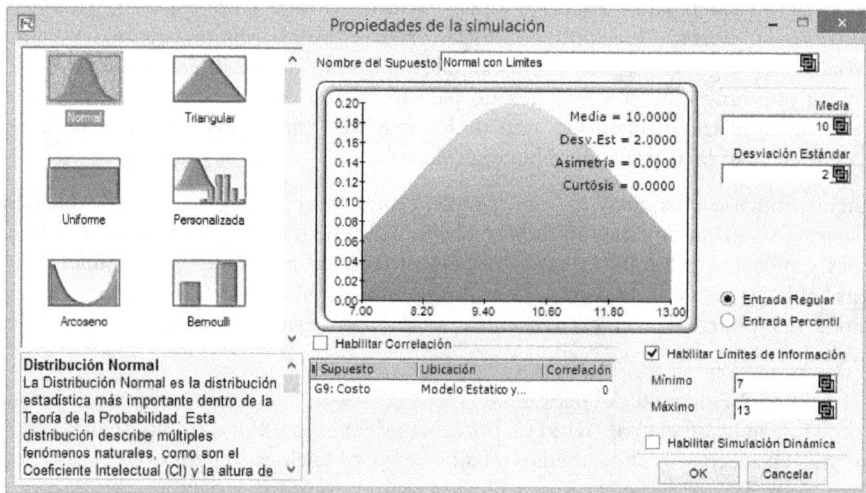

Figura 5E1.K: Truncando una Distribución

Otra acción fundamental es mirar los *parámetros alternos*, es decir, mirar la misma distribución, pero a través de un conjunto diferente de parámetros. Por ejemplo, si una *distribución normal* se utiliza en la simulación de la cuota de mercado, y la media se fija en 55 por ciento, con una desviación estándar de 45 por ciento, se debería estar extremadamente preocupado. Utilizando la selección de *Entrada Percentil* del *Simulador de Riesgo* en el conjunto de los supuestos de entrada de la interfaz del usuario, los percentiles 10 y 90 indican valores de – 2.67 por ciento y 112.67 por ciento (Figura 5E1.L). Es evidente que estos valores no pueden existir en condiciones reales. ¿Cómo puede un producto tener –2.67 o 112.67 por ciento de la cuota de mercado?

La función de parámetros alternos es una herramienta muy potente para utilizar en condiciones como éstas. Casi siempre, lo primero que se debe hacer es utilizar parámetros alternos para determinar los valores lógicos superiores e inferiores de un parámetro de entrada. Por lo tanto, incluso si usted obtuvo el 55% y el 45% a través de una distribución de ajuste (que, por cierto, es correcta, ya que el ajuste era probablemente muy fuerte en el centro de la distribución normal), pero en virtud de una rutina de ajuste teórico, toda distribución normal será ajustada, y las colas normales de distribución se extienden de infinito negativo a infinito positivo, lo cual está claramente fuera del rango de la norma para la participación en el mercado. Así, utilizando los parámetros alternos le permitirá visualizar rápidamente los percentiles 10 y 90, y entonces usted puede decidir cambiar la distribución o seguir utilizando la distribución, pero aplicar el truncamiento de distribución como se indicó anteriormente. Vea el ejercicio de las herramientas de análisis de distribución en el Capítulo 6 para obtener otros percentiles para cualquier distribución, excepto el predeterminado 10% y 90%, como se describe aquí.

También puede utilizar la herramienta *Simulador de Riesgo | Herramientas Analíticas | Ajuste de Distribución (Percentiles)* para obtener los parámetros de distribución mediante el ingreso de los escenarios del peor caso, el caso nominal, el mejor caso.

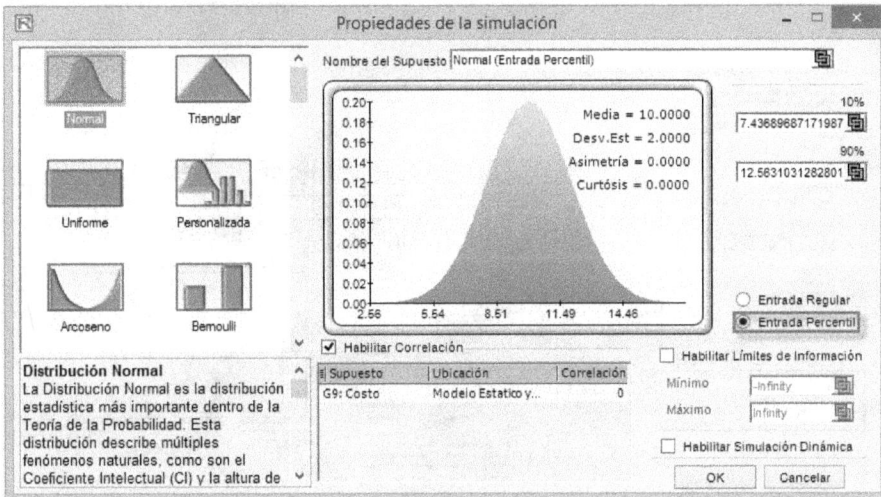

Figura 5E1.L: Parámetros Alternos

Por último, las figuras 5E1.M y 5E1.N ilustran cómo funciona la simulación multidimensional o la simulación dinámica. Suponga que usted tiene un modelo como el que se muestra y, además, suponga que tiene un supuesto de entrada de distribución triangular en la celda G5, y que usa el icono de enlace para vincular los parámetros de entrada a otras celdas (H5, I5 y J5 para el mínimo, lo más probable, y valores máximos), como se muestra en la Figura 5E1.M. Por lo general, este es un supuesto básico y el proceso está hecho. Sin embargo, ¿qué pasa si el mínimo, lo más probable, y las entradas máximas son en sí mismas inciertas? Si ese es el caso, entonces usted puede configurar un supuesto de entrada para estas entradas (celdas H5, I5, J5). En otras palabras, si usted tiene un supuesto que está vinculado a otras celdas, y estas otras celdas son supuestos como tal, usted acaba de crear una simulación de 2 capas (por supuesto puede agregar capas adicionales donde estas celdas de entrada están nuevamente vinculadas a otras celdas que son simuladas y así sucesivamente, creando un modelo de simulación multidimensional). Si usted hace esto, recuerde seleccionar la casilla *Habilitar Simulación Dinámica* (Figura 5E1.M) en el supuesto que vincula a otros supuestos. Por lo tanto, si se ejecutó una simulación de 1000 pruebas, en lugar de tener una única distribución triangular y elegir números aleatorios de esta única distribución, en realidad hay 1,000 distribuciones triangulares, donde en cada prueba, habrá nuevos parámetros para esta distribución triangular, y un número aleatorio se selecciona de esta distribución, y luego en la siguiente prueba, se repite todo el proceso. Este enfoque multidimensional de simulación permite, además, simular parámetros de entrada de incertidumbre en el modelo general de simulación.

Hay una pequeña palabra de precaución: No exagere las capas multidimensionales, porque supongamos que se está usando una distribución triangular con Min = A, Más Probable = B, y Max = C. Y supongamos que A es una distribución uniforme con Min = D y Max = E. Si C es también otra distribución uniforme con Min = F y Max = G, todo está bien, siempre y cuando E y F no se crucen entre sí. Dicho de otra manera, si se establece accidentalmente que E > F, entonces habrá momentos en una simulación aleatoria donde el valor aleatorio E es mayor que F. Este resultado significa que A > C en la distribución original, lo cual viola los requisitos de entrada, haciendo que la simulación se detenga y se produzca un error (es decir, el valor máximo es menor que el valor mínimo en la distribución triangular; esto no es posible y la simulación se detiene). Así pues, si usted está confundido con el truncamiento de distribución, lo mejor sería evitar su uso.

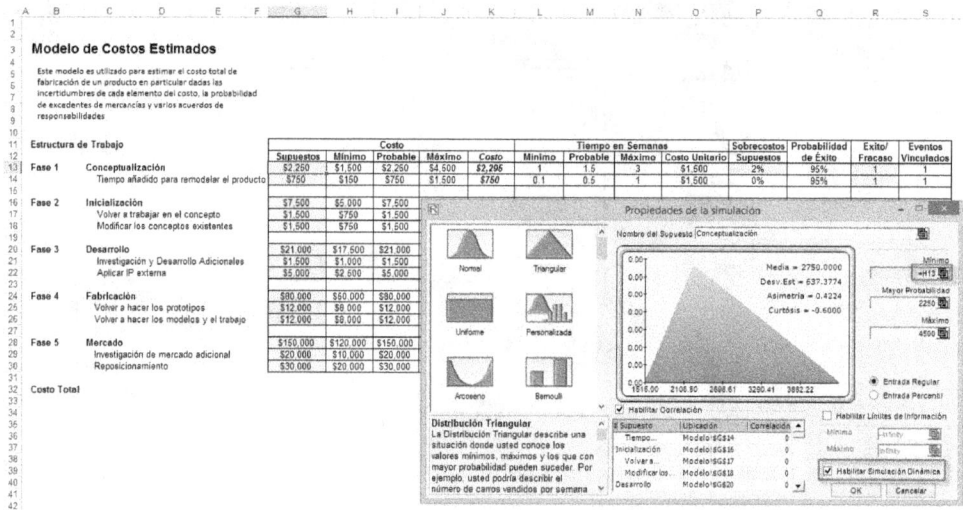

Figura 5E1.M: Simulación Dinámica o Multidimensional I

Modelo de Costos Estimados

Este modelo es utilizado para estimar el costo total de fabricación de un producto en particular dadas las incertidumbres de cada elemento del costo, la probabilidad de excedentes de mercancías y varios acuerdos de responsabilidades

Estructura de Trabajo		Costo					Tiempo en Semanas				Sobrecostos	Probabilidad	Éxito/	Eventos
		Supuestos	Mínimo	Probable	Máximo	Costo	Mínimo	Probable	Máximo	Costo Unitario	Supuestos	de Éxito	Fracaso	Vinculados
Fase 1	Conceptualización	$2,250	$1,500	$2,250	$4,500	$2,295	1	1.5	3	$1,500	2%	95%	1	1
	Tiempo añadido para remodelar el producto	$750	$150	$750	$1,500	$750	0.1	0.5	1	$1,500	0%	95%	1	1
Fase 2	Inicialización	$7,500	$6,000											1
	Volver a trabajar en el concepto	$1,500	$750											1
	Modificar los conceptos existentes	$1,500	$750											1
Fase 3	Desarrollo	$21,000	$17,500											1
	Investigación y Desarrollo Adicionales	$1,500	$1,000											1
	Aplicar IP externa	$5,000	$2,500											1
Fase 4	Fabricación	$60,000	$50,000											1
	Volver a hacer los prototipos	$12,000	$6,000											1
	Volver a hacer los modelos y el trabajo	$12,000	$8,000											1
Fase 5	Mercadeo	$150,000	$120,000											1
	Investigación de mercado adicional	$20,000	$10,000											1
	Reposicionamiento	$30,000	$20,000											1
Costo Total														

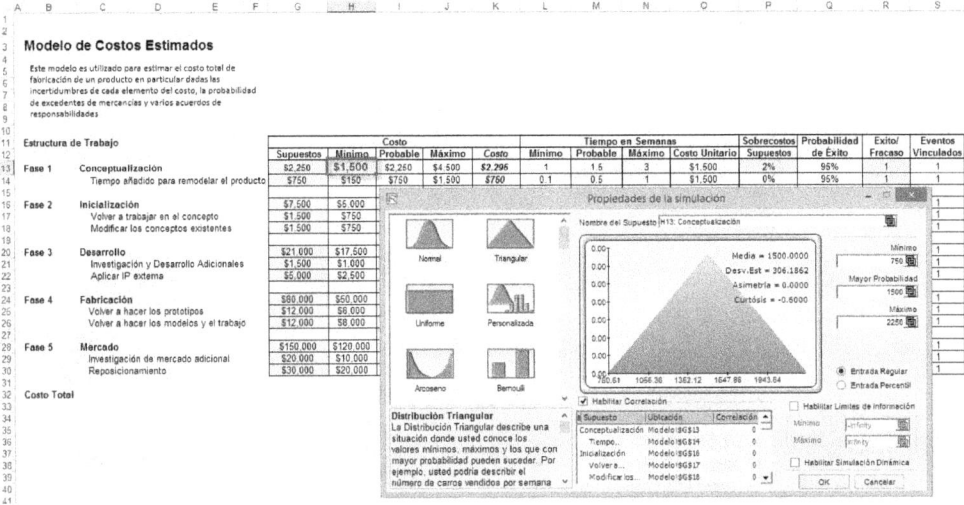

Figura 5E1.N: Simulación Dinámica o Multidimensional II

EJERCICIO 2: MODELO DE EFECTOS CORRELACIÓN

Este ejemplo de modelo ilustra cómo utilizar el Simulador de Riesgo para:

1. Configurar una simulación de supuestos de entrada y predicciones de salida

2. Copiar, pegar y eliminar simulaciones de supuestos y predicciones.

3. Ejecutar simulaciones correlacionadas comparando los resultados entre modelos correlacionados y no correlacionados

4. Extraer, calcular manualmente y verificar los supuestos correlacionados

5. Correlación lineal del momento del producto de Pearson y la correlación jerárquica no lineal de Spearman

Información del modelo

Nombre del Archivo: Modelo de Efectos de Correlación de Riesgo

Acceso: *Simulador de Riesgo | Modelos de Ejemplo | 04 Modelo de Efectos de Correlación*

Prerrequisitos: Simulador de Riesgos 2014 o posterior. Ejercicios básicos de simulación de modelos completados.

Capítulo 5 de *Modelación de Riesgos* (Sección Correlaciones y Control de Precisión)

Este modelo ilustra los efectos de la simulación correlacionada frente a la simulación no correlacionada. Es decir, si un par de supuestos simulados no están correlacionados, positiva o negativamente, los resultados a veces pueden ser muy diferentes. Además, los datos brutos de los supuestos simulados se extraen después de que se realizan las simulaciones y los cálculos manuales de sus correlaciones por parejas. Los resultados indican que las correlaciones de entrada se mantienen después de la simulación.

1. Configurando Supuestos de Entrada de Simulación y Predicciones de Salida

Abra el modelo de *Simulador de Riesgo | Modelos de Ejemplo | 04 Modelo de Efectos de Correlación*. Vaya a la hoja de cálculo de *Modelo de Correlación* (Figura 5E2.A). Siga las instrucciones que se muestran en las páginas siguientes para configurar y ejecutar este modelo.

Modelo de Correlación

	Sin Correlación	Correlación Positiva	Correlación Negativa
Precio	$2.00	$2.00	$2.00
Cantidad	1.00	1.00	1.00
Ingresos Brutos	$2.00	$2.00	$2.00

Para replicar este modelo, utilice los siguientes supuestos:
Los Precios se establecen como Distribuciones Triangulares (1.8, 2.0, 2.2) mientras que
la Cantidad se establece como Distribuciones Uniformes (0.9, 1.1) con correlaciones
establecidas en 0.0, +0.8, -0.8 para 1,000 pruebas con valor semilla de 123456.

Figura 5E2.A: Modelo de Correlación

2. Copiar, Pegar y Eliminar Supuestos de Simulación y Pronóstico

Vamos a replicar los supuestos y predicciones según las instrucciones de la hoja de trabajo mediante el establecimiento de los supuestos de entrada para el precio y la cantidad, y las predicciones de salida para los ingresos. Al configurar los supuestos de entrada, se puede practicar mediante la creación de un supuesto a la vez, o la creación de un único supuesto y luego utilizar la técnica de *Copiar* y *Pegar* del Simulador de Riesgo para replicar los supuestos a través de múltiples celdas a la vez. Siga los siguientes pasos:

Procedimiento:

1. Cree un nuevo perfil: *Simulador de Riesgo | Nuevo perfil* (o utilice el icono de Nuevo Perfil) y asígnele un nombre.

2. Seleccione la celda D5 para el precio sin correlación. *Haga clic en Simulador de Riesgo | Entrada de Supuestos* (o utilice el icono *Supuesto de Entrada*), seleccione la distribución *Triangular*, y ajuste los parámetros como 1.8, 2.0 y 2.2 como se indica en la hoja de trabajo (Figura 5E2.B). Haga clic en *OK* cuando haya terminado.

3. Seleccione la celda D5 nuevamente, después de que el supuesto se haya establecido, y haga clic en *Simulador de Riesgo | Copiar Parámetro* (o utilice el icono *Copiar* en la barra de herramientas del Simulador de Riesgo). Asegúrese de <u>no</u> utilizar la función de copia de Excel o el comando *Ctrl + C* o clic derecho—*Copiar*, porque el uso de la función copiar de Excel sólo copiará el contenido de la celda, el color, las ecuaciones, y la fuente. Sólo utilizando *Copiar* del Simulador de Riesgo se puede copiar el supuesto de entrada y sus parámetros.

4.   Seleccione las celdas *E5* y *F5* y haga clic en *Simulador de Riesgo | Pegar Parámetro* (o utilice el icono Pegar en la barra de herramientas del Simulador de Riesgo). Una vez más, asegúrese de no teclear *Enter* y no utilice la función de pegar de Excel o *Ctrl + V*, ya que esto únicamente pegará el contenido de las celdas de Excel y no los supuestos de entrada (Figura 5E2.C).

5.   Seleccione la celda *D6* y repita el proceso anterior, esta vez utilizando una distribución Uniforme con 0.9 y 1.1 como parámetros de entrada. *Copiar / Pegar* los parámetros para las celdas *E6* y *F6*.

6.   Seleccione la celda *D7* y establézcala como una predicción de salida haciendo clic en *Simulador de Riesgo | Pronóstico de Salida* (o utilice el icono Pronóstico de Salida), y vincule el nombre de la predicción a la celda *D4*. A continuación, seleccione la celda *D7* nuevamente, copie el parámetro y seleccione las celdas *E7* y *F7* para pegar los parámetros utilizando *Copiar* y *Pegar* en el Simulador de Riesgo. Luego, recuerde revisar la sugerencia presentada en la siguiente sección para hacer un importante recordatorio acerca de copiar y pegar.

7.   A continuación, establezca las correlaciones entre las variables. Hay dos formas de establecer las correlaciones: puede establecer correlaciones con un par de supuestos a la vez o establecerlas todas al tiempo en una matriz de correlación. Vamos a explorar los dos enfoques de la siguiente manera:

   a.   Como se supone que la celda E5 esta correlaciona con la celda E6, seleccione la celda *E5* y haga clic en *Simulador de Riesgo | Entrada de Supuestos* (o utilice el icono Supuesto de Entrada) una vez más. Esta vez, mire la sección *Habilitar Correlación* (Figura 5E2.D). Puede hacer clic y arrastrar para ampliar la forma de interfaz de usuario, así como para aumentar el ancho de las tres columnas de supuestos, ubicación y correlación. Encuentre el supuesto de entrada para E6, introduzca la correlación de 0.8 y pulse *Enter* en el teclado (Figura 5E2.D). Recuerde pulsar *Enter* en el teclado cuando haya terminado de introducir la correlación, de lo contrario el software va a pensar que usted todavía está escribiendo en el cuadro de entrada. Haga clic en *OK* cuando haya terminado. Con el fin de completar el proceso, seleccione la celda E6 y otra vez establezca un supuesto de entrada, y note que al establecer el supuesto en la celda E5 previamente y correlacionándolo con E6, la celda E6 se correlaciona automáticamente con E5. Repita el proceso de correlación para las celdas F5 y F6.

   b.   Haga clic en *Simulador de Riesgo | Herramientas Analíticas | Editar correlaciones* y se le proporcionará una herramienta de correlación (Figura 5E2.E). Seleccione la casilla *Muestre el Nombre de la Celda* y puede seleccionar las variables que desea correlacionar o haga clic en *Seleccionar Todo* para mostrarlas todas. En la sección de matriz de correlación, introduzca el valor de correlación (las correlaciones tienen que estar entre –1 y 1, y se permiten los ceros, por supuesto). Observe que la matriz de correlación que se muestra es una matriz cuadrada completa y el triángulo superior refleja el triángulo inferior. Por lo tanto, todo lo que tiene que hacer es introducir la correlación ya sea en el triángulo superior o inferior y pulsar *Enter* en el teclado. El valor se actualizará en ambos triángulos: el superior y el inferior. Haga clic en *OK* cuando haya terminado. Además, tenga en cuenta que la interfaz del usuario le permite *Pegar* una matriz de correlación. Esta herramienta es muy útil si se desea que la matriz de correlación sea visible en Excel. Cuando se tiene una matriz existente en Excel, se puede copiar la matriz y luego pegarla aquí (asegurándose de que la matriz copiada es cuadrada y los triángulos superior e inferior tienen valores de correlación por pares idénticos). Ahora están terminados los ajustes de correlación. Con el fin de completar el proceso, puede seleccionar cualquiera de los supuestos de entrada y establecer otra vez un supuesto para asegurarse de que las correlaciones están configuradas correctamente (Figura 5E2.D).

8. Ejecute la simulación haciendo clic en *Simulador de Riesgo | Correr Simulación* (o utilice el icono Correr) e interprete los resultados. Continúe a la siguiente sección para la interpretación de los resultados. También puede intentar ejecutar *Simulación a Súper Velocidad* para resultados más rápidos.

CONSEJO: Para copiar y pegar en el Simulador de Riesgo, este consejo rápido será muy útil cuando se estén configurando las entradas y salidas en los modelos más grandes. Cuando se selecciona una celda y se utiliza la función *Copiar* del Simulador de Riesgo, esta copia todo en el portapapeles de Windows, incluyendo el valor de la celda, la ecuación, la función, el color, la fuente, y el tamaño, así como los supuestos, las predicciones o las variables de decisión del Simulador de Riesgo. Luego, a medida que se aplica la función *Pegar* del Simulador de Riesgo, usted tiene dos opciones. La primera opción es aplicar *Pegar* del Simulador de Riesgo directamente, *sin* los valores de la celda, el color, la ecuación, la función, el tipo de letra, y así sucesivamente. La segunda opción es aplicar *Pegar* del Simulador Riesgo además de incluir todos los valores de celda, el color, el tipo de letra, la ecuación, las funciones y los parámetros y serán pegados, de una forma semejante al ejemplo anterior.

CONSEJO: También se puede hacer clic en la herramienta *Mostrar Gráfica* para ver representaciones de muestra de cómo se ven los diferentes niveles de correlación cuando las variables se representan en un gráfico de dispersión, y también se puede utilizar esta herramienta para calcular las correlaciones de los datos en bruto.

CONSEJO: Usted puede seleccionar varias celdas con supuestos y predicciones, y utilizar las funciones *Copiar* y *Pegar* del Simulador de Riesgo.

Figura 5E2.B: Fijar un Supuesto de Entrada

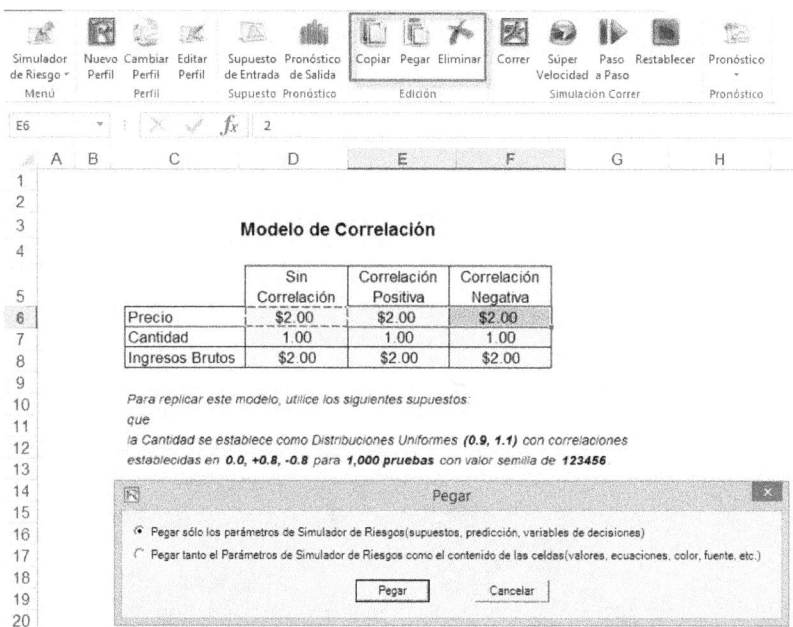

Figura 5E2.C: Simulación de Parámetros Copiar y Pegar

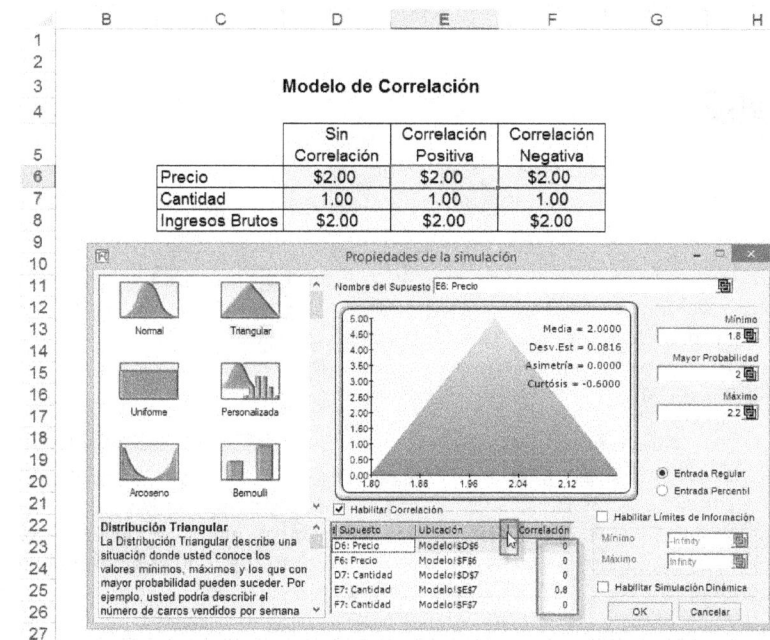

Figura 5E2.D: Correlaciones Por Pares (Manual)

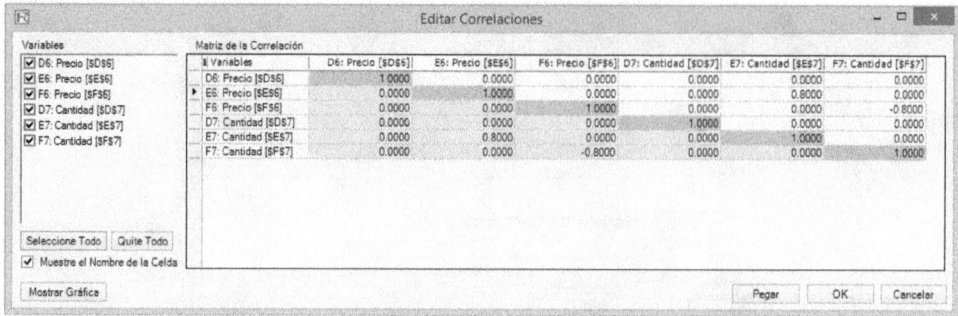

Figura 5E2.E: Correlaciones Por Pares (Matriz)

3. Ejecutar Simulaciones Correlacionadas, Comparando Resultados de Modelos Correlacionados y No Correlacionados

Las estadísticas resultantes de simulación indican que las variables correlacionadas negativamente proporcionan una mayor o menor desviación estándar o un nivel de riesgo global del modelo. Esta relación existe porque las correlaciones negativas proporcionan una diversificación de efectos sobre las variables y, por lo tanto, tienden a hacer que la desviación estándar sea ligeramente más pequeña. Por lo tanto, asegúrese de que en las correlaciones de entrada en realidad existan correlaciones entre las variables. De lo contrario, este efecto de interacción no se contabilizará en la simulación.

El modelo de correlación positiva tiene una desviación estándar más grande porque una correlación positiva tiende a hacer que ambas variables viajen en la misma dirección, haciendo que los extremos sean más amplios y, por lo tanto, aumenta el riesgo general. Por lo tanto, el modelo sin ningún tipo de correlaciones tendrá una desviación estándar entre los modelos de correlación positivos y negativos.

Tenga en cuenta que el valor esperado o media no cambia mucho. De hecho, si se ejecutan suficientes ensayos de simulación, los valores teóricos y empíricos de la media siguen siendo los mismos. El primer momento (tendencia central o valor esperado) no cambia con correlaciones. El segundo momento (propagación o riesgo e incertidumbre) cambiará con las correlaciones (Figura 5E2.F).

Note que esta característica existe sólo en modelos simples con una relación positiva. Es decir, un modelo de precio × Cantidad se considera un modelo de relación "positiva" (como es Precio + Cantidad), donde una correlación negativa disminuye la gama y una correlación positiva aumenta el rango. Lo contrario es cierto para los modelos de relación negativa. Por ejemplo, Precio / Cantidad o precio—Cantidad sería un modelo de relación negativa, donde una correlación positiva reducirá el rango de la variable de predicción, y una correlación negativa aumentará el rango. Por último, para los modelos más complejos (por ejemplo, los modelos más grandes con múltiples variables interactuando con relaciones positivas y negativas y algunas veces con correlaciones positivas y negativas), los resultados son difíciles de predecir y no se pueden determinar teóricamente. Sólo mediante la ejecución de una simulación se pueden determinar los verdaderos resultados del rango y los resultados. En tal escenario, el análisis de tornado y el análisis de sensibilidad serían más apropiados.

Correlacion Positiva - Pronóstico del Sím...		Correlacion Negativa - Pronóstico del Sí...	
Histograma Estadísticas Preferencias Opciones Controles Vista Global		Histograma Estadísticas Preferencias Opciones Controles Vista Global	

Estadísticas	Resultado	Estadísticas	Resultado
Número de simulaciones	1000	Número de simulaciones	1000
Media	2.0020	Media	1.9976
Mediana	1.9992	Mediana	1.9961
Desviación Estándar	0.1886	Desviación Estándar	0.0717
Variación	0.0356	Variación	0.0051
Coeficiente de Variación	0.0942	Coeficiente de Variación	0.0359
Máximo	2.4147	Máximo	2.2148
Mínimo	1.6278	Mínimo	1.8197
Rango	0.7869	Rango	0.3951
Asimetría	0.0788	Asimetría	0.1040
Curtósis	-0.9641	Curtósis	-0.3191
25% Percentil	1.8468	25% Percentil	1.9435
75% Percentil	2.1475	75% Percentil	2.0486
Precisión de Error al 95% de Confianza	0.5839%	Precisión de Error al 95% de Confianza	0.2224%

Sin Correlacion - Pronóstico del Simulad...	
Histograma Estadísticas Preferencias Opciones Controles Vista Global	

Estadísticas	Resultado
Número de simulaciones	1000
Media	2.0036
Mediana	1.9995
Desviación Estándar	0.1450
Variación	0.0210
Coeficiente de Variación	0.0724
Máximo	2.3907
Mínimo	1.6844
Rango	0.7063
Asimetría	0.0304
Curtósis	-0.7316
25% Percentil	1.8944
75% Percentil	2.1127
Precisión de Error al 95% de Confianza	0.4486%

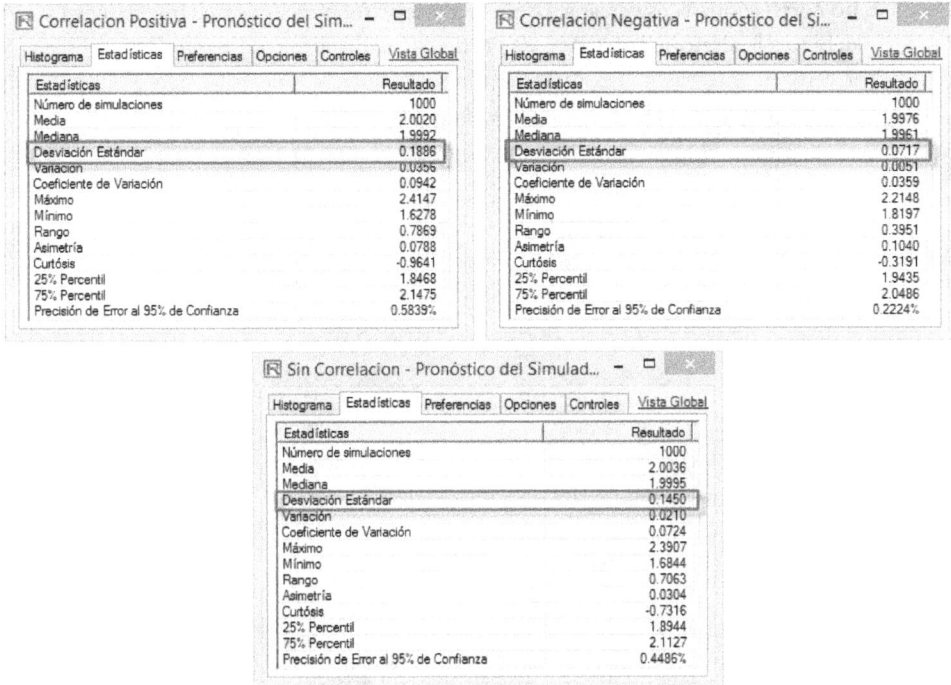

Figura 5E2.F: Efectos de Riesgo en Momentos de Distribución

4. Extracción Manual e Informática y Verificación de Correlaciones de Supuestos

Para el ejercicio adicional, ejecute la simulación y a continuación, extraer los datos simulados. Luego, ejecute una correlación y verifique si las correlaciones son similares a lo que usted ha entrado en el *Simulador de Riesgo*.

Procedimientos:

1. Ejecute la simulación: *Simulador de Riesgo | Correr Simulación* (o utilice el icono de simulación Correr). Haga clic en Aceptar cuando se realiza la simulación.
2. Extraer los datos: *Simulador de Riesgo | Herramientas Analíticas | Exportar datos* (o utilice el icono de extracción de datos bajo la cinta de Herramientas de Análisis). Seleccione *Nueva Hoja de Trabajo de Excel* y haga clic en el botón *Seleccionar Todo*... varias veces para seleccionar sólo las predicciones, sólo los supuestos, o todas las predicciones y suposiciones a la vez (Figura 5E2.G). Seleccione solo las casillas de verificación de *Todas* las predicciones y suposiciones y haga clic en *OK* para extraer los datos.
3. Vaya a la hoja de datos extraídos de la hoja de cálculo y utilizar la función COEF.DE.CORREL de Excel para calcular las correlaciones pares de los datos simulados. Por ejemplo, la Figura 5E2.H muestra que las correlaciones calculadas son +0.8 y –0.8 para los pares de correlación positivos y negativos, además de la pareja

no correlacionada es cercana a cero (la correlación nunca es exactamente igual a cero debido a la aleatoriedad, y 0.03 de efecto es estadísticamente significativo es idéntico a cero en este caso). En otras palabras, las correlaciones que hemos introducido originalmente se mantienen en el modelo de simulación.

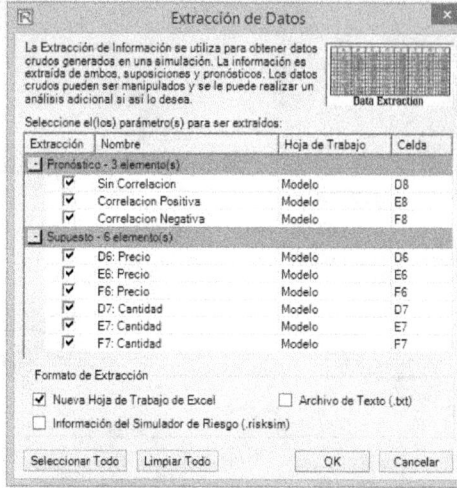

Figura 5E2.G: Extracción de Datos

Estos son los valores extraídos sin procesar de la simulación. Están correlacionados para verificar si en efecto las correlaciones que se ingresaron en los supuestos son las correlaciones que se modelaron. El Coeficiente de Correlación Pearson es una correlación lineal paramétrica, y los resultados indican que las correlaciones ingresadas (+0.80 and -0.80) son de hecho correlaciones entre las variables. Ver "Modeling Risk," del Dr. Johnathan Mun (Wiley 2006) para mayor información.

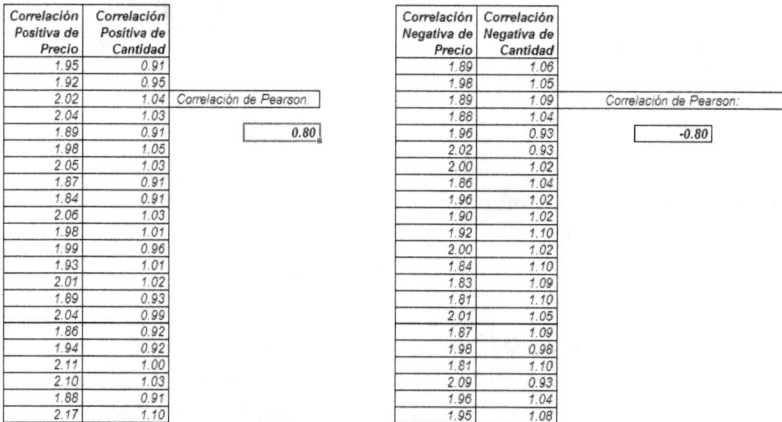

Correlación Positiva de Precio	Correlación Positiva de Cantidad		Correlación Negativa de Precio	Correlación Negativa de Cantidad	
1.95	0.91		1.89	1.06	
1.92	0.95		1.98	1.05	
2.02	1.04	Correlación de Pearson:	1.89	1.09	Correlación de Pearson:
2.04	1.03		1.88	1.04	
1.89	0.91	0.80	1.96	0.93	-0.80
1.98	1.05		2.02	0.93	
2.05	1.03		2.00	1.02	
1.87	0.91		1.86	1.04	
1.84	0.91		1.96	1.02	
2.06	1.03		1.90	1.02	
1.98	1.01		1.92	1.10	
1.99	0.96		2.00	1.02	
1.93	1.01		1.84	1.10	
2.01	1.02		1.83	1.09	
1.89	0.93		1.81	1.10	
2.04	0.99		2.01	1.05	
1.86	0.92		1.87	1.09	
1.94	0.92		1.98	0.98	
2.11	1.00		1.81	1.10	
2.10	1.03		2.09	0.93	
1.88	0.91		1.96	1.04	
2.17	1.10		1.95	1.08	

Figura 5E2.H: Correlación de los Valores Simulados

5. Coeficiente Producto – Momento Lineal de Pearson y Coeficiente de Correlación NO Lineal de Spearman

Normalmente, cuando se utiliza el término de *correlación*, por lo general significa una correlación lineal. Y, por supuesto, las correlaciones pueden tomar cualquier valor entre -1 y $+1$, inclusive, lo que significa que el coeficiente de correlación tiene un signo (dirección) y magnitud (intensidad). El problema surge cuando no hay linealidad y usamos correlaciones lineales. La Figura 5E2.I muestra unos gráficos de dispersión con las variables pares X y Y (por ejemplo, horas de estudio y calificaciones escolares). Si trazamos una línea imaginaria que se ajusta mejor en el diagrama de dispersión, podemos ver la correlación aproximada (mostramos un cálculo de correlación en un momento, pero por ahora, vamos a visualizar). La parte A muestra un coeficiente relativamente alto de correlación positiva (R) de aproximadamente 0.7 como un aumento en X significa un aumento en Y, por lo que hay una pendiente positiva y por lo tanto una correlación positiva. La parte B muestra una correlación negativa aún más fuerte (pendiente negativa, un aumento de X significa una disminución en Y y viceversa). Tiene magnitud ligeramente superior debido a que los puntos están más cerca de la línea. De hecho, cuando los puntos están exactamente en la línea, como en la Parte D, la correlación es 1 (pendiente positiva) o –1 (pendiente negativa), lo que indica una correlación perfecta. La Parte C muestra una situación donde la curva es perfectamente plana, o tiene correlación cero, donde, independientemente del valor de X, Y se mantiene sin cambios, lo que indica que no hay ninguna relación. Todos estos son muy básicos y buenos.

El problema surge cuando existen relaciones no lineales (normalmente es el caso en muchas situaciones de la vida real), como se muestra en la Figura 5E2.J. La Parte E muestra una relación exponencial entre X y Y. Si usamos una correlación no lineal, obtenemos 0,9, pero si utilizamos una correlación lineal, es mucho menor a 0.6 (Parte F), lo que significa que hay una información que es no recogida por la correlación lineal. La situación es mucho peor cuando tenemos una relación sinusoidal, como en las partes G y H. La correlación no lineal toma la relación muy bien con un coeficiente de correlación de 0.9; utilizando una correlación lineal, la línea de mejor ajuste es, literalmente, una línea horizontal plana, lo que indica una correlación cero.

La situación se vuelve mucho peor cuando tenemos una relación sinusoidal, como en las partes G y H. La correlación no lineal recoge la relación muy bien con un coeficiente de correlación de 0,9; utilizando una correlación lineal, la línea de mejor ajuste es, literalmente, una línea horizontal plana, lo que indica una correlación cero. Sin embargo, sólo mirando la imagen se podría decir que hay una relación. *¡Por lo tanto, se debe distinguir entre las correlaciones lineales y no lineales, ya que como hemos visto en este ejercicio, la correlación afecta el riesgo, y se está tratando con el análisis de riesgo!*

El coeficiente de correlación lineal también se conoce como *coeficiente de correlación de productos de momentos de Pearson*, se calcula

$$R = \frac{\sum_{i=1}^{n}(X_i - \overline{X})(Y_i - \overline{Y})}{\sqrt{\sum_{i=1}^{n}(X_i - \overline{X})^2 (Y_i - \overline{Y})^2}}$$

y se supone que la distribución subyacente es normal, o casi normal, como la distribución t. Por lo tanto, esta es una correlación paramétrica. Puede utilizar la función COEF.DE.CORREL de Excel para calcular esto sin esfuerzo. La correlación no lineal es *no paramétrica basada en el rango de correlación de Spearman*, que no compromete ninguna distribución subyacente, por lo que es una medida no paramétrica. El enfoque de correlación no lineal de Spearman es muy simple. Usando primero los datos originales "linealizar" y a continuación, aplicamos el cálculo de correlación de Pearson para obtener la correlación de Spearman. Por lo general, cuando hay datos no lineales, podemos linealizar utilizando una función LOG (o equivalente, un LN o Función log natural) o una función JERARQUIA. La tabla que se muestra a continuación ilustra este efecto.

El valor original es claramente no lineal (es 10X, donde x va de 0 a 5). Sin embargo, si se aplica una función LOG, los datos se convierte en lineales (1, 2, 3, 4, 5) o cuando se aplican en filas, el rango (ya sea mayor a menor o de menor a mayor) también es lineal. Una vez hemos lineado los datos, podemos aplicar la correlación de Pearson lineal. Para resumir, el coeficiente de correlación no lineal no paramétrica de Spearman se obtiene por la clasificación primero de los datos y luego se aplica la correlación lineal de Pearson.

Valor	VALOR (LOG)	VALOR (RANK)
1	0	1
10	1	2
100	2	3
1000	3	4
10000	4	5
100000	5	6

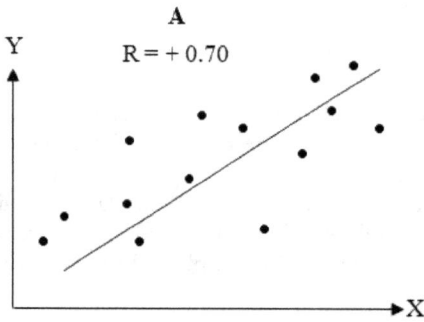

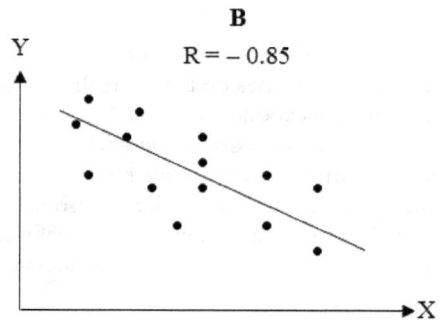

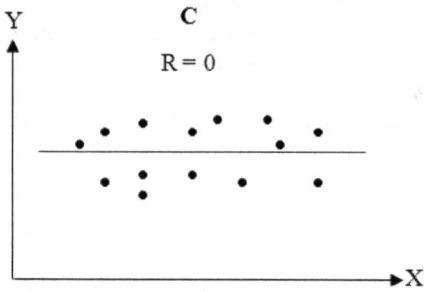

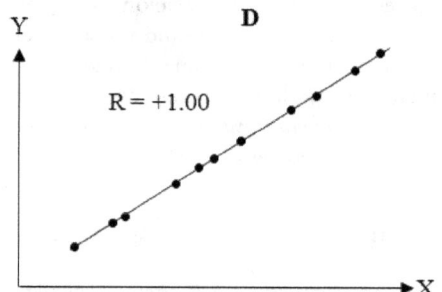

A

R = + 0.70

B

R = − 0.85

C

R = 0

D

R = +1.00

Figura 5E2.I: Correlación Lineal de los Valores Simulados

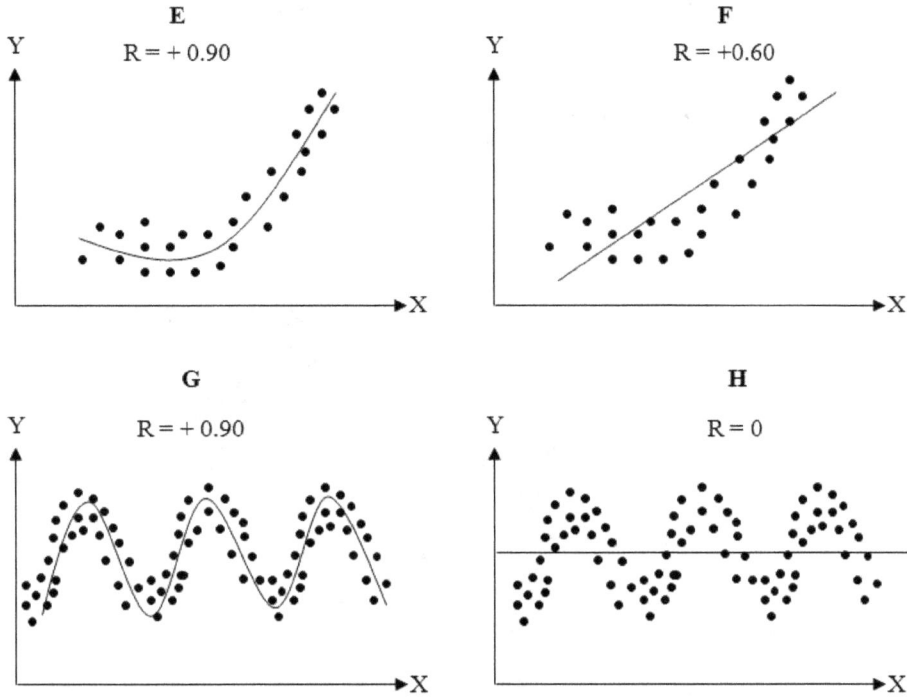

Figura 5E2.J: Correlación no Lineal de los Valores Simulados

CAPÍTULO 6 – LA CAJA DE HERRAMIENTAS DE PANDORA

Este capítulo se ocupa de las herramientas analíticas del software Simulador de Riesgo. Estas herramientas analíticas son explicadas mediante ejemplos aplicados del software, y además muestran ilustraciones de cada paso. Estas herramientas son muy valiosas para los analistas que trabajan en el análisis de riesgo. La aplicabilidad de cada herramienta se discute en detalle en este capítulo. Todos los archivos de ejemplos usados en este capítulo se encuentran en *Simulador de Riesgo | Modelos de Ejemplo*.

TORNADO Y LAS HERRAMIENTAS DE SENSIBILIDAD EN LA SIMULACIÓN

Teoría

Una de las herramientas más poderosas para las simulaciones es el análisis de tornado, esta captura los impactos estáticos de cada variable en el pronóstico del modelo; es decir, la herramienta impacta automáticamente cada variable del modelo y la convierte en una cantidad preestablecida, captura la fluctuación en el pronóstico del modelo o en el resultado final y hace una lista en orden de importancia (de acuerdo al rango) de los impactos resultantes. Entre las Figuras 6.1 y 6.6 se ilustran la aplicación de un análisis de tornado. Por ejemplo, la Figura 6.1 es una muestra de un modelo del flujo de caja descontado en donde los supuestos de entrada del modelo son mostrados. La pregunta es, ¿Cuáles son los factores críticos de éxito que afectan principalmente los resultados del modelo?

La herramienta del gráfico de tornado puede encontrarse en *Simulador de Riesgo | Herramientas | Análisis de Tornado*. Para seguir con el primer ejemplo, abra el archivo de las *Simulador de Riesgo | Modelos de Ejemplo | 22 Gráficas de Tornado y Sensibilidad (lineal)* en la carpeta de ejemplos. La Figura 6.2 muestra un modelo de muestra en donde la celda *G6*, que contiene el valor neto presente, es escogida como el valor de referencia que se va a analizar. Para hacer gráficas de tornado se deben seleccionar las celdas objetivo de los precedentes en el modelo. Los precedentes son las variables de entrada e intermedias, las cuales afectan los resultados del modelo. Por ejemplo, si el modelo consiste en $A = B + C$, en donde $C = D + E$, entonces B, D, y E son los precedentes para A (C no lo es ya que este tan solo es un valor intermedio calculado). La Figura 6.2 muestra el rango de prueba de cada variable precedente usada para estimar el resultado de la meta. Si las variables del precedente son simples entradas, entonces el rango de prueba será una simple perturbación basada en el rango escogido (el predeterminado es ±10%). Cada variable del precedente puede ser perturbada en diferentes porcentajes si es necesario. Un rango más amplio es importante, ya que es una mejor oportunidad para probar los valores extremos en vez de las perturbaciones pequeñas alrededor de los valores esperados. En ciertas circunstancias los valores extremos pueden tener un impacto más largo, más pequeño o desequilibrado (esto puede ocurrir cuando las economías de escala y ámbito que aumentan y se reducen buscan valores de variables más grandes o más pequeños) y solo un rango más amplio puede capturar este impacto no lineal.

Modelo Flujo de Caja Descontado

Año Base	2005
Tasa de Descuento de Mercado con Riesgo Ajustado	15.00%
Tasa de Descuento Riesgo Privado	5.00%
Tasa de Crecimiento de Ventas Anualizado	2.00%
Tasa de Erosión de Precios	5.00%
Tasa de Impuestos Efectiva	40.00%

Suma de los Beneficios Netos Valor Presente	$1,896.63
Suma de la Inversión Valor Presente	$1,800.00
Valor Presente Neto	**$96.63**
Tasa Interna de Retorno	18.60%
Retorno de la Inversión	5.37%

	2005	2006	2007	2008	2009
Precio Promedio del Producto A	$10.00	$9.50	$9.03	$8.57	$8.15
Precio Promedio del Producto B	$12.25	$11.64	$11.06	$10.50	$9.98
Precio Promedio del Producto C	$15.15	$14.39	$13.67	$12.99	$12.34
Cantidad Producida de A	50.00	51.00	52.02	53.06	54.12
Cantidad Producida de B	35.00	35.70	36.41	37.14	37.89
Cantidad Producida de C	20.00	20.40	20.81	21.22	21.65
Utilidades Totales	*$1,231.75*	*$1,193.57*	*$1,156.57*	*$1,120.71*	*$1,085.97*
Costo de los Bienes Vendidos	$184.76	$179.03	$173.48	$168.11	$162.90
Ganancia Bruta	*$1,046.99*	*$1,014.53*	*$983.08*	*$952.60*	*$923.07*
Gastos de Operación	$157.50	$160.65	$163.86	$167.14	$170.48
Gastos de Administración y Comercialización	$15.75	$16.07	$16.39	$16.71	$17.05
Gastos Operativos (Ganancias antes de Intereses, In	*$873.74*	*$837.82*	*$802.83*	*$768.75*	*$735.54*
Depreciación	$10.00	$10.00	$10.00	$10.00	$10.00
Amortización	$3.00	$3.00	$3.00	$3.00	$3.00
Utilidad antes de intereses e impuestos	*$860.74*	*$824.82*	*$789.83*	*$755.75*	*$722.54*
Pago de Intereses	$2.00	$2.00	$2.00	$2.00	$2.00
Ingresos Antes de Impuestos	*$858.74*	*$822.82*	*$787.83*	*$753.75*	*$720.54*
Impuestos	$343.50	$329.13	$315.13	$301.50	$288.22
Ingresos Netos	*$515.24*	*$493.69*	*$472.70*	*$452.25*	*$432.33*
Depreciación	$13.00	$13.00	$13.00	$13.00	$13.00
Cambios en el Capital de Trabajo	$0.00	$0.00	$0.00	$0.00	$0.00
Gastos de Capital	$0.00	$0.00	$0.00	$0.00	$0.00
Flujo de Caja Libre	*$528.24*	*$506.69*	*$485.70*	*$465.25*	*$445.33*

Inversiones	$1,800.00				

Figura 6.1: Modelo Flujo de Caja Descontado

Procedimiento

Utilice los siguientes pasos para crear un análisis de tornado:

- Seleccione la única celda de salida (una celda con una función o ecuación) en un modelo de Excel (en nuestro ejemplo la celda G6 es la seleccionada).

- Seleccione *Simulador de Riesgo | Herramientas | Análisis Tornado*.

- Revise los precedentes y renómbrelos de la forma apropiada (renombrar los precedentes a nombres más cortos permite un gráfico de tornado y de araña más complacientes a la vista) y haga clic en *OK*. Alternamente, haga clic en *Use la dirección de la celda* para aplicar la ubicación como los nombres de las variables.

Modelo Flujo de Caja Descontado

	2005
Año Base	2005
Tasa de Descuento de Mercado con Riesgo Ajustado	15.00%
Tasa de Descuento Riesgo Privado	5.00%
Tasa de Crecimiento de Ventas Anualizado	2.00%
Tasa de Erosión de Precios	5.00%
Tasa de Impuestos Efectiva	40.00%

Suma de los Beneficios Netos Valor Presente	$1,896.63
Suma de la Inversión Valor Presente	$1,800.00
Valor Presente Neto	$96.63
Tasa Interna de Retorno	18.80%
Retorno de la Inversión	5.37%

	2005
Precio Promedio del Producto A	$10.00
Precio Promedio del Producto B	$12.25
Precio Promedio del Producto C	$15.15
Cantidad Producida de A	50.00
Cantidad Producida de B	35.00
Cantidad Producida de C	20.00
Utilidades Totales	$1,231.75
Costo de los Bienes Vendidos	$184.76
Ganancia Bruta	$1,046.99
Gastos de Operación	$157.50
Gastos de Administración y Comercialización	$15.75
Gastos Operativos (Ganancias antes de intereses, In	$873.74
Depreciación	$10.00
Amortización	$3.00
Utilidad antes de intereses e impuestos	$860.74
Pago de Intereses	$2.00
Ingresos Antes de Impuestos	$858.74
Impuestos	$343.50
Ingresos Netos	$515.24
Depreciación	$13.00
Cambios en el Capital de Trabajo	$0.00
Gastos de Capital	$0.00
Flujo de Caja Libre	$528.24
Inversiones	$1,800.00

Análisis Financiero	
Flujo de Caja Libre a Valor Presente	$528.24
Gastos en Inversiones a Valor Presente	$1,800.00
Flujo de Caja Neto	($1,271.75)

$506.69 $485.70 $465.25 $445.33

Análisis Tornado

El Análisis Tornado crea alteraciones estáticas (p.ej. Cada precedente es alterado uno a la vez) para identificar el impacto en los resultados. Sirve para identificar los factores críticos de éxito de un modelo antes de ejecutar simulaciones.

Evaluar los precedentes que se muestran abajo y hacer los cambios necesarios:

Selección	Nombre	Hoja de Trabajo	Celda	Caso Base	% Superior	% Desventaja	Los Puntos de P...
☑	C5	Modelo FCD	C5	0.15	10%	10%	10
☑	C36	Modelo FCD	C36	1800	10%	10%	10
☐	C33	Modelo FCD	C33	0	10%	10%	10
☐	C32	Modelo FCD	C32	0	10%	10%	10
☑	C24	Modelo FCD	C24	10	10%	10%	10
☑	C25	Modelo FCD	C25	3	10%	10%	10
☑	C9	Modelo FCD	C9	0.4	10%	10%	10
☑	C27	Modelo FCD	C27	2	10%	10%	10
☑	C15	Modelo FCD	C15	50	10%	10%	10
☑	C16	Modelo FCD	C16	35	10%	10%	10

Opciones

● Muestre Todas Variables   ☑ Use la dirección de la celda

○ Muestre Variable(s) [1] riables   ☐ Seleccione los posibles números enteros

☑ Ignore cero o vacíe los valores   ☐ Use configuración global

☐ No haga caso de todos los posibles valores   ☐ Tiempo Máximo de ejecución (seg) [600]

Trace Etiqueta [Celda Nombre (12 Cartas)]   ☐ Identificar años

● Sólo analice esta hoja de trabajo   ○ Analice todas las hojas de trabajo

[OK] [Cancelar] [Copiar] [Excel]

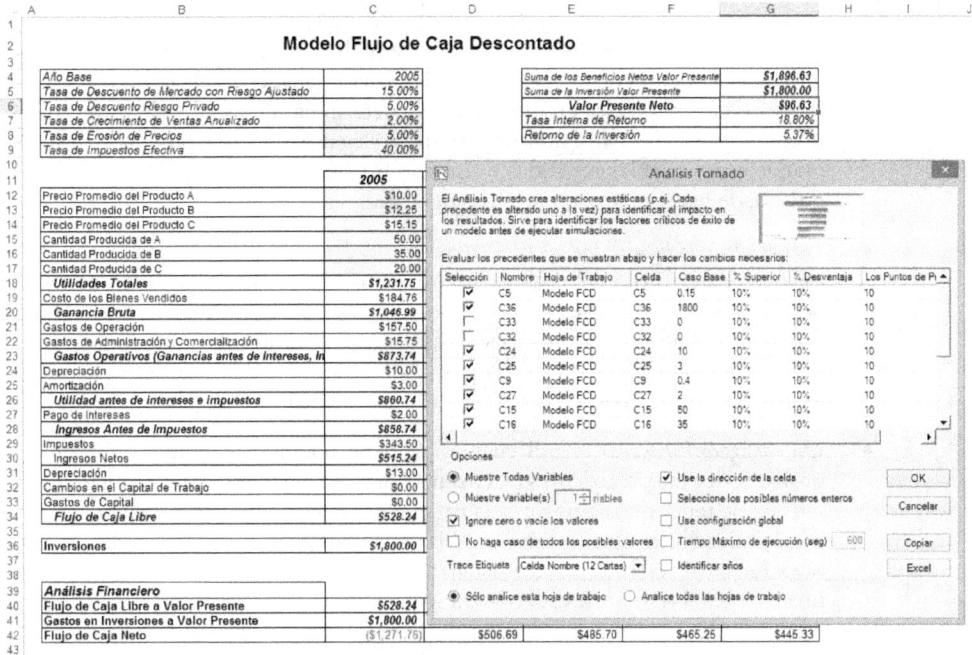

Figura 6.2: Ejecutando un Análisis de Tornado

Consejos y Notas Adicionales Sobre Ejecución de un Análisis Tornado

Estos son algunos consejos sobre la ejecución de un análisis de tornado y más detalles sobre las opciones disponibles en la interfaz de usuario de análisis de tornado (Figura 6.2):

- El Análisis de Tornado nunca se debe ejecutar sólo una vez. Está diseñado como una herramienta de diagnóstico modelo, esto quiere decir que lo ideal es que sea ejecutado varias veces en el mismo modelo. Por ejemplo, en un modelo grande, el tornado se puede ejecutar la primera vez usando todos los valores predeterminados y todos los precedentes se deben mostrar (seleccione *Muestre Todas Variables*). El resultado puede ser un informe amplio y largo (y potencialmente antiestético) de gráficos tornado. Sin embargo, este análisis proporciona un gran punto de partida para determinar cuántos de los precedentes se consideran factores esenciales de éxito. Por ejemplo, el gráfico tornado puede mostrar que las primeras 5 variables tienen un alto impacto en la salida, mientras que las 200 variables restantes tienen poco o ningún impacto, en cuyo caso, un segundo análisis de tornado se ejecuta mostrando menos variables (por ejemplo, seleccione *Mostrar las 10 variables Principales*) si las primeras 5 son esenciales, se crea un informe satisfactorio y el gráfico tornado que muestra un contraste entre los factores clave y los factores menos esenciales. Nunca se debe mostrar un gráfico tornado sólo con las variables clave sin mostrar algunas variables menos esenciales como un contraste con sus efectos en la salida. Por último, los puntos de prueba predeterminados se pueden aumentar de ± 10% del parámetro a un valor más grandes para poner a prueba las no linealidades (el gráfico de araña mostrará líneas no lineales y los gráficos tornado estarán sesgados hacia un lado si los efectos precedentes son no lineales).

- *Use la dirección de la Celda* es siempre una buena idea si su modelo es grande, lo que permite identificar la ubicación (nombre de la hoja y la dirección de la celda) de una célula precedente. Si no se selecciona esta opción, el software aplica su propia lógica imprecisa en un intento de determinar el nombre de cada variable precedente (a veces los nombres podrían llegar a ser confusos en un modelo grande con variables repetidas o los nombres podrían ser demasiado largos, lo que puede hacer el grafico tornado desagradable).

- *Solo analice esta hoja de trabajo* y *Analice todas las hojas de trabajo*, permite controlar si los precedentes sólo deben ser parte de la hoja de trabajo actual o incluir todas las hojas de trabajo en el mismo libro. Esta opción es muy útil cuando sólo se está tratando de analizar una salida basada en los valores de la hoja actual frente a la realización de una búsqueda global de todos los antecedentes vinculados a lo largo de varias hojas de cálculo en el mismo libro.

- *Use configuración global* es útil cuando se tiene un modelo grande y se quieren probar todos los precedentes por decir, ± 50% en lugar del predeterminado 10%. En vez de tener que cambiar cada prueba de precedentes valora uno a la vez, se puede seleccionar esta opción, cambiar una configuración, y hacer clic en algún otro lugar de la interfaz de usuario para cambiar la lista completa de los precedentes. Desmarcar esta opción le permitirá controlar el cambio los puntos de prueba un precedente a la vez.

- *Ignorar Cero o Valores Vacíos* es una opción habilitada por defecto donde no se ejecutarán celdas precedentes con cero o valores vacíos en el tornado. Esta es la configuración característica.

- *Seleccione los posibles números enteros,* es una opción que identifica rápidamente todas las posibles celdas precedentes que efectivamente tienen entradas de enteros. Esta función es a veces importante si su modelo utiliza transiciones (por ejemplo, funciones como si una celda es 1, entonces algo ocurre, y si una celda tiene un valor 0, ocurre algo más, o enteros, como 1, 2, 3, y etc., los que no se quieren poner a prueba). Por ejemplo, ± 10% de un valor transición bandera de 1 devolverá un valor de prueba de 0.9 y 1.1, los dos son valores de entrada irrelevantes e incorrectos en el modelo, y Excel podría interpretar la función como un error. Esta opción, cuando esta seleccionada, destacará rápidamente las áreas potenciales del problema para el análisis de tornado. Se puede determinar qué precedentes activar o desactivar manualmente, o puede utilizar *Ignorar Posibles Valores Enteros* para desactivarlos todos de forma simultánea.

- El botón de *Excel* crea un gráfico en vivo y editable en una hoja de cálculo Excel.

Interpretación de los Resultados

La Figura 6.3 muestra el reporte resultante del análisis de tornado, el cual indica que la inversión de capital tiene el mayor impacto en el valor neto presente (VPN), seguido por la tasa de impuestos, precio de venta promedio y la cantidad demandada de la línea de productos y así sucesivamente. El reporte contiene cuatro elementos diferentes:

- Resumen estadístico que hace una lista del procedimiento realizado

- Tabla de sensibilidad (Figura 6.4) que muestra el VPN con el que se empieza con un valor base de $96.63 y cómo cada entrada es cambiada (la inversión es cambiada de $1,800 a $1,980 con un swing de +10%, y de 1,800 a 1,620 con un swing de −10%). Los valores de alza y la baja resultantes en el VPN son −$83.37

y $276.63 con un cambio total de $360, haciéndola la variable con más impacto en el VPN. Las variables de precedente son clasificadas de las que más impacto tienen hasta las que tienen menos.

- El gráfico de araña (Figura 6.5) ilustra estos efectos de una forma gráfica. El eje y es el valor meta del VPN mientras el eje x representa el cambio de porcentaje en cada uno de los valores de precedente (el punto central es el valor base del caso que es de $96.63 al 0% de cambio del valor base de cada precedente). Las líneas inclinadas positivamente indican una relación o efecto positivo, mientras las líneas inclinadas negativamente indican lo contrario (la inversión tiene una inclinación negativa, lo que significa que entre más alto sea el nivel de inversión, más bajo el VPN). El valor absoluto de la inclinación indica la magnitud del efecto computado como el cambio de porcentaje en el resultado, dado un porcentaje de cambio en el precedente (Una línea inclinada muestra un mayor impacto en el eje y del VPN, dado un cambio en el precedente del eje x).

- El gráfico de tornado ilustra los resultados de otra forma gráfica, en donde el precedente más impactante este listado de primero. El eje x es el valor del VPN con el centro de la tabla siendo la condición base del caso. Las barras verdes del cuadro indican un efecto positivo mientras las rojas indican uno negativo. Por esto, para las inversiones, la barra roja en el lado derecho indica un efecto negativo de inversión en un VPN más alto—en otras palabras, la inversión de capital y el VPN son correlacionados negativamente. El contrario es verdadero para precio y cantidad de productos de A a C (sus barras verdes están en el lado derecho del cuadro).

Notas

Recuerde que el análisis de tornado es un análisis de sensibilidad estática aplicado en cada variable de entrada en el modelo—es decir, cada variable es perturbada individualmente y los efectos resultantes son tabulados. Esto hace que el análisis de tornado sea un componente clave para probar antes de ejecutar una simulación. Uno de los primeros pasos en el análisis de riesgo es donde se capturan e identifican los drivers de impacto más importantes del modelo. El siguiente paso es identificar cuáles de estos drivers de impacto importantes son inciertos. Los drivers de impacto que son inciertos son los drivers del éxito crítico del proyecto, donde los resultados del modelo dependen en éstos. Estas son las variables que deberían ser simuladas. No gaste tiempo simulando variables que no son ciertas ni tienen impacto en los resultados. Los cuadros gráficos de tornado lo ayudan a identificar estos drivers de éxito crítico de una forma fácil y rápida. Siguiendo este ejemplo, puede ser que el precio y la cantidad deban ser simuladas asumiendo que la inversión requerida y una tasa de impuestos efectiva son conocidas desde antes.

Aunque el gráfico de tornado sea más fácil de leer, el gráfico de araña es importante para determinar si hay no-linealidades en el modelo. Por ejemplo, la Figura 6.7 muestra otro gráfico de araña donde las no-linealidades son evidentes (las líneas de la gráfica no son rectas sino curvas). El modelo de ejemplo usado es *Simulador de Riesgo | Modelos de Ejemplo | 22 Gráficas de Tornado y Sensibilidad (no lineares)*, el cual aplica el modelo de opción de precio de Black–Scholes. Dichas no-linealidades no pueden ser comprobadas desde un gráfico de tornado y pueden ser información importante en el modelo o proporcionar una mejor visión de la dinámica del modelo para quienes tienen que tomar decisiones.

Por ejemplo, en este modelo de Black–Scholes, es importante saber el hecho que de que el precio de las acciones y el precio sean relacionados no-linealmente con el valor de opción. Esta característica implica que el valor de opción no incrementará o se reducirá proporcionalmente a los cambios en las acciones o los precios. Como otro ejemplo, un modelo de ingeniería que representa no-linealidades puede indicar que una parte o componente en particular sometida a suficiente fuerza o tensión se romperá. Claramente es importante entender tales no-linealidades.

Tablas Tornado y Araña

Resumen Estadístico

Una de las herramientas de simulación más poderosas es la Tabla Tornado, ya que captura los impactos estadísticos de cada variable sobre el modelo resultante. Es decir, la herramienta impacta de manera automática cada variable precedente en el modelo que se ha especificado de antemano, captura las fluctuaciones sobre el modelo final del pronóstico o el resultado final, y organiza las perturbaciones categorizadas en orden de importancia. Precedentes son todas las entradas y las variables intermedias que afectan el modelo resultante. Por ejemplo, si el modelo consiste de A = B + C, donde C = D + E, entonces B, D, E son los precedentes para A (C no es un precedente ya que sólo es un valor de cálculo intermedio). El rango y el número de valores perturbados es especificado por el usuario y puede establecerse para probar valores extremos en lugar de pequeñas perturbaciones alrededor de los valores esperados. En ciertos casos, los valores extremos pueden tener un impacto desequilibrado mayor o menor (por ejemplo, no linealidades pueden ocurrir cuando se incrementa o disminuye una economía de escala y su alcance llega a valores mayores o menores de la variable) y sólo un rango mayor captura este impacto no lineal.

Una Tabla Tornado organiza todas las entradas que le dan forma al modelo, empezando con la variable de entrada que tiene el impacto más grande sobre los resultados. La tabla se obtiene afectando cada dato ingresado precedente en un rango consistente (por ejemplo, ±10% del caso base) una a la vez, y comparando sus resultados con el caso base. Una Tabla Araña, como su nombre lo indica, se asemeja a una araña con un cuerpo central y varias piernas saliendo de ella. La pendiente positiva indica una relación positiva, mientras que una pendiente negativa indica una relación negativa entre las variables relacionadas. Por lo tanto, las tablas arañas pueden utilizarse para visualizar relaciones lineales y no lineales. Las Tabla Tornado y Araña ayudan a identificar los factores críticos de éxito del resultado de una celda para poder identificar las entradas y simularlas. Las variables críticas identificadas que son inciertas son las únicas que no deben ser simuladas. No pierda su tiempo simulando variables que puedan ser inciertas o tienen poco impacto en los resultados.

Resultados

| Celda Precedente | Valor Base: 96.6261638553219 | | | Cambio de Ingreso | | |
	Resultado Inferior	Resultado Superior	Rango de Efectividad	Ingreso Inferior	Ingreso Superior	Valor Caso Base
C36: Inversiones	278.82616	-83.373836	360.00	$1,620.00	$1,980.00	$1,800.00
C9: Tasa de Impuestos Efectiva	219.72693	-26.474599	246.20	36.00%	44.00%	40.00%
C12: Precio Promedio del Producto A	3.4256424	189.82679	186.40	$9.00	$11.00	$10.00
C13: Precio Promedio del Producto B	16.706631	176.5457	159.84	$11.03	$13.48	$12.25
C15: Cantidad Producida de A	23.177498	170.07483	146.90	45.00	55.00	50.00
C16: Cantidad Producida de B	30.533	162.71933	132.19	31.50	38.50	35.00
C14: Precio Promedio del Producto C	40.146587	153.10574	112.96	$13.64	$16.67	$15.15
C17: Cantidad Producida de C	48.047369	145.20496	97.16	18.00	22.00	20.00
C5: Tasa de Descuento de Mercado con Rie	138.23913	57.029841	81.21	13.50%	16.50%	15.00%
C8: Tasa de Erosión de Precios	116.80381	76.640952	40.16	4.50%	5.50%	5.00%
C7: Tasa de Crecimiento de Ventas Anualiz	90.588354	102.68541	12.10	1.80%	2.20%	2.00%
C24: Depreciación	95.084173	98.168155	3.08	$9.00	$11.00	$10.00
C25: Amortización	96.163566	97.088761	0.93	$2.70	$3.30	$3.00
C27: Pago de Intereses	97.088761	96.163566	0.93	$1.80	$2.20	$2.00

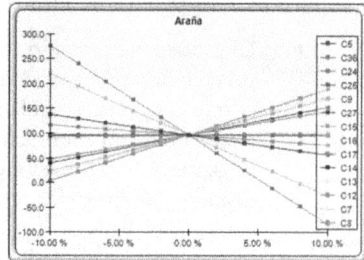

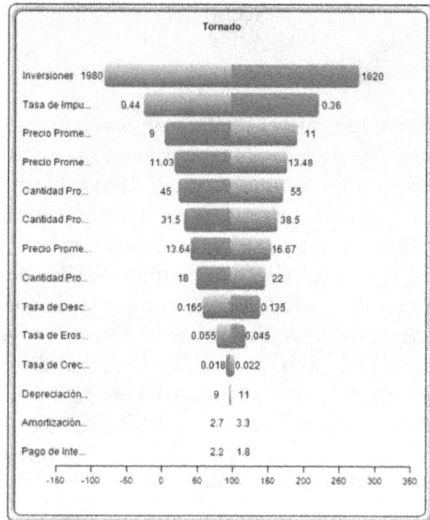

Figura 6.3: Reporte de Análisis de Tornado

	Valor Base: 96.6261638553219			Cambio de Ingreso		
Celda Precedente	Resultado Inferior	Resultado Superior	Rango de Efectividad	Ingreso Inferior	Ingreso Superior	Valor Caso Base
C36: Inversiones	276.62616	-83.373836	360.00	$1,620.00	$1,980.00	$1,800.00
C9: Tasa de Impuestos Efectiva	219.72693	-26.474599	246.20	36.00%	44.00%	40.00%
C12: Precio Promedio del Producto A	3.4255424	189.82679	186.40	$9.00	$11.00	$10.00
C13: Precio Promedio del Producto B	16.706631	176.5457	159.84	$11.03	$13.48	$12.25
C15: Cantidad Producida de A	23.177498	170.07483	146.90	45.00	55.00	50.00
C16: Cantidad Producida de B	30.533	162.71933	132.19	31.50	38.50	35.00
C14: Precio Promedio del Producto C	40.146587	153.10574	112.96	$13.64	$16.67	$15.15
C17: Cantidad Producida de C	48.047369	145.20496	97.16	18.00	22.00	20.00
C5: Tasa de Descuento de Mercado con Rie	138.23913	57.029841	81.21	13.50%	16.50%	15.00%
C8: Tasa de Erosión de Precios	116.80381	76.640952	40.16	4.50%	5.50%	5.00%
C7: Tasa de Crecimiento de Ventas Anualiza	90.588354	102.68541	12.10	1.80%	2.20%	2.00%
C24: Depreciación	95.084173	98.168155	3.08	$9.00	$11.00	$10.00
C25: Amortización	96.163566	97.088761	0.93	$2.70	$3.30	$3.00
C27: Pago de Intereses	97.088761	96.163566	0.93	$1.80	$2.20	$2.00

Figura 6.4: Tabla de Sensibilidad

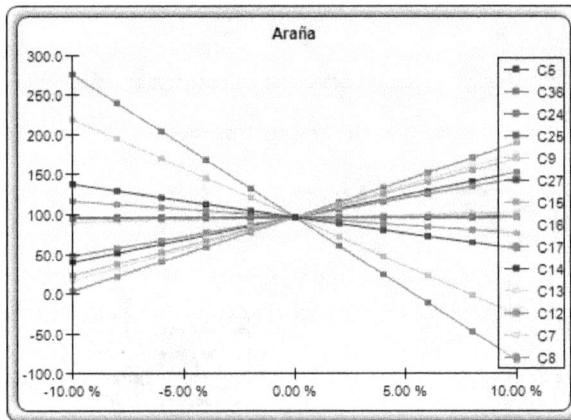

Figura 6.5: Gráfico de Araña

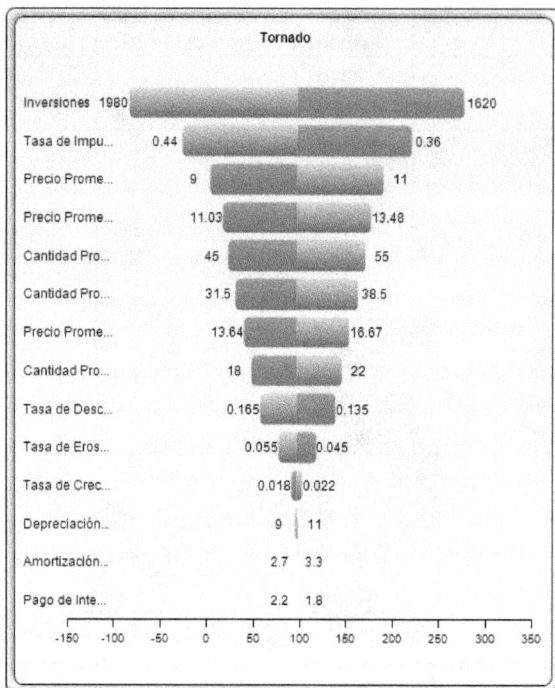

Figura 6.6: Gráfico de Tornado Lineal

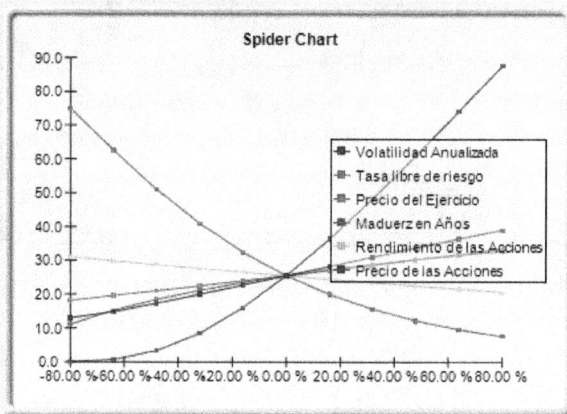

Figura 6.7: Gráfico de Araña No-Lineal

ANÁLISIS DE SENSIBILIDAD

Teoría

Una característica relacionada es el análisis de sensibilidad. Mientras el análisis de tornado (gráficas de tornado y de araña) aplica perturbaciones estáticas *antes* de una simulación el análisis de sensibilidad aplica perturbaciones dinámicas creadas *después* de la ejecución de la simulación. Las gráficas de tornado y de araña son el resultado de perturbaciones estáticas, lo que significa que cada precedente o variable de hipótesis es perturbado uno por uno durante un tiempo configurado, y las fluctuaciones en los resultados son tabuladas. En contraste los cuadros de sensibilidad son el resultado de perturbaciones dinámicas, en el sentido que muchas hipótesis están siendo perturbadas simultáneamente y sus interacciones en el modelo son capturadas en las fluctuaciones de los resultados junto con las correlaciones entre las variables. Por lo tanto, las gráficas de tornado identifican cuáles variables llevan los resultados de la mejor forma y por eso son adecuadas para la simulación, mientras los cuadros de sensibilidad identifican el impacto a los resultados cuando muchas variables que interactúan entre ellas son simuladas juntas en el modelo. Este efecto se ilustra claramente en la Figura 6.8. Note que la clasificación de los drivers de éxito crítico es similar a las gráficas de tornado de los ejemplos anteriores. Sin embargo, si se le agregan correlaciones entre las hipótesis, la Figura 6.9 muestra una imagen completamente diferente. Note, por ejemplo, que la erosión del precio tuvo poco impacto en el VPN, pero cuando algunas de las hipótesis de entrada son correlacionadas la interacción que existe entre estas variables correlacionadas hace que la erosión del precio tenga más impacto. Los analistas que usan el análisis de tornado únicamente no podrán capturar estas relaciones dinámicas correlacionadas. Solo después de que se ejecuta una simulación es que estas relaciones se vuelven evidentes en un análisis de sensibilidad. Por eso los factores críticos de éxito pre-simulación de un gráfico de tornado algunas veces es diferentes a los factores críticos de éxito post-simulación del cuadro de sensibilidad.

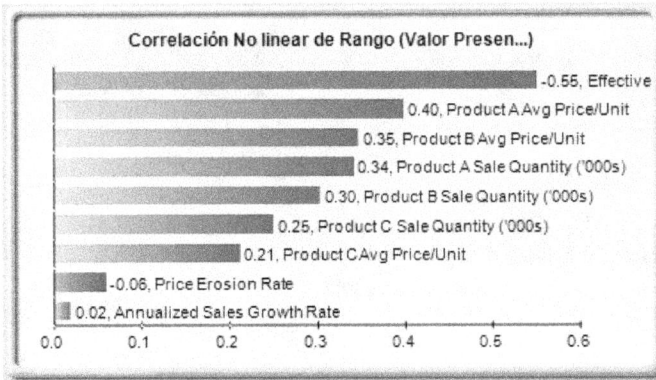

Figura 6.8: Cuadro de Sensibilidad sin las Correlaciones

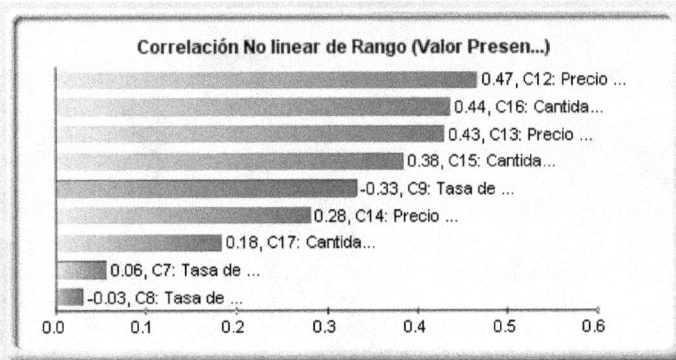

Figura 6.9: Cuadro de Sensibilidad con Correlaciones

Procedimiento

Use los siguientes pasos para crear un análisis de sensibilidad:

- Abra un modelo o cree uno nuevo, defina las hipótesis y predicciones y ejecute la simulación (*Simulador de Riesgo | Modelos de Ejemplo | 22 Gráficas de Tornado y Sensibilidad Lineal*).

- Seleccione *Simulador de Riesgo | Herramientas | Análisis de Sensibilidad*.

- Seleccione la predicción adecuada para analizar y haga clic en *OK* (Figura 6.10).

Note que el análisis de sensibilidad no puede ser ejecutado a menos de que hayan definido las hipótesis y las predicciones, y se haya ejecutado la simulación.

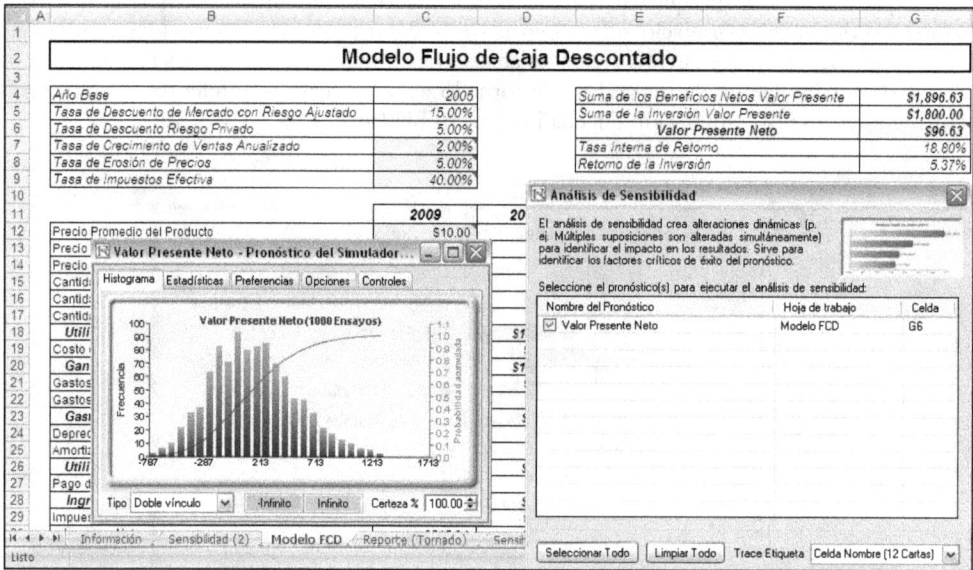

Figura 6.10: Análisis de Sensibilidad Siendo Ejecutado

Interpretación de los Resultados

Los resultados del análisis de sensibilidad comprenden un reporte y dos cuadros importantes. El primero es un cuadro de clasificación de correlación no lineal (Figura 6.11) que clasifica los pares de correlaciones hipótesis-predicción del más alto al más bajo. Estas correlaciones son no-lineales y no-paramétricas, lo que evita cualquier requerimiento distribucional. Los resultados de este análisis son un poco parecidos a los encontrados en el análisis de tornado visto anteriormente, pero existe una excepción. En comparación con el análisis de tornado, la tasa de impuestos fue relegada a una posición mucho más baja en el cuadro del análisis de sensibilidad. Esto es porque, por sí sola la tasa de impuestos muestra un gran impacto, pero una vez que las otras variables empiezan a interactuar en el modelo la tasa de impuestos pierde su efecto dominante (esto pasa porque la tasa de impuestos tiene una distribución más pequeña ya que estas tienden a no fluctuar mucho). Este ejemplo muestra que realizar un análisis de sensibilidad después de la ejecución de una simulación es importante para determinar si existen interacciones en el modelo y si los efectos de ciertas variables continúan. El segundo cuadro

(Figura 6.12) ilustra la variación de porcentaje explicada; es decir, de la fluctuación de la predicción, ¿Cuánta de la variación puede ser explicada por cada hipótesis después de contabilizar para todas las interacciones entre las variables? Note que la suma de todas las variaciones explicadas usualmente está cerca al 100% (algunas veces otros elementos impactan al modelo, pero no pueden ser capturados directamente acá) y si las correlaciones existen, la suma puede exceder el 100% (debido a que los efectos de interacción son acumulativos).

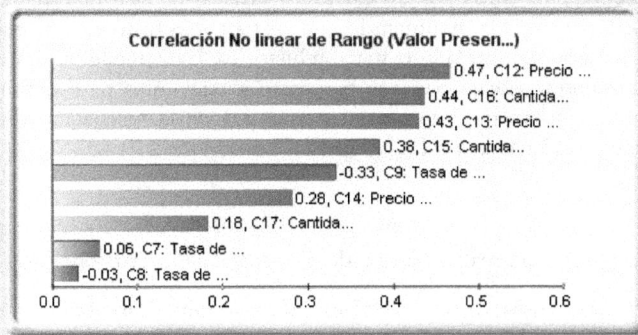

Figura 6.11: Cuadro de Correlación de Clasificación

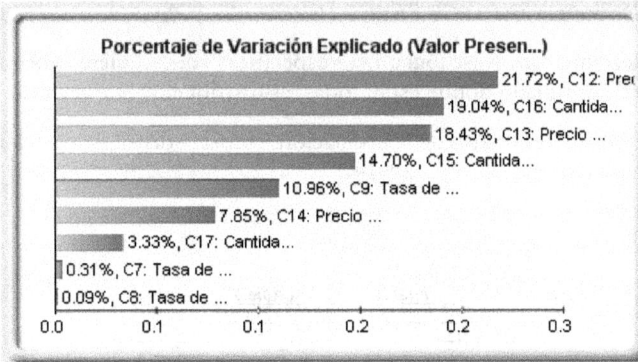

Figura 6.12: Contribución al Cuadro de Varianza

Notas

El análisis de tornado es realizado antes de la ejecución de una simulación, mientras el análisis de sensibilidad es realizado después. Los gráficos de araña en el análisis de tornado pueden considerar no-linealidades, mientras los cuadros de correlación de clasificación, en el análisis de sensibilidad, pueden contar con condiciones no-lineales y no-distribucionales.

AJUSTE DE DISTRIBUCIÓN: VARIABLE INDIVIDUAL Y VARIABLES MÚLTIPLES

Teoría

Otra herramienta poderosa de la simulación es la instalación distribucional; lo que significa, ¿Cuál distribución utiliza un analista o un ingeniero para una variable de entrada particular en el modelo? ¿Cuáles son los parámetros distribucionales relevantes? Si no existe información histórica el analista debe hacer hipótesis sobre las variables en cuestión. Una forma es usar el método Delphi, en donde a un grupo de expertos se les asigna el trabajo de estimar el comportamiento de cada variable. Por ejemplo, a un grupo de ingenieros mecánicos puede asignársele la tarea de evaluar las posibilidades extremas de un problema a través de experimentaciones rigurosas o adivinaciones. Estos valores pueden ser usados como los parámetros de ingreso de la variable. Cuando no se pueden hacer pruebas, la gestión todavía puede generar estimaciones de salidas posibles y proporcionar el mejor caso posible, el más probable y el peor. Sin embargo, si existe información histórica fiable la instalación distribucional puede ser lograda. Asumiendo que los patrones históricos se mantienen y que la historia se repite, para poder usar la información histórica. Ésta puede ser usada para encontrar la distribución que mejor encaje con sus parámetros relevantes para definir de una mejor manera las variables que serán simuladas. Un ejemplo de la instalación distribucional está ilustrado de la Figura 6.13 hasta la 6.15.

Procedimiento

Use los siguientes pasos para realizar un modelo de instalación distribucional (Figura 6.13):

- Abra una hoja de cálculo con información existente para el encajamiento (*Simulador de Riesgo | Modelos de Ejemplo | 06 Ajuste de Datos*).

- Seleccione la información que desea encajar sin incluir el nombre de la variable.

- Seleccione *Simulador de Riesgo | Herramientas | Ajuste de Distribución (Simple)*.

- Seleccione las distribuciones específicas que quiere encajar o mantenga predeterminado donde están todas las distribuciones y haga clic en *OK*.

- Revise los resultados de la instalación, escoja la distribución relevante que quiere y haga clic en *OK* (Figura 6.14).

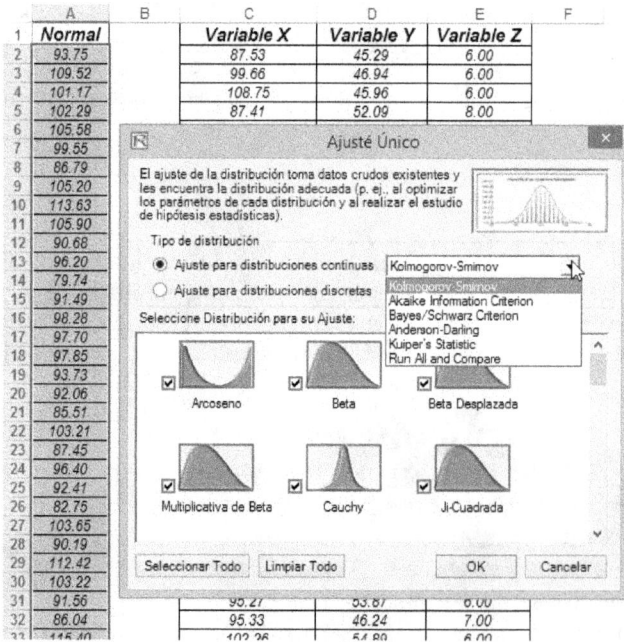

Figura 6.13: Ajuste de Distribución de una Variable Individual

Interpretación de los Resultados

La hipótesis nula (H_o) cuando es probada es como la distribución instalada y ésta es la misma distribución de la población de la que se obtiene la información de la muestra. Por lo tanto, si el valor-p computado es menor que el nivel crítico alfa (normalmente 0.10 o 0.05) la distribución es la equivocada. Inversamente, entre más alto sea el valor-p la distribución va a encajar mejor la información. Se puede pensar que el valor-p es el porcentaje explicado, entonces si el valor-p es 0.9727 (Figura 6.14) la configuración de una distribución normal con media 99.2 y desviación estándar de 10.17 explica aproximadamente el 97.27% de la variación en la información, indicando un encajamiento muy bueno. La información es de una simulación de 1000 intentos en el Simulador de Riesgo basado en una distribución normal con una media de 100 y una desviación estándar de 10. Como solo se simularon 1000 intentos la distribución resultante es cercana a los parámetros distribucionales especificado, y en este caso tiene aproximadamente un 97.27% de precisión.

Tanto los resultados (Figura 6.14) como el reporte (Figura 6.15) muestran las estadísticas de la prueba, el valor-p, las estadísticas teóricas (basado en la distribución seleccionada), las estadísticas empíricas (basado en la información cruda), la información original (para mantener el registro de la información usada) y la hipótesis completada con los parámetros distribucionales relevantes. Los resultados también clasifican todas las distribuciones seleccionadas y qué tan bien encajan la información.

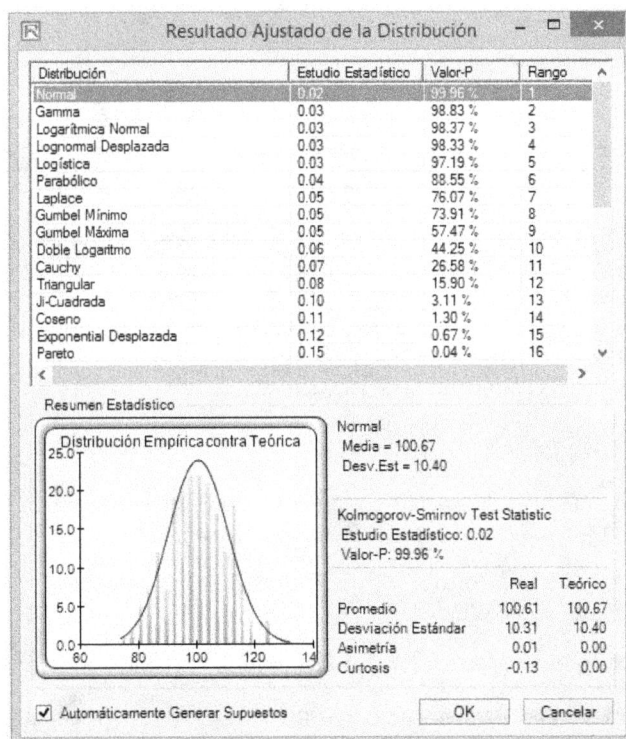

Figura 6.14: Resultados de la Instalación Distribucional

227

Ajuste de Distribución para Variables Únicas

Resumen Estadístico

Supuesto Ajustado	100.61
Distribución Ajustada	**Normal**
Media	100.67
Desv.Est	10.40
Estadístico Kolmogorov-Smirnov	0.02
Prueba Estadística para P-Value	0.9996

	Real	Teórica
Media	100.61	100.67
Desviación Estándar	10.31	10.40
Asimetría	0.01	0.00
Curtósis	-0.13	0.00

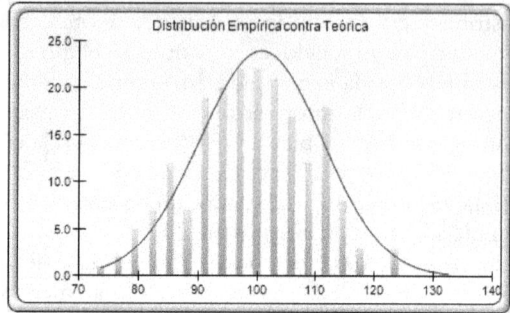
Distribución Empírica contra Teórica

Datos Originales Ajustados

73.53	78.21	78.52	79.50	79.72	79.74	81.56	82.08	82.68	82.75	83.34	83.64	84.09
84.66	85.00	85.35	85.51	86.04	86.79	86.82	86.91	87.02	87.03	87.45	87.53	87.66
88.05	88.45	88.51	89.95	90.19	90.54	90.68	90.96	91.25	91.49	91.56	91.94	92.06
92.36	92.41	92.45	92.70	92.80	92.84	93.21	93.26	93.48	93.73	93.75	93.77	93.82
94.00	94.15	94.51	94.57	94.64	94.69	94.95	95.57	95.62	95.71	95.78	95.83	95.97
96.20	96.24	96.40	96.43	96.47	96.81	96.88	97.00	97.07	97.21	97.23	97.48	97.70
97.77	97.85	98.15	98.17	98.24	98.28	98.32	98.33	98.35	98.65	99.03	99.27	99.46
99.47	99.55	99.73	99.96	100.08	100.24	100.36	100.42	100.44	100.48	100.49	100.83	101.17
101.28	101.34	101.45	101.46	101.55	101.73	101.74	101.81	102.29	102.55	102.58	102.60	102.70
103.17	103.21	103.22	103.32	103.34	103.45	103.65	103.66	103.72	103.81	103.90	103.99	104.46
104.57	104.76	105.20	105.44	105.50	105.52	105.58	105.66	105.87	105.90	105.90	106.29	106.35
106.59	107.01	107.68	107.70	107.93	108.17	108.20	108.34	108.42	108.43	108.49	108.70	109.15
109.22	109.35	109.52	109.75	110.04	110.16	110.25	110.54	111.05	111.06	111.44	111.76	111.90
111.95	112.07	112.19	112.29	112.32	112.42	112.48	112.85	112.92	113.50	113.59	113.63	113.70
114.13	114.14	114.21	114.91	114.95	115.40	115.58	115.66	116.58	116.98	117.60	118.67	119.24
119.52	124.14	124.16	124.39	132.30								

Figura 6.15: Reporte del Ajuste de Distribución

AJUSTANDO VARIABLES MÚLTIPLES

Para ajustar múltiples variables, el proceso es similar al de encajar variables individuales. Sin embargo, la información debería ser organizada en columnas (cada variable se organiza como una columna) y todas las variables se encajan. Se realiza el mismo análisis cuando se encajan múltiples variables y cuando se encaja una sola. La diferencia es que solo se generará el reporte final y usted no podrá revisar la categoría distribucional de cada variable. Si la clasificación es importante ejecute el procedimiento de ajuste de variables individuales.

Procedimiento

- Abra una hoja de cálculo con información existente para encajar (*Simulador de Riesgo | Modelos de Ejemplo | 06 Ajuste de Datos*).

- Seleccione la información que desea encajar (ésta debe estar en múltiples columnas con múltiples filas).

- Seleccione *Simulador de Riesgo | Herramientas | Ajuste de Distribución (Múltiple)*.

- Revise la información, escoja los tipos de distribuciones que quiere encajar y haga clic en *OK*.

Notas

Los métodos de clasificación estadística usados en las rutinas de encajamiento distribucional son la prueba Chi-Cuadrado y la Kolmogorov–Smirnov. El primero se usa para probar distribuciones discretas y el de después para probar las distribuciones continuas. Una prueba de hipótesis junto con un procedimiento de similitud máxima con una rutina de optimización interna es usada para encontrar los parámetros que mejor encajan en cada distribución probada, y los resultados son clasificados del mejor ajuste al peor. Hay otras pruebas de instalación distribucional, como la Anderson–Darling, Shapiro-Wilks etc. Sin embargo, estos exámenes son pruebas paramétricas muy sensibles y son inapropiadas en las rutinas de instalación de distribuciones de la simulación Monte Carlo. Debido a sus requisitos paramétricos, estas pruebas son más aptas para probar distribuciones normal y distribuciones con comportamientos normales (por ejemplo, una distribución binomial con un número alto de intentos y probabilidades simétricas) y proporcionan resultados menos precisos cuando se realizan en distribuciones no-normales. Tenga mucho cuidado cuando use dichas pruebas paramétricas.

ALGORITMOS DE AJUSTE DE DISTRIBUCIÓN

En términos generales, los ajustes de distribución responden las preguntas: ¿Qué distribución utiliza un analista o un ingeniero para una variable de entrada particular, en un modelo? ¿Cuáles son los parámetros de distribución pertinentes? Los siguientes son métodos adicionales de ajuste de distribución disponibles en el Simulador de Riesgo:

- Criterio de Información de Akaike (AIC) – [siglas en inglés] Recompensa la calidad de ajuste, pero también incluye una penalidad, que es una función creciente del número de parámetros estimados (aunque AIC penaliza el número de parámetros de forma menos drástica que otros métodos).

- Anderson–Darling (AD). Cuando se aplica a las pruebas si una distribución normal describe adecuadamente un conjunto de datos, es una de las herramientas estadísticas más poderosas para detectar desviaciones de la normalidad y también es poderosa para probar colas normales. Sin embargo, en las distribuciones no normales, esta prueba carece de energía en comparación con otras.

- Kolmogorov–Smirnov (KS). Una prueba no paramétrica para la igualdad de las distribuciones de probabilidad continuas que pueden ser utilizados para comparar una muestra con una distribución de probabilidad de referencia, por lo que es útil para probar distribuciones de forma anormal y distribuciones no normales.

- Estadísticas de Kuiper (K). Relacionada con prueba de KS lo que la hace sensible tanto en las colas como en la mediana, y también la hace invariante en transformaciones cíclicas de la variable independiente, volviéndola invaluable al probar las variaciones cíclicas en el tiempo. En comparación, la prueba AD proporciona la misma sensibilidad en las colas como la mediana, pero no proporciona la invariancia cíclica.

- Criterio de Información Schwarz / Bayes (SC / BIC) – [siglas en inglés]. La prueba SC / BIC introduce un término de penalización para el número de parámetros del modelo con una penalidad mayor que la AIC.

La hipótesis nula que se está probando afirma que la distribución ajustada es la misma distribución que la población de la que vienen los datos a ser ajustados. Por lo tanto, si el valor-p calculado es inferior a un nivel alfa crítico (generalmente 0.10 o 0.05), entonces la distribución es la distribución incorrecta (rechace la hipótesis nula).

Por el contrario, cuanto mayor sea el valor-p, mejor la distribución se ajusta a los datos (no rechace la hipótesis nula, es decir, la distribución ajustada es la distribución correcta, o la hipótesis nula de H0: Error = 0, donde se define el error como la diferencia entre los datos empíricos y la distribución teórica). A grandes rasgos, se puede pensar en el valor-p como un porcentaje explicado; es decir, por ejemplo, si el valor-p calculado de una distribución ajustada normal es 0.9996, entonces, establecer una distribución normal con la media y la desviación estándar ajustada explica acerca del 99.96% de la variación en los datos, que indica un ajuste especialmente bueno. Tanto los resultados como el informe muestran la prueba estadística, valor-p, la estadística teórica (basada en la distribución seleccionada), la estadística empírica (basados en los datos brutos), los datos originales (para mantener un registro de los datos utilizados), y los supuestos completos con los parámetros de distribución relevantes (es decir, si se ha seleccionado la opción para generar automáticamente los supuestos y si un perfil de simulación ya existe). Los resultados también ubican todas las distribuciones seleccionadas y que tan bien encajan los datos.

HERRAMIENTA DE AJUSTE DE DISTRIBUCIÓN PERCENTIL

La herramienta de Ajuste de Distribución Percentil en el Simulador de Riesgo es una forma alterna de ajustar distribuciones de probabilidad. Hay varias herramientas relacionadas y cada una tiene sus propios usos y ventajas:

- Ajuste de Distribución (Percentiles). Utiliza un método alternativo de entrada (percentiles combinaciones de primer / segundo momento) para encontrar los mejores parámetros de ajuste de una distribución especificada sin la necesidad de tener datos brutos. Este método es adecuado cuando no hay suficientes datos o cuando solamente los percentiles y momentos están disponibles, o como un medio para recuperar la distribución completa con sólo dos o tres puntos de datos, pero el tipo de distribución debe ser asumida o conocida.

- Ajuste de Distribución (Simple). Utiliza métodos estadísticos para adaptar los datos en bruto a todas las 50 distribuciones para encontrar la distribución que mejor se ajuste y sus parámetros de entrada. Se requieren múltiples puntos de datos para un buen ajuste, y el tipo de distribución puede o no puede ser conocida de antemano.

- Ajuste de Distribución (Múltiples). Utiliza métodos estadísticos para adaptar los datos en bruto en múltiples variables al mismo tiempo. Este método utiliza los mismos algoritmos que el ajuste de variable individual, pero incorpora una matriz de correlación por pares entre las variables. Se requieren múltiples puntos de datos para un buen ajuste, y el tipo de distribución puede o no puede ser conocida de antemano.

- Distribución Personalizada (Conjunto de Supuestos). Utiliza técnicas de re muestreo no paramétricas para generar una distribución personalizada con los datos en bruto existentes y para simular la distribución sobre la base de esta distribución empírica. Se requieren menos puntos de datos, y el tipo de distribución no se conoce de antemano. Esta herramienta también es adecuada para estimaciones de expertos en la materia (SME) – [siglas en inglés], el método Delphi, y supuestos de gestión.

Procedimiento Rápido

Haga clic en *Simulador de Riesgo | Herramientas Analíticas | Ajustes de Distribución (Percentiles),* elija la distribución de probabilidad y los tipos de entradas que desea utilizar, introduzca los parámetros y haga clic en *Correr* para obtener los resultados. Revise los resultados ajustados R-cuadrado y compare los resultados empíricos frente a los resultados de ajuste teóricos para determinar si su distribución es un buen ajuste.

SIMULACIÓN BOOTSTRAP

Teoría

La *simulación bootstrap* es una técnica simple que estima la confiabilidad o precisión de las estadísticas de la predicción o de la información de muestra cruda. Este tipo de simulación puede ser usada para responder muchas preguntas que se basan en la confianza y la precisión. Por ejemplo, suponga que un modelo idéntico (con hipótesis y predicciones idénticas, pero sin semillas al azar) es ejecutado por 100 personas diferentes, los resultados claramente serán un poco diferentes. La pregunta es, si recolectamos todas las estadísticas de estas 100 personas ¿cómo se va a distribuir la media o la mediana o el exceso de curtosis? Suponga que una persona tiene un valor para la media de 1.50 mientras otro lo tiene de 1.52. ¿Son estos dos valores significantemente diferentes estadísticamente o son estadísticamente similares y la pequeña diferencia se debe al azar? ¿Y qué pasa con 1.53? Entonces, ¿Qué tan lejos es suficiente para decir que los valores son estadísticamente diferentes? Además, si la asimetría resultante de un modelo es −0.19 ¿Es esta distribución de predicción de asimetría negativa o es estadísticamente lo suficiente cercana a cero para decir que la distribución es simétrica? Entonces, si hacemos un bootstrap de esta predicción 100 veces, la distribución de asimetría nos indicaría qué tan lejos está cero de −0.19. Si el 90% de confidencia en la distribución de asimetría al que se le hizo el bootstrap contiene el valor cero, se puede decir que en un 90% de nivel de confidencia esta distribución es simétrica y no asimétrica, y el valor −0/19 es estadísticamente lo suficientemente cercano a cero. De otra forma, si cero cae afuera del área de confianza de 90% esta distribución será una de asimetría negativa. El mismo análisis puede ser aplicado al exceso de curtosis y otras estadísticas.

Esencialmente, la simulación bootstrap es una herramienta que prueba la hipótesis. Los métodos clásicos usados en el pasado se confiaban de las fórmulas matemáticas para describir la exactitud de las estadísticas de prueba. Estos métodos asumen que la distribución de una estadística de muestra se acerca a una distribución normal, haciendo que los cálculos del error estándar o de confianza de intervalo sean relativamente fáciles. Sin embargo, cuando una distribución de muestra estadística no es distribuida normalmente o hallada fácilmente estos métodos clásicos son difíciles de usar. En contraste, el bootstrap analiza las estadísticas empíricamente al muestrear repetidamente la información y creando distribuciones de las diferentes estadísticas de cada muestra. Los métodos clásicos de prueba de hipótesis son disponibles en el Simulador de Riesgo y son explicados en la siguiente sección. Los métodos clásicos proporcionan un mayor poder en sus pruebas, pero sirven en hipótesis de normalidad y solamente pueden ser usados para probar la media y la varianza de una distribución, comparado con la simulación bootstrap la cual proporciona un menor poder, pero es no-paramétrica y puede ser usada para probar cualquier estadística distribucional.

Procedimiento

- Ejecute una simulación con las hipótesis y predicciones (*Simulador de Riesgo | Modelos de Ejemplo | 08 Prueba De Hipótesis y Simulación de Remuestreo*).

- Seleccione *Simulador de Riesgo | Herramientas Analíticas | Autosuficiencia No Paramétrica*.

- Seleccione solamente una predicción para realizar en ella el bootstrap, seleccione las estadísticas para realizarlo e ingrese el número de intentos de bootstrap y haga clic en *OK* (Figura 6.16).

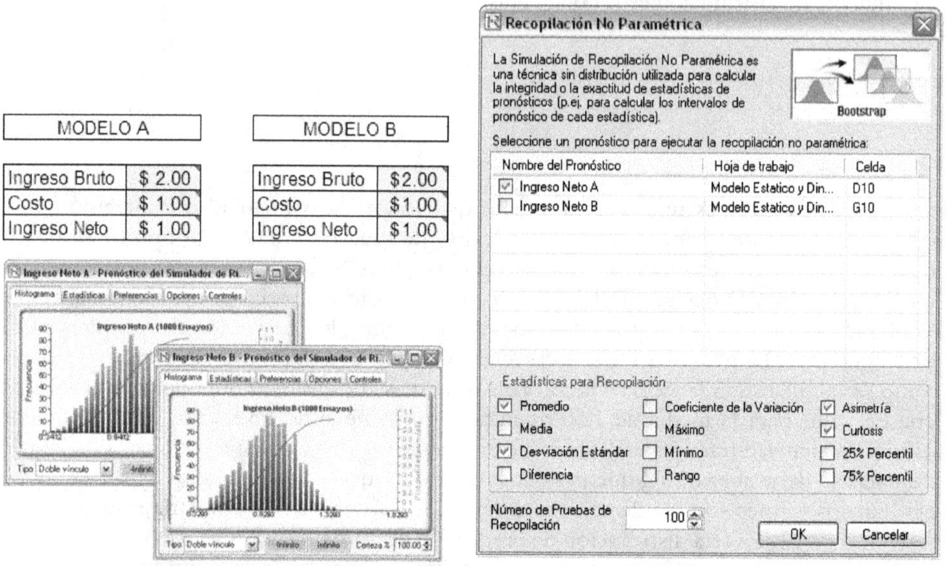

Figura 6.16: Auto suficiencia No-Paramétrica

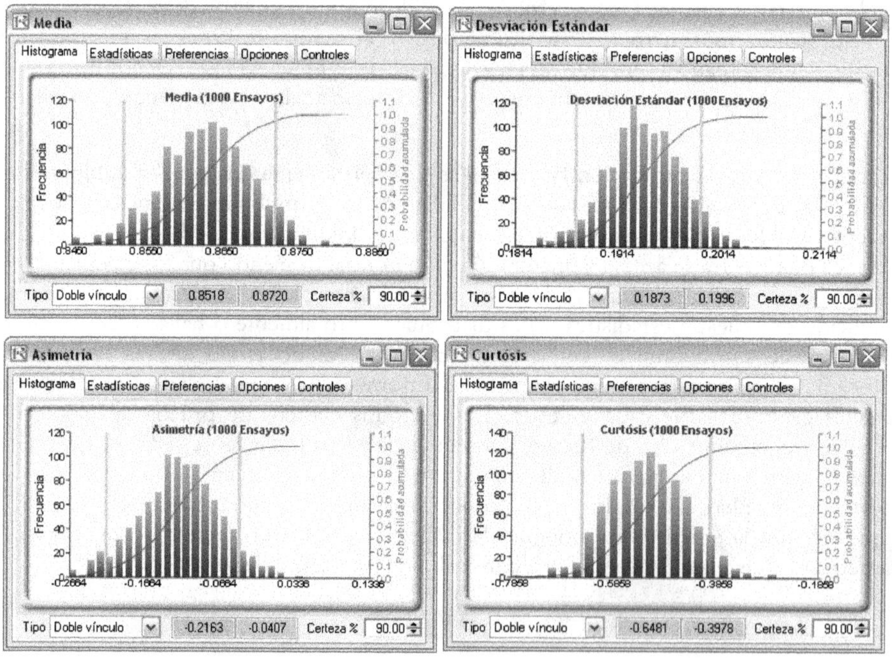

Figura 6.17: Resultados de la Auto suficiencia No Paramétrica

Interpretación de los Resultados

La Figura 6.17 ilustra algunos resultados del bootstrap. El ejemplo usado se encuentra en *Prueba de Hipótesis y Simulación de Remuestreo.* Por ejemplo, el 90% de confianza para estadísticas asimétricas está entre –0.0189 y 0.0952, tales que el valor 0 cae en esta confianza, lo cual indica que en un 90% de confianza la asimetría de esta predicción no es estadísticamente significativamente diferente a cero, o puede considerarse que esta distribución es simétrica. Inversamente, si el valor 0 cae afuera de esta confianza entonces lo opuesto es lo cierto: la distribución es asimétrica.

Notas

El método de bootstrap usa la distribución de estadísticas para poder analizar la exactitud de las estadísticas. La simulación no-paramétrica es simplemente recoger pelotas de golf de una gran canasta con remplazo, en donde cada pelota está basada en un punto de información histórica. Suponga que hay 365 pelotas de golf en la canasta (lo cual representa 365 puntos de información histórica). Imagine si quiere que el valor de cada pelota recogida al azar sea escrito en un tablero. Los resultados de las 365 pelotas recogidas con reemplazo son escritos en la primera columna del tablero con 365 filas de números. Las estadísticas relevantes son calculadas en estas 365 filas. El proceso se repite cinco mil veces. El Tablero ahora estará lleno con 365 filas y 5,000 columnas. Por lo tanto, 5,000 conjunto de estadísticas (o sea que habrá 5,000 medias, 5,000 medianas, 5,000 modos, 5,000 desviaciones estándar etc.) están siendo tabulados y sus distribuciones mostradas. Las estadísticas relevantes después son tabuladas, donde de estos resultados uno puede asegurar que tan confidentes son las estadísticas simuladas. Finalmente, los resultados del bootstrap son importantes porque de acuerdo con el Teorema de la Ley de Números Grandes y el Límite Central en las estadísticas, la media de las medias de muestra es un estimador imparcial y aproxima la verdadera media de la población.

PRUEBAS DE HIPÓTESIS

Teoría

Una prueba de la hipótesis es realizada cuando se prueban las medias y las varianzas de dos distribuciones para determinar si son estadísticamente idénticas o diferentes una de la otra; es decir, para ver si las diferencias entre las medias y varianzas de dos predicciones diferentes que ocurren son basadas en el azar o su son de hecho estadísticamente significativamente la una de la otra.

Este análisis está relacionado con la simulación bootstrap, pero con varias diferencias. Las pruebas de hipótesis clásicas usan modelos matemáticos y están basadas en distribuciones teóricas. Esto significa que la precisión y el poder de estas pruebas son más altos que en la simulación bootstrap. Sin embargo, este tipo de pruebas solo es aplicable para probar las medias y las varianzas de dos distribuciones, para así poder determinar si son estadísticamente idénticas o diferentes. En contraste, la simulación no-paramétrica bootstrap puede ser usada para cualquier estadística de distribución, haciéndola más útil. El Simulador de Riesgo provee ambas técnicas para que el usuario escoja.

Procedimiento

- Ejecute una simulación (*Simulador de Riesgo | Modelos de Ejemplo | 08 Prueba De Hipótesis y Simulación de Remuestreo*).

- Seleccione *Simulador de Riesgo | Herramientas Analíticas | Pruebas de hipótesis*.

- Seleccione las dos predicciones que va a probar, seleccione el tipo de prueba que desea realizar y haga clic en *OK* (Figura 6.18).

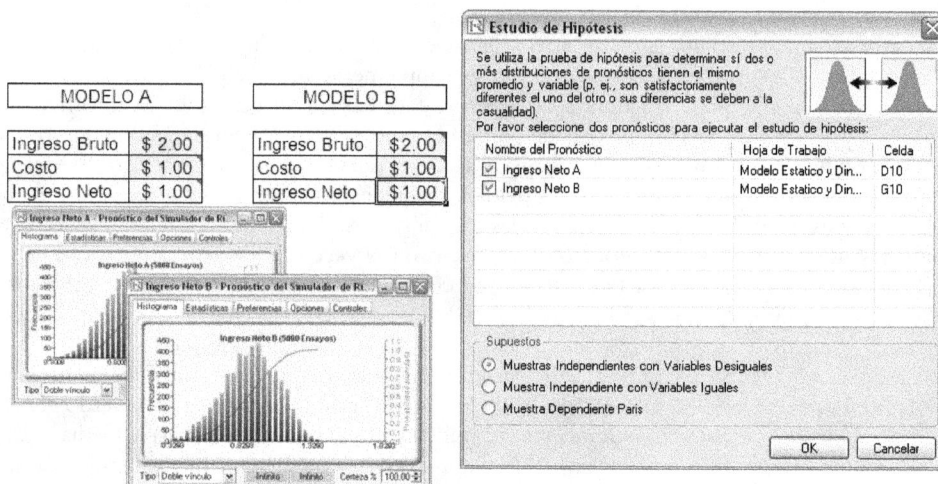

Figura 6.18: Prueba de Hipótesis

Interpretación de Reporte

Una prueba de hipótesis de dos colas se lleva a cabo con la hipótesis nula (H_o) de tal manera que las medias de población de las dos variables son estadísticamente idénticas una a la otra. Si los valores p calculados son menores o iguales a 0.01, 0.05, o 0.10, esto significa que la hipótesis nula es rechazada, lo que implica que estadísticamente las medias del pronóstico son significativamente diferentes a los niveles de significancia de 1 %, 5% y 10%. Si la hipótesis nula no es rechazada cuando los valores p son altos, las medias de las dos distribuciones de pronóstico son estadísticamente similares una a la otra. El mismo análisis se ejecuta en variaciones de dos pronósticos a la vez usando la prueba F. Si los valores p son pequeños, entonces las variaciones (y desviaciones estándar) son estadísticamente diferentes una de la otra, de otra manera, para valores p más grandes, las variaciones son estadísticamente idénticas una a la otra.

Prueba de Hipótesis sobre las Medias y Varianzas de Dos Pronósticos

---

Resumen Estadístico

Una prueba de hipótesis se lleva a cabo cuando se prueban las medias y varianzas de dos distribuciones para determinar si son estadísticamente idénticas o diferentes la una de la otra. Es decir, para verificar si las diferencias entre las dos medias y las dos varianzas que se llevan a cabo están basadas en probabilidades aleatorias o si de hecho son diferentes entre sí. Las pruebas t de dos variables con varianzas desiguales (la varianza poblacional del pronóstico 1 se espera que sea diferente a la varianza poblacional del pronóstico 2) son adecuadas cuando las distribuciones de pronósticos son de diferentes poblaciones (por ejemplo, datos recolectados de diferentes regiones geográficas, dos unidades de negocios diferentes, etc). La prueba t de dos variables con varianzas iguales (la varianza poblacional del pronóstico 1 se espera que sea igual a la varianza poblacional del pronóstico 2) es adecuada cuando las distribuciones de pronósticos son de poblaciones similares (por ejemplo, datos recolectados de dos diseños de motor diferentes pero con especificaciones similares, etcétera). La prueba t para el par de variables dependientes son adecuadas cuando las distribuciones de pronósticos provienen de poblaciones similares (por ejemplo, datos recolectados del mismo grupo de clientes pero en diferentes ocasiones, etc).

Una prueba de hipótesis de dos colas se lleva a cabo sobre la hipótesis nula Ho, de manera que las dos medias de la población son estadísticamente idénticas la una de la otra. La hipótesis alternativa sugiere que las medias poblaciones son diferentes entre sí. Si los valores - P calculados son menores o iguales a 0.01, 0.05, o 0.10, significa que las hipótesis se rechazan, lo cual implica que las medias pronosticadas son estadística y significativamente diferentes en un nivel de significancia de 1%, 5% y 10% respectivamente. Si la hipótesis nula no se rechaza (cuando los valores - P son altos), las medias de las dos distribuciones pronosticadas son estadísticamente similares entre sí. El mismo análisis se lleva a cabo sobre las varianzas de dos pronósticos al mismo tiempo utilizando el par de pruebas F. Si los valores - P son pequeños, entonces las varianzas (y las desviaciones estándar) son estadísticamente diferentes entre sí, de otra manera, para valores - P grandes, las varianzas son estadísticamente idénticas entre sí.

Resultados

Supuesto de la Prueba de Hipótesis:	Varianzas Desiguales:
Estadístico t Calculado:	2.175358
P-Value para estadístico t:	0.029627
Cálculo del estadístico F:	1.025389
P-Value para estadístico F:	0.375464

Figura 6.19: Resultado de la Prueba de Hipótesis

Notas

La prueba T de dos variables con varianzas desiguales (la varianza poblacional del pronóstico 1 se espera que sea diferente de la varianza poblacional del pronóstico 2) es apropiada cuando las distribuciones del pronóstico son de diferentes poblaciones (por ejemplo, datos capturados de dos diferentes locaciones geográficas, dos diferentes unidades de negocios operantes, y así sucesivamente). Las pruebas T de dos variables con variaciones iguales (la variación de población del pronóstico 1 se espera que sea igual a la variación de población del pronóstico 2) es apropiada cuando las distribuciones de pronóstico son de poblaciones similares (por ejemplo, datos colectados de dos diferentes diseños de motor con especificaciones similares, y así sucesivamente). La prueba T de dos variables dependientes es apropiada cuando las distribuciones de pronóstico son exactamente de la misma población. (Por ejemplo, datos recolectados del mismo grupo de clientes, pero en diferentes ocasiones, y así sucesivamente).

EXTRACCIÓN DE DATOS Y GUARDAR RESULTADOS DE SIMULACIÓN

Los datos sin analizar de una simulación pueden ser fácilmente extraídos usando la rutina *Extracción de Datos* del Simulador de Riesgo. Ambos supuestos y pronósticos pueden ser extraídos, pero primero se debe correr una simulación. Los datos extraídos se pueden usar entonces para una variedad de otros análisis.

Procedimiento

• Crea o abrir un modelo, en el cual se definan supuestos y pronósticos, y corra la simulación.

• Seleccione *Simulador de Riesgo | Herramientas Analíticas | Exportar Datos.*

• Seleccione los supuestos y/o pronósticos de los que desea extraer los datos y de clic en *OK.*

- Los datos pueden ser extraídos a diferentes formatos:

- Datos en una nueva hoja de trabajo donde los valores simulados (supuestos y pronósticos) puedan entonces ser guardados o analizados más tarde como se requiera.

- Archivo de texto plano donde los datos puedan ser exportados dentro de otro software de análisis de datos.

- Archivo de Simulador de Riesgo donde los resultados (ambos supuestos y pronósticos) puedan ser recuperados más tarde al seleccionar *Simulador de Riesgo | Herramientas Analíticas | Importar Datos*.

La tercera opción es la selección más popular, esto es, guardar los resultados simulados como un archivo *.risksim* donde los resultados pueden ser recuperados más tarde y no se necesita volver a correr una simulación cada vez.

MACROS PERSONALIZADAS

La simulación también puede aprovechar el poder de Visual Basic for Applications (VBA) en Excel. Por ejemplo, los ejercicios del Capítulo 2 son ejecutados con códigos VBA que pueden ser utilizados conjuntamente con Simulador de Riesgo. Para una ilustración de cómo definir las macros o personalizar funciones para ejecutar con la simulación, ver los ejercicios al final de este capítulo.

Actualmente, el software Simulador de Riesgo existente no permite el acceso directo a sus funcionalidades a través de Excel VBA. En su lugar, puede escribir códigos los VBA para ejecutar ciertas funciones entre los ensayos de simulación. Por ejemplo, un algoritmo de búsqueda o la función en VBA se pueden escribir para calcular su propio modelo de propiedad, inserte estas funciones o modelos en el modelo Excel, a continuación, establecer los supuestos y predicciones utilizando el Simulador de Riesgo para ejecutar simulaciones. En otras palabras, un único ensayo de sus suposiciones se generará y poblará la hoja de cálculo de Excel, a continuación, el código VBA se activará, y las celdas de predicción recogerá los resultados en la memoria, a continuación, la siguiente prueba se activa, hasta completar el número total de ensayos de simulación.

HERRAMIENTA DE ANÁLISIS DE DISTRIBUCIÓN

La herramienta de análisis de distribución es una herramienta de probabilidad estadística del Simulador de Riesgo que es bastante útil en una variedad de ajustes. Se puede utilizar para calcular la función de densidad de probabilidad (PDF), que también se llama la función de masa de probabilidad (PMF) para distribuciones discretas (estos términos se utilizan indistintamente), donde alguna distribución y sus parámetros, se puede determinar la probabilidad de ocurrencia dado algún resultado x. Además, la función de distribución acumulativa (FDA) puede ser calculada, que es la suma de los valores de PDF hasta este valor x. Finalmente, la función de distribución acumulada inversa (ICDF) se utiliza para calcular el valor X dado de la probabilidad acumulada de ocurrencia. Las siguientes páginas proporcionan ejemplos de uso de PDF, FMP y ICDF. Asimismo, recuerde probar algunos de los ejercicios al final de este capítulo para más aplicaciones prácticas del análisis de distribución de probabilidad utilizando esta herramienta.

Esta herramienta es accesible a través del *Simulador de Riesgo | Herramientas Analíticas | Análisis de Distribución*. Como ejemplo de su uso, la Figura 6.20 muestra el cálculo de una distribución binomial (es decir, una distribución con dos resultados, como el lanzamiento de una moneda, donde el resultado es cara o cruz, con cierta probabilidad prescrita de cabezas y colas). Supongamos que lanzamos una moneda dos veces y establecemos las Cabezas de resultado como un éxito. Utilizamos la distribución binomial con los ensayos = 2 (lanzando la moneda dos veces) y probabilidad = 0.50 (la probabilidad de éxito, de conseguir Cabezas). Seleccionar el PDF y ajustar el rango de valores de x desde 0 a 2 con un tamaño de paso de 1 (esto significa que estamos solicitando los valores 0, 1, 2 para x), se proporcionan las probabilidades resultantes en la tabla y en un formato gráfico, así como los teóricos cuatro momentos de la distribución. Como los resultados del lanzamiento de la moneda es Cara–Cara, Sello–Sello, Cara–Sello y Sello–Cara, la probabilidad de obtener exactamente Caras es 25%, de conseguir una Cara de 50%, y de conseguir dos Sellos es 25%. Del mismo modo, podemos obtener las probabilidades exactas al lanzar la moneda, 20 veces, como se ve en la Figura 6.21. Los resultados se presentan de nuevo tanto en formato tabular y gráfico.

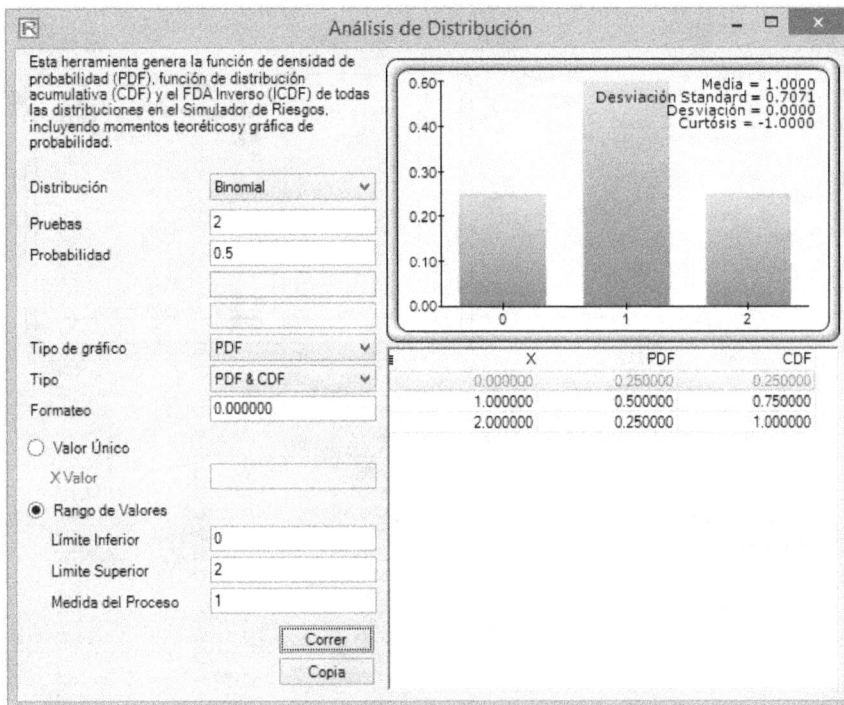

Figura 6.20: Herramienta de Análisis de Distribución (Distribución Binomial con 2 ensayos)

Como nota lateral, la distribución binomial describe el número de veces que un evento en particular ocurre en un número determinado de ensayos, tales como el número de caras en 10 lanzamientos de una moneda o el número de artículos defectuosos de 50 artículos elegidos. Las tres condiciones que subyacen para la distribución binomial son:

- Para cada ensayo, sólo dos resultados son posibles que se excluyen mutuamente.
- Los ensayos son independientes—lo que sucede en la primera prueba no afecta el siguiente ensayo.

- La probabilidad de que ocurra un evento sigue siendo el mismo de un ensayo a otro.

La probabilidad de éxito (p) y el número total de ensayos (n) son los parámetros de distribución. El número de ensayos con éxito se denota x. Es importante tener en cuenta que la probabilidad de éxito (p) de 0 o 1 son triviales condiciones y no requiere ninguna simulación y, por lo tanto, no están permitidos en el software.

Requisitos de Entrada:

Probabilidad de Éxito > 0 y < 1 (es decir, $0.0001 \leq p \leq 0.9999$)

Número de ensayos ≥ 1 o positivos enteros y $\leq 1,000$ (para ensayos más grandes, utilice la distribución normal con el binomio calculado pertinente en el promedio y la desviación estándar como los parámetros de la distribución normal).

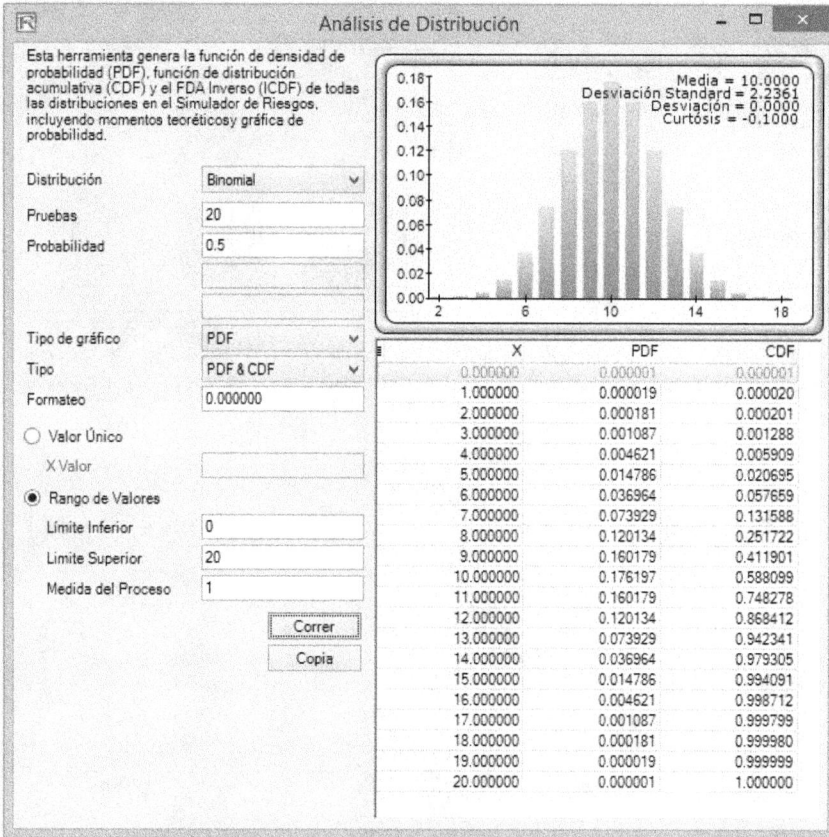

Figura 6.21: Herramienta de Análisis de Distribución
(Distribución Binomial con 20 Ensayos)

La Figura 6.22 muestra la misma distribución binomial pero ahora el CDF se calcula. La CDF es simplemente la suma de los valores de PDF hasta el punto x. Por ejemplo, en la Figura 6.21, vemos que las probabilidades de 0, 1, y 2 son 0.000001, 0.000019, y 0.000181, cuya suma es 0.000201, que es el valor de la CDF en x = 2 en la Figura 6.22. Considerando que el PDF calcula las probabilidades de obtener exactamente 2 cabezas, la CDF calcula la probabilidad de obtener no más de 2 Cara o hasta 2 cabezas (o probabilidades de 0, 1 y 2 cabezas). Tomando el complemento (es decir, 1 a 0.00021) obtiene 0.999799 o 99.9799 %, que es la probabilidad de obtener al menos 3 cabezas o más.

Como otro ejemplo, de los 20 proyectos que hay un 50% de independientes la probabilidad de éxito de cada proyecto, la probabilidad de obtener al menos 8 proyectos de éxito es 86.84% (es decir, la suma de las probabilidades de exactamente 8, 9, 10,..., 20 proyectos de éxito o 100% – la probabilidad acumulativa de 0 a 7 en la Figura 6.22, o 100% – 13.16% = 86.84%). Alternativamente, de los 20 proyectos independientes, la probabilidad de no tener más de 12 proyecto exitoso es 86.84% (CDF de 12 es 86.84% en la Figura 6.22). La probabilidad en este ejemplo es el mismo debido a que el 50% de probabilidad de éxito en una distribución binomial, que crea una distribución simétrica (8 fallos es el mismo que el 12 de éxitos de los 20 proyectos).

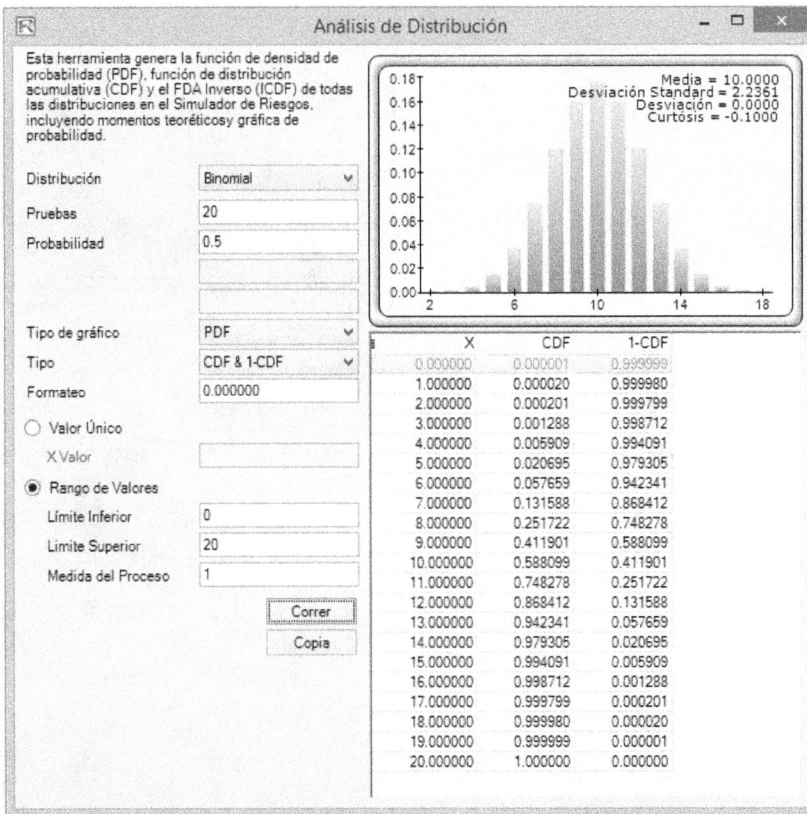

Figura 6.22: Herramienta de Análisis de Distribución
(CDF Distribución Binomial con 20 Ensayos)

Usando esta herramienta de análisis de distribución, incluso las distribuciones más avanzadas pueden ser analizadas, como el gamma, beta, binomial negativa, y muchos otros en el Simulador de Riesgo. Como ejemplo adicional de las herramientas utilizadas en una distribución continua y la funcionalidad ICDF, la Figura 6.23 muestra la distribución normal estándar (distribución normal con una media o de mu de cero y desviación estándar o sigma de uno), donde aplicamos el ICDF para encontrar el valor de x que corresponde a la probabilidad acumulada de 97.50 % (CDF). Es decir, una CDF de una cola de 97.50 % es equivalente a un intervalo de confianza del 95 % de dos colas (existe una probabilidad de 2.50 % en la cola derecha y 2.50 % en la cola izquierda, dejando 95 % en la zona centro o intervalo de confianza, que es equivalente a un área de 97.50 % para una cola). El resultado es familiar el puntaje Z de 1.96. Por lo tanto, el uso de esta herramienta de análisis de distribución, los puntajes estandarizados para otras distribuciones y las probabilidades exactas y acumulativas de otras distribuciones pueden ser obtenidos de forma rápida y sencilla. Ver los ejercicios al final de este capítulo para más aplicaciones de prácticas sobre el uso de las distribuciones binomiales, negativo binomial, y otras.

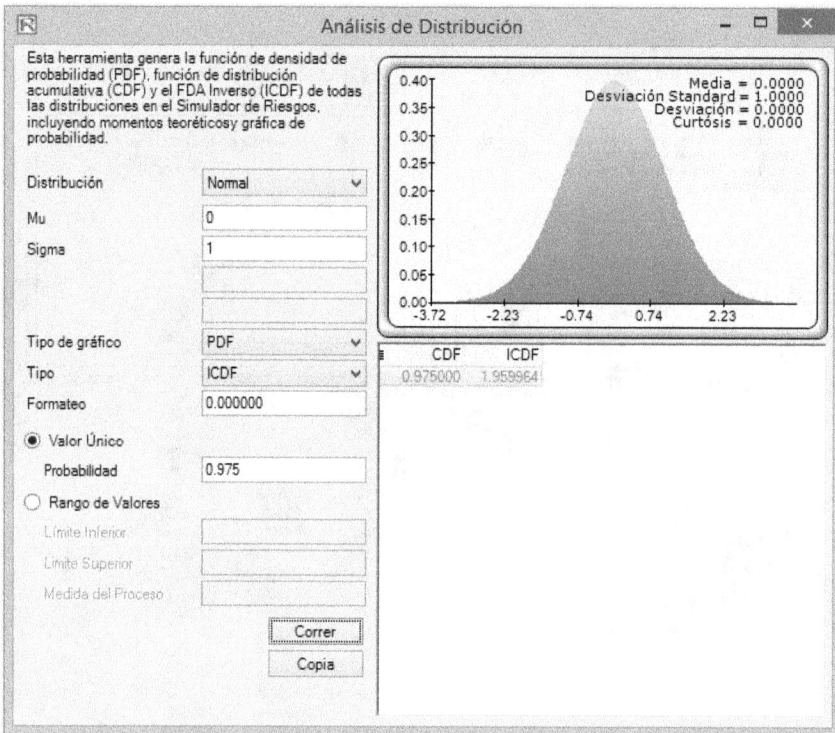

Figura 6.23: Herramienta de Análisis Distribucional
(Distribución Normal de ICDF y Valor Z)

HERRAMIENTA DE ANÁLISIS DE ESCENARIO

La herramienta de análisis de escenario en el Simulador de Riesgo le permite ejecutar múltiples escenarios rápidamente y sin esfuerzo mediante el cambio de uno o dos parámetros de entrada para determinar la salida de una variable. La Figura 6.24 ilustra el funcionamiento de esta herramienta en el modelo de muestra de flujo de caja descontado *(Simulador de Riesgo | Modelos de Ejemplo | 07 FCD, ROI y Volatilidad)*. En este ejemplo, se selecciona la celda *G6* (Valor Presente Neto) como la salida de interés, mientras que la celda *C9* (Tasa Tributaria) y *C12*

(Precio del producto) se seleccionan como entradas a perturbar. Se pueden configurar los valores iniciales y finales para hacer pruebas, así como el tamaño de la fase o el número de pasos a ejecutar entre estos valores de inicio y final. El resultado es una tabla de análisis de escenarios (Figura 6.25), donde los encabezados de fila y columna son las dos variables de entrada y el cuerpo de la tabla muestra los valores actuales netos. Esta herramienta de análisis de escenarios está disponible a través de *Simulador de Riesgo | Herramientas Analíticas | Análisis de Escenarios.*

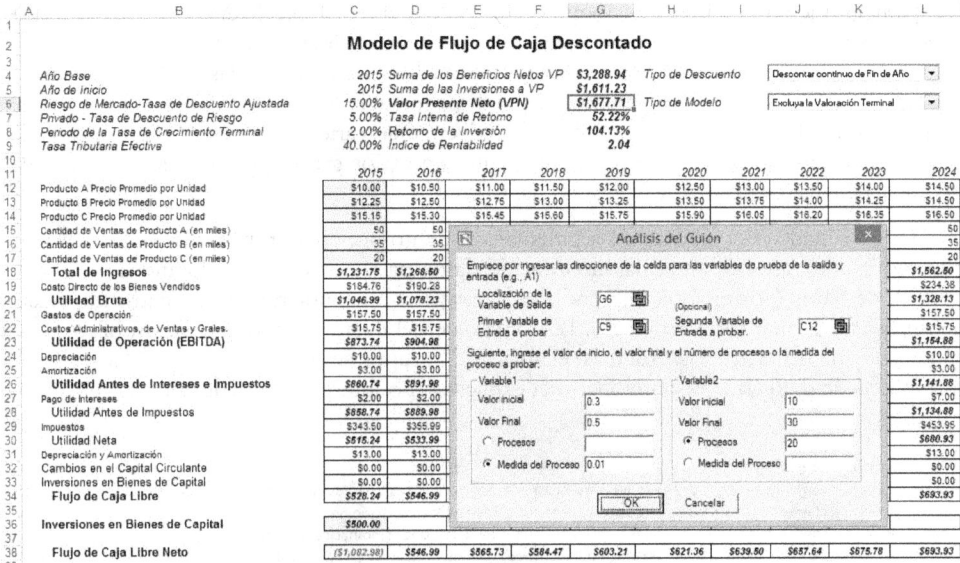

Figura 6.24: Escenario de la Herramienta de Análisis

TABLA DE ANÁLISIS DE ESCENARIOS

Variable Salida: $G$6 Valor Depreciable Inicial: $1,677.71
Columna: $C$12 Mínimo: 10 Máximo: 30 Pasos: 20 Tamaño: --- Valor Depreciable Inicial: $10.00
Fila: $C$9 Mínimo: 0.3 Máximo: 0.5 Pasos: --- Tamaño: 0.01 Valor Depreciable Inicial: 40.00%

	$10.00	$11.00	$12.00	$13.00	$14.00	$15.00	$16.00	$17.00	$18.00	$19.00	$20.00	...	$29.00	$30.00
30.00%	$2,213.78	$2,379.71	$2,545.63	$2,711.56	$2,877.48	$3,043.40	$3,209.33	$3,375.25	$3,541.17	$3,707.10	$3,873.02	...	$5,366.34	$5,532.26
31.00%	$2,160.18	$2,323.73	$2,487.28	$2,650.84	$2,814.39	$2,977.94	$3,141.50	$3,305.05	$3,468.60	$3,632.16	$3,795.71	...	$5,267.69	$5,431.25
32.00%	$2,106.57	$2,267.75	$2,428.94	$2,590.12	$2,751.30	$2,912.49	$3,073.67	$3,234.85	$3,396.03	$3,557.22	$3,718.40	...	$5,169.05	$5,330.23
33.00%	$2,052.96	$2,211.77	$2,370.59	$2,529.40	$2,688.21	$2,847.03	$3,005.84	$3,164.65	$3,323.46	$3,482.28	$3,641.09	...	$5,070.41	$5,229.22
34.00%	$1,999.35	$2,155.80	$2,312.24	$2,468.68	$2,625.12	$2,781.57	$2,938.01	$3,094.45	$3,250.89	$3,407.34	$3,563.78	...	$4,971.76	$5,128.21
35.00%	$1,945.75	$2,099.82	$2,253.89	$2,407.96	$2,562.04	$2,716.11	$2,870.18	$3,024.25	$3,178.32	$3,332.40	$3,486.47	...	$4,873.12	$5,027.19
36.00%	$1,892.14	$2,043.84	$2,195.54	$2,347.25	$2,498.95	$2,650.65	$2,802.35	$2,954.05	$3,105.75	$3,257.46	$3,409.16	...	$4,774.48	$4,926.18
37.00%	$1,838.53	$1,987.86	$2,137.20	$2,286.53	$2,435.86	$2,585.19	$2,734.52	$2,883.85	$3,033.18	$3,182.52	$3,331.85	...	$4,675.83	$4,825.16
38.00%	$1,784.93	$1,931.89	$2,078.85	$2,225.81	$2,372.77	$2,519.73	$2,666.69	$2,813.65	$2,960.61	$3,107.58	$3,254.54	...	$4,577.19	$4,724.15
39.00%	$1,731.32	$1,875.91	$2,020.50	$2,165.09	$2,309.68	$2,454.27	$2,598.86	$2,743.45	$2,888.05	$3,032.64	$3,177.23	...	$4,478.54	$4,623.14
40.00%	$1,677.71	$1,819.93	$1,962.15	$2,104.37	$2,246.59	$2,388.81	$2,531.03	$2,673.25	$2,815.48	$2,957.70	$3,099.92	...	$4,379.90	$4,522.12
41.00%	$1,624.10	$1,763.95	$1,903.80	$2,043.65	$2,183.50	$2,323.35	$2,463.20	$2,603.05	$2,742.91	$2,882.76	$3,022.61	...	$4,281.26	$4,421.11
42.00%	$1,570.50	$1,707.98	$1,845.46	$1,982.94	$2,120.42	$2,257.90	$2,395.38	$2,532.86	$2,670.34	$2,807.81	$2,945.29	...	$4,182.61	$4,320.09
43.00%	$1,516.89	$1,652.00	$1,787.11	$1,922.22	$2,057.33	$2,192.44	$2,327.55	$2,462.66	$2,597.77	$2,732.87	$2,867.98	...	$4,083.97	$4,219.08
44.00%	$1,463.28	$1,596.02	$1,728.76	$1,861.50	$1,994.24	$2,126.98	$2,259.72	$2,392.46	$2,525.20	$2,657.93	$2,790.67	...	$3,985.33	$4,118.06
45.00%	$1,409.67	$1,540.04	$1,670.41	$1,800.78	$1,931.15	$2,061.52	$2,191.89	$2,322.26	$2,452.63	$2,582.99	$2,713.36	...	$3,886.68	$4,017.05
46.00%	$1,356.07	$1,484.07	$1,612.06	$1,740.06	$1,868.06	$1,996.06	$2,124.06	$2,252.06	$2,380.06	$2,508.05	$2,636.05	...	$3,788.04	$3,916.04
47.00%	$1,302.46	$1,428.09	$1,553.72	$1,679.34	$1,804.97	$1,930.60	$2,056.23	$2,181.86	$2,307.49	$2,433.11	$2,558.74	...	$3,689.39	$3,815.02
48.00%	$1,248.85	$1,372.11	$1,495.37	$1,618.63	$1,741.88	$1,865.14	$1,988.40	$2,111.66	$2,234.92	$2,358.17	$2,481.43	...	$3,590.75	$3,714.01
49.00%	$1,195.25	$1,316.13	$1,437.02	$1,557.91	$1,678.80	$1,799.68	$1,920.57	$2,041.46	$2,162.35	$2,283.23	$2,404.12	...	$3,492.11	$3,612.99
50.00%	$1,141.64	$1,260.16	$1,378.67	$1,497.19	$1,615.71	$1,734.22	$1,852.74	$1,971.26	$2,089.78	$2,208.29	$2,326.81	...	$3,393.46	$3,511.98

Figura 6.25: Escenario de la Tabla de Análisis

HERRAMIENTA DE SEGMENTACIÓN DE GRUPO

Una técnica analítica final de interés es el de la segmentación de grupo. La Figura 6.26 muestra un conjunto de datos de la muestra. Usted puede seleccionar los datos y ejecutar la herramienta a través de *Simulador de Riesgo | Herramientas Analíticas | Segmentación de grupo*. La Figura 6.26 muestra una segmentación de la muestra en dos grupos. Es decir, tomando el conjunto de datos original, ejecutamos algunos algoritmos internos (una combinación o k-medias de agrupamiento jerárquico y el otro método de momentos con el fin de encontrar los grupos de mejor ajuste o agrupamientos estadísticos naturales) para dividir estadísticamente o segmento del conjunto de datos original en dos grupos. Usted puede observar las pertenencias de dos grupos en la Figura 6.26. Claramente, se puede segmentar este conjunto de datos en tantos grupos como desee. Esta técnica es muy útil en una variedad de escenarios, incluyendo mercadeo (segmentación del mercado de clientes en varios grupos, gestión de relaciones con los clientes, etc.), ciencias físicas, ingeniería, y otros.

Los resultados del análisis de segmentación de grupo, crea grupos de múltiples grupos, con particiones basándose en la similitud de datos para el análisis exploratorio de datos y minería de datos (por ejemplo, aprendizaje automático, reconocimiento de patrones, análisis de imágenes, la bioinformática, etc.). Los objetos en el mismo grupo son más similares entre sí que a los de otros grupos. Además, el análisis de grupos se puede utilizar para descubrir las estructuras de datos sin proporcionar una explicación o interpretación de la relación entre las variables.

Segmentación de Grupo

Cuando tienes un conjunto de datos grande, a veces es importante segmentar o agrupar los datos en diferentes grupos (e.g., mercado de clientes en distintos grupos de relaciones con clientes o la agrupación de varios datos naturales y observado en el campo de las ciencias físicas e ingeniería). Una combinación de k-medias de agrupaciones jerárquicas y otro método de momentos son usados para encontrar los grupos que mejor se adapten para dividir estadísticamente o segmentar el conjunto de datos original en múltiples grupos.

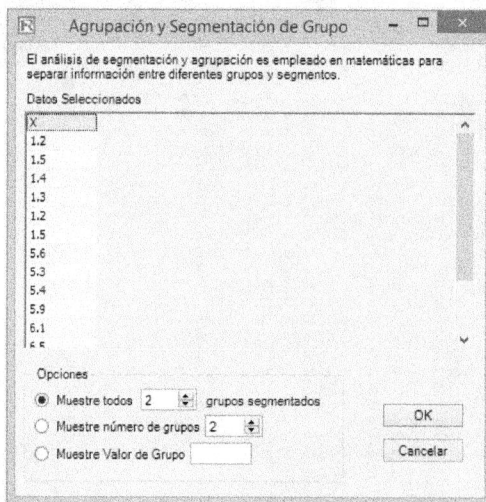

Figura 6.26: Agrupación y Segmentación de Grupo y Resultados

RUPTURA ESTRUCTURAL DE ANÁLISIS

Una ruptura estructural si los coeficientes en diferentes conjuntos de datos son iguales, y esta prueba se usa comúnmente en el análisis de series de tiempo para detectar la presencia de una ruptura estructural. Un conjunto de datos de series de tiempo puede ser dividido en dos subconjuntos y cada subconjunto se prueba unos a otros y en el conjunto de datos completo para determinar estadísticamente si realmente existe una ruptura a partir de un período de tiempo determinado. La prueba de ruptura estructural a menudo se utiliza para determinar si las variables independientes tienen diferentes impactos en diferentes subgrupos de la población, como para probar si una nueva campaña de mercadeo, actividad, importante evento, adquisición, desinversión, y así sucesivamente, tienen un impacto en los datos de series de tiempo. Supongamos que el conjunto de datos tiene 100 puntos de datos de series de tiempo, puede configurar varios puntos de corte para probar, por ejemplo, los puntos de datos 10, 30 y 51 (esto significa que se realizaran tres pruebas de ruptura estructural en el siguiente conjunto de datos: datos en los puntos 1-9 en comparación con 10-100; puntos de datos 1-29 en comparación con 30-100; y 1-50 en comparación con 51 a 100, para ver si de hecho al comienzo de los punto de datos 10, 30 y 51, si hay una ruptura en la estructura subyacente). Una prueba de hipótesis de una cola se realiza sobre la hipótesis nula (H_o) de tal manera que los dos subconjuntos de datos son estadísticamente similares entre sí, es decir, no hay ruptura estructural estadísticamente significativa. La hipótesis alternativa (H_a) es que los dos subconjuntos de datos son estadísticamente diferentes entre sí, lo que indica una posible ruptura estructural. Si los valores de p calculados son menos de o igual a 0.01, 0.05, o 0.10, esto significa que la hipótesis es rechazada, lo que implica que los dos subconjuntos de datos son estadísticamente y significativamente diferentes a los 1%, 5% y 10% los niveles de significación. Alta valores p indican que no hay ruptura estructural estadísticamente significativo.

DESESTACIONALIZACIÓN Y ELIMINACIÓN DE TENDENCIAS

Esta herramienta del Simulador de Riesgo, desestacionaliza y elimina tendencias de los datos originales con el propósito de extraer cualquier componente estacional y de tendencia. En los modelos de pronóstico, el proceso incluye la remoción de los efectos y la acumulación de datos establecidos en la estacionalidad y tendencia mostrando sólo cambios absolutos en los valores y permitiendo patrones potenciales cíclicos de ser identificados después de quitar una deriva general, tendencias, giros, curvas y efectos de ciclos estacionales de una serie de datos de tiempo. Por ejemplo, un conjunto de datos sin tendencia puede ser necesario para ver una descripción más precisa de las ventas de una empresa en un año determinado con mayor claridad al desplazar todo el conjunto de datos desde una pendiente con una superficie plana para ver mejor los ciclos subyacentes y fluctuaciones.

Muchos datos de series de tiempo muestran estacionalidad en donde ciertos eventos se repiten después de un cierto período de tiempo o período u estacionalidad (por ejemplo, los ingresos de una estación de aquí son más altos en invierno que en verano, y este ciclo predecible se repite cada invierno). Los períodos de estacionalidad representan el número de períodos que tendrían que pasar antes de que el ciclo se repita (por ejemplo, 24 horas en un día, 12 meses en un año, 4 trimestres en un año, 60 minutos en una hora, y así sucesivamente). Esta herramienta desestacionalizar y elimina tendencias sus datos originales para extraer los componentes estacionales. Un índice estacional superior a 1 indica un periodo de pico alto en el ciclo estacional y un valor inferior a 1 indica un descenso en el ciclo.

ANÁLISIS DE COMPONENTES PRINCIPALES

El Análisis de Componentes Principales (ACP) es el camino para identificar los patrones en los datos, y remodelar los datos de forma que se pueda resaltar sus similitudes y diferencias. Los patrones de datos son muy difíciles de encontrar en grandes dimensiones cuando existen múltiples variables, y las gráficas de altas dimensiones son muy difíciles de representar e interpretar. Una vez que los patrones son identificados en los datos, pueden ser comprimidos y los números de dimensiones se reduce. Esta reducción de las dimensiones de datos no significa mucho en la pérdida de información. En lugar de ello, se pueden obtener los mismos niveles de información a través de un número reducido de variables.

ACP es un método estadístico que se utiliza para reducir la dimensionalidad de un conjunto de datos mediante un análisis de covarianza entre variables independientes mediante la aplicación de una transformación ortogonal para convertir un conjunto de datos variables correlacionadas en un nuevo conjunto de valores de las variables sin correlación lineal llamadas componentes principales. El número de componentes principales calculados será menor que o igual al número de variables originales. Esta transformación estadística está configurada de tal manera que el primer componente principal tiene la mayor varianza posible que representa la mayor cantidad de variabilidad en los datos como sea posible, y cada componente subsiguiente tiene la mayor varianza posible bajo la restricción de que es ortogonal o no correlacionado con los componentes anteriores. Por lo tanto, la ACP revela la estructura interna de los datos de una manera que explica mejor la varianza en los datos. Tal reducción de dimensionalidad es útil para procesar conjuntos de datos de alta dimensión al tiempo que conserva la mayor cantidad de la varianza en el conjunto de datos como sea posible. ACP gira esencialmente el conjunto de puntos alrededor de su media con el fin de alinearse con los componentes principales. Por lo tanto, ACP crea variables que son combinaciones lineales de las variables originales. Las nuevas variables tienen la propiedad de que las variables son todas ortogonales. El análisis factorial es similar a la ACP, en ese análisis factorial consiste también en combinaciones lineales de variables mediante correlaciones ACP utilizando la covarianza para determinar los vectores propios y valores propios correspondientes a los datos utilizando una matriz de covarianza. Los Vectores propios se pueden considerar como direcciones preferenciales de un conjunto de datos o patrones en los datos. Los valores propios pueden ser considerados como la evaluación cuantitativa de la cantidad de un componente que representa los datos. Cuanto más alto sean los valores propios de un componente, más representativo es de los datos.

Como ejemplo, el ACP es útil cuando se ejecuta econometría básica o regresión múltiple cuando el número de variables independientes son grandes o cuando hay multicolinealidad significativa en las variables independientes. EL ACP se puede ejecutar en las variables independientes para reducir el número de variables y para eliminar cualquier correlación lineal entre las variables independientes. Los datos revisados extraídos obtenidos después de ejecutar ACP se pueden utilizar para volver a ejecutar la regresión múltiple lineal o análisis econométrico básico lineal. El modelo resultante suele tener valores R-cuadrado ligeramente inferiores, pero potencialmente mayor significación estadística (valor-p inferior). Los usuarios pueden decidir utilizar la mayor cantidad de componentes principales tantas veces como sea necesario basado en la varianza acumulada.

Preguntas de repaso

1. Mencione los elementos claves y las diferencias entre el gráfico de tornado y un gráfico de araña. Entonces compare las gráficas de tornado y de araña con el análisis de sensibilidad.

2. En el ajuste de distribución, algunas veces usted no puede obtener la distribución que imagino como la mejor alternativa. ¿Por qué? Además, ¿por qué la distribución beta aparece entre las primeras candidatas como la distribución de mejor ajuste?

3. Explique brevemente que es una prueba de hipótesis.

4. ¿Cómo está la simulación bootstrap relacionada con la precisión y el control del error en la simulación?

5. En el análisis de sensibilidad, ¿cómo el porcentaje de variación explicado está vinculado al rango de correlación?

Ejercicio de trabajo son presentados en las siguientes páginas. Estos ejercicios requieren tener instalado el Simulador de Riesgo, además se deben aplicar las técnicas presentadas en este capítulo.

APÉNDICE—PRUEBAS DE BONDAD DE AJUSTE

Existen varias pruebas estadísticas para decidir si una muestra de un conjunto de datos proviene de una distribución específica. Los más comúnmente utilizados son la prueba de Kolmogorov–Smirnov y la prueba Chi-cuadrado. Cada prueba tiene sus ventajas y desventajas. En la siguiente seccione se detallan las características de cada una de estas pruebas que se aplican en ajuste de distribución realizado en el análisis de simulación de Monte Carlo. Otras pruebas como la Anderson–Darling, Jarque-Bera, Shapiro-Wilk, y otras, no se utilizan en el Simulador de Riesgo, pues son pruebas paramétricas y su precisión depende del conjunto de datos y si estos son normales o casi-normales. Por lo tanto, los resultados de estas pruebas son a menudo sospechosos en términos de rendimiento o por presentar resultados inconsistentes.

Prueba de Kolmogorov–Smirnov

La prueba de Kolmogorov–Smirnov (KS) está basada en una función de distribución empírica de un conjunto de datos, y pertenece a una clase de pruebas no-paramétricas. Esta característica no paramétrica es la clave para entender la prueba KS, lo que significa básicamente que la distribución de la prueba estadística KS no depende de la función de distribución acumulativa subyacente mientras está siendo probada. Por tanto, el concepto de no paramétrica significa que no se requiere predefinir algún parámetro de distribución. En otras palabras, la prueba KS es aplicable a través de múltiples distribuciones subyacentes. Otra ventaja es que es una prueba exacta comparada con la prueba Chi-Cuadrada, la cual depende de un adecuado tamaño de la muestra para que la aproximación sea válida. A pesar de sus ventajas, la prueba KS tiene varias limitaciones importantes. Solo es aplicable a distribuciones continuas, y tiende a ser más sensible cerca del centro de la distribución que en las colas. Además, la distribución debe estar perfectamente especificada.

Dado N puntos ordenados Y_1, Y_2, ... Y_N, la función de distribución empírica está definida como $E_n = n_i / N$ donde n_i es el número de puntos menos que Y_i donde Y_i está ordenado desde el más pequeño hasta el valor más grande. En este paso la función se incrementa en $1/N$ hasta el valor ordenado de cada punto de los datos.

La hipótesis nula es tal que el conjunto de datos sigue una distribución específica, mientras que la hipótesis alterna es que los datos no siguen una distribución especifica. La hipótesis es probada usando el estadístico KS que se define como $KS = \max_{1 \le i \le N} \left| F(Y_i) - \frac{i}{N} \right|$ donde F es la distribución acumulativa teórica de la distribución continua que está siendo probada y que debe estar completamente especificada. (por ejemplo, localización, escala, y parámetros de forma que no pueden ser estimados desde los datos).

Note que, desde el valor 0.03 hasta 0.05 son los niveles críticos más comunes (para niveles de significancia al 1%, 5% y 10%). Así, para cualquier estadístico KS calculado que sea menor que estos valores críticos, implica que la hipótesis nula no es rechazada y que la distribución tiene un buen ajuste. Hay varias versiones de esta tabla que son usadas con diferente escala para comparar la prueba estadística KS y las regiones críticas. Estas alternativas de formulación deben ser equivalentes, pero es necesario asegurar que la prueba estadística es calculada en forma consistente con los valores críticos tabulados. Sin embargo, como regla general se tiene que un estadístico KS debe ser menor que 0.03 o 0.05 (depende de nivel de significancia) indica un buen ajuste.

La hipótesis respecto a la forma de la distribución es rechazada si el estadístico de prueba, KS, es más grande que el valor crítico obtenido desde la siguiente tabla:

NIVEL ALFA DOS COLAS	KS CRITICO
10%	0.03858
5%	0.04301
1%	0.05155

Prueba Chi-Cuadrado

La prueba de bondad de ajuste Chi-Cuadrado (CS) es aplicada a datos separados (por ejemplo. datos en distintas clases) y una característica atractiva de la prueba CS es que puede ser aplicada a cualquier distribución univariada para la cual usted pueda calcular la función de distribución acumulada. Sin embargo, los valores de los estadísticos de prueba CS son dependientes respecto sobre como los datos están separados y la prueba requiere una muestra de tamaño suficiente para que la aproximación CS sea válida. Esta prueba es sensible a la elección de los intervalos. La prueba puede aplicarse a distribuciones discretas tales como la binomial y la Poisson, mientras que la prueba KS está restringida a distribuciones continuas.

La hipótesis nula es tal que el conjunto de datos sigue una distribución específica, mientras que la hipótesis alternativa es que los datos no siguen una distribución especifica. La hipótesis es probada usando el estadístico CS definido como $\chi^2 = \sum_{i=1}^{k}(O_i - E_i)^2 / E_i$ donde O_i es la frecuencia observada por intervalo i y E_i es la frecuencia esperada por intervalo i. La frecuencia esperada es calculada por $E_i = N(F(Y_U) - F(Y_L))$, donde F es la función de distribución acumulada para i, Y_U es el límite superior para la clase i, Y_L es el límite inferior para la clase i, y N es el tamaño de la muestra.

El estadístico de prueba sigue una distribución CS con $(k - c)$ grados de libertad donde k es el número de celdas no vacías y c es igual al número estimado de parámetros (incluida la localización, los parámetros de escala y de forma) para la distribución +1. Por ejemplo, para una distribución Weibull de tres parámetros, $c = 4$. Por tanto, la hipótesis de que los datos provienen de una población con la distribución especificada es rechazada si $\chi^2 > \chi^2(\alpha, k-c)$ donde $\chi^2(\alpha, k-c)$ es la función porcentual CS con $(k - c)$ grados de libertad y un nivel de significancia de α.

Otra vez, la hipótesis nula es tal que los datos siguen una distribución específica, cuando aplicamos el ajuste de distribución de Simulador de Riesgo, un valor bajo del Valor-p (por ejemplo, menor que 0.10, 0.05 o 0.01) indica un mal ajuste (la hipótesis nula es rechazada) mientras que un valor alto del Valor-p indica que estadísticamente el ajuste es bueno.

BONDAD DE AJUSTE CHI-CUADRADO. PRUEBA DE VALOR CRITICO
CON 23 GRADOS DE LIBERTAD

NIVEL ALFA	PUNTO DE CORTE
10%	32.00690
5%	35.17246
1%	41.63840

Criterio de Información Akaike, Anderson–Darling, Estadísticas de Kuiper, y Criterio de Schwarz / Bayes

Los siguientes son métodos adicionales de ajustes de distribución disponible en el Simulador de Riesgo:

- Criterio de Información de Akaike (AIC) – [siglas en inglés] Recompensa la calidad de ajuste, pero también incluye una penalidad, que es una función creciente del número de parámetros estimados (aunque AIC penaliza el número de parámetros de forma menos drástica que otros métodos).

- Anderson–Darling (AD). Cuando se aplica a las pruebas si una distribución normal describe adecuadamente un conjunto de datos, es una de las herramientas estadísticas más poderosas para detectar desviaciones de la normalidad y también es poderosa para probar colas normales. Sin embargo, en las distribuciones no normales, esta prueba carece de energía en comparación con otras.

- Kolmogorov–Smirnov (KS). Una prueba no paramétrica para la igualdad de las distribuciones de probabilidad continuas que pueden ser utilizados para comparar una muestra con una distribución de probabilidad de referencia, por lo que es útil para probar distribuciones de forma anormal y distribuciones no normales.

- Estadísticas de Kuiper (K). Relacionada con prueba de KS lo que la hace sensible tanto en las colas como en la mediana, y también la hace invariante en transformaciones cíclicas de la variable independiente, volviéndola invaluable al probar las variaciones cíclicas en el tiempo. En comparación, la prueba AD proporciona la misma sensibilidad en las colas como la mediana, pero no proporciona la invariancia cíclica.

- Criterio de Información Schwarz / Bayes (SC / BIC) — [siglas en inglés]. La prueba SC / BIC introduce un término de penalización para el número de parámetros del modelo con una penalidad mayor que la AIC.

La hipótesis nula que se está probando afirma que la distribución ajustada es la misma distribución que la población de la que vienen los datos a ser ajustados. Por lo tanto, si el valor-p calculado es inferior a un nivel alfa crítico (generalmente 0.10 o 0.05), entonces la distribución es la distribución incorrecta (rechazar la hipótesis nula). Por el contrario, cuanto mayor sea el valor-p, mejor la distribución se ajusta a los datos (no rechace la hipótesis nula, es decir, la distribución ajustada es la distribución correcta, o la hipótesis nula de H_o: *Error* $= 0$, donde se define el error como la diferencia entre los datos empíricos y la distribución teórica). A grandes rasgos, se puede pensar en el valor-p como un porcentaje explicado; es decir, por ejemplo, si el valor-p calculado de una distribución ajustada normal es 0.9996, entonces, establecer una distribución normal con la media y la desviación estándar ajustada explica acerca del 99.96% de la variación en los datos, que indica un ajuste especialmente bueno. Tanto los resultados como el informe muestran la prueba estadística, valor-p, el estadístico teórico (basada en la distribución seleccionada), el estadístico empírico (basados en los datos brutos), los datos originales (para mantener un registro de los datos utilizados), y los supuestos completos con los parámetros de distribución relevantes (es decir, si se ha seleccionado la opción para generar automáticamente los supuestos y si un perfil de simulación ya existe). Los resultados también ubican todas las distribuciones seleccionadas y que tan bien encajan los datos.

EJERCICIO 1: TORNADO, ARAÑA, SENSIBILIDAD Y ANÁLISIS DE ESCENARIOS

Este ejercicio muestra cómo utilizar el Simulador de Riesgo para la reproducción:

1. Sensibilidad Estática, Sensibilidad Dinámica de y análisis de escenarios

2. Análisis de Tornado y Araña: Pre-simulación Análisis de Sensibilidad (lineal)

3. Análisis de Tornado y Araña: Pre-simulación Análisis de sensibilidad (no lineal)

4. Análisis de sensibilidad: Post-simulación Análisis de Sensibilidad

5. Análisis de Escenario

6. Conceptos Básicos Optimización

Información del Modelo

Nombre del archivo: Análisis Tornado y Sensibilidad (Lineal).xls y Análisis Tornado y Sensibilidad (no lineal).xls

Acceso: *Simulador de Riesgos | Modelos de Ejemplo | 22 Análisis Tornado y Sensibilidad (lineal)*

Acceso: *Simulador de Riesgos | Modelos de Ejemplo | 23 Análisis Tornado y Sensibilidad (no lineal)*

Prerrequisitos: Simulador de Riesgo 2014 o más posterior, Capítulo 5 de Modelado de Riesgos (Sección: Tornado y Sensibilidad)

El ejemplo que usaremos ilustra un modelo de flujo de caja descontado simple y muestra cómo el análisis de sensibilidad se puede realizar tanto antes de ejecutar una simulación como después de que una simulación se ejecuta (Figura 6E1.A). Los gráficos Tornado y Araña son herramientas de análisis de sensibilidad estática útiles para determinar qué variables afectan más los resultados clave. Es decir, cada variable precedente se perturba a una cantidad fija y el resultado clave es analizado para determinar qué variables de entrada son los factores críticos de éxito con el mayor impacto. Por el contrario, los gráficos de sensibilidad son dinámicos, ya que todas las variables precedentes son perturbadas juntas de manera simultánea (los efectos de auto correlaciones, correlaciones cruzadas, y las interacciones son todas capturadas en el gráfico de sensibilidad resultante). Por lo tanto, un análisis estático de tornado se ejecuta *antes* de una simulación, mientras que un análisis de sensibilidad se ejecuta *después* de una simulación.

Modelo Flujo de Caja Descontado

		2015				
Año Base		2015		Suma de los Beneficios VP		$1,896.63
Tasa de Descuento de Mercado con Riesgo Ajustado		15.00%		Suma de la Inversión VP		$1,800.00
Tasa de Descuento Riesgo Privado		5.00%		Valor Presente Neto		$96.63
Tasa de Crecimiento de Ventas Anualizado		2.00%		Tasa Interna de Retorno		18.80%
Tasa de Erosión de Precios		5.00%		Retorno de la Inversión		5.37%
Tasa de Impuestos Efectiva		40.00%				

	2015	2016	2017	2018	2019
Precio Promedio del Producto A	$10.00	$9.50	$9.03	$8.57	$8.15
Precio Promedio del Producto B	$12.25	$11.64	$11.06	$10.50	$9.98
Precio Promedio del Producto C	$15.15	$14.39	$13.67	$12.99	$12.34
Cantidad Producida de A	50.00	51.00	52.02	53.06	54.12
Cantidad Producida de B	35.00	35.70	36.41	37.14	37.89
Cantidad Producida de C	20.00	20.40	20.81	21.22	21.65
Utilidades Totales	$1,231.75	$1,193.57	$1,156.57	$1,120.71	$1,085.97
Costo de los Bienes Vendidos	$184.76	$179.03	$173.48	$168.11	$162.90
Ganancia Bruta	$1,046.99	$1,014.53	$983.08	$952.60	$923.07
Gastos de Operación	$157.50	$160.65	$163.86	$167.14	$170.48
Gastos de Administración y Comercialización	$15.75	$16.07	$16.39	$16.71	$17.05
Gastos Operativos (EBITDA)	$873.74	$837.82	$802.83	$768.75	$735.54
Depreciación	$10.00	$10.00	$10.00	$10.00	$10.00
Amortización	$3.00	$3.00	$3.00	$3.00	$3.00
Utilidad antes de intereses e impuestos	$860.74	$824.82	$789.83	$755.75	$722.54
Pago de Intereses	$2.00	$2.00	$2.00	$2.00	$2.00
Ingresos Antes de Impuestos	$858.74	$822.82	$787.83	$753.75	$720.54
Impuestos	$343.50	$329.13	$315.13	$301.50	$288.22
Ingresos Netos	$515.24	$493.69	$472.70	$452.25	$432.33
Depreciación	$13.00	$13.00	$13.00	$13.00	$13.00
Cambios en el Capital de Trabajo	$0.00	$0.00	$0.00	$0.00	$0.00
Gastos de Capital	$0.00	$0.00	$0.00	$0.00	$0.00
Flujo de Caja Libre	$528.24	$506.69	$485.70	$465.25	$445.33
Inversiones	$1,800.00				

Figura 6E1.A: Modelo Ejemplo

1. Sensibilidad Estática, Sensibilidad Dinámica y Análisis de Escenarios

Antes de empezar, hay algunos aspectos de terminología necesarios para poder continuar. Hay similitudes y diferencias entre estos términos y es mejor abordarlos desde ahora ya que estos términos se utilizan en todo este ejercicio y los informes.

- *Sensibilidad Estática.* Tal como el nombre lo indica, este análisis es estático, lo que significa que si usted tiene un modelo de A + B = C y C se selecciona como la salida para analizar, se identificará A y B como las entradas que preceden C, o como sus *precedentes*. Entonces, debido a la naturaleza estática de este análisis, se comienza con A y B, a sus valores originales, y entonces se ajusta A para ver los efectos en C, mientras que B se mantiene constante. Entonces, se revierte A a su valor original y se ajusta B para ver los efectos en C. Por lo tanto, cada uno de los precedentes se ajusta uno a la vez, creando un gráfico y una tabla de sensibilidad estática. En el Simulador de Riesgo, llamamos a esto el análisis de tornado, donde se muestra el precedente con el mayor efecto en primer lugar, seguido por el segundo efecto más grande y así sucesivamente, creando un gráfico tornado en forma de embudo. Alternativamente, si se toma el gráfico tornado y ubica sobre su lado y dejar que todas las barras caigan sobre el eje X como línea de base, tenemos un diagrama de Pareto.

- *Sensibilidad Dinámica.* En la sensibilidad dinámica, supongamos que tenemos otro modelo, A + B + C = D. En este caso, A, B, y C son, por supuesto, los precedentes de D. Sin embargo, si sólo A y C se establecen como supuestos de simulación, sólo A y C se consideran entradas para ser probados en un modelo de sensibilidad dinámica. Esto se debe a que, para ejecutar un análisis dinámico, tenemos que cambiar de forma dinámica las cosas, y la única manera de hacerlo es a través del uso de la simulación. Por lo tanto, *la sensibilidad dinámica sólo se puede ejecutar después de ejecutar una simulación.* Y debido a que B no es una suposición, B es sólo un punto individual estimado y no puede ser probado. Sólo A y C pueden ser probados en una sensibilidad dinámica (B sólo se puede probar si se ejecuta una sensibilidad estática tal como un análisis de tornado). Además, si se establecen correlaciones entre A y C, el análisis de sensibilidad resultante cambiará. Supongamos que se tiene otro modelo, A + B + C +... + X + Y + Z, y supongamos que los valores no se correlacionan y se clasifican de tener del mayor al menor efecto en el mismo orden. Ahora supongamos que además aplicamos una correlación entre A y Z, y simplemente digamos que fijamos la correlación en + 0.95. Lo que pasa aquí es que los datos generados por ambos A y Z se moverán juntos en la misma dirección, y el análisis de sensibilidad dinámica recogerá esta relación y se relega A a un rango inferior y Z aumenta a un rango más alto en términos de efecto en el modelo. Más adelante veremos este resultado en el ejercicio.

- *Análisis de Escenarios.* El análisis de escenarios es literalmente la selección de, una o más variables a propósito, cambiar estos valores dentro de un rango, y capturar los resultados en una tabla. Una vez más, supongamos que tenemos un modelo como A + B + C = D. Podemos ejecutar un análisis de escenarios cambiando B a partir del valor 2 a 100 con un tamaño de fase de 2 cada vez. Esto significa que A y C se quedarán sin cambios, mientras que B se establece en 2, y luego, 4, 6, 8..., 100 y cada vez, observe el valor resultante en D. El resultado final es una tabla mostrando 50 escenarios de B y los 50 escenarios resultantes de D.

El análisis de simulación optimización requiere e implementa estas técnicas de una forma u otra. Por ejemplo, la simulación no es más que el análisis de escenarios de ejecución de forma dinámica durante miles de veces en un algoritmo estadístico y matemático con cada variable de entrada en un escenario que tiene sus propias características, como una distribución normal con una desviación media y estándar, creando así una forma de distribución específica y probabilidades de ocurrencia, en lugar de probar un rango lineal de valores como se hace en el análisis de escenarios. ¡En otras palabras, la simulación es el análisis de escenarios con súper esteroides! Por un lado, el análisis de escenarios también puede ser visto como el análisis de sensibilidad estática de tornado, pero que se lleva a cabo en variables específicas. Por otra parte, la sensibilidad estática ejecuta el análisis de escenarios con un rango específico de ± 10% en todas las variables precedentes, no sólo las seleccionadas. Finalmente, la sensibilidad dinámica ejecuta una simulación y luego pone a prueba su sensibilidad a la salida, y este proceso combina tanto el análisis de sensibilidad como la simulación.

2. Gráficos Tornado y Araña: Presimulación de Análisis de Sensibilidad (Lineal)

Para ejecutar este modelo simplemente:

1. Inicie Excel y abra el ejemplo modelo de *Simulador de Riesgo | Modelos de Ejemplo | 22 Análisis de Tornado y Sensibilidad (lineal).*

2. Vaya a la hoja de trabajo modelo FCD y seleccione la celda G6 resultado VPN.

3. Vaya a *Simulador de Riesgo | Herramientas Analíticas | Análisis Tornado* (o haga clic en el icono Análisis Tornado) y haga clic en *OK* (Figura 6E1.B).

4. Vaya a la hoja de trabajo del informe de análisis de tornado generado y revise el informe (Figura 6E1.C). En el informe generado se ilustra la tabla de sensibilidad (valor base inicial de la variable clave, así como los valores perturbados y los precedentes). El precedente de mayor impacto (rango de salida) aparece en primer lugar. El grafico tornado ilustra este análisis. El gráfico de araña realiza el mismo análisis, pero también es responsable de los efectos no lineales. Es decir, si las variables de entrada tienen un efecto no lineal en la variable de salida, las líneas en el gráfico de araña estarán curvas.

5. Vuelva al modelo FCD y vuelva a ejecutar el análisis de tornado. Esta vez, pase un poco más de tiempo en la interfaz de usuario. Se pueden probar varios ajustes como los que se enumeran a continuación. En cada ajuste, vea los efectos en el informe.

   o *Muestre Todas Variables* versus *Muestre Variables(s)* le permite decidir qué tan largo debe ser el gráfico tornado. A veces, en un modelo extenso podría haber un número significativo de precedentes, y, en la mayoría de los casos, no es necesario verlos todos, sólo unos pocos de la parte superior que tienen el mayor impacto en el modelo.

   o *Use la dirección de la celda* es siempre una buena idea si su modelo es extenso, lo que permite identificar la ubicación (nombre de la hoja de trabajo y la dirección de la celda) de una celda precedente. Si no se selecciona esta opción, el software aplica su propia lógica difusa en un intento de determinar el nombre de cada variable precedente (a veces los nombres podrían llegar a ser confusos en un modelo extenso con variables repetidas o los nombres podrían ser demasiado largos, posiblemente volviendo el gráfico tornado antiestético).

   o *Analice esta hoja de trabajo* y *analice todas las hojas de trabajo* opciones que le permiten controlar si los presidentes sólo deben ser parte de la hoja de trabajo actual o incluir todas las hojas de trabajo en el mismo libro. Esta opción es muy útil cuando sólo se está tratando de analizar una salida basada en los valores de la hoja de trabajo actual frente a la realización de una búsqueda global de todos los antecedentes vinculados a través de múltiples hojas de trabajo en el mismo libro.

   o *Use configuración global* es útil cuando se tiene un modelo extenso y se desean probar todos los precedentes, es decir, ± 50% en lugar del predeterminado 10%. En vez de tener que cambiar cada valor de prueba de precedentes uno a la vez, se puede seleccionar esta opción, cambiar los ajustes, y hacer clic en alguna otra parte de la interfaz de usuario y la lista completa de los precedentes cambiará. Desmarcar esta opción le permitirá controlar el cambio de puntos de prueba un precedente a la vez.

   o *Ignorar Cero o Valores Vacíos* es una opción habilitada por defecto donde las celdas de precedentes con cero o valores vacíos no se ejecutarán en el tornado. Esta es la configuración típica.

   o *Selecciones los posibles números enteros* es una opción que identifica rápidamente todas las posibles celdas precedentes que actualmente tienen entradas con enteros. Esto a veces es importante si su modelo utiliza transiciones (por ejemplo, funciones como SI una celda es 1, entonces algo ocurre, y SI una celda tiene un valor 0, algo ocurre, o enteros, como 1, 2, 3, etc. etc., que no querrá poner a prueba). Por ejemplo, ± 10% de un valor transición bandera de 1 devolverá un valor de prueba de 0.9 y 1.1, los dos son valores de entrada irrelevantes e incorrectos en el modelo, y Excel puede interpretar la función como un error. Cuando se selecciona esta opción, rápidamente se destacarán las áreas problemáticas potenciales para el análisis de tornado y se puede determinar qué precedentes activar o desactivar manualmente, o se puede utilizar *Ignorar Posibles Valores Enteros* para desactivarlos todos de forma simultánea.

o *Trace Etiqueta* también es muy útil cuando a veces ciertos nombres de celda son demasiado largos y se cortan en el gráfico y la tabla. Si ese es el caso, seleccione *Use la dirección de la celda* para etiquetas de gráfico más cortas y más precisas.

Nota: El análisis Tornado nunca se debe ejecutar sólo una vez. Está diseñado como un modelo de herramienta de diagnóstico, lo que significa que lo ideal es que sea ejecutado varias veces en el mismo modelo. Por ejemplo, en un modelo extenso, el tornado se puede ejecutar la primera vez utilizando todos los valores predeterminados y todos los precedentes se deben mostrar (seleccione *Muestre Todas Variables*). El resultado de este análisis puede ser un informe amplio y largo (y potencialmente antiestético) de gráficos tornado. Sin embargo, proporciona un gran punto de partida para determinar cuántos de los precedentes se consideran factores esenciales de éxito (por ejemplo, el gráfico tornado puede mostrar que las primeras 5 variables tienen un alto impacto en la salida, mientras que las 200 variables restantes tienen poco o ningún impacto), en cuyo caso, un segundo análisis de tornado se ejecuta mostrando menos variables (por ejemplo, seleccionar *Mostrar las 10 Primeras Variables* si las primeras 5 son esenciales, se crea así un buen informe y un gráfico tornado que muestra un contraste entre los factores clave y los factores menos críticos, es decir, nunca se debe mostrar un gráfico tornado con sólo las variables clave sin mostrar algunas variables menos esenciales como un contraste con sus efectos sobre la salida). Por último, los puntos de prueba por defecto se pueden aumentar del $\pm$ 10% a un valor mayor para la prueba de la no linealidad (el gráfico de Araña mostrará líneas no lineales y los gráficos Tornado estarán sesgados hacia un lado si los efectos precedentes son no lineales).

Modelo Flujo de Caja Descontado

Año Base	2015		Suma de los Beneficios VP	$1,896.63
Tasa de Descuento de Mercado con Riesgo Ajustado	15.00%		Suma de la Inversión VP	$1,800.00
Tasa de Descuento Riesgo Privado	5.00%		Valor Presente Neto	$96.63
Tasa de Crecimiento de Ventas Anualizado	2.00%		Tasa Interna de Retorno	18.80%
Tasa de Erosión de Precios	5.00%		Retorno de la Inversión	5.37%
Tasa de Impuestos Efectiva	40.00%			

	2015	2016	2017	2018	2019
Precio Promedio del Producto A	$10.00	$9.50	$9.03	$8.57	$8.15
Precio Promedio del Producto B					
Precio Promedio del Producto C					
Cantidad Producida de A					
Cantidad Producida de B					
Cantidad Producida de C					
Utilidades Totales					
Costo de los Bienes Vendidos					
Ganancia Bruta					
Gastos de Operación					
Gastos de Administración y Comercialización					
Gastos Operativos (EBITDA)					
Depreciación					
Amortización					
Utilidad antes de intereses e impuestos					
Pago de Intereses					
Ingresos Antes de Impuestos					
Impuestos					
Ingresos Netos					
Depreciación					
Cambios en el Capital de Trabajo					
Gastos de Capital					
Flujo de Caja Libre					

Inversiones

Análisis Financiero
Flujo de Caja Libre a Valor Presente
Gastos en Inversiones a Valor Presente
Flujo de Caja Neto

Figura 6E1.B: Ejecutando un Análisis Tornado (Lineal)

Tablas Tornado y Araña

Resumen Estadístico

Una de las herramientas de simulación más poderosas es la Tabla Tornado, ya que captura los impactos estadísticos de cada variable sobre el modelo resultante. Es decir, la herramienta impacta de manera automática cada variable precedente en el modelo que se ha especificado de antemano, captura las fluctuaciones sobre el modelo final del pronóstico o el resultado final, y organiza las perturbaciones categorizadas en orden de importancia. Precedentes son todas las entradas y las variables intermedias que afectan el modelo resultante. Por ejemplo, si el modelo consiste de A = B + C, donde C = D + E, entonces B, D, E son los precedentes para A (C no es un precedente ya que sólo es un valor de cálculo intermedio). El rango y el número de valores perturbados es especificado por el usuario y puede establecerse para probar valores extremos en lugar de pequeñas perturbaciones alrededor de los valores esperados. En ciertos casos, los valores extremos pueden tener un impacto desequilibrado mayor o menor (por ejemplo, no linealidades pueden ocurrir cuando se incrementa o disminuye una economía de escala y su alcance llega a valores mayores o menores de la variable) y sólo un rango mayor captura este impacto no lineal.

Una Tabla Tornado organiza todas las entradas que le dan forma al modelo, empezando con la variable de entrada que tiene el impacto más grande sobre los resultados. La tabla se obtiene afectando cada dato ingresado precedente en un rango consistente (por ejemplo, ±10% del caso base) una a la vez y comparando sus resultados con el caso base. Una Tabla Araña, como su nombre lo indica, se asemeja a una araña con un cuerpo central y varias piernas saliendo de ella. La pendiente positiva indica una relación positiva, mientras que una pendiente negativa indica una relación negativa entre las variables relacionadas. Por lo tanto, las tablas arañas pueden utilizarse para visualizar relaciones lineales y no lineales. Las Tabla Tornado y Araña ayudan a identificar los factores críticos de éxito del resultado de una celda para poder identificar las entradas y simularlas. Las variables críticas identificadas que son inciertas son las únicas que no deben ser simuladas. No pierda su tiempo simulando variables que puedan ser inciertas o tienen poco impacto en los resultados.

Resultados

Celda Precedente	Valor Base: 96.6261638553219			Cambio de Ingreso		
	Resultado Inferior	Resultado Superior	Rango de Efectividad	Ingreso Inferior	Ingreso Superior	Valor Caso Base
C36: Inversiones	276.62616	-83.373836	360.00	$1,620.00	$1,980.00	$1,800.00
C9: Tasa de Impuestos Efectiva	219.72693	-26.474599	246.20	36.00%	44.00%	40.00%
C12: Precio Promedio del Producto A	3.4255424	189.82679	186.40	$9.00	$11.00	$10.00
C13: Precio Promedio del Producto B	16.706631	176.5457	159.84	$11.03	$13.48	$12.25
C15: Cantidad Producida de A	23.177498	170.07483	146.90	45.00	55.00	50.00
C16: Cantidad Producida de B	30.533	162.71933	132.19	31.50	38.50	35.00
C14: Precio Promedio del Producto C	40.146587	153.10574	112.96	$13.64	$16.67	$15.15
C17: Cantidad Producida de C	48.047369	145.20496	97.16	18.00	22.00	20.00
C5: Tasa de Descuento de Mercado con Riesgo	138.23913	57.029841	81.21	13.50%	16.50%	15.00%
C8: Tasa de Erosión de Precios	116.90381	76.640952	40.16	4.50%	5.50%	5.00%
C7: Tasa de Crecimiento de Ventas Anualizado	90.588354	102.68541	12.10	1.80%	2.20%	2.00%
C24: Depreciación	95.084173	98.168155	3.08	$9.00	$11.00	$10.00
C25: Amortización	96.163566	97.088761	0.93	$2.70	$3.30	$3.00
C27: Pago de Intereses	97.088761	96.163566	0.93	$1.80	$2.20	$2.00

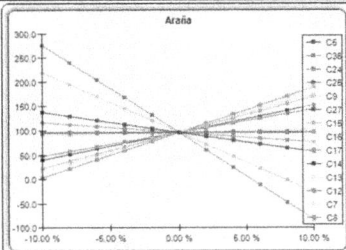

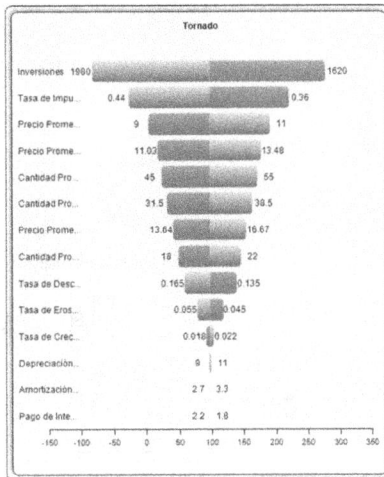

Figura 6E1.C: Reporte de Análisis De Tornado Lineal

3. GRÁFICOS DE ARAÑA Y TORNADO: PRE – SIMULACIÓN ANÁLISIS DE SENSIBILIDAD (NO LINEAL)

1. Abra el ejemplo del modelo de *Simulación de Riesgos | Modelos de Ejemplo | 23 Análisis Tornado y Sensibilidad (no lineal)*.
2. Vaya al modelo de la hoja *Black–Scholes* y seleccione el resultado de celda *Black–Scholes* E13.
3. Vaya al *Simulador de Riesgo | Herramientas Analíticas | Análisis Tornado* (o haga clic en el icono de Análisis Tornado) y esta vez, seleccione *Use configuración global* y cambie el porcentaje *superior* hasta 80%. A continuación, haga clic en otro lugar del cuadro y toda la columna de porcentajes superior va a cambiar para adaptarse a su nueva entrada. Repita el procedimiento para establecer el porcentaje *desventaja* 80%. Haga clic en *OK* cuando haya terminado (Figura 6E1.D).

4. Vaya a la hoja de cálculo de informe generado y examine los resultados. Observe los efectos no lineales en este modelo (Figura 6E1.E).

   a. Pregunta de Ejercicio: ¿Qué significan los colores verde y rojo en el gráfico tornado?

   b. Pregunta de Ejercicio: ¿Qué significan los gráficos de araña lineales versus no lineales y que significan las barras simétricas versus las asimétricas en el gráfico de tornado? ¿Qué significan los valores al lado de un gráfico del tornado de barras horizontales y que representa el eje x del gráfico tornado?

   c. Pregunta de Ejercicio: ¿Que representan los valores del eje x y el eje y en el gráfico de araña?

   d. Pregunta de Ejercicio: ¿Qué significado tiene la pendiente de las líneas del gráfico de araña?

   e. Pregunta de Ejercicio: ¿Cuál es la diferencia entre una variable con una pendiente positiva frente a una pendiente negativa, y ¿Qué tal comparar dos líneas donde una es empinada y otra es menos empinada? ¿Qué pasa si usted tiene una línea estrictamente vertical, o una línea estrictamente horizontal?

   f. Pregunta de Ejercicio: ¿Cómo calcular el alcance efectivo en el informe de análisis tornado?

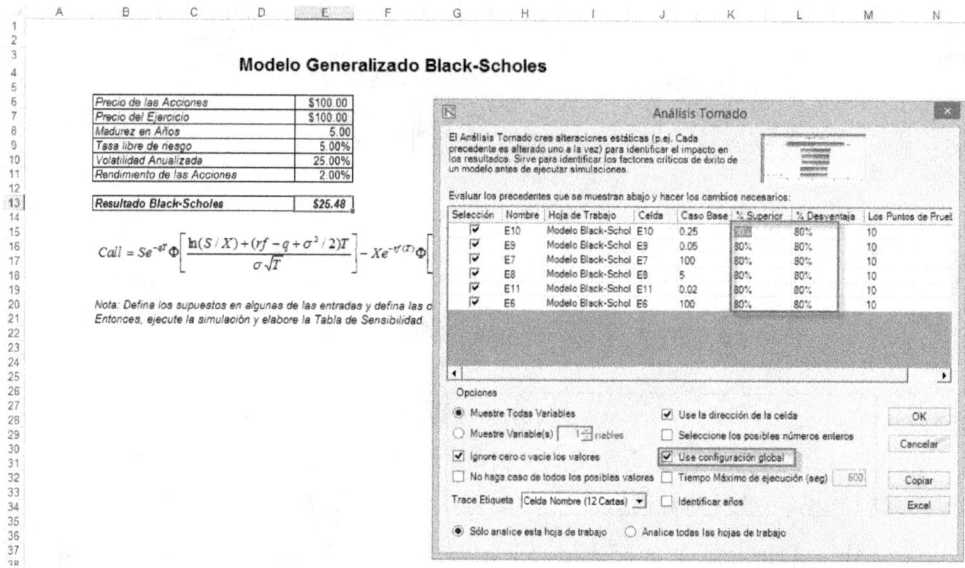

Figura 6E1.D: Ejecución de un Análisis Tornado (No Lineal)

Tablas Tornado y Araña

Resumen Estadístico

Una de las herramientas de simulación más poderosas es la Tabla Tornado, ya que captura los impactos estadísticos de cada variable sobre el modelo resultante. Es decir, la herramienta impacta de manera automática cada variable precedente en el modelo que se ha especificado de antemano, captura las fluctuaciones sobre el modelo final del pronóstico o el resultado final, y organiza las perturbaciones categorizadas en orden de importancia. Precedentes son todas las entradas y las variables intermedias que afectan el modelo resultante. Por ejemplo, si el modelo consiste de A = B + C, donde C = D + E, entonces B, D, E son los precedentes para A (C no es un precedente ya que sólo es un valor de cálculo intermedio). El rango y el número de valores perturbados es especificado por el usuario y puede establecerse para probar valores extremos en lugar de pequeñas perturbaciones alrededor de los valores esperados. En ciertos casos, los valores extremos pueden tener un impacto desequilibrado mayor o menor (por ejemplo, no linealidades pueden ocurrir cuando se incrementa o disminuye una economía de escala y su alcance llega a valores mayores o menores de la variable) y sólo un rango mayor captura este impacto no lineal.

Una Tabla Tornado organiza todas las entradas que le dan forma al modelo, empezando con la variable de entrada que tiene el impacto más grande sobre los resultados. La tabla se obtiene afectando cada dato ingresado precedente en un rango consistente (por ejemplo, ±10% del caso base) una a la vez, y comparando sus resultados con el caso base. Una Tabla Araña, como su nombre lo indica, se asemeja a una araña con un cuerpo central y varias piernas saliendo de ella. La pendiente positiva indica una relación positiva, mientras que una pendiente negativa indica una relación negativa entre las variables relacionadas. Por lo tanto, las tablas arañas pueden utilizarse para visualizar relaciones lineales y no lineales. Las Tabla Tornado y Araña ayudan a identificar los factores críticos de éxito del resultado de una celda para poder identificar las entradas y simularlas. Las variables críticas identificadas que son inciertas son las únicas que no deben ser simuladas. No pierda su tiempo simulando variables que puedan ser inciertas o tienen poco impacto en los resultados.

Resultados

Celda Precedente	Valor Base: 25.4766764688894			Cambio de Ingreso		
	Resultado Inferior	Resultado Superior	Rango de Efectividad	Ingreso Inferior	Ingreso Superior	Valor Caso Base
E6: Precio de las Acciones	0.0287306	87.665051	87.64	$20.00	$180.00	$100.00
E7: Precio del Ejercicio	74.912288	7.6196425	67.29	$20.00	$180.00	$100.00
E10: Volatilidad Anualizada	12.994074	39.051155	26.06	5.00%	45.00%	25.00%
E8: Madurez en Años	11.123762	32.718244	21.59	1.00	9.00	5.00
E9: Tasa libre de riesgo	18.190168	33.439471	15.25	1.00%	9.00%	5.00%
E11: Rendimiento de las Acciones	30.997461	20.725439	10.27	0.40%	3.60%	2.00%

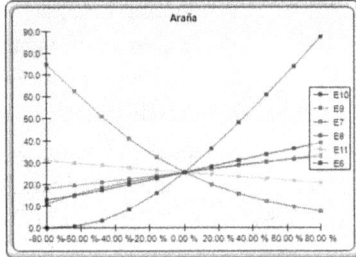

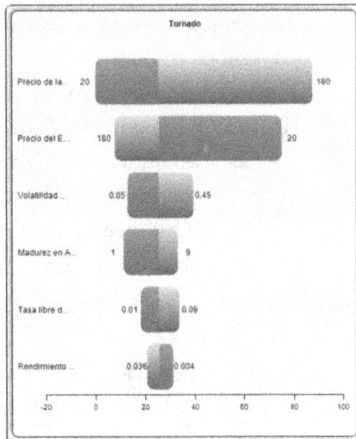

Figura 6E1.E: Informe de un Análisis de Tornado (No Lineal)

4. ANÁLISIS DE SENSIBILIDAD: ANÁLISIS DE SENSIBILIDAD POST-SIMULACIÓN

Para ejecutar este ejercicio, simplemente:

1. Volver al modelo lineal o reabrirlo del *Simulador de Riesgo | Modelos de Ejemplo | 22 Análisis Tornado y Sensibilidad (lineal)*.

2. Algunos ejemplos de entrada de supuestos de pronósticos ya han sido establecidos para este modelo, por lo que sólo tiene que ejecutar la simulación utilizando *Simulador de Riesgo | Correr Simulación* (o haga clic en el icono de Correr).

3. Después de finalizada la simulación, haga clic en Aceptar y luego seleccione *Simulador de Riesgo | Herramientas Analíticas | Análisis de Sensibilidad* (Figura 6E1.F). Seleccione el *Nombre de la Celda* para el grafico de la etiqueta haga clic en *OK* para ejecutar el análisis

4. Vaya al informe de sensibilidad que acaba de generar y revise los resultados (Figura 6E1.G).

    a. Pregunta de Ejercicio: ¿el análisis de sensibilidad es una sensibilidad estática o dinámica?

    b. Pregunta de Ejercicio: ¿Qué significan las barras rojas y verdes en las listas de sensibilidad?

    c. Pregunta de Ejercicio: ¿Cuál es la correlación de rango no lineal (correlación de rango no paramétrica de Spearman), y qué miden? ¿Por qué utilizamos Spearman en lugar de una correlación lineal (coeficiente de correlación de productos de momentos de Pearson)?

    d. Pregunta de Ejercicio: ¿Cuál es el porcentaje de variación explicada y qué mide? ¿Cómo se compara con el coeficiente de determinación (R–Cuadrado) obtenidos a partir de un análisis de regresión?

5. Restablecer la simulación (*Simulador de Riesgo | Restablecer Simulación* (o haga clic en el icono Restablecer) y volver al modelo de hoja de cálculo. Seleccione la celda *C7* tasa de crecimiento de ventas anualizada y establecer una correlación de 0.85 con la celda *C9* tasa de impuestos (Figura 6E1.H). Ejecutar la simulación y ejecutar el análisis de sensibilidad una vez más y comparar esta nueva correlación de simulación de informe (Figura 6E1.I) con el informe sin correlaciones (Figura 6E1.G).

    a. Pregunta de Ejercicio: ¿Qué sucede con los resultados de sensibilidad cuando se tiene una simulación correlacionada?

    b. ¿Qué ocurre con la clasificación C7 antes de una correlación y después de una correlación?

Figura 6E1.F: Análisis de Sensibilidad Dinámica

Análisis de Sensibilidad

Resumen Estadístico

Las tablas de Sensibilidad son perturbaciones dinámicas creadas después de una simulación. Las tablas de Sensibilidad son perturbaciones dinámicas en el sentido de que múltiples supuestos son impactadas simultáneamente y sus interacciones son capturadas en las fluctuaciones de los resultados. En contraste, las tablas Tornado son perturbaciones estáticas, lo que significa que cada precedente o supuesto variable es perturbado en un monto prefijado y las fluctuaciones en el resultado se tabulan. Por lo tanto, las tablas Tornado identifican que variables muestran en su resultados un mayor impacto y por lo tanto son adecuadas para determinar que variables simular (por eso se utilizan antes de la simulación), ya que las tablas de Sensibilidad identifican el impacto de los resultados cuando interactúan múltiples variables y se simulan de manera conjunta en el modelo (es decir, se utilizan después de una simulación).

Las tablas de Correlación No Lineal de Rango, indican los rangos que tienen las correlaciones entre cada supuesto y el pronóstico objetivo, y se describen desde el valor absoluto más alto hasta el valor absoluto más bajo Las correlaciones positivas se muestran en verde mientras que las negativas se muestran en rojo. El rango de correlación se utiliza en lugar de un coeficiente de correlación regular ya que captura los efectos no lineales entre las variables. En contraste, el Porcentaje de Variación Explicado, calcula que tanto de la variación en la variable del pronóstico puede explicarse por las variaciones en cada una de los supuestos por sí misma en un ambiente dinámico simulado. Estas tablas muestran la sensibilidad del pronóstico objetivo para los supuestos simulados.

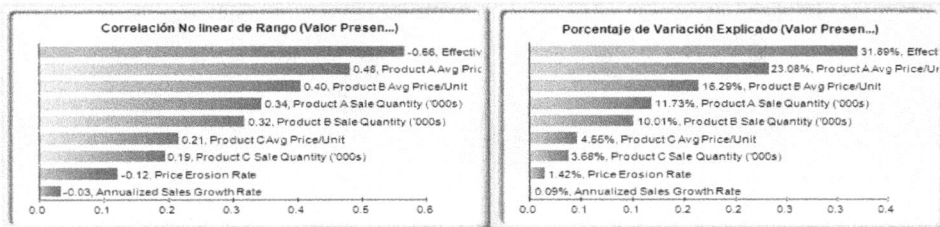

Figura 6E1.G: Informe de Análisis de Sensibilidad Dinámica

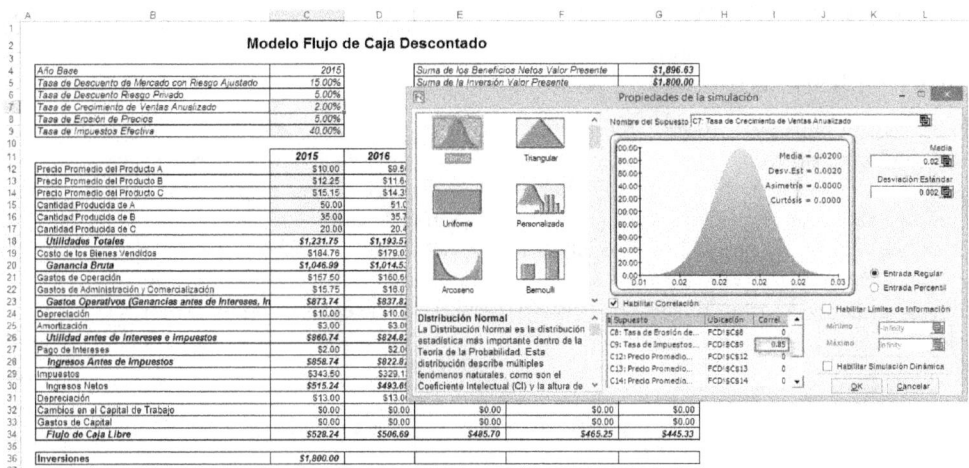

Figura 6E1.H: Simulación Correlacionada

Análisis de Sensibilidad

Resumen Estadístico

Las tablas de Sensibilidad son perturbaciones dinámicas creadas después de una simulación. Las tablas de Sensibilidad son perturbaciones dinámicas en el sentido de que múltiples supuestos son impactadas simultáneamente y sus interacciones son capturadas en las fluctuaciones de los resultados. En contraste, las tablas Tornado son perturbaciones estáticas, lo que significa que cada precedente o supuesto variable es perturbado en un monto prefijado y las fluctuaciones en el resultado se tabulan. Por lo tanto, las tablas Tornado identifican que variables muestran en su resultados un mayor impacto y por lo tanto son adecuadas para determinar que variables simular (por eso se utilizan antes de la simulación), ya que las tablas de Sensibilidad identifican el impacto de los resultados cuando interactúan múltiples variables y se simulan de manera conjunta en el modelo (es decir, se utilizan después de una simulación).

Las tablas de Correlación No Lineal de Rango, indican los rangos que tienen las correlaciones entre cada supuesto y el pronóstico objetivo, y se describen desde el valor absoluto más alto hasta el valor absoluto más bajo. Las correlaciones positivas se muestran en verde mientras que las negativas se muestran en rojo. El rango de correlación se utiliza en lugar de un coeficiente de correlación regular ya que captura los efectos no lineales entre las variables. En contraste, el Porcentaje de Variación Explicado, calcula que tanto de la variación en la variable del pronóstico puede explicarse por las variaciones en cada una de los supuestos por sí misma en un ambiente dinámico simulado. Estas tablas muestran la sensibilidad del pronóstico objetivo para los supuestos simulados.

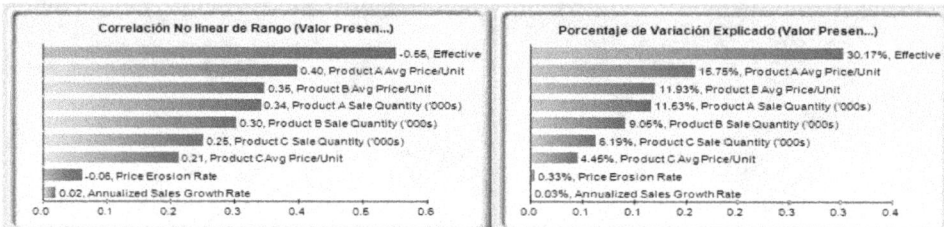

Figura 6E1.I: Reporte de Sensibilidad Dinámica de Simulación Correlacionada

5. Análisis de Escenarios

Para ejecutar este ejercicio simplemente:

1. Vuelva al modelo lineal o ábralo nuevamente desde *Simulador de Riesgo | Modelos de Ejemplo | 22 Análisis Tornado y Sensibilidad (lineal)*.

Haga clic en *Simulador de Riesgo | Herramientas Analíticas | Análisis de escenarios* (o utilice el icono de análisis de escenarios en el conjunto de instrumentos de análisis en la cinta) e ingrese los valores como se muestra en la Figura 6E1.J. Puede hacer clic en los iconos de enlace para vincular una celda o escriba la dirección de celda directamente. La ubicación de la variable de salida es la ubicación de la celda que se desea probar, y se pueden introducir ya sea una o dos variables de entrada a probar y sus valores de inicio y final como el número de pasos que toma entre estos valores de inicio y final o el tamaño de la fase a tomar. Revise los resultados del informe de escenario (Figura 6E1.K).

6. Conceptos Básicos de Optimización

Sólo una nota rápida antes de que dejemos este ejercicio. El análisis de escenarios que se ejecutó hace unos momentos se ve en una tabla de una o dos dimensiones, y a partir de esta tabla se pueden identificar los resultados, incluidos los valores más altos o más bajos de VPN. En un ejercicio posterior, vamos a ver la optimización, donde se puede tomar el análisis de escenarios multidimensional que puede tomar billones y trillones de conjuntos de combinaciones de forma rápida y automática, para encontrar los resultados óptimos.

Modelo de Flujo de Caja Descontado

Año Base	2015	Suma de los Beneficios Netos VP	$3,288.94	Tipo de Descuento	Descontar continuo de Fin de Año
Año de Inicio	2015	Suma de las Inversiones a VP	$1,611.23		
Riesgo de Mercado-Tasa de Descuento Ajustada	15.00%	Valor Presente Neto (VPN)	$1,677.71	Tipo de Modelo	Excluya la Valoración Terminal
Privado - Tasa de Descuento de Riesgo	5.00%	Tasa Interna de Retorno	52.22%		
Período de la Tasa de Crecimiento Terminal	2.00%	Retorno de la Inversión	104.13%		
Tasa Tributaria Efectiva	40.00%	Índice de Rentabilidad	2.04		

	2015	2016	2017	2018	2019	2020	2021	2022	2023	2024
Producto A Precio Promedio por Unidad	$10.00	$10.50	$11.00	$11.50	$12.00	$12.50	$13.00	$13.50	$14.00	$14.50
Producto B Precio Promedio por Unidad	$12.25	$12.50	$12.75	$13.00	$13.25	$13.50	$13.75	$14.00	$14.25	$14.50
Producto C Precio Promedio por Unidad	$15.15	$15.30	$15.45	$15.60	$15.75	$15.90	$16.05	$16.20	$16.35	$16.50
Cantidad de Ventas de Producto A (en miles)	50	50								50
Cantidad de Ventas de Producto B (en miles)	35	35								35
Cantidad de Ventas de Producto C (en miles)	20	20								20
Total de Ingresos	$1,231.75	$1,268.50								$1,562.50
Costo Directo de los Bienes Vendidos	$184.76	$190.28								$234.38
Utilidad Bruta	$1,046.99	$1,078.23								$1,328.13
Gastos de Operación	$157.50	$157.50								$157.50
Costos Administrativos, de Ventas y Grales.	$15.75	$15.75								$15.75
Utilidad de Operación (EBITDA)	$873.74	$904.98								$1,154.88
Depreciación	$10.00	$10.00								$10.00
Amortización	$3.00	$3.00								$3.00
Utilidad Antes de Intereses e Impuestos	$860.74	$891.98								$1,141.88
Pago de Intereses	$2.00	$2.00								$7.00
Utilidad Antes de Impuestos	$858.74	$889.98								$1,134.88
Impuestos	$343.50	$355.99								$453.95
Utilidad Neta	$515.24	$533.99								$680.93
Depreciación y Amortización	$13.00	$13.00								$13.00
Cambios en el Capital Circulante	$0.00	$0.00								$0.00
Inversiones en Bienes de Capital	$0.00	$0.00								$0.00
Flujo de Caja Libre	$528.24	$546.99								$693.93
Inversiones en Bienes de Capital	$500.00									
Flujo de Caja Libre Neto	($1,082.98)	$546.99	$565.73	$584.47	$603.21	$621.36	$639.50	$657.64	$675.78	$693.93

Análisis del Guión — dialog box overlay:

Empiece por ingresar las direcciones de la celda para las variables de prueba de la salida y entrada (e.g., A1)

Localización de la Variable de Salida: G6

Primer Variable de Entrada a probar: C9 — Segunda Variable de Entrada a probar: C12 (Opcional)

Siguiente, ingrese el valor de inicio, el valor final y el número de procesos o la medida del proceso a probar:

Variable1 — Valor inicial: 0.3 — Valor Final: 0.5 — Procesos — Medida del Proceso: 0.01

Variable2 — Valor inicial: 10 — Valor Final: 30 — Procesos: 20 — Medida del Proceso

OK — Cancelar

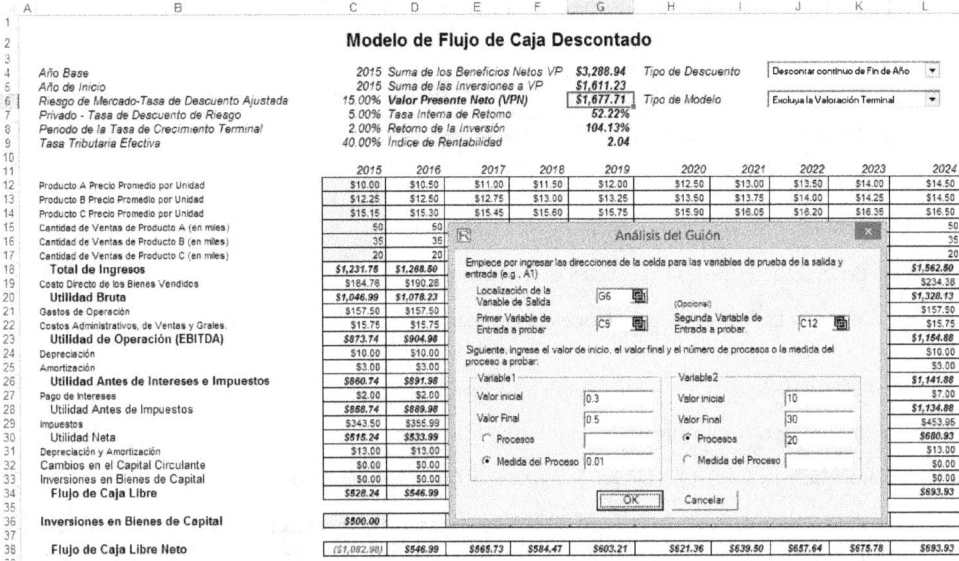

Figura 6E1.J: Análisis de Escenario

TABLA DE ANÁLISIS DE ESCENARIOS

Variable Salida:	$G$6	Valor Despreciable Inicial:	$1,677.71				Valor Despreciable Inicial:	$10.00
Columna:	$C$12	Mínimo:	10	Máximo:	30	Pasos:	20	Tamaño:	---
Fila:	$C$9	Mínimo:	0.3	Máximo:	0.5	Pasos:	---	Tamaño:	0.01	Valor Despreciable Inicial:	40.00%

	$10.00	$11.00	$12.00	$13.00	$14.00	$15.00	$16.00	$17.00	$18.00	$19.00	$20.00	...	$29.00	$30.00
30.00%	$2,213.78	$2,379.71	$2,545.63	$2,711.56	$2,877.48	$3,043.40	$3,209.33	$3,375.25	$3,541.17	$3,707.10	$3,873.02	...	$5,366.34	$5,532.26
31.00%	$2,160.18	$2,323.73	$2,487.28	$2,650.84	$2,814.39	$2,977.94	$3,141.50	$3,305.05	$3,468.60	$3,632.16	$3,795.71	...	$5,267.89	$5,431.25
32.00%	$2,106.57	$2,267.75	$2,428.94	$2,590.12	$2,751.30	$2,912.49	$3,073.67	$3,234.85	$3,396.03	$3,557.22	$3,718.40	...	$5,169.05	$5,330.23
33.00%	$2,052.96	$2,211.77	$2,370.59	$2,529.40	$2,688.21	$2,847.03	$3,005.84	$3,164.65	$3,323.46	$3,482.28	$3,641.09	...	$5,070.41	$5,229.22
34.00%	$1,999.35	$2,155.80	$2,312.24	$2,468.68	$2,625.12	$2,781.57	$2,938.01	$3,094.45	$3,250.89	$3,407.34	$3,563.78	...	$4,971.76	$5,128.21
35.00%	$1,945.75	$2,099.82	$2,253.89	$2,407.96	$2,562.04	$2,716.11	$2,870.18	$3,024.25	$3,178.32	$3,332.40	$3,486.47	...	$4,873.12	$5,027.19
36.00%	$1,892.14	$2,043.84	$2,195.54	$2,347.25	$2,498.95	$2,650.65	$2,802.35	$2,954.05	$3,105.75	$3,257.46	$3,409.16	...	$4,774.48	$4,926.18
37.00%	$1,838.53	$1,987.86	$2,137.20	$2,286.53	$2,435.86	$2,585.19	$2,734.52	$2,883.85	$3,033.18	$3,182.52	$3,331.85	...	$4,675.83	$4,825.16
38.00%	$1,784.93	$1,931.89	$2,078.85	$2,225.81	$2,372.77	$2,519.73	$2,666.69	$2,813.65	$2,960.61	$3,107.58	$3,254.54	...	$4,577.19	$4,724.15
39.00%	$1,731.32	$1,875.91	$2,020.50	$2,165.09	$2,309.68	$2,454.27	$2,598.86	$2,743.45	$2,888.05	$3,032.64	$3,177.23	...	$4,478.54	$4,623.14
40.00%	$1,677.71	$1,819.93	$1,962.15	$2,104.37	$2,246.59	$2,388.81	$2,531.03	$2,673.25	$2,815.48	$2,957.70	$3,099.92	...	$4,379.90	$4,522.12
41.00%	$1,624.10	$1,763.95	$1,903.80	$2,043.65	$2,183.50	$2,323.35	$2,463.20	$2,603.05	$2,742.91	$2,882.76	$3,022.61	...	$4,281.26	$4,421.11
42.00%	$1,570.50	$1,707.98	$1,845.46	$1,982.94	$2,120.42	$2,257.90	$2,395.38	$2,532.86	$2,670.34	$2,807.81	$2,945.29	...	$4,182.61	$4,320.09
43.00%	$1,516.89	$1,652.00	$1,787.11	$1,922.22	$2,057.33	$2,192.44	$2,327.55	$2,462.66	$2,597.77	$2,732.87	$2,867.98	...	$4,083.97	$4,219.08
44.00%	$1,463.28	$1,596.02	$1,728.76	$1,861.50	$1,994.24	$2,126.98	$2,259.72	$2,392.46	$2,525.20	$2,657.93	$2,790.67	...	$3,985.33	$4,118.06
45.00%	$1,409.67	$1,540.04	$1,670.41	$1,800.78	$1,931.15	$2,061.52	$2,191.89	$2,322.26	$2,452.63	$2,582.99	$2,713.36	...	$3,886.68	$4,017.05
46.00%	$1,356.07	$1,484.07	$1,612.06	$1,740.06	$1,868.06	$1,996.06	$2,124.06	$2,252.06	$2,380.06	$2,508.05	$2,636.05	...	$3,788.04	$3,916.04
47.00%	$1,302.46	$1,428.09	$1,553.72	$1,679.34	$1,804.97	$1,930.60	$2,056.23	$2,181.86	$2,307.49	$2,433.11	$2,558.74	...	$3,689.39	$3,815.02
48.00%	$1,248.85	$1,372.11	$1,495.37	$1,618.63	$1,741.88	$1,865.14	$1,988.40	$2,111.66	$2,234.92	$2,358.17	$2,481.43	...	$3,590.75	$3,714.01
49.00%	$1,195.25	$1,316.13	$1,437.02	$1,557.91	$1,678.80	$1,799.68	$1,920.57	$2,041.46	$2,162.35	$2,283.23	$2,404.12	...	$3,492.11	$3,612.99
50.00%	$1,141.64	$1,260.16	$1,378.67	$1,497.19	$1,615.71	$1,734.22	$1,852.74	$1,971.26	$2,089.78	$2,208.29	$2,326.81	...	$3,393.46	$3,511.98

Figura 6E1.K: Reporte de Análisis de Escenario

EJERCICIO 2: AJUSTE DE DATOS

Este ejemplo ilustra cómo utiliza el Simulador de Riesgo para:

1. Ajustar una variable individual a los datos existentes

2. Ajustar múltiples variables a los datos existentes

3. Simular, Extraer datos y Reajuste de Distribuciones

4. Pruebas de Hipótesis y Ajustes de Estadísticas

5. Método Delphi y Distribuciones personalizadas

Información del Modelo

Nombre del archivo: Data Fitting.xls

Acceso: *Simulador de Riesgo | Modelos de Ejemplo | 06 Ajuste de datos*

Prerrequisitos: Simulador de riesgo 2014 o posterior, Ejercicio Básico de Modelo de Simulación Completado, y Capítulo 6 de Modelación de Riesgos (Sección: Ajustes de Distribución)

Este ejemplo ilustra cómo los datos de muestra existentes se pueden utilizar para encontrar la distribución mejor se ajuste estadísticamente. Al hacerlo, también se confirman los resultados de la simulación a través de la rutina de ajuste de distribución, es decir, se simula una distribución en particular, se extraen sus datos brutos, y se vuelven a reajustar a todas las distribuciones.

1. Ajustar una variable individual a datos existentes

Para ejecutar este modelo simplemente:

1. Inicie Excel y abra el modelo de ejemplo en *Simulador de Riesgo | Modelos de Ejemplo | 06 Ajuste de Datos.* Vaya a la hoja de *Datos sin Procesar* y seleccione las celdas C2: C201 (Figura 6E2.A).

2. Inicie un nuevo perfil haciendo clic en *Simulador de Riesgo | Nuevo perfil de Simulación* (o haga clic en el icono Nuevo Perfil).

3. Haga clic en *Simulador de Riesgo | Herramientas Analíticas | Ajustes de Distribución (Simple).*

4. Asegúrese de que *Ajustes para distribuciones continuas* este seleccionado y todas las distribuciones estén marcadas y luego haga clic en *OK.* Se muestra el ajuste resultante de todas las distribuciones. Seleccione la mejor opción que está ubicada en primer lugar, ver las estadísticas, y haga clic en *OK.*

5. Un informe será generado (Figura 6E2.B) indicando todas las estadísticas relevantes, así como los datos utilizados para el montaje (para futuras referencias). Tenga en cuenta que, si existe un perfil de simulación y si se selecciona la opción *Automáticamente Generar Supuestos,* a continuación, el informe contendrá un supuesto que es el mejor ajuste. De lo contrario, sólo se proporcionan el tipo de distribución y sus supuestos de entrada pertinentes. Puede repetir este ejercicio en los puntos de datos proporcionados.

6. Vaya al informe y seleccione la celda con el supuesto y luego vaya a *Simulador de Riesgo | Entrada de supuestos* y se podrá ver el supuesto y los parámetros establecidos de forma automática (Figura 6E2.C). Compare los parámetros de entrada y de distribución con los listados en el informe.

7. Vuelva a la hoja *Datos sin Procesar* y vuelva a ejecutar los ajustes de distribución. Esta vez asegúrese de que este seleccionado *Ajuste para distribuciones discretas* y que todas las distribuciones se encuentren marcadas, a continuación, haga clic en *OK*.

    a. Pregunta de Ejercicio: ¿Cuáles son las dos pruebas utilizadas en los ajustes de distribución?

    b. Pregunta de Ejercicio: ¿Usted prefiere un valor-p bajo o un valor-p alto cuando se hace un ajuste de distribución, es decir, las distribuciones con valores-p altos están mejor o peor clasificadas que aquellas con valores-p bajos?

    c. Pregunta de Ejercicio: ¿Qué es un valor-p?

    d. Pregunta de Ejercicio: ¿Cuál es la hipótesis nula que se está probando?

    e. Pregunta de Ejercicio: ¿Son mejores los valores más altos o más bajos de las pruebas estadísticas?

Nota: Hay varios puntos clave a tener en cuenta. En primer lugar, más datos implican un mejor ajuste estadístico. No ajustar muy pocos puntos de datos y esperar un buen ajuste. En segundo lugar, solo los datos discretos positivos (enteros) pueden ajustarse en distribuciones discretas. Cuando existen valores negativos o datos continuos, siempre se deben adaptar a las distribuciones continuas. En tercer lugar, ciertas distribuciones están relacionadas con otras distribuciones a través de sus propiedades estadísticas. Por ejemplo, una distribución-t se convierte en una distribución normal cuando el grado de libertad es alto, una distribución de Poisson se puede utilizar para aproximar una binomial, o una normal se puede utilizar para aproximar una Poisson, hipergeométrica, y binomial. Hay muchas otras relaciones, y sólo porque el ajuste no corresponde exactamente a la distribución esperada no significa que los datos son malos o que la rutina es incorrecta. Simplemente significa que otra distribución es más adecuada para los datos. Por último, distribuciones como beta y gamma son extremadamente flexibles y pueden asumir muchas formas (tenemos otro ejercicio que ilustra esto), así que no se sorprenda si estas distribuciones a veces se muestran altamente clasificadas.

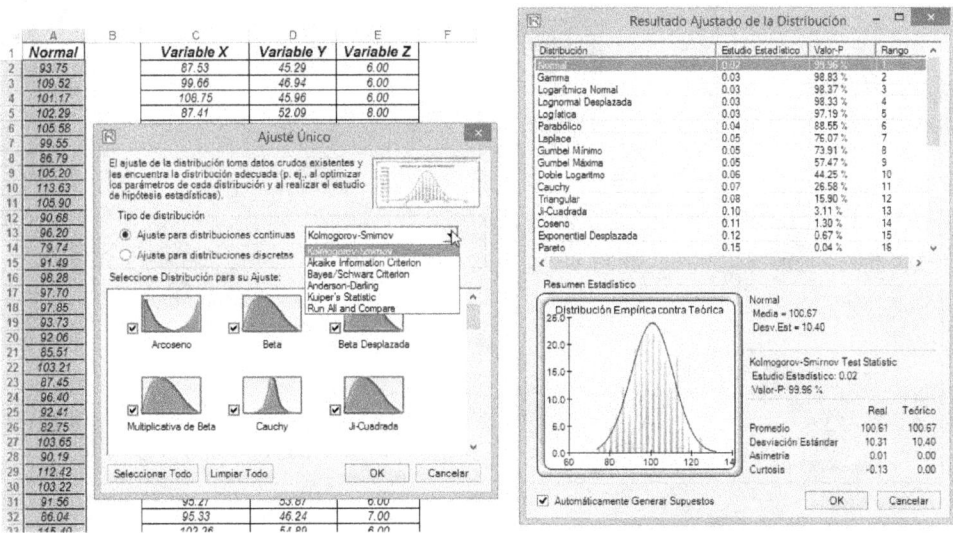

Figura 6E2.A: Ajuste de Datos de Variable Individual

Ajuste de Distribución para Variables Únicas

Resumen Estadístico

Supuesto Ajustado	100.61

Distribución Ajustada **Normal**		
Media	100.67	
Desv.Est	10.40	

Estadístico Kolmogorov-Smirnov	0.02
Prueba Estadística para P-Value	0.9996

	Real	Teórica
Media	100.61	100.67
Desviación Estándar	10.31	10.40
Asimetría	0.01	0.00
Curtósis	-0.13	0.00

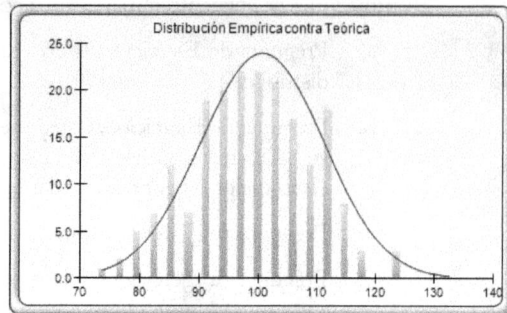

Datos Originales Ajustados

73.53	78.21	78.52	79.50	79.72	79.74	81.56	82.08	82.68	82.75	83.34	83.64	84.09
84.66	85.00	85.35	85.51	86.04	86.79	86.82	86.91	87.02	87.03	87.45	87.53	87.66
88.05	88.45	88.51	89.95	90.19	90.54	90.68	90.96	91.25	91.49	91.56	91.94	92.06
92.36	92.41	92.45	92.70	92.80	92.84	93.21	93.26	93.48	93.73	93.75	93.77	93.82
94.00	94.15	94.51	94.57	94.64	94.69	94.95	95.57	95.62	95.71	95.78	95.83	95.97
96.20	96.24	96.40	96.43	96.47	96.81	96.88	97.00	97.07	97.21	97.23	97.48	97.70
97.77	97.85	98.15	98.17	98.24	98.28	98.32	98.33	98.35	98.65	99.03	99.27	99.46
99.47	99.55	99.73	99.96	100.08	100.24	100.36	100.42	100.44	100.48	100.49	100.83	101.17
101.28	101.34	101.45	101.46	101.55	101.73	101.74	101.81	102.29	102.55	102.58	102.60	102.70
103.17	103.21	103.22	103.32	103.34	103.45	103.65	103.66	103.72	103.81	103.90	103.99	104.46
104.57	104.76	105.20	105.44	105.50	105.52	105.58	105.66	105.87	105.90	105.90	106.29	106.35
106.59	107.01	107.68	107.70	107.93	108.17	108.20	108.34	108.42	108.43	108.49	108.70	109.15
109.22	109.35	109.52	109.75	110.04	110.16	110.25	110.54	111.05	111.06	111.44	111.76	111.90
111.95	112.07	112.19	112.29	112.32	112.42	112.48	112.85	112.92	113.50	113.59	113.63	113.70
114.13	114.14	114.21	114.91	114.95	115.40	115.58	115.66	116.58	116.98	117.60	118.67	119.24
119.52	124.14	124.16	124.39	132.30								

Figura 6E2.B: Reporte de Ajuste de Variable Individual

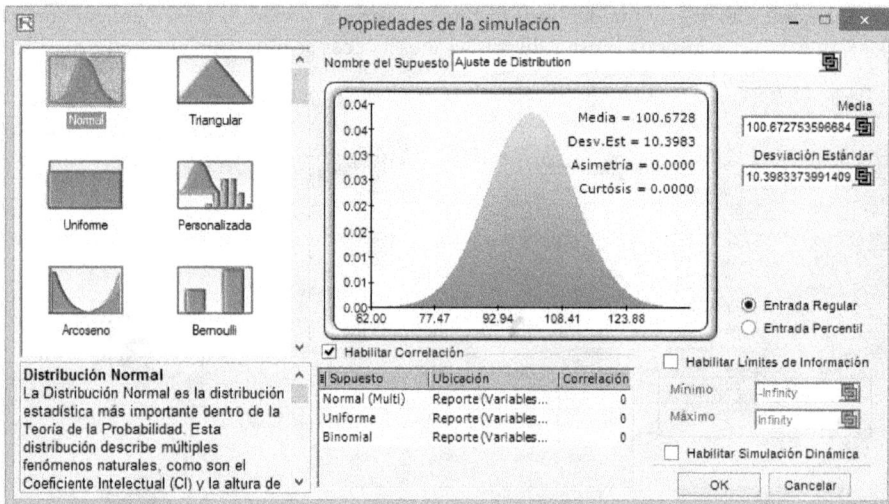

Figura 6E2.C: Supuesto Autoajustado

2. Ajuste Múltiple a datos existentes

Para ejecutar este modelo simplemente:

1. Vaya a la hoja de trabajo *Datos sin Ajustar*, crear un nuevo perfil (*Simulador de Riesgo | Nuevo perfil*) y seleccione la zona C1: E201 y ejecute la rutina de ajuste de variables múltiples seleccionando *Simulador de Riesgo | Herramientas Analíticas | Ajustes de Distribución (Múltiple)* (Figura 6E2.D).

2. Haga clic en el cuadro de lista *Tipo de Distribución* en la parte superior de la interfaz de usuario. Luego haga clic en la lista desplegable *Tipo de Distribución* para la variable y cámbiela a distribución *Discreto*. Mantenga las otras dos variables como ajustadas a la distribución *Continua*. Mantenga *Incluir correlaciones arriba del valor absoluto* en su valor calculado de forma automática y la selección marcada, y haga clic en *OK* para ejecutar las rutinas de ajuste.

3. Vaya al informe recién generado (Figura 6E2.E) y revise los resultados por un minuto. A continuación, revise la matriz de correlación por medio de *Simulador de Riesgo | Herramientas Analíticas | Editar Correlaciones* y haga clic en *Seleccione Todo* (Figura 6E2.F) para revisar las correlaciones cruzadas por pares.

    a. Pregunta de Ejercicio: ¿Por qué todas las correlaciones son cero?

    b. Pregunta de Ejercicio: En términos sencillos, ¿qué quiere decir correlación estadísticamente significativa?

    c. Pregunta de Ejercicio: ¿Qué quiere decir la sección que compara los momentos de distribución empírica real frente a los momentos de distribución teórica?

4. Vuelva a ejecutar la rutina de ajuste múltiple repitiendo los pasos 1 y 2 anteriores, asegurándose de crear un nuevo perfil con un nuevo nombre único para que pueda diferenciar que valores ajustados son los de cada perfil. Cuando repita estos pasos, mantenga *Incluir correlaciones arriba del valor absoluto* y cambie el valor a *0*. Es decir, todas las correlaciones, ya sean positivas o negativas, siempre y cuando no sean cero, se utilizarán. Ejecute el informe y vea la matriz de correlación igual que en el paso 3 anterior para revisar las correlaciones.

Nota: Puede reproducir la rutina de instalación en múltiples variables simultáneamente (las variables deben estar organizadas en columnas) en lugar de a uno a la vez. Al realizar un ajuste de variable múltiple, asegúrese de seleccionar el tipo de distribución adecuado para las variables. Por ejemplo, seleccione *continuo* para los dos primeros y *discreto* para la tercera distribución en nuestro modelo. Además, puede seleccionar los datos con los nombres o sin los nombres, y si no se selecciona el nombre de la variable en la especificación, puede introducir los nombres de las variables en el cuadro de diálogo de ajuste. Además, si tiene un perfil existente, puede seleccionar la opción *Automáticamente Generar Supuestos* de tal manera que el informe tendrá supuestos establecidos. Además, estos supuestos también incluirán correlaciones. La pregunta es entonces que coeficiente de correlación es significativa para este conjunto de datos (es decir, ¿es una correlación de 0.0151 significativa o simplemente un efecto residual de aleatoriedad y no deben ser incorporados? ¿Qué hay de 0.016 o 0.15, y así sucesivamente)? El Simulador de Riesgo calculará automáticamente el nivel de importancia de corte estadístico (en este caso, ninguna correlación por encima del valor absoluto de 0.0907 es estadísticamente significativa) y si selecciona esta opción, el software ignorará todas las correlaciones por debajo del valor absoluto de este nivel de importancia (nosotros utilizamos valores absolutos porque las correlaciones pueden ser positivas o negativas).

Variable X	Variable Y	Variable Z
87.53	45.29	6.00
99.66	46.94	6.00
108.75	45.96	6.00
87.41	52.09	8.00
103.38	51.79	5.00
88.99	51.74	8.00
95.55	45.77	3.00
101.38	48.94	7.00
87.60	53.39	5.00
99.98	49.19	7.00
106.30	45.62	4.00
85.86	52.02	7.00
95.41	49.50	6.00
108.33	52.48	5.00
89.72	47.75	7.00
91.06	51.93	9.00
99.75	49.36	7.00
102.73	46.60	5.00
80.31	54.05	7.00
103.22	50.26	3.00
101.80	54.87	6.00
66.48	49.09	5.00
105.49	51.69	7.00
113.87	47.45	9.00
85.24	51.34	8.00
92.25	47.41	6.00
92.85	46.81	5.00
70.86	45.57	8.00
93.59	53.76	8.00
95.27	53.87	6.00
95.33	46.24	7.00
102.26	54.89	6.00

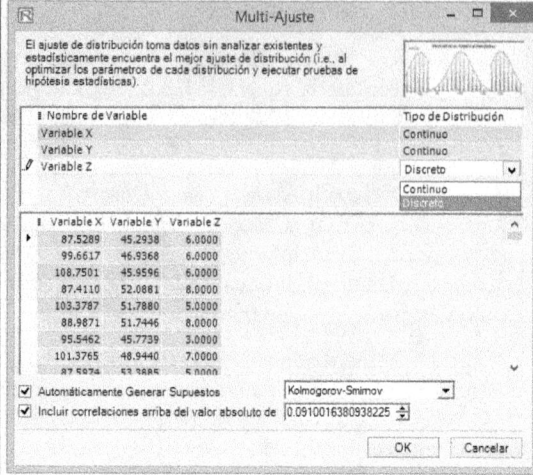

Figura 6E2.D: Ajuste de Múltiples Variables

Ajuste de Distribución de Variables Múltiples

Resumen Estadístico

Nombre de la Variable	Variable X		Nombre de la Variable	Variable Y		Nombre de la Variable	Variable Z
Mejor Supuesto Ajustado	99.18		Mejor Supuesto Ajustado	49.83		Mejor Supuesto Ajustado	6.73

Distribución Ajustada **Normal**			Distribución Ajustada **Uniforme**			Distribución Ajustada **Binomial**	
Media	99.34		Mínimo	44.84		Pruebas	10.00
Desv.Est	10.48		Máximo	54.89		Probabilidad	0.67

Estadístico Kolmogorov-Smirnov	0.03	Estadístico Kolmogorov-Smirnov	0.04	Estadística Ji-Cuadrada	13.44
Prueba Estadística de P-Value	0.9845	Prueba Estadística de P-Value	0.8110	Prueba Estadística de P-Value	0.0975

	Real	Teórica		Real	Teórica		Real	Teórica
Media	99.18	99.34	Media	49.83	49.87	Media	6.73	6.72
Desviación Estándar	10.33	10.48	Desviación Estándar	2.96	2.90	Desviación Estándar	1.49	1.48
Asimetría	-0.12	0.00	Asimetría	0.02	0.00	Asimetría	-0.51	-0.23
Curtósis	0.19	0.00	Curtósis	-1.32	-1.20	Curtósis	-0.06	-0.15

Matriz de Correlación

	Variable X	Variable Y	Variable Z
Variable X	1		
Variable Y	0.0007	1	
Variable Z	-0.0693	-0.0044	1

Figura 6E2.E: Ajuste de Múltiples Variables con Correlaciones

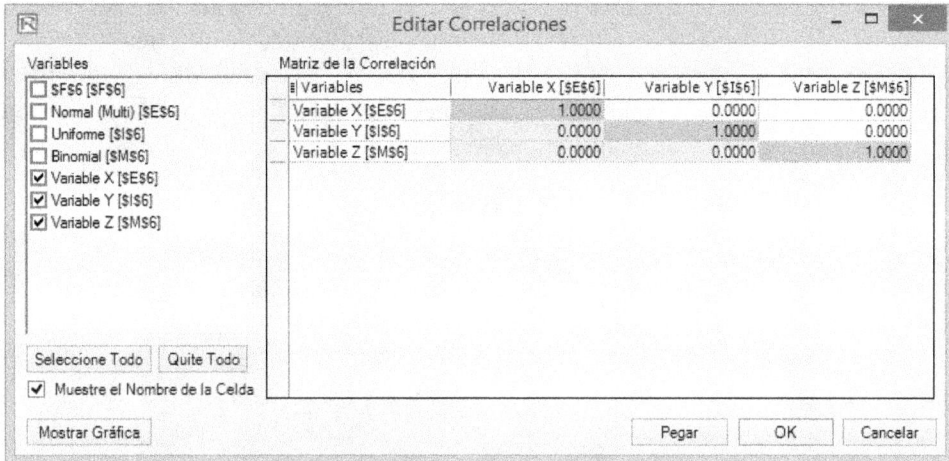

Figura 6E2.F: Correlaciones Estadísticamente No Significativas

3. Simulación, Extracción de Datos y Reajuste de Distribuciones

Para práctica adicional usted puede ejecutar una simulación en un supuesto y ejecutar un ajuste de nuevo para encontrar la mejor distribución.

Para ejecutar este ejemplo, simplemente;

1. Inicie un nuevo libro de trabajo en Excel. Crear un nuevo perfil haciendo clic en *Simulador de Riesgo | Nuevo perfil*. A continuación, seleccione la celda *A1* y crear un supuesto en el *Simulador de Riesgos | Entrada de Supuestos* (o utilice el icono Supuesto de Entrada). Seleccione algo simple como la distribución *Normal* y hacer la *Media 100* y *Desviación Estándar* 10.

2. Vaya a la celda *A2*, defina la ecuación *= A1* y establezca esta celda como una predicción en el *Simulador de Riesgo | Pronóstico de Salida* (o utilice el icono Pronóstico de Salida).

3. Haga clic en *Simulador de Riesgo | Correr Simulación*. Al final de la simulación, puede volver a ajustar los datos simulados de dos maneras, primero utilizando el grafico de predicción y, en segundo lugar, extracción de los datos y volver a ajustar la distribución. Vamos a trabajar sobre ambos métodos en este ejercicio.

    a. En el gráfico de predicción, vaya a la pestaña *Controles*. Haga clic en el botón de *ajuste* y se puede ver que los 1,000 datos capturados en el gráfico de predicción están ajustados con la mejor distribución, que en este caso es normal, como se esperaba. Aquí se puede ver los momentos teóricos y empíricos de la distribución (Figura 6E2.G), así como el valor-p del ajuste.

    b. Extraiga los datos del *Simulador de Riesgo | Herramientas Analíticas | Exportar datos* para obtener los datos simulados. A continuación, seleccione los datos, realice el ajuste de distribución para solo una variable, y compare los resultados en el reporte generado con la pestaña de controles del grafico de predicción.

   c.   Pregunta de Ejercicio: ¿Cuáles son las diferencias entre los datos de ajuste sin procesar y uso de los controles de gráficos de predicción?

4.   Para practicar, restablezca la simulación, edite el perfil activo para simular 10,000 ensayos, ejecute la simulación a una súper velocidad, y realice un ajuste usando la sección controles de gráfico de predicción.

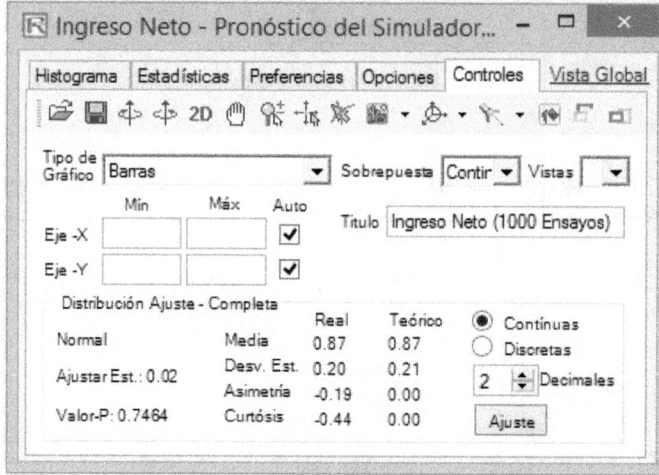

Figura 6E2.G: Ajuste de Distribución en el Gráfico de Pronóstico

4. Pruebas de Hipótesis y Ajuste de Estadísticas

Hay otro ejercicio sobre Bootstrap y de Prueba de Hipótesis que proporcionará información adicional y práctica en la ejecución de una prueba de hipótesis. Sin embargo, en pocas palabras, la *Hipótesis Nula* de que se está probando en el ajuste de distribución es que "La distribución que está siendo probada es la distribución correcta." En otras palabras, el algoritmo o procedimiento en el ajuste de la distribución es bastante sencillo:

1.   Utilizar los datos, ir a través de cada distribución de una a la vez.

2.   Para cada distribución, realizar un enfoque optimización invertida para encontrar los parámetros de entrada que mejor se ajusten a la distribución que minimiza los errores de montaje.

3.   Realizar la prueba de Kolmogorov–Smirnov o la prueba de Chi-Cuadrado para determinar el ajuste.

4.   Obtener los valores-p del ajuste.

5.   Clasificar las distribuciones de mejor a peor ajuste.

5. Método Delphi y Distribuciones Personalizadas

En un entorno apropiado de distribución, los valores-p más altos son mejores. La pregunta es ¿qué tan alto un valor-p se necesita para sentirse cómodo con el ajuste? Es evidente que un ajuste de 0.95 es excelente frente a 0.10, lo que no es para nada bueno. Pero ¿qué pasa con los valores en medio de estos dos? En la mayoría de los casos, es realmente decisión del usuario hacer esta determinación. Sin embargo, en situaciones en las que no se tienen los datos, o no existen suficientes puntos de datos o el ajuste del valor-p es muy bajo, hay una alternativa: el uso de la Distribución Personalizada para hacer su propia distribución. Esta distribución personalizada es poderosa y aplicable, ya que tiene múltiples características ventajosas, entre ellas el hecho de que siempre se obtiene un ajuste del 100% o un valor-p de 1, ya que es no paramétrico por naturaleza y el enfoque utiliza los datos para realizar el proceso. Es decir, cada punto de datos se utilizará en la distribución. Esta distribución personalizada es perfecta para ser utilizada en el enfoque experto en la materia, Delphi, así como para la simulación histórica, donde se usan y simulan todos los datos históricos.

Para ejecutar este ejemplo simplemente:

1. Inicie un nuevo libro de trabajo en Excel. Cree un nuevo perfil haciendo clic en *Simulador de Riesgo | Nuevo Perfil* e introduzca algunos datos como los que se muestran en la Figura 6E2.H. *Seleccione los Datos* y haga clic en *Editar | Copiar* en Excel o use *Ctrl + C* o haga clic derecho y copie las celdas en el portapapeles de Windows.

2. Seleccione cualquier celda vacía y establezca un supuesto *Simulador de Riesgos | Entrada de Supuestos*. Seleccione la distribución *Personalizada* y haga clic en *Cree la Distribución*. Luego, en la interfaz de diseñador de distribución personalizada, sólo siga los números para los cuatro pasos: *1 Pegar, 2 Gráfica de Actualización, 3 Aplicar y 4 Cerrar*. Luego de vuelta en el conjunto de propiedades de la simulación, haga clic en *Ok* para establecer el supuesto.

3. Haga clic en el icono de *Paso a Paso* un par de veces para ver el valor cambiando en la celda. Verá que está seleccionando al azar los números del conjunto de datos original, donde se seleccionan los números que tienen la mayor probabilidad de ocurrencia o se repiten con más frecuencia en el conjunto de datos original con más frecuencia, por supuesto.

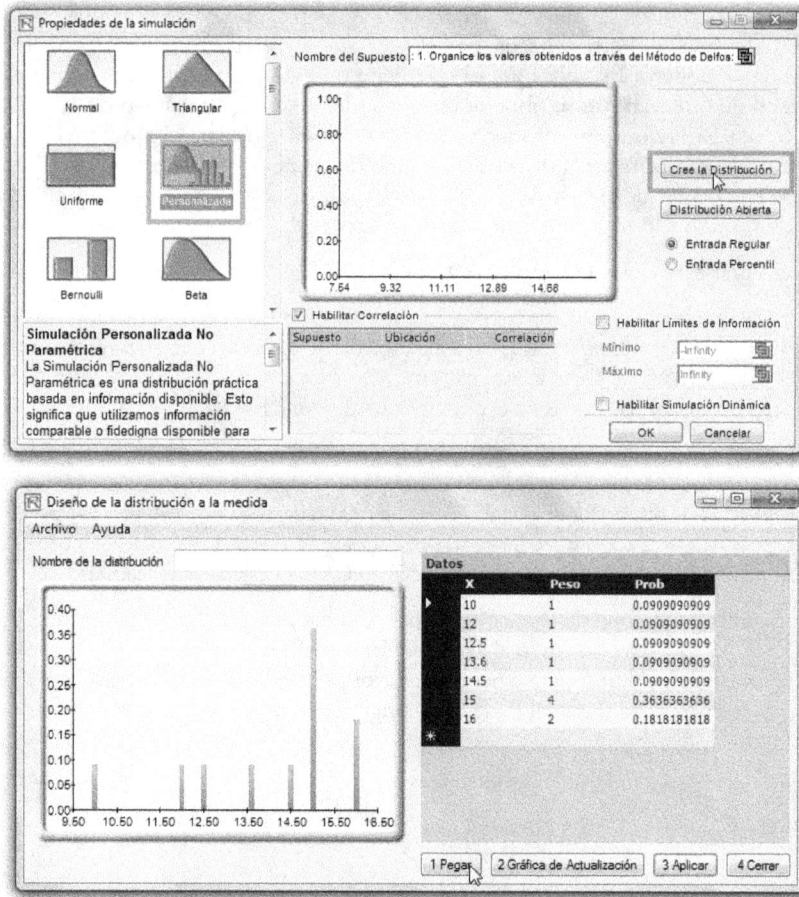

Figura 6E2.H: Distribución Personalizada

EJERCICIO 3: ANÁLISIS DE DISTRIBUCIÓN Y GRÁFICOS DE SUPERPOSICIÓN

Este modelo muestra cómo utilizar el Simulador de Riesgo para:

1. Conceptos básicos de PDF, CDF, ICDF y Tipos de Distribuciones de probabilidad.

2. Análisis de Distribución (Simulación Empírica Teórica y PDF).

3. Introducción Sencilla para Aplicaciones PDF y CDF.

4. Cálculo de Probabilidades Teóricas de Eventos para Control de Calidad Six Sigma.

5. Gráficos de Superposición y Comparaciones de Distribución.

Antecedentes del Modelo

Nombre del Archivo: graficassobrepuestas.xls

Acceso: *Simulador de Riesgo | Modelos de Ejemplo | 14 Gráficas sobrepuestas*

Requisitos: Simulador de Riesgo 2014 o posterior, Modelo de ejercicio Simulación Básico Terminado, y el Capítulo 5 de *Modelación de Riesgo* (Apéndice: Comprensión de Distribuciones de Probabilidad).

1. Conceptos Básicos de PDF, CDF, ICDF y Tipos de Distribuciones de Probabilidad

En este ejercicio, aprenderá a utilizar la herramienta de *Análisis de Distribución* de probabilidad estadística en el Simulador de Riesgo, herramienta, muy útil en una variedad de configuraciones. Esta herramienta se puede utilizar para calcular la función de densidad de probabilidad (PDF), también llamada función de masa de probabilidad (PMF) para distribuciones discretas (vamos a utilizar estos términos indistintamente), en caso de tener alguna distribución de probabilidad y sus parámetros, podemos determinar la probabilidad de ocurrencia dado algún resultado x. Además, la *función de distribución acumulada* (CDF) también puede ser calculada, que es la suma de los valores de PDF hasta este valor x. Por último, la función de *distribución acumulada inversa* (ICDF) se utiliza para calcular el valor de x dado la probabilidad acumulada de ocurrencia.

2. Análisis de Distribución (Simulación Empírica y Teórica de PDF)

Antes de empezar, Analizaremos brevemente la diferencia entre el uso de una simulación resultante de probabilidades y el uso de la herramienta de análisis de *distribución de probabilidad estadística* (Figura 6E3.A). Si la probabilidad de que un su tipo de evento ocurra y el tipo de distribución de probabilidad se conocen con certeza y el escenario es una situación básica (por ejemplo, lanzar una moneda 10 veces donde no se requiere complejos de modelado), a continuación, el análisis de probabilidad estadística es suficiente, y el resultado será un solo valor de probabilidad o una tabla de probabilidad de los resultados. Por el contrario, en situaciones más complejas donde hay múltiples variables y están interactuando entre sí, y donde un modelo necesita ser construido (por ejemplo, el flujo de caja el retorno de inversión en el modelo de inversión), no tenemos más remedio que volver a ejecutar el simulador de riesgo de entrada mediante la configuración de múltiples supuestos de entrada y correlaciones, y ejecutar la simulación miles de veces para obtener las probabilidades resultantes.

3. Aplicaciones Simples Para Empezar con PDF y CDF

Esta herramienta de análisis de distribución es accesible a través del *Simulador de Riesgo | Herramientas Analíticas | Análisis de Distribución*. A modo de ejemplo, la Figura 6E3.A muestra el cálculo de una distribución binomial (es decir, una distribución con dos resultados, como el lanzamiento de una moneda, donde el resultado es cara o cruz, con cierta probabilidad prescrita de caras y cruces). Supongamos que lanzamos una moneda dos veces, y establecemos las Caras como el resultado exitoso. Utilizamos la distribución binomial con los ensayos = *2* (lanzando la moneda dos veces) y la probabilidad = *0.50* (la probabilidad de éxito, de conseguir Caras). Seleccionando PDF y estableciendo el rango de valores de *x* como de *0* a *2* con un tamaño de fase de *1* (es decir, estamos solicitando los valores 0, 1, 2 para *x*), las probabilidades resultantes se proporcionan en la tabla y en un formato del gráfico, así como los cuatro momentos teóricos de la distribución. Como los resultados del lanzamiento de la moneda es Cara–Cara, Sello–Sello, Cara–Sello y Sello–Cara, la probabilidad exacta de no obtener ninguna Cara es del 25%, de obtener una Cara es de 50%, y de obtener dos Caras es 25%.

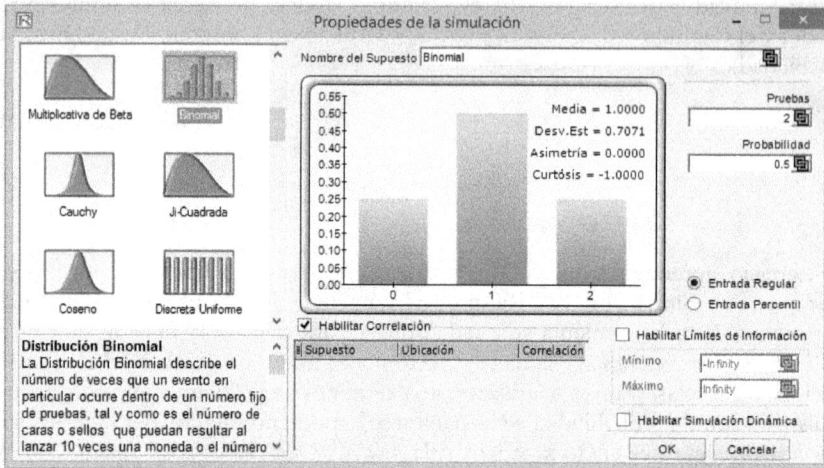

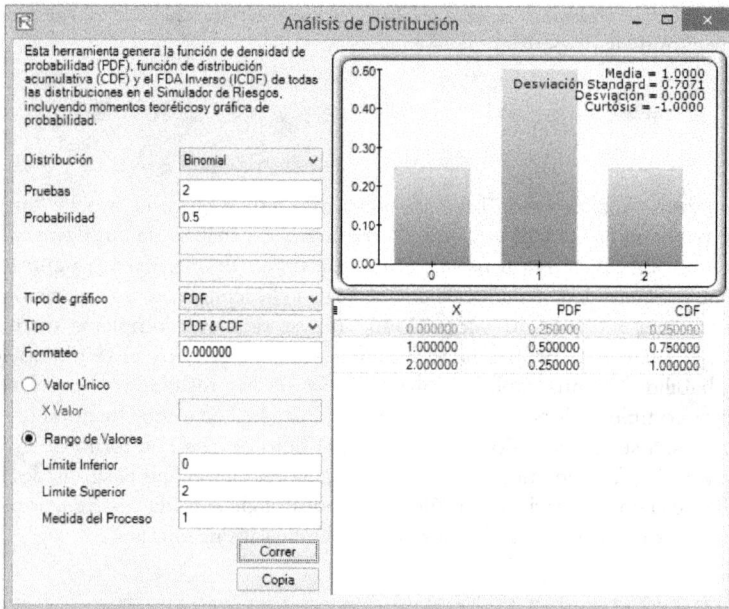

Figura 6E3.A: Herramienta de Análisis de Distribución

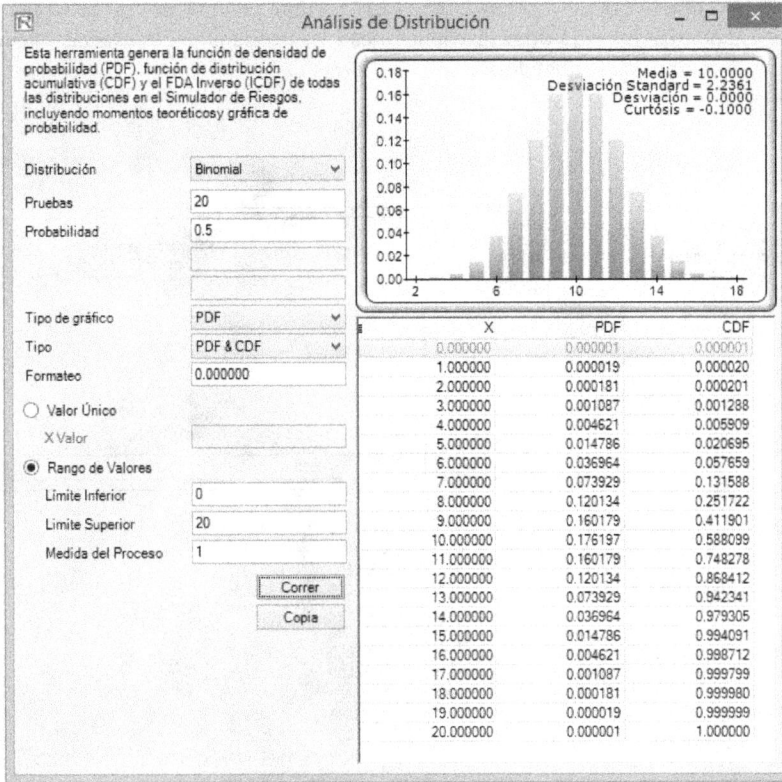

Figura 6E3.B: Binomial PDF y CDF

Del mismo modo, podemos obtener las probabilidades exactas de lanzar la moneda, digamos, 20 veces, como se ve en la Figura 6E3.B. Los resultados se presentan tanto en la tabla y el formato de gráficos. La Figura 6E3.B muestra la misma distribución binomial pero ahora el CDF se calcula. El CDF es simplemente la suma de los valores de PDF hasta el punto x. Por ejemplo, en la Figura 6E3.B, vemos que las probabilidades de 0, 1, y 2 son 0,000001, 0.000019, y 0.000181, cuya suma es 0.000201, que es el valor de la CDF en $x = 2$ en la Figura 6E3.B. Mientras que el PDF calcula las probabilidades de obtener exactamente 2 Caras, la CDF calcula la probabilidad de obtener no más de 2 Caras o hasta 2 Caras (o probabilidades de 0, 1 y 2 Caras). Tomando el complemento (es decir, 1 a 0.00021) se obtiene 0.999799 o 99.9799%, que es la probabilidad de obtener al menos 3 Caras o más.

Usando esta herramienta *Análisis de Distribución*, aún más distribuciones avanzadas se pueden analizar, como la gamma, beta, binomial negativa, y muchas otros en el Simulador de Riesgo. Como un ejemplo adicional del uso de la herramienta en una distribución continua y la funcionalidad ICDF, la Figura 6E3.C muestra la distribución normal estándar (distribución normal con media cero y desviación estándar de uno), donde aplicamos el ICDF para encontrar el valor de x que corresponde a la probabilidad acumulada de 97.50% (CDF). Es decir, un CDF de una cola de 97.50% es equivalente a un intervalo de confianza 95% de dos colas (hay una probabilidad de 2.50% en la cola–derecha y 2.50% en cola–izquierda, dejando 95% en el centro o confianza área de intervalo, que es equivalente a un área de 97.50% para una cola). El resultado es familiar al valor Z de la distribución normal estandarizada de 1.96. Por lo tanto, el uso de esta herramienta de *Análisis de Distribución*, permite estimar de forma rápida y sencilla los valores estandarizados para otras distribuciones y las probabilidades exactas y acumulativas de otras distribuciones de probabilidad.

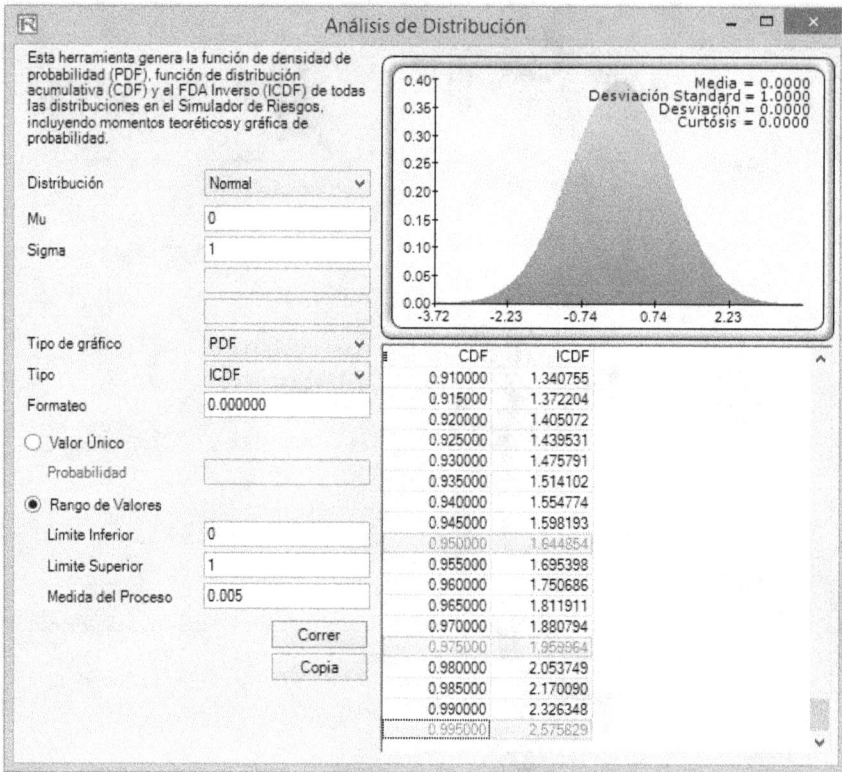

Figura 6E3.C: CDF y ICDF Normal–Estándar

La Figura 6E3.D ilustra otro ejemplo distribución discreta mediante la aplicación de la distribución de Poisson, una distribución que se utiliza cuando se trata de medir los acontecimientos que ocurren en un área y tiempo (por ejemplo, el número medio de personas de pie en una fila en un McDonald's o esperando en fila a un cajero en una sucursal bancaria, el número de clientes a aparecer en un restaurante, la personas que pierden sus vuelos en una hora específica). Supongamos que el número medio de personas que llaman a un centro de atención al cliente por hora es de 2.5 personas (fijamos Lambda o valor medio de 2.5 en la Figura 6E3.D). Podemos determinar que la probabilidad de tener 0 llamadas telefónicas por hora es 8.20%, la probabilidad de exactamente 1 llamada por hora es de 20,52%, 2 llamadas por hora es 25.65%, y así sucesivamente, mediante el uso de la función PDF. Por el contrario, utilizando la función de CDF, sabemos que existe la posibilidad de 54.38% que obtendrá 0 o 1 o 2 llamadas por hora, o menos que o igual a 2 llamadas por hora, o no más de 2 llamadas por hora. Por supuesto, la probabilidad de obtener más de 2 llamadas es 100% − 54.38%, 45.62% (las probabilidades totales para todos los números deberán sumar el 100%). Si usted desea estar un 99% seguro de que va a tener suficientes representantes de ventas disponibles para manejar estas llamadas entrantes, deberá contar con personal suficiente para manejar hasta 7 llamadas por hora.

- Pregunta de Ejercicio: ¿Cómo se sabe lo que se va a establecer en términos del límite superior y límite inferior para el rango de valores a mostrar en la tabla?

- Pregunta de Ejercicio: ¿Cuál es la probabilidad de no más de 5 llamadas por hora?

- Pregunta de Ejercicio: ¿Cuál es la probabilidad de al menos 3 llamadas por hora?

- Pregunta de Ejercicio: ¿Cuál es la probabilidad de 2 o 3 llamadas por hora exactamente?

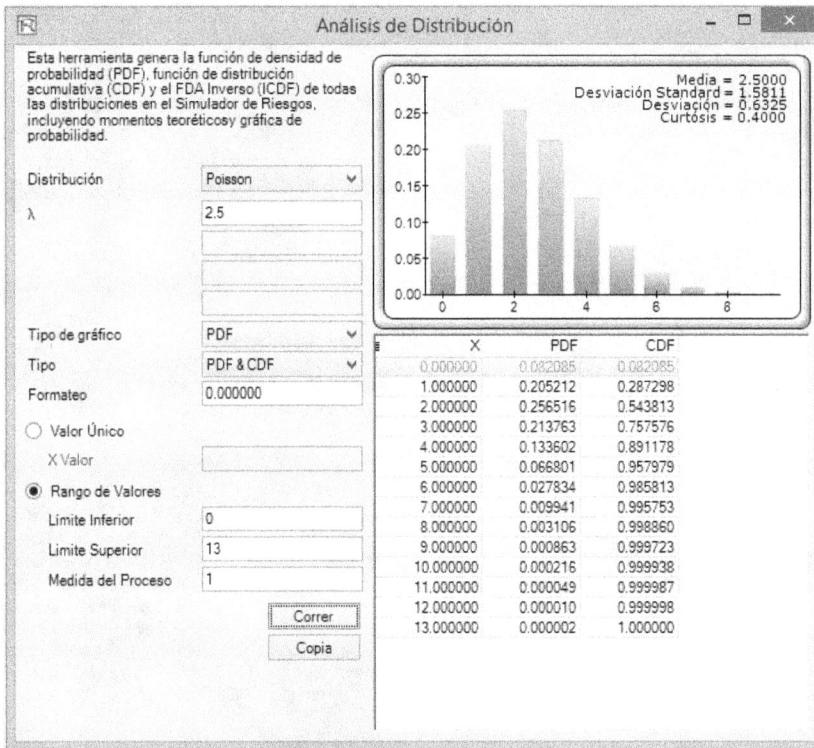

Figura 6E3.D: PDF y CDF Poisson

La distribución binomial negativa es útil para modelar la distribución del número de ensayos adicionales requeridos sobre el número máximo de ocurrencias exitosas requeridas (R). Por ejemplo, con el fin de cerrar un total de 10 oportunidades de ventas, ¿cuantas llamadas adicionales de ventas se necesitarían hacer por encima de 10 llamadas dada alguna probabilidad de éxito en cada llamada? El eje x muestra el número de llamadas adicionales requeridas o el número de llamadas fallidas. El número de ensayos no es fijo, los ensayos continúan hasta el éxito R-ésimo, y la probabilidad de éxito es la misma de un ensayo a otro. La probabilidad de éxito (P) y el número de éxitos necesarios (R) son los parámetros de distribución. Este modelo se puede aplicar en multitud de situaciones, tales como el costo de ventas de las llamadas en frío, el presupuesto necesario para entrenar a los reclutas militares, y así sucesivamente. El sencillo ejemplo que se muestra a continuación ilustra el funcionamiento de una distribución binomial negativa. Supongamos que un vendedor tiene la tarea de hacer llamadas en frío y una venta resultante se considera un éxito, mientras que ninguna venta significa un fracaso. Supongamos que, históricamente, la proporción de ventas de todas las llamadas es de 30%. Podemos modelar este escenario utilizando la distribución binomial negativa mediante el establecimiento de los *Éxitos Requeridos (R)* igual a 2 y la *Probabilidad de Éxito (P)* como 0.3. Por ejemplo, digamos que el vendedor hace 2 llamadas y la tasa de éxito es del 30% por llamada y son estadísticamente independientes entre sí. Puede haber 4 resultados posibles (SS, SF, FS, FF, donde S representa éxito, y F fracaso). La probabilidad de SS es de 0.3×0.3 o 9%; SF y FS son 0.3×0.7, o 21%; y FF es 0.7×0.7, o 49%. Por lo tanto, existe la posibilidad del 9% que 2 llamadas sean suficientes y no se necesitan llamadas adicionales para obtener los 2 éxitos requeridos. En otras palabras, $X = 0$ tiene una probabilidad del 9% si definimos X como las llamadas adicionales que se requieren más allá de las 2 llamadas.

Extendiendo a 3 llamadas, tenemos muchos resultados posibles, pero los resultados clave que nos interesan son 2 llamadas exitosas, que podemos definir como las siguientes combinaciones: SSS, SSF, SFS, y SFS. Sus respectivas probabilidades se calculan a continuación (por ejemplo, SFS se calcula por $0.7 \times 0.3 \times 0.3 = 6.30\%$). Ahora, las secuencias combinatorias SSS y SSF no requieren una tercera llamada, porque las dos primeras ya han tenido éxito. Además, SFF, FSF, FFS, y FFF fallan en el éxito de las 2 llamadas requeridas ya que sólo tienen cero o una llamada exitosa. Por lo tanto, la suma total de la probabilidad de las situaciones que requieren una tercera llamada para hacer exactamente 2 llamadas de éxito de cada 3 es 12.60%. Todos los demás valores se enumeran en la herramienta.

Ejemplo 2 Llamadas	Éxito	Fracaso
Llamada 1	30%	70%
Llamada 2	30%	70%
Éxito + Éxito		9%
Éxito + Fracaso		21%
Fracaso + Éxito		21%
Fracaso + Fracaso		49%
Suma		100%
Ambos Éxito		**9%**

Ejemplo 3 Llamadas	Éxito	Fracaso		
Llamada 1	30%	70%		
Llamada 2	30%	70%		
Llamada 3	30%	70%		
Éxito +Éxito + Éxito		2.70%	No requiere 3° Llamada	
Éxito + Éxito + Fracaso		6.30%	No requiere 3° Llamada	
Éxito + Fracaso + Éxito		**6.30%**	Requiere 3° Llamada	
Fracaso + Éxito + Éxito		**6.30%**	Requiere 3° Llamada	
Éxito + Fracaso + Fracaso		14.70%	Falla, 2 Llamadas requeridas	
Fracaso + Éxito + Fracaso		14.70%	Falla, 2 Llamadas requeridas	
Fracaso + Fracaso + Éxito		14.70%	Falla, 2 Llamadas requeridas	
Fracaso + Fracaso + Fracaso		34.30%	Falla, 2 Llamadas requeridas	
Suma		100.00%		
Suma cuando se requiere 3° Llamad		**12.60%**		

Claramente, sería difícil e insoluble hacer el ejercicio anterior en un gran problema combinatorio con muchos éxitos requeridos. Sin embargo, podemos obtener los mismos resultados utilizando la herramienta *Análisis de Distribución* del Simulador de Riesgo ejecutando una distribución binomial negativa con $R = 2$ y $P = 0.3$ (Figura 6E3.E). Note que la probabilidad de que $X = 0$ es exactamente lo que habíamos calculado, 9%, y $X = 1$ produce 12.60%.

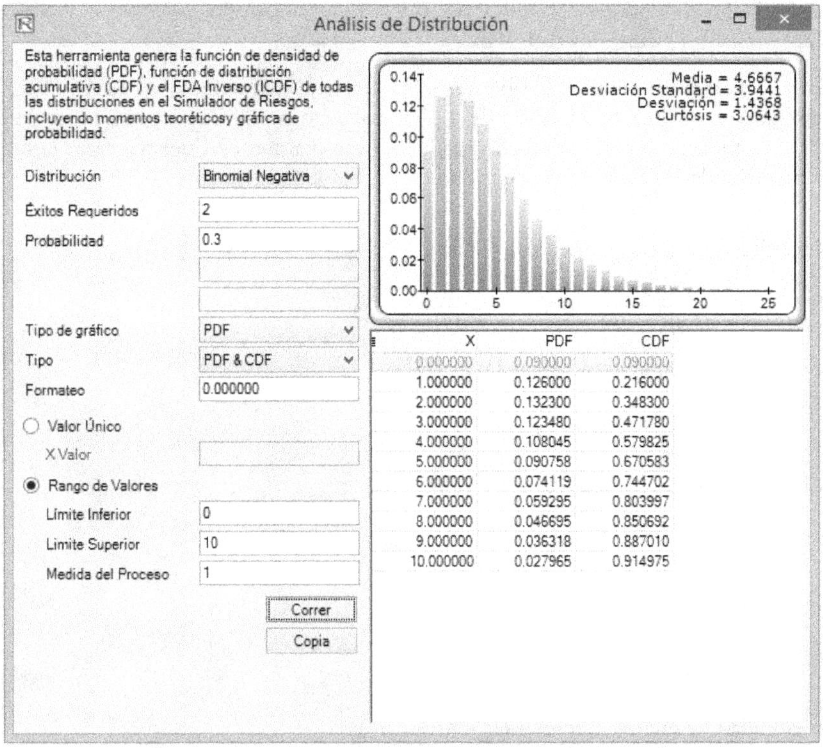
Análisis de Distribución
Esta herramienta genera la función de densidad de probabilidad (PDF), función de distribución acumulativa (CDF) y el FDA Inverso (ICDF) de todas las distribuciones en el Simulador de Riesgos, incluyendo momentos teoréticosy gráfica de probabilidad.
Distribución
Binomial Negativa
Éxitos Requeridos
2
Probabilidad
0.3
Tipo de gráfico
PDF
Tipo
PDF & CDF
Formateo
0.000000
Valor Único
X Valor
Rango de Valores
Límite Inferior
0
Límite Superior
10
Medida del Proceso
1
Correr
Copia
Media = 4.6667
Desviación Standard = 3.9441
Desviación = 1.4368
Curtósis = 3.0643
X PDF CDF
0.000000 0.090000 0.090000
1.000000 0.126000 0.216000
2.000000 0.132300 0.348300
3.000000 0.123480 0.471780
4.000000 0.108045 0.579825
5.000000 0.090758 0.670583
6.000000 0.074119 0.744702
7.000000 0.059295 0.803997
8.000000 0.046695 0.850692
9.000000 0.036318 0.887010
10.000000 0.027965 0.914975

Figura 6E3.E: Binomial Negativa PDF y CDF

4. Cálculo de Probabilidades Teóricas de Eventos para Control de Calidad Six Sigma

En esta sección, continúe usando la herramienta de *Análisis de Distribución* e ilustrar los cálculos manuales utilizados para obtener las probabilidades exactas de la ocurrencia de eventos con fines de control de calidad. Estos serán ilustrados a través de algunas simples distribuciones discretas. La sección continúa con algunas distribuciones continuas para efectos de pruebas de hipótesis teóricas. A continuación, se presenta la prueba de hipótesis en datos empíricamente simulados, donde utilizamos las distribuciones teóricas para simular los datos empíricos y ejecutar las pruebas de hipótesis.

Distribución Binomial

La distribución binomial describe el número de veces en el que un evento en particular ocurre en un número fijo de intentos, tales como el número de caras en 10 lanzamientos de una moneda o el número de artículos defectuosos elegidos de cada 50. Para cada intento, sólo dos resultados son posibles dado que son mutuamente exclusivos. Los ensayos son independientes, lo que ocurre en el primer intento no afecta a la siguiente prueba. La probabilidad de que ocurra un evento se queda igual de intento a intento. Probabilidad de éxito (*p*) y el número entero de intentos totales (*n*) son parámetros de distribución para X. El número de intentos con éxito se denota *x* (el eje x de la gráfica de distribución de probabilidad). Los requisitos de entrada en la distribución incluyen *Probabilidad de Éxito* > 0 y < 1 (por ejemplo, $p \geq 0.0001$ y $p \leq 0.9999$), *Número de Intentos* ≥ 1, y enteros $\leq 1,000$.

Ejemplo: Si la probabilidad de obtener una parte que esta defectuosa es del 50%, ¿cuál es la probabilidad de que, en la selección de 4 piezas al azar, no habrá ninguna pieza defectuosa, o 1 pieza defectuosa, o 2 piezas defectuosas, y así sucesivamente? Vuelva a crear la función de masa de probabilidad o función de densidad de probabilidad (PDF):

Probabilidad de efectos $P(x = 0)$: 6.25%:

$$C_0^4 (.5)^0 (.5)^{4-0} = \frac{4!}{0!(4-0)!}(.5)^0(.5)^{4-0} = \frac{1}{16} = 6.25\%$$

Probabilidad de un efecto $P(x = 1)$: 25.00%:

$$C_1^4 (.5)^1 (.5)^{4-1} = \frac{4!}{1!(4-1)!}(.5)^1(.5)^3 = \frac{4}{16} = 25\%$$

Probabilidad de dos efectos $P(x = 2)$: 37.50%:

$$C_2^4 (.5)^2 (.5)^{4-2} = \frac{4!}{2!(4-2)!}(.5)^2(.5)^2 = \frac{6}{16} = 37.50\%$$

Probabilidad de tres efectos $P(x = 3)$: 25.00%:

$$C_3^4 (.5)^3 (.5)^{4-3} = \frac{4!}{3!(4-3)!}(.5)^3(.5)^1 = \frac{4}{16} = 25\%$$

Probabilidad de cuatro efectos $P(x = 4)$: 6.25%:

$$C_4^4 (.5)^4 (.5)^{4-4} = \frac{4!}{4!(4-4)!}(.5)^4(.5)^0 = \frac{1}{16} = 6.25\%$$

Probabilidad Total: 100.00%

Donde definimos $P(x = 0)$ como la probabilidad (*P*) del número de éxitos de un intento (*x*), y la combinación matemática (*C*). Además, se puede resumir las probabilidades de obtener la función de distribución acumulativa (CDF):

Probabilidad de no efectos $P(x = 0)$:

6.25% calculado Como $P(x = 0)$

Probabilidad de hasta 1 defecto de $P(x \leq 1)$:

31,25% calculado como $P(x = 0) + P(x = 1)$

Probabilidad de hasta 2 defectos $P(x \leq 2)$:

68,75% calculado como $P(x = 0) + P(x = 1) + P(x = 2)$

Probabilidad de hasta 3 defectos $P(x \leq 3)$:

93,75% calculado como $P(x = 0) + P(x = 1) + P(x = 2) + P(x = 3)$

Probabilidad de hasta 4 defectos $P(x \leq 4)$:

100% calculado como $P(x = 0) + P(x = 1) + P(x = 2) + P(x = 3) + P(x = 4)$

El mismo análisis se puede realizar utilizando la herramienta de Análisis de Distribución en Simulador de Riesgo. Por ejemplo, se puede iniciar la herramienta haciendo clic en *Simulador de Riesgo | Herramientas Analíticas | Análisis de Distribución*, selección *Binomial*, entrada de 4 Ensayos y 0.5 para la *Probabilidad*, a continuación, seleccionar PDF como el tipo de análisis, y un rango entre 0 y 4, con un paso de 1. La tabla resultante y distribución PDF es exactamente como se calcula como se ve en la práctica la Figura 6E3. De práctica, confirme los valores calculados FCD anteriores utilizando la herramienta de Análisis de Distribución. Además, los cuatro momentos de distribución se pueden determinar usando la herramienta.

Media o Promedio	2.00
Desviación Estándar	1.00
Coeficiente de Asimetría	0.00
Curtosis (Exceso)	–0.50

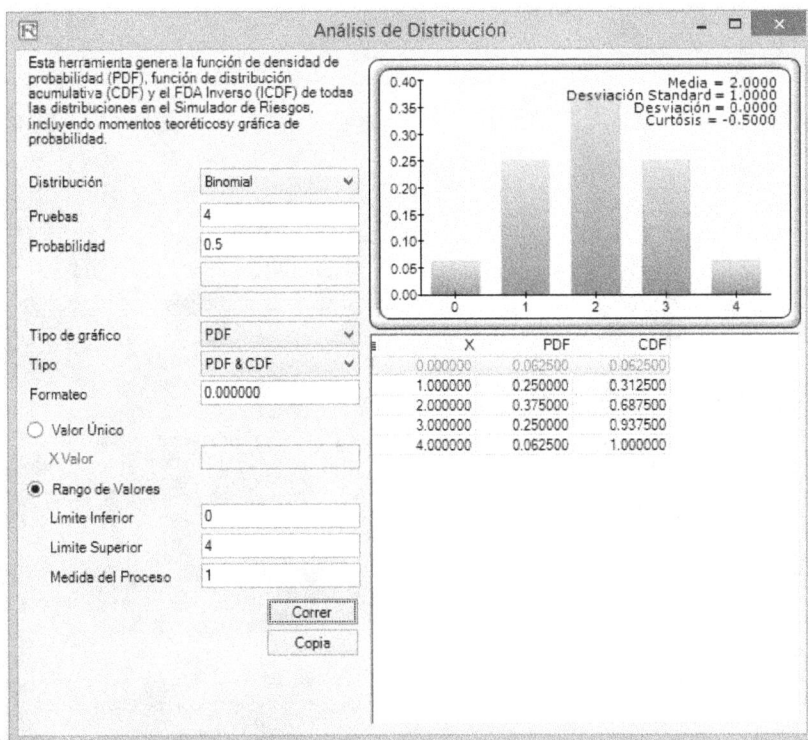

Figura 6E3.F: Distribución de Análisis Binomial PDF

Distribución Poisson

La distribución de Poisson describe el número de veces que un evento ocurre en un intervalo dado, tales como el número de llamadas telefónicas por minuto o el número de errores por página en un documento (Figura 6E3.G). El número de posibles ocurrencias en cualquier intervalo es ilimitado; las ocurrencias son independientes. El número de ocurrencias en un intervalo no afecta al número de ocurrencias en otros intervalos, y el número promedio de ocurrencias debe seguir siendo el mismo de intervalo para el intervalo. Tasa o Lambda es el único parámetro de distribución. El requisito de entrada es Tasa> 0 y ≤ 1.000.

Pregunta de Ejercicio: Un centro de servicio de neumáticos tiene la capacidad de servicio de 6 clientes en una hora. A partir de la experiencia previa, en promedio 3 clientes entran en una hora. El propietario tiene miedo de que allí la mano de obra podría ser insuficiente para manejar un hacinamiento de más de 6 clientes. ¿Cuál es la probabilidad de que habrá exactamente 6 clientes? ¿Qué pasa con 6 o más clientes? Utilice las figuras 6E3.G y 6E3.H para ayudar a responder estas preguntas.

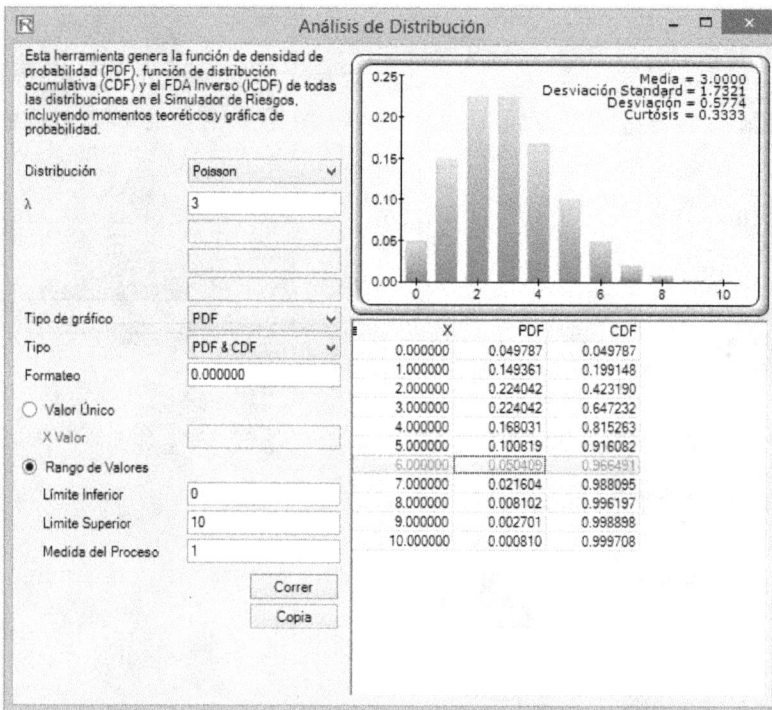

Figura 6E3.G: PDF de una Poisson

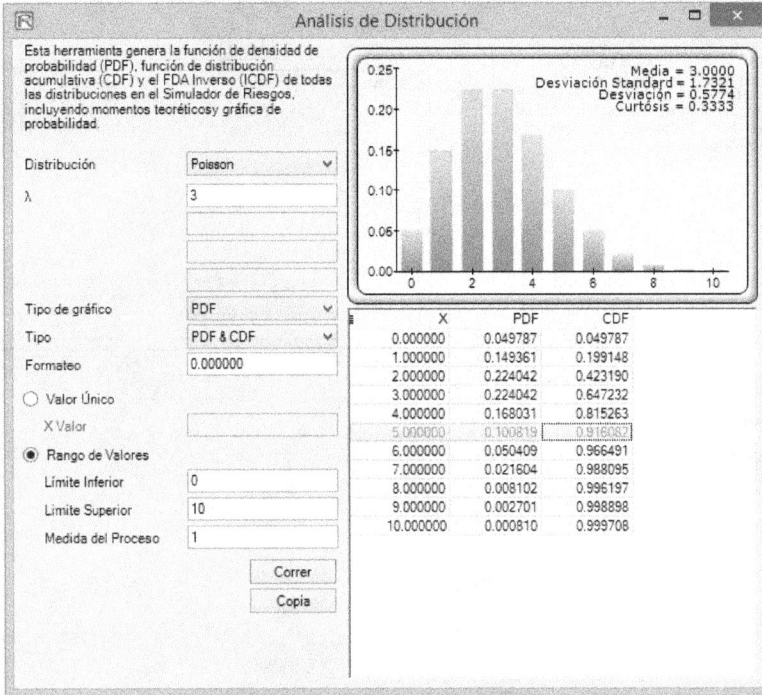

Figura 6E3.H: CDF de una Poisson

Distribución Normal

La distribución normal es la distribución más importante en la teoría de probabilidad porque describe muchos fenómenos naturales, tales como el coeficiente intelectual de las personas o su altura. Los que toman la decisión pueden usar la distribución normal para describir variables inciertas tales como la tasa de inflación o el precio futuro de la gasolina. Algunos valores de la variable incierta son más probables (la media de la distribución), la variable incierta podría probablemente estar por encima de la media, así como podría estar por debajo de la media (simétrica en relación a la media), y es más probable que la variable incierta este cerca de la media a que se encuentre más lejos. La media (μ) y desviación estándar (σ) son los parámetros de distribución. Los requisitos de entrada incluyen la Media (que puede tomar cualquier valor) y Desviación Estándar (que debe ser> 0 y puede ser cualquier valor positivo).

Pregunta de Ejercicio: Se observa que, en el pasado, en promedio, sus baterías fabricadas duran 15 meses, con una desviación estándar de 1.5 meses. Suponga que la batería se distribuye normalmente. Si una batería se selecciona al azar, encuentre la probabilidad que tiene una vida de menos de 16.5 meses o más de 16.5 meses. Usando la herramienta, obtenemos CDF de X = 16.5 meses como 84.13%, lo que significa que hay 84.13% de posibilidades de que las baterías fabricadas duran hasta 16.5 meses, y 1-0.8413 o 15.87% de probabilidad de que las baterías duraran más de 16.5 meses (Figura 6E3.I).

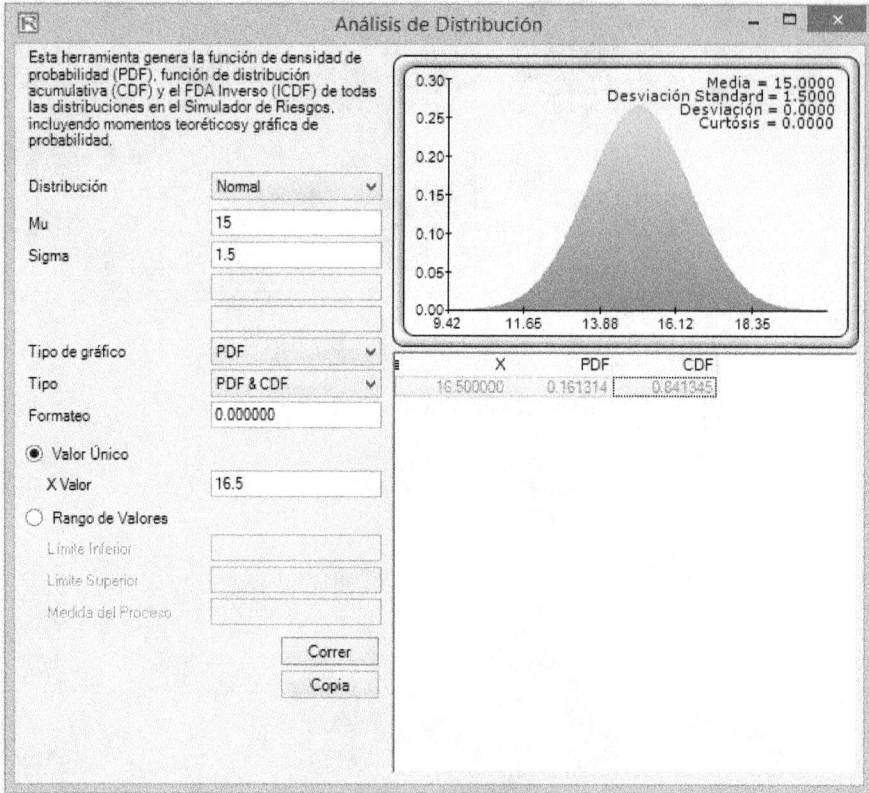

Figura 6E3.I: CDF de una Distribución Normal

Pregunta de Ejercicio: Por otra parte, supongamos que usted desea ofrecer una garantía de 12 meses en las baterías, es decir, si la batería no sigue funcionando antes de los 12 meses, dará un reembolso completo. ¿Cuáles son las posibilidades de que tenga que proporcionar este reembolso?

Usando la herramienta, encontramos que la FCD para X = 12 es de un 2.28% de probabilidad de que un reembolso tendrá que ser emitido (Figura 6E3.J).

Hasta ahora, hemos estado calculando las probabilidades de los eventos que ocurren usando las funciones y herramientas PDF y la FCD. También podemos revertir el análisis y obtener los valores X dado alguna probabilidad, utilizando la función de distribución acumulada inversa (ICDF), como se muestra en el siguiente ejemplo.

Pregunta de Ejercicio: ¿Si la probabilidad calculada en el problema anterior es demasiado alta y, por lo tanto, demasiado costoso para usted y desea minimizar el costo y la probabilidad de tener que reembolsar a sus clientes es hasta un 1% de probabilidad, lo que sería una fecha adecuada de la garantía (en meses)?

La respuesta es que para ofrecer nada menos que una garantía de 11.51 meses muy probablemente dará como resultado menor o igual a un 1% de probabilidad de un retorno. Para obtener los resultados aquí, utilizamos el análisis ICDF en la herramienta de Análisis de Distribución (Figura 6E3K).

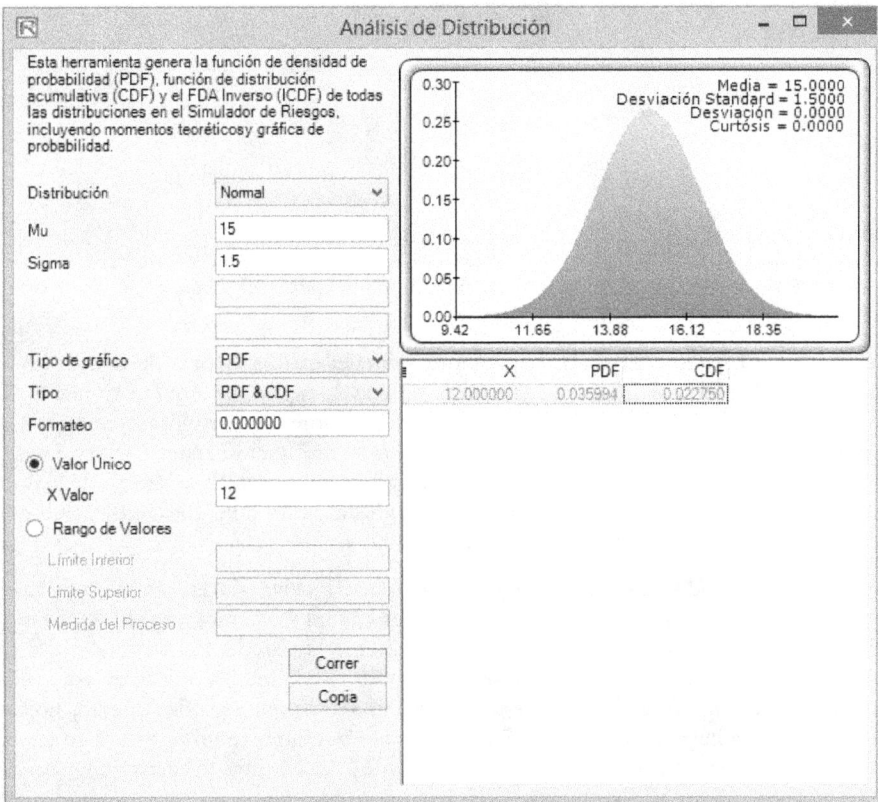

Figura 6E3.J: Probabilidad de una Garantía de Reembolso

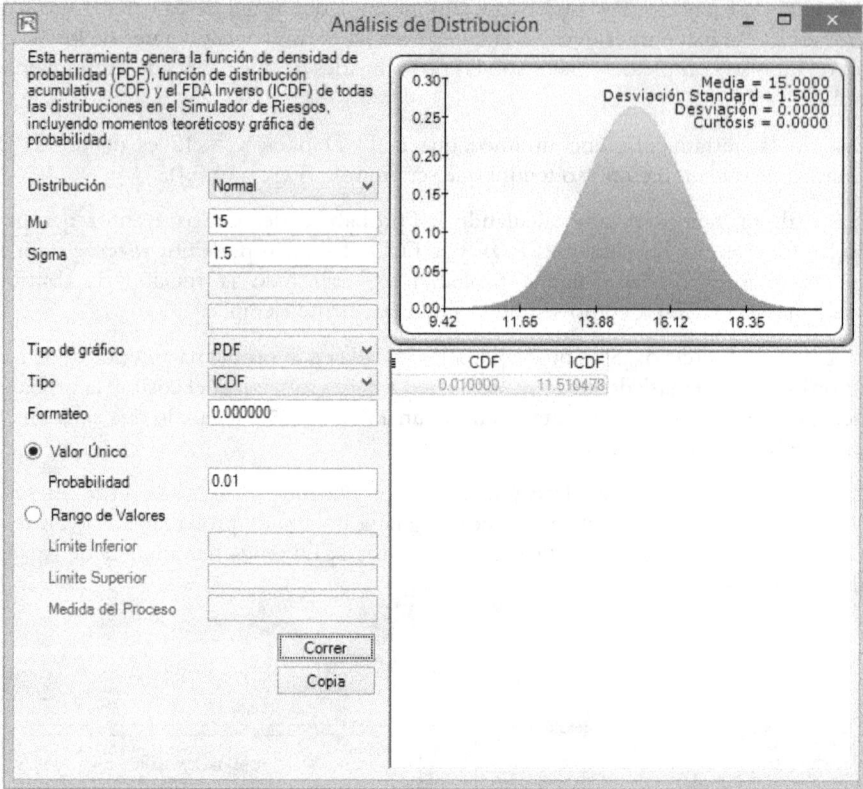

Figura 6E3.K: Obtención de la Función de Distribución Acumulada Inversa (ICDF)

Pruebas de Hipótesis en una Situación Teórica

En esta sección se ilustra cómo continuar utilizando la herramienta *Análisis de Distribución* para simplificar las pruebas de hipótesis teóricas.

Pregunta de Ejercicio: A veces, necesitamos obtener ciertos valores de X dado un nivel de certeza y probabilidad para los efectos de la prueba de hipótesis. Aquí es donde el ICDF viene muy bien. Por ejemplo, supongamos que un fabricante de bombillas necesita probar si sus bombillas pueden durar, en promedio, 1.000 horas de funcionamiento. Si el gerente de planta utiliza una muestra al azar de 100 bombillas y encuentra que el promedio de la muestra es de 980 horas, con una desviación estándar de 80 horas, a un nivel de significación del 5% (dos colas), ¿duran las bombillas un promedio de 1,000 horas?

Hay varios métodos para resolver este problema, incluyendo el uso de intervalos de confianza, valores calculados Z, y los valores-p. Por ejemplo, estamos probando la hipótesis nula H_o: Media Poblacional = 1,000 y la hipótesis alterna H_a: Media Poblacional no es 1,000. Utilizando el enfoque de valores calculados Z, primero obtenemos la ubicación equivalente a un Z a un nivel de significancia (alfa) de dos colas del 5% (lo que significa que una cola es de 2.5%, y el uso de la herramienta de *Análisis de Distribución* se obtiene un Z = 1.96 en una CDF de 97.50%, equivalente a una sola cola de valor-p de 2.5%). Usando la herramienta *Análisis de Distribución*, se establece la distribución a Normal con una media de cero y una desviación estándar de uno (esto es la distribución Z normal estándar). Luego, calcule el ICDF para 0.975 o el 97.5% de la FCD, que proporciona un valor X de 1.9599 o 1.96 (Figura 6E3.L).

Utilizando la fórmula de intervalo de confianza, obtenemos:

$$\mu \pm Z\left(\frac{s}{\sqrt{n}}\right)$$

$$1000 \pm 1.96\left(\frac{80}{\sqrt{100}}\right)$$

$$1000 \pm 15.68$$

Este resultado significa que el intervalo de confianza estadística esta entre 984.32 y 1,015.68. Como la media de la muestra de 980 cae más allá de este intervalo de confianza, rechazamos la hipótesis nula y concluimos que la media poblacional es diferente de 1,000 horas.

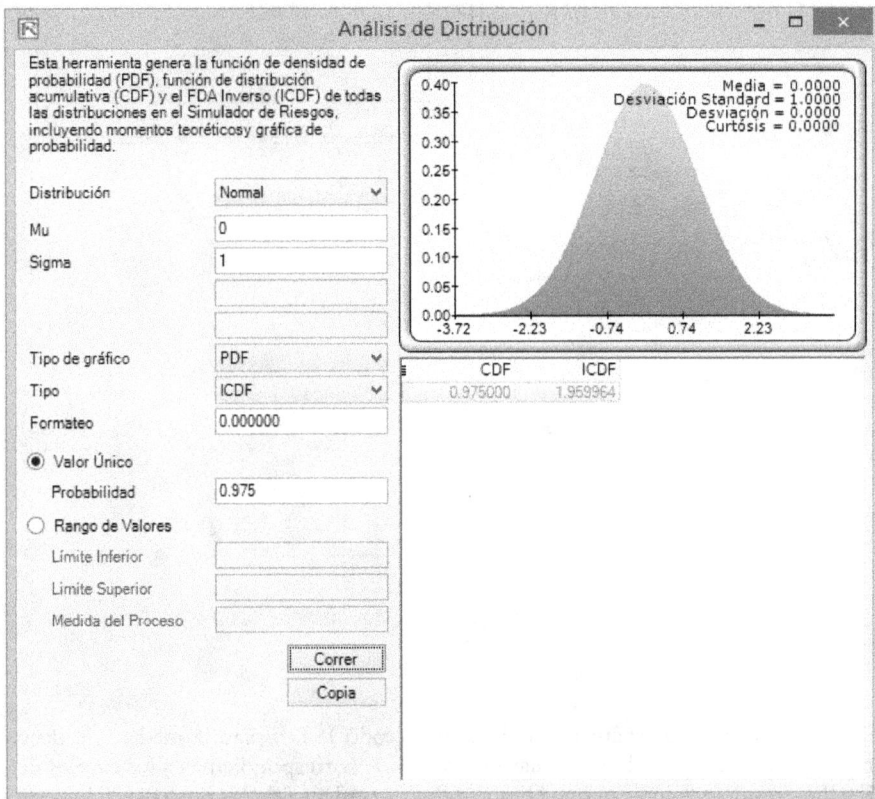

Figura 6E3.L: Valor Z de la Normal Estándar

Un enfoque mucho más rápido y más simple es utilizar la herramienta de *Análisis de Distribución* directamente. Al ver que estamos llevando a cabo una muestra estadística, primero es necesario corregir pequeños tamaños de sesgo de la muestra mediante la corrección de la desviación estándar para obtener:

$$\frac{s}{\sqrt{n}} = \frac{80}{\sqrt{100}} = 8$$

Entonces podemos encontrar el CDF en relación con la media de la muestra de 980. Vemos que el valor-p CDF es 0.0062, menor que el alfa de 0.025 de una cola (o 0.50 de dos colas), lo que significa que se rechaza la hipótesis nula y se concluye que la media poblacional es estadística y significativamente diferente de las 1,000 horas probadas (Figura 6E3.M).

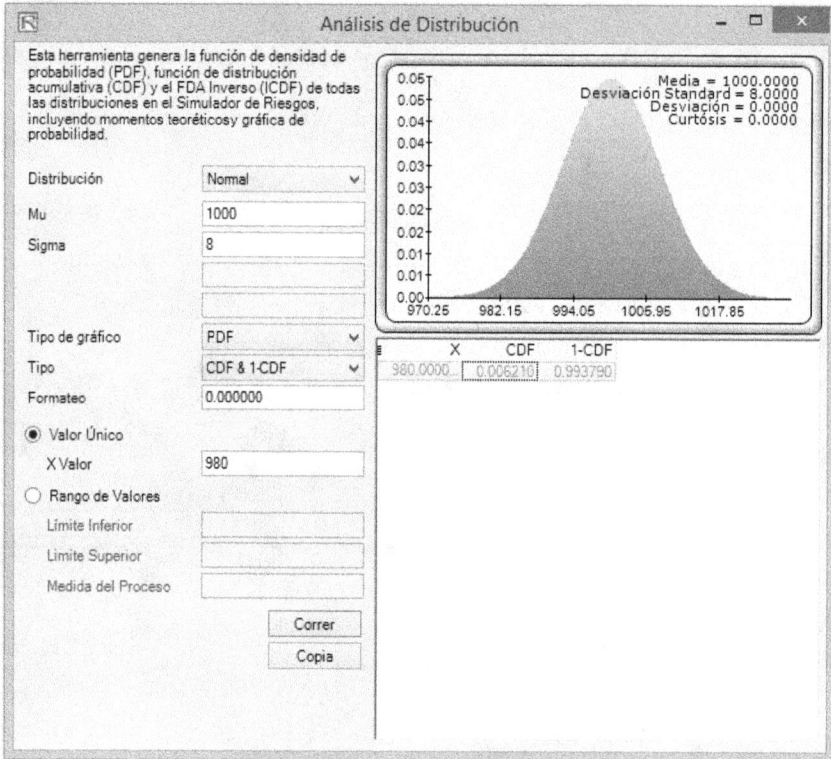

Figura 6E3.M: Obtención de Valores-p Usando la Herramienta de Análisis de Distribución

Sin embargo, otra alternativa es utilizar el método ICDF para la media y la desviación estándar de muestreo ajustado y calcular los valores X correspondientes a los niveles de 2,5% y 97.5%. Los resultados indican que el intervalo de confianza de las dos colas 95% está entre 984.32 y 1,015.68 como se calculó previamente. Por lo tanto, 980 cae fuera de este rango, lo que significa que el valor de la muestra de 980 está estadísticamente muy lejos de la población hipotética de 1,000 (es decir, se puede determinar que la población verdadera desconocida con base en una prueba de muestreo estadístico no es igual a 1,000). Ver Figura 6E3.N.

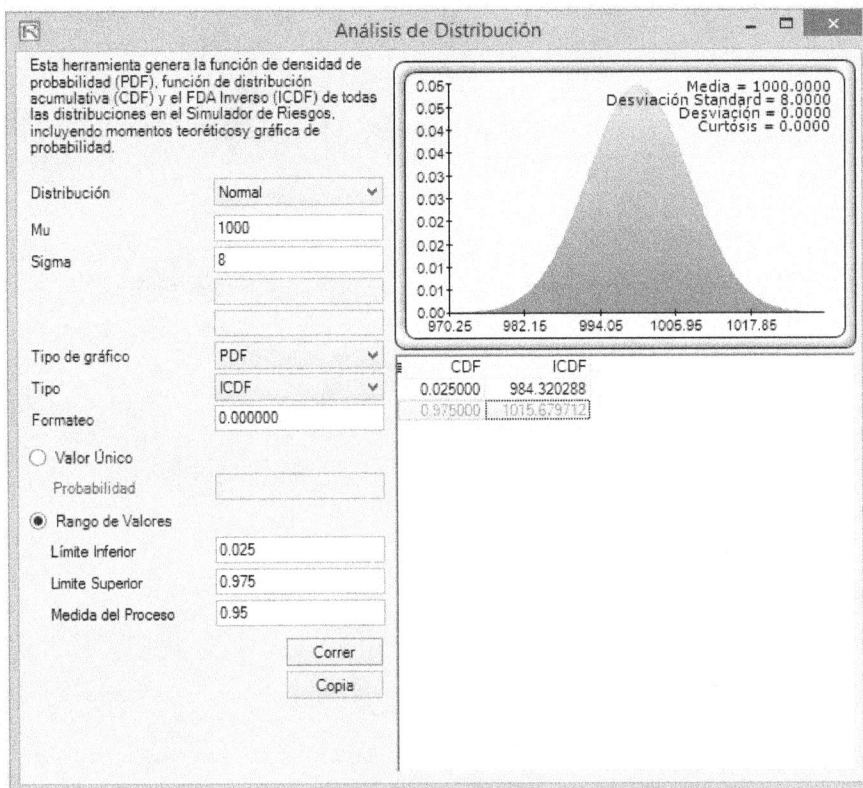

Figura 6E3.N: Calculando los Intervalos de Confianza Estadística

Tenga en cuenta que ajustamos la desviación estándar de muestreo sólo porque la población es grande y nuestra muestra de un de un tamaño pequeño. Sin embargo, si se conoce la desviación estándar de la población, no se divide por la raíz cuadrada de N (tamaño de la muestra).

Pregunta de Ejercicio: En otro ejemplo, supongamos que se necesitan, en promedio, 20 minutos con una desviación estándar de 12 minutos para completar una tarea de fabricación determinada. Sobre la base de una muestra de 36 trabajadores, ¿cuál es la probabilidad de que alguien complete la tarea de entre 18 y 24 minutos?

Una vez más, ajustamos la desviación estándar de muestreo, 12 dividido entre la raíz cuadrada de 36, o equivalente a 2. Los CDF para 18 y 24 son 15.86% y 97.72%, respectivamente, dando la diferencia de 81.86%, que es la probabilidad de encontrar alguien que toma entre 18 y 24 minutos para completar la tarea. Ver Figura 6E3.O.

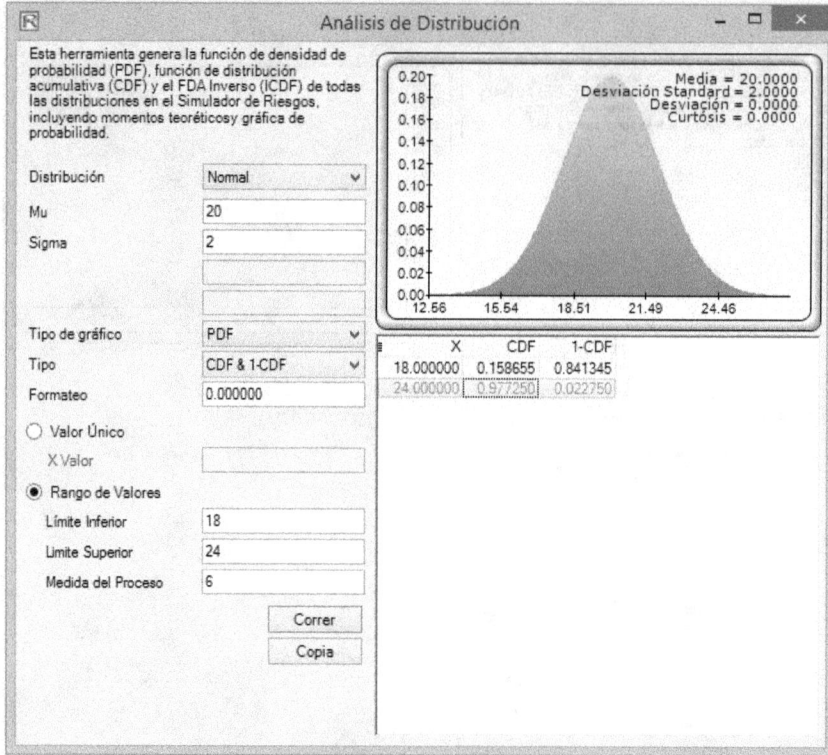

Figura 6E3.O: Intervalo de Confianza de Muestreo

Pregunta de Ejercicio: A veces, cuando el tamaño de la muestra es pequeño, tenemos que volver a usar la distribución-t. Por ejemplo, supongamos que un gerente de planta estudia la vida de una batería en particular y toma una muestra de 10 unidades. La media de la muestra es de 5 horas, con una desviación estándar de la muestra de 1 hora. ¿Cuál es el intervalo de confianza del 95% para la duración de la batería?

Usando la distribución-t, fijamos los grados de libertad como n-1 o 9, con una ubicación media de 0 para una distribución-t estándar. El ICDF para 0.975 o 97.5% (5% de dos colas significa 2.5% en una cola, creando un complemento de 97.5%) es equivalente a 2.262 (Figura 6E3.P). Por lo tanto, el intervalo de confianza estadística del 95% es:

$$\bar{x} \pm t\frac{s}{\sqrt{n}}$$

$$5 \pm 2.262\frac{1}{\sqrt{10}}$$

$$5 \pm 0.71$$

Por lo tanto, el intervalo de confianza está entre 4.29 y 5.71.

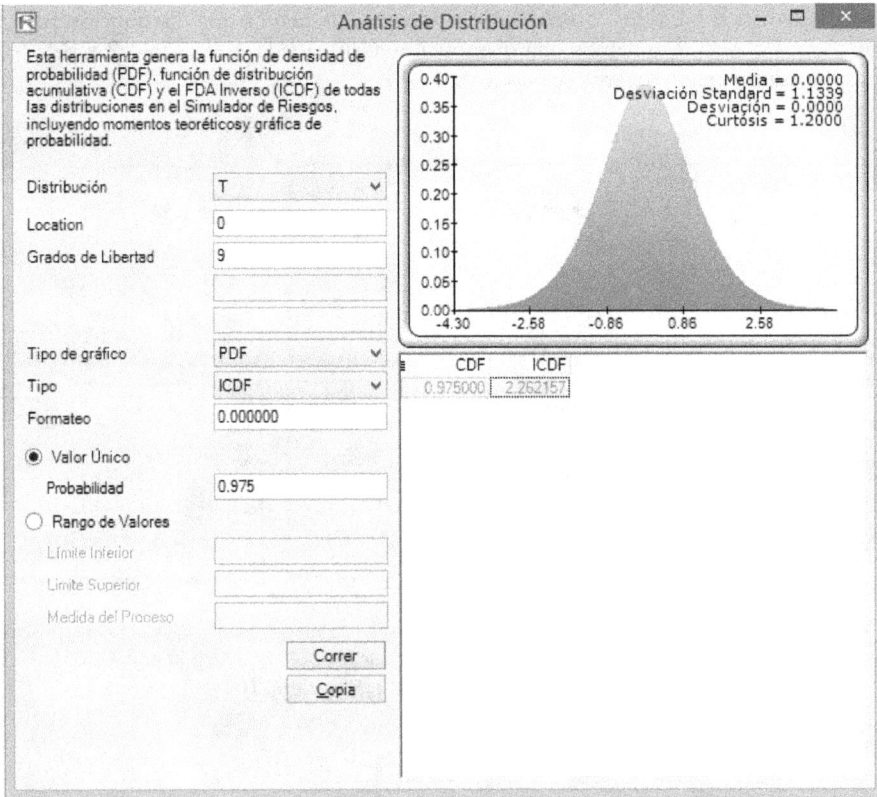

Figura 6E3.P: Distribución-T Estándar

5. Gráficos de Superposición y Comparaciones de Distribución

En esta sección, veremos Gráficos de Superposición en el Simulador de Riesgo. Como usted ya sabe, a veces puede ser ventajoso para superponer varias distribuciones de probabilidad uno encima de otra para comparar cómo se ven, así como para conocer las características de las distribuciones específicas. Por ejemplo, en la distribución binomial hemos sido muy aficionados anteriormente en este ejercicio puede adoptar una variedad de formas (Figura 6E3.Q) cuando se utilizan diferentes probabilidades de éxito (P) y el número de ensayos (N). Cuando N es un valor alto, la distribución se vuelve más simétrica y se aproxima a la distribución normal (debido al teorema del límite central y la ley de los grandes números), y, de hecho, la distribución normal es una buena aproximación cuando N es bastante grande.

Como otro ejemplo, la distribución beta es una distribución bastante flexible donde dependiendo de los parámetros de entrada que usted use, se puede obtener una variedad de diferentes formas y tamaños (Figura 6E3.R). En concreto, si *Alfa* = *Beta* = 1, la distribución es exactamente la de una distribución uniforme. Cuando ambos *Alfa* = *Beta*, la distribución es bastante simétrica. Cuanto mayor sean los parámetros *Alfa* y *Beta*, mientras que al mismo tiempo sean iguales, hace que la distribución más simétrica y normal (aviso de que la asimetría es cero y el exceso de curtosis es cercano a cero, indicativo de una distribución normal). Además, cuando *Alfa* < *Beta*, tenemos un sesgo positivo, y si *Alfa* > *Beta*, tenemos un sesgo negativo. Además, si bien *Alfa* o *Beta* es 1 y el otro es 2, tenemos una distribución triangular, cuando *Alfa* = *Beta* = 2, tenemos una distribución acampanada, y si *Alfa* = 2 y *Beta* > *Alfa*, tenemos una distribución logarítmica normal.

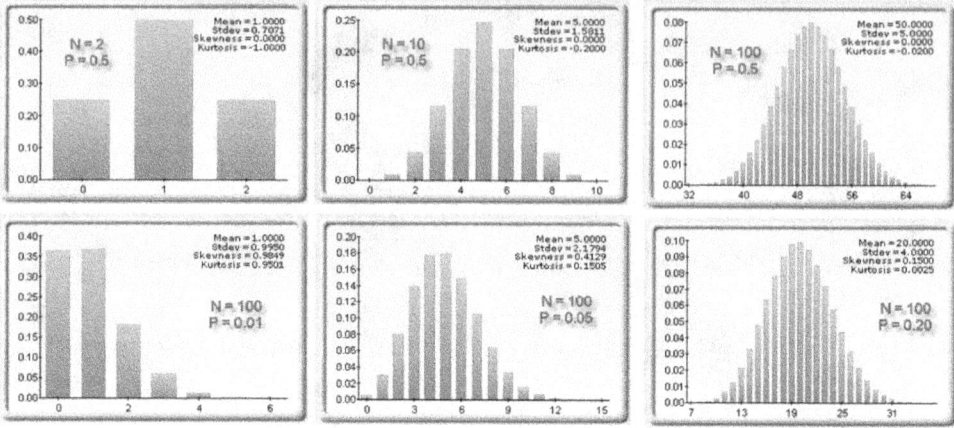

Figura 6E3.Q: Las Caras de la Binomial y el Teorema del Límite Central
Fila Superior: (N = 2, P = 0.5), (N = 10, P = 0.5), (N = 100, P = 0.5)
Fila Inferior: (N = 100, P = 0.01), (N = 100, P = 0.05), (N = 100, P = 0.2)

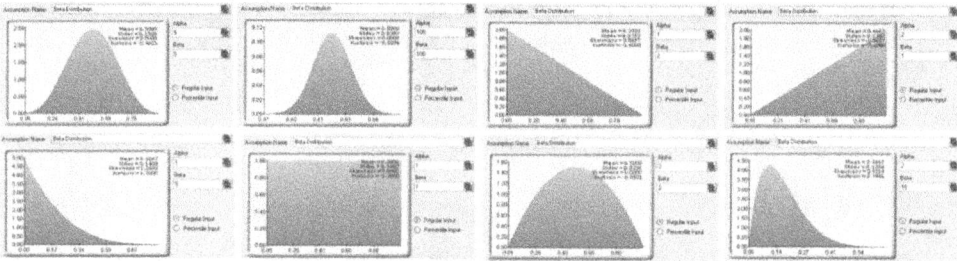

Figura 6E3.R: Cara de la Distribución Beta
Fila Superior: (α = 5, β = 5), (α = 100, β = 100), (α = 1, β = 2), (α = 2, β = 1)
Fila Inferior: (α = 1, β = 5), (α = 1, β = 1), (α = 2, β = 2), (α = 2, β = 10)

Ahora vamos a trabajar en un ejercicio para ejecutar la herramienta de *Gráficas sobrepuestas* comparando y superponiendo supuestos de entrada con salidas de pronóstico (Figura 6E3.S), así como comparar supuestos de entrada con varias distribuciones, o con la misma distribución utilizando diferentes parámetros de entrada (Figura 6E3.T). Para comenzar con este ejercicio, siga las siguientes instrucciones:

1. Inicie Excel, abra el ejemplo modelo del *Simulador de Riesgo | Modelos de Ejemplo | 14 Gráficas sobrepuestas,* y ejecutar una simulación seleccionando *Simulador de Riesgo | Correr Simulación* (o hacer clic en el icono Correr). También puede ejecutar la simulación a súper velocidad si lo desea. Haga clic en *OK* cuando se realice la simulación.

2. Haga clic en *Simulador de Riesgo | Herramientas Analíticas | Gráfica Sobrepuesta* y replicar algunos de los gráficos de superposición de la Figura 6E3.S, especialmente:

   a. Grafico Sobrepuesto PDF de Barras con Ingreso Bruto A, Ingreso Bruto B, Ingreso Neto A, Ingreso Neto E

   b. Grafico Sobrepuesto PDF de Líneas con Ingreso Bruto A, Ingreso Bruto B, Ingreso Neto A, Ingreso Neto B

   c. Grafico Sobrepuesto PDF de Barras con Ingreso Bruto A, Ingreso Bruto B, Ingreso Bruto C (habilite y deshabilite los niveles de confianza)

   d. Grafico Sobrepuesto de Barras 3D con Ingreso Bruto A, Ingreso Bruto C, Ingreso Bruto E.

   e. Gráfico de Series de Tiempo de Área con Ingreso Bruto A, Ingreso Bruto E, Ingreso Neto A e Ingreso Neto E.

   f. Gráfico de Series de Tiempo de Área con Ingreso Bruto desde A hasta E

   g. Gráfico de Series de Tiempo de Barras 3D con Ingresos desde A hasta E.

   h. Gráfico de Series de Tiempo Barras sobrepuestas 3D con Ingresos Brutos A, Ingresos Brutos E, Ingreso Neto A, Ingreso Neto E.

3. Abra un nuevo libro en Excel y cree un nuevo perfil. Ir a una celda vacía y establecer un supuesto de entrada. Use la distribución Beta, establezca los parámetros a ser Alfa = 2, Beta = 3, y darle un nombre (por ejemplo, "Beta 2,3"). Luego, vaya a la siguiente celda y seleccione otro supuesto con una distribución beta (2,4), y luego otra celda con beta (2,5), al momento de nombrarlos adecuadamente cada vez. Ejecutar una simulación, y ejecutar el gráfico de superposición. Seleccione estos tres supuestos para el gráfico de superposición y ejecutar el gráfico de líneas PDF (Figura 6E3.T).

Nota: Con un enfoque similar, ahora se puede seguir intentando y comparación otras distribuciones teóricas utilizando el método de supuestos de entrada. Recuerde, si sólo suposiciones se utilizan en el gráfico de superposición, se muestran las distribuciones teóricas. Si se eligen solo las predicciones de salida, las distribuciones empíricas aparecen, y si son elegidos ambos supuestos y predicciones, las distribuciones teóricas se superponen en contra de los resultados de distribución empíricas. En todos los casos, las distribuciones teóricas parecen bonitas curvas suaves, mientras que las distribuciones empíricas se muestran como barras o curvas irregulares. Por supuesto, puede cambiar los colores de cada variable haciendo clic en las etiquetas de color al lado de cada distribución seleccionada.

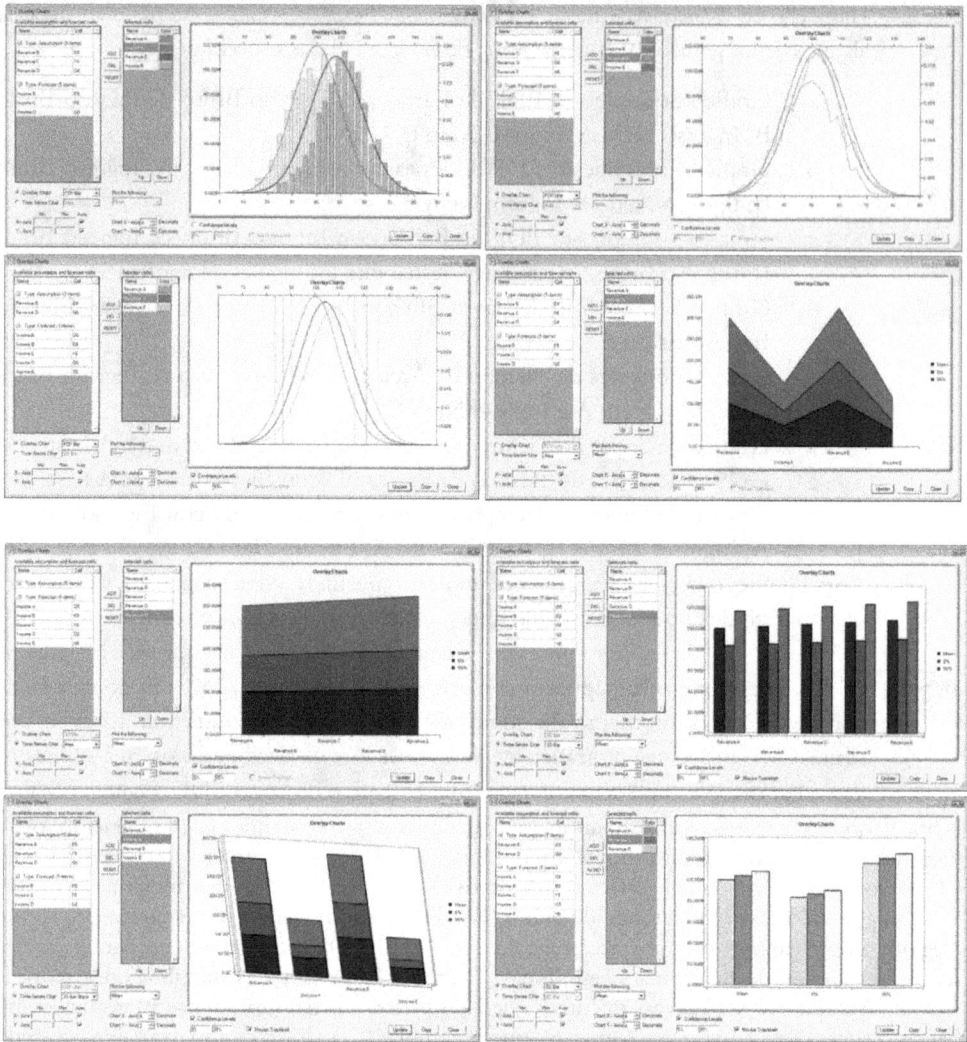

Figura 6E3.S: Varios Tipos de Gráficos Sobrepuestos

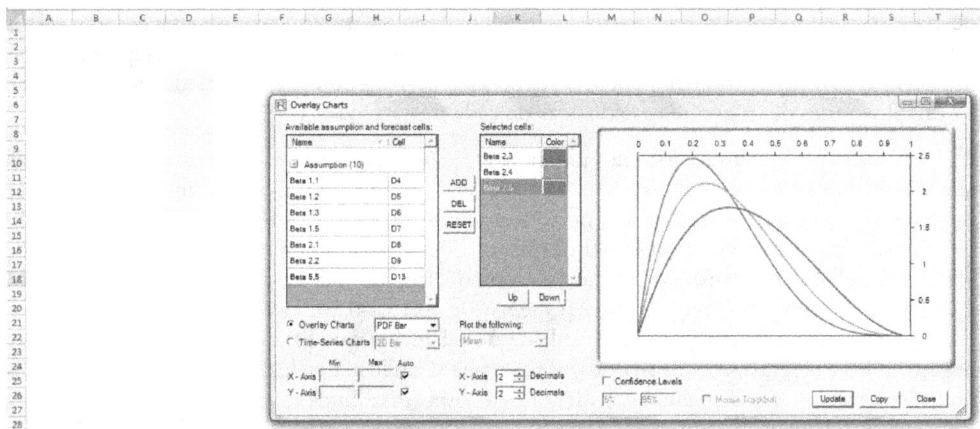

Figura 6E3.T: Caras Beta en los Gráficos Sobrepuestos

EJERCICIO 4: SIMULACIÓN BOOTSTRAP, PRUEBAS DE HIPÓTESIS, Y SEGMENTACIÓN DE GRUPO

Este modelo ejemplo ilustra cómo usar el simulador de riesgo para:

1. Simulación No Paramétrica Bootstrap

2. Pruebas de hipótesis teóricas

3. Segmentación de Grupo

Información del Modelo

Nombre del Archivo: Hypothesis Testing and Bootstrap Simulation (S).xls

Acceso: *Simulador de Riesgo | Modelo de Ejemplo | 08 Pruebas de Hipótesis y Simulación de Remuestreo*

Prerrequisitos: Simulador de Riesgo 2014 o posterior, Ejercicios de Simulación Básicos Completados.

1. Simulación No Paramétrica Bootstrap

La simulación bootstrap es una técnica simple que estima la fiabilidad o la exactitud de las estadísticas de pronóstico u otros datos en bruto de la muestra. En esencia, la simulación bootstrap se utiliza en la prueba de hipótesis donde utilizamos el enfoque de remuestreo empírico, es decir, utilizando la simulación de datos reales y haciendo el remuestreo en la simulación varias veces. En contraste, los métodos clásicos o tradicionales se basan en fórmulas matemáticas para describir la exactitud de las muestras estadísticas donde estos métodos suponen que la distribución de una muestra estadística se aproxima a una distribución normal, haciendo que el cálculo de las estadísticas de error estándar o intervalo de confianza sea relativamente fácil. Usamos estos métodos en el ejercicio anterior, "Análisis de Distribución y de Gráfica Sobrepuesta", y los usaremos en el siguiente segmento de este ejercicio, en el que se ejecutan las pruebas de hipótesis teóricas adicionales. Sin embargo, cuando una distribución de muestreo estadístico no se distribuye normalmente o no se encuentra fácilmente, estos métodos clásicos son difíciles de usar o no son válidos. En contraste, Bootstrap analiza las muestras estadísticas empíricamente haciendo el muestreo de los datos mediante la creación de distribuciones de diferentes estadísticas de cada muestreo.

En esencia, la simulación no paramétrica bootstrap puede ser pensada como una simulación basada en una simulación. Por lo tanto, después de ejecutar una simulación, se muestran las estadísticas resultantes, pero la exactitud de dichas estadísticas y su significación estadística son a veces cuestionadas. Por ejemplo, ¿si se ejecuta una simulación estadística de asimetría es −0.10, es esta distribución verdaderamente negativa sesgada o es el valor ligeramente negativo atribuible al azar? ¿Qué hay de −0.15, −0.20, y así sucesivamente? Es decir, ¿hasta qué punto es lo suficientemente lejos de tal forma que esta distribución se considera negativamente sesgada? La misma pregunta se puede aplicar a todas las otras estadísticas. ¿Es una distribución estadísticamente idéntica a otra distribución con respecto a algunas estadísticas calculadas o son significativamente diferentes? La Figura 6E4.A a 6E4.C ilustra algunos ejemplos de resultados bootstrap. Por ejemplo, la confianza del 90% para la estadística asimétrica es de entre 0.0500 y 0.2585, tal que el valor 0 se encuentra fuera de este intervalo de confianza, lo que indica que en una confianza del 90%, la asimetría de esta predicción es estadística y significativamente diferente de cero, o que esta distribución puede ser considerada como un sesgo positivo y no simétrica. Por el contrario, si el valor 0 cae dentro de esta confianza, entonces el opuesto es verdadero, la distribución es simétrica.

Piénselo de otra manera... Si se tiene un modelo simple o complejo (Figura 6E4.A) y si no hay ningún valor semilla establecido en la simulación, cada vez que ejecute la simulación, se tienen valores ligeramente diferentes. Entonces, supongamos que el sesgo de la distribución resultante es 0.1650. ¿Cómo se puede probar para ver si esto es simplemente ruido blanco al azar de tal manera que este valor está lo suficientemente cerca de cero para decir que es estadística y significativamente diferente de cero? O quizás es estadística y significativamente positivo. Bueno, puedo llamar a 100 de mis mejores amigos y enviarle a cada uno el mismo modelo y les pido a todos que me hagan un gran favor y ejecuten 1,000 pruebas de la simulación (Figura 6E4.B). Esto significa que cada persona tendrá sus propias tablas de predicción y tablas estadísticas. Así, habrá 100 promedios, 100 desviaciones estándar, 100 sesgos, 100 curtosis, y así sucesivamente. Cada uno de ellos sería una copia de seguridad y se recogen todos los datos y los diagramas de los 100 sesgos en un histograma, y el resultado es la simulación bootstrap, como se muestra en la Figura 6E4.C. Así, si 90 de cada 100 de mis amigos (90% intervalo de confianza en la Figura 6E4.C), me llaman y me proporciona un valor de sesgo positivo, ¡lo más probable es que el verdadero sesgo es positivo! De hecho, en la Figura 6E4.C, realmente vemos que casi el 100% de los valores son positivos, lo que indica un sesgo positivo estadísticamente significativo. Por el contrario, si el intervalo de confianza del 90% se extiende a cero (el rango es positivo y negativo), tal como la medida curtosis en la Figura 6E4.C, o en la analogía, 90 de 100 amigos que me llaman a proporcionar tanto valores positivos como negativos cercanos a cero, no puedo decir si la curtosis es estadísticamente diferente de cero e inferiría correctamente que hay cero curtosis.

En otras palabras, la simulación bootstrap puede ser pensada como la ejecución de un análisis estadístico en las estadísticas, u obtener el intervalo de confianza y precisión de las estadísticas, o determinar si la estadística de predicción simulada es estadísticamente significativa. Funciona bien porque de acuerdo a la Ley de los Grandes Números y Teorema del Límite Central en estadística, la media de la muestra significa que es un estimador imparcial y se acerca a la media de población verdadera cuando la muestra aumenta de tamaño.

Para ejecutar este ejercicio siga los siguientes pasos:

1.   Inicie Excel y abra el modelo ejemplo *Simulador de Riesgo | Modelos de Ejemplo | 08 Pruebas de Hipótesis y Simulación de Remuestreo*. Ejecute una simulación como de costumbre en *Simulador de Riesgo | Correr Simulación* (o haga clic en el icono Correr), y haga clic en *OK* cuando la simulación haya terminado (Figura 6E4.A).

2.   Haga clic en *Simulador de Riesgo | Herramientas Analíticas | Autosuficiencia No Paramétrica* (o haga clic en el icono Siguiente repetidamente hasta que vea el conjunto de Herramientas Analíticas en la cinta, y desde aquí se puede hacer clic en el icono Simulación Bootstrap). En nuestro ejemplo, seleccione *Ingreso Neto A* y luego marque algunas de las estadísticas que desea probar, incluyendo la *media, asimetría,* y *curtosis* (Figura 6E4.B) y haga clic en *OK*.

3.   Revisar resultados de la simulación bootstrap y crear intervalos de confianza de dos colas para el 90%, 95% y 99%.

   a.   Pregunta de Ejercicio: ¿Por qué utilizamos los niveles de confianza 90%, 95% y 99%?

   b.   Ejercicio Pregunta: ¿Por qué se utilizan dos colas? ¿Cuándo se puede y se debe utilizar una cola, y si es así, debe ser una cola izquierda o una cola derecha de confianza?

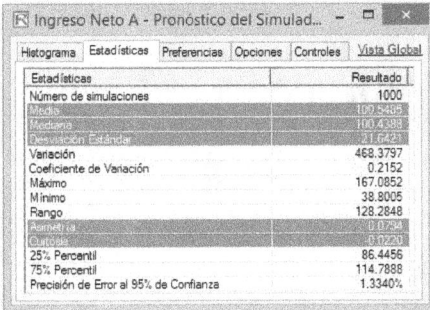

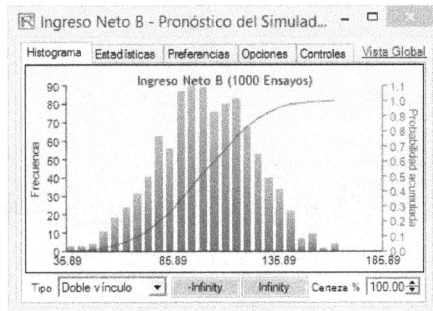

Figura 6E4.A: Resultados del Modelo de Simulación

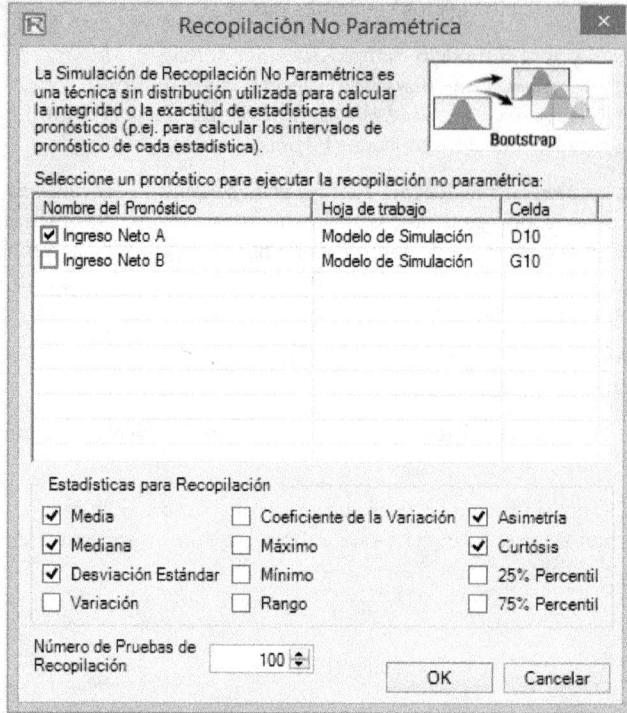

Figura 6E4.B: Ejecutando una Simulación Bootstrap

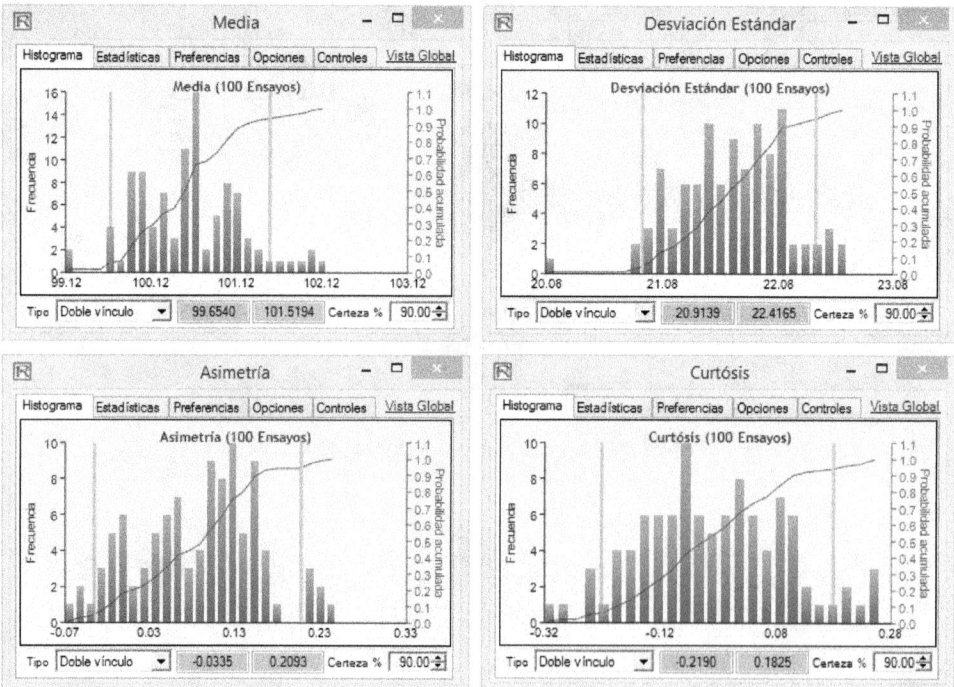

Figura 6E4.C: Resultados e Interpretación Bootstrap

2. Pruebas de Hipótesis Teóricas

Para ejecutar la prueba de hipótesis, utilice los siguientes procedimientos:

1. Vuelva a ejecutar la misma simulación y haga clic en *Simulador de Riesgo | Herramientas Analíticas | Prueba de Hipótesis*, y elija dos predicciones a la vez (en nuestro modelo de ejemplo, sólo hay dos predicciones, así que asegúrese de que ambas son elegidas). Seleccione el tipo de pruebas estadísticas que desea ejecutar (para este ejemplo, mantenga la selección por defecto) y haga clic en *OK*.
2. Revise el informe de análisis estadístico creado y trate de entender los resultados de la prueba de hipótesis.

Una prueba de hipótesis se realiza al probar las medias y varianzas de dos distribuciones para determinar si son estadísticamente idénticas o estadísticamente diferentes entre sí (Figuras 6E4.D y 6E4.E). Se realiza para ver si las diferencias entre las medias y las variaciones de dos diferentes pronósticos que ocurren se basan en la posibilidad aleatoria o de hecho, estadísticamente son significativamente diferentes una de la otra. La prueba T de dos variables con varianzas desiguales (la varianza poblacional del pronóstico 1 se espera que sea diferente de la varianza poblacional de la predicción 2) es adecuada cuando las distribuciones de pronóstico son de diferentes poblaciones (por ejemplo, los datos recogidos de dos ubicaciones geográficas diferentes, dos unidades diferentes de negocio operante, y así sucesivamente). La prueba T de dos variables con varianzas desiguales (la varianza poblacional de pronostico 1 se espera que sea igual a la varianza de la población de la predicción 2) es adecuada cuando las distribuciones de pronóstico son de poblaciones similares (por ejemplo, los datos recogidos de dos diseños de motores diferentes con especificaciones similares, etc.). La prueba T de dos variables dependientes es apropiada cuando las distribuciones de pronóstico son de poblaciones similares (por ejemplo, los datos recogidos en el mismo grupo de clientes, pero en diferentes ocasiones, y así sucesivamente). Una prueba de hipótesis de dos colas se realiza en la hipótesis nula Ho tal que los medios de la población las dos variables "son estadísticamente iguales entre sí.

La hipótesis alternativa es que los medios de población son estadísticamente diferentes uno de otro. Si los valores de calculados de p son menores o igual a 0.01, 0.05, o 0.10, esto significa que la hipótesis es rechazada, lo que implica que los medios de pronóstico son estadísticamente y significativamente diferentes en los niveles de significación 1%, 5% y 10%. Si la hipótesis nula no se rechaza cuando los valores de p son altos, las medias de las dos distribuciones de pronóstico son estadísticamente similares entre sí. El mismo análisis se realiza en varianzas de dos predicciones a la vez con la prueba F por parejas. Si los valores de p son pequeños, entonces, las varianzas (y desviaciones estándar) son estadísticamente diferentes entre sí; de lo contrario, para valores grandes de p, las varianzas son estadísticamente iguales entre sí.

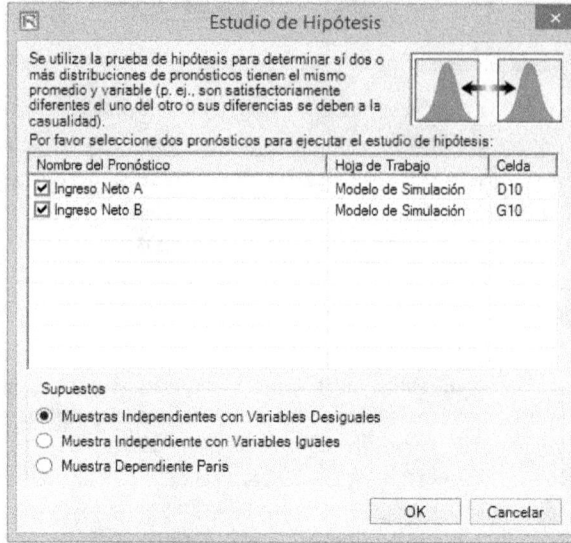

Figura 6E4.D: Tipos de Pruebas de Hipótesis

Prueba de Hipótesis sobre las Medias y Varianzas de Dos Pronósticos

Resumen Estadístico

Una prueba de hipótesis se lleva a cabo cuando se prueban las medias y varianzas de dos distribuciones para determinar si son estadísticamente idénticas o diferentes la una de la otra. Es decir, para verificar si las diferencias entre las dos medias y las dos varianzas que se llevan a cabo están basadas en probabilidades aleatorias o si de hecho son diferentes entre sí. Las pruebas t de dos variables con varianzas desiguales (la varianza poblacional del pronóstico 1 se espera que sea diferente a la varianza poblacional del pronóstico 2) son adecuadas cuando las distribuciones de pronósticos son de diferentes poblaciones (por ejemplo, datos recolectados de diferentes regiones geográficas, dos unidades de negocios diferentes, etc). La prueba t de dos variables con varianzas iguales (la varianza poblacional del pronóstico 1 se espera que sea igual a la varianza poblacional del pronóstico 2) es adecuada cuando las distribuciones de pronósticos son de poblaciones similares (por ejemplo, datos recolectados de dos diseños de motor diferentes pero con especificaciones similares, etcétera). La prueba t para el par de variables dependientes son adecuadas cuando las distribuciones de pronósticos provienen de poblaciones similares (por ejemplo, datos recolectados del mismo grupo de clientes pero en diferentes ocasiones, etc).

Una prueba de hipótesis de dos colas se lleva a cabo sobre la hipótesis nula Ho, de manera que las dos medias de la población son estadísticamente idénticas la una de la otra. La hipótesis alternativa sugiere que las medias poblaciones son diferentes entre sí. Si los valores - P calculados son menores o iguales a 0.01, 0.05, o 0.10, significa que las hipótesis se rechazan, lo cual implica que las medias pronosticadas son estadística y significativamente diferentes en un nivel de significancia de 1%, 5% y 10% respectivamente. Si la hipótesis nula no se rechaza (cuando los valores - P son altos), las medias de las dos distribuciones pronosticadas son estadísticamente similares entre sí. El mismo análisis se lleva a cabo sobre las varianzas de dos pronósticos al mismo tiempo utilizando el par de pruebas F. Si los valores - P son pequeños, entonces las varianzas (y las desviaciones estándar) son estadísticamente diferentes entre sí, de otra manera, para valores - P grandes, las varianzas son estadísticamente idénticas entre sí.

Resultados

Supuesto de la Prueba de Hipótesis:	Varianzas Desiguales:
Estadístico t Calculado:	1.38424
P-Value para estadístico t:	0.16644
Cálculo del estadístico F:	1.089657
P-Value para estadístico F:	0.174974

Figura 6E4.E: Resultados de la Prueba de Hipótesis

3. Segmentación de Grupo

La segmentación de grupo es la técnica de tomar una gran base de datos original y se ejecutan algunos algoritmos internos que combinan un análisis jerárquico de k-medias, datos de agrupación con centroides y euclidiana: medidas de distancia, y otro método de momento para encontrar los grupos que mejor se ajustan o conglomerados estadísticos naturales para dividir estadísticamente o segmentar el conjunto original de datos en dos grupos. Usted puede ver la pertenencia a los dos grupos en la Figura 6E4.F, que ilustra cómo se hace esto, y la Figura 6E4.G muestra los resultados de la segmentación en dos, tres, y cuatro grupos. Es evidente que usted puede segmentar este conjunto de datos en tantos grupos como se desee. Esta técnica es útil en una variedad de escenarios, incluyendo el tema de mercadeo (segmentación del mercado de clientes en varios grupos de gestión de relaciones con los clientes y la rentabilidad, y así sucesivamente), ciencias físicas, ingenierías, entre otras.

Para ejecutar el ejercicio en la agrupación de segmentación, siga los siguientes pasos:

1. Iniciar una nueva hoja de cálculo en Excel y entrar en algunos datos de ejemplo en una columna. Puede volver a utilizar el conjunto de datos de ejemplo que se muestra en la Figura 6E4.F. A continuación, seleccione los datos (Figura 6E4.F).

2. Haga clic en *Simulador de Riesgo | Herramientas Analíticas | Segmentación de Grupos,* y elegir cualquiera de las tres opciones. Para empezar, sólo tiene que seleccionar la primera opción para *mostrar todas las agrupaciones de segmentación,* Seleccione 2 grupos para mostrar y haga clic en *OK.* Revise los resultados que se generan.

3. Repita el ejemplo de segmentación, pero esta vez utilice más grupos; por ejemplo, establecer 4 grupos y luego ejecutar y revisar los resultados.

    a. Pregunta de Ejercicio: Los valores 251123 y 284 456 parecen similares, pero ¿por qué, al segmenta los datos en 4 grupos, son estos dos valores asignados a diferentes miembros de grupos?
    b. Pregunta de Ejercicio: ¿Qué otras aplicaciones se pueden pensar que podrían beneficiarse del uso de técnicas de segmentación de grupo?

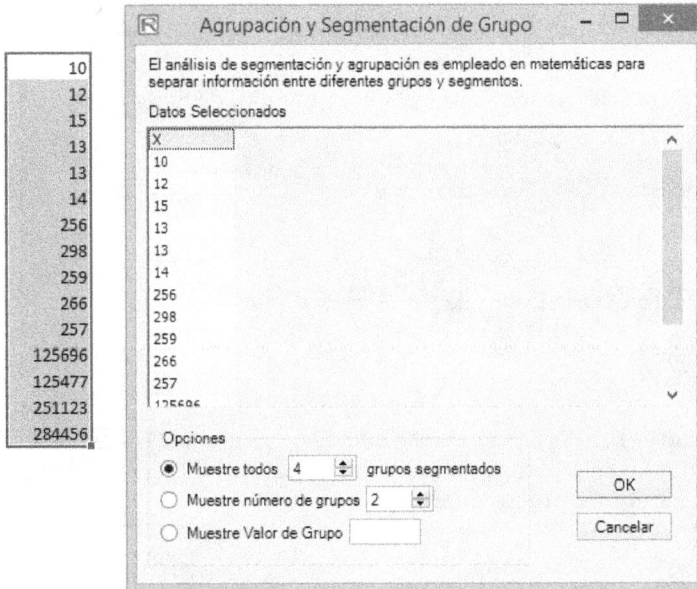

Figura 6E4.F: Segmentación de Grupos

RESULTADOS DE LA SEGMENTACION DE GRUPO

Ejemplo	atos Ordenados	Grupos: 2	3	4
1	10	1	1	1
2	12	1	1	1
3	13	1	1	1
4	13	1	1	1
5	14	1	1	1
6	15	1	1	1
7	256	1	1	1
8	257	1	1	1
9	259	1	1	1
10	266	1	1	1
11	298	1	1	1
12	125477	1	2	2
13	125696	1	2	2
14	251123	2	3	3
15	284456	2	3	4

Figura 6E4.G: Resultados de Agrupamiento

EJERCICIO 5: DIAGNOSTICO DE DATOS Y ANÁLISIS ESTADÍSTICO

Este ejemplo de modelo ilustra cómo utilizar el Simulador de Riesgo para:

1. Ejecutar Diagnósticos de Datos

2. Ejecutar un Análisis Estadístico

Información del Modelo

Nombre del Archivo: Diagnóstico de Regresión.xls

Acceso: *Simulador de Riesgo | Modelos de Ejemplo | 16 Diagnóstico de Regresión*

Requisitos: Simulador de Riesgos 2014 o posterior, Capítulo 9 (Dificultades de Pronosticar)

A veces, cuando se tiene una gran cantidad de datos, ¿qué hacer con ellos? En este ejercicio, vamos a ver dos herramientas poderosas en el Simulador de Riesgo para la ejecución de los diagnósticos de datos y el análisis estadístico.

1. Ejecutar Diagnósticos de Datos

Para ejecutar este ejercicio, use el siguiente procedimiento:

1. Inicie Excel y abra el modelo ejemplo *Simulador de Riesgo | Modelos Ejemplo | 16 Diagnóstico de Regresión.*

2. Ir a la hoja de cálculo de *Datos de Series de Tiempo* y seleccione los datos que desea analizar, incluyendo los encabezados de los datos (Figura 6E5.A).

3. Haga clic en *Simulador de Riesgo | Herramientas Analíticas | Herramienta de Diagnóstico,* seleccione la variable dependiente, y haga clic en *OK.*

    a. Ejercicio Pregunta: ¿Cuáles son algunos de los requisitos básicos y los supuestos en un análisis de regresión múltiple? En otras palabras, si se violan estos supuestos, el análisis de regresión y otros métodos de predicción relacionados estarán sesgados y a veces no válidos.

4. Revise el informe generado y trate de entender para que es cada prueba y cómo interpretar los resultados. Puede revisar la sección las dificultades de pronosticar para explicaciones de más alto nivel de estas pruebas y lo que hacen:

    o Heteroscedasticidad

    o Micronumerosidad

    o Valores Atípicos

    o No Linealidad

    o Autocorrelación de la variable dependiente

        ▪ Autocorrelación

        ▪ Autocorrelación Parcial

    o Distribución de rezagos de las variables independientes

    o Prueba de Normalidad y Esfericidad de Errores

    o Análisis de No Estacionariedad de Variable dependiente

        ▪ Movimiento Browniano de estimación de parámetro de proceso estocástico

        ▪ Reversión a la Media de estimación de parámetro de proceso estocástico

        ▪ Difusión de saltos (Jump-diffusion) de estimación de parámetro de proceso estocástico

    o Análisis de Multicolinealidad de variables independientes

        ▪ Matriz de Correlación

        ▪ Diferencia de Factor de Inflación

    o   Análisis de correlación de todas las variables

        ■   Correlación lineal

        ■   Correlación No Lineal

        ■   Pruebas de importancia estadística de las correlaciones

Análisis del Conjunto de Datos de Regresión Múltiple

Variable Dependiente Y	Variable X1	Variable X2	Variable X3	Variable X4	Variable X5
521	18308	185	4.041	79.6	7.2
367	1148	600	0.55	1	8.5
443	18068	372	3.665	32.3	5.7
365	7729	142	2.351	45.1	7.3
614	100484				
385	16728				
286	14630				
397	4008				
764	38927				
427	22322				
153	3711				
231	3136				
524	50508				
328	28886				
240	16996				
286	13035				
285	12973				
569	16309				
96	5227				
498	19235				
481	44487				
468	44213				
177	23619				
198	9106				
458	24917		3.117	14.5	6.6
108	3872	196	0.799	5.5	6.9
246	8945	183	1.578	20.5	2.7

Diagnóstico window:

Esta herramienta se usa para diagnosticar los problemas de pronóstico en un conjunto de multiples variables.

Variable Dependiente: Variable Dependiente Y

Variable Dependiente Y	Variable X1	Variable X2	Variable X3
521	18308	185	4.041
367	1148	600	0.55
443	18068	372	3.665
365	7729	142	2.351
614	100484	432	29.76
385	16728	290	3.294
286	14630	346	3.287
397	4008	328	0.666
764	38927	354	12.938
427	22322	266	6.478

OK   Cancelar

Figura 6E5.A: Diagnóstico de Datos

2. Ejecutar un Análisis Estadístico

Para ejecutar este ejercicio, use el siguiente procedimiento:

1. Seleccione los datos que desea analizar (Figura 6E5.B). Puede utilizar el mismo modelo *(Diagnostico de Regresión)* o puede abrir otro ejemplo en el *Simulador de Riesgo | Modelos de Ejemplo | 18 Análisis de Estadísticas*. A continuación, vaya a Hoja de Trabajo *Datos*, asegurándose de que los datos a analizar estén seleccionados.

2. Haga clic en *Simulador de Riesgo | Herramientas Analíticas | Análisis de Estadísticas* y elija si el conjunto de datos seleccionado es una sola variable o múltiples variables dispuestas en columnas, y haga clic en Aceptar.

3. Ahora puede seleccionar las pruebas para ejecutar o guardar y ejecutar todas las pruebas de forma predeterminada y haga clic en *OK*.

   a. Pregunta de Ejercicio: Cuando haya terminado de revisar los gráficos de predicciones, ¿cómo puede cerrarlos todos a la vez sin tener que salir de cada uno de forma individual?

   b. Revise el informe generado y trate de entender para que es cada prueba y cómo interpretar los resultados. Esta herramienta ejecuta y pone a prueba los siguientes elementos:

      o Estadística Descriptiva
      o Ajuste de Distribución de una Sola Variable
      o Prueba de Hipótesis (Test-t sobre la media poblacional de una variable)
      o Extrapolación no Lineal
      o Test de Normalidad
      o Estimación de Parámetros de Proceso estocástico
      o Autocorrelación
      o Previsión de Series de Tiempo
      o Proyección lineal Línea de Tendencia

Conjunto de Datos

Variable X1	Variable X2	Variable X3
521	18308	185
367	1148	600
443	18068	372
365	7729	142
614	100484	432
385		
286		
397		
764		
427		
153		
231		
524		
328		
240		
286		
285		
569		
96		
498		
481		
468		
177		
198		
458		
108		
246		
291		
68		
311	23624	349

Figura 6E5.B: Análisis Estadístico

SECCIÓN CUATRO – APLICACIONES DE LA INDUSTRIA

CAPÍTULO 7 – CASOS DE NEGOCIO I: NEGOCIACIÓN BIOTECNOLÓGICA Y FARMACÉUTICA, EXPLORACIÓN DE PETRÓLEO Y GAS, APLICACIÓN DE LA SIMULACIÓN EN LA PLANEACIÓN FINANCIERA, GESTIÓN DE RIESGOS HOSPITALARIOS, VALORACIÓN DE LA COMPENSACIÓN PARA EJECUTIVOS BASADA EN RIESGO, PLANIFICACIÓN DEL CRONOGRAMA BASADO EN RIESGO, TEORÍA DEL VALOR EXTREMO, Y MODELACIÓN DE RIESGOS FINANCIEROS SEGÚN EL MARCO DE BASILEA II/III PARA RIESGO DE CRÉDITO, MERCADO, OPERACIONAL, Y LIQUIDEZ

En este capítulo se ofrece la primera entrega de 8 casos de negocio extendidos. El primer caso se refiere a la aplicación de la simulación de Monte Carlo y análisis de riesgo en las industrias de biotecnología y farmacéuticas. El caso detalla el uso de análisis de riesgos de acuerdo a fabricación y estructuración, y es aportado por el Dr. Charles Hardy. El segundo caso de este capítulo es una contribución de Steve Hoye, un veterano de la industria del petróleo y el gas. Steve detalla los riesgos involucrados en la exploración y producción de petróleo ilustrando un caso integral de exploración de petróleo desde la creación hasta su eliminación; durante el ciclo. Luego, un caso de planeación financiera presentado por

Tony Jurado, considerando los riesgos involucrados en la planificación de la jubilación. El siguiente caso ilustra cómo la simulación de Monte Carlo junto con la teoría de colas se puede aplicar a la planificación hospitalaria, y es aportado por Larry Pixley, un consultor experto en el sector de la salud. A continuación, Patrick Haggerty ilustra cómo la simulación se puede utilizar para diseñar un plan de compensación de ejecutivos basado en riesgo. A continuación, Marcos Rhoades explora el mundo de los costos y el riesgo de la planificación del cronograma en la gestión de proyectos. Por último, el autor concluye con dos casos que cubre la teoría de los valores extremos y el análisis de los modelos de riesgo según el marco de Basilea II/III para riesgo de crédito, mercado, liquidez y operacional.

ESTUDIO DE CASO: FARMACÉUTICA Y BIOTECNOLOGÍA— ALTA PRECISIÓN CUANTITATIVA EN LA ESTRUCTURACIÓN DE NEGOCIO EN LAS INDUSTRIAS DE BIOTECNOLOGÍA Y FARMACÉUTICA

Este caso de negocio es una contribución del Dr. Charles Hardy, director de BioAxia Incorporated de Foster City, California, una firma de consultoría que se especializa en la valoración y cuantificación de la estructuración de negocios para las firmas de bio-ciencia. También es el jefe financiero y el director del desarrollo de Panorama Research, una incubadora biotecnológica en San Francisco. El Dr. Hardy tiene un Ph.D. en biología patológica de la Universidad de Washington en Seattle y un MBA en Finanzas y Espíritu Empresarial de la Universidad de Iowa en Iowa City.

Las compañías más pequeñas en la industria de la biotecnología cuentan con alianzas de compañías grandes e industrias farmacéuticas para financiar sus gastos en I&D–Investigación y Desarrollo. Por otro lado, las industrias farmacéuticas y las organizaciones más grandes dependen de estas alianzas para complementar sus programas internos de I&D. De hecho, para que las organizaciones más pequeñas puedan efectuar los flujos o movimientos de dinero asociado con estas alianzas, deben tener un desarrollo de negocio competente y contar con experiencia, para así negociar y estructurar estas ofertas cruciales. Por lo tanto, la importancia de estas alianzas para la supervivencia de la mayoría de las empresas jóvenes es tan grande, que las características que se presentan frecuentemente en los ejecutivos de las compañías más importantes en la biotecnología son la experiencia en hacer negocios, las habilidades para el desarrollo de negocios y contar con muchos contactos. Aunque las oportunidades para hacer negocios para las compañías biotecnologías son abundantes debido a la necesidad de la industria farmacéutica de mantener una línea saludable de nuevos productos en desarrollo, en los años recientes las oportunidades de hacer negocios han disminuido.

Por esto, las firmas tienen que ser mucho más cuidadosas en la forma en la que estructuran y valoran los negocios que hacen para tener la oportunidad de participar. Sin embargo, a pesar de esta importancia, un gran número de ejecutivos prefieren irse con estructuras de negocios comparables entre empresas, para tener la esperanza de maximizar el valor de las acciones de su firma o desarrollando los términos del negocio usando su propia intuición, en vez de desarrollar una metodología cuantitativa para la valorización y optimización de negocios. Para compañías que hacen solo un negocio o menos al año, tal vez el riesgo puede mitigarse si se estructura una colaboración basada en estructuras de negocio comparables entre empresas, por lo menos que obtengan tanto como la empresa promedio, ¿lo harán?

Como se describe en este caso de estudio la *simulación Monte Carlo*, la *optimización estocástica* y las *opciones reales* son las herramientas ideales para valorar y optimizar los términos financieros de negocios colaborativos en las empresas biomédicas, enfocado en el desarrollo de las terapéuticas humanas. Una gran cantidad de información asociada con la longitud de las etapas clínicas y las probabilidades de completar el proyecto, está disponible públicamente. Al valorar y estructurar negocios de una forma cuantitativa, las compañías de todos los tamaños pueden ganar el valor máximo de sus acciones en todas las etapas del desarrollo, y lo más importante es que los flujos de dinero futuro pueden ser definidos.

Tipos de Negocios

Mayoría de los negocios que se realizan entre dos compañías de biotecnología o entre una compañía biotecnología y una farmacéutica son alianzas estratégicas, en donde un acuerdo cooperativo se hace entre dos organizaciones para trabajar juntas en forma definida con el objetivo de desarrollar o comercializar exitosamente uno o varios productos. Como se podrá ver a continuación, existen diferentes tipos de alianzas estratégicas:

- *Licenciamiento de Productos.* Un acuerdo muy flexible y ampliamente aplicable, en donde una parte desea el acceso a la tecnología de la otra organización sin ninguna otra cooperación. Este tipo de alianza lleva un riesgo muy bajo, además este tipo de acuerdos de hacen en casi todas las etapas del desarrollo farmacéutico.

- *Adquisición del Producto.* Una compañía compra una licencia ya existente de un producto de otra compañía y obtiene el derecho a comercializar un producto completa o parcialmente desarrollado.

- *Fomento de un Producto.* Una licencia exclusiva de corto plazo para una tecnología o producto en un mercado específico que incluye típicamente la devolución de provisiones.

- *Co-Marketing.* Dos compañías comercializan el mismo producto bajo dos nombres de marca diferentes.

- *Co-Promoción.* Dos partes promocionan el mismo producto bajo el mismo nombre de marca.

- *Alianza de Inversión Minoritaria.* Una compañía compra acciones en otra como parte de un deseo mutuo de relación estratégica.

El acuerdo histórico valorado y optimizado en este caso de estudio es un ejemplo de un negocio de licenciamiento de producto.

Acuerdos Financieros

Cada negocio de cada empresa es único, lo que explica por qué no hay un modelo financiero genérico que sea suficiente para valorar y optimizar todas las oportunidades y colaboraciones. Un acuerdo colaborativo biomédico es la culminación de la combinación de metas, deseos, requerimientos y presiones de ambas partes, posiblemente parcializado a favor de una parte debido a sus habilidades de negociación, buena preparación, más diligente y riguroso, supuestos precisos y menos necesidad de liquidez inmediata.

Los acuerdos financieros pactados para el licenciamiento o la adquisición de un producto dependen de una variedad de factores, estos incluyen los siguientes:

- Fuerza de la posición en propiedad intelectual

- Exclusividad en los derechos acordados

- Exclusividad territorial concedida

- Exclusividad de la tecnología transferida

- Posición competitiva de la compañía

- Estado de desarrollo de la tecnología

- Riesgo de que el proyecto sea licenciado o vendido

Aunque todos los negocios son diferentes, la mayoría incluyen: (i) cuotas de licenciamiento e I&D, (ii) pagos por cumplimiento de objetivos, (iii) pagos de regalías del producto y (iv) inversión de capital.

Modelos Financieros Primarios

Todos los cálculos descritos en este estudio de caso están basados en los principios del flujo de caja descontado (FCD) usando tasas de descuento ajustadas al riesgo. Aquí, los activos que están bajo la incertidumbre son valorados usando la siguiente ecuación básica financiera:

$$VPN = \sum_{I=0}^{n} \frac{E(FC_t)}{(1 + r_t + \pi_t)^t}$$

En donde el VPN es el valor presente neto, $E(FC_t)$ es el valor esperado de los flujos de efectivo en el tiempo t, r_t es la tasa sin riesgo y π_t es la prima de riesgo apropiada para el riesgo de FC_t. Todos los sub-componentes de los modelos descritos aquí usan diferentes tasas de descuentos si son sujetos a diferentes riesgos. En el caso de acuerdos colaborativos biomédicos todos los subcomponentes mayores (tasas de licenciamiento, costos de I&D, costos clínicos, pagos y regalías) son frecuentemente sujetos a muchos riesgos diferentes, y por consiguiente a todos se les asigna su propia tasa de descuento basada en la combinación de factores, con el costo promedio ponderado de capital de la compañía (WACC) usado como el valor base. Para incorporar la naturaleza incierta y dinámica de estos supuestos de riesgo al modelo, todas estas tasas de descuento son variables Monte Carlo. Esta suplementación de descuento es un factor crítico para la valoración de la precisión de los acuerdos, y más importante para luego utilizar la optimización estocástica.

Trasfondo del Negocio Histórico y Estructura de Negociación

El negocio valorado y optimizado en este estudio de caso fue un acuerdo de licenciamiento de producto pre clínico y exclusivo entre una compañía de biotecnología pequeña y una organización más grande. La biofarmacéutica valorada tenía una trayectoria terapéutica mucho mayor; además contaba con un tamaño de mercado estimado en U$1 mil millones cuando el negocio se cerró. La licencia negociada daba el derecho para hacer sublicencias. El negocio tenía una variedad de provisiones de financiación con un resumen de los términos financieros presentado en la Tabla 7.1. El licenciante estimó que estaban a aproximadamente 2 años de terminar una aplicación de una nueva droga de investigación (IND) que iniciaría con pruebas clínicas en humanos. Para los propósitos de la valoración del negocio y la optimización descrita aquí, se asume que ninguna información existe entre las compañías que forman la colaboración. Los gastos históricos de licencias consistían en una cuota por adelantado, seguida por la tasa de mantenimiento de licencia incluyendo multiplicadores (Tabla 7.1). El mantenimiento de las tasas de licencias terminará en cualquiera de los siguientes eventos: (i) presentación por primera licencia IND; (ii) décimo aniversario de la fecha efectiva, y (iii) la terminación del acuerdo. Los valores de los pagos (por objetivos) de acuerdo al historial de negocios son solo tres números, con un pago de 500,000 dólares otorgado en la presentación de IND, un pago de $1,500,000 en la aplicación de un nuevo fármaco (DNA), y un $4,000,000 en el pago DNA aprobado (Tabla 7.1). El acuerdo sobre regalías fue un 2.0 por ciento global de las ventas netas.

Como se describe más adelante en este caso, dos escenarios adicionales fueron construidos y optimizados estocásticamente a partir de la estructura histórica: a mayor valor, bajo riesgo (HVLR) y un escenario de mayor valor, mayor riesgo (HVHR) (Tabla 7.1).

Tabla 7.1: Términos Financieros Históricos Concedidos al Licenciante del Acuerdo Firmado de Colaboración Biomédica

| Componente | Escenario del Negocio | | | Tiempo |
| | Histórico | Valor más Alto, Menor Riesgo | Valor más Alto, Mayor Riesgo | |
	U$	U$	U$	
Tasas de Concesión de Licencias	$100,000	$125,000	$85,000	30 días de la fecha efectiva
Tasas de Mantenimiento de las Licencias	$100,000	$125,000	$75,000	Primer Aniversario
	200,000	250,000	150,000	Segundo Aniversario
	300,000	375,000	225,000	Tercer Aniversario
	400,000	500,000	300,000	Cuarto Aniversario
	500,000	500,000	300,000	Quinto Aniversario
Financiamiento del Desarrollo y la Investigación	$250,000	$275,000	$165,000	Por año
Pagos	$500,000	$660,000	$910,000	Primer IND en EEUU[1]
		895,000		Conclusión exitosa de la primera fase
		1,095,000	1,400,000	Conclusión exitosa de la segunda fase
	1,500,000	1,375,000	1,650,000	Primer PLA[2] o NDA[3]
	4,000,000	1,675,000	1,890,000	Aprobación del NDA en EEUU
Regalías	2.0% ventas netas	0.5% ventas netas	5.5% ventas netas	

[1] Investigación en Nuevas Drogas (aplicaciones)
[2] Aplicación de Licencia para Producto
[3] Aplicación de Nueva Droga

Supuesto Principal

La Figura 7.1 muestra una línea de tiempo para los tres escenarios de negocio evaluados. También muestra el cronograma de los montos de pago para los tres escenarios, junto con información de los principales supuestos. El tiempo total calculado para las negociaciones era de 307.9 meses, donde la farmacéutica candidata gana una cuota de mercado del 20% máximo de un mercado de mil millones de dólares, con una desviación estándar de 20% durante los 15 años de ventas proyectados.

Se supone que el mercado debe crecer 1.0% anualmente empezando desde la fecha efectiva del acuerdo y a través de todo el periodo de valoración. Los costos de manufactura y mercadeo de la farmacéutica potencial estaban estimados en un 58%, una hipótesis importante considerando que las regalías son pagadas en ventas netas. El tamaño total del mercado, la tasa de crecimiento del mercado, la máxima cuota de mercado y la compensación de la manufactura y el mercadeo son variables Monte Carlo.

Los supuestos concernientes a la longitud de los intentos clínicos, probabilidades de completar y las variables principales en el modelo de valoración también son mostradas en la Figura 7.1. Todas estas son hipótesis Monte Carlo. A través de este estudio de caso, los valores del negocio se basaron en las regalías de 15 años de ventas netas. Las regalías se pagaron en forma trimestral, y no al final de cada año. Los costos totales de I&D para el licenciante fueron de U$200,000 anualmente; otra vez, estimado con con un supuesto Monte Carlo. Durante este periodo se asumía que la inflación era de 1.95% anualmente y los aumentos farmacéuticos anuales de precios (APPIs) se asumían de 5.8%. Por esto, los montos de pago tuvieron una deflación en su valor y las regalías una inflación. Para la valoración de negocio descrita aquí, se asumía que el licenciante era no-rentable antes y durante el proceso de pruebas clínicas. Sin embargo, las regalías de la licencia que pagaron al licenciante fueron grabadas a una tasa del 33%.

Valoración de Negocio

Valoración Histórica del Negocio

La Figura 7.2 muestra una ilustración comparativa de todos los componentes principales del escenario histórico mientras que la Figura 7.3 muestra el escenario de negocio HVLR y la Figura 7.4 muestra el escenario de negocio. Luego, la Figura 7.5 muestra un resumen estadístico de Monte Carlo de los acuerdos históricos. La media del valor presente del negocio fue de U$1,432,128 con una desviación estándar de U$134,449 (Figura 7.2). Ésta es una ilustración de las distribuciones Monte Carlo del flujo de efectivo del valor presente del escenario histórico del negocio junto con las distribuciones junto con las distribuciones de los componentes individuales del negocio. Cada componente tiene una distribución claramente definida que diferencia considerablemente de otros componentes del negocio tanto en valor como en características de riesgo.

La distribución que describe la media fue relativamente simétrica con una asimetría de 0.46. La curtosis de la distribución fue de 3.47 (exceso de curtosis de 0.47) limitando el rango del negocio de U$994,954 a U$2,037,413. El coeficiente de variación (CV), la medida primaria para el riesgo del negocio, fue bajo: 9.38%. El licenciamiento y la I&D fueron los que más contribuyeron en el valor total del negocio con una media del valor presente de U$722,108, mientras las regalías fueron las que menos contribuyeron con un valor de media de U$131,092 (Figura 7.2). Los montos de pago en el escenario histórico también contribuyeron mucho al valor del negocio con una media del valor presente de U$578,927. El riesgo de los flujos de caja varía entre los componentes individuales del negocio. Los flujos de dinero del licenciamiento y la I&D fueron los que menos variaron y fueron los que menos riesgo tuvieron con un CV de tan solo 7.48% y proporcional a la media de la distribución. El valor presente de los flujos de dinero del monto de pago fue mucho más volátil con un CV de 14.58%. Aquí el rango fue mayor (de U$315,103 a U$1,004,563) con una distribución simétrica teniendo una asimetría de solo 0.40 (información no mostrada). El valor presente de las regalías fue el más volátil con un CV de 45.71% (información no mostrada). La curtosis del valor presente de las regalías fue grande (5.98; información no mostrada) ilustrando la distribución proporcionalmente ancha en comparación con la pequeña media de las regalías (U$131,093; Figura 7.2). Esta información no debería sorprender, ya que los flujos de dinero de las regalías son sujetos a la variabilidad de casi todos los supuestos en el modelo Monte Carlo y por ende son muy volátiles.

Valor Futuro de los Pagos de Mllestone

Escenario de negocio

Historico

Valor Superior, Riesgo Inferior

Valor Superior, Riesgo Superior

Porcentaje de regalias

2.0%

0.5%

5.5%

$500,000 — $1,500,000 — $4,000,000

$660,000 — $1,375,000 — $895,000 — $1,675,000

$910,000 — $1,400,000 — $1,650,000 — $1,890,000

$1,095,000

Culminación de la preinvestigación clinica

Fase 1

Ensayos Clinicos en Humanos

Fase 2

Fase 3

Revision de la FDA de la aplicación

Ventas de la Farmaceutica y Flujo de Regalias

Maximas ventas alcanzadas en el año 13

Tiempo (Meses)

Probalidad de Exito

Evento

25.0 — 16.0 — 24.0 — 38.90 — 24.0 — 180.0

85% — 86% — 55% — 75% — 85% — 100%

Dia Efectivo — Archivar — Fase 1 Completa — Fase 2 Completa — Archivar — Aprobación — Inicio de los pagos de Regalias — Conclusión de los pagos de Regalias

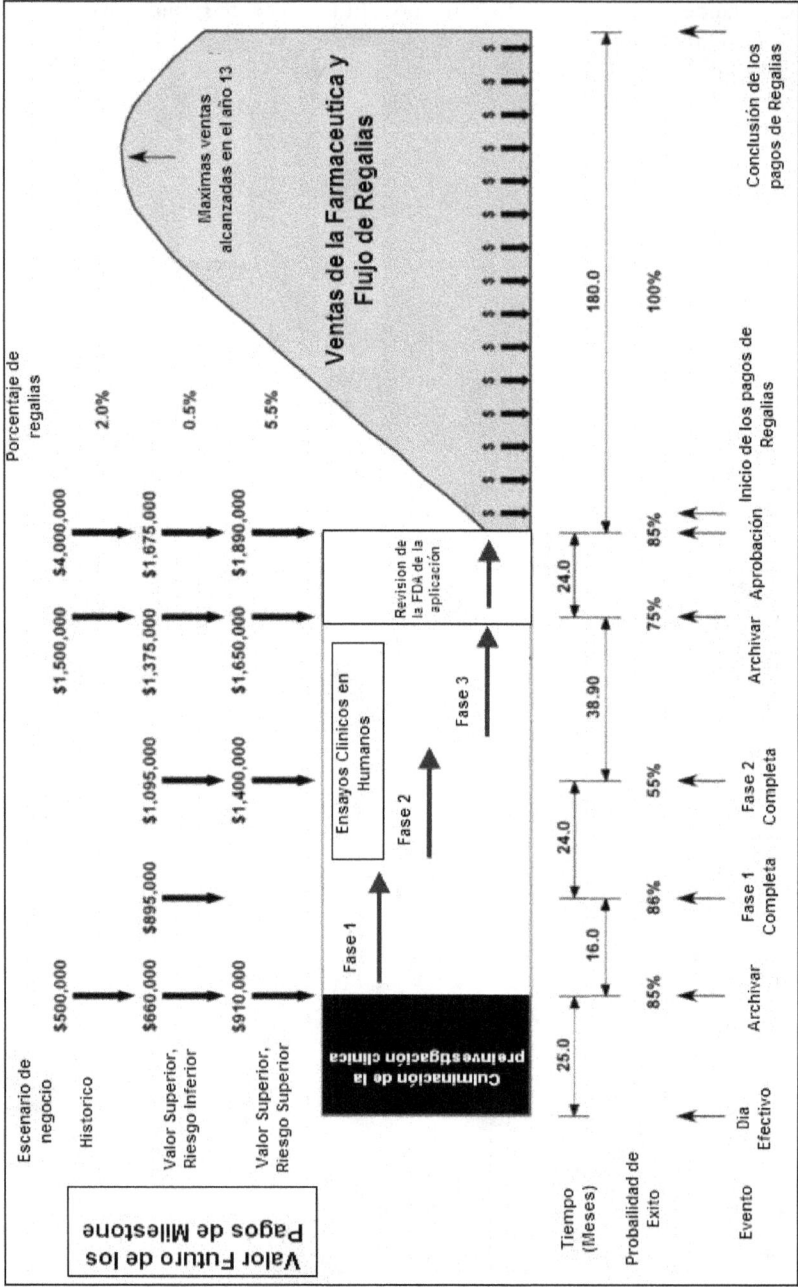

Figura 7.1: Línea de Tiempo para el Negocio del Licenciamiento Biomédico

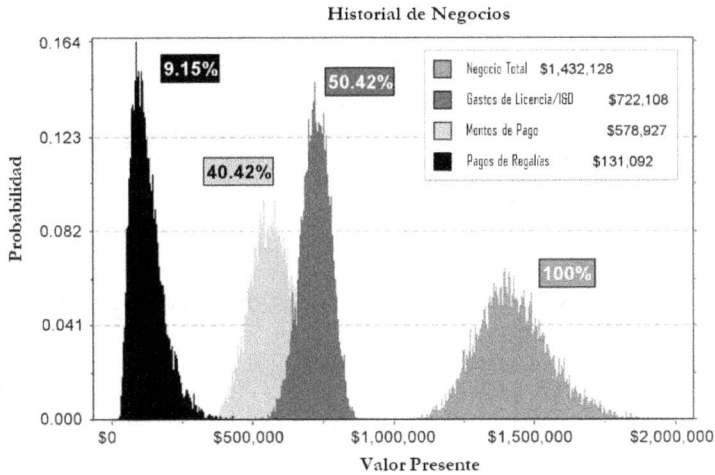

Figura 7.2: Una Ilustración Comparativa I

Supuesto Monte Carlo y Sensibilidades de las Variables de Decisión

La Figura 7.6 muestra un gráfico tornado de los supuestos históricos del negocio y de las variables de decisión. La probabilidad de la presentación del IND fue la que más influencia tuvo en la variación del valor presente total del negocio, ya que todos los montos de pago y regalías son dependientes a esta variable. Interesantemente, lo siguiente fue los costos de la investigación anual para cada equivalente de tiempo completo (FTE) para el licenciante que realiza el trabajo pre clínico pendiente como preparación para una presentación IND, seguido por el monto de fondos negociado para cada FTE (Figura 7.6).

Valoración del Negocio: Valor Alto, Riesgo Bajo (HVLR)

Cambios en los Supuesto Clave y Parámetros que Difieren del Negocio Histórico, Negocio Firmado

La estructura financiera para el escenario de negocio HVLR fue considerablemente diferente del negocio histórico (Tabla 7.1). En efecto, los fondos del licenciamiento y la I&D incrementaron significativamente y el cronograma del monto de pago fue reorganizado con cinco pagos en vez de tres en el negocio histórico. En el escenario HVLR el valor de cada monto de pago individual fue optimizado estocásticamente usando restricciones individuales para cada pago. Mientras el valor futuro de los montos de pago fue U$300,000 menos que en el negocio histórico (Tabla 7.1), el valor presente determinado por el análisis Monte Carlo fue 93.6% más alto. En la elaboración de este escenario, el valor de las regalías en el escenario HVLR se redujo a solo el 0.5% (Tabla 7.1).

Valoración del Negocio, Estadísticas y Sensibilidades

La Figura 7.7 muestra el resumen Monte Carlo del escenario HVLR, y la Figura 7.7 muestra una ilustración del valor presente del negocio HVLR y sus tres componentes. La media del valor del negocio de Monte Carlo para este escenario fue de U$209,2617 un aumento de 46.1% sobre el negocio histórico, mientras el riesgo total fue reducido en un 16.3% como medida por los cambios en el coeficiente de variación de los flujos de efectivo del valor presente (Figuras 7.5 y 7.7).

La ganancia en el valor total del negocio fue alcanzada por un aumento del 93.6% en el valor presente de los montos de pago (Figuras 7.2 y 7.3) junto con una reducción del 9.6% en el riesgo de los montos de pago (no se muestra la información). El valor presente de los fondos de el licenciamiento y la I&D también incremento (30.1%) mientras hay una reducción en el riesgo de 22.5%. Estas ganancias son a costa de los ingresos por regalías que se redujeron en un 75.1% (Figuras 7.2 y 7.3).

El componente de la regalía era tan pequeño y la media tan concentrada, que las otras distribuciones fueron comparativamente distorsionadas (panel A, Figura 7.3). Si el componente de regalías se quitara, las distribuciones del negocio total, del monto de pago, y del licenciamiento y la I&D se presentan de una forma más clara (panel B, Figura 7.3). El porcentaje del monto de pago del total del escenario HVLR fue mucho más alto que el componente del monto de pago del negocio histórico, mientras las tasas del licenciamiento y la I&D de la estructura HVLR fueron menores que las de la estructura histórica (Figuras 7.2 y 7.4). Cumulativamente, el escenario HVLR tuvo una reducción del 16.9% en el riego en comparación con el negocio histórico (Figuras 7.5 y 7.7), en donde los flujos de dinero del licenciamiento, la I&D y los montos de pago de la estructura HVLR fueron menos riesgosos que en el escenario histórico (información no mostrada). Sin embargo, y no es de asombro, el riesgo de los flujos de efectivo de las regalías para la estructura HVLR permaneció casi idéntico al de las regalías del negocio histórico (información no mostrada).

Supuesto Monte Carlo y Sensibilidad en la Variable de Decisión

El gráfico tornado para el negocio HVLR se presenta en la Figura 7.8. Como en el negocio histórico, la probabilidad de la presentación del IND produjo la variación más grande en el negocio HVLR. El costo de investigación anual para cada FTE del licenciante para que realizara el trabajo pre clínico restante como preparación para la presentación del IND fue el tercero, mientras la cantidad de fondos anuales negociados para cada FTE fue el cuarto.

El valor de cada monto de pago fue clasificado como más importante que en el negocio histórico (Figuras 7.6 y 7.8). Este resultado no debería ser una sorpresa ya que el valor presente del total de montos de pago incrementó un 93.6% sobre la estructura histórica. Las probabilidades de completar varias etapas de los intentos clínicos no estuvieron agrupadas como en el negocio histórico (Figuras 7.6 y 7.8). Es más, la probabilidad de completar la fase 1 fue el segundo, la probabilidad de completar la fase 2 fue el quinto y la probabilidad de completar la fase 3 fue el décimo en predecir la variación en el total del valor del negocio HVLR (Figura 7.8), mientras en el negocio histórico estas tres variables fueron agrupadas y categorizadas desde el cuarto puesto hasta el sexto (Figura 7.6).

Esta reorganización se hizo probablemente por la reestructuración de los montos de pago en la estructura del negocio HVLR; los montos de pago tempranos valen mucho más (Tabla 7.1 y Figura 7.1). Entre las 20 variables más importantes en inducir variación en el negocio HVLR están la fase 1, 2 y 3 de los intentos clínicos, aunque su importancia fue menor que en el negocio histórico (Figura 7.3). Probablemente esto se debe a que el componente de las regalías se vio reducido en el escenario HVLR.

Como los flujos de dinero de las regalías distorsionan las otras distribuciones (panel A), quitar las regalías del cuadro permite que las otras distribuciones se presenten de una forma más clara (panel B). La información en el panel B es comparable a una representación similar del negocio histórico (Figura 7.5). Proporcionalmente, los montos de pago fueron los que más contribuyeron al valor del negocio (53.56%), seguido por el licenciamiento y la I&D (44.8%) mientras las regalías contribuyeron muy poco (1.56%; panel A).

Valoración del Negocio—Valor Alto, Riesgo Alto (HVHR)

Cambios en los Supuesto Clave y Parámetros que Difieren del Negocio Histórico y Estructuras de Negocio HVLR

Una variedad de términos financieros fue cambiada la estructura de negocio HVHR. Para empezar, el licenciamiento y las tasas de mantenimiento del licenciamiento fueron reducidas, algunas veces sustancialmente (Tabla 7.1). Las tasas de la I&D se redujeron en el negocio histórico y el cronograma de los montos de pago fue completamente reestructurado. La estructura histórica tenía tres pagos, la estructura HVLR cinco y la estructura HVHR tenía cuatro (Figura 7.1). Como fue mostrado, el valor futuro del monto de pago en el negocio HVLR se redujo de U$6,000,000 (del negocio histórico) a U$5,850,000. Como en el negocio HVLR, los valores del monto de pago en el escenario HVHR también se optimizaron estocásticamente basados en rangos específicos. El sacrificio ganado por las reducciones de las tasas de licenciamiento más baja, de los fondos I&D y la reestructuración del monto de pago fueron compensados con una tarifa de regalías más allá del 5.5% de las ventas netas (Tabla 7.1).

Valoración del Negocio, Estadísticas y Sensibilidades

La Figura 7.4 muestra una ilustración del total del negocio HVHR junto con sus tres componentes. El valor total del negocio para el escenario HVHR era de U$1,739,028, un aumento del 21.4% en comparación con el negocio histórico, y una rebaja del 16.9% en comparación con la estructura HVLR. El valor presente de el licenciamiento y la I&D se redujo 44.7% y 57.4% en comparación con el negocio histórico y la estructura HVLR, respectivamente (desde la Figura 7.2 hasta la Figura 7.4). La distribución de las regalías es mucho más pronunciada y se nota que tiene una asimetría positiva, ésta ilustra el potencial que puede llegar a tener este componente de negocios. Los cambios en los porcentajes de las regalías también expandieron el rango máximo del total del negocio (U$3,462,679) con un ancho del rango de U$2,402,076; un aumento de 130.4% y del 84.6% en comparación con la estructura histórica y HVLR, respectivamente (Tabla 7.2).

El valor presente del monto de pago aumentó un 69.1% en comparación con el negocio histórico y disminuyo 12.6% en comparación con el escenario HVHR, mientras el valor presente de las regalías aumentó el 175% y 1,002%, respectivamente (de la Figura 7.2 a la 7.4). Tanto la asimetría como la curtosis del valor total del negocio en el escenario HVHR fueron mayores que en las otras estructuras estudiadas (Figura 7.5 a 7.6). Este resultado está ligado a que en el escenario HVHR el componente de las regalías es mucho más importante que en los otros. El total de riesgo del negocio bajo el escenario HVHR fue el más alto (14.33%) en comparación con el 9.38% del negocio histórico y el 7.85% como CV del flujo de efectivo en el escenario HVLR, otra vez mostrando la fuerza del componente de las regalías en este tipo de estructura y su volatilidad. Con el negocio HVHR los flujos de dinero del licenciamiento y la I&D tuvieron mucho más riesgo que en los otros dos tipos de estructuras (información no mostrada). Este aumento de riesgo ocurrió seguramente porque los fondos negociados de la I&D para cada FTE y las tasas del licenciamiento fueron mucho menores que el costo estimado para cada FTE, resultando en más volatilidad en los flujos de efectivo de los licenciamientos y la I&D en la estructura HVHR. Este resultado muestra otra vez la importancia de una contabilidad y unas finanzas precisas en la estimación de los costos de I&D para maximizar el valor del negocio.

Negocio con Valor Superior, Riesgo Inferior (HVLR)

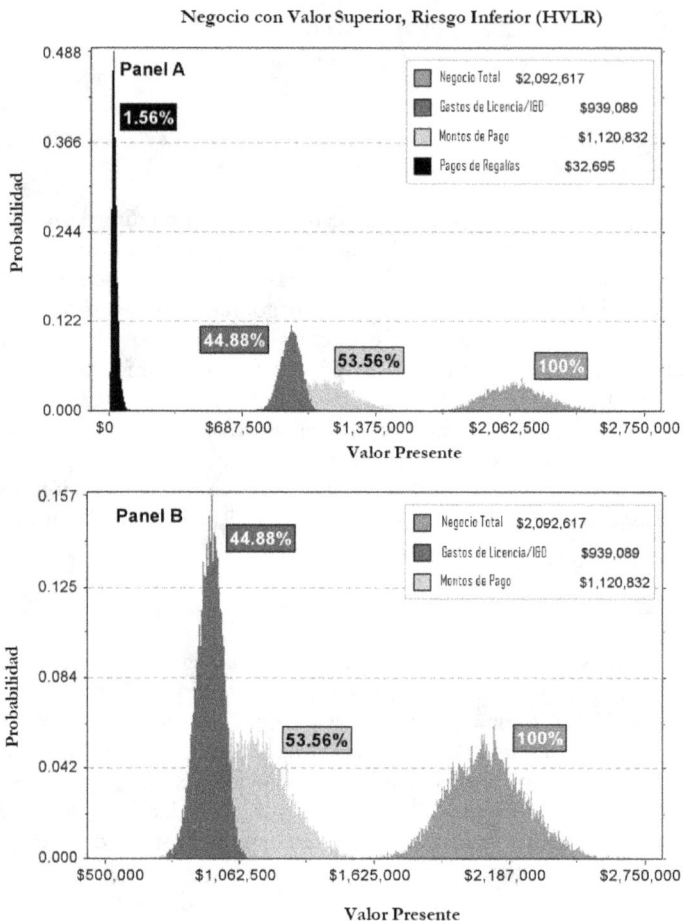

Figura 7.3: Una Ilustración Comparativa II

Valor Alto, Riesgo Alto (HVHR)

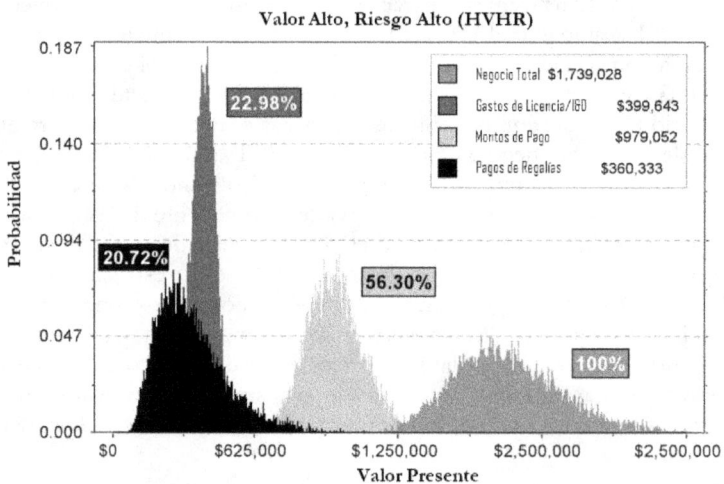

Figura 7.4: Una Ilustración Comparativa III

La Figura 7.4 muestra las distribuciones de Monte Carlo para el valor presente de los flujos de efectivo del valor del escenario HVLR con distribuciones individuales por componente. Aquí, proporcionalmente, los montos de pago (objetivo) contribuye con el valor más alto de negocio (56.30%), seguido por Licenciamiento/I&D (22.98%), mientras que las contribuciones por regalías constituyen el 20.72% del valor total.

Supuesto Monte Carlo y Sensibilidad en la Variable de Decisión

El grafio tornado para el escenario de negocio HVHR enfatiza en la importancia de las variables que impactan directamente los flujos de dinero de las regalías (Figura 7.10). Aquí, la tasa de descuento de las regalías fue 4°, las compensaciones de manufactura y mercadeo 5° y la máxima captura de mercado fue 6° en impactar la variación del valor presente total del negocio. El total del tamaño de mercado y el APPI promedio fueron los 11° y 12°, respectivamente. Interesantemente, el porcentaje negociado de regalías fue el 19° en la contribución a la varianza del negocio. El costo por cada FTE clasificó como 8° mostrando que este este supuesto es importante en todos los escenarios de negocio (Figura 7.6, 7.8 y 7.10). La Figura 7.9 muestra los resultados de la simulación de Monte Carlo para el HVHR. El valor negociado para el primer monto de pago era el único monto listado en el cuadro de sensibilidad (13°, Figura 7.10), mostrando la importancia en la estructura de pagos (Tabla 7.1 y Figura 7.1). El primer pago se ve afectado, por lo menos, por el valor del dinero en el tiempo y la probabilidad de completar cada etapa de ensayos clínicos.

Una Comparación Estructural de los Riesgos y Retornos de los Escenarios de Negocio

El total del valor esperado del negocio y el riesgo, medidos por el CV de los flujos de efectivo del valor presente, se pueden hallar en la Tabla 7.2. Como se ilustra aquí, un valor esperado más alto no está necesariamente correlacionado con un riesgo más alto, lo cual es contrario al principio básico de las finanzas en donde las inversiones de riesgo más alto deberían esperar retornos más grandes. Por lo tanto, esta información muestra porque la valoración cuantitativa de los negocios y la optimización son críticas para todas las compañías.

Tabla 7.2: Tabla de Resumen del Escenario de Negocio Calculado con el Análisis Monte Carlo

Estructura del Negocio	Valor Esperado	CV	Rango Mínimo	Rango Máximo	Ancho del Rango
Histórico	$1,432,128	9.38%	$994,954	$2,037,413	$1,042,459
Valor más alto, Riesgo más Bajo	2,092,617	7.85	1,475,620	2,777,047	1,301,427
Valor más alto, Riesgo más Alto	1,739,028	14.33	1,060,603	3,462,679	2,402,076

En la Tabla 7.2 también se muestran los mínimos, máximos y los anchos de los rangos de las distribuciones del valor total del negocio, calculados con el análisis Monte Carlo para todos los escenarios evaluados. El rango mínimo es el número más pequeño en la distribución y el rango máximo es el más grande, mientras el ancho es la diferencia entre el rango mínimo y el máximo. Los acuerdos comerciales en la industria de biotecnología y farmacéutica se forman a partir de las alianzas estratégicas, tal como se describe en el estudio de caso, y la conformación de un portafolio de activos riesgosos. Como tal, la desviación estándar de un portafolio de activos es menor que el promedio ponderado de las desviaciones de los activos que la componen. Para ver el impacto de la diversificación de los flujos de efectivo con los diferentes escenarios evaluados en el estudio de caso, el peso que se le asigna a cada componente del negocio y el promedio ponderado del CV del valor presente de los flujos de efectivo se calculan para cada escenario de negocio (Tabla 7.3). El CV se utiliza como medida de riesgo primario debido a las diferencias en escala del flujo de efectivo de los componentes individuales del negocio.

Tabla 7.3: Peso de los Componentes del Negocio, CVs, Promedio Ponderado de los CVs y los CVs Calculados

Estructura del Negocio	Pesos			Coeficiente de Variación (CV)				
	$W_{I\&D}$[1]	W_{Mi}[2]	W_{Ry}[3]	I&D[4]	Montos de Pago	Regalías	Promedio Ponderado[5]	Calculado[6]
Histórico Valor más alto, Riesgo más Bajo	50.42%	40.42%	9.17%	7.47%	14.57%	45.70%	13.84%	9.38%
Valor más alto, Riesgo más Alto	44.88	53.56	1.56	5.79	13.18	45.95	10.38	7.85
	22.98	56.30	20.72	13.40	12.69	46.21	19.80	14.33

[1]Proporción del total del valor presente que se puede atribuir a las tasas de licenciamiento y a la I&D.
[2]Proporción del total del valor presente que se puede atribuir a los montos de pago.
[3]Proporción del total del valor presente que se puede atribuir a los pagos de las regalías.
[4]CV en el valor presente de los flujos de dinero provenientes de los licenciamientos y a la I&D.
[5]Promedio ponderado del CV del valor total del negocio.
[6]CV del negocio calculado con la simulación Monte Carlo.

Como era de esperarse, con un portafolio de activos de riesgo, el promedio ponderado del CV de los componentes individuales de la transacción (financiación Licenciamiento/I&D, monto de pagos (metas alcanzadas) y regalías) fue siempre mayor que el CV del valor presente total de la transacción, que ilustra el impacto de la diversificación (Tabla 7.3). Por lo tanto, los portafolios de menos activos correlacionados perfectamente siempre ofrecen mejores oportunidades de riesgo-rendimiento que los activos de componentes individuales por sí mismos. Como tal, las empresas probablemente no quieren privarse por completo de la recepción de pagos por metas alcanzadas y regalías sólo por pagos de financiación y licencias de I&D, *si* estos componentes transaccionales se pueden valorar y optimizar con una precisión razonable como se describe aquí. Mediante la combinación de activos cuyos rendimientos no están correlacionados o parcialmente correlacionados, tales como flujos de caja de pagos por metas alcanzadas, regalías, licencias, y financiación de I&D, el riesgo se reduce (Tabla 7.3). El riesgo se puede eliminar más rápidamente, manteniendo los rendimientos esperados tan alto como sea posible si la gama de transacciones cumulativas de la empresa es valorada, estructurada y equilibrada desde el principio de la evolución y el desarrollo de la empresa.

Conclusión

El negocio histórico evaluado en este estudio de caso fue un negocio pre clínico de licenciamiento de un producto para una biofarmacéutica con una indicación terapéutica mayor. Para las estructuras de negocios colaborativas que contienen tasas de licenciamiento, fondos para la I&D, montos de pago y regalías, todos los componentes pueden ser definidos en puntos como los valores esperados, las varianzas y las amplias y variantes características del riesgo. Las estructuras de negocio alternativas fueron desarrolladas y optimizadas, y todas estas tenían diferentes expectativas de retorno y niveles de riesgo con la medida primaria para el riesgo siendo el CV del valor presente del flujo de efectivo. Casi todos los negocios biomédicos colaborativos con los tipos de términos financieros descritos aquí, pueden ser valorados cuantitativamente, estructurados y optimizados usando modelos financieros, análisis Monte Carlo, optimización estocástica, opciones reales y teoría de portafolio. Durante este estudio, el autor estaba en una gran desventaja porque el negocio histórico valorizado y optimizado aquí ya había sido firmado, y él no estaba presente durante el proceso de negociación. Por ende, el autor tuvo que hacer un gran número de hipótesis cuando reestructuro los términos financieros del acuerdo. Considerando estas limitaciones, este caso no se trata de qué es apropiado en los términos comparativos financieros para un negocio de licenciamiento biomédico y qué no; más bien, la información descrita acá es valiosa para mostrar la influencia cuantitativa de las diferentes estructuras de negocio en la valoración total de un acuerdo colaborativo biomédico, y sobre todo el nivel total del riesgo del negocio. La aproximación más efectiva para usar esta técnica es trabajar con un negociador durante el desarrollo, la debida diligencia y a través del proceso final del acuerdo colaborativo. Durante este tiempo, la información debería ser acoplada continuamente mientras los modelos financieros se van refinando y las negociaciones proceden.

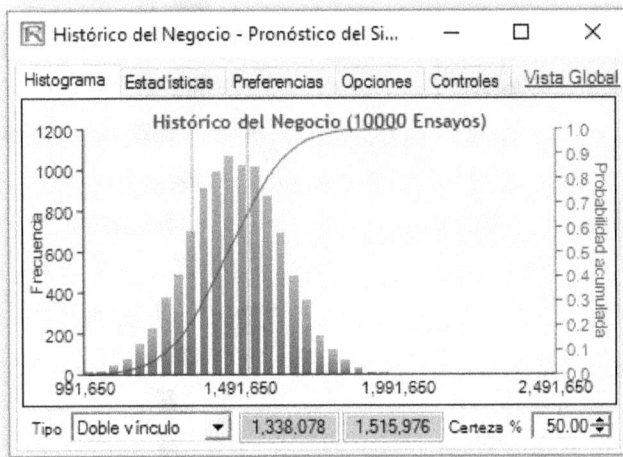

Certeza del 50.00% desde $1,338,078 hasta $1,515,976

Resumen

Número de Intentos	10,000
Media	$1,432,128
Mediana	$1,422,229
Desviación Estándar	$134,449
Asimetría	0.46
Curtosis	0.47
Coeficiente de Variación	9.38%
Mínimo	$994,954
Máximo	$2,037,413
Rango	$1,042,459

Figura 7.5: Resumen Histórico del Negocio Monte Carlo

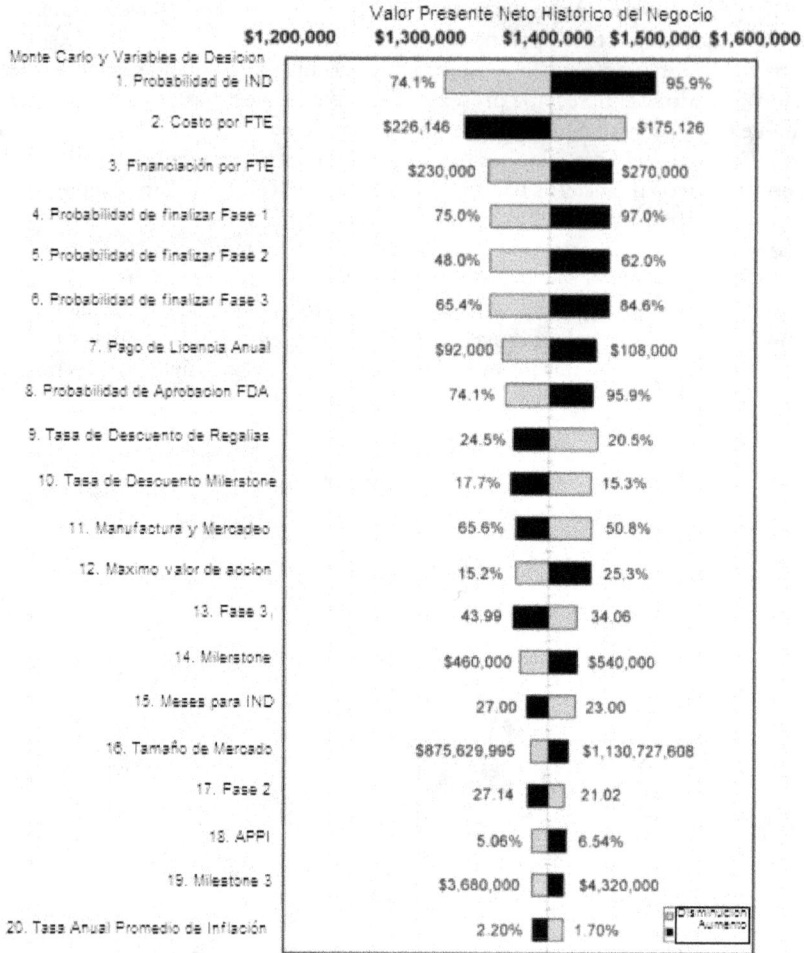

Figura 7.6: Histórico del Negocio Monte Carlo y Gráfico Tornado de la
Variable de Decisión

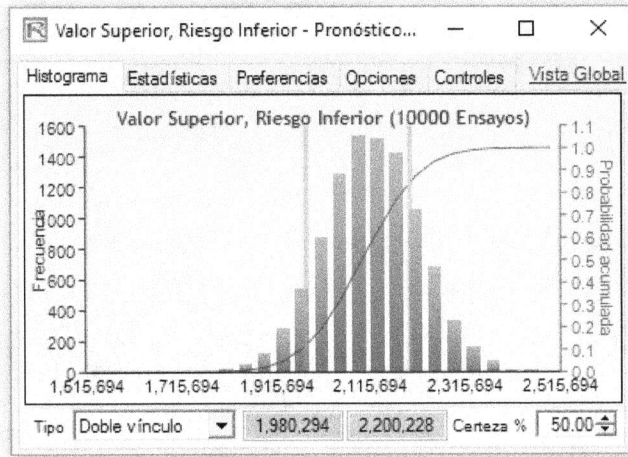

Certeza del 50.00% desde $1,980,294 hasta $2,200,228

Resumen

Número de Intentos	10,000
Media	$2,092,617
Mediana	$2,087,697
Desviación Estándar	$164,274
Asimetría	0.18
Curtosis	0.06
Coeficiente de Variación	7.85%
Mínimo	$1,475,620
Máximo	$2,777,047
Rango	$1,301,427

Figura 7.7: Resumen en el Escenario de Negocio Monte Carlo Valor Alto, Riesgo Bajo (HVLR)

Valor Presente Neto Historico del Negocio

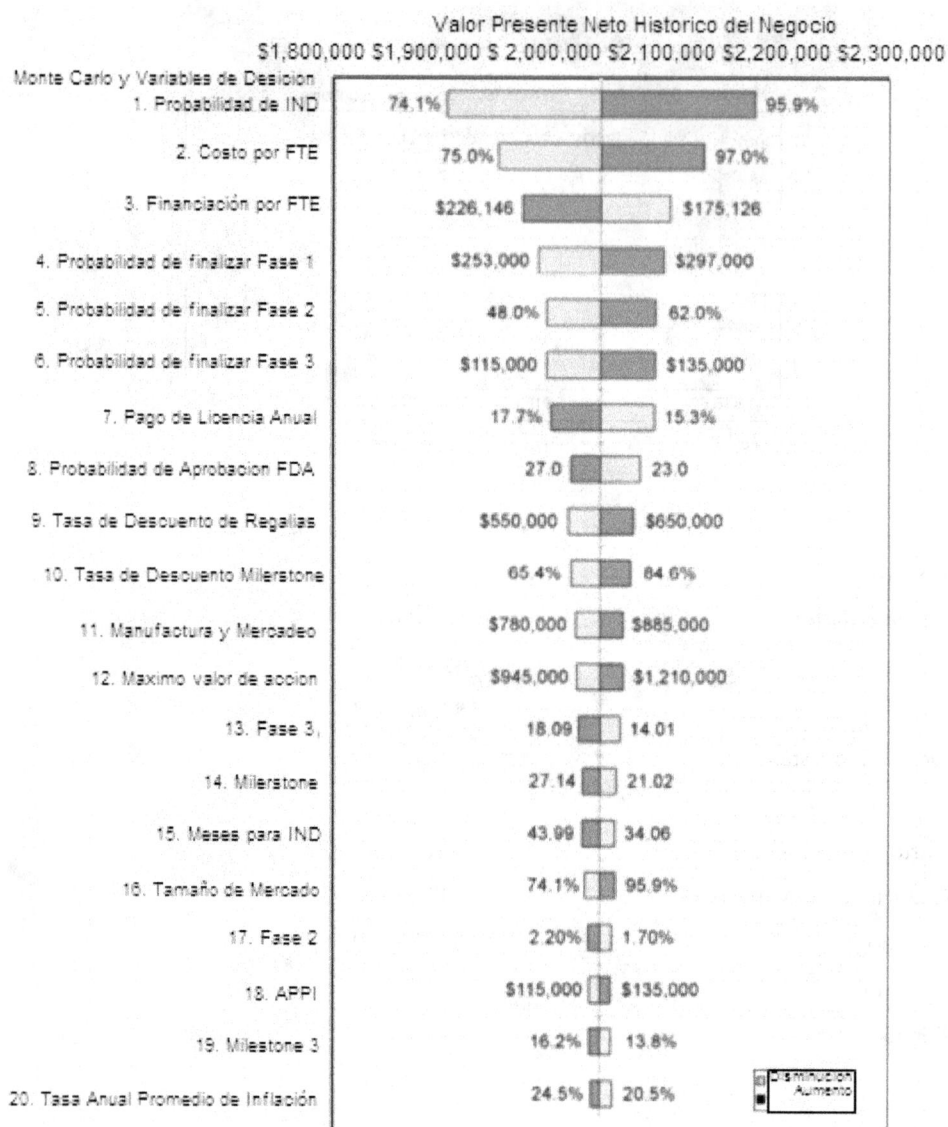

Figura 7.8: Gráfico de Tornado para el Escenario de Negocio Monte Carlo Valor Alto, Riesgo Bajo (HVLR)

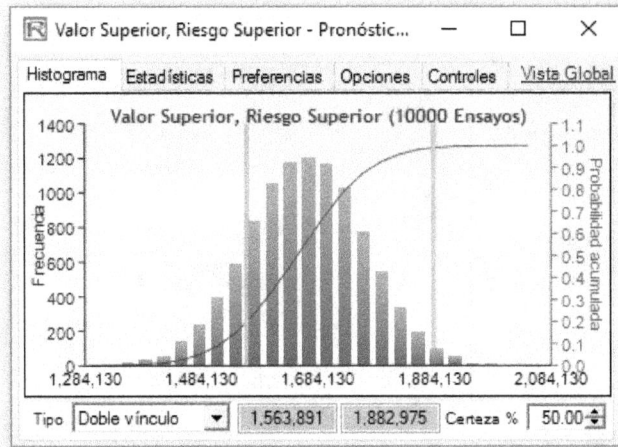

Certeza del 50.00% desde $1,563,891 hasta $1,882,975

Resumen

Número de Intentos	10,000
Media	$1,739,028
Mediana	$1,712,532
Desviación Estándar	$249,257
Asimetría	0.77
Curtosis	1.39
Coeficiente de Variación	14.33%
Mínimo	$1,060,603
Máximo	$3,462,679
Rango	$2,402,076

Figura 7.9: Resumen en el Escenario de Negocio Monte Carlo Valor Alto, Riesgo Alto (HVHR)

Valor Presente Neto Historico del Negocio

| | $1,400,000 | $1,600,000 | $1,800,000 | $2,000,000 |

Monte Carlo y Variables de Desicion

1. Probabilidad de IND — 74.1% / 95.9%

2. Costo por FTE — 75.0% / 97.0%

3. Financiación por FTE — 48.0% / 62.0%

4. Probabilidad de finalizar Fase 1 — 24.5% / 20.5%

5. Probabilidad de finalizar Fase 2 — 65.6% / 50.8%

6. Probabilidad de finalizar Fase 3 — 15.2% / 25.3%

7. Pago de Licencia Anual — 65.4% / 84.6%

8. Probabilidad de Aprobacion FDA — $226,146 / $175,126

9. Tasa de Descuento de Regalias — 74.1% / 95.9%

10. Tasa de Descuento Milerstone — 17.7% / 15.3%

11. Manufactura y Mercadeo — $875,629,995 / $1,130,727,608

12. Maximo valor de accion — 5.06% / 6.54%

13. Fase 3 — $760,000 / $890,000

14. Milerstone — 43.99 / 34.06

15. Meses para IND — $151,800 / $178,200

16. Tamaño de Mercado — $78,200 / $91,800

17. Fase 2 — 27.00 / 23.00

18. APPI — 27.14 / 21.02

19. Milestone 3 — 5.1% / 6.0%

20. Tasa Anual Promedio de Inflación — 2.20% / 1.70%

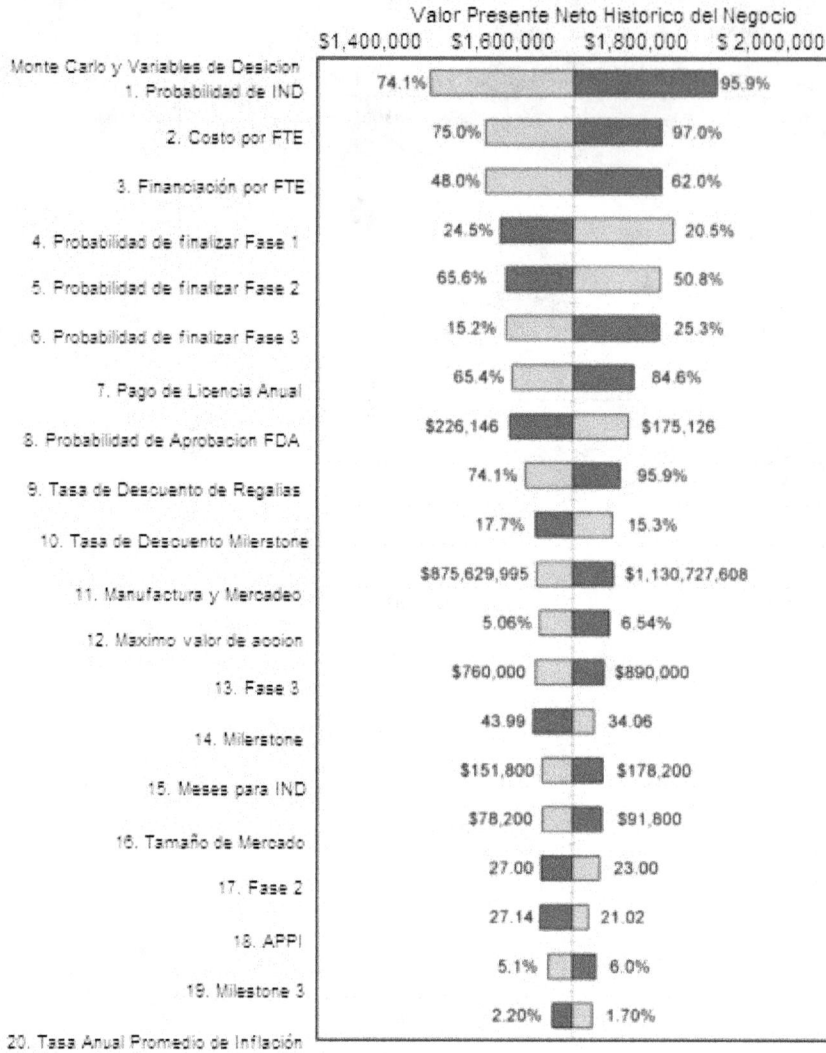

Figura 7.10: Gráfico de Tornado para el Escenario de Negocio Monte Carlo Valor Alto, Riesgo Alto (HVHR)

ESTUDIO DE CASO: EXPLORACIÓN Y PRODUCCIÓN DE PETRÓLEO Y GAS

Este caso de estudio fue contribuido por Steve Hoye. Steve es un consultor de negocios independiente con más de 23 años de experiencia en la industria del petróleo y el gas, especializado en la simulación de Monte Carlo para ésta misma industria. Se gradúa como Licenciado en Ciencias de la Universidad Purdue en 1980, desempeña el cargo de geofísico de Texaco en Houston, Denver y Midland, Texas, antes de recibir un MBA de la Universidad de Denver en 1997. Desde ese entonces, Steve ha tenido roles de liderazgo con Texaco; como líder de equipo de la unidad de negocio de tecnología de medio continente, y como jefe de equipo de una unidad de negocio de Texaco en Permian Basin, después comienza su etapa de consultor independiente en 2002.

La industria de petróleo y el gas es el lugar perfecto para examinar y discutir las técnicas para analizar el riesgo. El modelo de negocio básico discutido involucra hacer inversiones en los derechos sobre un predio, información geológica, perforaciones (servicios y hardware) y la experiencia humana a cambio del hallazgo de petróleo y la producción de gasolina que puede ser vendida para hacer ganancias. Este modelo está configurado con múltiples y significativos factores de riesgo que determinan la rentabilidad del proyecto, incluyendo:

- *Riesgo de Pozo Seco*—Invertir dinero en las perforaciones sin que resulte ningún hallazgo de petróleo o gas porque no se encuentra penetrado en la formación geológica.

- *Riesgo de las Perforaciones* —Las excavaciones de alto costo pueden llegar a dañar la rentabilidad de un proyecto. Aunque las compañías hacen su mejor esfuerzo para estimar de forma precisa las dificultades mecánicas y/o geológicas que se pueden presentar, éstas pueden causar una variabilidad significativa en los costos.

- *Riesgo de Producción*—Incluso cuando se descubren reservas de petróleo al hacer excavaciones, existe una alta probabilidad de que los puntos estimados del tamaño y la opción de recuperar las reservas de hidrocarburos con el tiempo estén mal.

- *Riesgo de Precio* —Junto con la naturaleza cíclica de la industria del petróleo y el gas, los precios de los productos pueden variar de forma inesperada durante eventos políticos significativos como la guerra en el Medio Oriente, la sobreproducción y trampa del cartel OPEC, huelgas laborales o levantamientos políticos en naciones productoras (por ejemplo, Venezuela en el 2022), y cambios en la demanda mundial.

- *Riesgo Político*—Cantidades significativas de las reservas mundiales de hidrocarburos se encuentran en naciones con gobiernos inestables. Las compañías que invierten en proyectos en estos países toman riesgos significativos ya que los gobernantes y líderes con los que ellos firmaron contratos no estarán más tiempo en el poder cuando los ingresos ganados deberían ser compartidos contractualmente. En muchos casos, muy bien documentados, inversiones corporativas en propiedad, planta y equipo (PPyE) son simplemente nacionalizados por el gobierno local, dejando a las compañías sin ingresos o el equipo y las facilidades que ellos construyeron para ganarse esos ingresos.

Las inversiones en petróleo y gas son por lo general muy intensivas en capital, haciendo muchas veces que estos riesgos tengan mucha importancia. Las unidades de negocio en las compañías enteras apuestan su supervivencia en su habilidad para contabilizar apropiadamente estos riesgos mientras dividen en porciones el presupuesto de una forma que asegure el valor para sus accionistas. Para resaltar la importancia de la administración del riesgo en esta industria, muchas grandes compañías de petróleo comisionan paneles corporativos de expertos de alto nivel para que revisen y aprueben las evaluaciones de riesgo hechas a través de todas sus unidades de negocio para proyectos de gran capital. Estas revisiones intentan asegurar la consistencia de la evaluación del riesgo a través de los departamentos y divisiones que están constantemente bajo presión para hacer que sus portafolios de inversión sean atractivos para el liderazgo corporativo mientras compiten por el capital.

La simulación de Monte Carlo es una aproximación preferida para la evaluación de múltiples y complejos factores de riesgo en el modelo que discutimos. Debido a la inherente complejidad de estos factores de riesgo y sus interacciones, las soluciones deterministas no son prácticas, y las predicciones de puntos son de uso limitado y en el peor de los casos pueden llegar a ser engañosas. En contraste, la simulación Monte Carlo es ideal para las evaluaciones económicas bajo estas circunstancias. Los expertos en propiedad pueden cuantificar y describir de forma individual los riesgos asociados con su área de experiencia sin tener que definir el efecto general en la economía del proyecto.[1] Los modelos de flujos de efectivo que integran diversas hipótesis de riesgo para cada una de las perspectivas de los expertos están relativamente encaminados a construir y analizar. Las predicciones resultantes de la realización no desembocan en una estimación simple de un punto sobre la rentabilidad de la expectativa sobre el petróleo o el gas. En vez, éstas aprovisionan gestión con un espectro de salidas posibles y sus probabilidades relacionadas. Lo mejor de todo es que la simulación Monte Carlo provee estimaciones de las sensibilidades en los resultados de sus inversiones para las hipótesis críticas en sus modelos, lo cual les permite enfocar recursos y personas en los factores críticos que determinarán si llegan a sus metas financieras definidas en sus planes de negocio. En resumen, la simulación Monte Carlo se vuelve una herramienta de administración de proyectos que mitiga el riego mientras aumenta las ganancias.

En este caso de estudio exploramos un modelo práctico sobre una prospectiva de una perforación de petróleo, teniendo en cuenta los múltiples factores de riesgo descritos anteriormente. Mientras el modelo es hipotético, los parámetros generales que usamos son consistentes con aquellos encontrados en una excavación madura en una cuenca rica en petróleo en los EEUU en términos de los factores de riesgo y los gastos e ingresos relacionados. Este modelo es de mayor interés como un marco y acercamiento de lo que es una evaluación de cualquier prospecto de perforación. Su valor está en demostrar la aproximación para cuantificar hipótesis de riesgo importantes en un prospecto de petróleo usando la simulación Monte Carlo y analizando sus efectos en las predicciones de rentabilidad en el proyecto. Las técnicas descritas aquí son aplicables a muchos otros estilos y tipos de prospectos de petróleo y gas.

Modelo de Flujo de Efectivo

El modelo se construyó usando el Simulador de Riesgo, que provee todas las herramientas Monte Carlo necesarias en un add-in de Excel comprensivo y fácil de usar. Este modelo simula el resultado de la perforación como si fuera un pozo seco o un hallazgo de petróleo usando los factores de riesgo de pozo secos para la formación geológica particular y la cuenca. Los costos de la excavación, sísmicos y los gastos de arrendamiento son incurridos, aunque el pozo este seco. Si el pozo es un descubrimiento, un flujo de ingresos es computado para el petróleo producido sobre las hipótesis del uso del tiempo para el precio del producto y para la tasa de producción de petróleo mientras disminuye con el tiempo de su valor inicial. Los gastos son deducidos para los pagos de regalías a los propietarios de las tierras, costos de operación asociados con la producción de la gasolina e impuestos de explotación establecidos por los estados sobre el petróleo producido. Finalmente, los flujos de dinero netos resultantes son descontados a una tasa equivalente al costo promedio ponderado de capital (WACC) para la firma y sumados al valor presente neto (VPN) para el proyecto. Cada una de estas secciones del modelo se discutirá con más detalles a continuación.

Riesgo de Pozo Seco

Las compañías frecuentemente tienen esquemas de propiedad para cuantificar los riesgos asociados con no encontrar petróleo en el pozo perforado. En general hay cuatro condiciones primarias e independientes que deben cumplirse para que se encuentren hidrocarburos por la broca de perforación:

1. Los hidrocarburos deben estar presentes.
2. Un yacimiento debe desarrollarse en la formación rocosa para sostener a los hidrocarburos.
3. Un sello impermeable debe estar disponible para atrapar a los hidrocarburos en el yacimiento y evitar su migración a algún otro lugar.
4. Una estructura debe estar presente que haga que los hidrocarburos se agrupen en una piscina en donde la broca penetrará.

Debido a que estos cuatro factores son independientes y deben ocurrir para que se puedan encontrar hidrocarburos, la probabilidad de encontrar un pozo que produzca se define como:

$$P_{Pozo\ Productor} = P_{Hidrocarburos} \times P_{Embalse} \times P_{Sello} \times P_{Estructura}$$

La Figura 7.11 muestra la sección del modelo etiquetado "Riesgo de Pozo Seco" junto con las distribuciones de probabilidad para la hipótesis Monte Carlo de cada factor. Mientras un equipo de proyecto normalmente describiría cada uno de estos factores como una estimación de un solo punto, otros métodos se usan a veces para cuantificar estos riesgos. El proceso más efectivo que el autor ha presenciado involucró la presentación de los factores geológicos, geofísicos y de ingeniería por parte del equipo prospectivo a un grupo de colegas expertos con una amplia experiencia en el área propuesta.

Riesgo de Pozo Seco					
Factor de Riesgo	Prob. De Éxito	Media	Des. Estánd.	Mín	Máx
Hidrocarburos	89.7%	99.0%	5.0%	0%	100%
Estructura	89.7%	100.0%	0.0%	0%	100%
Embalse	89.7%	75.0%	10.0%	0%	100%
Sello	89.7%	100.0%	0.0%	0%	100%
Prob. Neta de Pozo Productor:	64.8%				

Figura 7.11: Riesgo de Pozo Seco

Estos colegas expertos después clasificaron cada uno de los factores de riesgo. La distribución de factores de riesgo resultante apareció distribuida casi normalmente, con fuertes tendencias centrales y colas simétricas. Esta aproximación fue muy dócil para la simulación Monte Carlo. Esto destacó aquellos factores en donde había un acuerdo general sobre el riesgo y trajo a colación los factores más riesgosos, lo que hizo que fueran examinados. Por consiguiente, las hipótesis concernientes al riesgo del pozo seco en este modelo reflejan un perfil de bajo riesgo relativo.[2] Cada una de las cuatro hipótesis de factores de riesgo son descritas en la Figura 7.1 (área sombreada) como variables normalmente distribuidas, con la media y la desviación estándar para cada distribución a la derecha de los campos de hipótesis.

Los rangos de estas distribuciones normales son confinados y truncados entre los campos *min* y *max*, y muestras al azar para cualquier intento de simulación que estén fuera de este rango son ignoradas o no realistas.

Como se describió anteriormente, el campo de *Probabilidad Neta de Pozo Productor* en el modelo, corresponde al producto de los cuatro factores de riesgo. Estos cuatro factores de riesgo son dibujados como muestras al azar de sus distribuciones normales para cada intento o iteración de la simulación. Finalmente, como cada iteración de la simulación Monte Carlo es conducida, el campo etiquetado como *Pozo Productor* genera un número al azar ente cero y uno para determinar si esa simulación resulto en el descubrimiento de petróleo o en un pozo seco. Si el número al azar es menor que la *Probabilidad Neta de Pozo Productor*, se trata de un pozo productor y se muestra el número uno. Por otro lado, si el número al azar es mayor que la *Probabilidad Neta de Pozo Productor*, el pozo simulado es un pozo seco y se mostrará un cero.

Riesgo de Producción

Una corriente multi-años de petróleo puede ser caracterizada como una tasa inicial de producción de petróleo (medido en barriles por día, BOPD), seguida por un declive en las tasas de producción mientras la energía y el volumen del yacimiento natural son gastados con el tiempo. Los ingenieros de yacimientos pueden caracterizar los declives de producción usando una amplia cantidad de modelos matemáticos, escogiendo aquellos que más coinciden la geología y las características de producción del yacimiento. Nuestra corriente de producción hipotética se describe con dos parámetros:

- *IP*—La tasa inicial de producción probada desde el pozo perforado

- *Tasa de Declive*—Una tasa de producción con un declive exponencial que describe la disminución anual en la producción desde el principio del año y termina al final del mismo año

Las tasas de producción en BOPD para nuestro modelo se calcula con:

Tasa (Final de Año) = (1 – Tasa de Declive) × Tasa (Inicio de Año)

Los volúmenes de producción anuales en Barriles de Petróleo son aproximados

Volumen Petróleo = 365 × [Tasa (Inicio de Año) + Tasa (Final de Año)] ÷ 2

Para la simulación Monte Carlo, nuestro modelo representa los Ips con una distribución logarítmica normal, con una media de 441 BOPD y una desviación estándar de 165 BOPD. La tasa de declive fue modelada con una probabilidad de ocurrencia uniforme entre el 15% y el 28%. Para agregarle interés y realismo a nuestro modelo hipotético incorporamos una limitación adicional en el modelo de producción que simula una situación que puede ocurrir para un yacimiento particular, en donde entre más alto sea el IPs más alta la tasa de declive de la producción. Esta limitación es implementada en el Simulador de Riesgo al imponer una correlación de un coeficiente de 0.60 entre el IP y las hipótesis de la tasa de declive que son arrastradas de sus respectivas distribuciones durante cada intento de la simulación.

La sección del modelo que muestra los gastos de producción y operación se puede ver en la Figura 7.12. Aunque solo se muestren los primeros 3 años, el modelo cuenta con hasta 25 años de producción. Sin embargo, cuando la producción sufre un declive que la deja debajo del límite económico,[3] está será contada como cero para ese año y todos los años subsecuentes, terminando así con la vida productiva del pozo. Como se muestra, se asume que el IP va a ocurrir al final del año 0, contando con que el primer año entero de producción representa el final del año 1.

	Tasa de Declive	Fin del Año: 0	1	2	3
BOPD	21.5%	442	347	272	214
BBLS Neto/año			143,866	112,924	88,636
Precio/BBL			$20.14	$20.14	$20.14
Ingresos por Intereses Netos	77.4%		77.4%	77.4%	77.4%
Ingresos			$2,242,311	$1,760,035	$1,381,487
Costos de Operación [$/Barril]	$4.80		$(690,558)	$(542,033)	$(425,453)
Impuestos de Indemnización [$]	6.0%	Tasa	$(134,539)	$(105,602)	$(82,889)
Ventas Netas			$1,417,214	$1,112,400	$873,145

Figura 7.12: Tasa de Declive

Sección de Ingresos

Los ingresos del modelo fluyen literalmente de las ventas de la producción de petróleo computada anteriormente. De nuevo hay dos hipótesis en nuestro modelo que representan los riesgos en nuestro prospecto:

- *Precio*—En los últimos 10 años, los precios de la gasolina han variado desde U$13.63/barril en 1998 hasta casi U$30/barril en el 2000.[4] Consistente con la información, nuestro modelo asume una distribución de precio normal con una media de U$20.14 y una desviación estándar de U$4.43/barril.

- *Ingresos por Intereses Netos*—Las compañías petroleras deben comprar contratos de arrendamiento a los propietarios del interés mineral. Además, deben pagar el dinero necesario para mantener los derechos de perforación y producción durante un periodo específico de tiempo, el arrendamiento generalmente también retiene un porcentaje de los ingresos del petróleo producido en forma de regalías. El porcentaje que la compañía retiene después de pagar todas las regalías se llama ingresos por interés neto (NRI, por sus siglas en ingles). Nuestro modelo representa un escenario típico del occidente de Texas, con un NRI distribuido normalmente con una media de 75% y una desviación estándar de 2%.

La porción de ingresos del modelo también se muestra en la Figura 7.12, justo debajo de la corriente de producción. Los volúmenes de la producción anual son multiplicados por el precio de muestra de cada barril, y luego multiplicado por el NRI asumido para así reflejar la dilución de los ingresos de los pagos de las regalías para los arrendamientos.

Sección de Gastos de Operación

Debajo de la porción de ingresos están los costos de operación, los cuales incluyen dos hipótesis:

- *Costos de Operación*—Las compañías deben pagar por la mano de obra y los equipos involucrados en el proceso de producción. Estos gastos son descritos generalmente como una cantidad de dólares por barril. Un costo razonable del occidente de Texas sería U$4.80 por barril con una desviación estándar de U$0.60por barril.

- *Impuestos de Indemnización*—Se asume que los impuestos de estado recaudados sobre el petróleo y el gas producido son de un valor del 6% de los ingresos.

Los gastos de operación son restados del total de las ventas para llegar a las ventas netas, como se muestra en la Figura 7.12.

Gastos del Año 0

La Figura 7.13 muestra los gastos del año 0, los cuales se asumen que se hacen antes de que se realice la producción (y los ingresos).

Costos de Perforación	$ 1,209,632
Costo de Terminación	$ 287,000
Costo Indirecto de Personal	$ 160,000
Costos de Arrendamiento/ Pozo	$ 469,408
Costos Sísmicos/Pozo	$ 81,195

Figura 7.13: Gastos del Año 0

Estos gastos son:

- *Costos de la Perforación*—Estos costos pueden variar significativamente como se discutió previamente debido a la incertidumbre geológica, de ingeniería y mecánica. Es razonable sesgar la distribución de los costos de la excavación para contar con una cola de extremo superior consistente de un pequeño número de pozos con costos muy altos de excavación debido a las fallas mecánicas y a ocurrencias imprevistas. De acuerdo con esto, se asume que nuestra distribución es lognormal, con una media de U$1.2 millones y una desviación estándar de U$200,000.

- *Costos de Terminación*—Si se determina que no hay petróleo presente en el yacimiento (y no se ha perforado un pozo seco), los ingenieros deben preparar el pozo (mecánica y químicamente) para producir petróleo en las tasas óptimas sostenibles.[5] Para este pozo en particular, creamos una hipótesis con la creencia de nuestros ingenieros; este costo se distribuye normalmente con una media de U$287,000 y una desviación estándar de U$30,000.

- *Costo Indirecto de Personal*—El equipo de este proyecto cuesta aproximadamente U$320,000 por año es salarios y beneficios, y creemos que el tiempo que ellos gastan se representa correctamente con una distribución triangular, con un porcentaje más probable de tiempo gastado de 50%, un mínimo de 40% y un máximo de 65%.

- *Costos Sísmicos y de Arrendamiento*—Para desarrollar una propuesta, nuestro equipo debió comprar información sísmica para escoger la locación óptima y para comprar el derecho a perforar en mayoría de la tierra vecina a la locación del pozo. Como este pozo no es el único que se va a excavar con esta información sísmica y en esta tierra, los costos de esos dos objetos se distribuyen en el número planeado de pozos en el proyecto. Las hipótesis de incertidumbre son mostradas en la Figura 7.14 y éstas incluyen los acres arrendados, los cuales se asumía que tenían una distribución normal con una media de 12,000 y una desviación estándar de 1,000 acres. El número total de pozos planeados sobre los cuales se debían distribuir los costos se asumía que iba a ser entre 10 y 30. El número de secciones sísmicas adquirido también se asumia que debía ser distribuido normalmente con una media de 50 secciones y una desviación estándar de 7. Estos costos se ven representados en las últimas dos líneas de la Figura 7.13

Gastos de Arrendamiento		Comentarios
Acres Arrendados del Proyecto	12,800	20 Secciones
Pozos Planeados	20.0	
Acres/Pozo	640	
Precios de los Acres	$733.45	$/Acre
Costo de los Acres/Pozo	$469,408	
Gastos Sísmicos		
Secciones Sísmicas Adquiridas	50.0	
Secciones Sísmicas/Pozo	2.50	
Costo Sísmico	$32,478.18	$/ Sección
Costo Sísmico/Pozo	$81,195	

Figura 7.14: Supuestos Inciertos

Sección de Valor Presente Neto

La sección final del modelo suma todos los ingresos y gastos de cada año empezando del año 0, descontado en el costo promedio ponderado de capital (WACC—el cual asumimos que es 9% por año para este modelo) y sumado a través de los años para computar la predicción del VPN para el proyecto.[6] Además se calcula el VPN/I, y puede ser usado como un mecanismo de umbral y clasificación para las decisiones del portafolio mientras la compañía determina cómo este proyecto se ajusta con sus otras oportunidades de inversión dado un presupuesto de capital limitado.

Resultados de la Simulación Monte Carlo

Mientras evaluamos los resultados de la simulación en ejecución con las hipótesis definidas previamente, es útil definir y contrastar las estimaciones de punto del valor del proyecto que se computa desde nuestro modelo usando la media o los valores más probables de las hipótesis previas. El valor esperado del proyecto se define como:

$$E(Proyecto) = E(Pozo\ Seco) + E(Pozo\ Productivo)$$

$$E(Proyecto) = P(Pozo\ Seco) \times VPN(Pozo\ Seco) \\ + P(Pozo\ Productivo) \times VPN(Pozo\ Productivo)$$

$$donde\ P(Pozo\ Productivo) = probabilidad\ de\ un\ pozo\ productor$$

$$y\ P(Pozo\ Seco) = probabilidad\ de\ un\ agujero\ seco = 1 - P(Pozo\ Productivo)$$

Usando la media o los valores de estimación de un punto más probable de nuestro modelo, el VPN esperado del proyecto es U$1,250,000, lo cual puede ser un prospecto muy atractivo en el portafolio de la firma.

En contraste, ahora podemos examinar el espectro de resultados y su probabilidad de ocurrencia. Nuestra simulación se ejecutó con 8,450 intentos (el tamaño del intento seleccionado por el control de precisión) para predecir el VPN, lo cual proporcionó una media de VPN más o menos U$50,000 con un 95% de confianza. La Figura 7.15 es la distribución de frecuencias de los resultados del VPN. La distribución es obviamente de dos modas, con una cumbre apuntada y negativa de VPN a la izquierda que representa el resultado de un pozo seco. La cima más pequeña y más amplia hacia los rangos más altos del VPN representa el rango más amplio de VPNs positivos asociados con un pozo productor.

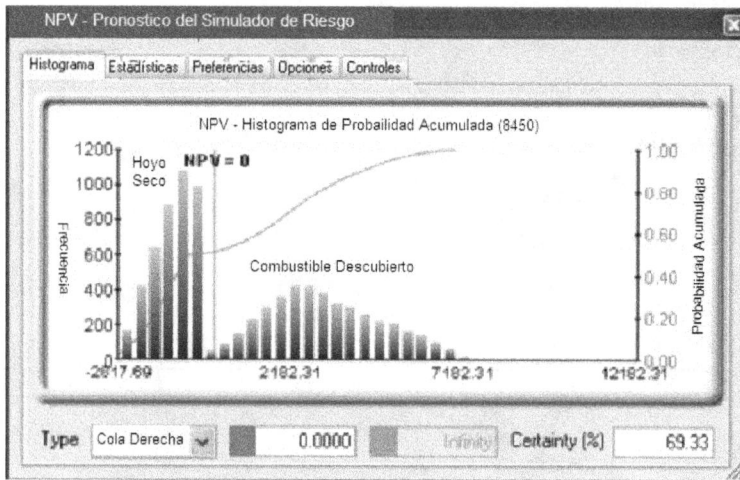

Figura 7.15: Resultados de la Distribución de Frecuencias del VPN

Todos los resultados negativos están a la izquierda de la línea $VPN = 0$ (con una sombra más clara) en la Figura 7.15, mientras los resultados positivos del VPN son representados en el área a la derecha de la línea $VPN = 0$ (con un tono más oscuro), con la probabilidad de un resultado positivo mostrada como 69.33%. Las posibilidades de resultados negativos no solo incluyen la población de pozo seco, sino también resultados pequeños pero significativos de un pozo productor que pueden hacer que la firma pierda dinero. De esta información podemos concluir que hay un 30.67% de oportunidad de que este proyecto tenga un VPN negativo.

Obviamente, para un proyecto de este tipo, no es lo suficiente evadir un VPN negativo. El proyecto debe devolverles a los accionistas algo más alto que su costo de capital, y además, debe ser competitivo con otras oportunidades de inversión que puede tener la firma. Si nuestra firma hipotética tuviera una tasa de rendimiento mínima del VPN/I mayor al 25% de su presupuesto anual, nos gustaría probar los resultados de nuestro proyecto simulado contra la probabilidad de que el proyecto pueda pasar esa tasa de obstáculo.

La Figura 7.16 muestra la predicción de distribución de los resultados para el VPN/I. La gran cima negativa al 100% representa, nuevamente, el caso de un pozo seco, en donde de hecho el resultado del VPN es negativo en cuando haya transcurrido el año 0; haciendo que el VPN/I igual a −1. Todos los resultados para el VPN mayores a la tasa de obstáculo del 25% muestran que hay un 69.33% de probabilidad de que el proyecto sobrepase esa tasa.

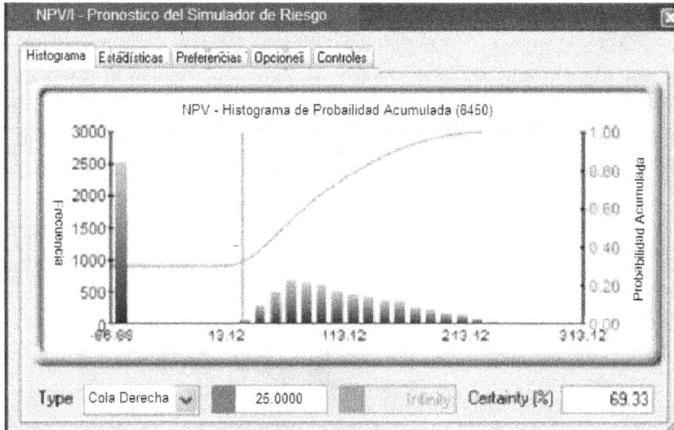

Figura 7.16: Pronóstico de Distribución de la Relación VPN/I

Finalmente, nuestra simulación nos da el poder de explorar la sensibilidad de los resultados del proyecto para los riesgos e hipótesis que han sido hechas por nuestros expertos en la construcción del modelo.

La Figura 7.17 muestra un análisis de sensibilidad del VPN de nuestro proyecto para las hipótesis hechas en nuestro modelo. Este cuadro muestra el coeficiente de correlación de los 10 mejores supuestos del modelo para la predicción del VPN y la reducción de la correlación.

En este punto, el administrador del proyecto tiene el poder de enfocar los recursos en los problemas que tendrán impacto en la rentabilidad del proyecto. Dada la información de los supuestos sobre las siguientes acciones para dirigirnos a los riesgos más importantes en el proyecto en orden de importancia:

- *IP*—La tasa inicial de producción del pozo tiene una influencia en el valor del proyecto, y nuestra incertidumbre en predecir esta tasa está causando la oscilación más grande en los resultados pronosticados del proyecto. De acuerdo con esto podríamos poner a nuestro equipo de ingenieros del yacimiento y la producción a examinar IPs de producción conocidos de embases análogos en esta área.

- *Riesgo del Embalse*—Esta hipótesis es la que define si el pozo es un pozo seco o productor, y por esto no es de sorpresa que sea uno de los factores más importantes. Entre muchas aproximaciones, el equipo del proyecto podría investigar la posibilidad de que el análisis inadecuado de la información de la subsuperficie esté causando que muchas compañías declaren pozos secos y yacimientos que pueden tener un potencial de producción oculto.

- *Precio del Petróleo (Año 1) y Costos de la Perforación*—Estos dos elementos están muy relacionados en el poder que tienen para afectar el VPN. La incertidumbre del precio podría ser dirigida teniendo una predicción de un precio estándar para la firma en contra de que todos los proyectos serán comparados.[7] Los gastos de la perforación podrían minimizarse con la mejora de procesos en el equipo de excavación, lo cual apretaría la variación de los precios predichos de los costos actuales. La firma podría buscar compañías con un fuerte historial en el área de su proyecto para encontrar perforaciones confiables y de bajo precio.

- *Tasa de Declive*—El lector observador se dará cuenta de una correlación de signo positivo entre la tasa de declive y el VPN del proyecto En una primera mirada esto es inesperado porque normalmente esperaríamos que una tasa de declive más alta redujera los volúmenes del petróleo que se va a vender y lastimaría los ingresos realizados por nuestro proyecto. Sin embargo, recuerde que correlacionamos los IPs más altos con las tasas de declive en las hipótesis de nuestro modelo, lo cual es una sugerencia indirecta del poder del IP en el VPN de nuestro proyecto: A pesar de las altas tasas de declive, los impactos positivos de los IPs más altos en el valor de nuestro proyecto están compensando la producción perdida que ocurre por el rápido declive del yacimiento. Deberíamos reforzar nuestros esfuerzos para predecir de mejor forma los IPs en nuestro proyecto.

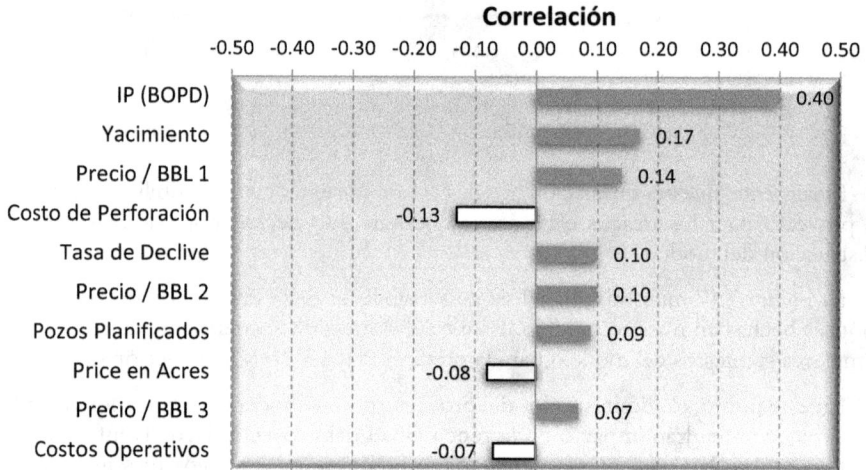

Correlación

	-0.50	-0.40	-0.30	-0.20	-0.10	0.00	0.10	0.20	0.30	0.40	0.50

IP (BOPD) — 0.40
Yacimiento — 0.17
Precio / BBL 1 — 0.14
Costo de Perforación — -0.13
Tasa de Declive — 0.10
Precio / BBL 2 — 0.10
Pozos Planificados — 0.09
Price en Acres — -0.08
Precio / BBL 3 — 0.07
Costos Operativos — -0.07

Figura 7.17: Análisis de Sensibilidad para el VPN

Conclusión

La simulación Monte Carlo puede ser una herramienta ideal para evaluar los prospectos de petróleo y gas bajo las condiciones de incertidumbre significante y compleja en las hipótesis que harían que cualquier estimación de solo un punto en el proyecto se vuelva casi que inservible. La técnica proporciona a cada miembro de los equipos de trabajo multidisciplinarios un esquema efectivo para cuantificar y contabilizar todos los factores de riesgo que pueden influenciar el resultado del proyecto de perforación. Además, la simulación Monte Carlo proporciona administración y liderazgo de equipo, algo mucho más valioso que una simple predicción sobre el VPN del proyecto: provee una distribución de probabilidad para el espectro entero de los resultados, permitiendo así que quienes toman las decisiones exploren todos los escenarios pertinentes asociados con la valoración del proyecto. Estos escenarios podrían incluir probabilidades sobre el umbral de rentabilidad o escenarios asociados con resultados extremadamente pobres que podrían hacerle daño a la credibilidad del equipo y por ende al futuro acceso al capital. Finalmente, la simulación Monte Carlo para prospectos de petróleo y gas proporciona a los administradores y líderes de equipo información crítica sobre qué factores e hipótesis están manejando la probabilidad proyectada de los resultados del proyecto, dándoles así toda la información necesaria que necesitaran para enfocar a sus personas y recursos financieros en dirigirse a aquellas hipótesis de riesgo, lo cual tendrá un gran impacto positivo en su negocio mejorando la eficacia y sumando ganancias.

ESTUDIODE CASO: PLANEACIÓN FINANCIERA CON SIMULACIÓN

Tony Jurado es un planeador financiero en el norte de California. Tiene un BA del Dartmouth College y es candidato al nombramiento como es un candidato para el premio Certified Financial Planner. Tony se especializa en el diseño y la implementación de planes financieros comprensivos para individuos con altos ingresos.

Las empresas estadounidenses han alterado cada vez más el panorama del retiro al cambiar de beneficios definidos a planes de contribución. Mientras los "baby boomers" se retiran, tendrán diferentes necesidades de planeación financiera que aquellos de generaciones previas por que ellos deben administrar sus propios fondos de retiro. Un planificador financiero considerado tiene la habilidad de impactar positivamente la vida de estos jubilados.

Un Plan Determinista

Hoy fue el último día de trabajo de Henry Tirement y hasta ahora, él y su planeador financiero, el Sr. Determinista, nunca habían discutido seriamente que hacer con su cuenta individual de jubilación Tradicional y de Reinversión de $401 mil dólares. Después de un momento de recopilación de información con Henry, el Sr. D obtiene la siguiente información:

- Los activos actuales son de $1,000,000 en varios fondos mutuos
- La edad actual es 65
- El salario deseado de la jubilación es de $60,000 antes de los impuestos
- El retorno esperado de las inversiones es de 10%
- La inflación esperada es de 3%
- La esperanza de vida es de 95 años
- No hay consideraciones de herencia

Con su calculadora financiera, el Sr. D concluye que Henry puede alcanzar sus metas de jubilación y, de hecho, si se muriera en la edad de 95 años tendría más de $3.2 millones en su portafolio. El Sr. D sabe que el rendimiento anterior no garantiza resultados futuros, pero el rendimiento anterior es todo lo que se tiene que repasar. Con el promedio del mercado de valores sobre el 10% por los últimos 75 años, el Sr. D se siente seguro de que este retorno es razonable. Como la inflación ha llegado a un promedio de 3% sobre el mismo periodo, él siente que esta hipótesis también es. realista. El Sr. D le da la buena noticia a Henry y el plan se pone en marcha (Tabla 7.4).

Tabla 7.4: El Plan Determinista

Año	Retorno	Balance Inicial	Retiros	Balance Final
1	10.00%	$ 1,000,000.00	$ 60,000.00	$1,034,000.00
2	10.00%	$ 1,034,000.00	$ 61,800.00	$1,069,420.00
3	10.00%	$ 1,069,420.00	$ 63,654.00	$1,106,342.60
4	10.00%	$ 1,106,342.60	$ 65,563.62	$1,144,856.88
5	10.00%	$ 1,144,856.88	$ 67,530.53	$1,185,058.98
6	10.00%	$ 1,185,058.98	$ 69,556.44	$1,227,052.79
7	10.00%	$ 1,227,052.79	$ 71,643.14	$1,270,950.62
8	10.00%	$ 1,270,950.62	$ 73,792.43	$1,316,874.01

9	10.00%	$ 1,316,874.01	$ 76,006.20	$1,364,954.58
10	10.00%	$ 1,364,954.58	$ 78,286.39	$1,415,335.01
11	10.00%	$ 1,415,335.01	$ 80,634.98	$1,468,170.03
12	10.00%	$ 1,468,170.03	$ 83,054.03	$1,523,627.60
13	10.00%	$ 1,523,627.60	$ 85,545.65	$1,581,890.14
14	10.00%	$ 1,581,890.14	$ 88,112.02	$1,643,155.93
15	10.00%	$ 1,643,155.93	$ 90,755.38	$1,707,640.60
16	10.00%	$ 1,707,640.60	$ 93,478.04	$1,775,578.81
17	10.00%	$ 1,775,578.81	$ 96,282.39	$1,847,226.07
18	10.00%	$ 1,847,226.07	$ 99,170.86	$1,922,860.73
19	10.00%	$ 1,922,860.73	$ 102,145.98	$2,002,786.22
20	10.00%	$ 2,002,786.22	$ 105,210.36	$2,087,333.45
21	10.00%	$ 2,087,333.45	$ 108,366.67	$2,176,863.45
22	10.00%	$ 2,176,863.45	$ 111,617.67	$2,271,770.35
23	10.00%	$ 2,271,770.35	$ 114,966.20	$2,372,484.56
24	10.00%	$ 2,372,484.56	$ 118,415.19	$2,479,476.31
25	10.00%	$ 2,479,476.31	$ 121,967.65	$2,593,259.53
26	10.00%	$ 2,593,259.53	$ 125,626.68	$2,714,396.14
27	10.00%	$ 2,714,396.14	$ 129,395.48	$2,843,500.73
28	10.00%	$ 2,843,500.73	$ 133,277.34	$2,981,245.73
29	10.00%	$ 2,981,245.73	$ 137,275.66	$3,128,367.08
30	10.00%	$ 3,128,367.08	$ 141,393.93	$3,285,670.46

Suponga que han pasado diez años. Henry ya no esta tan emocionado. Visita la oficina del Sr. D con sus declaraciones en mano y se sientan a discutir el rendimiento del portafolio. Escribiendo el retorno de cada uno de los años, el Sr. D calcula el rendimiento promedio del portafolio de Henry (Tabla 7.5).

Tabla 7.5: Los Resultados Reales

Año	Retorno
1	-20.00%
2	-10.00%
3	9.00%
4	8.00%
5	12.00%
6	-10.00%
7	-2.00%
8	25.00%
9	27.00%
10	61.00%
Retorno Promedio	10.00%

"Ha logrado conseguir un promedio de 10% cada año!" le dice el Sr. D a Henry. Perplejo, Henry se rasca la cabeza. Le muestra al Sr. D su última declaración, la cual presenta un balance de portafolio de U$501,490.82. Una vez más, el Sr. D usa el programa de su hoja de cálculo y obtiene los resultados en la Tabla 7.6.

Tabla 7.6: Análisis del Balance del Portafolio

Año	Retornos	Retiros	Balance Final
1	-20.00%	$ 60,000.00	$ 752,000.00
2	-10.00%	$ 61,800.00	$ 621,180.00
3	9.00%	$ 63,654.00	$ 607,703.34
4	8.00%	$ 65,563.62	$ 585,510.90
5	12.00%	$ 67,530.53	$ 580,138.01
6	-10.00%	$ 69,556.44	$ 459,523.41
7	-2.00%	$ 71,643.14	$ 380,122.67
8	25.00%	$ 73,792.43	$ 382,912.80
9	27.00%	$ 76,006.20	$ 389,771.37
10	61.00%	$ 78,286.39	$ 501,490.82

El Sr. D no está seguro de lo que pasó. Henry sacó U$60,000 al principio de cada año e incrementó esta cantidad en un 3% anualmente. El retorno promedio del portafolio se había estimado en un 10%, por tanto, Henry debería tener más de $1.4 millones en este momento.

Secuencia de Retornos

Sentado en su oficina esa noche, el Sr. D piensa qué error cometió en la planeación. Se pregunta qué hubiera pasado si los retornos anuales hubieran ocurrido en un orden reverso (Tabla 7.7).

Tabla 7.7: Retornos Reversados

Año	Retornos	Retiros	Balance Final
1	61.00%	$ 60,000.00	$ 1,513,400.00
2	27.00%	$ 61,800.00	$ 1,843,532.00
3	25.00%	$ 63,654.00	$ 2,224,847.50
4	-2.00%	$ 65,563.62	$ 2,116,098.20
5	-10.00%	$ 67,530.53	$ 1,843,710.91
6	12.00%	$ 69,556.44	$ 1,987,053.00
7	8.00%	$ 71,643.14	$ 2,068,642.65
8	9.00%	$ 73,792.43	$ 2,174,386.74
9	-10.00%	$ 76,006.20	$ 1,888,542.48
10	-20.00%	$ 78,286.39	$ 1,448,204.87

El retorno promedio sigue siendo del 10% y la tasa de retiros no ha cambiado, pero el balance final del portafolio ahora está en $1.4 millones. La única diferencia entre las dos situaciones es la secuencia de los retornos. El Sr. D se ilumina y se da cuenta que ha estado usando un paradigma de planeación determinista durante un periodo de retiros.

Retiros vs. No Retiros

La mayoría de los planeadores financieros entienden la historia de Henry. El punto importante en la situación de Henry es que hizo retiros de su portafolio durante una secuencia desafortunada de retornos. Durante este periodo de retiros regulares, no importa que los retornos de su portafolio hayan promediado un 10% a largo plazo. Es la secuencia de retornos combinada con los retiros regulares lo que está devastando su portafolio. Para ilustrar este punto, imagine que Henry nunca tomo los retiros de su portafolio (Tabla 7.8).

Tabla 7.8: Análisis de Retornos sin Retiros

Secuencia de retorno real sin retiros

Año	Retorno	Balance Final
1	-20.00%	$ 800,000.00
2	-10.00%	$ 720,000.00
3	9.00%	$ 784,800.00
4	8.00%	$ 847,584.00
5	12.00%	$ 949,294.08
6	-10.00%	$ 854,364.67
7	-2.00%	$ 837,277.38
8	25.00%	$ 1,046,596.72
9	27.00%	$ 1,329,177.84
10	61.00%	$ 2,139,976.32
Retorno Promedio	10.00%	

Secuencia de retorno reversado sin retiros

Año	Retorno	Balance Final
1	61.00%	$ 1,610,000.00
2	27.00%	$ 2,044,700.00
3	25.00%	$ 2,555,875.00
4	-2.00%	$ 2,504,757.50
5	-10.00%	$ 2,254,281.75
6	12.00%	$ 2,524,795.56
7	8.00%	$ 2,726,779.20
8	9.00%	$ 2,972,189.33
9	-10.00%	$ 2,674,970.40
10	-20.00%	$ 2,139,976.32
Retorno Promedio	10.00%	

El valor de tiempo del dinero entra a jugar cuando se hacen retiros. Cuando Henry experimentó retornos negativos al principio de su jubilación mientras hacía retiros, tenía menos dinero en su portafolio para hacerla crecer con el tiempo. Para mantener su tasa de retiro ajustada con la inflación Henry necesitaba un mercado alcista en el principio de su retiro. El plan de jubilación de Henry es determinista porque asume que los retornos serán los mismos todos los años. Lo que Henry y el Sr. D no entendieron era que el promedio del 10% a largo plazo es muy diferente que recibir 10% cada año. Mientras Henry se iba de su oficina, el Sr. D deseaba tener un proceso de planeación de jubilación más dinámico.

Planeación Estocástica Usando la Simulación Monte Carlo

La simulación de Monte Carlo es una herramienta estocástica que ayuda a la gente a pensar en términos estadísticos y no de certeza. Como opuesto a usar un proceso determinista, los planificadores financieros pueden usar Monte Carlo para simular el riesgo en los retornos de inversión. La probabilidad de éxito de un plan financiero puede ser probada al simular la variabilidad de los retornos de las inversiones. Normalmente, para medir esta variabilidad, la media y la desviación estándar esperadas de los retornos de inversión del portafolio son usadas en un modelo Monte Carlo. ¿Qué le hubiera dicho el Sr. D a Henry si se hubiera usado esta aproximación? Usando la misma información de Henry, pero con un retorno esperado de 10% con una desviación estándar de 17.5%, el Sr. D puede asignar probabilidades de éxito para ver cuánto va a durar el dinero de Henry. Henry tiene una oportunidad del 64% para que su portafolio le dure 30 años (Figura 7.18). Si Henry no está cómodo con esa tasa de éxito, el Sr. D puede aumentar el retorno esperado y la desviación estándar, o disminuir los retiros. El Sr. D podría cambiar el retorno a 20%, pero esto obviamente no es realista. En el caso de Henry, tiene más sentido reducir la tasa de retiros. Asumiendo que Henry estará más cómodo con una oportunidad de éxito del 70%, el Sr. D debe rebajar el retiro anual a $55,000 (Figura 7.19).

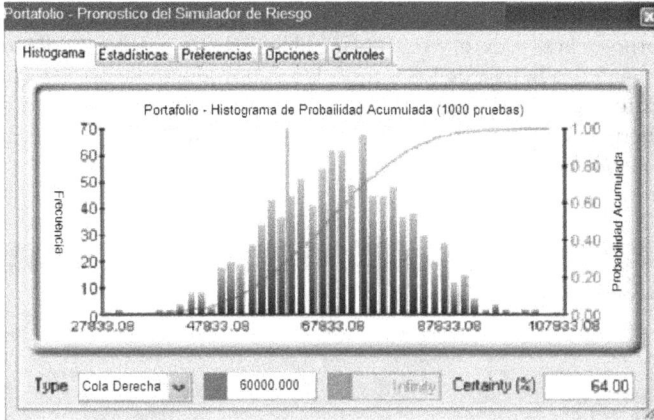

Figura 7.18: Oportunidad de Supervivencia del Portafolio de 64% con retiros de $60,000

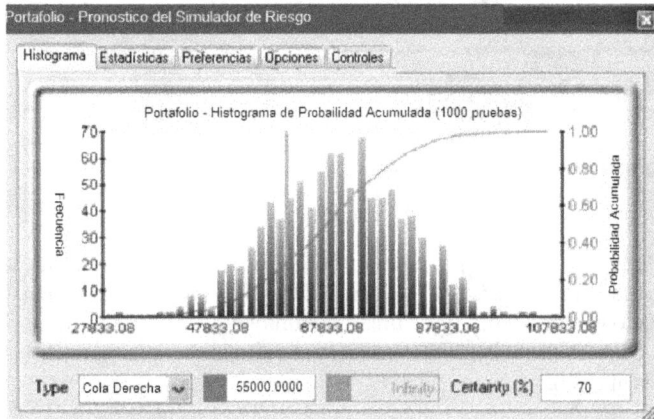

Figura 7.19: Oportunidad de Supervivencia del Portafolio de 70% con retiros de $55,000

Gastos, Retornos más Bajos

Ilustrar un plan sin tasas, si se va a cobrar una tarifa de asesoramiento es darle un mal uso a la simulación Monte Carlo y es injusto con el cliente. Si el Sr. Determinista le cobra a Henry una tarifa de asesoramiento de 1%, entonces esta Figura debe ser deducida de la hipótesis de retorno anual, la cual bajará la probabilidad de éxito del plan de 30 años a un 54%. En el caso de Henry, la desviación estándar seguirá siendo 17.5% lo cual es mayor que una desviación estándar de un portafolio que promedia un 9%. Uno puede simplemente modificar la simulación Monte Carlo para permitir que se incluya una tarifa de asesoría al mantener el retorno y las hipótesis de la desviación estándar y deduciendo la tarifa de asesoría. Para que el plan de Henry todavía tenga un radio de éxito de 70% después de una tarifa del 1%, el puede retirar $47,000 ajustados a la inflación, lo cual es notablemente diferente de la tasa de retiro de $55,000 antes de los honorarios.

Probabilidad de Éxito

La simulación Monte Carlo educa al cliente sobre las concesiones mutuas entre riesgo y retorno con respecto a los retiros. El riesgo es la probabilidad de éxito con la que el cliente se siente cómodo. El retorno es la tasa de retiro. El planeador financiero debería entender que una tasa de éxito más alta significa la baja de los retiros. Un subproducto de esto es que entre más alta sea la tasa de éxito también se incrementa la oportunidad de dejar dinero en el portafolio después de la muerte del cliente. En otras palabras, Henry puede estar sacrificando su estilo de vida por una probabilidad de éxito excesiva.

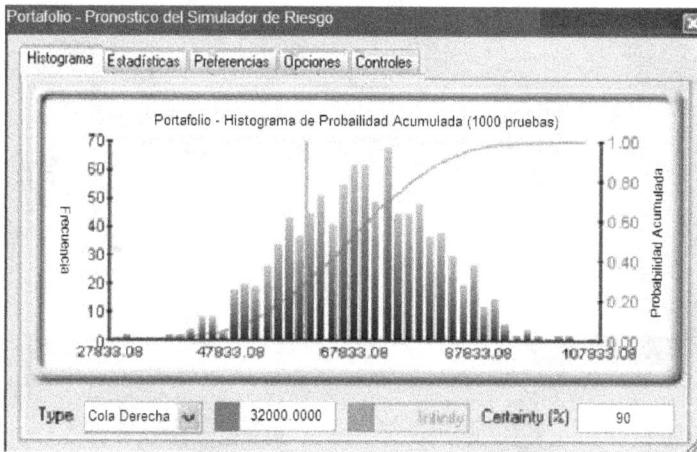

Figura 7.20 Oportunidad de Supervivencia del Portafolio de 90% con retiros de $32,000

Para que Henry tenga una oportunidad del 90% de que su portafolio le dure 30 años, necesita reducir sus retiros a $32,000 (Figura 7.20). Una interpretación igual de importante sobre este resultado es que Henry tiene una oportunidad de 90% de morirse con dinero en su portafolio. Esta plata pudo haber sido usada para vacaciones, comidas elegantes, regalos, su familia o entradas al circo.

Tolerancia de Éxito

Volviendo al ejemplo de Henry retirando $47,000 cada año, si se ejecutan 5,000 intentos de simulación, una tasa de éxito de 70% significa que el plan funcionó 3,500 veces. Las 1,500 veces que el plan falló resultaron en una cantidad de retiro marginalmente menor a $47,000. Lo que no es claro sobre las 1,500 veces que el plan falló es cuántas de éstas resultaron con que Henry solo pudiera retirar $46,000 en cada año. Si Henry saca $47,000 por 29 años y luego solo retira $46,000 en el último año, ¿Es esto un error? Monte Carlo dice que sí. La mayoría de las personas son más flexibles.

Establecer una tolerancia de éxito alivia este problema. Si el objetivo de Henry es sacar $47,000 pero él estaría feliz con $42,000 entonces tiene una tolerancia de éxito de $5,000. Esto es lo mismo que ejecutar una simulación usando $42,000 con una tolerancia de éxito de cero; sin embargo, el propósito de la tolerancia de éxito es ilustrar claramente a Henry la similitud que los rangos de retiros van a alcanzar. Al contabilizar la complejidad del mercado y la flexibilidad de la respuesta humana a esas complejidades, Monte Carlo ayuda a Henry a entender, prepararse y escoger adecuadamente su tolerancia de riesgo.

Mercado a la Baja y Monte Carlo

Sin importar que método de planeación financiera se use, la realidad es que un mercado a la baja al principio de la jubilación afectará drásticamente al plan. Si el Sr. D hubiera usado Monte Carlo la primera vez que Henry acudió a él, y retiró $47,000 en el año 1 y $48,410 en el año 2, el balance del portafolio al final del segundo año sería de $642,591. ¡Para que el portafolio dure otros 28 años y mantenga la tasa de éxito en 70% Henry debe reducir sus retiros a $31,500! La dificultad de esta situación es obvia; sin embargo, el Sr. D está en una posición de ayudar a Henry a tomar una decisión sobre mantener su estilo de vida versus incrementar las oportunidades de quedarse sin dinero.

La tabla 7.9 ilustra una simulación Monte Carlo al final de cada año para determinar la cantidad de retiro para que se mantenga la tasa de éxito del 70% para el plan de Henry.

Tabla 7.9: Tasas de Retiro con Base en Simulaciones

Año	Retorno	Balance Principio	Balance Final	Monte Carlo Retiros	Cambio de Retiros	Años Restantes
1	-20.00%	$ 1,000,000	$ 762,400	$ 47,000	0%	29
2	-10.00%	$ 762,400	$ 653,310	$ 36,500	-22%	28
3	9.00%	$ 653,310	$ 676,683	$ 32,500	-11%	27
4	8.00%	$ 676,683	$ 693,558	$ 34,500	6%	26
5	12.00%	$ 693,558	$ 735,904	$ 36,500	6%	25
6	-10.00%	$ 735,904	$ 627,214	$ 39,000	7%	24
7	-2.00%	$ 627,214	$ 580,860	$ 34,500	-12%	23
8	25.00%	$ 580,860	$ 685,137	$ 32,750	-5%	22
9	27.00%	$ 685,137	$ 819,324	$ 40,000	22%	21
10	61.00%	$ 819,324	$ 1,239,014	$ 49,750	24%	20

Henry, como la mayoría de las personas, no estará muy entusiasmado de tener que disminuir su salario de jubilación hasta el 22% en cualquier año. Sin cambiar la hipótesis de retorno, la alternativa de Henry es aceptar una tasa de éxito menor. Si Henry nunca cambiara su tasa de retiro de los $47,000 iniciales, después de 10 años el valor de su portafolio sería de $856,496 y sus retiros serían de $61,324 ($47,000 × 1.03^9). La probabilidad de éxito es de 60% para un portafolio con una vida de 20 años.

Otras Variables Monte Carlo

La simulación de Monte Carlo simular más que simplemente los retornos de las inversiones. Otras variables que son frecuentemente simuladas por los planificadores financieros usando Monte Carlo incluyen la inflación y la esperanza de vida.

Inflación

Desde 1926 la inflación promedio ha sido de aproximadamente un 3% anual con una desviación estándar de 4.3%. En un plan con retiros ajustados a la inflación, los cambios en la inflación son importantes. De acuerdo con Ibbotson and Associates, la inflación promedió un 8.7% desde el principio de 1973 hasta el final de 1982. Si un periodo como ese ocurriera al principio de la jubilación, los efectos en el plan financiero serían devastadores.

Esperanza de Vida

Usando tablas de mortalidad, un planificador financiero puede simular aleatoriamente la esperanza de vida de cualquier cliente, para así proporcionar un plan más realista. De acuerdo con el National Center for Health Statistics, el el estadounidense promedio nacido en el 2002 tiene una esperanza de vida de 77.3 años con una desviación estándar de 10. Sin embargo, los planificadores financieros deberían estar más preocupados con la probabilidad específica de que su cliente sobreviva para la duración del plan.

Sugerencias Monte Carlo

Los planes financieros creados usando la simulación Monte Carlo no deberían estar configurados en piloto automático. Como en la mayoría de métodos de predicción, Monte Carlo no es capaz de simular ajustes de la vida real que hacen los individuos. Como se discutió previamente, si un portafolio experimentó retornos negativos al principio de la jubilación, el jubilado puede cambiar la cantidad de retiro. También es importante darse cuenta que los planes de Monte Carlo son tan buenos como sus hipótesis de entrada.

Distribuciones

Si Henry invierte en varias clases de activos, es importante para el Sr. D determinar las diferentes características de distribución de cada clase de activo. La aproximación más efectiva para modelar estas diferencias es utilizando un análisis de ajuste de distribución en el Simulador de Riesgo.

Impuestos

La situación de Henry Tirement involucraba una cuenta de impuestos diferidos y un salario pre-impuestos. Para los individuos con cuentas exentas, volver a balancear puede inducir a los impuestos. En este caso, un planificador financiero que usa la simulación Monte Carlo puede emplear un retorno ajustado a los impuestos y un salario post-impuestos puede ser usado. El saldo de la cuenta después de impuestos se debe utilizar en los supuestos para los clientes, con posiciones de alta concentración y una baja base fiscal, que planean diversificar sus inversiones.

Correlaciones

Es importante considerar cualquier correlación entre las variables que están siendo modeladas con la simulación de Monte Carlo. Las correlaciones cruzadas, seriales o cruzadas-seriales deben ser simuladas para obtener resultados realistas. Por ejemplo, se puede mostrar que existe una correlación entre los retornos de la inversión y la inflación. Si esto es cierto, entonces estas variables no deberían ser tratadas como independientes.

ESTUDIO DE CASO: GESTIÓN DE RIESGOS HOSPITALARIOS

Este caso es una contribución de Lawrence Pixley, socio fundador de Stroudwater Associates, una firma de consultoría de gestión para la industria de la salud. Larry se especializa en el análisis de riesgo e incertidumbre para los hospitales y los profesionales en salud en el contexto de la planificación estratégica y el análisis de rendimiento operativo. Su experiencia incluye la planificación de instalaciones hospitalarias, empresas conjuntas hospitalarias / profesionales de la salud, desarrollo del personal médico, paquetes de compensación de médicos que utilizan un cuadro de mando integral, evaluación de practica de operaciones, y las valoraciones de práctica. Larry estuvo 15 años en la gestión de asistencia médica, y ha sido consultor por las últimas tres décadas, especializado en predicción de la demanda mediante el uso de herramientas de gestión científica, incluido el análisis de opciones reales, la Simulación de Monte Carlo, la Simulación-Optimización, el análisis de datos envolventes (DEA)– [siglas en inglés], la teoría de colas, y la teoría de la optimización.

Hoy en día, los hospitales se enfrentan a una amplia gama de factores de riesgo que pueden determinar el éxito o el fracaso, incluyendo:

- Reacciones competitivas de otros hospitales y grupos médicos.

- Cambios en las reglas y regulaciones del gobierno.

- Márgenes de ganancia muy estrechos.

- Relaciones con la comunidad a través de la zonificación y resistencia permitida.

- Estado de bonos del mercado y costo de los préstamos.

- Oligopsonio (mercado con pocos compradores) o de pocos demandantes grandes, ejemplo, gobiernos estatales y federales.

- Éxito en la recaudación de fondos y en la generación de apoyo a la comunidad.

- Dependencia en médicos claves, admisión de preferencias, y edad del personal médico.

- Alta estructura de costos fijos.

- Avances en la tecnología médica y su posterior influencia en las admisiones y duración de la estancia.

A demás, cientos de hospitales de todo el país se enfrentan al envejecimiento de las instalaciones. Su dilema es si hay que renovar o reubicar a un nuevo sitio y construir una instalación completamente nueva. Muchos de estos hospitales fueron construidos por primera vez en el año 1900. Los barrios residenciales han crecido en torno a ellos, encerrándolos en un tamaño relativamente pequeño, lo que dificulta seriamente sus opciones para la expansión.

El Problema

Situado en una gran área metropolitana, CMC es un hospital comunitario de 425 camas. La región es altamente competitiva, con otros 12 hospitales ubicados en un radio de 20 millas. Como la mayoría de los hospitales de tamaño similar, CMC consiste en una serie de edificios construidos en un lapso de tiempo de 50 años, con tres edificios principales de 50, 30, y 15 años de edad respectivamente. Todas las tres instalaciones cuentan con ocupación doble para los pacientes o habitaciones de dos camas.

El hospital ha ido sobrepasando rápidamente sus instalaciones actuales. Solo en el último año, CMC tuvo que desviar 450 admisiones a otros hospitales, lo que significó una pérdida de $1.6 M en ingresos adicionales. La Figura 7.21 muestra el censo diario promedio de CMC y demuestra por qué el hospital se está quedando sin espacio de camas.

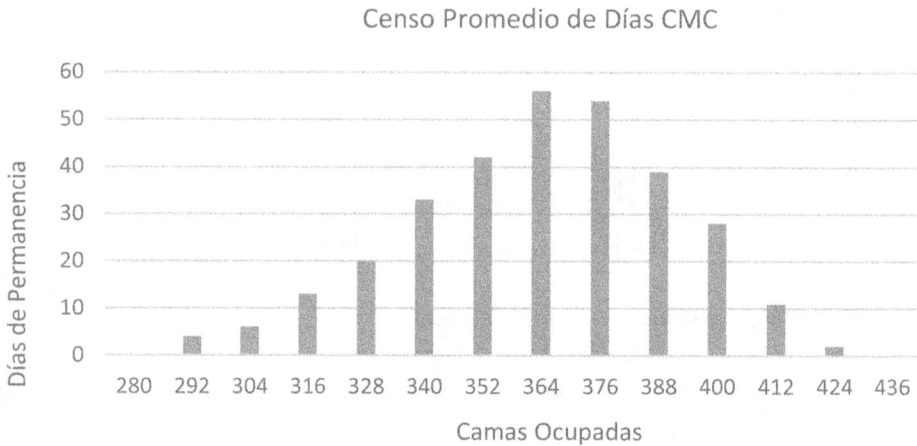

Figura 7.21: Histograma de CMC Ocupación de Camas por Número de Días en que las Camas estuvieron Ocupadas

Debido a este creciente problema de capacidad, el director general del hospital pidió a su equipo de planificación proyectar las altas para los próximos 10 años. El departamento de planificación realizó un análisis de la línea de tendencia utilizando la función de regresión lineal en Excel y desarrolló el gráfico que se muestra en la Figura 7.22. Predijeron el número de altas en 2014 en 35,000.

Proyección de Altas

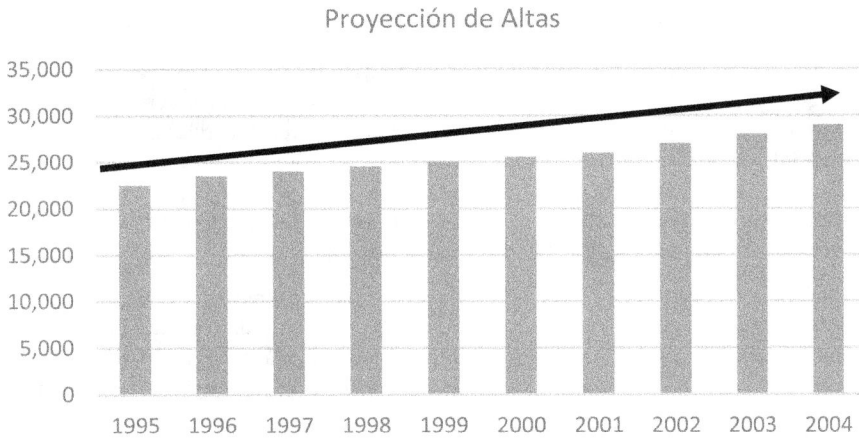

Figura 7.22: Proyección de Línea de Tendencia de CMC de Altas para los Próximos 10 años (proporcionado por el Departamento de Planificación CMC)

Aplicando una distribución Poisson a las 35,000 altas proyectadas, los planificadores prevén una necesidad total de camas de 514 (Figura 7.23). No hicieron ningún ajuste para un cambio en el promedio de la duración de la estadía en ese período de 10 años, asumiendo de que se mantendría constante.

Proyecciones CMC de Camas Necesarias para un Censo de Días Promedio de 463 PACIENTES (Distribución Poisson)

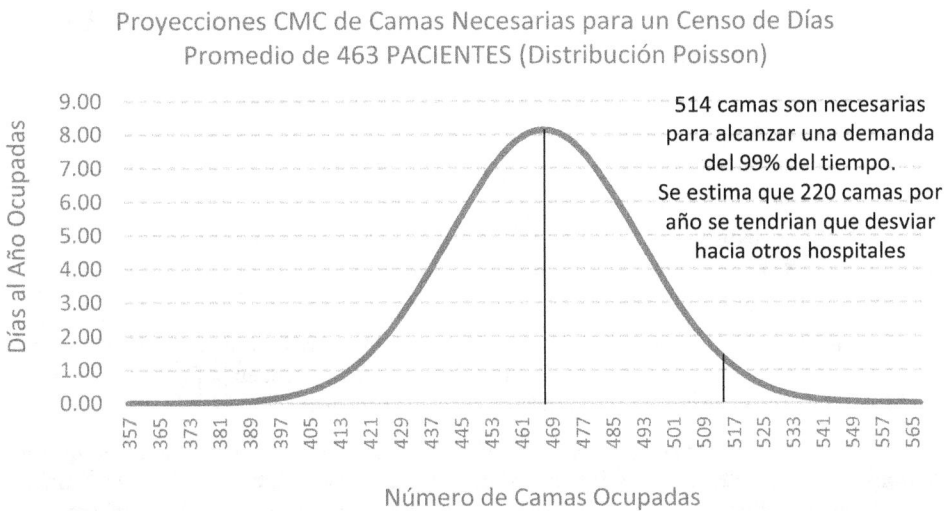

514 camas son necesarias para alcanzar una demanda del 99% del tiempo. Se estima que 220 camas por año se tendrían que desviar hacia otros hospitales

Número de Camas Ocupadas

Figura 7.23: Proyección de Necesidades de Camas de CMC Basadas en el Promedio Estimado del Censo Diario de 463 Pacientes Para el Año 2014 (Proporcionado por el Departamento de Planificación CMC)

Frente a la posible necesidad de añadir 95 camas, la junta directiva le pidió al director general que prepare un estudio inicial de viabilidad. Para estimar el costo de la adición de 95 camas al campus existente, el personal administrativo consultó primero con un arquitecto local que había diseñado varios proyectos pequeños para el hospital. El arquitecto estimó un costo de $260 M para renovar la estructura existente y construir una nueva adición, ambos eran necesarios para adaptarse a 95 camas más dentro del tamaño actual del hospital. Para dar cabida a las camas adicionales en el sitio actual, sin embargo, todas las camas tendrían que ser para ocupación doble. Las habitaciones individuales – lo más comercial hoy en día—simplemente no podían ser acomodadas en el campus actual.

En 1990, la junta directiva del hospital se enfrentó a una decisión similar, si construir una adición necesaria en el actual campus o trasladarse. La junta optó por invertir $90 millones en una importante expansión en el sitio existente. Ante el presente dilema, muchos de esos mismos miembros de la junta deseaban haber analizado mejor sus futuras opciones en 1990. Varios de ellos lamentaron no haberse trasladado a otro lugar en ese entonces. Ellos entendieron claramente que su decisión actual—para renovar y adicionar al campus existente—o para reubicar—sería una decisión con la cual el hospital vivirá los próximos 30 o 50 años.

No había sitio disponible en la ciudad (25 acres mínimo), pero había espacio disponible en la ciudad contigua cerca de un nuevo centro de atención ambulatoria de $110 millones que el hospital había construido hace cinco años. Sin embargo, dada la cantidad invertida en el campus actual, y la incertidumbre de cómo una nueva ubicación afectaría a la cuota de mercado, hubo total indecisión para trasladarse.

La junta tenía otras consideraciones también. Históricamente hubo litigios de por medio cada vez que el hospital trató de expandirse. Los propietarios de los inmuebles vecinos se opusieron sin éxito a la expansión del Departamento de Emergencia en 1999, pero habían logrado a través de diversas acciones legales, retrasar la construcción durante tres años. Este retraso añadió significativamente al coste de la construcción, además de la pérdida de ingresos por no tener instalaciones modernas disponibles como estaba proyectado. Dos miembros de la junta habían asistido a una conferencia sobre el futuro de los hospitales y señalaron que la construcción de más habitaciones de ocupación doble no era una buena decisión por las siguientes razones:

- En el momento en que las instalaciones estuvieran listas para la construcción, los requisitos del código para la nueva construcción de hospitales probablemente impondrían cuartos de ocupación individual.
- Los pacientes prefieren habitaciones de ocupación individual y CMC estaría en desventaja competitiva con otros hospitales de la zona que ya estaban convirtiéndose al uso de cuartos individuales.
- Las habitaciones de ocupación individual requieren menos transferencias de pacientes y, por lo tanto, menos personal.
- Las tasas de infección resultaron ser considerablemente menor.

Después de recibir una estimación preliminar de costos del arquitecto en un hospital de reemplazo, el gerente financiero presentó el análisis que se muestra en la Figura 7.24 al Comité de Finanzas como una prueba inicial de la viabilidad del proyecto.

Las proyecciones iniciales para un nuevo hospital estimaron los costos de construcción en $670 millones. El estudio estima un ahorro de $50 millones por no financiar nuevas mejoras de capital en los edificios existentes. El director financiero proyectó que el hospital tendría una capacidad de servicio de la deuda de un adicional de $95 millones, suponiendo que las predicciones de volumen del departamento de planificación eran exactas y que los ingresos y gastos por admisión se mantienen estáticos. El equilibrio tendría que provenir de la venta de varios inmuebles propiedad del hospital y una importante campaña de capital. Con los años, el hospital había adquirido una serie de edificios periféricos para funciones administrativas y varias clínicas que pueden ser consolidados en una nueva instalación. Además, hubo una demanda de propiedades residenciales adicionales dentro de los límites de la ciudad, haciendo que el sitio actual del hospital tenga un valor estimado de $17 millones. Aunque escéptico, el director financiero consideró que, con un análisis adicional, podría ser posible superar el déficit proyectado de $69 millones.

Análisis de Capital Inicial para el Nuevo Hospital ($ en M)

Costo del Proyecto	$	670
Menos: efectivo no restringido	$	(150)
: mantenimiento diferido	$	(50)
: capacidad de endeudamiento existente	$	(100)
: futura capacidad de endeudamiento basada en el nuevo volumen	$	(95)
: venta de activos	$	(56)
: campaña de capital	$	(150)
"Déficit" de Capital	$	69

Figura 7.24: Análisis de Posición de Capital para el Nuevo Hospital, Preparado por el Gerente Financiero de CMC

La junta autorizó a la administración buscar propuestas de estudios de arquitectura fuera de su zona. El Comité de Selección consideró que dados los riesgos potenciales de construir las instalaciones de tamaño equivocado en el lugar equivocado; necesitaban empresas que pudieran evaluar mejor los riesgos y las opciones. Al mismo tiempo, como una cobertura en espera de la finalización del análisis, el comité tomó una opción de un año en una propiedad de 25 acres en la ciudad aledaña. Después de una revisión a nivel nacional, CMC atribuyó el análisis del proyecto a una firma de arquitectura reconocida a nivel nacional y a Stroudwater Associates, con la planificación estratégica y el análisis en manos de Stroudwater.

El Análisis

Stroudwater necesitaba primero poner a prueba las proyecciones de línea de tendencia completadas por el departamento de planificación de CMC. En lugar de tomar proyecciones simples de línea de tendencia basados en admisiones pasadas, Stroudwater utilizó una combinación de ambos métodos de predicción: cualitativos y cuantitativos. Antes de que las proyecciones financieras se completaran, una mejor estimación de la necesidad real de camas fue requerida. Stroudwater segmentó el cálculo de la necesidad de camas en cinco áreas de decisión clave: tendencias de la población, cambios de uso, cuota de mercado, duración de la estadía, y decisiones de colas. Teniendo en cuenta los rápidos cambios en la tecnología de la salud, en particular, se determinó que las predicciones de más de diez años eran demasiado especulativas, y la junta acordó que 10 años era un plazo adecuado para el análisis. Además, el hospital quería proyectar un mínimo de tres años después de la finalización de la construcción del hospital. Debido a que las predicciones eran requeridas para un mínimo de 10 años, y debido a la gran cantidad de variables implicadas, Stroudwater utilizó técnicas de simulación de Monte Carlo en cada una de estas cinco áreas de decisión (Figura 7.25).

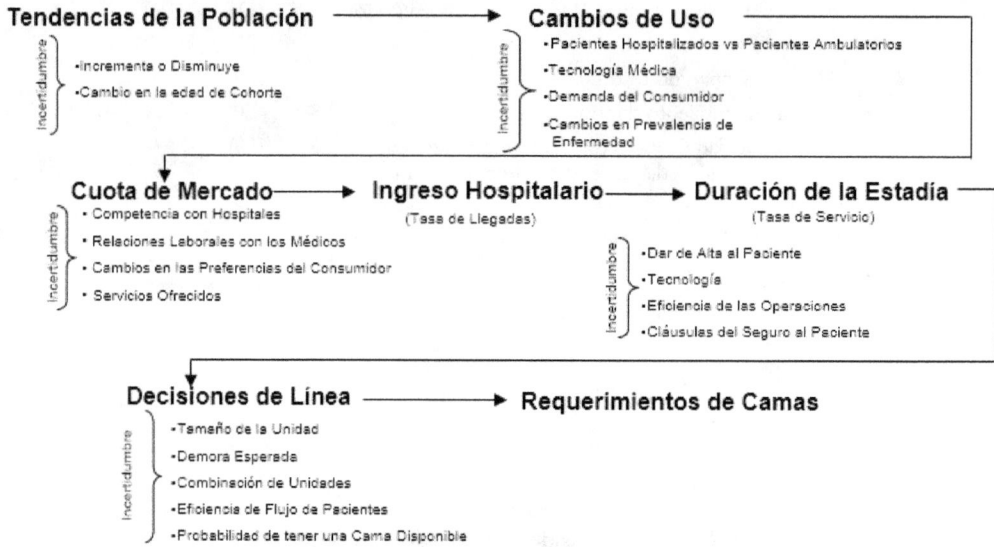

Figura 7.25: Metodología de Stroudwater Associates para Pronosticar las Camas Requeridas

Para la entrada cualitativa a este proceso, el hospital formó un comité directivo de 15 personas compuesto por personal médico, directores de la junta y personal administrativo clave. El comité se reunió cada tres semanas durante el estudio de cuatro meses y fue encuestado regularmente por Stroudwater en áreas de decisión clave a través de todo el proceso.

Además, Stroudwater realizó 60 entrevistas con médicos, consejeros, y personal administrativo clave. Durante las entrevistas con los médicos clave en cada línea de servicio principal, los consultores de Stroudwater fueron sorprendidos por el número de médicos de avanzada edad en prácticas individuales y sin planes de ser reemplazados, un factor de riesgo significativo para CMC. El director financiero identifico otro problema: La mayoría de los médicos en especialidades clave recientemente habían dejado de aceptar asignaciones de seguros, poniendo aún más en el hospital en riesgo frente a su competidor más importante cuyos empleados médicos aceptaban asignaciones de todos los contribuyentes.

Para entender mejor que líneas de servicio estaban en riesgo, Stroudwater desarrolló un diagrama de burbujas (Figura 7.26) para resaltar las áreas que necesitaban más planificación de negocios antes de hacer estimaciones de cuota de mercado. Las tres variables fueron: los ingresos netos, el margen operativo y un sistema de clasificación subjetivo de los factores de riesgo.

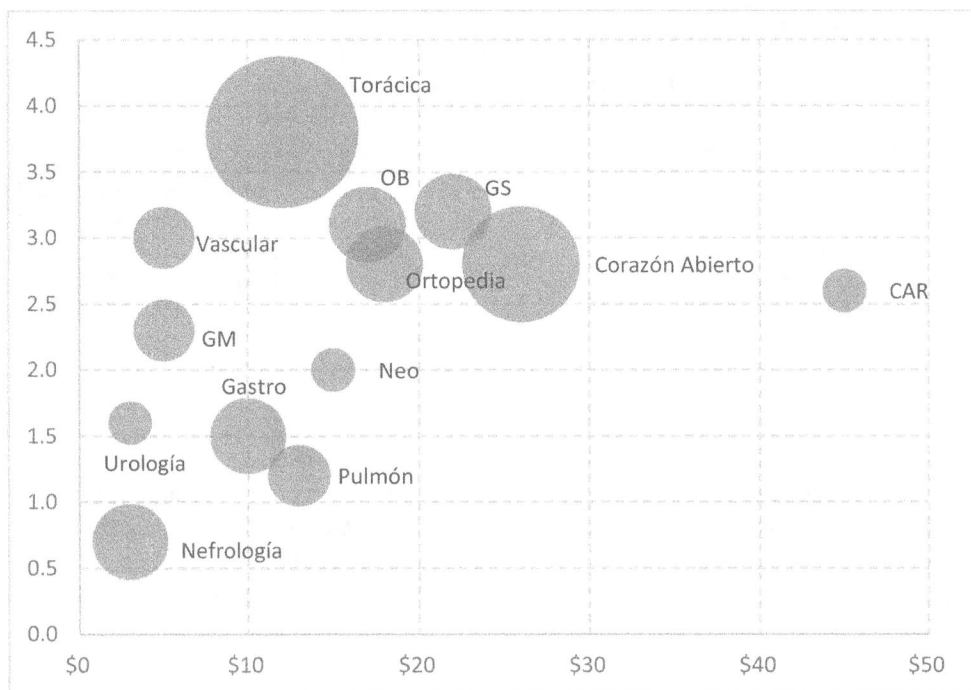

Figura 7.26: Gráfico de burbujas que Resalta las Líneas de Servicios que se Consideran Más en Riesgo (Cuadrante Superior Derecho) y el Margen Operativo está Representado por el Tamaño de la Burbuja

Los siguientes factores de riesgo fueron identificados, recibieron una ponderación, se clasificaron en una escala de uno a cinco y están representados en el eje y.

- Tamaño de práctica—porcentaje de las prácticas individuales y de dos médicos por especialidad.

- La edad promedio de los médicos por especialidad.

- Amenaza competitiva potencial de otros hospitales.

- Porcentaje de admisiones procedentes de fuera del área de servicio.

- Porcentaje de los médicos por especialidad que aceptan asignaciones de las principales compañías de seguros.

El análisis reveló cinco especialidades clave—ortopedia, obstetricia, cirugía general, cirugía a corazón abierto y cardiología—en el que las finanzas de CMC estaban en riesgo, pero que también brindaba la mejor oportunidad para la rentabilidad futura. Para informar mejor a las estimaciones de la cuota de mercado, Stroudwater desarrolló mini planes de negocio para cada una de las áreas identificadas en el cuadrante superior derecho de la Figura 7.26.

Tendencias de la Población

Para determinar las cifras de población futuras en el área de servicio de CMC, Stroudwater dependía de empresas reconocidas a nivel nacional que se especializan en tendencias de población. Debido a que la utilización del hospital es tres veces mayor para la población de mayores de 65, era importante tener en cuenta el efecto continuo de los baby boomers. Stroudwater también pidió a los miembros del comité de dirección revisar las proyecciones de población de 2014 y determinar qué asuntos locales no incluidos en las proyecciones profesionales deberían ser tenidos en cuenta.

Los miembros del comité plantearon varias inquietudes. Hubo una inconfundible posibilidad de un importante fabricante de muebles trasladando sus operaciones a China, de sacar unos 3,000 puestos de trabajo fuera de la zona de servicios primaria. Sin embargo, también existía la posibilidad de que una nueva fábrica de chips de computador llegara a la zona. Stroudwater desarrolló distribuciones personalizadas para considerar estas contingencias de población / empleo.

Utilización de las Proyecciones

Al término de su predicción de población, Stroudwater dirigió su atención a calcular las altas por cada 1,000 personas, un área de gran incertidumbre. Para establecer una línea de base para las proyecciones futuras, se utilizaron datos de 2004 de las altas de la asociación estatal hospitalaria para calcular las tasas de uso de la hospitalización (altas por cada 1,000) para el mercado de CMC. Stroudwater calculó el uso de las tasas para 34 líneas de servicios distintos (Figura 7.27).

	Altas	Duración de estadía	Altas/ por cada 1000	Días / por 1000	Prom. Duración de estadía	Cambio de Utilización	Mercado Total Altas
ABORTOS	137	213	0.12	0.18	1.55	0.0%	150
REACCIONES ADVERSAS	878	2,836	0.74	2.40	3.23	0.0%	923
EMERGENCIAS Y SIMILARES	358	3,549	0.30	3.00	9.91	0.0%	374
QUEMADURAS	86	859	0.07	0.73	9.99	0.0%	87
CARDIOLOGÍA	19,113	75,857	16.17	64.19	3.97	18.0%	23809
DERMATOLOGÍA	435	3,446	0.37	2.92	7.92	0.0%	462
ENDOCRINOLOGÍA	3,515	18,248	2.97	15.44	5.19	5.0%	3891
GASTROENTEROLOGÍA	9,564	46,103	8.09	39.01	4.82	5.0%	10600
CIRUGÍA GENERAL	7,488	51,153	6.34	43.28	6.83	9.0%	8623
GINECOLOGÍA	3,056	8,633	2.59	7.31	2.82	0.0%	3232
HEMATOLOGÍA	1,362	10,325	1.15	8.74	7.58	8.0%	1550
ENFERMEDADES CONTAGIOSAS	2,043	15,250	1.73	12.90	7.46	0.0%	2159
NEONATOLOGÍA	1,721	20,239	1.46	17.13	11.76	4.0%	1895
NEUROLOGÍA	5,338	34,873	4.52	29.51	6.53	12.0%	6317
NEUROCIRUGÍA	3,042	13,526	2.57	11.45	4.45	12.0%	3592
RECIÉN NACIDOS	11,197	25,007	9.47	21.16	2.23	-5.0%	11226
OBSTETRICIA	13,720	36,962	11.61	31.28	2.69	-5.0%	13763
ONCOLOGÍA	1,767	11,563	1.50	9.78	6.54	15.0%	2153

Figura 7.27: Tendencias de Utilización parra 2014 por Línea de Servicio (Fuente: State Hospital Discharge Survey)

Stroudwater incluyó un número de las fuerzas del mercado que afectan a la utilización de las camas del hospital en el análisis de tendencias de utilización. Los consultores consideraron los siguientes factores clave que podrían disminuir la utilización de las instalaciones:

- Una mejor comprensión de los factores de riesgo por enfermedad, y un aumento en las iniciativas de prevención (por ejemplo, programas de prevención del cigarrillo, drogas de reducción del colesterol).
- Descubrimiento / aplicación de tratamientos que curan o eliminan las enfermedades.
- Consensos, documentos o directrices que recomiendan la disminución en la utilización.
- Cambios a otros sitios que causan la disminución de la utilización de los sitios originales.

    o En la medida que la tecnología permita cambios (por ejemplo, cirugía ambulatoria).

    o En la medida que los sitios alternativos de atención estén disponibles (por ejemplo, vida asistida).

- Cambios en los patrones de práctica (por ejemplo, fomentando el autocuidado y estilos de vida saludables, estancia hospitalaria más corta).
- Cambios en la tecnología.

Factores que podrían incrementar el uso de las camas de hospital:

- Creciente población de la tercera edad.
- Nuevos procedimientos y tecnologías (por ejemplo, reemplazo de cadera, inserción de prótesis, resonancia magnética).
- Consensos, documentos o directrices que recomiendan aumentos en la utilización.
- Nuevos agentes en enfermedades (por ejemplo, VIH / SIDA, bioterrorismo).
- Aumento en la cobertura de seguro de salud.
- Cambios en las preferencias y las necesidades de los consumidores (por ejemplo, cirugía bariátrica, reemplazo de cadera y rodilla).

En todos los servicios clave de gran volumen, los consultores de Stroudwater hicieron ajustes por cambios de utilización y los agregaron en el modelo de hoja de cálculo, utilizando una combinación de distribución uniforme, triangular, y normal.

Cuota de Mercado

El Comité Directivo pidió a Stroudwater modelar dos escenarios distintos, uno por reformas y adición al campus actual, y el segundo para un campus completamente nuevo en la ciudad cercana. Para proyectar el número de altas que CMC probablemente experimentaría en el año 2014, se hicieron supuestos de cuotas de mercado en ambos escenarios para cada línea de servicio principal.

Un análisis de la cuota de mercado estándar agrega códigos postales en los mercados de servicios primarios y secundarios en función de porcentaje de cuota de mercado. En cambio,

Stroudwater divide el área de servicio en seis grupos de mercado separados utilizando la cuota de mercado, las características geográficas y patrones de viaje históricos.

Stroudwater seleccionó ocho grandes áreas de servicio que representaban el 80% de las admisiones para su posterior análisis y pidió a los miembros del comité y los médicos clave en cada área de especialidad proyectar la cuota de mercado. Los miembros del comité y los médicos participantes asistieron a un gran encuentro donde los miembros del departamento de planificación de CMC y los consultores de Stroudwater presentaron conjuntamente los resultados de los mini planes de negocio. Las tendencias del mercado local y los resultados de las encuestas anteriores de preferencias de los pacientes se consideraron en una discusión que continuó. Como resultado de la reunión, los participantes acordaron centrarse en los factores específicos para asistirlos en la estimación de la cuota de mercado, incluyendo:

- Cambio en las preferencias de los pacientes.
- Proximidad de los hospitales de la competencia.
- Efecto halo del nuevo hospital.
- Cambio en las preferencias del "hospital de elección" por los médicos locales.
- Habilidad de reclutar y retener a los médicos.

Mediante el uso de un instrumento de encuestas personalizado, Stroudwater proporcionó a los que participaron en el ejercicio, cuatro años de información de tendencias de cuota de mercado, desafiándolos a crear el peor de los casos, el caso más probable, y el mejor de los casos estimados para (1) cada uno de los seis grupos de mercado (2) cada una de las ocho líneas de servicio (3) cada escenario de campus.

Después de compilar los resultados del instrumento de la encuesta, Stroudwater asignó distribuciones triangulares para cada variable. A excepción del proceso ocurrido en el área de cirugía cardíaca. Hubo un largo debate sobre el impacto de un hospital de la competencia abriendo potencialmente una unidad de cirugía cardiotorácica en el mercado de servicios secundarios de CMC. Para el escenario de "campus actual", el comité de dirección acordó en que si se abre una unidad de la competencia sería disminuir su cuota de mercado hasta el rango de 15% a 19%, y se le asignó una probabilidad del 20% que su competidor abriría la unidad. Si el competidor no construye la unidad, una minoría del grupo consideró que la cuota de mercado de CMC aumentaría significativamente al rango de 27% a 30%; se le asignó un 30% de probabilidad. Los miembros restantes eran más conservadores y estimaron una cuota de mercado de 23% a 25%. Del mismo modo, se hicieron estimaciones para el nuevo campus en el que los participantes sintieron que había mejores oportunidades de mercado y donde las pérdidas serían mejor mitigadas si el hospital de la competencia abre una nueva unidad cardiotorácica. Stroudwater utilizó las distribuciones personalizadas mostradas en la Figura 7.28.

Duración Promedio de la Estadía

Stroudwater realizó extensas estimaciones de la estadía para 400 grupos de diagnóstico (DRG) – [siglas en inglés] utilizando una combinación de estadísticas históricas de la National Hospital Discharge Survey del Centro Nacional para Estadísticas de Salud y los datos reales de CMC.

Los médicos clave de CMC participaron en la estimación de la duración de la estadía basados en los datos de referencia, el conocimiento de sus respectivos campos, y los datos históricos del CMC. Los consultores de Stroudwater por separado estimaron la tendencia histórica del tiempo de estadía y desarrollaron un algoritmo para ponderar los datos de referencia y estimaciones de los médicos de CMC. Las estimaciones del tiempo de estadía se utilizaron en una distribución para cada una de las principales líneas de servicio.

En este punto, Stroudwater realizó un análisis de sensibilidad (Figura 7.29) para determinar qué supuestos estaban dirigiendo los pronósticos. Sobre la base de la relativa poca importancia que la población tiene en el resultado, los supuestos de distribución de la población se destinaron a favor de las estimaciones de un solo punto.

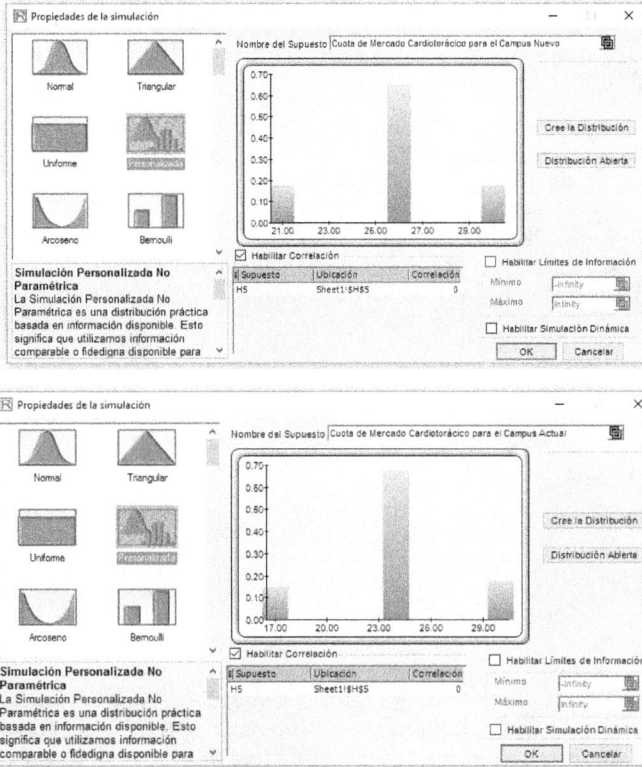

Figura 7.28: Cuota de Mercado Cardiotorácico Utilizando Distribuciones Personalizadas Comparando Supuestos de Participación de Mercado para el Campus Actual y el Campus Nuevo

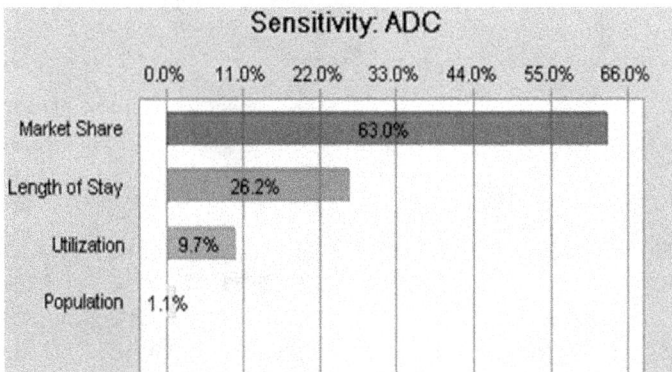

Figura 7.29: Análisis de Sensibilidad de las Variables Clave en la Simulación de Monte Carlo

Decisiones de Colas

Un enfoque típico para determinar la necesidad de las camas y utilizado por el departamento de planificación de CMC, es multiplicar las proyecciones para las admisiones de un solo punto por aquellos tiempos de estadía de un solo punto para determinar el número total de días-paciente. Los días paciente se dividen por 365 para determinar el censo diario promedio (ADC) – [siglas en inglés]. Entonces una distribución de Poisson se le aplica al ADC para determinar el número total de camas requeridas.

Además de los problemas de las estimaciones de un solo punto, las distribuciones de Poisson asumen que todas las llegadas son no programadas y, por tanto, exagera la necesidad de camas si alguno de los servicios tiene admisiones electivas o urgentes.

Debido a que CMC había clasificado la totalidad de sus admisiones por la urgencia de la necesidad de una cama, Stroudwater pudo llevar a cabo un análisis para cada unidad y encontró grandes diferencias en la temporización de las necesidades de camas que van desde el OB con 100% de factor de emergencia a Ortopedia con el 57% de sus admisiones clasificadas como electiva (Figura 7.30).

| | Ortopédicas/Neurocirugía | | | |
	Emergencia	Urgente	Electiva	Total
Días Totales	5,540	415	7,894	13,849
Admisiones Totales	1,497	112	2,133	3,743
Porcentaje (Admisiones)	40%	3%	57%	100%

Figura 7.30: Admisiones Ortopédicas / Neurocirugía Clasificados por Prioridad de Admisión

Para profundizar en el análisis, los médicos miembros del comité se reunieron por separado para determinar qué unidades podían ser combinadas debido a afinidades naturales y los requisitos de enfermería similares. El Comité Directivo se reunió después para discutir los objetivos de servicio para cada categoría de admisión. Acordaron que "Emergencias" tenía que tener una cama disponible de inmediato, "Urgente" dentro de las 48 horas y "Electiva" dentro de las 72 horas. Usando un modelo de gestión de colas de varios canales desarrollado conjuntamente por el Dr. Johnathan Mun y Lawrence Pixley, las necesidades de cama se determinaron para cada uno de los grupos principales de la unidad (Figura 7.31 y 7.32).

| | Altas Tasas de Llegadas | Tasa de servicio 1/ALOS | CV | Necesidad de camas Objetivos de Servicio | | |
Unidad				Emergencia <1 día	Urgencia 1-2 días	Electiva 2-3 días
Cardiología Medica	8.6301	0.0606	142.3973	71%	25%	4%
Cirugía General	10.9315	0.0741	147.5753	49%	2%	49%
Ortopedia/Neuro	17.9795	0.0901	199.5719	40%	3%	57%

Figura 7.31: Modelo Bloqueo MGK Mostrando la Necesidad de Camas por Objetivos de Servicio

Periodo/Día

3			MGK Blocking Model			
No. Camas	No. Camas	Camas	Prob. Ocupadas	Prob. Atendidas < 1 Día	Prob. Atendidas 1-2 Días	Prob. Atendidas 2-3 Días
Por Día	Por Periodo	Ocupadas				
102	34	34	76.3%	99.4%	100.0%	100.0%
66	22	22	84.7%	89.6%	100.0%	100.0%
78	26	26	81.9%	96.0%	100.0%	100.0%
	82					

Figura 7.32: Modelo Bloqueo MGK con Predicción y Probabilidad de Disponibilidad

Las distribuciones se habían fijado para la utilización y la cuota de mercado por línea de servicio para determinar las tasas de llegada necesarias para el modelo de gestión de colas. La longitud de las distribuciones de estadía por línea de servicio se había determinado para la entrada de tasa de servicio al modelo. Las celdas de predicción para la simulación de Monte Carlo se crearon para "Probabilidad de ser Atendido" para <1, 1-2, y 2-3 días para cada una de las unidades, respectivamente. Como sus criterios de planificación, el comité se decidió por una tasa objetivo de 95% de confianza en tener una cama disponible con una certeza superior al 50%. Stroudwater empleó un proceso iterativo para el modelo, volviendo a ejecutar la simulación de Monte Carlo hasta que se cumplieran los criterios de rendimiento. Por ejemplo, la primera ejecución para Ortopedia en 75 camas tenía una certeza del 47.8% en un nivel de confianza del 95% en comparación con una siguiente ejecución de 78 camas con una certeza del 60.57%. La cifra de 78 camas, se adoptó (Figura 7.33).

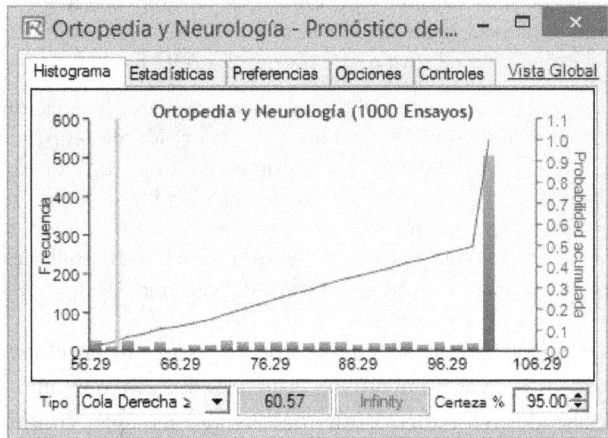

Figura 7.33: Distribución de Frecuencia para 78 Camas Ortopédicas en el Nuevo Campus

Resultados del Análisis

La percepción del comité fue que un nuevo hospital ubicado en una comunidad vecina más cerca de sus mercados objetivo sería mejorar la cuota de mercado en las especialidades clave. Esa percepción fue reforzada por los resultados de Stroudwater en las diferencias proyectadas en la necesidad de camas entre los dos sitios (Figura 7.34).

Línea de Servicio	Campus Actual 2004	2014	Proyección Del Nuevo Campus
Obstetricia	47	48	49
Cardiología	41	43	47
Pulmonar	50	55	56
Enfermedades contagiosas	18	20	19
Ortopedia/Neurocirugía	49	69	73
Rehabilitación	16	18	18
Hematología/Oncología	14	15	16
Cirugía general	38	41	42
Vascular/Cirugía corazón	64	60	68
Urología	14	14	16
Gastroenterología	18	21	21
Neurología	18	20	21
Otros Servicios Médicos	12	14	15
Otras Cirugías	26	26	28
TOTAL CAMAS	425	464	489

Figura 7.34: Resultados de Proyecciones de Necesidades de Camas para las Soluciones del Campus Actual y el Campus Nuevo

Los arquitectos del proyecto utilizaron la información sobre la demanda de camas y las proyecciones de costos de construcción para cada uno de los dos escenarios (Figuras 7.35 y 7.36). Con la necesidad de sólo 39 camas adicionales en el campus actual en comparación con la proyección original de la necesidad de 95 camas adicionales, los arquitectos encontraron la manera de diseñar el espacio de tal forma que proporcionó 92 habitaciones privadas.

Los arquitectos estimaron el costo del proyecto para la nueva instalación de reemplazo en $587 millones en comparación con $285 millones para la opción de renovación / adición para el campus actual. La nueva solución del campus produjo un aumento estimado en contribuciones de campaña de capital de $125 millones y los ingresos por venta de activos de $56 millones, llevando el endeudamiento necesario a un estimado de $231 millones. El préstamo para la opción del campus actual se estimó en $110 millones. Las proformas reflejaron las siguientes ventajas a la nueva solución del campus:

- El ingreso por admisión y por cama fue más alto en el escenario del nuevo campus debido al aumento previsto del margen más alto de admisiones a especialidades. La cirugía cardiotorácica, por ejemplo, contribuyó con $11,600 por cada caso en comparación marginal con $2,200 de Urología.

- CMC estaba promediando el equivalente a 6.1 empleados de tiempo completo (FTE) – [siglas en inglés] por cama en la instalación actual, en gran parte debido a la ineficiencia de las instalaciones. Stroudwater proyectó que un campus renovado, podría reducir la proporción de FTE por cama ocupada a 6.0 pero proyectaba que una nueva instalación reducía la proporción en 5.8.

- En los costos de servicios públicos se proyectó una caída de los actuales $4.51 a $4.08 por pie cuadrado y en los costos de mantenimientos se espera una caída de $2.46 a $1.40 por pie cuadrado.

- La pérdida de los ingresos procedentes de la interrupción de las operaciones se minimizaría con la nueva solución del campus.

- Las comunidades adyacentes garantizaron a CMC que no iba a experimentar dificultades en la zona en caso que el hospital tome la opción de trasladarse, mientras que, debido a la oposición de la comunidad actual para más construcciones en el campus existente, se espera un retraso de tres años en la construcción.

	FY2010	FY2011	FY2012	FY2013	FY2014
Ingresos Totales Operativos	$364,000,000	$361,088,000	$382,720,000	$425,700,000	$455,225,000
Gastos Totales	$336,336,000	$320,762,624	$328,852,160	$364,854,600	$388,220,050
EBITDA	$35,242,900	$44,325,376	$57,867,840	$64,845,400	$71,004,950
Margen EBITDA	9.5%	12.2%	15.1%	15.2%	15.5%
Capital Total y Otros Costos	$10,962,667	$34,891,167	$36,583,630	$34,532,014	$34,335,657
Ingresos Operativos/(Pérdidas)	$16,701,333	$5,434,209	$17,284,210	$26,313,386	$32,669,293
Margen Operativo	4.6%	1.5%	4.5%	6.2%	7.2%
Contribuciones e Inversiones	$7,578,900	$4,000,000	$4,000,000	$4,000,000	$4,000,000
Ingresos Netos/(Pérdidas)	$24,280,233	$9,434,209	$21,284,210	$30,313,386	$36,669,293
Margen de Ganancias	6.5%	2.6%	5.5%	7.1%	8.0%
Ingreso Disponible para Capital	$35,242,900	$44,325,376	$57,867,840	$64,845,400	$71,004,950
Índice de Cobertura Servicio de Deuda	3.3	1.3	3.5	3.9	4.3

Figura 7.35: Proforma para el Escenario del Nuevo Hospital

	FY2010	FY2011	FY2012	FY2013	FY2014
Ingresos Totales Operativos	$364,000,000	$361,088,000	$370,760,000	$387,500,000	$409,500,000
Gastos Totales	$336,336,000	$321,845,888	$326,759,160	$340,612,500	$359,014,500
EBITDA	3524290000%	4324211200%	4800084000%	5088750000%	5448550000%
Margen EBITDA	$0	$0	$0	$0	$0
Capital Total y Otros Costos	$10,962,667	$23,318,486	$23,370,578	$23,516,484	$23,724,575
Ingresos Operativos / (Pérdidas)	1670133300%	1592362600%	2063026200%	2337101600%	2676092500%
Margen Operativo	$0	$0	$0	$0	$0
Contribuciones e Inversiones	$7,578,900	$4,000,000	$4,000,000	$4,000,000	$4,000,000
Ingresos Netos/(Pérdidas)	2428023300%	1992362600%	2463026200%	2737101600%	3076092500%
Margen de Ganancias	$0	$0	$0	$0	$0
Ingreso Disponible para Capital	35242900.0	43242112.0	48000840.0	50887500.0	54485500.0
Índice de Cobertura Servicio de Deuda	$3	$3	$6	$6	$7

Figura 7.36: Proforma para el Escenario del Campus Actual

Además de las anteriores presentaciones de proforma, Stroudwater proporciona la tabla con los resultados de la simulación de Monte Carlo para el margen de beneficio proyectado en el año 2014, como se muestra en la Figura 7.37.

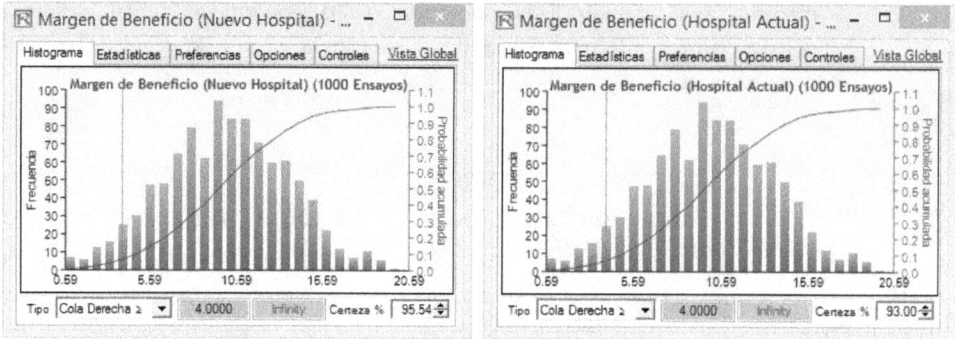

Figura 7.37: Distribución de Frecuencias del Margen de Beneficio Comparando Escenarios Alternativos

Curiosamente, los márgenes de beneficios proyectados para los dos escenarios fueron muy similares, con el nuevo escenario del hospital que tiene un poco más de probabilidad de exceder un margen de beneficio del 4%. Dados los resultados similares de las proformas, la junta eligió proceder con la solución del nuevo campus. A su juicio, a pesar de que trasladarse a la comunidad conjunta era un riesgo, el riesgo de permanecer en el sitio actual era aún mayor. Se dieron cuenta de que sus futuras opciones de expansión estaban limitadas en caso de que las proyecciones probaran que se estaba subestimando la futura demanda de servicios, mientras que el nuevo campus les daba una gran flexibilidad para los eventos no anticipados.

Una agencia de calificación de bonos valoró como favorable el enfoque de evaluación del riesgo CMC. Su carta de opinión reflejó las siguientes observaciones:

- CMC recibió altas calificaciones para el proceso de toma de decisiones. La agencia apreció el análisis alternativo de la comparación de la construcción en el actual campus en comparación con un nuevo campus y el enfoque único de incorporar la incertidumbre en el cálculo de la necesidad de camas. Se observa que las proyecciones originales para una instalación de 515 camas, se redujeron a 489 camas, como resultado del análisis.

- CMC recibió puntos por incluir a los médicos en el comité de dirección, y por el hecho de que la administración del CMC continuamente se reunió con el personal médico para proporcionar actualizaciones sobre el análisis.

- La agencia considera que el traslado al nuevo campus era un riesgo al alejarse de los consultorios médicos existentes, pero el riesgo no sólo se vio mitigado, sino mejorado por una propiedad privada y se desarrolló un edifico de consultorios médicos de 300,000 pies cuadrados como parte del nuevo campus. (Se notó la falta de espacio para los consultorios de servicios médicos en el campus existente.) También se aceptó el argumento de que la viabilidad financiera a largo plazo del CMC mejoró mediante la futura capacidad de reclutar y retener a los médicos, sobre todo en las prácticas de grandes grupos.

- El hecho de que el nuevo hospital se encuentre junto al centro de atención ambulatoria de CMC que ya había estado en pleno funcionamiento desde hace seis años también fue visto positivamente ya que los pacientes estaban acostumbrados a viajar a este sitio.

- La agencia encontró que la administración ha examinado de manera imperiosa todos los escenarios razonables para el volumen de pacientes y el reembolso de terceros y su impacto en los ingresos y la liquidez.

Estas fueron las principales ventajas de la utilización de análisis de riesgos aplicado en este caso:

- Los miembros de la junta, muchos de los cuales estaban familiarizados con el análisis de riesgos aplicado en sus propias industrias, se sentían mucho más cómodos tomando una decisión importante de reubicación basado en una serie de resultados probables, más que en las estimaciones de un solo punto previamente utilizado.

- La agencia de calificación de bonos otorgó al hospital una calificación de bonos favorable porque se emplearon escenarios "qué pasaría si" y debido a los métodos utilizados tanto en identificar como en mitigar los factores de riesgo.

- El hospital también pudo reducir el número de camas proyectadas y, por tanto, su costo total de la construcción debido a una metodología empleada más sofisticada en gestión de colas.

CASO ESTUDIO: VALORACIÓN DE LA COMPENSACIÓN PARA EJECUTIVOS BASADA EN RIESGO

Este caso fue escrito por Patrick Haggerty, Director de la firma de consultoría de compensación ejecutiva James F. Reda & Associates, LLC. Como asesor independiente de gestión y junta directiva, la empresa ayuda a las empresas con el diseño e implementación de programas de remuneración de ejecutivos. La firma cuenta con una gran experiencia en la valoración de premios e incentivos a largo plazo usando la orientación proporcionada por el IASB No. 123 (revisado 2004), pagos basados en acciones (FAS 123R) y las interpretaciones correspondientes. A través de la asociación con el Dr. Mun y el uso de sus paquetes de software de valoración de opciones, James F. Reda & Associates, LLC ayuda a los clientes a determinar y comprender el impacto de gastos de remuneraciones de la selección de diseños alternativos e incentivos a largo plazo.

Este caso se basa en proyectos reales realizados, pero a los fines de mantener la propiedad de la información, utilizamos una entidad ficticia denominada Boris Manufacturing, Inc. (Boris). Este caso estudio es sobre el proceso que Boris utiliza para evaluar alternativas de incentivos a largo plazo (LTI) diseños de planes alternativos de incentivos y determinar el valor razonable para fines de deducción de gastos, según lo requerido por las nuevas normas de contabilidad financiera. A través de los siguientes pasos, el equipo de gestión y el comité de compensación trabajaron juntos para evaluar las ventajas y desventajas de los diversos medios de LTI disponibles. Las medidas adoptadas incluyen:

- Revisión de reconocimientos históricos adjudicado a los empleados.
- Revisión del plan de incentivos a largo plazo de la compañía.
- Llevar a cabo un Estudio de Mercado.

- Ventajas y desventajas de cada medio LTI disponibles.

Por último, Boris decidió adjudicar acciones restringidas que se otorgan en el logro de una rentabilidad total para el accionista de destino porque la condición de rendimiento es el retorno total para el accionista, una opción de modelo de fijación de precios puede ser utilizado para determinar el valor razonable basado en una opción de barrera, donde los retornos de valores solamente se otorgan después de infringir una barrera predeterminada de rendimiento superior. Un simple Black–Scholes no está diseñado para valorar este tipo de reconocimientos, en cambio, los modelos de enrejado binominal, *Real Options Super Lattice Solver* como los del Dr. Mun y el software Simulador de Riesgo son los más adecuados, porque incluyen factores de entrada necesarios. FAS 123 (R) considera los criterios de adquisición de derechos sobre la adjudicación de acciones restringidas de Boris una "condición de mercado", lo que significa que es relacionado con el precio de la acción. Esta distinción es importante porque si Boris diseñó un plan, que confiere en el logro de una medida no activo de precio relacionado (es decir, ganancias por acción o EPS, y ganancias antes de intereses, impuestos, depreciaciones y amortizaciones, o simplemente EBITDA) la empresa no podría colocarle un factor de rendimiento al valor razonable de la adjudicación (FAS 123 (R) llama a este tipo de medida de rendimiento "condición de rendimiento"). Para más detalles técnicos sobre la valoración de las opciones sobre acciones para empleados basadas en FAS 123 revisado 2004, véase el caso del Dr. Johnathan Mun en el Capítulo 14 en la valoración de las opciones sobre acciones.

Antecedentes

Boris Manufacturing, Inc., es un fabricante de productos químicos cuyas acciones cotizan en bolsa con un valor de alrededor de mil millones de dólares. La empresa cuenta con 2,000 empleados, con aproximadamente 200 empleados a nivel ejecutivo y gerencial. El comité de compensaciones de Boris es responsable de determinar los niveles de remuneración de ejecutivos y la adjudicación de LTIs a todos los empleados. El comité de compensaciones evaluó las prácticas de pago entre las empresas de su grupo y determinó que LTI debe ser una parte significativa e importante de la remuneración total. En consecuencia, la compañía ha adjudicado a sus empleados de nivel ejecutivo y de gerencia, LTIs. Históricamente, Boris otorgó opciones sobre acciones a los empleados, porque antes de la FAS 123 (R) el costo fue cero – bajo las normas contables anteriores, los gastos de compensación fueron de cero para las opciones *at-the-money* si el número de acciones otorgadas son conocidas en la fecha de concesión.

Los reconocimientos de opciones sobre acciones de Boris no han proporcionado los incentivos o vinculación a los accionistas que el comité de compensación espera. En los últimos cuatro años, el precio de las acciones de Boris ha sido relativamente volátil y ha disminuido en general. Aproximadamente, la mitad de las opciones sobre acciones que Boris ha otorgado a los empleados tienen un precio de ejercicio más alto que el precio actual de las acciones en curso o *underwater*. Además, la compañía mantiene la adjudicación de más opciones de acciones debido a que el precio de las acciones continúa cayendo. Como resultado, la compañía tiene un excedente improductivo de acciones, empleados con vinculación mínima a los accionistas, y pocas acciones restantes en su banco de existencias. Como se describe a continuación, el comité de compensación decidió llevar a cabo un estudio para evaluar estos problemas.

Proceso del Comité de Compensación

Para revisar diseños alternativos de LTI, el comité de compensación llevo a cabo lo siguiente:

1. Revisión de reconocimientos históricos adjudicado a los empleados.

Propósito: Para entender lo que los empleados habían recibido en el pasado, como el tipo de reconocimiento, el valor razonable actual del incentivo y cualquier beneficio recibido.

Resultado: En los últimos tres años, Boris otorgó aproximadamente 900,000 opciones sobre acciones a los empleados cada año, (2.8 millones en total). Desafortunadamente, aproximadamente la mitad están devaluadas, y muy pocos empleados pudieron ejercer y vender con cualquier ganancia.

2. Revisión del plan de incentivos a largo plazo de la compañía

Propósito: Comprender los tipos de medios de LTI que los accionistas de Boris aprobaron en su plan de LTI y la cantidad de acciones disponibles para premios.

Resultado: Plan de LTI de Boris es muy flexible y permite todo tipo de medios LTI, incluyendo:

- Opciones Sobre Acciones No Cualificadas (NQSO)
- Opciones de Incentivo Sobre Acciones (ISO)
- Reconocimiento de Acciones liquidadas en Stock (Stock SAR)
- Unidades de Acciones Restringidas (RSU)
- Rendimiento de Acciones y Rendimiento de las Unidades.

Debido a que las subvenciones sobre acciones realizadas fueron superiores en los últimos tres años, la compañía tiene sólo 500,000 acciones disponibles para las subvenciones futuras. Es probable que Boris tenga que volver a los accionistas el próximo año por lo que quieren utilizar las acciones restantes sabiamente

3. Llevar a cabo un Estudio de Mercado

Propósito: Determinar prácticas competitivas para los premios LTI, los costos y diseños LTI (adquisición de derechos, medidas de desempeño, disposiciones de terminación, y períodos de tenencia).

Resultado: Basado en un análisis de los competidores del sector, la compañía determinó que los valores históricos de las opciones sobre las recompensas fueron superiores a las del mercado – en una posición individual, sobresalen de nivel base y la base de costo. Además, se determinó que muchas compañías del grupo de pares están adjudicando el valor total de las acciones (es decir, acciones restringidas y de rendimiento de las acciones) en lugar de opciones sobre acciones. Entre las empresas del grupo de pares que están adjudicando acciones de valor completo con las condiciones de funcionamiento, las condiciones de rendimiento más comunes fueron la rentabilidad total para el accionista, las ganancias por acción, y el EBITDA.

4. Evaluar las Ventajas y Desventajas para cada Medio LTI Disponible. En la Tabla 7.10 se resumen las conclusiones del comité de compensación.

Tabla 7.10: Ventajas y Desventajas de los Medios LTI

Medio LTI	Enfoque FAS 123R	Asuntos Tributarios Empleado Clave	Ventaja Principal	Desventaja Principal
NQSO	Fecha de concesión fija valor razonable[1]	Impuesto sobre el ingreso ordinario en el ejercicio	Determinar Ingreso gravable, potencial de beneficio	Potencial devaluado, altamente dilutivo

ISO	Fecha de concesión fija valor razonable	Impuesto de ganancias sobre capital en venta[2]	Ganancia de capital, potencial de beneficio	Sin deducciones fiscales en la compañía. Norma ISO
Acciones SAR	Fecha de concesión fija valor razonable	Impuesto sobre el ingreso ordinario en el ejercicio	Potencial de beneficio limite dilutivo	Potencial devaluado
Acciones restringidas	Fecha de concesión fija valor nominal	Ingresos ordinarios adquiridos	Retención, sin costo alguno para los empleados	Pago de impuesto adquirido, 162 M no calificado
Unidad de acciones restringidas (pagado en acciones)	Fecha de concesión fija valor nominal	Ingresos ordinarios entregados	Flexibilidad, puede incluir rendimiento	Flexibilidad sujeta a la norma 409A
Acciones ligadas a resultados	Precio fijo de acciones y participaciones fijas ajustadas[4]	Ingresos ordinarios entregados	Acciones adicionales and precio más alto de acciones	Establecer medidas de rendimiento
Unidades de rendimiento (pago en efectivo)	Variable y ajustada hasta que se pague[5]	Ingresos ordinarios entregados	Recibir efectivo, diversidad	Flujo de caja, contabilidad variable

[1] Valor razonable basado en un modelo de valoración de opciones, como por ejemplo el de Black–Sholes .
[2] Si los períodos de retención necesarios se cumplen, de lo contrario igual que NQSO.
[3] Valor nominal es igual a precio de las acciones en la fecha de concesión.
[4] El precio de las acciones se fija en la fecha de concesión; las acciones son variables hasta el período de medición se haya completado.
[5] Contabilidad a valor de mercado hasta que el premio sea pagado.

Decisión del Comité de Compensación

El comité de compensación decidió otorgar acciones restringidas que otorga sobre el logro previo de una rentabilidad total para el accionista (TSR). Los factores clave que influenciaron al Comité para seleccionar este plan LTI incluye:

- Reducción en el excedente y porcentaje de ejecución.
- Vincular mejor a los accionistas.
- Se requiere un nivel mínimo de rendimiento aceptable antes del pago.
- Promueve la propiedad de acciones porque los ejecutivos no tienen que vender acciones para ejercer.

Los detalles del diseño incluyen:

Tipo: Acciones restringidas

Criterios de Adquisición: Otorgar hasta obtener un 6% anual TSR

Período de rendimiento: 3 años (promedio acumulativo TSR debe ser superior a 6%)

Derechos de dividendos: Los participantes no reciben dividendos hasta que se otorguen acciones

El número de acciones es todo o nada de la adjudicación, no hay ningún ajuste en el número de acciones si TSR está por debajo o por encima de 6%.

Antes de seleccionar el 6% TSR objetivo, el comité de compensación revisó el TSR histórico de Boris. Basado en esta revisión, se determinó que el rendimiento histórico anualizado de Boris es de 5.2% y usando esto y las estimaciones de volatilidad, hemos sido capaces de calcular la distribución esperada de los rendimientos futuros (ver Figura 7.38). El Comité considero esto y fijó el objetivo de TSR y el rendimiento del rango esperado TSR en:

Objetivo TSR: 6%

Mínimo esperado: 0%

Lo más probable: 5%

Máximo esperado: 9%

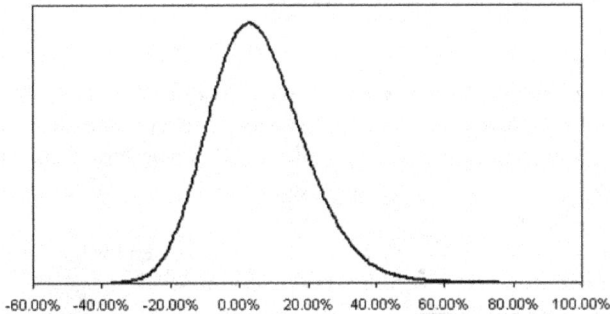

Figura 7.38: Rentabilidad Proyectada de Boris Basado en Rendimiento Histórico

El comité de compensación consideró y analizó, pero en última instancia se decidió en contra de los siguientes diseños de planes alternativos. Cada una de estas alternativas dará lugar a un cálculo de valor razonable diferente.

- Aumento de la duración de período de rendimiento de 3 a 5 años
- Adjudicación de premio basado en la evolución del TSR de la compañía contra de un grupo de pares en lugar de un objetivo predeterminado.
- Adjudicación de acciones de rendimiento en lugar de acciones restringidas (nota, este cambio no tiene impacto en el valor razonable, pero afecta el número de acciones que se otorgan).

Determinación del Costo de Compensación

Usando la guía FAS 123 (R), Boris determinó el valor razonable de la adjudicación de acciones restringidas para el reconocimiento de gastos. El costo de compensaciones para la adjudicación será igual al valor razonable, multiplicado por el número de acciones restringidas otorgadas. Determinar el valor razonable de sus acciones restringidas es similar al proceso que Boris había utilizado para determinar el valor razonable de sus acciones preferenciales bajo las normas pro forma de divulgación FAS 123. Sin embargo, un simple modelo Black–Scholes no se puede utilizar para determinar el valor razonable de un premio con un objetivo TSR. En cambio, un modelo de simulación de Monte Carlo, junto con un modelo enrejado binomial debe ser utilizado con entradas que se detallan a continuación (véanse los Capítulos 12 y 13 para obtener más información sobre las técnicas de valoración de opciones). Un modelo de simulación de Monte Carlo, junto con un modelo binomial es más apropiado que otros modelos de forma cerrada u opción de valoración de precios ya que este análisis tiene una barrera asociada a la estructura de pagos (es decir, los objetivos TSR), lo que significa que sólo un enrejado binomial puede ser utilizado para modelar dichas opciones de barrera. Además, el potencial de que Boris TSR superará estos objetivos es altamente incierto y, por lo tanto, tenemos que ejecutar una simulación de Monte Carlo para capturar su valor esperado. Por lo tanto, combinamos las capacidades de simulación Monte Carlo del Simulador de Riesgos con las opciones sobre acciones de los empleados de valoración y el software Real Options SLS para realizar los cálculos. Consulte los capítulos de análisis de opciones reales para obtener más detalles sobre cómo ejecutar el software SLS, o consulte el libro de la misma autoría *Real Options Analysis*, tercera edición (Thompson–Shore/Wiley, 2016). Los siguientes son los supuestos utilizados en el modelo:

- Fecha de concesión. Este supuesto determina la fecha de concesión de precio de las acciones y el tipo de interés de la suposición.
- Fecha de concesión de precio de las acciones: Es igual al precio de cierre en la fecha de concesión, o $20.00 por este ejemplo.
- Precio de compra. Por lo general $0 para las adjudicaciones de acciones restringidas.
- Volatilidad: Se calculó basándose en los históricos de las acciones, 30% para este ejemplo. Orientación significativa para la determinación de este supuesto se proporciona en FAS 123 R) y la SEC Staff Accounting Bulletin No. 107.
- Periodo contractual: Es igual a la duración del período de ejecución, 3 años para este ejemplo.
- Rentabilidad de dividendo: Se calculó basándose en los históricos de rentabilidad por dividendo de Boris, 1% para este ejemplo:

Dividendo Fecha de Pago	Dividendo Cantidad	Precio Acciones	Trimestralmente Rentabilidad por Dividendo
3/15/2005	$0.04	$15.00	0.27%
6/15/2005	$0.04	$15.50	0.26%
9/15/2005	$0.04	$15.75	0.25%
12/15/2005	$0.04	$16.00	0.25%
Suma de rentabilidad por dividendo Trimestral			1.03%

- Tasa de interés. Basado en los bonos del Tesoro Americano de las tasas disponibles en la fecha de concesión con un vencimiento igual al plazo contractual. Para este ejemplo, se utilizó una tasa de interés del 4%.
- Objetivo TSR. El comité de compensación de Boris fijó un objetivo del 6% sobre la base de 3 años de retorno promedio histórico de la compañía anualizado de 5.2%.
- Rango de desempeño esperado TSR: Establece los parámetros para determinar la probabilidad de alcanzar el objetivo de TSR. El Comité cree que sería razonable asumir un TRS mínimo esperado de 0% y un tramo TSR del 9%.
- Múltiple ejercicio subóptimo: Establece el precio al que el participante espera para el ejercicio esperado. Esta suposición se fija en 10,000, lo que se hace teóricamente inalcanzable. Si este premio fuera una opción de acción, esta suposición podría ser utilizada si el comportamiento de ejercicio empleado indica un nivel inferior.

Los resultados generados usando el Simulador de riesgo, simulación Monte Carlo junto con Real Options SLS proporciona un valor razonable de $10.27 (Figura 7.39). El software Real Options SLS fue usado para obtener las acciones restringidas de valoración bursátil, mientras que el Simulador de Riesgo fue usado para simular los valores de potenciales TSR. Por lo tanto, si los premios de Boris son de 400,000 acciones restringidas a los empleados, el costo de compensación es igual a 400,000 x $10.27 = $4,108,000 que se acumula durante el periodo de ejecución de 3 años. Si no se utiliza el modelo de simulación de Monte Carlo, Boris estaría obligado a utilizar la fecha de concesión de la bolsa, de $20, lo que resulta en un gasto de 400,000 x $20 = $8,000,000. Por lo tanto, aplicando la metodología correcta, así como el derecho de ingeniería LTI subvenciones, Boris fue capaz de reducir los gastos en casi un 50%.

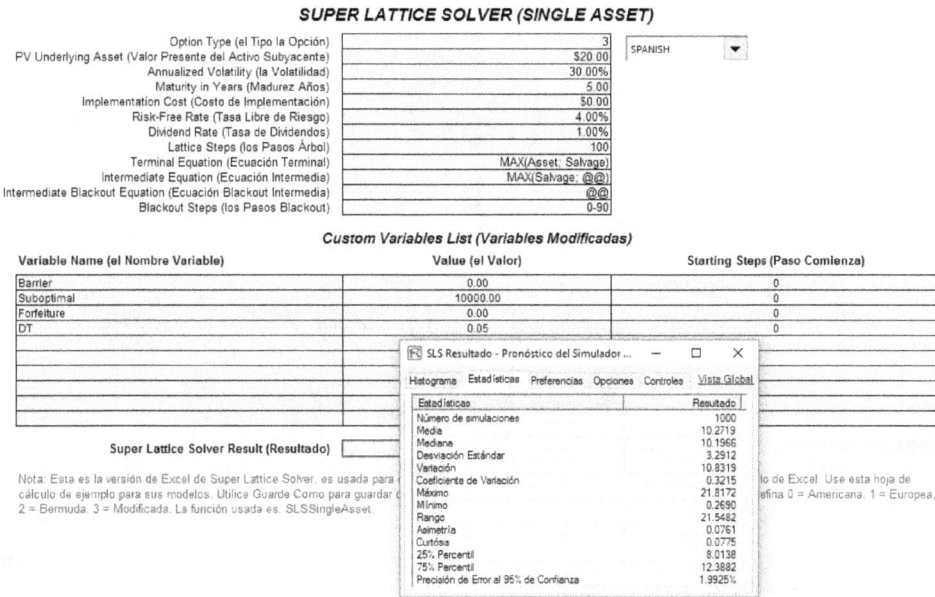

Figura 7.39: Valoración Total de Resultados (Únicamente la Muestra) para el LTI de Boris

Conclusión

El modelo de simulación de Monte Carlo puede usarse para ayudar a diseñar el premio LTI mediante la comprensión del impacto que tiene ciertos cambios el valor razonable, y para determinar el valor razonable de la adjudicación de premios LTI bajo los propósitos de FAS 123 (R). Sin el uso de estos métodos sofisticados, el valor razonable nunca habría calculado correctamente y la decisión de emprender el derecho de LTI habría sido errada. Además, este tipo de metodologías descritas aquí también se puede utilizar para otras aplicaciones como la ingeniería LTI y compensaciones basadas en acciones que están vinculados por decir, un índice de mercado tal como el S&P 500, o el desempeño de una empresa, es decir, (podemos utilizar indicadores financieros como el margen de beneficio neto, las utilidades brutas, el EBITDA, y similares), o tal vez para algunos precios de productos básicos, (por ejemplo, el precio del oro o el petróleo). Para más detalles técnicos y de aplicación FAS 123 (R) y ejecución del software Employee Stock Options Valuation, consulte el libro del autor, *Valuing Employee Stock Options (Under 2004 FAS 123)* (Wiley Finance, 2004).

ESTUDIO DE CASO: RIESGO BASADO EN LA PLANIFICACIÓN DE CRONOGRAMA CON SIMULACIÓN

Marcos Rhoades es profesor en la Naval Postgraduate School en Monterey, California. Es un ex comandante de la Armada de Estados Unidos y se ha desempeñado como Gerente de Programa Adjunto en la Oficina del Programa NAVSTAR Sistema de Posicionamiento Global, como ingeniero de sistemas en Air Systems Comando Naval, y Administrador de programas de los Equipos de Reparación Servicio de Depósitos de la Aviación Naval de Campo. Mark ha tenido años de experiencia en la gestión de programas, planificación de programas, fiabilidad y logística. Además de enseñar Gestión de Riesgo en las clases de posgrado; actualmente dirige su propio negocio de consultoría, Risk and Opportunity Management.

Todas las organizaciones dependen en gran medida de las herramientas de planificación de proyectos para pronosticar cuando se completarán varios proyectos. Completar los proyectos dentro de los tiempos y presupuestos específicos es fundamental para facilitar las operaciones de negocios sin problemas. En nuestro entorno de alta tecnología, muchas cosas pueden afectar el cronograma. Las capacidades técnicas pueden a menudo no estar a la altura de las expectativas. Los requisitos son insuficientes en muchos casos y necesitan mayor definición. Las pruebas pueden traer resultados sorprendentes—buenos o malos. Toda una serie de otras razones puede provocar imprevistos en el cronograma. En raras ocasiones, es posible encontrarse con la buena fortuna y el cronograma se puede acelerar. El cronograma de los proyectos on inherentemente inciertos y el cambio es normal. Por lo tanto, debemos esperar cambios y encontrar la mejor manera de lidiar con ellos. Así que ¿por qué los proyectos siempre requieren más tiempo de lo previsto? La siguiente discusión presenta una descripción de las deficiencias en los métodos tradicionales de estimación del cronograma y la forma en que el Simulador de Riesgo se puede aplicar para hacer frente a estas deficiencias.

Gestión Tradicional del Cronograma

La gestión tradicional del cronograma suele comenzar con una lista de tareas. Luego, estas tareas se colocan en orden y se vinculan desde la predeccsora hasta la sucesora para cada tarea. Por lo general, se muestran en un diagrama de Gantt o una red. Para nuestro análisis, nos concentramos en la red. Se desarrolla entonces la duración de cada tarea dentro de la red. La duración estimada de cada tarea se da en una estimación de un solo punto, a pesar de que sabemos por experiencia que esta estimación debe ser un rango de valores. El primer error es utilizar una estimación de un solo punto. Además, muchas personas que proporcionan estimaciones de duración tratan de poner su mejor pie adelante y dar una estimación optimista o el mejor de los casos. Si asumimos que la probabilidad de lograr este mejor estimado de los casos para una tarea es de 20 por ciento, entonces la probabilidad de lograr el mejor caso para dos tareas es simplemente el 4 por ciento (20 por ciento del 20 por ciento), y tres tareas producen sólo el 0.8 por ciento. Dentro de un proyecto real con muchas más tareas, sólo hay una probabilidad infinitesimal de hacer el cronograma del mejor de los casos.

Una vez que se han desarrollado las estimaciones de duración de la tarea, la red se construye y los diferentes caminos a través de la red se trazan. Las duraciones de las tareas se suman a lo largo de cada uno de estos caminos, y el que toma más tiempo se identifica como la ruta crítica. La Figura 7.40 ilustra un ejemplo de red y la ruta crítica. La suma de las duraciones de tareas a lo largo de la ruta crítica se muestra como la fecha de finalización del proyecto. En la Figura 7.40, hay cuatro caminos a través de la red de principio a fin. El camino más corto / más rápido son Tareas 1-2-3-10-11 con una duración total de 22 días. El siguiente camino más corto es Tareas 1-7-8-9-10-11 en 34 días, y luego el camino 1-4-5-6-10-11 a los 36 días. Por último, el camino 1-4-8-9-10-11 toma más tiempo a 37 días y es la ruta crítica para esta red.

Así que supongamos que esta red de tareas es nuestra parte de un esfuerzo mayor y que alguna de nuestras labores lo ha sobrepasado por un día. Nuestro jefe nos ha pedido acortar nuestro cronograma por uno o dos días para obtener todo el esfuerzo de nuevo en marcha. La gestión del cronograma tradicional tiene un objetivo: reducir el elemento de mayor duración en la ruta crítica. Otro enfoque es acortar cada tarea en toda la ruta crítica. Debido a que la primera técnica es más centrada, más propensa al éxito, y crea menos conflictos en nuestro equipo, vamos a suponer que vamos a utilizar esa. Por lo tanto, vamos a querer reducir la Tarea 8 de 10 días a 9 días para acortar nuestro cronograma y vamos a cumplir con nuestro jefe o nuestro cliente. Dejemos la metodología tradicional en esta etapa sintiéndonos satisfechos con nuestros esfuerzos.

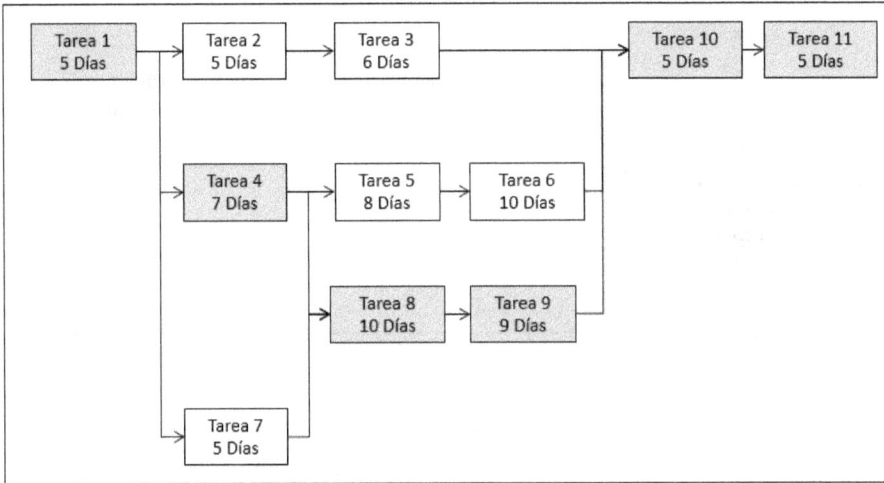

Figura 7.40: Red del Cronograma

Gestión Probabilística del Cronograma

Si estamos de acuerdo en que la duración de las tareas puede variar, entonces la incertidumbre se debe tener en cuenta en los modelos de cronograma. Un modelo de cronograma se puede desarrollar mediante la creación de una distribución de probabilidad para cada tarea, que representa la probabilidad de completar la tarea en particular en una duración específica. Las Técnicas de simulación de Monte Carlo se pueden aplicar para prever toda la gama de posibles duraciones del proyecto.

Una distribución triangular simple es una distribución de probabilidad razonable a utilizar para describir la incertidumbre de la duración de una tarea. Es un ajuste natural, porque si le preguntamos a alguien que proporcione un rango de valores de duración para una tarea específica, habitualmente suministra dos de los elementos: la duración mínima y la duración máxima. Sólo tenemos que pedir o determinar la duración más probable para completar la distribución triangular. Los parámetros son simples, intuitivamente fáciles de entender, y fácilmente aceptados por los clientes y jefes por igual. Otras distribuciones más complejas podrían utilizarse como Beta o Weibull, pero poco o nada se gana porque la determinación de los parámetros estimados para estas distribuciones es propensa a errores y el método de determinación no es fácilmente explicable al cliente o jefe.

Para obtener las mejores estimaciones, debemos utilizar múltiples fuentes para obtener las estimaciones del mínimo, más probable, y los valores máximos para la duración de la tarea. Podemos hablar con el contratista, el director del proyecto, y las personas que hacen el trabajo práctico y así compilar una lista de estimaciones de duración. Los datos históricos también se pueden utilizar, pero con precaución debido a que muchos esfuerzos pueden ser similares a los proyectos anteriores, pero por lo general contienen varios elementos únicos o combinaciones. Podemos utilizar la Figura 7.41 como guía. Los valores mínimos deben reflejar la utilización óptima de los recursos. Los valores máximos deben tener en cuenta los problemas sustanciales, pero no es necesario justificar el peor de los casos absolutos donde todo sale mal y los problemas se agravan mutuamente. Tenga en cuenta que el valor más probable será el valor experimentado más a menudo, pero es típicamente menor que la mediana o la media en la mayoría de los casos.

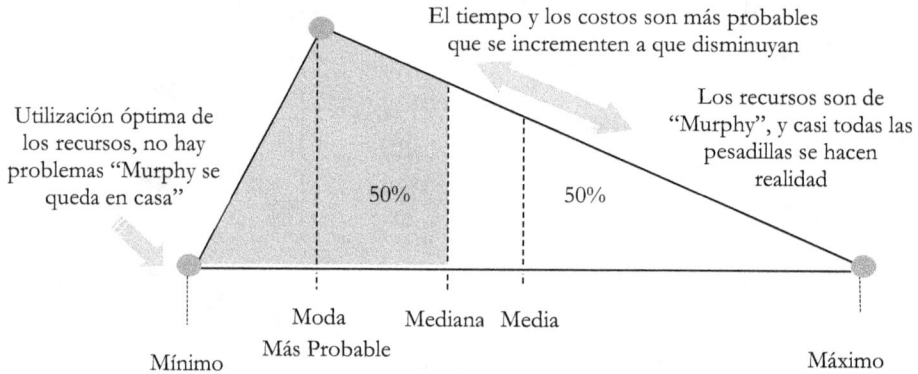

Figura 7.41: Distribución Triangular

Para nuestro problema de ejemplo, mostrado en la Figura 7.40, el valor mínimo, el más probable, y el máximo indicados en la Tabla 7.11 serán utilizados. Podemos utilizar supuestos de entrada del Simulador de Riesgo para crear distribuciones triangulares basadas en estos parámetros de mínimos, más probables y máximos. La columna de valores de duración dinámica que se muestran en la tabla se ha creado tomando una muestra aleatoria de cada una de las distribuciones triangulares asociadas.

Una vez creadas las distribuciones triangulares, el siguiente paso es utilizar la red del cronograma para determinar los caminos. Para el problema ejemplo que se muestra la Figura 7.40, hay cuatro caminos a través de la red de principio a fin. Estos caminos se muestran en la Tabla 7.12 con sus duraciones asociadas. (Nota: Al configurar la hoja de cálculo para los diversos caminos, es absolutamente esencial utilizar los supuestos de entrada para las duraciones de tareas y luego referenciar estas celdas cuando se calcule la duración para cada ruta). Este método asegura que la duración de las tareas individuales sea la misma, independientemente de que camino se utilice) La duración total de todo el cronograma es el máximo de los cuatro caminos. En el Simulador de Riesgo, queremos designar esa celda como un pronóstico de salida. En el análisis probabilístico del cronograma, no estamos preocupados por las situaciones críticas / casi críticas de la ruta debido a que el análisis de forma automática contabiliza todas las duraciones de la ruta a través de los cálculos.

Tabla 7.11: Rango de Duración de las Tareas

Tarea	Nombre de la Tarea	Duración Dinámica	Mínimo	Más Probable	Máximo	Punto Estimado
1	Análisis de las Partes Interesadas	5.76	4.5	5	6	5
2	Jerarquía de Objetivos	4.79	4.5	5	6	5
3	Desarrollo de Métricas de Decisión	6.16	5.5	6	7	6
4	Análisis Funcional	7.78	6	7	9	7
5	Módulo Primario Rqmts	9.22	7	8	10	8
6	Desarrollo de Módulo Primario	10.12	9	10	13	10
7	Análisis de Módulo Funcional Secundario	5.42	4.5	5	6	5
8	Requisitos Secundarios de Asignación	10.05	9	10	12	10
9	Desarrollo de Módulo Secundario	9.40	8	9	10	9
10	Estudios de Comercio	3.33	2.5	3	4	3
11	Desarrollo Final de Especificación	3.76	2.5	3	4	3

Tabla 7.12: Rutas y Duraciones para el Problema de Ejemplo

Ruta1	Duración1	Ruta2	Duración2	Ruta3	Duración3	Ruta4	Duración4
1	5.78	1	5.78	1	5.78	1	5.78
2	4.79	4	7.78	4	7.78	7	5.42
3	6.16	5	9.22	8	10.05	8	10.05
10	3.33	6	10.12	9	9.40	9	9.40
11	3.76	10	3.33	10	3.33	10	3.33
		11	3.76	11	3.76	11	3.76
Total1	23.81	Total2	39.99	Total3	40.10	Total4	37.73

Total Global Cronograma
>>>>>> | 40.0968 | =MAX(Total1,Total2,Total3,Total4)

Ahora podemos utilizar el Simulador de Riesgo y ejecutar una simulación de Monte Carlo para hacer un pronóstico de duración del cronograma. Figura 7.42 muestra los resultados para el problema de ejemplo. Volvamos a los números dados por el método tradicional. La estimación inicial indica que el proyecto se completa en 37 días. Si utilizamos la función de cola – izquierda en la tabla de pronóstico, podemos determinar la probabilidad de completar la tarea en 37 días basada en la simulación de Monte Carlo. En este caso, hay una mera probabilidad de finalización de 8.27 por ciento dentro de 37 días. Este resultado ilustra la segunda deficiencia en el método tradicional: No sólo el punto estimado es incorrecto, ¡sino que también nos pone en una situación de exceso de alto riesgo incluso antes de que el trabajo haya comenzado! Como se muestra en la Figura 7.42, el valor de la mediana es de 38.5 días. Algunos estándares de la industria recomiendan usar el valor de certeza del 80 por ciento para la mayoría de los casos, lo que equivale a 39.5 días en el problema de ejemplo.

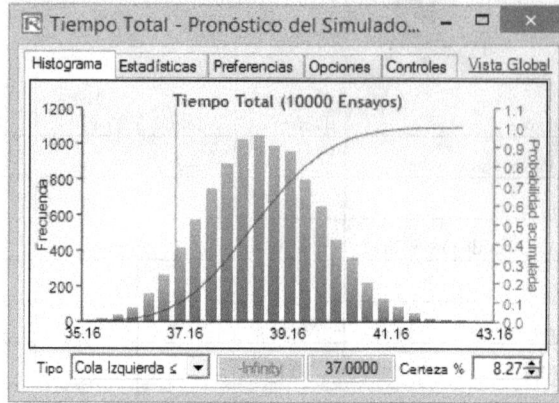

Figura 7.42: Resultados de Simulación de Monte Carlo

Ahora vamos a repasar la petición del jefe de reducir el horario general un día. ¿Dónde ponemos el esfuerzo para reducir la duración total? Si estamos usando la gestión probabilística del cronograma, no utilizamos la ruta crítica; ¿Así que por dónde empezamos? Usando las herramientas *Análisis de Sensibilidad* y *Análisis Tornado* del Simulador de Riesgo, podemos identificar los objetivos más efectivos para la reducción de esfuerzos. El gráfico de tornado (Figura 7.43) identifica las variables más influyentes (tareas) en el cronograma global. Esta tabla ofrece los mejores objetivos para reducir los valores de la media / mediana. Sin embargo, no podemos hacer frente a la media / mediana sin abordar la variación. La herramienta de análisis de sensibilidad muestra qué variables (tareas) son las que más contribuyen a la variación en la salida del cronograma global (ver Figura 7.44). En este caso, podemos ver que la variación en la Tarea 4 es el principal contribuyente a la variación en el calendario general. Otra observación interesante es la variación en la Tarea 6, una tarea que no se encuentra en la ruta critica, también está contribuyendo casi en el 9 por ciento de la variación total.

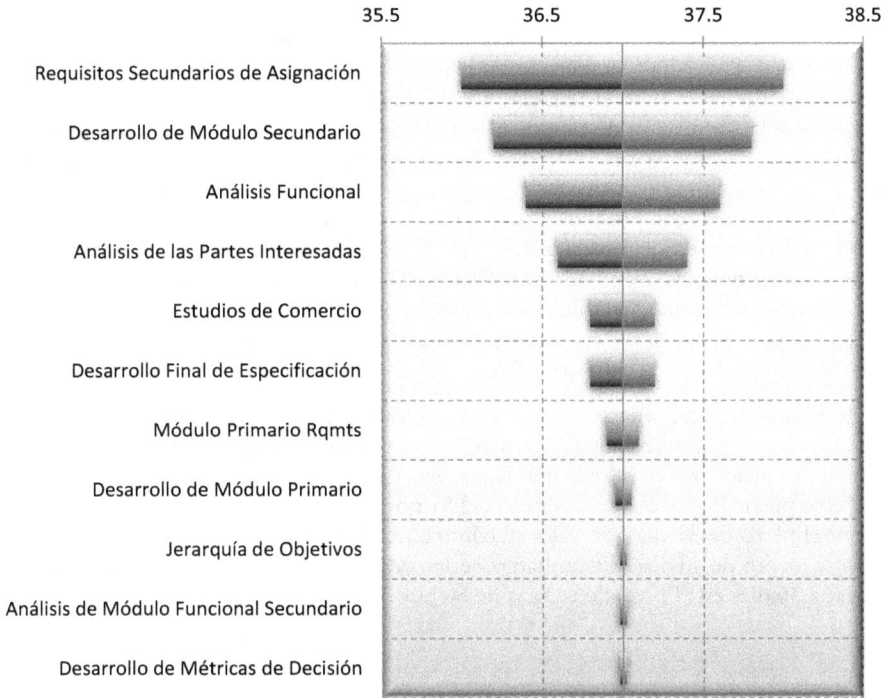

Figura 7.43: Grafico Tornado

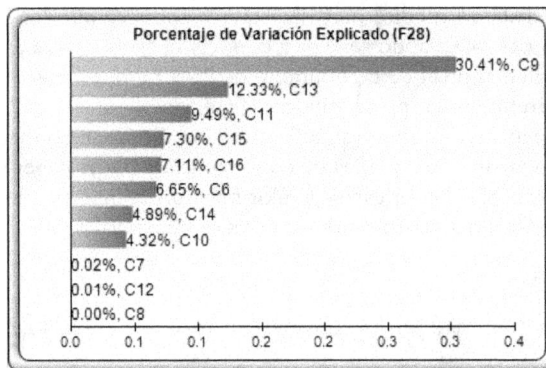

Figura 7.44: Grafico de Análisis de Sensibilidad

En este ejemplo, la reducción de la duración del cronograma de Tarea 4, Tarea 8, y Tarea 9 pagaría la mayor cantidad de dividendos en cuanto a la reducción de la duración del cronograma global. Determinar las razones subyacentes de la variación sustancial en las Tareas 4, 6 y 8 probablemente daría un mejor conocimiento de estos procesos. Por ejemplo, la variación en la Tarea 4 puede ser causada por la falta de personal disponible. Las acciones de la gerencia podrían inclinarse en dedicar personal al esfuerzo y reducir la variación sustancial, lo que reduciría la variación global y mejoraría la previsibilidad del cronograma. Examinar las razones de la variación conducirá a objetivos, donde las acciones gerenciales serán más eficaces, mucho más que simplemente decirles a las tropas que reduzcan el tiempo de finalización de la tarea.

Usando el modelo de cronograma de red, también podemos experimentar para ver cómo las diferentes estrategias de reducción pueden compensar. Por ejemplo, tomar un día menos para las Tareas 4, 8, y 9 bajo el método tradicional nos llevaría a creer que una reducción de tres días ha tenido lugar, pero si reducimos el valor más probable para las Tareas 4, 8 y 9 un día y se ejecuta la simulación de riesgos Monte Carlo, se encuentra que el valor promedio es aún 37.91, o sólo una reducción de 0.7 días. Esta pequeña reducción demuestra que la variación debe ser abordada. Si reducimos la variación en un 50 por ciento, manteniendo los valores mínimos y los valores más probables originales, pero reduciendo el valor máximo para cada distribución, entonces reducimos la mediana de 38.5 a 37.91 casi lo mismo que la reducción de los valores más probables. Tomando ambas acciones (reduciendo los valores más probables y máximos) se reduce la mediana de 36.83, dándonos una oportunidad de 55 por ciento de completar el plazo de 37 días. Este análisis demuestra que la reducción del valor más probable y la variación general es la acción más eficaz.

Para llegar a 36 días, tenemos que seguir trabajando en la lista de tareas que se muestran en el gráfico tornado y sensibilidad abordando cada tarea. Si le damos a la tarea 1 el mismo tratamiento, reduciendo sus valores más probables y máximos, entonces la finalización dentro de 36 días se puede lograr con una certeza del 51 por ciento, y una certeza 79.25 por ciento de completar el plazo de 37 días. El valor máximo para el cronograma general se redujo de más de 42 días a menos de 40 días. Sin embargo, serían necesarios esfuerzos sustanciales de gestión, para llegar a 36 días en el nivel de certeza de 80 por ciento.

Reglas para la Gestión de Riesgos de Cronograma

Al administrar la producción del cronograma, utilice los números del mejor de los casos. Si usamos los valores más probables o, aún peor, los valores máximos, el personal de producción no se esforzará para llegar a los números del mejor de los casos de este modo se implementa una profecía autocumplida de finalización retrasada. Al preparar el presupuesto, debemos crear la dotación para el resultado medio, pero hay que reconocer que hay incertidumbre en el mundo real, así como riesgo. Cuando se le da a conocer el cronograma al cliente, proporcione los valores que equivalen al nivel de certidumbre de 75 a 80 por ciento. En la mayoría de los casos, los clientes prefieren la previsibilidad (finalización a tiempo) sobre la potencial finalización rápida que incluye un riesgo significativo. Por último, reconozca que el "peor caso" posiblemente puede ocurrir y cree planes de contingencia para proteger a su organización en caso de que se produzca. Si el "peor caso" / valor máximo es inaceptable, entonces realice los cambios necesarios en el proceso de reducir el valor máximo de los resultados a un nivel aceptable.

Cómo Aplicar este Método a Redes más Grandes

Algunos podrían argumentar que esta metodología sólo es buena para redes pequeñas, porque parece que se tienen que rastrear todas las rutas de principio a fin. Sin embargo, es, posible, dividir la red del cronograma para volver el problema más fácil en casos más grandes. En nuestro problema de ejemplo, todos los caminos se unieron en la Tarea 10. Podemos llamar Tarea 10 a un evento de Combinación. Podemos dividir una red grande en partes más pequeñas que utilizan los puntos de combinación para definir los límites. Para ilustrar mejor esta técnica, vamos a utilizar la red del cronograma que se muestra en la Figura 7.45.

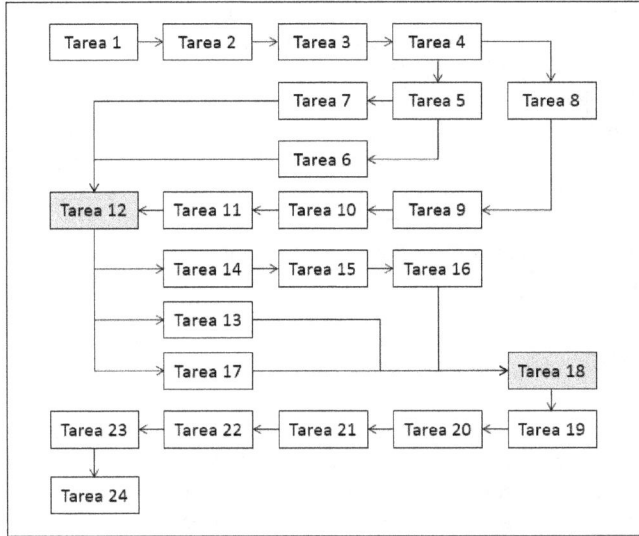

Figura 7.45: Ejemplo de Cronograma de Red con Múltiples Puntos de Combinación

En la Figura 7.45, hay dos puntos de combinación – la Tarea 12 y la Tarea 18. Después de que hemos creado supuestos de entrada para cada tarea, podemos configurar nuestros cálculos. Para este ejemplo, debemos crear la suma de las duraciones de las tareas 1-2-3-4 como nuestro primer subtotal ya que estas tareas están en serie. El segundo subtotal sería igual a la duración máxima entre Tareas 5-6, Tareas 5-7 y Tareas 8-9-10-11. A continuación, añadiríamos la duración de la Tarea 12 como el tercer subtotal. El cuarto subtotal sería la duración máxima entre la Tarea 13, Tareas 14-15-16, y la Tarea 17. Por último, se suman las duraciones de las tareas 18 a 24 como el quinto subtotal. Entonces podemos sumar los cinco subtotales para determinar la duración global del cronograma. La celda de la hoja de cálculo que suma los cinco subtotales se establece como la pronóstico de salida para toda nuestra red del cronograma. Los cálculos se muestran en la hoja de cálculo de la Figura 7.46.

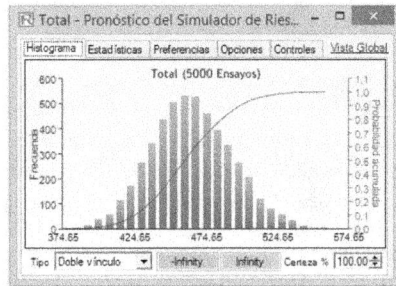

Figura 7.46: Ejemplo de Hoja de Cálculo de Cronograma con Múltiples Puntos de Combinación

El Simulador de Riesgo también puede utilizarse para tener en cuenta las correlaciones entre las tareas. Después de que creamos los supuestos de entrada, podemos volver atrás y utilizar *Simulador de Riesgo | Herramientas | Editar Correlaciones* para explicar las correlaciones entre las tareas. Por ejemplo, si la experiencia o los datos anteriores indican que como la Tarea 8 toma más tiempo, la duración de la Tarea 9 también aumentará, entonces hay una probable correlación entre las dos tareas. Si hemos emparejado datos, entonces podemos utilizar la herramienta de ajuste de distribución (Múltiple) del Simulador de Riesgo para determinar los valores de correlación entre los dos elementos. Esta herramienta también trabaja con más de dos elementos. Si tenemos datos de varios casos anteriores, podemos utilizar esta herramienta para determinar la matriz de correlación para todas las tareas. Para construir la predicción más exacta, debemos tener en cuenta las correlaciones cuando sabemos que existen.

Conclusión

Con la gestión tradicional del cronograma, sólo hay una respuesta para la fecha de finalización prevista. Cada tarea obtiene una duración estimada y se valora que es precisa solo si todo va según lo planeado, sin una ocurrencia probable. Con la gestión probabilística del cronograma, miles de ensayos se ejecutan explorando el rango de posibles resultados de duración del cronograma. Cada tarea en la red recibe una distribución de estimación de tiempo, lo que refleja de forma precisa la incertidumbre de cada tarea. Las correlaciones se pueden introducir para modelar con mayor precisión el comportamiento del mundo real. Las rutas críticas y casi críticas se toman en cuenta automáticamente, y la distribución del pronóstico de salida reflejará con precisión toda la gama de resultados posibles. Usando el análisis de tornado y el análisis de sensibilidad, podemos maximizar la eficacia de nuestras acciones gerenciales para controlar las variaciones de programación y reducir el cronograma global en altos niveles de certidumbre.

ESTUDIO DE CASO: TEORÍA DEL VALOR EXTREMO Y APLICACIÓN EN EL MERCADO DE IMPACTO PARA PRUEBAS DE TENSIÓN Y VALOR EXTREMO EN RIESGO

El Capital Económico es esencial para los bancos (así como los bancos centrales y los reguladores financieros que controlan los bancos) ya que vincula los ingresos y rentabilidades de las inversiones ligadas a los riesgos que son específicos de un portafolio de inversiones, línea de negocio, u oportunidad de negocio de un banco. Además, estas mediciones de Capital Económico se pueden agregar a un portafolio de participaciones. Para modelar y medir el Capital Económico, el concepto de Valor en Riesgo (VaR) se utiliza normalmente para tratar de entender la forma en toda la organización financiera que se ve afectada por los diversos riesgos de cada participación como agregado en un portafolio, después de considerar las correlaciones cruzadas por pares entre varias participaciones. El VaR mide la máxima pérdida posible dado un cierto nivel de probabilidad predefinida (por ejemplo, 99.90%) durante un periodo de permanencia u horizonte de tiempo (por ejemplo, 10 días). La alta gerencia y los tomadores de decisiones de alto nivel en el banco, suelen seleccionar la probabilidad o intervalo de confianza, lo que refleja el apetito de riesgo de la junta, o pueden estar basados en los requisitos de capital de Basilea III. Dicho de otra manera, podemos definir el nivel de probabilidad como probabilidad deseada del banco de sobrevivir al año. Además, el periodo de participación por lo general se elige de tal manera que coincida con el período de tiempo que se necesita para liquidar una posición de pérdida.

El VaR puede ser calculado de varias maneras. Existen dos grandes familias de enfoques: los *modelos de forma estructural cerrada* y la *simulación de Monte Carlo*. Este último es un enfoque mucho más potente. En lugar de simplemente correlacionar líneas de negocios individuales o activos, la simulación de riesgos Monte Carlo puede correlacionar distribuciones de probabilidad enteras usando enlaces matemáticos y algoritmos de simulación, mediante el uso del Simulador de Riesgo. Además, decenas de cientos de miles de escenarios pueden ser generados mediante simulación, proporcionando un poderoso mecanismo de prueba de stress para valorar el VaR. Los métodos de ajuste de distribución se aplican para reducir los miles de puntos de datos históricos en una distribución de probabilidad apropiada, permitiendo que el modelo pueda ser manejado con mayor facilidad.

Sin embargo, hay un problema evidente. Los modelos estándar VaR asumen una distribución normal subyacente. Bajo el supuesto de normalidad, la probabilidad de movimientos grandes y extremos del mercado se subestiman en gran medida y, más concretamente, la probabilidad de que cualquier desviación más allá de 4 sigma es básicamente cero. Desafortunadamente, en el mundo real, los acontecimientos 4-sigma ocurren, y sin duda ocurren más de una vez cada 125 años, que es la supuesta frecuencia de un evento de 4-sigma (a un nivel de confianza del 99.995%) con la distribución normal. Peor aún, se supone que el evento de 20-sigma correspondiente a la caída bursátil del año 1987 ni siquiera ocurre una vez en un billón de años.

Los fracasos del VaR llevaron el Comité de Basilea a alentar a los bancos a centrarse en rigurosas pruebas de stress que capturen *eventos de cola extrema* e integren una dimensión adecuada del riesgo en la gestión de riesgo de los bancos. Por ejemplo, el marco del Basilea III otorga un papel más importante para las pruebas de tensión que rigen las reservas de capital. De hecho, un evento 20-sigma, bajo la distribución normal, se produciría una vez cada *googol*, que es un 1 con 100 ceros después de él, años. En 1996, el Comité de Basilea ya había impuesto un multiplicador de cuatro para lidiar con el error del modelo. La falta de normalidad esencial de hechos reales en los mercados financieros sugiere que un multiplicador de este tipo no es suficiente. A raíz de esta conclusión, los reguladores han dicho que los modelos basados en VaR contribuyeron a la complacencia, citando la incapacidad de técnicas avanzadas de gestión de riesgos para capturar eventos de cola.

Hervé Hannoun, Subgerente General del Banco de Pagos Internacionales, informó que, durante la crisis, los modelos de VaR subestimaron "gravemente" los eventos de cola y las correlaciones altas de pérdida bajo stress sistémico. El modelo de VaR ha sido el pilar para evaluar el riesgo en los mercados normales, pero no le ha ido bien en situaciones de stress extremo. Los eventos sistémicos ocurren con mucha más frecuencia y las pérdidas sufridas durante tales eventos han sido mucho más grandes que las estimaciones de VaR han supuesto. En el nivel de confianza del 99%, por ejemplo, se multiplicaría sigma en un factor de 2.33. [1]

Mientras que una distribución normal se puede utilizar para una gran variedad de aplicaciones, incluyendo en el cálculo estándar del VaR donde la distribución normal puede ser un buen modelo cerca de su media o la ubicación central, no podría ser un buen ajuste a los datos reales en las colas (altos extremos y bajos extremos), y un modelo como una distribución compleja podrían ser necesarios para describir la gama completa de los datos. Si se recogen los valores de colas extremas (desde cualquiera de los extremos de las colas) que superan un cierto umbral, se puede incorporar estos extremos a una distribución de probabilidad separada. Hay

---

[1] The Basel III Capital Framework: A Decisive Breakthrough, Hervé Hannoun, Deputy General Manager, Bank for International Settlements, BoJ-BIS High Level Seminar on Financial Regulatory Reform: Implications for Asia and the Pacific Hong Kong SAR, 22 November 2010.

varias distribuciones de probabilidad capaces de modelar estos casos extremos, incluyendo la distribución Gumbel (también conocido como distribución de valor extremo de tipo I), la distribución generalizada de Pareto, y la distribución Weibull. Estos modelos suelen proporcionar un buen ajuste a condiciones extremas de datos complejos.

La Figura 7.47 ilustra la forma de estas distribuciones. Observe que el Máximo Gumbel (valor extremo de distribución clase I, sesgada la derecha), Weibull 3, y generalizada de Pareto tienen una forma similar, con un sesgo a la derecha o positivo (mayor probabilidad de un valor más bajo, y una menor probabilidad de un valor más alto).

Normalmente, tendríamos pérdidas potenciales que figuran como valores positivos (una pérdida potencial de diez millones de dólares, por ejemplo, se cataloga como $10,000,000 de *pérdidas* en lugar de –$10 millones en los *rendimientos*) ya que estas distribuciones son unidireccionales. El Mínimo Gumbel (valor extremo de distribución clase I, sesgada a la izquierda), sin embargo, requeriría valores negativos para las pérdidas (por ejemplo, una pérdida potencial de diez millones de dólares sería catalogada como—$10 millones en vez de $10 millones). (Ver Figura 7.50 para un ejemplo de conjunto de datos de pérdidas extremas.) De esta pequeña pero muy crítica forma de introducir los datos para ser analizados se determinará qué distribuciones se pueden y se deben utilizar.

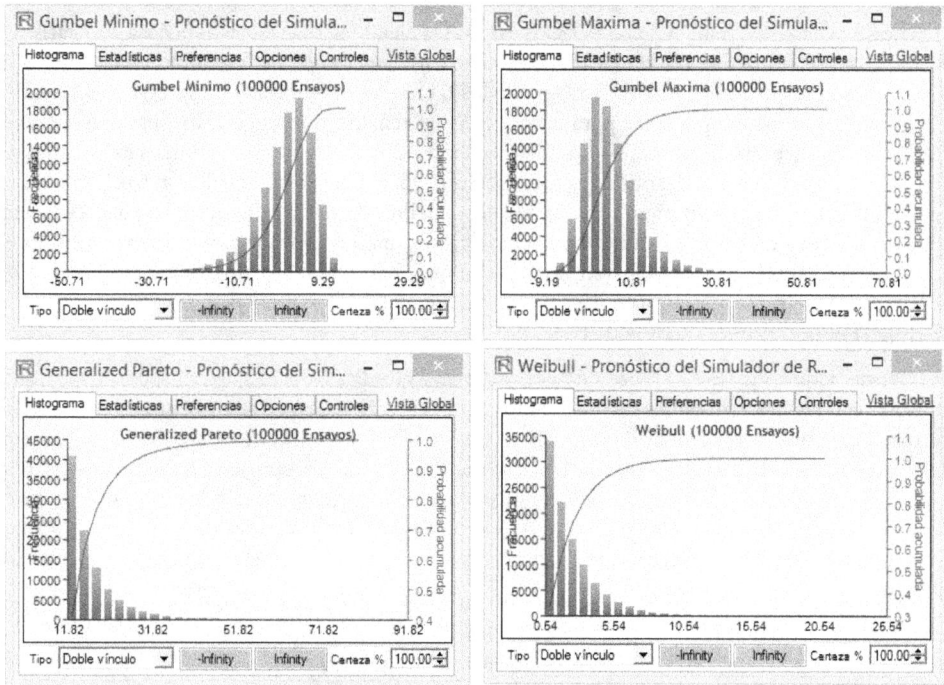

Figura 7.47: Ejemplo de las Formas Funcionales de Distribución de Probabilidad más Comunes para la Modelación de Valores Extremos

Las distribuciones de probabilidad y las técnicas que se muestran en este estudio de caso se pueden utilizar en una variedad de conjuntos de datos. Por ejemplo, se puede utilizar el análisis de valores extremos en los precios de las acciones (Figura 7.48) o cualquier otro dato macroeconómico tales como tasas de interés o precio del petróleo, y así sucesivamente (La Figura 7.49 ilustra los datos históricos de las tasas del Tesoro Americano y los precios mundiales del petróleo en los últimos 10 años). Generalmente, los impactos macroeconómicos (impactos extremos) pueden ser modelados usando una combinación de tales variables. Con fines ilustrativos, hemos seleccionado el histórico de precios de Google para modelar.

Los impactos macroeconómicos a veces se pueden ver en los gráficos de series de tiempo. Por ejemplo, en las figuras 7.48 y 7.49, vemos la última recesión en Estados Unidos alrededor de enero de 2008 hasta junio 2009 en las tres gráficas (región vertical resaltada).

	A	B	C	D	E	F	G	H	I	J	K	L
1			Los Precios Históricos (Google)									
2	Fecha	Precio Apertura	Precio Mayor	Precio Menor	Precio Cierre	Volume	Precio Cierre		Retornos Absolutos	Retornos Relativos	LN Retornos Relativos	GARCH (1,1) Volatilidad
3	8/19/2004	100.00	109.08	95.96	108.31	16890200	108.31					
4	8/23/2004	110.75	113.48	103.57	106.15	5605400	106.15		-1.99%	0.9801	-0.0201	
5	8/30/2004	105.28	105.49	98.94	100.01	3956300	100.01		-5.78%	0.9422	-0.0596	32.54%
6	9/7/2004	101.01	106.56	99.61	105.33	2952100	105.33		5.32%	1.0532	0.0518	33.93%
7	9/13/2004	106.63	117.49	106.46	117.49	4817300	117.49		11.54%	1.1154	0.1093	34.33%
8	9/20/2004	116.95	124.10	116.77	119.83	4314100	119.83		1.99%	1.0199	0.0197	41.64%
9	9/27/2004	119.56	135.02	117.80	132.58	8347800	132.58		10.64%	1.1064	0.1011	39.19%
10	10/4/2004	135.25	139.88	132.24	137.73	6662800	137.73		3.88%	1.0388	0.0381	43.99%
11	10/11/2004	137.00	145.50	133.40	144.11	6560600	144.11		4.63%	1.0463	0.0453	42.01%
12	10/18/2004	143.20	180.17	139.60	172.43	15788600	172.43		19.65%	1.1965	0.1794	40.71%
13	10/25/2004	176.40	199.95	172.55	190.64	20887400	190.64		10.56%	1.1056	0.1004	57.45%
14	11/1/2004	193.55	201.60	168.55	169.35	14340500	169.35		-11.17%	0.8883	-0.1184	58.37%
15	11/8/2004	170.93	189.80	165.27	182.00	12926300	182.00		7.47%	1.0747	0.0720	61.01%
16	11/15/2004	180.45	188.32	165.73	169.40	15270100	169.40		-6.92%	0.9308	-0.0717	58.99%
17	11/22/2004	164.47	180.03	161.31	179.39	11635600	179.39		5.90%	1.0590	0.0573	57.21%
18	11/29/2004	180.36	183.00	177.51	180.40	7672100	180.40		0.56%	1.0056	0.0056	54.70%
19	12/6/2004	179.13	180.70	168.47	171.65	6527500	171.65		-4.85%	0.9515	-0.0497	50.69%
20	12/13/2004	172.17	180.69	169.45	180.08	8667400	180.08		4.91%	1.0491	0.0479	48.54%
21	12/20/2004	182.00	188.60	181.87	187.90	5718100	187.90		4.34%	1.0434	0.0425	46.55%
22	12/27/2004	189.15	199.88	189.10	192.79	5300100	192.79		2.60%	1.0260	0.0257	44.50%
23	1/3/2005	197.40	203.64	187.72	193.85	11577300	193.85		0.55%	1.0055	0.0055	41.92%
24	1/10/2005	194.50	200.01	190.50	199.97	7833100	199.97		3.16%	1.0316	0.0311	39.17%
25	1/18/2005	200.97	205.30	188.12	188.28	10672500	188.28		-5.85%	0.9415	-0.0602	37.43%
26	1/24/2005	188.69	194.70	176.29	190.34	11165000	190.34		1.09%	1.0109	0.0109	37.99%
27	1/31/2005	193.69	216.80	190.63	204.36	17808400	204.36		7.37%	1.0737	0.0711	35.72%
28	2/7/2005	205.26	206.40	185.25	187.40	14742100	187.40		-8.30%	0.9170	-0.0866	37.67%
29	2/14/2005	182.85	199.84	181.00	197.95	19955500	197.95		5.63%	1.0563	0.0548	41.00%
30	2/22/2005	196.50	198.90	182.23	185.87	16214300	185.87		-6.10%	0.9390	-0.0630	40.51%

Los Precios Históricos (Google)

Figura 7.48: Precio Histórico de las Acciones de Google y Rendimiento, Volatilidad GARCH (1,1), y Gráfico de Series de Tiempo

EE.UU. Tesoro Tarifa Diaria (Largo Plazo)

Precio de Petróleo Crudo (NYMEX)

Figura 7.49: Histórico de Tasas de Interés del Tesoro Americano y Precios Mundiales del Petróleo

Por lo tanto, el primer paso en el análisis de valores extremos es descargar los datos de series de tiempo relevantes de las variables macroeconómicas seleccionadas. El segundo paso es determinar el umbral, los datos por encima y más allá de este umbral se consideran valores extremos (finales de cola de la distribución), donde se analizarán estos datos por separado.

La Figura 7.50 muestra las estadísticas básicas y los intervalos de confianza de los rendimientos históricos bursátiles de Google. Como una prueba inicial, seleccionamos el quinto percentil (-6.61%) como el umbral. Es decir, todos los rendimientos de las acciones en o por debajo de este −6.00% de umbral (redondeado) se consideran potencialmente extremos y significativos. Otros enfoques se pueden utilizar también como (i) la ejecución de un modelo GARCH, donde se utiliza este modelo Generalizado Autorregresivo de Heteroscedasticidad Condicional (y sus muchas variantes) para modelar y predecir la volatilidad de los rendimientos de las acciones, de este modo suavizando y filtrando los datos para tener en cuenta cualquier efecto de autocorrelación; (ii) creando los gráficos cuantiles QQ de varias distribuciones (por ejemplo, Gumbel, Poisson Generalizado, o Weibull) y visualmente identificando en qué momento el gráfico converge asintóticamente a la horizontal; y (iii) probando distintos umbrales para ver en qué punto estas distribuciones de valores extremos proporcionan el mejor ajuste. Debido a que los dos últimos métodos están relacionados, solo se ilustran el primer y el tercer enfoque.

La Figura 7.50 muestra los datos filtrados donde las pérdidas superan el umbral de prueba deseado. Las pérdidas se muestran como dos valores negativos, así como los valores positivos (absolutos). La Figura 7.51 muestra los resultados de ajuste de distribución utilizando las rutinas de ajuste de distribución del Simulador de Riesgo aplicando la prueba de Kolmogorov–Smirnov.

Retorno Absoluto	Retorno Relativo	LN Relativo Retorno	GARCH (1,1) Volatilidad		Retorno Absoluto	Retorno Relativo	GARCH (1,1) Volatilidad	Retorno >6% Limite	|Retorno| >6% Limite	Retorno >4% Limite	Retorno >7% Limite
-1.99%	0.9801	-0.0201		Media	0.57%	1.0057	33.25%	-15.35%	15.35%	-5.78%	-15.35%
-5.78%	0.9422	-0.0596	32.54%	Desviacion Estandar	4.76%	0.0476	8.39%	-14.32%	14.32%	-15.35%	-14.32%
5.32%	1.0532	0.0518	33.93%	1% Percentil	-11.62%	0.8838	23.71%	-14.19%	14.19%	-14.32%	-14.19%
11.54%	1.1154	0.1093	34.33%	5% Percentil	-6.61%	0.9339	24.32%	-12.92%	12.92%	-14.19%	-12.92%
1.99%	1.0199	0.0197	41.64%	50% Percentil	0.68%	1.0068	30.52%	-11.98%	11.98%	-12.92%	-11.98%
10.64%	1.1064	0.1011	39.19%	95% Percentil	8.18%	1.0818	51.29%	-11.17%	11.17%	-11.98%	-11.17%
3.88%	1.0388	0.0381	43.99%	99% Percentil	13.68%	1.1368	59.18%	-10.76%	10.76%	-11.17%	-10.76%
4.63%	1.0463	0.0453	42.01%	Mínimo	-15.35%	0.8465	22.69%	-10.24%	10.24%	-10.76%	-10.24%
19.65%	1.1965	0.1794	40.71%	Máxima	19.65%	1.1965	63.73%	-9.83%	9.83%	-10.24%	-9.83%
10.56%	1.1056	0.1004	57.45%					-8.93%	8.93%	-9.83%	-8.93%
-11.17%	0.8883	-0.1184	58.37%	Límite	-6.00%			-8.92%	8.92%	-8.93%	-8.92%
7.47%	1.0747	0.0720	61.01%					-8.70%	8.70%	-8.92%	-8.70%
-6.92%	0.9308	-0.0717	58.99%					-8.45%	8.45%	-8.70%	-8.45%
5.90%	1.0590	0.0573	57.21%					-8.30%	8.30%	-8.45%	-8.30%
0.56%	1.0056	0.0056	54.70%					-8.21%	8.21%	-8.30%	-8.21%
-4.85%	0.9515	-0.0497	50.69%					-8.03%	8.03%	-8.21%	-8.03%
4.91%	1.0491	0.0479	48.54%					-7.85%	7.85%	-8.03%	-7.85%
4.34%	1.0434	0.0425	46.55%					-7.64%	7.64%	-7.85%	-7.64%
2.60%	1.0260	0.0257	44.50%					-7.21%	7.21%	-7.64%	-7.21%
0.55%	1.0055	0.0055	41.92%					-6.99%	6.99%	-7.21%	
3.16%	1.0316	0.0311	39.17%					-6.92%	6.92%	-6.99%	
-5.85%	0.9415	-0.0602	37.43%					-6.79%	6.79%	-6.92%	
1.09%	1.0109	0.0109	37.99%					-6.65%	6.65%	-6.79%	
7.37%	1.0737	0.0711	35.72%					-6.48%	6.48%	-6.65%	
-8.30%	0.9170	-0.0866	37.67%					-6.38%	6.38%	-6.48%	
5.63%	1.0563	0.0548	41.00%					-6.24%	6.24%	-6.38%	
-6.10%	0.9390	-0.0630	40.51%					-6.19%	6.19%	-6.24%	
0.02%	1.0002	0.0002	40.79%					-6.11%	6.11%	-6.19%	
-4.36%	0.9564	-0.0445	38.13%					-6.10%	6.10%	-6.11%	

Figura 7.50 Estadísticas de Pérdidas Extremas (Retornos Negativos) y Valores por Encima del Umbral

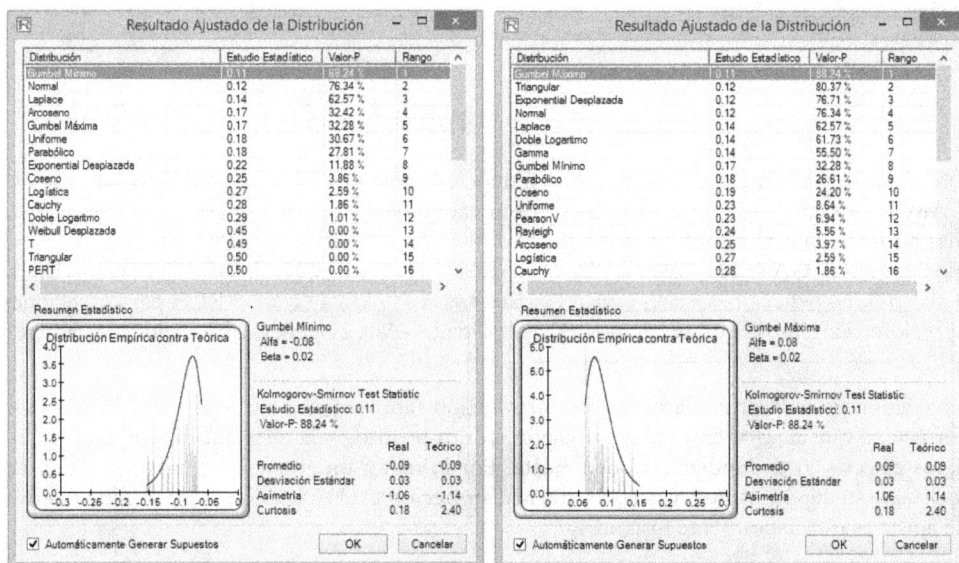

Figura 7.51: Ajustes de Distribución sobre los Valores Negativos y Positivos Absolutos de Pérdidas (6% Umbral de Pérdida)

Vemos en la Figura 7.51 que las pérdidas negativas se ajustan mejor a la distribución mínima Gumbel, mientras que las pérdidas positivas absolutos se ajustan mejor a la distribución Gumbel máxima. Estas dos distribuciones de probabilidad son imágenes que se reflejan entre sí, por lo tanto, utilizar cualquier distribución en el modelo estaría bien. La Figura 7.52 muestra dos conjuntos adicionales de ajuste de distribución de los datos con 4% y 7% de pérdidas como umbral, respectivamente. Vemos que el conjunto de datos que mejor se ajusta al valor extremo está en el umbral de la pérdida de 7% (un valor-p más alto significa un mejor ajuste, un valor-p de 93.71% en los datos del umbral del 7% es el mejor ajuste de los tres).[2]

Se recomienda utilizar el método de Kolmogorov–Smirnov, ya que es una prueba no paramétrica y sería el más adecuado para ajustar los eventos de los valores de cola extrema. También, se pueden probar los otros métodos de ajuste disponibles en el Simulador de Riesgo, incluyendo Anderson–Darling, Criterios de Información Akaike, Criterios Schwartz/Bayes, Estadísticas de Kuiper, y así sucesivamente.

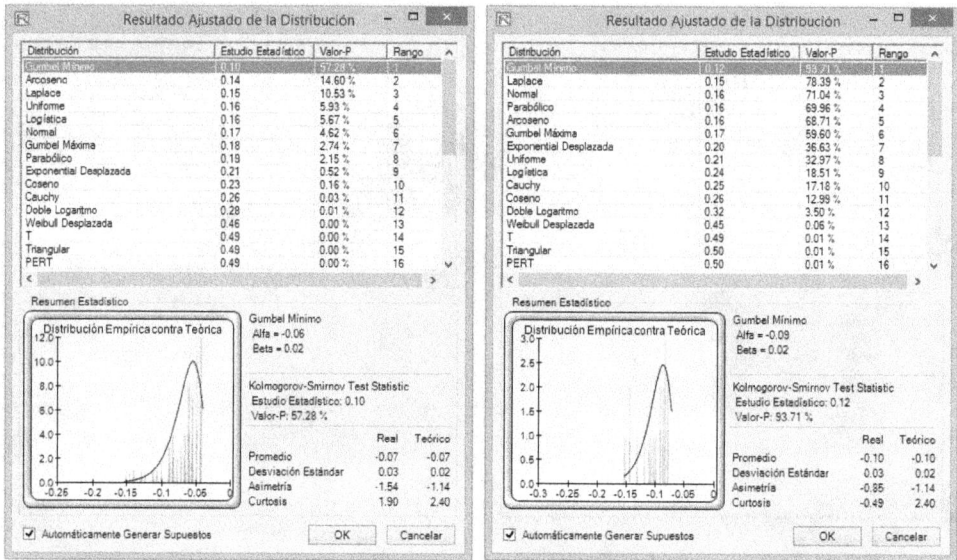

Figura 7.52: Ajuste de Distribución al 4% y al 7% de umbrales de pérdida

Para ilustrar otro método de datos filtrados, la Figura 7.53 muestra cómo un modelo GARCH se puede ejecutar en los datos macroeconómicos históricos. Vea la sección técnica más adelante en este estudio de caso para las distintas especificaciones del modelo GARCH (por ejemplo, GARCH, GARCH-M, TGARCH, EGARCH, GJR-GARCH, etc.). En la mayoría de las situaciones, se recomienda utilizar ya sea GARCH o EGARCH para situaciones de valores extremos. Los resultados de volatilidad GARCH generados se pueden también

---

[2] La hipótesis nula probada es que la distribución teóricamente ajustada es la distribución correcta, o que el error entre la distribución teórica probada y la distribución empírica de los datos es cero, lo que indica un buen ajuste. Por lo tanto, un alto valor-p nos permitiría no rechazar esta hipótesis nula y aceptar que la distribución evaluada es la correcta (ningún error de ajuste es estadísticamente insignificante).

graficar, y podemos inspeccionar visualmente los períodos de fluctuaciones extremas y hacer referencia a los datos para determinar a que corresponden esas pérdidas.

Las volatilidades también se pueden representar como gráficos de control en el módulo del Simulador de Riesgo BizStats (Figura 7.54) con el fin de determinar en qué punto las volatilidades se consideran estadísticamente *fuera de control*, es decir, eventos extremos.

Los Precios Históricos (Google)

Fecha	Abierto	Máximo	Mínimo	Fin	Volumen	Fin Ajustado
8/19/2004	100.00	109.08	95.96	108.31	16890200	108.31
8/23/2004	110.75	113.48	103.57	106.15	5605400	106.15
8/30/2004	105.28	105.49	98.94	100.01	3956300	100.01
9/7/2004	101.01	106.56	99.61	105.33	2952100	105.33
9/13/2004	106.63	117.49	106.46	117.49	4817300	117.49
9/20/2004	116.95	124.10	116.77	119.83	4314100	119.83
9/27/2004	119.56	135.02	117.80	132.58	8347800	132.58
10/4/2004	135.25	139.88	132.24	137.73	6662800	137.73
10/11/2004	137.00	145.50	133.40	144.11	6560600	144.11
10/18/2004	143.20	180.17	139.60	172.43	15788600	172.43
10/25/2004	176.40	199.95	172.55	190.64	20887400	190.64
11/1/2004	193.55	201.60	168.55	169.35	14340500	169.35
11/8/2004	170.93	189.80	165.27	182.00	12926300	182.00
11/15/2004	180.45	188.32	165.73	169.40	15270100	169.40
11/22/2004	164.47	180.03	161.31	179.39	11635600	179.39
11/29/2004	180.36	183.00	177.51	180.40	7672100	180.40
12/6/2004	179.13	180.70	168.47	171.65	6527500	171.65
12/13/2004	172.17	180.69	169.45	180.08	8667400	180.08
12/20/2004	182.00	188.60	181.87	187.90	5718100	187.90
12/27/2004	189.15	199.88	189.10	192.79	5300100	192.79
1/3/2005	197.40	203.64	187.72	193.85	11577300	193.85
1/10/2005	194.50	200.01	190.50	199.97	7833100	199.97
1/18/2005	200.97	205.30	188.12	188.28	10672500	188.28

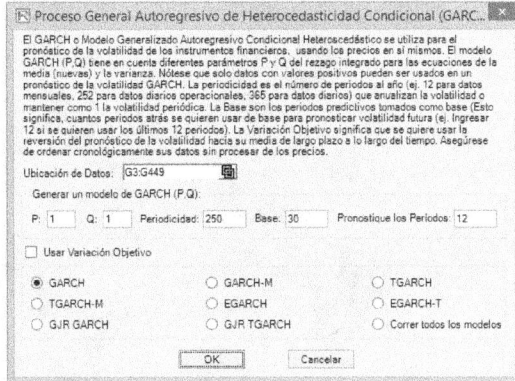

Proceso General Autorregresivo de Heterocedasticidad Condicional (GARC...)

El GARCH o Modelo Generalizado Autorregresivo Condicional Heteroscedástico se utiliza para el pronóstico de la volatilidad de los instrumentos financieros, usando los precios en sí mismos. El modelo GARCH (P,Q) tiene en cuenta diferentes parámetros P y Q por eso integrado para las ecuaciones de la media (muestral) y la varianza. Nótese que solo datos con valores positivos pueden ser usados en un pronóstico de la volatilidad GARCH. La periodicidad es el número de periodos al año (ej. 12 para datos mensuales, 252 para datos diarios operacionales, 365 para datos diarios) que anualizan la volatilidad o mantener como 1 la volatilidad periódica. La Base son los periodos predictivos tomados como base (Esto significa, cuantos periodos atrás se quieren usar de base para pronosticar volatilidad futura (ej. Ingresar 12 si se quieren usar los últimos 12 periodos). La Variación Objetivo significa que se quiere usar la reversión del pronóstico de la volatilidad hacia su media de largo plazo a lo largo del tiempo. Asegúrese de ordenar cronológicamente sus datos sin procesar de los precios.

Ubicación de Datos: G3:G449

Generar un modelo de GARCH (P,Q):

P: 1   Q: 1   Periodicidad: 250   Base: 30   Pronostique los Periodos: 12

☐ Usar Variación Objetivo

◉ GARCH   ○ GARCH-M   ○ TGARCH
○ TGARCH-M   ○ EGARCH   ○ EGARCH-T
○ GJR GARCH   ○ GJR TGARCH   ○ Correr todos los modelos

[OK]   [Cancelar]

GARCH: Proceso General Autorregresivo de Heterocedasticidad Condicional (Pronóstico de la Volatililidad)

GARCH es un término que incorpora una familia de modelos que toman una variedad de formas de acuerdo a sus enfoques (GARCH, T-GARCH, I-GARCH, etc.); específicamente un GARCH (P,Q), es un modelo donde P y Q son enteros positivos que definen el modelo resultante; en este caso, P corresponde al rezago de la varianza condicionada y Q corresponde al rezago de los errores al cuadrado. Los procesos GARCH se utilizan principalmente para calcular la inestabilidad o volatilidad en el precio de un activo financiero, como acciones, opciones financieras, bonos; aunque este modelo también se usa también para modelar otros productos comerciales como el precio del aceite, electricidad, combustibles, productos básicos etc. En términos estadísticos un proceso GARCH busca modelar la volatilidad de la varianza, debido a que esta no es homocedastica, es decir, presenta heterocedasticidad o cambios sistemáticos en la varianza a través del tiempo. Uno de los inconvenientes para construir modelos GARCH es que se requieren muchos datos para hacer funcional el análisis, además de necesitar algo de pericia en modelación econométrica avanzada, y por tanto este enfoque es sumamente susceptible a la manipulación del usuario. El beneficio en la realización de este riguroso análisis econométrico y estadístico esta en encontrar el mejor modelo que ajuste a los datos, dada la inestabilidad de los mismos, permitiendo pronosticar la volatilidad de la varianza. En la mayoría de los casos para instrumentos financieros, un GARCH (1,1) es suficiente y es generalmente muy utilizado.

GARCH Modelo (P,Q)	1,1	
Optimización Alfa	0.1107	
Optimización Beta	0.8386	
Optimización Omega	0.0001	

Periodicidad (Periodos/Año)	250	
Base Predictiva	30	
Pronostique Períodos	12	
Variación Targeting	FALSE	

Periodo	Datos	Volatilidad
0	108.31	
1	106.15	
2	100.01	71.34%
3	105.33	74.39%
4	117.49	75.28%
5	119.83	91.31%
6	132.58	85.92%
7	137.73	96.45%
8	144.11	92.12%
9	172.43	89.26%
10	190.64	125.97%
11	169.35	127.98%
12	182.00	133.78%
13	169.40	129.33%
14	179.39	125.44%
15	180.40	119.94%
16	171.65	111.16%
17	180.08	106.43%
18	187.90	102.07%
19	192.79	97.57%
20	193.85	91.92%
21	199.97	85.89%
22	188.28	82.08%
23	190.34	83.29%
24	204.36	78.32%
25	187.40	82.61%

Los modelos GARCH son generalmente usados para pronosticar la inestabilidad de instrumentos financieros al usar los precios de si mismo. La periodicidad es el número de periodos por año (por ejemplo, 12 para datos mensuales, 252 para días hábiles, 365 para datos diarios, etc.) Es indispensable cerciorarse de tener los valores a modelar en orden cronológico. La Base Predictiva es el número de periodos base, es decir, el número de periodos rezagados que va a usar como una base de pronóstico para predecir la volatilidad futura, se ubica típicamente entre 1 y 12. Varianza Targeting es un método de estimación que consiste en asignarle a la varianza promedio a largo plazo un valor igual a la varianza muestral. Para finalizar debe estar seguro que sus datos originales estén organizados en orden cronológico.

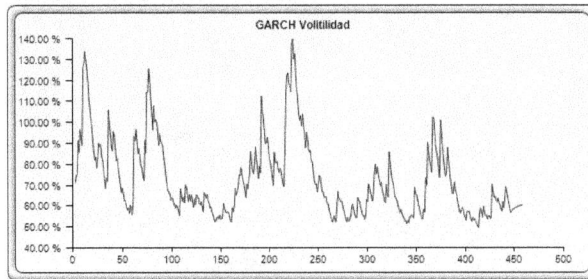

GARCH Volitilidad

Figura 7.53: Modelo Generalizado Autorregresivo de Heteroscedasticidad Condicional (GARCH)

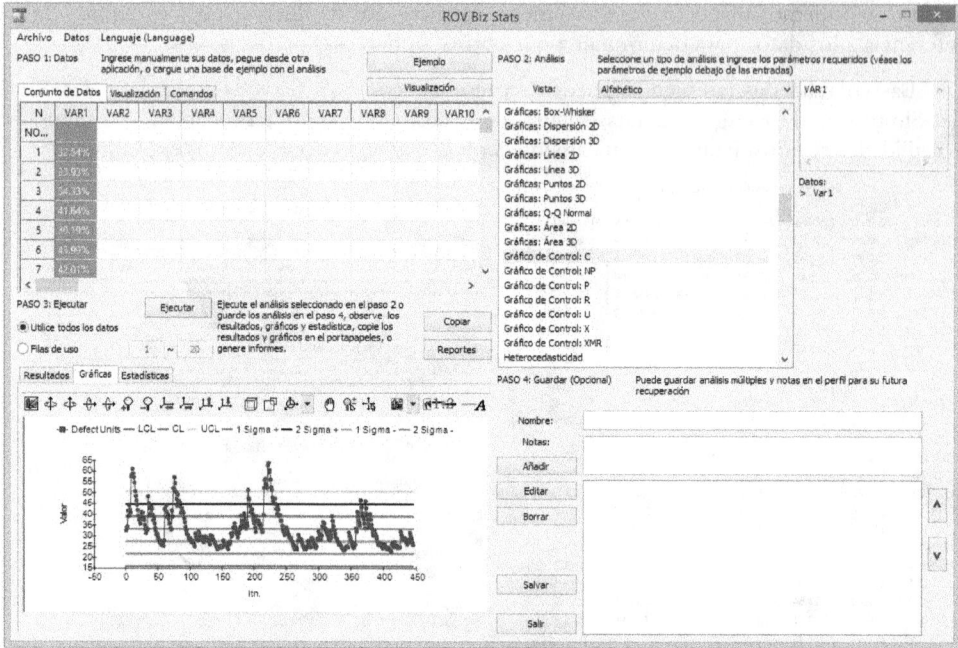

Figura 7.54: Gráficas de Control de Series de Tiempo de la Volatilidad
Estimada GARCH

Ajuste de Distribución para Variables Únicas

Resumen Estadístico

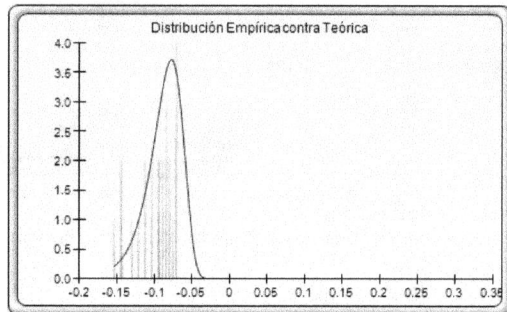

Supuesto Ajustado	-0.09	
Distribución Ajustada	Gumbel Mínimo	
Alfa	-0.08	
Beta	0.02	
Estadístico Kolmogorov-Smirnov	0.11	
Prueba Estadística para P-Value	0.8824	

	Real	Teórica
Media	-0.09	-0.09
Desviación Estándar	0.03	0.03
Asimetría	-1.06	-1.14
Curtósis	0.18	2.40

Datos Originales Ajustados

-0.15	-0.14	-0.14	-0.13	-0.12	-0.11	-0.11	-0.10	-0.10	-0.09	-0.09	-0.09	-0.08
-0.08	-0.08	-0.08	-0.08	-0.08	-0.07	-0.07	-0.07	-0.07	-0.06	-0.06	-0.06	
-0.06	-0.06	-0.06										

Figura 7.55: Ajustes de Distribución y Ajustes de Simulación de
Supuestos en el Simulador de Riesgo

La Figura 7.55 muestra el informe de ajuste de distribución del Simulador de Riesgo. Si ejecutamos una simulación de 100,000 ensayos tanto en la distribución Gumbel mínimo como Gumbel máxima y, obtenemos los resultados que se muestran en la Figura 7.56. El VaR al 99% se calcula para ser una pérdida de –16.75% (promediado y redondeado, teniendo en cuenta los resultados de las dos distribuciones simuladas). Compare este valor de –16.75%, que representa los impactos extremos en las pérdidas, a, digamos, el histórico empírico (1% en el peor de los casos o 99% VaR) que es un valor de la pérdida de –11.62% (Figura 7.50), únicamente representando una pequeña ventana de rendimientos históricos reales, que pueden o no incluir algunos eventos de perdidas extremas. El VaR en el 99.9% se calcula como –21.35% (Figura 7.56).

Además, como una comparación, si asumimos y usamos solamente una distribución normal para calcular el VaR, los resultados serían muy por debajo de lo que el valor extremo estimó que debería ser. La Figura 7.57 muestra los resultados del VaR distribución normal, donde el 99% y el 99.9% VaR muestran una pérdida de –8.99% y –11.99%, respectivamente, muy lejos de los valores extremos de –16.75% y –21.35%.

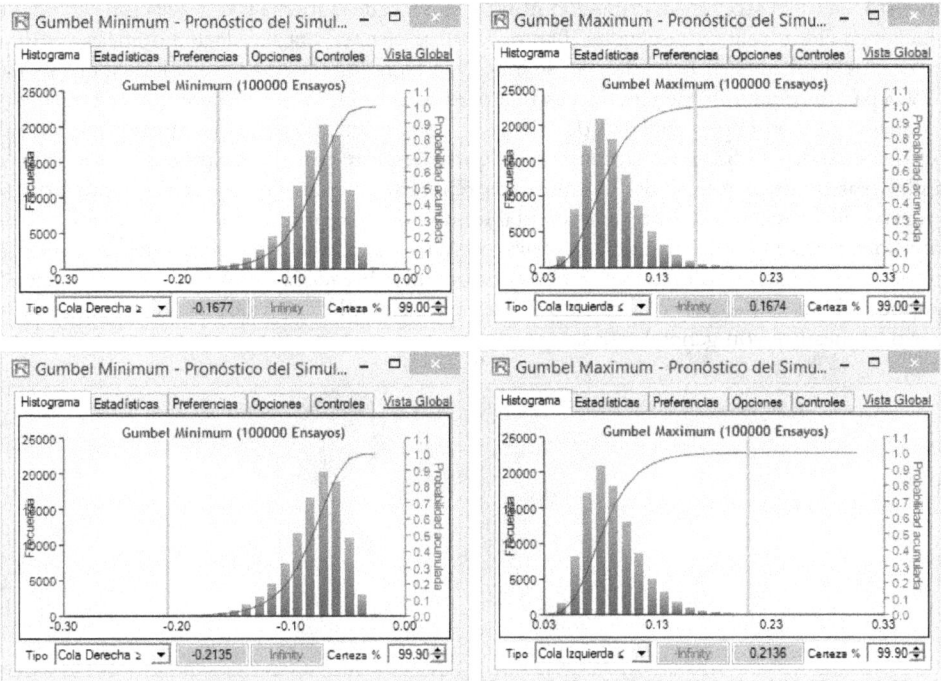

Figura 7.56: Gumbel Mínimo y Gumbel Máxima de una Muestra de Valores Simulados

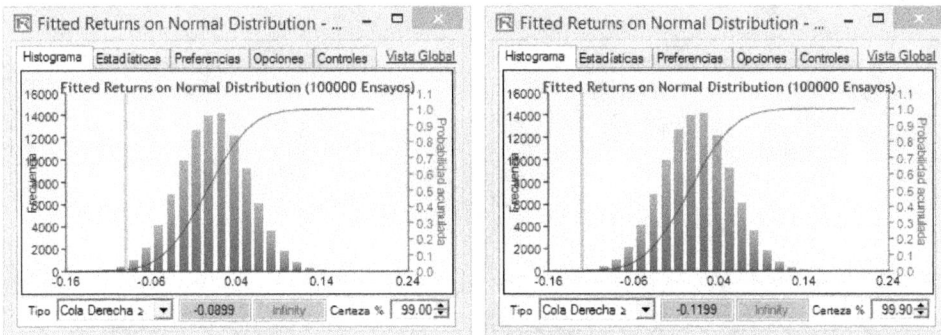

Figura 7.57: Análisis Similares Utilizando Distribuciones Normales

Otro enfoque para predecir, modelar y hacer pruebas de stress en eventos de valores extremos es utilizar un proceso estocástico de salto de difusión con un salto de probabilidad Poisson. Este modelo requiere datos macroeconómicos históricos para calibrar sus entradas.

Por ejemplo, utilizando el módulo de *Análisis Estadístico* del Simulador de Riesgo, los históricos de rentabilidad de las acciones de Google se sometieron a varias pruebas y los parámetros estocásticos fueron calibrados como se ve en la Figura 7.58. Se usaron los rendimientos de las acciones como la primera diferenciación que crea un agregado a la estacionariedad de los datos. El modelo calibrado tiene un ajuste 50.99% (es de esperarse pequeñas probabilidades de ajuste debido a que se trata de datos no estacionarios de la vida real con alta impredictibilidad). Las entradas fueron modeladas en *Simulador de Riesgo | Pronóstico | Avanzado | Procesos Estocásticos* (Figura 7.59). Los resultados generados por el Simulador de Riesgo se muestran en la Figura 7.60. A modo de ejemplo, si utilizamos los resultados del final del Año 1 y establecemos un supuesto, en este caso, una distribución normal con lo que la media y la desviación estándar se calculan en el informe de resultados (Figura 7.60), se ejecuta una simulación de riesgos Monte Carlo y los resultados de la predicción se muestran en la Figura 7.61, lo que indica que el VaR al 99% para este período de tenencia es una pérdida de −11.33%. Observe que este resultado es consistente con el percentil 1% de la Figura 7.50 (1% izquierda es lo mismo que 99% de cola derecha) de −11.62%. En circunstancias normales, este enfoque de proceso estocástico es valido y suficiente, pero cuando los valores extremos se van a analizar para efectos de pruebas extremas de stress, el requisito fundamental de una distribución normal en el pronóstico del proceso estocástico sería insuficiente para estimar y modelar estos impactos extremos. Y simplemente ajustar y calibrar un proceso estocástico basado sólo en los valores extremos tampoco funcionaría, así como el uso de, por ejemplo, el valor Gumbel extremo o distribuciones Poisson generalizadas.

Proceso Estocástico - Estimaciones de Parámetro

Resumen Estadístico

Un Proceso Estocástico es una secuencia de eventos o caminos generados aleatoriamente que evoluciona a través del tiempo. Esto significa que estos eventos aleatorios ocurren en el tiempo sin un parámetro definido, pero son regidos por leyes estadísticas y probabilísticas específicas. Los principales Procesos Estocásticos incluyen la Caminata Aleatoria o Proceso Browniano, Regresión a la Media y los Saltos de Difusión. Estos procesos pueden ser utilizados para pronosticar una multitud de variables que aparentemente sigan tendencias aleatorias pero que están restringidas por las leyes de la probabilidad. La ecuación generadora del proceso se conoce de antemano pero los resultados generados se desconocen.

El proceso de Movimiento Browniano de Caminata Aleatoria puede utilizarse para pronosticar precios de acciones, precios de bienes básicos o commodities, y otros datos estocásticos de datos de series se tiempo dada una deriva (drift) o tasa de crecimiento y una volatilidad alrededor de la trayectoria o sendero originado por la deriva. El proceso de Reversión a la Media puede utilizarse para reducir las fluctuaciones del Proceso de Caminata Aleatoria, permitiendo al sendero creado orientarse hacia un objetivo a largo plazo, haciéndolo muy útil para pronosticar variables de series de tiempo que tienen una tasa de largo plazo, como las tasas de interés y tasas de inflación (estas son tasas objetivo a largo plazo determinadas por las autoridades reguladoras o el mercado). El proceso de Difusión de Salto es muy útil para pronosticar datos de series de tiempo cuando las variables muestran ocasionalmente saltos aleatorios, tales como los precios del petróleo o el precio de la electricidad (eventos externos y discretos pueden hacer que los precios suban o bajen drásticamente). Finalmente, estos tres procesos estocásticos pueden mezclarse y ajustarse como se requiera.

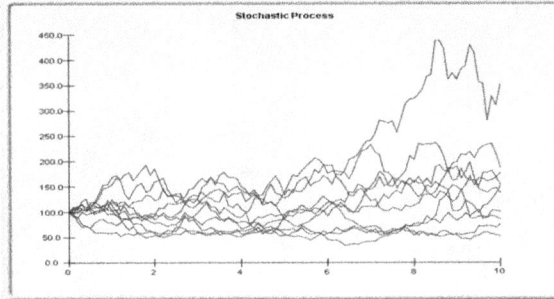

Resumen Estadístico

Los siguientes son los parámetros estimados de un proceso estocástico dados los datos proporcionados. Usted debe determinar si la probabilidad de ajuste (similar a un cálculo de la bondad de ajuste computacional) es suficiente para garantizar el uso de un proceso estocástico como pronóstico, y si se trata de una Caminata Aleatoria o Proceso Browniano, Reversión a la Media o Saltos de Difusión, o una combinación de todas. Al elegir el modelo estocástico correcto, usted debe contar en las experiencias pasadas y a priori respecto a las expectativas económicas y financieras de los datos que mejor representen los datos. Estos parámetros pueden ingresarse en el pronóstico del proceso estocástico (**Simulador de Riesgo I Pronóstico I Procesos Estocásticos**).

(Anualizado)					
Tasa de Deriva*	0.60%	Tasa de Regresión**	N/A	Tasa de Salto**	12.13%
Volatilidad*	48.79%	Valor a Largo Plazo**	1.01	Tamaño del Salto**	0.07

Probabilidad de Ajuste del Modelo Estocástico   50.99%

*Anualizado
**Periodicidad

Figura 7.58: Estimaciones de los Parámetros del Proceso Estocástico de los Retornos

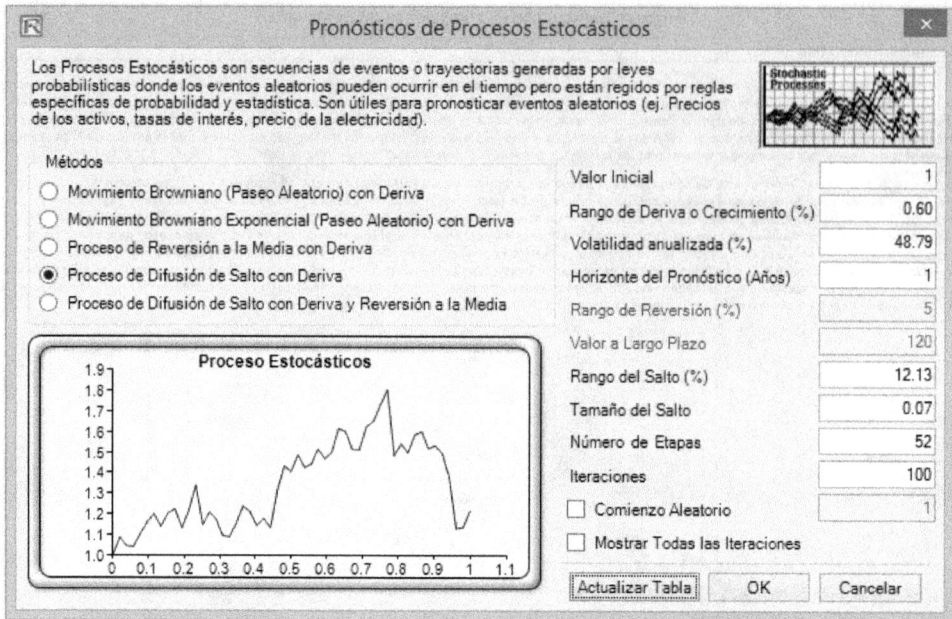

Figura 7.59: Modelando un Proceso Estocástico de Salto de Difusión

Pronóstico de Procesos Estocásticos

Resumen Estadístico

Un Proceso Estocástico en una secuencia de eventos o caminos generados por las leyes de probabilidad. Esto significa que eventos aleatorios pueden ocurrir en el tiempo, pero son regidos por leyes estadísticas y probabilísticas específicas. Los principales Procesos Estocásticos incluyen la Caminata Aleatoria o Proceso Browniano, Regresión a la Media y los Saltos de Difusión. Estos procesos pueden ser utilizados para pronosticas una multitud de variables que aparentemente sigan tendencias aleatorias pero que están restringidas por las leyes de la probabilidad.

El proceso de Movimiento Browniano de Caminata Aleatoria puede utilizarse para pronosticar precios de acciones, precios de bienes básicos o commodities, y otros datos estocásticos de datos se series se tiempo dada una deriva (drift) o taza de crecimiento y una volatilidad alrededor de la trayectoria o sendero originado por la deriva. El proceso de Reversión a la Media puede utilizarse para reducir las fluctuaciones del Proceso de Caminata Aleatoria, permitiendo al sendero creado orientarse hacia un objetivo a largo plazo, haciéndolo muy útil para pronosticar variables de series de tiempo que tienen una tasa de largo plazo, como las tasas de interés y tasas de inflación (estas son tasas objetivo a largo plazo determinadas por las autoridades reguladoras o el mercado). El proceso de Difusión de Salto es muy útil para pronosticar datos de series de tiempo cuando las variables muestran ocasionalmente saltos aleatorios, tales como los precios del petróleo o el precio de la electricidad (eventos externos y discretos pueden hacer que los precios suban o bajen drásticamente). Finalmente, estos tres procesos estocásticos pueden mezclarse y ajustarse como se requiera.

Los resultados a la derecha indican la media y la desviación estándar de todas las iteraciones generadas en cada paso del proceso. Si se selecciona Mostrar Todas las iteraciones, cada ruta de las iteraciones se mostrará en una hoja de trabajo Excel separada. La gráfica de abajo muestra un ejemplo de un conjunto de varias rutas de iteraciones.

Proceso Estocástico: Proceso de Difusión por Salto con Flujo

Valor Inicial	1	Pasos	52.00	Tasa de Salto	12.13%
Tasa de Deriva	0.60%	Iteraciones	100.00	Tamaño del Salto	0.07
Volatilidad	48.79%	Tasa de Regresión	N/A	Sembrado Aleatorio	707430602
Horizonte	1	Valor a Largo Plazo	N/A		

Tiempo	Media	Desv. Est.
0.0000	1.00	0.00
0.0192	0.99	0.06
0.0385	0.99	0.09
0.0577	1.01	0.13
0.0769	1.01	0.15
0.0962	1.02	0.17
0.1154	1.01	0.19
0.1346	1.02	0.19
0.1538	1.02	0.21
0.1731	1.03	0.22
0.1923	1.01	0.22
0.2115	1.00	0.22
0.2308	1.00	0.22
0.2500	1.00	0.23
0.2692	0.99	0.23
0.2885	0.99	0.24
0.3077	1.00	0.25
0.3269	1.00	0.27
0.3462	1.00	0.26
0.3654	1.00	0.27
0.3846	1.00	0.28
0.4038	0.98	0.27
0.4231	0.98	0.27
0.4423	0.99	0.28
0.4615	0.98	0.27
0.4808	0.99	0.28
0.5000	1.00	0.28
0.5192	0.99	0.27
0.5385	0.99	0.28
0.5577	0.99	0.28
0.5769	1.00	0.30
0.5962	1.01	0.31
0.6154	1.01	0.31
0.6346	1.00	0.32
0.6538	1.00	0.34
0.6731	1.00	0.33
0.6923	1.01	0.34
0.7115	1.00	0.34
0.7308	1.00	0.33
0.7500	1.00	0.33
0.7692	1.00	0.35
0.7885	1.02	0.37
0.8077	1.02	0.38
0.8269	1.02	0.36
0.8462	1.04	0.37

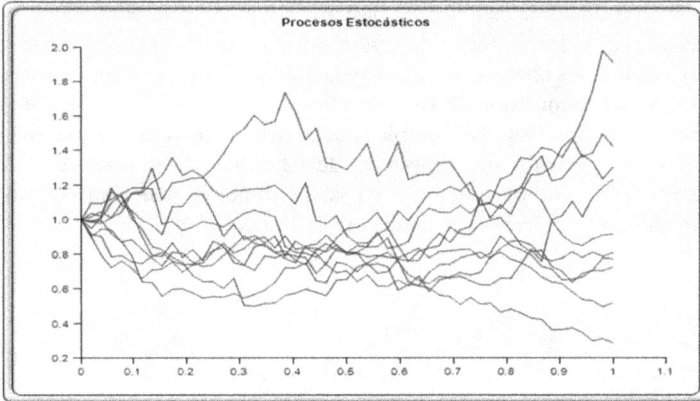

Figura 7.60: Predicción de Series de Tiempo de un Proceso Estocástico para un Modelo de Salto de Difusión con un Proceso Poisson

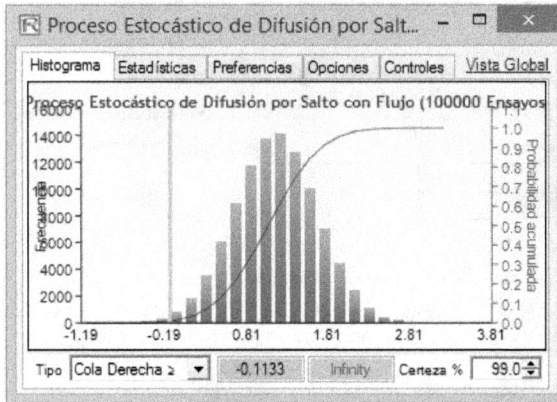

Figura 7.61: Resultados de Riesgo Simulado del Proceso Estocástico de Salto de Difusión

Dependencia Conjunta y Cópula-T para Portafolios Correlacionados

El co-movimiento extremo de múltiples variables se produce en el mundo real. Por ejemplo, si el índice S&P 500 de EE.UU. baja 25% hoy, podemos estar bastante seguros de que el mercado canadiense sufrió también una disminución relativamente grande. Si modelamos y simulamos los dos índices de mercado con una Cópula Normal regular para tener en cuenta sus correlaciones, este co-movimiento extremo no sería capturado adecuadamente. Los eventos más extremos de los índices individuales en una cópula normal requieren que sean independiente e idénticamente distribuidos respecto los unos de los otros (*i.i.d aleatorio*). La correlación Cópula-T, en cambio, incluye un parámetro de entrada de grados-de-libertad para modelar la co-tendencia de eventos extremos que pueden ocurrir y ocurren de forma conjunta. El T-Cópula permite la modelación de una estructura de co-dependencia del portafolio de múltiples índices individuales. La Cópula-T también permite una mejor modelación de colas más gruesas de eventos extremos opuestos a la suposición tradicional de rendimientos normales de un portafolio conjunto de múltiples variables.

El enfoque para realizar un modelo de este tipo es bastante simple. Analizar cada una de las variables independientes utilizando los métodos descritos anteriormente, y cuando éstos se introducen en un portafolio, calcular los coeficientes de correlación por pares y a continuación, aplicar la Cópula-T en el menú del Simulador de Riesgo disponible a través de *Simulador de Riesgo | Opciones* (Figura 7.62). El método Cópula-T emplea una matriz de correlación que usted introduce, calcula la matriz de correlación descompuesta de Cholesky de la inversa de la distribución-t, y simula la variable aleatoria con base en la distribución seleccionada (por ejemplo, Gumbel Max, Weibull 3 o distribución generalizada de Pareto).

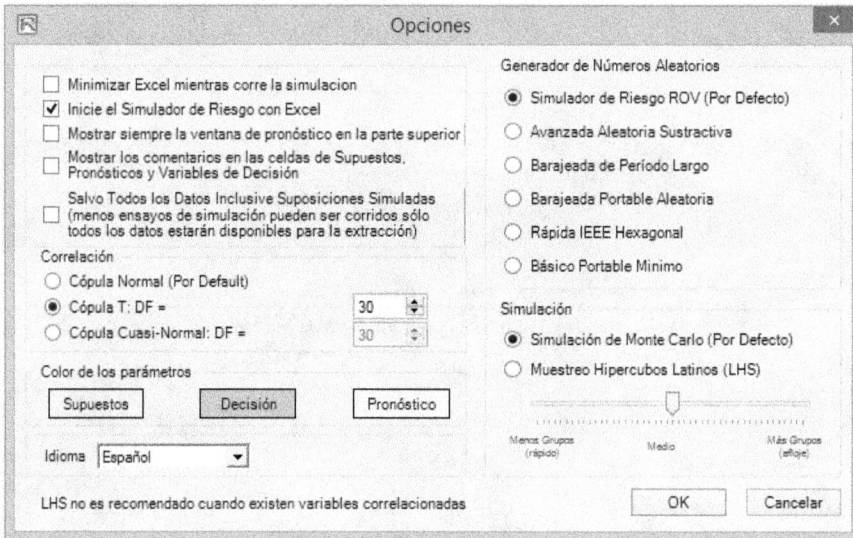

Figura 7.62: T-Cópula

Detalles Técnicos: Distribución de Valor Extremo o Distribución Gumbel

La distribución de valores extremos (tipo 1) se utiliza comúnmente para describir el mayor valor de una respuesta en un período de tiempo, por ejemplo, en los flujos de inundaciones, lluvias y terremotos. Otras aplicaciones incluyen las fuerzas de ruptura de materiales, diseño de construcción, y cargas y tolerancias de los aviones. La distribución de valores extremos también se conoce como la distribución Gumbel. Las construcciones matemáticas para la distribución de valores extremos son las siguientes:

$$f(x) = \frac{1}{\beta} z e^{-z} \ donde \ z = e^{\frac{x-\alpha}{\beta}} \quad para \ \beta > 0 \ y \ cualquier \ valor \ de \ x \ y \ \alpha$$

$Media = \ \alpha + 0.577215\beta$

$Desviación \ estándar = \ \sqrt{\frac{1}{6}\pi^2 \beta^2}$

$Asimetría = \ \frac{12\sqrt{6}(1.2020569)}{\pi^3} = 1.13955$ (Aplica para todos los valores de moda y escala)

$Exceso \ de \ Curtosis = 5.4$ (Aplica para todos los valores de modo y escala)

Moda (α) y escala (β) son los parámetros distribucionales

Calculando los Parámetros

Hay dos parámetros estándar para la distribución de valores extremos: la moda y la escala. El parámetro de moda es el valor más probable para la variable (el punto más alto de la distribución de probabilidad). Después de seleccionar el parámetro de modo, se puede estimar el parámetro de escala. El parámetro de escala es un número mayor que 0. Cuanto mayor es el parámetro de escala, mayor es la varianza.

La distribución Gumbel máxima tiene una contraparte simétrica, la distribución Gumbel mínima. Ambos están disponibles en el Simulador de Riesgo. Estas dos distribuciones son imágenes que se reflejan entre sí donde sus respectivas desviaciones estándar y curtosis son idénticas, pero Gumbel máxima esta sesgado a la derecha (sesgo positivo, con una mayor probabilidad a la izquierda y una probabilidad más baja a la derecha) en comparación con Gumbel mínima, donde la distribución está sesgada hacia la izquierda (sesgo negativo). Sus respectivos primeros momentos también son imágenes de espejo la una de la otra a lo largo del parámetro de escala (β).

Las figuras 7.63 a 7.66 ilustran las propiedades de la distribución Gumbel mínima y Gumbel máxima.

Requisitos de Entrada:

Moda alfa puede estar en cualquier valor.

Escala beta > 0.

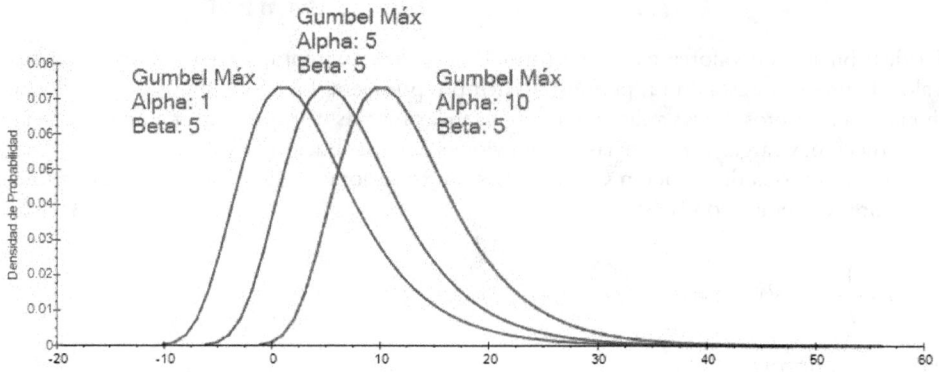

Figura 7.63: Distribución Gumbel Máxima con Diferentes Valores Alfa (Moda)

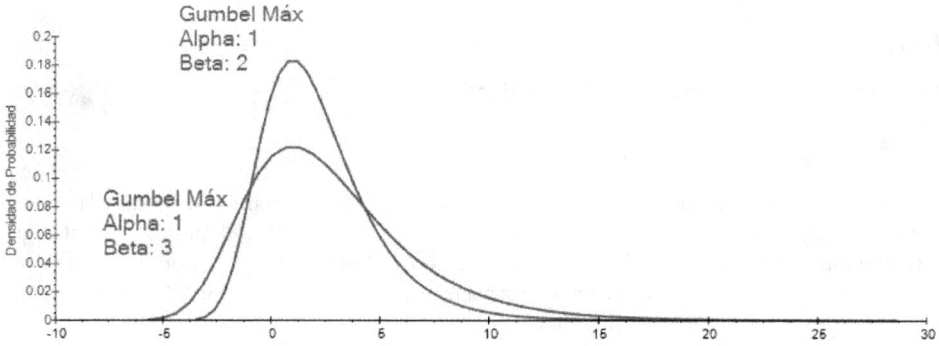

Figura 7.64: Distribución Máxima de Gumbel con Diferentes Valores Beta (Escala)

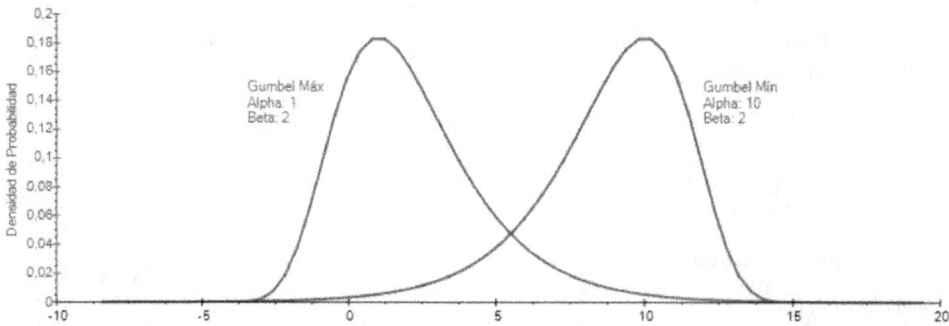

Figura 7.65: Distribución Gumbel Máxima frente a Distribución Gumbel Mínima

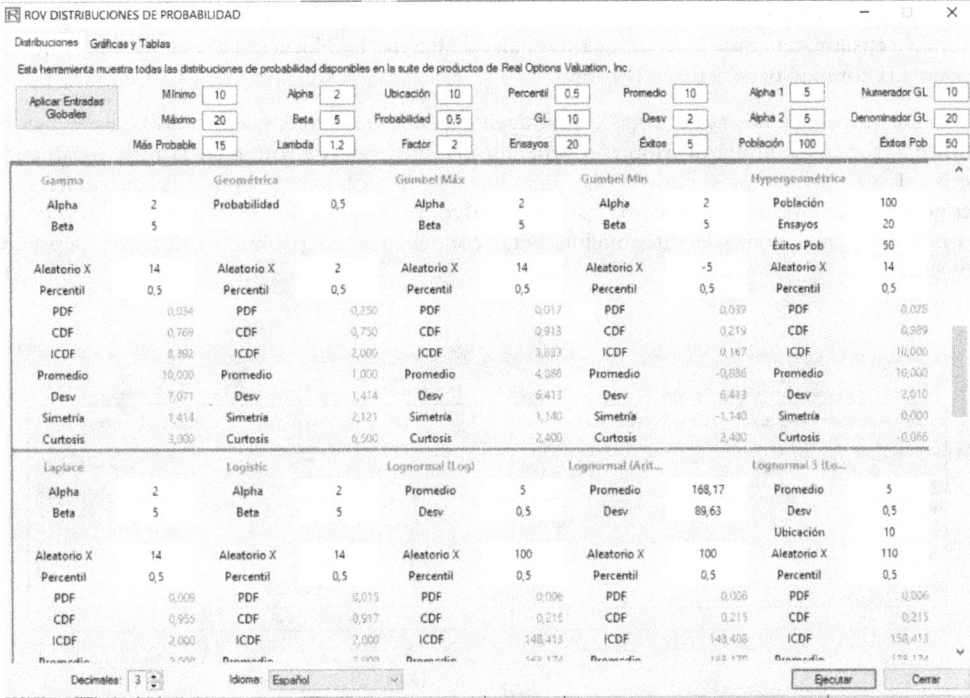

Figura 7.66: Estadísticas y Momentos de Distribución Gumbel Máxima frente a
Distribución Gumbel Mínima

Distribución Generalizada de Pareto

La distribución generalizada de Pareto a menudo se utiliza para modelar las colas de otra distribución. Las construcciones matemáticas para la distribución generalizada de Pareto son las siguientes:

$$f(x) = \frac{1}{\sigma}\left[1 + \frac{\varepsilon(x-\mu)}{\sigma}\right] \exp\left(-\frac{1}{\varepsilon}-1\right) \text{ distinto de cero para todo } \varepsilon \text{ de otro modo } f(x) = \frac{1}{\sigma}\exp\left(\frac{-(x-\mu)}{\sigma}\right)$$

$$Media = \mu + \frac{\sigma}{1-\varepsilon} \ \ si \ \ \varepsilon < 1$$

$$Desviación \ \ Estándar \ = \sqrt{\frac{\sigma^2}{(1-\varepsilon)^2(1-2\varepsilon)}} \ \ si \ \ \varepsilon < 0.5$$

La ubicación (μ), la escala (σ), y la forma (ε) son los parámetros de distribución.

Requisitos de entrada:

La ubicación mu puede ser cualquier valor.

Escala sigma > 0.

La forma épsilon puede ser cualquier valor; $\varepsilon < 0$ crearía una distribución de cola larga sin límite superior, mientras que $\varepsilon > 0$ generaría una distribución de cola corta con una varianza más pequeña y una cola derecha más gruesa, donde $\mu \leq x < \infty$. Si la forma épsilon y la ubicación mu son ambas cero, entonces la distribución vuelve a la distribución exponencial. Si la forma épsilon es positiva y la ubicación mu es exactamente la proporción de escala sigma para dar forma a épsilon, tenemos la distribución regular de Pareto. La ubicación mu es a veces también conocida como el parámetro del umbral.

Las distribuciones cuyas colas disminuyen exponencialmente, tales como la distribución normal, conducen a una distribución generalizada de Pareto de forma épsilon de parámetro cero. Las distribuciones cuyas colas disminuyen un polinomio, como la distribución-t, conducen a un parámetro de forma épsilon positivo. Finalmente, las distribuciones cuyas colas son finitas, tales como la distribución beta, conducen a un parámetro de forma épsilon negativo.

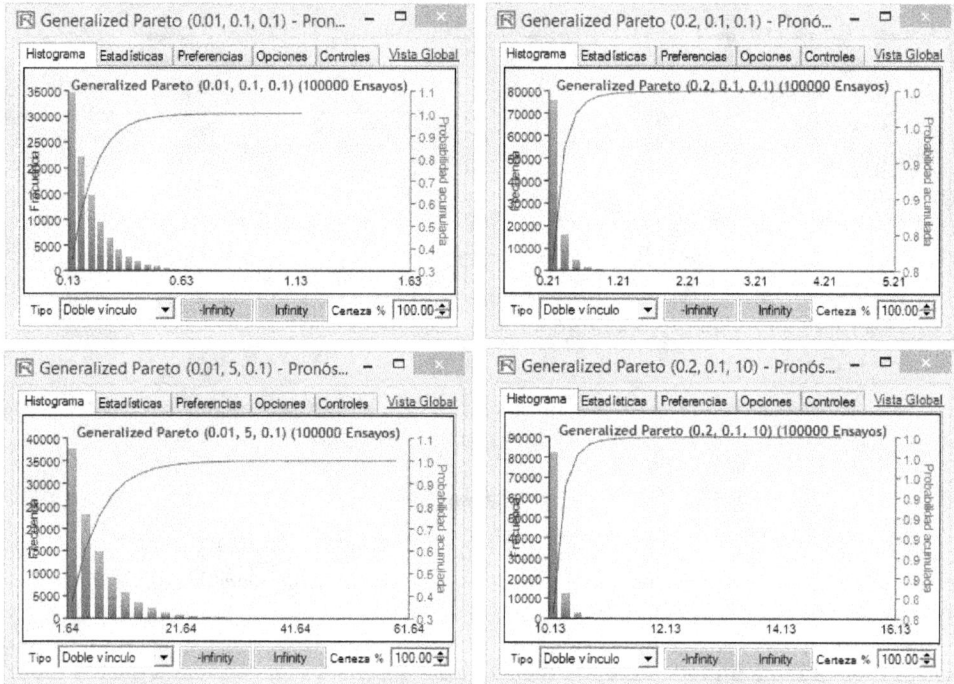

Figura 7.67: Distribución Generalizada de Pareto con Diferentes Parámetros (Forma Alfa, Escala Beta, Ubicación)

Distribución Weibull (Distribución Rayleigh)

La distribución Weibull describe los datos resultantes de las pruebas de vida y fatiga. Se utiliza comúnmente para describir fallas de tiempo en los estudios de fiabilidad, así como el rompimiento de los puntos fuertes de los materiales en pruebas de confiabilidad y control de calidad. Las distribuciones Weibull también se utilizan para representar diversas cantidades físicas, tales como la velocidad del viento.

La distribución Weibull es una familia de distribuciones que pueden asumir las propiedades de varias otras distribuciones. Por ejemplo, dependiendo del parámetro de forma que se defina, la distribución Weibull se puede utilizar para modelar las distribuciones exponenciales y Rayleigh, entre otras. La distribución Weibull es muy flexible. Cuando el parámetro de forma Weibull es igual a 1.0, la distribución de Weibull es idéntica a la distribución exponencial. El parámetro de localización de Weibull permite configurar una distribución exponencial para empezar en una ubicación diferente de 0.0. Cuando el parámetro de forma es inferior a 1.0, la distribución de Weibull se convierte en una curva pronunciada en declive. Un fabricante puede encontrar este efecto útil para describir los fracasos parciales durante un período de prueba.

Las construcciones matemáticas para la distribución Weibull son las siguientes:

$$f(x) = \frac{\alpha}{\beta} \left[\frac{x}{\beta} \right]^{\alpha-1} e^{-\left(\frac{x}{\beta}\right)^{\alpha}}$$

Media $= \beta\ \Gamma(1 + \alpha^{-1})$

Desviación Estándar $= \beta^2 [\Gamma(1 + 2\alpha^{-1}) - \Gamma^2(1 + \alpha^{-1})]$

Asimetría $= \dfrac{2\Gamma^3(1 + \beta^{-1}) - 3\Gamma(1 + \beta^{-1})\Gamma(1 + 2\beta^{-1}) + \Gamma(1 + 3\beta^{-1})}{\left[\Gamma(1 + 2\beta^{-1}) - \Gamma^2(1 + \beta^{-1}) \right]^{3/2}}$

Exceso de Curtosis $=$

$$\frac{-6\Gamma^4(1 + \beta^{-1}) + 12\Gamma^2(1 + \beta^{-1})\Gamma(1 + 2\beta^{-1}) - 3\Gamma^2(1 + 2\beta^{-1}) - 4\Gamma(1 + \beta^{-1})\Gamma(1 + 3\beta^{-1}) + \Gamma(1 + 4\beta^{-1})}{\left[\Gamma(1 + 2\beta^{-1}) - \Gamma^2(1 + \beta^{-1}) \right]^2}$$

La forma (α) y la ubicación central de la escala (β) son los parámetros de distribución y Γ es la función gamma.

Requisitos de Entrada:

Forma alfa ≥ 0.05.

Escala beta > 0 y puede ser cualquier valor positivo.

La distribución Weibull 3 utiliza las mismas construcciones que la distribución original Weibull pero añade un parámetro de ubicación, o desplazamiento. La distribución Weibull inicia desde un valor mínimo de 0, mientras que esta Weibull 3, o Weibull desplazada, desplaza la distribución de punto de partida a cualquier otro valor. Las figuras 7.68–7.70 ilustran las características de la distribución Weibull.

Alfa, beta, y la ubicación o desplazamiento son los parámetros de distribución.

Requisitos de Entrada:

Alfa (forma) ≥ 0.05.

Beta (ubicación en el centro de escala) > 0 y puede ser cualquier valor positivo.

Ubicación puede ser cualquier valor positivo o negativo incluyendo cero.

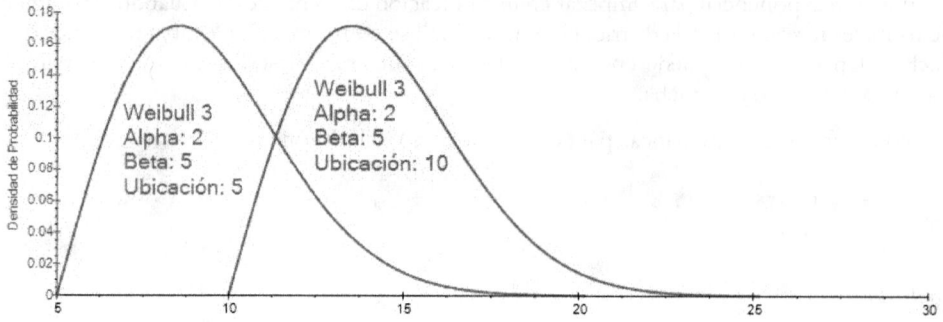

Figura 7.68: Weibull con Diferentes Parámetros de Ubicación

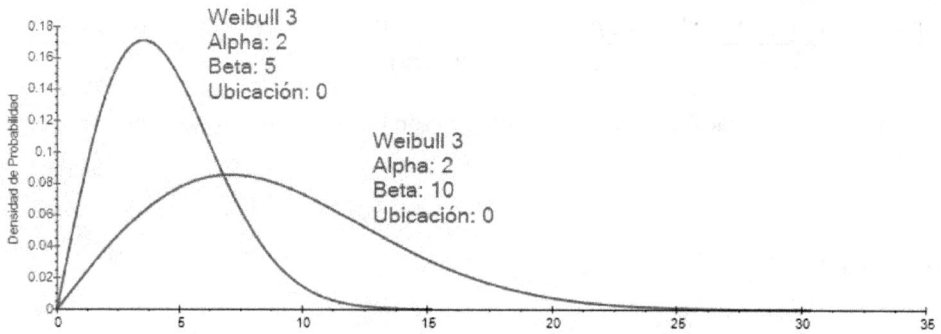

Figura 7.69: Weibull con Diferentes Parámetros de Ubicación en el Centro de Escala (Beta)

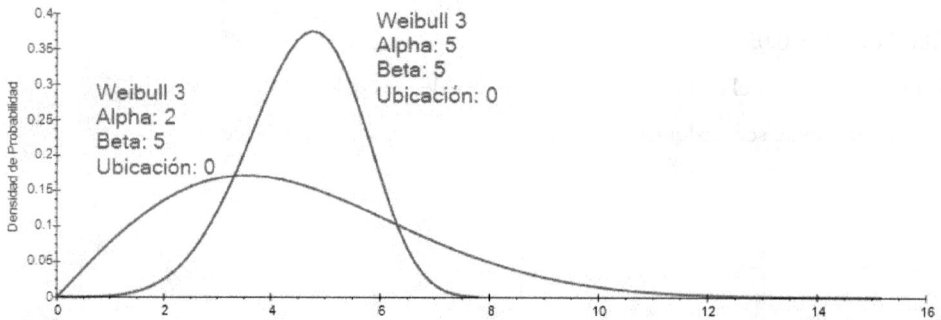

Figura 7.70: Weibull con Diferentes Parámetros de Forma (Alfa)

ESTUDIO DE CASO: MARCO DE BASILEA II Y III PARA RIESGO DE CRÉDITO, MERCADO, OPERACIONAL, Y LIQUIDEZ CON GESTIÓN DE ACTIVOS Y PASIVOS

Este estudio de caso fue escrito por el autor y Alfredo B. Rosenzvit. Alfredo es un socio de RiskBusiness en América Latina y un socio estratégico de Real Options Valuation, Inc. Actualmente está actuando como profesor invitado por la Administración de Riesgos Empresariales según sus siglas en inglés ERM, Riesgo Operacional y la Reglamentación Financiera de la Maestría en Finanzas de la Universidad de San Andrés en Buenos Aires, Argentina; Gestión de Riesgos para el Programa de Administración Bancaria desarrollado para la Asociación de Bancos Argentinos (ADEBA) por la Universidad Torcuato Di Tella en Buenos Aires, Argentina; y el Módulo de Gestión de Riesgos para el Programa de Desarrollo Profesional de la Escuela de Negocios y la clase de Gestión de Riesgos para el programa de postgrado de Ambiente y Desarrollo Sustentable de la Pontificia Universidad Católica Argentina. También es profesor invitado para el programa de intercambio con la Universidad de Frankfurt. Anteriormente, ha sido instructor de varios programas de Supervisión Bancaria en el Centro de Toronto y como profesor principal de la Clase Magistral de Riesgo Operacional en español y en la Conferencia Riesgo Op. Anual de la Asociación de Gestión de Riesgos. Anteriormente trabajó durante más de 12 años en varios cargos en el Banco Central de la República Argentina, incluyendo Asesor del Consejo, Investigación Económica y Director de Supervisión a cargo de la Coordinación del desarrollo y aplicación de manuales de supervisión y procedimientos de supervisión. Alfredo también presidió el comité de evaluación de Banco CAMEL, con la responsabilidad de representar al Banco Central entre el Comité de Basilea y la Asociación Internacional de Supervisión. Esta actividad coincidió con la elaboración de los grupos de trabajo y las discusiones de implementación de Basilea II para Argentina y coordinó el grupo multidisciplinario que realizó la Autoevaluación de los Principios Básicos del Comité de Basilea, y como contraparte de la Misión FSAP liderado por el Banco Mundial y el FMI.

A menudo se dice que las normas del Comité de Basilea, formalmente llamados Acuerdos de Capital, constituyen la biblia para los reguladores bancarios (Bancos Centrales) en todas partes. Además de los Acuerdos, el Comité de Basilea también ha enmarcado 29 principios de supervisión bancaria efectiva conocida como los Principios Básicos para una Supervisión Bancaria Eficaz. Las normas abarcadas en el Acuerdo de Capital y los Principios Básicos se han convertido en la fuente de la regulación bancaria en todos los países del mundo. Como es bien sabido, estas normas han evolucionado desde Basilea I a Basilea II y III, lo que refleja la evolución de la industria financiera (desde Basilea I y II) y las lecciones de la crisis financiera de 2008 (a partir de Basilea II a III). Los más notables cambios de paradigma de la regulación financiera capturados y fomentados por la evolución de las normas estándar de Basilea son la gestión de riesgos y la asignación de capital. Por definición general, como se indica en el Principio Básico 15, la Gestión de Riesgos s es el proceso para ser utilizado por los bancos para "identificar, medir, evaluar, controlar, informar y controlar o mitigar todos los riesgos significativos de forma oportuna y para evaluar la adecuación de su capital y liquidez en relación con su perfil de riesgo." Este proceso se ha presentado como el proceso IMMM: Identificar, Medir, Monitorear y Mitigar cada riesgo. En la práctica, la manera de gestionar los riesgos y, por lo tanto, cumplir con la nueva normativa de Basilea, es introducir o mejorar el proceso IMMM para cada riesgo material que enfrenta la institución financiera.

Junto con las normas internacionales antes mencionadas, existen herramientas que facilitan la implementación o mejora de los procesos IMMM. En pocas palabras, estas son: Políticas Formales, Indicadores Clave de Riesgo, Modelos de Capitales, y MIS/Reportes.

Este estudio de caso analiza las herramientas prácticas, como lo son: los modelos cuantitativos, la simulación de Monte Carlo, los modelos de crédito, y las estadísticas de negocio, utilizadas para modelar y cuantificar el capital económico y regulatorio, medir y monitorear los indicadores clave de riesgo, e informar todos los datos obtenidos de una manera clara e intuitiva. Esto relaciona la modelación y el análisis de la gestión de activos y pasivos, el riesgo de crédito, el riesgo de mercado, el riesgo operacional, y el riesgo de liquidez para bancos o instituciones financieras, permitiendo que estas firmas adecuen el proceso de identificar, evaluar, cuantificar, valorar, diversificar, cubrir y generar reportes periódicos reglamentarios de manera correcta a las autoridades supervisoras y Bancos Centrales de sus operaciones de crédito, mercado, y las áreas de riesgo operacional, como también para auditorías internas de riesgo, controles de riesgo, y propósitos de gestión de riesgos.

En la banca financiera y en las empresas que ofrecen servicios financieros, *el capital económico* se define como la cantidad de capital de riesgo, evaluado sobre una base realista basada en los datos históricos reales, que el banco o la empresa requiere para cubrir los riesgos de un negocio en marcha, tales como: riesgo de mercado, riesgo de crédito, riesgo de liquidez y riesgo operacional. Es la cantidad de dinero que se necesita para asegurar la supervivencia en un escenario en el peor de los casos. Los reguladores de servicios financieros, como los Bancos Centrales, el Banco de Pagos Internacionales, y otras comisiones reguladoras deben entonces exigir a los bancos mantener una cantidad de capital de riesgo igual o menor al de su capital económico algunas veces sobre múltiples periodos de tenencia. Por lo general, el capital económico se calcula determinando la cantidad de capital que la empresa necesita para asegurarse de que su balance realista permanece solvente durante un cierto período de tiempo con una probabilidad especificada previamente (por ejemplo, normalmente definido como 99.00%). Por lo tanto, el capital económico se calcula a menudo con modelos de tipo *Valor en Riesgo* (VaR).

La modelación de capital en los bancos surgió como una necesidad para las grandes instituciones financieras internacionales, que descubrieron que los enfoques normativos adoptados por estos organismos eran demasiado básicos y principalmente no basados en el riesgo. Por ejemplo, los requerimientos de capital por riesgo de crédito bajo el marco de Basilea I fueron sólo un porcentaje (8% veces por otro multiplicador) del volumen de operaciones. Esta medida, que era muy fácil de calcular, no era sensible al riesgo, aparte de la diferenciación de un amplio tipo de activos. Por lo tanto, los bancos complejos encontraron estos requisitos de capital muy ineficientes en términos de planificación de capital, fijación de precios, y aprovechamiento los límites y objetivos, comenzado a aceptar los modelos de capital interno desarrollados por las grandes instituciones financieras internacionales. En consecuencia, en 1996, una enmienda se introdujo en el Acuerdo de Basilea (todavía Basilea I) que permitía cierta clasificación de los bancos para calcular y mantener el capital en línea con sus modelos internos. Para diferenciar estas medidas del capital, los bancos comenzaron a llamar estos cálculos internos "capital económico", porque tenía una relación muy estrecha con la economía real de la empresa, mientras que el "capital regulatorio" era el requisito exigido por los reguladores. Como el negocio evolucionó, y las regulaciones se volvieron más amplias, las instituciones financieras complejas comenzaron a confiar más en sus modelos de capital económico para la medición y gestión de riesgos, y al mismo tiempo tener que mantener un capital regulatorio. En la mayoría de los casos, las diferencias entre estos dos tipos de capital para el mismo riesgo eran muy significativas, este hecho fue uno de los principales motivadores de Basilea II, impulsado principalmente por una solicitud de los bancos más complejos que las Normas Internacionales y, por lo tanto, las regulaciones bancarias les permitieron utilizar sus modelos de capital económico para asignar capital regulatorio. En otras palabras, una de las motivaciones directas para las reformas de Basilea II fue el de cerrar la practica brecha entre el capital económico y regulatorio.

Como Basilea II empezó a aplicarse en la mayoría de los países, el nuevo paradigma regulatorio estableció que los bancos, no solo las instituciones financieras internacionales complejas deben tener IMMM para todos los riesgos materiales, y calcular y asignar capital económico para todos y cada uno de estos riesgos. Para cualquier banco, estos riesgos son definidos por las normas identificadas en los Principios Básicos antes mencionados: crédito, mercado, operacional, liquidez, tasa de interés, estratégico, de reputación, titularización, y así sucesivamente. En este sentido, los bancos de cualquier tamaño, en prácticamente todos los países, necesitan identificar, medir, monitorear y mitigar todos estos riesgos, y calcular, evaluar y asignar capital económico para cada uno. Este estudio de caso analiza un conjunto de enfoques simples con herramientas sencillas que permiten a los bancos de cualquier tamaño y complejidad generar información para la gestión (el proceso IMMM) de estos riesgos, y para el cálculo del capital económico basado en el balance disponible e información regulatoria.

A la luz de estas normas internacionales, que son ahora las regulaciones formales en prácticamente todos los países en el mundo, utilizamos una gama de enfoques básicos y complejos para generar un modelo de capital económico, calculado los causantes de riesgo formalmente definidos en cada caso y proporcionar resultados de capital de riesgo sensible para cada riesgo relevante. Además, para cada riesgo, a través de un conjunto de información básica, se genera un conjunto de indicadores claves de riesgo y se combina con los resultados del modelo de capital para producir informes de riesgo relevantes. Puesto que las regulaciones requieren todavía muchos casos de capital regulatorio, tal cálculo todavía se proporciona junto con las Normas de Basilea como otra salida útil de las herramientas diseñadas. Por último, el Comité de Basilea diferencia crédito, mercado y riesgo operacional del resto, definiendo estos tres como los más relevantes en cualquier institución financiera. De acuerdo con el diseño de los Tres Pilares de Basilea II, estos son conocidos como los riesgos Pilar I. En Basilea II y III, el capital económico y regulatorio pueden ser unificados con el riesgo del Pilar I. En otras palabras, para estos tres riesgos (crédito, mercado y operacional), los modelos de capital económico se dan por el Acuerdo de Basilea como una manera de generar cierta estandarización de metodologías y la comparación entre los bancos y países.

Para el riesgo de crédito, el enfoque tradicional de capital regulatorio Basilea I (todavía está disponible como una opción básica en Basilea III) es calcular el 8% del volumen de préstamos pendientes, multiplicado por un factor dependiendo del tipo de activo tratado (100% para los micro préstamos sin garantía, el 50% para las hipotecas, el 20% para el interbancario, etc.). Este enfoque, sin embargo, no se diferencia por el riesgo dentro de cada categoría. Con el fin de crear un enfoque más sensible al riesgo, Basilea II incorporó la lógica principal de los modelos de cartera, donde el capital es la cantidad necesaria para cubrir las pérdidas inesperadas. Las pérdidas, a su vez, se calculan como el residual dado por la diferencia entre la media y el intervalo de confianza de una función de distribución de pérdidas.

Herramienta de Análisis Económico de Proyectos en la Modelación del Riesgo Bancario

La Figura 7.71 ilustra la utilidad de PEAT con el módulo ALM-CMOL para Riesgo de Crédito, con una pestaña dedicada especialmente para la valoración del Capital Económico Regulatorio (ERC). Este análisis se lleva a cabo en temas de créditos, por ejemplo: préstamos, líneas de crédito, y deuda a nivel comercial, al por menor o a nivel individual. Para comenzar con la utilidad, hay un par de modelos ejemplos en el software, los archivos existentes se pueden abrir o guardar, o un modelo de muestra por defecto se pueden recuperar en el menú. Sin embargo, para seguir adelante, se recomienda abrir el ejemplo predeterminado (haga clic en el icono de menú de la esquina superior derecha del software, a continuación, seleccione *Cargar Ejemplo*).

El número de categorías de préstamos y tipos de crédito se puede ajustar, así como los nombres de préstamos o categoría de crédito, una *Pérdida dado el Incumplimiento* (LGD) – [siglas en inglés] valor en porcentaje, y el tipo de crédito Basilea (*créditos hipotecarios, crédito renovable, otros tipos de créditos, o de deuda soberana o corporativa*). Cada tipo de crédito tiene su tipo de modelo necesario para Basilea III que es de conocimiento público, y el software utiliza los modelos prescritos por la normativa de Basilea. Además, los datos históricos se pueden ingresar manualmente por el usuario en la herramienta o por medio de archivos de bases de datos y datos existentes. Estos archivos de datos pueden ser grandes y, por lo tanto, almacenados, ya sea en un solo archivo o varios archivos de datos, donde el contenido de cada archivo se puede asignar a la lista de variables requeridas (por ejemplo, fecha de emisión de crédito, información del cliente, tipo de producto o segmento, calificaciones del Banco Central, el monto de la deuda o préstamo, pago de intereses, pago de capital, la última fecha de pago, y otra información auxiliar del Banco o empresa de servicios financieros que tiene acceso) para el análisis, y las conexiones de red mapeadas se muestran. Información adicional como los percentiles VaR requeridos, la vida media de un préstamo comercial, y el período en el que se va a ejecutar los archivos de datos para obtener la *Probabilidad de Incumplimiento* (PD) – [siglas en inglés] se ingresan. A continuación, se selecciona la *Exposición dado el Incumplimiento* (EAD) – [siglas en inglés] análisis de periodicidad como es el tipo de fecha y las calificaciones del Banco Central. Diferentes Bancos Centrales en diferentes naciones tienden a tener calificaciones de crédito similares, pero el software permite la flexibilidad para elegir el esquema de calificación crediticia pertinente (es decir, nivel 1, puede indicar el tiempo de pago de un préstamo existente, mientras que el nivel 3 puede indicar un retraso en los pagos de más de 90 días, lo que, por lo tanto, constituye un un incumplimiento). Todas estas entradas y ajustes se pueden guardar, ya sea como ajustes y datos independientes o, incluyendo los resultados. Los usuarios podrían introducir un nombre único y notas, y guardar los ajustes actuales (modelos y valores guardados previamente se pueden recuperar, editar o borrar, un nuevo modelo puede ser creado, o un modelo existente pueden ser duplicado). Los modelos guardados se enumeran y se pueden organizar de acuerdo a la preferencia del usuario.

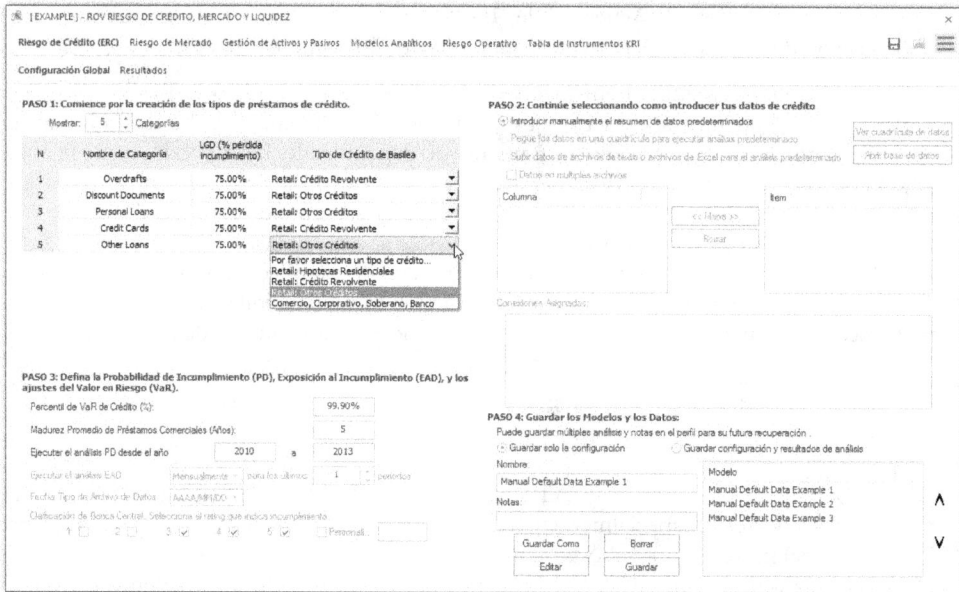

Figura 7.71: Configuración de Riesgo de Crédito

Capital Económico y Capital Regulatorio

Figura 7.72 ilustra la utilidad de PEAT con el módulo de ALM-CMOL para el riesgo de crédito-La Pestaña de Resultados de Capital Regulatorio Económico. Los resultados se muestran en la cuadrícula si los archivos de datos fueron cargados y pre procesados, y los resultados fueron calculados y presentados aquí (la carga de archivos de datos se discute en relación con la Figura 7.71). Sin embargo, si los datos son ingresados manualmente (como presentado anteriormente en la Figura 7.71), a continuación, las zonas grises en la cuadrícula de datos están disponibles para la entrada manual de usuario, tales como el número de clientes para un crédito específico o categoría de la deuda, el número de valores predeterminados para dichas categorías históricamente por período, y la exposición a valores por defecto (cantidad total de deuda emitida en el periodo total). Se puede ingresar manualmente el número de clientes y el número del crédito y préstamos impagos dentro de cada periodo de tiempo anual de bandas. La herramienta calcula el porcentaje de incumplimiento (número de crédito o préstamos impagos dividido por número de clientes dentro de los períodos de tiempo especificados), y el porcentaje promedio de impago es el proxy que se usa para la PD. Si los usuarios tienen tasas PD, específicas para utilizar simplemente puede introducir cualquier número de clientes y el número de impagos, siempre y cuando la relación es lo que el usuario desea de la entrada PD (por ejemplo, un 1% de PD significa que los usuarios pueden entrar 100 clientes y 1 como el número de incumplimiento). El LGD puede ser ingresado en la configuración global como porcentaje (LGD se define como el porcentaje de pérdidas de préstamos y deudas que no se pueden recuperar cuando están en mora). La EAD es la cantidad total de préstamos dentro de estas bandas de tiempo. Estos valores PD, LGD y EAD también se pueden calcular utilizando modelos estructurales, como se verá más adelante. Las *Pérdidas Esperadas* (PE) es el producto de $PD \times LGD \times EAD$. EL *Capital Económico* (CE) se basa en los requisitos de Basilea II y Basilea III y es un asunto de interés público. El *Riesgo Promedio Ponderado* (RWA) – [siglas en inglés] es un requerimiento regulatorio por Basilea II y Basilea III, como $12.5 \times CE$. El cambio en el *Requerimiento de Capital* (ΔCAR @ 8%) no es más que la relación entre CE y EAD menos el requisito de tenencia del 8%. En otras palabras, el *Capital Regulatorio* (RC) es el 8% de EAD.

Los resultados obtenidos por el modelo permiten la construcción de indicadores de riesgo clave, comparando los requisitos básicos de capital regulatorio con estos requisitos de capital económico. Además, cuando se combina con los modelos internos o externos de calificación (o cuentas de crédito) se puede construir un perfil de pérdidas esperadas e inesperadas para cada tipo de producto o activo. Esto es también la base para la aplicación de indicadores RAROC, y la asignación eficaz del capital económico, en consonancia con las normas internacionales y los requisitos de regulación locales.

[EXAMPLE] - ROV RIESGO DE CREDITO, MERCADO Y LIQUIDEZ

Riesgo de Crédito (ERC) Riesgo de Mercado Gestión de Activos y Pasivos Modelos Analíticos Riesgo Operativo Tabla de Instrumentos KRI

Configuración Global Resultados

A continuación se resume el análisis de los valores predeterminados basados en datos históricos, las probabilidades de incumplimiento (PD), la pérdida en caso de incumplimiento (LGD), exposición al incumplimiento (EAD), las pérdidas esperadas (EL), el capital económico (EC), activos ponderados por riesgo (RWA), y el capital regulatorio según los requisitos de Basilea, y el modelo basado en los tipos de crédito pertinentes.

N	Overdrafts	Número de Clientes	Número de Incumplimientos	Incumplimiento Total %	PD %	LGD %	EAD	Pérdidas Esperadas (EL)	Capital Económico (EC)	RWA	Delta CAR @ 8%	Capital Regulatorio	Tipo de Crédito de Basilea
1	2013	1,077	85	7.89%									Retail: Crédito Revolvente
2	2012	1,036	95	9.17%	6.47%	75.00%	8,707,946	422,262	749,977	9,374,711	0.61%	696,636	
3	2011	1,045	49	4.69%									
4	2010	973	40	4.11%									
N	Discount Documents	Número de Clientes	Número de Incumplimientos	Incumplimiento Total %	PD %	LGD %	EAD	Pérdidas Esperadas (EL)	Capital Económico (EC)	RWA	Delta CAR @ 8%	Capital Regulatorio	Tipo de Crédito de Basilea
1	2013	1,321	10	0.76%									Retail: Otros Créditos
2	2012	1,131	28	2.48%	1.63%	75.00%	25,561,423	313,162	1,868,606	23,357,578	-0.69%	2,044,914	
3	2011	808	9	1.11%									
4	2010	320	7	2.19%									
N	Personal Loans	Número de Clientes	Número de Incumplimientos	Incumplimiento Total %	PD %	LGD %	EAD	Pérdidas Esperadas (EL)	Capital Económico (EC)	RWA	Delta CAR @ 8%	Capital Regulatorio	Tipo de Crédito de Basilea
1	2013	96,296	9,822	10.20%									Retail: Otros Créditos
2	2012	132,106	11,947	9.04%	6.57%	75.00%	664,979,993	32,742,574	60,786,525	759,831,559	1.14%	53,198,399	
3	2011	131,616	4,708	3.58%									
4	2010	82,119	2,825	3.44%									
N	Credit Cards	Número de Clientes	Número de Incumplimientos	Incumplimiento Total %	PD %	LGD %	EAD	Pérdidas Esperadas (EL)	Capital Económico (EC)	RWA	Delta CAR @ 8%	Capital Regulatorio	Tipo de Crédito de Basilea
1	2013	13,480	606	4.50%									Retail: Crédito Revolvente
2	2012	10,530	614	5.83%	4.12%	75.00%	47,373,537	1,463,899	3,039,216	37,990,198	-1.58%	3,789,883	
3	2011	7,680	267	3.48%									
4	2010	3,548	95	2.68%									
N	Other Loans	Número de Clientes	Número de Incumplimientos	Incumplimiento Total %	PD %	LGD %	EAD	Pérdidas Esperadas (EL)	Capital Económico (EC)	RWA	Delta CAR @ 8%	Capital Regulatorio	Tipo de Crédito de Basilea
1	2013	2,787	300	10.76%	6.82%	75.00%	1,131,057	57,875	104,004	1,300,046	1.20%	90,485	Retail: Otros

Figura 7.72: Capital Económico Regulatorio (ERC)

Modelos de Riesgo de Crédito y Capital Económico según Basilea

El software CMOL aplica requisitos y definiciones de Basilea II y Basilea III sobre el capital regulatorio. Por ejemplo, el capital económico se define como el Valor en Riesgo, (es decir, la cantidad de Riesgo Total) menos las pérdidas esperadas. Hay 4 categorías de ecuaciones basadas en el tipo de crédito y préstamos: 3 tipos de Préstamos Minoristas más una categoría para los Préstamos Corporativos.

Préstamos Minoristas: Exposición de préstamos Hipotecarios

$$Correlación\ (R) = 0.15$$

$$Requisito\ de\ Capital\ (K) = \left[LGD \times \Phi\left(\frac{\phi^{-1}(PD) + \sqrt{R}\phi^{-1}(99.9\%)}{\sqrt{1-R}} \right) - LGD \times PD \right]$$

$$Capital\ Económico\ (EC) = EAD \times K$$
$$= EAD \times \left[LGD \times \Phi\left(\frac{\phi^{-1}(PD) + \sqrt{R}\phi^{-1}(99.9\%)}{\sqrt{1-R}} \right) - LGD \times PD \right]$$

Préstamos Minoristas: Exposiciones Minoristas Rotativas Calificadas

$$Correlación\ (R) = 0.04$$

$$Requisito\ de\ capital\ (K) = \left[LGD \times \Phi\left(\frac{\phi^{-1}(PD) + \sqrt{R}\phi^{-1}(99.9\%)}{\sqrt{1-R}} \right) - LGD \times PD \right]$$

$$Capital\ Económico\ (EC) = EAD \times K$$
$$= EAD \times \left[LGD \times \Phi\left(\frac{\phi^{-1}(PD) + \sqrt{R}\phi^{-1}(99.9\%)}{\sqrt{1-R}} \right) - LGD \times PD \right]$$

$$Activos\ Ponderados\ por\ Riesgo\ (RWA) = 12.5 \times EC = 12.5 \times EAD \times K$$

Préstamos Minoristas: Otras Exposiciones Minoristas

$$Correlación\ (R) = \frac{0.03 \times (1 - e^{-35 \times PD})}{(1 - e^{-35})} + 0.16 \times \left[1 - \frac{(1 - e^{-35 \times PD})}{(1 - e^{-35})} \right]$$

$$Requisito\ de\ capital\ (K) = \left[LGD \times \Phi\left(\frac{\phi^{-1}(PD) + \sqrt{R}\phi^{-1}(99.9\%)}{\sqrt{1-R}} \right) - LGD \times PD \right]$$

$$Capital\ Económico\ (EC) = EAD \times K$$
$$= EAD \times \left[LGD \times \Phi\left(\frac{\phi^{-1}(PD) + \sqrt{R}\phi^{-1}(99.9\%)}{\sqrt{1-R}} \right) - LGD \times PD \right]$$

$$Activos\ ponderados\ de\ riesgo\ (RWA) = 12.5 \times EC = 12.5 \times EAD \times K$$

Préstamos Corporativos: Corporativo, Soberano, Banco y Préstamos Comerciales

$$Correlación\ (R) = \frac{0.12 \times (1 - e^{-50 \times PD})}{(1 - e^{-50})} + 0.24 \times \left[1 - \frac{(1 - e^{-50 \times PD})}{(1 - e^{-50})} \right]$$

$$Ajuste\ por\ Vencimiento\ (B) = [0.11852 - 0.05478 \times \ln{(PD)}]^2$$

Requisito de Capital (K)

$$= \left[LGD \times \Phi \left(\frac{\phi^{-1}(PD) + \sqrt{R}\,\phi^{-1}(99.9\%)}{\sqrt{1-R}} \right) - LGD \times PD \right]$$
$$\times \left[\frac{1 + (M - 2.5) \times b}{1 - 1.5 \times b} \right]$$

Capital Económico (EC) = EAD × K

Capital Económico (EC)

$$= EAD \times \left[LGD \times \Phi \left(\frac{\phi^{-1}(PD) + \sqrt{R}\,\phi^{-1}(99.9\%)}{\sqrt{1-R}} \right) - LGD \times PD \right]$$
$$\times \left[\frac{1 + (M - 2.5) \times B}{1 - 1.5 \times B} \right]$$

Activos Ponderados por Riesgo (RWA) = 12.5 × EC = 12.5 × EAD × K

Activos Ponderados por Riesgo (RWA) = 12.5 × EC = 12.5 × EAD × K

La función Φ Phi es la CDF de la Normal (0,1), y ϕ^{-1} es la ICDF de la Normal (0,1)

Riesgo de Mercado

Para riesgo de mercado, como Pilar I de riesgo, tiene requisitos similares a los del capital económico regulatorio. Las particularidades de riesgo de mercado hacen que, posiblemente, el que es más fácil de modelar y calcular, y el que ha tenido más desarrollo de herramientas hasta el momento. Esto se explica por el hecho de que el principal insumo para la medición del riesgo de mercado y su modelación sean los precios de mercado de los activos o, más precisamente, sus volatilidades. Por lo tanto, existe una gran disponibilidad pública de los datos, a diferencia de los otros riesgo del Pilar I que no tienen precios diarios a disposición del público. A modo de ejemplo, no hay precio público de un grupo particular de préstamos minoristas emitidos por un banco privado. Sin embargo, las herramientas de modelación de riesgos, tanto para el para riesgo de mercado y crédito se basan en el mismo enfoque: la utilización de los datos estilizados del pasado para proyectar el comportamiento futuro en ciertas suposiciones y dentro de un intervalo de confianza. Lógicamente, el riesgo de mercado tiene un gran conjunto de información disponible y el potencial para probar y calibrar modelos. Tal como se presenta, los modelos de riesgo de mercado adquieren un enfoque de Valor en Riesgo (VaR).

La Figura 7.73 ilustra la utilidad de PEAT con el módulo ALM-CMOL para Riesgo de Mercado, donde se ingresa la Información de Mercado. Los usuarios comienzan ingresando los ajustes globales, tales como el número de activos de inversión y activos en moneda que el banco tiene en su portafolio, que requieren un análisis más detallado; el número total de datos históricos que se utilizará para el análisis; y varios percentiles de VaR para ejecutar (por ejemplo, 99.00% y 95.00%). Además, el método de la volatilidad de elección (volatilidad estándar de la industria o métodos de medición de riesgo de volatilidad) y el tipo de fecha (dd/mm/aaaa o mm/dd/aaaa) se ingresan. Se ingresa la cantidad invertida (balance) de cada activo y divisa, los datos históricos se pueden introducir, copiar y pegar de otra fuente de datos, o subirlo a la cuadricula de datos, y los ajustes, así como los datos históricos ingresados se pueden guardar para su futura recuperación y posterior análisis en las sub pestañas posteriores.

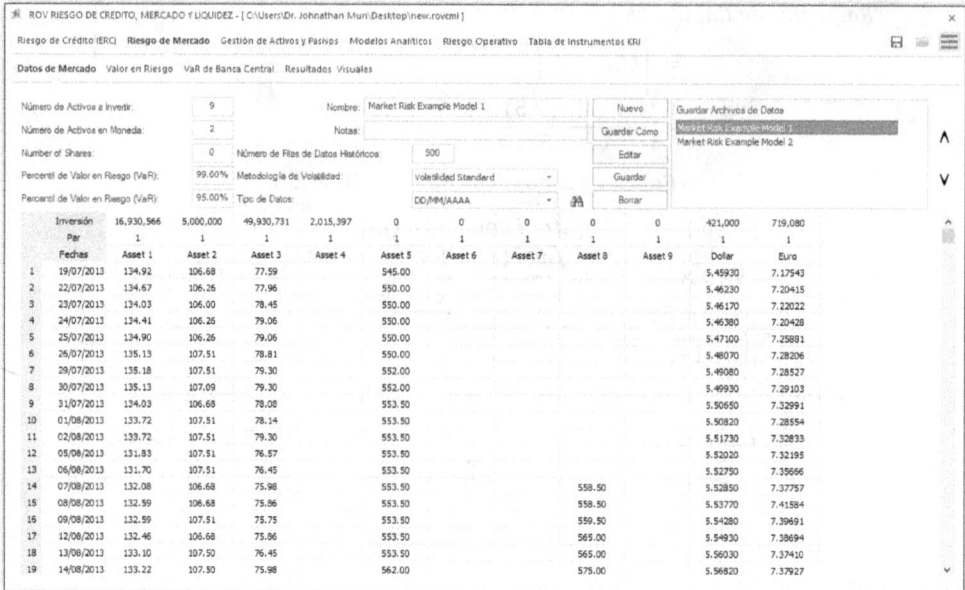

Figura 7.73: Datos de Riesgo De Mercado

La Figura 7.74 ilustra los resultados calculados para el VaR de mercado. Basados en los datos ingresados en la interfaz como se muestra en la Figura 7.73, los resultados se calculan y se presentan en dos cuadrículas separadas: los resultados del VaR y sus posiciones de activos con los respectivos detalles. Los cálculos se pueden programar y ejecutar de nuevo o actualizarlos, y los resultados se pueden exportar a una plantilla de informe de Excel, si es necesario. Los resultados calculados en la primera cuadrícula se basan en datos de mercado de entrada del usuario. Por ejemplo, los cálculos de VaR son simplemente la *Posición del Activo × Volatilidad Diaria × Inversa de la Distribución Normal Estándar de Percentil VaR × Raíz Cuadrada del Horizonte en Días.*

En otras palabras, tenemos:

$$VaR\ X\% = Activo \times Volatilidad\ diaria \times \sqrt{Días} \times Inversa\ Normal\ Estándar\ de\ X\%$$

$$VaR_{X\%} = A\sigma\sqrt{D}\Phi^{-1}(x)$$

Por lo tanto, el VaR Bruto es simplemente la suma de todos los valores de VaR para todos los activos y activos de moneda extranjera. En comparación, el VaR Histórico Interno de Simulación usa el mismo cálculo basado en la serie de tiempo histórica simulada del valor de los activos. La serie de tiempo simulada del valor de los activos se obtiene mediante la *Inversión del Activo × Precio del Activo en t-1 × Retorno Relativo para un Periodo en Específico − Posición Actual en el Activo.* La Posición Actual en el Activo es simplemente la *Inversión × Precio del Activo.* A partir de esta serie de tiempo simulada de flujos de activos, el percentil $(1 − X\%)$ del valor del activo es el *VaR X%.* Típicamente, un X% es 99.00% o 95.00% y se puede cambiar según sea necesario por el usuario en función de los estatutos de la agencia reguladora regional o país específico.

Esto puede expresarse como:

$$Simulación\ histórica\ (HSS)\ VaR\ X\%$$
$$= (1 − X\%)\ Percentil\ de\ le\ serie\ simulada\ históricamente\ (HSS)$$

$$HSS = Inversión \times Precio_{t-1} \times Exp(LNRR) − Inversión \times Precio_t$$

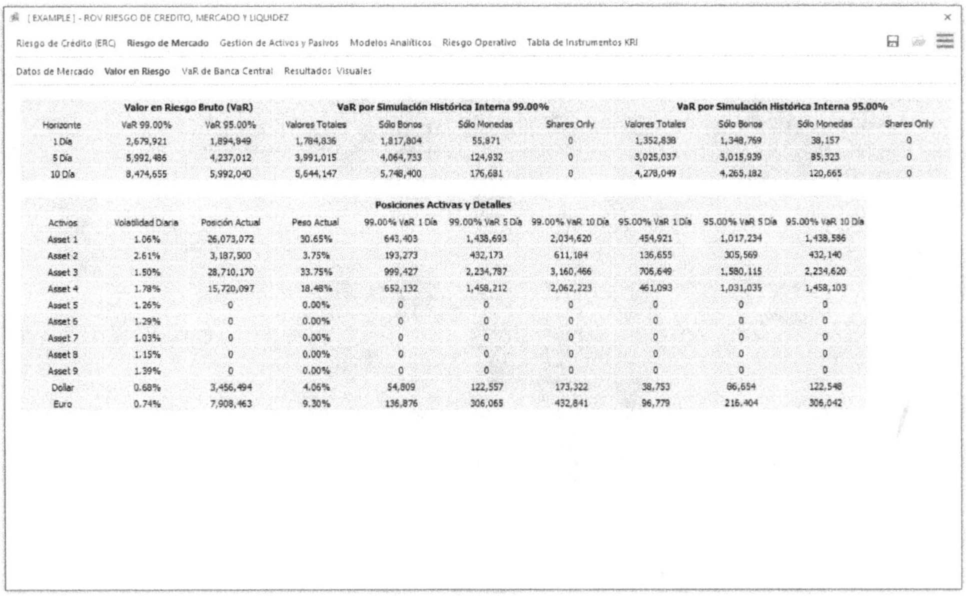

	Valor en Riesgo Bruto (VaR)		VaR por Simulación Histórica Interna 99.00%				VaR por Simulación Histórica Interna 95.00%			
Horizonte	VaR 99.00%	VaR 95.00%	Valores Totales	Sólo Bonos	Sólo Monedas	Shares Only	Valores Totales	Sólo Bonos	Sólo Monedas	Shares Only
1 Día	2,679,921	1,894,849	1,784,836	1,817,804	55,871	0	1,352,838	1,348,769	38,157	0
5 Día	5,992,486	4,237,012	3,991,015	4,064,733	124,932	0	3,025,037	3,015,939	85,323	0
10 Día	8,474,655	5,992,040	5,644,147	5,748,400	176,681	0	4,278,049	4,265,182	120,665	0

Posiciones Activas y Detalles

Activos	Volatilidad Diaria	Posición Actual	Peso Actual	99.00% VaR 1 Día	99.00% VaR 5 Día	99.00% VaR 10 Día	95.00% VaR 1 Día	95.00% VaR 5 Día	95.00% VaR 10 Día
Asset 1	1.06%	26,073,072	30.65%	643,403	1,438,693	2,034,620	454,921	1,017,234	1,438,586
Asset 2	2.61%	3,187,500	3.75%	193,273	432,173	611,184	136,655	305,569	432,140
Asset 3	1.50%	28,710,170	33.75%	999,427	2,234,787	3,160,466	706,649	1,580,115	2,234,620
Asset 4	1.78%	15,720,097	18.48%	652,132	1,458,212	2,062,223	461,093	1,031,035	1,458,103
Asset 5	1.26%	0	0.00%	0	0	0	0	0	0
Asset 6	1.29%	0	0.00%	0	0	0	0	0	0
Asset 7	1.03%	0	0.00%	0	0	0	0	0	0
Asset 8	1.15%	0	0.00%	0	0	0	0	0	0
Asset 9	1.39%	0	0.00%	0	0	0	0	0	0
Dollar	0.68%	3,456,494	4.06%	54,809	122,557	173,322	38,753	86,654	122,548
Euro	0.74%	7,908,463	9.30%	136,876	306,065	432,841	96,779	216,404	306,042

Figura 7.74: Valor en Riesgo de Mercado

Muchos países emiten regulaciones para la medición del riesgo de mercado y la asignación de capital, por lo que algunos modelos estandarizados se sugieren o incluso se imponen, conforme a las Normas de Basilea. Analizamos un ejemplo en la Figura 7.75, donde el modelo de regulación se puede obtener mediante la utilización de los parámetros dados por el regulador (es decir, la volatilidad y los periodos de tenencia para unos activos dados). La estructura de la herramienta permite la comparación de escenarios de regulación, internos y stress, proporcionándole al analista una gran variedad de resultados para mejorar la interpretación de la medición de riesgo, asignación de capital y proyecciones futuras.

Riesgo de Mercado del Banco Central

La Figura 7.75 ilustra el método de Banco Central VaR y los resultados en el cálculo de VaR basado en la configuración del usuario (por ejemplo, el percentil VaR el horizonte de tiempo de tenencia en días, el número de activos para analizar, y el período de análisis) y los datos históricos de los activos. Los cálculos de VaR se basan en el mismo enfoque que se ha descrito anteriormente, las entradas, la configuración y los resultados se pueden guardar para su futura recuperación.

ROV RIESGO DE CREDITO, MERCADO Y LIQUIDEZ - [C:\Users\Dr. Johnathan Mun\Desktop\new.rovcml]

Riesgo de Crédito (ERC)   Riesgo de Mercado   Gestión de Activos y Pasivos   Modelos Analíticos   Riesgo Operativo   Tabla de Instrumentos KRI

Datos de Mercado   Valor en Riesgo   VaR de Banca Central   Resultados Visuales

Valor en Riesgo (VaR) %: 99.00%
Horizonte de Tiempo (Días): 5
Número de Activos: 20
Análisis es para un Mes/Año:

Nombre del Conjunto de Datos: Sample of Central Bank VaR
Lista de Conjunto de Datos Guardadas: Guardar Como
Conjunto de Datos: Sample of Central Bank VaR

Nuevo   Borrar
Editar   Guardar

| Tipo de Activos | T02405 | | SX2405 | | MU2405 | |
| Volatilidad | 1.0000% | | 1.0500% | | 1.1100% | |
Día	VPN de la Posición	Valor en Riesgo	VPN de la Posición	Valor en Riesgo	VPN de la Posición	Valor en Riesgo
1	11,042.50	575.32	11,000.00	601.76	10,985.00	635.28
2	11,444.82	596.28	11,115.00	608.05	11,458.00	662.63
3	11,534.80	600.97	11,534.80	631.02	11,534.80	667.07
4	11,596.80	604.20	11,596.80	634.41	11,625.00	672.29
5	11,596.80	604.20	11,596.80	634.41	11,596.80	670.66
6	11,596.80	604.20	11,596.80	634.41	11,596.80	670.66
7	11,651.16	607.03	11,651.16	637.38	11,651.16	673.80
8	11,698.25	609.48	11,698.25	639.96	11,698.25	676.53
9	11,698.25	609.48	11,698.25	639.96	11,698.25	676.53
10	16,541.80	861.83	16,541.80	904.93	16,541.80	956.64
11	17,290.98	900.87	17,290.98	945.91	17,290.98	999.96
12	17,290.98	900.87	17,290.98	945.91	17,290.98	999.96
13	17,290.98	900.87	17,290.98	945.91	17,290.98	999.96
14	17,346.15	903.74	17,346.15	948.93	17,346.15	1,003.15
15	24,343.58	1,268.31	24,343.58	1,331.73	24,343.58	1,407.82
16	24,457.51	1,274.25	24,457.51	1,337.96	24,457.51	1,414.41
17	22,445.01	1,169.39	22,445.01	1,227.86	22,445.01	1,298.03
18	22,549.57	1,174.84	22,549.57	1,233.58	22,549.57	1,304.07
19	22,549.57	1,174.84	22,549.57	1,233.58	22,549.57	1,304.07
20	22,549.57	1,174.84	22,549.57	1,233.58	22,549.57	1,304.07
21	23,984.37	1,249.99	23,984.37	1,312.07	23,984.37	1,387.05
22	23,610.71	1,230.13	23,610.71	1,291.63	23,610.71	1,365.44
23	23,798.73	1,239.92	23,798.73	1,301.92	23,798.73	1,376.31
24	22,359.26	1,164.93	22,359.26	1,223.17	22,359.26	1,293.07
25	18,958.36	987.74	18,958.36	1,037.12	18,958.36	1,096.39

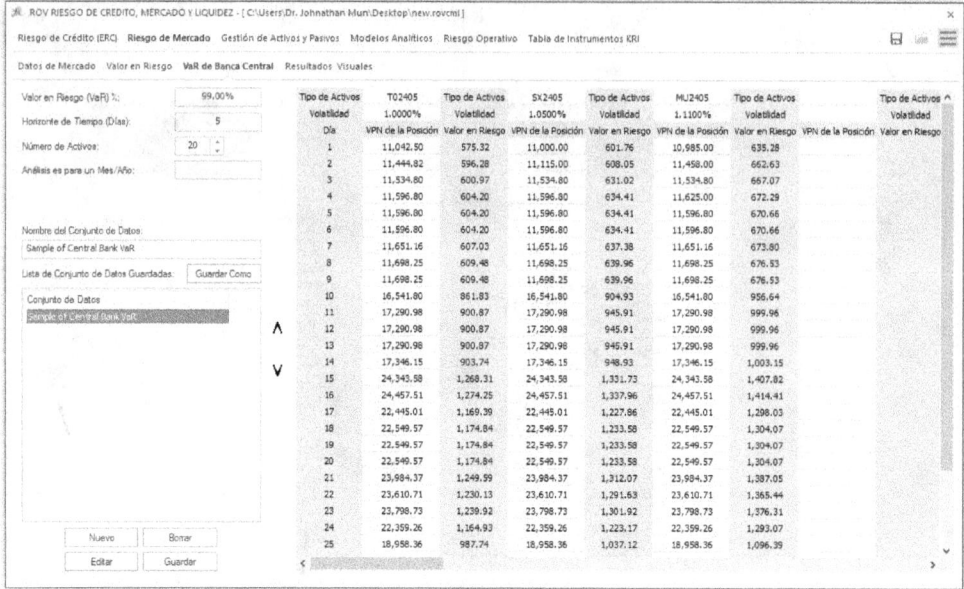

Figura 7.75: VaR de Mercado Banco Central

Gestión de Activos y Pasivos

Al igual que con cualquier otro riesgo definido en Basilea, los KRIs se construyen basados en los insumos y los resultados de la herramienta de modelación, y puede ser debidamente supervisado y divulgado, en línea con el proceso IMMM. El riesgo de liquidez y tasa de interés normalmente se administran juntos en una función llamada GAP, abreviatura de Gestión de Activos y Pasivos. Estos dos riesgos están estrechamente entrelazados, ya que el riesgo de liquidez monitorea la disponibilidad de fondos líquidos para hacer frente a los requisitos de desembolso (por lo general en tres horizontes temporales: intradía inmediata, estructura de corto plazo, y largo plazo), mientras que el riesgo de la tasa de interés mide el impacto de la diferencia en los vencimientos o duración, para los activos y pasivos.

La Figura 7.76 ilustra la utilidad de PEAT ALM-CMOL del módulo para la Gestión de Activos y Pasivos – Riesgo de Tasa de Interés Supuestos de Entrada y Ajustes Generales en la pestaña dedicada al tema. Este segmento representa el análisis de cálculos para la Gestión de Activos y Pasivos (GAP). La GAP es la práctica de la gestión de los riesgos que surgen debido a los desajustes entre los vencimientos de activos y pasivos. El proceso de ALM es una mezcla de la gestión de riesgos y la planificación estratégica para un banco o institución financiera. Se trata de ofrecer soluciones para mitigar o cubrir los riesgos derivados de la interacción de los activos y pasivos, así como el éxito en el proceso de maximización de activos para satisfacer los complejos pasivos, que ayudará a aumentar la rentabilidad. La pestaña actual se inicia mediante la obtención, como entradas generales, el capital regulatorio que el banco obtuvo antes de los modelos de riesgo de crédito. Además, el número de días de negociación en el año del análisis (por ejemplo, normalmente entre 250 y 253 días), el nombre de la moneda local, (por ejemplo, el dólar EE.UU. o el Peso Argentino), el período actual, cuando se realiza el análisis y los resultados son reportados en las agencias reguladoras, (por ejemplo, enero de 2015), el número de percentil VaR a ejecutar (por ejemplo, 99.00%), el número de escenarios para ejecutar y sus sensibilidades respectivas de punto básico, (por ejemplo, 100, 200 y 300 puntos básicos, donde cada 100 puntos básicos representan el 1%), y el número de monedas extranjeras en el portafolio de inversiones del banco. Como es habitual, las entradas, configuración y los resultados se pueden guardar para su futura recuperación. La Figura 7.76 ilustra la utilidad de PEAT con el módulo ALM-CMOL para la Gestión de Activos y Pasivos. La pestaña es específicamente para la información de Tasas de Sensibilidad de Activos y Pasivos donde los impactos históricos de la sensibilidad de tasas de interés, como también los activos en moneda extranjera, denominado activos y pasivos, son ingresados, copiados y pegados, o cargados desde una base de datos. La información Histórica de Tasas de Interés se agrega en las filas de tasas de interés periódicas donde la moneda local como extranjera puede ser ingresada, copiada y pegada, o cargada desde una base de datos.

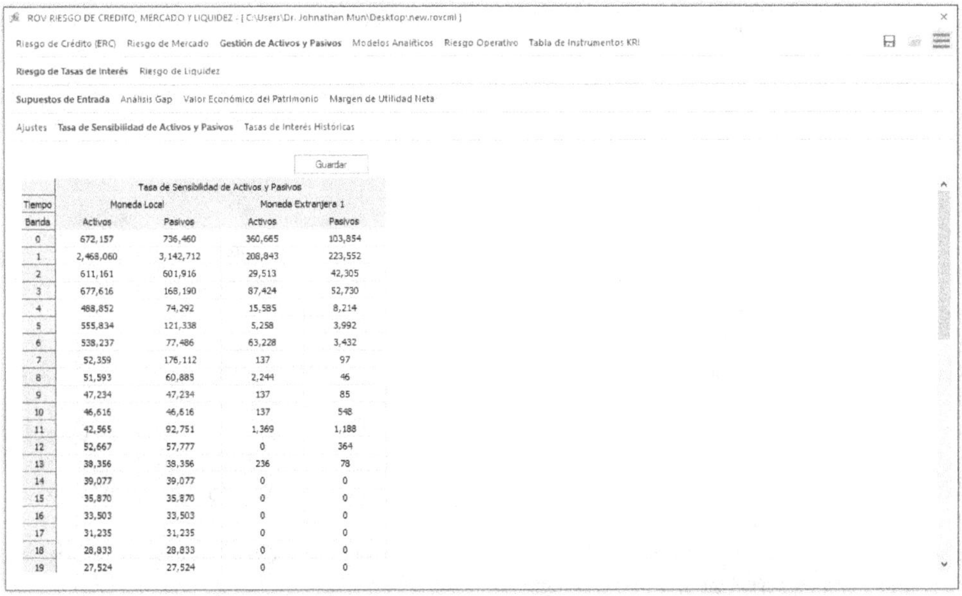

	Tasa de Sensibilidad de Activos y Pasivos			
Tiempo	Moneda Local		Moneda Extranjera 1	
Banda	Activos	Pasivos	Activos	Pasivos
0	672,157	736,460	360,665	103,854
1	2,468,060	3,142,712	208,843	223,552
2	611,161	601,916	29,513	42,305
3	677,616	168,190	87,424	52,730
4	488,852	74,292	15,585	8,214
5	555,834	121,338	5,258	3,992
6	538,237	77,486	63,228	3,432
7	52,359	176,112	137	97
8	51,593	60,885	2,244	46
9	47,234	47,234	137	85
10	46,616	46,616	137	548
11	42,565	92,751	1,369	1,188
12	52,667	57,777	0	364
13	38,356	38,356	236	78
14	39,077	39,077	0	0
15	35,870	35,870	0	0
16	33,503	33,503	0	0
17	31,235	31,235	0	0
18	28,833	28,833	0	0
19	27,524	27,524	0	0

Figura 7.76: Gestión de Activos y Pasivos – Riesgo de Tipo de Interés (Datos Activos y Pasivos)

GAP: Margen de Interés Neto y Valor Económico de Capital

La forma más sencilla de presentar estructuras GAP para la liquidez y la gestión del riesgo de tasa de interés es a través de la utilización de análisis de brecha. Un gráfico de análisis de brecha es simplemente la lista de todos los activos y pasivos afectados por los movimientos de las tasas de interés o los movimientos de liquidez, respectivamente, ordenado en intervalos de tiempo definidos (es decir, días, semanas, meses o años). Por lo general, para el riesgo de tasa de interés, existen dos enfoques principales de gestión: un análisis de la estructura de corto plazo basado en una perspectiva contable, por lo general se hace referencia con el enfoque MIN (Margen de Interés Neto), y un análisis de la estructura a largo plazo basado en una perspectiva más de un plano económico, generalmente conocido como el enfoque VEC (Valor Económico del Capital). El enfoque MIN se basa en la lógica de los desajustes naturales entre activos y pasivos que tienen un impacto en los ingresos, a través del margen de interés neto, y este impacto puede ser medido a través de los deltas dados (variaciones) en la tasa de interés referencial del mercado. En este caso, el impacto se mide a través del análisis de brecha, tal como se aplica a las partidas del balance de los lados del activo y pasivo, respectivamente. Así, por un lado, un enfoque natural MIN entregaría un impacto del balance sobre las ganancias, con base en la estructura y el vencimiento de los activos y pasivos, cuando se somete a un aumento de 100 puntos básicos en el riesgo de tipo de interés de mercado de referencia, ya que el análisis de brecha define qué lado de la hoja de balance (activos o pasivos) del flujo de caja está conectada, así como la contabilidad de cada periodo de tiempo; los analistas pueden definir la señal que se aplicaría a las ganancias cuando las tasas de interés vayan hacia arriba o hacia abajo. Por lo tanto, la combinación de estas dos herramientas permite la creación de diferentes escenarios de negocio y pruebas de tensión y, por lo tanto, la determinación de objetivos y límites en la estructura y la duración de los activos y pasivos. El enfoque VEC, por el contrario, es una herramienta de evaluación a largo plazo, por lo que los analistas pueden determinar el impacto del capital (o el patrimonio, definida como activos menos pasivos) de las valoraciones de tipo de interés de mercado referencial, ya que afecta el valor presente neto y la duración de las partidas del balance descritos. Por este método, el sistema puede calcular los deltas de duración y el valor presente neto de los activos, pasivos y patrimonio neto, medido en el análisis de brecha. Por lo tanto, dichas variaciones permiten la construcción de escenarios para los diferentes impactos en el valor patrimonial y la duración de los cambios en la tasa de interés de mercado referencial. Estos resultados se incorporan después en diferentes KRI para el seguimiento, la definición y la calibración de los objetivos de límites, de acuerdo con la estructura de gestión de riesgos IMMM.

La Figura 7.77 ilustra los resultados de Análisis de Brecha de Riesgo de Tasa de Interés. Los resultados se muestran en diferentes redes para cada moneda nacional y extranjera. El análisis de brecha es, por supuesto, una de las formas más comunes de medición de la posición de liquidez y representa la base para el análisis de escenarios y pruebas de tensión, que se ejecutará en pestañas posteriores. Los resultados de análisis de brecha son de las entradas establecidas por el usuario en la pestaña de supuestos de entrada. Los resultados se presentan de nuevo para el usuario para la validación en un formato de tabla más fácil de usar. Los resultados de Valor Económico de Capital se basa en cálculos de riesgo de tasas de interés en las pestañas anteriores. Los impactos sobre el capital regulatorio denotados por los niveles VaR sobre las monedas locales y extranjeras son cálculos, estos impactos mostrarían la afectación de la duración de las brechas y los escenarios de punto base hacia los flujos de caja denominados en moneda local y extranjera.

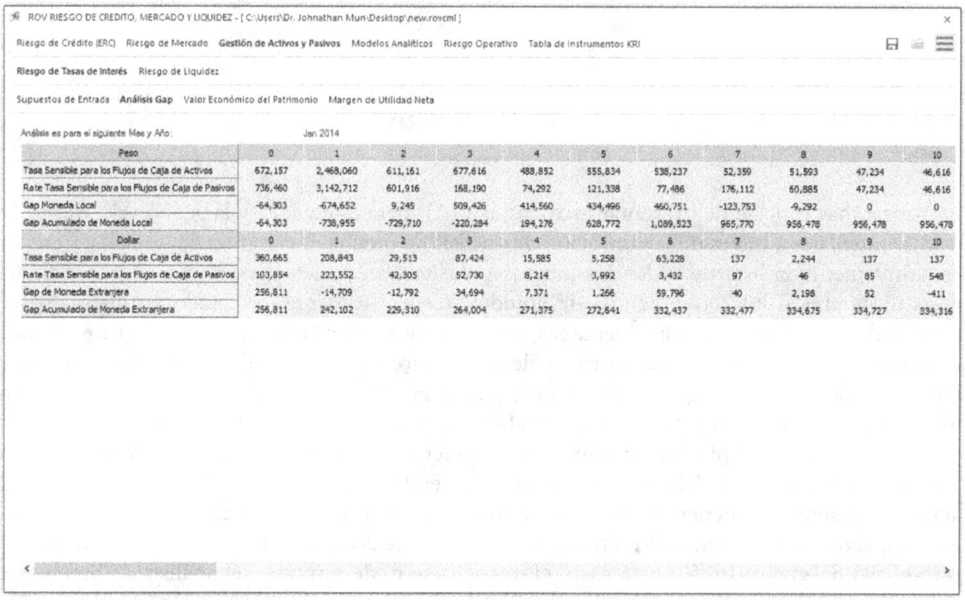
ROV RIESGO DE CREDITO, MERCADO Y LIQUIDEZ - [C:\Users\Dr. Johnathan Mun\Desktop\new.rovcml]

Riesgo de Crédito (ERC) Riesgo de Mercado **Gestión de Activos y Pasivos** Modelos Analíticos Riesgo Operativo Tabla de Instrumentos KRI

Riesgo de Tasas de Interés Riesgo de Liquidez

Supuestos de Entrada **Análisis Gap** Valor Económico del Patrimonio Margen de Utilidad Neta

Análisis es para el siguiente Mes y Año: Jan 2014

Peso	0	1	2	3	4	5	6	7	8	9	10
Tasa Sensible para los Flujos de Caja de Activos	672,157	2,468,060	611,161	677,616	488,852	555,834	538,237	52,359	51,593	47,234	46,616
Rate Tasa Sensible para los Flujos de Caja de Pasivos	736,460	3,142,712	601,916	168,190	74,292	121,338	77,486	176,112	60,885	47,234	46,616
Gap Moneda Local	-64,303	-674,652	9,245	509,426	414,560	434,496	460,751	-123,753	-9,292	0	0
Gap Acumulado de Moneda Local	-64,303	-738,955	-729,710	-220,284	194,276	628,772	1,089,523	965,770	956,478	956,478	956,478
Dollar	**0**	**1**	**2**	**3**	**4**	**5**	**6**	**7**	**8**	**9**	**10**
Tasa Sensible para los Flujos de Caja de Activos	360,665	208,843	29,513	87,424	15,585	5,258	63,228	137	2,244	137	137
Rate Tasa Sensible para los Flujos de Caja de Pasivos	103,854	223,552	42,305	52,730	8,214	3,992	3,432	97	46	85	548
Gap de Moneda Extranjera	256,811	-14,709	-12,792	34,694	7,371	1,266	59,796	40	2,198	52	-411
Gap Acumulado de Moneda Extranjera	256,811	242,102	229,310	264,004	271,375	272,641	332,437	332,477	334,675	334,727	334,316

Figura 7.77: Gestión de Activos y Pasivos – Riesgo de Tasa de Interés: Análisis de Brechas

La Figura 7.78 ilustra el losrequisitos de *Margen de Ingreso Neto* (MIN) como Supuesto de Entrada basados en el análisis del riesgo de tasa de interés. Las celdas resaltadas en la cuadrícula de datos representan los requisitos de entrada del usuario para calcular el modelo MIN. El Valor Económico del Capital y el Análisis de Brechas descritas anteriormente son para el análisis del riesgo de tipos de interés a largo plazo, mientras que el enfoque MIN es para un análisis de corto plazo (por lo general 12 meses) de los efectos de riesgo de liquidez y tasa de interés sobre los activos y pasivos. En el análisis de brecha y análisis de pruebas de tensión, se procede utilizando:

$$Flujos\ de\ Caja\ en\ Puntos\ Básicos\ PB = -Duración\ Modificada \times Activo \times \Delta PB\ in\ \%$$

$$Duración\ Modificada = Duración\ Brecha\ \div (1 + Tasa\ de\ Interés)$$

$$Duración\ Brecha = \sum \frac{VPFC_A}{V_A} \times \frac{Banda\ de\ Tiempo\ Mensual}{12} - Duración\ de\ Pasivos \times \frac{VPN_P}{VPN_A}$$

$$Duración\ Brecha = Duración\ de\ Activos - Duración\ de\ Pasivos \times \frac{VPN_P}{VPN_A}$$

$$Duración = \sum_{i=1}^{n} \frac{VPFC_t}{V} tiempo$$

$$Duración\ Modificada = \frac{Duración\ Macaulay}{\left(1 + \frac{YTM}{\#\ Cupones}\right)}$$

$$Convexidad = \frac{d^2p}{di^2} = \frac{\sum_{i=1}^{n} \frac{FC}{(1+i)^t}(t^2 + t)}{(1+i)^2}$$

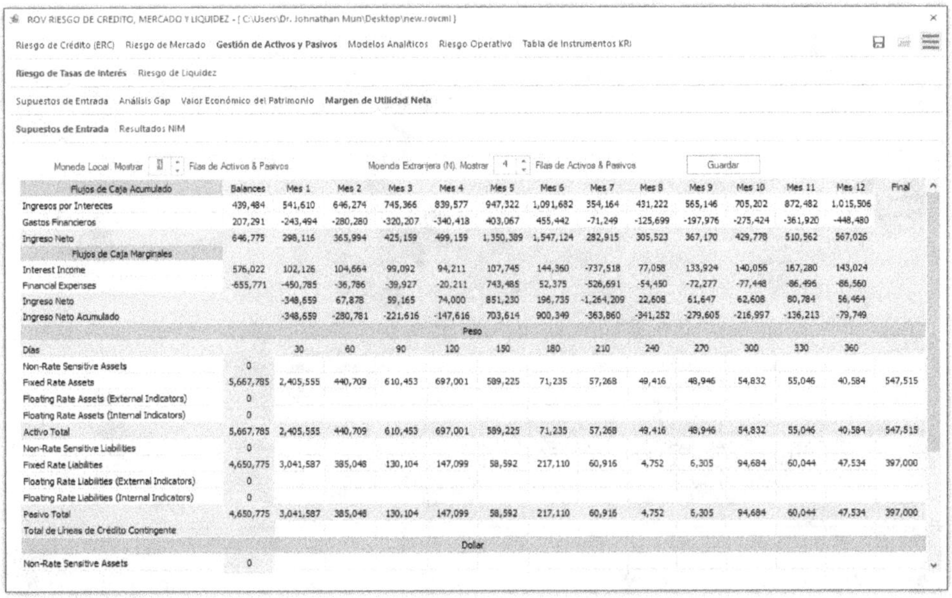

Flujos de Caja Acumulado	Balances	Mes 1	Mes 2	Mes 3	Mes 4	Mes 5	Mes 6	Mes 7	Mes 8	Mes 9	Mes 10	Mes 11	Mes 12	Final
Ingresos por Intereces	439,484	541,610	646,274	745,366	839,577	947,322	1,091,682	354,164	431,222	565,146	705,202	872,482	1,015,506	
Gastos Financieros	207,291	-243,494	-280,280	-320,207	-340,418	403,067	455,442	-71,249	-125,699	-197,976	-275,424	-361,920	-448,480	
Ingreso Neto	646,775	298,116	365,994	425,159	499,159	1,350,389	1,547,124	282,915	305,523	367,170	429,778	510,562	567,026	
Flujos de Caja Marginales														
Interest Income	576,022	102,126	104,664	99,092	94,211	107,745	144,360	-737,518	77,058	133,924	140,056	167,280	143,024	
Financial Expenses	-655,771	-450,785	-36,786	-39,927	-20.211	743,485	52,375	-526,691	-54,450	-72,277	-77,448	-86,496	-86,560	
Ingreso Neto		-348,659	67,878	59,165	74,000	851,230	196,735	-1,264,209	22,608	61,647	62,608	80,784	56,464	
Ingreso Neto Acumulado		-348,659	-280,781	-221,616	-147,616	703,614	900,349	-363,860	-341,252	-279,605	-216,997	-136,213	-79,749	
Peso														
Días		30	60	90	120	150	180	210	240	270	300	330	360	
Non-Rate Sensitive Assets	0													
Fixed Rate Assets	5,667,785	2,405,555	440,709	610,453	697,001	589,225	71,235	57,268	49,416	48,946	54,832	55,046	40,584	547,515
Floating Rate Assets (External Indicators)	0													
Floating Rate Assets (Internal Indicators)	0													
Activo Total	5,667,785	2,405,555	440,709	610,453	697,001	589,225	71,235	57,268	49,416	48,946	54,832	55,046	40,584	547,515
Non-Rate Sensitive Liabilities	0													
Fixed Rate Liabilities	4,650,775	3,041,587	385,048	130,104	147,099	58,592	217,110	60,916	4,752	6,305	94,684	60,044	47,534	397,000
Floating Rate Liabilities (External Indicators)	0													
Floating Rate Liabilities (Internal Indicators)	0													
Pasivo Total	4,650,775	3,041,587	385,048	130,104	147,099	58,592	217,110	60,916	4,752	6,305	94,684	60,044	47,534	397,000
Total de Líneas de Crédito Contingente														
Dollar														
Non-Rate Sensitive Assets	0													

Figura 7.78: Margen de Ingreso Neto (MIN): Modelo y Supuesto de Entrada

En los cálculos de MIN, se utiliza:

$$Brecha = Activos - Pasivos + Efectivo\ para\ Imprevistos$$

$$\Delta MIN = Cambio\ en\ el\ Margen\ de\ Intéres\ Neto$$
$$= Brecha\ Mensual\ \times\ \Delta Puntos\ Básicos$$
$$\times\ \%\ Dias\ Restantes\ al\ Vencimiento \div 10000$$

$$Total\ MIN\ =\ \Sigma\Delta MIN$$

$$Margen\ Financiero = Total\ MIN\ \div Ingreso\ Neto$$

La Figura 7.79 ilustra la utilidad de PEAT con el módulo ALM-CMOL para la Gestión de Activos y Pasivos – pestaña de Supuestos de Entrada de Riesgo de Liquidez sobre los balances mensuales históricos de la sensibilidad de tasas de interés de los activos y pasivos. El horizonte de tiempo típico es mensual para un año (12 meses), donde se enumeran los diferentes elementos tales como activos líquidos (por ejemplo, el efectivo), bonos y préstamos, así como otros activos por cobrar. En la parte del pasivo, los depósitos regulares a corto plazo y los depósitos programados son listados, separando aquellos que hacen parte del sector público y privado, así como otras obligaciones por pagar (por ejemplo, los pagos de intereses y operaciones). Los ajustes también se pueden hacer a las cuentas para cuestiones de redondeo y problemas de contabilidad que pueden afectar los niveles de activos y pasivos (por ejemplo, los niveles de efectivo para imprevistos, los depósitos a la vista, etc.). La cuadrícula de datos se puede configurar con algunos insumos básicos, así como el número de subsegmentos o filas para cada categoría. Como de costumbre, los insumos, la configuración y los resultados se pueden guardar para su futura recuperación.

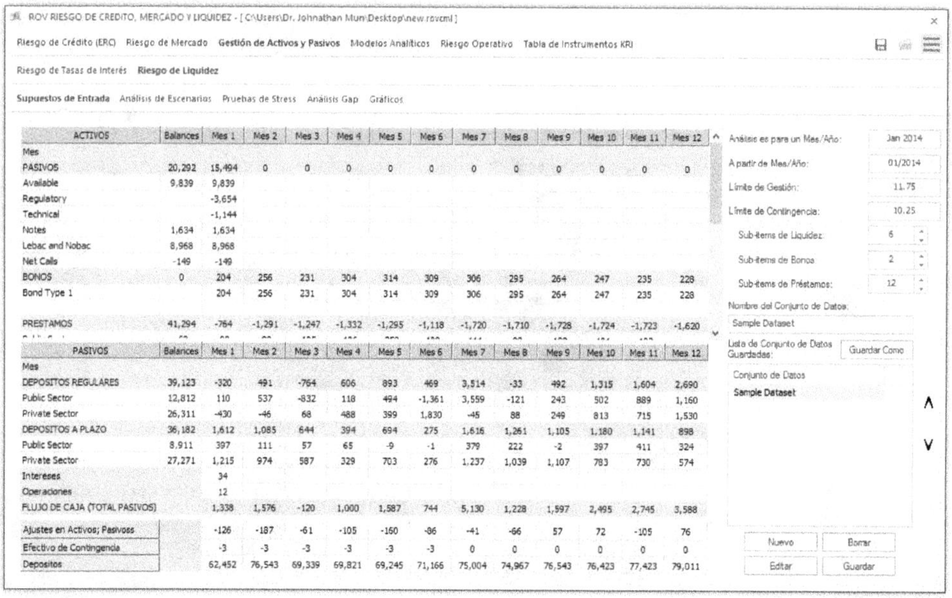

Figura 7.79: Gestión de Activos y Pasivos – Modelo de Riesgo de Liquidez y Supuestos

Análisis de Escenarios y Pruebas de Tensión

El Análisis de Escenarios para Riesgo de Liquidez y las Pruebas de Tensión se puede configurar para poner a prueba los activos y pasivos sensibles a las tasas de interés. Los escenarios de prueba se pueden introducir como cambios de datos o porcentuales. Múltiples escenarios se pueden guardar para la recuperación y el análisis futuro en pestañas posteriores, ya que cada modelo guardado constituye un escenario independiente para probar. El análisis de escenarios normalmente pone a prueba tanto las fluctuaciones de los activos y pasivos y sus impactos en el balance del portafolio GAP, mientras que las pruebas de tensión normalmente ponen a prueba las fluctuaciones de los pasivos (por ejemplo, en las estampidas bancarias de las crisis económicas donde los depósitos se tensionan al límite inferior), los límites destacados pueden introducirse como valores o porcentaje de cambio a partir de la caso base. Múltiples pruebas de tensión se pueden guardar para futura recuperación como también el análisis por pestañas, ya que cada modelo guardado constituye una prueba de tensión independiente.

La Figura 7.80 ilustra los resultados del Análisis de Brechas de Riesgo de Liquidez. La cuadrícula de datos muestra los resultados basados en todos los escenarios previamente guardados y condiciones de las pruebas de tensión. La *Brecha* es, por supuesto, calculada como la *diferencia entre Activos y Pasivos Mensuales, contabilizada para cada Líneas de Crédito de cualquier Contingencia.*Las brechas para la multitud de Escenarios y Pruebas de Tensión son repeticiones del mismo cálculo basado en varias entradas del usuario en valores o tasas de variación descritas anteriormente en la sección de Análisis de Escenarios y Pruebas de Tensión.

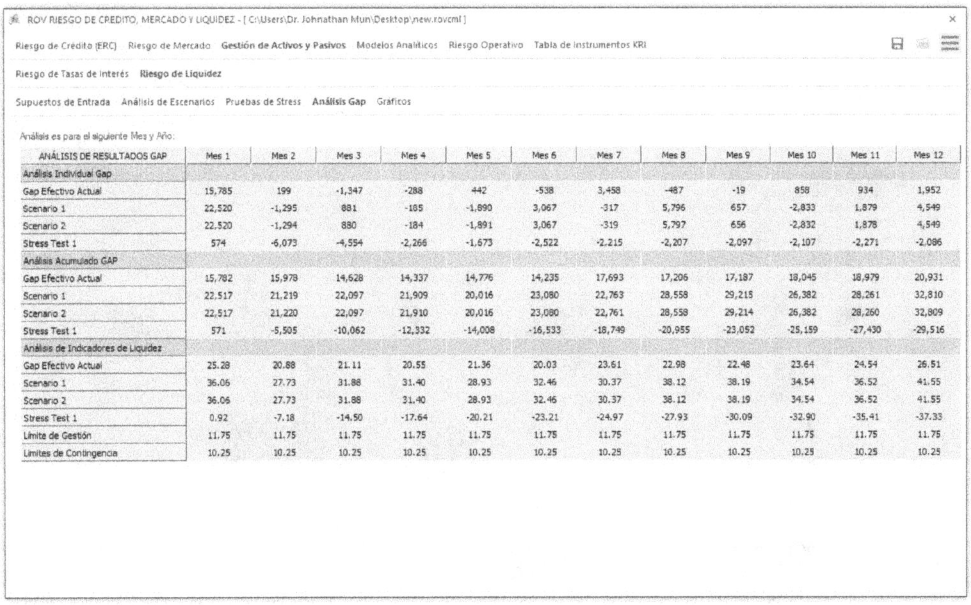

ANÁLISIS DE RESULTADOS GAP	Mes 1	Mes 2	Mes 3	Mes 4	Mes 5	Mes 6	Mes 7	Mes 8	Mes 9	Mes 10	Mes 11	Mes 12
Análisis Individual Gap												
Gap Efectivo Actual	15,785	199	-1,347	-288	442	-538	3,458	-487	-19	858	934	1,952
Scenario 1	22,520	-1,295	881	-185	-1,890	3,067	-317	5,796	657	-2,833	1,879	4,549
Scenario 2	22,520	-1,294	880	-184	-1,891	3,067	-319	5,797	656	-2,832	1,878	4,549
Stress Test 1	574	-6,073	-4,554	-2,266	-1,673	-2,522	-2.215	-2,207	-2,097	-2,107	-2,271	-2,086
Análisis Acumulado GAP												
Gap Efectivo Actual	15,782	15,978	14,628	14,337	14,776	14,235	17,693	17,206	17,187	18,045	18,979	20,931
Scenario 1	22,517	21,219	22,097	21,909	20,016	23,080	22,763	28,558	29,215	26,382	28,261	32,810
Scenario 2	22,517	21,220	22,097	21,910	20,016	23,080	22,761	28,558	29,214	26,382	28,260	32,809
Stress Test 1	571	-5,505	-10,062	-12,332	-14,008	-16,533	-18,749	-20,955	-23,052	-25,159	-27,430	-29,516
Análisis de Indicadores de Liquidez												
Gap Efectivo Actual	25.28	20.88	21.11	20.55	21.36	20.03	23.61	22.98	22.48	23.64	24.54	26.51
Scenario 1	36.06	27.73	31.88	31.40	28.93	32.46	30.37	38.12	38.19	34.54	36.52	41.55
Scenario 2	36.06	27.73	31.88	31.40	28.93	32.46	30.37	38.12	38.19	34.54	36.52	41.55
Stress Test 1	0.92	-7.18	-14.50	-17.64	-20.21	-23.21	-24.97	-27.93	-30.09	-32.90	-35.41	-37.33
Límite de Gestión	11.75	11.75	11.75	11.75	11.75	11.75	11.75	11.75	11.75	11.75	11.75	11.75
Límites de Contingencia	10.25	10.25	10.25	10.25	10.25	10.25	10.25	10.25	10.25	10.25	10.25	10.25

Figura 7.80: Gestión de Activos y Pasivos—Riesgo de Liquidez: Análisis de Brecha

Modelos Analíticos de Riesgo de Crédito y Mercado

Los módulos de los Modelos Analíticos contienen modelos para estimar y valorar PD, EAD, LGD, Volatilidad, Exposiciones Crediticias, Opciones basadas en la Valoración de Activos, Valoración de Deuda, Factores de Conversión (CCF), Préstamo de Factores de Equivalencia (LEQ), Valoración de Opciones, Ratios de Cobertura, y varios otros modelos. En Basilea II/III, el reglamento indica expresamente que todas las opciones sobre el mostrador (OTC), opciones incrustadas sobre instrumentos, y otras opciones exóticas, deben también ser valoradas y tenidas en cuenta. Este requisito es la razón por la que el software CMOL ha dedicado un módulo completo para la modelación y la valoración de estos exóticos instrumentos no lineales. El módulo se divide en cuatro categorías en función de los requerimientos de entrada y estructura del modelo. En otras palabras, es posible que vea los tipos de análisis como la Probabilidad de Incumplimiento o Volatilidad que atraviesan múltiples pestañas o segmentos analíticos.

La Figura 7.81 ilustra la ficha de Modelos Analíticos con los supuestos de entrada y resultados. Este segmento de modelos analíticos se divide en modelos Estructurales, de Series de Tiempo, de Portafolio, y Analíticos. La figura actual muestra la pestaña de modelos Estructurales donde los modelos calculados pertenecen a la modelación relacionada al riesgo de crédito, las categorías de análisis tales como PD, EAD, LGD, y Volatilidad se muestran. En cada categoría, los modelos específicos se pueden seleccionar para que sean ejecutados. Algunos modelos se describen brevemente y los usuarios pueden seleccionar el número de repeticiones del modelo para que sea ejecutado como también los niveles de precisión decimal de los resultados. La cuadrícula de datos en la ficha Cálculos muestra el área en la que los usuarios podrían entrar en las entradas correspondientes en el modelo seleccionado y los resultados se calculan. Como de costumbre, los modelos seleccionados, entradas, y los ajustes se pueden guardar para la recuperación y el análisis futuro.

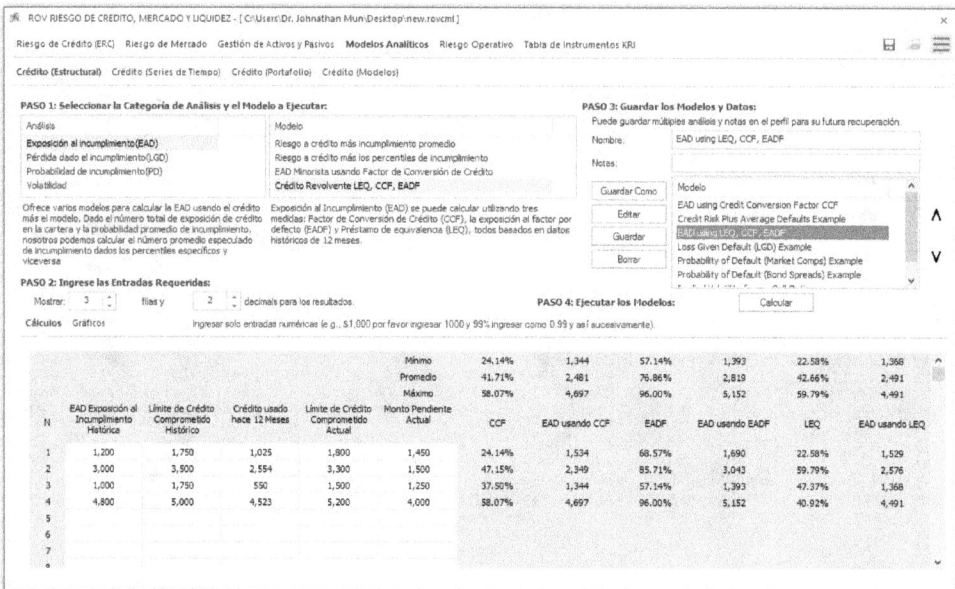

Figura 7.81: Modelos Estructurales de Riesgo de Crédito

La Figura 7.81 ilustra la pestaña Modelos Analíticos Estructurales con resultados gráficos. Los resultados calculados se muestran como varios gráficos visuales, como gráfico de barra, gráfico de control, gráfico de Pareto, y gráfico de series de tiempo. La Figura 7.82 ilustra la ficha Modelos Analíticos de Series de Tiempo con los supuestos de entrada y resultados. La categoría de análisis y tipo de modelo se eligen primero, una breve descripción se presenta donde se explica lo que hace el modelo seleccionado, y los usuarios pueden seleccionar el número de modelos para replicar, así como los ajustes de precisión decimal. Los datos de entrada y supuestos se introducen en la tabla de datos proporcionada (entradas adicionales también se pueden ingresar, si es necesario), y los resultados se calculan y se muestran. Como de costumbre, los modelos seleccionados, entradas y los ajustes se pueden guardar para la recuperación y el análisis futuro. La Figura 7.83 ilustra la pestaña Modelos Analíticos Portafolio con los supuestos de entrada y resultados. La categoría de análisis y tipo de modelo se eligen primero, una breve descripción explica lo que hace el modelo seleccionado, y los usuarios pueden seleccionar el número de modelos para replicar, así como los ajustes de precisión decimal. Los datos de entrada y supuestos se ingresan en la cuadrícula de datos proporcionada (entradas adicionales tales como una matriz de correlación también se puede ingresar, si es necesario), y los resultados se calculan y se muestran.

Los modelos adicionales están disponibles en la pestaña Crédito (Modelos) con los supuestos de entrada y resultados. La categoría de análisis y tipo de modelo se eligen primero y los datos de entrada y los supuestos son ingresados en el área de insumos requeridos (si es necesario, los usuarios pueden Cargar Ejemplos de entradas y utilizarlos como base para la construcción de sus modelos), y los resultados se calculan y se muestran. Los gráficos y tablas de escenarios pueden ser creados mediante el ingreso de los parámetros (Desde, Hasta, Tamaño), donde los escenarios calculados devolverán una cuadrícula de datos y el gráfico visual. Como de costumbre, los modelos seleccionados, entradas, y los ajustes se pueden guardar para la recuperación y el análisis futuro.

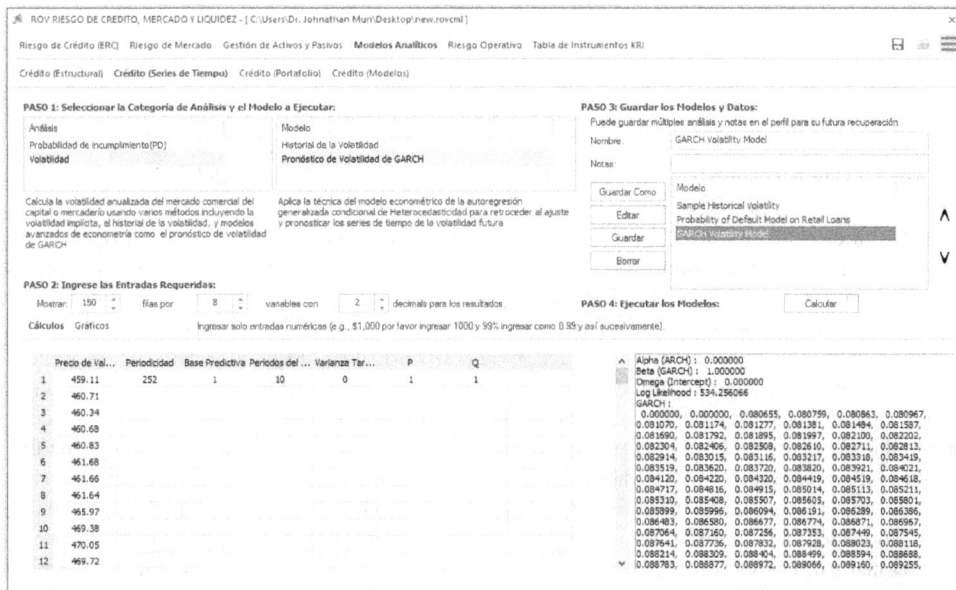

Figura 7.82: Modelos de Crédito y Mercado con Series de Tiempo

Figura 7.83: Modelos de Crédito con Portafolios

Riesgo Operacional

El caso de riesgo operacional es sin duda el más difícil de medir y modelar. Lo contrario de riesgo de mercado, por su definición, los datos de riesgo operacional no sólo son escasos, son sesgados, inestables y sin comprobar en el sentido de que los eventos de riesgo operacional más relevantes no vienen identificados en el balance general de cualquier institución financiera. Desde el enfoque de la modelación, todavía se basa en la lógica VaR, por lo que el modelo utiliza datos empíricos del pasado para proyectar los resultados esperados, la modelación de riesgo operacional es una tarea muy difícil. Como se dijo, el riesgo de mercado ofrece a diario, públicamente información auditada para ser usada y modelada. Por el contrario, los eventos de riesgo operacional son, en la mayoría de los casos, no públicos, no se identifican en la contabilidad, y, en muchos casos, no se identifican en absoluto. Pero la mayor dificultad proviene de la definición adecuada del riesgo operacional. Incluso si nos las arreglamos para ir sobre la tarea imposible de identificar todos y cada evento de riesgo operacional de los últimos cinco años, todavía tendríamos una información muy incompleta. La definición de riesgo operacional implica eventos generados por fallas o insuficiencias en las personas, procesos, sistemas y eventos externos. Con el riesgo de mercado, los precios de los activos pueden ir hacia arriba o abajo, o permanecer sin cambios. Con el riesgo operacional, un evento desconocido que nunca ha ocurrido antes, puede tener lugar en el período de análisis y afectar materialmente las operaciones, incluso sin que sea un evento de cola extrema. Así que la lógica de la utilización de enfoques similares para tal diferente disponibilidad y comportamiento de información requiere definiciones y supuestos muy cuidadosos. Con esta lógica en mente, el Comité de Basilea ha definido que, para modelar el riesgo operativo adecuadamente, los bancos necesitan tener cuatro fuentes de datos de riesgo operacional: pérdidas internas, pérdidas externas, entorno empresarial y los factores de control interno, y escenarios de tensión. Estos son conocidos como los cuatro elementos de riesgo operacional, y el Comité de Basilea recomienda que se tengan en cuenta cuando se modela. Para los bancos más pequeños, y los países más pequeños, esta recomendación representa un desafío definitivo, ya que muchas veces estos elementos no se han desarrollado lo suficiente, o no existen en absoluto. En este sentido, la mayoría de los bancos han recurrido a simplemente utilizar los datos internos para modelar el riesgo operacional. Este enfoque viene con algunas carencias y más suposiciones, y se debe tomar como un paso inicial que considera el desarrollo posterior de los otros elementos a medida que estén disponibles. El ejemplo mostrado en la Figura 7.84 se ve la modelación de las pérdidas internas como un enfoque simplificado generalmente llevada a cabo por las instituciones más pequeñas. Dado que la información del riesgo operacional es escasa y sesgada, es necesario "completar" las distribuciones de pérdidas con los datos generados al azar. El enfoque más común para la tarea es la utilización de simulaciones de riesgo de Monte Carlo (Figuras 7.85, 7.86, y 7.87) que permiten la inclusión de datos más estables y el ajuste de distribuciones en funciones de densidad predefinidas. Las regulaciones del marco de Basilea II y Basilea III permiten el uso de múltiples enfoques a la hora de calcular la carga de capital sobre el riesgo operacional, definido por el Comité de Basilea como las pérdidas resultantes de la inadecuación o a fallos en los procesos, personas, y sistemas internos o por causa de eventos externos, lo que incluye el riesgo legal, pero excluye a los riesgos estratégico y de reputación.

- *Método del Indicador Básico* por sus siglas en inglés (BIA) utiliza los Ingresos Brutos positivos de los últimos 3 años y se aplica un multiplicador, Alfa.

- *Método Estándar* (TSA) utiliza los Ingresos Brutos positivos de 8 líneas de negocio distintas con sus coeficientes de riesgo ponderados, Beta.

- *Método Estándar Alternativo* (ASA) se basa en el método TSA y utiliza los Ingresos Brutos, pero se aplica los Préstamos Totales para las líneas de negocio Banca Minorista y Banca Comercial, ajustada por un multiplicador, antes de utilizar los mismos coeficientes ponderados por riesgo del TSA beta.

- *Método Revisado Estándar* (RSA) utiliza Ingresos y Gastos como variables proxy para obtener el *Indicador de Negocios* necesario para calcular el cargo de capital de riesgo.

- *Método de Medición Avanzada* (AMA) está en que algunos bancos pueden utilizar sus propios enfoques sujetos a aprobación regulatoria. El enfoque típico, y el mismo método utilizado en el software ALM-CMOL, es utilizar los datos históricos de pérdidas, realizar un ajuste de distribución de probabilidad en la frecuencia y severidad de las pérdidas, el cual es un insumo para la convolución a través de una Simulación de Monte Carlo para obtener distribuciones de probabilidad de las futuras pérdidas esperadas. Los resultados de los eventos de cola VaR se pueden obtener directamente de las distribuciones simuladas.

La Figura 7.84 ilustra los métodos BIA, TSA, ASA, y RSA según lo prescrito en Basilea II / III. El BIA utiliza el ingreso bruto total anual de los últimos 3 años del banco y lo multiplica por un coeficiente alfa (15%) para obtener el cargo de capital. Sólo se utilizan cantidades de ingresos brutos positivos. Este es el método más simple y no requiere de la aprobación regulatoria previa. En el método TSA, el banco se divide en 8 líneas de negocio *(finanzas corporativas, negociación y ventas, banca minorista, banca comercial, pagos y liquidación, servicios de agencia, de administración de activos e intermediación minorista)* y el ingreso bruto positivo anual total de cada línea de negocio de los valores de los últimos 3 años se utiliza, y cada línea de negocio tiene su propio coeficiente multiplicador, beta. Estos valores beta son proxy basados en relaciones de toda la industria entre la experiencia de pérdida de riesgo operacional para cada línea de negocio y niveles de ingresos brutos totales. La carga total de capital en base al TSA es simplemente la suma de la media ponderada de estas líneas de negocio durante los últimos 3 años. El ASA es similar al TSA, al aceptar que la banca minorista y las líneas de negocio de banca comercial utilizan los préstamos totales y anticipos, en lugar de utilizar el ingreso bruto total anual. Estos préstamos y anticipos totales son primero multiplicados por un factor de3.50% antes de ser ponderado por beta, promediado y al final se realiza la suma de líneas ponderadas. El ASA también es útil en situaciones en las que el banco tiene extremadamente altas y bajas en el Margen de Interés Neto (MIN), por lo que el ingreso bruto para las líneas de negocio minorista y comercial se sustituyen con un proxy basado en los activos (préstamos totales y anticipos que se multiplican por un factor de 3.50%). Además, dentro del enfoque ASA, las 6 líneas de negocio se pueden agregar en una sola línea de negocio, siempre y cuando se multiplique por el coeficiente más alto beta (18%), y los 2 restantes, préstamos y avances (negocio minorista y comercial) pueden agregarse y multiplicarse por el coeficiente beta 15%. En otras palabras, cuando se utiliza el software ALM-CMOL, puede agregar las 6 líneas de negocio y entrar en él como una sola entrada de fila en Finanzas Corporativas, que tiene un multiplicador de 18%, y las 2 líneas de negocio de préstamos y avances pueden ser agregadas como la línea de negocio comercial, que tiene un multiplicador de 15%.

El problema principal de los métodos como BIA, TSA, y ASA es que, en promedio, estos métodos están sub calibrados, sobre todo para los bancos grandes y complejos. Por ejemplo, estos tres métodos asumen que la exposición al riesgo operacional aumenta linealmente y proporcional con los ingresos brutos o los ingresos. Este supuesto no es válido debido a que algunos bancos pueden experimentar una disminución en el ingreso bruto debido a eventos sistémicos o específicos de los bancos que pueden incluir pérdidas por eventos de riesgo operacional. En tales situaciones, un ingreso bruto caída debe ser proporcional a un requisito de capital operacional superior y no a un cargo de capital menor. Por lo tanto, el Comité de Basilea ha permitido la inclusión de un método revisado, el RSA. En lugar de utilizar los ingresos brutos, el RSA utiliza tanto los ingresos y gastos provenientes de múltiples fuentes, como se muestra en la Figura 7.84. El RSA utiliza insumos de un componente de *interés* (intereses por ingresos menos intereses por gastos), un componente de *servicios* (suma de los ingresos por comisiones, gastos de honorarios, otros ingresos operativos, y otros gastos de funcionamiento), y un componente *financiero* (suma del valor absoluto de las pérdidas y ganancias netas sobre la cartera de negociación, y el valor absoluto de las pérdidas y ganancias netas sobre la cartera bancaria). El cálculo del requerimiento de capital se basa en el cálculo de un *Indicador de Negocios* (BI), en el que el BI es la suma de los valores absolutos de estos tres componentes (evitando así cualquier resultado contrario a la intuición sobre la base de las contribuciones negativas de cualquier componente). El propósito de un cálculo de BI es promover la simplicidad y comparabilidad usando un solo indicador de la exposición al riesgo operacional que es sensible al tamaño de la empresa y el volumen de negocio del banco, en lugar de coeficientes estáticos de línea de negocio, independientemente del tamaño y volumen del banco. Usando el cálculo del BI, el cargo de capital se determina a partir de 5 canastas predefinidas por Basilea II/III, incrementando el valor desde 10% a 30%, dependiendo del tamaño del BI (que van desde €0 a €30 mil millones). Estas canastas predefinidas por Basilea se indican en miles de Euros, con cada canasta que tiene su propio coeficiente ponderado, beta. Por último, la exigencia de capital de riesgo se calcula en base a un enfoque marginal incremental o por capas marginales (en lugar de un completo efecto-acantilado cuando los bancos migran de una canasta a otra) utilizando estas canastas.

Las Figuras 7.85, 7.86 y 7.87 ilustran el análisis de Distribución de Pérdidas de Riesgo Operacional al aplicar el método AMA. Los usuarios comienzan a partir de la pestaña Pérdidas de Datos y Ajuste donde la información histórica se puede ingresar o pegar en la cuadrícula de datos. Las variables incluyen las pérdidas pasadas correspondientes a los riesgos operativos, la segmentación por divisiones y departamentos, líneas de negocio, las fechas de las pérdidas, las categorías de riesgo, y así sucesivamente. Después, los usuarios activan los controles para seleccionar cómo se segmentan las variables de datos de pérdida (por ejemplo, por categorías de riesgos y, los tipos de riesgo y líneas de negocio), el número de ensayos de simulación para ejecutar, y los valores de semillas para aplicar en la simulación si es necesario, todo mediante la selección de las variables columna que son relevantes. Las rutinas de ajuste de distribución también se pueden seleccionar según sea necesario. Entonces el análisis se puede ejecutar y los datos se ajustarán a distribuciones de probabilidad. Como de costumbre, la configuración del modelo y los datos pueden ser guardados para su futura recuperación.

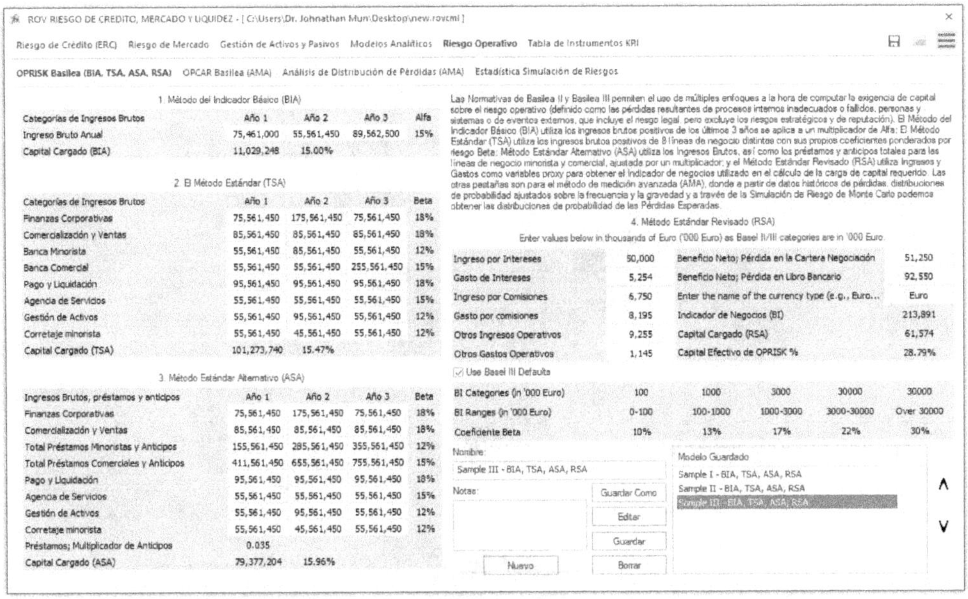

Figura 7.84: Métodos en el Marco Basilea II/III: BIA, TSA, ASA, RSA

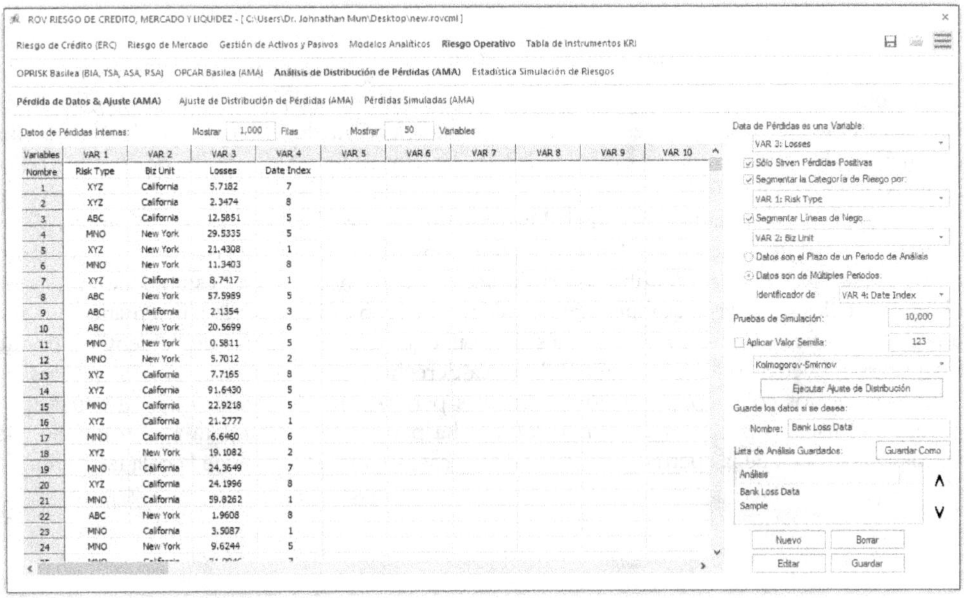

Figura 7.85: Datos de Riesgo Operacional en el Método de Medición Avanzada (AMA)

La Figura 7.86 ilustra el Riesgo Operacional con la subpestaña de Ajuste de Distribución de Pérdidas. Los usuarios comienzan seleccionando los segmentos de ajuste para establecer los diversos segmentos de la categoría de riesgo y líneas de negocio, y con base en el segmento seleccionado, las distribuciones ajustadas y sus valores-p se enumeran y clasifican de acuerdo con el valor-p más alto al más bajo, lo que indica una jerarquía de ajuste estadístico desde el mejor al peor ajuste para las diferentes distribuciones de probabilidad.

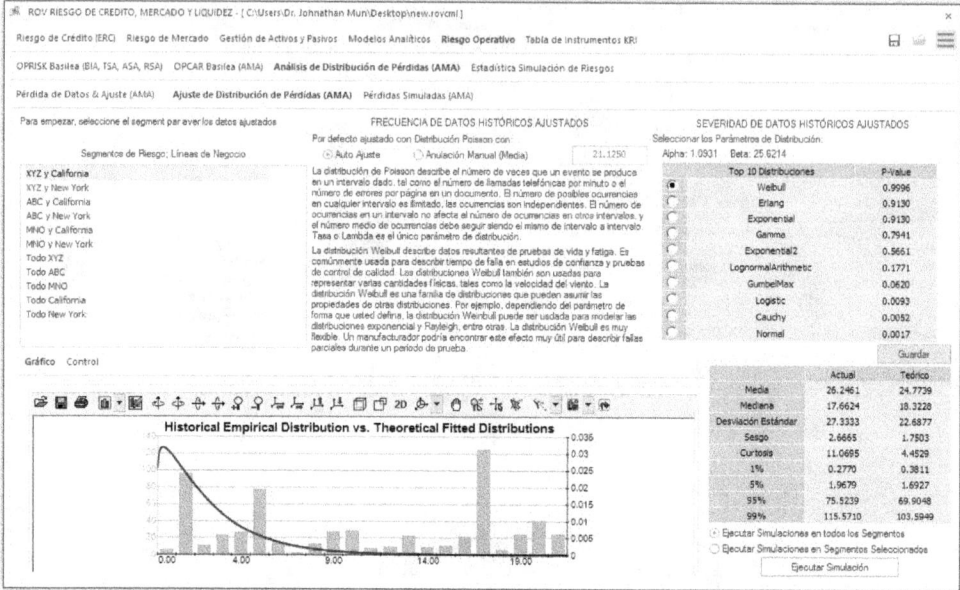

Figura 7.86: Distribuciones Ajustadas a los Datos de Riesgo Operacional

La Figura 7.87 ilustra el Riesgo Operacional con la subpestaña Pérdidas Simulada usando la convolución de la frecuencia y severidad de las pérdidas históricas, donde, dependiendo de cuál segmento de riesgo o línea de negocio haya seleccionado, se muestran los resultados pertinentes de distribución de probabilidad de las simulaciones de riesgo de Monte Carlo, incluyendo los resultados de la simulación de la frecuencia, la severidad y la multiplicación entre la frecuencia y la severidad, denominada Distribución de Pérdidas Esperadas, así como el Valor Extremo de la Distribución de Pérdidas (aquí es donde las pérdidas extremas en el conjunto de datos se ajustan a las distribuciones de valores extremos—ver el estudio de caso para obtener detalles sobre las distribuciones de valores extremos y sus modelos matemáticos). Cada una de las gráficas de distribución tiene su propia confianza y entradas de percentiles, donde los usuarios pueden seleccionar una cola (cola-derecha o la cola-izquierda) o intervalos de confianza de dos colas e ingresar los percentiles para obtener los valores de confianza (por ejemplo, el usuario puede ingresar la cola derecha percentil 99.90% para recibir el valor de confianza del VaR de las pérdidas del peor de los casos sobre el 0.10% de la cola izquierda).

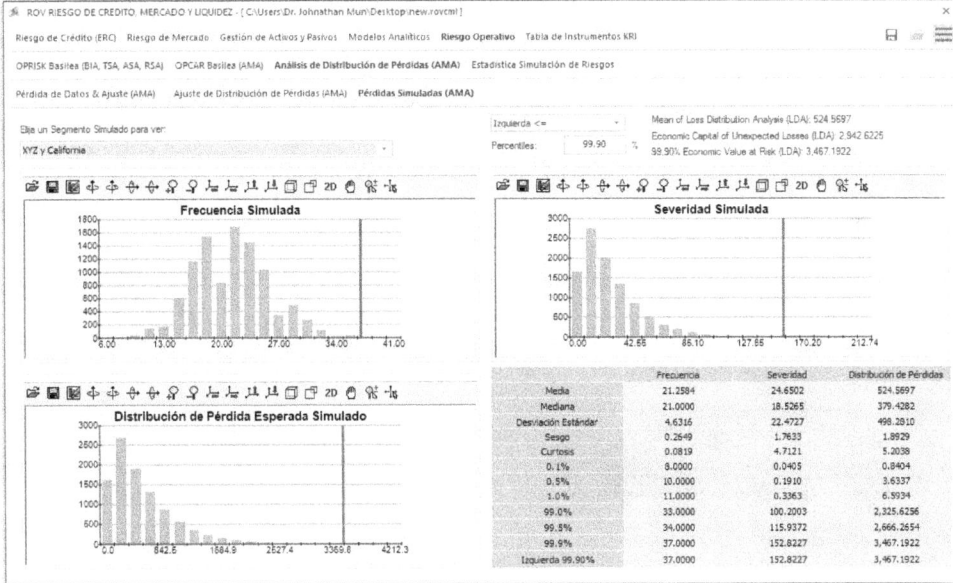

Figura 7.87: Pérdidas Operacionales con Simulación Monte Carlo

La Figura 7.88 muestra los cálculos del OPCAR (Capital en Riesgo Operacional) según el marco de Basilea II/III, modelo en el que la distribución de probabilidad del evento de riesgo Frecuencia se multiplica por la distribución de probabilidad de Severidad de las pérdidas operacionales, el enfoque donde Frecuencia × Severidad se denomina modelo de Aproximación de Pérdidas Individuales (SLA). El SLA se calcula utilizando métodos de convolución de la combinación de varias distribuciones de probabilidad. El SLA, el cual utiliza métodos de comvolución, es complejo y muy difícil de calcular y los resultados son sólo aproximaciones, y válido sólo en las colas extremas de la distribución (por ejemplo, el 99.9%).

Sin embargo, como puede verse en la Nota Técnica 2, la Simulación de Riesgo de Monte Carlo proporciona una alternativa más simple y más potente cuando la convolución y multiplicando de dos distribuciones de variables aleatorias se utilizan para obtener la distribución combinada. Es evidente que el reto es establecer los parámetros pertinentes de entrada de distribución. Aquí es donde las herramientas de ajuste de datos y ajuste percentil son útiles, como se explicará más adelante.

La Figura 7.89 muestra los resultados de la simulación de convolución donde se muestra la distribución de frecuencia de la pérdida, la severidad y las pérdidas esperadas. Las Pérdidas Esperadas (EL), Pérdidas Inesperadas (UL) y el Capital en Riesgo Operativo (OPCAR) también se calculan y se muestran. Las EL son, por supuesto, el valor medio de los resultados simulados, OPCAR es el extremo de cola 99.90% percentil, y UL es la diferencia entre OPCAR y EL.

La Figura 7.90 muestra el ajuste de distribución de la severidad utilizando la información histórica de las pérdidas. Los usuarios pueden pegar los datos históricos de pérdidas, luego seleccione las rutinas necesarias de ajuste (Kolmogorov-Smirnov, Criterio Akaike, Criterio Bayes, Anderson-Darling, Estadísticas de Kuiper, etc.) y ejecutar la rutina de ajuste de distribución. En caso de duda, utilice la rutina de Kolmogorov–Smirnov. Las distribuciones de mejor ajuste, los valores-p, y sus parámetros se mostrarán; vale la pena mencionar que la interpretación de los resultados se aplica como se ha explicado anteriormente.

La Figura 7.91 muestra el ajuste de la severidad por percentiles, lo cual es particularmente útil cuando no hay datos históricos de pérdidas y donde sólo existe supuestos de gestión de alto nivel de las probabilidades de que cierto evento suceda. En otras palabras, mediante la introducción de unos pocos percentiles (%) y sus valores correspondientes, se puede obtener la totalidad de los parámetros de distribución.

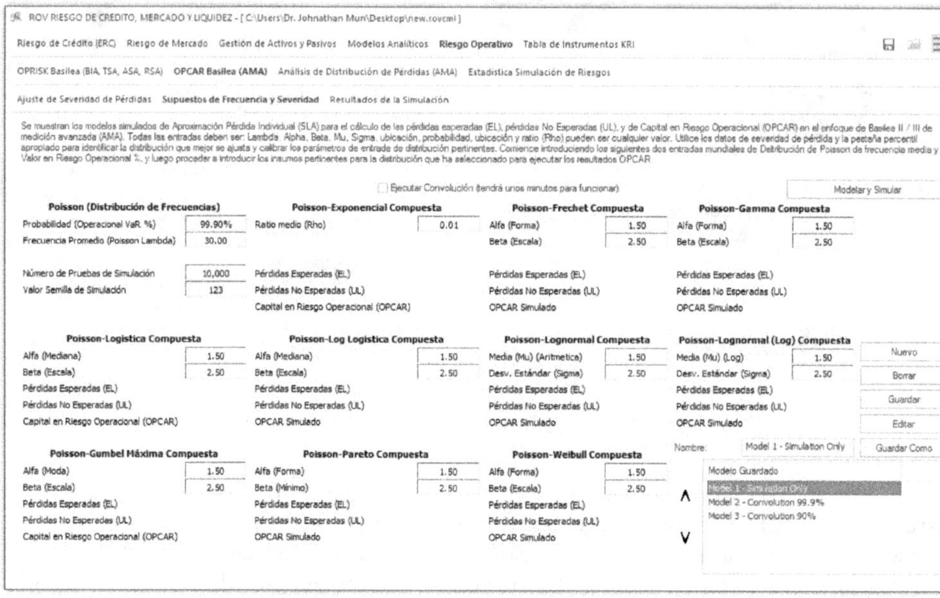

Figura 7.88: Supuestos de Severidad y Frecuencia, OPCAR Basilea

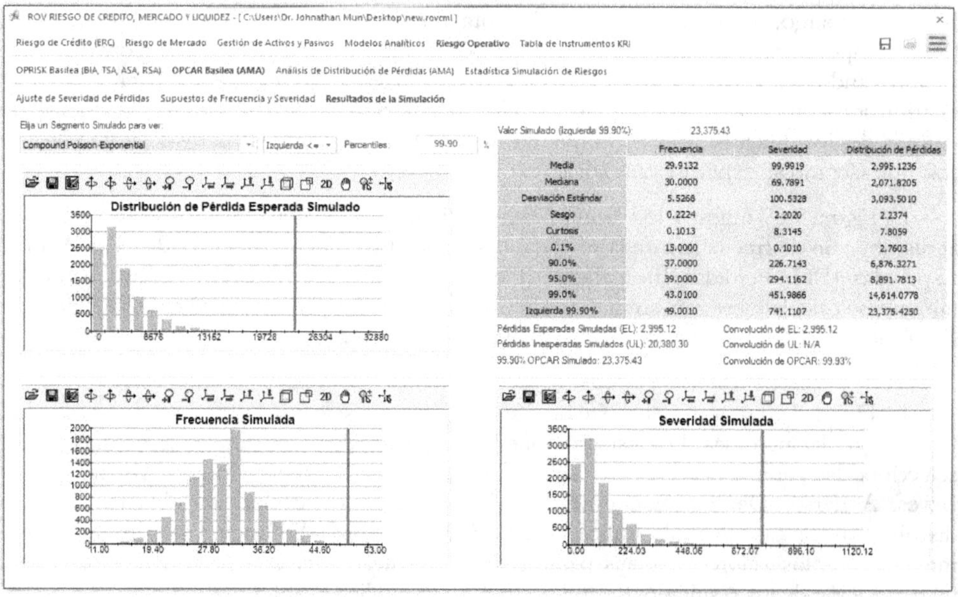

Figura 7.89: Resultados de la Convolución Simulada, OPCAR Basilea

Estas herramientas de modelación permiten que los bancos más pequeños tengan primer acercamiento a las técnicas de gestión de riesgos operativos más avanzada. El uso de modelos internos permite una mejor calibración del capital regulatorio que con conocimiento de causa sobreestima el riesgo operacional. El uso de diferentes escenarios, que ofrecen diversos resultados, puede permitir que los bancos más pequeños puedan tener una asignación más eficiente de capital por riesgo operacional que, siendo un Pilar I, tiende a ser bastante caro en términos de capital, y muy peligroso al mismo tiempo si el capital fue severamente subestimado. Junto con las herramientas tradicionales de gestión de riesgo operacional, tales como la auto-evaluación y KRIs, estos modelos básicos permiten una estructura de gestión de riesgos IMMM adecuada, alineada con las normas internacionales más recientes.

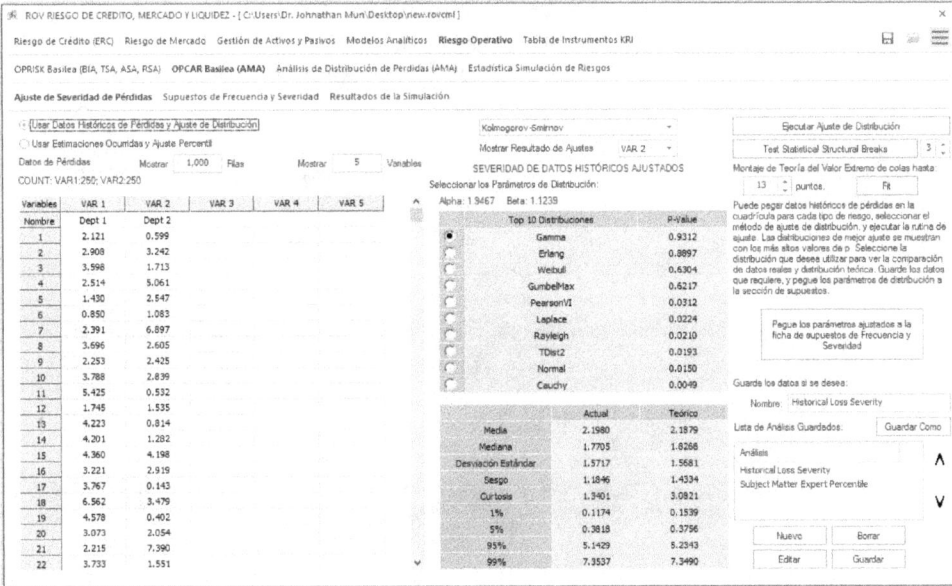

Figura 7.90: Ajuste de Severidad de Pérdidas, OPCAR Basilea

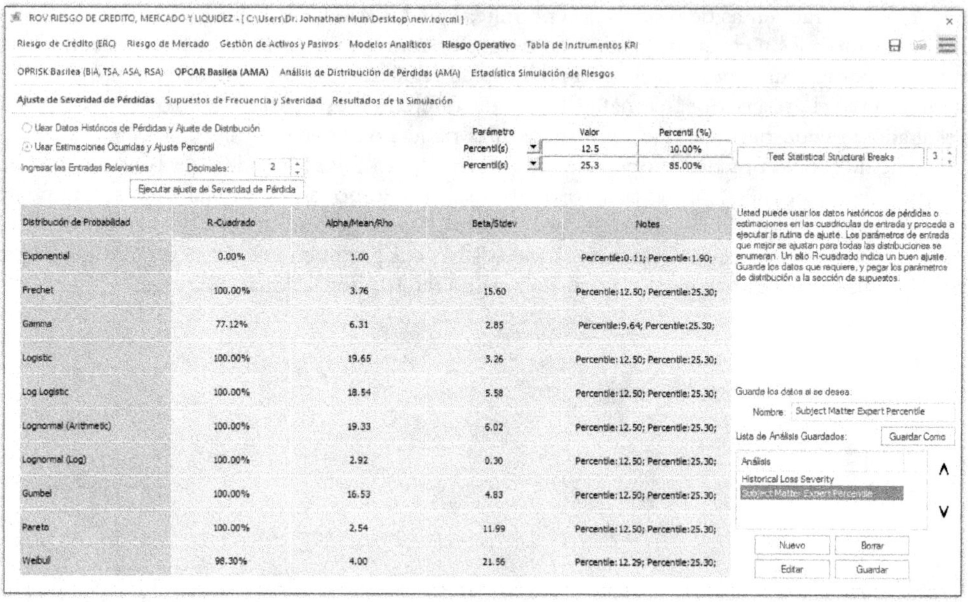

Figura 7.91: Ajuste por Percentiles de Severidad de Pérdidas, OPCAR Basilea

SECCIÓN CINCO – PREDICCIÓN DEL RIESGO

CAPÍTULO 8 – EL PRONÓSTICO DEL MAÑANA A PARTIR DEL HOY

Pronosticar es el acto de predecir el futuro; ya sea en base a en datos históricos o en una simple especulación sobre el futuro, en caso de que los datos no existan. Cuando se cuenta con datos históricos, es recomendable hacer una aproximación estadística o cuantitativa; mientras que, si se carece de estos datos, el único recurso es un juicio de valor o un acercamiento cualitativo. La Figura 8.1 enumera las metodologías más comunes a la hora de pronosticar.

DIFERENTES TÉCNICAS PARA PRONOSTICAR

Generalmente, el arte de pronosticar puede estar dividido entre aproximaciones cuantitativas y cualitativas. El pronóstico cualitativo es usado cuando la información histórica, contemporánea y comparable es poca o impertinente. Existen diversos métodos cualitativos, entre los que se destacan: el método Delphi, aproximaciones a través de las opiniones de expertos (se construyen pronósticos de acuerdo general por parte de expertos en la materia, expertos en mercadeo o personal interno), supuestos de directivos (tasas de crecimiento establecidas por directores ejecutivos), así como investigaciones de mercadeo, información externa, encuestas o escrutinios (datos conseguidos a través de terceras personas, índices de sectores e industrias, o investigaciones activas sobre el mercado). Estas estimaciones pueden ser o bien valores individuales (promedio obtenido por consenso) o un conjunto de valores a predecir (distribuciones asociadas a los parámetros a estimar). Es así como, estos valores pueden ser ingresados al Simulador de Riesgo en forma de una distribución personalizada, para que así el resultado de dicha predicción sea simulado. Lo que quiere decir, que se ejecuta una simulación no paramétrica usando los datos como una distribución personalizada.

En cuanto al pronóstico cuantitativo, los datos que están disponibles o que necesitan ser pronosticados, pueden estar divididos en: Series de tiempo, lo que significa que los valores dependen del tiempo, como los ingresos de diferentes años, las tasas de interés, la tasa de inflación, la participación en el mercado, la tasa de insolvencia, etc. Los cortes transversales, que son valores independientes del tiempo, como las calificaciones promedio de un estudiante de secundaria de los diferentes estados en un año determinado, los puntajes del TOEFL de cada estudiante, IQ, y el número de bebidas alcohólicas consumidas cada semana. Por otra parte, los datos de panel consisten en una mezcla entre series de tiempo y corte transversal, como por ejemplo las predicciones de ventas para los próximos 10 años dado un presupuesto para los gastos en mercadeo y las proyecciones de participación en el mercado. Esto implica que los datos de ventas conforman una serie de tiempo, pero variables exógenas como el gasto en mercadeo y participación en el mercado existen para reforzar el modelamiento del pronóstico.

Aquí hay una revisión rápida de cada metodología y ejemplos que permitirán un fácil aprendizaje de cada técnica con el uso del software Simulador de Riesgo. Los detalles y los ejemplos de modelo de cada técnica se encuentran durante este y el siguiente capítulo. El Simulador de riesgo trabaja con las siguientes técnicas:

- *ARIMA.* Autorregresivo Integrado de Media Móvil ARIMA– [siglas en inglés], también conocido como Box–Jenkins ARIMA) es una técnica de modelación econométrica avanzada. ARIMA mira los datos históricos de series de tiempo y realiza rutinas de reajuste de optimización para dar cuenta de la autocorrelación histórica (la relación de los valores de una variable en el tiempo, es decir, cómo los datos de una variable están relacionados a sí mismos en el tiempo), representa la estabilidad de los datos para corregir las características no estacionarias de los datos, y aprende con el tiempo mediante la corrección de sus errores de predicción. Piense en ARIMA como un modelo de regresión múltiple avanzado con esteroides, donde las variables de series de tiempo se modelan y se predicen utilizando sus datos históricos, así como variables explicativas de otras series de tiempo. Normalmente se requieren conocimientos avanzados en econometría para construir buenos modelos predictivos utilizando este enfoque. Es adecuado para series de tiempo y datos de panel (no aplicable para datos transversales).

- *Auto ARIMA.* El módulo Auto-ARIMA automatiza algunos de los modelos tradicionales ARIMA probando automáticamente varias permutaciones de las especificaciones del modelo y entrega el modelo que mejor se ajusta. La ejecución del módulo de auto-ARIMA es similar a la ejecución de las predicciones regulares ARIMA. Las diferencias son que en caso que se requieran entradas P, D, Q en ARIMA ya no son necesarias y que las diferentes combinaciones de estas entradas se ejecutan automáticamente y se comparan. Es adecuado para series de tiempo y datos de panel (no aplicable para los datos transversales).

- *Econometría Básica.* Econometría se refiere a una rama de análisis de negocios, modelos y técnicas de pronóstico para modelar el comportamiento o la predicción de ciertos negocios, economía, finanzas, física, manufacturas, operaciones y cualquier otra variable. La ejecución de los modelos básicos de Econometría es similar al análisis de regresión normal excepto que se permite que las variables dependientes e independientes sean modificadas antes de ejecutar una regresión. Apto para todos los tipos de datos.

- *Auto Econometría Básica.* Esta metodología es similar a la econometría básica, pero miles de variables lineales, no lineales, que interactúan, se rezagan, y se mezclan, se ejecutan automáticamente en los datos para determinar el modelo econométrico de mejor ajuste que describa el comportamiento de la variable dependiente. Es útil para modelar los efectos de las variables y para la previsión de los resultados futuros, y no requiere que el analista sea un experto en econometría. Apto para todos los tipos de datos.

- *Lógica Difusa Combinatoria.* Los conjuntos difusos se ocupan de la aproximación en lugar de la precisión de la lógica binaria. Los valores difusos están entre 0 y 1. Este esquema ponderado se utiliza en un método combinatorio para generar pronósticos de series de tiempo optimizados. Apto sólo para series de tiempo.

- *Distribuciones Personalizadas.* Usando el Simulador de Riesgo, las opiniones de expertos pueden ser recogidas y se puede generar una distribución personalizada. Esta técnica de pronóstico es muy útil cuando el conjunto de datos es pequeño, cuando se utilice el método Delphi, o cuando la bondad de ajuste se mala cuando se aplica una rutina de ajuste de distribución. Apto para todos los tipos de datos.

- *GARCH.* El modelo Generalizado Autorregresivo de Heteroscedasticidad Condicional (GARCH) – [siglas en inglés] se utiliza para modelar históricos y futuras predicciones de niveles de volatilidad de un valor comercializable (por ejemplo, precios de las acciones, precios de commodities, precios del petróleo, etc.). El conjunto de datos tiene que ser una serie de tiempo de los niveles de precios brutos. GARCH primero convierte los precios en rentabilidad relativa y luego ejecuta una optimización interna para ajustar los datos históricos a una estructura de plazo de volatilidad de reversión a la media mientras se asume que la volatilidad es heterocedástica por naturaleza (cambios en el tiempo de acuerdo a algunas características econométricas). Diferentes variaciones de esta metodología están disponibles en el Simulador de Riesgo, incluyendo EGARCH, EGARCH-T, GARCH-M, GJR-GARCH, GJR-GARCH-T, IGARCH, y T-GARCH. Adecuado sólo para los datos de series de tiempo.

- *Curva-J.* La curva J, o curva de crecimiento exponencial, es en la que el crecimiento del próximo período depende del nivel del período actual y el aumento es exponencial. Este fenómeno significa que, con el tiempo, los valores aumentarán significativamente de un período a otro. Este modelo se utiliza generalmente en la predicción de crecimiento biológico y las reacciones químicas en el tiempo. Adecuado solo para los datos de series de tiempo.

- *Cadenas de Markov.* Existe una cadena de Markov cuando la probabilidad de un estado futuro depende de un estado anterior y cuando estando unidos entre sí se forma una cadena que vuelve a un nivel de fase estable a largo plazo. Este enfoque se suele utilizar para pronosticar la cuota de mercado de dos competidores. Las entradas requeridas son la probabilidad de compra por parte de un cliente en la primera tienda (el primer estado) regresando a la misma tienda en el próximo período, en comparación con la probabilidad de cambiar a la tienda de un competidor en el siguiente estado. Adecuado sólo para los datos de series de tiempo.

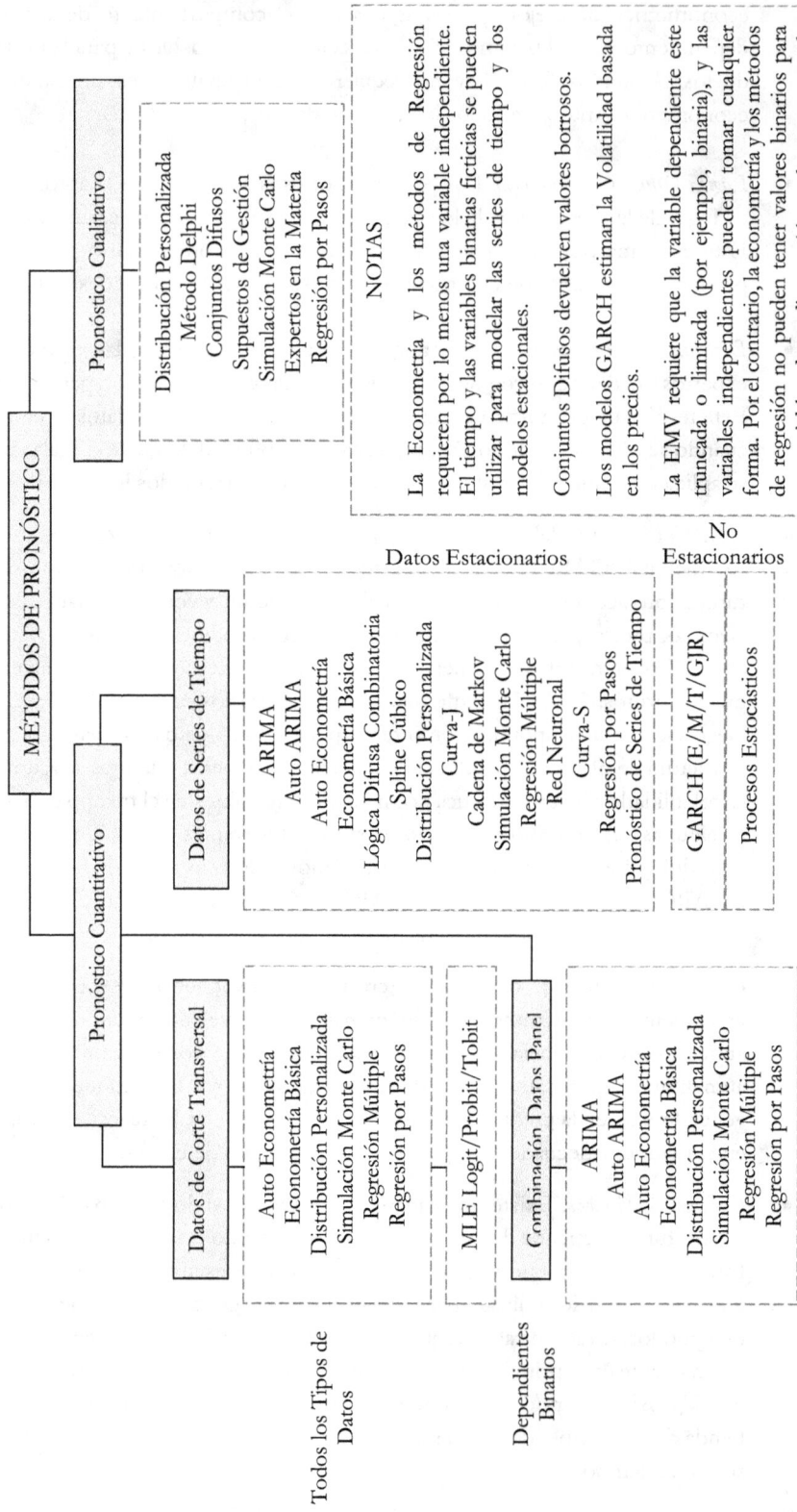

Figura 8.1: Métodos de Pronóstico

- *Máxima Verosimilitud en Logit, Probit y Tobit.* La Estimación por Máxima Verosimilitud (EMV) se utiliza para predecir la probabilidad de que algo ocurra dadas algunas variables independientes. Por ejemplo, la EMV se utiliza para predecir si una línea de crédito o deuda será incumplida dadas las características del deudor (30 años de edad, soltero, salario de $100,000 por año, y la deuda total de la tarjeta de crédito de $10,000), o la probabilidad de que un paciente tendrá cáncer pulmonar si la persona es un hombre entre los 50 y 60 años de edad, fuma cinco paquetes de cigarrillos por mes o año, y así sucesivamente. En estas circunstancias, la variable dependiente es limitada (es decir, limitada a ser binaria 1 y 0 por defecto/morir y, por otra parte, no defecto/vivir, o limitada a valores enteros como 1, 2, 3, etc.) y el resultado deseado del modelo es predecir la probabilidad de que ocurra un evento. El análisis de regresión tradicional no funcionará en estas situaciones (la probabilidad predicha suele ser menor que cero o mayor que uno, y muchos de los supuestos de regresión requeridos son violados, tales como la independencia y la normalidad de los errores, y los errores serán bastante grandes). Apto sólo para los datos transversales.

- *Regresión Multivariada.* La regresión multivariada se utiliza para modelar la estructura de la relación y las características de una determinada variable dependiente ya que depende de otras variables exógenas independientes. Utilizando la relación modelada, podemos predecir los valores futuros de la variable dependiente. La precisión y la bondad de ajuste para este modelo también se puede determinar. Los modelos lineales y no lineales pueden ajustarse en el análisis de regresión múltiple. Apto para todos los tipos de datos.

- *Red Neuronal.* Este método crea redes neuronales artificiales, nodos, y neuronas dentro de algoritmos de software con el fin de predecir variables de series de tiempo utilizando el reconocimiento de patrones. Adecuado sólo para los datos de series de tiempo.

- *Extrapolación No-Lineal.* En esta metodología, la estructura subyacente de los datos a ser pronosticados es asumida como no lineal en el tiempo. Por ejemplo, un conjunto de datos como 1, 4, 9, 16, 25 se considera no lineal (estos puntos de datos son de una función al cuadrado). Adecuado sólo para los datos de series de tiempo.

- *Curvas-S.* La curva-S, o curva de crecimiento logístico, comienza como una curva-J, con tasas de crecimiento exponencial. Con el tiempo, el entorno se satura (por ejemplo, la saturación del mercado, la competencia, el hacinamiento), el crecimiento se desacelera, y el valor de la predicción finalmente termina en una saturación o nivel máximo. El modelo curva-S se utiliza normalmente en la predicción de la cuota de mercado o de crecimiento de la introducción de ventas de un nuevo producto en el mercado hasta su madurez y declive, dinámica de la población, y otro fenómeno natural. Adecuado sólo para los datos de series de tiempo.

- *Curvas Spline.* A veces hay valores perdidos en un conjunto de datos de series de tiempo. Por ejemplo, las tasas de interés para los años 1 a 3 pueden existir, seguidos por los años 5 a 8, y luego el año 10. Las curvas spline se pueden utilizar para interpolar los valores de las tasas de interés de los años que faltan con base en los datos que existen. Las curvas spline también se pueden utilizar para predecir o extrapolar valores de períodos futuros más allá del período de tiempo de los datos disponibles. Los datos pueden ser lineales o no lineales. Adecuado para sólo los datos de series de tiempo.

- *Pronóstico de Procesos Estocásticos.* A veces las variables son estocásticas y no se pueden predecir fácilmente usando medios tradicionales. No obstante, la mayoría de fenómenos financieros, económicos y naturales (por ejemplo, el movimiento de las moléculas en el aire) siguen una ley matemática conocida o relación. Aunque los valores resultantes son inciertos, la estructura matemática subyacente es conocida y puede ser simulada utilizando la simulación de riesgo de Monte Carlo. Los procesos apoyados en el Simulador de Riesgo incluyen el Paseo Aleatorio *(Random Walk)*, el Movimiento Browniano, la Reversión a la Media, el Salto de Difusión, y procesos mixtos, útiles para la pronóstico de las variables de series de tiempo no estacionarias. Apto sólo para los datos de series de tiempo.

- *Análisis de Series de Tiempo y Descomposición.* En los datos de series de tiempo de buen comportamiento (ejemplos usuales incluyen los ingresos por ventas y las estructuras de costos de las grandes empresas), los valores tienden a tener un máximo de tres elementos: un valor base, la tendencia y la estacionalidad. El análisis de series de tiempo utiliza estos datos históricos y los descompone en estos tres elementos, y los recompone en predicciones futuras. En otras palabras, este método de predicción, como algunos de los otros descritos, primero realiza un ajuste anterior (retrospectiva) de los datos históricos antes de proporcionar estimaciones de valores futuros (pronósticos). Adecuado sólo para los datos de series de tiempo.

- *Líneas de Tendencia.* Este método se ajusta a diferentes curvas como lineal, no lineal, media móvil, exponenciales, logarítmicas, polinómicas, y las funciones de potencia en los datos históricos existentes. Adecuado sólo para los datos de series de tiempo.

EJECUTANDO LA HERRAMIENTA DE PRONÓSTICO EN EL SIMULADOR DE RIESGO

En general, para crear pronósticos, se requieren de diversos pasos rápidos:

- Inicie Excel e ingrese o abra datos históricos existentes.
- Seleccione los datos y haga clic en *Simulador de Riesgo | Pronóstico*.
- Seleccione las opciones relevantes (Box–Jenkins ARIMA, Análisis de Series de Tiempo, Regresión Múltiple, Pronóstico Estocástico, o Extrapolación No Lineal) e ingrese las entradas importantes.

La Figura 8.2 ilustra la herramienta de Pronóstico y las varias metodologías disponibles en el Simulador de Riesgo.

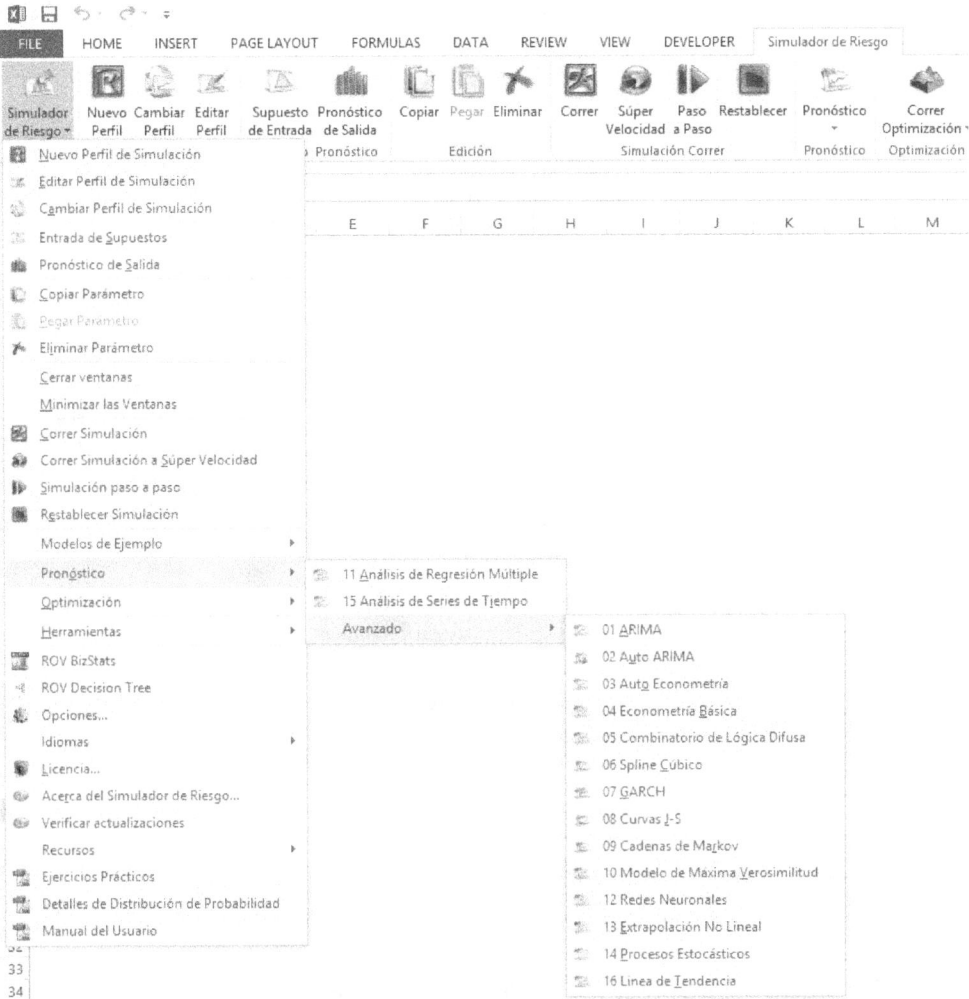

Figura 8.2: Métodos de Pronóstico en el Simulador de Riesgo

Lo siguiente proporciona un repaso rápido de cada una de las metodologías y algunos ejemplos para los principiantes en el uso del software. Los archivos de los datos utilizados para crear los ejemplos están incluidos en el Simulador de Riesgo al que se puede acceder a través de: *Simulador de Riesgo | Modelos de Ejemplo.*

ANÁLISIS DE SERIES DE TIEMPO

Teoría

La Figura 8.3 enumera los ocho modelos más comunes de series de tiempo, segmentados por estacionalidad y tendencia. Por ejemplo, si los datos de determinada variable no tienen ni tendencia, ni estacionalidad, entonces se dice que es un modelo simple de media móvil o un modelo simple de suavizado exponencial el que satisface las condiciones. No obstante, si existe estacionalidad, pero no una tendencia discernible, entonces será mejor un modelo aditivo o multiplicativo estacional, y así con los demás casos.

	Sin Estacionalidad	Con Estacionalidad
Sin Tendencia	Promedio Móvil Simple	Estacionalidad Aditiva
	Suavizamiento Exponencial Simple	Estacionalidad Multiplicativa
Con Tendencia	Promedio Móvil Doble	Holt–Winters Aditivo
	Suavizamiento Exponencial Doble	Holt–Winters Multiplicativo

Figura 8.3: Los Ocho Métodos más Comunes en Series de Tiempo

Procedimiento

- Inicie Excel y digite o abra una hoja de cálculo ya existente con los datos históricos relevantes (los siguientes ejemplos usan el archivo de *Simulador de riesgo | Modelos de Ejemplo | 21 Pronóstico de Series de Tiempo*).

- Asegúrese que crea un nuevo perfil o al menos que ya existe uno, si usted quiere que de manera automática se generen simulaciones de Monte Carlo para los resultados del pronóstico.

- Seleccione los datos sin incluir el nombre de la variable (los datos deben estar organizados en una sola columna).

- Seleccione *Simulador de riesgo | Pronóstico | Análisis de Series de Tiempo.*

- Escoja el modelo a utilizar, ingrese las suposiciones relevantes y haga clic en *OK*.

Para continuar con el ejemplo, seleccione Selección Ejemplar Automática, ingrese 4 periodos de estacionalidad por ciclo, y 10 periodos de pronóstico.

Interpretación de los Resultados

La Figura 8.5 ilustra los resultados de la muestra que se generaron al usar la herramienta de Pronóstico. El modelo multiplicativo de Holt-Winter, fue el utilizado. Note que la Figura 8.5, corresponde a la gráfica del pronóstico de la muestra, la cual indica que la tendencia y estacionalidad de la misma coinciden con las características de tendencia y estacionalidad de este tipo de modelo. El reporte que proporciona el análisis de series de tiempo, expone los parámetros alfa, beta y gamma óptimos, las medidas del error, los datos y el pronóstico ajustado, así como la gráfica que concuerda con dichos pronósticos. Los parámetros, son simplemente de referencia. El valor de alfa, captura el efecto del cambio del nivel base en el tiempo (memoria del modelo). Beta, es el parámetro que mide la tendencia, mientras que gamma señala la solidez de la estacionalidad de los datos históricos. El análisis descompone los datos en estos tres elementos, para luego reintegrarlos y así pronosticar el futuro. De igual forma, los datos que se exponen en el análisis, no solo ilustran los datos iníciales, sino también los datos ajustados que se calculan a partir de la utilización del modelo recompuesto por alfa, gamma y beta y que muestran que tan preciso es el pronóstico del pasado (técnica comúnmente llamada *backcasting*). Los valores pronosticados, pueden ser o valores individuales o presunciones (siempre y cuando la opción de auto generación haya sido seleccionada y exista un perfil de simulación). Por último, la gráfica representa los valores históricos, ajustados y pronosticados. La gráfica es una herramienta poderosa y altamente utilizada, para observar que tan acertado es el modelo y el pronóstico.

Ingresos Históricos de Ventas

Año	Trimestre	Periodo	Ventas
2011	1	1	$684.20
2011	2	2	$584.10
2011	3	3	$765.40
2011	4	4	$892.30
2012	1	5	$885.40
2012	2	6	$677.00
2012	3	7	$1,006.60
2012	4	8	$1,122.10
2013	1	9	$1,163.40
2013	2	10	$993.20
2013	3	11	$1,312.50
2013	4	12	$1,545.30
2014	1	13	$1,596.20
2014	2	14	$1,260.40
2014	3	15	$1,735.20
2014	4	16	$2,029.70
2015	1	17	$2,107.80
2015	2	18	$1,650.30
2015	3	19	$2,304.40
2015	4	20	$2,639.40

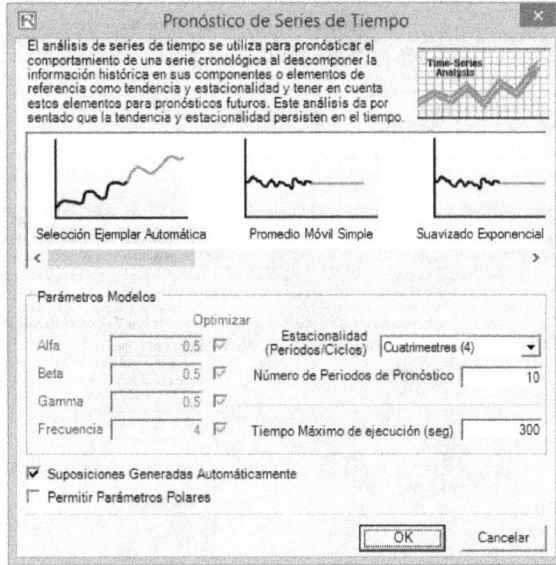

Figura 8.4: Análisis de Series de Tiempo

Notas

El módulo de análisis de series de tiempo contiene los ocho modelos vistos en la Figura 8.3. Usted puede escoger un modelo específico para ejecutar, basándose en los criterios de tendencia y estacionalidad de sus datos, o bien, puede escoger Selección Ejemplar Automática. Esta última opción, automáticamente iterará en cada uno de los ocho métodos y optimizará los parámetros para finalmente encontrar cual es el modelo que más se ajusta a sus datos. Alternativamente, si usted selecciona uno de los ocho métodos, podrá deshabilitar la casilla de *optimización* de los parámetros para ingresar sus propios alfa, beta y gamma. Adicionalmente, si usted escoge el ejemplar automático o cualquiera de los ocho modelos, deberá ingresar los periodos de estacionalidad relevante. Dicha estacionalidad debe ser un valor positivo y entero. Por ejemplo, si los datos son trimestrales, entonces el número de estaciones o ciclos por año es 4. Por el contrario, serán 12 los ciclos por año, si los datos son mensuales, De esta forma, la estacionalidad es un número entero, que representa los datos que conforman un ciclo completo (en la lista desplegable aparecen periodos de estacionalidad predefinidos, sin embargo, usted podrá *personalizar* la selección ingresando su propio valor entero). Posteriormente, determine el número de periodos a pronosticar, el cual también debe ser un número entero positivo. El tiempo de ejecución del proceso de pronóstico está fijado en 300 segundos. Normalmente, no se requiere de ningún tipo de modificación. Sin embargo, si se cuenta con una cantidad significativa de datos, el análisis requerirá un poco más de tiempo, pero al exceder dicho tiempo de rutina, el proceso se detendrá. Igualmente, usted podrá elegir que se generen de manera automática, supuestos sobre el pronóstico; lo que significa que, en vez de tener estimaciones de valores individuales, los pronósticos serán supuestos. No obstante, debe existir un perfil para generar supuestos automáticamente. Finalmente, la opción de tener parámetros polares, le permite incluir el cero y el uno al optimizar, alfa, gamma y beta. Algunos programas de pronóstico admiten estos parámetros polares, mientras que otros no. El Simulador de Riesgo, le da la oportunidad de elegir qué tipo de parámetros utilizar, aunque normalmente no es necesario utilizar parámetros polares. En el Capítulo 9, podrá observar detalles técnicos de pronósticos de series de tiempo utilizando los ocho métodos de descomposición.

Multiplicativo de Holt-Winter

El análisis se llevó a cabo con alfa = 0.2429, beta = 1.0000, gamma = 0.7797, y estacionalidad = 4

Resumen del Análisis de Series de Tiempo

Cuando existe estacionalidad y tendencia, los modelos más avanzados requieren descomponer los datos en sus elementos base o componentes: un nivel base (L) ponderado por el parámetro Alfa, un componente de tendencia (b) ponderado por el parámetro Beta; y un componente de estacionalidad (S) ponderado por el parámetro Gamma. Existen varios métodos pero los dos más comunes son el aditivo de estacionalidad de Holt-Winter y el método multiplicativo de estacionalidad de Holt-Winter. En el modelo aditivo de Holt-Winter, el nivel base para el caso, la estacionalidad y las tendencias se añaden al mismo tiempo para obtener el pronóstico ajustado. Se utiliza cuando la serie tiene un La prueba que mejor se ajusta para el pronóstico del promedio móvil simple es la media de la raíz cuadrada de los errores al cuadrado (RMSE - Root Mean Squared Error). La RMSE calcula la raíz cuadrada de la desviación al cuadrado promedio de los valores ajustados contra los datos actuales.

El Error Cuadrático Medio (MSE - Mead Squared Error) es una medida de error absoluto que ajusta los errores (la diferencia entre los datos históricos y los datos del pronóstico ajustados pronosticados por el modelo) para prevenir que los errores positivos y negativos se cancelen entre sí. Esta medida también tiende a exagerar errores grandes ponderándolos con mayor importancia que los errores pequeños, cuadrándolos, lo cual puede ayudar cuando se comparan diferentes modelos de series de tiempo. El Error de la Media al Cuadrado (RMSE) es la raíz cuadrada del MSE y es la medida más popular de error, también conocida como función de perdida cuadrática. El RMSE puede definirse como el promedio de los valores absolutos de los errores del pronóstico y es muy apropiado cuando el costo de los errores del pronóstico es proporcional al tamaño absoluto del error del pronóstico. El RMSE se utiliza como un criterio de selección para el mejor ajuste de modelos de series de tiempo.

El Porcentaje de la Media del Error Absoluto (MAPE - Mean Absolute Percentage Error) es una medida estadística de error relativo, como un porcentaje promedio del error de los datos históricos y es más apropiado cuando el costo de los errores del pronóstico tiene una relación más cercana al porcentaje del error que a un valor numérico de error. Finalmente, una medida asociada es la estadística de la U de Theil, la cual mide la credibilidad del pronóstico del modelo. Es decir, si la estadística de la U de Theil es menor a 1.0, entonces el método utilizado para el pronóstico proporciona un estimado que es estadísticamente mejor que adivinar.

Periodo	Real	Pronóstico Ajustado
1	684.20	
2	584.10	
3	765.40	
4	892.30	
5	885.40	684.20
6	677.00	667.55
7	1006.60	935.45
8	1122.10	1198.09
9	1163.40	1112.48
10	993.20	887.95
11	1312.50	1348.38
12	1545.30	1546.53
13	1596.20	1572.44
14	1260.40	1299.20
15	1735.20	1704.77
16	2029.70	1976.23
17	2107.80	2026.01
18	1650.30	1637.28
19	2304.40	2245.93
20	2639.40	2643.09
Pronóstico21		2713.69
Pronóstico22		2114.79
Pronóstico23		2900.42
Pronóstico24		3293.81
Pronóstico25		3346.55
Pronóstico26		2580.81
Pronóstico27		3506.19
Pronóstico28		3947.61
Pronóstico29		3979.41
Pronóstico30		3046.83

Medidas de Error

RMSE	71.8132
MSE	5157.1348
MAD	53.4071
MAPE	4.50%
U de Theil	0.3054

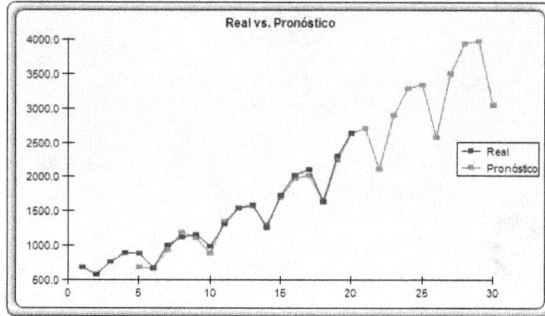

Real vs. Pronóstico

Figura 8.5: Ejemplo de Reporte de Pronóstico Holt–Winters

REGRESIÓN MÚLTIPLE

Teoría

Es de suponerse que el usuario tiene el conocimiento pertinente sobre los fundamentos del análisis de una regresión. La ecuación general para una regresión lineal bivariada, toma la siguiente forma: $Y = \beta_0 + \beta_1 X + \varepsilon$, donde β_0 es el intercepto, β_1 es la pendiente, y ε es el término de error. Es bivariada en el sentido que solo hay dos variables en el modelo, Y o variable dependiente, y X o variable independiente, también conocida como variable regresora. Algunas veces una regresión bivariada, también es conocida como una regresión univariada en el sentido que hay una única variable independiente X. La variable dependiente, recibe este nombre, pues como su nombre lo indica depende de la variable independiente. Los ingresos por ventas, por ejemplo, dependen del gasto en mercadeo que se utilice para promocionar o hacer publicidad del producto. De esta forma, las ventas son la variable dependiente, y los costos de mercadeo, la variable independiente. Así que una regresión bivariada puede considerarse simplemente, como la recta que mejor se ajusta a los datos en un plano bidimensional como se muestra en la gráfica de la izquierda de la Figura 8.6.

En otros casos, puede llevarse a cabo una regresión múltiple, donde existen múltiples o k variables independientes X o regresoras. La ecuación general, ahora toma la siguiente forma: $Y = \beta_0 + \beta_1 X_1 + \beta_2 X_2 + \beta_3 X_3 \ldots + \beta_k X_k + \varepsilon$. En este caso, la recta que mejor se ajusta a los datos, estaría representada en un plano de $k + 1$ dimensiones.

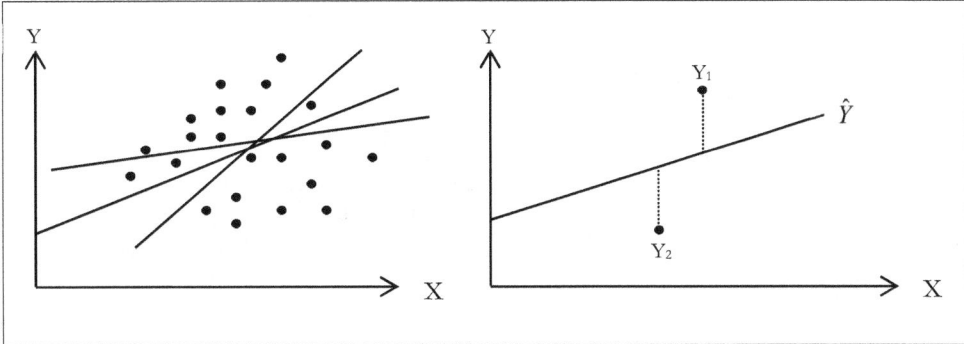

Figura 8.6: Regresión Bivariada

Sin embargo, ajustar una recta a una serie de datos representados en un gráfico de dispersión, puede resultar en numerosas líneas posibles como lo muestra la Figura 8.6. De esta manera, la mejor línea es la única que minimiza el total de los errores. Esto es, la que minimiza la sumatoria del valor absoluto de la distancia entre el valor actual de (Y_i) y el valor estimado por la línea ($\hat{Y}$), como se muestra en la parte derecha de la Figura 8.6. Es así como, un método más sofisticado es utilizado para encontrar la única línea que minimiza los errores en una regresión. Así, el análisis de regresión, encuentra la línea que más se ajusta, calculando la minimización de la sumatoria de los errores al cuadrado utilizando la siguiente fórmula:

$$Min \sum_{i=1}^{n} (Y_i - \hat{Y}_i)^2$$

Los errores (distancias verticales entre el dato obtenido y el estimado por la recta) están al cuadrado para evitar que se cancelen errores negativos con errores positivos. Resolviendo el problema de minimización de los errores, con respecto al intercepto y la pendiente se requiere que se calculen las primeras derivadas y se igualen a cero:

$$\frac{d}{d\beta_0} \sum_{i=1}^{n} (Y_i - \hat{Y}_i)^2 = 0 \ and \ \frac{d}{d\beta_1} \sum_{i=1}^{n} (Y_i - \hat{Y}_i)^2 = 0$$

Lo que da paso a las ecuaciones de Mínimos Cuadrados Ordinarios de una regresión bivariada:

$$\beta_1 = \frac{\sum_{i=1}^{n}(X_i - \bar{X})(Y_i - \bar{Y})}{\sum_{i=1}^{n}(X_i - \bar{X})^2} = \frac{\sum_{i=1}^{n} X_i Y_i - \frac{\sum_{i=1}^{n} X_i \sum_{i=1}^{n} Y_i}{n}}{\sum_{i=1}^{n} X_i^2 - \frac{\left(\sum_{i=1}^{n} X_i\right)^2}{n}}$$

$$\beta_0 = \bar{Y} - \beta_1 \bar{X}$$

Para regresiones múltiples, análogamente se puede expandir la expresión para múltiples variables independientes, donde $Y_i = \beta_1 + \beta_2 X_{2,i} + \beta_3 X_{3,i} + \varepsilon_i$ y las pendientes estimadas pueden ser calculadas siguiendo las siguientes fórmulas:

$$\hat{\beta}_2 = \frac{\sum Y_i X_{2,i} \sum X_{3,i}^2 - \sum Y_i X_{3,i} \sum X_{2,i} X_{3,i}}{\sum X_{2,i}^2 \sum X_{3,i}^2 - \left(\sum X_{2,i} X_{3,i}\right)^2}$$

$$\hat{\beta}_3 = \frac{\sum Y_i X_{3,i} \sum X_{2,i}^2 - \sum Y_i X_{2,i} \sum X_{2,i} X_{3,i}}{\sum X_{2,i}^2 \sum X_{3,i}^2 - \left(\sum X_{2,i} X_{3,i}\right)^2}$$

Cuando se ejecutan regresiones múltiples, se debe tener gran cuidado con los resultados obtenidos y la interpretación de los mismos. Se requiere un buen entendimiento de los modelos econométricos, para identificar algunos problemas que se pueden presentar y así obtener una construcción adecuada del modelo. Entre los problemas más frecuentes se destacan, cambio estructural, multicolinealidad, heteroscedasticidad, autocorrelación, no-linealidad del modelo, etc.

Procedimiento

- Inicie Excel e ingrese o abra el archive con la base de datos. A continuación, se utiliza el ejemplo de Regresión Múltiple que se encuentra disponible en los modelos de ejemplo del *Simulador de Riesgo | Modelos de Ejemplo | 09 Regresión múltiple*.

- Revise que los datos estén organizados en columnas y seleccione los datos incluyendo el nombre de cada variable. Haga clic en *Simulador de Riesgo | Pronóstico | Análisis de Regresión Múltiple*.

- Escoja la variable dependiente y las opciones relevantes para usted (rezagos, regresión por pasos, regresión no lineal, etc.) y haga clic en *OK* (Figura 8.7).

Interpretación de los Resultados

La Figura 8.8 ilustra el reporte obtenido de una regresión múltiple. El reporte, incluye todos los resultados de la regresión, el análisis de varianza, gráfica y pruebas de hipótesis. Vea el Capítulo 9 para detalles técnicos acerca de la interpretación de resultados del análisis de la regresión.

REGRESIÓN POR PASOS

Un poderoso enfoque automatizado para el análisis de regresión es la "regresión por pasos" y con base en su mismo nombre, el proceso de regresión procede en múltiples pasos. Hay varias formas de configurar estos algoritmos paso a paso, incluyendo el enfoque de correlación, el método hacia adelante, el método hacia atrás, y el método hacia adelante y hacia atrás (estos métodos están disponibles en el Simulador de Riesgo).

En el método de correlación, la variable dependiente (Y) se correlaciona con todas las variables independientes (X), y comenzando con la variable X con el valor de correlación absoluta más alto, se ejecuta una regresión, luego se añaden las variables X, subsiguientes hasta que el valor-p indique que la nueva variable X ya no es estadísticamente significativa. Este enfoque es rápido y simple, pero no tiene en cuenta las interacciones entre las variables, y una variable X, cuando se añade, estadísticamente hará sombra a otras variables.

En el método hacia adelante, primero correlacionamos Y con todas las variables X, ejecutamos una regresión de Y en la correlación del valor absoluto más alto de X, y obtenemos los errores de ajuste. Entonces, se correlacionan estos errores con las variables X restantes y se selecciona la correlación con el valor absoluto más alto entre este conjunto restante y se ejecuta otra regresión. Repite el proceso hasta que el valor-p para el último coeficiente de la variable X ya no sea estadísticamente significativo y luego detiene el proceso.

En el método hacia atrás, se ejecuta una regresión con Y en todas las variables X y revisando el valor-p de cada variable, elimina sistemáticamente la variable con el mayor valor-p, a continuación, se ejecuta una regresión de nuevo, repitiendo cada vez hasta que todos los valores-p sean estadísticamente significativos.

En el método hacia adelante y hacia atrás, aplica el método hacia adelante para obtener tres variables de X a continuación, aplica el enfoque hacia atrás para ver si uno de ellos necesita ser eliminado porque es estadísticamente insignificante. A continuación, repite el método hacia adelante, y luego el método hacia atrás hasta que se consideren todas las variables X restantes.

Conjunto de Datos para el Análisis de Regresión Múltiple

Crímenes Violentos (cientos)	Egresados de Licenciatura	Gasto de Policía Per Cápita	Población en Millones	Densidad de Población (Persona por Milla Cuadrada)	Tasa de Desempleo (%)
521	18308	185	4.041	79.6	7.2
367	1148	600	0.55	1	8.5
443	18068	372	3.665	32.3	5.7
365	7729	142	2.351	45.1	7.3
614	100484				
385	16728				
286	14630				
397	4008				
764	38927				
427	22322				
153	3711				
231	3136				
524	50508				
328	28886				
240	16996				
286	13035				
285	12973				
569	16309				
96	5227				
498	19235				
481	44487				
468	44213				
177	23619				
198	9106				
458	24917				
108	3872				
246	8945				
291	2373				
68	7128				
311	23624				
606	5242				
512	92629				
426	28795				
47	4487	143	0.639	9.3	4.1

Análisis de Regresión Múltiple

El Análisis de Regresiones Múltiple puede ser utilizado para ejecutar regresiones lineales con variables independientes múltiples. Estas variables pueden ser utilizas a través de una serie de lapsos o transformaciones no lineales, o de regresión de manera escalonada comenzando con la variable de mayor correlación.

Variable Dependiente: [Crímenes Violentos (cientos) ▾]

✔ Crímenes Violentos (cientos)	✔ Egresados de Licenciatura	✔ Gasto de Policía Per Cápita	✔ P
521	18308	185	4.04
367	1148	600	0.55
443	18068	372	3.66
365	7729	142	2.35
614	100484	432	29.7
385	16728	290	3.29
286	14630	346	3.28
397	4008	328	0.66
764	38927	354	12.9

Opciones

☐ Regresores de rezago 1 Período(s)   ☐ Regresiones No Lineales

☐ Método de Correlación Paso a Paso   ☐ Mostrar Todos los Pasos / Etapas   [OK]

P-Value: [0.1]   [Cancelar]

[Ejecutar Simulación Bootstrap]

Figura 8.7: Ejecutando una Regresión Múltiple

Análisis del Reporte de la Regresión

Estadísticas de Regresión

R-Cuadrado (Coeficiente de Determinación)	0.3272
R-Cuadrado Ajustado	0.2508
R-Múltiple (Coeficiente de Correlación Múltiple)	0.5720
Error Estándar Estimado (EEy°)	149.6720
Observaciones n	50

El valor R-Cuadrado o el Coeficiente de Determinación, indica que el 0.33 de la variación en la variable dependiente puede explicarse y calcularse mediante el análisis de regresión de las variables independientes. Sin embargo, en una regresión múltiple, el R-Cuadrado Ajustado toma en cuenta la existencia de variables independientes adicionales o regresores y ajusta el valor de dicha R-Cuadrada Ajustada para obtener un panorama más exacto del poder intrínseco de la regresión, puesto que determina la variabilidad que es explicada por las variables explicativas o independientes, con respecto a la variable dependiente cuando se introduce una variable adicional al modelo. De ahí que sólo el 0.25 de la variación en la variable dependiente puede ser explicada por las variables independientes cuando se introduce una nueva variable al modelo.

El Coeficiente de Correlación Múltiple (R-Múltiple) mide la correlación entre la verdadera variable dependiente (Y) y la variable estimada o ajustada (Y°) basado en la ecuación de regresión, es decir, establece una medida del grado de asociación lineal entre la variable dependiente y la variable estimada, concretamente entre la variable dependiente y la recta de regresión estimada. Esta correlación también es la raíz cuadrada del Coeficiente de Determinación (R-Cuadrado).

Las estimaciones del Error Estándar (SEy°) describen la dispersión del conjunto de datos por encima y debajo de la línea de regresión lineal o plano. Este valor es utilizado como parte del cálculo para obtener el intervalo de confianza de las estimaciones posteriores.

Resultados de la Regresión

	Intercepto	Egresados de Licenciatura	Gasto de Policia Per Cápita	Población en Millones	Densidad de Población (Persona por Milla Cuadrada)	Tasa de Desempleo (%)
Coeficientes	57.9555	-0.0035	0.4644	25.2377	-0.0086	16.5579
Error Estándar	108.7901	0.0035	0.2535	14.1172	0.1016	14.7996
Estadístico t	0.5327	-1.0066	1.8316	1.7877	-0.0843	1.1188
P-Value	0.5969	0.3197	0.0738	0.0807	0.9332	0.2693
Inferior al 5%	-161.2966	-0.0106	-0.0466	-3.2137	-0.2132	-13.2687
Superior al 95%	277.2076	0.0036	0.9753	53.6891	0.1961	46.3845

Grados de Libertad		Pruebas de Hipótesis	
Grados de Libertad para la Regresión	5	Estadístico t Crítico (99% de confianza con df de 44)	2.6923
Grados de Libertad Residual	44	Estadístico t Crítico (95% de confianza con df de 44)	2.0154
Grados Totales de Libertad	49	Estadístico t Crítico (90% de confianza con df de 44)	1.6802

Los coeficientes proporcionan el intercepto y la pendiente de la regresión estimada. Por ejemplo, los coeficientes son estimaciones de los posibles valores poblacionales b representados en la siguiente ecuación de regresión $Y = b0 + b1X1 + b2X2 + ... + bnXn$. El Error Estándar mide que tan exactos son los pronósticos de los coeficientes, y el estadístico t es la razón entre el valor correspondiente al coeficiente estimado y su respectivo Error Estándar.

El estadístico t se utiliza en la prueba de hipótesis, donde se establece la hipótesis nula (Ho) de manera que el coeficiente sea cero, y la hipótesis alternativa (Ha) diferente de cero, de manera que el verdadero valor del coeficiente no sea igual a cero. Una prueba t se lleva a cabo cuando el estadístico t se compara con los valores críticos de los Grados de Libertad Residual. La prueba t es muy importante ya que calcula si cada uno de los coeficientes es estadísticamente significativo en presencia de otros regresores. Esto significa que la prueba t comprueba estadísticamente cuando un regresor o una variable independiente debe continuar en la regresión o de lo contrario, debe descartarse.

El coeficiente es estadísticamente significativo si su estadístico t excede el estadístico crítico en los grados de libertad relevantes (df). Los tres principales niveles de confianza utilizados para medir la significancia son 90%, 95% y 99%. Si un estadístico t del coeficiente excede el nivel crítico, se le considera estadísticamente significativo. Alternativamente, el P - Value calcula cada probabilidad de ocurrencia del estadístico t, lo que significa que entre más pequeño sea el P - Value, más significativo será el coeficiente. Los niveles usuales de significancia para el P - Value son 0.01, 0.05, y 0.10, que corresponden a 99%, 95%, y 90% de los niveles de confianza respectivamente.

Los coeficientes con sus P - Value resaltados en azul indican que son estadísticamente significativos al 90% de confianza o 0.10 en nivel alfa, mientras que aquellos resaltados en rojo indican que no son estadísticamente significativos en cualquier otro nivel alfa.

Análisis de Varianza

	Suma de Cuadrados	Suma del Promedio de Cuadrados	Estadístico F	P-Value	Pruebas de Hipótesis	
Regresión	479388.49	95877.70	4.28	0.0029	Estadístico F Crítico (99% de confianza con df de 5 y 44)	3.4651
Residual	985675.19	22401.71			Estadístico F Crítico (95% de confianza con df de 5 y 44)	2.4270
Total	1465063.68				Estadístico F Crítico (90% de confianza con df de 5 y 44)	1.9828

El cuadro de Análisis de Varianza (ANOVA) proporciona una prueba con el estadístico F, apoyado en los resúmenes generales de las estadísticas significativas de los modelos. En lugar de buscar regresores individuales como en la prueba t, la prueba F busca en todas las propiedades estadísticas de los coeficientes. El estadístico F se calcula como la razón de la suma ponderada de cuadrados de la suma explicada de la regresión sobre la suma ponderada de cuadrados de la suma de residuales cuadrados. El numerador mide que tanto de la regresión se explica, mientras que el denominador mide que tanto no se explica. Por lo tanto, mientras más grande sea el estadístico F, más significativo será el modelo. El P - Value correspondiente es calculado para comprobar la hipótesis nula (Ho) en donde todos los coeficientes son simultáneamente iguales a cero, contra la hipótesis alternativa (Ha), en la cual todos son simultáneamente diferentes a cero, indicando un modelo de regresión estadísticamente significativo. Si el P - Value es más pequeño que los niveles de significancia alfa, es decir, 0.01, 0.05, o 0.10, entonces la regresión es significativa. La misma aproximación puede aplicarse comparando el estadístico F con los valores críticos de F en varios niveles de significancia.

Pronóstico

Periodo	Real (Y)	Pronóstico (P)	Error (E)
1	521.0000	299.5124	221.4876
2	367.0000	487.1243	(120.1243)
3	443.0000	353.2789	89.7211
4	365.0000	276.3296	88.6704
5	614.0000	776.1336	(162.1336)
6	385.0000	298.9993	86.0007
7	286.0000	354.8718	(68.8718)
8	397.0000	312.6155	84.3845
9	764.0000	529.7550	234.2450
10	427.0000	347.7034	79.2966
11	153.0000	266.2526	(113.2526)
12	231.0000	264.6375	(33.6375)
13	524.0000	406.8009	117.1991
14	328.0000	272.2226	55.7774
15	240.0000	231.7882	8.2118
16	286.0000	257.8862	28.1138
17	285.0000	314.9521	(29.9521)
18	569.0000	335.3140	233.6860
19	96.0000	282.0356	(186.0356)
20	498.0000	370.2062	127.7938
21	481.0000	340.8742	140.1258
22	468.0000	427.5118	40.4882

RMSE: 140.4048

Real vs. Pronóstico

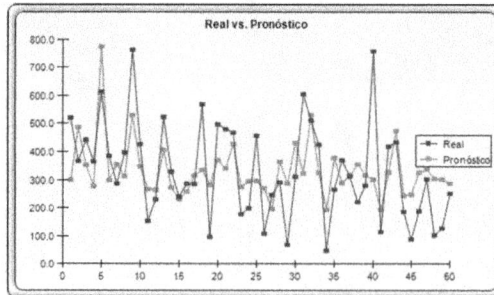

Figura 8.8: Resultados Regresión Múltiple

PRONÓSTICO ESTOCÁSTICO

Teoría

Un proceso estocástico, consiste en una ecuación matemática que genera una serie de resultados a través del tiempo; resultados que por naturaleza no son determinísticos. En otras palabras, es una ecuación o proceso que no sigue un patrón percibido, a diferencia de por ejemplo el precio, del cual se sabe que aumentará determinado porcentaje cada año, o los ingresos los cuales se esperan crezcan a un factor dado más un porcentaje. Un proceso estocástico por definición es no determinístico, por lo que al reemplazar por números las variables de la ecuación del proceso determinístico, se obtendrán cada vez resultados diferentes. Por ejemplo, la trayectoria que siguen los precios de los activos financieros, es de naturaleza estocástica, y por tal razón, no se puede predecir con certeza el comportamiento de dichos precios. Sin embargo, la evolución de los precios en el tiempo está ligada al proceso que los genera. Este proceso es fijo y predeterminado, pero los resultados no lo son. De ahí que de una simulación estocástica, se originen varias trayectorias para los precios, se obtenga un muestreo estadístico de esta simulación, y se haga inferencia sobre las trayectorias potenciales que los precios actuales puedan tomar dada la naturaleza y los parámetros del proceso estocástico utilizado para generar la serie de tiempo. Cuatro procesos estocásticos son incluidos en la herramienta de pronóstico del Simulador de Riesgo, donde el movimiento Browniano geométrico o paseo aleatorio es el proceso comúnmente más utilizado, dada su simplicidad y su capacidad de acción. Los otros tres procesos estocásticos son: el proceso de reversión a la media, procesos de difusión por saltos (jump-diffusion) y procesos mixtos.

Lo interesante de la simulación de procesos estocásticos, es que los datos históricos no son necesariamente requeridos; es decir, el modelo no debe ajustarse al conjunto de datos históricos. Simplemente debe calcular los retornos esperados y la volatilidad de los datos históricos o estimarlos utilizando datos externos comparables o haciendo supuestos sobre estos valores.

Procedimiento

- Inicie el modulo seleccionando *Simulador de Riesgo | Pronóstico | Procesos Estocásticos*.

- Seleccione el proceso que satisface sus necesidades, introduzca los datos de entrada que se requieran, haga clic sobre *Actualizar Tabla* varias veces para asegurarse que el proceso se comporta de la forma esperada, y haga clic en *OK* (Figura 8.9).

Interpretación de Resultados

La Figura 8.10 muestra los resultados de un proceso estocástico. La gráfica ilustra un conjunto de iteraciones, mientras que el reporte explica lo fundamental de un proceso estocástico. Adicionalmente, los valores pronosticados (media y desviación estándar) son suministrados. Haciendo uso de estos valores, se puede decidir cuál es el periodo relevante para su análisis, y que supuestos hacer basados en la distribución normal de esta media y desviación estándar. Dichos supuestos pueden después ser simulados en un modelo personalizado, de acuerdo a las necesidades del usuario.

Por ejemplo, si desea determinar el pronóstico del Año 1, utilizando los resultados del modelo proceso estocástico, halle una celda vacía (ejemplo, celda A100) y establezca un supuesto de entrada de simulación como Normal (media de 95.59 y desviación estándar de 12.73), basado en los resultados en la Figura 8.10. Luego, en una celda cercana (por ejemplo, celda A101), configúrela para igualar el valor de la celda supuesto (es decir, configure la celda

A101, para que sea = A100), y haga de esta una celda un pronóstico de salida. Ejecute la simulación, y usando el grafico de pronóstico, puede determinar los percentiles, el valor promedio simulado y los intervalos de confianza del año 1.

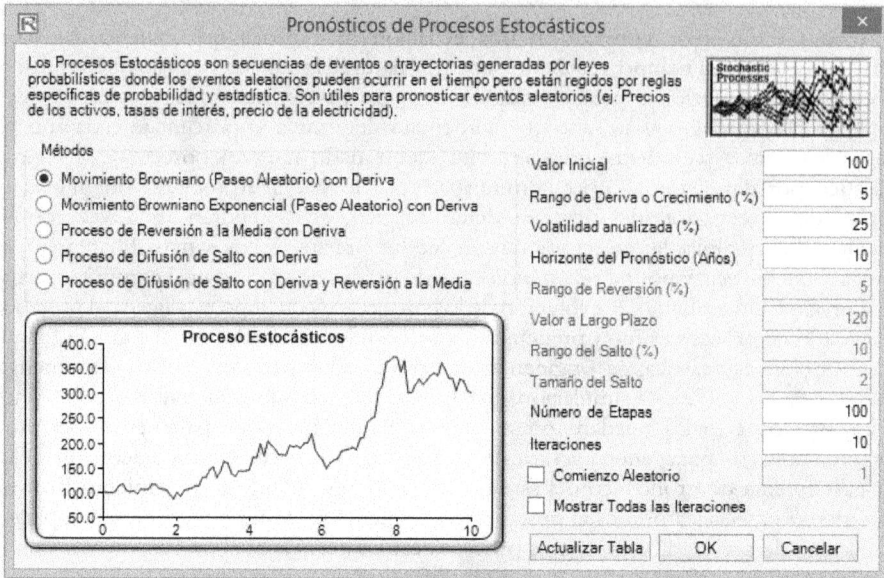

Figura 8.9: Pronóstico Proceso Estocástico

Proceso de Movimiento Browniano

El proceso de movimiento Browniano de Paseo Aleatorio sigue la siguiente ecuación $\frac{\delta S}{S} = \mu(\delta t) + \sigma\varepsilon\sqrt{\delta t}$ para opciones regulares de simulación, o de forma más general sigue la ecuación $\frac{\delta S}{S} = (\mu - \sigma^2/2)\delta t + \sigma\varepsilon\sqrt{\delta t}$ para un proceso geométrico. Para obtener una versión exponencial, simplemente se utiliza el exponente de tal forma que se tenga $\frac{\delta S}{S} = \exp\left[\mu(\delta t) + \sigma\varepsilon\sqrt{\delta t}\right]$.

Donde, los parámetros de la ecuación se definen así:

S es el valor anterior de la variable

δS es el cambio del valor de la variable de un paso a otro

μ es el crecimiento anualizado o tasa deriva

σ es la volatilidad anualizada

Al estimar los parámetros del conjunto de datos de la serie de tiempo, la tendencia y volatilidad pueden encontrarse si se determina μ como el promedio del logaritmo natural del retorno de las rentabilidades relativas $ln\frac{S_t}{S_{t-1}}$, mientas que σ es la desviación estándar de todos los valores de $ln\frac{S_t}{S_{t-1}}$.

Proceso de Reversión a la Media

A continuación, se describe la estructura matemática de un proceso de reversión a la media con una deriva: $\frac{\delta S}{S} = \eta(\bar{S}e^{\mu(\delta t)} - S)\delta t + \mu(\delta t) + \sigma\varepsilon\sqrt{\delta t}$. A fin de obtener la tasa de reversión y la tasa de largo plazo usando los datos históricos, se ejecuta una regresión como la siguiente $Y_t - Y_{t-1} = \beta_0 + \beta_1 Y_{t-1} + \varepsilon$ de tal forma que se encuentre $\eta = -\ln[1+\beta_1]$ and $\bar{S} = -\beta_0/\beta_1$ donde:

- η es la tasa de reversión a la media
- $\bar{S}$ es el valor de largo plazo al que el proceso se revierte a la media
- Y es la serie de datos históricos
- β_0 es el coeficiente que estima el intercepto de la regresión
- β_1 es el coeficiente que estima la pendiente de la regresión

Proceso de Difusión con Saltos

Un proceso de difusión con saltos es similar a un proceso de paseo aleatorio, pero existe la probabilidad de que ocurra un salto inesperado en cualquier momento del tiempo. La ocurrencia de dicho salto es completamente aleatoria pero su probabilidad y magnitud es modelada por el proceso en sí. El modelo es definido como: $\frac{\delta S}{S} = \eta(\bar{S}e^{\mu(\delta t)} - S)\delta t + \mu(\delta t) + \sigma\varepsilon\sqrt{\delta t} + \theta F(\lambda)(\delta t)$. La anterior ecuación define el proceso de difusión con saltos, las variables que involucran este proceso son:

- θ es el tamaño del salto de S
- $F(\lambda)$ es la distribución de probabilidad inversa acumulada de Poisson
- λ es la tasa de saltos de S

El tamaño del salto se puede encontrar calculando la razón entre los niveles, antes y después del salto. La tasa de saltos y los otros parámetros pueden ser calculados a partir de los datos históricos.

Pronóstico de Procesos Estocásticos

Resumen Estadístico

Tiempo	Media	Desv. Est.
0.0000	100.00	0.00
0.1000	101.92	8.34
0.2000	105.63	13.09
0.3000	100.23	13.55
0.4000	100.56	12.86
0.5000	100.47	13.66
0.6000	100.26	15.55
0.7000	100.81	16.42
0.8000	100.28	18.68
0.9000	96.14	14.44
1.0000	95.59	12.73
1.1000	96.25	16.04
1.2000	94.55	11.76
1.3000	90.89	7.24
1.4000	90.23	9.98
1.5000	98.19	12.45
1.6000	103.81	13.05
1.7000	104.26	16.45
1.8000	105.21	22.81
1.9000	102.98	21.21
2.0000	102.58	24.33
2.1000	106.30	28.29
2.2000	109.88	30.41
2.3000	111.96	31.06
2.4000	113.85	31.06
2.5000	120.31	31.37
2.6000	122.16	35.03
2.7000	125.94	39.48
2.8000	121.18	41.74
2.9000	124.23	44.61
3.0000	121.57	39.02
3.1000	121.74	36.52
3.2000	122.30	40.38
3.3000	116.76	35.59
3.4000	118.08	37.23
3.5000	112.29	34.84
3.6000	109.87	30.48
3.7000	111.59	31.10
3.8000	111.36	36.34
3.9000	112.31	40.51
4.0000	114.24	45.39
4.1000	113.32	49.16
4.2000	121.55	60.10
4.3000	121.62	61.47
4.4000	123.27	63.94
4.5000	122.74	57.95
4.6000	119.26	63.14
4.7000	117.38	71.22
4.8000	119.25	79.13
4.9000	120.34	81.68
5.0000	117.33	82.46
5.1000	119.86	91.21

Un Proceso Estocástico en una secuencia de eventos o caminos generados por las leyes de probabilidad. Esto significa que eventos aleatorios pueden ocurrir en el tiempo, pero son regidos por leyes estadísticas y probabilísticas específicas. Los principales Procesos Estocásticos incluyen la Caminata Aleatoria o Proceso Browniano, Regresión a la Media y los Saltos de Difusión. Estos procesos pueden ser utilizados para pronosticar una multitud de variables que aparentemente sigan tendencias aleatorias pero que están restringidas por las leyes de la probabilidad.

El proceso de Movimiento Browniano de Caminata Aleatoria puede utilizarse para pronosticar precios de acciones, precios de bienes básicos o commodities, y otros datos estocásticos de datos se series se tiempo dada una deriva (drift) o taza de crecimiento y una volatilidad alrededor de la trayectoria o sendero originado por la deriva. El proceso de Reversión a la Media puede utilizarse para reducir las fluctuaciones del Proceso de Caminata Aleatoria, permitiendo al sendero creado orientarse hacia un objetivo a largo plazo, haciéndolo muy útil para pronosticar variables de series de tiempo que tienen una tasa de largo plazo, como las tasas de interés y tasas de inflación (estas son tasas objetivo a largo plazo determinadas por las autoridades reguladoras o el mercado). El proceso de Difusión de Salto es muy útil para pronosticar datos de series de tiempo cuando las variables muestran ocasionalmente saltos aleatorios, tales como los precios del petróleo o el precio de la electricidad (eventos externos y discretos pueden hacer que los precios suban o bajen drásticamente). Finalmente, estos tres procesos estocásticos pueden mezclarse y ajustarse como se requiera.

Los resultados a la derecha indican la media y la desviación estándar de todas las iteraciones generadas en cada paso del proceso. Si se selecciona Mostrar Todas las Iteraciones, cada ruta de las iteraciones se mostrará en una hoja de trabajo Excel separada. La gráfica de abajo muestra un ejemplo de un conjunto de varias rutas de iteraciones.

Proceso Estocástico: Movimiento Browniano (ruta aleatoria) con Flujo

Valor Inicial	100	Pasos	100.00	Tasa de Salto	N/A
Tasa de Deriva	5.00%	Iteraciones	10.00	Tamaño del Salto	N/A
Volatilidad	25.00%	Tasa de Regresión	N/A	Sembrado Aleatorio	325991002
Horizonte	10	Valor a Largo Plazo	N/A		

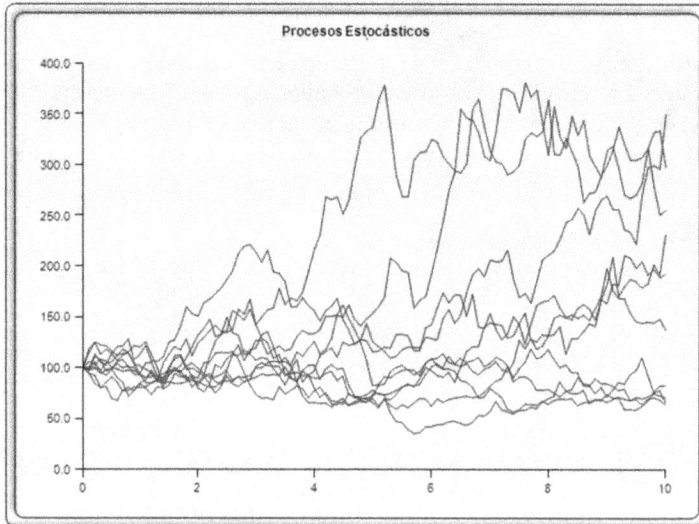

Figura 8.10: Resultado del Pronóstico Estocástico

EXTRAPOLACIÓN NO LINEAL

Teoría

La extrapolación involucra pronósticos estadísticos a partir de la utilización de las tendencias históricas que son proyectadas para un periodo específico en el futuro. Esta es solo utilizada para pronósticos de series de tiempo. Para datos de corte transversal o de datos panel (datos de series de tiempo con corte transversal), una regresión multivariada es mucho más apropiada. La metodología de extrapolación no lineal, es útil cuando cambios mayores no son esperados, esto es, cuando se espera que los factores de causalidad de una situación se mantengan constantes o cuando estos factores no son claramente entendidos. Esta metodología, también permite disuadir los sesgos subjetivos que se introducen al proceso. La extrapolación es una técnica confiable, relativamente simple y económica. Sin embargo, la extrapolación asume que la tendencia reciente e histórica son continúas, por esto produce grandes errores de pronóstico si llegasen a ocurrir discontinuidades en el periodo de tiempo proyectado. Lo que quiere decir, que la extrapolación pura en series de tiempo asume que todo lo que se necesita saber está implícito en el valor histórico de los datos que serán pronosticados. Si se asume que el comportamiento histórico es un buen predictor del comportamiento futuro, entonces usar el método de extrapolación es atractivo. Esto hace que sea una aproximación útil cuando lo que se necesita es un pronóstico de corto plazo.

Esta metodología estima la función $f(x)$ para cualquier valor arbitrario de x, interpolando para todos lo x posibles una curva de suavizamiento no lineal, la cual se utiliza para extrapolar futuros valores de x, más allá de los datos históricos que se tienen. La metodología emplea diferentes formas funcionales, bien pueden ser funciones polinómicas o razones de estas. Frecuentemente, el uso de funciones polinómicas es suficiente para datos con un buen comportamiento, sin embargo, el uso de razones entre polinomios, la mayoría de las veces es más apropiado (especialmente con funciones polares, es decir, funciones con denominadores cercanos a ser cero).

Procedimiento

- Inicie Excel e ingrese los datos o abra un archivo existente con datos históricos que puedan ser pronosticados. El ejemplo que se muestra a continuación, utiliza el archivo de *Simulador de Riesgo | Modelos de Ejemplo | 10 Extrapolación No lineal* que se encuentra en los ejemplos del software.

- Seleccione los datos de la serie de tiempo y a continuación *Simulador de Riesgo | Pronóstico | Extrapolación No Lineal.*

- Seleccione el tipo de extrapolación (selección automática, funciones polinómicas, o funciones racionales, pero para efectos de este ejemplo, seleccione la forma automática), digite un número de periodos a pronosticar (Figura 8.11) y haga clic en *OK.*

Interpretación de Resultados

El reporte de los resultados que se muestra en la Figura 8.12, ilustra los valores del pronóstico hecho por medio de extrapolación, las medidas del error y la representación gráfica de los resultados de la extrapolación. Las medidas del error deben ser utilizadas para verificar la validez del pronóstico y son de suma importancia cuando se usan para comparar la calidad y precisión del pronóstico que resulta de la extrapolación y el que resulta del análisis de series de tiempo.

Notas

Cuando los datos históricos son suavizados (continuamente diferenciables) y siguen algunas curvas y patrones no lineales, entonces la extrapolación es más acertada que los análisis de series de tiempo. A pesar de lo anterior, cuando los datos presentan estacionalidad, ciclos o tendencia, el análisis de series de tiempo provee mejores resultados. De esta forma, es siempre pertinente ejecutar un análisis de series de tiempo y extrapolación para así comparar los resultados y determinar cuál de los dos genera un menor error de medición y se ajusta mejor a los datos

Ingreso Histórico por Ventas			
Tasas de Crecimiento Polinómicas			
Año	Mes	Periodo	Ventas
2015	1	1	$1.00
2015	2	2	$6.73
2015	3	3	$20.52
2015	4	4	$45.25
2015	5	5	$83.59
2015	6	6	$138.01
2015	7	7	$210.87
2015	8	8	$304.44
2015	9	9	$420.89
2015	10	10	$562.34
2015	11	11	$730.85
2015	12	12	$928.43

Ingreso Neto Histórico			
Tasas de Crecimiento Sinusoidales			
Año	Mes	Periodo	Ingreso
2014	1	1	$84.15
2014	2	2	$90.93
2014	3	3	$14.11
2014	4	4	($75.68)
2014	5	5	($95.89)
2014	6	6	($27.94)
2014	7	7	$65.70
2014	8	8	$98.94
2014	9	9	$41.21
2014	10	10	($54.40)
2014	11	11	($100.00)
2014	12	12	($53.66)
2015	1	13	$42.02
	2	14	$99.06
	3	15	$65.03
	4	16	($28.79)
	5	17	($96.14)
	6	18	($75.10)

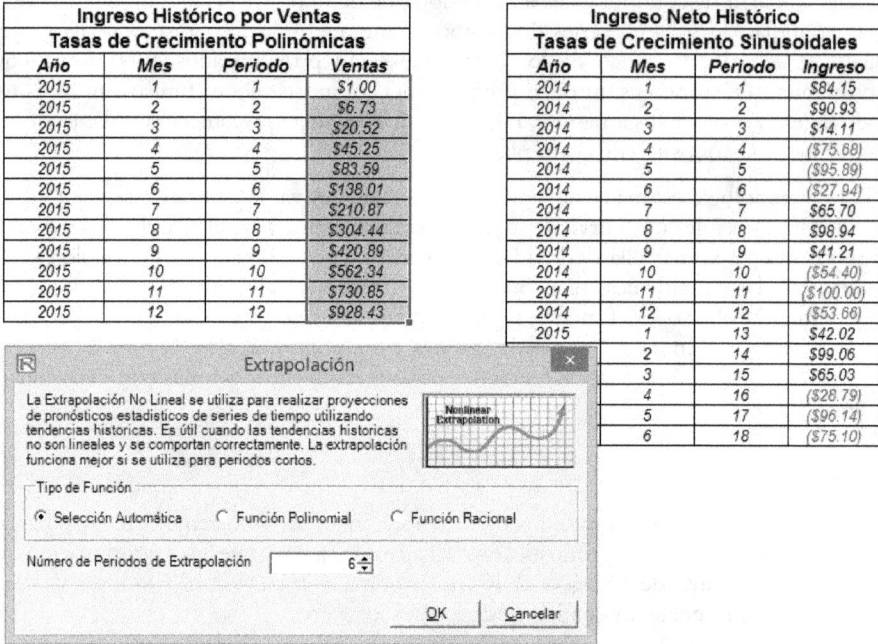

Figura 8.11: Ejecutando una Extrapolación No Lineal

Extrapolación No Lineal

Resumen Estadístico

La extrapolación no lineal involucra la elaboración de proyecciones estadísticas utilizando tendencias históricas que son proyectadas para un periodo específico de tiempo en el futuro. Solamente se utilizan para pronósticos de series de tiempo. Para los datos transversales y longitudinales (también llamados datos de panel, que son básicamente una combinación de series de tiempo y datos transversales), la regresión multivariada es la más adecuada. Esta metodología es más útil cuando existen cambios mayores que no son esperados, es decir, se espera que factores causales sigan constantes o cuando los factores causales de una situación no están del todo claros. También ayuda a desalentar la introducción de preferencias personales en el proceso. La extrapolación es altamente confiable, relativamente sencilla, y económica. Sin embargo, la extrapolación, que asume que las tendencias recientes e históricas continuarán, produce gran cantidad de errores de pronóstico si llega a ocurrir una discontinuidad dentro del periodo de tiempo. Es decir, la extrapolación pura de la serie de tiempo asume que todo lo que necesitamos saber está dentro de los valores históricos de las series que está siendo pronosticada. Si asumimos que el comportamiento pasado es una buena manera de predecir el comportamiento futuro, la extrapolación es idónea. Esto la hace un útil acercamiento cuando todo lo que se necesita son varios pronósticos de corto plazo.

Esta metodología estima la función f(x) para valores arbitrarios de x, interpolando una curva suavizada no lineal a través de todos los valores de x, y utilizando esta curva, se extrapolan los valores futuros de x más allá del conjunto de datos históricos. La metodología emplea la forma funcional polinómica o la forma funcional racional (una razón de dos polinómios). Normalmente, una función polinómica es suficiente para datos con comportamiento típicos, sin embargo, las formas funcionales racionales son en ocasiones más exactas (especialmente con funciones polares, como por ejemplo, funciones con denominadores cercanos a cero).

Periodo	Real	Ajuste de Pronóstico
1	1.00	
2	6.73	1.00
3	20.52	-1.42
4	45.25	99.82
5	83.59	55.92
6	138.01	136.71
7	210.87	211.96
8	304.44	304.43
9	420.89	420.89
10	562.34	562.34
11	730.85	730.85
12	928.43	928.43
Pronóstico 13		1157.03
Pronóstico 14		1418.57
Pronóstico 15		1714.95
Pronóstico 16		2048.00
Pronóstico 17		2419.55
Pronóstico 18		2831.39

Medidas de Error

RMSE	19.6799
MSE	387.2974
MAD	10.2095
MAPE	31.56%
U de Theil	1.1210

Tipo de Función: Racional

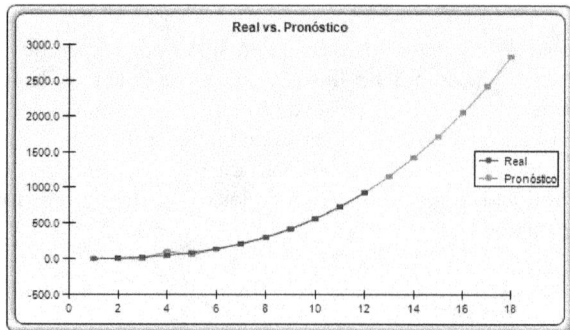

Figura 8.12: Resultados de Extrapolación No Lineal

BOX–JENKINS ARIMA (MÉTODOS AVANZADOS DE SERIES DE TIEMPO)

Teoría

Una herramienta muy poderosa para el pronóstico de series de tiempo son los modelos *Autorregresivos Integrados de Media Móvil*, que por sus siglas en ingles se conocen como ARIMA (Auto Regressive Integrated Moving Average). Este modelo integra tres herramientas segmentadas en un modelo de pronóstico. La primera herramienta corresponde al término "AR" o autorregresivo y consiste en el número de rezagos de la variable dependiente en el modelo. En esencia, el modelo captura las variaciones históricas de los datos reales en el modelo de pronóstico, para utilizarlas en la creación de un mejor modelo de predicción. La segunda herramienta es el orden de integración o el término "I". Ese término de integración corresponde, al número de veces que debe diferenciarse la serie de tiempo a pronosticar para que esta sea estacionaria. Este elemento debe tenerse en cuenta para cualquier tasa de crecimiento no lineal que exista en los datos. La tercera herramienta es el término "MA" o de media móvil, lo que es esencialmente la media móvil del rezago de los errores pronosticados. La incorporación de estos errores pronosticados rezagados, permite que el modelo en esencia aprenda de sus errores pronosticados y los corrige a través de cálculo de un promedio móvil. El modelo ARIMA sigue la metodología de Box–Jenkins, en donde cada término representa un paso dado para la construcción del modelo en donde el error sea de tipo ruido blanco. Así mismo, el modelo ARIMA, usa técnicas de correlación en la generación del pronóstico. El modelo ARIMA, puede ser usado para modelar patrones no observables en la gráfica de los datos. Adicionalmente, en los modelos ARIMA se puede incluir variables exógenas. Asegúrese que dichas variables tienen suficientes datos para cubrir los periodos a pronosticar. Finalmente, sea consciente que un modelo ARIMA no puede y no debe ser utilizado para pronosticar procesos estocásticos o series de tiempo que sean de naturaleza estocástica. En estos casos, para pronosticar use el módulo de procesos estocásticos.

Hay muchas razones por las cuales un modelo ARIMA es superior a un análisis de series de tiempo y regresiones multivariadas. Lo que comúnmente se encuentra en el análisis de series de tiempo y regresiones multivariadas, es que los errores residuales están correlacionados con sus propios rezagos. Esta correlación serial viola el supuesto básico de la teoría de regresión que dice que ninguna perturbación debe estar correlacionada con otra perturbación. Los principales problemas asociados a la correlación serial son:

- El análisis de regresión y series de tiempo deja de ser eficiente para todos los estimadores. Sin embargo, dado que los errores residuales pueden ser útiles en la predicción de los errores residuales actuales, entonces se puede tomar ventaja de la información para formar un mejor pronóstico de la variable dependiente haciendo uso del modelo ARIMA.

- Los errores estandarizados, obtenidos a partir de la regresión y la fórmula de series de tiempo, no son correctos y generalmente están subestimados. Si las regresoras incluyen variables dependientes rezagadas, los estimadores de la regresión están sesgados y son inconsistentes, lo cual puede corregirse haciendo uso del ARIMA.

Los modelos Autorregresivos Integrados de Media Móvil, o ARIMA (p,d,q), son extensiones de un modelo AR que usa tres componentes para la modelación de la correlación serial de los datos de series de tiempo. El primer componente es el término autorregresivo (AR). EL modelo AR(p), usa los p rezagos de la serie de tiempo en la ecuación. Un modelo AR(p) tiene la siguiente forma: $y_t = a_1 y_{t-1} + ... + a_p y_{t-p} + e_t$. El Segundo componente, es el término del orden de la integración (d). Cada orden de integración hace referencia al número de veces que debe diferenciarse una serie. I(1) significa, que los datos deben diferenciarse una vez, entonces I(d) significa que los datos deben diferenciarse d veces. El tercer componente es el término de media móvil (MA). El modelo MA(q), usa los q rezagos de los errores pronosticados para mejorar el pronóstico. Un modelo MA(q) tiene la siguiente forma: $y_t = e_t + b_1 e_{t-1} + ... + b_q e_{t-q}$. Finalmente, un modelo ARMA(p,q) tiene la forma combinada de: $y_t = a_1 y_{t-1} + ... + a_p y_{t-p} + e_t + b_1 e_{t-1} + ... + b_q e_{t-q}$.

Procedimiento

- Inicie Excel e ingrese los datos o abra un archivo existente, que contenga datos históricos para pronosticar (la siguiente ilustración usa el archivo del ejemplo de *Simulador de Riesgo | Modelos de Ejemplo | 20 Análisis de Series de Tiempo (Procesos ARIMA)*).

- Haga clic en *Simulador de Riesgo | Pronóstico | ARIMA* y seleccione los datos de la serie de tiempo.

- Ingrese los valores relevantes de P, D, y Q (valores enteros positivos) y el número de periodos que desea pronosticar. Luego haga clic en *OK*.

Interpretación de Resultados

En la interpretación de los resultados del modelo ARIMA, la mayoría de las especificaciones son idénticas a las del análisis de una regresión multivariada (ver Capítulo 9, Usando el Pasado para Pronosticar el Futuro, para mayor profundización sobre la interpretación de las regresiones multivariadas y los modelos ARIMA). No obstante, existen algunos resultados específicos de los modelos ARIMA, como se muestra en la Figura 8.13. Lo primero, son los resultados que proporcionan el Criterio de Akaike–AIC, por sus siglas en inglés (Akaike Information Criterion) y el Criterio de Schwartz–SC por sus siglas en inglés (Schwarz Criterion). Estos, son frecuentemente usados en la selección e identificación de modelos ARIMA. De esta manera AIC y SC, son utilizados para determinar si un modelo en particular con valores de p, d, y q específicos, está estadísticamente bien especificado. SC impone una penalización mayor que AIC, como consecuencia de agregar más estimadores a la estimación del modelo. Pero en general, el mejor modelo es aquel que tenga un valor menor de AIC y Sc. Finalmente, un conjunto de resultados adicionales está en el reporte del análisis de los modelos ARIMA y consisten en las estadísticas de autocorrelación (AC) y autocorrelación parcial (PAC). Por ejemplo, si la autocorrelación (1) es diferente de cero, significa que la serie posee autocorrelación serial de primer orden. Sí AC decrece geométricamente a medida que aumenta el número de rezagos, entonces se dice que la serie sigue un proceso autorregresivo de bajo orden.

Si AC llega a cero después de un número pequeño de rezagos, se dice que la serie sigue un proceso de media móvil de bajo orden. Contrario a esto, PAC mide la correlación entre valores que están apartados k periodos, después de haber removido las correlaciones de los rezagos de los periodos intermedios. De esta forma, si el patrón de autocorrelación puede ser capturado por una autorregresión de un orden menor a k, entonces PAC en el rezago k, debe ser cercana a cero. El estadístico Q de Ljung–Box y el valor-p en el rezago k también son proporcionados, después de probar la hipótesis nula de que no existe autocorrelación por encima del rezago k. Las líneas de las gráficas de autocorrelación representan los límites de los errores estándar. Si la autocorrelación está dentro de dichos límites, entonces no es significativamente diferente de cero a un nivel de 5% de significancia. A pesar de esto, encontrar el modelo ARIMA adecuado, toma tiempo y experiencia. Por eso, SC, PAC, AS, y AIC son herramientas de diagnóstico muy útiles para encontrar la especificación correcta del modelo. Finalmente, los resultados de los parámetros del modelo ARIMA, son obtenidos utilizando sofisticados algoritmos de iteración y de optimización, lo que significa que a pesar de que las funciones parezcan similares a las de una regresión multivariada, no lo son. ARIMA requiere de mayor intensidad computacional y un acercamiento econométrico avanzado.

ARIMA (Modelos Autorregresivos Integrados de Medias Móviles)

Estadísticas de la Regresión

R-Cuadrado (Coeficiente de Determinación)	0.9999	Criterio de Información Akaike (AIC)	4.6213
R-Cuadrado Ajustado	0.9999	Criterio Schwarz (SC)	4.6632
R-Múltiple (Coeficiente de Correlación Múltiple)	1.0000	Logaritmo de Probabilidad	-1005.13
Error Estándar Estimado (EEy*)	297.52	Estadístico Durbin-Watson (DW)	1.8588
Número de Observaciones	435	Número de Iteraciones	5

Los Modelos Autorregresivos Integrados de Medias Móviles o ARIMA(p,d,q) son la extensión del modelo AR que utiliza los tres componentes para modelar la correlación serial en datos de series de tiempo. El primer componente es el término autorregresivo (AR). El modelo AR(p) utiliza un número p de regazos de la serie. Un modelo AR(p) tiene la forma: $y(t)=a(1)*y(t-1)+...+a(p)*y(t-p)+e(t)$. El segundo componente es el termino del orden de integración (d) de la serie. Cada orden de integración corresponde al numero de veces que la serie de tiempo debe se diferenciada para hacerse estacionaria. I(1) significa diferenciar los datos una vez. I(d) significa diferencia los datos d veces. El tercer componente es el término (MA) media móvil. El modelo MA(q) utiliza q rezagos de los errores del pronóstico para mejorar este proceso. Un modelo MA(q) tiene la forma: $y(t)=e(t)+b(1)*e(t-1)+...+b(q)*e(t-q)$. Finalmente, un modelo ARMA(p,q) tiene la forma combinada: $y(t)=a(1)*y(t-1)+...+a(p)*y(t-p)+e(t)+b(1)*e(t-1)+...+b(q)*e(t-q)$.

El R-Cuadrado, o el Coeficiente de Determinación, indica el porcentaje de variación en la variable dependiente que puede explicarse y contarse por las variables independientes en este análisis de regresión. Sin embargo, en una regresión múltiple, el R-Cuadrado Ajustado toma en cuenta la existencia de variables independientes adicionales o regresores y ajusta el valor de esta R-Cuadrado para una perspectiva más exacta del poder explicativo de la regresión. Sin embargo, bajo algunas circunstancias de modelación ARIMA (por ejemplo, modelos con no convergencia), el R-Cuadrado tiende a ser no confiable.

El Coeficiente de Correlación Múltiple (R-Múltiple) mide la correlación entre la verdadera variable dependiente (Y) y el estimado o ajuste (Y*) basado en la ecuación de regresión. Esta correlación también es la raíz cuadrada del Coeficiente de Determinación (R-Cuadrado).

El Error Estándar Estimado (Sey*) describe la dispersión del conjunto de datos por encima y por debajo de la línea de regresión o plano. Este valor es utilizado como parte del cálculo para obtener el intervalo de confianza de las estimaciones posteriores.

Los criterios de información AIC (Akaike) y SC (Schwarz) son utilizados generalmente en la selección del modelo de regresión. SC impone una gran penalidad por coeficientes adicionales. Generalmente el usuario debe seleccionar un modelo con el valor más bajo de los criterios AIC y SC.

El estadístico Durbin-Watson mide la correlación serial en los residuales. Por lo general, DW menores a 2 implican una correlación serial positiva.

Resultados de la Regresión

	Intercepto	AR(1)	MA(1)
Coeficientes	-0.0626	1.0055	0.4936
Error Estandar	0.3108	0.0006	0.0420
Estadístico t	-0.2013	1691.1373	11.7633
P-Value	0.8406	0.0000	0.0000
Menor a 5%	0.4498	1.0065	0.5628
Mayor a 95%	-0.5749	1.0046	0.4244

Grados de Libertad

		Prueba de Hipótesis	
Grados de Libertad para la Regresión	2	Estadístico t Crítico (99% confianza con diferencia de 432	2.5873
Grados de Libertad Residual	432	Estadístico t Crítico (95% confianza con diferencia de 432	1.9655
Grados de Libertad Totales	434	Estadístico t Crítico (90% confianza con diferencia de 432	1.6484

Los coeficientes proporcionan el intercepto y la pendiente de la regresión estimada. Por ejemplo, los coeficientes son estimaciones de los posibles valores poblacionales b representados en la siguiente ecuación de regresión $Y = b0 + b1X1 + b2X2 + ... + bnXn$. El Error Estándar mide que tan exactos son los pronósticos de los coeficientes, y el estadístico t es la razón entre el valor correspondiente al coeficiente estimado y su respectivo Error Estándar.

El estadístico t se utiliza en la prueba de hipótesis, donde se establece la hipótesis nula (Ho) de manera que el coeficiente sea cero, y la hipótesis alternativa (Ha) diferente de cero, de manera que el verdadero valor del coeficiente no sea igual a cero. Una prueba t se lleva a cabo cuando el estadístico t se compara con los valores críticos de los Grados de Libertad Residual. La prueba es muy importante ya que calcula si cada uno de los coeficientes es estadísticamente significativo en presencia de otros regresores. Esto significa que la prueba t comprueba estadísticamente cuando un regresor o una variable independiente debe continuar en la regresión o de lo contrario, debe descartarse.

El coeficiente es estadísticamente significativo si su estadístico t excede el estadístico crítico en los grados de libertad relevantes (df). Los tres principales niveles de confianza utilizados para medir la significancia son 90%, 95% y 99%. Si un estadístico t del coeficiente excede el nivel crítico, se le considera estadísticamente significativo. Alternativamente, el P - Value calcula cada probabilidad de ocurrencia del estadístico t, lo que significa que entre más pequeño sea el P - Value, más significativo será el coeficiente. Los niveles usuales de significancia para el P - Value son 0.01, 0.05, y 0.10, que corresponden a 99%, 95%, y 90% de los niveles de confianza respectivamente.

Los coeficientes con sus P - Value resaltados en azul indican que son estadísticamente significativos al 90% de confianza o 0.10 en nivel alfa, mientras que aquellos resaltados en rojo indican que no son estadísticamente significativos en cualquier otro nivel alfa.

Análisis de Varianza

	Suma de Cuadrados	Suma del Promedio de Cuadrados	Estadístico F	Valor P	Prueba de Hipótesis	
Regresión	38415447.53	19207723.76	3171851.1	0.0000	Estadístico F Crítico (99% confianza con diferencia de 2 y	4.6546
Residual	2616.05	6.06			Estadístico F Crítico (95% confianza con diferencia de 2 y	3.0166
Total	38418063.58				Estadístico F Crítico (90% confianza con diferencia de 2 y	2.3149

El cuadro de Análisis de Varianza (ANOVA) proporciona una prueba con el estadístico F, apoyado en los resúmenes generales de las estadísticas significativas de los modelos. En lugar de buscar regresores individuales como en la prueba t, la prueba F busca en todas las propiedades estadísticas de los coeficientes. El estadístico F se calcula como la razón de la suma ponderada de cuadrados de la suma explicada de la regresión sobre la suma ponderada de cuadrados de la suma de residuales cuadrados. El numerador mide que tanto de la regresión se explica, mientras que el denominador mide que tanto no se explica. Por lo tanto, mientras más grande sea el estadístico F, más significativo será el modelo. El P - Value correspondiente es calculado para comprobar la hipótesis nula (Ho) en donde todos los coeficientes son simultáneamente iguales a cero, contra la hipótesis alternativa (Ha), en la cual todos son simultáneamente diferentes a cero, indicando un modelo de regresión estadísticamente significativo. Si el P - Value es más pequeño que los niveles de significancia alfa, es decir, 0.01, 0.05, o 0.10, entonces la regresión es significativa. La misma aproximación puede aplicarse comparando el estadístico F con los valores críticos de F en varios niveles de significancia.

Figura 8.13: Reporte de Pronóstico Box–Jenkins ARIMA (A)

Autocorrelación

Tiempo	AC	PAC	Límite Inferior	Límite Superior	Estadístico Q	Valor P
1	0.9921	0.9921	(0.0958)	0.0958	431.1216	-
2	0.9841	(0.0105)	(0.0958)	0.0958	856.3037	-
3	0.9760	(0.0109)	(0.0958)	0.0958	1,275.4818	-
4	0.9678	(0.0142)	(0.0958)	0.0958	1,688.5499	-
5	0.9594	(0.0098)	(0.0958)	0.0958	2,095.4625	-
6	0.9509	(0.0113)	(0.0958)	0.0958	2,496.1572	-
7	0.9423	(0.0124)	(0.0958)	0.0958	2,890.5594	-
8	0.9336	(0.0147)	(0.0958)	0.0958	3,278.5669	-
9	0.9247	(0.0121)	(0.0958)	0.0958	3,660.1152	-
10	0.9156	(0.0139)	(0.0958)	0.0958	4,035.1192	-
11	0.9066	(0.0049)	(0.0958)	0.0958	4,403.6117	-
12	0.8975	(0.0068)	(0.0958)	0.0958	4,765.6032	-
13	0.8883	(0.0097)	(0.0958)	0.0958	5,121.0697	-
14	0.8791	(0.0087)	(0.0958)	0.0958	5,470.0032	-
15	0.8698	(0.0064)	(0.0958)	0.0958	5,812.4256	-
16	0.8605	(0.0056)	(0.0958)	0.0958	6,148.3694	-
17	0.8512	(0.0062)	(0.0958)	0.0958	6,477.8620	-
18	0.8419	(0.0038)	(0.0958)	0.0958	6,800.9622	-
19	0.8326	(0.0003)	(0.0958)	0.0958	7,117.7709	-
20	0.8235	0.0002	(0.0958)	0.0958	7,428.3952	-

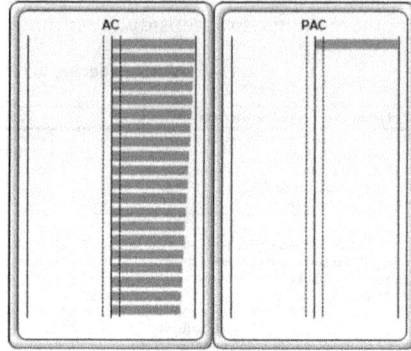

Si la autocorrelación total AC(1) es diferente a cero, significa que la serie de tiempo esta ordenada serialmente y esta correlacionada. Si AC(k) decrece geométricamente o exponencialmente con un incremento en los rezagos, implica que la serie sigue un proceso autorregresivo de orden bajo. De la misma manera si AC(k) disminuye hasta cero después de un pequeño número de rezagos, implica que la serie sigue un proceso de orden bajo. La autocorrelación parcial PAC(k) mide la correlación entre observaciones (para series de tiempo) que están separadas k periodos, manteniendo constantes las correlaciones entre los rezagos intermedios menores que k. Si el patrón de autocorrelación total puede ser capturado por una autorregresion u orden menor que k, entonces la autocorrelación parcial PAC en el rezago será muy cercana a cero. El estadístico Ljung-Box Q analiza utiliza los valores P - Value para identificar si los coeficientes de correlación superiores al primer rezago son iguales a cero (la hipótesis nula) contra la hipótesis de que no todos los rezago son cero. Cuando los P-Value son muy pequeños (P < 0.001) se puede rechazar la hipótesis nula inicial, es decir, existen valores de los coeficientes de autocorrelación que son significativamente diferentes de cero. Las líneas punteadas en las gráficas de las autocorrelaciones son los dos errores estándar aproximados a los límites. Si la autocorrelación está dentro de estos límites, no es significativamente diferente a cero en (aproximadamente) el 5% del nivel de significancia.

Pronóstico

Periodo	Real (Y)	Pronóstico (F)	Error (E)
2	139.4000	139.6056	(0.2056)
3	139.7000	140.0069	(0.3069)
4	139.7000	140.2586	(0.5586)
5	140.7000	140.1343	0.5657
6	141.2000	141.6948	(0.4948)
7	141.7000	141.6741	0.0259
8	141.9000	142.4339	(0.5339)
9	141.0000	142.3587	(1.3587)
10	140.5000	141.0466	(0.5466)
11	140.4000	140.9447	(0.5447)
12	140.0000	140.8451	(0.8451)
13	140.0000	140.2946	(0.2946)
14	139.9000	140.5663	(0.6663)
15	139.8000	140.2823	(0.4823)
16	139.6000	140.2726	(0.6726)
17	139.6000	139.9775	(0.3775)
18	139.6000	140.1232	(0.5231)
19	140.2000	140.0513	0.1487
20	141.3000	140.9862	0.3138
21	141.2000	142.1738	(0.9738)
22	140.9000	141.4377	(0.5377)
23	140.9000	141.3513	(0.4513)
24	140.7000	141.3939	(0.6939)
25	141.1000	141.0731	0.0270
26	141.6000	141.8311	(0.2311)
27	141.9000	142.2065	(0.3065)
28	142.1000	142.4709	(0.3709)
29	142.7000	142.6402	0.0598
30	142.9000	143.4561	(0.5561)
31	142.9000	143.3532	(0.4532)
32	143.5000	143.4040	0.0960
33	143.8000	144.2784	(0.4784)
34	144.1000	144.2966	(0.1966)
35	144.8000	144.7374	0.0626
36	145.2000	145.5692	(0.3692)
37	145.2000	145.7582	(0.5582)
38	145.7000	145.6649	0.0351
39	146.0000	146.4605	(0.4605)
40	146.4000	146.5176	(0.1176)
41	146.8000	147.0891	(0.2891)
42	146.6000	147.4066	(0.8066)
43	146.5000	146.9501	(0.4501)
44	146.6000	147.0255	(0.4255)

RMSE: 2.4523

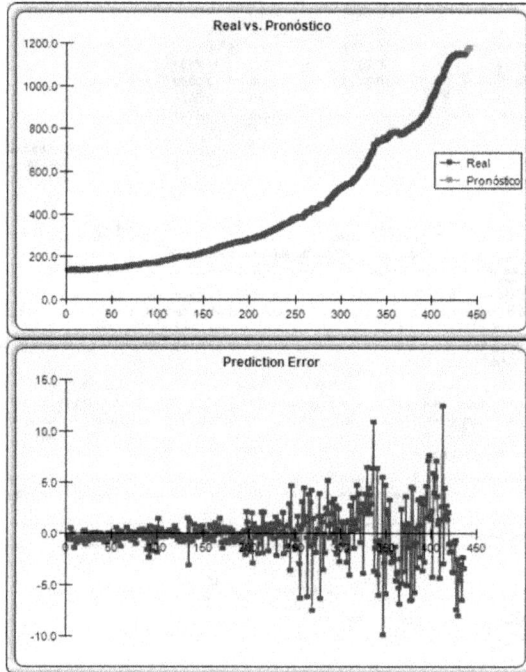

Figura 8.13: Reporte de Pronóstico Box–Jenkins ARIMA (B)

PRONÓSTICO AUTO ARIMA (BOX–JENKINS SERIES DE TIEMPO)

Teoría

Esta herramienta proporciona un análisis idéntico al módulo ARIMA excepto que el módulo Auto-ARIMA automatiza algunos de los modelos tradicionales ARIMA probando automáticamente varias permutaciones de las especificaciones del modelo y entregando el modelo que mejor se ajusta. La ejecución del módulo de AUTO-ARIMA es similar a la ejecución las predicciones regulares de ARIMA. Las diferencias están en que las entradas P, D, Q ya no son necesarias y que las diferentes combinaciones de estas entradas se ejecutan y se comparan automáticamente.

Procedimiento

- Inicie Excel e introduzca sus datos o abra una hoja de cálculo existente con los datos históricos para la predicción (la ilustración mostrada en la Figura 8.14 utiliza el archivo de ejemplo localizado en *Simulador de Riesgo | Modelo de Ejemplo | 01 Modelos de Pronóstico Avanzado).*

- En la hoja de cálculo de *ARIMA Y AUTOARIMA*, seleccione *Simulador de Riesgo | Pronóstico | Auto ARIMA*. También puede acceder al método a través de la pestaña de iconos de pronóstico o haga clic derecho en cualquier parte del modelo y seleccione el menú rápido de pronóstico.

- Haga clic en el icono de enlace y vincule los datos de series temporales existentes, introduzca el número de períodos de pronóstico deseados y haga clic en *OK*.

Nota ARIMA y AUTO-ARIMA

Para ARIMA y Auto ARIMA, se pueden modelar y predecir futuros periodos, ya sea usando solamente la variable dependiente *(Y)*, es decir, la *Variable de Series de Tiempo* por sí misma, o puede agregar variables exógenas adicionales *(X1, X2, ..., Xn)* al igual que en un análisis de regresión, donde tiene múltiples variables independientes. Puede ejecutar tantos períodos de pronóstico como desee si sólo utiliza la variable de series de tiempo *(Y)*. Sin embargo, si se agrega variables exógenas *(X)*, asegúrese de tener en cuenta que sus períodos de pronóstico se limitan a la cantidad de períodos de datos de variables exógenas menos los períodos de datos de la variable de series de tiempo. Por ejemplo, sólo se puede predecir hasta 5 períodos si usted tiene los datos históricos de series de tiempo de 100 periodos y sólo si tiene las variables exógenas de 105 periodos (100 períodos históricos para que coincida con la variable de series de tiempo y 5 períodos futuros adicionales de variables independientes exógenas para predecir la variable dependiente de series de tiempo).

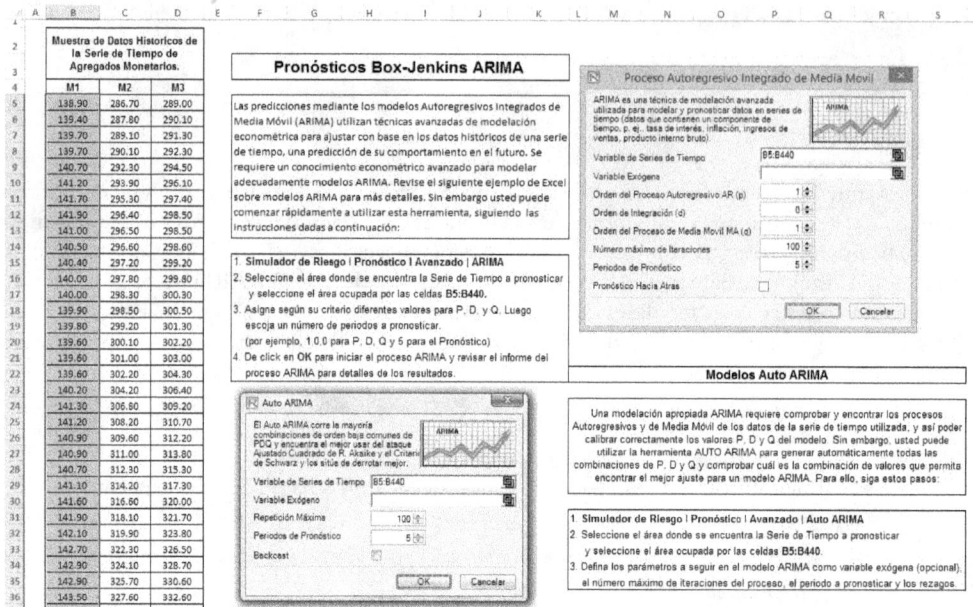

Figura 8.14: Modulo AUTO-ARIMA

ECONOMETRÍA BÁSICA

Teoría

La *Econometría* se refiere a una rama de análisis de negocios, modelos y técnicas de predicción para modelar el comportamiento o el pronóstico de ciertos negocios, finanzas, economía, ciencias físicas, y otras variables. Ejecutar los modelos básicos de Econometría es similar al análisis de regresión regular excepto que se permite que las variables dependientes e independientes sean modificadas antes de ejecutar una regresión. El informe generado es el mismo como se indica anteriormente en la sección de regresión Múltiple o Multivariante y las interpretaciones son idénticas a las descritas anteriormente.

Procedimiento

- Inicie Excel e introduzca sus datos o abra una hoja de cálculo existente con los datos históricos para pronosticar (la ilustración mostrada en la Figura 8.15 utiliza el archivo de ejemplo ubicado en *Simulador de Riesgo | Modelos de Ejemplo | 01 Modelo de Pronóstico Avanzado*).

- *Seleccione los datos* en la hoja de cálculo de *Econometría Básica* y seleccione *Simulador de Riesgos | Pronóstico | Econometría Básica*

- Introduzca las variables dependientes e independientes que desee (vea la Figura 8.15 para ver algunos ejemplos) y haga clic en *OK* para ejecutar el modelo y reporte, o haga clic en *Mostrar Resultados* para ver los resultados antes de generar el informe en caso de que necesite hacer cambios al modelo.

Notas

- Consulte el Capítulo 9 para más detalles sobre cómo interpretar de los resultados de regresión y, por extensión, los resultados de un análisis de econometría básica.

- Para ejecutar un modelo econométrico, sólo tiene que seleccionar los datos (B5: G55), incluyendo encabezados y haga clic en *Simulador de Riesgo | Pronóstico | Econometría Básica*. A continuación, puede escribir las variables y sus modificaciones para las variables dependientes e independientes (Figura 8.15). Tenga en cuenta que sólo se permite una variable como la Variable Dependiete (*Y*), mientras que se permiten múltiples variables en la sección Variables Independientes (*X*), separados por un punto y coma (;) y que las funciones matemáticas básicas pueden ser utilizadas (por ejemplo, LN, LOG, LAG, +, –, /, *, TIME, RESIDUAL, DIFF). Haga clic en *Mostrar Resultados* para previsualizar el modelo calculado y haga clic en *OK* para generar el informe modelo econométrico.

- También se pueden generar automáticamente Múltiples Modelos mediante la introducción de un modelo de muestra y el uso de la variable predefinida *INTEGER(N)*, así como *Desplazamiento de los Datos* arriba o abajo en las filas específicas repetidamente. Por ejemplo, si se utiliza la variable LAG (*V AR1, INTEGER 1*) y se establece *INTEGER 1* entre *MIN = 1 y MAX = 3*, entonces se ejecutarán los tres modelos siguientes: primero *LAG (V AR1,1)*, luego *LAG (V AR1,2)*, y, por último, *LAG (V AR1,3)*. También, a veces es posible que desee probar si los datos de series de tiempo tienen cambios estructurales o si el comportamiento del modelo es consistente en el tiempo al cambiar los datos y luego ejecutar el mismo modelo. Por ejemplo, si usted tiene 100 meses de datos enumerados por orden cronológico, se puede cambiar por 3 meses a la vez por 10 veces (es decir, el modelo se ejecutará en los meses 1-100, 4-100, 7-100, etc.). Utilizando esta sección de *Modelos Múltiples* en Econometría Básica, puede ejecutar cientos de modelos con sólo introducir una única ecuación del modelo si se utilizan estas variables enteras predefinidas y los métodos de desplazamiento.

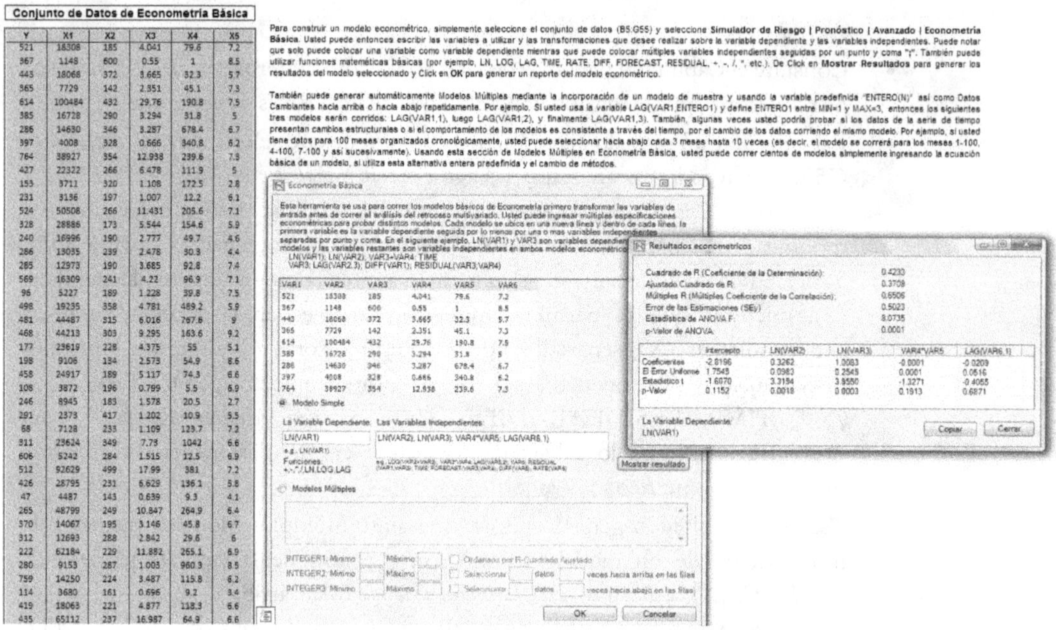

Figura 8.15: Modulo de Econometría Básica

PRONÓSTICO CURVA-J Y CURVA-S

Teoría

La curva J, o curva de crecimiento exponencial, es en la que el crecimiento del próximo período depende del nivel del período actual y el aumento es exponencial. Este fenómeno significa que con el tiempo, los valores aumentarán significativamente de un período a otro. Este modelo se utiliza generalmente en la predicción de crecimiento biológico y las reacciones químicas en el tiempo. Adecuado solo para los datos de series de tiempo.

Procedimiento

- Inicie Excel y seleccione *Simulador de Riesgo | Pronóstico | Curvas J-S*.

- Seleccione el tipo de curva J o S, introduzca los supuestos de entrada requeridos (ver Figuras 8.16 y 8.17 para los ejemplos), y haga clic en *OK* para ejecutar el modelo y el reporte.

En matemáticas, una cantidad crece exponencialmente si el crecimiento es proporcional a su tamaño actual. Este crecimiento sigue las leyes exponenciales. Esto implica que para cualquier cantidad que crece exponencialmente entre mayor tamaño tenga, mayor será su crecimiento. Pero esto también implica que la relación entre el tamaño de la variable dependiente y su tasa de crecimiento es regido por una ley estricta en un sentido simple: La Proporción Directa. El principio general detrás del crecimiento exponencial es que mayor el valor inicial, mayor es su crecimiento. Cualquier valor dado para un crecimiento exponencial eventualmente crecerá más que cualquier otro valor en el cual el crecimiento este dado por una tasa de crecimiento constante a través del tiempo. Este método de pronóstico también es llamado Curva-J, dado que la grafica del procedimiento se asemeja a la letra J. No existe nivel máximo para el crecimiento de esta curva. Otras curvas de crecimiento incluyen la Curva-S y las Cadenas de Markov.

Para generar un pronóstico de la Curva-J, siga siguientes instrucciones:

1. De Click en **Simulador de Riesgo | Pronóstico | Avanzado | Las Curvas JS.**
2. Seleccione el ícono de la **Curva Exponencial J** e ingrese los valores deseados.
   (por ejemplo, Valor Inicial: 100, Tasa de Crecimiento(%): 5, Período Final: 100)
3. De Click en **OK** para correr el pronóstico. Luego puede revise el reporte generado.

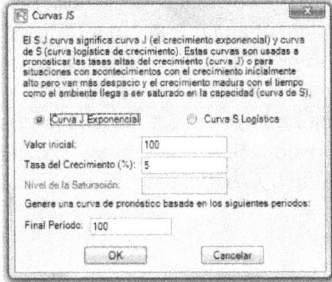

Figura 8.16: Pronóstico Curva-J

La curva-S, o curva de crecimiento logístico, comienza como una curva-J, con tasas de crecimiento exponenciales. Con el tiempo, el entorno se satura (por ejemplo, la saturación del mercado, la competencia, el hacinamiento), el crecimiento se desacelera, y el valor pronóstico finalmente termina en una saturación o nivel máximo. El modelo curva-S se utiliza normalmente en la previsión de la cuota de mercado o de crecimiento de las ventas de introducción de un nuevo producto en el marcado hasta su madurez y declive, dinámica de la población, el crecimiento de los cultivos bacterianos, y otras variables de origen natural. La Figura 8.17 ilustra un ejemplo de la curva-S

La Curva Logística S

Una función logística o curva logística modelan la curva-S de crecimiento de alguna variable X. La etapa inicial del crecimiento es aproximadamente exponencial; luego el crecimiento se hace lento, y en la madurez el crecimiento se detiene. Estas funciones encuentran aplicaciones prácticas en distintos campos, desde la biología hasta la economía. Por ejemplo, en el desarrollo de un embrión se parte desde un ovulo fecundado y la célula comienza a crecer: 1, 2, 4, 8, 16, 32, 64 etc. Esto es crecimiento exponencial. Pero el feto puede crecer solo hasta el tamaño del útero, entonces otros factores comienzan a manifestarse para hacer más lento el crecimiento celular y por ende la tasa de crecimiento disminuye (pero por supuesto el bebe sigue en crecimiento). Después de un tiempo considerable el bebe nace y mantiene su crecimiento, en última instancia la tasa de crecimiento se hace estable, la altura de la persona se mantiene constante y el crecimiento se detiene en la madurez. El mismo principio puede aplicarse al crecimiento de las poblaciones de animales o humanos, a la penetración de mercado y a los ingresos derivados de la venta de un producto, que inicia con un crecimiento acelerado en la penetración de mercado, pero con el paso del tiempo, el crecimiento disminuye debido a la competencia y eventualmente el mercado declina en la madurez.

1. De Click en **Simulador de Riesgo | Pronóstico | Avanzado | Curvas J-S**
2. Seleccione los valores deseados (puede colocar los del ejemplo)
3. De Click en **OK** y revise el informe del pronóstico.

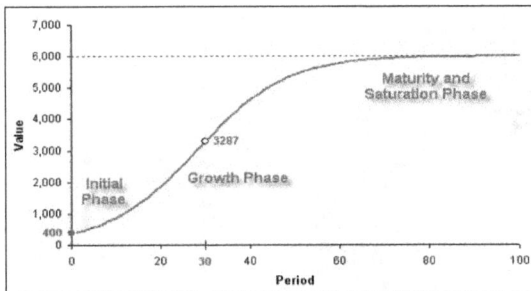

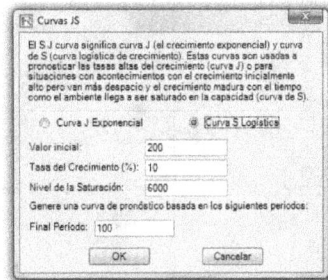

Figura 8.17: Pronóstico Curva-S

PRONÓSTICO DE LA VOLATILIDAD UTILIZANDO EL MODELO GARCH

Teoría

El modelo Generalizado Autorregresivo de Heteroscedasticidad Condicional (GARCH) – [siglas en inglés] se utiliza para modelar históricos y futuras predicciones de niveles de volatilidad de un valor comercializable (por ejemplo, precios de las acciones, precios de commodities, precios del petróleo, etc.). El conjunto de datos tiene que ser una serie de tiempo de los niveles de precios brutos. GARCH primero convierte los precios en la rentabilidad relativa y luego ejecuta una optimización interna para ajustar los datos históricos a una estructura de plazo de volatilidad de reversión a la media mientras se asume que la volatilidad es heterocedástica por naturaleza (cambios en el tiempo de acuerdo a algunas características econométricas). Las especificaciones teóricas de un modelo GARCH no son del alcance de este libro.

Procedimiento

- Inicie Excel, abra el archivo de ejemplo *Modelo de Pronostico Avanzado*, vaya a la hoja de trabajo GARCH y seleccione *Simulador de Riesgo | Pronóstico | GARCH.*

- Haga clic en el icono de enlace, seleccione los *Datos de Ubicación* e introduzca los supuestos de entrada requeridos (ver Figura 8.18), y haga clic en *OK* para ejecutar el modelo y el reporte.

Notas

La situación de pronóstico de volatilidad típica requiere P = 1, Q = 1; Periodicidad = número de períodos por año (12 para los datos mensuales, 52 para los datos semanales, 252 o 365 para datos diarios); Base = mínimo de 1 y hasta el valor de periodicidad; y Pronóstico de Períodos = número de pronósticos de volatilidad anualizados que desea obtener. Hay varios modelos GARCH disponibles en el Simulador de Riesgo, incluyendo EGARCH, EGARCH-T, GARCH-M, GJR-GARCH, GJR-GARCH-T, IGARCH, y T-GARCH.

Datos Históricos	
Días	Valores
1	459.11
2	460.71
3	460.34
4	460.68
5	460.83
6	461.68
7	461.66
8	461.64
9	465.97
10	469.38
11	470.05
12	469.72
13	466.95
14	464.78
15	465.81
16	465.86
17	467.44
18	468.32
19	470.39
20	468.51
21	470.42
22	470.4
23	472.78
24	478.64
25	481.14
26	480.81

Para correr un modelo GARCH, debe ingresar los datos relevantes de la serie de tiempo, luego dar Click en **Simulador de Riesgo I Pronóstico | Avanzado |GARCH,** ahora seleccione el ícono de ubicación de los datos y seleccione las celdas donde se encuentran los datos históricos (en este ejemplo, C8:C2428). Ingrese ahora los parámetros del modelo (por ejemplo, P:1, Q:1, Periodicidad:252, Base:1, Periodos a pronosticar:10) y de Click en **OK** para revisar el reporte generado del pronóstico.

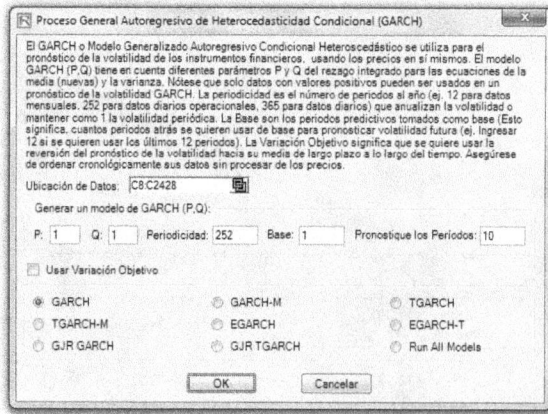

Figura 8.18: Pronóstico de Volatilidad GARCH

Los modelos GARCH se utilizan principalmente en el análisis de datos de series de tiempo financieros para determinar sus varianzas condicionales y volatilidades. Estas volatilidades son luego utilizadas para valorar las opciones como de costumbre, pero la cantidad de datos históricos necesarios para una buena estimación de volatilidad sigue siendo significativa. Por lo general, varias docenas—e incluso hasta cientos—de puntos de datos son necesarios para obtener buenas estimaciones GARCH. GARCH es un término que incorpora una familia de modelos que pueden tomar una variedad de formas, conocidas como GARCH (p, q), donde p y q son números enteros positivos que definen el modelo GARCH resultante y sus pronósticos. En la mayoría de los casos para los instrumentos financieros, un GARCH (1,1) es suficiente y es el que generalmente se usa. Por ejemplo, un modelo GARCH (1,1) toma la forma de:

$$y_t = x_t \gamma + \varepsilon_t$$
$$\sigma_t^2 = \omega + \alpha \varepsilon_{t-1}^2 + \beta \sigma_{t-1}^2$$

La primera variable dependiente de la ecuación (y_t) es una función de variables exógenas (x_t) con un término de error (ε_t). La segunda ecuación estima la varianza (volatilidad al cuadrado σ_t^2) en el tiempo t, que depende de una media histórica (ω), las noticias sobre la volatilidad del período anterior, medida como un rezago del residual al cuadrado de la ecuación media (ε_{t-1}^2) y la volatilidad del período anterior (σ_{t-1}^2). La especificación exacta de la modelación GARCH está más allá del alcance de este libro. Basta con decir que se requiere un conocimiento detallado de los modelos econométricos (pruebas de especificación de modelos, cambios estructurales, y estimaciones de error) para ejecutar un modelo GARCH, por lo que es menos accesible al analista ordinario. Otro problema con los modelos GARCH es que el modelo generalmente no proporciona un buen ajuste estadístico. Es decir, es imposible predecir el mercado de valores y, por supuesto, igualmente, si no más difícil predecir la volatilidad de una acción en el tiempo.

Tenga en cuenta que la función GARCH tiene varias entradas de la siguiente manera:

- *Los Datos de Series de Tiempo.* Los datos de seres de tiempo deben estar organizados de manera cronológica (por ejemplo, los precios de las acciones). Por lo general, requieren de decenas de puntos de datos para obtener una predicción de volatilidad aceptable.

- *Periodicidad,* un entero positivo que indica el número de períodos por año (por ejemplo, 12 para los datos mensuales, 252 para los datos transables diarios, etc.), asumiendo que usted desea anualizar la volatilidad. Para obtener la volatilidad periódica, ingrese 1.

- *Base Predictiva.* El número de períodos hacia atrás (de los datos de series de tiempo) para utilizarlos como base para predecir la volatilidad. Cuanto más alto sea este número, más larga será la base histórica que se utiliza para predecir la volatilidad futura.

- *Período de Pronóstico.* Un entero positivo que indica cuantos períodos futuros más allá de los precios históricos de las acciones se desean pronosticar.

- *Variación Objetivo.* Esta variable se establece como Falsa por defecto (incluso si no se introduce nada aquí), pero se puede establecer como Verdadera. Falsa significa la variable omega es automáticamente optimizada y calculada. La sugerencia es dejar esta variable vacía. Si desea crear volatilidad de reversión a la media con orientación a la varianza, establezca esta variable como Verdadera.

- *P.* El número de rezagos anteriores sobre la ecuación de la media.

- *Q.* El número de rezagos anterior en la ecuación de la varianza.

A continuación, se enumeran algunas de las especificaciones GARCH utilizadas en el Simulador de Riesgo con dos supuestos de distribución subyacentes: una para la distribución normal y la otra para la distribución-t.

Para los modelos GARCH-M, las ecuaciones de varianza condicional son los mismos en las seis variaciones, pero las ecuaciones medias son diferentes y el supuesto en Z_t puede ser una distribución normal o una distribución-t. Los parámetros estimados para GARCH-M con distribución normal son los cinco parámetros de la media y las ecuaciones de varianza condicional. Los parámetros estimados para GARCH-M con la distribución-t son los cinco parámetros de las ecuaciones de media y varianza condicional, más otro parámetro, los grados de libertad para la distribución-t. En contraste, para los modelos de GJR, las ecuaciones medias son las mismas en las seis variaciones y las diferencias son que las ecuaciones de varianza condicional y en el supuesto de Z_t pueden ser o bien una distribución normal o una distribución-t. Los parámetros estimados para EGARCH y GJR-GARCH con distribución normal son los cuatro parámetros de la ecuación de la varianza condicional. Los parámetros estimados para GARCH, EARCH y GJR-GARCH con distribución-t son los parámetros de la ecuación de la varianza condicional, además de los grados de libertad para la distribución-t. Más detalles técnicos de metodologías GARCH quedan fuera del alcance de este libro.

	$Z_t \sim$ Distribución Normal	$Z_t \sim$ Distribución-t
GARCH-M Varianza en la Ecuación de Media	$y_t = c + \lambda \sigma_t^2 + \varepsilon_t$ $\varepsilon_t = \sigma_t z_t$ $\sigma_t^2 = \omega + \alpha \varepsilon_{t-1}^2 + \beta \sigma_{t-1}^2$	$y_t = c + \lambda \sigma_t^2 + \varepsilon_t$ $\varepsilon_t = \sigma_t z_t$ $\sigma_t^2 = \omega + \alpha \varepsilon_{t-1}^2 + \beta \sigma_{t-1}^2$
GARCH-M Desviación Estándar en la Ecuación de Media	$y_t = c + \lambda \sigma_t + \varepsilon_t$ $\varepsilon_t = \sigma_t z_t$ $\sigma_t^2 = \omega + \alpha \varepsilon_{t-1}^2 + \beta \sigma_{t-1}^2$	$y_t = c + \lambda \sigma_t + \varepsilon_t$ $\varepsilon_t = \sigma_t z_t$ $\sigma_t^2 = \omega + \alpha \varepsilon_{t-1}^2 + \beta \sigma_{t-1}^2$
GARCH-M Logaritmo de la Varianza en la Ecuación de Media	$y_t = c + \lambda \ln(\sigma_t^2) + \varepsilon_t$ $\varepsilon_t = \sigma_t z_t$ $\sigma_t^2 = \omega + \alpha \varepsilon_{t-1}^2 + \beta \sigma_{t-1}^2$	$y_t = c + \lambda \ln(\sigma_t^2) + \varepsilon_t$ $\varepsilon_t = \sigma_t z_t$ $\sigma_t^2 = \omega + \alpha \varepsilon_{t-1}^2 + \beta \sigma_{t-1}^2$
GARCH	$y_t = x_t \gamma + \varepsilon_t$ $\sigma_t^2 = \omega + \alpha \varepsilon_{t-1}^2 + \beta \sigma_{t-1}^2$	$y_t = \varepsilon_t$ $\varepsilon_t = \sigma_t z_t$ $\sigma_t^2 = \omega + \alpha \varepsilon_{t-1}^2 + \beta \sigma_{t-1}^2$

EGARCH	$y_t = \varepsilon_t$ $\varepsilon_t = \sigma_t z_t$ $\ln\left(\sigma_t^2\right) = \omega + \beta \cdot \ln\left(\sigma_{t-1}^2\right) +$ $\alpha\left[\left|\dfrac{\varepsilon_{t-1}}{\sigma_{t-1}}\right| - E(|\varepsilon_t|)\right] + r\dfrac{\varepsilon_{t-1}}{\sigma_{t-1}}$ $E(|\varepsilon_t|) = \sqrt{\dfrac{2}{\pi}}$	$y_t = \varepsilon_t$ $\varepsilon_t = \sigma_t z_t$ $\ln\left(\sigma_t^2\right) = \omega + \beta \cdot \ln\left(\sigma_{t-1}^2\right) +$ $\alpha\left[\left|\dfrac{\varepsilon_{t-1}}{\sigma_{t-1}}\right| - E(|\varepsilon_t|)\right] + r\dfrac{\varepsilon_{t-1}}{\sigma_{t-1}}$ $E(|\varepsilon_t|) = \dfrac{2\sqrt{v-2}\,\Gamma((v+1)/2)}{(v-1)\Gamma(v/2)\sqrt{\pi}}$
GJR-GARCH	$y_t = \varepsilon_t$ $\varepsilon_t = \sigma_t z_t$ $\sigma_t^2 = \omega + \alpha\varepsilon_{t-1}^2 +$ $r\varepsilon_{t-1}^2 d_{t-1} + \beta\sigma_{t-1}^2$ $d_{t-1} = \begin{cases} 1 & \text{if } \varepsilon_{t-1} < 0 \\ 0 & \text{otherwise} \end{cases}$	$y_t = \varepsilon_t$ $\varepsilon_t = \sigma_t z_t$ $\sigma_t^2 = \omega + \alpha\varepsilon_{t-1}^2 +$ $r\varepsilon_{t-1}^2 d_{t-1} + \beta\sigma_{t-1}^2$ $d_{t-1} = \begin{cases} 1 & \text{if } \varepsilon_{t-1} < 0 \\ 0 & \text{otherwise} \end{cases}$

CADENAS DE MARKOV

Teoría

Existe una cadena de Markov cuando la probabilidad de un estado futuro depende de un estado anterior y cuando estando unidos entre sí se forma una cadena que vuelve a un nivel de fase estable a largo plazo. Este enfoque se suele utilizar para pronosticar la cuota de mercado de dos competidores. Las entradas requeridas son la probabilidad de compra por parte de un cliente en la primera tienda (el primer estado) regresando a la misma tienda en el próximo período, en comparación con la probabilidad de cambiar a la tienda de un competidor en el siguiente estado.

Procedimiento

- Inicie Excel y seleccione *Simulador de Riesgo | Pronóstico | Cadenas de Markov.*
- Entre los supuestos de entrada requeridos (ver Figura 8.19 para un ejemplo) y haga clic en *OK* para ejecutar el modelo y el reporte.

Nota

Ajuste ambas probabilidades a 10 por ciento y vuelva a ejecutar la cadena de Markov, y verá los efectos de cambiar comportamientos muy claramente en el gráfico resultante que se muestra en la Figura 8.19.

La Cadena de Markov

El Proceso de Markov es útil para estudiar la evolución de sistemas con múltiples y repetidos ensayos en períodos de tiempo sucesivos. El estado del sistema en un cierto período en particular es desconocido y nos interesa conocer la probabilidad el mismo estado particular exista. Por ejemplo, Las Cadenas de Markov son usadas para calcular la probabilidad de que una maquinaria en particular o equipo continúe en funcionamiento en el siguiente período de tiempo o dada la compra de un Producto A por un consumidor saber si se comprara el Producto A en el periodo siguiente o se cambiara por la marca de Producto B de la competencia.

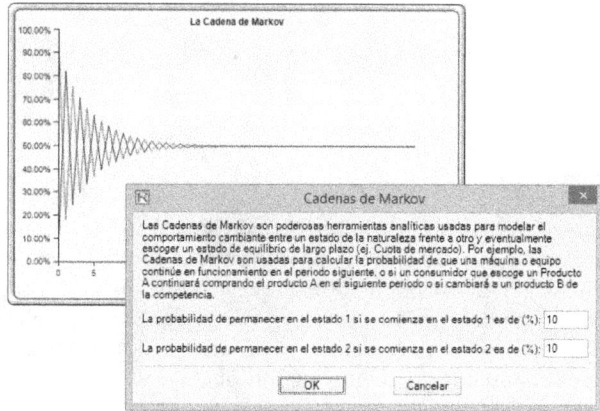

Periodo Actual	Próximo Período	
	Condición 1	Condición 2
Condición 1	10.00%	90.00%
Condición 2	90.00%	10.00%

La Probabilidad Constante de las Condiciones

	Condición 1	Condición 2
Vender la acción:	50.00%	50.00%

Periodo	Condición 1	Condición 2
0	10.00%	90.00%
1	82.00%	18.00%
2	24.40%	75.60%
3	70.48%	29.52%
4	33.62%	66.38%
5	63.11%	36.89%
6	39.51%	60.49%
7	58.39%	41.61%
8	43.29%	56.71%
9	55.37%	44.63%
10	45.71%	54.30%
11	53.44%	46.56%
12	47.25%	52.75%
13	52.20%	47.80%
14	48.24%	51.76%
15	51.41%	48.59%
16	48.87%	51.13%
17	50.90%	49.10%
18	49.28%	50.72%
19	50.58%	49.42%
20	49.54%	50.46%
21	50.37%	49.63%
22	49.70%	50.30%
23	50.24%	49.76%
24	49.81%	50.19%

Figura 8.19: Cadenas de Markov (Régimen Cambiante)

MODELO POR ESTIMACIÓN DE MÁXIMA VEROSIMILITUD LOGIT, PROBIT, Y TOBIT

Teoría

Las variables dependientes limitadas describen la situación en la que la variable dependiente contiene datos que son limitados en alcance y rango, tales como respuestas binarias (*0 ó 1*), truncadas, ordenadas o con datos censurados. Por ejemplo, dado un conjunto de variables independientes (por ejemplo, edad, ingresos, nivel de educación de un tarjetahabiente o de los titulares de préstamos hipotecarios), podemos modelar la probabilidad de incumplimientos en pagos de hipoteca, mediante la Estimación por Máxima Verosimilitud (EMV). La respuesta de la variable dependiente *Y* es binaria, es decir, puede tener sólo dos posibles resultados que denotamos como *1 y 0* (por ejemplo, *Y* puede representar la presencia/ausencia de una determinada condición, incumplimiento/no incumplimiento de los préstamos anteriores, éxito/fracaso de algún dispositivo, responder sí/no en una encuesta, etc.) y también tenemos un vector de variables independientes de regresión X, que se supone influyen en el resultado Y. Un típico enfoque de regresión por mínimos cuadrados ordinarios no es válido debido a que los errores de regresión son heterocedásticos y no normales, y el resultado de las estimaciones de probabilidad tendrán valores sin sentido superiores a *1* o por debajo de *0*. El análisis EMV maneja estos problemas usando una rutina de optimización iterativa para maximizar una función log de verosimilitud cuando las variables dependientes son limitadas.

Una regresión Logit o regresión Logística se utiliza para predecir la probabilidad de ocurrencia de un evento mediante el ajuste de los datos a una curva logística. Es un modelo lineal generalizado utilizado para la regresión binomial, y al igual que muchas formas de análisis de regresión, hace uso de diversas variables de predicción que pueden ser numéricas o categóricas. La EMV aplicada en un análisis binario logístico multivariado se utiliza para modelar variables dependientes con el propósito de determinar la probabilidad esperada del éxito de pertenencia a un determinado grupo. Los coeficientes estimados para el modelo Logit son los logaritmos del odds ratio y no pueden ser interpretados directamente como probabilidades. Un cálculo rápido se requiere primero y el enfoque es simple.

En concreto, el modelo Logit se especifica como *Y estimado = LN[Pᵢ/(1–Pᵢ)]* o, por el contrario, *Pᵢ = EXP(Y Estimado)/(1+EXP(Estimated Y))*, y los coeficientes β_i son los log odds ratio. Así, tomando el antilogaritmo o *EXP(β ᵢ)* se obtiene los odds ratio de *Pᵢ/(1–Pᵢ)*. Esto significa que con un incremento en una unidad de *βi* los log odds ratio aumentan en esta cantidad. Por último, la tasa de cambio en la probabilidad *dP/dX = βᵢPᵢ(1–Pᵢ)*. El Error Estándar mide que tan precisos son los coeficientes previstos, y los Estadística-t son la relación entre cada Coeficiente estimado y su Erro Estándar y se utilizan en la prueba de hipótesis de regresión regular para validar estadísticamente cada parámetro estimado. Para estimar la probabilidad de éxito de la pertenencia a un determinado grupo (por ejemplo, predecir si un fumador desarrollará complicaciones respiratorias, dada la cantidad de cigarrillos fumado por año), sólo tiene que calcular el valor de *Y Estimado* utilizando los coeficientes de EMV. Por ejemplo, si el modelo es *Y = 1.1 + 0.005* (cigarrillos) entonces una persona que fume 100 cigarrillos al año tendrá un *Y estimado* de *1.1 + 0.005 (100) = 1.6*. A continuación, se calcula el antilogaritmo de los odds ratio haciendo: *EXP (Y Estimado) / [1 + EXP (Y Estimado)] = EXP (1.6) / (1+ EXP (1.6)) = 0.8320*. Así, una persona tiene una probabilidad de *83.20%* de desarrollar alguna complicación respiratoria durante su vida.

Un modelo Probit (a veces también conocido como un modelo Normit) es una especificación alternativa popular para un modelo de respuesta binaria, que emplea una función Probit estimada utilizando la estimación de máxima verosimilitud y el enfoque se denomina regresión Probit. Los modelos de regresión Probit y Logísticos tienden a producir predicciones muy similares donde las estimaciones de parámetros en una regresión logística tienden a ser 1.6 a 1.8 veces mayores de lo que son en un modelo Probit correspondiente. La elección de utilizar un Probit o Logit es totalmente a conveniencia, y la principal diferencia es que la distribución logística tiene una curtosis más alta (colas más gruesas) para dar cuenta de los valores extremos. Por ejemplo, supongamos que la propiedad de la casa es la decisión para modelar, y esta variable de respuesta es binaria (comprar una casa o no comprar una casa) y depende de una serie de variables independientes X_i tales como ingresos, edad, etc., de tal manera que $I_i = \beta_0 + \beta_1 X_1 + ... + \beta_n X_n$, donde entre más grande es el valor de I_i, mayor será la probabilidad de tener casa propia. Para cada familia, existe un umbral crítico I^*, en la que si se excede, la casa se compra, de lo contrario, la casa no se compra, y la probabilidad de resultados *(P)* se supone que está normalmente distribuida, tal que $P_i = CDF(I)$ usando una función de distribución normal estándar acumulada (*CDF*). Por lo tanto, se utilizan los coeficientes estimados exactamente igual que los de un modelo de regresión y se utiliza el valor *Y Estimado*, y se aplica una distribución normal estándar (se puede utilizar la función

DISTR.NORM.ESTAND.N de Excel o la herramienta *Análisis de Distribución* del Simulador de Riesgo seleccionando distribución Normal y fijando la media en 0 y la desviación en 1). Por último, para obtener una medida Probit o unidad de probabilidad, establezca $I_i + 5$ (esto es porque cada vez que la probabilidad es $P_i < 0.5$, la I_i estimada es negativa, debido al hecho de que la distribución normal es simétrica alrededor de una media de cero).

El modelo Tobit (Censurado Tobit) es un método de modelización econométrica y biométrica que se utiliza para describir la relación entre una variable no negativa dependiente Y_i y una o más variables independientes X_i. Un modelo Tobit es un modelo econométrico en el que se censura la variable dependiente; es decir, la variable dependiente es censurada porque los valores por debajo de cero no se observan. El modelo Tobit supone que existe una latente no observable variable $Y*$. Esta variable es linealmente dependiente de las variables X_i a través de un vector de coeficientes β_i que determinan sus interrelaciones. Además, normalmente hay un error de distribución de termino U_i para capturar influencias aleatorias en esta relación. La variable observable Y_i se define para ser igual a las variables latentes siempre que las variables latentes estén por encima de cero y Y_i se asume como cero en caso contrario. Es decir, $Y_i = Y* \ si \ Y* > 0$ y $Y_i = 0 \ si \ Y* = 0$. Si el parámetro de relación β_i se estima utilizando mínimos cuadrados ordinarios de regresión del Y_i observado en X_i, los estimadores de regresión resultantes son inconsistentes y producen coeficientes de pendiente sesgada a la baja y una intercepción sesgada al alza. Sólo la EMV sería coherente para un modelo Tobit. En el modelo de Tobit, existe un complemento estadístico llamado sigma, que es equivalente al error estándar de estimación en una regresión estándar por mínimos cuadrados ordinarios, y los coeficientes estimados se utilizan de la misma manera como en un análisis de regresión.

Procedimiento

- Inicie Excel y abra el archivo de ejemplo *Modelo de Pronostico Avanzado*, vaya a la hoja de trabajo *MLE*, seleccione el conjunto de datos incluyendo los encabezados, y haga clic en *Simulador de Riesgos | Pronóstico | Modelo de Máxima Verosimilitud*.

- Seleccione la variable dependiente de la lista desplegable (ver Figura 8.20) y haga clic en *OK* para ejecutar el modelo y el reporte.

Modelo de Máxima Verosimilitud: LOGIT, PROBIT, TOBIT

LOGIT & PROBIT

Incumplimiento de pago (Default)	Edad	Nivel Educativo	Años con el empleador actual	Años en la Dirección Actual	Ingresos del Hogar (Miles $)	Razón de la Deuda/Ingresos (%)	Deuda de la Tarjeta de crédito (Miles $)	Otras Deuda (Miles $)
1	41	3	17	12	176	9.3	11.36	5.01
0	27	1	10	6	31	17.3	1.36	4
0	40	1	15	14	55	5.5	0.86	2.17
0	41	1	15	14	120	2.9	2.66	0.82
1	24	2						
0	41	2						
0	39	1						
0	43	1						
1	24	1						
0	36	1						
0	27	1						
0	25	1						
0	52	1						
0	37	1						
0	48	1						
1	36	2						
1	36	2						
0	43	1						
0	39	1						
0	41	3						
0	39	1						
0	47	1						
0	28	1						
0	29	1						
1	21	2						

Herramienta Logística

Corre los modelos Logit, Probit, Tobit y Lobit Agrupados para variables dependientes limitadas (LIMDEP) donde los datos de las variables dependiente (Y) son binarias o limitadas a valores discretos, y donde el pronostico de los valores dependientes son probabilidades de ocurrencias. En tales situaciones, un análisis de regresión proporcionaría resultados incorrectos y con márgenes de error, incluyendo la violación de los requerimientos de normalidad, resultados pronosticados de probabilidades negativas o valores que exceden el 100%. Sólo estos modelos LIMDEP son apropiados para usarlos cuando las variables dependientes están limitadas.

Variable Dependiente [Incumplimiento de pago (Default) ▼]

Incumplimiento de pago (Default)	Edad	Nivel Educativ ^
1	41	3
0	27	1
0	40	1
0	41	1
1	24	2
0	41	2
0	39	1
0	43	1
1	24	1

◉ Logit ○ Probit ○ Tobit

[OK] [Cancelar]

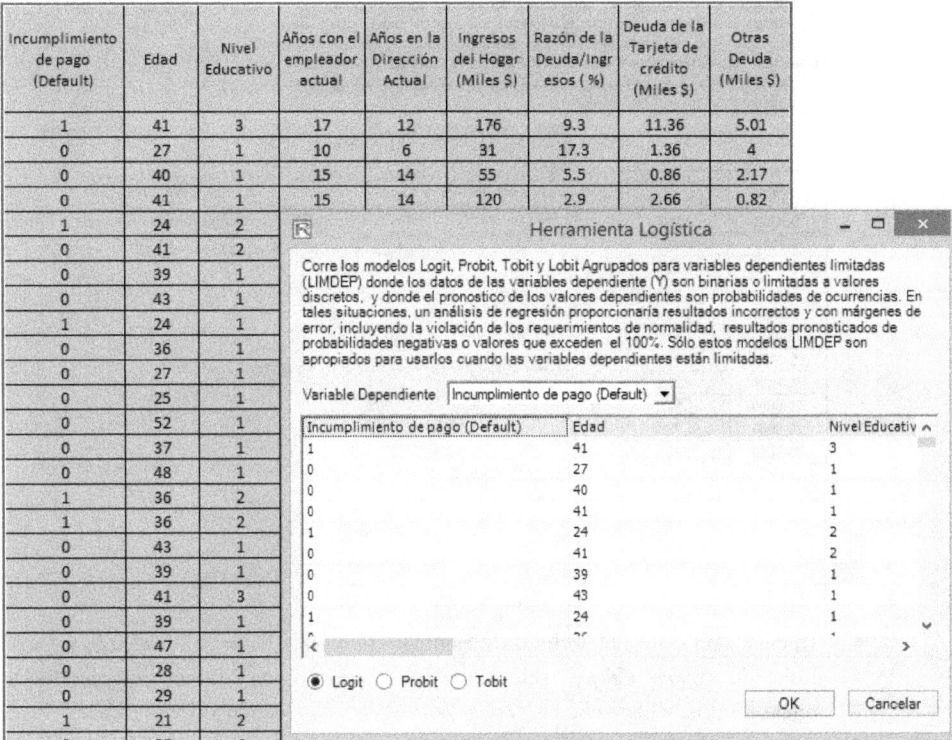

Figura 8.20: Modelos de Máxima Verosimilitud

SPLINE (SPLINE CÚBICO DE INTERPOLACIÓN Y EXTRAPOLACIÓN)

Teoría

A veces hay valores perdidos en un conjunto de datos de series de tiempo. Por ejemplo, las tasas de interés para los años 1 a 3 pueden existir, seguidos por los años 5 a 8, y luego el año 10. Las curvas spline se pueden utilizar para interpolar los valores de las tasas de interés de los años que faltan con base en los datos que existen. Las curvas spline también se pueden utilizar para predecir o extrapolar valores de períodos futuros más allá del período de tiempo de los datos disponibles. Los datos pueden ser lineales o no lineales. La Figura 8.21 ilustra cómo se ejecuta una spline cúbica y la Figura 8.22 muestra el reporte de pronóstico resultante de este módulo. Los valores *Conocidos X* representan los valores en el eje x de un gráfico (en nuestro ejemplo, este es Años de los tipos de interés conocidos, y, por lo general, los valores del eje x son los que se conocen de antemano, tales como el tiempo o años) y los valores *Conocidos Y* representan los valores en el eje y de un gráfico de series de tiempo (en nuestro caso, los tipos de interés conocidos). La variable del eje y usualmente es la variable desde la que se desean interpolar los valores perdidos o extrapolar los valores en el futuro.

Spline Cúbico de Extrapolación e Interpolación

El modelo polinomial Spline Cúbico de Interpolación y Extrapolación, es usado para "llenar los vacíos" o los datos faltantes en un conjunto de datos, como por ejemplo en la curva de rendimientos al contado y la estructura de la tasa de interés; por lo cual el modelo puede ser usado para interpolar y encontrar datos faltantes dentro de una serie de tiempo de tasas de interés (así como también otras variables macroeconómicas como la tasa de inflación, y bienes básicos o retornos de mercado) y también se puede extrapolar para encontrar valores fuera del rango de datos conocido, es útil para propósitos de predicción.

Años	Rendimientos al contado
0.0833	4.55%
0.2500	4.47%
0.5000	4.52%
1.0000	4.39%
2.0000	4.13%
3.0000	4.16%
5.0000	4.26%
7.0000	4.38%
10.0000	4.56%
20.0000	4.88%
30.0000	4.84%

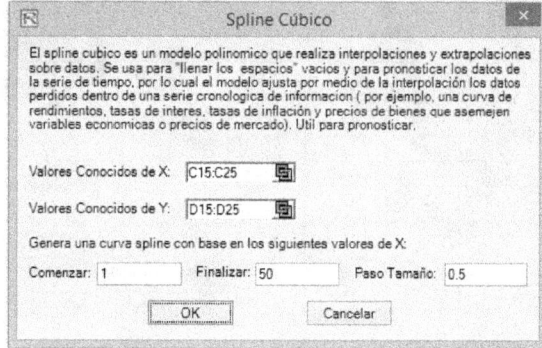

Figura 8.21: Modulo de Spline Cubico

Procedimiento

- Inicie Excel y abra el archivo de ejemplo *Modelo de Pronostico Avanzado,* vaya a la hoja de *Spline Cúbico,* seleccione el conjunto de datos excluyendo los encabezados, y haga clic en *Simulador de Riesgo | Pronóstico | Spline Cúbico.*

- La ubicación de los datos se inserta automáticamente en la interfaz de usuario si primero selecciona los datos, o también puede hacer clic manualmente en el icono de vínculo y enlazar los valores *Conocidos X* y valores *Conocidos Y* (vea la Figura 8.21 para un ejemplo), y luego ingrese los valores *Inicial y Final* requeridos para extrapolar e interpolar, así como el *Tamaño de Paso* necesario entre estos valores iniciales y finales. Haga clic en *OK* para ejecutar el modelo y el informe (ver Figura 8.22).

Pronóstico de Spline Cúbico

El modelo polinomial Spline Cúbico de Interpolación y Extrapolación, es usado para "llenar los vacíos" o los datos faltantes en un conjunto de datos, como por ejemplo en la curva de rendimientos al contado y la estructura de la tasa de interés; por lo cual el modelo puede ser usado para interpolar y encontrar datos faltantes dentro de una serie de tiempo de tasas de interés (así como también otras variables macroeconómicas como la tasa de inflación, y bienes básicos o retornos de mercado) y también se puede extrapolar para encontrar valores fuera del rango de datos conocido, es útil para propósitos de predicción o pronóstico.

Resultados del Spline de Interpolación y Extrapolación

X	Valor Final Y	Parámetro
1.0	4.39%	Interpolado
1.5	4.21%	Interpolado
2.0	4.13%	Interpolado
2.5	4.13%	Interpolado
3.0	4.16%	Interpolado
3.5	4.19%	Interpolado
4.0	4.22%	Interpolado
4.5	4.24%	Interpolado
5.0	4.26%	Interpolado
5.5	4.29%	Interpolado
6.0	4.32%	Interpolado
6.5	4.35%	Interpolado
7.0	4.38%	Interpolado
7.5	4.41%	Interpolado
8.0	4.44%	Interpolado
8.5	4.47%	Interpolado
9.0	4.50%	Interpolado
9.5	4.53%	Interpolado
10.0	4.56%	Interpolado
10.5	4.59%	Interpolado

Estos son las entradas conocidas del valores en el Modelo de Spline Cubico de Interpolación y Extrapolación:

Observación	X Conocido	Y Conocido
1	0.0833	4.55%
2	0.2500	4.47%
3	0.5000	4.52%
4	1.0000	4.39%
5	2.0000	4.13%
6	3.0000	4.16%
7	5.0000	4.26%
8	7.0000	4.38%
9	10.0000	4.56%
10	20.0000	4.88%
11	30.0000	4.84%

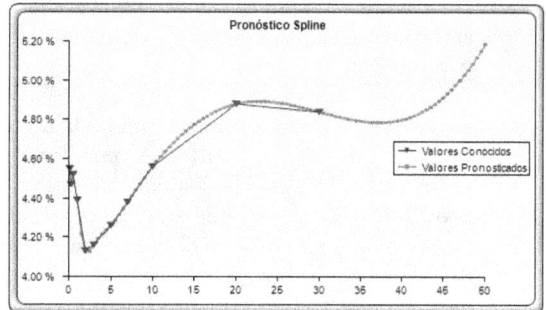

Figura 8.22: Resultados de un Pronóstico Spline

RED NEURONAL Y METODOLOGÍAS DE PRONÓSTICO DE LÓGICA DIFUSA COMBINATORIA

Teoría: Red Neuronal

El término Red Neuronal se utiliza a menudo para referirse a una red o circuito de neuronas biológicas, mientras que el uso moderno del término a menudo también se refiere a las redes neuronales artificiales que comprende las neuronas artificiales, o nodos, recreados en un entorno de software. Estas redes tratan de imitar las neuronas en el cerebro humano en formas de patrones de pensamiento e identificación y, en nuestro caso, identificando patrones para efectos de pronóstico de series de tiempo. En el Simulador de Riesgo, la metodología se encuentra dentro del módulo ROV BizStats ubicado en *Simulador de Riesgo | ROV BizStats | Pronóstico de Redes Neuronales*, así como en *Simulador de Riesgo | Pronóstico | Redes Neuronales*. La Figura 8.23 muestra los resultados de la metodología de previsión de Redes Neuronales y la Figura 8.24 muestra los gráficos de los datos históricos y datos de pronóstico.

Procedimiento

- Haga clic en *Simulador de Riesgo | Pronóstico | Redes Neuronales.*
- Comience ya sea ingresando los datos manualmente o pegando algunos datos del portapapeles (por ejemplo, seleccione y copie algunos datos de Excel, inicie esta herramienta, y pegue los datos haciendo clic en el botón Pegar).
- Seleccione si desea ejecutar un modelo de red neuronal *Lineal* o *no Lineal (Coseno, Tangente hiperbólica,* o *Logística)*, introduzca el número de *Periodos a Pronosticar* deseados (por ejemplo, 5), el número de *Capas* ocultas en la Red Neural (por ejemplo, 3), y el número de *Conjunto de Prueba* (por ejemplo, 5).
- Haga clic en *Ejecutar* para ejecutar el análisis y revisar los resultados calculados y los gráficos. También puede *Copiar* los resultados y el gráfico en el portapapeles y los pega en otra aplicación de software.

Notas

Tenga en cuenta que el número de capas ocultas en la red es un parámetro de entrada y tendrá que ser calibrado con sus datos. Por lo general, cuanto más complicado es el patrón de datos, mayor es el número de capas ocultas que se podrían necesitar y tomaría más tiempo calcular. Se recomienda empezar en 3 capas. El período de prueba es simplemente el número de puntos de datos utilizados en la calibración final del modelo de Red Neuronal, y se recomienda el uso de al menos el mismo número de períodos que se quieren pronosticar que el período de prueba.

Teoría: Lógica Difusa Combinatoria

Por el contrario, el termino lógica difusa se deriva de la teoría de conjuntos difusos para tratar con el razonamiento de que es aproximado y no exacto a diferencia de la lógica clara, donde los conjuntos binarios tienen lógica binaria, las variables de lógica difusa pueden tener un valor verdadero que oscila entre 0 y 1, y no está limitado a los dos valores verdaderos de la lógica proposicional clásica. Este esquema de ponderación difusa es usado junto con un método combinatorio para producir pronósticos de series de tiempo en el Simulador de Riesgo como se ilustra en la Figura 8.25, y es más aplicable cuando se utiliza en los datos de series de tiempo que tienen estacionalidad y tendencia. Esta metodología se encuentra dentro del módulo ROV BizStats del Simulador de Riesgo, en el *Simulador de Riesgo | ROV BizStats | Pronóstico combinatorio de Lógica Difusa*, así como en *Simulador de Riesgo | Pronóstico | Combinatorio de Lógica Difusa*.

Procedimiento

1. Haga clic en *Simulador de Riesgo | Pronóstico | Combinatorio Lógica Difusa Combinatoria*.
2. Comience por ingresar los datos ya sea de forma manual o pegando algunos datos desde el portapapeles (por ejemplo, seleccione y copie algunos datos de Excel, inicie esta herramienta, y pegue los datos haciendo clic en el botón Pegar).
3. Seleccione la variable a la cual se le va a ejecutar el análisis desde la lista desplegable, e ingrese el período de estacionalidad (por ejemplo, 4 para los datos trimestrales, 12 para los datos mensuales, etc.) y el número deseado de Periodos de Pronóstico (por ejemplo, 5).
4. Haga clic en *Ejecutar* para ejecutar el análisis y revise los resultados calculados y los gráficos. También puede *Copiar* los resultados y el gráfico en el portapapeles y pegarlo en otra aplicación de software.

Notas

Tenga en cuenta que ni las redes neuronales ni técnicas de lógica difusa se han establecido todavía como métodos válidos y fiables en el ámbito de previsión empresarial, ya sea en un nivel estratégico, táctico u operativo. Mucha investigación sigue siendo necesaria en estos campos de predicción avanzada. No obstante, el Simulador de Riesgo proporciona los fundamentos de estas dos técnicas con el fin de ejecutar los pronósticos de series de tiempo. Para construir modelos más robustos, le recomendamos que no utilice ninguna de estas técnicas de forma aislada, sino, más bien, en combinación con los otros métodos de pronóstico del Simulador de Riesgo. Por último, necesita puntos de datos suficientes para ejecutar estos análisis con mayor nivel de confianza.

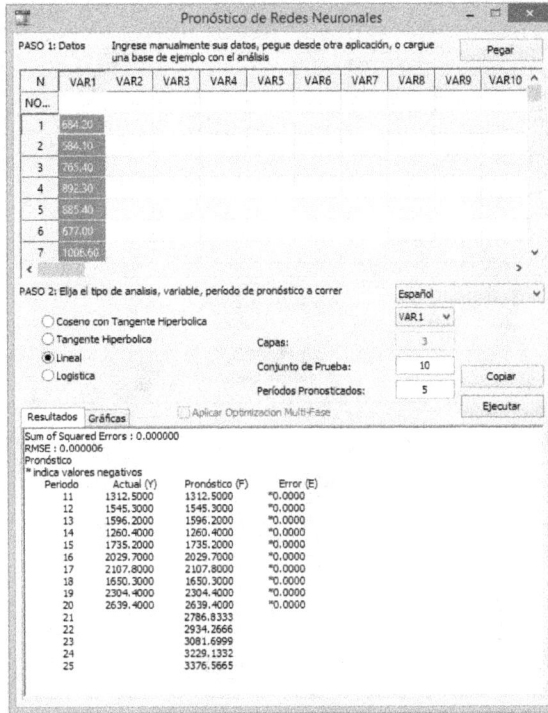

Figura 8.23: Resultados de Pronóstico de Redes Neuronales

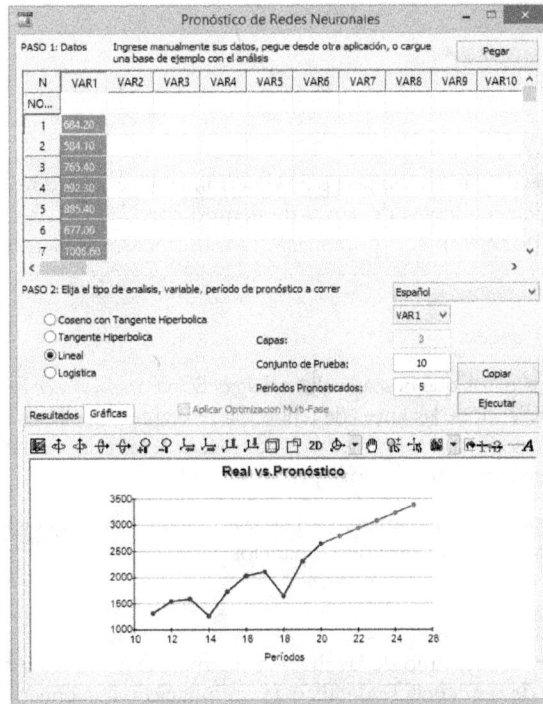

Figura 8.24: Gráfico de Pronóstico de Redes Neuronales

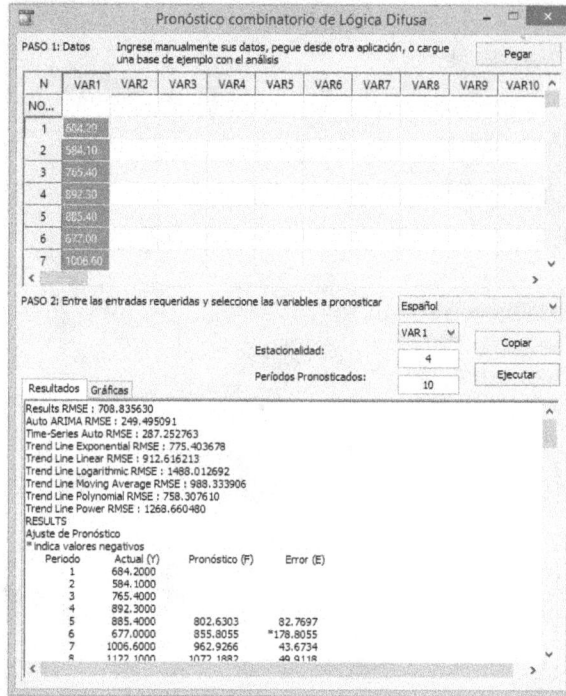

Figura 8.25: Pronóstico de Series de Tiempo Combinatorio de Lógica Difusa

PRONÓSTICOS DE
LÍNEA DE TENDENCIA

Teoría

Las líneas de tendencia se pueden utilizar para determinar si un conjunto de datos de series de tiempo sigue a cualquier tendencia de series de tiempo apreciable. Las tendencias pueden ser lineales o no lineales (por ejemplo, exponenciales, logarítmicas, media móvil, potencia o curvas polinómicas).

Procedimiento

1. Seleccione los datos que desea analizar, haga clic en *Simulador de Riesgo | Pronóstico | Línea de Tendencia*. Seleccione las líneas de tendencia relevantes que desea aplicar a los datos (por ejemplo, seleccionar todos los métodos por defecto), introduzca el número de períodos de predecir (por ejemplo, 6 periodos), y haga clic en *OK* (Figura 8.26).

2. Revise el reporte para determinar cuál de estas pruebas de línea de tendencia proporciona el mejor ajuste y el mejor pronóstico para los datos.

Notas

La Figura 8.27 muestra un ejemplo de las diversas formas de líneas de tendencia, y los detalles técnicos de cada línea de tendencia se detallan a continuación. Las líneas de tendencia también se pueden utilizar para pronosticar períodos futuros (Figura 8.28).

- La línea de tendencia exponencial es útil cuando los valores de los datos suben o caen al constante aumento de las tasas. Las líneas de tendencia exponencial no se pueden calcular si el conjunto de datos contiene valores cero o negativos. La ecuación para la línea de tendencia exponencial es $y = be^{xc}$ donde b y c son constantes y e es el exponencial natural o la base del logaritmo natural (2.718).

- La línea de tendencia lineal es la mejor para ajustar las líneas rectas de los conjuntos de datos lineales simples. El conjunto de datos es lineal si el patrón en sus puntos de datos se ve como una línea recta. Una línea de tendencia lineal por lo general muestra que algo está aumentando o disminuyendo a un ritmo constante. La ecuación de la línea es $y = a + b_1 x$, donde a y b son constantes.

- La línea de tendencia logarítmica es útil cuando la tasa de cambio en los datos aumenta o disminuye los niveles rápidamente y luego se estabiliza. Una línea de tendencia logarítmica requiere valores positivos. Los ejemplos incluyen el crecimiento demográfico de los animales o bacterias en una zona de espacio fijo, donde la población alcanza un nivel máximo sostenible tanto como el espacio y los recursos disminuyen y la competencia aumenta con el aumento de la población. La ecuación de la línea es $y = a + b_1 ln(x)$, donde a y b son constantes.

- La línea de tendencia de Promedio Móvil nivela las fluctuaciones en el conjunto de datos para mostrar un patrón o tendencia. Un promedio móvil utiliza un número determinado de puntos de datos y los promedia, a continuación, utiliza la media como un punto en la línea. Por ejemplo, si el período se establece en 2, la media de los dos primeros puntos de datos se utiliza como el primer punto en la línea de tendencia de promedio móvil. El promedio de los segundos y terceros puntos de datos se utiliza como el segundo punto de la línea de tendencia, y así sucesivamente. Los puntos se mueven y el número promedio del período sigue siendo el mismo, de ahí el término media móvil.

- La línea de tendencia polinómica o curvilínea es útil cuando los datos fluctúan como en el análisis de las ganancias y pérdidas en un gran conjunto de datos a través del tiempo. La potencia o el orden del polinomio se puede determinar por el número de fluctuaciones en los datos o por la cantidad de curvas (picos y valles) que aparecen en la curva. Por ejemplo, un polinomio de Orden 2 sólo tiene un pico o valle, uno de Orden 3 tiene una o dos picos o valles, y uno de Orden 4 tiene hasta tres colinas o valles. La ecuación para la línea polinómica de orden n es $y = a + b_1 x + b_2 x^2 + \cdots + + b_n x^n$, donde a y b son constantes.

- La línea de tendencia de potencia es útil para los conjuntos de datos que comparan las mediciones que aumentan a una tasa específica, por ejemplo, la aceleración de un auto de carreras en algunos intervalos de tiempo fijos. Las líneas de tendencia de potencia no se pueden calcular si los datos contienen valores cero o negativos. La ecuación para la línea de tendencia de potencia es $y = bx^c$, donde b y c son constantes.

Ingresos Históricos por Ventas

Año	Trimestre	Período	Ventas
2011	1	1	$684.20
2011	2	2	$584.10
2011	3	3	$765.40
2011	4	4	$892.30
2012	1	5	$885.40
2012	2	6	$677.00
2012	3	7	$1,006.60
2012	4	8	$1,122.10
2013	1	9	$1,163.40
2013	2	10	$993.20
2013	3	11	$1,312.50
2013	4	12	$1,545.30
2014	1	13	$1,596.20
2014	2	14	$1,260.40
2014	3	15	$1,735.20
2014	4	16	$2,029.70
2015	1	17	$2,107.80
2015	2	18	$1,650.30
2015	3	19	$2,304.40
2015	4	20	$2,639.40

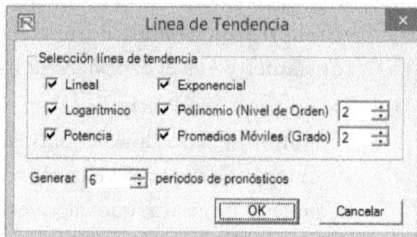

Figura 8.26: Métodos de Línea de Tendencia

Línea de Tendencia

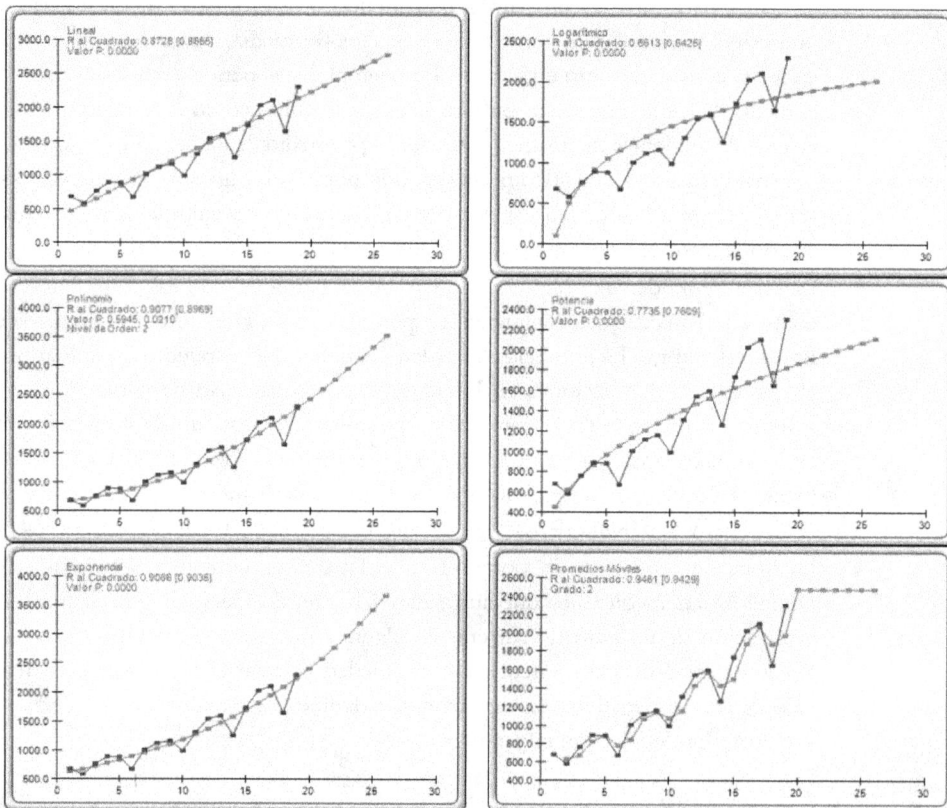

Figura 8.27: Gráficos de Líneas de Tendencia y Resultados

Pronóstico

Pronóstico Ajustado

Periodo	Real	Lineal	Logarítmico	Polinomio	Potencia	Exponencial	Promedios Móviles
1	684.2000	467.8014	105.2121	673.9569	452.2725	630.6812	
2	584.1000	560.4271	512.0838	701.4808	627.9345	676.7394	634.1500
3	765.4000	653.0527	750.0885	736.2383	760.8163	726.1612	674.7500
4	892.3000	745.6783	918.9555	778.2292	871.8234	779.1922	828.8500
5	885.4000	838.3040	1049.9389	827.4537	968.9645	836.0960	888.8500
6	677.0000	930.9296	1156.9601	883.9117	1056.3163	897.1555	781.2000
7	1006.6000	1023.5553	1247.4453	947.6032	1136.2870	962.6742	841.8000
8	1122.1000	1116.1809	1325.8272	1018.5283	1210.4384	1032.9776	1064.3500
9	1163.4000	1208.8065	1394.9648	1096.6869	1279.8511	1108.4152	1142.7500
10	993.2000	1301.4322	1456.8106	1182.0790	1345.3089	1189.3620	1078.3000
11	1312.5000	1394.0578	1512.7569	1274.7046	1407.4022	1276.2202	1152.8500
12	1545.3000	1486.6835	1563.8318	1374.5638	1466.5881	1369.4217	1428.9000
13	1596.2000	1579.3091	1610.8162	1481.6565	1523.2293	1469.4296	1570.7500
14	1260.4000	1671.9347	1654.3170	1595.9827	1577.6194	1576.7410	1428.3000
15	1735.2000	1764.5604	1694.8152	1717.5425	1629.9995	1691.8892	1497.8000
16	2029.7000	1857.1860	1732.6988	1846.3357	1680.5711	1815.4467	1882.4500
17	2107.8000	1949.8117	1768.2850	1982.3625	1729.5040	1948.0275	2068.7500
18	1650.3000	2042.4373	1801.8365	2125.6229	1776.9435	2090.2905	1879.0500
19	2304.4000	2135.0629	1833.5735	2276.1167	1823.0143	2242.9429	1977.3500
20	2639.4000	2227.6886	1863.6822	2433.8441	1867.8251	2406.7435	2471.9000
		2320.3142	1892.3217	2598.8050	1911.4709	2582.5062	2471.9000
		2412.9398	1919.6285	2770.9994	1954.0353	2771.1048	2471.9000
		2505.5655	1945.7213	2950.4274	1995.5926	2973.4766	2471.9000
		2598.1911	1970.7035	3137.0889	2036.2089	3190.6275	2471.9000
		2690.8168	1994.6657	3330.9839	2075.9435	3423.6367	2471.9000
		2783.4424	2017.6879	3532.1125	2114.8495	3673.6625	2471.9000

Medidas de Error

	RMSE
Lineal	204.0672
Logarítmico	332.7298
Polinomio	173.6690
Potencia	283.6811
Exponencial	173.3855
Promedios Móviles	138.8412

Figura 8.28: Evaluación de las Diferentes Líneas de Tendencia y Pronóstico Ajustado

Preguntas de repaso

1. ¿Cuáles son las diferencias entre utilizar las técnicas de pronóstico de series de tiempo y extrapolación no lineal?

2. ¿Qué método de pronóstico requiere de la existencia de datos y que método no lo requiere?

3. ¿Cómo se utiliza el software para realizar pronósticos cualitativos?

4. Repita todos los ejemplos de este capítulo.

5. Los datos de series de tiempo que presentan estacionalidad son más fáciles de pronosticar que los datos que son cíclicos. ¿Es esta afirmación verdadera, por qué si o por qué no?

Las siguientes páginas presentan ejercicios adicionales sobre pronóstico, y repasa las técnicas que se abarcan en este capítulo.

EJERCICIO: PRONÓSTICO

Este ejercicio de ejemplo ilustra cómo utilizar el Simulador de Riesgo para ejecutar:

1. ARIMA (Autorregresivo Integrado de Media Móvil)

2. AUTO ARIMA

3. Econometría Básica y Auto Econometría

4. Spline Cúbico

5. Distribución Personalizada

6. GARCH

7. Curva-J (Curva Exponencial)

8. Proceso de Cadenas de Markov

9. Máxima Verosimilitud (Logit, Probit, Tobit)

10. Extrapolación Lineal

11. Regresión Múltiple

12. Curva-S (Curva Logística)

13. Procesos Estocásticos (Paseo Aleatorio, Movimiento Browniano, Reversión a la Media, Difusión con Saltos)

14. Descomposición de Series de Tiempo

15. Líneas de Tendencia

Se da por sentado que se ha revisado el Capítulo 8 para todos los detalles técnicos y el uso de estos métodos de pronóstico y que se está familiarizado con el propósito de cada uno.

1. ARIMA

El pronóstico ARIMA (Autorregresivo Integrado de Media Móvil) aplica técnicas avanzadas de modelos econométricos para pronosticar datos de series de tiempo, primero haciendo un ajuste regresivo *(back-fitting)* a los datos históricos para luego *pronosticar* el futuro. Se requiere un conocimiento avanzado de econometría para modelar adecuadamente ARIMA. Por favor, vea el ejemplo modelo de ARIMA en Excel para más detalles. Sin embargo, para empezar a trabajar rápidamente, siga las siguientes instrucciones:

1. Inicie Excel y abra el modelo ejemplo *Simulador de Riesgo | Modelos de Ejemplo | 01 Modelo de Pronóstico Avanzado.*

2. Vaya a la hoja de trabajo *ARIMA* y *AUTO ARIMA.*

3. Seleccione el área de datos B5: B440 y haga clic en *Simulador de Riesgo | Pronóstico | ARIMA* y haga clic en *OK* (puede mantener la configuración predeterminada por el momento). Dedique algún tiempo a revisar el reporte ARIMA generado.

4. A continuación, vuelva a la hoja de trabajo y ejecute nuevamente ARIMA. Esta vez puede probar diferentes valores P, D, Q e ingrese un Período de Pronóstico diferente de elección (por ejemplo, 1,0,0 para P, D, Q, y 5 para la Pronóstico... recuerde que estas entradas tienen que ser 0 o enteros positivos).

5. Ejecute ARIMA de nuevo, pero esta vez, haga clic en el icono de enlace para seleccionar el conjunto de datos *B5: B440* en la hoja de trabajo para la variable de series de tiempo y *C5: D445* para las variables exógenas.

    a. Pregunta de Ejercicio: ¿Qué significa variable exógena?

    b. Pregunta de Ejercicio: ¿Qué tipos de variables podrían ser idóneas para una predicción ARIMA?

    c. Pregunta de Ejercicio: ¿Qué tipos de datos son apropiadas para ARIMA? ¿Series de Tiempo, de corte transversal, o datos panel?

    d. Pregunta de Ejercicio: ¿Para qué se usan los valores P, D, Q?

    e. Pregunta de Ejercicio: ¿Cómo se compara ARIMA con el análisis de regresión múltiple?

Nota: Para ARIMA y AUTO ARIMA, usted puede ejecutar tantos períodos de pronóstico como desee si sólo utiliza la variable de series de tiempo (*Y*). Si añade variables exógenas (*X*), tenga en cuenta que su período de pronóstico se limita a la cantidad de períodos de datos de variables exógenas menos los períodos de datos de variables de series de tiempo. Por ejemplo, sólo se pueden predecir hasta 5 períodos si usted tiene datos históricos de series de tiempo de 100 periodos y si sólo tiene variables exógenas de 105 periodos (100 períodos históricos para que coincida con la variable de series de tiempo y 5 períodos futuros adicionales de variables exógenas independientes para pronosticar la variable dependiente de series de tiempo).

2. AUTO ARIMA

La modelación adecuada ARIMA requiere pruebas del proceso autorregresivo y de media móvil de los errores en los datos de series de tiempo con el fin de calibrar las entradas correctas P, D, Q. No obstante, puede utilizar los pronósticos AUTO ARIMA para probar automáticamente todas las posibles combinaciones de los valores más frecuentes que se producen en P, D, Q con el propósito de encontrar ARIMA que mejor se ajuste. Para ello, siga los siguientes pasos:

1. Inicie Excel y abra el modelo ejemplo *Simulador de Riesgo | Modelos de Ejemplo | 01 Modelo de Pronóstico Avanzado.*

2. Vaya a la hoja de trabajo *ARIMA* y *AUTO ARIMA.*

3. Seleccione el área de datos *B5: B440* y haga clic en *Simulador de Riesgo | Pronóstico | Auto ARIMA* y haga clic en *OK.* Revise el reporte ARIMA para los detalles de los resultados.

4. Ejecute ARIMA de nuevo, pero esta vez, haga clic en el icono de enlace para seleccionar el conjunto de datos *B5: B440* en la hoja de trabajo para la variable de series de tiempo y *C5: D445* para las variables exógenas.

    a. Pregunta de Ejercicio: ¿Cuál es la diferencia entre ARIMA y AUTO ARIMA?

    b. Pregunta de Ejercicio: ¿Qué información adicional se proporciona en el informe y qué parámetros de entrada ya no son necesarios?

3. ECONOMETRÍA BÁSICA Y AUTOECONOMETRÍA

Para ejecutar un modelo econométrico siga las siguientes instrucciones:

1. Inicie Excel y abra el modelo ejemplo *Simulador de Riesgo | Modelos Ejemplo | 01 Modelos de Pronóstico Avanzado*.

2. Vaya a la hoja de trabajo *Econometría Básica*

3. Seleccione el área de datos *B5: G55* y haga clic en *Simulador de Riesgos | Pronostico | Econometría Básica* a continuación, ingrese las variables y sus modificaciones para las variables dependientes e independientes

    a. Variable Dependiente: VAR1

    b. Variables Independientes: VAR2; VAR3; VAR4; VAR5; VAR6

4. Haga clic en *Mostrar Resultados* para previsualizar el modelo calculado y haga clic en *OK* para generar el reporte modelo econométrico.

5. Vuelva a los datos y ejecute nuevamente *Econometría Básica*. Esta vez, establezca el modelo:

    a. Variable Dependiente LN(VAR1)

    b. Variable Independiente: LN(VAR2); VAR3*VAR4; LAG(VAR5,1); DIFF(VAR6); TIME

6. Vuelva a los datos una vez más y ejecute nuevamente *Econometría Básica*. Esta vez, seleccione la opción *Múltiples Modelos*. Ejecute el modelo inicial con *VAR1* como la variable dependiente y *LAG (VAR5, INTEGER1); VAR3 * VAR4* como la variable independiente, establezca INTEGER1 entre *1* y *3*, Ordene por R-Cuadrado Ajustado, y *Desplazamiento de Datos 1 Fila Abajo 5 veces* y haga clic en *OK*.

    a. Pregunta de Ejercicio: ¿Qué sucede cuando se realiza un cambio de múltiples modelos econométricos?

    b. Pregunta de Ejercicio: ¿Cómo se hace un modelo lineal, no lineal, de interacción, rezagado (lag), principal (lead), log, log natural, de series de tiempo, diferencial y de índices (ratios)?

Vuelva a los datos, seleccione *Simulador de Riesgo | Pronóstico | Auto Econometría* y esta vez seleccione *Interacción de Lineal y No Lineal* y, a continuación, haga clic en *OK*. Revise el informe generado.

Nota: Sólo se permite una variable como la Variable Dependiente (*Y*), mientras que se permiten múltiples variables en las Variables Independientes de la sección (*X*), separadas por un punto y coma (;) y se pueden utilizar funciones matemáticas básicas (por ejemplo, *LN, LOG, LAG, +, −, /, *, TIME, RESIDUAL, DIFF*). También se pueden generar automáticamente *Modelos Múltiples* introduciendo un modelo de ejemplo y utilizando la variable predefinida *INTEGER (N)* así como los *Datos Desplazados* hacia arriba o hacia abajo en filas específicas en varias ocasiones. Por ejemplo, si utiliza la variable *LAG(VAR1, INTEGER1)* y se establece *INTEGER 1* entre *MIN = 1* y *MAX = 3*, entonces se ejecutarán los tres modelos siguientes: *LAG (VAR1,1)*, luego, *LAG (VAR1,2)*, y, por último, *LAG (VAR1,3)*. Utilizando esta sección *Múltiples Modelos* en Econometría Básica, se pueden ejecutar cientos de modelos con sólo introducir una única ecuación del modelo si utiliza estas variables enteras predefinidas y métodos de desplazamiento.

4. SPLINE CÚBICO

El modelo de interpolación y extrapolación polinómica spline cúbico se utiliza para "llenar los vacíos" de los valores que faltan, ya que puede ser utilizado para interpolar los puntos de datos faltantes dentro de series de tiempo (por ejemplo, las tasas de interés, así como otras variables macroeconómicas como las tasas de inflación y rendimientos del mercado) y para extrapolar fuera del rango dado o conocido, útil para fines de pronóstico.

Para ejecutar el pronóstico Spline Cúbico, siga las siguientes instrucciones:

1. Inicie Excel y abra el modelo ejemplo *Simulador de Riesgo | Modelos de Ejemplo | 01 Modelos de Pronóstico Avanzado.*

2. Vaya a la hoja de trabajo *Spline Cúbico*

3. Seleccione el área de datos *C15: D25* y haga clic en *Simulador de Riesgo | Pronostico | Spline Cúbico* (comprobar para asegurarse que *C15: C25* se establece como los valores *X* conocidos y *D15: D25* se establece como los valores *Y* conocidos). Introduzca los períodos de pronóstico deseados *Comenzar = 1, Finalizar = 50, Paso Tamaño = 0.5* y haga clic en *OK*. Revise los pronósticos generados y el gráfico.

    a. Pregunta de Ejercicio: ¿Cómo se sabe qué variable se debe establecer como el *conocido Y* frente al *conocido X*?

    b. Pregunta de Ejercicio: ¿Qué es lo que se supone que hace una curva spline?

    c. Pregunta de Ejercicio: ¿Es esta metodología la más apropiada para los datos de series de tiempo y puede ser utilizada para conjuntos de datos de corte transversal con valores intermedios faltantes?

5. DISTRIBUCIÓN PERSONALIZADA

Para crear un supuesto de distribución personalizada, siga las siguientes instrucciones:

1. Inicie Excel y abra el modelo ejemplo *Simulador de Riesgo | Modelos de Ejemplo | 01 Modelos de Pronóstico Avanzado.*

2. Vaya a la hoja de trabajo llamada *Dist. Personalizada y M. Delfos*

3. Cree un nuevo perfil haciendo clic en *Simulador de Riesgo | Nuevo Perfil de Simulación*

4. Seleccione el área de datos *B14: C24* y haga clic en *Editar | Copiar* en Excel o utilizar *CTRL + C* para copiar los datos en la memoria del portapapeles temporal y luego seleccione cualquier celda vacía en la hoja de trabajo.

5. Haga clic en *Simulador de Riesgo | Entrada de Supuestos* y seleccione la distribución *Personalizada*, a continuación, haga clic en *Crear Distribución*. Luego, en la interfaz del diseñador de la distribución personalizada, simplemente haga clic y siga cada uno de los cuatro pasos: *1 Pegar, 2 Gráfica de Actualización, 3 Aplicar y 4 Cerrar*. Por último, de nuevo en las propiedades de los supuestos establecidos, haga clic en *OK* para establecer el supuesto.

6. Haga clic en el icono de *Paso de la Simulación* algunas veces para ver el valor cambiando en las celdas y verá que la selección de números aleatorios escoge los valores del conjunto de datos original, donde los números que tienen la mayor probabilidad de ocurrencia o que se repiten con más frecuencia en el conjunto de datos original se seleccionan más a menudo, por supuesto.

    a. Pregunta de Ejercicio: ¿Por qué la distribución personalizada se considera una simulación no paramétrica?

b. Pregunta de Ejercicio: ¿Es mejor utilizar el ajuste de datos para encontrar la distribución más conveniente para ejecutar una simulación o usar una distribución personalizada?

c. Ejercicio Pregunta: ¿Cuál sería el valor-p para el ajuste de distribución si tuviéramos que aplicar una prueba de hipótesis para ver cómo se ajustan los datos a una distribución personalizada?

6. GARCH

Para ejecutar un modelo GARCH siga las siguientes instrucciones:

1. Inicie Excel y abra el modelo ejemplo *Simulador de Riesgo | Modelos de Ejemplo | 01 Modelo de Pronóstico Avanzado.*

2. Vaya a la hoja de trabajo *GARCH*

3. Seleccione el área de datos *C8:C2428* y haga clic en *Simulador de Riesgo | Pronóstico | GARCH* (también puede hacer clic en el icono de enlace de ubicación de datos para seleccionar el área de datos históricos o preseleccionar el área de datos antes de iniciar la rutina GARCH). Introducir en los supuestos requeridos: *P = 1, Q = 1, Periodicidad = 252, Base = 1, Pronostique los Períodos = 10 y* haga clic en *OK*. Revise el reporte de pronóstico generado y el gráfico.

   a. Pregunta de Ejercicio: ¿Qué variables son más apropiadas para ejecutar un modelo GARCH?

   b. Pregunta de Ejercicio: ¿Se pueden utilizar datos transversales para ejecutar un modelo GARCH o está sólo limitado a los datos de series de tiempo?

   c. Pregunta de Ejercicio: ¿Qué hace el pronóstico GARCH?

   d. Pregunta de Ejercicio: Describa brevemente para que se utiliza GARCH.

   e. Pregunta de Ejercicio: ¿Por qué se establece el número de días en 252? ¿Por qué no en 365?

7. CURVA-J (CURVA EXPONENCIAL)

En matemáticas, una cantidad que crece de manera exponencial es aquella cuya tasa de crecimiento es siempre proporcional a su tamaño actual. Se dice que este crecimiento sigue una ley exponencial. Esta ley implica que, para cualquier cantidad de crecimiento exponencial, cuanto mayor sea la cantidad, más rápido crece. Pero también implica que la relación entre el tamaño de la variable dependiente y su tasa de crecimiento se rige por una ley estricta: proporción directa. Este método de predicción también se llama curva-J debido a que su forma se asemeja a la letra J. No hay un nivel máximo de esta curva de crecimiento.

Para generar un pronóstico de curva-J, siga las siguientes instrucciones:

1. Inicie Excel y abra el modelo ejemplo *Simulador de Riesgo | Modelos de Ejemplo | 01 Modelos de Pronóstico Avanzado*

2. Vaya a la hoja de trabajo de Curva-J

3. Haga clic en la *Simulador de Riesgos | Pronóstico | Curvas JS* y haga clic en el *Curva-J,* y use *Valor Inicial = 100, Tasa de Crecimiento = 5 por ciento, Final Período = 100* y haga clic en *OK* para ejecutar la predicción y dedique algún tiempo a revisar el reporte de la predicción.

   a. Pregunta de Ejercicio: ¿Pueden utilizarse las Curvas-J para pronosticar datos transversales o sólo son apropiadas para datos de series de tiempo?

8. PROCESO DE CADENAS MARKOV

El proceso de Markov es útil para el estudio de la evolución de los sistemas a través de múltiples y repetidos ensayos en períodos sucesivos. El estado del sistema en un momento determinado no se conoce, y estamos interesados en conocer la probabilidad de que exista un estado en particular. Por ejemplo, las Cadenas de Markov se utilizan para calcular la probabilidad de que una máquina o equipo en particular seguirán funcionando en el próximo período de tiempo, o si un consumidor que compra un producto A continuará comprando el producto A en el próximo período o cambiará a un producto B de la competencia.

Para generar un proceso de Markov, siga las siguientes instrucciones:

1. Inicie Excel y abra el modelo ejemplo *Simulador de Riesgo | Modelos de Ejemplo | 01 Modelos de Pronóstico Avanzado.*

2. Vaya a la hoja de trabajo *Cadenas de Markov.*

3. Haga clic en *Simulador de Riesgo | Pronóstico | Cadenas de Markov* e ingrese el valor *10* (que representa el 10%) para ambas probabilidades de estado y haga clic en *OK* para crear el reporte y el gráfico. Revise el gráfico y vea qué pasa cuando la probabilidad es baja.

4. Vuelva a ejecutar la cadena de Markov y esta vez, establezca ambas probabilidades en 90%.

    a. Pregunta de Ejercicio: ¿Cuál es la diferencia entre una predicción de proceso estocástico y una predicción de la cadena de Markov?

    b. Pregunta de Ejercicio: ¿Qué sucede cuando las probabilidades de estado son pequeñas? ¿Por qué hay tan altos niveles de conmutación de ida y vuelta en el gráfico, en comparación con un nivel de fluctuación mucho menor con altas probabilidades?

9. MÁXIMA VEROSIMILITUD (LOGIT, PROBIT, TOBIT)

La Estimación por Máxima Verosimilitud, o EMV, es un análisis de logística binaria multivariante utilizado para modelar variables dependientes y determinar la probabilidad esperada del éxito de pertenencia a un determinado grupo. Por ejemplo, dado un conjunto de variables independientes (por ejemplo, edad, ingresos y nivel de educación de la tarjeta de crédito o si tiene algún otro tipo de préstamo), podemos modelar la probabilidad de impago del préstamo de crédito utilizando EMV, o podemos determinar la probabilidad de que una persona contraiga una enfermedad específica o sobrevivir a esta enfermedad dada la edad de la persona, la condición social, la presión arterial, medicamentos que toma, y así sucesivamente. Un modelo de regresión típica no es válido porque los errores son heterocedásticos y no normales, y las estimaciones de probabilidad estimadas que resultan a veces estarán por encima o por debajo de 1 0. El análisis EMV maneja estos problemas usando una rutina de optimización iterativa. Los datos aquí representan una muestra de varios cientos de préstamos anteriores, el crédito, o emisiones de deuda. Los datos muestran si cada préstamo se había incumplido o no, así como las características específicas de la edad de cada solicitante de préstamo, el nivel de educación (1-3 indicando la escuela secundaria, la educación universitaria o la educación de postgrado), años que lleva en la empresa actual, y así sucesivamente. La idea es modelar estos datos empíricos para ver qué variables afectan el comportamiento predeterminado de los individuos, utilizando los modelos de Máxima Verosimilitud del Simulador de Riesgo. El modelo resultante ayudará al banco o emisor a calcular la probabilidad esperada de incumplimiento del titular de un crédito individual que tiene características específicas.

Para ejecutar el análisis siga las siguientes instrucciones:

1. Inicie Excel y abra el modelo ejemplo *Simulador de Riesgo | Modelos de Ejemplo | 01 Modelos de Pronóstico Avanzado.*

2. Vaya a la hoja de trabajo *MLE*

3. Seleccione el área de datos incluyendo los encabezados o celdas *B4: J504* y haga clic en *Simulador de Riesgo | Pronóstico | Modelo de Máxima Verosimilitud.* Seleccione la *Variable Dependiente* como *Incumplimiento de pago* y haga clic en *OK.*

    a. Pregunta de Ejercicio: ¿Qué significa variable dependiente limitada?

    b. Pregunta de Ejercicio: ¿Qué tipos se utilizan como variables dependientes en este modelo Logit, Probit y Tobit?

    c. Pregunta de Ejercicio: Siga las instrucciones anteriores para calcular la probabilidad esperada de incumplimiento de un individuo con la siguiente información:

Edad	35
Nivel educativo	2
Años en la empresa actual	10
Años en la dirección actual	10
Ingreso familiar (Miles $)	50
Deuda a ingreso (%)	0
La deuda de tarjeta de crédito (Miles $)	0
Otras deudas (Miles $)	0

10. EXTRAPOLACIÓN NO LINEAL

La extrapolación no lineal implica la realización de proyecciones estadísticas mediante el uso de las tendencias históricas que se proyectan por un período de tiempo especificado en el futuro. Sólo se utiliza para los pronósticos de series de tiempo. La extrapolación es bastante fiable, relativamente simple y barata. Sin embargo, la extrapolación, asume que las tendencias recientes e históricas continuarán, produce grandes errores de pronóstico si las discontinuidades ocurren dentro del plazo previsto.

Para ejecutar el modelo de extrapolación lineal, siga estos pasos:

1. Inicie Excel y abra el modelo ejemplo *Simulador de Riesgo | Modelos de Ejemplo | 01 Modelos de Pronóstico Avanzado.*

2. Vaya a la hoja de trabajo *Extrapolación No Lineal.*

3. Seleccione el área de datos excluyendo los encabezados o celdas *E13: E24* y haga clic en *Simulador de Riesgos | Pronóstico | Extrapolación No Lineal.* Introduzca el número de períodos a pronosticar como *3*, utilice la opción de *Selección Automática* y haga clic en *OK.* Revise el reporte y el gráfico que creados.

    a. Pregunta de Ejercicio: ¿Qué es una función polinómica frente a una función racional?

    b. Pregunta de Ejercicio: ¿Cuántos periodos en el futuro pueden ser considerados como una predicción razonable asumiendo que hay 12 períodos de datos históricos?

    c. Pregunta de Ejercicio: ¿Sería este modelo apropiado para los datos transversales?

11. REGRESIÓN MÚLTIPLE

Para ejecutar un análisis de regresión múltiple, siga los siguientes pasos:

1. Inicie Excel y abra el modelo ejemplo *Simulador de Riesgo | Modelos de Ejemplo | 01 Modelos de Pronóstico Avanzado*.

2. Vaya a la hoja de trabajo *Análisis de Regresión*.

3. Seleccione el área de datos que incluye los encabezados o celdas *B5: G55* y haga clic en *Simulador de Riesgos | Pronóstico | Análisis de Regresión Múltiple*. Seleccione la *Variable Dependiente* como la variable *Y*, y no haga nada en lo demás, y haga clic en *OK*. Revise el reporte generado.

    a. Pregunta. Ejercicio: ¿Cuál de las variables independientes son estadísticamente no significativas y cómo lo sabe? ¿Es decir, que clase de estadística ha utilizado?

    b. Pregunta de Ejercicio: ¿Qué tan bueno es el ajuste inicial?

    c. Pregunta de Ejercicio: Eliminar todas las columnas de datos variables que son insignificantes y volver a ejecutar la regresión (es decir, seleccione los encabezados de las columnas en la rejilla de Excel, haga clic derecho y elimine). Compare los valores R-Cuadrado Ajustado y R-Cuadrado para ambas regresiones. ¿Qué se puede determinar?

    d. Pregunta de Ejercicio: ¿el R-Cuadrado siempre aumentará cuando se tiene más variables independientes, sin importar que sean estadísticamente significativas? ¿Qué tal un R-Cuadrado ajustado? ¿Cuál es una medida de bondad de ajuste más conservadora y apropiada?

    e. Pregunta de Ejercicio: ¿Qué se puede hacer para aumentar el R-Cuadrado ajustado de este modelo? Sugerencia: Considere la no linealidad y algunas otras técnicas de modelado econométrico.

    f. Pregunta de Ejercicio: Ejecute un modelo Auto-Econométrico en este conjunto de datos y seleccione la opción Interacción de Lineal y No Lineal y vea qué pasa. ¿El modelo generado se ajusta mejor a los datos?

12. CURVA-S Curva Logística

Una función logística o curva logística modela la curva-S de crecimiento de algunas variables *X*. La etapa inicial de crecimiento es aproximadamente exponencial; entonces, como surge la competencia, el crecimiento se desacelera, y en la madurez, el crecimiento se detiene. Estas funciones encuentran aplicaciones en una variedad de campos, desde biología a economía. Por ejemplo, en el desarrollo de un embrión, un óvulo fertilizado se divide, y el recuento de células crece: 1, 2, 4, 8, 16, 32, 64, etc. Este es un crecimiento exponencial. Pero el feto puede llegar a crecer tanto como el útero pueda contener; así, otros factores empiezan a ralentizar el aumento en el recuento de células, y la tasa de crecimiento disminuye (pero el bebé todavía está creciendo, por supuesto). Después de un tiempo adecuado, el niño nace y sigue creciendo. En última instancia, el recuento de células es estable; la estatura de la persona es constante; el crecimiento se ha detenido en la madurez. Los mismos principios se pueden aplicar al crecimiento de la población de animales o de seres humanos, y la introducción en el mercado y los ingresos de un producto, con una racha de crecimiento inicial en penetración en el mercado, pero con el tiempo, el crecimiento se desacelera debido a la competencia y, finalmente, el mercado declina y madura.

Para generar una predicción de curva-S, siga las siguientes instrucciones:

1. Inicie Excel y abra el modelo ejemplo *Simulador de Riesgo | Modelos de Ejemplo | 01 Modelos de Pronóstico Avanzado*.

2. Vaya a la hoja de trabajo *Curvas S*.

3. Haga clic en *Simulador de Riesgo | Pronóstico | Curvas J-S* y haga clic en *Curva-S. Utilice Valor Inicial = 200, Tasa de Crecimiento = 10 por ciento, Nivel de Saturación = 6,000, Final del Período = 100* y haga clic en *OK* para ejecutar el pronóstico. Dedique algún tiempo a revisar el reporte del pronóstico.

    a. Pregunta de Ejercicio: ¿Se pueden utilizar las Curvas-S para predecir datos transversales o sólo son apropiados para los datos de series de tiempo?
    b. Pregunta de Ejercicio: ¿Cómo se podría obtener el valor del nivel de saturación? ¿Qué significa nivel de saturación?

13. PROCESOS ESTOCÁSTICOS (PASEO ALEATORIO, MOVIMIENTO BROWNIANO, REVERSIÓN A LA MEDIA, DIFUSIÓN CON SALTOS)

Un proceso estocástico es una secuencia de eventos o rutas generadas por leyes probabilísticas. Es decir, los eventos aleatorios pueden ocurrir en el tiempo, pero se rigen por normas estadísticas y probabilísticas específicas. Los principales procesos estocásticos incluyen el Paseo Aleatorio *(Random Walk)* o Movimiento Browniano, Reversión a la Media, y Difusión con Saltos. Estos procesos pueden ser utilizados para predecir una multitud de variables que aparentemente siguen tendencias al azar, pero aún están restringidas por las leyes probabilísticas. Podemos utilizar el módulo de procesos estocásticos del Simulador de Riesgo para simular y crear tales procesos. Estos procesos pueden ser utilizados para pronosticar una multitud de datos de series de tiempo, incluyendo precios de acciones, tasas de interés, tasas de inflación, precios del petróleo, precios de la electricidad, precios de materias primas, y así sucesivamente.

Para ejecutar este método de pronóstico, siga las siguientes instrucciones:

1. Inicie Excel y abra el modelo ejemplo *Simulador de Riesgo | Modelos de Ejemplo | 01 Modelos de Pronóstico Avanzado*.

2. Haga clic en *Simulador de Riesgo | Pronóstico | Procesos Estocásticos*.

3. Introduzca un conjunto de entradas pertinentes o utilice las entradas existentes como un caso de prueba. A continuación, puede seleccionar el proceso correspondiente a simular. Haga clic en *Actualizar Tabla* varias veces para ver el cálculo actualizado de una sola ruta a la vez. Cuando esté listo, haga clic en *OK* para generar el proceso.

4. Vuelva a ejecutar el módulo de proceso estocástico y pruebe otros procesos. Use las entradas de muestra por defecto, modifique algunas de ellas y vea lo que le sucede a la trayectoria de muestra generada a medida que hace clic en *Actualizar Tabla* repetidamente. Por ejemplo, seleccione el proceso de reversión a la media y cambie la tasa de reversión del 5% al 1% y luego al 10% para ver qué pasa con el gráfico al hacer clic en *Actualizar Tabla* algunas veces. Sea muy cuidadoso con su elección de las entradas, porque a veces los valores grandes invalidarán el proceso y no se ejecutará.

    a. Pregunta de Ejercicio: ¿Cómo se compara un proceso de reversión media con un proceso de paseo aleatorio de movimiento Browniano?
    b. Pregunta de Ejercicio: ¿Qué tipos de variables podrían ser las más adecuadas para un proceso de paseo aleatorio frente a un proceso de reversión media frente a un proceso de difusión con saltos?

14. DESCOMPOSICIÓN DE SERIES DE TIEMPO

Las predicciones de series de tiempo, descomponen los datos históricos en la línea de base, la tendencia y la estacionalidad, si los hubiera. Los modelos, entonces aplican un procedimiento de optimización para encontrar los parámetros alfa, beta y gamma de la línea base, la tendencia y la estacionalidad de los coeficientes y, a continuación, los recompone en una predicción. En otras palabras, esta metodología aplica primero un "backcast" para encontrar el mejor modelo ajustado y el mejor ajuste de parámetros del modelo que minimiza los errores de predicción, y luego hace un "forecast" del futuro sobre la base de los datos históricos que existen. Este proceso, por supuesto, supone que la misma línea base de crecimiento, tendencia y estacionalidad se mantiene en el futuro. Incluso si no lo hacen, por ejemplo, cuando existe un cambio estructural (por ejemplo, la empresa se globaliza, tiene una fusión, abrir una sucursal, etc.), las predicciones de línea base se pueden calcular y luego se hacen los ajustes necesarios a la predicción.

Para ejecutar estos modelos de pronóstico, siga los siguientes pasos:

1. Inicie Excel y abra el modelo ejemplo *Simulador de Riesgo | Modelos de Ejemplo | 01 Modelos de Pronóstico Avanzado.*

2. Vaya a la hoja de trabajo *Descomposición de Series de Tiempo.*

3. Cree un nuevo perfil en *Simulador de Riesgo | Nuevo Perfil de Simulación* si desea que el software genere automáticamente los supuestos para el pronóstico. De lo contrario, si usted no necesita el supuesto, no se requiere un nuevo perfil.

4. Seleccione los datos excluyendo los encabezados o celdas *E25: E44.*

5. Haga clic en *Simulador de Riesgo | Pronóstico | Análisis de Series de Tiempo* y seleccione *Selección Ejemplar Automática*, establezca *Número de Periodos de Pronóstico = 4, Estacionalidad = 4.* Tenga en cuenta que sólo se puede seleccionar *Suposiciones Generadas Automáticamente* si hay un Perfil de simulación existente existe. Haga clic en *OK* para ejecutar el análisis. Revise el reporte generado y el gráfico.

   a. Pregunta de Ejercicio: ¿Qué significan o representan alfa, beta y gamma?
   b. Pregunta de Ejercicio: ¿Cuáles son los tres elementos en los que se descompone un análisis de series de tiempo?
   c. Pregunta de Ejercicio: ¿Puede el análisis de series de tiempo utilizarse para pronosticar datos transversales? ¿Qué tal para datos de panel?
   d. Pregunta Ejercicio: ¿Qué tan exactos son los resultados de la predicción? ¿Cómo lo sabe? ¿Qué representa cada una de las medidas de error en el informe?
   e. Ejercicio Pregunta: ¿Cómo se modela la heteroscedasticidad en este método de predicción? Sugerencia: Mire cada uno de los supuestos de entrada configurados automáticamente en el informe.

15. LÍNEAS DE TENDENCIA

Para ejecutar el análisis de línea de tendencia siga las siguientes instrucciones:

1. Inicie Excel y abra el modelo ejemplo *Simulador de Riesgo | Modelos de Ejemplo | 01 Modelo de Pronóstico Avanzado*.

2. Vaya a la hoja de trabajo *Descomposición Series de Tiempo*.

3. Seleccione los datos excluyendo los encabezados o celdas *E25: E44*.

4. Haga clic en *Simulador de Riesgos | Pronóstico | Línea de Tendencia*, seleccione las líneas de tendencia que desea ejecutar o deje todo marcado por defecto y haga clic en *OK* para ejecutar. Revise el reporte generado.

   a. Pregunta de Ejercicio: ¿Un valor-p bajo o un valor-p alto implica un mejor ajuste?

   b. Pregunta de Ejercicio: ¿Prefiere tener un valor R-Cuadrado bajo o alto, y qué representan R-Cuadrado aquí?

9

CAPÍTULO 9 – USANDO EL PASADO PARA PREDECIR EL FUTURO

Una de las tareas más difíciles en el análisis de riesgo es pronosticar, lo cual incluye la predicción de cualquier variable de resultado en el futuro, como por ejemplo, las ventas, las utilidades, la tasa de falla mecánica en las máquinas, la demanda, los costos, la participación de mercado, la amenaza de los competidores, entre otros. Recordando del Capítulo 8, *El Pronóstico del Mañana a partir del Hoy*, los enfoques cuantitativos o estadísticos más comunes incluyen el análisis de regresión, el análisis de series de tiempo, la extrapolación no lineal, los procesos estocásticos, y los modelos auto regresivos integrados de media móvil (ARIMA). El análisis de series de tiempo, la extrapolación, los procesos estocásticos y los modelos ARIMA son aplicables a variables que son dependientes del tiempo, mientras que el análisis de regresión es aplicable para variables donde los datos son dependientes del tiempo, de corte transversal, o de datos panel (una mezcla de datos de series de tiempo y de corte transversal). El Capítulo 8 explora las bases de estos métodos y cómo usar el Simulador de Riesgo para pronosticar usando estos enfoques, así como algunos de sus fundamentos teóricos. Este capítulo explora en mayor profundidad el análisis de regresión y de series de tiempo por medio de ejemplos computacionales. Comenzamos con el análisis de series de tiempo explorando los ocho métodos o modelos de series de tiempo más comunes, como se ve en la Tabla 9.1. Se discute el análisis de regresión, incluyendo varias dificultades y riesgos de aplicar análisis de regresión como principiante.

METODOLOGÍA DE PRONÓSTICO DE SERIES DE TIEMPO

La Tabla 9.1 lista los ocho modelos de series de tiempo más comunes, clasificándolos por estacionalidad y tendencia. Por ejemplo, si la variable de datos no tiene tendencia y estacionalidad, basta con usar un modelo de media móvil simple o un modelo de suavizamiento exponencial simple. Sin embargo, si existe estacionalidad, pero no se percibe la presencia de tendencia, sería mejor usar un modelo estacional aditivo o multiplicativo, y así sucesivamente. Las siguientes secciones exploran estos modelos en más detalle a través de ejemplos computacionales. Las secciones siguientes exploran estos modelos con más detalle. Estos ejemplos computacionales utilizan datos mensuales con una estacionalidad de 4. Sin embargo, en la práctica, cualquier periodicidad puede ser utilizada (por ejemplo, minutos, horas, días, meses, trimestres, años, sin fecha, etc.) y cualquier período de estacionalidad se puede aplicar (por ejemplo, 1 para los datos anuales, 12 para los datos mensuales, 4 para los datos trimestrales, 24 para datos por hora, etc.).

	SIN ESTACIONALIDAD	CON ESTACIONALIDAD
SIN TENDENCIA	Promedio Móvil Simple	Estacional Aditivo
	Suavizamiento Exponencial Simple	Estacional Multiplicativo
CON TENDENCIA	Promedio Móvil Doble	Holt–Winters Aditivo
	Suavizamiento Exponencial Doble	Holt–Winters Multiplicativo

Tabla 9.1: Los Ocho Métodos de Series de Tiempo Más Comunes

SIN TENDENCIA Y SIN ESTACIONALIDAD

Promedio Móvil Simple

El promedio móvil simple es usado cuando no existe tendencia ni estacionalidad en los datos de series de tiempo. El enfoque simplemente usa un promedio de los datos históricos reales para proyectar resultados futuros. Este promedio es aplicado consistentemente hacia adelante, de ahí el término promedio móvil.

El valor del promedio móvil (MA) para una longitud específica (n) es simplemente la suma de datos históricos reales (Y) ordenados e indexados en una secuencia de tiempo (i). Un ejemplo computacional de un promedio móvil se ve en la Figura 9.1.

$$MA_n = \frac{\sum_{i=1}^{n} Y_i}{n}$$

Aquí vemos que hay 39 meses de datos históricos reales y el cálculo de un promedio móvil de 3 meses.1 También se muestra en el ejemplo columnas adicionales de los cálculos requeridos para estimar el error de medición usando el enfoque de promedio móvil. Estos errores son importantes para que puedan ser comparados frente a otros promedios móviles (por ejemplo, 3 meses, 4 meses, 5 meses y demás), así como con otros modelos de series de tiempo (por ejemplo, promedio de media móvil, modelo estacional aditivo y demás) para encontrar el mejor ajuste que minimice los errores. Las Figuras 9.2 hasta 9.4 muestran los cálculos exactos usados en el modelo de promedio móvil. Nótese que el valor de ajuste del pronóstico en el periodo 4 de 198.12 es el promedio de los tres meses anteriores (meses 1 a 3). El valor de ajuste del pronóstico para el periodo 5 será entonces el promedio de 3 meses, del mes 2 al 4. Este proceso se repite moviendo hacia adelante hasta el mes 40 (Figura 9.3) donde cada mes posterior a este periodo, el pronóstico es fijado en 664.97. Claramente, este enfoque no es conveniente si hay una tendencia (creciente o decreciente a lo largo del tiempo) o si hay estacionalidad. Por lo tanto, el error de estimación es importante para escoger el modelo de pronóstico de series de tiempo óptimo. La Figura 9.2 ilustra algunas columnas adicionales de cálculos requeridos para estimar los errores de pronóstico. Los valores de esas columnas son usados en la estimación del error de la Figura 9.4.

Promedio Móvil Simple (3 Meses)

Mes	Real	Ajuste del Pronóstico	$|Error|$	$Error^2$	$\left|\dfrac{Y_t - \hat{Y}_t}{Y_t}\right|$	$\left[\dfrac{\hat{Y}_t - Y_t}{Y_{t-1}}\right]^2$	$\left[\dfrac{Y_t - Y_{t-1}}{Y_{t-1}}\right]^2$	$Error$	$\left[E_t - E_{t-1}\right]^2$
1	265.22	-	-	-	-	-	-	-	-
2	146.64	-	-	-	-	-	-	-	-
3	182.50	-	-	-	-	-	-	-	-
4	118.54	198.12	79.57	6332.12	67.13%	0.19	0.12	79.57	-
5	180.04	149.23	30.81	949.43	17.11%	0.07	0.27	-30.81	12185.39
6	167.45	160.36	7.09	50.20	4.23%	0.00	0.00	-7.09	562.99
7	231.75	155.34	76.41	5838.18	32.97%	0.21	0.15	-76.41	4805.61
8	223.71	193.08	30.63	938.22	13.69%	0.02	0.00	-30.63	2095.60
9	192.98	207.64	14.66	214.91	7.60%	0.00	0.02	14.66	2051.18
10	122.29	216.15	93.86	8808.84	76.75%	0.24	0.13	93.86	6271.97
11	336.65	179.66	157.00	24647.46	46.63%	1.65	3.07	-157.00	62925.98
12	186.50	217.31	30.81	949.17	16.52%	0.01	0.20	30.81	35270.22
13	194.27	215.15	20.88	435.92	10.75%	0.01	0.00	20.88	98.60
14	149.19	239.14	89.95	8091.27	60.29%	0.21	0.05	89.95	4771.05
15	210.06	176.65	33.41	1115.94	15.90%	0.05	0.17	-33.41	15216.99
16	272.91	184.50	88.40	7815.04	32.39%	0.18	0.09	-88.40	3024.67
17	191.93	210.72	18.79	352.98	9.79%	0.00	0.09	18.79	11489.77
18	286.94	224.96	61.97	3840.48	21.60%	0.10	0.25	-61.97	6522.06
19	226.76	250.59	23.83	567.99	10.51%	0.01	0.04	23.83	7362.34
20	303.38	235.21	68.17	4647.58	22.47%	0.09	0.11	-68.17	8465.03
21	289.72	272.36	17.36	301.32	5.99%	0.00	0.00	-17.36	2582.12
22	421.59	273.29	148.30	21993.55	35.18%	0.26	0.21	-148.30	17146.25
23	264.47	338.23	73.76	5440.32	27.89%	0.03	0.14	73.76	49310.98
24	342.30	325.26	17.04	290.41	4.98%	0.00	0.09	-17.04	8244.63
25	339.86	342.79	2.93	8.56	0.86%	0.00	0.00	2.93	398.71
26	439.90	315.54	124.35	15463.53	28.27%	0.13	0.09	-124.35	16199.87
27	315.54	374.02	58.48	3420.05	18.53%	0.02	0.08	58.48	33428.15
28	438.62	365.10	73.52	5404.80	16.76%	0.05	0.15	-73.52	17423.61
29	400.94	398.02	2.92	8.54	0.73%	0.00	0.01	-2.92	4983.77
30	437.37	385.03	52.34	2739.41	11.97%	0.02	0.01	-52.34	2442.13
31	575.77	425.64	150.13	22539.03	26.07%	0.12	0.10	-150.13	9563.01
32	407.33	471.36	64.03	4099.56	15.72%	0.01	0.09	64.03	45863.59
33	681.92	473.49	208.43	43442.59	30.57%	0.26	0.45	-208.43	74232.65
34	475.78	555.01	79.23	6277.13	16.65%	0.01	0.09	79.23	82746.68
35	581.17	521.68	59.49	3539.49	10.24%	0.02	0.05	-59.49	19243.79
36	647.82	579.62	68.20	4651.17	10.53%	0.01	0.01	-68.20	75.79
37	650.81	568.26	82.55	6814.39	12.68%	0.02	0.00	-82.55	205.92
38	677.54	626.60	50.94	2594.71	7.52%	0.01	0.00	-50.94	999.26
39	666.56	658.72	7.84	61.47	1.18%	0.00	0.00	-7.84	1857.46
Pronóstico 40	-	664.97	-	-	-	-	-	-	-
Pronóstico 41	-	664.97	-	-	-	-	-	-	-
Pronóstico 42	-	664.97	-	-	-	-	-	-	-

RMSE	79.00
MSE	6241.27
MAD	63.00
MAPE	20.80%
U de Theil	0.80

$$MA_n = \frac{\sum\limits_{i=1}^{n} Y_i}{n} \quad \forall\, i = 1,\ldots, N$$

Figura 9.1: Promedio Móvil Simple (3 Meses)

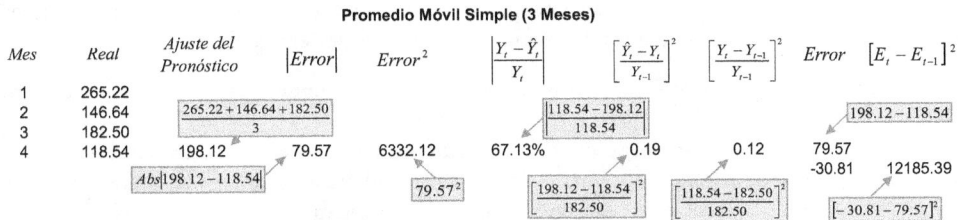

Promedio Móvil Simple (3 Meses)

Mes	Real	Ajuste del Pronóstico	$|Error|$	$Error^2$	$\left|\dfrac{Y_t - \hat{Y}_t}{Y_t}\right|$	$\left[\dfrac{\hat{Y}_t - Y_t}{Y_{t-1}}\right]^2$	$\left[\dfrac{Y_t - Y_{t-1}}{Y_{t-1}}\right]^2$	$Error$	$\left[E_t - E_{t-1}\right]^2$
1	265.22								
2	146.64	$\dfrac{265.22 + 146.64 + 182.50}{3}$			$\dfrac{|118.54 - 198.12|}{118.54}$			$198.12 - 118.54$	
3	182.50								
4	118.54	198.12	79.57	6332.12	67.13%	0.19	0.12	79.57	
		$Abs|198.12 - 118.54|$		79.57^2	$\left[\dfrac{198.12 - 118.54}{182.50}\right]^2$	$\left[\dfrac{118.54 - 182.50}{182.50}\right]^2$		-30.81	12185.39 $\left[-30.81 - 79.57\right]^2$

Figura 9.2: Cálculo del Promedio Móvil Simple

	35	581.17	**521.68**
	36	647.82	**579.62**
	37	650.81	**568.26**
	38	677.54	**626.60**
	39	666.56	**658.72**
Pronóstico	40	-	**664.97**
Pronóstico	41	-	**664.97**
Pronóstico	42	-	**664.97**

$$\frac{647.82 + 650.81 + 677.54}{3}$$

$$\frac{650.81 + 677.54 + 666.56}{3}$$

Figura 9.3: Pronóstico con Promedio Móvil Simple

Estimación del Error (RMSE, MSE, MAD, MAPE, U de Theil)

Diferentes tipos de errores pueden ser calculados para los métodos de pronóstico de series de tiempo, incluyendo el error cuadrático medio (MSE), la raíz cuadrada del error cuadrático medio ($RMSE$), la desviación media absoluta (MAD) y el error porcentual absoluto medio ($MAPE$).

El MSE es una medida absoluta de los errores, que eleva al cuadrado los errores (la diferencia entre los datos históricos reales y los datos ajustados de pronóstico predichos por el modelo) para mantener los errores positivos y negativos, evitar que se cancelen unos a otros. Esta medida tiende a exagerar los errores dándole mayor peso a los errores grandes que a los pequeños, al momento de elevarlos al cuadrado, lo cual puede ayudar a comparar diferentes modelos de series de tiempo.

El MSE es calculado simplemente tomando el promedio de la columna $Error^2$ en la Figura 9.1. RMSE es la raíz cuadrada de MSE y es la medida más popular, también conocida como la *función cuadrática de pérdida*. RMSE puede ser definida como el promedio de los valores absolutos de los errores del pronóstico y es muy apropiado cuando el costo de los errores del pronóstico es proporcional a la media absoluta del error del pronóstico.

La MAD es un error estadístico que promedia la distancia (el valor absoluto de la diferencia entre los datos históricos reales y los datos de pronóstico ajustados predichos por el modelo) entre cada par de datos real y de pronóstico ajustado. MAD es calculado tomando el promedio de la columna $Error^2$ en la Figura 9.1, y es más apropiado cuando el costo de los errores de pronóstico es proporcional al tamaño absoluto de los errores pronosticados.

El MAPE es un error estadístico relativo que se mide como el promedio porcentual del error de los datos históricos y es más apropiado cuando el costo del error del pronóstico es más cercano al error porcentual que el tamaño numérico del error. Este error estimado se calcula tomando el promedio de la columna $\left|\frac{Y_t - \hat{Y}_t}{Y_t}\right|$ en la Figura 9.1, donde Y_t es el dato histórico en el momento t, mientras que $\hat{Y}_t$ en el punto de ajuste o de pronóstico en el momento t este método de series de tiempo. Finalmente, otra medida relacionada es el estadístico U de Theil ("Theil's U"), el cual mide la ingenuidad en el pronóstico del modelo. Esto es, si el estadístico U de Theil es menor a 1.0, entonces el método de pronóstico utilizado genera una estimación que es estadísticamente mejor que la esperada. La Figura 9.4 presenta los detalles matemáticos de la estimación del error.

RMSE	79.00
MSE	6241.27
MAD	63.00
MAPE	20.80%
Thiel's U	0.80

$$RMSE = \sqrt{\sum_{i=1}^{n} \frac{(Error^2)_i}{n}} = \sqrt{MSE}$$

$$MSE = \sum_{i=1}^{n} \frac{(Error^2)_i}{n} = RMSE^2$$

$$MAD = \sum_{i=1}^{n} \frac{|Error|_i}{n}$$

$$MAPE = \sum_{i=1}^{n} \frac{\left| \frac{Y_t - \hat{Y}_t}{Y_t} \right|_i}{n}$$

$$Theil's\, U = \sqrt{\frac{\sum_{i=1}^{n} \left[\frac{\hat{Y}_t - Y_t}{Y_{t-1}} \right]_i^2}{\sum_{i=1}^{n} \left[\frac{Y_t - Y_{t-1}}{Y_{t-1}} \right]_i^2}}$$

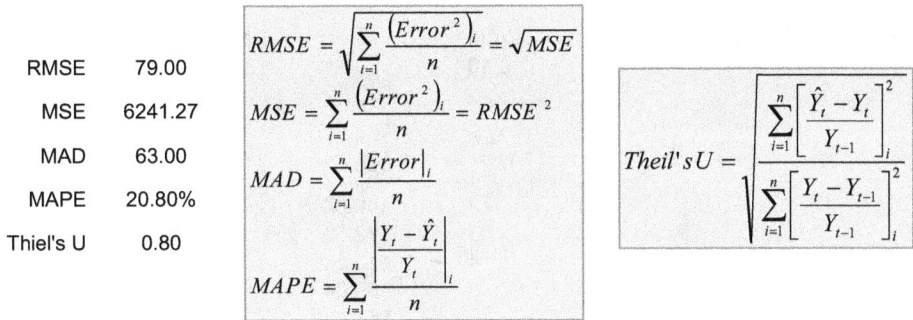

Figura 9.4: Estimación del Error

Suavizamiento Exponencial Simple

El segundo enfoque utilizado cuando no se percibe la presencia de tendencia o estacionalidad es el método de suavizamiento exponencial simple. Este método le da una ponderación a los datos del pasado que decrece exponencialmente a medida que los datos son más antiguos; esto significa que a medida que los datos son más recientes, mayor es la ponderación que se le da. Esta mayor ponderación supera las limitaciones de los modelos de promedio móvil o de cambio porcentual. La ponderación utilizada corresponde al término *alfa*. El método se ilustra en las Figuras 9.5 y 9.6, y usa el siguiente modelo:

$$ESF_t = \alpha Y_{t-1} + (1 - \alpha)ESF_{t-1}$$

Donde el pronóstico de suavizamiento exponencial (*ESF$_t$*) en el momento *t* es un promedio ponderado entre los valores reales de un periodo atrás (*Y$_{t-1}$*) y el pronóstico del último periodo (*ESF$_{t-1}$*), ponderando por el parámetro alfa (*α*).

La Figura 9.6 muestra un ejemplo computacional. Nótese que el primer valor de pronóstico ajustado en el mes 2 o $\hat{Y}_2$ siempre es el valor real del mes anterior (*Y$_1$*). La ecuación matemática obtenida solamente se utiliza a partir del mes 3 o comienza desde el segundo periodo de pronóstico ajustado.

Los siguientes son algunos ejemplos de cálculos:

Pronóstico Ajuste para el Período 2 = Valor Actual en el periodo 1 o 265.22

Pronóstico Ajuste para el Período 3 = 0.1 × 146.64 + (1 – 0.1) × 265.22 = 253.36

Pronóstico Ajuste para el Período 4 = 0.1 × 182.50 + (1 – 0.1) × 253.36 = 246.28

Suavizamiento Exponencial Simple

	Alpha	RMSE
	0.10	126.26

Mes	Real	Ajuste del Pronóstico
1	265.22	
2	146.64	265.22
3	182.50	253.36
4	118.54	246.28
5	180.04	233.50
6	167.45	228.16
7	231.75	222.09
8	223.71	223.05
9	192.98	223.12
10	122.29	220.10
11	336.65	210.32
12	186.50	222.96
13	194.27	219.31
14	149.19	216.81
15	210.06	210.04
16	272.91	210.05
17	191.93	216.33
18	286.94	213.89
19	226.76	221.20
20	303.38	221.75
21	289.72	229.92
22	421.59	235.90
23	264.47	254.46
24	342.30	255.47
25	339.86	264.15
26	439.90	271.72
27	315.54	288.54
28	438.62	291.24
29	400.94	305.98
30	437.37	315.47
31	575.77	327.66
32	407.33	352.47
33	681.92	357.96
34	475.78	390.35
35	581.17	398.90
36	647.82	417.12
37	650.81	440.19
38	677.54	461.26
39	666.56	482.88
Pronóstico 40	-	501.25

$$ESF_t = \alpha \, Y_{t-1} + (1-\alpha) \, ESF_{t-1}$$

Figura 9.5: Suavizamiento Exponencial Simple

Suavizamiento Exponencial Simple

Alpha
0.10

Mes	Real	Ajuste del Pronóstico
1	265.22	
2	146.64	265.22
3	182.50	253.36
4	118.54	246.28
5	180.04	233.50
6	167.45	228.16
7	231.75	222.09
8	223.71	223.05

$$\hat{Y}_2 = Y_1 = 265.22$$

$$0.1(146.64) + (1 - 0.1)265.22$$

$$\text{ESF}_t = \alpha\, Y_{t-1} + (1 - \alpha)\, \text{ESF}_{t-1}$$

Figura 9.6: Cálculo del Suavizamiento Exponencial Simple

Optimización de los parámetros del Pronóstico

Claramente, en el método de suavizamiento exponencial simple, se escogió arbitrariamente un parámetro alfa de 0.10. De hecho, el valor óptimo de alfa se debe obtener del modelo para generar un buen pronóstico. Usando el modelo en la Figura 9.5, el paquete complementario Solver para Excel es utilizado para encontrar el parámetro alfa que minimiza los errores de pronóstico. La Figura 9.7 muestra la ventana de diálogo del paquete complementario Solver para Excel, donde se define en la celda objetivo RMSE como el valor a minimizar mediante un cambio metódico del parámetro alfa. Como alfa solo puede variar entre 0.00 y 1.00 (alfa es el peso que se le da a los datos históricos y al pronóstico del periodo anterior, y esta ponderación nunca puede ser menor a cero o mayor que uno), se deben establecer restricciones adicionales. El resultado del valor óptimo de alfa que minimiza el cálculo de los errores de pronóstico calculado por Solver es 0.4476. Por lo tanto, ingresando este valor de alfa en el modelo se producen los mejores valores de pronóstico que minimizan los errores.

El módulo de pronóstico de series de tiempo del Simulador de Riesgo se encarga de encontrar el nivel alfa óptimo de forma automática, así como permite la integración de los parámetros de simulación de riesgo (véase el Capítulo 8 para más detalles), pero mostramos el enfoque manual usando Solver como un ejemplo ilustrativo. A lo largo de este capítulo, el alfa (α), beta (β) y gamma (γ) son las variables de decisión para ser optimizadas, donde cada una de estas variables representa el peso del nivel de datos de series de tiempo (α), tendencia (β), y la estacionalidad (γ), y cada variable puede tomar cualquier valor entre 0% y 100% (es decir, entre 0 y 1, inclusive ambos). El objetivo de la optimización es minimizar los errores de predicción, que normalmente significa minimizar RMSE. En otras palabras, el modelo mínimo RMSE implica la menor cantidad de errores de predicción o el más alto nivel de exactitud alcanzable en el modelo de pronóstico, o el modelo que mejor se ajusta teniendo en cuenta los datos históricos.

Figura 9.7: Optimización de los Parámetros en el Suavizamiento Exponencial Simple

CON TENDENCIA, PERO SIN ESTACIONALIDAD

Para los datos que presentan tendencia, pero no estacionalidad, los métodos de promedio móvil doble y suavizamiento exponencial doble funcionan mucho mejor.

Promedio Móvil Doble

El método de promedio móvil doble suaviza los datos pasados mediante la aplicación del promedio móvil en un subconjunto de datos que representan el promedio móvil de un conjunto inicial de datos. Es decir, el segundo promedio móvil es ejecutado sobre un primer promedio móvil. Al aplicar el segundo promedio móvil se captura el efecto tendencial de los datos. Las Figuras 9.8 y 9.9 presentan los cálculos realizados. El ejemplo muestra un promedio móvil doble de 3 meses y el valor de pronóstico obtenido para el periodo 40 es calculado usando la siguiente expresión:

$$Pronóstico_{t+1} = 2MA_{1,t} - MA_{2,t} + \frac{2}{m-1}\left[MA_{1,t} - MA_{2,t}\right]$$

Donde el valor de pronóstico es dos veces la cantidad del primer promedio móvil (MA_1) en el momento t, menos la estimación del segundo promedio (MA_2) más la diferencia entre los dos promedios móviles multiplicado por el factor de corrección (dos dividido en el valor de meses del promedio móvil, m, menos uno).

Periodo	Actual	MA₁ de 3 meses	MA₂ de 3 meses	Ajuste del Pronóstico
1	265.22	-	-	-
2	146.64	-	-	-
3	182.50	-	-	-
4	118.54	198.12	-	-
5	180.04	149.23	-	-
6	167.45	160.36	169.24	-
7	231.75	155.34	154.98	142.61
8	223.71	193.08	169.59	156.08
9	192.98	207.64	185.35	240.05
10	122.29	216.15	205.62	252.20
11	336.65	179.66	201.15	237.20
12	186.50	217.31	204.37	136.68
13	194.27	215.15	204.04	243.18
14	149.19	239.14	223.86	237.37
15	210.06	176.65	210.31	269.69
16	272.91	184.50	200.10	109.33
17	191.93	210.72	190.62	153.32
18	286.94	224.96	206.73	250.90
19	226.76	250.59	228.76	261.44
20	303.38	235.21	236.92	294.26
21	289.72	272.36	252.72	231.78
22	421.59	273.29	260.28	311.64
23	264.47	338.23	294.62	299.29
24	342.30	325.26	312.26	425.44
25	339.86	342.79	335.42	351.26
26	439.90	315.54	327.86	357.51
27	315.54	374.02	344.12	290.91
28	438.62	365.10	351.55	433.82
29	400.94	398.02	379.04	392.19
30	437.37	385.03	382.71	435.96
31	575.77	425.64	402.90	389.66
32	407.33	471.36	427.34	471.13
33	681.92	473.49	456.83	559.39
34	475.78	555.01	499.95	506.81
35	581.17	521.68	516.72	665.12
36	647.82	579.62	552.10	531.58
37	650.81	568.26	556.52	634.66
38	677.54	626.60	591.49	591.73
39	666.56	658.72	617.86	696.81
Pronóstico 40	-	664.97	650.10	740.45

$$Forecast_{t+1} = 2MA_{1,t} - MA_{2,t} + \frac{2}{m-1}\left[MA_{1,t} - MA_{2,t}\right]$$

Figura 9.8: Promedio Móvil Doble (3 Meses)

Periodo	Actual	MA₁ de 3 meses	MA₂ de 3 meses	Ajuste del Pronóstico
1	265.22	$\dfrac{265.22 + 146.64 + 182.50}{3}$		
2	146.64			
3	182.50		$\dfrac{198.12 + 149.23 + 160.36}{3}$	
4	118.54	198.12		
5	180.04	149.23		
6	167.45	160.36	169.24	
7	231.75	155.34	154.98	142.61 ◄── $2(160.36) - 169.24 + \dfrac{2}{3-1}(160.36 - 169.24)$
8	223.71	193.08	169.59	156.08

$$Forecast_{t+1} = 2MA_{1,t} - MA_{2,t} + \frac{2}{m-1}\left[MA_{1,t} - MA_{2,t}\right]$$

Figura 9.9: Cálculo del Promedio Móvil Doble

Suavizamiento Exponencial Doble

El segundo enfoque usado cuando los datos presentan tendencia, pero no estacionalidad es el método de suavizamiento exponencial doble. El suavizamiento exponencial doble aplica el suavizamiento exponencial simple dos veces, una vez a los datos originales y luego a los datos resultantes del suavizamiento exponencial simple. El parámetro de ponderación alfa (α) se usa en el suavizamiento exponencial simple (SES) mientras que el parámetro de ponderación beta (β) es utilizado en el segundo o promedio móvil doble (DES). Este enfoque es útil cuando la serie histórica de datos no es estacionaria. La Figura 9.11 muestra el cuadro de diálogo del paquete complementario Solver para Excel, el cual se usa para encontrar los parámetros alfa y beta que minimizan los errores de pronóstico. La Figura 9.12 muestra en detalle los cálculos. Para el cálculo del pronóstico se usan las siguientes expresiones:

$$DES_t = \beta\,(SES_t - SES_{t-1}) + (1 - \beta)\,DES_{t-1}$$
$$SES_t = \alpha\,Y_t + (1 - \alpha)(SES_{t-1} + DES_{t-1})$$

El algoritmo de suavizamiento exponencial doble comienza con una serie temporal de datos históricos (denotado como la columna actual en la Figura 9.10) en orden cronológico. El ejemplo de datos históricos muestra 39 períodos y necesitamos pronosticar 4 períodos en el futuro (40-43). El primer paso es crear las columnas de SES y DES utilizando las dos ecuaciones que se muestran arriba. Para empezar y como marcadores de posición, ajuste $\alpha =$ 0.1593 y $\beta = 0.3913$ para que estas dos columnas se pueden calcular. Véase la Figura 9.12 para los cálculos más detallados de estas dos columnas.

A continuación, cree la última columna llamada *Ajuste del Pronóstico* (Figura 9.10). Esta última columna se calcula utilizando la ecuación:

$$F_t = SES_{t-1} + N \times DES_{t-1}$$

Tenga en cuenta que, en la ecuación anterior, N = 1 para todos los pronósticos en la muestra (es decir, por períodos 3-39). Por lo general, es normal dejar fuera de pronóstico valores de ajuste de los dos primeros periodos en un método de suavizamiento exponencial doble para evitar cualquier problema valor atípico cero para los períodos iniciales. Por ejemplo, el ajuste del pronóstico para el periodo 3 es *246.33 + 1 × (-7.40) = 238.93*, y el ajuste para el pronóstico del periodo 4 es *229.94 + 1 × (-10.93) = 219.01*, y así sucesivamente. Observe que el multiplicador siempre se establece en 1. Por el contrario, cuando se realiza un pronóstico fuera de muestra, el multiplicador es *N ≥ 1*. Por ejemplo, el primer pronóstico (periodo de 40) el valor se calcula como *690.24 + 1 × 27.91 = 718.14* (redondeado) y segundo pronóstico (periodo de 41) el valor es *690.24 + 2 × 27.91 = 746.05* (redondeado), y así sucesivamente, con cada pronóstico sucesivo del futuro se debe aumentar el índice de N en 1.

La razón para el índice N para incrementar en 1 en cada pronóstico fuera de muestra es porque las columnas de SES y DES sólo pueden ser calculadas hasta el último período de los datos *Actuales*. En otras palabras, hay 39 puntos de datos históricos reales, lo que significa que sólo podemos calcular 39 filas de SES y DES. A su vez, sólo 39 períodos de *Ajuste de Pronóstico* se pueden calcular también. Para extrapolar y pronosticar más allá de este conjunto de datos históricos, se requiere que el índice N se incremente.

Por último, para obtener los parámetros α y β que mejor se ajustan, se debe utilizar el proceso de optimización que minimice el RMSE (Figura 9.11), los valores optimizados, según Solver, son $\alpha = 0.1593$ y $\beta = 0.3919$. Tenga en cuenta que ambos parámetros deben estar entre 0 y 1, inclusive. La Figura 9.10 muestra los cálculos y resultados de todo el algoritmo del suavizamiento exponencial doble.

Periodo	Actual	SES	DES	Ajuste del Prónóstico
		Alpha 0.1593	**Beta** 0.3919	**RMSE** 70.81
1	265.22	265.22	0.00	-
2	146.64	246.33	-7.40	-
3	182.50	229.94	-10.93	238.93
4	118.54	203.01	-17.20	219.01
5	180.04	184.89	-17.56	185.81
6	167.45	167.35	-17.55	167.33
7	231.75	162.85	-12.44	149.80
8	223.71	162.09	-7.86	150.42
9	192.98	160.41	-5.44	154.23
10	122.29	149.76	-7.48	154.96
11	336.65	173.24	4.65	142.28
12	186.50	179.27	5.19	177.90
13	194.27	186.02	5.80	184.46
14	149.19	185.03	3.14	191.82
15	210.06	191.66	4.51	188.17
16	272.91	208.39	9.30	196.17
17	191.93	213.59	7.69	217.69
18	286.94	231.74	11.79	221.28
19	226.76	240.86	10.74	243.53
20	303.38	259.85	13.98	251.60
21	289.72	276.35	14.97	273.82
22	421.59	312.07	23.10	291.32
23	264.47	323.91	18.69	335.17
24	342.30	342.55	18.67	342.60
25	339.86	357.82	17.33	361.22
26	439.90	385.46	21.38	375.15
27	315.54	392.30	15.68	406.84
28	438.62	412.85	17.59	407.97
29	400.94	425.74	15.75	430.44
30	437.37	440.83	15.49	441.49
31	575.77	475.35	22.95	456.32
32	407.33	483.81	17.27	498.30
33	681.92	529.88	28.56	501.08
34	475.78	545.27	23.40	558.44
35	581.17	570.66	24.18	568.67
36	647.82	603.28	27.49	594.84
37	650.81	633.96	28.74	630.77
38	677.54	665.06	29.66	662.69
39	666.56	690.24	27.91	694.72
Pronóstico 40	-	-	-	718.14
Pronóstico 41	-	-	-	746.05
Pronóstico 42	-	-	-	773.95
Pronóstico 43	-	-	-	801.86

$$DES_t = \beta \, (SES_t - SES_{t-1}) + (1 - \beta) \, DES_{t-1}$$
$$SES_t = \alpha \, Y_t + (1 - \alpha)(SES_{t-1} + DES_{t-1})$$

Figura 9.10: Suavizamiento Exponencial Doble

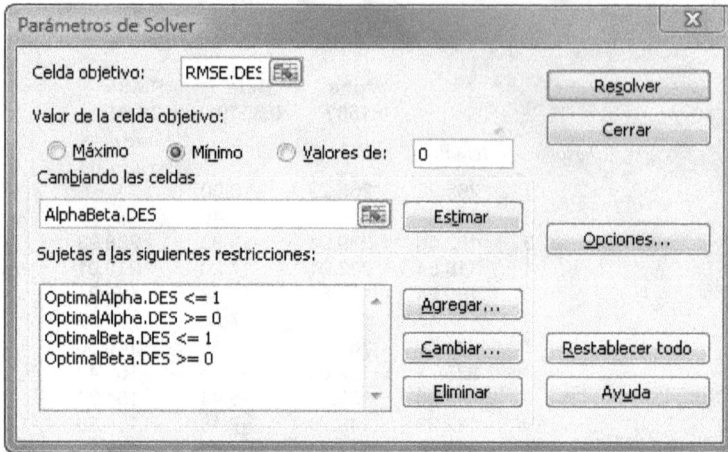

Figura 9.11: Optimización de los Parámetros en el Suavizamiento Exponencial Doble

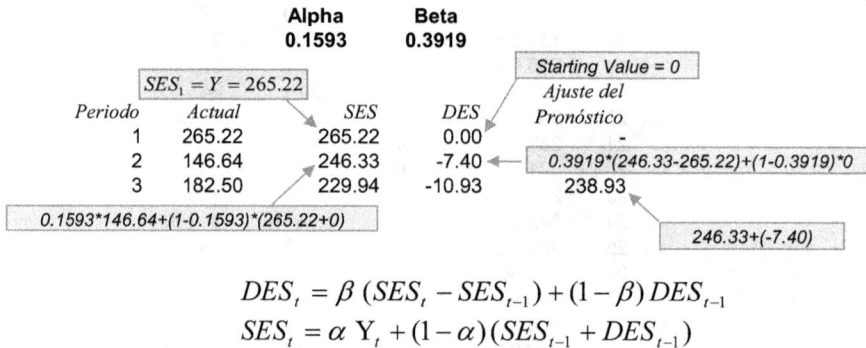

$$DES_t = \beta\,(SES_t - SES_{t-1}) + (1 - \beta)\,DES_{t-1}$$
$$SES_t = \alpha\,Y_t + (1 - \alpha)(SES_{t-1} + DES_{t-1})$$

Figura 9.12: Cálculo del Suavizamiento Exponencial Doble

SIN TENDENCIA, PERO CON ESTACIONALIDAD

Estacionalidad Aditiva

Si los datos de series de tiempo no presentan una tendencia, pero exhiben estacionalidad, entonces se debe aplicar los métodos de estacionalidad aditiva y multiplicativa. El método de estacionalidad aditiva se ilustra en las Figuras 9.13 y 9.14.

El modelo de estacionalidad aditiva divide los datos históricos entre un nivel (L) o el componente básico medido por el parámetro alfa (α), y un componente de estacionalidad (S) medido por el parámetro gamma (γ). El valor de pronóstico resultante es simplemente la adición del nivel del caso base y el valor de la estacionalidad. (Por favor tenga en cuenta que todos los cálculos son redondeados). En el ejemplo se asume estacionalidad trimestral.

Estacionalidad Multiplicativa sin Tendencia

	Nivel Alpha 0.22	Gamma Estacionalidad 0.64	RMSE 95.65

Periodo	Real	Nivel	Estacionalidad	Ajuste del Pronóstico
1	265.22	-	1.49	-
2	146.64	-	0.82	-
3	182.50	-	1.02	-
4	118.54	178.23	0.67	-
5	180.04	165.35	1.23	265.22
6	167.45	173.93	0.91	136.04
7	231.75	185.72	1.17	178.11
8	223.71	219.61	0.89	123.53
9	192.98	205.42	1.04	270.67
10	122.29	189.36	0.74	187.42
11	336.65	211.65	1.44	221.04
12	186.50	211.10	0.89	188.67
13	194.27	205.43	0.98	220.57
14	149.19	204.47	0.73	152.37
15	210.06	191.32	1.22	294.08
16	272.91	217.55	1.12	169.58
17	191.93	212.61	0.93	213.50
18	286.94	252.73	0.99	156.05
19	226.76	237.67	1.05	308.43
20	303.38	245.03	1.20	266.66
21	289.72	259.92	1.05	228.13
22	421.59	297.16	1.26	257.56
23	264.47	286.97	0.97	311.99
24	342.30	286.78	1.19	343.32
25	339.86	295.18	1.11	300.72
26	439.90	307.02	1.37	373.34
27	315.54	311.30	1.00	297.12
28	438.62	323.87	1.30	371.87
29	400.94	331.95	1.17	360.91
30	437.37	328.97	1.34	455.55
31	575.77	384.87	1.32	328.02
32	407.33	368.95	1.17	499.11
33	681.92	416.60	1.47	433.22
34	475.78	402.47	1.24	560.30
35	581.17	411.24	1.38	529.84
36	647.82	442.93	1.36	482.55
37	650.81	442.86	1.47	651.26
38	677.54	466.08	1.38	549.47
39	666.56	470.02	1.40	642.45

$Nivel\ L_t = \alpha(Y_t / S_{t-s}) + (1-\alpha)(L_{t-1})$

$Estacionalidad\ S_t = \gamma(Y_t / L_t) + (1-\gamma)(S_{t-s})$ '

$Pronóstico\ F_{t+m} = L_t S_{t+m-s}$

Figura 9.13: Estacionalidad Aditiva (Estacionalidad = 4)

Como se ha explicado, cuando hay estacionalidad en los datos, pero la tendencia no existe, el aditivo estacional (Figura 9.14) o modelos estacionales multiplicativos (Figura 9.15) pueden ser apropiados. La principal diferencia entre estos dos enfoques es que el modelo aditivo utiliza la suma y resta en comparación con la multiplicación y división, y, por supuesto, los parámetros α y γ optimizados también serían diferentes para compensar estas diferencias en las operaciones matemáticas.

La Figura 9.14 muestra la configuración del modelo para un modelo aditivo estacional y la Figura 9.15 explora con más detalle los cálculos reales. Por lo general, para empezar, la columna *Actual* muestra los datos de series históricas en orden cronológico. Los datos en este ejemplo tienen una estacionalidad de 4 periodos (es decir, los datos trimestrales en los que hay

4 trimestres en un año, lo que representa un ciclo completo) el *Nivel* comienza en el período de 4 (la estacionalidad) y el ajuste del pronóstico, que es un período pronosticado, comienza en el periodo 5.

Para los cálculos del *Nivel*, el primer valor es simplemente el promedio de los valores *Actuales* anteriores para toda la estacionalidad. Como la estacionalidad en este ejemplo es 4, el primer valor de *Nivel* se calcula como el promedio de *265.22, 146.64, 182.5* y *118.54* o *178.23*. A partir de L_{s+1} en adelante, el nivel se calcula utilizando la ecuación en la Figura 9.14, donde se calcula $\alpha (Y_t - S_{t-s}) + (1 - \alpha)(L_{t-1})$ o *0.3261 × (180.04 − 87.00) + (1 − 0.3261) × 178.23* = *150.45* (redondeado). Tenga en cuenta que en este caso el α optimizado es 0.3261, el Y_t representa el punto de datos históricos actuales para el mismo período t, S_{t-s} representa el valor de la *Estacionalidad s* detrás del periodo *t* (s = 4 en este ejemplo), y L_{t-1} representa el *Nivel* calculado del período anterior (es decir, 178.23 en este ejemplo). Todos los valores siguientes en la columna *Nivel* se calculan de la misma manera.

Para los cálculos de *Estacionalidad*, ya que hay 4 períodos en esta temporada, las 4 primeras cifras se calculan utilizando la Y_t-*Valor del Primer Nivel* o *265.22 - 178.23* = *87.00* (redondeado) para el primer valor de la estacionalidad, *146.64-178.23* = *−31.59* para el segundo período, y así sucesivamente, hasta el cuarto período (o cualquier periodo, dependiendo de la estacionalidad de los datos). Todos los cálculos *Estacionales* después del período de la primera *s* se calculan utilizando la ecuación, como se ve en la Figura 9.15. Por ejemplo, el factor de estacionalidad periodo 5 se calcula como $\gamma(Y_t - L_t) + (1 - \gamma)S_{t-s}$ o *0.4033 × (180.04 - 150.44) + (1 - 0.4033)* **x** *87.00* = *63.85*.

Por último, el modelo de *Ajuste del Pronóstico* se calcula un período hacia delante a la vez. Como un ejemplo, el valor del *Ajuste del Pronóstico* para el período 5 se calcula como $L_t + S_{t+m-s}$ o *178.23 + 87.00* = *265.23* (redondeado). Todos los períodos subsiguientes se calculan de la misma hacia adelante. Para períodos de predicción futuros más allá de la periodicidad estacional (es decir, la estacionalidad en este ejemplo es 4, lo que significa que podemos utilizar factores de estacionalidad de los últimos 4 períodos en periodos de pronóstico 40-43, pero para periodo de 44 en adelante, llamaremos a esto más allá del período de estacionalidad histórica), replicamos los últimos factores de estacionalidad. Esto significa que la confianza en las futuras predicciones, más allá de la periodicidad estacional, será menos precisa en general debido a la insuficiencia de datos estacionales, por lo tanto, vamos a suponer que la estacionalidad se repite en el futuro. Esto es claramente una de las deficiencias de la metodología actual.

Estacionalidad Aditiva sin Tendencia

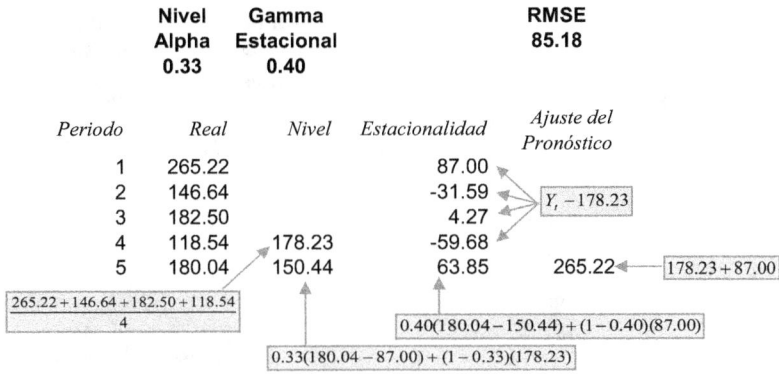

	Nivel	Gamma		RMSE
	Alpha	Estacional		85.18
	0.33	0.40		

Periodo	Real	Nivel	Estacionalidad	Ajuste del Pronóstico
1	265.22		87.00	
2	146.64		-31.59	
3	182.50		4.27	
4	118.54	178.23	-59.68	
5	180.04	150.44	63.85	265.22

$$\frac{265.22 + 146.64 + 182.50 + 118.54}{4}$$

$Y_t - 178.23$

$178.23 + 87.00$

$0.40(180.04 - 150.44) + (1 - 0.40)(87.00)$

$0.33(180.04 - 87.00) + (1 - 0.33)(178.23)$

$\textit{Nivel}\ L_t = \alpha(Y_t - S_{t-s}) + (1 - \alpha)(L_{t-1})$

$\textit{Estacionalidad}\ S_t = \gamma(Y_t - L_t) + (1 - \gamma)(S_{t-s})$

$\textit{Pronóstico}\ F_{t+m} = L_t + S_{t+m-s}$

Figura 9.14: Cálculo de la Estacionalidad Aditiva

Estacionalidad Multiplicativa

De igual forma, el modelo de estacionalidad multiplicativa requiere unos parámetros alfa y gamma. La diferencia es que el modelo es multiplicativo, es decir, el valor de pronóstico es la multiplicación entre el nivel del caso base y el factor de estacionalidad. Las Figuras 9.15 y 9.16 muestran los cálculos requeridos. En el ejemplo se asume estacionalidad trimestral (Por favor tenga en cuenta que todos los cálculos son redondeados).

Estacionalidad Multiplicativa sin Tendencia

	Nivel Alpha 0.22	Gamma Estacionalidad 0.64	RMSE 95.65

Periodo	Real	Nivel	Estacionalidad	Ajuste del Pronóstico
1	265.22	-	1.49	-
2	146.64	-	0.82	-
3	182.50	-	1.02	-
4	118.54	178.23	0.67	-
5	180.04	165.35	1.23	265.22
6	167.45	173.93	0.91	136.04
7	231.75	185.72	1.17	178.11
8	223.71	219.61	0.89	123.53
9	192.98	205.42	1.04	270.67
10	122.29	189.36	0.74	187.42
11	336.65	211.65	1.44	221.04
12	186.50	211.10	0.89	188.67
13	194.27	205.43	0.98	220.57
14	149.19	204.47	0.73	152.37
15	210.06	191.32	1.22	294.08
16	272.91	217.55	1.12	169.58
17	191.93	212.61	0.93	213.50
18	286.94	252.73	0.99	156.05
19	226.76	237.67	1.05	308.43
20	303.38	245.03	1.20	266.66
21	289.72	259.92	1.05	228.13
22	421.59	297.16	1.26	257.56
23	264.47	286.97	0.97	311.99
24	342.30	286.78	1.19	343.32
25	339.86	295.18	1.11	300.72
26	439.90	307.02	1.37	373.34
27	315.54	311.30	1.00	297.12
28	438.62	323.87	1.30	371.87
29	400.94	331.95	1.17	360.91
30	437.37	328.97	1.34	455.55
31	575.77	384.87	1.32	328.02
32	407.33	368.95	1.17	499.11
33	681.92	416.60	1.47	433.22
34	475.78	402.47	1.24	560.30
35	581.17	411.24	1.38	529.84
36	647.82	442.93	1.36	482.55
37	650.81	442.86	1.47	651.26
38	677.54	466.08	1.38	549.47
39	666.56	470.02	1.40	642.45

Nivel $L_t = \alpha(Y_t / S_{t-s}) + (1-\alpha)(L_{t-1})$

Estacionalidad $S_t = \gamma(Y_t / L_t) + (1-\gamma)(S_{t-s})$

Pronóstico $F_{t+m} = L_t S_{t+m-s}$

Figura 9.15: Estacionalidad Multiplicativa

Estacionalidad Multiplicativa sin Tendencia

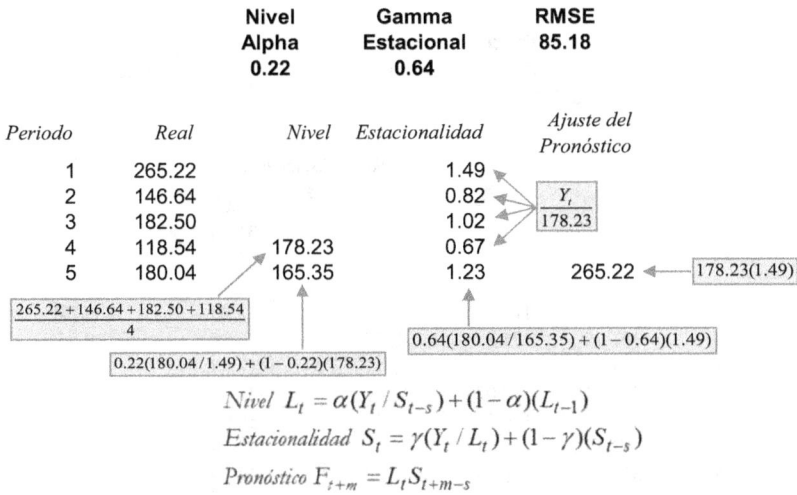

	Nivel Alpha 0.22	Gamma Estacional 0.64	RMSE 85.18

Periodo	Real	Nivel	Estacionalidad	Ajuste del Pronóstico
1	265.22		1.49	
2	146.64		0.82	Y_t
3	182.50		1.02	178.23
4	118.54	178.23	0.67	
5	180.04	165.35	1.23	265.22 ← 178.23(1.49)

$$\frac{265.22 + 146.64 + 182.50 + 118.54}{4}$$

$$0.22(180.04 / 1.49) + (1 - 0.22)(178.23)$$

$$0.64(180.04 / 165.35) + (1 - 0.64)(1.49)$$

$$\text{Nivel } L_t = \alpha(Y_t / S_{t-s}) + (1 - \alpha)(L_{t-1})$$

$$\text{Estacionalidad } S_t = \gamma(Y_t / L_t) + (1 - \gamma)(S_{t-s})$$

$$\text{Pronóstico } F_{t+m} = L_t S_{t+m-s}$$

Figura 9.16: Cálculo de la Estacionalidad Multiplicativa (Estacionalidad = 4)

CON ESTACIONALIDAD Y CON TENDENCIA

Cuando existe tanto estacionalidad como tendencia, se requieren modelos más avanzados para descomponer los datos entre sus elementos básicos: Un nivel de caso base (*L*) medido por el parámetro alfa (α); un componente tendencial (*b*) medido por el parámetro beta (β); y un componente estacional (*S*) medido por el parámetro gamma (γ). Existen muchos métodos, pero los dos más comunes son los métodos Holt–Winters de estacionalidad aditiva y Holt–Winters de estacionalidad multiplicativa.

Holt–Winters de Estacionalidad Aditiva

Las Figuras 9.17 y 9.18 muestran los cálculos requeridos para determinar el modelo de pronóstico Holt–Winters aditivo. El modelo estacional aditivo Holt-Winters es una combinación de los modelos aditivo estacional y suavizamiento exponencial doble descritos anteriormente. Similar al modelo aditivo estacional y multiplicativo estacional, la diferencia entre los dos modelos de Holt-Winters es que el modelo aditivo utiliza la suma y resta en comparación con la multiplicación y división, y, por supuesto, la optimización de los parámetros α, β, y γ serían diferentes para compensar estas diferencias en las operaciones matemáticas. La Figura 9.17 muestra la configuración del algoritmo, empezando con los datos históricos de series de tiempo o la columna *Actual*, seguida por las columnas de *Nivel*, *Tendencia* y *Estacionalidad*. El algoritmo de Holt-Winters asume que los datos de series de tiempo se pueden descomponer en estos tres componentes, cada uno con su propio esquema de ponderación, situado entre 0 y 1, ambos inclusive, es decir, α captura la fuerza del *Nivel*, β la fuerza de la *Tendencia* y γ los efectos de la *Estacionalidad*. En otras palabras, cada uno de los pesos puede tomar cualquier valor entre 0% y 100%. Los cálculos se realizan como de costumbre, y se puede ver con más detalle en la Figura 9.18.

Holt-Winters de Estacionalidad Aditiva con Tendencia

	Nivel Alpha 0.05	Tendencia Beta 1.00	Gamma Estacional 0.24		RMSE 77.03

Periodo	Real	Nivel	Tendencia	Estacionalidad	Ajuste del Pronóstico
1	265.22	-	-	87.00	-
2	146.64	-	-	-31.59	-
3	182.50	-	-	4.27	-
4	118.54	178.23	0.00	-59.68	-
5	180.04	174.03	-4.20	67.96	265.22
6	167.45	171.27	-2.76	-25.06	138.25
7	231.75	171.42	0.15	17.45	172.79
8	223.71	177.07	5.65	-34.69	111.89
9	192.98	179.89	2.81	55.06	250.69
10	122.29	180.96	1.07	-32.96	157.64
11	336.65	188.78	7.83	48.11	199.48
12	186.50	197.82	9.04	-29.20	161.92
13	194.27	203.53	5.71	39.94	261.92
14	149.19	207.90	4.37	-39.01	176.27
15	210.06	209.79	1.89	36.86	260.38
16	272.91	216.14	6.35	-8.99	182.49
17	191.93	219.01	2.87	24.19	262.43
18	286.94	227.01	8.00	-15.76	182.87
19	226.76	232.79	5.78	26.78	271.87
20	303.38	242.20	9.41	7.50	229.58
21	289.72	252.30	10.10	27.30	275.80
22	421.59	271.02	18.71	23.34	246.64
23	264.47	287.17	16.15	15.15	316.51
24	342.30	304.87	17.70	14.54	310.82
25	339.86	322.08	17.21	25.06	349.87
26	439.90	343.09	21.01	40.61	362.63
27	315.54	360.97	17.88	0.91	379.26
28	438.62	381.07	20.10	24.65	393.38
29	400.94	399.93	18.86	19.41	426.24
30	437.37	417.70	17.77	35.69	459.40
31	575.77	442.34	24.64	32.06	436.38
32	407.33	462.83	20.49	5.81	491.63
33	681.92	492.14	29.31	59.45	502.72
34	475.78	517.45	25.31	17.50	557.14
35	581.17	543.06	25.62	33.48	574.81
36	647.82	572.29	29.23	22.20	574.49
37	650.81	601.02	28.73	57.18	660.98
38	677.54	631.24	30.22	24.27	647.26
39	666.56	660.07	28.82	27.14	694.95

$$Nivel\ L_t = \alpha(Y_t - S_{t-s}) + (1-\alpha)(L_{t-1} + b_{t-1})$$
$$Tendencia\ b_t = \beta(L_t - L_{t-1}) + (1-\beta)(b_{t-1})$$
$$Estacionalidad\ S_t = \gamma(Y_t - L_t) + (1-\gamma)(S_{t-s})$$
$$Pronóstico\ F_{t+m} = L_t + mb_t + S_{t+m-s}$$

Figura 9.17: Holt–Winters Aditivo

Las Figuras 9.18 y 9.19 muestra el modelo Holt–Winters aditivo. El primer valor de período de *Nivel* (L) se calcula como el promedio de *265.22, 146.64, 182.50* y *118.54* o *178.23*. Todos los *Niveles* posteriores se calculan como $\alpha\,(Y_t - S_{t-s}) + (1 - \alpha)(L_{t-1} + b_{t-1})$ o *0.0493 × (180.04 – 87) + (1 – 0.0493)* x *(178.23 + 0) = 174.03* (como un ejemplo para el período 5). El α optimizado = 0.0493, β = 1.0000, y γ = 0.2351.

El cálculo de la *Tendencia* (*b*) comienza en el periodo *s*+1 o en este caso, a partir de periodo 5, usamos la ecuación $\beta(L_t - L_{t-1}) + (1 - \beta)b_{t-1}$ o *1.00 × (174.03 – 178.23) + (1 – 1.00) ×* *0.00 = –4.20*. Todos los cálculos posteriores proceden de la misma manera. Por ejemplo, la tendencia para el período 6 es tal que tenemos 1.00 × (171.27 – 174.03) + (1 – 1.00) x (–4.2) = –2.76, y así sucesivamente.

El factor *Estacional* (*S*) Factor para todos los períodos dentro de s (en este caso, S es 4), la estacionalidad se calcula como $Y_t - L_s$ o *Actual (t) – Nivel (s)* calculada para ser *265.22-178.23 = 87.00* (redondeado) para el período 1, *146.64-178.23 = –31.59* para el período 2, etcétera. A partir del periodo *s+1*, el factor de estacionalidad se hace $\gamma(Y_t - L_t) + (1 - \gamma)S_{t-s}$ o calculado como *0.2351 × (180.04 – 174.03) + (1 – 0.2351) × 87.00 = 67.96*. Todos los períodos posteriores utilizan el mismo método de cálculo.

Por último, para la columna del *Ajuste del Pronóstico*, calculado $L_t + mb_t + S_{t+m-s}$ para el futuro pronóstico *m* o *178.23 + (1 x 0) + 87 = 265.22* (redondeado) a partir *del periodo s + 1*. Todos los períodos subsiguientes proceden de la misma manera. Tenga en cuenta que *m = 1* siempre cuando se calcule el ajuste del pronóstico dentro de la muestra, y el uso de *m ≥ 1* cuando se calcula el pronóstico fuera de muestra.

Al igual que los modelos estacionales discutidos previamente, esto significa que la confianza en las futuras previsiones más allá de la periodicidad estacional será menos precisa en general, debido a los datos estacionales insuficientes, por lo que suponemos que la estacionalidad se repita en el futuro. Esto es claramente una de las deficiencias de esta metodología.

Holt-Winters de Estacionalidad Aditiva con Tendencia

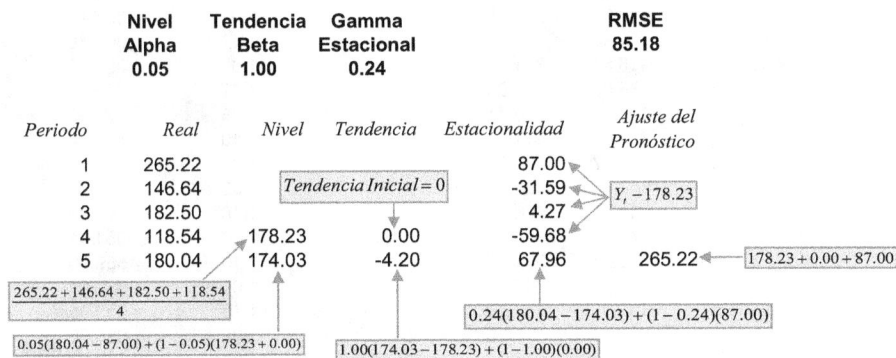

	Nivel Alpha 0.05	Tendencia Beta 1.00	Gamma Estacional 0.24		RMSE 85.18

Periodo	Real	Nivel	Tendencia	Estacionalidad	Ajuste del Pronóstico
1	265.22			87.00	
2	146.64	*Tendencia Inicial = 0*		-31.59	$Y_t - 178.23$
3	182.50			4.27	
4	118.54	178.23	0.00	-59.68	
5	180.04	174.03	-4.20	67.96	265.22 ← $178.23 + 0.00 + 87.00$

$$\frac{265.22 + 146.64 + 182.50 + 118.54}{4}$$

$0.05(180.04 - 87.00) + (1 - 0.05)(178.23 + 0.00)$

$1.00(174.03 - 178.23) + (1 - 1.00)(0.00)$

$0.24(180.04 - 174.03) + (1 - 0.24)(87.00)$

$$\text{Nivel } L_t = \alpha(Y_t - S_{t-s}) + (1-\alpha)(L_{t-1} + b_{t-1})$$

$$\text{Tendencia } b_t = \beta(L_t - L_{t-1}) + (1-\beta)(b_{t-1})$$

$$\text{Estacionalidad } S_t = \gamma(Y_t - L_t) + (1-\gamma)(S_{t-s})$$

$$\text{Pronóstico } F_{t+m} = L_t + mb_t + S_{t+m-s}$$

Figura 9.18: Cálculo de Holt–Winters Aditivo (Estacionalidad = 4)

Holt–Winters de Estacionalidad Multiplicativa

Las Figuras 9.19 y 9.20 muestran los cálculos requeridos para determinar el modelo de pronóstico Holt–Winters multiplicativo cuando existe tanto tendencia como estacionalidad.

Holt-Winters de Estacionalidad Multiplicativa con Tendencia

	Nivel	Tendencia	Gamma		RMSE
	Alpha	Beta	Estacional		79.15
	0.04	1.00	0.27		

Periodo	Real	Nivel	Tendencia	Estacionalidad	Ajuste del Pronóstico
1	265.22	-	-	1.49	-
2	146.64	-	-	0.82	-
3	182.50	-	-	1.02	-
4	118.54	178.23	0.00	0.67	-
5	180.04	176.12	-2.10	1.36	265.22
6	167.45	175.11	-1.02	0.86	143.18
7	231.75	176.01	0.90	1.10	178.26
8	223.71	182.75	6.75	0.82	117.67
9	192.98	187.75	5.00	1.27	257.93
10	122.29	190.90	3.15	0.80	165.60
11	336.65	198.12	7.22	1.27	214.19
12	186.50	206.17	8.06	0.84	167.87
13	194.27	211.98	5.81	1.17	272.12
14	149.19	216.64	4.66	0.77	174.13
15	210.06	219.27	2.63	1.18	280.20
16	272.91	225.66	6.39	0.94	186.67
17	191.93	229.53	3.88	1.08	272.38
18	286.94	238.53	9.00	0.89	179.57
19	226.76	245.48	6.95	1.11	292.61
20	303.38	254.99	9.51	1.01	237.70
21	289.72	264.63	9.63	1.09	286.13
22	421.59	281.63	17.00	1.05	243.42
23	264.47	296.40	14.77	1.05	331.98
24	342.30	312.20	15.80	1.03	314.05
25	339.86	327.45	15.25	1.07	355.98
26	439.90	345.45	18.00	1.11	361.10
27	315.54	361.12	15.67	1.00	382.29
28	438.62	378.54	17.42	1.07	389.23
29	400.94	395.15	16.61	1.06	424.62
30	437.37	411.07	15.91	1.10	458.54
31	575.77	432.37	21.30	1.09	428.40
32	407.33	451.03	18.66	1.02	484.20
33	681.92	476.14	25.11	1.16	496.30
34	475.78	498.73	22.59	1.06	551.41
35	581.17	521.70	22.97	1.10	569.70
36	647.82	547.93	26.23	1.07	556.94
37	650.81	573.70	25.77	1.15	665.46
38	677.54	600.92	27.22	1.08	635.58
39	666.56	627.35	26.43	1.09	690.07

$$\text{Nivel } L_t = \alpha(Y_t / S_{t-s}) + (1-\alpha)(L_{t-1} + b_{t-1})$$

$$\text{Tendencia } b_t = \beta(L_t - L_{t-1}) + (1-\beta)(b_{t-1})$$

$$\text{Estacionalidad } S_t = \gamma(Y_t / L_t) + (1-\gamma)(S_{t-s})$$

$$\text{Pronóstico } F_{t+m} = (L_t + mb_t)S_{t+m-s}$$

Figura 9.19: Holt–Winters Multiplicativo

Holt-Winters de Estacionalidad Multiplicativa con Tendencia

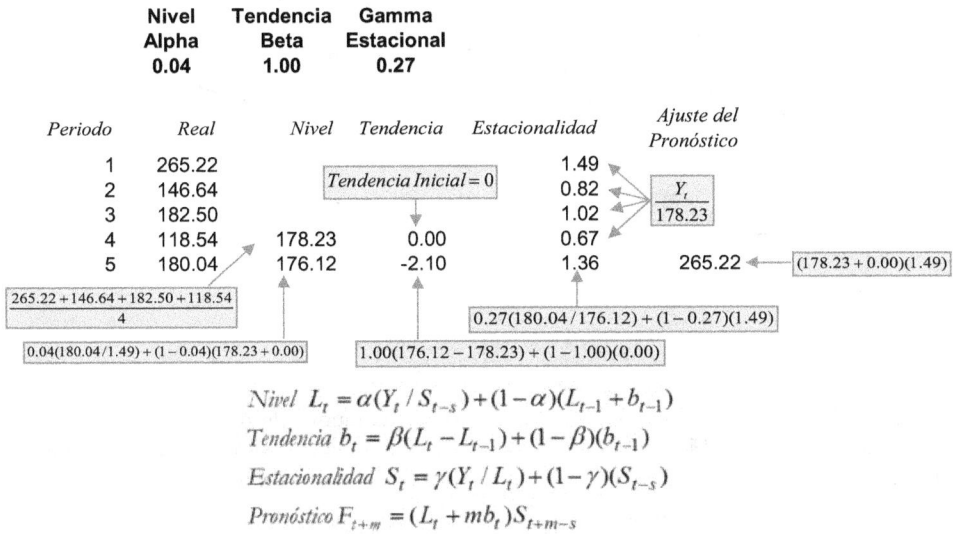

	Nivel Alpha 0.04	Tendencia Beta 1.00	Gamma Estacional 0.27

Periodo	Real	Nivel	Tendencia	Estacionalidad	Ajuste del Pronóstico
1	265.22			1.49	
2	146.64	*Tendencia Inicial = 0*		0.82	Y_t
3	182.50			1.02	178.23
4	118.54	178.23	0.00	0.67	
5	180.04	176.12	-2.10	1.36	265.22

$$\frac{265.22 + 146.64 + 182.50 + 118.54}{4}$$

$0.04(180.04/1.49) + (1 - 0.04)(178.23 + 0.00)$

$1.00(176.12 - 178.23) + (1 - 1.00)(0.00)$

$0.27(180.04/176.12) + (1 - 0.27)(1.49)$

$(178.23 + 0.00)(1.49)$

Nivel $L_t = \alpha(Y_t / S_{t-s}) + (1-\alpha)(L_{t-1} + b_{t-1})$

Tendencia $b_t = \beta(L_t - L_{t-1}) + (1-\beta)(b_{t-1})$

Estacionalidad $S_t = \gamma(Y_t / L_t) + (1-\gamma)(S_{t-s})$

Pronóstico $F_{t+m} = (L_t + mb_t)S_{t+m-s}$

Figura 9.20: Cálculo de Holt–Winters Multiplicativo (Estacionalidad = 4)

ANÁLISIS DE REGRESIÓN

Esta sección trata sobre el uso del análisis de regresión con propósitos de realizar pronósticos. Se asume que el lector sabe lo suficiente sobre el análisis de regresión. En vez de enfocarnos en los minuciosos aspectos teóricos de la ecuación de regresión, vemos lo básico de aplicar el análisis y funcionamiento de regresión a través de varias relaciones que el análisis de regresión puede capturar, así como los obstáculos comunes en la regresión, incluyendo el problema de los datos atípicos, la no linealidad, la heteroscedasticidad, la autocorrelación y los cambios estructurales.

La ecuación general de la regresión lineal bivariada toma la forma $Y = \beta_0 + \beta_1 X + \varepsilon$ donde β_0 es el intercepto, β_1 es la pendiente y ε es el término de error. Esta regresión es bivariada porque solo hay dos variables, la Y o variable dependiente y la X o variable independiente, donde X también es conocida como la regresora (algunas veces la regresión también es conocida como regresión univariada si solo hay una variable independiente X). La variable dependiente se conoce de esta forma porque *depende* de la variable independiente, por ejemplo, los ingresos de ventas dependen del monto de los costos de marketing para publicidad y promoción del producto, haciendo la variable dependiente ventas y la variable independiente costos de marketing. Un ejemplo de una regresión bivariada se puede ver simplemente insertando la línea de mejor ajuste a través de un conjunto de datos en un plano de dos dimensiones tal como se ve en el panel izquierdo de la Figura 9.21. En otros casos, se puede realizar una regresión, donde hay múltiples o n número de variables X independientes y la ecuación general de regresión ahora toma la forma $Y = \beta_0 + \beta_1 X_1 + \beta_2 X_2 + \beta_3 X_3 + ... + \beta_n X_n + \varepsilon$. En este caso, la línea de mejor ajuste estará en un plano de *n + 1* dimensiones.

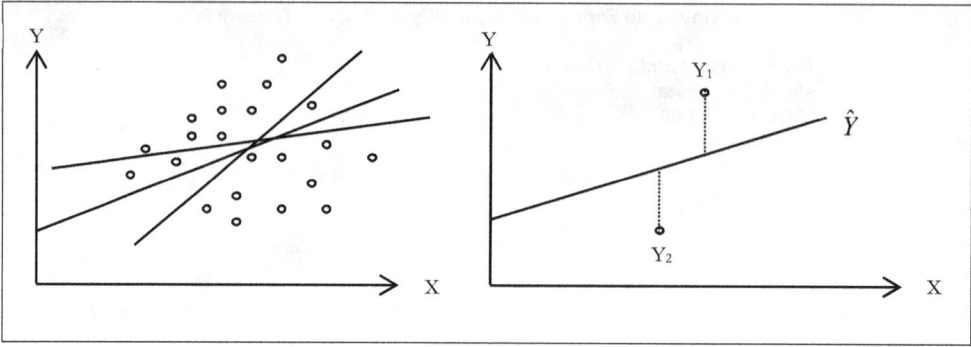

Figura 9.21: Regresión Bivariada

Sin embargo, ajustando una línea a través de un conjunto de datos en un diagrama de dispersión como el de la Figura 9.21 puede traer como consecuencia numerosas líneas posibles. La línea de mejor ajuste se define como la única línea que minimiza el total de errores verticales, es decir, la suma de las distancias absolutas entre los datos reales (Y_i) y la línea estimada $(\hat{Y})$ tal como se muestra en el panel derecho de la Figura 9.21. Con el fin de encontrar la línea de mejor ajuste que minimice los errores, se requiere un enfoque más sofisticado, el cual es el análisis de regresión. Por lo tanto, el análisis de regresión encuentra la única línea de mejor ajuste tal que el total de los errores sea minimizado, calculando:

$$Min \sum_{i=1}^{n} (Y_i - \hat{Y}_i)^2$$

Donde solamente hay una línea única que minimiza esta suma de los errores. Los errores (la distancia vertical entre los datos reales y la línea estimada) son elevados al cuadrado para evitar que los errores negativos cancelen los errores positivos. Al resolver el problema de minimización con respecto a la pendiente y el intercepto, se deben calcular las primeras derivadas e igualarlas a cero:

$$\frac{d}{d\beta_0} \sum_{i=1}^{n} (Y_i - \hat{Y}_i)^2 = 0 \quad y \quad \frac{d}{d\beta_1} \sum_{i=1}^{n} (Y_i - \hat{Y}_i)^2 = 0$$

Las cuales generan las *Ecuaciones de Regresión de Mínimos Cuadrados* que se presentan en la Figura 9.22.

$$\beta_1 = \frac{\sum_{i=1}^{n}(X_i - \overline{X})(Y_i - \overline{Y})}{\sum_{i=1}^{n}(X_i - \overline{X})^2} = \frac{\sum_{i=1}^{n} X_i Y_i - \dfrac{\sum_{i=1}^{n} X_i \sum_{i=1}^{n} Y_i}{n}}{\sum_{i=1}^{n} X_i^2 - \dfrac{\sum_{i=1}^{n}(X_i)^2}{n}}$$

$$y \quad \beta_0 = \overline{Y} - \beta_1 \overline{X}$$

Figura 9.22: Ecuaciones de Regresión de Mínimos Cuadrados

Ejemplo: Dados los siguientes valores por ventas ($ millones) y tamaños de publicidad (medidos como la suma de todos los lados de un aviso en pulgadas lineales) de un periódico local, conteste las siguientes preguntas.

Tamaño de publicidad (pulg)	12	18	24	30	36	42	48
Ventas ($ millones)	5.9	5.6	5.5	7.2	8.0	7.7	8.4

(a) ¿Cuál es la variable dependiente y cuál es la variable independiente?

La variable independiente es el tamaño de publicidad, mientras que la variable dependiente es ventas.

(b) Calcule manualmente los términos de la pendiente (β_1) y el intercepto (β_0).

X	Y	XY	X^2	Y^2
12	5.9	70.8	144	34.81
18	5.6	100.8	324	31.36
24	5.5	132.0	576	30.25
30	7.2	216.0	900	51.84
36	8.0	288.0	1296	64.00
42	7.7	323.4	1764	59.29
48	8.4	403.2	2304	70.56
$\Sigma(X)=210$	$\Sigma(Y)=48.3$	$\Sigma(XY)=1534.2$	$\Sigma(X^2)=7308$	$\Sigma(Y^2)=342.11$

$$\beta_1 = \frac{1534.2 - \dfrac{210(48.3)}{7}}{7308 - \dfrac{210^2}{7}} = 0.0845 \quad y \quad \beta_0 = \frac{48.3}{7} - 0.0845\left[\frac{210}{7}\right] = 4.3643$$

(c) ¿Cuál es la ecuación estimada de la regresión?

$Y = 4.3643 + 0.0845X$ o Ventas = $4.3643 + 0.0845$(Tamaño)

(d) ¿Cuál sería el nivel de ventas si se compra un aviso de 28 pulgadas?

$Y = 4.3643 + 0.0845$ (28) = $6.73 millones de dólares en ventas.

Observe que solo predecimos o pronosticamos, pero no podemos decir algo seguro. Esto es tan solo un valor esperado o un promedio.

Resultados de la Regresión

Usando los datos del ejemplo anterior, un análisis de regresión se puede realizar ya sea usando el complemento de Excel Análisis de Datos o el software Simulador de Riesgo.[2] La Figura 9.23 muestra los resultados de la regresión de Excel. Observe que los coeficientes del intercepto y de la variable X confirman los resultados que obtuvimos en el cálculo manual.

Estadísticas de la Regresión	
Correlación Múltiple	0.9026
Coeficiente de Determinación	0.8146
R-Cuadrado Ajustado	0.7776
Error Estándar	0.5725
Observaciones	7

ANOVA

	gl	SS	MS	F	Significancia F
Regresión	1	7.2014	7.2014	21.9747	0.0054
Residual	5	1.6386	0.3277		
Total	6	8.8400			

	Coeficientes	Error Estándar	Estadístico t	Valor-P	Límite Inferior 95%	Límite Superior 95%
Intercepto	4.3643	0.5826	7.4911	0.0007	2.8667	5.8619
Variable X1	0.0845	0.0180	4.6877	0.0054	0.0382	0.1309

Figura 9.23: Resultados de la Regresión desde el Complemento Análisis de Datos de Excel

El mismo análisis de regresión se puede realizar usando el Simulador de Riesgo.[3] Los resultados obtenidos a través del Simulador de Riesgo se presentan en la Figura 9.24. Observe otra vez las mismas soluciones para el cálculo de la pendiente y del intercepto. Claramente, hay una cantidad importante de información adicional obtenida a través del análisis de Excel y el Simulador de Riesgo. Muchas de estas estadísticas adicionales se refieren a medidas de bondad de ajuste, es decir, una medida de que tan preciso y estadísticamente confiable es el modelo.

Análisis del Reporte de la Regresión

Estadísticas de Regresión

R-Cuadrado (Coeficiente de Determinación)	0.8146
R-Cuadrado Ajustado	0.7776
R-Múltiple (Coeficiente de Correlación Múltiple)	0.9026
Error Estándar Estimado (EEy*)	0.5725
Observaciones n	7

El valor R-Cuadrado o el Coeficiente de Determinación, indica que el 75.6% de la variación en la variable dependiente puede explicarse y calcularse mediante el análisis de regresión de las variables independientes. Sin embargo, en una regresión múltiple, el R-Cuadrado Ajustado toma en cuenta la existencia de variables independientes adicionales o regresores y ajusta el valor de dicha R-Cuadrada Ajustada para obtener un panorama más exacto del poder intrínseco de la regresión, puesto que determina la variabilidad que es explicada por las variables explicativas o independientes, con respecto a la variable dependiente cuando se introduce una variable adicional al modelo. De ahí que sólo el 66.3% de la variación en la variable dependiente puede ser explicada por las variables independientes cuando se introduce una nueva variable al modelo.

El Coeficiente de Correlación Múltiple (R-Múltiple) mide la correlación entre la verdadera variable dependiente (Y) y la variable estimada o ajustada (Y*) basado en la ecuación de regresión, es decir, establece una medida del grado de asociación lineal entre la variable dependiente y la variable estimada, concretamente entre la variable dependiente y la recta de regresión estimada. Esta correlación también es la raíz cuadrada del Coeficiente de Determinación (R-Cuadrado).

Las estimaciones del Error Estándar (SEy*) describen la dispersión del conjunto de datos por encima y debajo de la línea de regresión lineal o plano. Este valor es utilizado como parte del cálculo para obtener el intervalo de confianza de las estimaciones posteriores.

Resultados de la Regresión

	Intercepto	X
Coeficientes	4.3643	0.0845
Error Estándar	0.5826	0.0180
Estadístico t	7.4911	4.6877
P-Value	0.0007	0.0054
Inferior al 5%	2.8667	0.0382
Superior al 95%	5.8619	0.1309

Grados de Libertad

Grados de Libertad para la Regresión	1
Grados de Libertad Residual	5
Grados Totales de Libertad	6

Pruebas de Hipótesis

Estadístico t Crítico (99% de confianza con df de 5)	4.0321
Estadístico t Crítico (95% de confianza con df de 5)	2.5706
Estadístico t Crítico (90% de confianza con df de 5)	2.0150

Los coeficientes proporcionan el intercepto y la pendiente de la regresión estimada. Por ejemplo, los coeficientes son estimaciones de los posibles valores poblacionales b representados en la siguiente ecuación de regresión $Y = b0 + b1X1 + b2X2 + ... + bnXn$. El Error Estándar mide que tan exactos son los pronósticos de los coeficientes, y el estadístico t es la razón entre el valor correspondiente al coeficiente estimado y su respectivo Error Estándar.

El estadístico t se utiliza en la prueba de hipótesis, donde se establece la hipótesis nula (Ho) de manera que el coeficiente sea cero, y la hipótesis alternativa (Ha) diferente de cero, de manera que el verdadero valor del coeficiente no sea igual a cero. Una prueba t se lleva a cabo cuando el estadístico t se compara con los valores críticos de los Grados de Libertad Residual. La prueba t es muy importante ya que calcula si cada uno de los coeficientes es estadísticamente significativo en presencia de otros regresores. Esto significa que la prueba t comprueba estadísticamente cuando un regresor o una variable independiente debe continuar en la regresión o de lo contrario, debe descartarse.

El coeficiente es estadísticamente significativo si su estadístico t excede el estadístico crítico en los grados de libertad relevantes (df). Los tres principales niveles de confianza utilizados para medir la significancia son 90%, 95% y 99%. Si un estadístico t del coeficiente excede el nivel crítico, se le considera estadísticamente significativo. Alternativamente, el P - Value calcula cada probabilidad de ocurrencia del estadístico t, lo que significa que entre más pequeño sea el P - Value, más significativo será el coeficiente. Los niveles usuales de significancia para el P - Value son 0.01, 0.05, y 0.10, que corresponden a 99%, 95%, y 99% de los niveles de confianza respectivamente.

Los coeficientes con sus P - Value resaltados en azul indican que son estadísticamente significativos al 90% de confianza o 0.10 en nivel alfa, mientras que aquellos resaltados en rojo indican que no son estadísticamente significativos en cualquier otro nivel alfa.

Análisis de Varianza

	Suma de Cuadrados	Suma del Promedio de Cuadrados	Estadístico F	P-Value
Regresión	7.20	7.20	21.97	0.0054
Residual	1.64	0.33		
Total	8.84			

Pruebas de Hipótesis

Estadístico F Crítico (99% de confianza con df de 1 y 5)	16.2582
Estadístico F Crítico (95% de confianza con df de 1 y 5)	6.6079
Estadístico F Crítico (90% de confianza con df de 1 y 5)	4.0604

El cuadro de Análisis de Varianza (ANOVA) proporciona una prueba con el estadístico F, apoyado en los resúmenes generales de las estadísticas significativas de los modelos. En lugar de buscar regresores individuales como en la prueba t, la prueba F busca en todas las propiedades estadísticas de los coeficientes. El estadístico F se calcula como la razón de la suma ponderada de cuadrados de la suma explicada de la regresión sobre la suma ponderada de cuadrados de la suma de residuales cuadrados. El numerador mide que tanto de la regresión se explica, mientras que el denominador mide que tanto no se explica. Por lo tanto, mientras más grande sea el estadístico F, más significativo será el modelo. El P - Value correspondiente es calculado para comprobar la hipótesis nula (Ho) en donde todos los coeficientes son simultáneamente iguales a cero, contra la hipótesis alternativa (Ha), en la cual todos son simultáneamente diferentes a cero, indicando un modelo de regresión estadísticamente significativo. Si el P - Value es más pequeño que los niveles de significancia alfa, es decir, 0.01, 0.05, o 0.10, entonces la regresión es significativa. La misma aproximación puede aplicarse comparando el estadístico F con los valores críticos de F en varios niveles de significancia.

Pronóstico

Periodo	Real (Y)	Pronóstico (P)	Error (E)
1	5.9000	5.3786	0.5214
2	5.6000	5.8857	(0.2857)
3	5.5000	6.3929	(0.8929)
4	7.2000	6.9000	0.3000
5	8.0000	7.4071	0.5929
6	7.7000	7.9143	(0.2143)
7	8.4000	8.4214	(0.0214)

Figura 9.24: Resultados de la Regresión del Software Simulador de Riesgo

Bondad de Ajuste

Los estadísticos de Bondad de Ajuste proporcionan una visión sobre la precisión y la confiabilidad del modelo estimado de regresión. Estos usualmente toman la forma del estadístico t, estadístico F, estadístico R-Cuadrado, estadístico R-Cuadrado Ajustado, estadístico Durbin–Watson, y sus respectivas probabilidades. (Ver las tablas de valores críticos del estadístico t, estadístico F, estadístico Durbin–Watson y sus respectivas probabilidades al final de este libro para los valores críticos usados posteriormente en este capítulo). Las siguientes secciones tratan algunos de los estadísticos de regresión más comunes y sus interpretaciones.

El R-Cuadrado (R^2), o coeficiente de determinación, es una medida del error que establece cuanta variación porcentual de la variable dependiente puede ser explicada por la variación en la variable independiente para el análisis de la regresión. El coeficiente de determinación puede ser calculado así:

$$R^2 = 1 - \frac{\sum_{i=1}^{n}(Y_i - \hat{Y}_i)^2}{\sum_{i=1}^{n}(Y_i - \bar{Y})^2} = 1 - \frac{SRC}{STC}$$

Donde el coeficiente de determinación es uno menos la proporción de la suma de residuos al cuadrado (SRC) frente a la suma total de cuadrados (STC). En otras palabras, la proporción de SRC frente a STC es la parte no explicada del análisis, entonces uno menos la proporción de SRC frente a STC es la parte explicada del análisis.

La Figura 9.25 da una explicación gráfica del coeficiente de determinación. La línea de regresión estimada está caracterizada por una serie de valores estimados ($\hat{Y}$); el valor promedio de los datos de la variable dependiente se denota $\bar{Y}$; y los datos individuales están caracterizados por Y_i. Por lo tanto, la suma total de cuadrados, es decir, la variación total de los datos o la variación total sobre el promedio de la variable dependiente, es el total de la diferencia entre los valores individuales dependientes y su promedio (visto como el total de la distancia cuadrada de $Y_i - \bar{Y}$ en la Figura 9.25). La suma explicada de los cuadrados, es decir, la parte que es capturada por el análisis de regresión, es el total de la diferencia entre el valor predicho de la regresión y el promedio del conjunto de datos de la variable dependiente (vista como el total de la distancia al cuadrado de $\hat{Y} - \bar{Y}$ en la Figura 9.25). La diferencia entre la variación total (STC) y la variación explicada (SEC) es la suma no explicada de cuadrados, también conocida como la suma de residuos al cuadrado (SRC).

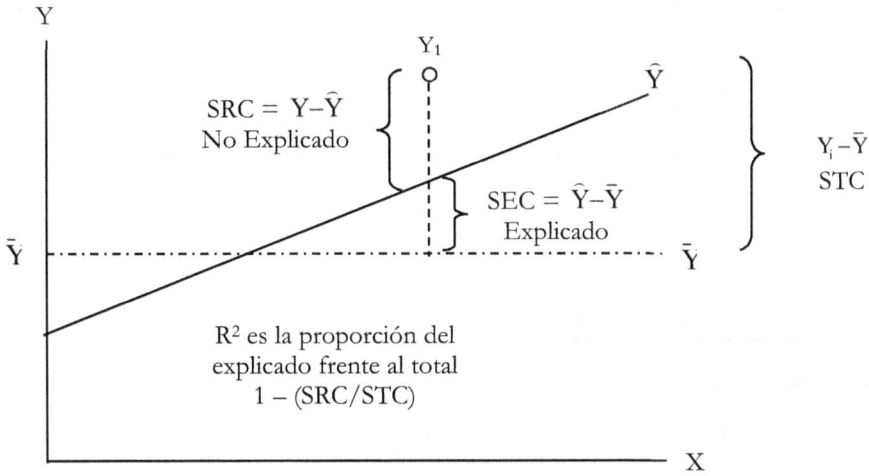

Figura 9.25: Explicación del Coeficiente de Determinación

Otro estadístico relacionado es el coeficiente de determinación ajustado o el R-Cuadrado Ajustado ($\overline{R}^2$), que corrige por el número de variables independientes (k) en una regresión multivariada a través de una corrección de los grados de libertad, proporcionando una estimación más conservadora:

$$\overline{R}^2 = 1 - \frac{\sum_{i=1}^{n}(Y_i - \hat{Y}_i)^2 / (k-2)}{\sum_{i=1}^{n}(Y_i - \overline{Y})^2 / (k-1)} = 1 - \frac{SRC / (k-2)}{STC / (k-1)}$$

El R-Cuadrado Ajustado debería ser usado en lugar del habitual R-Cuadrado en las regresiones multivariadas, porque cada vez que una variable independiente se adiciona al análisis de regresión, el R-Cuadrado aumenta; indicando que la variación porcentual explicada ha aumentado. Este incremento sucede incluso cuando regresoras inadecuadas son adicionados. El R-Cuadrado Ajustado toma en cuenta los regresores adicionados y castiga la regresión adecuadamente, proporcionando una mejor estimación de la bondad de ajuste del modelo.

Otros estadísticos de bondad de ajuste corresponden al estadístico T y estadístico F. El primero es usado para probar si *cada* pendiente e intercepto es estadísticamente significativo, es decir, si es estadísticamente diferente de cero (por lo tanto, se asegura que el intercepto y pendientes estimadas son estadísticamente significativas). El ultimo aplica el mismo concepto, pero simultáneamente para toda la ecuación de la regresión incluyendo el intercepto y el(las) pendiente(s). Usando el ejemplo anterior, a continuación, se ilustra cómo se puede usar el estadístico T y el estadístico F en el análisis de regresión. (Ver las tablas del estadístico T y estadístico F al final del libro para sus correspondientes valores críticos) Se asume que el lector está familiarizado con las pruebas de hipótesis y las pruebas de significancia en estadística básica.

Ejemplo: Dada la información de la salida de regresión de Excel en la Figura 9.26, interprete lo siguiente:

ANOVA

	gl	*SS*	*MS*	*F*	*Significancia F*
Regresión	1	7.2014	7.2014	21.9747	0.0054
Residual	5	1.6386	0.3277		
Total	6	8.8400			

	Coeficientes	*Error Estándar*	*Estadístico*	*Valor-P*	*Límite Inferior 95%*	*Límite Superior 95%*
Intercepto	4.3643	0.5826	7.4911	0.0007	2.8667	5.8619
Variable X1	0.0845	0.0180	4.6877	0.0054	0.0382	0.1309

Figura 9.26: Tabla ANOVA y Bondad de Ajuste

(a) Realice una prueba de hipótesis sobre la pendiente y el intercepto para ver si cada una es significativa con un alfa (α) de dos colas de 0.05).

La hipótesis nula H_o es que la pendiente $\beta_1 = 0$ y la hipótesis alterna H_a es que $\beta_1 \neq 0$. El estadístico t calculado es 4.6877, el cual supera el t-crítico (2.9687 obtenido de la tabla del estadístico t al final de este libro) para un alfa de dos colas de 0.05 y $n - k = 7 - 1 = 6$ grados de libertad.[4] Por lo tanto, se rechaza la hipótesis nula y se puede asegurar que la pendiente es estadísticamente significativa diferente de 0, indicando que la estimación de la pendiente en la regresión es estadísticamente significativa. Esta prueba de hipótesis puede ser realizada viendo el valor-p del estadístico t correspondiente (0.0054), el cual es menor que el alfa de 0.05, que significa que se rechaza la hipótesis nula.[5] La prueba de hipótesis se aplica luego al intercepto, donde la hipótesis nula H_o es que el intercepto $\beta_0 = 0$ y la hipótesis alterna H_a es que $\beta_0 \neq 0$. El estadístico t calculado es 7.4911, el cual supera el valor critico t de 2.9687 para $n - k$ (7 - 1 = 6) grados de libertad, por lo tanto, la hipótesis nula se rechaza, indicando que el intercepto es estadísticamente significativo diferente de 0, lo que significa que la estimación de la regresión para el intercepto es estadísticamente significativa. El valor-p calculado (0.0007) también es menor que el nivel alfa, lo cual significa que se rechaza la hipótesis nula.

(b) Realice una prueba de hipótesis para ver si la pendiente y el intercepto son significativos conjuntamente. En otras palabras, si el modelo estimado es estadísticamente significativo a un alfa (α) del 0.05.

La hipótesis simultánea H_o es $\beta_0 = \beta_1 = 0$ y la hipótesis alterna H_a es $\beta_0 \neq \beta_1 \neq 0$. El valor-F calculado es 21.9747, el cual supera el valor-F crítico (5.99 obtenido de la tabla al final del libro) para k (1) grados de libertad en el numerador y $n - k$ (7 - 1 = 6) grados de libertad en el denominador, por lo tanto, se rechaza la hipótesis nula indicando que tanto la pendiente como el intercepto son simultáneamente significativos diferentes de 0 y que el modelo como un todo es estadísticamente significativo. Este resultado es confirmado por el valor-p de 0.0054 (significancia de F), el cual es menor que el valor alfa, y de esta forma se rechaza la hipótesis nula y se confirma que la regresión como un todo es estadísticamente significativa.

(c) Usando los resultados de la regresión del Simulador de Riesgo de la Figura 9.27, interprete el valor R^2. ¿Cómo se relaciona con el coeficiente de correlación?

El cálculo del R^2 es 0.8146, lo que significa que un porcentaje del 81.46 de la variación en la variable dependiente puede ser explicado por la variación en la variable independiente. El R^2 es simplemente el cuadrado del coeficiente de correlación, es decir, el coeficiente de correlación entre la variable independiente y la variable dependiente es 0.9026.

Estadísticas de Regresión	
R-Cuadrado (Coeficiente de Determinación)	0.8146
R-Cuadrado Ajustado	0.7776
R Múltiple (Coeficiente de Correlación Múltiple)	0.9026
Error Estándar de la Estimación (SEy)	0.5725
Número de Observaciones	7

Resultados Regresión	Intercepto	Ad Size
Coeficientes	4.3643	0.0845
Error Estándar	0.5826	0.0180
Estadístico t	7.4911	4.6877
Valor-p	0.0007	0.0054
Límite Inferior 5%	2.8667	0.0382
Limite Superior 95%	5.8619	0.1309

Figura 9.27: Resultados Adicionales de la Regresión con el Simulador de Riesgo

Supuestos de la Regresión

Los siguientes seis supuestos son necesarios para que el análisis de regresión funcione:

1. La relación entre la variable dependiente y la variable independiente es lineal.

2. El valor esperado de los errores o residuales es cero.

3. Los errores son independientes y normalmente distribuidos.

4. La varianza de los errores es constante u homoscedástica y no varía sobre el tiempo.

5. Los errores son independientes y no correlacionados con las variables explicativas.

6. Las variables independientes no están correlacionadas entre ellas, lo que significa que no existe multicolinealidad.

Un método muy simple para verificar algunos de estos supuestos es usar un diagrama de dispersión. Este enfoque es simple de usar en un escenario de una regresión bivariada. Si el supuesto del modelo lineal es válido, el gráfico de los valores de la variable dependiente observada contra los valores de la variable independiente presenta una franja lineal a lo largo de la gráfica con desviaciones de la linealidad no evidentes. Los datos atípicos pueden aparecer como puntos anómalos, frecuentemente en las esquinas superior derecha e inferior izquierda de la gráfica. Sin embargo, un punto puede ser un dato atípico en una variable independiente o dependiente sin estar necesariamente lejos de la tendencia general de los datos.

Si el supuesto de varianza constante u homoscedasticidad para la variable dependiente es correcto, la gráfica de los valores observados de la variable dependiente contra la variable independiente debería generar una franja a lo largo de la gráfica con un ancho vertical aproximadamente igual para todos los valores de la variable independiente. Es decir, la forma de la gráfica debería ser la de un cigarrillo inclinado y no la de una cuña o un megáfono.

Un patrón de abanico como el perfil de un megáfono, con una notable difusión hacia la derecha o hacia la izquierda en un diagrama de dispersión indica que la varianza en los valores se incrementa en la dirección hacia donde el patrón de abanico se extiende (usualmente la media de la muestra aumenta), y esto a su vez indica que se puede necesitar una transformación de los valores de la variable dependiente.

Como ejemplo, la Figura 9.28 muestra un diagrama de dispersión de dos variables: ingresos de ventas (variable dependiente) y costos de marketing (variable independiente). Claramente, hay una relación positivo entre las dos variables, como es evidente de los resultados de la regresión en la Figura 9.29, donde la pendiente de la regresión es un valor positiva (0.7447). La relación también es estadísticamente significativa con un alfa de 0.05 y el coeficiente de determinación es 0.43, indicando una relación débil pero estadísticamente significativa.

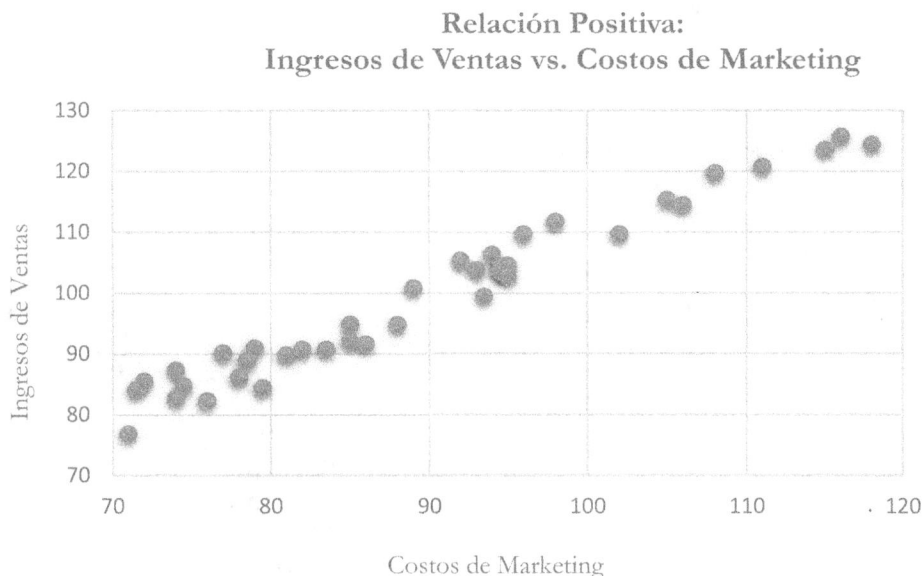

Figura 9.28: Gráfico de Dispersión Mostrando una Relación Positiva

Estadísticas de Regresión

R-Cuadrado (Coeficiente de Determinación)	0.4300
R-Cuadrado Ajustado	0.4185
R Múltiple (Coeficiente de Correlación Múltiple)	0.6557
Error Estándar de la Estimación (SEy)	2732.90
Número de Observaciones	50

Resultados Regresión

	Intercepto	Marketing
Coeficientes	26.8970	0.7447
Error Estándar	12.1431	0.1237
Estadístico t	2.2150	6.0219
Valor p	0.0315	0.0000

Figura 9.29: Resultados de una Regresión Bivariada con Relación Positiva

Compare ésta con una regresión lineal múltiple, donde se agrega otra variable independiente: estructura de precio del producto. El coeficiente de determinación ajustado de la regresión (R-Cuadrado Ajustado) es ahora 0.62, mostrando un modelo de regresión mucho más robusto.[6] La variable de precio muestra una relación negativa frente a los ingresos de ventas, mucho más que el esperado por la teoría de la demanda en economía, donde un mayor precio exige una cantidad demandada menor y por lo tanto se disminuyen los ingresos de ventas. Los estadísticos *t* y sus correspondientes probabilidades (valores-p) también muestran una relación estadísticamente significativa.

Estadísticas de Regresión

R-Cuadrado (Coeficiente de Determinación)	0.6360
R-Cuadrado Ajustado	0.6206
R Múltiple (Coeficiente de Correlación Múltiple)	0.7975
Error Estándar de la Estimación (SEy)	1745.80
Número de Observaciones	50

EL R-CUADRADO AJUSTADO ES ALTO

Resultados Regresión

	Intercepto	Marketing	Price	
Coeficientes	877.9700	0.6507	-8.1382	RELACIONES
Error Estándar	165.3895	0.1015	1.5787	ALTAMENTE
Estadístico t	5.3085	6.4090	-5.1550	SIGNIFICATIVAS
Valor p	0.0000	0.0000	0.0000	

Figura 9.30: Resultados de una Regresión Lineal Múltiple para Relaciones Positivas y Negativas

En comparación, la Figura 9.31 muestra un diagrama de dispersión con poca o nula relación, la cual es confirmada por el resultado de la regresión en la Figura 9.32, donde el coeficiente de determinación es 0.066, cercano a ser insignificante. Adicionalmente, el cálculo del t estadístico y su correspondiente probabilidad muestran que la variable de los gastos en marketing no es estadísticamente significativa a un alfa de 0.05, lo que significa que la ecuación de la regresión no es significativa (hecho que es confirmado por el bajo estadístico F).

No Relación:
Ingresos de Ventas vs Costos de Marketing

Figura 9.31: Gráfico de Dispersión sin Presencia de Relación

Estadísticas de Regresión

R-Cuadrado (Coeficiente de Determinación)	0.0660	UN R-CUADRADO
R-Cuadrado Ajustado	0.0462	BAJO, INDICA UNA
R Múltiple (Coeficiente de Correlación Múltiple)	0.2569	BAJA RELACIÓN
Error Estándar de la Estimación (SEy)	13661.00	
Número de Observaciones	50	

Resultados Regresión

	Intercepto	Marketing
Coeficientes	82.9660	0.2265
Error Estándar	13.7445	0.1233
Estadístico t	6.0363	1.8369
Valor p	0.0000	0.0724

Figura 9.32: Resultados de la Regresión Múltiple sin Presencia de relación

LAS DIFICULTADES DE PRONOSTICAR: DATOS ATÍPICOS, NO LINEALIDAD, MULTICOLINEALIDAD, HETEROCEDASTICIDAD, AUTOCORRELACIÓN Y CAMBIOS ESTRUCTURALES

La predicción es un equilibrio entre el arte y la ciencia. El uso del Simulador de Riesgo puede cuidar de la ciencia, pero es casi imposible tomar el arte del pronóstico. La predicción, la experiencia y los conocimientos hacen expertos en la materia. Una forma eficaz para apoyar este punto es mirar algunos de los problemas y las violaciones más comunes de los supuestos subyacentes solicitados de la interpretación de los datos y las predicciones. Es evidente que hay muchas otras cuestiones técnicas, pero la lista es suficiente para ilustrar las dificultades de previsión y por qué a veces la técnica (es decir, la experiencia y el conocimiento) es importante:

- Predicciones Fuera del Rango
- No Linealidad
- Interacciones
- Sesgo de Selección
- Sesgo de Supervivencia
- Variables de Control
- Variables Omitidas
- Variables Redundantes
- Multicolinealidad
- Mal Ajuste del Modelo – Mala Calidad del Ajuste
- Error en las Mediciones

- Rupturas Estructurales

- Cambios Estructurales

- Errores de Modelo (casualidad de Granger y Casualidad de Loops)

- Autocorrelación

- Correlación Serial

- Rezagos y Adelantos

- Estacionalidad

- Ciclicidad

- Errores de Especificación y Métodos Econométricos Incorrectos

- Micronumerosidad

- Datos Erróneos y Errores de Recopilación de Datos

- Datos no Estacionarios, Paseo Aleatorio, Previsibilidad, Procesos Estocásticos (Movimiento Browniano, Reversión a la Media, Difusión con Saltos, Procesos Mixtos).

- Errores no Esféricos y Dependientes

- Heteroscedasticidad y Homoscedasticidad

- Muchos otros problemas técnicos

Estos errores se aplican predominantemente a los datos de series de tiempo, los datos transversales y datos de panel. Sin embargo, los siguientes errores posibles sólo se aplican a los datos de series de tiempo: Autocorrelación, Heteroscedasticidad y no Estacionariedad.

Los analistas utilizan a veces los datos históricos para realizar un *pronóstico fuera de muestra*, en función de la variable de pronóstico, pero aún extremo desastroso. Tome un caso simple pero extrema de un grillo. ¿Sabías que si capturas algunos grillos, los pones en un entorno de laboratorio controlado, elevas la temperatura ambiente, y se cuenta el número medio de chirridos por minuto, estos chirridos son relativamente predecibles? Usted puede obtener un buen ajuste y un alto valor R-cuadrado. Así que, la próxima vez que vaya a una cita con su cónyuge o pareja escuche algunos grillos en el lado de la carretera, paren y cuenten el número de chirridos por minuto. Luego, utilizando la ecuación de regresión de previsión, se puede aproximar la temperatura, y lo más probable es que usted estaría bastante cerca de la temperatura real. Pero aquí hay algunos problemas: Supongamos que usted toma los pobres grillos y los arroja en un horno a 450 grados Fahrenheit, ¿Qué pasaría? ¡Bueno, usted va a escuchar una gran "pop" en lugar de unos previstos 150 chirridos por minuto! Por el contrario, al arrojar en el congelador a −32 grados Fahrenheit no escuchará los chirridos negativos que se prevé en el modelo. Ese es el problema de las predicciones fuera de la muestra o fuera del rango.

Supongamos que en el pasado, la compañía gastó cantidades diferentes en la comercialización de cada año y vio mejoras en las ventas y ganancias como resultado de estas campañas de marketing. Además, asume que históricamente, la empresa gasta entre $10M y $20M en la comercialización de cada año, y por cada dólar gastado en marketing, se obtiene cinco dólares de vuelta en las utilidades netas. ¿Significa que el CEO debe idear un plan para gastar $500 millones en la comercialización el próximo año? Después de todo, el modelo de predicción dice que hay un retorno de 5x, es decir, la empresa obtendrá $2.5 mil millones en aumento del beneficio neto. Es evidente que esto no va a ser el caso. Si lo fuera, ¿por qué no seguir gastando infinitamente? La cuestión aquí es, de nuevo, un pronóstico fuera de rango, así como la *no linealidad*. Los ingresos no aumentarán linealmente a un múltiplo de cinco por cada dólar gastado en los gastos de marketing, pasando infinitamente. Tal vez podría haber alguna relación lineal inicial, pero esto muy probablemente se convertirá en no lineal, tal vez tomando la forma de una curva logística S, con una primera fase de alto crecimiento, seguida de algunos rendimientos marginales decrecientes y eventual saturación y declive. Después de todo, ¿cuántos iPhone puede poseer una persona? En algún momento usted ha alcanzado su potencial total del mercado y cualquier comercialización adicional que gasta inundará más de las ondas de los medios y finalmente entrecortar el circuito, conllevando a la reducción de las ganancias. Este es el tema de las *interacciones* entre las variables.

Piense en esto de otra manera. Suponga que usted es un psicólogo y está interesado en la aptitud de los estudiantes en la redacción de ensayos bajo presión. Así que reúne 100 voluntarios, les da una prueba previa para determinar sus niveles de coeficiente intelectual, y divide a los alumnos en dos grupos: Grupo brillante A y los no tan brillante Grupo B, sin decirle a los estudiantes, por supuesto. Después de administrar una prueba de un ensayo escrito dos veces para ambos grupos; la primera prueba tiene un plazo de 30 minutos y el segundo, con una pregunta diferente pero comparativamente difícil, un plazo de 60 minutos. A continuación, se puede determinar si el tiempo y la inteligencia tienen un efecto en los resultados del examen. Bien pensado el experimento, o eso creo. Los resultados pueden variar dependiendo de si usted les dio a los estudiantes la prueba de 30 minutos y luego la prueba de 60 minutos, o viceversa. A medida que los estudiantes no tan brillantes tienden a ser ansiosos durante un examen, tomar la prueba de 30 minutos primero puede aumentar su nivel de estrés, posiblemente haciendo que se rindan fácilmente. Por el contrario, tomar primero la prueba de 60 minutos podría llevarlos a tomar una actitud ambivalente y de poca preocupación por hacerlo bien. Por supuesto, podemos llegar a muchos otros problemas con este experimento. El punto es, que podría haber algún tipo de interacción entre la secuencia de los exámenes realizados, la inteligencia, y cómo les va a los estudiantes bajo presión, y así sucesivamente.

Los estudiantes voluntarios son sólo eso, voluntarios, y lo que puede haber un *sesgo de autoselección*. Otro ejemplo de autoselección es un programa de investigación clínica en técnicas de mejoramiento para el deporte, esto solo podría atraer a los amantes del deporte aficionado mientras que los adictos a la televisión entre nosotros ni siquiera se molestan en participar, y mucho menos estar en el número de lectores de gráficos de medios de comunicación de las revistas deportivas en el que se colocaron los anuncios. Por lo tanto, la muestra podría estar sesgada incluso antes de que alguna vez se inicie el experimento. Volviendo a los estudiantes que toman el examen voluntario, también hay un problema de *sesgo de supervivencia*, donde realmente los estudiantes no tan brillantes jamás se presentarían a estas pruebas debido, probablemente, a su afinidad negativa hacia los exámenes. Esta mentalidad voluble y muchas otras variables que no son *controladas* en el experimento, en realidad pueden reflejarse en la nota del examen. ¿Qué pasa con los estudiantes que se les facilita el inglés o cualquier otra lengua en el examen que fue entregado? ¿Qué tal el número de cervezas que habían tomado la noche anterior (el malestar que podrían tener al día siguiente mientras resuelven el examen no ayudaría a la nota realmente)? Estas son todas las *variables omitidas*, lo que significa que se reduce la previsibilidad del modelo y no deberían ser tenidas en cuenta. Es como tratar de predecir los ingresos de la compañía en los próximos años sin tener en cuenta el incremento de los precios que usted espera, la recesión en la cual entra el país, o la introducción de una nueva línea de productos revolucionaria.

Sin embargo, a veces demasiados datos en realidad pueden ser perjudicial. Ahora, volvamos a los estudiantes. Supongamos que usted se compromete con otro proyecto de investigación y realiza una muestra de otros 100 estudiantes, obtiene su promedio de calificaciones en la universidad, y les pregunta a cuántos partidos van en promedio por semana, el número de horas que estudian en promedio por semana, el número de cervezas que toman por semana (la bebida de elección para los estudiantes universitarios), y el número de días a la semana que van por esta bebida. La idea es ver qué variable, en su caso, afecta a la calificación del estudiante en promedio. Un experimento razonable, o por lo que creo... El problema en este caso es de *variables redundantes* y, quizás peor, *multicolinealidad* severa. En otras palabras, es probable que, más fiestas a las cuales asisten, más la gente que conocen, más los días que van a la semana, y las muchas más bebidas que tendrían en los días y en las fiestas, y en caso tal, la mitad de su tiempo está tomando alcohol, menos tiempo tiene para estudiar. Todas las variables en este caso están altamente correlacionadas entre sí. De hecho, es probable que sólo necesite una variable, como horas de estudio por semana, para determinar la nota promedio del estudiante. Añadiendo todas estas variables exógenas confundiría la ecuación de pronóstico, por lo que el pronóstico sería menos confiable.

De hecho, como se ve más adelante en este capítulo, cuando se tiene multicolinealidad severa, que simplemente significa que hay múltiples variables ("mul") que están cambiando juntas ("co") de forma lineal ("linealidad"), la ecuación de regresión no se puede ejecutar. En multicolinealidad menos severa como con variables redundantes, el R-cuadrado ajustado puede ser alto, pero los valores-p serán altos, así, lo que indica que tiene un modelo *mal ajustado*. Los errores de predicción serán grandes. Aunque puede ser contrario a la intuición, el problema de la multicolinealidad, de tener demasiados datos, es peor que tener menos datos o tener variables omitidas. Y hablando de un mal ajuste en el modelo, ¿Cuál debe ser el valor de R-Cuadrado para garantizar un *buen ajuste* del modelo? Esto, también, es subjetivo. ¿Qué tan bueno es su modelo de predicción, y que tan exacto es? A menos que se mida la precisión usando algunos procedimientos estadísticos para sus *medidas de error* como los proporcionados por el Simulador de Riesgo (por ejemplo, la desviación media absoluta, raíz media cuadrática, valores p, criterios como Akaike y Schwarz, y muchos otros) e incluso, ajustar una distribución de probabilidad alrededor de estos errores para llevar a cabo una simulación sobre el modelo, el pronóstico puede ser altamente impreciso.

Otra cuestión son los *quiebres estructurales*. Por ejemplo, ¿recuerda a los pobres grillos? ¿Qué sucede cuando usted toma un martillo y los aplasta? ¡Bueno, ahí va su modelo de predicción! Sólo había una ruptura estructural. Una empresa se declara en quiebra y ve que el precio de sus acciones se desploma y, por tanto, se deslista como acción transable en la bolsa de valores, una catástrofe grave de carácter natural o un ataque terrorista en una ciudad puede causar una ruptura tal, y así sucesivamente. Los *cambios estructurales* son cambios menos graves, como un período de recesión, o una empresa entra en nuevos mercados internacionales, participan en una fusión y adquisición, etc., donde los fundamentos están todavía allí, pero los valores pueden ser desplazados hacia arriba o hacia abajo.

A veces te encuentras con un problema de *bucle de causalidad*. Sabemos que la correlación no implica causalidad. Sin embargo, a veces hay una relación de *causalidad de Granger*, lo que significa que un evento causa otro, pero en una dirección específica, o, a veces hay un *bucle de causalidad*, donde se tiene diferentes bucles alrededor y tal vez existen asociaciones entre si mismas. Ejemplos de bucles incluyen ingeniería de sistemas en los que el cambio de un evento en el sistema hace que algunas ramificaciones a través de otros eventos, que se alimenta de nuevo en sí mismo provocando un bucle de retroalimentación. He aquí un ejemplo de un bucle de causalidad que va por el camino equivocado: Supongamos que recoge información sobre las estadísticas de los tipos de delito para los 50 estados en Estados Unidos durante un año específico, y se ejecuta un modelo de regresión para predecir la tasa de criminalidad usando los gastos de policía por habitante, producto bruto por estado, tasa de desempleo, el número de graduados universitarios por año, y así sucesivamente. Y supongamos que se ve que los gastos de policía por habitante son altamente predictivos de la tasa de criminalidad, que, por supuesto, tiene sentido, y se puede decir que la relación es positiva, y si usted utiliza estos criterios como su modelo de predicción (es decir, la variable dependiente es la tasa de criminalidad y la variable independiente es el gasto de la policía), acaba de de encontrarse con un problema de bucle de causalidad. Es decir, usted está diciendo que a mayor gasto de policía por habitante, más alta es la tasa de delitos! ¡Pues bien, ya sea que los policías son corruptos o que no son realmente buenos en su trabajo! Un mejor enfoque podría ser el uso de los gastos de policía del año anterior para predecir la tasa de criminalidad de este año; es decir, mediante un *adelanto* o *rezago* en los datos. Así, más crimen requiere una gran fuerza policial, que, a su vez, reducen la tasa de criminalidad, pero al pasar de una etapa a la siguiente toma tiempo y los rezagos y los adelantos potenciales tienen en cuenta el elemento de tiempo. Volver al problema de marketing, si se va a gastar más en marketing ahora, usted no puede ver un aumento en los ingresos netos por unos meses o incluso años. Los efectos no son inmediatos y se requiere el intervalo de tiempo para predecir mejor los resultados.

Muchas series de tiempo, especialmente los datos financieros y económicos, están *autocorrelacionados*; esto es, los datos se correlacionan a sí mismo en el pasado. Por ejemplo, los ingresos por ventas de enero para la compañía son probablemente relacionadas con el desempeño del mes anterior, que a su vez puede estar relacionado con el mes anterior. Si hay *estacionalidad* en la variable, las ventas entonces quizás de enero pasado están relacionados con los últimos 12 meses, o en enero del año anterior, y así sucesivamente. Estos ciclos estacionales se repiten y son algo predecibles. Usted vende más entradas de esquí en invierno que en verano, y, adivinen qué, el próximo invierno se le volverá a vender más entradas que el próximo verano, y así sucesivamente. Por el contrario, el carácter *cíclico* como el ciclo de los negocios, el ciclo económico, el ciclo de la vivienda, y así sucesivamente, es mucho menos predecible. Puede utilizar autocorrelaciones (relación a su propio pasado) y rezagos (una variable correlacionada con otra variable rezagada un determinado número de períodos) para las predicciones que implican estacionalidad, pero, al mismo tiempo, requeriría datos adicionales. Por lo general, necesitará los datos históricos de al menos dos ciclos estacionales de largo para comenzar incluso ejecutando un modelo estacional con cualquier nivel de confianza, de lo contrario se encontraría con un problema de *Micronumerosidad*, o la falta de datos. Independientemente del enfoque predictivo utilizado, el problema de la *mala información* es siempre una preocupación, ya sea un dato mal codificado o datos recopilados de una mala fuente, datos puntuales incompletos, y los *errores de recolección de datos* son siempre un problema en cualquier modelo de pronóstico.

Existe la posibilidad de tener un *error de especificación* o utilizar un *modelo econométrico incorrecto* que aumentan el potencial de error. Puede ejecutar un modelo estacional donde no hay estacionalidades, creando así un problema de especificación, o utilizar un ARIMA cuando se debe utilizar un modelo GARCH, generando un error en el modelo econométrico. A veces, hay variables que se consideran que son *no estacionarias*; es decir, los datos no se comportan bien. Estos tipos de variables realmente no son predecibles. Un ejemplo es el precio de las acciones. Intente predecir precios de las acciones y se puede encontrar rápidamente que no se puede hacer un trabajo razonable en absoluto. Los precios de las acciones suelen seguir algo que se llama un paseo aleatorio, donde los valores están cambiando al azar por todo el lugar. La relación matemática de este paseo aleatorio es conocida y se llama un *proceso estocástico*, pero el resultado exacto no se conoce con certeza. Por lo general, se requieren simulaciones para ejecutar paseos aleatorios, y estos procesos estocásticos vienen en una variedad de formas, incluyendo el movimiento Browniano (por ejemplo, ideal para precios de las acciones), reversión a la media (por ejemplo, ideal para las tasas de interés y la inflación), difusión con saltos (por ejemplo, ideal para los precios del petróleo y el precio de la electricidad), y los procesos mixtos de varias formas combinadas en una sola. En este caso, recogiendo el proceso incorrecto es también un error de especificación.

En la mayoría de los métodos de predicción, se supone que los errores de pronóstico son *esféricos* o *normalmente distribuidos*. Es decir, el modelo de pronóstico es el modelo que mejor se ajusta a la minimización de los errores de predicción, lo que significa que cualquier error que queda es ruido blanco aleatorio que se distribuye normalmente (una distribución normal es simétrica, lo que significa que es la misma probabilidad de estar subestimando lo que está sobreestimando la predicción). Si los errores no son normales y asimétricos, las cosas se pueden sobreestimar o subestimar, en este caso, se deben realizar algunos ajustes. Además, estos errores, ya que son al azar, deben ser al azar en el tiempo, lo que significa que se *distribuyen idéntica e independientemente como una normal*, o *i.i.d. normal*. Si no es así, entonces usted tiene algunas correlaciones en los datos y y debe construir un modelo de autocorrelación en su lugar.

Por último, si los errores son i.i.d. normal, entonces los datos son *homocedasticos*; es decir, los errores de pronóstico son idénticos en el tiempo. Piense en ello como un tubo que contiene todos los datos, y se coloca un palo delgado en ese tubo. La cantidad de margen de maniobra para ese palo es el error de la predicción (y, por extensión, si los datos se extendieron, el diámetro del tubo es grande y el margen de maniobra es grande, lo que significa que el error es grande, por el contrario, si el diámetro del tubo es pequeño, el error es pequeño, de tal manera que si el diámetro del tubo es exactamente el tamaño de la barra, el error de predicción es cero y su ajuste de bondad R-cuadrado es 100 por ciento). La cantidad de espacio de maniobra está constantemente entrando en el futuro. Esta condición es ideal y lo que usted quiere. El problema es, sobre todo en los datos no estacionarios o datos con algunos *valores atípicos*, que hay *heteroscedasticidad*, lo que significa que en lugar de un tubo de diámetro constante, ahora tiene un cono, con un diámetro pequeño inicialmente que aumenta con el tiempo. Este abanico (véase la Figura 9.40) significa que hay un aumento de la capacidad de maniobra o errores cada vez que vaya en el tiempo. Un ejemplo de este abanico se presenta en el precio de las acciones, en la que si el precio de las acciones de hoy es de $50, usted puede pronosticar y decir que hay un 90 por ciento de probabilidad de que el precio de las acciones estará entre $48 y $52 el día de mañana, o entre $45 y $55 en una semana, y tal vez entre $20 y $100en seis meses, manteniendo todo lo demás constante. En otras palabras, los errores de predicción aumentan con el tiempo.

Como puede ver, hay muchos problemas potenciales en el pronóstico. Conocer sus variables y la teoría detrás del comportamiento de estas variables es un arte que depende mucho de la experiencia, comparables con otras variables similares, datos históricos, y la experiencia en el modelaje. No hay tal cosa como un modelo único que va a resolver todas estas cuestiones de forma automática. Por ejemplo, vea la sección del Capítulo 6 Diagnóstico de Datos y Análisis Estadístico para ejecutar estas dos herramientas en el Simulador de Riesgo que ayudarán en la identificación de algunos de estos problemas.

Otra práctica buena de modelación consiste en realizar un gráfico de dispersión antes de realizar el análisis de regresión, el gráfico de dispersión puede a veces en los fundamentos básicos proporcionar cantidades importantes de información que considera el comportamiento de la serie de datos. Las violaciones evidentes de los supuestos pueden ser encontradas fácilmente y con menor esfuerzo, sin la necesidad de realizar pruebas econométricas de especificación más detalladas y elaboradas. Por ejemplo, la Figura 9.33 muestra la existencia de datos atípicos, mostrando que el coeficiente de determinación es de solo 0.252 comparado al de 0.447 en la Figura 9.35 donde no hay presencia de datos atípicos.

Los valores pueden no estar idénticamente distribuidos por la presencia de datos atípicos. Los datos atípicos son valores anómalos en los datos, que pueden tener fuerte influencia sobre la pendiente y el intercepto ajustado, dando un pobre ajuste sobre la mayor parte de los datos.

Los datos atípicos tienden a incrementar la varianza estimada de los errores, disminuyendo la posibilidad de rechazar la hipótesis nula. Esto puede ser debido a errores registrados, que deben ser corregidos o pueden deberse a que la muestra de los valores de la variable dependiente no es tomada de la misma población. Aparentemente, los datos atípicos también pueden deberse a que los valores de la variable dependiente son de la misma población, pero ésta no se encuentra normalmente distribuida. Los datos atípicos se pueden ver claramente en un gráfico X-Y de dispersión de datos, como puntos que no están cerca de la línea general de tendencia de los datos. Un punto puede ser un valor inusual ya sea en la variable independiente o en la variable dependiente, sin que necesariamente sea un dato atípico en el diagrama de dispersión.

El método de mínimos cuadrados supone la minimización de la suma de las distancias verticales al cuadrado entre cada dato y la línea ajustada. Por esto, la línea ajustada puede ser muy sensible a los datos atípicos. En otras palabras, la regresión por mínimos cuadrados no es resistente a los datos atípicos, por lo tanto, tampoco lo es la estimación de la pendiente. Un punto removido verticalmente de otros puntos puede causar que la línea ajustada cruce cerca a éste, en vez de seguir la tendencia lineal general del resto de los datos, especialmente si el punto está relativamente lejos en forma horizontal del centro de los datos (el punto representado por la media de la variable independiente y la media de la variable dependiente). Dichos puntos se dice que tienen mayor apalancamiento: el centro actúa como punto de apoyo y la línea ajustada gira hacia los puntos de mayor apalancamiento, ajustando pobremente la mayor parte de los datos. Un dato que es extremo en la variable dependiente pero que está cerca del centro de los datos horizontalmente no tiene mucho efecto sobre la pendiente ajustada, pero cambiando el valor estimado de la media de la variable dependiente, se puede afectar el ajuste estimado del intercepto.

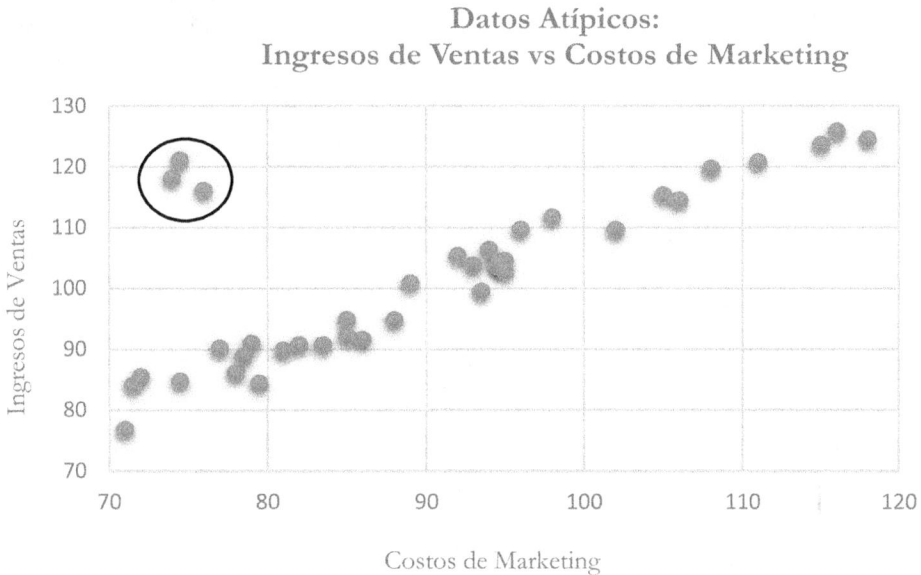

Figura 9.33: Diagrama de Dispersión Mostrando Datos Atípicos

Estadísticas de Regresión	
R-Cuadrado (Coeficiente de Determinación)	0.2520
R-Cuadrado Ajustado	0.2367
R Múltiple (Coeficiente de Correlación Múltiple)	0.5020
Error Estándar de la Estimación (SEy)	3417.60

Resultados Regresión	Intercepto	Marketing
Coeficientes	53.2690	0.4857
Error Estándar	11.6769	0.1207
Estadístico t	4.5619	4.0247
Valor p	0.0000	0.0002

Figura 9.34: Resultados de la Regresión con Datos Atípicos

Estadísticas de Regresión		
R-Cuadrado (Coeficiente de Determinación)	0.4470	R-CUADRADO ALTO CUANDO LOS VALORES ATÍPICOS SON REMOVIDOS
R-Cuadrado Ajustado	0.4343	
R Múltiple (Coeficiente de Correlación Múltiple)	0.6686	
Error Estándar de la Estimación (SEy)	2524.90	

Resultados Regresión	Intercepto	Marketing
Coeficientes	19.4470	0.8229
Error Estándar	13.4006	0.1365
Estadístico t	1.4512	6.0267
Valor p	0.1532	0.0000

Figura 9.35: Resultados de la Regresión Eliminando Datos Atípicos

Sin embargo, se debe tener mucho cuidado cuando se decide si se deben remover los datos atípicos. Aunque en muchos casos cuando se eliminan los datos atípicos, los resultados de la regresión se ven mejor, primero debe existir una justificación *a priori*. Por ejemplo, si se está haciendo la regresión del desempeño de los retornos de los activos de cierta empresa, los datos atípicos causados por caídas en el mercado de activos se deberían incluir, pues estos no son datos atípicos pues hace parte inevitable del ciclo económico.

Eliminando estos datos atípicos y usando la ecuación de regresión para pronosticar el fondo de retiro propio basado en los activos de la firma se generan resultados incorrectos. En comparación, suponga que los datos atípicos son causados por una única condición de la economía (por ejemplo, Fusión y adquisición) y dichos cambios estructurales de la economía no se pronostican como recurrentes, por lo tanto, esos datos atípicos se deberían eliminar y limpiar antes de ejecutar el análisis de regresión.

La Figura 9.36 presenta un gráfico de dispersión con una relación no lineal entre las variables dependiente e independiente. En una situación como ésta, la regresión lineal no sería óptima. Se debería aplicar una transformación no lineal antes de correr la regresión. Un enfoque simple es tomar el logaritmo natural de la variable independiente (otros enfoques toman la raíz cuadrada o elevan la variable dependiente a la segunda o tercera potencia) y realizar la regresión de la transformación de los ingresos de ventas sobre los datos de costos de marketing.

La Figura 9.37 muestra los resultados de la regresión con un coeficiente de determinación de 0.938 comparado frente al 0.707 de la Figura 9.38 donde se aplica una regresión lineal simple a la serie de datos original sin la transformación no lineal.

Si el modelo lineal no es el correcto para los datos, entonces la pendiente y el intercepto estimado, y los valores ajustados de la línea de regresión tendrán sesgo, y las estimaciones de la pendiente y el intercepto ajustado no tendrán sentido. Sobre un rango restringido de las variables independientes o dependientes, los modelos no lineales pueden estar bien aproximados por un modelo lineal (de hecho, ésta es la base para la interpolación lineal), pero para predicciones exactas se debe seleccionar un modelo apropiado para los datos.

Una revisión del diagrama de dispersión X-Y debería revelar si el modelo lineal es apropiado. Si hay una gran variación en la variable dependiente, se hace difícil escoger cual es el modelo apropiado; en este caso, el modelo lineal puede hacerlo tan bien como cualquier otro y tiene la ventaja de ser simple. Remítase al *Apéndice 9—Detección y Corrección de Heteroscedasticidad* para ver las pruebas de especificación de no linealidad y heteroscedasticidad, así como las formas de corrección.

Relación No Lineal:
Ingresos de Ventas vs Costos de Marketing

Figura 9.36: Gráfico de Dispersión Mostrando una Relación No Lineal

Estadísticas de Regresión

R-Cuadrado (Coeficiente de Determinación)	0.9380
R-Cuadrado Ajustado	0.9364
R Múltiple (Coeficiente de Correlación Múltiple)	0.9685
Error Estándar de la Estimación (SEy)	101.74

SIGNIFICANCIA
ESTADÍSTICA ALTA

CON UNA
TRANSFORMACION
NO LINEAL

Resultados Regresión

	Intercepto	LN(Marketing)
Coeficientes	10.2080	5.3783
Error Estándar	1.0618	0.2001
Estadístico t	9.6141	26.8750
Valor p	0.0000	0.0000

Figura 9.37: Resultados de la Regresión Usando Transformación No Lineal

Sin embargo, se debe tener mucho cuidado que la serie original de datos lineales de costos de marketing no se agreguen con los costos de marketing transformados de forma no lineal en el análisis de regresión. De lo contrario, se presenta multicolinealidad, es decir, los costos de marketing están altamente correlacionado con el logaritmo natural de los costos de marketing y si ambos se utilizan como variables independientes en un análisis de regresión multivariada, el supuesto de no multicolinealidad se viola y el análisis de regresión no sirve. La Figura 9.39 muestra que sucede cuando se presenta multicolinealidad. Nótese que el coeficiente de determinación (0.938) es el mismo que en la regresión con la transformación no lineal. Sin embargo, el coeficiente de determinación ajustado disminuye de 0.9364 (Figura 9.37) a 0.9358 (Figura 9.39). Adicionalmente, la variable estadísticamente significativa de costos de marketing de la Figura 9.38 se vuelve ahora no significativa (Figura 9.39) con un valor de probabilidad que aumenta de cero a 0.4661. Un síntoma básico de multicolinealidad es la presencia de bajos estadísticos *t* junto a un alto R-Cuadrado (Figura 9.39). Véase el *Apéndice 9—Detección y Corrección de Multicolinealidad* para más detalles en la detección de multicolinealidad en una regresión.

Estadísticas de Regresión

R-Cuadrado (Coeficiente de Determinación)	0.7070
R-Cuadrado Ajustado	0.7013
R Múltiple (Coeficiente de Correlación Múltiple)	0.8408
Error Estándar de la Estimación (SEy)	477.72

LA REGRESIÓN LINEAL TIENE UN

MENOR R-CUADRADO EN COMPARACIÓN AL MODELO NO LINEAL

Resultados Regresión

	Intercepto	Marketing
Coeficientes	33.3580	0.0164
Error Estándar	0.6335	0.0015
Estadístico t	52.6580	10.7720
Valor p	0.0000	0.0000

Figura 9.38: Resultados de la Regresión usando datos lineales

Estadísticas de Regresión

R-Cuadrado (Coeficiente de Determinación)	0.9380
R-Cuadrado Ajustado	0.9358
R Múltiple (Coeficiente de Correlación Múltiple)	0.9685
Error Estándar de la Estimación (SEy)	100.59

TENGA EN CUENTA LA

MULTICOLINEALIDAD

Resultados Regresión

	Intercepto	Marketing	LN(Marketing)
Coeficientes	9.0966	-0.0011	5.6542
Error Estándar	1.8510	0.0015	0.4606
Estadístico t	4.9143	-0.7349	12.2750
Valor p	0.0000	0.4660	0.0000

NOTE QUE EL MODELO NO LINEAL SUPERA AL MODELO LINEAL… UN SÍNTOMA DE QUE LA MULTICOLINEALIDAD SE PRESENTA: BAJOS VALORES P Y UN R-CUADRADO ALTO

Figura 9.39: Resultados de la Regresión Usando Transformaciones Lineales y No Lineales

Otra violación común de supuestos es la heteroscedasticidad, es decir, la varianza de los errores aumenta en el tiempo La Figura 9.40 ilustra este caso, donde el ancho de las fluctuaciones verticales de los datos se incrementa sobre el tiempo. En este ejemplo, los datos se han cambiado para exagerar el efecto. Sin embargo, en la mayoría de análisis de series de tiempo, comprobar la heteroscedasticidad es una cuestión mucho más difícil. Véase el *Apéndice 9—Detección y Corrección de Heteroscedasticidad* para más detalles. Corregir la heteroscedasticidad es incluso un gran reto.[7] Nótese en la Figura 9.41 que el coeficiente de determinación disminuye significativamente cuando existe heteroscedasticidad. Tal como es, el actual modelo de regresión es insuficiente e incompleto.

Si la varianza de la variable dependiente no es constante, entonces la varianza del error tampoco será constante. La forma más común de dicha heteroscedasticidad en la variable dependiente es que la varianza de la variable dependiente puede aumentar, así como la media de la variable dependiente aumenta para datos con variables independientes y dependientes positivas. A menos que la heteroscedasticidad de la variable dependiente sea marcada, su efecto no será fuerte: las estimaciones de mínimos cuadrados serán aún sesgadas y las estimaciones de la pendiente y el intercepto serán normalmente distribuidas si los errores se distribuyen normal, o al menos distribuidas normal asintóticamente (a medida que los datos se hacen mayores) si los errores no están normalmente distribuidos. La estimación de la varianza de la pendiente y la varianza total será incorrecta, pero la imprecisión no es probable que sea importante si los valores de la variable independiente son simétricos respecto a su media.

La heteroscedasticidad de la variable dependiente usualmente se detecta de manera informal mediante la inspección del gráfico de dispersión X-Y de los datos antes de realizar la regresión. Si se presenta tanto no linealidad como varianza no constante, emplear una transformación de la variable dependiente puede tener efectos simúlatenos, mejorando la linealidad y fomentando la igualdad de varianzas, de lo contrario una regresión lineal de mínimos cuadrados ponderados será el método preferido para tratar variables dependientes con varianza no constante.

Figura 9.40: Gráfico de Dispersión Mostrando Heterocedasticidad

Estadísticas de Regresión

R-Cuadrado (Coeficiente de Determinación)	0.3980	CUIDADO CON LA
R-Cuadrado Ajustado	0.3858	HETEROSCEDASTICIDAD!
R Múltiple (Coeficiente de Correlación Múltiple)	0.6309	

Resultados Regresión

	Intercepto	Marketing
Coeficientes	1.5742	0.9586
Error Estándar	16.7113	0.1701
Estadístico t	0.0942	5.6371
Valor p	0.9253	0.0000

Figura 9.41: Resultados de la Regresión con Heterocedasticidad

OTRAS CUESTIONES TÉCNICAS EN EL ANÁLISIS DE REGRESIÓN

Si los datos a ser analizados por una regresión lineal violan uno o más de los supuestos de la regresión lineal, los resultados pueden ser incorrectos o engañosos. Por ejemplo, si se viola el supuesto de independencia, entonces la regresión lineal no es apropiada. Si se viola el supuesto de normalidad o hay presencia de datos atípicos, entonces la prueba de bondad de ajuste de la regresión puede no ser la prueba disponible más potente o informativa, y esta puede representar la diferencia entre detectar un ajuste lineal o no. Un método de regresión no paramétrico, robusto o resistente, como una transformación, una regresión lineal de mínimos cuadrados ponderados, o un modelo no lineal puede generar un mejor ajuste Si la varianza de la población de la variable dependiente no es constante, una regresión lineal de mínimos cuadrados ponderados o una transformación de la variable dependiente puede generar una forma de ajuste a la regresión dada la desigualdad de varianzas. Con frecuencia, el impacto de violar un supuesto en el resultado de regresión lineal depende del alcance de la violación tal como que tan no constante es la varianza de la variable dependiente, o que tan asimétrica es la distribución de la población de la variable dependiente). Algunas pequeñas violaciones pueden tener pequeños efectos prácticos en el análisis, mientras que otras violaciones pueden volver los resultados de la regresión lineal inútiles e incorrectos.

Otras posibles violaciones de los supuestos son:

- No independencia en la variable dependiente.

- La variable independiente es aleatoria, no fija.

- Problemas particulares con pocos datos.

- Problemas particulares con la regresión a través del origen.

No Independencia en la Variable Dependiente

Si los valores de la variable explicativa son independientes unos de otros, se determina generalmente por la estructura del experimento que la genera. El total de los valores de la variable dependiente sobre ella misma pueden estar autocorrelacionados. Para la correlación serial de los valores de la variable dependiente, las estimaciones de la pendiente y del intercepto pueden estar sesgadas, por lo tanto, las estimaciones de las varianzas pueden no ser fiables y de esta forma la validez de ciertas pruebas estadísticas de bondad de ajuste serán incorrectas. Un modelo ARIMA puede ser mejor en esas circunstancias.

La Variable Independiente es Aleatoria, No Fija

El modelo usual de regresión lineal asume que las variables independientes observadas son fijas, no aleatorias. Si los valores independientes no están bajo el control del experimentador (por ejemplo, son observados, pero no definidos), y si de hecho hay varianza subyacente en la variable independiente, pero se tiene la misma varianza, el modelo lineal es conocido como modelo o estructura de modelo de errores en variables. Aun así, el ajuste de mínimos cuadrados brinda el mejor estimador lineal de la variable dependiente, pero la estimación de la pendiente y el intercepto serán sesgados (el valor esperado no será igual a la verdadera pendiente y varianza). En este caso, un modelo de pronóstico estocástico sería una mejor alternativa.

Problemas Particulares con Pocos Datos o Micronumerosidad

Si el número de datos es pequeño (también conocido como *micronumerosidad*) podría ser difícil detectar las violaciones de supuestos. Con muestras pequeñas, la violación de supuestos como la no normalidad o la heteroscedasticidad de varianzas es difícil de detectar aun cuando se presentan. Con un número pequeño de datos las regresiones lineales ofrecen menos protección contra la violación de supuestos. Con pocos datos, puede ser difícil determinar que tan bien se ajusta la línea de regresión, o cuando una función no lineal sería más apropiada.

Incluso, si ninguna de estas supuestas pruebas se viola, la regresión lineal con un pequeño número de datos puede no tener suficiente poder para detectar una diferencia significativa entre la pendiente y cero, aún si la pendiente no es cero. La potencia depende del error residual, la variación observada en la variable dependiente, el nivel de prueba mediante la selección del alfa y el número de datos. La potencia disminuye a medida que la varianza de los residuales aumenta, disminuye a medida que el nivel de significancia disminuye (por ejemplo, si la prueba realizada es más estricta), aumenta a medida que la variación de la variable observada aumenta y aumenta a medida que el número de datos se incrementa. Si la prueba de significancia estadística con un número pequeño de datos produce un valor de probabilidad sorprendentemente no significativo, la carencia de poder puede deberse a esta razón. El mejor momento para evitar dichos problemas se encuentra en la etapa de diseño del experimento donde se pueden determinar unos tamaños mínimos adecuados para el tamaño de la muestra, quizás consultando a un econometrista, antes de que la recopilación de los datos comience.

Problemas Particulares con la Regresión A través del Origen

Los efectos de una varianza no constante de la variable dependiente pueden ser particularmente fuertes para una regresión lineal cuando la línea es forzada a pasar por el origen: la estimación de la varianza para valores ajustados puede ser mucho menor que la varianza real, haciendo la prueba de la pendiente no conservadora (mayor probabilidad de rechazar la hipótesis nula que la pendiente es cero bajo el nivel de significancia indicado). En general, a menos que haya una razón teórica o estructural para asumir que el intercepto es cero, es preferible ajustar tanto la pendiente como el intercepto.

HERRAMIENTA DE DIAGNÓSTICO PARA LA REGRESIÓN Y EL PRONÓSTICO

La herramienta de diagnóstico para la regresión y el pronóstico en una herramienta analítica avanzada que se encuentra disponible en el Simulador de Riesgo y se utiliza para determinar las propiedades econométricas de los datos. El diagnóstico incluye: detección de heterocedasticidad, no linealidad, valores atípicos, errores de especificación, micronumerosidad, estacionariedad y propiedades estocásticas, normalidad y esfericidad de los errores y multicolinealidad. Cada prueba es descrita con más detalle en sus respectivos reportes del modelo.

Procedimiento

- Abra el modelo ejemplo (*Simulador de Riesgo | Modelos de Ejemplo | Diagnóstico de Regresión*), y vaya a la hoja de trabajo *Series de Tiempo* y *seleccione los datos* incluyendo los nombres de las variables (celdas *C5: H55*).
- Haga clic en *Simulador de Riesgo | Herramientas | Herramientas de Diagnóstico*.
- Verifique los datos y seleccione *Variable Dependiente Y* en el menú desplegable. Haga clic en *OK* cuando haya terminado (Figura 9.43).

Una violación frecuente en el análisis de pronósticos y de regresión es la heteroscedasticidad; es decir, la varianza de los errores aumenta en el tiempo (véase la Figura 9.44 para los resultados de la prueba utilizando la herramienta de diagnóstico). Visualmente, la anchura de las fluctuaciones de datos verticales aumenta o se distribuye con el tiempo, y, por lo general, el coeficiente de determinación (coeficiente R-cuadrado) se reduce significativamente cuando existe heteroscedasticidad. Si la varianza de la variable dependiente no es constante, entonces la varianza del error no será constante. A menos que se pronuncie la heteroscedasticidad de la variable dependiente, su efecto no será severo: Las estimaciones de mínimos cuadrados seguirán siendo imparciales, y las estimaciones de la pendiente y el intercepto o bien se distribuyen normalmente si los errores están normalmente distribuidos o al menos normalmente distribuidos asintóticamente (como el número de puntos de datos se hace grande) si los errores no se distribuyen normalmente. La estimación de la varianza de la pendiente y la varianza global será inexacta, pero la imprecisión no es probable que sea importante si los valores de la variable independiente son simétricos respecto a su media.

Si el número de puntos de datos es pequeño (micronumerosidad), puede ser difícil de detectar las violaciones de supuestos. Con muestras pequeñas, las violaciones de los supuestos tales como la no normalidad o heteroscedasticidad de las varianzas son difíciles de detectar, incluso cuando están presentes. Con un pequeño número de puntos de datos, la regresión lineal ofrece menos protección contra la violación de supuestos. Con pocos puntos de datos, puede ser difícil determinar qué tan bien coincide la línea ajustada con los datos, o si una función no lineal sería más apropiada. Aunque ninguno de los supuestos de la prueba sean violados, una regresión lineal en un pequeño número de puntos de datos podría no tener el poder suficiente para detectar una diferencia significativa entre la pendiente y cero, incluso si la pendiente es distinta de cero. El poder depende del error residual, la variación observada en la variable independiente, el nivel de significancia alfa seleccionado de la prueba, y el número de puntos de datos. El poder disminuye a medida que aumenta la varianza residual, disminuye a medida que el nivel de significancia disminuye (es decir, tanto como la prueba se hace más estricta), aumenta a medida que la variación en la variable independiente observada aumenta y aumenta a medida que el número de puntos de datos aumenta.

Los valores no pueden ser distribuidos de forma idéntica debido a la presencia de valores atípicos. Los valores atípicos son valores anómalos en los datos. Los valores atípicos pueden tener una fuerte influencia sobre la pendiente y el intercepto ajustado, dando un mal ajuste de la mayor parte de los puntos de datos. Los valores atípicos tienden a aumentar la estimación de la varianza residual, reduciendo la probabilidad de rechazar la hipótesis nula; es decir, creando errores de predicción más altos. Puede ser debido a errores registrados, que pueden ser corregibles, o puede ser debido a que los valores de las variables dependientes no están todos incluidos en la muestra de la misma población. Los aparentes valores atípicos también pueden deberse a los valores de variables dependientes siendo de la misma, pero no normal, población. Sin embargo, un punto puede ser un valor inusual, ya sea en una variable independiente o dependiente, sin ser necesariamente un caso atípico en el gráfico de dispersión. En el análisis de regresión, la línea ajustada puede ser altamente sensible a los valores atípicos. En otras palabras, la regresión de mínimos cuadrados no es resistente a los valores atípicos, por lo tanto, tampoco lo es la estimación de la pendiente ajustada. Un punto eliminado verticalmente desde los otros puntos puede causar que la línea ajustada pase cerca de ella, en lugar de seguir la tendencia lineal general del resto de los datos, especialmente si el punto está relativamente lejos horizontalmente del centro de los datos.

Conjunto de Datos para el Análisis de Regresión Múltiple

Crímenes Violentos (cientos)	Egresados de Licenciatura	Gasto de Policía Per Cápita	Población en Millones	Densidad de Población (Persona por Milla Cuadrada)	Tasa de Desempleo (%)
521	18308	185	4.041	79.6	7.2
367	1148	600	0.55	1	8.5
443	18068	372	3.665	32.3	5.7
365	7729	142	2.351	45.1	7.3
614	100484	432	29.76	190.8	7.5
385	16728	290	3.294	31.8	5
286	14630	346	3.287	678.4	6.7
397	4008	328	0.666	340.8	6.2
764	38927				
427	22322				
153	3711				
231	3136				
524	50508				
328	28886				
240	16996				
286	13035				
285	12973				
569	16309				
96	5227				
498	19235				
481	44487				
468	44213				
177	23619				
198	9106				
458	24917				
108	3872				
246	8945				
291	2373				
68	7128				
311	23624	349	7.73	1042	6.6

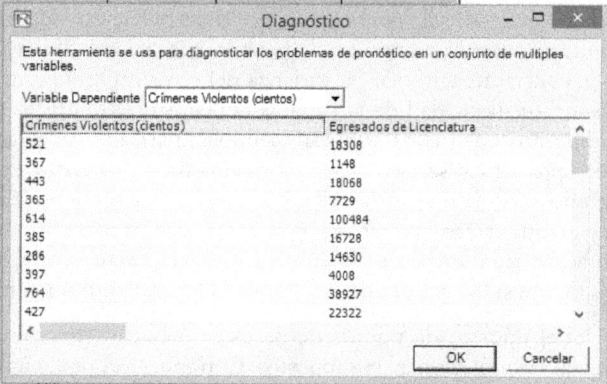

Figura 9.43: Ejecución de la Herramienta de Diagnóstico de Datos

Sin embargo, se debe tener mucho cuidado al momento de decidir si los valores atípicos deben ser eliminados. Aunque en la mayoría de los casos cuando se eliminan los valores extremos, los resultados de la regresión se ven mejor, una justificación *a priori* debe primero existir. Por ejemplo, si el rendimiento de las acciones de una empresa en particular está retrocediendo, los valores atípicos causados por las crisis en el mercado de valores deben ser incluidos; estos no son realmente los valores atípicos, ya que son inevitables en el ciclo de la empresa. Renunciar a estos valores atípicos y el uso de la ecuación de regresión para predecir el propio flujo de jubilación sobre la base de las reservas de la empresa producirá resultados incorrectos en el mejor de los casos. Por el contrario, supongamos que los valores atípicos son causados por una sola condición no recurrente de la empresa (por ejemplo, fusiones y adquisiciones) y tales cambios estructurales no son propenso a que vuelvan a ocurrir; entonces estos valores atípicos deben ser retirados y los datos limpiados antes de ejecutar un análisis de regresión. El análisis aquí sólo identifica los valores atípicos y es responsabilidad del usuario determinar si deben mantenerse o ser excluidos.

A veces, una relación no lineal entre las variables dependientes e independientes es más apropiada que una relación lineal. En tales casos, ejecutar una regresión lineal no será óptimo. Si el modelo lineal no es la forma correcta, entonces la pendiente y el intercepto estimado y los valores ajustados de la regresión lineal serán parciales, y las estimaciones de pendiente e intercepto no serán significativas. Durante un rango restringido de variables independientes o dependientes, los modelos no lineales pueden aproximarse bien mediante modelos lineales (esto es, de hecho, la base de la interpolación lineal), pero para la predicción precisa, un modelo apropiado para los datos debe ser seleccionado. Una transformación no lineal primero se debe aplicar a los datos antes de ejecutar una regresión. Un enfoque sencillo es tomar el logaritmo natural de la variable independiente (otros enfoques incluyen tomar la raíz cuadrada o elevar la variable independiente a la segunda o tercera potencia) y ejecutar una regresión o pronóstico utilizando la no linealidad de los datos transformados.

Resultados del Diagnóstico

Variable	Heteroscedasticidad		Micronumerosidad	Valores Atípicos			No linealidad	
	Prueba - W P-Value	Prueba de Hipótesis resultado	Aproximación al resultado	Límite natural más bajo	Límite natural más alto	Número de Valores Atípicos	Prueba de No linealidad P-Value	Prueba de Hipótesis resultado
Y			Sin problemas	-7.86	671.70	2		
Egresados de Licenciatura	0.2543	Homoscedasticidad	Sin problemas	-21377.95	64713.03	3	0.2458	Lineal
Gasto de Policía Per Cápita	0.3371	Homoscedasticidad	Sin problemas	77.47	445.93	2	0.0335	No Lineal
Población en Millones	0.3649	Homoscedasticidad	Sin problemas	-5.77	15.69	3	0.0305	No Lineal
Densidad de Población	0.3066	Homoscedasticidad	Sin problemas	-295.96	628.21	4	0.9298	Lineal
Tasa de Desempleo (%)	0.2495	Homoscedasticidad	Sin problemas	3.35	9.38	3	0.2727	Lineal

Figura 9.44: Resultados de Pruebas de Valores Atípicos, Heteroscedasticidad, Micronumerosidad, y de No Linealidad

Otro tema típico cuando se hace la predicción de los datos de series de tiempo es si los valores de la variable independiente son verdaderamente independientes entre sí o son en realidad dependientes. Los valores de las variables dependientes recogidos durante una serie de tiempo pueden estar autocorrelacionados. Para valores de variables dependientes correlacionados en serie, las estimaciones de la pendiente y el intercepto serán imparciales, pero las estimaciones de su pronóstico y las variaciones no serán fiables y, por lo tanto, la validez de ciertas pruebas estadísticas de bondad de ajuste serán invalidas. Por ejemplo, las tasas de interés, tasas de inflación, las ventas, los ingresos, y muchos otros datos de series de tiempo están generalmente autocorrelacionados, en que el valor en el período actual se relaciona con el valor en un periodo anterior, y así sucesivamente (claramente, la tasa de inflación de marzo se relaciona con el nivel de la de febrero, que, a su vez, se relaciona con el nivel de la de enero, etc.). Haciendo caso omiso de tales relaciones evidentes se producirán predicciones sesgadas y menos precisas. En este tipo de eventos, un modelo de regresión autocorrelacionado o un modelo ARIMA podrían ser más adecuados *(Simulador de Riesgo | Pronóstico | ARIMA)*. Por último, las funciones de autocorrelación de una serie que es no estacionaria tienden a decaer lentamente (véase el informe de no estacionariedad en el modelo).

Si la autocorrelación AC *(1)* es distinta que cero, significa que la serie tiene una correlación de primer orden. Si AC(k) decae más o menos geométricamente con el aumento de rezagos, implica que la serie sigue un proceso autorregresivo de orden inferior. Si AC(k) cae a cero después de un pequeño número de r rezagos, implica que la serie sigue un proceso de media móvil de orden inferior. La correlación parcial PAC(k) mide la correlación de los valores que son períodos k separados después de eliminar la correlación de los rezagos que intervienen. Si el patrón de autocorrelación puede ser capturado por una autoregresión de orden menor que k, entonces la autocorrelación parcial en los rezagos k será cercana a cero. El estadístico Q de

Ljung–Box y sus valores-p en los rezagos k tienen la hipótesis nula de que no hay autocorrelación hasta el orden k. Las líneas de puntos en los gráficos de las correlaciones son los dos límites de error estándar aproximados. Si la autocorrelación esta dentro de estos límites, no es significativamente distinta de cero en el nivel de importancia del 5 por ciento.

La autocorrelación mide la relación entre el pasado de la variable dependiente Y y ella misma. Los rezagos de distribución, por el contrario, son las relaciones de tiempo de retardo entre la variable dependiente Y y las diferentes variables independientes X. Por ejemplo, el movimiento y la dirección de las tasas hipotecarias tienden a seguir la tasa de Fondos Federales, pero en un rezago de tiempo (por lo general de 1 a 3 meses). A veces, los rezagos siguen ciclos y estacionalidad (por ejemplo, las ventas de helados tienden a llegar a su máximo durante los meses de verano, por consiguiente, están relacionadas con las ventas del verano pasado, 12 meses en el pasado). El análisis de rezagos distribuidos (Figura 9.45) muestra cómo la variable dependiente está relacionada con cada una de las variables independientes en diversos rezagos de tiempo, cuando todos los rezagos se consideran simultáneamente, para determinar qué rezagos de tiempo son estadísticamente significativos y deben ser considerados.

Autocorrelación

	AC	PAC			Q	p
1	0.0580	0.0580	-0.2828	0.2828	0.1786	0.6726
2	-0.1213	-0.1251	-0.2828	0.2828	0.9754	0.6140
3	0.0590	0.0756	-0.2828	0.2828	1.1679	0.7607
4	0.2423	0.2232	-0.2828	0.2828	4.4865	0.3442
5	0.0067	-0.0078	-0.2828	0.2828	4.4890	0.4814
6	-0.2654	-0.2345	-0.2828	0.2828	8.6516	0.1941
7	0.0814	0.0939	-0.2828	0.2828	9.0524	0.2489
8	0.0634	-0.0442	-0.2828	0.2828	9.3012	0.3175
9	0.0204	0.0673	-0.2828	0.2828	9.3276	0.4076
10	-0.0190	0.0865	-0.2828	0.2828	9.3512	0.4991
11	0.1035	0.0790	-0.2828	0.2828	10.0648	0.5246
12	0.1658	0.0978	-0.2828	0.2828	11.9466	0.4500
13	-0.0524	-0.0430	-0.2828	0.2828	12.1394	0.5162
14	-0.2050	-0.2523	-0.2828	0.2828	15.1738	0.3664
15	0.1782	0.2089	-0.2828	0.2828	17.5315	0.2881
16	-0.1022	-0.2591	-0.2828	0.2828	18.3296	0.3050
17	-0.0861	0.0808	-0.2828	0.2828	18.9141	0.3335
18	0.0418	0.1987	-0.2828	0.2828	19.0559	0.3884
19	0.0869	-0.0821	-0.2828	0.2828	19.6894	0.4135
20	-0.0091	-0.0269	-0.2828	0.2828	19.6966	0.4770

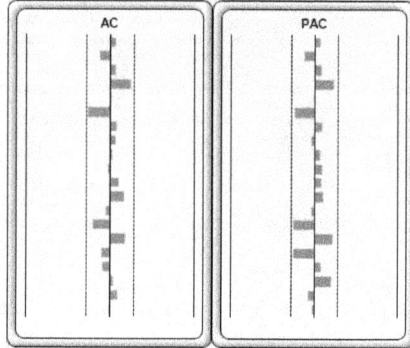

Rezagos Distributivos

Valores P de Rezagos Distributivos por Periodo para cada Variable Independiente

Variable	1	2	3	4	5	6	7	8	9	10	11	12
X1	0.8467	0.2045	0.3336	0.9105	0.9757	0.1020	0.9205	0.1267	0.5431	0.9110	0.7495	0.4016
X2	0.6077	0.9900	0.8422	0.2851	0.0638	0.0032	0.8007	0.1551	0.4823	0.1126	0.0519	0.4383
X3	0.7394	0.2396	0.2741	0.8372	0.9808	0.0464	0.8355	0.0545	0.6828	0.7354	0.5093	0.3500
X4	0.0061	0.6739	0.7932	0.7719	0.6748	0.8627	0.5586	0.9046	0.5726	0.6304	0.4812	0.5707
X5	0.1591	0.2032	0.4123	0.5599	0.6416	0.3447	0.9190	0.9740	0.5185	0.2856	0.1489	0.7794

Figura 9.45: Autocorrelación y Resultados de Rezagos Distribuidos

Otro requisito en el funcionamiento de un modelo de regresión es la suposición de normalidad y la esfericidad del término de error. Si el supuesto de normalidad se viola o hay valores atípicos presentes, entonces la prueba de bondad de ajuste de regresión lineal puede no ser la prueba más poderosa o informativa disponible. La elección de la prueba más adecuada puede significar la diferencia entre la detección de un ajuste lineal o no. Si los errores no son independientes y no están en una distribución normal, se puede indicar que los datos podrían estar autocorrelacionados o sufren de no linealidades u otros errores más destructivos. La independencia de los errores también se puede detectar en las pruebas de heteroscedasticidad (Figura 9.46).

La prueba de normalidad en los errores realizada es una prueba no paramétrica, que no hace suposiciones sobre la forma específica de la población de donde se extrajo la muestra, permitiendo que muestras más pequeñas de conjuntos de datos sean analizadas. Esta prueba evalúa la hipótesis nula de que los errores de muestreo fueron extraídos de una población distribuida normalmente frente a una hipótesis alternativa de que la muestra de datos no está distribuida normalmente. Si el estadístico-D calculado es mayor que o igual a los valores-D críticos en varios valores de importancia, entonces se rechaza la hipótesis nula y se acepta la hipótesis alternativa (los errores no están distribuidos normalmente). De lo contrario, si el estadístico-D es menor que el valor crítico-D, no se rechaza la hipótesis nula (los errores se distribuyen normalmente). Esta prueba se basa en dos frecuencias acumuladas: uno derivado de la muestra de datos y el segundo de una distribución teórica basada en la media y la desviación estándar de los datos de la muestra.

A veces, ciertos tipos de datos de series de tiempo no pueden ser modelados utilizando cualquier otro método a excepción de un proceso estocástico, porque los eventos subyacentes son estocásticos en la naturaleza. Por ejemplo, no se puede modelar y predecir adecuadamente los precios de acciones, tasas de interés, precio del petróleo y otros precios de materias primas mediante un modelo de regresión simple porque estas variables son muy inciertas y volátiles, y no siguen una regla de comportamiento estática ni predefinida; en otras palabras, el proceso no es estacionario. La estacionariedad se comprueba aquí usando las Pruebas de Funcionamiento, mientras que otra pista visual se encuentra en el informe de Autocorrelación (el ACF tiende a decaer lentamente). Un proceso estocástico es una secuencia de eventos o rutas generadas por leyes probabilísticas. Es decir, los eventos aleatorios pueden ocurrir con el tiempo, pero se rigen por normas estadísticas y probabilísticas específicas. Los principales procesos estocásticos incluyen el paseo aleatorio o movimiento Browniano, reversión a la media, y difusión con saltos. Estos procesos pueden ser utilizados para pronosticar una multitud de variables que aparentemente siguen tendencias al azar, pero están restringidas por leyes probabilísticas. El proceso de generación de la ecuación se conoce de antemano, pero los resultados reales generados son desconocidos (Figura 9.47).

Prueba de Resultados

		Errores	Frecuencia Relativa	Observado	Esperado	O-E
Error Promedio de la Regresión	0.00	-219.04	0.02	0.02	0.0612	-0.0412
Desviación Estándar de los Errores	141.83	-202.53	0.02	0.04	0.0766	-0.0366
Estadístico-D	0.1036	-186.04	0.02	0.06	0.0948	-0.0348
D Crítico al 1%	0.1138	-174.17	0.02	0.08	0.1097	-0.0297
D Crítico al 5%	0.1225	-162.13	0.02	0.10	0.1265	-0.0265
D Crítico al 10%	0.1458	-161.62	0.02	0.12	0.1272	-0.0072
Hipótesis Nula: los errores se encuentran distribuidos normalmente		-160.39	0.02	0.14	0.1291	0.0109
		-145.40	0.02	0.16	0.1526	0.0074
Conclusión: Los errores son normales distribuidos al 1%		-138.92	0.02	0.18	0.1637	0.0163
nivel alfa.		-133.81	0.02	0.20	0.1727	0.0273
		-120.76	0.02	0.22	0.1973	0.0227
		-120.12	0.02	0.24	0.1985	0.0415
		-113.25	0.02	0.26	0.2123	0.0477
		-113.12	0.02	0.28	0.2125	0.0675
		-97.53	0.02	0.30	0.2458	0.0542
		-96.78	0.02	0.32	0.2475	0.0725
		-79.46	0.02	0.34	0.2876	0.0524

Figura 9.46: Prueba para la Normalidad de Errores

El proceso paseo aleatorio movimiento Browniano puede ser utilizado para pronosticar los precios de acciones, precios de materias primas, y otros datos de series de tiempo estocásticas dada una deriva o tasa de crecimiento y la volatilidad en torno a la ruta de deriva. El proceso de reversión a la media se puede utilizar para reducir las fluctuaciones del proceso de paseo aleatorio al permitir que la ruta llegue a un valor a largo plazo, volviéndola útil para las variables de predicción de series de tiempo que tienen una tasa de largo plazo, como las tasas de interés y las tasas de inflación (estos son objetivos a largo plazo por parte de las autoridades reguladoras o el mercado). El proceso de difusión con saltos es útil para predecir datos de series de tiempo cuando la variable de vez en cuando puede presentar saltos al azar, tales como los precios del petróleo o el precio de la electricidad (choques exógenos de eventos discretos que pueden hacer que los precios salten hacia arriba o hacia abajo). Estos procesos también pueden ser mezclados y emparejados según sea necesario.

Se requiere una nota de precaución aquí. La calibración de los parámetros estocásticos muestra todos los parámetros para todos los procesos y no distingue qué proceso es mejor y cual es peor o qué proceso es más apropiado utilizar. Es responsabilidad del usuario hacer esta determinación. Por ejemplo, si vemos una tasa de reversión de 283 por ciento, es probable que un proceso de reversión a la media sea inapropiado, o una muy alta tasa de salto de, digamos, 100 por ciento posiblemente significa que un proceso de difusión con saltos probablemente no sea apropiado, y así sucesivamente. Además, el análisis no puede determinar cuál es la variable y cuál es la fuente de datos. Por ejemplo, son los datos brutos de los precios históricos de las acciones o se trata de los precios históricos de la electricidad o las tasas de inflación o el movimiento molecular de las partículas subatómicas, y así sucesivamente. Sólo el usuario sabría dicha información y, por lo tanto, el uso de un conocimiento y teoría *a priori*, y tener la capacidad de elegir el proceso correcto a utilizar (por ejemplo, precios de las acciones tienden a seguir un paseo aleatorio de movimiento Browniano mientras que las tasas de inflación siguen un proceso de reversión a la media, o un proceso de difusión con saltos es más apropiado si usted está prediciendo el de la electricidad).

La Multicolinealidad existe cuando hay una relación lineal entre las variables independientes. Cuando esto ocurre, la ecuación de regresión no se puede estimar en absoluto. En situaciones de colinealidad aproximada; la ecuación de regresión estimada será sesgada y proporcionará resultados inexactos. Esta situación es especialmente verdadera cuando se utiliza un enfoque de regresión paso a paso, donde serán arrojadas las variables independientes estadísticamente significativas fuera de la mezcla de regresión antes de lo esperado, lo que resulta en una ecuación de regresión que no es ni eficiente ni exacta. Una prueba rápida de la presencia de multicolinealidad en una ecuación de regresión múltiple donde el valor R-cuadrado es relativamente alto, mientras que los estadísticos-t son relativamente bajos.

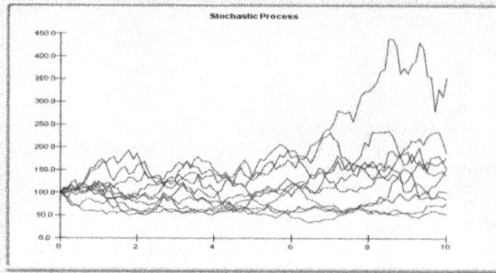

Resumen Estadístico

Los siguientes son parámetros estimados de un proceso estocástico dados los datos proporcionados. Usted debe determinar si la probabilidad de ajuste (similar a un cálculo de la bondad de ajuste computacional) es suficiente para garantizar el uso de un proceso estocástico como pronóstico, y si se trata de una Caminata Aleatoria o Proceso Browniano, Reversión a la Media o Saltos de Difusión, o una combinación de todas. Al elegir el modelo estocástico correcto, usted debe contar en las experiencias pasadas y a priori respecto a las expectativas económicas y financieras de los datos que mejor representen los datos. Estos parámetros pueden ingresarse en el pronóstico del proceso estocástico (**Simulador de riesgo I Pronóstico I Procesos Estocásticos**).

Periodicidad					
Tasa de deriva	-1.48%	Tasa de Regresión	283.89%	Tasa de Salto	20.41%
Volatilidad	88.84%	Valor a Largo Plazo	327.72	Tamaño del Salto	237.89

Probabilidad de ajuste del modelo estocástico: 46.48%
Un ajuste alto significa que un modelo estocástico es mejor que los modelos convencionales.

Ejecuciones	20	Normal Estándar	-1.7321
Positivas	25	Valor P (1 cola)	0.0416
Negativas	25	Valor P (2 colas)	0.0833
Ejecuciones Estimadas	26		

Un valor P bajo (menor a 0.10, 0.05, 0.01) significa que la secuencia no es aleatoria y por lo mismo sufre de problemas estacionarios, y el modelo ARIMA puede ser el más adecuado. Contrariamente, valor P altos indican aleatoriedad y los modelos de proceso estocástico pueden ser los más apropiados.

Figura 9.47: Estimación de Parámetros de los Procesos Estocásticos

Otra prueba rápida es crear una matriz de correlación entre las variables independientes. Una alta correlación cruzada indica un potencial de autocorrelación. La regla general es que una correlación con un valor absoluto mayor que 0.75 indica una multicolinealidad severa. Otra prueba de la multicolinealidad es el uso del Factor Inflador de Varianza (VIF) – [siglas en inglés], que se obtiene mediante la regresión auxiliar de cada variable independiente sobre todas las demás variables independientes para obtener el valor R-cuadrado, y el cálculo del VIF. Un VIF superior a 20 puede considerarse como multicolinealidad severa. Un VIF superior a 10.0 indica multicolinealidad destructiva (Figura 9.48).

Matriz de Correlación

CORRELACIÓN	X2	X3	X4	X5
X1	0.333	0.959	0.242	0.237
X2		0.349	0.319	0.120
X3			0.196	0.227
X4				0.290

Factor de Varianza en la Inflación

FIV	X2	X3	X4	X5
X1	1.12	12.46	1.06	1.06
X2		1.14	1.11	1.01
X3			1.04	1.05
X4				1.09

Figura 9.48: Errores de Multicolinealidad

La matriz de correlación enumera las correlaciones de producto de Pearson (comúnmente conocida como R de Pearson) entre pares de variables. El coeficiente de correlación oscila entre −1.0 y + 1.0, inclusive. El signo indica el sentido de la asociación entre las variables, mientras que el coeficiente indica la magnitud o la fuerza de la asociación. El de R de Pearson sólo mide una relación lineal y es menos eficaz en la medición de las relaciones no lineales.

Para probar si las correlaciones son significativas, se realiza una prueba de hipótesis de dos colas y los valores-p resultantes se calculan. Los valores-p de menos de 0.10, 0.05 y 0.01 se resaltan en azul para indicar la importancia estadística. En otras palabras, un valor-p para una correlación par que es menor que un valor de importancia dado es estadística y significativamente diferente de cero, lo que indica que existe una relación lineal significativa entre las dos variables.

El coeficiente R de correlación de producto momento de Pearson entre dos variables (x y y) está relacionado con la medida de covarianza (cov), donde

$$R_{x,y} = \frac{COV_{x,y}}{s_x s_y}$$

El beneficio de la división de la covarianza entre el producto de las desviaciones estándar de las dos variables (s) es que el coeficiente de correlación resultante está delimitado entre −1.0 y 1.0, ambos inclusive. Este parámetro hace de la correlación una buena medida relativa para comparar entre diferentes variables (particularmente con diferentes unidades y magnitudes). La correlación no paramétrica basada en rango de Spearman también se incluye en el análisis. El R de Spearman se relaciona con el R de Pearson en que los datos se clasifican primero y luego se correlacionan. Las correlaciones de rangos proporcionan una mejor estimación de la relación entre dos variables cuando uno o ambos de ellos son no lineales.

Hay que destacar que una correlación significativa no implica causalidad. Las asociaciones entre las variables de ninguna manera implican que el cambio de una variable cause el cambio de otra variable. Dos variables que se mueven independientemente una de la otra, pero en una trayectoria relacionada pueden correlacionarse, pero su relación podría ser falsa (por ejemplo, una correlación entre las manchas solares y el mercado bursátil podría ser fuerte, pero se puede suponer que no hay causalidad y que esta relación es puramente falsa).

HERRAMIENTA DE ANÁLISIS ESTADÍSTICO

Otra herramienta muy poderosa en el Simulador de Riesgo es la herramienta de *Análisis Estadístico*, que determina las propiedades estadísticas de los datos. Los diagnósticos que se ejecutan incluyen la comprobación de los datos para diversas propiedades estadísticas, desde estadística básica descriptiva hasta pruebas de calibración de las propiedades estocásticas de los datos.

Procedimiento

- Abra el modelo ejemplo *(Simulador de Riesgo | Modelos de Ejemplo | Análisis de Estadísticas)*, vaya a la hoja de cálculo *Datos* y *seleccione los datos*, incluyendo los nombres de las variables (celdas *C5: E55*).

- Haga clic en *Simulador de Riesgo | Herramientas | Análisis de Estadísticas* (Figura 9.49).

- Compruebe el tipo de datos; es decir, si los datos seleccionados son de una sola o múltiples variables ordenadas en filas. En nuestro ejemplo, se supone que las áreas de datos seleccionados son de múltiples variables. Haga clic en *OK* cuando haya terminado.

- Elija las pruebas estadísticas que desea realizar. La sugerencia (y por defecto) es elegir todas las pruebas. Haga clic en *OK* cuando haya terminado (Figura 9.50).

Dedique algún tiempo en ir a través de los reportes generados para obtener una mejor comprensión de las pruebas estadísticas realizadas (los informes de ejemplo se muestran en las Figuras 9.51 a la 9.54).

Conjunto de Datos

Variable X1	Variable X2	Variable X3
521	18308	185
367	1148	600
443	18068	372
365	7729	142
614	100484	432
385	16728	290
286	14630	346
397	4008	328
764	38927	354
427	22322	266
153	3711	320
231	3136	197
524	50508	266
328	28886	173
240	16996	190
286	13035	239
285	12973	190
569	16309	241
96	5227	189
498	19235	358
481	44487	315
468	44213	303
177	23619	228
198	9106	134
458	24917	189

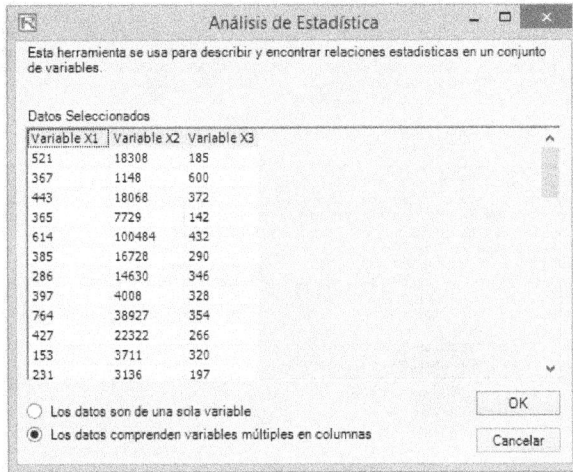

Figura 9.49: Ejecutando la Herramienta de Análisis Estadístico

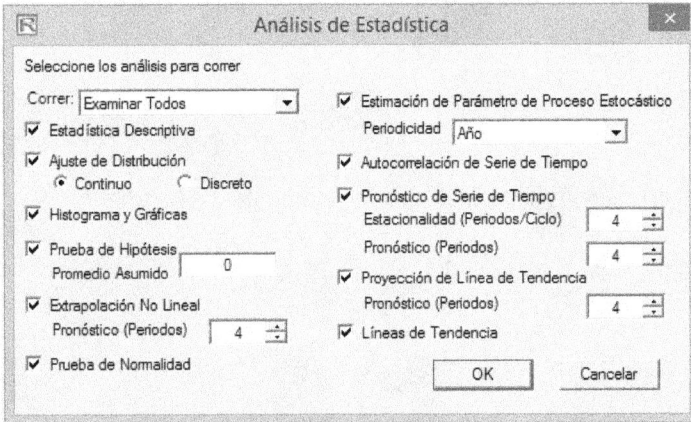

Figura 9.50: Pruebas Estadísticas

Estadísticas Descriptivas

Casi todas las distribuciones pueden ser descritas dentro de 4 momentos (algunas distribuciones requieren un momento, mientras que otras requieren dos momentos, y así sucesivamente). Las estadísticas descriptivas capturan cuantitativamente estos momentos. El primer momento describe la ubicación de una distribución (por ejemplo, media, mediana y moda) y es interpretada como un valor esperado, ganancias esperadas, o el valor promedio de los sucesos.

La Media Aritmética calcula el promedio de todos los sucesos sumando todo el conjunto de datos y dividiéndolos entre el número de elementos o datos. La Media Geométrica se calcula extrayendo la raíz de los productos de todos los datos y requiere que todos sean positivos. La Media Geométrica es más adecuada para porcentajes o tasas que fluctúan significativamente. Por ejemplo, usted puede utilizar la Media Geométrica para calcular la tasa de crecimiento promedio dadas las tasas de interés compuesto con tasas variables. La Media Acotada calcula el promedio aritmético del conjunto de datos una vez que los valores extremos han sido recortados, ya que los promedios tienden a tener una preferencia significativa cuando existen valores extremos, la Media Recortada reduce tal preferencia en distribuciones sesgadas.

El Error Estándar de la Media calcula el error alrededor de la media de una muestra. Mientras mayor sea el tamaño de la muestra, menor será el error ya que si se tiene una muestra infinitamente grande, el error se acercará a cero, indicando que el parámetro de la población ha sido estimado. Debido a errores muéstrales, el 95% del Intervalo de Confianza para la Media es proporcionado. Basado en el análisis del conjunto de datos del ejemplo, la media real de la población debe ubicarse entre los Intervalos Más Bajo y Más Alto definidos para la Media.

La Mediana es el punto donde el 50% de todos los datos se encuentra por arriba y el 50% de los datos se encuentran debajo de este valor. Entre estos tres primeros momentos estadísticos, la mediana es menos susceptible a los valores extremos. Una distribución simétrica tiene la Mediana igual a la Media Aritmética. Una distribución sesgada existe cuando la Mediana se encuentra demasiado lejos de la Media. La Moda muestra el valor de los datos que ocurre con mayor frecuencia.

Mínimo es el valor más pequeño del conjunto de datos mientras que Máximo es el valor más grande. Rango es la diferencia entre el valor Máximo y el valor Mínimo.

El segundo momento mide la dispersión o el ancho de una distribución, y es frecuentemente descrito utilizando medidas tales como la Desviación Estándar, Varianza, Cuartiles y Rangos Intercuartilicos. La Desviación Estándar indica el promedio de desviación de todos los datos respecto a su media. Es una medida popular que está asociada con el riesgo (una desviación estándar alta significa una distribución más abierta y dispersa, o también una dispersión más extensa de datos alrededor de la media, por consiguiente un riesgo más alto) y sus unidades son idénticas a los datos originales. La Desviación Estándar Muestral difiere de la Desviación Estándar Poblacional en la forma en la que emplea los grados de libertad, ya que en la anterior se utiliza una corrección de los grados de libertad para calcular muestras de tamaño pequeño. También los Intervalos de Confianza Más Bajo y Más Alto son proporcionados por la Desviación Estándar donde la verdadera desviación estándar de la población se ubica dentro de este intervalo. Si su conjunto de datos abarca todos los elementos de la población, calcule la Desviación Estándar Poblacional en lugar de la Muestral. Las dos medidas de Varianza son simplemente los valores cuadrados de las desviaciones estándar.

El Coeficiente de Variabilidad es la razón entre la desviación estándar de la muestra sobre la media de la muestra, proporcionando una medida libre de unidades de dispersión que puede compararse entre diferentes distribuciones (usted puede comparar distribuciones de valores denominados en millones de dólares con una en miles de millones de dólares, o metros o kilogramos, etc.). El Primer Cuartil mide el 25% de los datos cuando están ordenados de menor a mayor. El Tercer Cuartil es el valor del 75% de los datos. En ocasiones los cuartiles se utilizan como los rangos más altos y más bajos de una distribución ya que trunca el conjunto de datos para ignorar los valores extremos. El Rango Intercuartilicos es la diferencia entre el tercer y el primer Cuartil, y a menudo se utiliza para medir el ancho del centro de una distribución.

El sesgo es el tercer momento en una distribución. El Sesgo, indica el grado de asimetría de una distribución alrededor de su media. Un Sesgo Positivo indica una distribución con una cola asimétrica extendiéndose hacia valores positivos. Sesgo negativo indica una cola asimétrica extendiéndose hacia valores negativos.

La Curtosis indica el grado de apuntalamiento de una distribución de probabilidad comparada con una distribución normal, este es el cuarto momento de una distribución. Se tiene un valor de tres como parámetro de apuntalamiento o curtosis, mayor a tres indica un alto apuntalamiento o curva leptocúrtica (colas gordas), un valor de curtosis de tres correspondería al apuntalamiento de una distribución normal, denominado mesocúrtica y valores inferiores a tres platicúrtica o con poco grado de apuntalamiento (colas delgadas). También se puede referenciar con valores positivos y negativos, así un valor positivo en la Curtosis indica una distribución relativamente acentuada y una Curtosis negativa indica una distribución relativamente plana. La Curtosis medida aquí ha sido centrada en cero. Aún cuando ambas son igual de válidas, centrándola alrededor de cero conlleva una interpretación más sencilla. Una Curtosis muy positiva indica una distribución muy alargada (leptocúrtica o con colas gordas). Esto indica una probabilidad más alta de eventos extremos (por ejemplo, eventos catastróficos, ataques terroristas, caídas en la bolsa) que se predicen en una distribución normal.

Resumen Estadístico

Estadísticas	Variable X1		
Observaciones	50.0000	Desviación Estándar (Muestral)	172.9140
Media Aritmética	331.9200	Desviación Estándar (Poblacional)	171.1761
Media Geométrica	281.3247	Intervalo de Confianza Inferior para la Desviación Estándar	148.6090
Media Recortada	325.1739	Intervalo de Confianza Superior para la Desviación Estándar	207.7947
Error Estándar de la Media Aritmética	24.4537	Varianza (Muestral)	29899.2588
Intervalo de Confianza Inferior para la Media	283.0125	Varianza (Poblacional)	29301.2736
Intervalo de Confianza Superior para la Medi	380.8275	Coeficiente del Variabilidad	0.5210
Mediana	307.0000	Primer Cuartil (Q1)	188.0000
Mínimo	47.0000	Tercer Cuartil (Q3)	435.0000
Máximo	764.0000	Rango Intercuartilico	247.0000
Rango	717.0000	Asimetría o sesgo	0.4838
		Curtosis	-0.0952

Figura 9.51: Ejemplo de Reporte de la Herramienta de Análisis Estadístico

Prueba de Hipótesis (Prueba - t sobre la Media Poblacional de Una Variable)

Resumen Estadístico

Estadísticas del conjunto de Datos:		Estadísticas Calculadas:	
Observaciones	50	Estadística t	13.5734
Media Muestral	331.92	Valor P (cola derecha)	0.0000
Desviación Estándar Muestral	172.91	Valor P (cola izquierda)	1.0000
		Valor P (dos colas)	0.0000

Estadísticas Proporcionadas por el Usuario:

Media Hipotetizada	0.00

Hipótesis Nula (Ho): μ = Media Hipotetizada
Hipótesis Alternativa (Ha): μ < > Media Hipotetizada
Notas: "<>" significa "más grande que" para la cola derecha,
"menor que" para la cola izquierda, o "desigual" para las pruebas
de hipótesis de dos colas.

Resumen de la Prueba de Hipótesis

La prueba t de una variable es adecuada cuando la desviación estándar poblacional no se conoce pero se asume que las muestras de la distribución se aproximan a la normal (la prueba t se utiliza cuando el tamaño de la muestra es menor a 30, pero también es adecuada y de hecho, proporciona resultados más conservadores con conjuntos de datos más grandes). Esta prueba t puede aplicarse a tres tipos de pruebas de hipótesis: prueba de dos colas, prueba de cola derecha, y prueba de cola izquierda. Todas estas pruebas y sus respectivos resultados se enlistan a continuación para su referencia.

Prueba de Hipótesis de Dos Colas

Una prueba de hipótesis de dos colas prueba la hipótesis nula Ho de manera que la media poblacional es estadísticamente idéntica a la media hipotetizada. La hipótesis alternativa es aquella en donde la media poblacional real es estadísticamente diferente a la media hipotetizada cuando se prueba utilizando una muestra del conjunto de datos. Utilizando la prueba t, si el valor p calculado es menor a un monto específico de significancia (normalmente 0.10, 0.05, o 0.01), significa que la media poblacional es estadísticamente significativa diferente que la media hipotetizada en un 10%, 5% y 1% del valor de significancia (o en 90%, 95%, y 99% de la estadística de confianza). Al contrario, si el valor p es mayor que 0.10, 0.05, o 0.01, la media poblacional es estadísticamente idéntica a la media hipotetizada y cualquier diferencia se debe a factores aleatorios.

Prueba de Hipótesis de Cola Derecha

Una prueba de hipótesis de cola derecha prueba la hipótesis nula Ho de manera que la media poblacional es estadísticamente menor o igual a la media hipotetizada. La hipótesis alternativa es aquella en donde la media poblacional real es estadísticamente mayor que la media hipotetizada, se prueba utilizando una muestra del conjunto de datos. Utilizando una prueba t, si el valor p es menor que un monto específico de significancia (normalmente 0.10, 0.05, o 0.01), significa que la media poblacional es significativamente estadísticamente mayor que la media hipotetizada en un 10%, 5% y 1% del valor de significancia (o 90%, 95%, y 99% de la estadística de confianza). Al contrario, si el valor p es mayor que 0.10, 0.05, o 0.01, la media poblacional es estadísticamente similar o menor que la media hipotetizada.

Prueba de Hipótesis Cola Izquierda

Una prueba de hipótesis de cola izquierda prueba la hipótesis nula Ho de manera que la media poblacional es estadísticamente mayor que o igual a la media hipotetizada. La hipótesis alternativa es aquella en donde la media poblacional real es estadísticamente menor que la media hipotetizada cuando se prueba utilizando una muestra del conjunto de datos. Utilizando una prueba t, si el valor p es menor que un monto específico de significancia (normalmente 0.10, 0.05, o 0.01), significa que la media poblacional es significativamente estadísticamente menor que la media hipotetizada en un 10%, 5%, y 1% del valor de significancia (o 90%, 95%, y 99% de la estadística de confianza). Al contrario, si el valor p es mayor que 0.10, 0.05, o 0.01, la media poblacional es estadísticamente similar o mayor que la media hipotetizada y cualquier diferencia se debe a factores aleatorios.

Debido a que la prueba t es más conservadora y no requiere el conocimiento de la desviación estándar poblacional como la prueba Z, solamente utilizamos esta prueba t.

Figura 9.52: Ejemplo de Reporte de la Herramienta de Análisis Estadístico (Prueba de Hipótesis de una Variable)

Prueba de Normalidad

La prueba de Normalidad es una prueba no paramétrica, la cual no hace supuestos sobre la forma específica de la población de la cual se deriva la muestra, permitiendo que se analicen muestras pequeñas del conjunto de datos a ser analizados. Esta prueba evalúa la hipótesis nula de cualquier muestra que haya sido tomada de una población con distribución normal, contra una hipótesis alternativa en la que el conjunto de datos no está normalmente distribuido. Si el valor p calculado es menor o igual al valor alfa de significancia, entonces se rechaza la hipótesis nula y se acepta la hipótesis alternativa. De otra manera, si el valor p es mayor que el valor de significancia alfa, no se rechaza la hipótesis nula. Esta prueba consiste en dos frecuencias acumulativas: una derivada del conjunto de datos sencillos, la segunda de una distribución teórica basada en la media y la desviación estándar del conjunto de datos. Una alternativa a esta prueba es la Prueba Chi - Cuadrado para normalidad. La prueba Chi -Cuadrado requiere más datos para poder ser ejecutada comparada con la prueba de Normalidad utilizada aquí.

Resultados de la Prueba

		Datos	Frecuencia Relativa	Observado	Esperado	O-E
Promedio de Datos	331.92					
Desviación Estándar	172.91	47.00	0.02	0.02	0.0497	-0.0297
Estadístico D	0.0859	68.00	0.02	0.04	0.0635	-0.0235
D - Crítico al 1%	0.1150	87.00	0.02	0.06	0.0783	-0.0183
D - Crítico al 5%	0.1237	96.00	0.02	0.08	0.0862	-0.0062
D - Crítico al 10%	0.1473	102.00	0.02	0.10	0.0918	0.0082
Hipótesis Nula: Los datos se encuentran distribuidos normalmente.		108.00	0.02	0.12	0.0977	0.0223
		114.00	0.02	0.14	0.1038	0.0362
Conclusión: El conjunto de datos es normalmente		127.00	0.02	0.16	0.1180	0.0420
distribuido al 1% nivel alfa.		153.00	0.02	0.18	0.1504	0.0296
		177.00	0.02	0.20	0.1851	0.0149
		186.00	0.02	0.22	0.1994	0.0206
		188.00	0.02	0.24	0.2026	0.0374
		198.00	0.02	0.26	0.2193	0.0407
		222.00	0.02	0.28	0.2625	0.0175
		231.00	0.02	0.30	0.2797	0.0203
		240.00	0.02	0.32	0.2975	0.0225
		246.00	0.02	0.34	0.3096	0.0304
		251.00	0.02	0.36	0.3199	0.0401
		265.00	0.02	0.38	0.3494	0.0306
		280.00	0.02	0.40	0.3820	0.0180

Figura 9.53: Ejemplo de Reporte de la Herramienta de Análisis Estadístico (Prueba de Normalidad)

Proceso Estocástico - Estimaciones de Parámetro

Resumen Estadístico

Un Proceso Estocástico es una secuencia de eventos o caminos generados aleatoriamente que evoluciona a través del tiempo. Esto significa que estos eventos aleatorios ocurren en el tiempo sin un parámetro definido, pero son regidos por leyes estadísticas y probabilísticas específicas. Los principales Procesos Estocásticos incluyen la Caminata Aleatoria o Proceso Browniano, Regresión a la Media y los Saltos de Difusión. Estos procesos pueden ser utilizados para pronosticar una multitud de variables que aparentemente sigan tendencias aleatorias pero que están restringidas por las leyes de la probabilidad. La ecuación generadora del proceso se conoce de antemano pero los resultados generados se desconocen.

El proceso de Movimiento Browniano de Caminata Aleatoria puede utilizarse para pronosticar precios de acciones, precios de bienes básicos o commodities, y otros datos estocásticos de datos de series se tiempo dada una deriva (drift) o tasa de crecimiento y una volatilidad alrededor de la trayectoria o sendero originado por la deriva. El proceso de Reversión a la Media puede utilizarse para reducir las fluctuaciones del Proceso de Caminata Aleatoria, permitiendo al sendero creado orientarse hacia un objetivo a largo plazo, haciéndolo muy útil para pronosticar variables de series de tiempo que tienen una tasa de largo plazo, como las tasas de interés y tasas de inflación (estas son tasas objetivo a largo plazo determinadas por las autoridades reguladoras o el mercado). El proceso de Difusión de Salto es muy útil para pronosticar datos de series de tiempo cuando las variables muestran ocasionalmente saltos aleatorios, tales como los precios del petróleo o el precio de la electricidad (eventos externos y discretos pueden hacer que los precios suban o bajen drásticamente). Finalmente, estos tres procesos estocásticos pueden mezclarse y ajustarse como se requiera.

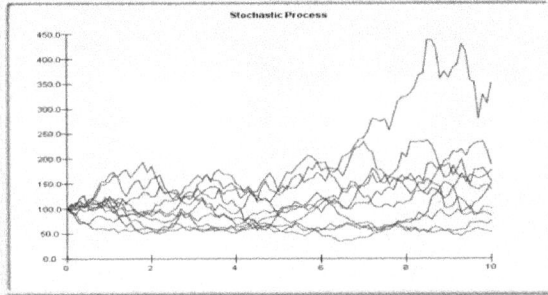

Resumen Estadístico

Los siguientes son los parámetros estimados de un proceso estocástico dados los datos proporcionados. Usted debe determinar si la probabilidad de ajuste (similar a un cálculo de la bondad de ajuste computacional) es suficiente para garantizar el uso de un proceso estocástico como pronóstico, y si se trata de una Caminata Aleatoria o Proceso Browniano, Reversión a la Media o Saltos de Difusión, o una combinación de todas. Al elegir el modelo estocástico correcto, usted debe contar en las experiencias pasadas y a priori respecto a las expectativas económicas y financieras de los datos que mejor representen los datos. Estos parámetros pueden ingresarse en el pronóstico del proceso estocástico (**Simulador de Riesgo | Pronóstico | Procesos Estocásticos**).

(Anualizado)

Tasa de Deriva*	-1.48%	Tasa de Regresión**	283.89%	Tasa de Salto**	20.41%
Volatilidad*	88.84%	Valor a Largo Plazo**	327.72	Tamaño del Salto**	237.89

Probabilidad de Ajuste del Modelo Estocástico   46.48%

*Anualizado
**Periodicidad

Figura 9.54: Ejemplo de Reporte de la Herramienta de Análisis Estadístico (Pronóstico)

Preguntas de repaso

1. Explique qué significa cada uno de los siguientes términos:

    a. Análisis de series de tiempo

    b. Mínimos cuadrados ordinarios

    c. Análisis de Regresión

    d. Heteroscedasticidad

    e. Autocorrelación

    f. Multicolinealidad

    g. ARIMA

2. ¿Cuál es la diferencia entre la medida del R-Cuadrado y el R-Cuadrado Ajustado en un análisis de regresión? ¿Cuándo se aplica cada una y por qué?

3. Explique por qué si cada una de las siguientes características no es detectada adecuadamente o corregida en el modelo, el modelo estimado de regresión será erróneo:

    a. Heteroscedasticidad

    b. Autocorrelación

    c. Multicolinealidad

4. Con base en los datos de los ejemplos del capítulo, realice lo siguiente usando Excel:

    a. Modelo de promedio móvil doble

    b. Modelo de suavizamiento exponencial simple

    c. Modelo de estacionalidad aditiva

    d. Modelo multiplicativo Holt–Winters

5. Explique brevemente como corregir el problema de no linealidad en el conjunto de datos.

APÉNDICE—INTERVALOS DE PRONÓSTICO

El intervalo de pronóstico estimado cuando se realiza pronóstico (enfoque también usado por el Simulador de Riesgo) se ilustra en la Figura 9.A.1. El intervalo de confianza (IC) se estima por $\hat{Y}_i \pm Z \left[\dfrac{RMSE}{N-T} \right] N$ donde $\hat{Y}_i$ es el i-ésimo pronóstico estimado; Z es el estadístico normal estándar (ver las tablas de la distribución normal estándar al final de este libro); $RMSE$ es la raíz cuadrada del error cuadrático medio anteriormente calculada; N es el número de datos históricos; y T es el periodo de pronóstico. Cuando N es un número relativamente pequeño (generalmente menor a 30), entonces se puede realizar el mismo análisis usando el estadístico t en lugar del valor-Z (ver la tabla del estadístico al final de este libro).

Claramente, este enfoque es una modificación del intervalo de confianza estimado más común $\hat{Y}_i \pm Z \dfrac{\sigma}{\sqrt{n}}$ aplicable dentro del conjunto de datos. Aquí, se asume que $\left[\dfrac{RMSE}{N-T} \right] N \approx \dfrac{\sigma}{\sqrt{n}}$ y que la inclusión de la variable T es simplemente para ajustarse a los grados de libertad adicionales cuando el pronóstico se extiende del conjunto original de datos.

Estimación del Intervalo de Confianza para Pronóstico

Periodo	Datos sin procesar	Valores de Pronóstico		
		Pronóstico	5%	95%
1	265.22	710.07	586.91	833.23
2	146.64	701.52	575.03	828.01
3	182.50	756.04	626.04	886.04
4	118.54	818.99	685.27	952.71
5	180.04	794.37	656.71	932.02
6	167.45	RMSE Estimado		72.951
7	231.75			
8	223.71			
9	192.98			
10	122.29			
11	336.65			
12	186.50			
13	194.27			
14	149.19			
15	210.06			
36	647.82			
37	650.81			
38	677.54			
39	666.56			

$$IC = \hat{Y} \pm Z \left[\frac{RMSE}{(N-T)} \right] N$$

Periodo	Pronóstico (T)	Desv. Estd.	Estadístico Z	Mínimo	Máximo		
40	1	74.87	1.645	586.91	833.23	RMSE	72.951
41	2	76.89	1.645	575.03	828.01	Datos (N)	39
42	3	79.03	1.645	626.03	886.04		
43	4	81.29	1.645	685.27	952.71		
44	5	83.68	1.645	656.71	932.02		

Figura 9A.1: Estimación del Intervalo de Confianza

APÉNDICE—MÍNIMOS
CUADRADOS ORDINARIOS

A continuación, se ilustra el concepto de la línea de regresión por mínimos cuadrados ordinarios. La Figura 9A.2 muestra que los datos de la variable dependiente (Y) y la variable independiente (X) corresponden a los resultados estimados usando el complemento Solver de Excel. Se escoge arbitrariamente donde comienzan los datos de la pendiente y del intercepto ajustado respecto a los datos pasados y luego se calcula el cuadrado de los residuales. Entonces, los valores óptimos de la pendiente y el intercepto son calculados mediante la minimización de los residuos al cuadrado.

	A	B	C	D	E	F	G	H
1	Y	X	Pendiente	Intercepto	Predicción	Residuo	Residuo al Cuadrado	
2	1000	3	91.98	2489.16	2765.09	1765.09	3115530.48	
3	3333	3	91.98	2489.16	2765.09	-567.91	322525.70	
4	2222	3	91.98	2489.16	2765.09	543.09	294942.99	
5	1111	2	91.98	2489.16	2673.11	1562.11	2440188.73	
6	5555	3	91.98	2489.16	2765.09	-2789.91	7783617.14	
7	2222	2	91.98	2489.16	2673.11	451.11	203500.54	
8	2222	3	91.98	2489.16	2765.09	543.09	294942.99	
9	5555	3	91.98	2489.16	2765.09	-2789.91	7783617.14	
10	4444	7	91.98	2489.16	3132.99	-1311.01	1718743.79	
11	3333	6	91.98	2489.16	3041.02	-291.98	85255.17	
12	2222	7	91.98	2489.16	3132.99	910.99	829905.16	
13	1111	8	91.98	2489.16	3224.97	2113.97	4468858.59	
14	5555	7	91.98	2489.16	3132.99	-2422.01	5866126.11	
15	2222	6	91.98	2489.16	3041.02	819.02	670785.76	
16	2222	7	91.98	2489.16	3132.99	910.99	829905.16	
17	5555	6	91.98	2489.16	3041.02	-2513.98	6320120.01	
18	4444	5	91.98	2489.16	2949.04	-1494.96	2234908.63	
19	1111	6	91.98	2489.16	3041.02	1930.02	3724958.34	
20	2222	4	91.98	2489.16	2857.06	635.06	403304.67	
21	3333	5	91.98	2489.16	2949.04	-383.96	147426.11	
22	2222	4	91.98	2489.16	2857.06	635.06	403304.67	
23	1111	4	91.98	2489.16	2857.06	1746.06	3048735.05	
24								
25	Parámetros Optimizados					Parámetros Estimados de Excel		
26	Intercepto				2489.16	Pendiente	2489.16	
27	Pendiente				91.98	Intercepto	91.98	
28	Suma de Residuales al Cuadrado				52991202.91			
29								
30								

Figura 9A.2: Usando Optimización para Estimar el Intercepto y la Pendiente de la Regresión

Para empezar, asegúrese de que el complemento Solver de Excel este añadido haciendo clic en *Archivo | Opciones | Complementos | Complementos de Excel | Ir | Solver.* Compruebe que la casilla de verificación al lado de *Solver* este seleccionada (Figura 9A.3).

Luego, de vuelta en el modelo de Excel, haga clic en *(pestaña) Datos | Solver* y asegúrese de que la *Suma de Residuales al Cuadrados* (celda E28) este establecida como la celda objetivo para minimizar cambiando sistemáticamente los valores del intercepto y de la pendiente (celdas E26 y E27) como se ve en la Figura 9A.4

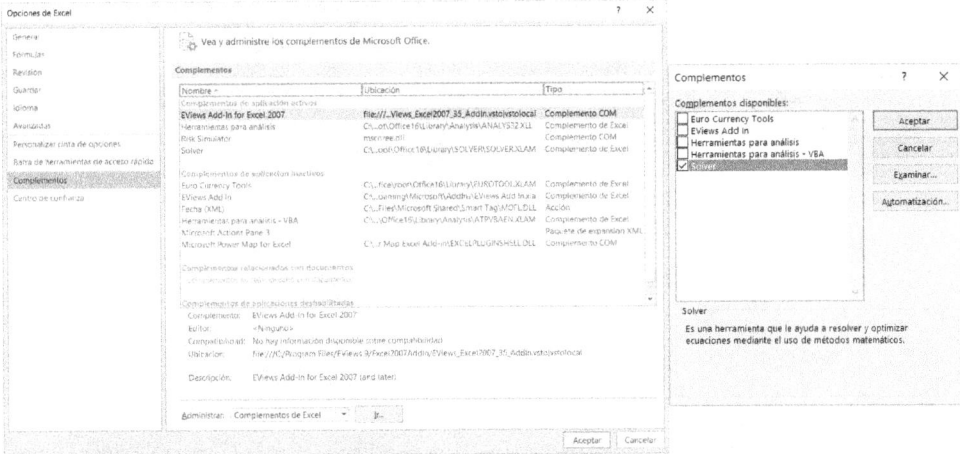

Figura 9A.3: Complemento Solver de Excel

Figura 9A.4: Parámetros de Solver de Excel

La solución genera un valor del intercepto de 2489.16 y de pendiente de 91.98. Estos resultados se pueden verificar usando las funciones fijas de Excel *pendiente e intercepto* (Figura 9A.5). En otras palabras, el enfoque de la ecuación de regresión por mínimos cuadrados es la única línea (descrita por el intercepto y la pendiente) que minimiza todos los posibles errores verticales (la suma total de los residuos al cuadrado), generando la línea de mejor ajuste al conjunto de datos.

Parámetros Optimizados	
Intercepto	2489.16
Pendiente	91.98
Suma de Residuales al Cuadrado	52991202.91

Parámetros Estimados de Excel	
Pendiente	2489.16
Intercepto	91.98

Figura 9A.5: Resultados Optimizados de Mínimos Cuadrados Ordinarios

APÉNDICE—DETECCIÓN Y CORRECCIÓN DE HETEROSCEDASTICIDAD

Existen varias pruebas para verificar la presencia de heteroscedasticidad. Estas pruebas también se aplican para probar problemas de especificación y no linealidad. El enfoque más simple es representar gráficamente cada variable independiente contra la variable dependiente como se ilustro anteriormente en el capítulo. Otro enfoque es usar uno de los modelos más comunes, la prueba de White, donde la prueba se basa en la hipótesis nula de no heteroscedasticidad frente a la hipótesis alterna de heteroscedasticidad de alguna forma general desconocida. El estadístico de prueba es calculado por una regresión auxiliar o secundaria, al realizar una regresión de los residuos al cuadrado o errores de la primera regresión frente a todos los posibles (pero no redundantes) productos cruzados de las regresoras. Por ejemplo, suponga que se estima la siguiente regresión:

$$Y = \beta_0 + \beta_1 X + \beta_2 Z + \varepsilon_t$$

Entonces el estadístico de prueba se basa en la regresión auxiliar de los errores (ε):

$$\varepsilon_t^2 = \alpha_0 + \alpha_1 X + \alpha_2 Z + \alpha_3 X^2 + \alpha_4 Z^2 + \alpha_5 XZ + v_t$$

El estadístico nR^2 es el estadístico de prueba de White, calculado como el número de observaciones (n) por el R-Cuadrado de la prueba de regresión. La prueba estadística de White está asintóticamente distribuida como una χ^2 con un número de grados de libertad igual al número de variables independientes (excluyendo la constante) en la prueba de regresión.

La prueba de White también es una prueba general para problemas de especificación del modelo, porque la hipótesis nula de la prueba asume que los errores son homocedásticos e independientes de las regresoras, y que la especificación lineal del modelo es correcta. Fallas en una de estas condiciones puede llevar a una prueba estadística significativa. En cambio, una prueba estadística de no significancia implica que ninguna de las tres condiciones es violada. Por ejemplo, el estadístico F resultante es una prueba de significancia conjunta de todos los productos cruzados, excluyendo la constante.

Un método para corregir la heteroscedasticidad es hacerla homoscedástica usando el enfoque de mínimos cuadrados ponderados (MCP) por ejemplo, suponga que la siguiente es la ecuación de regresión original:

$$Y = \beta_0 + \beta_1 X_1 + \beta_2 X_2 + \beta_3 X_3 + \varepsilon$$

Ahora suponga que la variable X_2 es heterocedástica. Entonces se transforman los datos usados en la regresión así:

$$Y = \frac{\beta_0}{X_2} + \beta_1 \frac{X_1}{X_2} + \beta_2 + \beta_3 \frac{X_3}{X_2} + \frac{\varepsilon}{X_2}$$

El modelo puede ser redefinido como la siguiente regresión por MCP:

$$Y_{MCP} = \beta_0^{MCP} + \beta_1^{MCP} X_1 + \beta_2^{MCP} X_2 + \beta_3^{MCP} X_3 + v$$

De forma alternativa, la prueba de Park se puede aplicar a la prueba de heteroscedasticidad y corregirla. El modelo de Park se basa en la ecuación de regresión original, usa sus errores y crea una regresión auxiliar que toma la forma:

$$\ln e_i^2 = \beta_1 + \beta_2 \ln X_{k,i}$$

Suponga que β_2 es estadísticamente significativo con base en la prueba t, entonces la heteroscedasticidad se encuentra presente en la variable $X_{k,i}$. Por lo tanto, la corrección es usar la siguiente especificación de regresión:

$$\frac{Y}{\sqrt{X_k^{\beta_2}}} = \frac{\beta_1}{\sqrt{X_k^{\beta_2}}} + \frac{\beta_2 X_2}{\sqrt{X_k^{\beta_2}}} + \frac{\beta_3 X_3}{\sqrt{X_k^{\beta_2}}} + \varepsilon$$

APÉNDICE—DETECCIÓN Y CORRECCIÓN DE MULTICOLINEALIDAD

Existe multicolinealidad cuando hay relaciones lineales entre las variables independientes. Cuando esto ocurre, la ecuación de regresión no se puede estimar. En situaciones de colinealidad, la regresión estimada está sesgada y genera resultados incorrectos. Esta situación es especialmente cierta cuando se usa el enfoque de regresión paso a paso, donde las variables que son estadísticamente significativas se rechazan de la regresión antes de lo esperado, generando una ecuación de regresión que no es ni eficiente ni correcta. Como ejemplo, suponga que existe el siguiente análisis de regresión múltiple, donde $Y_i = \beta_1 + \beta_2 X_{2,i} + \beta_3 X_{3,i} + \varepsilon_i$

Entonces las pendientes estimadas pueden ser calculadas mediante:

$$\hat{\beta}_2 = \frac{\sum Y_i X_{2,i} \sum X_{3,i}^2 - \sum Y_i X_{3,i} \sum X_{2,i} X_{3,i}}{\sum X_{2,i}^2 \sum X_{3,i}^2 - \left(\sum X_{2,i} X_{3,i}\right)^2}$$

$$\hat{\beta}_3 = \frac{\sum Y_i X_{3,i} \sum X_{2,i}^2 - \sum Y_i X_{2,i} \sum X_{2,i} X_{3,i}}{\sum X_{2,i}^2 \sum X_{3,i}^2 - \left(\sum X_{2,i} X_{3,i}\right)^2}$$

Ahora suponga que hay perfecta colinealidad, es decir, que existen relaciones perfectamente lineales entre X_2 y X_3, tal que $X_{3,i} = \lambda X_{2,i}$ para todos los valores positivos de λ. Sustituyendo esta relación lineal en los cálculos de la pendiente β_2, el resultado es indeterminado. En otras palabras, tenemos:

$$\hat{\beta}_2 = \frac{\sum Y_i X_{2,i} \sum \lambda^2 X_{2,i}^2 - \sum Y_i \lambda X_{2,i} \sum \lambda X_{2,i}^2}{\sum X_{2,i}^2 \sum \lambda^2 X_{2,i}^2 - \left(\sum \lambda \, X_{2,i}^2\right)^2} = \frac{0}{0}$$

Los mismos cálculos y resultados aplican para β_3, lo que significa que el análisis de regresión múltiple no sirve y no se puede estimar bajo la condición de perfecta colinealidad. Una prueba rápida de la presencia de multicolinealidad en una ecuación de regresión múltiple es que el valor del R-Cuadrado es relativamente grande mientras que los estadísticos t son relativamente bajos. (Véase la Figura 9.39 para una ilustración de este efecto). Otra prueba fácil es crear una matriz de correlación entre las variables independientes. Una alta correlación cruzada indica que potencialmente existe multicolinealidad. La regla a ojo es que una correlación con un valor absoluto mayor a 0.75 es indicativa de una alta multicolinealidad. Otra prueba de multicolinealidad es usar el factor inflador de varianza (FIV), obtenido al hacer la regresión de cada variable independiente sobre las otras variables, obteniendo el valor del R-Cuadrado y calculando el FIV de la variable estimando:

$$FIV_i = \frac{1}{(1-R_i^2)}$$

Un valor de FIV alto indica un alto R-Cuadrado cercano a la unidad. La regla a ojo es que un FIV mayor a 10 generalmente es indicativo de multicolinealidad destructiva.

APÉNDICE—DETECCIÓN Y CORRECCIÓN DE AUTOCORRELACIÓN

Un enfoque muy simple para probar autocorrelación es graficar la serie de tiempo de la ecuación de regresión de los residuales. Si los residuales presentan algún tipo de ciclo, entonces existe autocorrelación. Otro enfoque más robusto para detectar autocorrelación es usar el estadístico Durbin–Watson, el cual estima el potencial de autocorrelación serial de primer orden. La prueba de Durbin–Watson también identifica problemas de especificación en el modelo. Es decir, si una variable particular de serie de tiempo está correlacionada con sus ocurrencias históricas. Esta relación puede ser debido a múltiples razones, incluyendo relaciones espaciales entre variables (similar tiempo y espacio), choques y eventos económicos prolongados, inercia psicológica, suavizamiento, ajuste estacional de datos, etcétera. El estadístico Durbin–Watson se estima como la suma de los cuadrados de la diferencia de los errores de la regresión actuales menos los de un periodo anterior, sobre la suma de los errores al cuadrado del periodo actual:

$$DW = \frac{\sum (\varepsilon_t - \varepsilon_{t-1})^2}{\sum \varepsilon_t^2}$$

La tabla del estadístico critico de Durbin-Watson se encuentra al final del libro, además, encontrará una guía en cuanto a si el estadístico implica alguna correlación.

Otra prueba para comprobar autocorrelación es la prueba de Breusch–Godfrey, para una regresión de la forma:

$$Y = f(X_1, X_2, ..., X_k)$$

Se estima la ecuación de regresión y se obtienen los errores ε_t estimados. Luego ejecuta una segunda función de regresión de la forma:

$$Y = f(X_1, X_2, ..., X_k, \varepsilon_{t-1}, \varepsilon_{t-2}, \varepsilon_{t-p})$$

Se obtiene el valor R-Cuadrado y se prueba la hipótesis nula de no autocorrelación contra la hipótesis alterna de autocorrelación, donde el estadístico sigue una distribución Chi-Cuadrado con p grados de libertad:

$$R^2(n-p) \sim \chi^2_{df=p}$$

Corregir la autocorrelación requiere modelos econométricos más avanzados como el ARIMA (Auto Regresivo Integrado de Media Móvil) o el MCE (Modelo de Corrección de Errores). Sin embargo, una simple corrección es tomar los rezagos de la variable dependiente para los periodos adecuados, se agregan en la función de regresión, y se prueba su significancia, por ejemplo:

$$Y_t = f(Y_{t-1}, Y_{t-2}, ..., Y_{t-p}, X_1, X_2, ..., X_k)$$

SECCIÓN SEIS – DIVERSIFICACIÓN DEL RIESGO

CAPÍTULO 10 – LA BÚSQUEDA DE LA DECISIÓN ÓPTIMA

En muchos modelos de simulación, hay variables sobre las cuales se tiene control, como por ejemplo cuanto cobrar por un producto o cuanto invertir en un proyecto. Estas variables controladas son llamadas variables de decisión. Encontrar los valores óptimos para las variables de decisión puede hacer la diferencia entre alcanzar un objetivo importante o no lograrlo. Este capítulo detalla a un alto nivel el proceso de optimización, mientras que el Capítulo 11, Optimización Bajo Incertidumbre proporciona dos ejemplos paso a paso de la optimización de recursos y la optimización de portafolio usando el software Simulador de Riesgo.

¿QUÉ ES UN MODELO DE OPTIMIZACIÓN?

En la actual economía competitiva global, las compañías se enfrentan a muchas decisiones difíciles. Estas decisiones incluyen la asignación de recursos financieros, la construcción o expansión de instalaciones, el manejo de inventarios, y la determinación de las estrategias de mezcla de producto. Dichas decisiones pueden involucrar miles o millones de alternativas posibles. Tener en cuenta y evaluar cada una de ellas sería poco práctico o incluso imposible. Un modelo puede proporcionar valiosa asistencia para incorporar variables relevantes en el análisis de decisiones y para encontrar las mejores soluciones en la toma de decisiones. Los modelos capturan las características más importantes de un problema y las presenta de tal forma que sean fáciles de interpretar. Con frecuencia, los modelos dan un entendimiento que la intuición no proporciona por si sola. Un modelo de optimización tiene tres elementos principales: Variables de Decisión, Supuestos y Objetivo. En pocas palabras, la metodología de optimización encuentra la mejor combinación o permutación de las variables de decisión (por ejemplo, cuales productos vender y cual proyecto ejecutar) de todas las formas posibles tal que el objetivo sea maximizado (por ejemplo, ingresos y beneficio neto) o minimizado (por ejemplo, riesgo y costos) mientras se satisfacen las restricciones (por ejemplo, presupuesto y recursos).

Obtener los valores óptimos generalmente requiere un método iterativo o ad hoc. Esta búsqueda supone correr una iteración para un conjunto inicial de datos, analizar los resultados, cambiar uno o más valores, volver a correr el modelo y repetir el proceso hasta encontrar una solución satisfactoria. Este proceso puede ser muy tedioso y se puede gastar mucho tiempo hasta para pequeños modelos, e incluso no es claro como ajustar los valores de una iteración a otra.

Un método más riguroso enumera sistemáticamente todas las alternativas posibles. Este enfoque garantiza soluciones óptimas si el modelo está correctamente identificado. Suponga que un modelo de optimización depende solo de dos variables. Si cada variable tiene 10 valores posibles, ensayar cada combinación requeriría 100 iteraciones (10^2 alternativas). Si cada iteración es muy corta (por ejemplo, 2 segundos), entonces el proceso completo podría tomar aproximadamente tres minutos para ser calculado.

Sin embargo, en lugar de dos variables de decisión considere seis, entonces, realizar todas las combinaciones requeriría 1,000,000 de iteraciones (10^6 alternativas). Fácilmente, llevar a cabo la enumeración completa podría tomar semanas, meses o incluso años.

Que es la Optimización?

Un enfoque usado para encontrar la combinación de insumos para obtener el mejor resultado posible sujeto a satisfacer ciertas condiciones pre espedificadas

- Cuales activos escoger en un portafolio, asi como las proporciones de cada activo como porcentaje del presupuesto total
- Dotación de personal óptima necesaria para una línea de producción
- Selección y priorización de proyectos y estrategias
- Optimización de Inventarios
- Precios y tasas de regalías óptimas
- Utilización de empleados para planificación de trabajo
- Configuración de maquinaria para producción programada
- Ubicación de instalaciones para distribución
- Tolerancia en diseños manufactureros
- Políticas de tratamiento para el manejo de residuos

Figura 10.1: ¿Que es la Optimización?

LA AGENDA FINANCIERA DE VIAJE

A continuación, se presenta un ejemplo muy sencillo. La Figura 10.2 ilustra el problema de la agenda financiera de viaje. Suponga que la agenda financiera de viaje contempla tres viajes de negocios a Buenos Aires, Santiago, y Madrid. Además, suponga que el orden de llegada a cada ciudad es irrelevante. Todo lo importante en este sencillo ejemplo es encontrar el menor costo total posible para cubrir las tres ciudades. La Figura 10.2 también presenta los costos de vuelo hacia cada una de las diferentes ciudades.

El problema aquí es la minimización de los costos, conveniente para la optimización. Un enfoque básico para resolver este problema es a través de un método ad hoc o de fuerza bruta. Es decir, enumerar manualmente todas las 6 posibles combinaciones tal como se observa en la Figura 10.3. Evidentemente el itinerario más económico es volando de Madrid a Santiago y finalmente a Buenos Aires.[1] Aquí, el problema es simple y puede ser calculado manualmente, ya que solo eran tres ciudades y por lo tanto seis posibles itinerarios.[2] Sin embargo, adicionar dos ciudades más hace aumentar el número total de posibles itinerarios a 120.[3] Desarrollando un cálculo ad hoc puede atemorizar y consumir demasiado tiempo. En mayor escala, suponga que hay 100 ciudades en la lista del vendedor, entonces los itinerarios serían hasta 9.3×10^{157}. El problema tomaría varios años para ser calculado manualmente, de lo que se encargaría el software de optimización para encontrar automáticamente el itinerario óptimo.

El ejemplo presentado hasta ahora es un problema de optimización determinística, es decir, el precio del tiquete aéreo se conoce por adelantado y se supone constante. Ahora suponga que el precio de los tiquetes no es constante sino incierto, siguiendo alguna distribución (por ejemplo, el promedio del tiquete de Buenos Aires a Santiago es de $325, pero nunca es más barato de 300 ni nunca excede los $500).[4] La misma incertidumbre aplica para los tiquetes de las otras ciudades. El problema ahora se convierte en *optimización bajo incertidumbre*. Los sencillos enfoques ad hoc y de fuerza bruta no sirven. Software como el Simulador de Riesgo pueden hacerse cargo de este problema de optimización y automatizar todo el proceso a la perfección. La siguiente sección trata los términos requeridos en optimización bajo incertidumbre. El Capítulo 11 ilustra varios casos y modelos adicionales de negocios con instrucciones paso a paso.

Los problemas de optimización pueden ser resueltos usando diferentes enfoques tales como los métodos simple o gráfico, de fuerza bruta, matemático realizando cálculos de derivadas o utilizando un software.

Problema de la Agenda Financiera de Viaje

1. Usted tiene que viajar y visitar clientes en Buenos Aires, Santiago de Chile y Madrid
2. Usted puede comenzar desde cualquier ciudad y se quedará en su ciudad final, usted debe comprar 2 tiquetes de avión para las tres ciudades
3. Su meta es viajar de la forma más económica possible:

   - Buenos Aires – Santiago: $325
   - Santiago – Buenos Aires: $225
   - Madrid – Buenos Aires: $350
   - Buenos Aires – Madrid: $375
   - Santiago – Madrid: $325
   - Madrid – Santiago: $325

- ¿Como resolver el problema?
   o Enfoque Ad Hoc–empezar ensayando
   o Enumeraciones–ver todas las alternativas posibles

Figura 10.2: Problema de la Agenda Financiera de Viaje

Múltiples Combinaciones

Buenos Aires – Santiago – Madrid:	$325 + $325 = $650
Buenos Aires – Madrid – Santiago:	$375 + $325 = $700
Santiago – Buenos Aires – Madrid:	$225 + $375 = $600
Santiago – Madrid – Buenos Aires:	$325 + $350 = $675
Madrid – Buenos Aires – Santiago:	$350 + $325 = $675
Madrid – Santiago – Buenos Aires:	$325 + $225 = $550

Adicionalmente, si usted desea visitar Barcelona y Bogotá... Cinco ciudades a visitar (Buenos Aires, Santiago de Chile, Madrid, Barcelona y Bogotá) usted tiene ahora: $5! = 5 \times 4 \times 3 \times 2 \times 1 = 120$ permutaciones posibles

---

Figura 10.3: Múltiples Combinaciones del Problema de Agenda Financiera de Viaje

EL LENGUAJE DE LA OPTIMIZACIÓN

Antes de embarcarse en la solución de un problema de optimización, es vital entender la terminología de la optimización—los términos usados para describir ciertos atributos del proceso de optimización. Estas palabras son: variables de decisión, restricciones y objetivos.

Las variables de decisión son cantidades sobre las cuales se tiene control; por ejemplo, la cantidad de producto a fabricar, la cantidad de dinero a asignar a las diferentes inversiones, o cual proyecto se selecciona de un conjunto limitado. Por ejemplo, el análisis de optimización de portafolio incluye decisiones de participar o no en proyectos particulares. Adicionalmente, la asignación de presupuesto en dinero o en porcentaje a múltiples proyectos también se estructura cómo variable de decisión.

Las restricciones describen relaciones entre las variables de decisión que restringen los valores de las variables de decisión. Por ejemplo, una restricción puede asegurar que la cantidad total de dinero asignada entre varias inversiones no puede exceder cierto monto específico, que al menos un proyecto de cierto grupo debe seleccionarse, restricciones de presupuesto, restricciones de tiempo, rendimientos mínimos o niveles de tolerancia al riesgo.

Los objetivos son una representación matemática del resultado deseado del modelo, tales como la maximización de beneficios o la minimización de costos, en términos de las variables de decisión. En el análisis financiero, por ejemplo, el objetivo puede ser maximizar los rendimientos mientras se minimizan los riesgos (maximizar el índice de Sharpe o la razón retorno-riesgo).

Conceptualmente, un modelo de optimización puede verse como en la Figura 10.4.

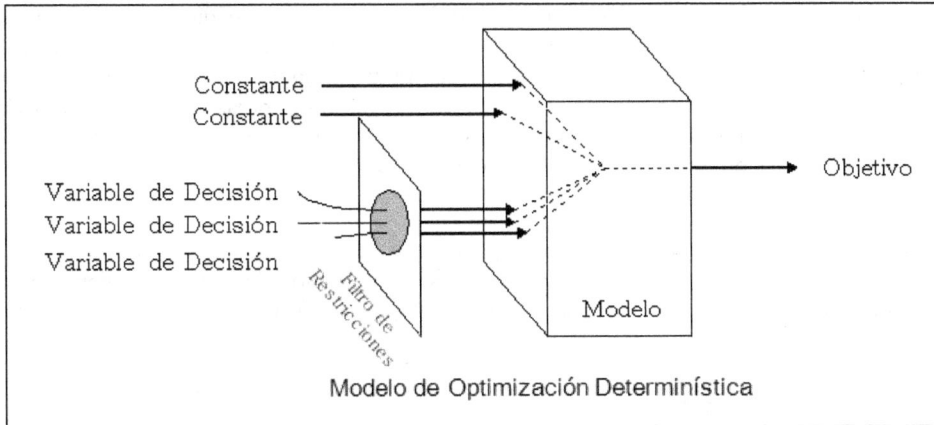

Figura 10.4: Imagen de la Optimización I

La solución a un modelo de optimización proporciona un conjunto de valores para las variables de decisión que optimizan (maximizan o minimizan) el objetivo asociado. Si las condiciones reales de los negocios fueran simples y el futuro predecible, todos los datos en un modelo de optimización serían constantes, convirtiéndolo en un modelo determinístico.

En muchos casos, sin embargo, un modelo de optimización no puede capturar todas las complejidades relevantes de un ambiente práctico de toma de decisiones. Cuando los datos de un modelo son inciertos, y solo se puede describir probabilísticamente, el objetivo tendrá alguna distribución de probabilidad para cualquier conjunto de variables de decisión. Se puede encontrar esta distribución de probabilidad mediante la simulación del modelo usando el Simulador de Riesgo. El modelo de optimización bajo incertidumbre tiene varios elementos adicionales, que incluyen supuestos y pronósticos.

Los supuestos capturan la incertidumbre en los datos del modelo usando distribuciones de probabilidad, mientras que los pronósticos son distribuciones de frecuencia de posibles resultados para el modelo. Las estadísticas del pronóstico son un resumen de valores de una distribución de pronóstico, tales como la media, la desviación estándar y la varianza. El proceso de optimización controla la optimización mediante la maximización o minimización del objetivo.

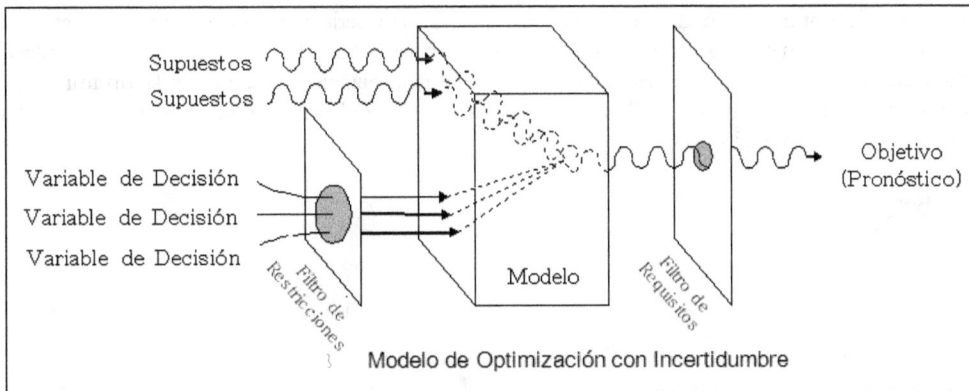

Figura 10.5: Imagen de la Optimización II

Cada modelo de optimización tiene un objetivo, una variable que matemáticamente representa el objetivo del modelo en términos de los supuestos y las variables de decisión. El trabajo de la optimización es encontrar el valor óptimo (mínimo o máximo) del objetivo mediante la selección y el mejoramiento de diferentes valores para las variables de decisión. Cuando los datos de un modelo son inciertos y solo pueden ser descritos usando distribuciones de probabilidad, el objetivo por sí mismo tendrá alguna distribución de probabilidad para cualquier conjunto de variables de decisión.

Antes de embarcarse a resolver un problema de optimización, el analista primero debe entender el lenguaje de la optimización: objetivos, restricciones, variables de decisión, supuestos y pronósticos.

SOLUCIÓN DE LA OPTIMIZACIÓN GRÁFICAMENTE Y USO DEL COMPLEMENTO SOLVER DE EXCEL

La Figura 10.6 ilustra un problema simple de optimización con múltiples restricciones usando el método gráfico. En este sencillo ejemplo de optimización lineal determinística con restricciones lineales, el enfoque gráfico es fácil de implementar. Sin embargo, se debe tener cuidado cuando existen restricciones no lineales.[5] A veces, los modelos de optimización se especifican de forma incorrecta. Por ejemplo, la Figura 10.7 muestra problemas que surgen con soluciones desmedidas (con una solución establecida como infinita), solución no factible (donde las restricciones son muy restrictivas e imposibles de satisfacer), y múltiples soluciones (esta es una buena noticia para la administración ya que ellos pueden escoger entre varias soluciones igualmente óptimas).

La Figura 10.8 ilustra el mismo problema, pero resuelto usando el complemento Solver de Excel.[6] Claramente, Solver es un enfoque más poderoso que el método manual gráfico. Esta situación es especialmente cierta cuando existen múltiples variables de decisión, para lo cual se requeriría una figura multidimensional.[7] Las Figuras 10.9 y 10.10 muestran el uso de Solver para optimizar un portafolio de proyectos—la primera supone una optimización discreta, donde los proyectos son decisiones de participar o no, mientras que la última supone una optimización continua, donde los proyectos pueden ser financiados en cualquier proporción entre 0 por ciento y 100 por ciento.[8]

Hay una limitación importante del complemento Solver de Excel. En concreto, este asume modelos de optimización determinista y estática, y no puede tener en cuenta el riesgo y la incertidumbre. En el próximo capítulo, veremos cómo el Simulador de Riesgo se puede utilizar para ejecutar la optimización estática, así como la optimización dinámica y la optimización estocástica para dar cuenta de los riesgos y la incertidumbre, así como ejecutar fronteras eficientes en las inversiones.

Programación Lineal - Método Gráfico

Supongamos dos productos X y Y que son fabricados. El producto X genera una ganancia de $20 y el producto Y una ganancia de $15. El producto X toma 3 horas para ser fabricado y el producto Y toma 2 horas para ser producido. En cualquier semana, los equipos de fabricación pueden hacer ambos productos pero tiene una capacidad máxima de 3000 horas. Adicionalmente, basado en la demanda del mercado la dirección ha determinado que no pueden vender más de 80 unidades de X y 100 unidades de Y en una semana dada y se prefiere no tener inventario disponible. Por lo tanto, la dirección ha establecido esos niveles de demanda como el máximo producto para los productos X y Y respectivamente. El asunto ahora es encontrar ¿Cuáles son los niveles óptimos de producción de X y Y tal que los beneficios pueden ser maximizados en una semana dada?

Con base en la situación anterior, podemos formular una rutina de optimización lineal donde tenemos:

La Función Objetivo: Max 20X + 15Y

sujeta a las Restricciones:
$3X + 2Y \leq 300$
$X \leq 80$
$Y \leq 100$

Podemos visualizar más facilmente las restricciones graficandolas una a la vez tal como se ve a continuación:

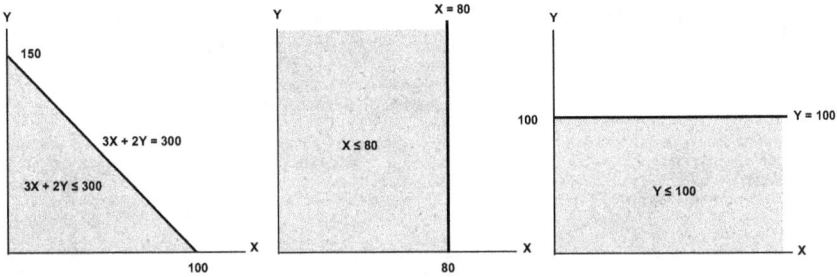

Figura 10.6: Solución de la Optimización utilizando Programación Lineal (A)

La gráfica a continuación muestra la combiancíon de las tres restricciones. La región sombreada muestra el área factible donde todas las restricciónesse satisfacen simultáneamente. Por lo tanto, el óptimo debe caer dentro de esta región sombreada.

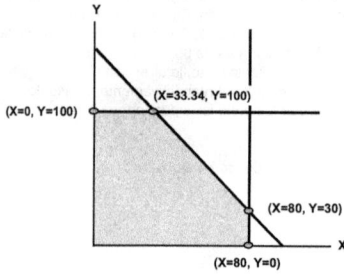

Podemos calcular facilmente los puntos de intersección de las restricciones. Por ejemplo, la intersección entre Y=100 y 3X + 2Y = 300 se obtiene resolviendo las ecuaciones simultaneamente. Sustituyendo, tenemos 3X + 2(100) = 300. Resolviendo se obtiene X = 33.34 y Y = 100.

De forma similar, la intersección entre X=80 y 3X + 2Y = 300 se puede obtener solucionando las ecuaciones simultaneamente. Sustituyendo se obtiene 3(80) + 2Y = 300. Resolviendo da como resultados Y = 30 y X = 80.

Los otros dos cortes son simplemente las intersecciones entre los ejes. Por lo tanto, cuando X = 80, Y = 0 para la línea X = 80 y Y = 100 y X = 0 para la línea Y = 100.

De la teoría de la programación lineal, una deesas cuatro intersecciones o valores extremos es la solución óptimo. Un método es simplemente sustituir cada punto final en la función objetivo y ver cual conjunto de soluciones genera el mayor nivel de beneficios.

Usando la función objetivo donde Ganancias = 20X + 15Y y sustituyendo cada uno de los valores extremos obtenemos:

Cuando X = 0 y Y = 100:   Ganancias = $20 (0) + $15 (100) = $1,500
Cuando X = 33.34 y Y = 100:   Ganancias = $20 (33.34) + $15 (100) = $2,167
Cuando X = 80 y Y = 30:   Ganancias = $20 (80) + $15 (30) = $2,050
Cuando X = 80 y Y = 0:   Ganancias = $20 (80) + $15 (0) = $1,600

Aquí vemos que cuando X= 33.34 y Y = 100, la función de ganancias es maximizada. Además también podemos verificar esto usando algunas combinaciones de X y Y dentro del anterior área factible (sombreada). Por ejemplo, X =10 y Y =10 es una combinación que es factible pero su producto de ganancias es solo $20 (10) + $15 (10) = $350. podemos calcular infinitas combinaciones de X y Y pero la combianción óptima siempre estará en los cortes de valores extremos.

Podemos verificar facilmente cual valor extremo será el conjunto de la combinación óptima dibujando la línea de la función objetivo. Si establecemos que la función objetivo sea:

20X + 15Y = 0   obtenemos X = 20, Y = 15
20X + 15Y = 1000   obtenemos X = 60, Y = 80

Si continuamos moviendo la función de producción hacia arriba (para la deri obtendremos intersecciones con los cortes de los valores estremos. El corte que proporciona la mayor función de ganancias es el conjunto de la solución óptima.

En nuestro ejemplo, el punto B es la solución óptima, el cual fue verificado por los cálculo anteriores, donde X = 33.34 y Y = 100.

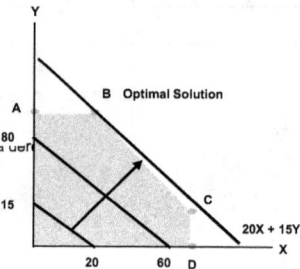

Figura 10.6.: Solución de la Optimización utilizando Programación Lineal (B)

Programación Lineal - Problemas Potenciales

Pueden haber problemas potenciales cuando se trata con programación lineal. Los tres problemas que ocurren con mayor frecuencia son: Soluciones Ilimitadas, Soluciones No Factibles y Soluciones de múltiples óptimos.

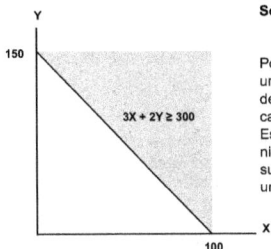

Soluciones ilimitadas

Por ejemplo, si la unica restricción es tal que $3X + 2Y \geq 300$, tenemos un problema sin limites. Esto significa que la máquina puede estar trabajando más de 300 horas sin parar. Por lo tanto, óptimamente, con el fin de generar la mayor cantidad de ganancias, podríamos mantener haciendo los productos X y Y hasta un nivel infinito. Este es esencialmente el sueño de toda empresa, producir tanto como sea posible sin ninguna restricción de presupuesto o recursos . Obviamente, si este es el caso, podríamos suponer que el problema no ha sido definido correctamente y posiblemente haya ocurrido un error en nuestro modelos matemáticos.

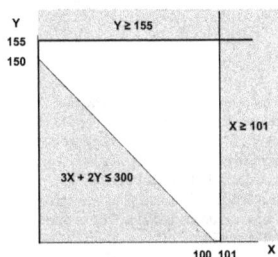

Solución No Factible

Ahora suponga que tenemos las siguientes restricciones:

$$3X + 2Y \leq 300$$
$$X \geq 101$$
$$Y \geq 155$$

No existe un área donde todas las restricciones se cumplan simultaneamente. En esencia, cualquier solución generada será no factible por definición ya que siempre habrá alguna restricción que es violada. Dada una situación como esta, puede ser que en problema ha sido planteado incorrectamente o que tengamos que pedir que el manejo pierda algo de ajuste en sus restricciones con base en las expectativas, para que el proyecto sea posible. Se requieren recursos adicionales (más de 300 horas adquirir máquinas adicionales o contratar más trabajadores) o que los niveles mínimos requeridos de producción sean reducidos (de 155 a 101).

Múltiples soluciónes

Aquí tenemos dos valores extremos (B y C) que intersectan la función objetivo de ganancias. Estos dos conjuntos de solución son óptimos. Esta es una buena noticia para la administración ya que se tiene la opción de escoger entre diferentes combinaciones de niveles de producto de X y Y. Otros factores cualitativos pueden ser usados para obtener resultados cuantitativos analíticos.

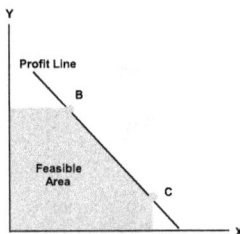

Figura 10.7: Problemas Potenciales de la Programación Lineal

Programación Lineal - Método Solver de Excel

Usando el mismo ejemplo anterior, donde tenemos lo siguiente:

La Función Objetivo: Max 20X + 15Y

sujeto a las restricciones: 3X + 2Y ≤ 300
     X ≤ 80
     Y ≤ 100

Podemos utilizar el complemento Solver de Excel para proporcionar rápidamente una solución analítica.

	F	G	H
15	X		
16	Y		
17	Ganancias	=20*G15+15*G16	
18	Restricciones	=3*G15+2*G16	300
19		=G15	80
20		=G16	100
21	No Negativos	=G15	0
22		=G16	0

Primero, necesitamos definir la hoja de cálculo del modelo. Tenemos unas variables X y Y que deben ser resueltas. Luego, tenemos la función objetivo de ganancias en la celda G17 y las restricciones en las celdas G18 hasta H22. Con el fin de generar un cálculo en Solver, necesitamos incluir dos requisitos adicionales, las restricciones no pueden ser negativas, es decir que establecemos que X y Y solo tengan valores positivos. Valores negativos de producción son imposibles. Las celdas H18 a H22 son los valores objetivo para las restricciones. Luego abrimos Solver haciendo clic en Herramientas y Solver. (Si solver no está disponible, tiene que primero agregarlo haciendo clic en Herramientas/Complementos y seleccionando Solver. Luego regresar a Herramientas/Solver para correr el programa).

Escoja el cálculo delas ganancias como celda objetivo ($G$17) y seleccionar maximizar. Se define X y Y desconocidos como las celdas cambiantes ($G$15:$G$16). Luego, haga clic en Agregar para adicionar las restricciones. Las restricciones pueden ser agregadas una a la vez o en conjunto. Defina que $G$18:$G$20 sea menor o igual a $H$18:$H$20. Luego, adicione las restricciones no negativas donde $G$21:$G$22 es mayor o igual a cero ($H$21:$H$22).

si dejamos que Solver calcule los resultados, obtenemos lo siguiente, donde el conjunto de solución óptimo es cuando:

X	33.33	
Y	100	
Ganancias	$2.167	
Restricciones	300	300
	33.33	80
	100	100
No Negativos	33.33	0
	100	0

Figura 10.8: Uso del Complemento Solver de Excel en Programación Lineal

Optimización Continua de Portafolio y Programación Lineal Continua

	Costo	Retorno	Riesgo	Tasa Retorno-Riesgo	Asignación	Peso Ponderado	Riesgo Retorno	Riesgo Ponderado
Proyecto A	$500.000	19%	32%	0.594	0%	$0	0.000	0%
Proyecto B	$625.000	23%	39%	0.590	0%	$0	0.000	0%
Proyecto C	$345.000	15%	22%	0.682	100%	$345.000	0.682	22%
Proyecto D	$290.000	16%	29%	0.552	0%	$0	0.000	0%
Proyecto E	$450.000	17%	25%	0.680	100%	$450.000	0.680	25%
					Suma	$795.000	1.362	47%

Restricción Presupu $1.000.000
Cada proyecto debe ser entre el 10% y el 50% de la asignación de recursos

Suponga que tiene 5 proyectosa los cuales quiere asignar un presupeusto fijo de $500,000 (esta es su restricción) tal que usted pueda maximizar la tasa retorno riesgo (esta es la función objetivo) sujeta a los requisitos cada uno de esos proyectos puedan ser asignados entre10% y el 50% del costo total. No puede asignar más del 50% del costo del proyecto si hasta ahora está en etapas tempranas de desarrollo mientras que al menos 10% del proyecto debe estar financiado si todos los cinco proyectos anteriores ya fueron evaluados como financieramente factibles. Usando el complemento Solver (Herramientas/Complementos/Solver y luego Herramientas/Solver) calculamos los pesos [optimos que maximicen la razón retorno riesgo.

La celda objetivo es la función objetivo, el cual en este caso es la razón retorno riesgo ponderado para cada proyecto, que a su vez es maximizado.
Luego, agregue restricciones adicionales, incluyendo la restricción de presupuesto donde el costo total asignado al portafolio sea ≤ que la restricción presupuestal.
Adicionalmente, para cada ponderación de los proyectos, defina que tiene que ser ≥ 0 y ≤ 1 siendo una ponderación continua. Este es esencialmente la diferencia entre la anterior programación lineal y la rutina de optimización, que permite que sean ejecutados proyectos parciales como una prgmación lineal continua.
los proyectos son escogidos (1.0) o no (0.0) y nada en su intermedio es asignacdo (restricción de continuidad).

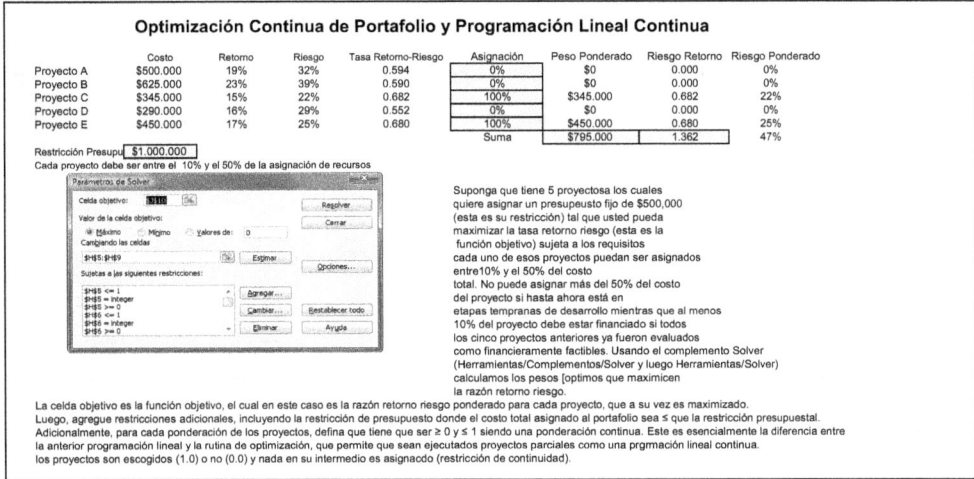

Figura 10.9: Solver de Excel en Programación Lineal Discreta

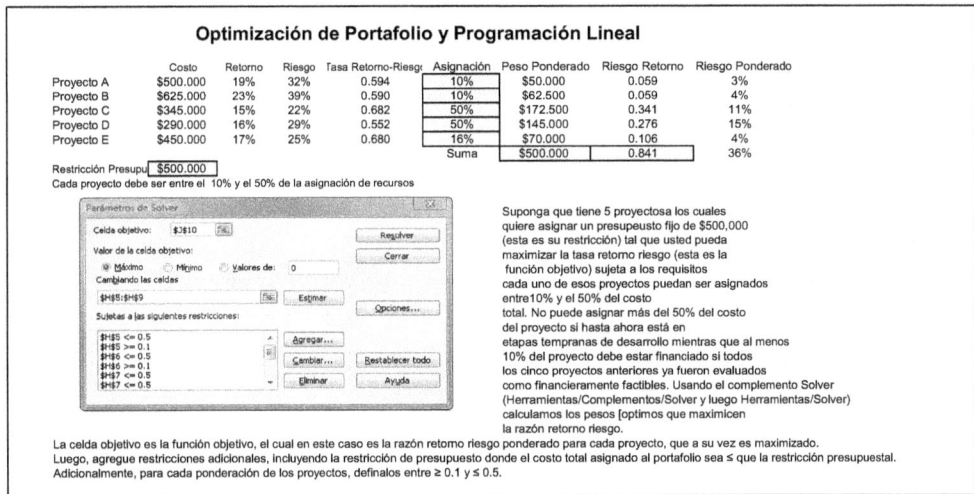

Optimización de Portafolio y Programación Lineal

	Costo	Retorno	Riesgo	Tasa Retorno-Riesgo	Asignación	Peso Ponderado	Riesgo Retorno	Riesgo Ponderado
Proyecto A	$500.000	19%	32%	0.594	10%	$50.000	0.059	3%
Proyecto B	$625.000	23%	39%	0.590	10%	$62.500	0.059	4%
Proyecto C	$345.000	15%	22%	0.682	50%	$172.500	0.341	11%
Proyecto D	$290.000	16%	29%	0.552	50%	$145.000	0.276	15%
Proyecto E	$450.000	17%	25%	0.680	16%	$70.000	0.106	4%
					Suma	$500.000	0.841	36%

Restricción Presupu $500.000
Cada proyecto debe ser entre el 10% y el 50% de la asignación de recursos

Suponga que tiene 5 proyectosa los cuales quiere asignar un presupeusto fijo de $500,000 (esta es su restricción) tal que usted pueda maximizar la tasa retorno riesgo (esta es la función objetivo) sujeta a los requisitos cada uno de esos proyectos puedan ser asignados entre10% y el 50% del costo total. No puede asignar más del 50% del costo del proyecto si hasta ahora está en etapas tempranas de desarrollo mientras que al menos 10% del proyecto debe estar financiado si todos los cinco proyectos anteriores ya fueron evaluados como financieramente factibles. Usando el complemento Solver (Herramientas/Complementos/Solver y luego Herramientas/Solver) calculamos los pesos [optimos que maximicen la razón retorno riesgo.

La celda objetivo es la función objetivo, el cual en este caso es la razón retorno riesgo ponderado para cada proyecto, que a su vez es maximizado.
Luego, agregue restricciones adicionales, incluyendo la restricción de presupuesto donde el costo total asignado al portafolio sea ≤ que la restricción presupuestal.
Adicionalmente, para cada ponderación de los proyectos, definalos entre ≥ 0.1 y ≤ 0.5.

Figura 10.10: Solver de Excel en Programación Lineal Continua

Preguntas de Repaso

1. ¿Cuál es la diferencia entre optimización determinística y optimización bajo incertidumbre?

2. Defina, luego compare y contraste cada uno de los siguientes términos:

   a. Objetivo

   b. Restricción

   c. Variable de Decisión

3. Explique cuáles son algunos de los problemas en el enfoque de programación lineal gráfica y si pueden ser resueltos fácilmente.

4. ¿Cuáles son algunos de los enfoques para resolver un problema de optimización? Mencione cada enfoque, así como sus correspondientes pros y contras.

CAPÍTULO 11 – OPTIMIZACIÓN BAJO INCERTIDUMBRE

Este capítulo presenta el proceso de optimización y las metodologías en mayor nivel de detalle, y la pertinencia de usar el Simulador de Riesgo. Estas metodologías incluyen el uso de optimización continua versus la optimización discreta, así como la optimización estática versus las optimizaciones dinámicas y estocásticas. El capítulo presenta dos modelos de ejemplo de optimización, para ilustrar cómo funciona el proceso. El primero es una aplicación de la optimización *continua* bajo incertidumbre para un modelo simple de selección de proyecto, donde la idea es asignar el 100% de las inversiones individuales entre varias clases diferentes de activos (por ejemplo, diferentes tipos de fondos mutuos o estilos de inversión: de crecimiento, de valor, de crecimiento agresivo, de ingreso, global, de índice, contracorriente, momentum, etcétera). El segundo proyecto trata sobre optimización *discreta*, donde la idea es ver varias opciones de proyecto en competencia y que no son mutuamente excluyentes, cada una con un rendimiento, un riesgo y un perfil de costo diferente. El trabajo del analista aquí es encontrar la mejor combinación de proyectos que satisfacen la restricción presupuestal de la firma mientras se maximiza el valor total del portafolio.

PROCEDIMIENTOS DE OPTIMIZACIÓN

Existen muchos algoritmos para ejecutar una optimización y muchos procedimientos diferentes cuando la optimización está junto con una simulación de Monte Carlo. En el Simulador de Riesgo, hay tres procedimientos distintos y tipos de optimización, así como tipos de variables de decisión. Por ejemplo, el Simulador de Riesgo puede manejar *Variables de Decisión Continuas* (1.2535, 0.2215, etcétera), *Variables de Decisión Enteras* (por ejemplo, 1, 2, 3, 4 o 1.5, 2.5, 3.5, etcétera), *Variables de Decisión Binarias* (1 y 0 para decisiones de participar o no), y *Variables de Decisión Mixtas* (Variables discretas y continuas). Sobre esto, el Simulador de Riesgo puede manejar *Optimización Lineal* (por ejemplo., cuando tanto el objetivo como las restricciones son ecuaciones y funciones lineales) *Optimizaciones No Lineales* (por ejemplo, cuando el objetivo y las restricciones son una mezcla de funciones y ecuaciones lineales y no lineales).

En cuanto a lo que se refiere al proceso de optimización, el Simulador de Riesgo puede ser usado para ejecutar *Optimización Estática*, es decir, una optimización que se ejecuta sobre un modelo discreto o estático, donde no se han ejecutado simulaciones antes. En otras palabras, todas las entradas son estáticas y no cambian. Este tipo de optimización es aplicable cuando se asume que el modelo es conocido y no existe incertidumbre. También se puede ejecutar una optimización discreta para determinar el portafolio óptimo y las correspondientes asignaciones óptimas para las variables de decisión, antes de aplicar un procedimiento de optimización más avanzado. Por ejemplo, antes de ejecutar un problema de optimización estocástica, se debería ejecutar una optimización discreta para determinar si existen soluciones al problema de optimización antes de desarrollar un análisis más extenso.

Luego, se aplica *Optimización Dinámica* cuando es usada una simulación de Monte Carlo junto a la optimización. Otro nombre para dicho procedimiento es *Simulación-Optimización*. Es decir, se ejecuta primero una simulación, luego los resultados de la simulación son aplicados al modelo de Excel y luego se aplica la optimización para los valores simulados. En otras palabras, se ejecuta una simulación para N pruebas y luego se ejecuta un proceso de optimización para M iteraciones hasta que se obtienen los valores óptimos o se encuentra un conjunto no factible. Usando el módulo de optimización del Simulador de Riesgo, se puede escoger que estadísticas de pronóstico y supuestos usar y reemplazar en el modelo después que se ejecuta la simulación. Luego, estas estadísticas de pronóstico pueden ser aplicadas en el proceso de optimización. Este enfoque es útil cuando se tiene un modelo extenso con muchos supuestos y los supuestos están interactuando, y cuando algunas de las estadísticas de pronóstico se requieren en la optimización. Por ejemplo, si se requiere la desviación estándar de un supuesto o pronóstico en el modelo de optimización (por ejemplo, calculando el índice Sharpe en la asignación y los problemas de optimización donde se tiene la media dividida por la desviación estándar del portafolio), entonces este enfoque debería ser usado.

En cambio, el proceso de *Optimización Estocástica* es similar al proceso de optimización dinámica con la excepción que todo el proceso de optimización dinámica se repite T veces. Es decir, se ejecuta una simulación con N pruebas, y luego se ejecuta una optimización con M iteraciones para obtener los resultados óptimos. Luego se ejecuta otra simulación, generando diferentes estadísticas de pronóstico y esos valores actualizados son optimizados, y así sucesivamente. Por lo tanto, las variables de decisión finales tendrán sus propias gráficas de pronóstico, indicando el rango de las variables de decisión óptimas. Por ejemplo, en vez de obtener un solo paso de estimación en el procedimiento de optimización dinámica, se puede obtener una distribución de las variables de decisión y por lo tanto un rango de valores óptimos para cada variable de decisión, lo cual también se conoce como optimización estocástica.

Finalmente, un procedimiento de optimización de la Frontera Eficiente aplica el concepto de incrementos marginales y precio sombra en la optimización. Es decir, ¿Qué le podría suceder a los resultados de la optimización si una de las restricciones se relaja ligeramente? Por ejemplo, si la restricción presupuestal es de $1 millón. ¿Qué le podría pasar al resultado del portafolio y las decisiones óptimas si la restricción fuera ahora de $1.5 millones, $2 millones, etcétera? Este es el concepto de la frontera eficiente de Markowitz en inversión financiera, donde si se permite que la desviación estándar del portafolio aumente ligeramente, ¿cuáles son los retornos adicionales que genera el portafolio? Este proceso es similar al proceso de optimización dinámica, con la excepción que a *una* de las restricciones se le permite cambiar y con cada cambio, se ejecuta la simulación y el proceso de optimización. Este proceso se puede ser llevado a cabo de una manera manual usando el Simulador de Riesgo. Ejecute una optimización dinámica o estocástica, luego corra nuevamente otra optimización con una nueva restricción, y repita este proceso varias veces. Este proceso manual es importante, pues cambiando las restricciones, el analista puede determinar si los resultados son similares o diferentes y, por lo tanto, si es bueno realizar análisis adicionales, o determinar qué tan grande debe ser el cambio marginal en el supuesto para obtener un cambio significativo en las variables objetivo y de decisión. Esto se hace comparando la distribución del pronóstico de cada variable de decisión después de ejecutar una optimización estocástica.

Vale la pena mencionar la siguiente consideración. Otros productos de Software existentes supuestamente desarrollan optimización estocástica, pero en realidad no lo hacen. Por ejemplo, después que se ejecuta una simulación, se genera una iteración del proceso de optimización y luego se ejecuta otra simulación, seguida por la generación de una segunda iteración de la optimización y así sucesivamente. Este proceso es simplemente una pérdida de tiempo y recursos; es decir, en optimización, el modelo se establece a través de un riguroso conjunto de algoritmos, donde se requieren múltiples iteraciones (de varias a miles de iteraciones) para obtener los resultados óptimos. Por lo tanto, generar una iteración al tiempo es una pérdida de tiempo y recursos. El mismo portafolio puede ser solucionado usando el Simulador de Riesgo en menos de un minuto comparado con las múltiples horas usando dicho enfoque de retroceso. También, dicho enfoque de simulación-optimización produce malos resultados y no es un enfoque de optimización estocástica. Se debe ser extremadamente cuidadoso con estas metodologías cuando se aplica simulación a sus modelos. A continuación, se presentan dos ejemplos de problemas de optimización. Uno usa variables de decisión continuas, mientras que el otro usa variables de decisión discretas. En cualquiera de los modelos se puede aplicar optimización discreta, optimización dinámica, optimización estocástica, o incluso generar manualmente fronteras eficientes con precios sombra. Cualquiera de estos enfoques puede ser usado para estos dos ejemplos. Sin embargo, por simplicidad solo se ilustra la creación del modelo y es el usuario quien decide cual proceso de optimización ejecutar.

También, el ejemplo de variable de decisión continua usa el enfoque de optimización no lineal (porque el cálculo del riesgo del portafolio no es una función lineal y el objetivo es una función no lineal de los retornos del portafolio dividido por los riesgos del portafolio) mientras que el segundo ejemplo de optimización integral es un ejemplo de un modelo de optimización lineal (el objetivo y todas las restricciones son lineales). Por lo tanto, estos dos ejemplos resumen todos los procedimientos anteriormente mencionados. Note que los ejemplos de este capítulo usan el módulo de optimización del Simulador de Riesgo, donde algunos algoritmos son aplicados por el complemento Solver de Excel. Usted necesitará tener Solver instalado para ejecutar estos modelos. Instale Solver oprimiendo *Archivos | Complementos | Complementos de Excel* y seleccione el Complemento Solver. Dependiendo de la forma como inicialmente fue instalado Excel, puede tener que insertar el Cd de instalación de Microsoft Office para continuar.

OPTIMIZACIÓN CONTINUA

La Figura 11.1 ilustra el ejemplo de un modelo de optimización continua. Este ejemplo usa el archivo de *Simulador de Riesgo | Modelos de Ejemplo | 11 Optimización Continua*. En este ejemplo hay10 clases distintas de activos (por ejemplo, diferentes tipos de fondos de inversión, acciones o activos) donde la idea es obtener la asignación más eficiente y efectiva de las participaciones de portafolio de tal forma que se obtenga la mejor razón retorno-riesgo; es decir, que se generen los mejores retornos posibles de portafolio dado los riesgos inherentes a cada clase de activo. Con el fin de entender realmente el concepto de optimización, debemos profundizar en este modelo de ejemplo para ver cómo puede ser mejor aplicado el proceso de optimización.

El modelo presenta 10 clases de activos y cada clase de activo tiene su propio conjunto de retornos anualizados y volatilidades anualizadas. Estas medidas de retorno y riesgo son valores anualizados de tal forma que puedan ser comparados consistentemente entre las diferentes clases de activos. Los retornos se calculan usando la media geométrica de las rentabilidades relativas mientras que los riesgos se calculan usando el enfoque logarítmico de rentabilidad relativa de las acciones. Ver el apéndice de este capítulo para detalles del cálculo de la volatilidad anualizada y de los retornos anualizados en las clases de retornos de acciones o activos anualizados.

MODELO DE ASIGNACIÓN ÓPTIMA DE ACTIVOS

Descripción del Tipo de Activo	Beneficios Anualizados	Riesgo de Volatilidad	Asignación de Pesos	Asignación Mínima Requerida	Asignación Máxima Requerida	Beneficio para el Radio de Riesgo	Clasificación de Beneficios (Alto-Bajo)	Clasificación de Riesgo (Bajo-Alto)	Beneficio para Clasificar el Riesgo (Alto-Bajo)	Asignación de Riesgo (Alto-Bajo)
Activo Tipo 1	10.54%	12.36%	10.00%	5.00%	35.00%	0.8524	9	2	7	1
Activo Tipo 2	11.25%	16.23%	10.00%	6.00%	35.00%	0.6929	7	8	10	1
Activo Tipo 3	11.84%	15.64%	10.00%	5.00%	35.00%	0.7570	6	7	9	1
Activo Tipo 4	10.64%	12.35%	10.00%	6.00%	35.00%	0.8615	8	1	5	1
Activo Tipo 5	13.25%	13.28%	10.00%	5.00%	35.00%	0.9977	5	4	2	1
Activo Tipo 6	14.21%	14.39%	10.00%	5.00%	35.00%	0.9875	3	6	3	1
Activo Tipo 7	15.53%	14.25%	10.00%	5.00%	35.00%	1.0898	1	5	1	1
Activo Tipo 8	14.95%	16.44%	10.00%	5.00%	35.00%	0.9094	2	9	4	1
Activo Tipo 9	14.16%	16.50%	10.00%	5.00%	35.00%	0.8584	4	10	6	1
Activo Tipo 10	10.06%	12.50%	10.00%	5.00%	35.00%	0.8045	10	3	8	1
Total de Cartera	12.6419%	4.58%	100.00%							
Relación Retorno / Riesgo	2.7596									

Especificaciones del modelo de Optimización:

Objective:	Maximizar la relación Retorno/Riesgo (C18)
Variables de Decisión:	Distribución de Pesos (E6:E15)
Restricciones sobre las Variables de Decisión:	Mínimos y Máximos Requeridos (F6:G15)
Restricciones:	Asignación total de Pesos del Portafolio 100% (E17 se establece para el 100%)

Espificaciones Adicionales:

1. Uno siempre puede maximizar los beneficios de la cartera o minimizar el riesgo total de la cartera.
2. Incorporar el modelo de Simulación Monte Carlo simulando los retornos y la volatilidad de cada tipo de activo y aplica técnicas de Optimización Simulada.
3. La cartera puede optimizarse sin necesidad de utilizar las técnicas de Optimización Estática.

Figura 11.1: Modelo de Optimización Continua

La Asignación de Pesos en la columna E contienen las variables de decisión, es decir, las variables que necesitan ser ajustadas y probadas de tal forma que la ponderación total se ajuste al 100% (celda E17). Generalmente, para empezar la optimización, se establecen en estas celdas valores uniformes, donde en este caso, las celdas E6 a E15 son establecidas al 10% cada una. Adicionalmente, cada variable de decisión puede tener restricciones específicas en el rango permitido. En este ejemplo, las asignaciones mayor y menor son 5% y 35%, tal como se observa en las columnas F y G. Esto significa que cada clase de activo puede tener sus propios límites de asignación. Luego, la columna H muestra la razón retorno-riesgo, el cual es simplemente el porcentaje de retorno dividido por el porcentaje de riesgo, donde mientras mayor es el valor, mayor es la razón retorno-riesgo. El resto del modelo muestra cada clase de activos ordenados por retornos, riesgo, razón retorno-riesgo y asignación. En otras palabras, este orden muestra un vistazo sobre cual clase de activo tiene el menor riesgo, el mayor retorno, etcétera.

Los retornos totales de portafolio en la celda C17 es la *SUMAPRODUCTO(C6:C15, E6:E15)*, es decir, la suma de la asignación de pesos multiplicado por los retornos anualizados para cada clase de activo. En otras palabras, tenemos $R_P = \omega_A R_A + \omega_B R_B + \omega_C R_C + \omega_D R_D$, donde R_P es el retorno de portafolio, $R_{A,B,C,D}$ son los retornos individuales de los proyectos y $\omega_{A,B,C,D}$ son los pesos relativos o las asignaciones de capital a cada proyecto.

Adicionalmente, la diversificación de portafolio en la celda D17 se calcula tomando

$$\sigma_P = \sqrt{\sum_{i=1}^{n} \omega_i^2 \sigma_i^2 + \sum_{i=1}^{n} \sum_{j=1}^{m} 2\omega_i \omega_j \rho_{i,j} \sigma_i \sigma_j}$$. Aquí, ρ_{ij} son las respectivas correlaciones cruzadas entre

las clases de activos. Por lo tanto, si las correlaciones cruzadas son negativas, hay efectos de diversificación de riesgo, y el riesgo del portafolio disminuye. Sin embargo, para simplificar los cálculos realizados, se supone cero correlación entre los tipos de activos en el cálculo del riesgo de este portafolio, pero se asumen las correlaciones cuando se aplica simulación de los retornos tal como se vio anteriormente. Por lo tanto, en vez de aplicar correlaciones estáticas entre estos diferentes retornos de los activos, se aplican correlaciones en los supuestos de la simulación misma, creando una relación más dinámica entre los valores simulados de retorno.

Finalmente, la razón retorno-riesgo o el índice de Sharpe se calcula para el portafolio. Este valor se observa en la celda C18 y representa el objetivo a ser maximizado en el ejercicio de optimización. Para resumir, se tienen las siguientes especificaciones en el modelo de ejemplo:

Objetivo:	Maximizar la razón Retorno-Riesgo (C18)
Variables de Decisión:	Asignación de Pesos (E6:E15)
Restricciones (Variables de Decisión):	Requerimiento de Mínimo y Máximo (F6:G15)
Restricciones:	Asignación total de la suma de las ponderaciones sea 100% (E17)

Procedimiento

- Abra el archivo de ejemplo (*Simulador de Riesgo | Modelos de Ejemplo | 11 Optimización Continua*) y cree un nuevo perfil oprimiendo en *Simulador de Riesgo | Nuevo Perfil* y asígnele un nombre.

- El primer paso en optimización es establecer las variables de decisión. Seleccione la celda E6 y establezca la primera variable de decisión (*Simulador de Riesgo | Optimización | Establecer Decisión*) y oprima en el ícono de vínculo para seleccionar el nombre de la celda (B6), así como los valores del límite inferior y el límite superior en las celdas F6 y G6. Luego, usando la opción copiar del Simulador de Riesgo, copie esta celda E6 de variable de decisión y pegue la variable de decisión en las celdas restantes E7 a E15.

- El Segundo paso en optimización es establecer la restricción. Solo hay una restricción en este modelo, es decir, la asignación total del portafolio debe sumar 100%. Entonces, oprima en *Simulador de Riesgo | Optimización | Establecer Restricción* y seleccione *Agregar* para adicionar una nueva restricción. Luego seleccione la celda E17 y establézcala igual (=) a 100%. Oprima OK cuando haya terminado.

- El último paso en optimización es establecer la función objetivo y comenzar la optimización seleccionando la celda objetivo C18 en *Simulador de Riesgo | Optimización | Establecer Objetivo*. Luego, ejecutar la optimización seleccionando *Simulador de Riesgo | Optimización | Correr Optimización* y escogiendo la optimización (*Optimización Estática, Optimización Dinámica u Optimización Estocástica*). Para empezar, seleccione *Optimización Estática*. Verifique para estar seguro que la celda objetivo es la C18 y seleccione *Maximizar*. Ahora puede revisar las variables de decisión y las restricciones si es necesario, u oprima *OK* para ejecutar la optimización estática.

- Una vez se ha completado la optimización, puede seleccionar *Volver* para regresar a los valores originales de las variables de decisión, así como el objetivo, o seleccione *Reemplace* para aplicar la optimización de las variables de decisión. Generalmente, se escoge remplazar luego que la optimización haya terminado.

La Figura 11.2 muestra las capturas de pantalla de los anteriores pasos del procedimiento. Puede adicionar supuestos de simulación en los retornos y el riesgo del modelo (columnas C y D) y aplique la optimización dinámica y la optimización estocástica para práctica adicional.

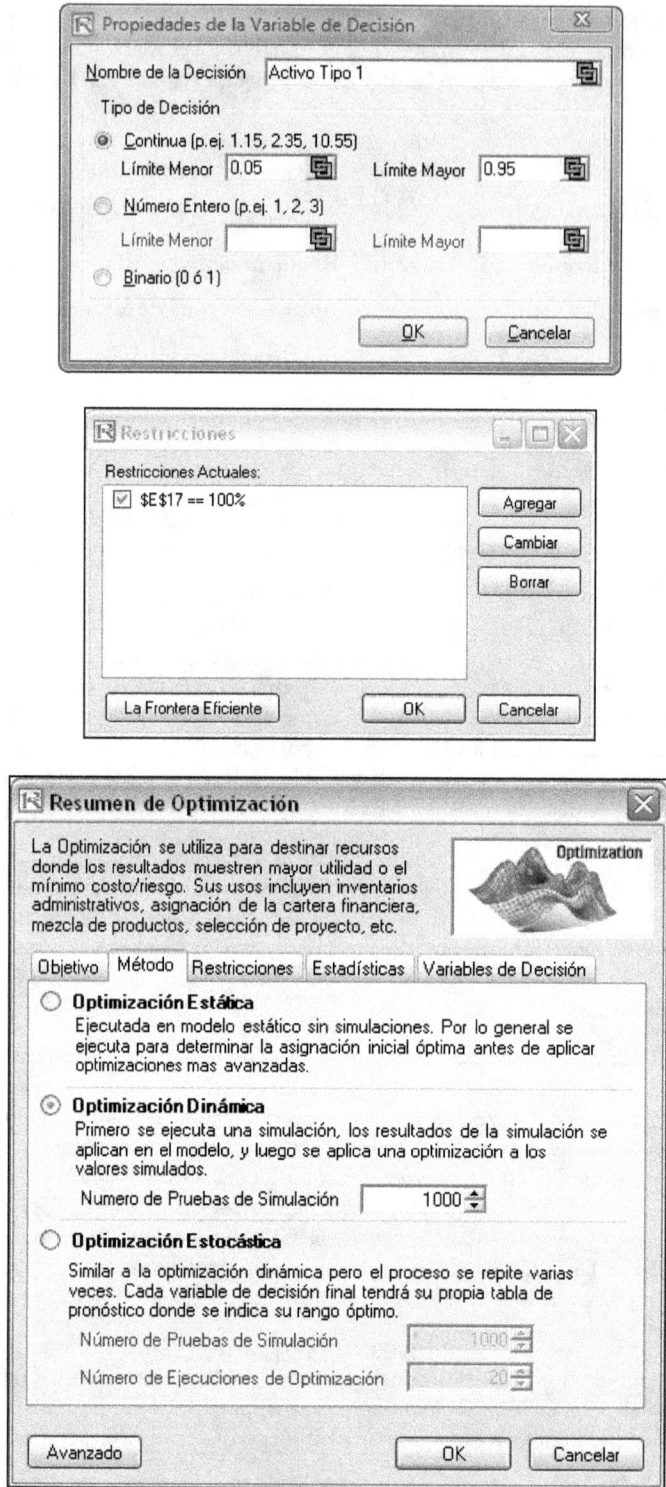

Figura 11.2: Ejecutando la Optimización Continua en el Simulador de Riesgo

Interpretación de Resultados

Los resultados finales de la optimización se muestran en la Figura 11.3, donde la asignación óptima de los activos del portafolio se encuentra en las celdas E6:E15. Dadas las restricciones para la fluctuación de cada activo entre 5 y 35%, y donde la suma de las asignaciones debe ser igual al 100%. La asignación que maximice la razón retorno-riesgo se ve en la Figura 11.3.

Algunas cosas son importantes y deben ser tenidas en cuenta cuando se revisan los resultados y se efectúan los procedimientos de optimización:

- La forma correcta de correr una Optimización es maximizar la razón retorno-riesgo o el índice de Sharpe.

- Si en vez de maximizar los retornos totales del portafolio, el resultado de la asignación óptima es trivial y no se necesita conseguir una optimización. Es decir, simplemente se asigna 5% (lo mínimo permitido) a los 8 activos de menor retorno, 35% (lo máximo permitido) al activo de mayor retorno, y el restante 25% a los activos de segundo-mejor retorno. No se requiere optimización. Sin embargo, cuando se asigna el portafolio de esta forma, el riesgo es mucho mayor comparado cuando se maximiza la razón retorno-riesgo, aunque los retornos del portafolios son altos por sí mismos.

- En contraste, se puede minimizar el riesgo total del portafolio, pero los retornos serán ahora menores.

El cuadro ilustra los resultados de tres objetivos diferentes a ser optimizados:

Objetivo:	Retornos del Portafolio	Riesgo del Portfolio	Razón Retorno-Riesgo del Portafolio
Maximizar la razón Retorno-Riesgo	12.69%	4.52%	2.8091
Maximizar Retornos	13.97%	6.77%	2.0636
Minimizar Riesgo	12.38%	4.46%	2.7754

Del cuadro anterior, el mejor enfoque es maximizar la razón retorno-riesgo, es decir, para la misma cantidad de riesgo, la asignación que proporciona la mayor cantidad de retorno o por el contrario, para la misma cantidad de retorno, la asignación proporciona la menor cantidad de riesgo posible. Este enfoque de razón retorno-riesgo es la piedra angular de la frontera eficiente de Markowitz en la teoría moderna de portafolio. Es decir, si se restringen los niveles de riesgo total del portafolio y se incrementan sucesivamente en el tiempo, se obtienen varias asignaciones eficientes del portafolio para diferentes características de riesgo. Por lo tanto, se pueden obtener diferentes asignaciones eficientes de portafolio para diferentes individuos con diferentes preferencias por riesgo.

MODELO DE ASIGNACIÓN ÓPTIMA DE ACTIVOS

Descripción del Tipo de Activo	Beneficios Anualizados	Riesgo de Volatilidad	Asignación de Pesos	Asignación Mínima Requerida	Asignación Máxima Requerida	Beneficio para el Radio de Riesgo	Clasificación de Beneficios (Alto-Bajo)	Clasificación de Riesgo (Bajo-Alto)	Beneficio para Clasificar el Riesgo (Alto-Bajo)	Asignación de Riesgo (Alto-Bajo)
Activo Tipo 1	10.54%	12.36%	11.09%	5.00%	35.00%	0.8524	9	2	7	4
Activo Tipo 2	11.25%	16.23%	6.86%	5.00%	35.00%	0.6929	7	8	10	10
Activo Tipo 3	11.84%	15.64%	7.78%	5.00%	35.00%	0.7570	6	7	9	9
Activo Tipo 4	10.64%	12.35%	11.23%	5.00%	35.00%	0.8615	8	1	5	3
Activo Tipo 5	13.25%	13.28%	12.09%	5.00%	35.00%	0.9977	5	4	2	2
Activo Tipo 6	14.21%	14.39%	11.04%	5.00%	35.00%	0.9875	3	6	3	5
Activo Tipo 7	15.53%	14.25%	12.30%	5.00%	35.00%	1.0898	1	5	1	1
Activo Tipo 8	14.95%	16.44%	8.90%	5.00%	35.00%	0.9094	2	9	4	7
Activo Tipo 9	14.16%	16.50%	8.37%	5.00%	35.00%	0.8584	4	10	6	8
Activo Tipo 10	10.06%	12.50%	10.35%	5.00%	35.00%	0.8045	10	3	8	6

Total de Cartera	12.6919%	4.52%	100.00%
Relación Retorno / Riesgo	2.8091		

Especificaciones del modelo de Optimización:

Objectivo:	Maximizar la relación Retorno/Riesgo (C18)
Variables de Decisión:	Distribución de Pesos (E6:E15)
Restricciones sobre las Variables de Decisión:	Mínimos y Máximos Requeridos (F6:G15)
Restricciones:	Asignación total de Pesos del Portafolio 100% (E17 se establece para el 100%)

Espificaciones Adicionales

1. Uno siempre puede maximizar los beneficios de la cartera o minimizar el riesgo total de la cartera.
2. Incorporar el modelo de Simulación Monte Carlo simulando los retornos y la volatilidad de cada tipo de activo y aplica técnicas de Optimización Simulada.
3. La cartera puede optimizarse sin necesidad de utilizar las técnicas de Optimización Estática.

Figura 11.3 Resultados de optimización Contínua

OPTIMIZACIÓN DISCRETA

A veces las variables de decisión no son continuas sino discretas (por ejemplo, 1, 2, 3) o binarias (por ejemplo, 0 y 1). Se pueden usar variables de decisión binarias que funcionan como interruptores de encendido-apagado o de decisiones de participar-no participar. La Figura 11.4 ilustra un modelo de selección de proyectos donde hay 20 proyectos enumerados. Este ejemplo usa el archivo de *Simulador de Riesgo | Modelos de Ejemplos | 12 Optimización Discreta*. Cada proyecto como el anterior, tiene sus propios retornos (VPNE y VPN para valor presente neto expandido y valor presente neto—el VPNE es simplemente el VPN más un valor de opción real), costos de implementación, riesgos, etcétera. Si es necesario, este modelo se puede modificar para incluir equivalencias de tiempo completo (ETC) y otros recursos de varias funciones, así como se pueden imponer restricciones adicionales a estos recursos adicionales. Las entradas de este modelo generalmente están conectadas con otras hojas de modelo. Por ejemplo, cada proyecto tiene su propio flujo de caja descontado o de retornos en el modelo de inversión. La aplicación aquí utilizada es maximizar el índice de Sharpe del portafolio donde el número total de proyectos escogidos no puede exceder los 10, y así sucesivamente. Todas estas adiciones se pueden ejecutar usando este modelo existente.

	Proyecto	ENPV	Costo	Riesgo $	Riesgo %	Relación Retorno/Riesgo	Índice de Rentabilidad	Selección
4	Proyecto 1	$458.00	$1,732.44	$54.96	12.00%	8.33	1.26	1.0000
5	Proyecto 2	$1,954.00	$859.00	$1,914.92	98.00%	1.02	3.27	1.0000
6	Proyecto 3	$1,599.00	$1,845.00	$1,551.03	97.00%	1.03	1.87	1.0000
7	Proyecto 4	$2,251.00	$1,645.00	$1,012.95	45.00%	2.22	2.37	1.0000
8	Proyecto 5	$849.00	$458.00	$925.41	109.00%	0.92	2.85	1.0000
9	Proyecto 6	$758.00	$52.00	$560.92	74.00%	1.35	15.58	1.0000
10	Proyecto 7	$2,845.00	$758.00	$5,633.10	198.00%	0.51	4.75	1.0000
11	Proyecto 8	$1,235.00	$115.00	$926.25	75.00%	1.33	11.74	1.0000
12	Proyecto 9	$1,945.00	$125.00	$2,100.60	108.00%	0.93	16.56	1.0000
13	Proyecto 10	$2,250.00	$458.00	$1,912.50	85.00%	1.18	5.91	1.0000
14	Proyecto 11	$549.00	$45.00	$263.52	48.00%	2.08	13.20	1.0000
15	Proyecto 12	$525.00	$105.00	$309.75	59.00%	1.69	6.00	1.0000
17	Total	$17,218.00	$8,197.44	$7,007	40.70%			12.00
18	Metal	MAX	< =$5000					<=6
19	Ratio de Sharpe	2.4573						

ENPV es el Valor Presente Neto de cada línea de crédito o proyecto, mientras Costo puede ser el costo total de la administración así como las acciones requeridas para cubrir la línea de crédito y Riesgo es el Coeficiente de Variación de la Línea de Crédito del *ENPV*.

Figura 11.4 Modelo de Optimización Discreta

Procedimiento

- Abra el archivo de ejemplo (*Simulador de Riesgo* | *Modelos de Ejemplos* | *12 Optimización Discreta*) y cree un nuevo perfil oprimiendo en *Simulador de Riesgo* | *Nuevo Perfil* y asígnele un nombre.

- El primer paso en optimización es definir las variables de decisión. Defina la primera variable de decisión seleccionando la celda J4 en *Simulador de Riesgo* | *Optimización* | *Establecer Decisión*, oprima en el ícono de vínculo para seleccionar el nombre de la celda (B4) y seleccione la variable *Binaria*. Luego, usando la opción copiar del Simulador de Riesgo, copie la celda J4 de la variable de decisión y pegue la variable de decisión en las restantes celdas de la J5 a la J23.

- El segundo paso en optimización es establecer la restricción. En este ejemplo hay dos restricciones, estas son que la asignación total del presupuesto debe ser menor a $5,000 y el número total de proyectos no debe exceder los 10. Entonces, oprima en *Simulador de Riesgo* | *Optimización* | *Establecer Restricción* y seleccione *Agregar* para adicionar una nueva restricción. Luego seleccione la celda E25 y establézcala menor o igual (<=) a 5000. Repita este procedimiento estableciendo la celda J25 <= 6.

- El paso final en optimización es establecer la función objetivo y comenzar la optimización seleccionando la celda C27 en *Simulador de Riesgo* | *Optimización* | *Establecer Objetivo*. Luego correr la optimización (*Simulador de Riesgo* | *Optimización* |*Correr Optimización*) y escoger la optimización (Optimización Estática, Optimización Dinámica u Optimización Estocástica). Para empezar, seleccione *Optimización Estática*. Verifique para asegurarse que la celda objetivo es C27 y seleccione *Maximizar*. Ahora puede revisar las variables de decisión y las restricciones si es necesario, u oprima *OK* para correr la optimización estática.

La Figura 11.5 muestra las capturas de pantalla de los anteriores pasos del procedimiento. Puede agregar supuestos de simulación en el Riesgo y en el VPNE del modelo (columnas C y F) y aplicar la optimización dinámica y la optimización estocástica para práctica adicional.

Interpretación de Resultados

La Figura 11.6 muestra un ejemplo de selección óptima de proyectos que maximizan el índice de Sharpe. En comparación, se pueden maximizar los ingresos totales, pero como en el caso anterior, este proceso es trivial y simplemente implica escoger el proyecto de mayor retorno y continuar en orden la lista de proyectos hasta que se acabe el dinero o se exceda la restricción presupuestal. Haciendo esto, se pueden llevar a cabo proyectos no deseables teóricamente, donde a mayor rendimiento, los proyectos tienen mayores riesgos. Ahora, si desea, puede replicar la optimización usando optimización estocástica o dinámica agregando supuestos en los valores del VPNE y del Riesgo.

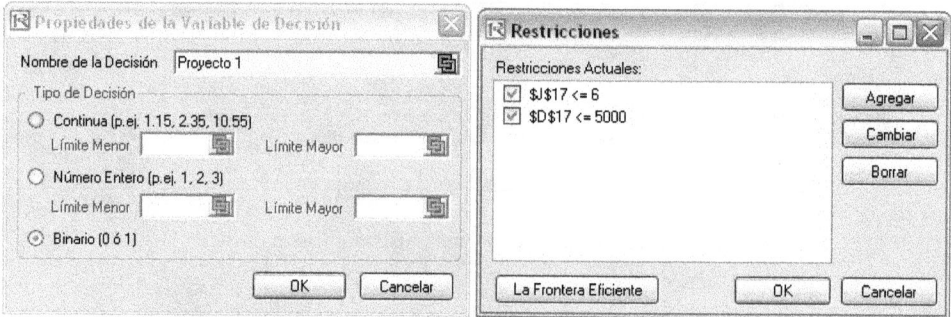

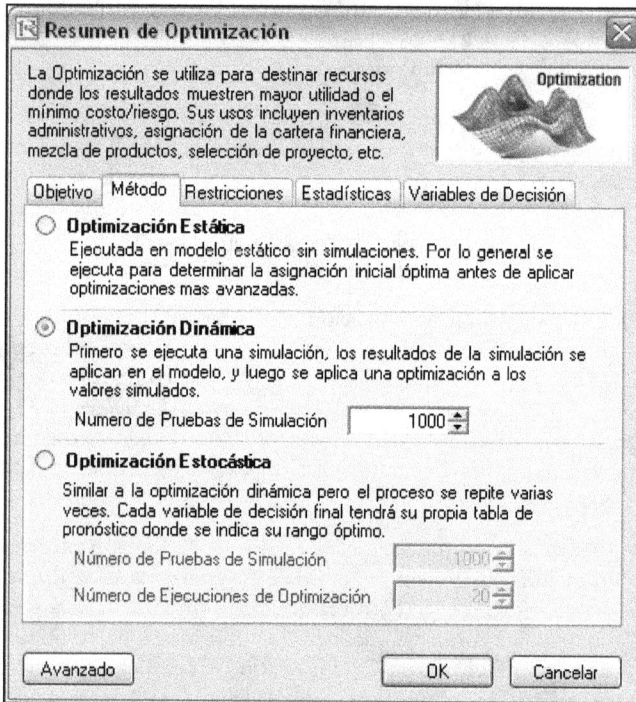

Figura 11.5 Ejecutando la Optimización Discreta en el Simulador de Riesgo

	Proyecto	ENPV	Costo	Riesgo $	Riesgo %	Relación Retorno/Riesgo	Índice de Rentabilidad		Selección
4	Proyecto 1	$458.00	$1,732.44	$54.96	12.00%	8.33	1.26		1.0000
5	Proyecto 2	$1,954.00	$859.00	$1,914.92	98.00%	1.02	3.27		0.0000
6	Proyecto 3	$1,599.00	$1,845.00	$1,551.03	97.00%	1.03	1.87		0.0000
7	Proyecto 4	$2,251.00	$1,645.00	$1,012.95	45.00%	2.22	2.37		1.0000
8	Proyecto 5	$849.00	$458.00	$925.41	109.00%	0.92	2.85		0.0000
9	Proyecto 6	$758.00	$52.00	$560.92	74.00%	1.35	15.58		1.0000
10	Proyecto 7	$2,845.00	$758.00	$5,633.10	198.00%	0.51	4.75		0.0000
11	Proyecto 8	$1,235.00	$115.00	$926.25	75.00%	1.33	11.74		1.0000
12	Proyecto 9	$1,945.00	$125.00	$2,100.60	108.00%	0.93	16.56		0.0000
13	Proyecto 10	$2,250.00	$458.00	$1,912.50	85.00%	1.18	5.91		0.0000
14	Proyecto 11	$549.00	$45.00	$263.52	48.00%	2.08	13.20		1.0000
15	Proyecto 12	$525.00	$105.00	$309.75	59.00%	1.69	6.00		1.0000
17	Total	$5,776.00	$3,694.44	$1,539	26.64%				6.00
18	Metal	MAX	< =$5000						<=6
19	Ratio de Sharpe	3.7543							

ENPV es el Valor Presente Neto de cada línea de crédito o proyecto, mientras Costo puede ser el costo total de la administración así como las acciones requeridas para cubrir la línea de crédito y Riesgo es el Coeficiente de Variación de la Línea de Crédito del **ENPV**.

Figura 11.6: Selección Óptima de Proyectos que Maximizan el Índice de Sharpe

FRONTERA EFICIENTE Y AJUSTES
OPTIMIZACIÓN AVANZADA

La Figura 11.7 muestra las restricciones de frontera eficiente para la optimización. Se puede llegar a esta interfaz haciendo clic en el botón de la *Frontera Eficiente después* de haber establecido algunas restricciones. Ahora estas restricciones se pueden volver cambiantes. Es decir, cada una de las restricciones se pueden crear para pasar por entre un valor mínimo y máximo. Como ejemplo, la restricción en la celda J17 <= 6 se puede configurar para ser ejecutada entre 4 y 8 (Figura 11.7). Es decir, se ejecutarán cinco optimizaciones, cada una con las siguientes limitaciones: J17 <= 4, J17 <= 5, J17 <= 6, J17 <= 7, y J17 <= 8. Los resultados óptimos luego se trazan como frontera eficiente y el informe será generado (Figura 11.8).

Específicamente, los siguientes son los pasos necesarios para crear una restricción de cambio:

- En un modelo de optimización (es decir, un modelo con Objetivo, Variables de Decisión y Restricciones ya establecidas), haga clic en *Simulador de Riesgo | Optimización | Restricciones* y luego haga clic en *La Frontera eficiente*.

- Seleccione la restricción que desea cambiar o medir, (por ejemplo, J17), introduzca los parámetros de Min, Max, y el Tamaños del Paso (Figura 11.7), y haga clic en *Agregar* y luego en *OK* y de nuevo en *OK*. Usted debe *deseleccionar* la restricción D17 <= 5,000 antes de ejecutar.

- Ejecute optimización como de costumbre *(Simulador de Riesgo | Optimización | Correr Optimización)*. Usted puede elegir estático, dinámico o estocástico. Para empezar, seleccione *Optimización Estática* para ejecutar.

- Los resultados se muestran como una interfaz de usuario (Figura 11.8). Haga clic en *Crear Reporte* para generar una hoja de trabajo con el informe detallado de las carreras de optimización.

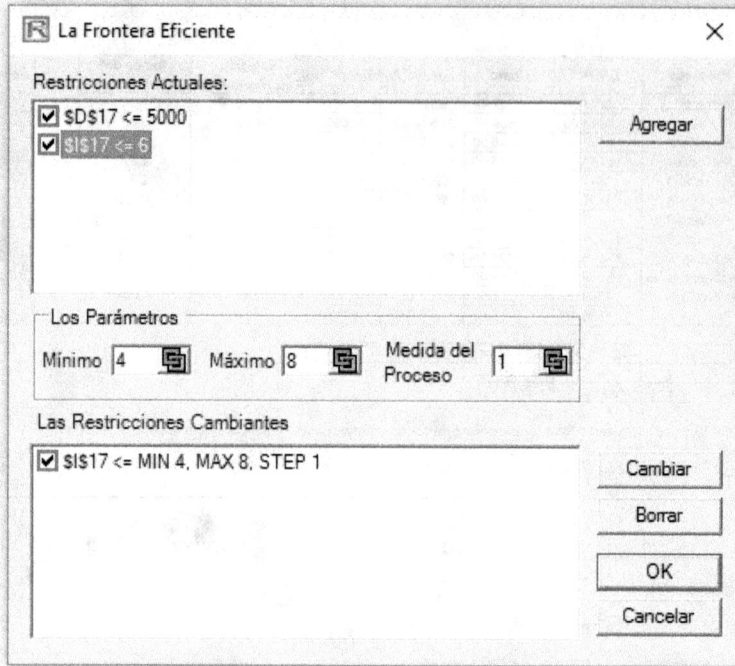

Figura 11.7: Generando Cambios de Restricciones en una Frontera Eficiente

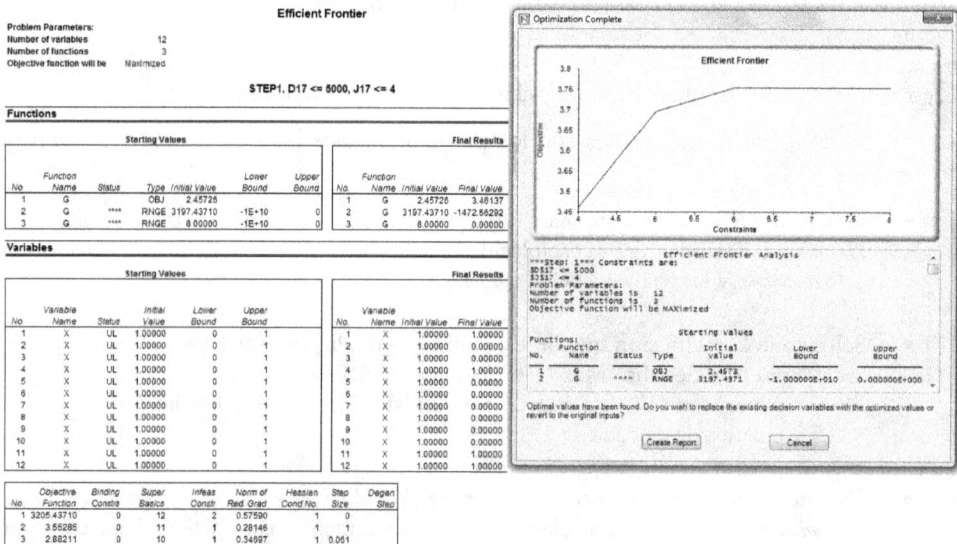

Figura 11.8: Resultados de la Frontera Eficiente

OPTIMIZACIÓN ESTOCÁSTICA

Este ejemplo ilustra la aplicación de optimización estocástica utilizando un modelo de muestra con cuatro clases de activos cada uno con diferentes características de riesgo y rendimiento. La idea aquí es encontrar la mejor asignación de portafolio de tal manera que se maximice el beneficio y la relación de riesgo – retorno del portafolio. Es decir, el objetivo es destinar el 100 por ciento de la inversión de una persona entre diferentes clases de activos (por ejemplo, diferentes tipos de fondos de inversión o estilos de inversión: crecimiento, valor, crecimiento agresivo, ingresos, global, índice, contracorriente, momentum, etc.). Este modelo es diferente de los demás, porque existen varios supuestos de simulación (valores de riesgo y retorno para cada activo en las columnas C y D), como se ve en la Figura 11.9.

Se ejecuta una simulación, a continuación, se ejecuta la optimización, y todo el proceso se repite varias veces para obtener distribuciones de cada variable de decisión. Todo el análisis se puede automatizar usando *Optimización Estocástica*.

Con el fin de ejecutar una optimización, primero se deben identificar varias especificaciones clave en el modelo.

Objetivo:	Maximizar la Relación Riesgo-Retorno (C12)
Variables de Decisión:	Asignación de Pesos (E6: E9)
Restricciones de las Variables de Decisión:	Mínimo y Máximo Requerido (F6: G9)
Restricciones:	Peso Total del portafolio 100% (E11 = 100%)
Supuestos de Simulación:	Valores de Retorno y Riesgo (C6: D9)

El modelo muestra las diferentes clases de activos. Cada clase de activo tiene su propio conjunto de rendimientos anualizados y volatilidades anualizadas. Estas medidas de rentabilidad y riesgo son valores anualizados de tal manera que se pueden comparar constantemente a través de diferentes clases de activos. Los retornos se calculan utilizando la media geométrica de los rendimientos relativos, mientras que los riesgos se calculan utilizando el enfoque de rentabilidad de las acciones relativas logarítmicas. Véase el segundo apéndice de este capítulo en los modelos de volatilidad para los detalles de cálculo.

La columna E, la Asignación de Pesos, contiene las variables de decisión, que son las variables que necesitan ser ajustadas y probadas de tal manera que el peso total está limitado a 100% (celda E11). Por lo general, para iniciar la optimización, estableceremos estas celdas a un valor uniforme. En este caso, las celdas E6 a E9 se establecieron en 25% cada una. Además, cada variable de decisión puede tener restricciones específicas en su rango permitido. En este ejemplo, las asignaciones inferiores y superiores permitidas son 10% y 40%, como se ve en las columnas F y G. Esta configuración significa que cada clase de activos puede tener sus propios límites de asignación.

	Descripción del Tipo de Activo	Beneficios Anualizados	Riesgo de Volatilidad	Asignación de Pesos	Asignación Mínima Requerida	Asignación Máxima Requerida	Beneficio para el Radio de Riesgo
	MODELO DE ASIGNACIÓN ÓPTIMA DE ACTIVOS						
6	Activo 1	10.69%	12.66%	25.00%	10.00%	40.00%	0.8447
7	Activo 2	11.21%	16.23%	25.00%	10.00%	40.00%	0.6911
8	Activo 3	10.57%	15.79%	25.00%	10.00%	40.00%	0.6695
9	Activo 4	10.60%	12.45%	25.00%	10.00%	40.00%	0.8515
11	Total de Cartera	10.7702%	7.19%	100.00%			
12	Beneficio para el Radio de Riesgo	1.4972					

Figura 11.9: Modelo de Asignación de Activos Listo para la Optimización Estocástica

A continuación, la columna H muestra la relación riesgo – retorno, que es simplemente el porcentaje de retorno dividido por el porcentaje de riesgo para cada activo, donde entre mayor sea este valor, mayor será el retorno de la inversión. Las partes restantes del modelo muestran la clasificación de la clase de activos individuales por retorno, riesgo, proporción riesgo – retorno, y asignación. En otras palabras, estas clasificaciones dan un vistazo de cuales activos tienen el riesgo más bajo, o el mayor rendimiento, y así sucesivamente.

Ejecutando una Optimización

Para ejecutar este modelo, simplemente haga clic en *Simulador de Riesgo | Optimización | Correr Optimización*. Alternativamente, y para la práctica, se puede configurar el modelo siguiendo los siguientes pasos:

1. Abra el modelo ejemplo en *Simulador de Riesgo | Modelos de Ejemplo | 13 Optimización Estocástica*.
2. Iniciar un nuevo perfil (*Simulador de Riesgo | Nuevo Perfil*).
3. Para la optimización estocástica, establezca los supuestos de distribución de riesgo y retorno para cada clase de activo. Es decir, seleccione la celda *C6*, establezca una suposición *(Simulador de Riesgo | Entrada de Supuestos)*, y haga su propia suposición según sea necesario. Repita el procedimiento para las celdas C7 a D9.
4. Seleccione la celda *E6*, defina la variable de decisión (*Simulador de Riesgo | Optimización | Establecer Decisión* o haga clic en el icono Establecer Decisión D), y conviértala en una *Variable Continua*. Entonces, vincule el nombre de la variable de decisión y el mínimo / máximo necesario para las celdas relevantes (B6, F6, G6).
5. A continuación, utilice el Simulador de Riesgo *Copiar* en la celda *E6*, seleccione las celdas *E7* a *E9*, y utilice Pegar del Simulador de Riesgo (*Simulador de Riesgo | Copiar Parámetro* y *Simulador de Riesgo | Pegar Parámetro* o utilizar los iconos de copiar y pegar.). Recuerde que no debe utilizar las funciones de copiar y pegar regulares de Excel.
6. A continuación, configure las restricciones de optimización seleccionando *Simulador de Riesgo | Optimización | Establecer Restricción*, seleccionando *Agregar*, y seleccionando la celda *E11* y volviéndolo igual a 100% (asignación total, y no olvide el signo%).
7. Seleccione la celda *C12*, el objetivo a maximizar, y conviértalo en el objetivo: *Simulador de Riesgo | Optimización | Establecer Objetivo* o haga clic en el icono Objetivo.

8. Ejecute la optimización *Simulador de Riesgo | Optimización | Correr Optimización*. Revise las diferentes pestañas para asegurarse de que todas las entradas necesarias en los pasos 2 y 3 son correctas. Seleccione *Optimización Estocástica* y establezca 500 ensayos repetidos 20 veces (La Figura 11.10 ilustra estos pasos de configuración).

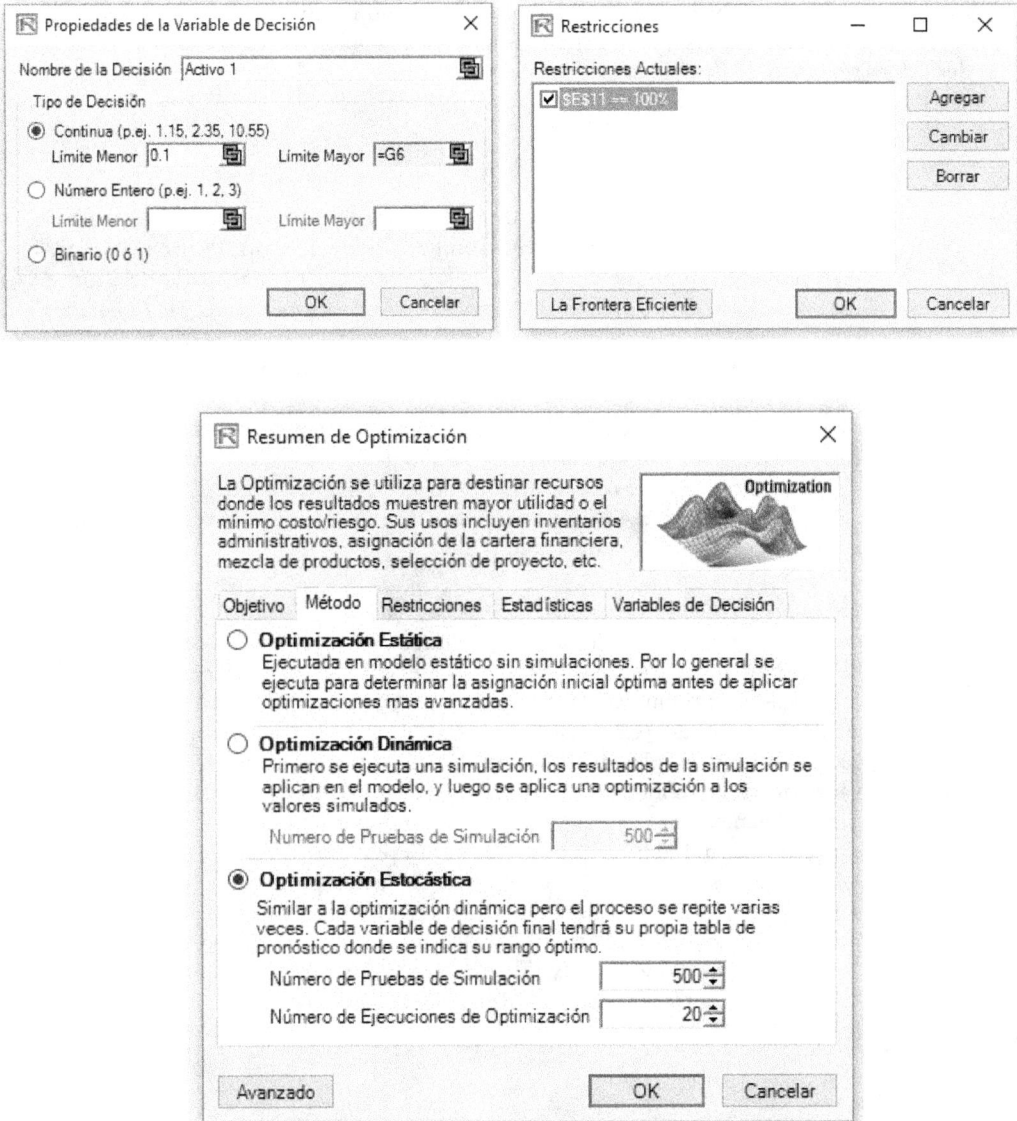

Figura 11.10: Configurando los Problemas de Optimización Estocástica

Haga clic en *OK* cuando la simulación esté completa y un reporte detallado de optimización estocástica se generará junto con gráficos de pronóstico de las variables de decisión.

Visualización e Interpretación de los Resultados del Pronóstico

La optimización estocástica se realiza cuando se ejecuta primero una simulación y luego se ejecuta la optimización. Entonces todo el análisis se repite varias veces. El resultado es una distribución de cada variable de decisión en lugar de una estimación de un solo punto (Figura 11.11). Así que en lugar de decir que usted debe invertir 30.57% en el Activo 1, la decisión óptima es invertir entre 30.23% y 30.92%, siempre y cuando las sumas totales del portafolio sea 100%. De esta manera, los resultados proporcionan a la gerencia o a los responsables de las decisiones un rango de flexibilidad en las decisiones óptimas, y al mismo tiempo toman en cuenta los riesgos e incertidumbres en las entradas.

Notas

- *Simulación a Súper Velocidad con Optimización.* También puede ejecutar la optimización estocástica con simulación a súper velocidad. Para ello, primero restablezca la optimización restableciendo las cuatro variables de decisión de nuevo a 25%. A continuación, seleccione *Correr Optimización*, haga clic en el botón *Avanzado* (Figura 11.10), y seleccione en la casilla de verificación *Correr Simulación a Súper Velocidad.* Luego, en la interfaz de usuario de correr optimización, seleccione *Optimización Estocástica* en la pestaña *Método* y configúrelo para ejecutar 500 ensayos y 20 ejecuciones de optimización, y haga clic en *OK.* Este enfoque integrará la simulación de súper velocidad con la optimización. Observe cuánto más rápido se ejecuta la optimización estocástica. Ahora puede volver a ejecutar rápidamente la optimización con un mayor número de ensayos de simulación.

- *Estadísticas de Simulación para la Optimización Estocástica y Dinámica.* Tenga en cuenta que si hay supuestos de simulación de entrada en el modelo de optimización (es decir, se requiere de estos supuestos de entrada para ejecutar las rutinas dinámicas o de optimización estocástica), la pestaña *Estadísticas* se encuentra en la interfaz de usuario *Correr Optimización.* Puede seleccionar de la lista desplegable las estadísticas que desea, como promedio, desviación estándar, coeficiente de variación, media condicional, varianza condicional, un percentil específico, y así sucesivamente. Por lo tanto, si ejecuta una optimización estocástica, una simulación de miles de ensayos se ejecuta por primera vez; entonces el estadístico seleccionado se calcula y este valor se ubica temporalmente en la celda de supuesto de simulación; a continuación, una optimización se ejecutará sobre la base de este estadístico; a continuación, todo el proceso se repite varias veces. Este método es importante y útil para aplicaciones de banca en el cálculo de Valor en Riesgo Condicional o VaR Condicional.

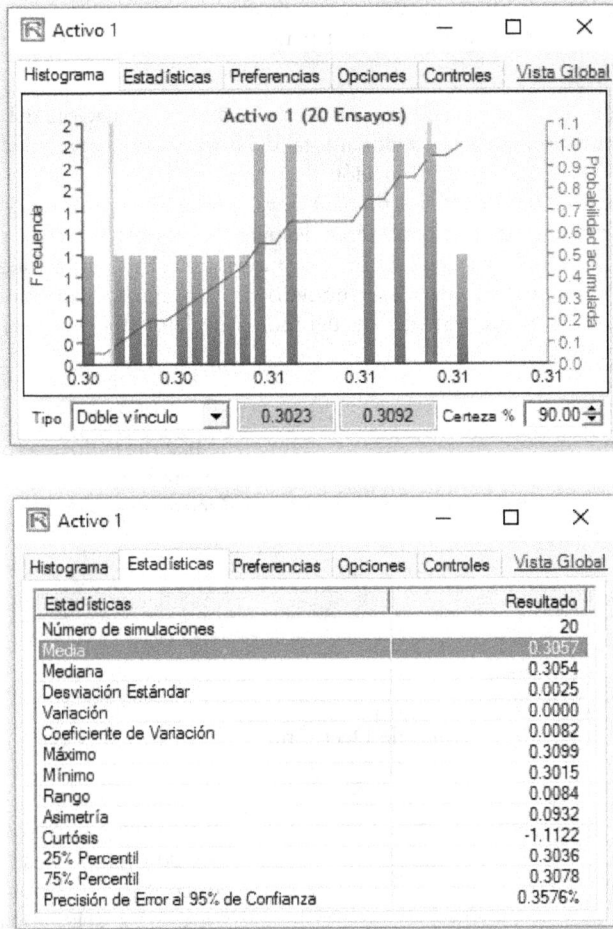

Figura 11.11: Resultados Simulados del Enfoque de Optimización Estocástica

EJEMPLO DE UNA APLICACIÓN DE OPTIMIZACIÓN: PORTAFOLIO MILITAR Y FRONTERA EFICIENTE

En esta sección se ilustra un modelo de ejemplo de ROV Modeling Toolkit, otra herramienta de software desarrollada por Real Options Valuation, Inc., que incluye más de 300 modelos y 800 funciones. La Figura 11.12 muestra un modelo con 20 proyectos con diferentes características de riesgo-retorno, así como varias medidas cualitativas tales como puntuación estratégica, puntuación de la preparación militar, puntuación de táctica, puntuación completa, y así sucesivamente. Estos resultados se obtienen a través de expertos en la materia, por ejemplo, los encargados de las decisiones, líderes y directivos de las organizaciones, donde sus expertas opiniones se reúnen a través del método doble ciego de Delphi. Después de ser borrado (por ejemplo, se eliminan los valores extremos, las grandes variaciones de datos se analizan, se realizan múltiples iteraciones del método Delphi, etc.), sus puntuaciones respectivas se pueden introducir en una rutina de Ajuste de Distribución para encontrar la distribución que mejor se ajuste, o se utiliza para desarrollar una distribución personalizada para cada proyecto.

La idea central de este modelo es encontrar la mejor asignación del portafolio de tal manera que la puntuación estratégica global total del portafolio se maximiza. Es decir, que se utiliza para encontrar la mejor combinación de proyectos en el portafolio que maximice la medida del puntaje total del Beneficio, *Beneficio*Score*, donde los puntos de *Beneficio* del nivel de portafolio de los retornos netos se consideran después de los riesgos y costos asociados a cada proyecto y la medida de *Score* calcula el puntaje integral total del portafolio, mientras tanto, todo está sujeto a las limitaciones en el número de proyectos, restricción presupuestaria, restricciones de recursos equivalentes a tiempo completo (FTE) y las limitaciones de clasificación estratégica.

Objetivo:	Maximizar los retornos totales del portafolio las veces del portafolio del score integral (C28)
Variables de Decisión:	Asignación o decisión de ir/no-ir (J5: J24)
Restricciones a las Variables de Decisión:	Variables de decisión binaria (0 o 1)
Restricciones:	Costo total (E26) es menor o igual a $3800 (en miles o millones de dólares), y menor o igual a 10 proyectos seleccionados (J26) en la del portafolio global
	Los recursos FTE tienen que ser menores o iguales a 80 (M26), la clasificación estratégica total para el portafolio global debe ser menor o igual a 100 (F26)

Portafolio de Optimización Militar

Nombre Proyecto	VPN Esperado	VPN	Costo	Ranking Estratégico	Relación Retorno/Rank	Índice de Rentabilidad	Selección	Score Militar	Score Táctico	Recursos FTE	Score Integral
Proyecto 1	$458.00	$150.76	$1,732.44	1.20	381.67	1.09	1	8.10	2.31	1.20	1.98
Proyecto 2	$1,954.00	$245.00	$859.00	9.80	199.39	1.29	1	1.27	4.83	2.50	1.76
Proyecto 3	$1,599.00	$458.00	$1,645.00	9.70	164.85	1.25	1	9.86	4.75	3.60	2.77
Proyecto 4	$2,251.00	$529.00	$1,645.00	4.50	500.22	1.32	1	8.83	1.61	4.50	2.07
Proyecto 5	$849.00	$564.00	$458.00	10.90	77.89	2.23	1	5.02	6.25	5.50	2.94
Proyecto 6	$758.00	$135.00	$52.00	7.40	102.43	3.60	1	3.64	5.79	9.20	3.26
Proyecto 7	$2,845.00	$311.00	$758.00	19.80	143.69	1.41	1	5.27	6.47	12.50	4.04
Proyecto 8	$1,235.00	$754.00	$115.00	7.50	164.67	7.56	1	9.80	7.16	5.30	3.63
Proyecto 9	$1,945.00	$198.00	$125.00	10.80	180.09	2.58	1	5.68	2.39	6.30	2.16
Proyecto 10	$2,250.00	$785.00	$458.00	8.50	264.71	2.71	1	8.29	4.41	4.50	2.67
Proyecto 11	$549.00	$35.00	$45.00	4.80	114.38	1.78	1	7.52	4.65	4.90	2.75
Proyecto 12	$525.00	$75.00	$105.00	5.90	88.98	1.71	1	5.54	5.09	5.20	2.69
Proyecto 13	$516.00	$451.00	$48.00	2.80	184.29	10.40	1	2.51	2.17	4.60	1.66
Proyecto 14	$499.00	$458.00	$351.00	9.40	53.09	2.30	1	9.41	9.49	9.90	4.85
Proyecto 15	$859.00	$125.00	$421.00	6.50	132.15	1.30	1	6.91	9.62	7.20	4.25
Proyecto 16	$864.00	$458.00	$124.00	3.90	226.67	4.69	1	7.06	9.98	7.50	4.46
Proyecto 17	$956.00	$124.00	$124.00	15.40	62.08	1.24	1	1.25	2.50	8.60	2.07
Proyecto 18	$854.00	$164.00	$512.00	21.00	40.67	1.32	1	3.09	2.90	4.30	1.70
Proyecto 19	$195.00	$45.00	$5.00	1.20	162.50	10.00	1	5.25	1.22	4.10	1.86
Proyecto 20	$210.00	$85.00	$21.00	1.00	210.00	5.05	1	2.01	4.06	5.20	2.50
Total	$22,191.00		$10,200.44	162.00			20	116.32	97.65	116.60	56.08
lación Beneficio/F	$136.96										
Beneficio*Score	$1,244,365.33	Maximizar	< =$3800	< =100			x <=10			<=80	

Presupuesto	Score Integral	Score Táctico	Score Militar	Proyectos Permitidos	Objetivo ROI-RANK
$3,800.00	33.15	62.64	58.58	10	$470,235.60
$4,800.00	36.33	68.85	66.86	11	$521,645.92
$5,800.00	38.40	70.46	75.69	12	$623,557.79
$6,800.00	39.94	72.14	82.31	13	$659,947.99
$7,800.00	39.76	70.05	86.54	14	$676,279.81

Figura 11.12: Modelo de Optimización de Selección de Proyectos

Ejecutando una Optimización

Para ejecutar este modelo preestablecido, simplemente abra el perfil (*Simulador de Riesgo | Cambiar Perfil*) y seleccione *Military Portfolio and Efficient Frontier*. A continuación, ejecute la optimización (*Simulador de Riesgo | Optimización | Correr Optimización*) o, para practicar, establezca el modelo usted mismo siguiendo estos pasos:

1. Inicie un nuevo perfil (*Simulador de Riesgo | Nuevo Perfil*) y asígnele un nombre.

2. En este ejemplo, se requiere que todas las asignaciones sean valores binarios (0 o 1), entonces, primer lugar seleccione la celda J5 y haga de esta una variable de decisión en la hoja de cálculo de Optimización de Enteros. Seleccione la celda J5 y defínala como una variable de decisión (*Simulador de Riesgo | Optimización | Establecer Decisión*, o haga clic en el icono Establecer Decisión) y conviértala en una variable binaria. Esta configuración ajusta automáticamente el mínimo a 0 y el máximo a 1 y sólo puede tener un valor de 0 o 1. A continuación, utilice *Copiar* en el Simulador de Riesgo en la celda J5, seleccione las celdas J6 a J24, y utilice *Pegar* del Simulador de Riesgo *(Simulador de Riesgo | Copiar Parámetro* y *Simulador de Riesgo | Pegar Parámetros* o utilice los iconos de copiar y pegar del Simulador de Riesgo, no copiar / pegar de Excel).

3. A continuación, configure las restricciones de optimización seleccionando *Simulador de Riesgo | Optimización | Establecer Restricción* y seleccionando *Agregar*. Luego enlace a la celda *E26*, y vuélvala <= 3800, seleccione *Agregar* una vez más, haga clic en el icono de enlace, y diríjase a la celda *J26* y establézcala <= 10. Continúe con la adición de las otras restricciones (celdas *M26 <= 80* y *F26 <= 100*).

4. Seleccione la celda C28, el objetivo a maximizar, seleccione *Simulador de riesgos | Optimización | Establecer Objetivo*, elija *Maximizar* y OK.

5. A continuación, seleccione *Simulador de Riesgo | Optimización | Correr Optimización*. Revise las diferentes pestañas para asegurarse de que todas las entradas necesarias en los pasos 2 y 3 son correctas. Ahora puede seleccionar el método de optimización de elección (por ejemplo, *Optimización Estática*) y haga clic en *OK* para ejecutar la optimización. La configuración del modelo se ilustra en la Figura 11.13.

Nota: Recuerde que si desea ejecutar ya sea una rutina dinámica u optimización estocástica, asegúrese primero de que hay supuestos definidos en el modelo. Es decir, asegúrese de que algunas de las celdas en C5: C24 y E5: F24 son supuestos. La sugerencia para este modelo es ejecutar una Optimización Estática.

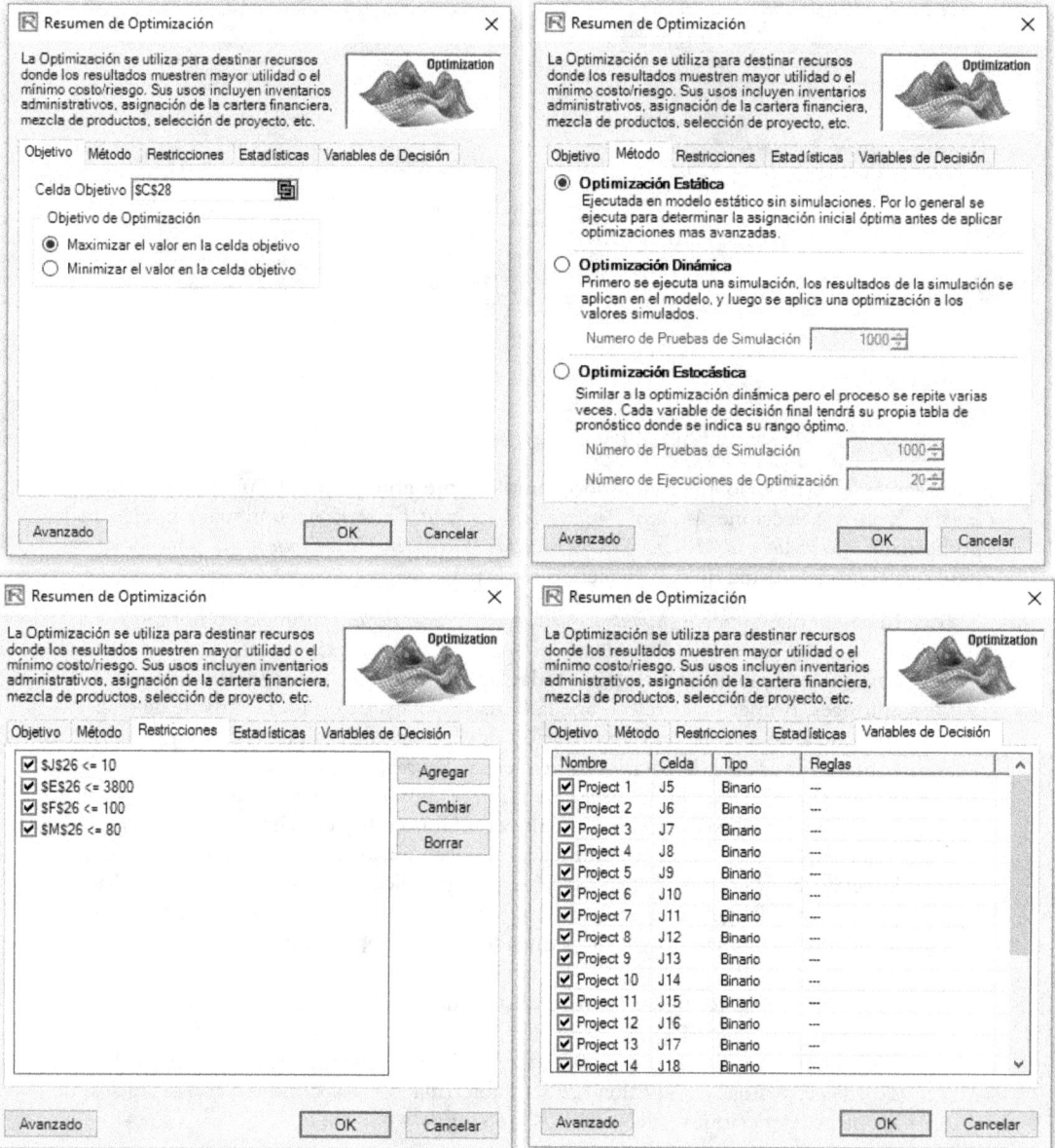

Figura 11.13: Estableciendo un Modelo de Optimización

Frontera Eficiente del Portafolio

Claramente, la ejecución del procedimiento de optimización producirá un portafolio óptimo de proyectos en los que las restricciones están satisfechas. Este resultado representa un solo punto óptimo del portafolio sobre la frontera eficiente, por ejemplo, el portafolio B en el gráfico de la Figura 11.14. Luego, cambiando subsecuentemente algunas de las restricciones, por ejemplo, aumentando el presupuesto y los proyectos autorizados, podemos volver a ejecutar la optimización para producir otro portafolio óptimo dadas estas nuevas restricciones. Por lo tanto, una serie de asignaciones de portafolio óptimo se pueden determinar y representar gráficamente. Esta representación gráfica de todos los portafolios óptimos se llama la *Frontera Eficiente del Portafolio*. En esta coyuntura, cada punto representa una asignación de portafolio, por ejemplo, el Portafolio B podría representar los proyectos 1, 2, 5, 6, 7, 8, 10, 15, y así sucesivamente, mientras que el Portafolio C podría representar los proyectos 2, 6, 7, 9, 12, 15, y así sucesivamente, cada uno resultando en diferentes scores tácticos, militares e integrales y rendimientos del portafolio. Depende del responsable de la toma de decisiones concluir qué portafolio representa la mejor decisión y si existen recursos suficientes para ejecutar estos proyectos. Generalmente, en un análisis de frontera eficiente, usted selecciona los proyectos donde el incremento marginal de beneficios es positivo y la pendiente es pronunciada. Además, usted selecciona el Portafolio D en lugar del Portafolio E debido a que el aumento marginal es negativo en el eje y (por ejemplo, puntuación estratégica). Es decir, gastar demasiado dinero en realidad puede reducir la puntuación estratégica general, y, por lo tanto, este portafolio no debe ser seleccionado. Además, en la comparación de las carteras de A y B, usted se inclinaría más por B ya que la pendiente es pronunciada y el mismo aumento de las necesidades presupuestarias (eje x) devolverían un porcentaje de Puntuación Estratégica mucho más alto (eje y). La decisión de elegir entre los portafolios C y D dependerá de los recursos disponibles y del responsable de la toma de decisiones para concluir si los beneficios añadidos garantizan y justifican el presupuesto y los costos añadidos.

Presupuesto	Score Integral	Score Táctico	Score Militar	Proyectos Permitidos	Objetivo ROI-RANK
$3,800.00	33.15	62.64	58.58	10	$470,235.60
$4,800.00	36.33	68.85	66.86	11	$521,645.92
$5,800.00	38.40	70.46	75.69	12	$623,557.79
$6,800.00	39.94	72.14	82.31	13	$659,947.99
$7,800.00	39.76	70.05	86.54	14	$676,279.81

Frontera Eficiente del Portafolio

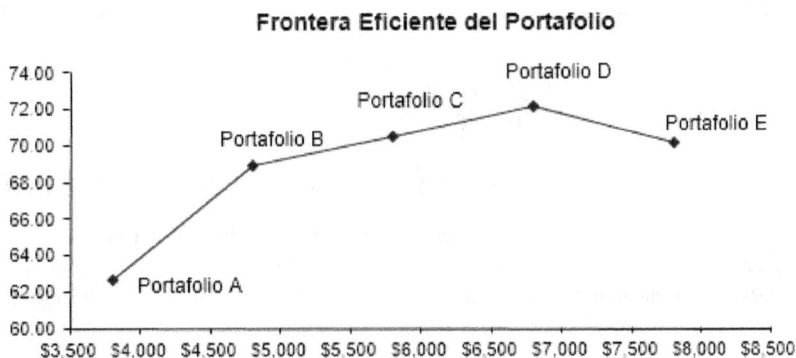

Figura 11.14: Frontera Eficiente del Portafolio

Para mejorar aún más el análisis, puede obtener las asignaciones del portafolio óptimo para C y D y luego ejecutar una simulación en cada portafolio óptimo para decidir cuál es la probabilidad de que D superará C en valor, y si esta probabilidad de ocurrencia justifica los costos adicionales.

EJEMPLO DE UNA APLICACIÓN DE OPTIMIZACIÓN: PRECIOS ÓPTIMOS CON ELASTICIDAD

En esta sección se ilustra otro ejemplo de modelo de ROV Modeling Toolkit. Este modelo se utiliza para encontrar los niveles de precios óptimos que maximicen los ingresos a través de la utilización de los niveles de elasticidad históricos. La elasticidad precio de la demanda es un concepto básico en la microeconomía, que se puede describir brevemente como la variación porcentual de la cantidad dividida por la variación porcentual de los precios. Por ejemplo, si, en respuesta a una caída de 10% en el precio de un bien, la cantidad demandada aumenta en un 20%, la elasticidad precio de la demanda sería de 20% / (-10%) = -2. En general, se espera una caída en el precio de un bien para aumentar la cantidad demandada, por lo que la elasticidad precio de la demanda es negativa, pero en alguna literatura, el signo negativo se omite por razones de simplicidad (que denota sólo el valor absoluto de la elasticidad). Podemos utilizar este concepto en varias maneras, incluyendo la elasticidad punto tomando la primera derivada de la inversa de la función de demanda multiplicándola por la relación de precio a cantidad en un punto particular en la curva de demanda:

$$\varepsilon_d = \frac{\delta Q}{\delta P} \cdot \frac{P}{Q}$$

Donde ε es la elasticidad precio de la demanda, P es el precio, y Q es la cantidad demandada. En lugar de utilizar puntos de elasticidad instantáneos, este ejemplo utiliza la versión discreta, donde definimos la elasticidad como:

$$\varepsilon_d = \frac{\%\Delta Q}{\%\Delta P} = \frac{Q_2 - Q_1}{\frac{Q_2 + Q_1}{2}} \div \frac{P_2 - P_1}{\frac{P_2 + P_1}{2}} = \frac{Q_2 - Q_1}{Q_2 + Q_1} \cdot \frac{P_2 + P_1}{P_2 - P_1}$$

Para simplificar aún más las cosas, suponemos que en una categoría de habitaciones de hotel, billetes de cruceros, billetes de avión, o cualquier otro producto con distintas categorías (por ejemplo, habitación estándar, habitación ejecutiva, suite, etc.), hay un precio promedio y una cantidad promedio de unidades vendidas por período. Por lo tanto, podemos simplificar aún más la ecuación a:

$$\varepsilon_d = \frac{Q_2 - Q_1}{\overline{Q}} \div \frac{P_2 - P_1}{\overline{P}} = \frac{\overline{P}}{\overline{Q}} \cdot \frac{Q_2 - Q_1}{P_2 - P_1}$$

donde ahora utilizamos el precio promedio y la cantidad promedio demandada $\overline{P}, \overline{Q}$.

Si tenemos en cada categoría el precio medio y la cantidad media vendida, como en el modelo, podemos calcular la cantidad esperada vendida dado un nuevo precio siempre y cuando tengamos la elasticidad histórica de los valores de la demanda. Vea la Figura 11.15.

	Análisis Histórico		
Tipo	Precio Promedio Vendido	Cantidades Promedio Vendidas	Promedio Total Ingresos
Sencilla	$750	200	$150,000.00
Doble	$812	180	$146,160.00
Deluxe	$865	150	$129,750.00
Ejecutiva	$1,085	100	$108,500.00
Suite Premium	$1,195	75	$89,625.00
Presidencial	$1,458	50	$72,900.00

Figura 11.15: Histórico de Precios

En otras palabras, si tomamos:

$$Q_1 - \varepsilon_d (P_2 - P_1) \frac{\overline{Q}}{\overline{P}} = Q_2$$

Conseguiríamos:

$$Q_1 - \left[\frac{\overline{P}}{\overline{Q}} \cdot \frac{Q_2 - Q_1}{P_2 - P_1} \right] (P_2 - P_1) \frac{\overline{Q}}{\overline{P}} = Q_2$$

Para ilustrar, supongamos que la elasticidad precio de la demanda por una habitación individual en temporada alta en una propiedad de hotel determinado, es de 3.15 (utilizamos el valor absoluto), donde el precio promedio de la temporada pasada fue de $750 y la cantidad media de habitaciones vendidas fue de 200 unidades. ¿Qué pasaría si los precios cambiaran a partir de $750 (P1) a $800 (P2)? Es decir, ¿qué pasaría con la cantidad vendida a partir de 200 unidades (Q1)? Vea la Figura 11.16. Tenga en cuenta que ε es un valor negativo, pero se simplifica como un valor positivo aquí para ser coherente con la literatura económica.

	Análisis Histórico					
Tipo	Precio Promedio Vendido	Cantidades Promedio Vendidas	Promedio Total Ingresos	Elasticidad Precio de la Demanda	Nuevo Precio Asignado	Proyección Cantidad Vendida
Sencilla	$750	200	$150,000.00	3.13	$800.00	158
Doble	$812	180	$146,160.00	2.85	$800.00	188
Deluxe	$865	150	$129,750.00	2.57	$1,000.00	90
Ejecutiva	$1,085	100	$108,500.00	2.36	$1,000.00	118
Suite Premium	$1,195	75	$89,625.00	1.65	$1,000.00	95
Presidencial	$1,458	50	$72,900.00	1.44	$1,000.00	73
Total Por Noche		755	$696,935.00		Total	722
Total Por Año		275,575	$254,381,275			263,517

Figura 11.16: Simulación de Elasticidad

Usando la ecuación anterior, se calcula la nueva cantidad demandada pronosticada en $800 por noche para ser:

$$Q_2 = Q_1 - \varepsilon_d (P_2 - P_1) \frac{\overline{Q}}{\overline{P}} = 200 - 3.15(800 - 750) \frac{200}{750} = 158$$

Cuanto más alto sea el precio, menor será la cantidad demandada, y viceversa. De hecho, toda la curva de demanda se puede reconstruir mediante la aplicación de diferentes niveles de precios. Por ejemplo, la curva de demanda para la habitación individual se reconstruye en la Figura 11.17.

Curva de Demanda Recreada para Habitaciones de Tipo Sencillo

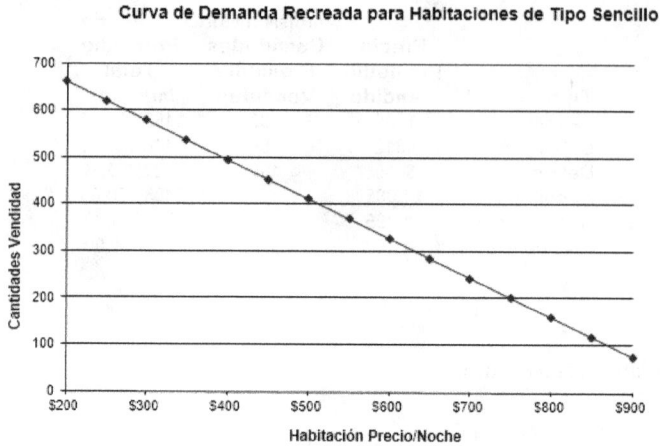

Figura 11.17: Curva de Demanda Reconstruida para los Cuartos Sencillos

Procedimiento de Optimización

Usando los principios de la elasticidad precio de la demanda, ahora podemos entender la estructura de precios óptima de estas habitaciones de hotel estableciendo:

Objetivo:	Maximizar los ingresos totales
Restricciones:	Número de habitaciones disponibles por clase
Variables de decisión:	Precio a cobrar por cada tipo de habitación

Este modelo tiene ya la configuración de optimización. Para ejecutarlo directamente, haga lo siguiente:

1. Vaya a la hoja de trabajo del modelo y haga clic en *Simulador de Riesgo | Cambiar Perfil* y elija el perfil *Optimal Pricing with Elasticity*.
2. Haga clic en el icono Ejecutar Optimización o haga clic en *Simulador de Riesgo | Optimización | Correr Optimización*.
3. Seleccione la pestaña Método y seleccione Optimización Estática si desea ver los precios óptimos resultantes u Optimización Estocástico para ejecutar la simulación con la optimización de múltiples veces, y obtener una gama de precios óptimos.

Los resultados de una rutina de optimización estocástica se ven en el *Informe* de la hoja de trabajo. Además, varios gráficos de pronósticos serán visibles una vez que la rutina de optimización estocástica se complete. Por ejemplo, mirando las suites Ejecutivas, seleccione *Doble Vínculo*, de tipo 90 en el cuadro de Certeza, y luego oprima *Tab* para obtener el nivel de confianza del 90% (por ejemplo, el precio óptimo para cobrar en la temporada es entre $991 y $993 por noche). Vea la Figura 11.18.

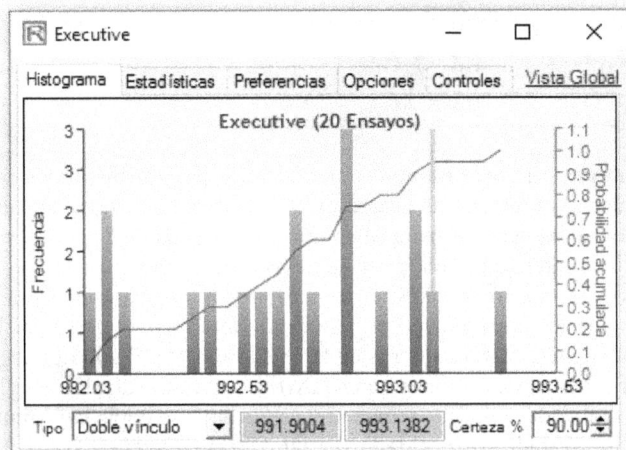

Figura 11.18: Distribución de las Variables de Decisión con Optimización Estocástica

Para Restablezca el modelo manualmente, haga lo siguiente:

1. Ir a la hoja de trabajo del *Modelo*, haga clic en *Simulador de Riesgo | Nuevo perfil*, y asigne al nuevo perfil un nombre.

2. Restablecer los valores en los precios. Es decir, ingrese 800 para las celdas H7, H8 y 1000 para las celdas H9 a H12. Elegimos estos valores para determinar los precios de partida iniciales que son fáciles de recordar, en comparación con los niveles de precios optimizados más adelante.

3. Establezca el objetivo. Seleccione la celda J15 y haga clic en el icono *O* (establecer objetivos) o haga clic en *Simulador de Riesgo | Optimización | Establecer Objetivo*.

4. Establezca las variables de decisión. Seleccione la celda *H7* y haga clic en el icono *D* (establezca la variable de decisión) o haga clic en *Simulador de Riesgo | Optimización | Establecer Decisión*. Seleccione *Continua* y asígnele los límites superiores e inferiores pertinentes (ver columnas M y N) o haga clic en los iconos de enlace y vincule los límites inferiores y superiores (celdas *M7* y *N7*).

5. Establecer las restricciones. Haga clic en el icono *C* o *Simulador de Riesgo | Optimización | Establecer Restricción* y añada las restricciones de capacidad en el máximo número de habitaciones disponibles (por ejemplo, haga clic en *Agregar* y vincule la celda *I7* y vuélvala "<= 250" y así sucesivamente).

6. Haga clic en el icono *Correr Optimización* o haga clic en *Simulador de Riesgo | Optimización | Correr Optimización*.

7. Seleccione la ficha Método y seleccione *Optimización Estática* si desea ver los precios óptimos resultantes, u *Optimización Estocástica* para ejecutar la simulación con la optimización varias veces, y obtener una gama de precios óptimos. Pero recuerde que para ejecutar un procedimiento de optimización estocástica, es necesario tener los supuestos establecidos. Seleccione la celda *G7* y haga clic en *Simulador de Riesgo | Entrada de Supuestos y establezca* un supuesto de su elección o elija la distribución normal y utilice los valores predeterminados. Repetir para las celdas *G8* a *G12*, uno a la vez, y luego se puede ejecutar una optimización estocástica.

APÉNDICE—CÁLCULO DEL RIESGO Y EL RETORNO ANUALIZADO PARA LA OPTIMIZACIÓN DE PORTAFOLIO

La Figura 11A.1 ilustra un breve ejemplo que utiliza los precios históricos de las acciones de Microsoft para calcular el retorno anualizado y la volatilidad del riesgo anualizado. La gráfica muestra los precios de las acciones para Microsoft, descargada de Yahoo! Finance, un recurso disponible de forma gratuita al público (visite https://es-us.finanzas.yahoo.com/ e ingrese el símbolo del activo, por ejemplo., MSFT para Microsoft, oprima en Cotizaciones: Precios Históricos, seleccione Semanal y luego el periodo de interés para descargar los datos en una hoja de cálculo para el análisis). Los datos en las columnas A y B son descargados de Yahoo!. La fórmula en la celda D3 es simplemente *LN(B3/B4)* para calcular el valor en logaritmo natural de las rentabilidades relativas semana tras semana, y se copia la fórmula hacia abajo en toda la columna. La fórmula en la celda E3 es *DESVEST(D3:D54)*RAIZ(52)* que calcula la volatilidad (tomando la desviación estándar de las 52 semanas de los datos del 2004) anualizada (multiplicando la raíz cuadrada del número de semanas en el año). La fórmula en la celda E33 es luego copiada hacia abajo en toda la columna para calcular un intervalo móvil de las volatilidades anuales. La volatilidad usada en este ejemplo es el promedio del intervalo móvil de las 52 semanas, que cubre 2 años de datos; es decir, la fórmula de la celda M8 es *PROMEDIO(E3:E54)*, donde la celda E54 tiene la siguiente fórmula: *DESVEST(D54:D105)*RAIZ(52)* y por supuesto la fila 105 es Enero de 2003. Esto significa que el intervalo móvil de 52 semanas captura la volatilidad promedio en un periodo de 2 años y suaviza la volatilidad de tal forma que picos extremos no dominen el cálculo de la volatilidad. Por supuesto, una volatilidad media también puede ser calculada. Si la mediana está alejada de la media, la distribución de las volatilidades es asimétrica y se debe usar la mediana, de lo contrario, se puede usar el promedio. Finalmente, las 52 volatilidades se pueden ingresar en una simulación de Monte Carlo, usando la distribución personalizada del software Simulador de Riesgo para correr una simulación no paramétrica o ejecutar un ajuste de datos para encontrar la distribución de mejor ajuste a simular.

Por otro lado, se pueden calcular los retornos anualizados usando un método de promedio aritmético o geométrico. La celda G3 calcula el retorno porcentual absoluto para la semana donde la fórmula es *(B3–B4)/B4* y la fórmula es copiada hacia abajo en la columna entera. Luego, el intervalo de media móvil se calcula en la celda H3 como *PROMEDIO (G3:G54)*52*, donde los promedios de los retornos semanales son obtenidos y anualizados por la multiplicación de 52, el número de semanas en el año. Fíjese que los promedios son aditivos y pueden ser multiplicados directamente por el número de semanas en un año versus la volatilidad, que no es aditiva. Solo la volatilidad al cuadrado es aditiva, lo que significa que la volatilidad periódica calculada anteriormente necesita ser multiplicada por la raíz cuadrada de 52. El retorno promedio aritmético en la celda M14 es, por lo tanto, la media de los promedios móviles o *PROMEDIO (H3:H54)* de las 52 semanas. Igualmente, el retorno promedio geométrico es la media del intervalo móvil de 52 semanas de los retornos geométricos, es decir, la celda M15 es simplemente *PROMEDIO (I3:I54)*, donde en la celda I3 se tiene *(POTENCIA(B3/B54,1/52)-1)*52*, que es el cálculo del promedio aritmético. La tasa de crecimiento aritmética generalmente es mayor que la tasa de crecimiento geométrica cuando los retornos son volátiles periodo a periodo. Generalmente se debería usar la tasa de crecimiento geométrica (con un intervalo de promedio móvil).

	Datos Historicos		Calculo de Volatilidad		Calculo de los Retornos							
Semana	Precio de Cierre	Retornos LN Relativos	Promedio Movil de Volatilidad	Retornos Relativos	Retornos Absolutos	Promedio Movil de los Retornos Absolutos	Promedio Movil de los Retornos Geometricos					
27-Dic-04	26.64	-0.0108	17.87%	0.9892	-1.08%	10.04%	7.69%					
20-Dic-04	26.93	0.0019	17.84%	1.0019	0.19%	11.98%	9.55%					
13-Dic-04	26.88	-0.0045	17.85%	0.9956	-0.44%	11.27%	10.22%					
06-Dic-04	27.00	-0.0055	18.00%	0.9945	-0.55%	14.36%	10.14%		Analisis de Volatilidad Anualizada Anual			
29-Nov-04	27.15	0.0235	18.13%	1.0238	2.38%	17.50%	13.31%					
22-Nov-04	26.52	-0.0098	18.03%	0.9903	-0.97%	16.17%	13.52%		Promedio Anualizado de Volatilidad			21.89%
15-Nov-04	26.78	-0.0011	18.10%	0.9989	-0.11%	19.56%	15.54%		Mediana Anualizada de Volatilidad			22.30%
08-Nov-04	26.81	0.0223	18.20%	1.0225	2.25%	18.13%	18.05%					
01-Nov-04	26.22	0.0468	18.28%	1.0480	4.80%	13.56%	14.26%					
25-Oct-04	25.02	0.0084	17.71%	1.0085	0.85%	8.63%	7.21%		Analisis de Retornos Anualizada Anual			
18-Oct-04	24.81	-0.0092	17.80%	0.9908	-0.92%	6.02%	6.24%					
11-Oct-04	25.04	0.0000	19.68%	1.0000	0.00%	-1.09%	5.38%		Promedio Aritmetico de los Retornos			8.54%
04-Oct-04	25.04	-0.0091	19.69%	0.9909	-0.91%	-0.46%	-2.99%		Promedio Geometrico de los Retornos			6.16%
27-Sep-04	25.27	0.0346	19.68%	1.0352	3.52%	-0.13%	-1.45%					
20-Sep-04	24.41	-0.0082	19.62%	0.9919	-0.81%	-0.50%	-6.50%					
13-Sep-04	24.61	0.0008	20.52%	1.0008	0.08%	-5.59%	-1.57%					
07-Sep-04	24.59	0.0139	21.30%	1.0140	1.40%	0.05%	-7.74%					
30-Ago-04	24.25	-0.0127	21.25%	0.9874	-1.26%	-1.51%	-3.56%					
23-Ago-04	24.56	0.0123	22.29%	1.0124	1.24%	6.77%	-2.45%					
16-Ago-04	24.26	0.0066	22.29%	1.0066	0.66%	6.70%	3.10%					
09-Ago-04	24.10	-0.0041	22.42%	0.9959	-0.41%	8.68%	3.59%					
02-Ago-04	24.20	-0.0488	22.42%	0.9524	-4.76%	8.92%	6.62%					
26-Jul-04	25.41	0.0163	21.97%	1.0164	1.64%	11.44%	11.33%					
19-Jul-04	25.00	0.0198	22.11%	1.0200	2.00%	7.12%	7.43%					
12-Jul-04	24.51	-0.0138	22.02%	0.9863	-1.37%	5.12%	2.73%					
06-Jul-04	24.85	-0.0250	22.04%	0.9753	-2.47%	4.96%	4.11%					

Figura 11A.1: Cálculo del Retorno y Riesgo Anualizados

APÉNDICE—ROV MODELER SUITE: APLICACIONES BASADAS EN SERVIDOR PARA EJECUTAR MODELOS DE DATOS INTENSIVOS A VELOCIDADES EXTREMADAMENTE ALTAS

A lo largo del libro, nos fijamos en los modelos individuales basados en Excel para simplificar discusiones y explicaciones. No obstante, estos modelos de Excel están limitados en que sólo pueden ejecutar un conjunto limitado de datos (por ejemplo, Excel tiene un número máximo de filas y columnas por hoja de trabajo) y podría ser mucho más lento, por ejemplo, un banco lo consideraría óptimo (debido a la sobrecarga de cálculo de Excel de incluir gráficos, ecuaciones y una plataforma de celda por celda). Los bancos suelen tener miles, sino millones, de transacciones por día en todas sus sucursales, y algunos de estos análisis de riesgo crediticio y de mercado se tienen que hacer con frecuencia y rapidez. En este apéndice, presentamos las aplicaciones basadas en servidor, donde millones de puntos de datos y cálculos se pueden ejecutar en cuestión de segundos o minutos en un servidor. Los mismos análisis y modelos en los dos programas de software (Simulador de Riesgo y Real Options SLS) que se describen en este libro, se ejecutan ahora en los códigos de software de matemáticas puras, haciendo que los cálculos sean ultrarrápidos y capaces de manejar grandes conjuntos de datos.

Este software basado en servidor se llama ROV Modeler Suite y se divide en algunos módulos de aplicación:

- *ROV Risk Modeler.* Risk Modeler es un módulo de simulación y análisis que se centra en modelado y análisis general, predicción, y simulación, así como riesgo de crédito y riesgo de mercado para Basilea II y Basilea III basado en las tablas de datos existentes de un banco. Proporciona muchos modelos para simular, ajustar, pronosticar, y valorar, y reporta los resultados al usuario. Las tablas de datos existentes se basan en las necesidades del usuario, tales como la vinculación a una base de datos existente (por ejemplo, Oracle OFDM, SQL, CSV, DSN,

ODBC, Excel, archivos planos de texto y otros sistemas de bases de datos exclusivas), introducción manual de datos, o establecer suposiciones de simulación, y así sucesivamente. Este módulo puede ser utilizado para calcular, pronosticar y simular análisis de riesgo incluyendo ajuste histórico back-fitting, predicciones de series de tiempo (ARIMA), cálculos de volatilidad (GARCH), riesgo de crédito y mercado (PD, LGD, VAR, EAD), y otras aplicaciones.

- *ROV Risk Optimizer.* Risk Optimizer es un módulo de optimización avanzada que se puede utilizar para optimizar grandes portafolios y encontrar variables de decisión óptimas. Las variables de decisión pueden ser discretas, continuas, enteras o binarias, y la función del objetivo puede ser lineal o no lineal. Además, el Optimizador de Riesgos permite al usuario enlazar las tablas de datos existentes para ejecutar simulaciones, encontrar los modelos de mejor ajuste, y asociar estas técnicas con la optimización. Funciona exactamente igual que el módulo de optimización del Simulador de Riesgo descrito a lo largo de este capítulo, pero se ejecuta de forma totalmente independiente de Excel a velocidades muy altas.

- *ROV Risk Valuator.* Risk Valuator es la aplicación de más de 600 funciones y modelos. Los usuarios pueden introducir los datos necesarios para el modelo seleccionado y esta aplicación entregará los resultados calculados con gran rapidez. Este módulo es útil para la valoración de los instrumentos derivados, instrumentos de deuda, opciones exóticas e instrumentos de opciones integradas, así como varios tipos de modelos financieros.

Los más de 600 modelos avanzados están categorizados en los siguientes grupos de aplicaciones:

- o Funciones Avanzadas de Matemáticas
- o Modelos de Finanzas Básicas
- o Modelos de Opciones Básicas
- o Cálculos de Bonos, Opciones, Precios y Rendimientos
- o Análisis de Riesgo de Crédito
- o Cobertura Delta Gamma
- o Opciones Exóticas y Derivados
- o Indicadores Financieros
- o Pronostico, Extrapolación e Interpolación
- o Distribuciones de Probabilidad
- o Paridad Compra—Venta y Sensibilidad de las Opciones
- o Análisis de Opciones Reales
- o Valor en Riesgo, Volatilidad, Retorno y Riesgo de Portafolio

Arquitectura del Sistema

La arquitectura del sistema completo de esta aplicación basada en servidor se puede dividir en tres partes: el primer nivel es la aplicación principal del producto, que es la interfaz de usuario; el segundo nivel es el mapa de datos, que se utiliza para introducir los datos para calcular a partir de diversos métodos tales como vinculación a bases de datos existentes o introducción de datos manualmente, y así sucesivamente; el último nivel es el nivel más bajo, que une la base de datos a una *consulta, inserción,* y *obtener* la función de valor hacia y desde las tablas de datos. La Figura 11A.2 ilustra la arquitectura del sistema.

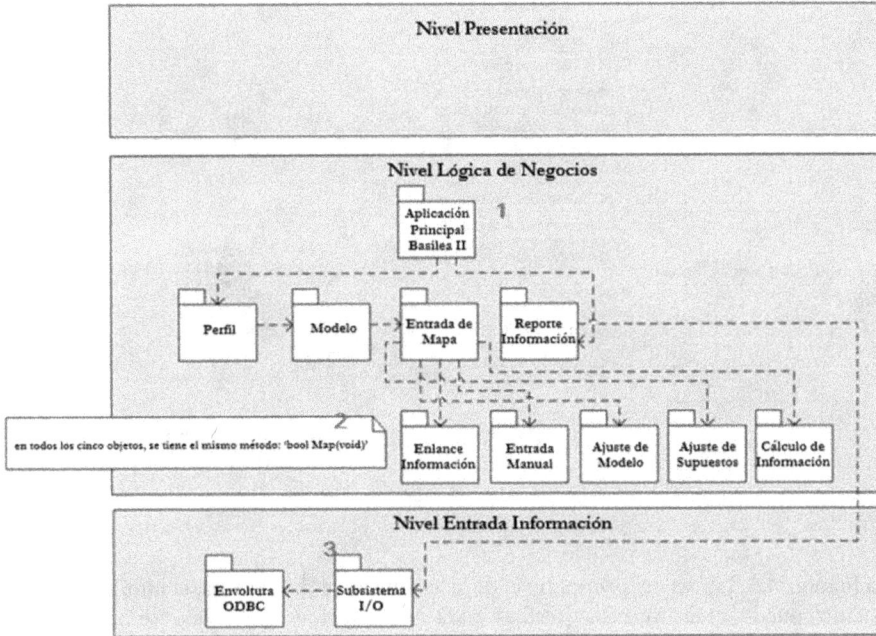

Figura 11A.2: Arquitectura del Sistema de Risk Modeler

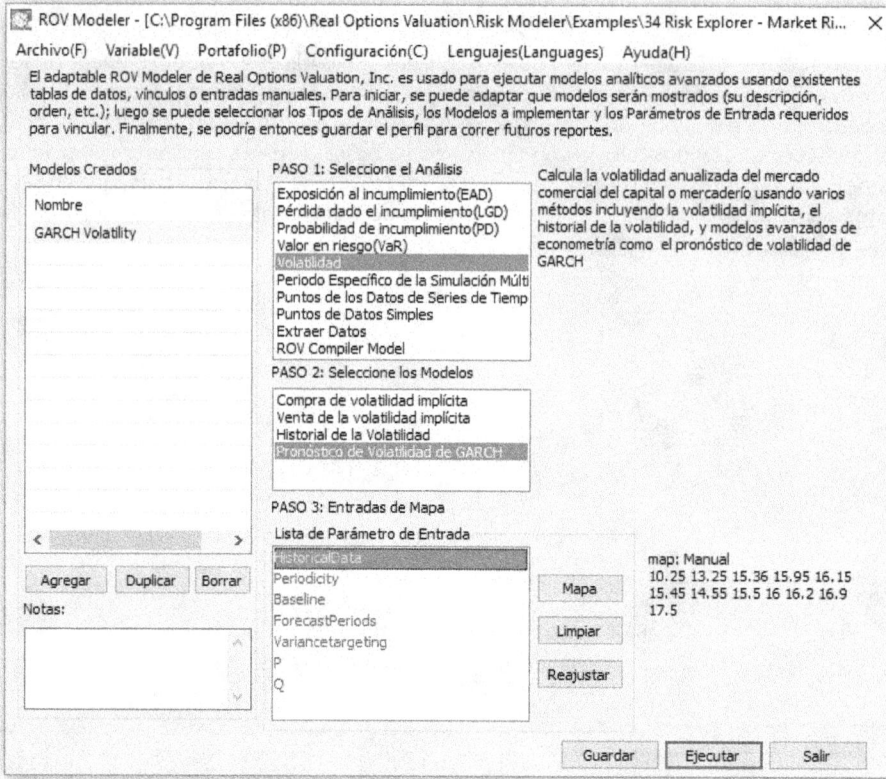

Figura 11A.3: Aplicación Principal de la Interfaz del Usuario de Risk Modeler (Nivel 1)

La Figura 11A.3 ilustra el primer nivel de la arquitectura del sistema, la interfaz de usuario. Un usuario puede crear nuevos perfiles para guardar los datos que se utilizará en el procedimiento (*Archivo | Nuevo Perfil*). En el *paso 1*, el usuario selecciona el tipo de análisis y, con base en el tipo elegido, una lista de los modelos se mostrará en el *paso 2*. El usuario puede seleccionar modelos y *Agregar* tantos como sea necesario, los cuales aparecerán luego en el cuadro de lista de *Modelos Creados* para la actualizar y editar. En el *paso 3*, la lista de supuestos y parámetros de entrada necesarios se mostrará para cada modelo. El usuario puede planear, borrar, o restablecer los valores de los parámetros haciendo clic en los botones de *Mapa, Borrar*, o *Restablecer* (breves descripciones de cada paso se proporcionan). Haciendo clic en el botón *Guardar* guardará todos los datos en el Perfil que el usuario había creado previamente. Cuando todas las entradas requeridas hayan sido diligenciadas, haciendo clic en *Ejecutar* se calcularán los modelos seleccionados.

Al seleccionar un parámetro en el cuadro de lista *Paso 3* en la aplicación principal y haciendo clic en el botón *Mapa*, se mostrará el cuadro de diálogo *Asignación de Parámetros de Entrada*. Hay cinco métodos que ofrecen al usuario, como se ve en la Figura 11A.4. Seleccionar *Enlace de datos* le permitirá al usuario enlazarse a una base de datos existente o a Excel para acceder a los datos existentes. Seleccionar *Entrada Manual* mostrará un cuadro de diálogo que requiere la introducción manual de una variable específica. Seleccionar *Calcular Datos* muestra una variable y una calculadora de datos para calcular el valor del parámetro mediante la incorporación de otros parámetros o constantes. Seleccionar *Ajustar Premisa* ofrecerá al usuario la posibilidad de elegir la simulación de la distribución y los valores de entrada supuestos para la simulación de riesgos. Seleccionar *Ajustar Modelo* ajusta algunos datos existentes a 24 posibles distribuciones relevantes para ese parámetro.

Hay siete tipos de datos ODBC para acceder a los datos existentes (Figura 11A.5). Por ejemplo, en la conexión de datos a Oracle, el usuario tiene que configurar las entradas de acceso necesarios, como Usuario y Contraseña para acceder a la base de datos. Al hacer clic en el botón *Aceptar*, el software llamará el método conectar la base de datos para conectar la base de datos especificada. Para los diferentes tipos de aplicaciones ODBC, los códigos de software se envuelven con los métodos de llamada populares, como *Conectar, Consultar,* y así sucesivamente.

Otros tipos de conexiones de bases de datos y software también son posibles, por ejemplo, a través de las hojas de cálculo de Excel y archivos de texto planos, como archivos delimitados por comas (CSV), y otras bases de datos de software privadas.

Para el módulo *Risk Optimizer*, los usuarios pueden ingresar valores directamente o utilizar el mismo enfoque de tres niveles descrito anteriormente para vincular variables de entrada y resultados de salida con bases de datos existentes. El usuario sólo tiene que seleccionar el modelo requerido, ingresar los valores de los parámetros necesarios, y ejecutar el análisis.

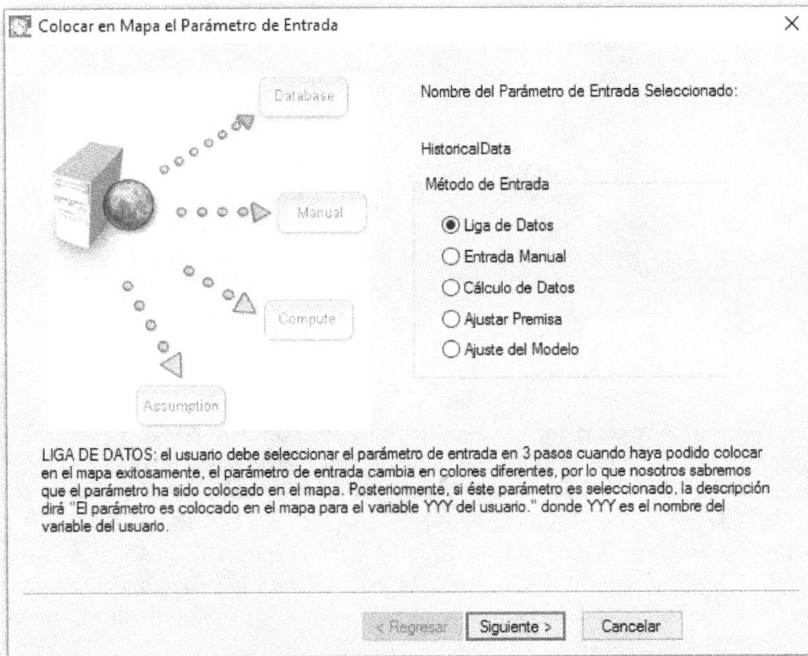

Figura 11A.4: Interfaz de Usuario de Asignación de Parámetros de Entrada (Nivel 2)

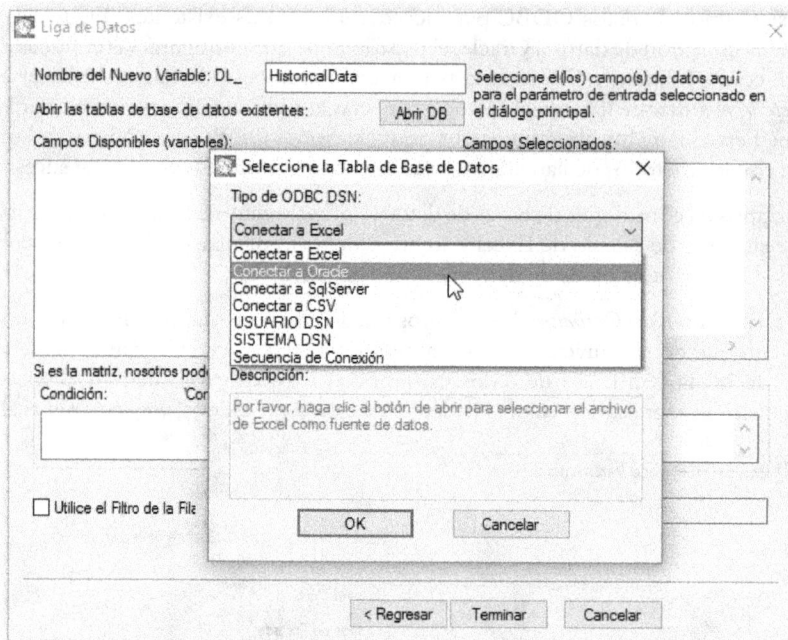

Figura 11A.5: Vínculo de la Base de Datos de la Interfaz del Usuario (Nivel 3)

Risk Modeler

En esta sección se incluye un ejemplo simple que muestra cómo utilizar Risk Modeler. Después de que Risk Modeler se ha instalado correctamente, inicie la aplicación para mostrar el diálogo del usuario principal. Haga clic en *Archivo | Nuevo Perfil* para crear un nuevo perfil. A continuación, seleccione *Probabilidad de Incumplimiento (PI)* en la lista de cuadro *Paso 1* y *PI* para *Empresas con Cotización Oficial* en el *paso 2*. A continuación, haga clic en *Valor de Mercado* en el *Paso 3* (Figura 11A.6). A continuación, haga clic en el *Mapa* y el programa abrirá otro cuadro de diálogo llamado *Asignación de Parámetros de Entrada*. Haga clic en el botón de selección *Entrada Manual* y pulse *Siguiente* (Figura 11A.7).

Cuando el cuadro de diálogo de *Entrada Manual* se abre (Figura 11A.8), introduzca un nombre de variable como *Var1* y haga clic en el tercer botón de selección para introducir manualmente 3000. Luego haga clic en *Finalizar* para cerrar este cuadro de diálogo. El programa volverá al cuadro de diálogo principal de la aplicación. Utilizando el mismo método, introduzca los siguientes valores para los parámetros de entrada requeridos (introducir cualquier nombre de variable según sea necesario):

Volatilidad de Equidad del mercado	0.45
Valor Contable Pasivo y Deuda	10000
Libre de Riesgo	0.05
Tasa de Crecimiento	0.07
Madurez	1.00

Alternativamente, el usuario puede copiar múltiples puntos de datos a partir de una hoja de cálculo existente, un archivo de texto, o alguna otra aplicación de software y pegar estos valores directamente en el área de datos. Un archivo de texto plano también se puede cargar para llenar esta variable. Por último, para algunos modelos especiales, el parámetro de entrada a la variable seleccionada puede ser constante para todos los casos, y el software permite la posibilidad de llenar una tabla de datos entera con el mismo valor (por ejemplo, la tasa libre de riesgo durante un período de tiempo específico es el mismo, independientemente del tipo de transacción o la categoría de crédito).

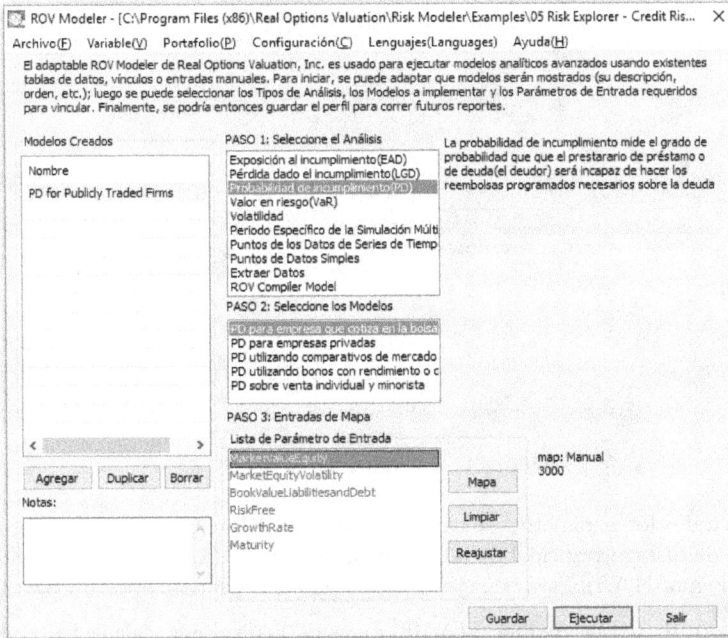

Figura 11A.6: Usando Risk Modeler

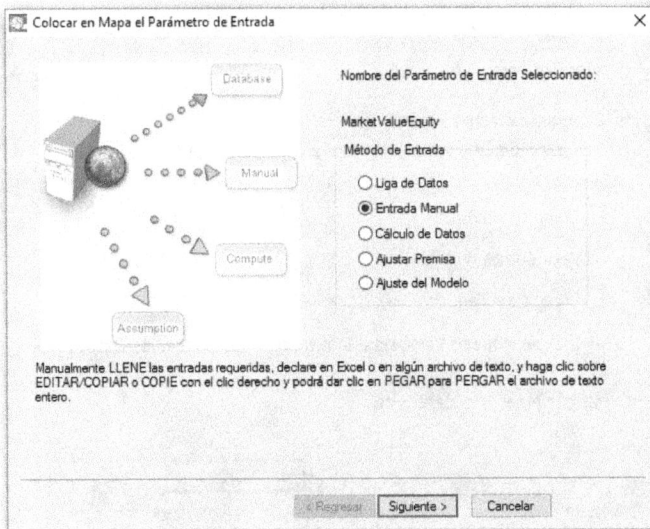

Figura 11A.7: Parámetros de Trazado

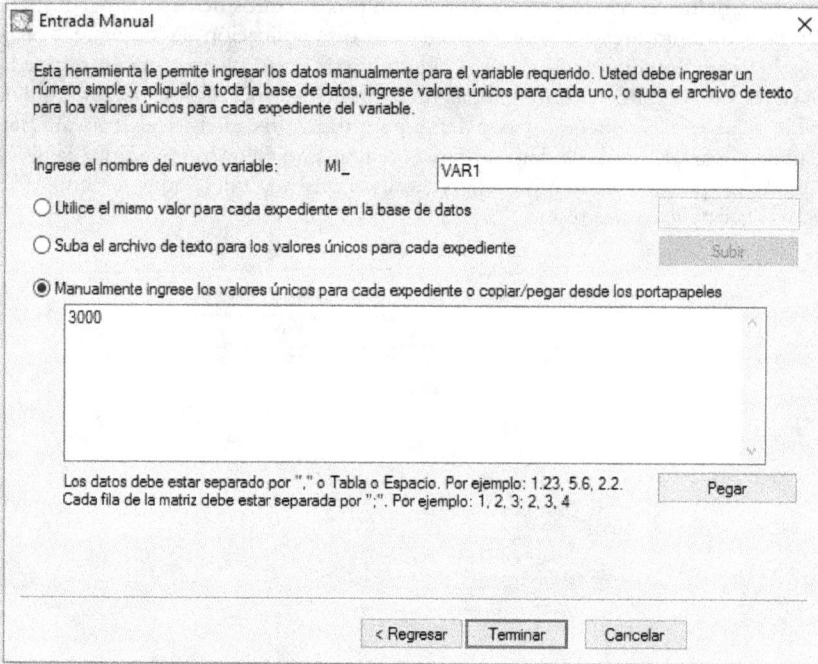

Figura 11A.8: Entradas Manuales

Cuando todos los parámetros se hayan llenado con valores, haga clic en el botón *Ejecutar* en el cuadro de diálogo principal de la aplicación. Hay varias opciones que el usuario puede seleccionar (Figura 11A.9). Para este ejemplo, seleccione la primera opción y haga clic en *OK*.

El diálogo *Resultados* (Figura 11A.10) muestra los valores calculados utilizando los parámetros de entrada especificados. Haga clic en el botón *OK* para cerrar el cuadro de diálogo *Resultados*. El enfoque volverá al cuadro de diálogo principal de la aplicación.

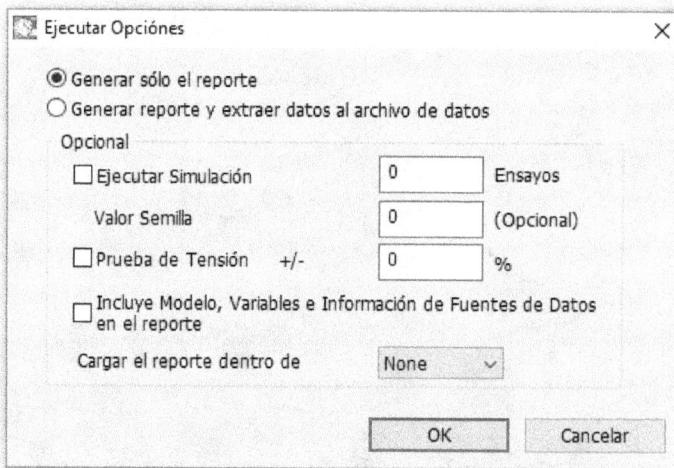

Figura 11A.9: Ejecutando el Informe

```
Resultado                                                          ×

PD for Publicly Traded Firms

AssetValue :
12320.980812;

VolatilityOfAsset :
 0.114280;

ProbabilityOfDefault :
 0.008615;

DistanceToDefault :
 2.381769;

ExpectedRecoveryRate :
 0.963182;

MarketValueOfDebt :
9320.980812;


                                                      [   OK   ]
```

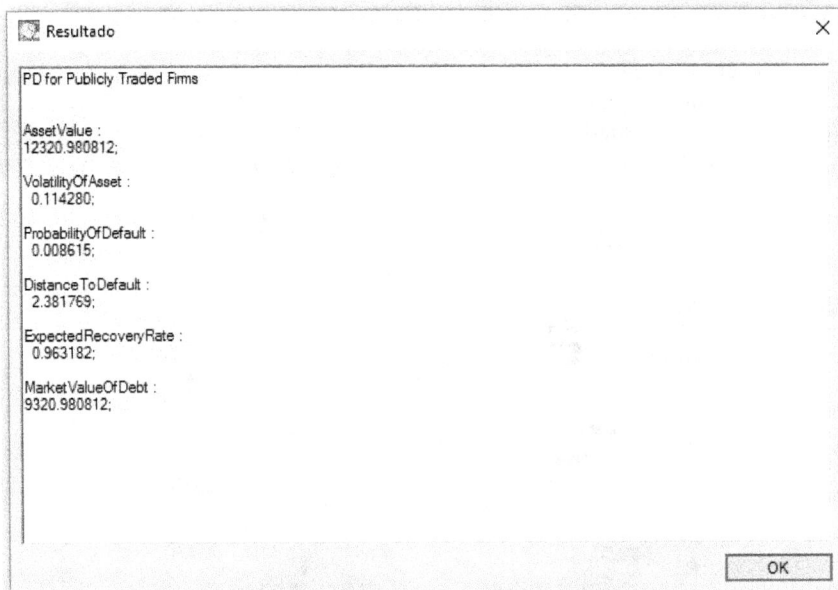

Figura 11A.10: Resultados

Risk Optimizer

He aquí otro ejemplo sencillo que muestra cómo utilizar el módulo *Risk Optimizer*. Después de que Risk Modeler Suite ha sido instalado correctamente, inicie la aplicación Optimizador de Riesgos. La interfaz de usuario tiene varias pestañas: *Método, Variables de Decisión, Reglas, Estadísticas* y *Objetivo* (Figura 11A.11). Para comenzar, seleccione la pestaña *Método* y haga clic en *Optimización Estática.*

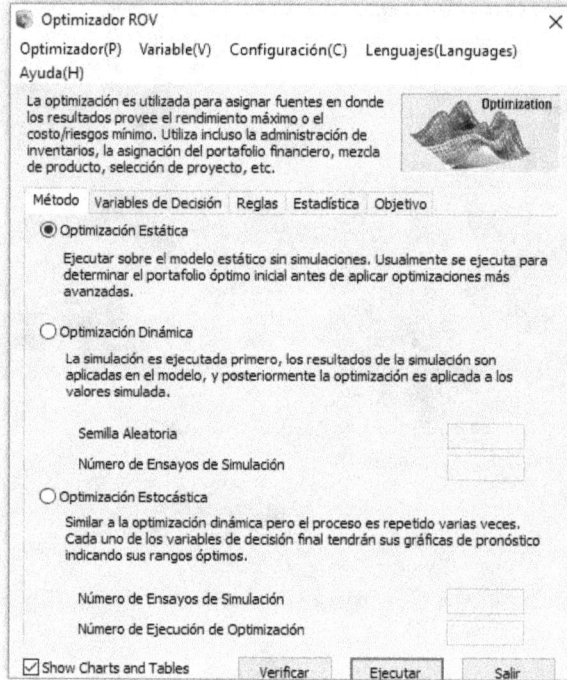

Figura 11A.11: Optimizador de Riesgos

A continuación, haga clic en la pestaña *Variables de Decisión* y en *Agregar* para agregar algunas variables. Por ejemplo, tenemos 4 variables diferentes (*Activo1 a Activo4*), y cada uno de los activos puede ajustarse para tomar valores continuos, números enteros, binarios, o valores discretos. Para nuestra simple ilustración, establezca las variables como valor continuo entre 0.10 y 0.40 (es decir, sólo las asignaciones de activos entre 10% y 40% están permitidas). Continúe adicionando 4 clases de activos diferentes como variables de decisión como se muestra en la Figura 11A.12.

A continuación, haga clic en la ficha *Reglas* y *Agregar* (Figura 11A.13). Luego, en el cuadro de entrada *Expresión,* introduzca las restricciones (puede hacer doble clic en la lista de variables y la cadena de variables será trasladada hasta el cuadro *Expresión*). En nuestro ejemplo simple, la suma de las variables de decisión debe ser igual a 1.0 (es decir, la asignación total de clases de activos debe sumar 100% en un portafolio de inversión).

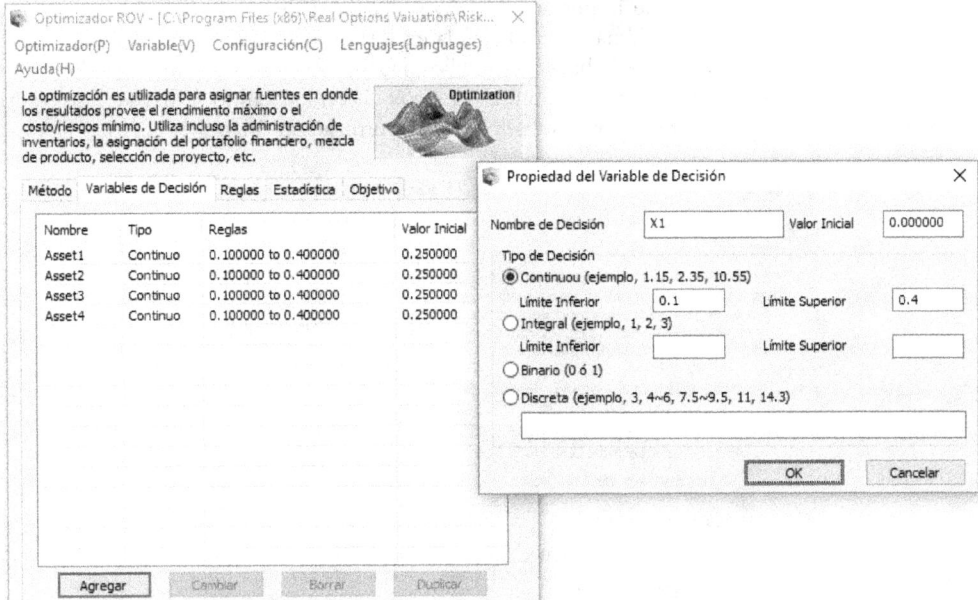

Figura 11A.12: Ajustando las Variables de Decisión

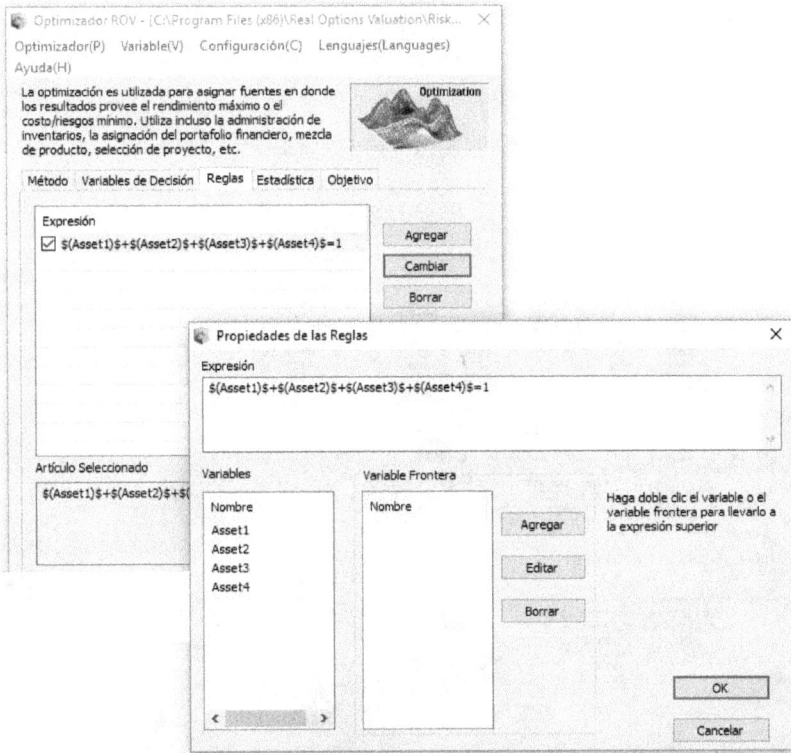

Figura 11A.13: Ajustando las Restricciones

A continuación, seleccione la pestaña *Objetivo* y decida si desea ejecutar *Maximización o Minimización* de su objetivo. Además, introduzca la expresión relevante *Función Objetivo* como se indica en la Figura 11A.14. Puede hacer doble clic en la lista de variables para traer el nombre de la cadena de variables al cuadro de entrada *Expresión Objetivo*. Cuando se haya completado, haga clic en *Ejecutar* para obtener los resultados de la optimización (Figura 11A.15).

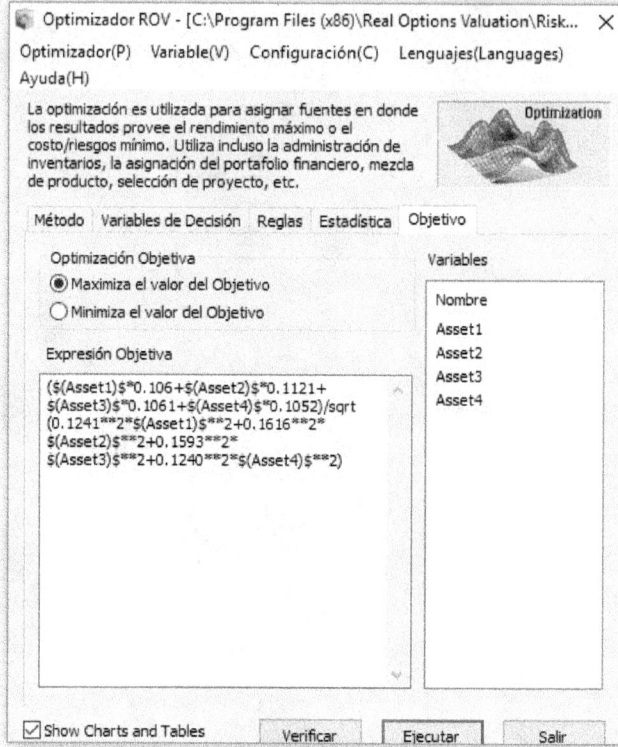

Figura 11A.14: Ajustando el Objetivo de Optimización

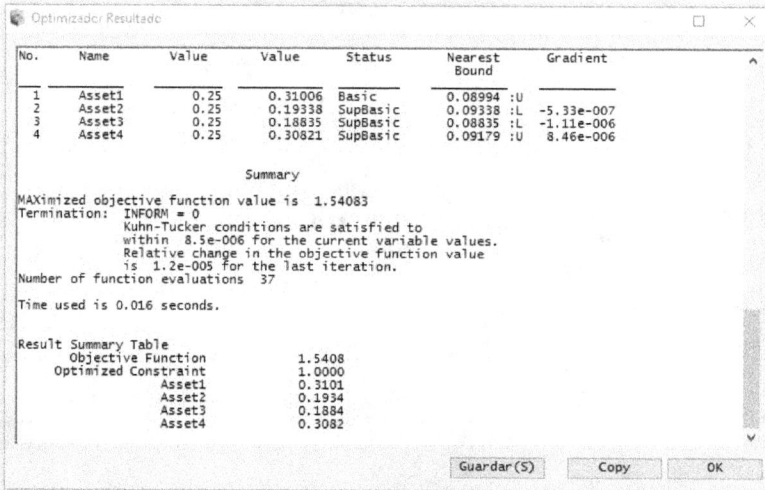

Figura 11A.15: Resultados de la Optimización

También puede utilizar el Optimizador de Riesgo para vincular a una base de datos existente, como Oracle o generar sus propias tablas de datos para optimizar (Figura 11A.16). Por ejemplo, al hacer clic en el menú de acceso *Variable | Gestión de Variable* accede a la herramienta de *Gestión de Variable*, lo que, a su vez, le permitirá *Agregar, Editar* o *Eliminar* variables. Además, al hacer clic en *Agregar*, la familiarizada herramienta de *Asignación de Parámetros de Entrada* aparece (Figura 11A.7), lo que le permite vincular, calcular, pegar, simular, o ajustar datos existentes para su uso en el proceso de optimización.

Por último, si se selecciona *Dinámica* u *Optimización Estocástica* (Figura 11A.11), y si las variables tienen los supuestos de simulación de riesgo asociados con ellas, puede acceder a la pestaña *Estadísticas*, conforme al cual se pueden hacer uso de las propiedades estadísticas simuladas para ejecutar la optimización estocástica. Es muy recomendable que pruebe algunos de los perfiles de ejemplo como la frontera eficiente de Markowitz y la optimización estocástica.

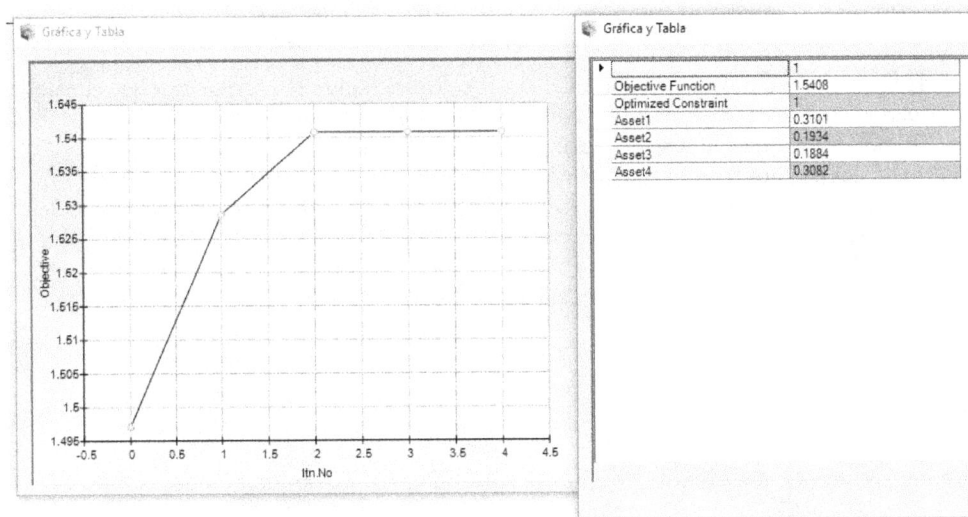

Figura 11A.16: Gestión de Variable

Risk Valuator

Risk Valuator se utiliza para realizar desde cálculos rápidos de modelos simples y básicos a modelos analíticos avanzados, y puede manejar valores de puntos individuales o una serie de valores. Después de instalar el software, inicie el Valorador de Riesgo. Sólo tiene que seleccionar el tipo de modelo en el cuadro *Categoría de Modelo* y seleccione el modelo de interés en el cuadro de *Selección de Modelo* (Figura 11A.17). A continuación, se enumeran los parámetros de entrada requeridos. Las entradas de puntos individuales (por ejemplo, 10 o 10.4532) estarán en la zona de *Parámetros de Entrada Individual*, mientras que múltiples requisitos de datos se mostrarán en el área de *Parámetros de Entrada de Múltiples Series*. Al entrar en una sola serie de múltiples puntos de datos, utilice comas o espacios para separar los valores (por ejemplo, en una serie de tiempo de 6 meses las tasas de interés pueden introducirse ya sea como 0.12, 0.124, 0.112, 0.1, 0.09, 0.16 o simplemente como 0.12 0.124 0.112 0.1 0.09 0.16).

A veces, algunos modelos, como el modelo de Valor en Riesgo (VaR) utilizando el método de correlación estándar, requieren diferentes columnas de datos y una matriz de correlación.

Por ejemplo, el objetivo es calcular el VaR del portafolio utilizando este modelo, donde hay tres clases de activos, cada uno con sus propias cantidades, la volatilidad diaria específica para cada clase de activos, y una matriz de correlación cuadrada entre estas clases de activos. En tal situación, las cantidades y las entradas de volatilidad deberán ser introducidas como una sola columna (pulse *Enter* al final de introducir un valor, para crear una nueva línea, designando una nueva clase de activo), y separe la matriz de correlaciones por comas para la misma fila con diferentes columnas y puntos y comas para diferentes filas. Este módulo Risk Valuator no permite al usuario enlazar a varias bases de datos o simular. Para hacer esto, utilice el módulo Risk Modeler en su lugar. Muchos de los mismos modelos existen en ambos lugares. El módulo Risk Valuator se utiliza para obtener rápidamente los resultados sin tener que enlazar a bases de datos y así sucesivamente. El valorador riesgo también se puede utilizar para calcular los modelos más avanzados, como el pronóstico Box–Jenkins ARIMA (Figura 11A.18). En resumen, Risk Modeler se puede utilizar para ejecutar modelos de datos altamente intensivos, y permite al usuario enlazar las bases de datos existentes y, aún ejecutar pronósticos, simulaciones y algoritmos de optimización, junto con los modelos analíticos avanzados para los riesgos de crédito y mercado como los especificados por Basilea II y Basilea III.

Este anexo sólo ilustra los conceptos básicos de esta herramienta, mientras que el manual de usuario y los videos para empezar disponibles en:

http://www.realoptionsvaluation.com/rovmodeler.html

proporcionan muchos más detalles sobre cómo utilizar ROV Modeler Suite con Oracle y otras bases de datos, con una vinculación desde y hacia otras fuentes de datos, la incorporación de archivos ROV Compiler, realizar cálculos y datos de validación, ejecutar comandos SQL para la depuración de datos, simulaciones, y muchos otros enfoques.

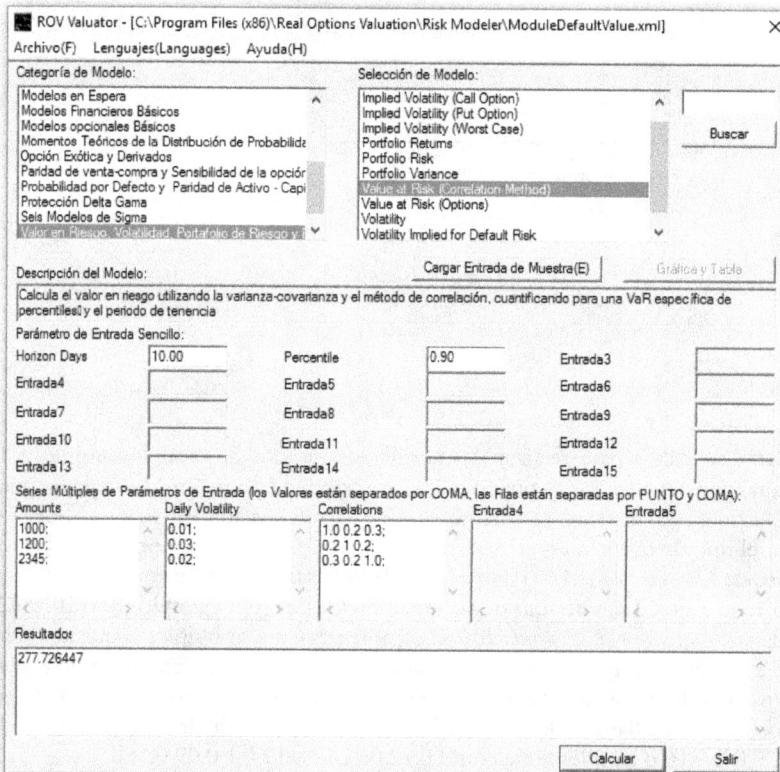

Figura 11A.17: Modelo de Valor en Riesgo para un Portafolio Utilizando Risk Valuator

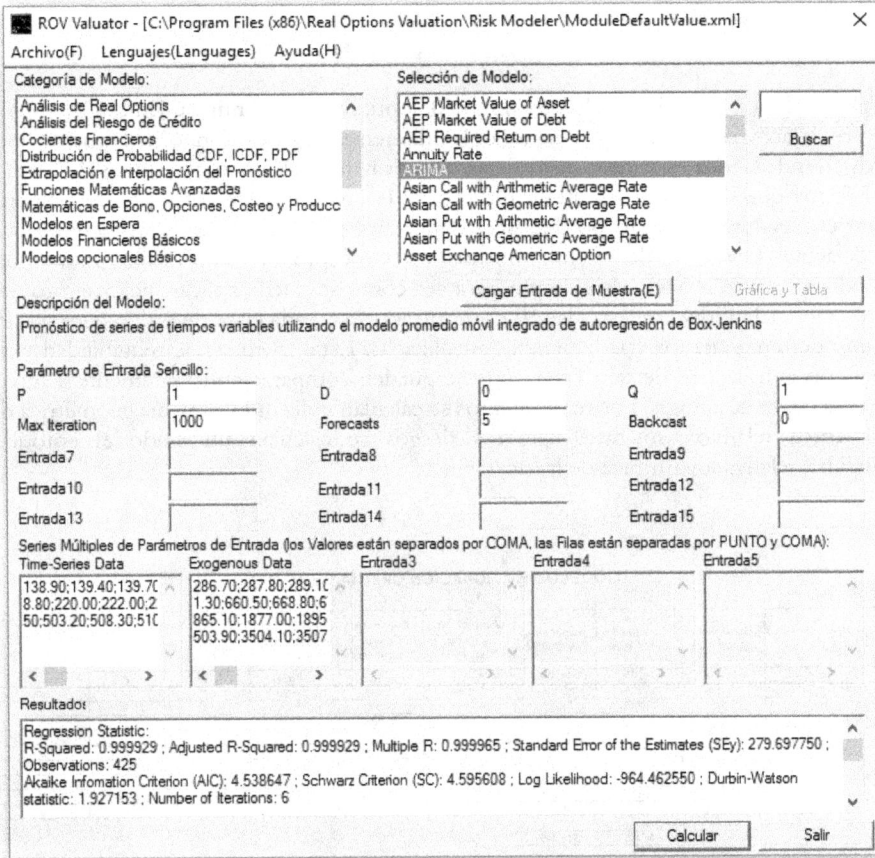

Figura 11A.18: Solución de Modelo Complejo ARIMA

EJERCICIO: OPTIMIZACIÓN

Este modelo de ejemplo ilustra cómo utilizar el Simulador de Riesgo para:

1. Ejecutar Optimización Estática, Dinámica y Estocástica con Variables de Decisión Continuas
2. Optimización con Variables de Decisión Enteras Discretas
3. Frontera Eficiente y Configuraciones de Optimización Avanzadas

Modelo de Referencia

Nombre del archivo: Modelo de Simulación Básico.xls

Acceso: *Simulador de Riesgo | Modelos de Ejemplo | 11 Optimización Continua*

Acceso: *Simulador de Riesgo | Modelos de Ejemplo | 12 Optimización Discreta*

Acceso: *Simulador de Riesgo | Modelos de Ejemplo | 13 Optimización Estocástica*

Prerrequisitos: Simulador de Riesgo 2014 o posterior

1. Ejecutando una Optimización Estática, Dinámica y Estocástica con Variables de Decisión Continuas

La Figura 11E.A ilustra el modelo de ejemplo de optimización continua. En este ejemplo, hay 10 clases de activos distintos (por ejemplo, los diferentes tipos de fondos mutuos, acciones o activos), donde la idea es asignar más eficiente y eficazmente las participaciones del portafolio de tal forma que se obtenga el mejor retorno de la inversión. En otras palabras, queremos generar el mejor rendimiento posible para el portafolio dados los riesgos inherentes a cada clase de activo. Con el fin de entender realmente el concepto de optimización, tendremos que profundizar en este modelo de ejemplo para ver cómo se puede aplicar mejor el proceso de optimización. El modelo muestra las 10 clases de activos y cada clase de activo tiene su propio conjunto de rendimientos y volatilidades anualizadas. Estas medidas de rentabilidad y riesgo son valores anualizados de tal manera que se pueden comparar constantemente a través de diferentes clases de activos. Los rendimientos se calculan utilizando la media geométrica de los rendimientos relativos, mientras que los riesgos se calculan utilizando el enfoque de rentabilidad relativa logarítmica de las acciones.

MODELO DE ASIGNACIÓN ÓPTIMA DE ACTIVOS

Descripción del Tipo de Activo	Beneficios Anualizados	Riesgo de Volatilidad	Asignación de Pesos	Asignación Mínima Requerida	Asignación Máxima Requerida	Beneficio para el Ratio de Riesgo	Clasificación de Beneficios (Alto-Bajo)	Clasificación de Riesgo (Bajo-Alto)	Beneficio para Clasificar el Riesgo (Alto-Bajo)	Asignación de Riesgo (Alto-Bajo)
Activo Tipo 1	10.54%	12.36%	10.00%	5.00%	35.00%	0.8524	9	2	7	1
Activo Tipo 2	11.25%	16.23%	10.00%	5.00%	35.00%	0.6929	7	8	10	1
Activo Tipo 3	11.84%	15.64%	10.00%	5.00%	35.00%	0.7570	6	7	9	1
Activo Tipo 4	10.64%	12.35%	10.00%	5.00%	35.00%	0.8615	8	1	5	1
Activo Tipo 5	13.25%	13.28%	10.00%	5.00%	35.00%	0.9977	5	4	2	1
Activo Tipo 6	14.21%	14.39%	10.00%	5.00%	35.00%	0.9875	3	6	3	1
Activo Tipo 7	15.53%	14.25%	10.00%	5.00%	35.00%	1.0898	1	5	1	1
Activo Tipo 8	14.95%	16.44%	10.00%	5.00%	35.00%	0.9094	2	9	4	1
Activo Tipo 9	14.16%	16.50%	10.00%	5.00%	35.00%	0.8584	4	10	6	1
Activo Tipo 10	10.06%	12.50%	10.00%	5.00%	35.00%	0.8045	10	3	8	1

Total de Cartera	12.6419%	4.58%	100.00%	
Relación Retorno / Riesgo	2.7596			

Figura 11E.A: Modelo de Optimización Continua

La asignación de pesos en la columna E poseen las variables de decisión, que son las variables que necesitan ser ajustadas y probadas de forma que el peso total está limitado a 100% (celda E17). Generalmente, para iniciar la optimización, vamos a configurar estas celdas a un valor uniforme, donde en este caso, las celdas E6 a E15 se fijaron en 10% cada una. Además, cada variable de decisión puede tener restricciones específicas en su rango permitido. En este ejemplo, las asignaciones inferiores y superiores permitidas son 5% y 35%, como se ve en las columnas F y G. Esto significa que cada clase de activos puede tener sus propios límites de asignación. A continuación, la columna H muestra la relación retorno riesgo, que es simplemente el porcentaje de retorno dividido por el porcentaje de riesgo; cuanto mayor sea este valor, mayor será el retorno de la inversión. Las columnas restantes muestran la clasificación de la clase de activos individuales por retorno, riesgo, relación retorno riesgo, y asignación. En otras palabras, estos rankings muestran de un vistazo qué clase de activos tiene el riesgo más bajo, o el mayor rendimiento, y así sucesivamente. La rentabilidad total del portafolio en la celda C17 es $SUMAPRODUCTO\ (C6:C15, E6:E15)$, es decir, la suma de los pesos de asignación multiplicado por los rendimientos anualizados para cada clase de activos. En otras palabras, tenemos, $R_P = \omega_A R_A + \omega_B R_B + \omega_C R_C + \omega_D R_D$, donde R_P es el rendimiento del portafolio, $R_{A,B,C,D}$ son los retornos individuales de los proyectos, y $\omega_{A,B,C,D}$ son los respectivos pesos o la asignación de capital a lo largo de cada proyecto. Además, el riesgo diversificado del portafolio en la celda D17 se calcula tomando $\sigma_P = \sqrt{\sum_{i=1}^{i} \omega_i^2 \sigma_i^2 + \sum_{i=1}^{n} \sum_{j=1}^{m} 2\omega_i \omega_j \rho_{i,j} \sigma_i \sigma_j}$. Aquí, $\rho_{i,j}$

son las respectivas correlaciones cruzadas entre las clases de activos; por lo tanto, si las correlaciones cruzadas son negativas, hay efectos de diversificación de riesgo, y el riesgo del portafolio disminuye. Sin embargo, para simplificar los cálculos aquí, suponemos cero correlaciones entre las clases de activos a través de este cálculo de riesgo del portafolio, pero se asume las correlaciones cuando se aplica la simulación en los retornos como se verá más adelante. Por lo tanto, en lugar de aplicar las correlaciones estáticas entre estos diferentes rendimientos de los activos, aplicamos las correlaciones en los supuestos de simulación a sí mismos, creando una relación más dinámica entre los valores de retorno simulados. Por último, la relación retorno riesgo o índice de Sharpe se calcula para el portafolio. Este valor se ve en la celda C18 y representa el objetivo a maximizar en este ejercicio de optimización.

Las siguientes son las especificaciones de este modelo de ejemplo de optimización:

Objetivo: Maximizar la razón Retorno/Riesgo (C18)

Variables de Decisión: Asignación (E6:E15)

Restricciones sobre variables de decisión: Mínimo y Máximo Requerido (F6:G15)

Restricciones: Asignación Total debe Sumar 100% (E17)

Procedimiento

1. Inicie Excel y abra el archivo de ejemplo *Simulador de Riesgo | Modelos de Ejemplo | 11 Optimización Continua.*

2. Inicie un nuevo perfil con *Simulador de Riesgo | Nuevo Perfil* (o haga clic en el icono Nuevo Perfil) y asígnele un nombre.

3. El primer paso en la optimización es establecer las variables de decisión. Seleccione la celda *E6* y establezca la primera variable de decisión (*Simulador de Riesgo | Optimización | Establecer Decisión*) o haga clic en el icono *D*. Luego haga clic en el icono de enlace para seleccionar el nombre celda *(B6)*, así como los valores ligados límite inferior y superior en las celdas *F6* y *G6*. Luego, utilice el Simulador de Riesgo *Copiar*, copie esta celda *E6* variable de decisión y pegue la variable de decisión en las celdas restantes en E7 a E15.

4. El segundo paso en la optimización es establecer la restricción. Sólo hay una restricción aquí, es decir, la asignación total del portafolio debe sumar 100%. Por lo tanto, haga clic en *Simulador de Riesgo | Optimización | Establecer Restricción...* o haga clic en el icono *C*, y seleccione *Agregar* para agregar una nueva restricción. A continuación, seleccione la celda E17 y vuélvala igual (=) a 100%. Haga clic en *OK* cuando haya terminado.

    a. Pregunta de Ejercicio: ¿Se obtendrían los mismos resultados si se establece *E7 = 1* en vez de 100%?

    b. Pregunta de Ejercicio: En las restricciones de la interfaz de usuario, ¿qué significa el botón Frontera Eficiente y cómo funciona?

5. El paso final en la optimización es establecer la función objetivo. Seleccione la celda *C18* y haga clic en *Simulador de Riesgo | Optimización | Establecer Objetivo* o haga clic en el icono *O*. Asegúrese de que la celda objetivo este fijada para *C18* y seleccione *Maximizar*.

6. Inicie la optimización, *Simulador de Riesgo | Optimización | Correr Optimización* o haga clic en el icono *Ejecutar* Optimización y seleccione la optimización de elección (Optimización Estática, Optimización Dinámica u Optimización Estocástica). Para comenzar, seleccione *Optimización Estática*. Ahora puede revisar el objetivo, variables de decisión, y las restricciones en cada pestaña, si es necesario, o haga clic en *OK* para ejecutar la optimización estática.

a. Pregunta de Ejercicio: En la interfaz de usuario Ejecutar Optimización, haga clic en la pestaña *Estadísticas* y vea que no hay nada allí. ¿Por qué?

7. Una vez que la optimización está completa, es posible seleccionar *Vuelva* para revertir a los valores originales de las variables de decisión, así como el objetivo, o seleccione *Reemplazar* para aplicar las variables de decisión optimizadas. Generalmente, Reemplazar se elige después de que la optimización se realiza. A continuación, revise la sección de Interpretación de Resultados antes de proceder con el siguiente paso en el ejercicio.

8. Ahora restablezca las variables de decisión escribiendo *10%* de nuevo en todas las celdas de *E6* a *E15*. A continuación, seleccione la celda *C6* y *Simulador de Riesgo | Entrada de Supuestos* y use la distribución *Normal* por defecto y los parámetros por defecto. Este es sólo un ejemplo de ejecución y realmente no se necesita dedicar tiempo para establecer distribuciones adecuadas. Repita el ajuste de los supuestos normales para celdas de C7 a C15.

   a. Pregunta de Ejercicio: ¿Se debe o no se debe copiar el primer supuesto en la celda C6 y luego copiar y pegar los parámetros en las celdas C7:15? Y si se copian y se pegan los supuestos, ¿cuál es la diferencia entre utilizar las funciones *Copiar* y *Pegar* del Simulador de Riesgo y utilizar las funciones copiar y pegar de Excel? ¿Qué sucede cuando usted primero teclea Escapar antes de Pegar del Simulador de Riesgo?

   b. Pregunta de Ejercicio: ¿Por qué necesitamos ingresar el 10% de nuevo en las celdas?

9. Ahora ejecute la optimización *Simulador de Riesgo | Optimización | Correr Optimización* y esta vez seleccione *Optimización Dinámica* en la pestaña *Método*. Cuando se haya completado, haga clic en *Vuelva* para volver a las variables de decisión originales de 10%.

   a. Pregunta de Ejercicio: ¿Cuál fue la diferencia entre la ejecución de la optimización estática en el paso 6 arriba y la optimización dinámica?

10. Ahora ejecute la optimización en *Simulador de Riesgo | Optimización | Correr Optimización* una tercera vez, pero esta vez, seleccione *Optimización Estocástica* en la ficha *Método*. Entonces note varias cosas.

    a. En primer lugar, haga clic en la pestaña *Estadísticas* y vea que esta pestaña ahora está llena. ¿Por qué es este el caso y cómo se utiliza esta pestaña de estadísticas?

    b. En segundo lugar, haga clic en el botón *Avanzado* y seleccione la casilla de verificación *Correr Simulación a Súper Velocidad*. Luego haga clic en *OK* para ejecutar la optimización. ¿Que observa? ¿Cómo se integra la súper velocidad a una optimización estocástica?

11. Acceda a las opciones avanzadas, *Simulador de Riesgo | Optimización | Correr Optimización* y haga clic en el botón *Avanzado*. Pase algún tiempo tratando de entender lo que significa cada elemento y como esta optimización es pertinente.

12. Después de ejecutar la optimización estocástica, se crea un informe. Dedique algún tiempo a revisar el informe y tratar de entender lo que significa, así como revisar la predicción de los gráficos generados para cada variable de decisión.

La Figura 11E.B muestra las capturas de pantalla del procedimiento paso a paso indicado anteriormente. Puede agregar supuestos de simulación de la rentabilidad y riesgo del modelo (columnas C y D) y aplicar la optimización dinámica y la optimización estocástica para práctica adicional.

Interpretación de los Resultados

Los resultados finales de la optimización se muestran en la Figura 11E.C, donde se ve la asignación óptima de los activos del portafolio en las celdas E6: E15. Esto es, dadas las restricciones de cada activo fluctuante entre 5% y 35%, y donde la suma de las asignaciones debe ser igual a 100%, la asignación que maximiza la relación retorno riesgo se ve en la Figura 11E.C. Algunas cosas importantes tienen que tenerse en cuenta en la revisión de los resultados y los procedimientos de optimización realizados hasta el momento:

- La forma correcta de ejecutar la optimización es maximizar el retorno de la inversión o el índice de Sharpe retorno riesgo como lo hemos hecho.

- En cambio, sí maximizamos la rentabilidad total del portafolio, el resultado óptimo de asignación es trivial y no requiere de la optimización. Esto es, simplemente asignar 5% (el mínimo permitido) a los 8 activos más bajos el 35% (el máximo permitido) para el activo de retorno más alto, y el resto (25%) para el activo que tenga el segundo mejor retorno. No se requiere la optimización. Sin embargo, cuando se asigna el portafolio de esta forma, el riesgo es mucho más alto en comparación a cuando se maximizan los retornos a la razón de riesgo, aunque los rendimientos del portafolio por sí mismos son más altos.

- Por el contrario, se puede minimizar el riesgo total del portafolio, pero la rentabilidad será menor.

La siguiente tabla muestra los resultados de los tres objetivos optimizados:

Objetivo:	Retorno del Portafolio	Riesgo del Portafolio	Retorno del Portafolio a Razón de Riesgo
Maximizar la Relación Retorno Riesgo	12.69%	4.52%	2.8091
Maximizar los Retornos	13.97%	6.77%	2.0636
Minimizar el Riesgo	12.38%	4.46%	2.7754

De la tabla se puede observar que el mejor enfoque es el de maximizar los retornos a la razón de riesgo. Es decir, por la misma cantidad de riesgo, esta asignación ofrece la mayor cantidad de retorno. Por el contrario, para la misma cantidad de retorno, esta asignación proporciona la menor cantidad de riesgo posible. Este enfoque de obtener el mayor retorno de la inversión o rentabilidad a relación de riesgo, es la piedra angular de la frontera eficiente de Markowitz en la teoría moderna de los proyectos. Es decir, si tenemos restringido el nivel de riesgo total del proyecto y se permite sucesivamente aumentarlo con el tiempo; obtendremos varias asignaciones del proyecto eficientes para diferentes características de riesgo. De esta forma, diferentes asignaciones eficientes del proyecto se pueden obtener por diferentes individuos con diferentes preferencias de riesgo.

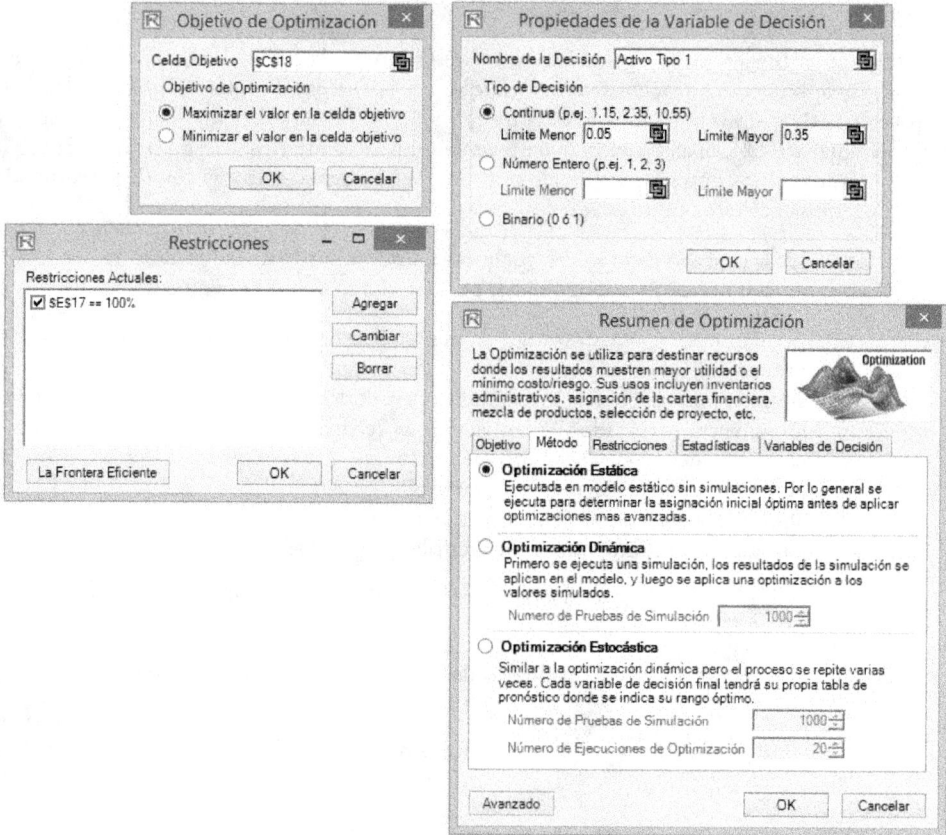

Objetivo de Optimización

Celda Objetivo $C$18

Objetivo de Optimización
- ● Maximizar el valor en la celda objetivo
- ○ Minimizar el valor en la celda objetivo

OK   Cancelar

Propiedades de la Variable de Decisión

Nombre de la Decisión Activo Tipo 1

Tipo de Decisión
- ● Continua (p.ej. 1.15, 2.35, 10.55)
  Límite Menor 0.05   Límite Mayor 0.35
- ○ Número Entero (p.ej. 1, 2, 3)
  Límite Menor   Límite Mayor
- ○ Binario (0 ó 1)

OK   Cancelar

Restricciones

Restricciones Actuales:
☑ $E$17 == 100%

Agregar
Cambiar
Borrar

La Frontera Eficiente   OK   Cancelar

Resumen de Optimización

La Optimización se utiliza para destinar recursos donde los resultados muestren mayor utilidad o el mínimo costo/riesgo. Sus usos incluyen inventarios administrativos, asignación de la cartera financiera, mezcla de productos, selección de proyecto, etc.

Objetivo | Método | Restricciones | Estadísticas | Variables de Decisión

- ● **Optimización Estática**
  Ejecutada en modelo estático sin simulaciones. Por lo general se ejecuta para determinar la asignación inicial óptima antes de aplicar optimizaciones mas avanzadas.

- ○ **Optimización Dinámica**
  Primero se ejecuta una simulación, los resultados de la simulación se aplican en el modelo, y luego se aplica una optimización a los valores simulados.
  Numero de Pruebas de Simulación   1000

- ○ **Optimización Estocástica**
  Similar a la optimización dinámica pero el proceso se repite varias veces. Cada variable de decisión final tendrá su propia tabla de pronóstico donde se indica su rango óptimo.
  Número de Pruebas de Simulación   1000
  Número de Ejecuciones de Optimización   20

Avanzado   OK   Cancelar

Figura 11E.B: Ejecutando una Optimización Continua en el Simulador Continua

MODELO DE ASIGNACIÓN ÓPTIMA DE ACTIVOS

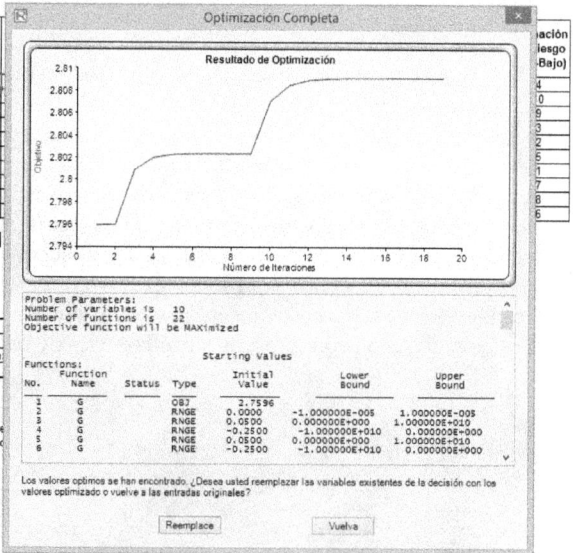

Descripción del Tipo de Activo	Beneficios Anualizados	Riesgo de Volatilidad	Asignación de Pesos
Activo Tipo 1	10.54%	12.36%	11.09%
Activo Tipo 2	11.25%	16.23%	6.86%
Activo Tipo 3	11.84%	15.64%	7.78%
Activo Tipo 4	10.64%	12.35%	11.23%
Activo Tipo 5	13.25%	13.28%	12.09%
Activo Tipo 6	14.21%	14.39%	11.04%
Activo Tipo 7	15.53%	14.25%	12.30%
Activo Tipo 8	14.95%	16.44%	8.90%
Activo Tipo 9	14.16%	16.50%	8.37%
Activo Tipo 10	10.06%	12.50%	10.35%

Total de Cartera	12.6919%	4.52%	100.00%
Relación Retorno / Riesgo	2.8091		

Especificaciones del modelo de Optimización.

Objetivo:
Variables de Decisión:
Restricciones sobre las Variables de Decisión:
Restricciones:

Espificaciones Adicionales:

1. Uno siempre puede maximizar los beneficios de
2. Incorporar el modelo de Simulación Monte Carlo
   y aplica técnicas de Optimización Simulada.
3. La cartera puede optimizarse sin necesidad de

Optimización Completa

Resultado de Optimización

Problem Parameters:
Number of variables is   10
Number of functions is   22
Objective function will be MAXimized

Starting values

Los valores optimos se han encontrado. ¿Desea usted reemplazar las variables existentes de la decisión con los valores optimizado o vuelve a las entradas originales?

Reemplace   Vuelva

Figura 11E.C: Resultados de la Optimización de Riesgos

2. Optimización con Variables de Decisión Discretas de Números Enteros

A veces, las variables de decisión no son continuas, pero son discretas de números enteros (por ejemplo, 1, 2, 3) o binario (por ejemplo, 0 y 1). En la situación binaria, podemos utilizar dicha optimización como interruptores de encendido y apagado o decisiones de ir / no ir. La Figura 11E.D ilustra un modelo de selección de proyectos, donde hay 12 proyectos enumerados. El ejemplo que se utiliza aquí, sigue la siguiente ruta el *Simulador de Riesgo | Modelos de Ejemplo | 12 Optimización Discreta*. Al igual que antes, cada proyecto tiene sus propios retornos (EVPN y VPN) para el valor presente neto extendido y el valor presente neto—el EVPN es simplemente el valor presente neto, además de los valores de las opciones reales estratégicas), los costos de implementación, riesgos, y así sucesivamente. Si es necesario, este modelo puede ser modificado para incluir equivalencias necesarias de tiempo completo (FTE) y otros recursos de diversas funciones y limitaciones adicionales se puede establecer en estos recursos adicionales. Las entradas en este modelo están generalmente vinculadas de otros modelos de hojas de cálculo. Por ejemplo, cada proyecto tendrá su propio flujo de caja descontado o retornos sobre el modelo de inversión. La aplicación aquí es maximizar el índice de Sharpe del portafolio sujeto a alguna asignación presupuestaria. Muchas otras versiones de este modelo se pueden crear, por ejemplo, la maximización de los rendimientos del portafolio, o reducir al mínimo los riesgos, o agregar restricciones adicionales en donde el número total de proyectos seleccionados no podrá exceder de 6, etc. Todos estos elementos se pueden ejecutar utilizando este modelo existente.

Proyecto	ENPV	Costo	Riesgo $	Riesgo %	Relación Retorno/Riesgo	Índice de Rentabilidad	Selección
Proyecto 1	$458.00	$1,732.44	$54.96	12.00%	8.33	1.26	1.0000
Proyecto 2	$1,954.00	$859.00	$1,914.92	98.00%	1.02	3.27	1.0000
Proyecto 3	$1,599.00	$1,845.00	$1,551.03	97.00%	1.03	1.87	1.0000
Proyecto 4	$2,251.00	$1,645.00	$1,012.95	45.00%	2.22	2.37	1.0000
Proyecto 5	$849.00	$458.00	$925.41	109.00%	0.92	2.85	1.0000
Proyecto 6	$758.00	$52.00	$560.92	74.00%	1.35	15.58	1.0000
Proyecto 7	$2,845.00	$758.00	$5,633.10	198.00%	0.51	4.75	1.0000
Proyecto 8	$1,235.00	$115.00	$926.25	75.00%	1.33	11.74	1.0000
Proyecto 9	$1,945.00	$125.00	$2,100.60	108.00%	0.93	16.56	1.0000
Proyecto 10	$2,250.00	$458.00	$1,912.50	85.00%	1.18	5.91	1.0000
Proyecto 11	$549.00	$45.00	$263.52	48.00%	2.08	13.20	1.0000
Proyecto 12	$525.00	$105.00	$309.75	59.00%	1.69	6.00	1.0000
Total	$17,218.00	$8,197.44	$7,007	40.70%			12.00
Metal:	MAX	< =$5000					<=6
Ratio de Sharpe	2.4573						

ENPV es el Valor Presente Neto de cada línea de crédito o proyecto, mientras Costo puede ser el costo total de la administración así como las acciones requeridas para cubrir la línea de crédito y Riesgo es el Coeficiente de Variación de la Línea de Crédito del **ENPV**.

Figura 11E.D: Modelo de Optimización Discreta

Procedimiento

1. Abra el archivo de ejemplo e inicie un nuevo perfil haciendo clic en *Simulador de Riesgo | Nuevo Perfil* y asígnele un nombre.
2. El primer paso en la optimización es establecer las variables de decisión. Establezca la primera variable de decisión al seleccionar la celda *J4* y seleccione *Simulador de Riesgo | Optimización | Establecer Decisión* o haga clic en el icono *D*. A continuación, haga clic en el icono de enlace para seleccionar el nombre de la celda (B4), y seleccione la variable *Binaria*. Luego, utilizando *Copiar* del Simulador de Riesgo, copie esta variable

de decisión celda *J4* y pegue la variable de decisión de las celdas restantes en *J5* a *J15*. Este es el mejor método si se tienen sólo varias variables de decisión y se puede nombrar cada variable de decisión con un nombre único para su posterior identificación.

    a.   Pregunta de Ejercicio: ¿Cuál es el principal propósito de la vinculación del nombre de la celda B4 antes de copiar y pegar los parámetros?

3.   El segundo paso en la optimización es establecer la restricción. Hay dos limitaciones aquí: El presupuesto total en el portafolio debe ser menor que $5,000 y el número total de proyectos no deben ser más de 6. Por lo tanto, haga clic en *Simulador de Riesgo | Optimización | Establecer Restricción*... o haga clic en el icono *C* y seleccione *Agregar* para agregar una nueva restricción. A continuación, seleccione la celda *D17* y vuélvala *D17 <= 5000*. Repita estableciendo la celda *J17 <= 6*.

    a.   Pregunta de Ejercicio: ¿Por qué utilizamos <= en lugar de =?

    b.   Pregunta de Ejercicio: A veces, cuando no hay resultados factibles o la optimización no se ejecuta, cambiando el signo igual a desigual ayuda. ¿Por qué?

    c.   Pregunta de Ejercicio: ¿Qué haría usted si quisiera D17 <5000 en lugar de <= 5000?

    d.   Pregunta de Ejercicio: Explique qué pasaría con las restricciones vinculantes si se establece sólo una restricción y es D17 <= 8200 o únicamente J17 <= 12

4.   El paso final en la optimización es establecer la función objetivo y comenzar la optimización mediante la selección de la celda *C19* y seleccionando *Simulador de Riesgo | Optimización | Establecer Objetivo*, a continuación, ejecute la optimización utilizando *Simulador de Riesgo | Optimización | Correr Optimización* y seleccione optimización de elección (Optimización Estática, Optimización Dinámica u Optimización Estocástica). Para comenzar, seleccione *Optimización Estática*. Asegúrese de que la celda objetivo es el índice de Sharpe o la razón retorno riesgo del portafolio y seleccione *Maximizar*. Ahora puede revisar las variables de decisión y las restricciones de ser necesario, o haga clic en *OK* para ejecutar la optimización estática. La Figura 11E.E muestra los ajustes y la Figura 11E.F muestra un conjunto de muestras de los resultados de la selección óptima de los proyectos que maximiza el índice de Sharpe.

    a.   Pregunta de Ejercicio: Si en cambio usted maximizó los ingresos totales por cambiar el objetivo existente, esto se convierte en un modelo trivial y simplemente implica elegir el proyecto más altos retornos e ir abajo en la lista hasta que se quede sin dinero o exceda la restricción presupuestaria. Si lo hace, dará lugar a proyectos indeseables en teoría ya que los proyectos de rendimientos más altos suelen tener mayores riesgos. ¿Está de acuerdo? ¿Qué otras variables se pueden establecer como objetivo en este modelo, en caso afirmativo?

    b.   Pregunta de Ejercicio: ¿Si utilizamos el coeficiente de variación en vez de la razón riesgo retorno, podríamos maximizar o minimizar esta variable?

    c.   Pregunta de Ejercicio: ¿Cómo modelar una situación en la que, por ejemplo, uno de los proyectos es el requisito previo para otro o si dos o más proyectos son mutuamente excluyentes? ¿Cómo modelar el siguiente?

        i.   No se puede hacer el Proyecto 2 por sí mismo sin el Proyecto 1, pero se puede hacer el proyecto 1 por sí mismo sin el Proyecto 2.

        ii.   Ya sea el Proyecto 3 o el Proyecto 4 pueden ser elegidos, pero no ambos.

        iii.   Cada proyecto tiene algunos empleados equivalentes a tiempo completo (FTE) necesarios para participar, y la empresa tiene un número limitado de FTEs.

5. Ahora agregue los supuestos de simulación en el VPN del modelo y los costos variables (columnas C y D) y aplique la optimización dinámica para práctica adicional.

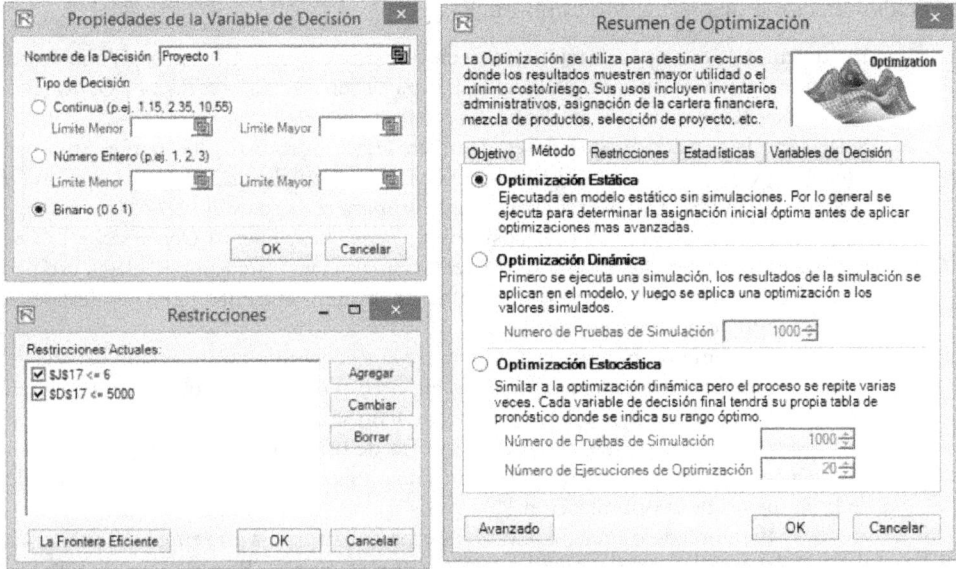

Figura 11E.E: Ejecutando una Optimización Discreta en el Simulador de Riesgo

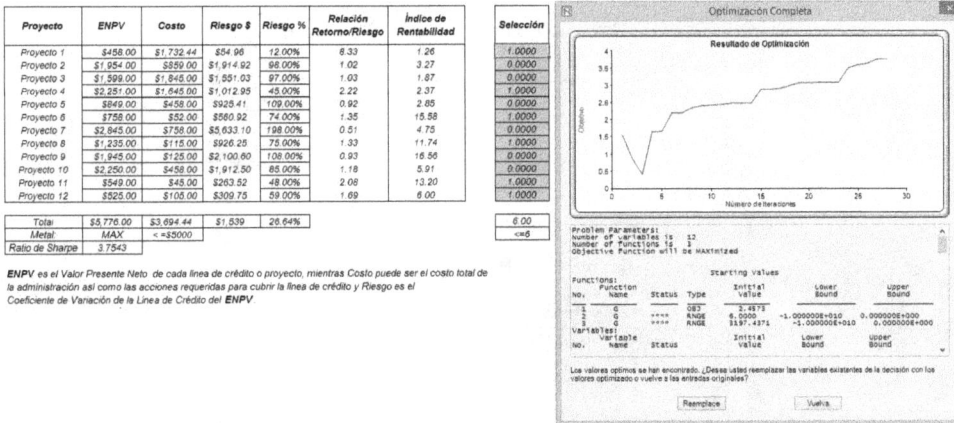

Proyecto	ENPV	Costo	Riesgo $	Riesgo %	Relación Retorno/Riesgo	Índice de Rentabilidad
Proyecto 1	$458.00	$1,732.44	$54.96	12.00%	8.33	1.26
Proyecto 2	$1,954.00	$859.00	$1,914.92	98.00%	1.02	3.27
Proyecto 3	$1,599.00	$1,845.00	$1,551.03	97.00%	1.03	1.87
Proyecto 4	$2,251.00	$1,645.00	$1,012.95	45.00%	2.22	2.37
Proyecto 5	$849.00	$458.00	$926.41	109.00%	0.92	2.85
Proyecto 6	$758.00	$52.00	$560.92	74.00%	1.35	15.58
Proyecto 7	$2,845.00	$758.00	$5,633.10	198.00%	0.51	4.75
Proyecto 8	$1,235.00	$115.00	$926.25	75.00%	1.33	11.74
Proyecto 9	$1,945.00	$125.00	$2,100.60	108.00%	0.93	16.56
Proyecto 10	$2,250.00	$458.00	$1,912.50	85.00%	1.18	5.91
Proyecto 11	$549.00	$45.00	$263.52	48.00%	2.08	13.20
Proyecto 12	$525.00	$105.00	$309.75	59.00%	1.69	6.00

Total	$5,776.00	$3,694.44	$1,539	26.64%	
Metal	MAX	< =$5000			
Ratio de Sharpe	3.7543				

ENPV es el Valor Presente Neto de cada línea de crédito o proyecto, mientras Costo puede ser el costo total de la administración así como las acciones requeridas para cubrir la línea de crédito y Riesgo es el Coeficiente de Variación de la Línea de Crédito del ENPV.

Figura 11E.F: Óptima Selección de Proyectos que Maximiza el Índice de Sharpe

3. Frontera Eficiente y Configuración de Optimización Avanzada

La Figura 11E.G muestra las *Restricciones* para la optimización. Aquí, si usted hizo clic en el botón *Frontera Eficiente* después de haber establecido algunas restricciones, ahora se puede hacer estas limitaciones cambiantes. Es decir, cada una de las restricciones pueden ser creadas para pasar por entre algunos valores máximos y mínimos. Como ejemplo, la restricción en la celda *J17* <= 6 se puede configurar para que se ejecute entre 4 y 8 (Figura 11E.G). Es decir, se ejecutarán cinco optimizaciones, cada uno con las siguientes restricciones: *J17* <= 4, *J17* <= 5, *J17* <= 6, *J17* <= 7, y *J17* <= 8. Los resultados óptimos luego se trazan como frontera eficiente y el informe será generado (Figura 11E.H). En concreto, lo siguiente ilustra los pasos necesarios para crear una restricción cambiante:

1. En un modelo de optimización (es decir, un modelo con Objetivos, Variables de Decisión y Restricciones ya establecidas), haga clic en *Simulador de Riesgo | Optimización | Establecer Restricciones* y haga clic en *La Frontera Eficiente.*

2. Seleccione la restricción que desea cambiar, *J17*, e introduzca los parámetros para *Min, Max*, y *Tamaño de Paso* (Figura 11E.G). Luego haga clic en *Agregar* y luego en *OK* y de nuevo en *OK*. También, desmarque la primera restricción de *D17* <= *5000*.

3. Ejecute la optimización como de costumbre, *Simulador de Riesgo | Optimización | Correr Optimización* o haga clic en el icono *Correr Optimización*. Usted puede elegir estático, dinámico o estocástico cuando se ejecuta una frontera eficiente, pero para empezar, elija la rutina de optimización estática.

    a. Pregunta de Ejercicio: ¿Qué ocurre si ejecuta una optimización estocástica con frontera eficiente? ¿Cuál es el proceso paso a paso que debe atravesar?

    b. Pregunta de Ejercicio: ¿Qué sucede si no se desmarca la primera restricción?

4. Los resultados se muestran como una interfaz de usuario (Figura 11E.H). Haga clic en *Crear Informe* para generar un informe en una hoja de trabajo con todos los detalles de la ejecución de la optimización.

    a. Pregunta de Ejercicio: ¿Cómo interpreta la frontera eficiente? ¿Es mejor una curva más pronunciada o una curva más plana? ¿Puede la pendiente de la curva ir hacia abajo? ¿y si es así, ¿qué significa eso?

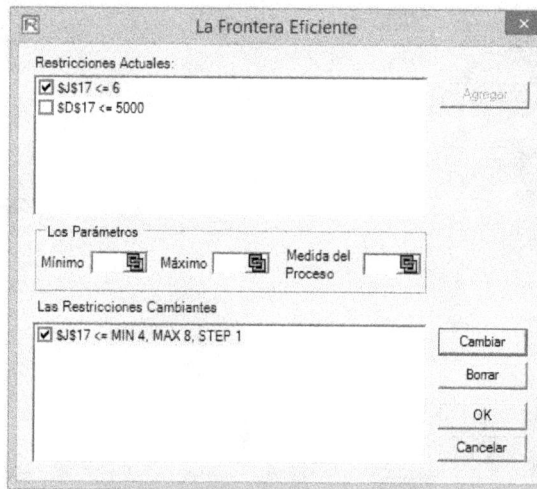

Figura 11E.G: Generando Restricciones Cambiantes en una Frontera Eficiente

Efficient Frontier

Problem Parameters:

Number of variables	12
Number of functions	2
Objective function will be	Maximized

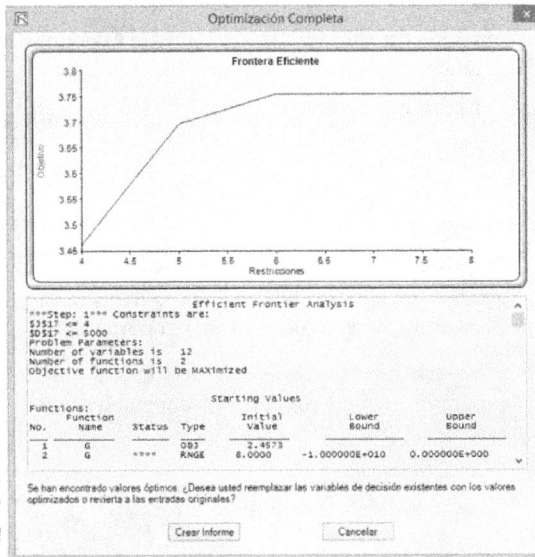

Functions

			Starting Value								Distance from		
No.	Function Name	Status	Type	Initial Value	Lower Bound	Upper Bound	No.	Function Name	Initial Value	Final Value	Status	Nearest Bound	Lagrange Multiplier
1	G		OBJ	2.45726			1	G	2.45726	3.46137	Objective		
2	G	****	RNGE	8.00000	-1E+10	0	2	G	8.00000	0.00000	UpperBnd	0.0000:U	0.34135

Variables

			Starting Values						Final Results			
											Distance from	
No.	Variable Name	Status	Initial Value	Lower Bound	Upper Bound	No.	Variable Name	Initial Value	Final Value	Status	Nearest Bound	Reduced Gradient

Figura 11E.H: Resultados de Frontera Eficiente

Preguntas de Repaso

1. En la optimización bajo incertidumbre, compare y contraste la variable de decisión discreta versus la continua.

2. Cree un modelo de Excel para un problema de optimización con los siguientes parámetros:

   a. Un portafolio de acciones compuesto de cuatro acciones individuales, cada una con su propio retorno y perfil de riesgo—cada valor de retorno y riesgo tiene como supuesto de distribución que cada acción esta correlacionada con la otra.

   b. El problema de optimización es asignar eficientemente los recursos en dichas acciones individuales tal que se logre la mejor razón retorno-riesgo—use el índice de Sharpe (razón retorno-riesgo del portafolio).

   c. Optimice este portafolio de acciones a través del índice de Sharpe. Cree progresivamente y muestre la frontera eficiente de Markowitz de asignación de acciones.

SECCIÓN SIETE – GUÍAS VISUALES Y SUMARIO

CORRELACIONES

Correlación lineal

- Correlación Lineal Producto-Momento de Pearson
- Asume linealidad y datos cercanos a la normal
- Pruebas de hipótesis de significancia utilizando distribuciones t

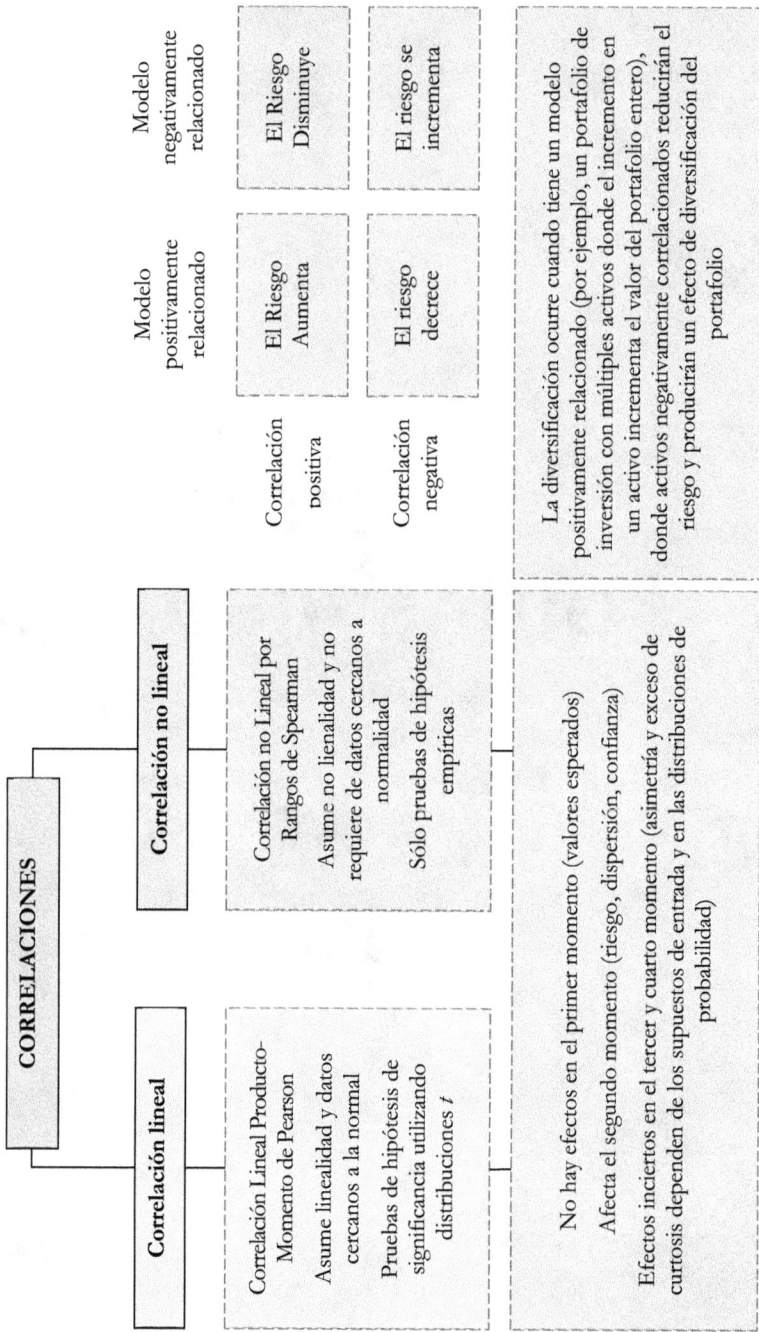

No hay efectos en el primer momento (valores esperados)

Afecta el segundo momento (riesgo, dispersión, confianza)

Efectos inciertos en el tercer y cuarto momento (asimetría y exceso de curtosis dependen de los supuestos de entrada y en las distribuciones de probabilidad)

Correlación no lineal

- Correlación no Lineal por Rangos de Spearman
- Asume no lienalidad y no requiere de datos cercanos a normalidad
- Sólo pruebas de hipótesis empíricas

Correlación positiva

Correlación negativa

Modelo positivamente relacionado

El Riesgo Aumenta

El riesgo decrece

Modelo negativamente relacionado

El Riesgo Disminuye

El riesgo se incrementa

La diversificación ocurre cuando tiene un modelo positivamente relacionado (por ejemplo, un portafolio de inversión con múltiples activos donde el incremento en un activo incrementa el valor del portafolio entero), donde activos negativamente correlacionados reducirán el riesgo y producirán un efecto de diversificación del portafolio

DISTRIBUCIONES COMÚNMENTE UTILIZADAS

Normal
Curva acampanada continua conocida como distribución Gaussiana, colas infinitas en ambos lados, requiere la media y la desviación estándar como entradas. Es simétrica con asimetría 0 y exceso de curtosis 0. Ejemplos: retornos sobre acciones, estatura, pesos, IQ (la mayoría normales truncadas con límites).

Triangular
Parece un triángulo, valores continuos, las colas terminan en un mínimo y máximo con el valor más probable como su pico. Puede ser simétrica o asimétrica con exceso de curtosis negativa (colas truncadas). Ejemplos: pronósticos de ventas, estimaciones en materias, supuestos administrativos.

Uniforme
Área plana continua con igual probabilidad de ocurrencia en cualquier punto entre el mínimo y el máximo. Simétrica con asimetría 0 y exceso de curtosis negativa (puntos terminales fijos). Ejemplos: pronósticos en los negocios y pronósticos económicos.

Binomial
Eventos discretos con dos respuestas independientes y mutuamente excluyentes con una probabilidad de éxito fija en cada ensayo sucesivo. Es simétrica y se aproxima a la normal con un número alto de ensayos. Ejemplo: lanzar una moneda múltiples veces.

Poisson
Eventos discretos que ocurren independientemente con la misma tasa promedio de repetición, y medidos en el tiempo o el espacio (área). Ejemplos: pronósticos de ventas, estimaciones en materias, supuestos administrativos. Se aproxima a la normal con un alto número de repeticiones.

Personalizada
Distribución discreta empíricamente ajustada cuando pocos datos son disponibles o cuando otras distribuciones teóricas fallan. Apropiada para métodos Delphi; puede ser multimodal e irregular. Ejemplos: estimaciones en materias, supuestos administrativos y estimaciones cualitativas que son convertidas a números.

DISTRIBUCIONES IMPORTANTES, PERO COMÚNMENTE MENOS UTILIZADAS

Bernoulli
Versión discreta de un solo ensayo de la Binomial (por ejemplo, simular el éxito o fracaso de un proyecto)

Beta 4
Distribución continua, altamente flexible capaz de tomar múltiples formas y escalas

Uniforme discreta
Rango de eventos discretos con igual probabilidad de ocurrencia (por ejemplo, lanzar un dado de 6 caras)

Exponencial 2
Alta probabilidad de valores bajos, baja probabilidad de valores continuos altos (tiempo de espera)

Gumbel
Valores extremos de final de cola para respuestas continuas (por ejemplo, quiebras de mercados)

Lognormal
Variables con valores continuos no negativos y distintos de cero (por ejemplo, precios de las acciones)

T -Student
NORMAL continua con colas gordas o mayor probabilidad de valores extremos (por ejemplo, retornos riesgosos)

Weibull 3
Tiempo medio continuo antes del fracaso y estimaciones de confiabilidad (tiempo promedio entre fallos (MTBF) de un motor)

DISTRIBUCIONES MENOS UTILIZADAS

Arcoseno, Beta, Beta 3, Cauchy, Chi-cuadrado, Coseno, Doble Log, Erlang, Exponencial, F, Fréchet, Gamma, Geométrica, Gumbel Max, Gumbel Min, Gumbel Max, Hipergeométrica, Laplace, Logística, Lognormal 3, Binomial Negativa, Parabólica, Pareto Generalizada, Pareto, Pascal, Pearson V, Pearson VI, PERT, Potencia, Potencia 3, Rayleigh, Normal Estándar, T Estándar, Weibull

HERRAMIENTAS ANALÍTICAS

AJUSTE DE DISTRIBUCIÓN

¿Qué distribución y parámetros de distribución utiliza? Esta técnica ajusta datos históricos empíricos a distribuciones de probabilidad utilizando el Criterio de Información de Akaike (AIC), Anderson–Darling (AD), Chi-Cuadrado, Kolmogorov–Smirnov (KS), Estadístico de Kuiper, y el Criterio de Información de Schwarz/Bayes (SC/BIC).

ANÁLISIS DISTRIBUCIONAL

Análisis de Distribución (PDF, CDF, ICDF de 50 distribuciones). Gráficos y tablas de distribución (compara PDF & CDF formas y características). Gráficos superpuestos (superpone pronósticos de salida empíricamente simulados para una comparación visual).

SIMULACIÓN CORRELACIONADA

Corre simulaciones correlacionadas ajustando correlaciones no lineales entre múltiples supuestos de entrada. Normal, T, y cópulas cuasi-normales son utilizadas en simulación con convolución. Las correlaciones afectan el Segundo momento o riesgo de un pronóstico de salida.

ANÁLISIS DE TORNADO

Impactos estáticos para cada variable en la respuesta a través de perturbar cada variable de entrada en un monto predeterminado, captura el resultado final, lista las perturbaciones pre-simulación rankeadas de más significativa a menos. Se utiliza para identificar factores críticos para establecer supuestos de entrada en la ejecución de una simulación.

DIAGNÓSTICO DE LOS DATOS

Ejecute múltiples pruebas en la base de datos existente para determinar sus características previamente a la elaboración de modelos de pronóstico: autocorrelación, heteroscedasticidad, rezagos, micronumerosidad, multicolinealidad, no linealidad, estacionalidad.

ANÁLISIS DE ESCENARIOS

Corre múltiples escenarios rápidamente y sin esfuerzo cambiando uno o dos parámetros de entrada en un rango predeterminado para establecer la respuesta en una variable de salida.

GRÁFICOS SUPERPUESTOS

Superpone múltiples supuestos y gráficos de pronósticos simulados para comparar sus características.

BOOSTRAP NO PARAMÉTRICO

Estima la confiabilidad o precisión de las estadísticas de pronóstico, responde preguntas de confianza y precisión.

ARCHIVO DE EXCEL

Un archivo salva todos los supuestos, pronósticos, decisiones, restricciones, objetivos, y perfiles.

REPORTE DE ESTADÍSTICAS

Genere tablas estadísticas y resultados como un reporte de Excel para almacenar.

SENSIBILIDAD DINÁMICA

Aplica perturbaciones dinámicas creadas después de la simulación y contribución a la varianza.

PRUEBAS DE HIPÓTESIS

Determina si estadísticamente dos variables son idénticas o diferentes entre sí.

EXTRACCIÓN DE DATOS

Supuestos simulados y datos sin procesar para los pronósticos pueden ser extraídos en Excel o archivos de texto.

ARCHIVO RISK SIM

Guarde gráficos del Simulador de Riesgo para futuras recuperaciones sin tener que correr de nuevo la simulación.

COPIAR Y PEGAR GRÁFICOS

Copiar y pegar los gráficos de simulación y pronóstico en PowerPoint/Word.

DISTRIBUCIONES PERSONALIZADAS

Crear y salvar distribuciones personalizadas no paramétricas basadas en datos empíricos.

PERFIL DEL SIMULADOR DE RIESGO

Crear múltiples perfiles y escenarios de simulación y optimización.

GENERACIÓN DE REPORTES

Simulación ejecutada, pronóstico, métodos analíticos y reportes de optimización.

OTRAS HERRAMIENTAS ANALÍTICAS: Verificación del modelo. Desestacionalización de datos, Diagnósticos de datos, Apertura e importación de datos, Ajustes distribucionales (simple, múltiple, percentiles), Análisis de componentes principales, Prueba de estacionalidad, Segmentación por conglomerados, Pruebas estadísticas, y Quiebres estructurales.

FORMAS DE SALVAR UN MODELOS Y SUS RESULTADOS: Generar gráficos en vivo en Excel después de la simulación, análisis de Tornado y Sensibilidad, así como:

GRÁFICOS DE EXCEL EN VIVO: Genere gráficos de Excel en vivo después de las simulaciones y los análisis de tornado y sensibilidad

Chi-Cuadrado (CS)

Utilizado exclusivamente para probar distribuciones discretas donde los datos son estadísticamente categorizados en varios grupos. La aproximación CS no se puede utilizar fácilmente para ajustarse a distribuciones continuas...

Criterio de Información de Schwarz/Bayes (SC/BIC)

La prueba de SC/BIC introduce una penalidad por el número de parámetros en el modelo con una penalidad mayor que el AIC...

Anderson–Darling (AD)

Cuando se aplica para probar si una distribución normal describe adecuadamente los datos, es una de las herramientas estadísticas más ponderosas para detectar diferencias de la normalidad y es potente para probar colas normales. Sin embargo, en distribuciones no normales con asimetría y curtosis, esta prueba carece de potencia comparado con otros métodos...

AJUSTE DE DISTRIBUCIÓN

Estadístico de Kuiper (K)

Relacionado con la prueba KS haciéndolo sensible tanto en las colas como en la mediana e invariante bajo transformaciones cíclicas de la variable independiente haciéndolo invaluable al probar las variaciones cíclicas en el tiempo. En comparación, la prueba AD provee igual sensibilidad tanto en las colas como en la mediana, pero no provee la invarianza cíclica...

Criterio de Información de Akaike (AIC)

Favorece la bondad de ajuste, pero también incluye una penalidad que es una función incremental al número de parámetros estimados (aunque AIC penaliza el número de parámetros con menos rigor que otros métodos)....

Kolmogorov–Smirnov (KS)

Prueba no paramétrica para la igualdad de distribuciones de probabilidad continuas que pueden ser utilizadas para comparar una muestra con una distribución de probabilidad de referencia, haciéndola útil para probar distribuciones anormalmente configuradas y distribuciones no normales. Utilice KS por defecto si la distribución subyacente es desconocida...

PRUEBAS DE HIPÓTESIS

La hipótesis nula probada es que la distribución ajustada es la misma distribución de la población de la cual los datos muestrales fueron extraídos. Por eso, si el valor-p calculado es menor que un nivel de alfa crítico (típicamente 0.10 o 0.05), la distribución es una mala distribución (se rechaza la hipótesis nula). Por el contrario, entre más alto sea el valor-p, la distribución se ajusta más a los datos (no se rechaza la hipótesis nula, lo cual significa que la distribución ajustada es la distribución correcta, o la hipótesis nula Ho: Error = 0, donde el error se define como la diferencia entre los datos empíricos y la distribución teórica). Más o menos, puede pensarse en el valor-p como el porcentaje explicado. Entre más alto el valor-p, mayor es el ajuste de los datos a la distribución de probabilidad seleccionada...

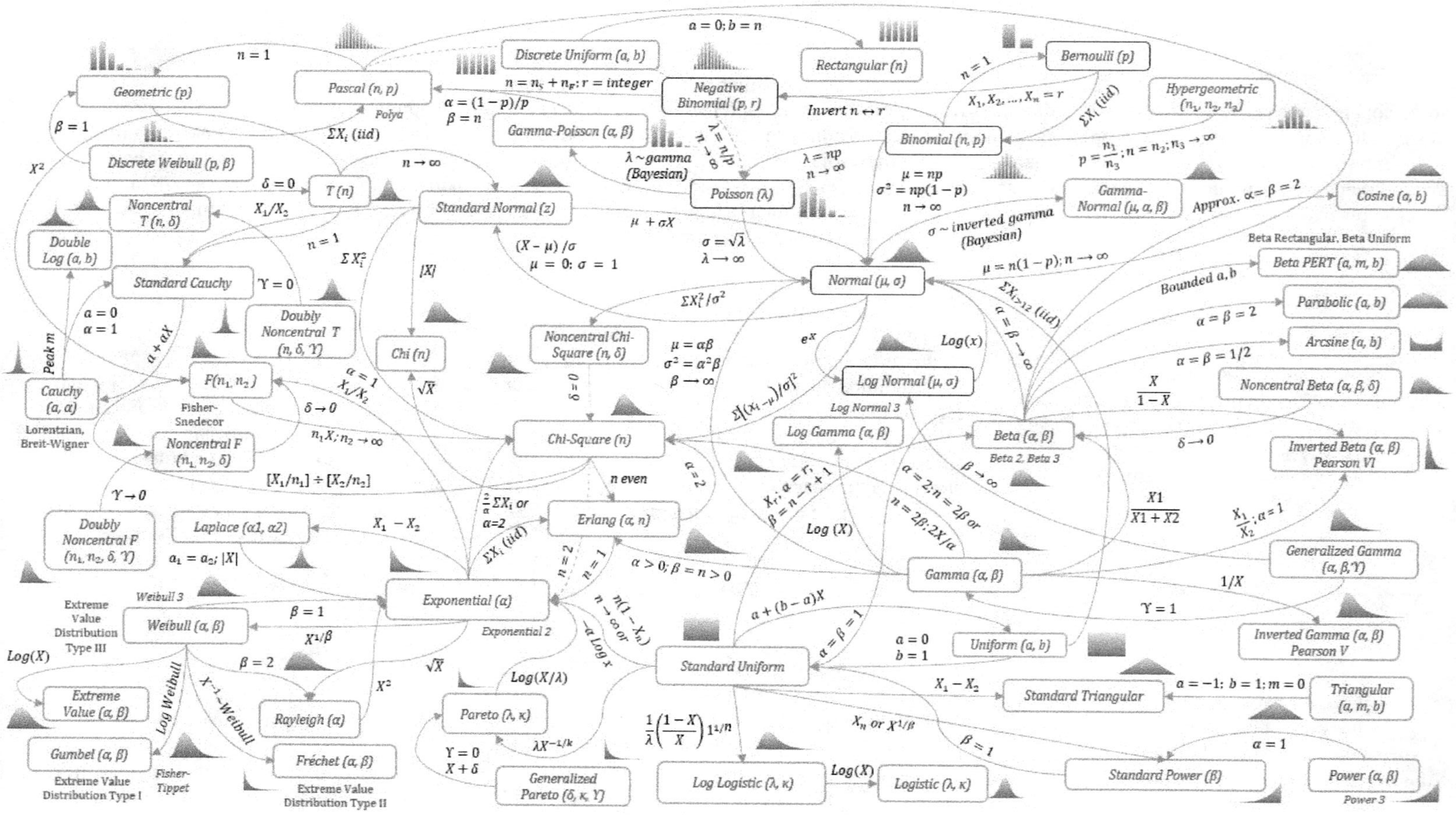

Univariate distribution relationships diagram

Distribution nodes:

- Cosine (a, b)
- Bernoulli (p)
- Hypergeometric (n_1, n_2, n_3)
- Beta PERT (a, m, b)
- Parabolic (a, b)
- Arcsine (a, b)
- Noncentral Beta (α, β)
- Inverted Beta (α, β) — Pearson VI
- Generalized Gamma $(\alpha, \beta, \Upsilon)$
- Inverted Gamma (α, β) — Pearson V
- Triangular (a, m, b)
- Power (α, β) — Power 3
- Binomial (n, p)
- Gamma-Normal (μ, α, β)
- Standard Power (β)
- Rectangular (n)
- Negative Binomial (p, r)
- Poisson (λ)
- Normal (μ, σ)
- Log Normal (μ, σ) — Log Normal 3
- Log Gamma (α, β)
- Beta (α, β) — Beta 2, Beta 3
- Gamma (α, β)
- Uniform (a, b)
- Standard Triangular
- Discrete Uniform (a, b)
- Gamma-Poisson (α, β)
- Standard Normal (z)
- Noncentral Chi-Square (n, δ)
- Chi-Square (n)
- Erlang (α, n)
- Standard Uniform
- Logistic (λ, κ)
- Log Logistic (λ, κ)
- Pascal (n, p)
- $T(n)$
- Chi (n)
- Doubly Noncentral T (n, δ, Υ)
- Exponential (α) — Exponential 2
- Pareto (λ, κ)
- Generalized Pareto $(\delta, \kappa, \Upsilon)$
- Geometric (p)
- Discrete Weibull (p, β)
- Noncentral T (n, δ)
- Standard Cauchy
- $F(n_1, n_2)$ — Fisher-Snedecor
- Noncentral F (n_1, n_2, δ)
- Laplace $(\alpha1, \alpha2)$
- Rayleigh (α)
- Frechet (α, β) — Extreme Value Distribution Type II
- Double Log (a, b)
- Cauchy (a, α) — Lorentzian, Breit-Wigner
- Doubly Noncentral F $(n_1, n_2, \delta, \Upsilon)$
- Weibull (α, β) — Extreme Value Distribution Type III
- Extreme Value (α, β) — Extreme Value Distribution Type I
- Gumbel (α, β) — Extreme Value Distribution Type I

Edge / relationship labels:

- $\alpha = \beta = 2$, Approx.
- Bounded a, b
- $\alpha = \beta = 2$
- $\alpha = \beta = 1/2$
- $\delta \to 0$
- $\dfrac{X}{1-X}$
- $\dfrac{X1}{X1+X2}$
- $1/X$
- $\dfrac{X_1, \alpha = 1}{X_2}$
- $\Upsilon = 1$
- $a = -1; b = 1; m = 0$
- $\alpha = 1$
- Beta Rectangular, Beta Uniform
- $n = 1; p = u$
- $X_1, X_2, \ldots, X_n = r$
- Invert $n \leftrightarrow r$
- ΣX_i (iid)
- $\mu = np$; $\sigma^2 = np(1-p)$; $n \to \infty$
- $\lambda = np$; $n \to \infty$
- $\mu = n(1-p)$; $n \to \infty$
- $\sigma \sim$ inverted gamma (Bayesian)
- $\alpha = \beta \to \infty$
- Beta 2, Beta 3
- $\beta \to \infty$
- $\alpha = 2; n = 2\beta$ or $n = 2\beta; 2X/\alpha$
- $a = 0; b = 1$
- $X_1 - X_2$
- $\beta = 1$
- X_n or $X^{-1/\beta}$
- $\mathrm{Log}(X)$
- $\log(x)$
- Log Normal 3
- $\mu = \alpha\beta$; $\sigma^2 = \alpha^2\beta$; $\beta \to \infty$
- e^x
- $a = 0; b = n$
- $n = n_x + n_r; r = \text{integer}$
- $\alpha = (1-p)/p$; $\beta = n$
- $\lambda \sim$ gamma (Bayesian)
- $\mu + \sigma X$
- $\lambda = n/p$; $n \to \infty$
- $\sigma = \sqrt{\lambda}$; $\lambda \to \infty$
- $(X - \mu)/\sigma$; $\mu = 0; \sigma = 1$
- $\Sigma X_i^2 / \sigma^2$
- $\delta = 0$
- n even
- $\frac{1}{\lambda}\left(\dfrac{1-X}{X}\right)^{1/n}$
- $a + (b - a)X$
- $X_1 - X_2$
- $\mathrm{Log}(X/\lambda)$
- $\lambda X^{-1/\kappa}$
- $Y = 0$; $X + \delta$
- $n(1 - X_n)$; $n \to \infty$ or $-\alpha \log x$
- $\alpha > 0; \beta = n > 0$
- $n = 1$
- $n = 2$
- Polya
- ΣX_i (iid)
- $\beta = 1$
- X^2
- $\mathrm{Log}(X)$
- Peak m
- $\delta = 0$
- $\Upsilon = 0$
- X_1/X_2
- $n \to \infty$
- $|X|$
- $\sqrt{X}$
- $\alpha = 1$; X_1/X_2
- $\delta \to 0$
- $n_1, X; n_2 \to \infty$
- $[X_1/n_1] \div [X_2/n_2]$
- $n = 1$
- ΣX_i^2
- $\alpha = 0$; $\alpha = 1$
- $\mu + \alpha X$
- $\Upsilon \to 0$
- $\alpha_1 = \alpha_2; |X|$
- Weibull 3
- $X^{1/\beta}$
- $\beta = 2$
- X^2
- $X^{-1} = $ Weibull
- Log Weibull — Fisher-Tippet
- $\mathrm{Log}(X)$
- Extreme Value Distribution Type III
- $\frac{1}{\alpha} \Sigma X_i$ or $\alpha = 2$
- ΣX_i^2 (iid)
- $\frac{1}{\alpha} \Sigma X_i$ or $\alpha = \delta$
- $\sqrt{X}$
- Fisher-Tippet

Prueba de una a dos entradas entre un rango

Análisis tornado

Análisis estático pre-simulación

Corre todas las entradas de manera simultánea

Análisis estático

Análisis de escenarios

Rankea factores críticos (de más altos a más bajos)

Análisis paramétrico

Devuelve confianza y percentiles

Simulación de Monte Carlo

Análisis estocástico

Prueba una entrada a la vez

Simulación de Bootstrap

Prueba la confianza de las estadísticas

Sensibilidad Dinámica

Calcula contribución a la varianza

Calcula correlaciones no lineales

Análisis dinámico

Genera estadísticas y distribuciones

Análisis no paramétrico

Análisis dinámico Post-simulación

Distribución Personalizada

MÉTODOS DE PRONÓSTICO

PRONÓSTICOS CUALITATIVOS

Distribuciones personalizadas
Método Delphi
Conjuntos difusos
Supuestos administrativos
Simulación de Monte Carlo
Expertos en la materia
Regresión paso a paso

NOTAS

- Econometría y métodos de regresión requieren por lo menos una variable independiente. Variables tiempo-indexadas y dummy pueden ser utilizadas para modelar series de tiempo y modelos estacionales.

- Conjuntos difusos regresan números difusos. GARCH es para estimar volatilidades basadas en los precios como entradas.

- MLE requiere que la variable dependiente esté truncada o limitada (por ejemplo, binaria) y las variables independientes pueden tomar cualquier forma. En contraste, los métodos de econometría y regresión no pueden tener valore binarios para sus variables dependientes (pero pueden tener variables dummy como independientes).

- Datos panel mixtos son datos que incluyen cortes transversales y series de tiempo en una matriz grande.

PRONÓSTICOS CUANTITATIVOS

Datos de series de tiempo

Datos estacionarios

ARIMA
Auto ARIMA
Auto Econometría
Econometría básica
Combinatoria lógica difusa
Spline cúbico
Distribuciones personalizadas
Curva-J
Cadenas de Markov
Simulación de Monte Carlo
Regresión múltiple
Redes neuronales
Curva-S
Regresión paso a paso
Pronósticos de series de tiempo
Líneas de tendencia

No estacionarios

GARCH (E/M/T/GJR)

Procesos estocásticos

Datos de corte transversal

Auto econometría
Econometría básica
Distribuciones personalizadas
Simulación de Monte Carlo
Regresión multiple
Regresión paso a paso

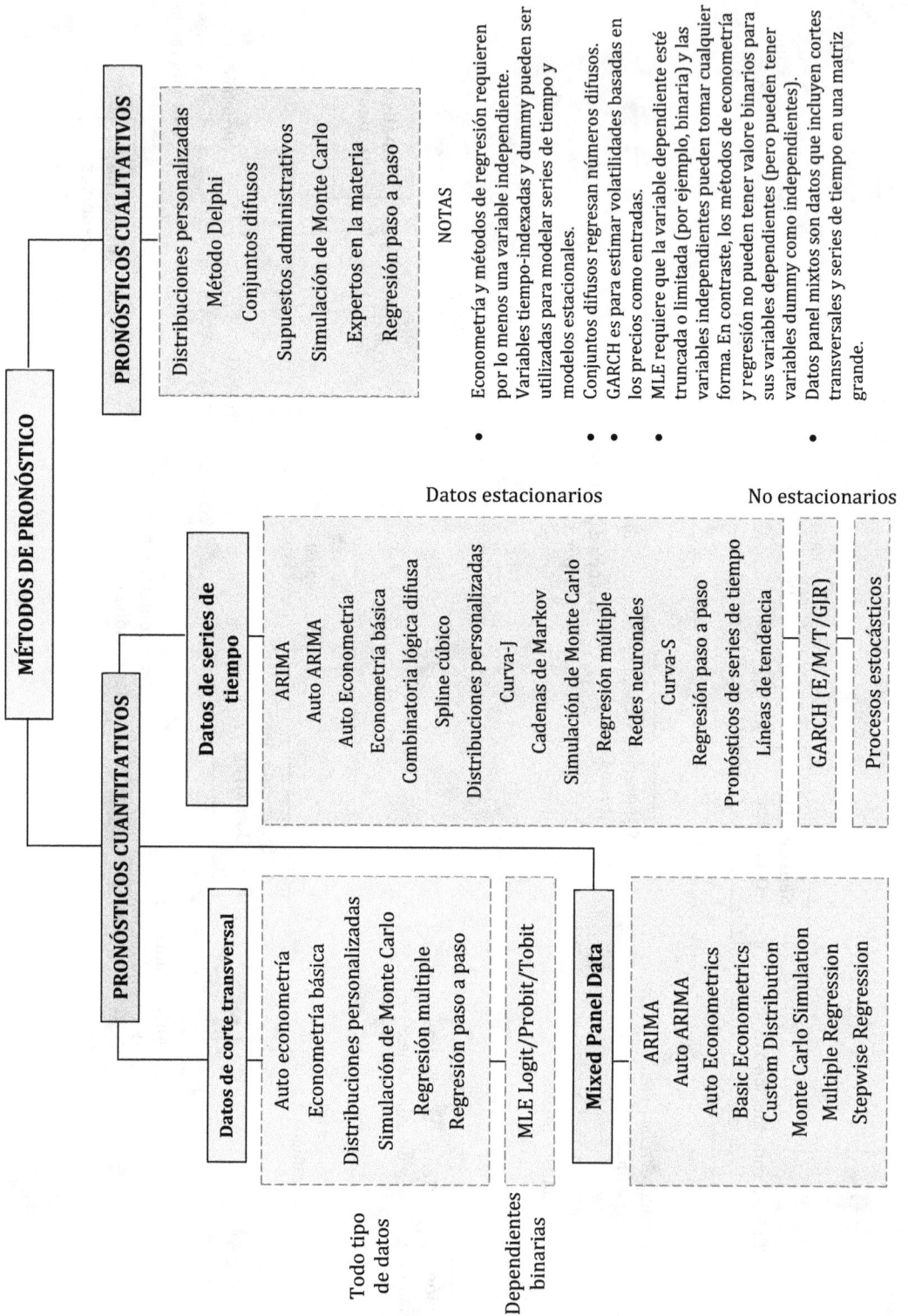

Todo tipo de datos

MLE Logit/Probit/Tobit

Dependientes binarias

Mixed Panel Data

ARIMA
Auto ARIMA
Auto Econometrics
Basic Econometrics
Custom Distribution
Monte Carlo Simulation
Multiple Regression
Stepwise Regression

DIAGNÓSTICOS DE LOS DATOS

Datos de series de tiempo

- Autocorrelación
- Errores dependientes
- Heteroscedasticidad
- Adelantos
- No estacionariedad
- Procesos estocásticos
- Ciclicidad
- Rezagos distribuidos
- Rezagos
- No linealidad
- Estacionalidad
- Saltos volátiles

Datos de corte transversal

Datos de panel mixtos

- Datos malos o perdidos
- Variable de control
- Medidas de error
- Micronumerosidad
- Multicolinealidad
- Variables omitidas
- Variables redundantes
- Correlación serial
- Quiebres estructurales
- Mal ajuste del modelo
- Error en los datos
- Interacciones
- Especificación del modelo
- Errores no esféricos
- Pronóstico fuera de rango
- Sesgo de selección
- Errores de especificación
- Cambio estructural

Aplicable solo para el segmento de series de tiempo de las bases con formato datos panel

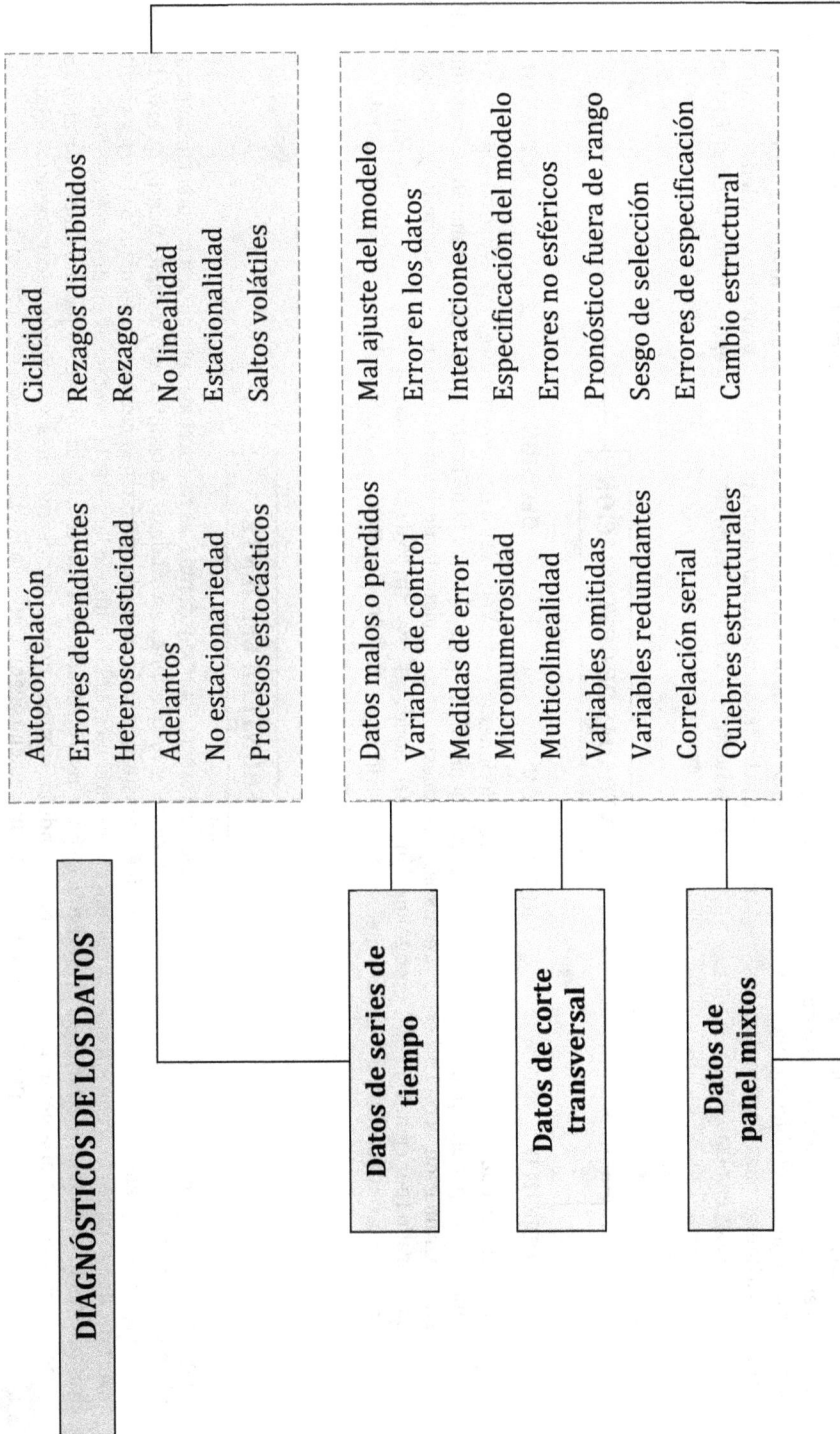

Los datos de series de tiempo prevalecen en la vida real, y por tanto, hay más métodos de pronósticos para series de tiempo así como pruebas para el error y especificación para datos de series de tiempo.

MÉTODOS DE OPTIMIZACIÓN

ESTÁTICO

Corre una optimización por cambios iterativos en las variables de decisión basadas en sus rangos permitidos para maximizar o minimizar el objetivo, mientras satisface las limitaciones y restricciones impuestas en el modelo.

DINÁMICO

Corre una simulación de riesgo de Monte Carlo y el estadístico seleccionado (por ejemplo, media, Valor en Riesgo, o percentil) es insertado en el modelo antes de que corra la optimización. Esta estadística cuenta para incertidumbres y variabilidad en las entradas del modelo.

ESTOCÁSTICO

Replica la optimización dinámica múltiples veces (por ejemplo, simula miles de ensayos, se utilizan estadísticas en lugar de estimativos puntuales, optimización con múltiples iteraciones donde el proceso se repite múltiples veces). Distribuciones de las variables de decisión son el resultado.

ENTRADAS DE OPTIMIZACIÓN

OBJETIVO

EL resultado que va a ser minimizado (por ejemplo, costo programación, error) o maximizado (por ejemplo, ingreso neto, rentabilidad)...

RESTRICCIÓN

Limitaciones o restricciones en el modelo (por ejemplo, recursos, presupuesto, programación, restricciones administrativas, restricciones de gestión de riesgo)...

DECISIÓN

Variables o decisiones sobre las que tiene control (por ejemplo, decisiones de ir o no ir, % de asignación de presupuesto en portafolios)...

SUPUESTO

Variables inciertas para ser simuladas en optimización dinámica y estocástica (por ejemplo, retornos, demanda)...

FRONTERA EFICIENTE

Ejecuta múltiples optimizaciones donde cada ejecución sucesiva perturba y cambia las restricciones por alguna cantidad dada para maximizar o minimizar el resultado objetivo satisfaciendo las limitaciones y restricciones. La salida es un conjunto de múltiples puntos que son los más óptimos y eficientes, y, cuando son conectados por una línea, constituyen la frontera de inversión eficiente, representando el mejor resultado por lo invertido, donde dados los requisitos de limitaciones y restricciones, cada punto a lo largo de la frontera es un portafolio de lo mejor que puede ser alcanzado dado el conjunto de variables de decisión. La parte más inclinada de la frontera indica que es mejor alcanzar el portafolio más restringido mientras que, contrariamente, las fronteras planas indican retornos marginales decrecientes, y cualquier recurso adicional que se provea al portafolio no generará un incremento significativo en el objetivo global del portafolio.

CONTRACCIÓN

Alianzas de outsourcing, co-marketing, subcontratistas, joint ventures, alianzas extranjeras, y otras relaciones estratégicas donde el costo es reducido y parte de las utilidades del activo es compartida con el aliado. Para tener una opción de contracción, el tenedor debe tener la propiedad del activo.

SIMULTÁNEA

Múltiples activos o inversiones son ejecutadas simultáneamente para reducir el riesgo de que uno de estos activos o proyectos pierda. Es el mismo cálculo que la combinación en un único activo para una opción de esperar y diferir o ejecutar. El resultado para opciones Simultáneas es típicamente menos que opciones Secuenciales dados los mismos parámetros y valoración de activos.

ESPERAR Y DIFERIR/EJECUTAR

Prueba de concepto para determinar mejor los costos, rentabilidad, y riesgos de programación de un proyecto. Mantenerse en la oportunidad con el contrato en su lugar mientras se reducen riesgos de implementación de larga escala, baja tasa inicial de producción, I&D, prototipos, y derecho al primer rechazo. Habilidad para esperar y observar por la llegada de información valiosa antes de decidir ejecutar la opción si es óptima.

BARRERA

La opción está in-the-money o out-of-the-money si el activo subyacente excede o no excede alguna barrera contractual pre-especificadamente fija o fluctuante. Las opciones típicamente tienen valor bajo para el tenedor que una opción similarmente especificada sin barreras. Combinación de barreras individuales, dobles, superiores, inferiores, "knock-in," y "knock-out pueden ser construidas.

OPCIONES REALES ESTRATÉGICAS

SECUENCIAL

Implementaciones "stage-gate" o desarrollo de proyectos de alto riesgo, prototipos, fases de desarrollo de medicamentos, demostraciones tecnológicas, contratos con múltiples etapas con la opción de salir en cualquier momento, flexibilidad incorporada para ejecutar diferentes cursos de acción en etapas específicas de desarrollo, hitos, I&D e inversiones por fases en el tiempo.

TIPOS DE EJECUCIÓN

Opciones americanas: En cualquier momento hasta e incluyendo la fecha de vencimiento.
Opciones Asiáticas: retrospectiva, en tiempo específico.
Opciones de las Bermudas: Cualquier momento excepto durante blackouts e irrevocabilidades.
Opciones europeas: Una vez en la fecha de madurez.
Americana ≥ de Bermuda ≥ Europea a excepción de opciones call plain-vainilla con cero dividendos, donde todos los valores son idénticos.

ABANDONO

Salida y salvamento o vender los activos para cortar las pérdidas, parar antes de ejecutar la siguiente fase después de completar la fase actual, Terminación por Conveniencia contractual. Para tener una opción de abandono, el tenedor debe ser propietario del activo.

EXPANSIÓN

Plataformas tecnológicas, fusiones y adquisiciones (nuevas tecnologías, mercado, clientes, o soluciones verticales), reutilización y escalabilidad, pre-inversiones, y pre-construcción de instalaciones (más rápido y barato para pre-invertir ahora e iniciar el desarrollo en el futuro). Para tener una opción de expansión el tenedor debe tener la propiedad del activo.

INTERCAMBIO

Intercambio entre múltiples vendedores, diseños modulares, múltiples entradas o materias primas. Esta opción permite mitigación en el riesgo de producción a través de múltiples vendedores y una base industrial fuerte, y toma ventaja de fluctuaciones de costos basados en el mercado. Activos negativamente correlacionados tienden a generar mayores valores para la opción (efectos de diversificación de portafolio).

Opciones de Abandono, Contracción, Expansión, e Intercambio, implican que el tenedor de la opción es propietario del activo y, por tanto, puede venderlo (abandonarlo), reducir la producción y ahorrar gastos (contracción), expandirse (expansión), o cambiarlo por alguna alternativa (intercambio). Opciones de intercambio implican que el tenedor de la acción puede cambiar secuencialmente de ida y vuelta los activos subyacentes con algún costo de intercambio predeterminado. Opciones de Abandono, Barreras, Contracción, Expansión, y Esperar & Diferir típicamente tienen un único activo subyacente, y pueden ser ejecutadas en una opción secuencial de única o múltiples fases. Las opciones secuenciales usualmente implican múltiples fases (más de una) y un único activo subyacente, y pueden ser combinadas con otros tipos de opciones reales. Finalmente, opciones de Intercambio y Simultáneas implican que más de uno de los activos subyacentes exista y puede ser ejecutada en una fase única en el acto o ejecutada en el tiempo en una opción secuencia en múltiples fases.

HECHOS RÁPIDOS

La cercanía al valor actual u objetivo en las medidas de precisión (se incrementa con información), pero la cercanía en las medidas de precisión del agrupamiento de estimaciones (se incrementa con mayor número de ensayos).

Valores-p bajos en modelos de regresión y pronóstico implican significancia estadística, pero valores-p altos en ajustes de distribución implican mejor ajuste.

Puede ser preciso y acertado, preciso e inacertado, impreciso y acertado, o impreciso e inacertado.

Dos tipos de enrejados existen: enrejado de activo subyacente (izquierda a derecha) y enrejados de valoración (derecha a izquierda).

Riesgo siempre implica incertidumbre, pero incertidumbre puede o no puede implicar riesgo.

Correlación no siempre implica causalidad, pero causación implica correlación.

El coeficiente de determinación [0,+1] es el cuadrado del coeficiente de correlación [-1,+1].

Normalidad siempre implica simetría, pero simetría no implica normalidad.

Incertidumbres que afectan las decisiones pero que pueden resolverse con el paso del tiempo, acciones, y eventos, son las más valiosas para el análisis de opciones reales.

R (coeficiente de correlación) mide el co-movimiento de pares de datos, mientras que R-cuadrado (coeficiente de determinación) mide el poder explicativo de todas las variables independientes sobre la variable dependiente.

TEORÍA DE OPCIONES

OPCIONES REALES

- Un modelo puede ser creado y valorado
- Incertidumbres deben existir
- Las decisiones están afectas por incertidumbres
- Deben existir opciones
- La administración debe ser lo suficientemente creíble para ejecutar las opciones cuando sean óptimas

- Mayor maduración, usualmente en años
- Variables subyacentes son flujos de caja libres, que a su vez están dirigidas por la competencia, demanda y administración
- Puede incrementar el valor estratégico de la opción por la flexibilidad y las decisiones administrativas
- Decisiones mayores de millones y billones de dólares
- Competencia y mercado determinan el valor de la opción
- Desarrollo reciente en finanzas corporativas
- Resueltas a través de ecuaciones de forma cerrada y enrejados binomiales con simulación de las variables subyacentes
- No son objeto de comercio ni propiedad por naturaleza
- No hay comparables directos del mercado
- Supuestos y acciones administrativas determinan el valor de una opción real para reducir el riesgo y tomar ventaja de los aspectos positivos
- Estrategias existen sólo para opciones reales (expansión, intercambio, compuesta secuencial)

Métodos de Valoración

Modelos de forma cerrada
(Modelo Black–Scholes, Aproximación de modelos americanos)

Enrejados
(Binomial, Trinomial, Cuatrinomial, Pentanomial, Multinomial)

Simulación
(Procesos estocásticos)

Otras aproximaciones analíticas

- Enfoque de los Retornos Logarítmicos del Flujo de Caja
- Enfoque de los Retornos Logarítmicos sobre Acciones
- Supestos Adminsitrativos
- Comparables de Mercado
- CV del VPN simulado

OPCIONES FINANCIERAS

- Maduración corta, usualmente en meses
- Valor de las variables subyacentes se determinan por su valor patrimonial del activo financiero o el precio de la acción
- No pueden contralarse a través de la manipulación de precios de las acciones
- Valores habitualmente pequeños
- Competencia o efectos del mercado son irrelevantes para su valor y fijación de precios
- Negociadas por más de 40 años
- Habitualmente resueltas utilizando ecuaciones parciales diferenciales de forma cerrada y técnicas de simulación/reducción de la varianza para opciones exóticas
- Negociables con comparables e información de precios
- Supuestos y acciones administrativas no tienen influencia en la valoración, aunque se utilizan para cobertura/especulación
- Estrategias para crear nuevos vehículos con combinaciones de compra/venta (por ejemplo, "butterflies," "straddles," "strangles")

- GARCH
- Enfoque de los Retornos Logarítmicos sobre Acciones
- Comparables de mercado

GUÍA DE REFERENCIA RÁPIDA: RESUMEN ANALÍTICO

Lo siguiente es una guía de referencia rápida a todos los análisis presentados en este libro en una lista muy útil.

- **ARIMA.** Modelo Autorregresivo Integrado de Media Móvil (ARIMA, por su acrónimo en inglés) se utiliza para la previsión de datos de series de tiempo usando sus propios datos históricos por sí mismo o con otras variables exógenas. El primer segmento en el término autorregresivo (AR) que corresponde a la cantidad de valor rezagado del residual en el modelo de pronóstico incondicional. En esencia, el modelo captura la variación histórica de los datos reales de un modelo de previsión y utiliza esta variación o residual para crear un mejor modelo de predicción. El segundo segmento es el termino orden de integración (I) que corresponde al número de diferenciación de la serie temporal que se va a pronosticar y pasa a una serie estacionaria. Este elemento representa alguna de las tasas de crecimiento no lineal que existen en los datos. El tercer segmento es el termino media móvil (MA), que esencialmente es la media móvil de los errores de pronostico rezagados. Al incorporar este término de errores de predicción rezagados, el modelo en esencia aprende de sus errores o fallas en el pronóstico y los corrige a través de un cálculo promedio móvil. El modelo ARIMA sigue la metodología de Box–Jenkins en la que cada término representa las medidas adoptadas en la construcción del modelo hasta que solamente queda el ruido aleatorio.

- **ARIMA (Auto).** Ejecuta algunas combinaciones comunes de los modelos ARIMA (PDQ de orden inferior) y devuelve los mejores modelos.

- **Autocorrelación y Autocorrelación Parcial.** Un enfoque muy simple para probar la autocorrelación es graficar la serie temporal de los residuos de una ecuación de regresión. Si estos residuos presentan alguna ciclicidad, entonces existe autocorrelación. Otro enfoque más robusto para detectar autocorrelación es el uso del estadístico de Durbin–Watson, que estima el potencial de una autocorrelación de primer orden. La prueba empleada de Durbin–Watson también identifica errores del modelo, es decir, si una variable de serie temporal en particular está correlacionada a si misma en un periodo previo. Varios datos de series temporales tienden a autocorrelacionarse con sus acontecimientos históricos y solamente son aplicables a los datos de series temporales. Esta relación puede existir debido a varias razones, incluyendo las relaciones espaciales de las variables (tiempo y espacio similar), crisis económicas y eventos prolongados, inercia psicológica, facilitación, ajustes estacionales de los datos y así sucesivamente.

- **Auto Econometría.** Ejecuta algunas combinaciones comunes de la econometría básica y devuelve los mejores modelos.

- **Econometría Básica/Econometría Personalizada.** Es aplicable para el pronóstico de series temporales y datos de corte transversal y para la modelación de relaciones entre variables; también le permite crear modelos de regresión múltiple personalizados. La econometría se refiere a una rama de análisis de negocios, modelación y técnicas de pronóstico para modelar el comportamiento o la previsión de ciertos negocios, finanzas, económica, ciencia física y otras variables. La ejecución de los modelos de econometría básica es similar al análisis de regresión regular excepto que se permite que las variables dependientes e independientes se modifiquen antes de que se ejecute la regresión.

- **Gráficos**

  - **Diagramas de Caja y Bigote.** Los diagramas de cajas o cuadros caja y bigote representan gráficamente los datos numéricos utilizando sus estadísticas descriptivas: la observación más pequeña (mínimo), primer cuartil o 25° percentil (Q1), mediana o segundo cuartil o 50° percentil (Q2), tercer cuartil (Q3) y la observación más grande (máximo). Un diagrama de caja también puede indicar cuales observaciones, en caso de existir alguna, podrían considerarse valores atípicos.

  - **Diagrama de Pareto.** El diagrama de Pareto contiene un gráfico de barras y un gráfico de líneas. Los valores individuales se representan en orden descendente por las barras y el total acumulado está representado por la línea ascendente. También conocido como la curva 80-20, mediante el cual se puede ver que, al centrarse en las primeras pocas variables, ya está representando más del 80% de los efectos acumulativos del total.

  - **Gráficos Q-Q normal.** Este gráfico Cuantil-Cuantil es un diagrama de probabilidad normal. Es un método gráfico para comparar una distribución de probabilidad con la distribución normal mediante el trazo de sus cuantiles uno contra el otro.

  - **Lógica Difusa Combinatoria.** Aplica algoritmos de lógica difusa para el pronóstico de datos de series temporales mediante la combinación de métodos de previsión para crear un modelo optimizado. La lógica difusa es una lógica probabilística que se ocupa del razonamiento que es aproximado y no fijo o exacto donde las variables de la lógica difusa pueden tener un valor real que va en grados entre 0 y 1.

  - **Gráficos de control: C, NO, P, R, U, XMR.** Algunas veces no se establecen los limites de especificación de un proceso; en cambio, los límites de control estadístico se calculan con base en los datos reales recopilados (por ejemplo, el número de defectos en una línea de fabricación). Se calcula el límite de control superior (UCL) y el límite de control inferior (LCL), al igual que la línea central (CL) y otros niveles de sigma. Al grafico resultante se le conoce como grafico de control y si el proceso está fuera de control, la línea de defecto real estará por fuera del UCL y las líneas LCL para un determinado número de veces.

- o **Gráfico C:** Variable es uno de los atributos (por ejemplo, defectuoso o no defectuoso), los datos recopilados están en un número total de defectos (recuento real en unidades) y existen varias mediciones en un experimento de muestra; cuando se ejecutan varios experimentos y el número promedio de defectos de los datos recopilados es de interés; y el numero constante de muestras son recopiladas en cada experimento.

- o **Grafico NP:** Variable es uno de sus atributos (por ejemplo, defectuoso o no defectuoso), los datos recopilados están en proporciones de defectos (o número de defectos en una muestra especifica), y existen varias mediciones en un experimento de muestra; cuando se ejecutan varios experimentos y la proporción promedio de defectos de los datos recopilados es de interés; y un número constante de muestras recopiladas en cada experimento.

- o **Grafico P:** Variable es uno de sus atributos (por ejemplo, defectuoso o no defectuoso), los datos recopilados están en proporciones de defectos (o número de defectos en una muestra especifica), y existen varias mediciones en un experimento de muestra; cuando se ejecutan varios experimentos y la proporción promedio de defectos de los datos recopilados es de interés; y con diferentes números de muestras recopiladas en cada experimento.

- o **Grafico R:** Variable tiene valores de datos primos, existen varias mediciones en un experimento de muestra, se ejecutan varios experimentos y el rango de datos recopilados es de interés.

- o **Grafico U:** Variable es uno de sus atributos (por ejemplo, defectuoso y no defectuoso). Los datos recopilados están en número total de defectos (recuento real en unidades), y hay varias mediciones en un experimento de muestra; cuando se ejecutan varios experimentos y el número promedio de defectos de los datos recopilados es de interés; y con diferente número de muestras recogidas en cada experimento.

- o **Grafico XMR:** Valores de datos sin procesar, una sola medición tomada en cada experimento de muestra, se ejecutan varios experimentos, y el valor real de los datos recopilados es de interés.

- • **Correlación (Lineal y no Lineal).** Calcula las correlaciones de producto-momento lineal de Pearson (conocido comúnmente como le R de Pearson) así como la correlación no lineal de Spearman basada en el rango entre pares de variables y los devuelve como una matriz de correlación. El coeficiente de correlación varía entre –1.0 y +1.0 inclusivo. El signo indica el sentido de la relación entre las variables, mientras que el coeficiente indica la magnitud o la fuerza de la relación.

- • **Spline Cúbico.** Interpola los valores faltantes de un conjunto de datos de series temporales y extrapola los valores de periodos de pronóstico futuros utilizando curvas no lineales. Las curvas spline también pueden utilizarse para prever o extrapolar valores de periodos de tiempo futuros más allá del periodo de tiempo de datos disponibles y los datos pueden ser lineales o no lineales.

- **Estadísticas Descriptivas.** Casi todas las distribuciones pueden describirse dentro de cuatro momentos (algunas distribuciones requieren un momento, mientras que otras requieren dos momentos y así sucesivamente). Esta herramienta calcula los cuatro momentos y las estadísticas descriptivas relacionadas.

- **Desestacionalización.** Este modelo desestacionaliza y elimina la tendencia de sus datos originales para extraer cualquier componente estacional y de tendencia. En los modelos de predicción, el proceso elimina los efectos de la acumulación de los conjuntos de datos de estacionalidad y tiende a mostrar solamente los cambios absolutos en los valores y permiten la identificación de patrones cíclicos potenciales por medio de la eliminación de desvíos, tendencias, giros, curvas y efectos de los ciclos estacionales de un conjunto de datos de series temporales.

- **Ajuste de Distribución.** ¿Qué distribución utiliza un analista o ingeniero para una variable de entrada en particular en un modelo? ¿Cuáles son los parámetros de distribución relevantes? La hipótesis nula probada es que el ajuste de distribución es la misma distribución de la que viene la población de la cual se van a distribuir los datos.

  o **Criterio de Información de Akaike (AIC):** Recompensa la bondad de ajuste, pero también incluye una sanción que es una función creciente del número de parámetros estimados (aunque el AIC penaliza el número de parámetros con menos fuerza que otros métodos).

  o **Anderson–Darling (AD).** Cuando se aplica a las pruebas si una distribución normal describe de forma adecuada un conjunto de datos, es una de las herramientas estadísticas más poderosas para detectar desviaciones de la normalidad, y es muy poderosa para el ensayo de colas normales. Sin embargo, en las distribuciones anormales, esta prueba carece de potencia en comparación con las otras.

  o **Kolmogorov–Smirnov (KS).** Una prueba no paramétrica para la igualdad de las distribuciones que puede utilizarse para comparar una muestra con una distribución de probabilidad de referencia, haciéndola útil para probar distribuciones anormalmente formadas y distribuciones anormales.

  o **Estadísticas de Kuiper (K).** Está relacionada con la prueba KS al ser tan sensible en las colas como en la media y también hace que sea invariante bajo transformaciones cíclicas de la variable dependiente, haciéndola muy valiosa cuando se realizan pruebas para las variaciones cíclicas en el tiempo. El ajuste por AD brinda una sensibilidad igual en las colas como en las medias, pero no proporciona la invariancia cíclica.

- o **Criterio de Información Schwarz/Bayes (SC/BIC)**. El SC/BIC presenta un término de penalización para el número de parámetros en el modelo con una penalización más grande que el AIC.

- **Curva Exponencial J.** Esta función modela un crecimiento exponencial en donde el valor del siguiente periodo depende del nivel del periodo actual y el aumento es exponencial. Con el tiempo, los valores aumentarán significativamente de un periodo a otro. Este modelo generalmente se utiliza en la previsión del crecimiento biológico y en las reacciones químicas en el tiempo.

- **Modelos Lineales Generalizados/ Variables Dependientes Limitadas: Logit.** Las técnicas de variables dependientes limitadas se utilizan para pronosticar la probabilidad de algo que ocurre dadas algunas variables independientes (por ejemplo, predecir si una línea de crédito entrará en incumplimiento dadas las características del deudor como la edad, el salario, niveles de endeudamiento en las tarjetas de crédito; o la probabilidad que un paciente tendrá cáncer de pulmón con base en la edad y el número de cigarrillos fumados mensualmente, y así sucesivamente). La variable dependiente es limitada (es decir, binaria 1 y 0 para el incumplimiento/cáncer, o limitada a valores enteros 1, 2, 3, etc.). El análisis de regresión tradicional no funcionará si la probabilidad predicha por lo general es menor de cero o mayor de uno, y muchos de los supuestos de regresión requeridos se violan (por ejemplo, independencia y normalidad de los errores). También tenemos un vector de regresoras variables independientes, X, que se asume que influencian el resultado, Y. un enfoque de regresión típica por mínimos cuadrados ordinarios es inválido porque los errores de regresión son heterocedásticos y anormales, y las estimaciones de probabilidad estimadas resultantes devolverán valores sin sentido de por encima de 1 y por debajo de 0. Este análisis se ocupa de estos problemas utilizando una rutina de optimización iterativa para maximizar una función de verosimilitud cuando las variables dependientes son limitadas.

- **Modelos Lineales Generalizados/ Variables Dependientes Limitadas: Probit**. Un modelo Probit (algunas veces conocido como modelo Normit) es una especificación alternativa popular para un modelo de respuesta binaria. Este emplea una función Probit estimada utilizando la estimación de máxima verosimilitud y es conocido como regresión Probit. Los modelos de regresión logística y Probit tienden a producir predicciones muy similares en donde las estimaciones de los parámetros en una regresión logística tienden a ser de 1.6 a 1.8 veces mayores de lo que son en un modelo Probit correspondiente. La elección de usar un Probit o un Logit es completamente de conveniencia y la principal distinción es que la distribución logística tiene una curtosis mayor (colas más grandes) para tener en cuenta los valores extremos. Por ejemplo, suponga que la propiedad de la casa es la decisión a modelar y esta variable de respuesta es binaria (compra de vivienda o no compra de vivienda) y depende de una serie de variables independientes X_i como los ingresos, edad y así sucesivamente, tal que $I_i = \beta_0 + \beta_1 X_1 + ... + \beta_n X_n$, donde a mayor sea el valor de I_i, más alta la probabilidad de tener casa propia. Para cada familia, existe un límite critico de I*, que, si se excede, la casa se compra, de lo contrario, no se compra ninguna casa y se asume que la probabilidad de los resultados (P) se distribuya normalmente, tal como $Pi = CDF\ (I)$ utilizando una función de distribución acumulada estándar normal (CDF). Por lo tanto, utilizar los coeficientes estimados exactamente como aquel de un modelo de regresión y, usando el estimado Y, aplica una distribución normal estándar para calcular la probabilidad.

- **Modelos lineales generalizados / Variables dependientes limitadas: Tobit.** El modelo Tobit (Tobit censurado) es un método econométrico y biométrico de modelación utilizado para describir la relación entre una variable dependiente no negativa Y_i y una o más variables independientes X_i. Un modelo Tobit es un modelo econométrico en el que la variable dependiente es censurada; es decir, la variable dependiente es censurada porque los valores por debajo de cero no se observan. El modelo Tobit asume que existe una variable latente, no observable Y^*. Esta variable es linealmente dependiente de las variables X_i a través de un vector de coeficientes β_i que determina sus interrelaciones. Adicionalmente, existe un error de distribución normal llamado Ui para capturar influencias aleatorias en esta relación. La variable observable Yi se define de igual manera que las variables latentes siempre que estas están por encima de cero y se asume que Yi sea cero en el caso contrario. Es decir, $Y_i = Y^*$ si $Y^* > 0$ y $Y_i = 0$ si $Y^* = 0$. Si el parámetro de relación β_i se estima mediante el uso de mínimos cuadrados ordinarios de los Yi sobre Xi observados, los estimadores de regresión resultantes son inconsistentes y producen coeficientes con una inclinación parcial hacia abajo y un intercepto inclinado hacia arriba.

- **Heteroscedasticidad.** Existen muchas pruebas para examinar la presencia de la no heteroscedasticidad, es decir, donde las volatilidades o incertidumbres (una desviación estándar o la varianza de una variable no es constante en el tiempo). Estas pruebas también se pueden aplicar para mostrar la falta de especificaciones y no linealidades, y se puede aplicar solamente a datos de series temporales. La prueba se basa en la hipótesis nula de la heteroscedasticidad.

- **Interpolación Lineal.** Algunas veces las tasas de interés o cualquier tipo de tasas dependientes del tiempo pueden tener valores faltantes. Por ejemplo, las tasas del tesoro americano para los años 1, 2 y 3 existen, y luego salta al año 5, saltándose el año 4. Podemos determinar y "rellenar" o interpolar sus valores, por medio del uso de la interpolación lineal (es decir, asumimos que las tasas durante los periodos faltantes se encuentran relacionadas linealmente).

- **Curva Logística S.** La curva-S, o la curva de crecimiento logístico, comienza como una curva J, con tasas de crecimiento exponencial. Con el tiempo, el ambiente se satura (por ejemplo, saturación del mercado, competencia, hacinamiento), el crecimiento desacelera y el valor previsto finalmente termina en una saturación o nivel máximo. El modelo de la curva-S por lo general se utiliza en el pronóstico de la cuota del mercado o del crecimiento en ventas de un producto nuevo desde el lanzamiento al mercado hasta su vencimiento y descenso, dinámica de la población, crecimiento de cultivos bacterianos y otras variables de origen natural.

- **Cadena de Markov.** La cadena de Markov modela la probabilidad de un estado futuro que depende de un estado previo (un sistema matemático que sufre transiciones de un estado a otro), formando una cadena cuando se vinculan entre sí (un proceso aleatorio caracterizado como sin memoria: el siguiente estado depende solamente del estado actual y no de la secuencia de eventos que lo precedieron) que vuelve a un nivel de estado estable a largo plazo. Se utiliza para pronosticar la cuota del mercado de dos competidores.

- **Regresión Múltiple (Lineal y no Lineal).** La regresión multivariante se utiliza para modelar la estructura de relación y características de cierta variable dependiente ya que depende de otras variables exógenas independientes. Al utilizar esta relación modelada, podemos pronosticar los valores futuros de la variable dependiente. También se puede determinar la precisión y la bondad de ajuste para este modelo. Los modelos lineales y no lineales pueden ajustarse en el análisis de regresión múltiple.

- **Red Neuronal.** Usada comúnmente para referirse a una red o circuito de neuronas biológicas, el uso moderno del término red neuronal por lo general se refiere a unas redes neuronales artificiales que constan de neuronas artificiales, o nodos, recreados en un ambiente de software. Estas redes tratan de imitar las neuronas en el cerebro humano en las formas de pensar e identificar patrones y, en nuestra situación, identificar patrones para propósitos del pronóstico de datos de series temporales.
  - o **Lineal.** Aplica una función lineal.
  - o **Logística no Lineal.** Aplica una función logística no lineal.
  - o **Tangente Hiperbólica Coseno no Lineal.** Aplica un coseno no lineal con una función tangente hiperbólica.
  - o **Tangente Hiperbólica no Lineal.** Aplica una función de tangente hiperbólica no lineal.

Pruebas de Hipótesis no Paramétricas

Las técnicas no paramétricas no hacen suposiciones sobre la forma específica o la distribución especifica de la que se extrae la muestra. Esta falta de suposiciones es diferente de las otras pruebas de hipótesis tales como el ANOVA o la prueba T (pruebas paramétricas) en donde se asume que la muestra se extrae de una población que está distribuida normalmente o aproximadamente normal. Si se asume la normalidad, la potencia de la prueba es mayor debido a esta restricción en la normalidad. Sin embargo, si se necesita flexibilidad en los requerimientos de distribución, entonces las técnicas no paramétricas son superiores. En general, las metodologías no paramétricas brindan las siguientes ventajas sobre las pruebas paramétricas:

- o La normalidad o normalidad aproximada no tiene que ser asumida.
- o Se requieren menos suposiciones sobre la población; es decir, las pruebas no paramétricas no requieren que la población asuma ninguna distribución específica.
- o Pueden analizarse muestras de tamaños más pequeños.
- o En comparación con las pruebas paramétricas, las pruebas no paramétricas utilizan datos menos eficientes.
- o La potencia de las pruebas es menor que la de las pruebas paramétricas.
- o Pueden probarse las muestras con escalas de medición nominales y ordinales.
- o Las varianzas de las muestras no tienen que ser iguales, lo que si se requiere en las pruebas paramétricas.

Los siguientes son algunos ejemplos de las pruebas no paramétricas:

- **Prueba de Ajuste no Paramétrica Chi-Cuadrado.** La prueba Chi-cuadrado para la bondad de ajuste se utiliza para examinar si un conjunto de datos de muestras pudo haberse extraído de una población que tenía una distribución de probabilidad especifica. La distribución de probabilidad probada aquí es la distribución normal. La hipótesis nula probada es tal que la muestra se extrae aleatoriamente de una distribución normal.

- **Prueba de Independencia no Paramétrica Chi-Cuadrado.** La prueba Chi-cuadrado para la independencia examina dos variables para ver si existe alguna relación estadística entre ellas. Esta prueba no se utiliza para encontrar la naturaleza exacta de la relación entre dos variables, sino simplemente para probar si las variables podrían ser independientes entre sí. La hipótesis nula probada es tal que las variables son independientes entre sí.

- **Prueba para la Varianza de la Población no Paramétrica Chi-Cuadrado.** La prueba Chi-cuadrado para la varianza de la población se utiliza para la prueba de hipótesis y estimación del intervalo de confianza para una varianza de la población. Por lo general, la varianza de la población de una muestra es desconocida y por lo tanto la necesidad de cuantificar este intervalo de confianza. Se asume que la población está distribuida normalmente.

- **Prueba no Paramétrica de Friedman.** La prueba de Friedman es la extensión de la prueba de los rangos con signo de Wilcoxon para muestras pareadas. La prueba paramétrica correspondiente es el Tratamiento múltiple de bloqueo aleatorio ANOVA, pero a diferencia de ANOVA, la prueba de Friedman no requiere que el conjunto de datos no se pruebe aleatoriamente de las poblaciones normalmente distribuidas con varianzas iguales. La prueba de Friedman utiliza una prueba de hipótesis de dos colas en donde la hipótesis nula es tal que las medianas de la población de cada tratamiento son estadísticamente idénticas para el resto del grupo; es decir, no hay ningún efecto entre los diferentes grupos de tratamiento.

- **Prueba no Paramétrica Kruskal-Willis.** La prueba de Kruskal-Wallis es la extensión de la prueba de los rangos con signo de Wilcoxon al comparar más de dos muestras independientes. La prueba paramétrica correspondiente es el ANOVA de un factor, pero a diferencia de la ANOVA, la Kruskal-Wallis no requiere que el conjunto de datos se pruebe de manera aleatoria de poblaciones normalmente distribuidas con varianzas iguales. La prueba de Kruskal-Wallis es una prueba de hipótesis de dos colas donde la hipótesis nula es tal que las medianas de la población de cada tratamiento son estadísticamente idénticas para el resto del grupo; es decir, no hay ningún efecto entre los diferentes grupos de tratamiento.

- **Prueba no Paramétrica Lilliefors.** La prueba Lilliefors evalúa la hipótesis nula de si la muestra de datos se extrae de una población distribuida normalmente, frente a una hipótesis alternativa de que la muestra de datos no está distribuida normalmente. Si el valor p calculado es menor o igual que el valor de significancia alfa, entones rechaza la hipótesis nula y acepta la hipótesis alternativa. Por otra parte, si el valor p es mayor que el valor de significancia alfa, no rechaza la hipótesis nula. Esta prueba se basa en dos frecuencias acumulativas: una derivada de una muestra de un conjunto de datos y otra de una distribución teórica basada en la desviación media y estándar de los datos de muestra. Una alternativa para esta prueba es la prueba del Chi-cuadrado para la normalidad. La prueba de Chi-cuadrado requiere de más puntos de datos para funcionar en comparación con la prueba de Lilliefors.

- **Prueba no Paramétrica de Rachas.** La prueba de rachas evalúa la aleatoriedad de una serie de observaciones por medio del análisis del número de rachas que contiene. Una racha es una aparición consecutiva de una o más observaciones que son similares. La hipótesis nula probada es si la secuencia de datos es aleatoria, frente a la hipótesis alternativa que la secuencia de datos no es aleatoria.

- **Prueba no Paramétrica de los Rangos con Signo de Wilcoxon (Una Variable).** La prueba de rangos con signo de Wilcoxon de una sola variable examina si un conjunto de datos de la muestra se podría haber extraído aleatoriamente de una población en particular a cuya media se le está planteando la hipótesis. La prueba paramétrica correspondiente es la prueba T de una muestra, que se debe utilizar si se asume que la población subyacente es normal, dando una potencia mayor a la prueba.

- **Prueba no Paramétrica de los Rangos con Signo de Wilcoxon (Dos Variables).** La prueba de rangos con signo de Wilcoxon para variables pareadas examina si la media de las diferencias entre las dos variables pareadas es igual. Esta prueba se formula específicamente para probar las muestras iguales o similares antes y después de un evento (por ejemplo, las mediciones realizadas antes de un tratamiento médico se comparan con aquellas mediciones tomadas después del tratamiento para observar si existe alguna diferencia). La prueba paramétrica correspondiente es la prueba T de dos muestras con medias dependientes, que se deberá utilizar si se asume que la población subyacente es normal, proporcionando una potencia mayor a la prueba.

Pruebas de Hipótesis Paramétricas

Los siguientes son algunos ejemplos de pruebas paramétricas:

- **ANOVA Paramétrico: Una Vía, Único Factor con Múltiples Tratamientos.** Una extensión de la prueba T de dos variables, que examina múltiples variables de manera espontánea y cuando se asume que la distribución de la muestra es aproximadamente normal. Una hipótesis de dos colas prueba la hipótesis nula de tal manera que la media de la población de cada tratamiento es estadísticamente idéntica al resto del grupo, indicando que no hay ningún efecto entre los diferentes grupos de tratamiento.

- **ANOVA Paramétrico: Una Vía, Bloque Aleatorio.** Se supone que la distribución de la muestra es aproximadamente normal y cuando existe una variable de bloqueo a la que el ANOVA controlará (es decir, bloquea los efectos de esta variable al controlarla en el experimento). Este análisis puede probar los efectos de ambos tratamientos, así como la efectividad de la variable de control o de bloqueo. Si el valor p calculado para el tratamiento o bloqueo es menor o igual que el nivel de significancia utilizado en la prueba, entonces rechaza la hipótesis nula y concluye que existe una diferencia significativa entre los diferentes tratamientos o bloqueos.

- **ANOVA Paramétrico: Dos Vías.** Una extensión del ANOVA de un solo factor y bloqueo aleatorio examinando simultáneamente los efectos de los dos factores en la variable dependiente, junto con los efectos de las interacciones entre los diferentes niveles de estos dos factores. A diferencia del diseño de bloqueos aleatorios, este modelo examina las interacciones entre los diferentes niveles de los factores o variables independientes. En un experimento de dos factores, se presenta interacción cuando el efecto de un nivel para un factor depende sobre cual nivel del otro factor está presente. Existen tres conjuntos de hipótesis nulas y alternativas para probarse.

- **Prueba Paramétrica de una Variable (T).** La prueba T de una variable de medias es adecuada cuando no se conoce la desviación de la población estándar, pero se asume que la distribución de las muestras es aproximadamente normal (la prueba T se utiliza cuando el tamaño de la muestra es menor de 30). Esta prueba T puede aplicarse a tres tipos de pruebas de hipótesis – una prueba de dos colas, una prueba de cola derecha y una prueba de cola izquierda – para examinar si la media de la población es igual, menor o mayor que la media a la que se le planteó la hipótesis con base en el conjunto de datos de muestra.

- **Prueba Paramétrica de una Variable (Z).** La prueba Z de una variable es adecuada cuando se conoce la desviación estándar de la población y se asume que la distribución de la muestra es aproximadamente normal (esto aplica cuando el número de puntos de datos se excede de 30).

- **Prueba Paramétrica de Proporciones para una Variables (Z).** La prueba Z de una variable para proporciones es adecuada cuando se asume que la distribución de la muestra es aproximadamente normal (esto aplica cuando el número de los puntos de datos se excede de 30 y cuando el número de los puntos de datos, N, multiplicado por la media proporcional de la población a la que se le planteó la hipótesis, P, es mayor o igual a 5, $NP \geq 5$). Los datos utilizados en el análisis tienen que ser proporciones y deben estar entre 0 y 1.

- **Prueba Paramétrica de Dependencia para Dos Variables (T).** La prueba de dependencia T de dos variables es adecuada cuando no se conoce la desviación estándar de la población, pero se asume que la distribución de la muestra es aproximadamente normal (la prueba T se utiliza cuando el tamaño de la muestra es menor de 30). Adicionalmente, esta prueba está formulada específicamente para probar muestras iguales o similares antes y después de un evento (por ejemplo, mediciones tomadas antes de un tratamiento médico y se comparan frente a aquellas tomadas después del tratamiento para observar si existe alguna diferencia).

- **Prueba Paramétrica de Independencia de Dos Variables con Homogeneidad de Varianzas (T).** La prueba T de dos variables con varianzas iguales es adecuada cuando no se conoce la desviación estándar de la población, pero se asume que la distribución de la muestra es aproximadamente normal (la prueba T se utiliza cuando el tamaño de la muestra es menor de 30). Adicionalmente, se asume que las dos muestras independientes tienen varianzas similares.

- **Prueba Paramétrica de Independencia de Dos Variables sin Homogeneidad de Varianzas (T).** La prueba T de dos variables con varianzas desiguales (se espera que la varianza de la población de la muestra 1 sea diferente de la varianza de la población 2) es adecuada cuando no se conoce la desviación estándar de la población, pero se asume que la distribución de la muestra es aproximadamente normal (la prueba T se utiliza cuando el tamaño de la muestra es menor de 30). Adicionalmente, se asume que las dos muestras independientes tienen varianzas similares.

- **Prueba Paramétrica de Independencia de Proporciones para Dos Variables (Z).** La prueba Z de dos variables es adecuada cuando las desviaciones estándar de la población se conocen para las dos muestras y se asume que la distribución de las muestras de cada variable es aproximadamente normal (esto aplica cuando el número de puntos de datos de cada variable se excede de 30).

- **Prueba paramétrica de dos variables (Z) de proporciones independientes.** La prueba Z para proporciones de dos variables es adecuada cuando se asume que la distribución de la muestra es aproximadamente normal (esto aplica cuando el número de puntos de datos de ambas muestras se excede de 30). Además, todos los datos deberán ser proporciones y deben estar entre 0 y 1.

- **Prueba Paramétrica para la Varianza de Dos Variables (F).** La prueba F de dos variables analiza las varianzas de dos muestras (la varianza en la población de la muestra 1 se prueba con la varianza en la población de la muestra 2 para observar si son iguales) y es adecuada cuando no se conoce la desviación estándar de la población, pero se asume que la distribución de la muestra es aproximadamente normal.

Lista de Métodos Analíticos (Continuación)

Lo siguiente es una continuación de la guía de referencia rápida.

- **Análisis de Componentes Principales.** El análisis de componentes principales, o PCA, hace que los datos multivariantes sean más fáciles de modelar y resumir. Para entender el PCA, supongamos que empezamos con las variables N que son poco probable que sea independientes de otras, de tal manera que al cambiar el valor de una variable cambiará la otra variable. El modelado PCA reemplazará las variables N originales con un nuevo conjunto de variables M que son menores que N pero no se encuentran relacionadas entre sí, mientras que al mismo tiempo, cada una de estas variables M es una combinación lineal de las variables N originales, por lo que la mayor parte de la variación puede explicarse simplemente usando menos variables explicativas.

- **Estacionalidad:** Varios datos de series temporales muestran estacionalidad donde ciertos eventos se repiten después de un periodo de tiempo o periodo de estacionalidad (por ejemplo, los ingresos de las estaciones de esquí son mayores en invierno que en verano y este ciclo se repetirá cada invierno).

- **Segmentación de Grupo.** Tomando el conjunto de datos originales, ejecutamos algunos algoritmos internos (una combinación de la agrupación jerárquica de la media K y otro método de momentos con el fin de encontrar los grupos que mejor se ajustan o grupos estadísticos naturales) para dividir estadísticamente o segmentar el conjunto de datos original en varios grupos.

- **Regresión Paso a Paso (Hacia Atrás).** En el método hacia atrás, ejecutamos una regresión con Y con todas las variables X y la revisión de cada variable de valor-p, elimina sistemáticamente la variable con el valor P más grande. Luego ejecutamos de nuevo una regresión, repitiendo cada vez hasta que todos los valores P sean estadísticamente significativos.

- **Regresión Paso a Paso (Correlación).** En el método de correlación, la variable dependiente Y se encuentra correlacionada con todas las variables independientes X y, empezando con la variable X con el valor de correlación absoluta más alto, se ejecuta la regresión. Luego se agregan las variables X posteriores hasta que los valores-p indican que la nueva variable X estadísticamente ya no es significativa. Este enfoque es rápido y simple pero no tiene en cuenta las interacciones entre las variables y, cuando se agrega una variable X, estadísticamente opacará otras variables.

- **Regresión Paso a Paso (Hacia Adelante).** En el método hacia adelante, primero correlacionamos Y con todas las variables X, ejecutamos una regresión para Y sobre la variable que tiene un valor absoluto más alto de X y obtenemos los errores de ajuste. Luego, correlacionamos estos errores con las variables X restantes y seleccionamos la correlación del valor absoluto más alto entre este conjunto restante y ejecutamos otra regresión. Repetimos el proceso hasta que el valor P para el último coeficiente de la variable X ya no sea estadísticamente significativo y luego se detiene el proceso.

- **Regresión Paso a Paso (Hacia Adelante y Hacia Atrás).** En el método hacia adelante y hacia atrás, aplicamos el método hacia adelante para obtener tres variables X y luego aplicamos el enfoque hacia atrás para observar si se necesita eliminar alguno de ellos porque no es estadísticamente significativo. Repetimos el método hacia adelante y luego el método hacia atrás hasta que se examinen todas las variables X.

- **Procesos Estocásticos.** Algunas veces las variables no se pueden predecir fácilmente usando las medias tradicionales y se dice que estas variables son estocásticas. No obstante, la mayoría de los fenómenos financieros, económicos y que ocurren de manera natural (por ejemplo, el movimiento de las moléculas a través del aire) siguen una ley matemática conocida o relación. Aunque los valores resultantes son inciertos, la estructura matemática subyacente es conocida y puede simularse utilizando la simulación de riesgo Monte Carlo.

○ **Proceso de Caminata Aleatoria Movimiento Browniano.** El movimiento Browniano del proceso de caminanta aleatoria toma la forma de $\frac{\delta S}{S} = \mu(\delta t) + \sigma\varepsilon\sqrt{\delta t}$ para la simulación de opciones regulares, o una versión más genérica toma la forma de $\frac{\delta S}{S} = (\mu - \sigma^2/2)\delta t + \sigma\varepsilon\sqrt{\delta t}$ para un proceso geométrico. Para una versión exponencial, simplemente tomamos las exponenciales y, como ejemplo, tenemos $\frac{\delta S}{S} = \exp\left[\mu(\delta t) + \sigma\varepsilon\sqrt{\delta t}\right]$, donde definimos S como el valor de las variables anteriores, δS como el cambio en el valor de las variables de un paso a otro, como el crecimiento anualizado o velocidad de deriva, y σ como la volatilidad anualizada.

○ **Proceso de Reversión a la Media.** Lo siguiente describe la estructura matemática de un proceso de reversión a la media con una deriva: $\frac{\delta S}{S} = \eta(\bar{S}e^{\mu(\delta t)} - S)\delta t + \mu(\delta t) + \sigma\varepsilon\sqrt{\delta t}$ Aquí definimos η como la tasa de reversión y $\bar{S}$ como el valor a largo plazo al que el proceso revierte.

○ **Procesos de Difusión con Saltos.** Un proceso de difusión con saltos es similar al proceso de caminata aleatoria, pero incluye una probabilidad de un salto en cualquier punto del tiempo. Las ocurrencias de tales saltos son completamente aleatorias pero su probabilidad y magnitud se rigen por el proceso mismo. Tenemos la estructura de $\frac{\delta S}{S} = \eta(\bar{S}e^{\mu(\delta t)} - S)\delta t + \mu(\delta t) + \sigma\varepsilon\sqrt{\delta t} + \theta F(\lambda)(\delta t)$ para un proceso de difusión con salto y definimos θ como el tamaño del salto de S, $F(\lambda)$ como la inversa de la distribución de probabilidad acumulativa Poisson, y λ como la tasa de salto de S.

○ **Proceso de Difusión con Saltos con Reversión a la Media.** Este modelo esencialmente es una combinación de todos los tres modelos discutidos anteriormente (movimiento geométrico Browniano con proceso de reversión de la media y un proceso de difusión con saltos).

• **Cambio Estructural.** Prueba si los coeficientes en diferentes conjuntos de datos son iguales, y se utiliza con mayor frecuencia en el análisis de Series de Tiempo para probar la presencia de un cambio estructural. Un conjunto de datos de Series de Tiempo puede dividirse en dos subgrupos y cada uno de ellos se prueba en el otro y en el conjunto de datos completo para determinar si, en efecto, existe una ruptura en un periodo de tiempo en particular. Se ejecuta una prueba de hipótesis de una cola en la hipótesis nula de tal manera que los dos subconjuntos sean estadísticamente similares entre sí; es decir, no hay un cambio estructural estadísticamente significativo.

• **Análisis de series temporales.** En los datos de series temporales con un comportamiento homogéneo (por ejemplo, ingresos por ventas y estructuras de costos de grandes corporaciones), los valores tienden a tener hasta tres elementos: un valor base, una tendencia y una estacionalidad. El análisis de series temporales utiliza los datos históricos y los descompone en estos tres elementos y los recompone en pronósticos futuros. En otras palabras, este método de predicción, como algunos de los otros descritos, primero desarrolla un ajuste (backcast) de los datos históricos antes de proporcionar estimados de los valores futuros (pronósticos).

o **Análisis de Series de Tiempo (Automático).** La selección de este enfoque automático permitirá al usuario iniciar un proceso automatizado en la selección metodológica de los mejores parámetros de ingreso en cada modelo y en la clasificación de los modelos de pronóstico del mejor al peor por medio de la observación de la bondad de ajuste y la medición del error .

o **Análisis de Series de Tiempo (DES)**. El enfoque de suavizamiento exponencial doble (DES) se utiliza cuando la exposición de los datos tiene una tendencia, pero sin estacionalidad.

o **Análisis de Series de Tiempo (DMA)**. El enfoque de promedio móvil doble es usado cuando los datos muestran tendencia, pero no estacionalidad.

o **Análisis de Series de Tiempo (HWA)**. El enfoque Holt–Winters Aditivo se utiliza cuando los datos muestran estacionalidad y tendencia.

o **Análisis de Series de Tiempo (HWM).** El enfoque Holt–Winters Multiplicativo se utiliza cuando los datos muestran tanto estacionalidad como tendencia.

o **Análisis de Series de Tiempo (SA).** El enfoque Aditivo Estacional se utiliza cuando los datos muestran estacionalidad, pero no tendencia.

o **Análisis de Series de Tiempo (SM).** EL enfoque Multiplicativo Estacional se utiliza cuando los datos muestran estacionalidad, pero ninguna tendencia.

o **Análisis de Series de Tiempo (SES)**. El enfoque de Suavizamiento Exponencial Simple se utiliza cuando los datos no muestran tendencia ni estacionalidad.

o **Análisis de Series de Tiempo (SMA).** El enfoque Promedio Móvil Simple se utiliza cuando los datos no muestran tendencia y ninguna estacionalidad.

• **Tendencias y Eliminar Tendencias.** Los siguientes son los métodos típicos para el análisis de tendencias y eliminación de tendencia: Diferencia, Exponencial, Lineal, Logarítmica, Promedio Móvil, Polinómica, Potencia, Tasa, Media Estática y Mediana Estática. Eliminar la tendencia de la información original significa que se extrae cualquier componente de tendencia de la serie. En los modelos de predicción, el proceso elimina los efectos de la acumulación de conjuntos de datos de estacionalidad y tendencia para mostrar sólo los cambios absolutos en valores y permitir identificar posibles patrones cíclicos después de quitar la deriva general, tendencia, giros, curvas, y efectos de los ciclos estacionales de un conjunto de datos de series de tiempo. Por ejemplo, un conjunto de datos sin tendencia puede ser necesario para descubrir el verdadero estado financiero de una empresa—uno puede sin tendencia aumentar las ventas en la época navideña y ver una descripción más precisa de las ventas de una empresa en un año determinado con más claridad al desplazar todo el conjunto de datos de una pendiente de una superficie plana para ver mejor los ciclos y fluctuaciones subyacentes. Los gráficos resultantes muestran los efectos de los datos sin tendencia contra el conjunto de datos originales, así como los informes estadísticos muestran el porcentaje de la tendencia que se ha eliminado de acuerdo con cada método de eliminación de tendencia empleado, así como el conjunto de datos sin tendencia.

- **Volatilidad: Modelos GARCH.** El modelo Generalizado Autorregresivo de Heteroscedasticidad Condicional se utiliza para modelar los niveles de volatilidad histórica y futuras predicciones en una serie de tiempo de niveles de precios de un valor negociable (por ejemplo, precios de las acciones, precios de productos básicos, y los precios del petróleo). El modelo GARCH primero convierte los precios en rentabilidad relativa, y luego ejecuta una optimización interna para ajustar los datos históricos con una estructura de volatilidad con reversión a la media, asumiendo que la volatilidad es heterocedástica por naturaleza (cambios en el tiempo de acuerdo a algunas características econométricas). Existen diversas variaciones de esta metodología que están disponibles en el Simulador de Riesgo, incluyendo EGARCH, EGARCH-T, GARCH-M, GJR-GARCH, GJR-GARCH-T, IGARCH, y T-GARCH. El conjunto de datos tiene que ser una serie de tiempo de los niveles de precios.

- **Volatilidad: Enfoque de los Retornos Logarítmicos.** Calcula la volatilidad utilizando las futuras estimaciones de flujos de efectivo individuales, las estimaciones de flujos de efectivo comparables, o los precios históricos, calculando la desviación estándar anualizada de los correspondientes rendimientos logarítmicos relativos.

- **Curva de Rendimiento (Bliss).** Se utiliza para la generación de la estructura temporal de tasas de interés y la estimación de la curva de rendimiento con cinco parámetros estimados. Se necesitan algunas técnicas de modelación econométrica para calibrar los valores de varios parámetros de entrada en este modelo. Prácticamente cualquier forma de la curva de rendimiento puede ser interpolada con el uso de estos modelos, los cuales son ampliamente utilizados en los bancos de todo el mundo.

- **Curva de Rendimiento (Nelson–Siegel).** Un modelo de interpolación con cuatro parámetros estimados para la generación de la estructura temporal de tasas de interés y la estimación de la curva de rendimiento. Se necesitan algunas técnicas de modelación econométrica para calibrar los valores de varios parámetros de entrada en este modelo.

NOTAS

Capítulo 1

1. Peter Bernstein, *Against the Gods: The Remarkable Story of Risk* (John Wiley & Sons, 1996).

2. Salvo el potencial de un accidente aéreo, en donde me hubiera arrepentido mucho de no tomar el paracaídas.

3. Los conceptos de riesgo alto y alto retorno no son nada nuevo y son centrales en el desarrollo del *modelo de fijación de precios de activos de capital* (CAPM) usado para estimar la tasa de retorno requerida en un proyecto basándose en su riesgo sistemático. En el modelo CAPM, entre más alto sea el riesgo, más alta es la tasa esperada de retorno.

4. El riesgo puede ser medido de diferentes formas. En este ejemplo, está siendo medido usando la desviación estándar de las distribuciones de los retornos.

5. Esta selección es así porque el Proyecto X carga con un retorno neto positivo (valor neto presente positivo) sobre su costo de implementación, haciéndolo rentable. Por ende, el proyecto más barato es el que se escoge.

6. "Independencia" que los proyectos en sí no están correlacionados, por eso, se asume que no hay efectos de diversificación de riesgo. "Mutuamente exclusivos" significa que el administrador no puede mezclar y unir los diferentes proyectos.

7. La decisión, por supuesto, se basa completamente en el análisis financiero al mantener todo constante (los gustos o preferencias de la gestión, u otros valores estratégicos inherentes a diferentes proyectos).

8. En una base continua, la probabilidad de caer exactamente en $30 es muy cercana a cero. La probabilidad en una distribución es medida como el área bajo la curva, lo que significa que dos valores son requeridos, por ejemplo, la probabilidad de que los ingresos netos sean entre $29 y $31 es de 25%. Por ende, el área bajo la curva para una estimación de un solo punto (una sola línea en una distribución) es cercana a cero.

9. La *Ley de la Demanda* en economía requiere que, en la mayoría de los casos los precios y la cantidad demandada estén correlacionados negativamente, de acuerdo con una curva de demanda que tiene una pendiente inclinada. Las excepciones son Giffen o bienes de estatus, en donde un precio más alto puede producir una cantidad más alta demandada (por ejemplo, los Porsches son deseables y tienen un estatus más alto porque son caros entre otras cosas).

10. El costo variable promedio de una firma tiene una forma de U, con una pendiente inclinada en las cantidades más bajas (economía de escala), llega a un valor mínimo global en donde el costo marginal es igual al costo variable promedio, y luego sigue con una pendiente ascendente (des-economía de escala).

11. El costo promedio ponderado de capital (WACC) es un método que se usa para calcular la tasa de descuento utilizada en un modelo de flujo de caja descontado, que comprende el promedio ponderado de cada uno de los tres elementos del costo de de capital: acciones comunes, acciones preferentes y deuda (bonos).

12. Vea el Capítulo 9 para detalles sobre los modelos de series de tiempo y de regresión.

13. DCF significa modelo de flujo de caja descontado, un modelo de análisis financiero típico utilizado para evaluar la rentabilidad de los proyectos.

14. Los valores reales simulados representados gráficamente están basados en una Movimiento Browniano Geométrico con una volatilidad de 20% calculada como la desviación estándar de los logaritmos naturales simulados de los retornos históricos.

15. Vea los Capítulos 2 y 3 para detalles sobre otras medidas del riesgo y la incertidumbre.

Capítulo 2

1. Ron Denbo y Andrew Freeman, *Seeing Tomorrow: Rewriting the Rules of Risk* (John Wiley & Sons, 1998). Este libro proporciona una interesante reseña no-matemática sobre la administración del riesgo.

2. Es decir, la desviación estándar de la población (σ) y la desviación estándar de una muestra (s) son:

$$\sigma = \sqrt{\frac{\sum_{i=1}^{N}(x_i - \mu)^2}{N}} \qquad s = \sqrt{\frac{\sum_{i=1}^{n}(x_i - \overline{x})^2}{n-1}}$$ en donde la desviación estándar es la raíz cuadrada de la suma de la desviación estándar de cada punto de información (x_i), de la media de la población (μ) o media de muestra (x) al cuadrado y luego dividida entre el tamaño de la población (N) o el tamaño de la muestra (n) menos uno. Para la estadística de muestra, la división se hace entre n menos uno para corregir los grados de libertad en una muestra de un tamaño más pequeño. La varianza es simplemente el cuadrado de la desviación estándar.

3. Johnathan Mun, *Real Options Analysis,* tercera edición (Thompson–Shore/John Wiley & Sons, 2016); Johnathan Mun, *Real Options Analysis Course* (John Wiley & Sons, 2003). Refiérase a estos libros para detalles sobre la estimación de la volatilidad en un contexto de opciones reales.

4. Por ejemplo, la media de la altura de la distribución es de 10 m con una desviación estándar de 1 m, lo cual produce un coeficiente de variación de 0.2. Claramente, el peso de la distribución conlleva una mayor variabilidad.

Capítulo 3

1. Sin embargo, sea consciente de que existen muchos expertos en descifrar claves y algunos modelos de hojas de cálculo pueden ser hackeados fácilmente por extraños. Una mejor aproximación es convertir funciones sensibles y macros en archivos ActiveX ".*dll*" que están cifrados, proporcionando así un nivel más alto de seguridad.

Capítulo 4

1. Ésta es una adaptación de los ensayos y lecturas proporcionadas por el profesor Sam Savage de la Universidad de Stanford.

2. En este ejemplo, la mediana es la mejor medida de la tendencia central.

3. La misma simulación no-paramétrica también se puede aplicar usando la distribución personalizada del Simulador de Riesgo en donde cada ocurrencia tiene la misma probabilidad de ser seleccionada.

4. La aproximación usada acá es la aplicación de un proceso estocástico de Movimiento Browniano Geométrico para pronosticar y simular los resultados potenciales.

Capítulo 5

1. Esta aproximación es válida porque en las simulaciones típicas, se simulan miles de intentos, y la hipótesis de normalidad puede ser aplicada.

Capítulo 7

1. Por ejemplo, los ingenieros de excavaciones pueden revisar la información histórica sobre costos de las excavaciones y proporcionar una distribución de probabilidad de los costos de la excavación en un área geográfica en la formación rocosa propuesta. No se requiere que sepan qué tan importante es el riesgo para la economía de este proyecto contra el riesgo que no está presente después de que un yacimiento de petróleo ya ha sido excavado. El riesgo es mejor evaluado por el personal geofísico/geológico.

2. Mientras "riesgo bajo" es un término subjetivo, el riesgo en nuestro modelo refleja un pozo que puede ser excavado o muy cercano a que en éste exista petróleo.

3. El límite económico es el punto en el que los gastos marginales de un pozo productor exceden los ingresos marginales asociados con el petróleo o la gasolina producida. Es muy dependiente de la organización y la infraestructura de la compañía. Para nuestro modelo asumimos que el límite económico es de 10 BOPD.

4. Calculado del promedio semanal de los precios de West Texas Intermediate Crude, y luego promediado sobre 52 semanas de cada año, desde Noviembre de 1991 hasta Marzo del 2003.

5. Dese cuenta que si se ha determinado que el pozo no ha encontrado reservas significativas de petróleo, el pozo no está completo y no se incurre en estos costos. El costo es el único del año 0 en nuestro modelo que no ha incurrido en el caso de un pozo seco.

6. VPN/I es simplemente el valor presente neto del proyecto dividido entre la suma de las inversiones del año 0.

7. De hecho, la mayoría de las compañías de petróleo y gasolina mantienen los pronósticos del precio privado con propósitos de análisis de portafolio e inversiones. La sensibilidad de los proyectos hacia estos pronósticos sugiere que las corporaciones están bien aconsejadas para modelar la variabilidad en ganancias y flujos de dinero que se propagarán de los errores inevitables en los pronósticos del precio privado.

Capítulo 9

1. Un promedio móvil de 3 meses se escoge arbitrariamente. Para los propósitos del modelaje, se deberían computar diferentes promedios móviles de tamaño n y el que menos errores tenga debería ser escogido.

2. Para comenzar con el Análisis de Datos de Excel, primero deberá dar clic sobre *Archivo | Opciones | Complementos | Complementos de Excel | Ir*. Después, asegúrese que la casilla de verificación de *Análisis de Datos* este seleccionada y presione *Aceptar*. Después, devuélvase a la pestaña *Datos* y seleccione *Análisis de Datos*. La opción de *Regresión* deberá estar disponible para su uso.

3. Vea el Capítulo 8, El Pronóstico del Mañana a partir del Hoy, para especificaciones sobre cómo usar el Simulador de Riesgo.

4. El estadístico-t critico se puede encontrar en la tabla de distribución-t al final del libro, al mirar debajo de alfa de dos colas de 0.025 y haciendo una referencia cruzada con 6 grados de libertad. Los grados de libertad se calculan como el número de puntos de información, n, (7) usados en esta regresión, menos el número de regresoras independientes, k (1).

5. Como ésta es una prueba de hipótesis de dos colas, el alfa de debería dividir por la mitad, lo que significa que mientras el valor-p calculado sea menor que 0.025, la hipótesis nula debe ser rechazada.

6. El R-cuadrado ajustado es usado acá en una regresión multivariante, y el ajuste en el coeficiente de determinación tiene en cuenta la variable independiente agregada.

7. Los dos modelos econométricos más notables y desafiantes incluyen los modelos ARCH (Autorregresivo de Heteroscedasticidad Condicional) y GARCH (Generalizado Autorregresivo de Heteroscedasticidad Condicional).

Capítulo 10

1. Para un costo total de $550 por todo el viaje.

2. El número de itinerarios posibles es el factorial del número de ciudades, es decir, $3!= 3 \times 2 \times 1 = 6$

3. Un total de cinco ciudades significa $5!= 5 \times 4 \times 3 \times 2 \times 1 = 120$.

4. Una distribución triangular puede ser aplicada aquí, con el nivel mínimo establecido en $300, el valor más probable de $325 y el nivel máximo configurado en $500.

5. Las líneas rectas en la Figura 10.6 ahora serían no-lineales y el problema sería difícil de resolver gráficamente.

6. Para tener acceso a Solver, entre a Excel, haga clic en *Archivo | Opciones | Complementos | Complementos de Excel | Ir*. Asegúrese que la casilla de verificación de Solver esté seleccionada y de clic en *Aceptar*. Solver se puede usar al hacer clic en *Datos | Solver*.

7. Un problema de optimización con dos variables de decisión requiere una gráfica en dos dimensiones, lo que significa que un problema con n-variables requiere el uso de una gráfica de n dimensiones, haciendo que el problema sea manual y matemáticamente intratable usando el método gráfico.

8. El Capítulo 11, Optimización bajo Incertidumbre, ilustra un proceso de optimización de portafolios similar, pero bajo incertidumbre usando Simulador de Riesgo.

TABLAS QUE USTED NECESITARÁ

Distribución Normal Estándar (Área Parcial)

Distribución Normal Estandar

Z	0.00	0.01	0.02	0.03	0.04	0.05	0.06	0.07	0.08	0.09
0.0	0.0000	0.0040	0.0080	0.0120	0.0160	0.0199	0.0239	0.0279	0.0319	0.0359
0.1	0.0398	0.0438	0.0478	0.0517	0.0557	0.0596	0.0636	0.0675	0.0714	0.0753
0.2	0.0793	0.0832	0.0871	0.0910	0.0948	0.0987	0.1026	0.1064	0.1103	0.1141
0.3	0.1179	0.1217	0.1255	0.1293	0.1331	0.1368	0.1406	0.1443	0.1480	0.1517
0.4	0.1554	0.1591	0.1628	0.1664	0.1700	0.1736	0.1772	0.1808	0.1844	0.1879
0.5	0.1915	0.1950	0.1985	0.2019	0.2054	0.2088	0.2123	0.2157	0.2190	0.2224
0.6	0.2257	0.2291	0.2324	0.2357	0.2389	0.2422	0.2454	0.2486	0.2517	0.2549
0.7	0.2580	0.2611	0.2642	0.2673	0.2704	0.2734	0.2764	0.2794	0.2823	0.2852
0.8	0.2881	0.2910	0.2939	0.2967	0.2995	0.3023	0.3051	0.3078	0.3106	0.3133
0.9	0.3159	0.3186	0.3212	0.3238	0.3264	0.3289	0.3315	0.3340	0.3365	0.3389
1.0	0.3413	0.3438	0.3461	0.3485	0.3508	0.3531	0.3554	0.3577	0.3599	0.3621
1.1	0.3643	0.3665	0.3686	0.3708	0.3729	0.3749	0.3770	0.3790	0.3810	0.3830
1.2	0.3849	0.3869	0.3888	0.3907	0.3925	0.3944	0.3962	0.3980	0.3997	0.4015
1.3	0.4032	0.4049	0.4066	0.4082	0.4099	0.4115	0.4131	0.4147	0.4162	0.4177
1.4	0.4192	0.4207	0.4222	0.4236	0.4251	0.4265	0.4279	0.4292	0.4306	0.4319
1.5	0.4332	0.4345	0.4357	0.4370	0.4382	0.4394	0.4406	0.4418	0.4429	0.4441
1.6	0.4452	0.4463	0.4474	0.4484	0.4495	0.4505	0.4515	0.4525	0.4535	0.4545
1.7	0.4554	0.4564	0.4573	0.4582	0.4591	0.4599	0.4608	0.4616	0.4625	0.4633
1.8	0.4641	0.4649	0.4656	0.4664	0.4671	0.4678	0.4686	0.4693	0.4699	0.4706
1.9	0.4713	0.4719	0.4726	0.4732	0.4738	0.4744	0.4750	0.4756	0.4761	0.4767
2.0	0.4772	0.4778	0.4783	0.4788	0.4793	0.4798	0.4803	0.4808	0.4812	0.4817
2.1	0.4821	0.4826	0.4830	0.4834	0.4838	0.4842	0.4846	0.4850	0.4854	0.4857
2.2	0.4861	0.4864	0.4868	0.4871	0.4875	0.4878	0.4881	0.4884	0.4887	0.4890
2.3	0.4893	0.4896	0.4898	0.4901	0.4904	0.4906	0.4909	0.4911	0.4913	0.4916
2.4	0.4918	0.4920	0.4922	0.4925	0.4927	0.4929	0.4931	0.4932	0.4934	0.4936
2.5	0.4938	0.4940	0.4941	0.4943	0.4945	0.4946	0.4948	0.4949	0.4951	0.4952
2.6	0.4953	0.4955	0.4956	0.4957	0.4959	0.4960	0.4961	0.4962	0.4963	0.4964
2.7	0.4965	0.4966	0.4967	0.4968	0.4969	0.4970	0.4971	0.4972	0.4973	0.4974
2.8	0.4974	0.4975	0.4976	0.4977	0.4977	0.4978	0.4979	0.4979	0.4980	0.4981
2.9	0.4981	0.4982	0.4982	0.4983	0.4984	0.4984	0.4985	0.4985	0.4986	0.4986
3.0	0.4987	0.4987	0.4987	0.4988	0.4988	0.4989	0.4989	0.4989	0.4990	0.4990

Ejemplo: Para un valor Z de 1.96, tome el valor 1.9 en la fila y 0.06 en la columna para un area de 0.4750. Esto significa que un 47.50% se encuentra en la zona sombreada y un 2.50% en la cola sencilla. De manera similar, esto es un 95% en el cuerpo o 5% en ambas colas.

Distribución Normal Estándar (Área Total)

Distribución Normal Estandar

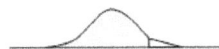

Z	0.00	0.01	0.02	0.03	0.04	0.05	0.06	0.07	0.08	0.09
0.0	0.5000	0.5040	0.5080	0.5120	0.5160	0.5199	0.5239	0.5279	0.5319	0.5359
0.1	0.5398	0.5438	0.5478	0.5517	0.5557	0.5596	0.5636	0.5675	0.5714	0.5753
0.2	0.5793	0.5832	0.5871	0.5910	0.5948	0.5987	0.6026	0.6064	0.6103	0.6141
0.3	0.6179	0.6217	0.6255	0.6293	0.6331	0.6368	0.6406	0.6443	0.6480	0.6517
0.4	0.6554	0.6591	0.6628	0.6664	0.6700	0.6736	0.6772	0.6808	0.6844	0.6879
0.5	0.6915	0.6950	0.6985	0.7019	0.7054	0.7088	0.7123	0.7157	0.7190	0.7224
0.6	0.7257	0.7291	0.7324	0.7357	0.7389	0.7422	0.7454	0.7486	0.7517	0.7549
0.7	0.7580	0.7611	0.7642	0.7673	0.7704	0.7734	0.7764	0.7794	0.7823	0.7852
0.8	0.7881	0.7910	0.7939	0.7967	0.7995	0.8023	0.8051	0.8078	0.8106	0.8133
0.9	0.8159	0.8186	0.8212	0.8238	0.8264	0.8289	0.8315	0.8340	0.8365	0.8389
1.0	0.8413	0.8438	0.8461	0.8485	0.8508	0.8531	0.8554	0.8577	0.8599	0.8621
1.1	0.8643	0.8665	0.8686	0.8708	0.8729	0.8749	0.8770	0.8790	0.8810	0.8830
1.2	0.8849	0.8869	0.8888	0.8907	0.8925	0.8944	0.8962	0.8980	0.8997	0.9015
1.3	0.9032	0.9049	0.9066	0.9082	0.9099	0.9115	0.9131	0.9147	0.9162	0.9177
1.4	0.9192	0.9207	0.9222	0.9236	0.9251	0.9265	0.9279	0.9292	0.9306	0.9319
1.5	0.9332	0.9345	0.9357	0.9370	0.9382	0.9394	0.9406	0.9418	0.9429	0.9441
1.6	0.9452	0.9463	0.9474	0.9484	0.9495	0.9505	0.9515	0.9525	0.9535	0.9545
1.7	0.9554	0.9564	0.9573	0.9582	0.9591	0.9599	0.9608	0.9616	0.9625	0.9633
1.8	0.9641	0.9649	0.9656	0.9664	0.9671	0.9678	0.9686	0.9693	0.9699	0.9706
1.9	0.9713	0.9719	0.9726	0.9732	0.9738	0.9744	0.9750	0.9756	0.9761	0.9767
2.0	0.9772	0.9778	0.9783	0.9788	0.9793	0.9798	0.9803	0.9808	0.9812	0.9817
2.1	0.9821	0.9826	0.9830	0.9834	0.9838	0.9842	0.9846	0.9850	0.9854	0.9857
2.2	0.9861	0.9864	0.9868	0.9871	0.9875	0.9878	0.9881	0.9884	0.9887	0.9890
2.3	0.9893	0.9896	0.9898	0.9901	0.9904	0.9906	0.9909	0.9911	0.9913	0.9916
2.4	0.9918	0.9920	0.9922	0.9925	0.9927	0.9929	0.9931	0.9932	0.9934	0.9936
2.5	0.9938	0.9940	0.9941	0.9943	0.9945	0.9946	0.9948	0.9949	0.9951	0.9952
2.6	0.9953	0.9955	0.9956	0.9957	0.9959	0.9960	0.9961	0.9962	0.9963	0.9964
2.7	0.9965	0.9966	0.9967	0.9968	0.9969	0.9970	0.9971	0.9972	0.9973	0.9974
2.8	0.9974	0.9975	0.9976	0.9977	0.9977	0.9978	0.9979	0.9979	0.9980	0.9981
2.9	0.9981	0.9982	0.9982	0.9983	0.9984	0.9984	0.9985	0.9985	0.9986	0.9986
3.0	0.9987	0.9987	0.9987	0.9988	0.9988	0.9989	0.9989	0.9989	0.9990	0.9990

Ejemplo: Para un valor Z de 2.33, revise la fila 2.3 y la columna 0.03 para un area de 0.99.
Esto significa que el 99% esta en la region sombreada o un 1% en el lado derecho o cola derecha.

Distribución t-Student (Una y dos colas)

Distribución- t de Student

Una cola / Dos colas

alpha	0.1	0.05	0.025	0.01	0.005	alpha	0.1	0.05	0.025	0.01	0.005
df = 1	3.0777	6.3137	12.7062	31.8210	63.6559	df = 1	6.3137	12.7062	25.4519	63.6559	127.3211
2	1.8856	2.9200	4.3027	6.9645	9.9250	2	2.9200	4.3027	6.2054	9.9250	14.0892
3	1.6377	2.3534	3.1824	4.5407	5.8408	3	2.3534	3.1824	4.1765	5.8408	7.4532
4	1.5332	2.1318	2.7765	3.7469	4.6041	4	2.1318	2.7765	3.4954	4.6041	5.5975
5	1.4759	2.0150	2.5706	3.3649	4.0321	5	2.0150	2.5706	3.1634	4.0321	4.7733
6	1.4398	1.9432	2.4469	3.1427	3.7074	6	1.9432	2.4469	2.9687	3.7074	4.3168
7	1.4149	1.8946	2.3646	2.9979	3.4995	7	1.8946	2.3646	2.8412	3.4995	4.0294
8	1.3968	1.8595	2.3060	2.8965	3.3554	8	1.8595	2.3060	2.7515	3.3554	3.8325
9	1.3830	1.8331	2.2622	2.8214	3.2498	9	1.8331	2.2622	2.6850	3.2498	3.6896
10	1.3722	1.8125	2.2281	2.7638	3.1693	10	1.8125	2.2281	2.6338	3.1693	3.5814
15	1.3406	1.7531	2.1315	2.6025	2.9467	15	1.7531	2.1315	2.4899	2.9467	3.2860
20	1.3253	1.7247	2.0860	2.5280	2.8453	20	1.7247	2.0860	2.4231	2.8453	3.1534
25	1.3163	1.7081	2.0595	2.4851	2.7874	25	1.7081	2.0595	2.3846	2.7874	3.0782
30	1.3104	1.6973	2.0423	2.4573	2.7500	30	1.6973	2.0423	2.3596	2.7500	3.0298
35	1.3062	1.6896	2.0301	2.4377	2.7238	35	1.6896	2.0301	2.3420	2.7238	2.9961
40	1.3031	1.6839	2.0211	2.4233	2.7045	40	1.6839	2.0211	2.3289	2.7045	2.9712
45	1.3007	1.6794	2.0141	2.4121	2.6896	45	1.6794	2.0141	2.3189	2.6896	2.9521
50	1.2987	1.6759	2.0086	2.4033	2.6778	50	1.6759	2.0086	2.3109	2.6778	2.9370
100	1.2901	1.6602	1.9840	2.3642	2.6259	100	1.6602	1.9840	2.2757	2.6259	2.8707
200	1.2858	1.6525	1.9719	2.3451	2.6006	200	1.6525	1.9719	2.2584	2.6006	2.8385
300	1.2844	1.6499	1.9679	2.3388	2.5923	300	1.6499	1.9679	2.2527	2.5923	2.8279
500	1.2832	1.6479	1.9647	2.3338	2.5857	500	1.6479	1.9647	2.2482	2.5857	2.8195
100000	1.2816	1.6449	1.9600	2.3264	2.5759	100000	1.6449	1.9600	2.2414	2.5759	2.8071

Ejemplo:Para un alpha en la cola de la derecha el area es de 2.5% con 15 grados de libertad, el valor critico de t es 2.1315.

Valor Crítico Durbin–Watson

Valor Crítico Durbin-Watson (alpha 0.05)

	k = 1		k = 2		k = 3		k = 4		k = 5	
n	D_L	D_U	D_L	D_U	D_L	D_U	D_L	D_U	D_L	D_U
15	1.08	1.36	0.95	1.54	0.82	1.75	0.69	1.97	0.56	2.21
16	1.10	1.37	0.98	1.54	0.86	1.73	0.74	1.93	0.62	2.15
17	1.13	1.38	1.02	1.54	0.90	1.71	0.78	1.90	0.67	2.10
18	1.16	1.39	1.05	1.53	0.93	1.69	0.82	1.87	0.71	2.06
19	1.18	1.40	1.08	1.53	0.97	1.68	0.86	1.85	0.75	2.02
20	1.20	1.41	1.10	1.54	1.00	1.67	0.90	1.83	0.79	1.99
21	1.22	1.42	1.13	1.54	1.03	1.66	0.93	1.81	0.83	1.96
22	1.24	1.43	1.15	1.54	1.05	1.66	0.96	1.80	0.86	1.94
23	1.26	1.44	1.17	1.54	1.08	1.66	0.99	1.79	0.90	1.92
24	1.27	1.45	1.19	1.55	1.10	1.66	1.01	1.78	0.93	1.90
25	1.29	1.45	1.21	1.55	1.12	1.65	1.04	1.77	0.95	1.89
26	1.30	1.46	1.22	1.55	1.14	1.65	1.06	1.76	0.98	1.88
27	1.32	1.47	1.24	1.56	1.16	1.65	1.08	1.76	1.01	1.86
28	1.33	1.48	1.26	1.56	1.18	1.65	1.10	1.75	1.03	1.85
29	1.34	1.48	1.27	1.56	1.20	1.65	1.12	1.74	1.05	1.84
30	1.35	1.49	1.28	1.57	1.21	1.65	1.14	1.74	1.07	1.83
31	1.36	1.50	1.30	1.57	1.23	1.65	1.16	1.74	1.09	1.83
32	1.37	1.50	1.31	1.57	1.24	1.65	1.18	1.73	1.11	1.82
33	1.38	1.51	1.32	1.58	1.26	1.65	1.19	1.73	1.13	1.81
34	1.39	1.51	1.33	1.58	1.27	1.65	1.21	1.73	1.15	1.81
35	1.40	1.52	1.34	1.58	1.28	1.65	1.22	1.73	1.16	1.80
36	1.41	1.52	1.35	1.59	1.29	1.65	1.24	1.73	1.18	1.80
37	1.42	1.53	1.36	1.59	1.31	1.66	1.25	1.72	1.19	1.80
38	1.43	1.54	1.37	1.59	1.32	1.66	1.26	1.72	1.21	1.79
39	1.43	1.54	1.38	1.60	1.33	1.66	1.27	1.72	1.22	1.79
40	1.44	1.54	1.39	1.60	1.34	1.66	1.29	1.72	1.23	1.79
45	1.48	1.57	1.43	1.62	1.38	1.67	1.34	1.72	1.29	1.78
50	1.50	1.59	1.46	1.63	1.42	1.67	1.38	1.72	1.34	1.77
55	1.53	1.60	1.49	1.64	1.45	1.68	1.41	1.72	1.38	1.77
60	1.55	1.62	1.51	1.65	1.48	1.69	1.44	1.73	1.41	1.77
65	1.57	1.63	1.54	1.66	1.50	1.70	1.47	1.73	1.44	1.77
70	1.58	1.64	1.55	1.67	1.52	1.70	1.49	1.74	1.46	1.77
75	1.60	1.65	1.57	1.68	1.54	1.71	1.51	1.74	1.49	1.77
80	1.61	1.66	1.59	1.69	1.56	1.72	1.53	1.74	1.51	1.77
85	1.62	1.67	1.60	1.70	1.57	1.72	1.55	1.75	1.52	1.77
90	1.63	1.68	1.61	1.70	1.59	1.73	1.57	1.75	1.54	1.78
95	1.64	1.69	1.62	1.71	1.60	1.73	1.58	1.75	1.56	1.78
100	1.65	1.69	1.63	1.72	1.61	1.74	1.59	1.76	1.57	1.78

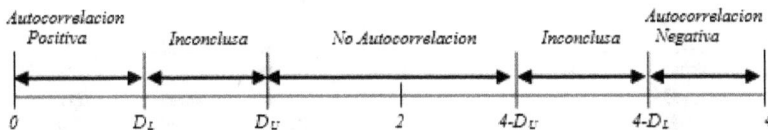

Ejemplo: Para 30 observaciones (n) de una regresión multivariada con 3 variables
independientes, el estadístico crítico Durbin-Watson es 1.21(D_L) y 1.65 (D_U)
Si el valor calculado Durbin-Watson es 1.05, esta es una autocorrelación positiva.

Números Aleatorios Normales

Distribución Normal Estandar- Generación de Números ~ Normal (0, 1)

	1	2	3	4	5	6	7	8	9	10
1	-1.0800	-0.5263	-0.7099	-0.3124	0.0216	-0.7768	-0.0752	0.4273	0.7708	0.1887
2	-1.1028	1.0904	-0.9228	-0.8881	-1.7909	0.6459	0.8982	-0.9736	-0.8630	0.1361
3	-0.8336	0.1454	-1.5907	1.0843	0.6271	1.1925	1.4669	0.5701	-2.7364	0.2500
4	0.2296	-0.2436	-0.0639	0.2307	-0.0560	-1.8494	0.6068	-0.2562	0.2168	-0.0261
5	1.2795	-0.6267	0.3133	0.3831	0.8894	0.9869	1.6185	0.7713	0.1421	-0.9623
6	1.2079	-0.8924	0.0491	0.0250	-0.5501	-0.8312	0.5067	-0.4316	0.7880	0.3858
7	-0.9474	-1.1758	-2.0242	-1.1567	-0.3838	0.8031	-0.5129	1.3572	-0.6772	1.0510
8	-0.7296	-0.8073	0.1137	-0.3553	-2.5826	-0.2768	0.0300	0.6233	-2.0171	-1.0818
9	0.0939	-0.1833	0.5550	0.3809	0.4096	0.0930	0.0257	-0.0603	-2.3620	-0.2656
10	-1.2110	-0.3240	0.8859	0.3776	-1.9103	2.0585	0.5215	-1.3543	-0.6975	-1.5965
11	-0.4614	-0.7827	0.8294	0.4460	-0.6563	0.4167	-0.3699	-0.0852	0.5010	0.3579
12	-0.5282	1.2526	-0.3289	1.5912	0.8460	1.2919	-0.6255	-0.2466	0.6740	1.6007
13	1.1204	0.5921	0.3115	0.1986	-0.6793	0.0694	-0.2777	0.5517	-0.5385	1.2437
14	-0.3726	0.0955	-2.3786	-1.7042	0.6656	0.0641	0.3874	1.1669	-0.6837	-0.0934
15	-0.5656	-0.0949	-0.3845	-0.6864	0.9967	0.0695	1.4614	1.0945	-1.2097	-1.4070
16	-0.2430	-2.4107	-2.5924	0.2724	-0.0967	-0.0315	-0.8218	0.2390	0.5987	-0.6879
17	-0.2820	-0.4370	0.7358	-0.3511	-0.2308	-0.7651	-0.7652	-0.4937	-1.0157	-0.1394
18	-0.3955	0.5096	0.1447	-0.4119	1.3781	-0.7365	0.4475	1.7877	0.3629	1.4260
19	0.1652	-0.4687	0.1058	-0.4183	-0.3782	-2.4017	0.9160	-1.8322	-0.6279	0.0098
20	-0.0504	-1.0931	-1.6450	-0.6165	-0.0279	-0.9539	-1.6489	-0.7252	0.3962	0.8928
21	0.1841	-0.1236	0.7653	-0.9054	0.8158	-0.8576	1.9970	-0.1568	-1.6658	-0.6698
22	-1.1091	0.5140	0.4505	-1.7429	0.0854	0.1573	-2.2687	0.4879	-0.0820	0.4840
23	0.6553	0.4692	0.9139	0.9639	-0.9046	-0.6695	-0.3393	-1.8453	1.0532	0.9795
24	0.5185	0.8624	0.6098	0.7062	0.3533	0.1695	0.1840	-0.5235	0.7202	0.0790
25	-0.6228	-0.0052	0.1012	0.9541	1.4046	-0.2620	-0.2783	0.7601	-0.0375	1.8253
26	0.5867	0.3346	-0.0588	-0.4356	0.0004	0.2037	-1.1411	-0.4674	2.2770	-0.8338
27	0.2450	1.0948	-0.8954	1.0444	-0.2184	-1.1320	1.5127	-0.9275	-0.4799	0.1281
28	-0.0279	-0.1937	-1.2914	-0.9880	1.1571	0.5578	0.4071	1.2601	1.1695	-0.2957
29	-0.4161	-0.5507	-0.4475	0.0689	0.4422	-1.1679	-0.5163	0.3915	-0.7226	0.9784
30	-0.8053	0.3502	-1.4505	-0.5941	-0.7228	-0.7034	-1.0992	0.3020	-0.1026	-1.2502
31	1.0404	0.1097	0.4544	-0.5799	-0.2926	1.2725	-0.5619	-0.0821	-0.5477	1.0231
32	0.2528	0.5059	-1.4190	0.3989	-1.3937	-1.2064	0.0228	-0.6627	1.1379	0.5220
33	-0.2739	-0.9455	-2.2941	0.0276	1.7592	-1.7925	-0.5070	-0.2650	1.5300	-0.3373
34	-0.9423	0.3491	-1.3512	0.4576	1.0860	-0.1653	0.4558	-0.6405	-1.2085	-0.7493
35	0.0883	0.2888	-0.5136	2.1450	-0.0262	2.9286	-1.7310	1.1511	-0.6439	-0.3583
36	-0.4517	0.2437	0.2776	-0.7868	0.1671	1.0155	-0.3549	0.7456	-0.3971	-1.9802
37	-1.1278	-2.3892	-0.2134	0.2925	1.2178	-0.3160	0.9686	-1.2743	-0.0707	1.5162
38	1.3791	-0.4170	-0.1155	-0.1992	-1.1890	1.2458	-1.6882	0.3428	-1.3231	-0.3701
39	0.0819	0.5604	-1.7606	-0.6743	-1.0426	-0.8501	1.1497	0.0442	0.5657	-1.2778
40	-0.4175	0.4203	1.2675	1.2768	-0.4826	-2.3268	0.0747	1.0223	0.2681	-0.3952
41	0.6801	-0.6346	-0.4628	0.1047	1.0032	-1.4099	0.3401	-0.5051	-1.2245	-0.4696
42	0.9200	-0.4411	1.9065	-0.8623	-0.8896	-1.3154	-0.2427	1.4517	0.6037	0.7206
43	-2.0794	-0.0927	1.0023	-0.2296	-0.6263	-0.7918	-0.6372	2.7211	0.3840	-0.5358
44	0.5448	0.6405	0.3647	-1.9654	-1.8430	-0.4946	-0.6691	1.3191	0.9991	1.6156
45	1.0963	1.2051	0.7243	2.3032	-0.4820	2.0831	0.6108	0.8796	0.5527	0.8128
46	-0.9386	1.2509	-2.1745	-0.4204	-0.6400	-1.0716	0.0190	-1.9153	-1.4322	0.0870
47	2.4524	1.5695	-0.6953	-2.4997	-0.0891	-0.5719	-0.9301	-0.3394	-2.6532	-0.0226
48	0.4448	-1.8947	0.7942	0.3552	-0.4288	1.0699	0.7316	-1.1951	1.4356	0.2318
49	0.1323	-0.0470	1.5664	0.1610	0.4068	-1.1848	-1.2338	0.1546	-0.3490	2.4516
50	-0.6323	1.7106	-0.6715	0.2511	0.7708	-0.6902	0.8453	1.1715	1.4897	0.0401

Números Aleatorios Uniformes

Números aleatorios generados entre 0.0000 y 1.0000 utilizando una distribución uniforme

	1	2	3	4	5	6	7	8	9	10
1	0.8470	0.8006	0.8185	0.5479	0.6664	0.4772	0.8983	0.9434	0.0272	0.1912
2	0.8538	0.1840	0.0235	0.5733	0.5103	0.9165	0.2052	0.6861	0.4069	0.8930
3	0.4816	0.0929	0.0404	0.1688	0.4297	0.1381	0.5717	0.3440	0.3050	0.3347
4	0.1827	0.6090	0.2067	0.0201	0.1809	0.4326	0.5870	0.4826	0.8274	0.4693
5	0.6736	0.7903	0.0910	0.7829	0.9657	0.3531	0.5095	0.4019	0.9799	0.4321
6	0.9953	0.8069	0.5096	0.8088	0.5747	0.5876	0.6151	0.7627	0.3793	0.4698
7	0.7613	0.8829	0.9609	0.6287	0.0849	0.9027	0.2761	0.5469	0.5634	0.0308
8	0.1317	0.7907	0.5440	0.0469	0.7220	0.5695	0.2482	0.3742	0.1409	0.3288
9	0.5269	0.6977	0.4061	0.0950	0.2114	0.4113	0.7619	0.6854	0.1402	0.2956
10	0.9121	0.5435	0.3236	0.6256	0.7646	0.3120	0.8037	0.1198	0.8887	0.5443
11	0.5390	0.4622	0.3459	0.1427	0.7762	0.8186	0.5059	0.1905	0.8696	0.8893
12	0.9055	0.4771	0.6290	0.8068	0.5124	0.9142	0.6397	0.5279	0.2051	0.1220
13	0.6644	0.9212	0.2139	0.3678	0.8107	0.1869	0.5594	0.8278	0.2343	0.9175
14	0.7403	0.1068	0.9122	0.1193	0.5645	0.9703	0.9102	0.3528	0.6891	0.0330
15	0.8611	0.9607	0.1820	0.8349	0.4017	0.2822	0.3624	0.8583	0.1495	0.1532
16	0.4914	0.1137	0.2635	0.6062	0.1728	0.5471	0.1065	0.4250	0.7094	0.3168
17	0.7664	0.6767	0.5264	0.9354	0.9880	0.1942	0.9594	0.2610	0.9933	0.3406
18	0.0126	0.5592	0.3942	0.4020	0.7840	0.8675	0.1734	0.0476	0.3372	0.4067
19	0.5251	0.8027	0.6730	0.9985	0.4706	0.2960	0.3305	0.1006	0.1012	0.4638
20	0.7772	0.4434	0.1596	0.3856	0.0163	0.5783	0.4055	0.1490	0.7172	0.2243
21	0.8973	0.7618	0.4225	0.9524	0.7371	0.3863	0.2146	0.3799	0.8521	0.7857
22	0.1709	0.1966	0.1125	0.1454	0.0325	0.2262	0.3624	0.3600	0.6517	0.4073
23	0.1785	0.6833	0.9630	0.3603	0.8863	0.4362	0.5985	0.2979	0.6837	0.0957
24	0.5644	0.2031	0.9500	0.0418	0.9262	0.6584	0.5958	0.9879	0.4332	0.0198
25	0.3672	0.4599	0.2637	0.9380	0.8343	0.6933	0.4732	0.5802	0.2715	0.1287
26	0.8391	0.1803	0.4345	0.7670	0.5298	0.7905	0.4120	0.9688	0.8540	0.8267
27	0.7135	0.8772	0.5661	0.4345	0.8710	0.6183	0.1704	0.3377	0.1432	0.9205
28	0.9477	0.0880	0.0476	0.2050	0.5699	0.5680	0.3438	0.9242	0.1429	0.0283
29	0.2862	0.0944	0.0698	0.6541	0.5945	0.5464	0.1861	0.8030	0.8177	0.8099
30	0.9237	0.5355	0.9374	0.4701	0.8763	0.3914	0.5917	0.6042	0.0596	0.2829
31	0.5876	0.2458	0.6085	0.6830	0.5682	0.9463	0.5392	0.0854	0.7900	0.3149
32	0.0677	0.4571	0.6932	0.0656	0.3131	0.9006	0.8570	0.7966	0.4101	0.5311
33	0.9369	0.3878	0.8473	0.9510	0.9292	0.1164	0.4611	0.7247	0.7077	0.0106
34	0.1777	0.1686	0.1624	0.9553	0.2083	0.9768	0.2229	0.1562	0.6361	0.0027
35	0.4455	0.5007	0.0395	0.4937	0.9753	0.3447	0.0391	0.6322	0.3977	0.4147
36	0.4002	0.5214	0.1770	0.8398	0.2889	0.5151	0.4960	0.6892	0.4331	0.8813
37	0.4288	0.7095	0.6115	0.1138	0.7932	0.7117	0.6252	0.1275	0.6600	0.0738
38	0.3327	0.3886	0.6723	0.0747	0.7562	0.2142	0.1860	0.9814	0.0407	0.7521
39	0.5113	0.4232	0.2029	0.9034	0.0154	0.6591	0.0515	0.8867	0.5985	0.0338
40	0.2530	0.2622	0.2013	0.0351	0.1554	0.4416	0.0300	0.7017	0.4546	0.6329
41	0.3086	0.7557	0.6003	0.5604	0.6615	0.8889	0.2757	0.8436	0.1147	0.2306
42	0.7732	0.6118	0.3301	0.7272	0.4494	0.4960	0.6787	0.2748	0.4064	0.1111
43	0.6713	0.2170	0.5049	0.7975	0.6739	0.9117	0.0948	0.9233	0.6709	0.6739
44	0.9708	0.0705	0.0987	0.5948	0.1022	0.1206	0.2131	0.3548	0.0826	0.7013
45	0.4756	0.6014	0.8200	0.5208	0.3044	0.4410	0.1012	0.5467	0.7132	0.2751
46	0.6130	0.0888	0.2238	0.1298	0.5416	0.7280	0.9447	0.6551	0.0112	0.5960
47	0.2792	0.7500	0.3124	0.0277	0.3785	0.9622	0.7501	0.0412	0.1556	0.1384
48	0.5724	0.0308	0.7103	0.1949	0.9440	0.9585	0.4508	0.3737	0.7383	0.6845
49	0.2825	0.9384	0.6804	0.3165	0.1243	0.6089	0.2623	0.8008	0.2408	0.9563
50	0.3294	0.4181	0.5703	0.4162	0.8578	0.3346	0.5491	0.1812	0.7001	0.6394

Valores Críticos Chi-Cuadrado

DF	0.10	0.09	0.08	0.07	0.06	0.05	0.04	0.03	0.02	0.01
1	2.7055	2.8744	3.0649	3.2830	3.5374	3.8415	4.2179	4.7093	5.4119	6.6349
2	4.6052	4.8159	5.0515	5.3185	5.6268	5.9915	6.4377	7.0131	7.8241	9.2104
3	6.2514	6.4915	6.7587	7.0603	7.4069	7.8147	8.3112	8.9473	9.8374	11.3449
4	7.7794	8.0434	8.3365	8.6664	9.0444	9.4877	10.0255	10.7119	11.6678	13.2767
5	9.2363	9.5211	9.8366	10.1910	10.5962	11.0705	11.6443	12.3746	13.3882	15.0863
6	10.6446	10.9479	11.2835	11.6599	12.0896	12.5916	13.1978	13.9676	15.0332	16.8119
7	12.0170	12.3372	12.6912	13.0877	13.5397	14.0671	14.7030	15.5091	16.6224	18.4753
8	13.3616	13.6975	14.0684	14.4836	14.9563	15.5073	16.1708	17.0105	18.1682	20.0902
9	14.6837	15.0342	15.4211	15.8537	16.3459	16.9190	17.6083	18.4796	19.6790	21.6660
10	15.9872	16.3516	16.7535	17.2026	17.7131	18.3070	19.0208	19.9219	21.1608	23.2093
11	17.2750	17.6526	18.0687	18.5334	19.0614	19.6752	20.4120	21.3416	22.6179	24.7250
12	18.5493	18.9395	19.3692	19.8488	20.3934	21.0261	21.7851	22.7418	24.0539	26.2170
13	19.8119	20.2140	20.6568	21.1507	21.7113	22.3620	23.1423	24.1249	25.4715	27.6882
14	21.0641	21.4778	21.9331	22.4408	23.0166	23.6848	24.4854	25.4931	26.8727	29.1412
15	22.3071	22.7319	23.1992	23.7202	24.3108	24.9958	25.8161	26.8480	28.2595	30.5780
16	23.5418	23.9774	24.4564	24.9901	25.5950	26.2962	27.1356	28.1908	29.6332	31.9999
17	24.7690	25.2150	25.7053	26.2514	26.8701	27.5871	28.4449	29.5227	30.9950	33.4087
18	25.9894	26.4455	26.9467	27.5049	28.1370	28.8693	29.7450	30.8447	32.3462	34.8052
19	27.2036	27.6695	28.1813	28.7512	29.3964	30.1435	31.0367	32.1577	33.6874	36.1908
20	28.4120	28.8874	29.4097	29.9910	30.6488	31.4104	32.3206	33.4623	35.0196	37.5663
21	29.6151	30.0998	30.6322	31.2246	31.8949	32.6706	33.5972	34.7593	36.3434	38.9322
22	30.8133	31.3071	31.8494	32.4526	33.1350	33.9245	34.8672	36.0491	37.6595	40.2894
23	32.0069	32.5096	33.0616	33.6754	34.3696	35.1725	36.1310	37.3323	38.9683	41.6383
24	33.1962	33.7077	34.2690	34.8932	35.5989	36.4150	37.3891	38.6093	40.2703	42.9798
25	34.3816	34.9015	35.4721	36.1065	36.8235	37.6525	38.6417	39.8804	41.5660	44.3140
26	35.5632	36.0914	36.6711	37.3154	38.0435	38.8851	39.8891	41.1461	42.8558	45.6416
27	36.7412	37.2777	37.8662	38.5202	39.2593	40.1133	41.1318	42.4066	44.1399	46.9628
28	37.9159	38.4604	39.0577	39.7213	40.4710	41.3372	42.3699	43.6622	45.4188	48.2782
29	39.0875	39.6398	40.2456	40.9187	41.6789	42.5569	43.6038	44.9132	46.6926	49.5878
30	40.2560	40.8161	41.4303	42.1126	42.8831	43.7730	44.8335	46.1600	47.9618	50.8922
31	41.4217	41.9895	42.6120	43.3033	44.0840	44.9853	46.0595	47.4024	49.2263	52.1914
32	42.5847	43.1600	43.7906	44.4909	45.2815	46.1942	47.2817	48.6410	50.4867	53.4857
33	43.7452	44.3278	44.9664	45.6755	46.4759	47.3999	48.5005	49.8759	51.7429	54.7754
34	44.9032	45.4930	46.1395	46.8573	47.6674	48.6024	49.7159	51.1073	52.9953	56.0609
35	46.0588	46.6558	47.3101	48.0364	48.8560	49.8018	50.9281	52.3350	54.2439	57.3420
36	47.2122	47.8163	48.4782	49.2129	50.0420	50.9985	52.1372	53.5596	55.4889	58.6192
37	48.3634	48.9744	49.6440	50.3869	51.2253	52.1923	53.3435	54.7811	56.7304	59.8926
38	49.5126	50.1305	50.8074	51.5586	52.4060	53.3837	54.5470	55.9995	57.9689	61.1620
39	50.6598	51.2845	51.9688	52.7280	53.5845	54.5722	55.7477	57.2151	59.2040	62.4281
40	51.8050	52.4364	53.1280	53.8952	54.7606	55.7585	56.9459	58.4278	60.4361	63.6908
41	52.9485	53.5865	54.2852	55.0603	55.9345	56.9424	58.1415	59.6379	61.6654	64.9500
42	54.0902	54.7347	55.4405	56.2234	57.1062	58.1240	59.3348	60.8455	62.8918	66.2063
43	55.2302	55.8811	56.5940	57.3845	58.2759	59.3035	60.5257	62.0505	64.1156	67.4593
44	56.3685	57.0258	57.7456	58.5437	59.4436	60.4809	61.7144	63.2531	65.3367	68.7096
45	57.5053	58.1689	58.8955	59.7011	60.6094	61.6562	62.9010	64.4535	66.5552	69.9569
46	58.6405	59.3104	60.0437	60.8568	61.7734	62.8296	64.0855	65.6515	67.7714	71.2015
47	59.7743	60.4503	61.1903	62.0107	62.9355	64.0011	65.2679	66.8475	68.9852	72.4432
48	60.9066	61.5887	62.3353	63.1630	64.0959	65.1708	66.4484	68.0413	70.1967	73.6826
49	62.0375	62.7257	63.4788	64.3137	65.2547	66.3387	67.6270	69.2331	71.4060	74.9194
50	63.1671	63.8612	64.6209	65.4629	66.4117	67.5048	68.8039	70.4229	72.6132	76.1538
51	64.2954	64.9954	65.7615	66.6105	67.5673	68.6693	69.9789	71.6109	73.8183	77.3860
52	65.4224	66.1282	66.9006	67.7567	68.7212	69.8322	71.1521	72.7971	75.0215	78.6156
53	66.5482	67.2598	68.0385	68.9015	69.8737	70.9934	72.3238	73.9813	76.2225	79.8434
54	67.6728	68.3902	69.1751	70.0449	71.0248	72.1532	73.4938	75.1639	77.4217	81.0688
55	68.7962	69.5192	70.3104	71.1870	72.1744	73.3115	74.6622	76.3447	78.6191	82.2920
56	69.9185	70.6472	71.4444	72.3278	73.3227	74.4683	75.8291	77.5239	79.8148	83.5136
57	71.0397	71.7740	72.5773	73.4673	74.4697	75.6237	76.9944	78.7015	81.0085	84.7327
58	72.1598	72.8996	73.7090	74.6055	75.6153	76.7778	78.1583	79.8775	82.2007	85.9501
59	73.2789	74.0242	74.8395	75.7426	76.7597	77.9305	79.3208	81.0520	83.3911	87.1658
60	74.3970	75.1477	75.9689	76.8785	77.9029	79.0820	80.4820	82.2251	84.5799	88.3794

Ejemplo: Para un grado de libertad (k-c) de 23, el valor crítico es 32.0069 para 10% de nivel alpha (0.10), 35.1725 para 5% nivel alpha (0.05) y 41.6383 para 1% nivel alpha (0.01).

Valor Crítico de F (alpha para una cola al 0.1)

Numerador (DF)

$\alpha = 0.10$

Denominador DF	1	2	3	4	5	6	7	8	9	10	15	20	25	30	35	40	45	50	100	200	300	500	100000
1	39.86	49.50	53.59	55.83	57.24	58.20	58.91	59.44	59.86	60.19	61.22	61.74	62.05	62.26	62.42	62.53	62.62	62.69	63.01	63.17	63.22	63.26	63.33
2	8.53	9.00	9.16	9.24	9.29	9.33	9.35	9.37	9.38	9.39	9.42	9.44	9.45	9.46	9.46	9.47	9.47	9.47	9.48	9.49	9.49	9.49	9.49
3	5.54	5.46	5.39	5.34	5.31	5.28	5.27	5.25	5.24	5.23	5.20	5.18	5.17	5.17	5.16	5.16	5.16	5.15	5.14	5.14	5.14	5.14	5.13
4	4.54	4.32	4.19	4.11	4.05	4.01	3.98	3.95	3.94	3.92	3.87	3.84	3.83	3.82	3.81	3.80	3.80	3.80	3.78	3.77	3.77	3.76	3.76
5	4.06	3.78	3.62	3.52	3.45	3.40	3.37	3.34	3.32	3.30	3.24	3.21	3.19	3.17	3.16	3.16	3.15	3.15	3.13	3.12	3.11	3.11	3.11
6	3.78	3.46	3.29	3.18	3.11	3.05	3.01	2.98	2.96	2.94	2.87	2.84	2.81	2.80	2.79	2.78	2.77	2.77	2.75	2.73	2.73	2.73	2.72
7	3.59	3.26	3.07	2.96	2.88	2.83	2.78	2.75	2.72	2.70	2.63	2.59	2.57	2.56	2.54	2.54	2.53	2.52	2.50	2.48	2.48	2.48	2.47
8	3.46	3.11	2.92	2.81	2.73	2.67	2.62	2.59	2.56	2.54	2.46	2.42	2.40	2.38	2.37	2.36	2.35	2.35	2.32	2.31	2.30	2.30	2.29
9	3.36	3.01	2.81	2.69	2.61	2.55	2.51	2.47	2.44	2.42	2.34	2.30	2.27	2.25	2.24	2.23	2.22	2.22	2.19	2.17	2.17	2.17	2.16
10	3.29	2.92	2.73	2.61	2.52	2.46	2.41	2.38	2.35	2.32	2.24	2.20	2.17	2.16	2.14	2.13	2.12	2.12	2.09	2.07	2.07	2.06	2.06
15	3.07	2.70	2.49	2.36	2.27	2.21	2.16	2.12	2.09	2.06	1.97	1.92	1.89	1.87	1.86	1.85	1.84	1.83	1.79	1.77	1.77	1.76	1.76
20	2.97	2.59	2.38	2.25	2.16	2.09	2.04	2.00	1.96	1.94	1.84	1.79	1.76	1.74	1.72	1.71	1.70	1.69	1.65	1.63	1.62	1.62	1.61
25	2.92	2.53	2.32	2.18	2.09	2.02	1.97	1.93	1.89	1.87	1.77	1.72	1.68	1.66	1.64	1.63	1.62	1.61	1.56	1.54	1.53	1.53	1.52
30	2.88	2.49	2.28	2.14	2.05	1.98	1.93	1.88	1.85	1.82	1.72	1.67	1.63	1.61	1.59	1.57	1.56	1.55	1.51	1.48	1.47	1.47	1.46
35	2.85	2.46	2.25	2.11	2.02	1.95	1.90	1.85	1.82	1.79	1.69	1.63	1.60	1.57	1.55	1.53	1.52	1.51	1.47	1.44	1.43	1.42	1.41
40	2.84	2.44	2.23	2.09	2.00	1.93	1.87	1.83	1.79	1.76	1.66	1.61	1.57	1.54	1.52	1.51	1.49	1.48	1.43	1.41	1.40	1.39	1.38
45	2.82	2.42	2.21	2.07	1.98	1.91	1.85	1.81	1.77	1.74	1.64	1.58	1.55	1.52	1.50	1.48	1.47	1.46	1.41	1.38	1.37	1.36	1.35
50	2.81	2.41	2.20	2.06	1.97	1.90	1.84	1.80	1.76	1.73	1.63	1.57	1.53	1.50	1.48	1.46	1.45	1.44	1.39	1.36	1.35	1.34	1.33
100	2.76	2.36	2.14	2.00	1.91	1.83	1.78	1.73	1.69	1.66	1.56	1.49	1.45	1.42	1.40	1.38	1.37	1.35	1.29	1.26	1.24	1.23	1.21
200	2.73	2.33	2.11	1.97	1.88	1.80	1.75	1.70	1.66	1.63	1.52	1.46	1.41	1.38	1.36	1.34	1.32	1.31	1.24	1.20	1.18	1.17	1.14
300	2.72	2.32	2.10	1.96	1.87	1.79	1.74	1.69	1.65	1.62	1.51	1.45	1.40	1.37	1.34	1.32	1.31	1.29	1.22	1.18	1.16	1.14	1.12
500	2.72	2.31	2.09	1.96	1.86	1.79	1.73	1.68	1.64	1.61	1.50	1.44	1.39	1.36	1.33	1.31	1.30	1.28	1.21	1.16	1.14	1.12	1.09
100000	2.71	2.30	2.08	1.94	1.85	1.77	1.72	1.67	1.63	1.60	1.49	1.42	1.38	1.34	1.32	1.30	1.28	1.26	1.19	1.13	1.11	1.08	1.01

Ejemplo: Para un alpha en la cola derecha de 10% con 10 grados de libertad en el numerador y 15 grados de libertad en el denominador, el valor critic F es 2.06.

Valor Crítico de F (alpha para una cola al 0.05)

α =0.05

Denominador DF	Numerador (DF) 1	2	3	4	5	6	7	8	9	10	15	20	25	30	35	40	45	50	100	200	300	500	100000
1	161	199	216	225	230	234	237	239	241	242	246	248	249	250	251	251	251	252	253	254	254	254	254
2	18.51	19.00	19.16	19.25	19.30	19.33	19.35	19.37	19.38	19.40	19.43	19.45	19.46	19.46	19.47	19.47	19.47	19.48	19.49	19.49	19.49	19.49	19.50
3	10.13	9.55	9.28	9.12	9.01	8.94	8.89	8.85	8.81	8.79	8.70	8.66	8.63	8.62	8.60	8.59	8.59	8.58	8.55	8.54	8.54	8.53	8.53
4	7.71	6.94	6.59	6.39	6.26	6.16	6.09	6.04	6.00	5.96	5.86	5.80	5.77	5.75	5.73	5.72	5.71	5.70	5.66	5.65	5.64	5.64	5.63
5	6.61	5.79	5.41	5.19	5.05	4.95	4.88	4.82	4.77	4.74	4.62	4.56	4.52	4.50	4.48	4.46	4.45	4.44	4.41	4.39	4.38	4.37	4.37
6	5.99	5.14	4.76	4.53	4.39	4.28	4.21	4.15	4.10	4.06	3.94	3.87	3.83	3.81	3.79	3.77	3.76	3.75	3.71	3.69	3.68	3.68	3.67
7	5.59	4.74	4.35	4.12	3.97	3.87	3.79	3.73	3.68	3.64	3.51	3.44	3.40	3.38	3.36	3.34	3.33	3.32	3.27	3.25	3.24	3.24	3.23
8	5.32	4.46	4.07	3.84	3.69	3.58	3.50	3.44	3.39	3.35	3.22	3.15	3.11	3.08	3.06	3.04	3.03	3.02	2.97	2.95	2.94	2.94	2.93
9	5.12	4.26	3.86	3.63	3.48	3.37	3.29	3.23	3.18	3.14	3.01	2.94	2.89	2.86	2.84	2.83	2.81	2.80	2.76	2.73	2.72	2.72	2.71
10	4.96	4.10	3.71	3.48	3.33	3.22	3.14	3.07	3.02	2.98	2.85	2.77	2.73	2.70	2.68	2.66	2.65	2.64	2.59	2.56	2.55	2.55	2.54
15	4.54	3.68	3.29	3.06	2.90	2.79	2.71	2.64	2.59	2.54	2.40	2.33	2.28	2.25	2.22	2.20	2.19	2.18	2.12	2.10	2.09	2.08	2.07
20	4.35	3.49	3.10	2.87	2.71	2.60	2.51	2.45	2.39	2.35	2.20	2.12	2.07	2.04	2.01	1.99	1.98	1.97	1.91	1.88	1.86	1.86	1.84
25	4.24	3.39	2.99	2.76	2.60	2.49	2.40	2.34	2.28	2.24	2.09	2.01	1.96	1.92	1.89	1.87	1.86	1.84	1.78	1.75	1.73	1.73	1.71
30	4.17	3.32	2.92	2.69	2.53	2.42	2.33	2.27	2.21	2.16	2.01	1.93	1.88	1.84	1.81	1.79	1.77	1.76	1.70	1.66	1.65	1.64	1.62
35	4.12	3.27	2.87	2.64	2.49	2.37	2.29	2.22	2.16	2.11	1.96	1.88	1.82	1.79	1.76	1.74	1.72	1.70	1.63	1.60	1.58	1.57	1.56
40	4.08	3.23	2.84	2.61	2.45	2.34	2.25	2.18	2.12	2.08	1.92	1.84	1.78	1.74	1.72	1.69	1.67	1.66	1.59	1.55	1.54	1.53	1.51
45	4.06	3.20	2.81	2.58	2.42	2.31	2.22	2.15	2.10	2.05	1.89	1.81	1.75	1.71	1.68	1.66	1.64	1.63	1.55	1.51	1.50	1.49	1.47
50	4.03	3.18	2.79	2.56	2.40	2.29	2.20	2.13	2.07	2.03	1.87	1.78	1.73	1.69	1.66	1.63	1.61	1.60	1.52	1.48	1.47	1.46	1.44
100	3.94	3.09	2.70	2.46	2.31	2.19	2.10	2.03	1.97	1.93	1.77	1.68	1.62	1.57	1.54	1.52	1.49	1.48	1.39	1.34	1.32	1.31	1.28
200	3.89	3.04	2.65	2.42	2.26	2.14	2.06	1.98	1.93	1.88	1.72	1.62	1.56	1.52	1.48	1.46	1.43	1.41	1.32	1.26	1.24	1.22	1.19
300	3.87	3.03	2.63	2.40	2.24	2.13	2.04	1.97	1.91	1.86	1.70	1.61	1.54	1.50	1.46	1.43	1.41	1.39	1.30	1.23	1.21	1.19	1.15
500	3.86	3.01	2.62	2.39	2.23	2.12	2.03	1.96	1.90	1.85	1.69	1.59	1.53	1.48	1.45	1.42	1.40	1.38	1.28	1.21	1.18	1.16	1.11
100000	3.84	3.00	2.60	2.37	2.21	2.10	2.01	1.94	1.88	1.83	1.67	1.57	1.51	1.46	1.42	1.39	1.37	1.35	1.24	1.17	1.14	1.11	1.01

Valor Crítico de F (alpha para una cola al 0.025)

α = 0.025

Denominador DF	Numerador (DF)																						
	1	2	3	4	5	6	7	8	9	10	15	20	25	30	35	40	45	50	100	200	300	500	100000
1	648	799	864	900	922	937	948	957	963	969	985	993	998	1001	1004	1006	1007	1008	1013	1016	1017	1017	1018
2	38.51	39.00	39.17	39.25	39.30	39.33	39.36	39.37	39.39	39.40	39.43	39.45	39.46	39.46	39.47	39.47	39.48	39.48	39.49	39.49	39.49	39.50	39.50
3	17.44	16.04	15.44	15.10	14.88	14.73	14.62	14.54	14.47	14.42	14.25	14.17	14.12	14.08	14.06	14.04	14.02	14.01	13.96	13.93	13.92	13.91	13.90
4	12.22	10.65	9.98	9.60	9.36	9.20	9.07	8.98	8.90	8.84	8.66	8.56	8.50	8.46	8.43	8.41	8.39	8.38	8.32	8.29	8.28	8.27	8.26
5	10.01	8.43	7.76	7.39	7.15	6.98	6.85	6.76	6.68	6.62	6.43	6.33	6.27	6.23	6.20	6.18	6.16	6.14	6.08	6.05	6.04	6.03	6.02
6	8.81	7.26	6.60	6.23	5.99	5.82	5.70	5.60	5.52	5.46	5.27	5.17	5.11	5.07	5.04	5.01	4.99	4.98	4.92	4.88	4.87	4.86	4.85
7	8.07	6.54	5.89	5.52	5.29	5.12	4.99	4.90	4.82	4.76	4.57	4.47	4.40	4.36	4.33	4.31	4.29	4.28	4.21	4.18	4.17	4.16	4.14
8	7.57	6.06	5.42	5.05	4.82	4.65	4.53	4.43	4.36	4.30	4.10	4.00	3.94	3.89	3.86	3.84	3.82	3.81	3.74	3.70	3.69	3.68	3.67
9	7.21	5.71	5.08	4.72	4.48	4.32	4.20	4.10	4.03	3.96	3.77	3.67	3.60	3.56	3.53	3.51	3.49	3.47	3.40	3.37	3.36	3.35	3.33
10	6.94	5.46	4.83	4.47	4.24	4.07	3.95	3.85	3.78	3.72	3.52	3.42	3.35	3.31	3.28	3.26	3.24	3.22	3.15	3.12	3.10	3.09	3.08
15	6.20	4.77	4.15	3.80	3.58	3.41	3.29	3.20	3.12	3.06	2.86	2.76	2.69	2.64	2.61	2.59	2.56	2.55	2.47	2.44	2.42	2.41	2.40
20	5.87	4.46	3.86	3.51	3.29	3.13	3.01	2.91	2.84	2.77	2.57	2.46	2.40	2.35	2.31	2.29	2.27	2.25	2.17	2.13	2.11	2.10	2.09
25	5.69	4.29	3.69	3.35	3.13	2.97	2.85	2.75	2.68	2.61	2.41	2.30	2.23	2.18	2.15	2.12	2.10	2.08	2.00	1.95	1.94	1.92	1.91
30	5.57	4.18	3.59	3.25	3.03	2.87	2.75	2.65	2.57	2.51	2.31	2.20	2.12	2.07	2.04	2.01	1.99	1.97	1.88	1.84	1.82	1.81	1.79
35	5.48	4.11	3.52	3.18	2.96	2.80	2.68	2.58	2.50	2.44	2.23	2.12	2.05	2.00	1.96	1.93	1.91	1.89	1.80	1.75	1.74	1.72	1.70
40	5.42	4.05	3.46	3.13	2.90	2.74	2.62	2.53	2.45	2.39	2.18	2.07	1.99	1.94	1.90	1.88	1.85	1.83	1.74	1.69	1.67	1.66	1.64
45	5.38	4.01	3.42	3.09	2.86	2.70	2.58	2.49	2.41	2.35	2.14	2.03	1.95	1.90	1.86	1.83	1.81	1.79	1.69	1.64	1.62	1.61	1.59
50	5.34	3.97	3.39	3.05	2.83	2.67	2.55	2.46	2.38	2.32	2.11	1.99	1.92	1.87	1.83	1.80	1.77	1.75	1.66	1.60	1.58	1.57	1.55
100	5.18	3.83	3.25	2.92	2.70	2.54	2.42	2.32	2.24	2.18	1.97	1.85	1.77	1.71	1.67	1.64	1.61	1.59	1.48	1.42	1.40	1.38	1.35
200	5.10	3.76	3.18	2.85	2.63	2.47	2.35	2.26	2.18	2.11	1.90	1.78	1.70	1.64	1.60	1.56	1.53	1.51	1.39	1.32	1.29	1.27	1.23
300	5.07	3.73	3.16	2.83	2.61	2.45	2.33	2.23	2.16	2.09	1.88	1.75	1.67	1.62	1.57	1.54	1.51	1.48	1.36	1.28	1.25	1.23	1.18
500	5.05	3.72	3.14	2.81	2.59	2.43	2.31	2.22	2.14	2.07	1.86	1.74	1.65	1.60	1.55	1.52	1.49	1.46	1.34	1.25	1.22	1.19	1.14
100000	5.02	3.69	3.12	2.79	2.57	2.41	2.29	2.19	2.11	2.05	1.83	1.71	1.63	1.57	1.52	1.48	1.45	1.43	1.30	1.21	1.17	1.13	1.01

Valor Crítico de F (alpha para una cola al 0.01)

$\alpha = 0.01$

Numerador (DF)

Denominador DF	1	2	3	4	5	6	7	8	9	10	15	20	25	30	35	40	45	50	100	200	300	500	100000
1	4052	4999	5404	5624	5764	5859	5928	5981	6022	6056	6157	6209	6240	6260	6275	6286	6296	6302	6334	6350	6355	6360	6366
2	98.50	99.00	99.16	99.25	99.30	99.33	99.36	99.38	99.39	99.40	99.43	99.45	99.46	99.47	99.47	99.48	99.48	99.48	99.49	99.49	99.50	99.50	99.50
3	34.12	30.82	29.46	28.71	28.24	27.91	27.67	27.49	27.34	27.23	26.87	26.69	26.58	26.50	26.45	26.41	26.38	26.35	26.24	26.18	26.16	26.15	26.13
4	21.20	18.00	16.69	15.98	15.52	15.21	14.98	14.80	14.66	14.55	14.20	14.02	13.91	13.84	13.79	13.75	13.71	13.69	13.58	13.52	13.50	13.49	13.46
5	16.26	13.27	12.06	11.39	10.97	10.67	10.46	10.29	10.16	10.05	9.72	9.55	9.45	9.38	9.33	9.29	9.26	9.24	9.13	9.08	9.06	9.04	9.02
6	13.75	10.92	9.78	9.15	8.75	8.47	8.26	8.10	7.98	7.87	7.56	7.40	7.30	7.23	7.18	7.14	7.11	7.09	6.99	6.93	6.92	6.90	6.88
7	12.25	9.55	8.45	7.85	7.46	7.19	6.99	6.84	6.72	6.62	6.31	6.16	6.06	5.99	5.94	5.91	5.88	5.86	5.75	5.70	5.68	5.67	5.65
8	11.26	8.65	7.59	7.01	6.63	6.37	6.18	6.03	5.91	5.81	5.52	5.36	5.26	5.20	5.15	5.12	5.09	5.07	4.96	4.91	4.89	4.88	4.86
9	10.56	8.02	6.99	6.42	6.06	5.80	5.61	5.47	5.35	5.26	4.96	4.81	4.71	4.65	4.60	4.57	4.54	4.52	4.41	4.36	4.35	4.33	4.31
10	10.04	7.56	6.55	5.99	5.64	5.39	5.20	5.06	4.94	4.85	4.56	4.41	4.31	4.25	4.20	4.17	4.14	4.12	4.01	3.96	3.94	3.93	3.91
15	8.68	6.36	5.42	4.89	4.56	4.32	4.14	4.00	3.89	3.80	3.52	3.37	3.28	3.21	3.17	3.13	3.10	3.08	2.98	2.92	2.91	2.89	2.87
20	8.10	5.85	4.94	4.43	4.10	3.87	3.70	3.56	3.46	3.37	3.09	2.94	2.84	2.78	2.73	2.69	2.67	2.64	2.54	2.48	2.46	2.44	2.42
25	7.77	5.57	4.68	4.18	3.85	3.63	3.46	3.32	3.22	3.13	2.85	2.70	2.60	2.54	2.49	2.45	2.42	2.40	2.29	2.23	2.21	2.19	2.17
30	7.56	5.39	4.51	4.02	3.70	3.47	3.30	3.17	3.07	2.98	2.70	2.55	2.45	2.39	2.34	2.30	2.27	2.25	2.13	2.07	2.05	2.03	2.01
35	7.42	5.27	4.40	3.91	3.59	3.37	3.20	3.07	2.96	2.88	2.60	2.44	2.35	2.28	2.23	2.19	2.16	2.14	2.02	1.96	1.94	1.92	1.89
40	7.31	5.18	4.31	3.83	3.51	3.29	3.12	2.99	2.89	2.80	2.52	2.37	2.27	2.20	2.15	2.11	2.08	2.06	1.94	1.87	1.85	1.83	1.80
45	7.23	5.11	4.25	3.77	3.45	3.23	3.07	2.94	2.83	2.74	2.46	2.31	2.21	2.14	2.09	2.05	2.02	2.00	1.88	1.81	1.79	1.77	1.74
50	7.17	5.06	4.20	3.72	3.41	3.19	3.02	2.89	2.78	2.70	2.42	2.27	2.17	2.10	2.05	2.01	1.97	1.95	1.82	1.76	1.73	1.71	1.68
100	6.90	4.82	3.98	3.51	3.21	2.99	2.82	2.69	2.59	2.50	2.22	2.07	1.97	1.89	1.84	1.80	1.76	1.74	1.60	1.52	1.49	1.47	1.43
200	6.76	4.71	3.88	3.41	3.11	2.89	2.73	2.60	2.50	2.41	2.13	1.97	1.87	1.79	1.74	1.69	1.66	1.63	1.48	1.39	1.36	1.33	1.28
300	6.72	4.68	3.85	3.38	3.08	2.86	2.70	2.57	2.47	2.38	2.10	1.94	1.84	1.76	1.70	1.66	1.62	1.59	1.44	1.35	1.31	1.28	1.22
500	6.69	4.65	3.82	3.36	3.05	2.84	2.68	2.55	2.44	2.36	2.07	1.92	1.81	1.74	1.68	1.63	1.60	1.57	1.41	1.31	1.27	1.23	1.16
100000	6.64	4.61	3.78	3.32	3.02	2.80	2.64	2.51	2.41	2.32	2.04	1.88	1.77	1.70	1.64	1.59	1.55	1.52	1.36	1.25	1.20	1.15	1.01

(Maduración 1 años al 5% Tasa Libre de Riesgo), Volatilidad (Volatility) y Cociente de Rendimiento (% in-the-money)

Real Options Analysis Value *(1-Year Maturity at 5% Risk-free Rate)*

Profitability Ratio (% in-the-money)

Volatility	-99%	-90%	-80%	-70%	-60%	-50%	-40%	-30%	-20%	-10%	0%	10%	20%	30%	40%	50%	60%	70%	80%	90%	100%
1%	0.00%	0.00%	0.00%	0.00%	0.00%	0.00%	0.00%	0.00%	0.00%	0.00%	4.88%	13.52%	20.73%	26.83%	32.06%	36.58%	40.55%	44.05%	47.15%	49.94%	52.44%
3%	0.00%	0.00%	0.00%	0.00%	0.00%	0.00%	0.00%	0.00%	0.00%	0.00%	4.94%	13.52%	20.73%	26.83%	32.06%	36.58%	40.55%	44.05%	47.15%	49.94%	52.44%
5%	0.00%	0.00%	0.00%	0.00%	0.00%	0.00%	0.00%	0.00%	0.00%	0.34%	5.28%	13.53%	20.73%	26.83%	32.06%	36.58%	40.55%	44.05%	47.15%	49.94%	52.44%
7%	0.00%	0.00%	0.00%	0.00%	0.00%	0.00%	0.00%	0.00%	0.02%	0.88%	5.83%	13.57%	20.73%	26.83%	32.06%	36.58%	40.55%	44.05%	47.15%	49.94%	52.44%
9%	0.00%	0.00%	0.00%	0.00%	0.00%	0.00%	0.00%	0.00%	0.10%	1.52%	6.47%	13.71%	20.74%	26.83%	32.06%	36.58%	40.55%	44.05%	47.15%	49.94%	52.44%
11%	0.00%	0.00%	0.00%	0.00%	0.00%	0.00%	0.00%	0.01%	0.30%	2.22%	7.15%	13.97%	20.79%	26.83%	32.06%	36.58%	40.55%	44.05%	47.15%	49.94%	52.44%
13%	0.00%	0.00%	0.00%	0.00%	0.00%	0.00%	0.00%	0.05%	0.60%	2.96%	7.86%	14.32%	20.90%	26.86%	32.06%	36.58%	40.55%	44.03%	47.15%	49.94%	52.44%
15%	0.00%	0.00%	0.00%	0.00%	0.00%	0.00%	0.00%	0.13%	1.01%	3.72%	8.59%	14.76%	21.08%	26.92%	32.07%	36.59%	40.55%	44.05%	47.15%	49.94%	52.44%
17%	0.00%	0.00%	0.00%	0.00%	0.00%	0.00%	0.01%	0.28%	1.49%	4.49%	9.33%	15.24%	21.33%	27.02%	32.11%	36.60%	40.55%	44.05%	47.15%	49.94%	52.44%
19%	0.00%	0.00%	0.00%	0.00%	0.00%	0.00%	0.05%	0.50%	2.03%	5.26%	10.08%	15.78%	21.63%	27.17%	32.18%	36.63%	40.56%	44.03%	47.15%	49.94%	52.44%
21%	0.00%	0.00%	0.00%	0.00%	0.00%	0.01%	0.13%	0.78%	2.63%	6.05%	10.83%	16.34%	21.99%	27.37%	32.28%	36.67%	40.58%	44.06%	47.16%	49.94%	52.44%
23%	0.00%	0.00%	0.00%	0.00%	0.00%	0.02%	0.24%	1.13%	3.26%	6.84%	11.58%	16.94%	22.40%	27.62%	32.42%	36.75%	40.62%	44.08%	47.16%	49.94%	52.44%
25%	0.00%	0.00%	0.00%	0.00%	0.00%	0.05%	0.40%	1.54%	3.93%	7.63%	12.34%	17.55%	22.84%	27.91%	32.60%	36.85%	40.68%	44.11%	47.17%	49.95%	52.45%
27%	0.00%	0.00%	0.00%	0.00%	0.00%	0.11%	0.61%	2.00%	4.62%	8.43%	13.09%	18.18%	23.31%	28.23%	32.81%	36.99%	40.76%	44.16%	47.21%	49.97%	52.46%
29%	0.00%	0.00%	0.00%	0.00%	0.01%	0.18%	0.86%	2.50%	5.33%	9.22%	13.85%	18.82%	23.81%	28.60%	33.06%	37.16%	40.87%	44.23%	47.26%	49.99%	52.47%
31%	0.00%	0.00%	0.00%	0.00%	0.03%	0.29%	1.17%	3.05%	6.06%	10.02%	14.61%	19.47%	24.33%	28.99%	33.33%	37.35%	41.01%	44.32%	47.32%	50.03%	52.50%
33%	0.00%	0.00%	0.00%	0.00%	0.05%	0.44%	1.52%	3.63%	6.80%	10.82%	15.37%	20.13%	24.87%	29.41%	33.66%	37.58%	41.18%	44.43%	47.39%	50.09%	52.53%
35%	0.00%	0.00%	0.00%	0.01%	0.12%	0.62%	1.92%	4.24%	7.55%	11.62%	16.13%	20.80%	25.42%	29.85%	34.00%	37.84%	41.36%	44.57%	47.49%	50.16%	52.58%
37%	0.00%	0.00%	0.00%	0.02%	0.18%	0.85%	2.35%	4.88%	8.32%	12.42%	16.89%	21.47%	25.99%	30.31%	34.36%	38.12%	41.57%	44.73%	47.61%	50.24%	52.65%
39%	0.00%	0.00%	0.00%	0.03%	0.27%	1.10%	2.82%	5.54%	9.09%	13.21%	17.64%	22.15%	26.57%	30.79%	34.75%	38.42%	41.81%	44.91%	47.75%	50.35%	52.73%
41%	0.00%	0.00%	0.00%	0.05%	0.39%	1.39%	3.33%	6.22%	9.86%	14.01%	18.40%	22.83%	27.16%	31.28%	35.15%	38.75%	42.07%	45.11%	47.91%	50.47%	52.82%
43%	0.00%	0.00%	0.00%	0.08%	0.53%	1.73%	3.87%	6.91%	10.64%	14.80%	19.16%	23.52%	27.75%	31.79%	35.57%	39.09%	42.34%	45.34%	48.09%	50.62%	52.94%
45%	0.00%	0.00%	0.00%	0.13%	0.72%	2.10%	4.44%	7.62%	11.43%	15.60%	19.91%	24.20%	28.36%	32.30%	36.01%	39.46%	42.64%	45.58%	48.29%	50.78%	53.06%
47%	0.00%	0.00%	0.01%	0.19%	0.91%	2.50%	5.03%	8.35%	12.22%	16.39%	20.67%	24.89%	28.97%	32.83%	36.46%	39.83%	42.96%	45.84%	48.50%	50.93%	53.21%
49%	0.00%	0.00%	0.02%	0.26%	1.14%	2.93%	5.64%	9.09%	13.01%	17.18%	21.42%	25.58%	29.58%	33.37%	36.92%	40.23%	43.29%	46.12%	48.74%	51.15%	53.37%
51%	0.00%	0.00%	0.03%	0.36%	1.41%	3.39%	6.28%	9.83%	13.80%	17.97%	22.17%	26.27%	30.20%	33.91%	37.39%	40.63%	43.64%	46.42%	48.99%	51.36%	53.55%
53%	0.00%	0.00%	0.05%	0.48%	1.71%	3.90%	6.94%	10.59%	14.60%	18.76%	22.92%	26.96%	30.82%	34.46%	37.88%	41.03%	44.00%	46.73%	49.25%	51.58%	53.74%
55%	0.00%	0.00%	0.08%	0.62%	2.03%	4.42%	7.61%	11.35%	15.40%	19.55%	23.66%	27.65%	31.44%	35.02%	38.37%	41.48%	44.37%	47.05%	49.53%	51.82%	53.95%
57%	0.00%	0.00%	0.11%	0.78%	2.39%	4.96%	8.30%	12.12%	16.20%	20.33%	24.41%	28.34%	32.07%	35.58%	38.87%	41.92%	44.76%	47.39%	49.82%	52.08%	54.16%
59%	0.00%	0.00%	0.16%	0.97%	2.78%	5.54%	9.00%	12.90%	16.99%	21.12%	25.15%	29.03%	32.70%	36.15%	39.37%	42.37%	45.15%	47.73%	50.12%	52.34%	54.40%
61%	0.00%	0.00%	0.21%	1.18%	3.19%	6.13%	9.72%	13.68%	17.79%	21.90%	25.89%	29.72%	33.33%	36.72%	39.88%	42.82%	45.56%	48.09%	50.44%	52.62%	54.64%
63%	0.00%	0.00%	0.29%	1.42%	3.63%	6.74%	10.44%	14.46%	18.59%	22.68%	26.63%	30.40%	33.96%	37.29%	40.40%	43.29%	45.97%	48.46%	50.76%	52.91%	54.90%
65%	0.00%	0.00%	0.37%	1.69%	4.10%	7.37%	11.18%	15.25%	19.39%	23.45%	27.37%	31.09%	34.59%	37.87%	40.92%	43.75%	46.39%	48.83%	51.10%	53.21%	55.16%
67%	0.00%	0.00%	0.48%	1.98%	4.59%	8.02%	11.92%	16.04%	20.18%	24.23%	28.10%	31.78%	35.22%	38.44%	41.44%	44.23%	46.82%	49.22%	51.44%	53.51%	55.44%
69%	0.00%	0.00%	0.59%	2.30%	5.11%	8.68%	12.68%	16.83%	20.98%	25.00%	28.84%	32.46%	35.86%	39.02%	41.97%	44.71%	47.25%	49.61%	51.80%	53.83%	55.73%
71%	0.00%	0.02%	0.73%	2.64%	5.65%	9.36%	13.44%	17.63%	21.77%	25.77%	29.57%	33.14%	36.49%	39.61%	42.50%	45.19%	47.69%	50.01%	52.16%	54.16%	56.02%
73%	0.00%	0.04%	0.88%	3.01%	6.21%	10.05%	14.21%	18.42%	22.56%	26.53%	30.29%	33.83%	37.12%	40.19%	43.04%	45.68%	48.13%	50.41%	52.52%	54.49%	56.32%
75%	0.00%	0.08%	1.05%	3.40%	6.79%	10.76%	14.98%	19.22%	23.35%	27.30%	31.02%	34.50%	37.75%	40.77%	43.57%	46.17%	48.58%	50.82%	52.90%	54.83%	56.63%
77%	0.00%	0.11%	1.26%	3.82%	7.38%	11.47%	15.76%	20.02%	24.14%	28.06%	31.74%	35.18%	38.38%	41.35%	44.11%	46.66%	49.03%	51.23%	53.28%	55.18%	56.95%
79%	0.00%	0.15%	1.48%	4.26%	8.00%	12.20%	16.54%	20.82%	24.93%	28.83%	32.46%	35.85%	39.01%	41.94%	44.65%	47.16%	49.49%	51.65%	53.66%	55.53%	57.27%
81%	0.00%	0.19%	1.72%	4.72%	8.63%	12.94%	17.32%	21.61%	25.71%	29.57%	33.18%	36.53%	39.64%	42.53%	45.19%	47.66%	49.95%	52.08%	54.05%	55.89%	57.60%
83%	0.00%	0.24%	1.98%	5.21%	9.28%	13.68%	18.11%	22.41%	26.49%	30.30%	33.89%	37.20%	40.27%	43.11%	45.73%	48.16%	50.41%	52.50%	54.45%	56.25%	57.94%
85%	0.00%	0.30%	2.26%	5.72%	9.94%	14.43%	18.90%	23.21%	27.27%	31.02%	34.60%	37.87%	40.89%	43.69%	46.27%	48.66%	50.88%	52.93%	54.84%	56.62%	58.28%
87%	0.00%	0.38%	2.57%	6.24%	10.62%	15.19%	19.70%	24.00%	28.05%	31.82%	35.31%	38.54%	41.52%	44.27%	46.81%	49.16%	51.34%	53.37%	55.23%	56.99%	58.63%
89%	0.00%	0.46%	2.90%	6.79%	11.30%	15.95%	20.49%	24.80%	28.83%	32.56%	36.02%	39.20%	42.14%	44.85%	47.36%	49.67%	51.81%	53.80%	55.65%	57.37%	58.98%
91%	0.00%	0.56%	3.25%	7.35%	12.00%	16.72%	21.29%	25.59%	29.60%	33.30%	36.72%	39.87%	42.76%	45.43%	47.90%	50.18%	52.28%	54.24%	56.06%	57.75%	59.33%
93%	0.00%	0.67%	3.62%	7.93%	12.71%	17.50%	22.09%	26.38%	30.37%	34.04%	37.42%	40.53%	43.38%	46.01%	48.44%	50.68%	52.76%	54.68%	56.47%	58.13%	59.69%
95%	0.00%	0.79%	4.01%	8.53%	13.43%	18.28%	22.88%	27.17%	31.13%	34.77%	38.11%	41.18%	44.00%	46.59%	48.98%	51.19%	53.23%	55.12%	56.88%	58.52%	60.05%
97%	0.00%	0.93%	4.43%	9.15%	14.16%	19.06%	23.68%	27.96%	31.90%	35.50%	38.81%	41.84%	44.61%	47.17%	49.52%	51.69%	53.70%	55.57%	57.30%	58.91%	60.41%
99%	0.00%	1.09%	4.86%	9.78%	14.90%	19.83%	24.48%	28.75%	32.66%	36.23%	39.50%	42.49%	45.23%	47.74%	50.06%	52.20%	54.18%	56.01%	57.71%	59.30%	60.78%
101%	0.00%	1.26%	5.32%	10.42%	15.65%	20.64%	25.28%	29.53%	33.41%	36.95%	40.18%	43.13%	45.84%	48.32%	50.60%	52.70%	54.65%	56.45%	58.13%	59.69%	61.14%

Example: Suppose a real option exists that has a $110 million present value of free cash flows (S), $100 million in implementation costs (X), 33% volatility, 5% risk-free rate, and a 1 year maturity. The calculated profitability ratio is $110/$100 or 10% in-the-money. Using the 1-year table, the option value as a percent of asset is 20.13% for a 10% profitability ratio and 33% volatility. This means that for the $110 asset value, the option value is 20.13% of $110 or $22.15 million. In addition, if the asset value were $330 million, then the option value is 20.13% of $330 million or $66.44 million as long as the maturity, profitability ratio and volatility remain constant for these tables.

(Maduración 3 años al 5% Tasa Libre de Riesgo), Volatilidad (Volatility) y Cociente de Rendimiento (% in-the-money)

Real Options Analysis Value *(3-Year Maturity at 5% Risk-free Rate)*

Profitability Ratio (% in-the-money)

Volatility	-99%	-90%	-80%	-70%	-60%	-50%	-40%	-30%	-20%	-10%	0%	10%	20%	30%	40%	50%	60%	70%	80%	90%	100%
1%	0.00%	0.00%	0.00%	0.00%	0.00%	0.00%	0.00%	0.00%	0.00%	4.37%	13.93%	21.75%	28.27%	33.79%	38.52%	42.62%	46.21%	49.37%	52.18%	54.70%	56.96%
3%	0.00%	0.00%	0.00%	0.00%	0.00%	0.00%	0.00%	0.00%	0.19%	4.92%	13.93%	21.75%	28.27%	33.79%	38.52%	42.62%	46.21%	49.37%	52.18%	54.70%	56.96%
5%	0.00%	0.00%	0.00%	0.00%	0.00%	0.00%	0.00%	0.03%	1.00%	6.00%	14.06%	21.76%	28.27%	33.79%	38.52%	42.62%	46.21%	49.37%	52.18%	54.70%	56.96%
7%	0.00%	0.00%	0.00%	0.00%	0.00%	0.00%	0.01%	0.24%	2.11%	7.23%	14.51%	21.84%	28.28%	33.79%	38.52%	42.62%	46.21%	49.37%	52.18%	54.70%	56.96%
9%	0.00%	0.00%	0.00%	0.00%	0.00%	0.00%	0.07%	0.74%	3.35%	8.51%	15.22%	22.09%	28.35%	33.81%	38.52%	42.62%	46.21%	49.37%	52.18%	54.70%	56.96%
11%	0.00%	0.00%	0.00%	0.00%	0.00%	0.02%	0.26%	1.49%	4.65%	9.81%	16.10%	22.54%	28.54%	33.88%	38.55%	42.63%	46.21%	49.37%	52.18%	54.70%	56.96%
13%	0.00%	0.00%	0.00%	0.00%	0.00%	0.08%	0.62%	2.42%	5.99%	11.12%	17.08%	23.14%	28.86%	34.03%	38.62%	42.66%	46.22%	49.38%	52.19%	54.70%	56.96%
15%	0.00%	0.00%	0.00%	0.00%	0.02%	0.22%	1.16%	3.47%	7.35%	12.44%	18.13%	23.87%	29.32%	34.29%	38.76%	42.73%	46.26%	49.40%	52.19%	54.71%	56.97%
17%	0.00%	0.00%	0.00%	0.00%	0.06%	0.49%	1.86%	4.62%	8.72%	13.76%	19.22%	24.69%	29.88%	34.66%	38.99%	42.87%	46.34%	49.44%	52.22%	54.72%	56.98%
19%	0.00%	0.00%	0.00%	0.01%	0.16%	0.88%	2.70%	5.84%	10.10%	15.08%	20.35%	25.57%	30.53%	35.13%	39.31%	43.08%	46.48%	49.53%	52.28%	54.76%	57.00%
21%	0.00%	0.00%	0.00%	0.03%	0.33%	1.40%	3.65%	7.10%	11.48%	16.40%	21.50%	26.51%	31.26%	35.67%	39.71%	43.37%	46.68%	49.67%	52.38%	54.83%	57.05%
23%	0.00%	0.00%	0.00%	0.08%	0.60%	2.05%	4.68%	8.40%	12.86%	17.72%	22.67%	27.48%	32.05%	36.28%	40.18%	43.72%	46.95%	49.87%	52.52%	54.93%	57.12%
25%	0.00%	0.00%	0.01%	0.18%	0.96%	2.80%	5.80%	9.72%	14.25%	19.04%	23.84%	28.49%	32.88%	36.96%	40.71%	44.14%	47.27%	50.12%	52.72%	55.08%	57.24%
27%	0.00%	0.00%	0.02%	0.32%	1.43%	3.66%	6.97%	11.07%	15.63%	20.35%	25.02%	29.52%	33.75%	37.68%	41.30%	44.62%	47.66%	50.43%	52.96%	55.27%	57.39%
29%	0.00%	0.00%	0.05%	0.54%	1.99%	4.60%	8.18%	12.43%	17.00%	21.65%	26.21%	30.56%	34.65%	38.44%	41.94%	45.15%	48.09%	50.78%	53.25%	55.51%	57.58%
31%	0.00%	0.00%	0.11%	0.83%	2.65%	5.61%	9.44%	13.79%	18.37%	22.96%	27.40%	31.62%	35.57%	39.23%	42.61%	45.72%	48.57%	51.19%	53.59%	55.79%	57.82%
33%	0.00%	0.01%	0.19%	1.20%	3.40%	6.69%	10.73%	15.17%	19.74%	24.25%	28.59%	32.68%	36.51%	40.05%	43.32%	46.33%	49.09%	51.63%	53.97%	56.11%	58.09%
35%	0.00%	0.01%	0.32%	1.65%	4.23%	7.82%	12.04%	16.55%	21.10%	25.54%	29.78%	33.76%	37.46%	40.89%	44.06%	46.97%	49.65%	52.12%	54.38%	56.48%	58.41%
37%	0.00%	0.02%	0.50%	2.18%	5.14%	9.01%	13.38%	17.93%	22.46%	26.83%	30.96%	34.84%	38.43%	41.75%	44.82%	47.64%	50.24%	52.63%	54.84%	56.87%	58.73%
39%	0.00%	0.04%	0.73%	2.80%	6.11%	10.23%	14.73%	19.31%	23.81%	28.10%	32.13%	35.92%	39.41%	42.63%	45.60%	48.34%	50.85%	53.18%	55.32%	57.30%	59.13%
41%	0.00%	0.07%	1.03%	3.49%	7.15%	11.48%	16.09%	20.69%	25.15%	29.37%	33.33%	37.00%	40.39%	43.52%	46.40%	49.05%	51.49%	53.75%	55.83%	57.73%	59.54%
43%	0.00%	0.12%	1.38%	4.26%	8.24%	12.77%	17.46%	22.07%	26.49%	30.64%	34.50%	38.08%	41.38%	44.41%	47.21%	49.78%	52.15%	54.34%	56.36%	58.24%	59.97%
45%	0.00%	0.19%	1.81%	5.10%	9.38%	14.08%	18.83%	23.44%	27.81%	31.89%	35.67%	39.16%	42.37%	45.32%	48.02%	50.53%	52.83%	54.96%	56.92%	58.74%	60.43%
47%	0.00%	0.28%	2.30%	6.00%	10.56%	15.40%	20.21%	24.81%	29.13%	33.14%	36.83%	40.23%	43.36%	46.22%	48.86%	51.29%	53.53%	55.59%	57.50%	59.26%	60.90%
49%	0.00%	0.41%	2.87%	6.96%	11.77%	16.73%	21.59%	26.18%	30.44%	34.38%	37.99%	41.31%	44.35%	47.14%	49.70%	52.05%	54.23%	56.23%	58.08%	59.81%	61.40%
51%	0.00%	0.58%	3.50%	7.97%	13.02%	18.06%	22.98%	27.53%	31.74%	35.61%	39.14%	42.38%	45.34%	48.05%	50.54%	52.83%	54.94%	56.89%	58.69%	60.36%	61.92%
53%	0.00%	0.79%	4.20%	9.04%	14.29%	19.47%	24.36%	28.88%	33.03%	36.82%	40.28%	43.44%	46.33%	48.97%	51.39%	53.61%	55.66%	57.56%	59.31%	60.93%	62.44%
55%	0.00%	1.03%	4.96%	10.15%	15.59%	20.84%	25.73%	30.22%	34.31%	38.03%	41.42%	44.50%	47.31%	49.88%	52.24%	54.40%	56.39%	58.23%	59.94%	61.52%	62.99%
57%	0.00%	1.36%	5.78%	11.31%	16.91%	22.22%	27.11%	31.55%	35.58%	39.24%	42.55%	45.55%	48.29%	50.79%	53.08%	55.19%	57.13%	58.92%	60.57%	62.11%	63.54%
59%	0.00%	1.72%	6.66%	12.49%	18.25%	23.60%	28.47%	32.88%	36.84%	40.43%	43.66%	46.60%	49.27%	51.70%	53.93%	55.98%	57.87%	59.61%	61.22%	62.71%	64.10%
61%	0.00%	2.13%	7.59%	13.72%	19.60%	24.98%	29.84%	34.19%	38.09%	41.61%	44.77%	47.64%	50.24%	52.61%	54.78%	56.77%	58.61%	60.30%	61.86%	63.32%	64.67%
63%	0.00%	2.60%	8.58%	14.97%	20.96%	26.36%	31.19%	35.49%	39.32%	42.77%	45.87%	48.67%	51.21%	53.52%	55.63%	57.57%	59.35%	60.99%	62.52%	63.93%	65.25%
65%	0.01%	3.13%	9.61%	16.25%	22.33%	27.74%	32.54%	36.78%	40.56%	43.93%	46.96%	49.69%	52.17%	54.42%	56.47%	58.36%	60.09%	61.69%	63.17%	64.55%	65.83%
67%	0.01%	3.72%	10.69%	17.55%	23.70%	29.12%	33.87%	38.06%	41.77%	45.08%	48.04%	50.71%	53.12%	55.31%	57.31%	59.15%	60.84%	62.39%	63.83%	65.17%	66.41%
69%	0.02%	4.36%	11.81%	18.87%	25.08%	30.49%	35.20%	39.33%	42.98%	46.21%	49.11%	51.71%	54.06%	56.20%	58.15%	59.94%	61.58%	63.09%	64.49%	65.79%	67.00%
71%	0.03%	5.05%	12.96%	20.20%	26.46%	31.83%	36.52%	40.59%	44.17%	47.34%	50.17%	52.71%	55.00%	57.08%	58.98%	60.72%	62.32%	63.79%	65.15%	66.42%	67.60%
73%	0.05%	5.81%	14.15%	21.51%	27.84%	33.21%	37.83%	41.83%	45.35%	48.45%	51.22%	53.69%	55.92%	57.96%	59.81%	61.50%	63.06%	64.49%	65.82%	67.05%	68.19%
75%	0.08%	6.61%	15.37%	22.91%	29.23%	34.56%	39.12%	43.06%	46.51%	49.55%	52.25%	54.67%	56.85%	58.83%	60.63%	62.28%	63.79%	65.18%	66.47%	67.67%	68.79%
77%	0.11%	7.47%	16.62%	24.28%	30.60%	35.90%	40.40%	44.28%	47.66%	50.64%	53.28%	55.64%	57.77%	59.69%	61.45%	63.06%	64.52%	65.88%	67.13%	68.30%	69.38%
79%	0.16%	8.38%	17.90%	25.63%	31.98%	37.23%	41.68%	45.49%	48.80%	51.71%	54.30%	56.60%	58.67%	60.55%	62.25%	63.81%	65.25%	66.57%	67.79%	68.92%	69.97%
81%	0.21%	9.33%	19.19%	27.03%	33.35%	38.55%	42.93%	46.68%	49.93%	52.78%	55.30%	57.54%	59.57%	61.39%	63.06%	64.57%	65.97%	67.25%	68.44%	69.54%	70.57%
83%	0.29%	10.33%	20.50%	28.41%	34.71%	39.86%	44.18%	47.86%	51.04%	53.83%	56.29%	58.48%	60.45%	62.23%	63.85%	65.33%	66.68%	67.93%	69.09%	70.16%	71.16%
85%	0.38%	11.37%	21.83%	29.79%	36.06%	41.16%	45.41%	49.02%	52.14%	54.86%	57.27%	59.41%	61.33%	63.06%	64.64%	66.07%	67.39%	68.61%	69.73%	70.78%	71.75%
87%	0.49%	12.45%	23.18%	31.17%	37.41%	42.45%	46.63%	50.17%	53.22%	55.89%	58.23%	60.32%	62.19%	63.88%	65.41%	66.81%	68.10%	69.28%	70.37%	71.39%	72.33%
89%	0.62%	13.57%	24.53%	32.55%	38.74%	43.72%	47.83%	51.31%	54.30%	56.89%	59.16%	61.18%	63.03%	64.69%	66.18%	67.55%	68.80%	69.95%	71.01%	72.00%	72.91%
91%	0.78%	14.72%	25.90%	33.93%	40.07%	44.98%	49.02%	52.43%	55.35%	57.89%	60.13%	62.11%	63.89%	65.49%	66.95%	68.27%	69.49%	70.61%	71.64%	72.60%	73.49%
93%	0.97%	15.91%	27.27%	35.30%	41.38%	46.22%	50.20%	53.54%	56.40%	58.88%	61.06%	62.99%	64.72%	66.28%	67.70%	68.99%	70.17%	71.26%	72.27%	73.20%	74.06%
95%	1.19%	17.12%	28.65%	36.68%	42.69%	47.46%	51.36%	54.63%	57.42%	59.83%	61.97%	63.86%	65.55%	67.07%	68.44%	69.70%	70.85%	71.91%	72.88%	73.79%	74.63%
97%	1.44%	18.37%	30.03%	38.01%	43.98%	48.67%	52.50%	55.70%	58.44%	60.80%	62.88%	64.72%	66.36%	67.84%	69.18%	70.40%	71.52%	72.55%	73.50%	74.38%	75.20%
99%	1.72%	19.63%	31.41%	39.36%	45.25%	49.87%	53.63%	56.77%	59.44%	61.75%	63.77%	65.56%	67.16%	68.60%	69.90%	71.09%	72.18%	73.18%	74.10%	74.96%	75.76%
101%	2.04%	20.92%	32.79%	40.70%	46.52%	51.06%	54.74%	57.81%	60.42%	62.67%	64.65%	66.39%	67.95%	69.35%	70.62%	71.77%	72.83%	73.81%	74.70%	75.54%	76.31%

(Maduración 5 años al 5% Tasa Libre de Riesgo), Volatilidad (Volatility) y Cociente de Rendimiento (% in-the-money)

Real Options Analysis Value *(5-Year Maturity at 5% Risk-free Rate)*

Profitability Ratio (% in-the-money)

Volatility	-99%	-90%	-80%	-70%	-60%	-50%	-40%	-30%	-20%	-10%	0%	10%	20%	30%	40%	50%	60%	70%	80%	90%	100%
1%	0.00%	0.00%	0.00%	0.00%	0.00%	0.00%	0.00%	0.00%	2.77%	13.47%	22.12%	29.20%	35.10%	40.09%	44.37%	48.08%	51.32%	54.19%	56.73%	59.01%	61.06%
3%	0.00%	0.00%	0.00%	0.00%	0.00%	0.00%	0.00%	0.17%	4.17%	13.50%	22.12%	29.20%	35.10%	40.09%	44.37%	48.08%	51.32%	54.19%	56.73%	59.01%	61.05%
5%	0.00%	0.00%	0.00%	0.00%	0.00%	0.00%	0.04%	1.07%	5.85%	13.95%	22.16%	29.20%	35.10%	40.09%	44.37%	48.08%	51.32%	54.19%	56.73%	59.01%	61.05%
7%	0.00%	0.00%	0.00%	0.00%	0.00%	0.01%	0.35%	2.43%	7.57%	14.86%	22.44%	29.26%	35.11%	40.09%	44.37%	48.08%	51.32%	54.19%	56.73%	59.01%	61.06%
9%	0.00%	0.00%	0.00%	0.00%	0.00%	0.12%	1.05%	3.99%	9.30%	16.05%	23.03%	29.50%	35.19%	40.12%	44.38%	48.08%	51.33%	54.19%	56.73%	59.01%	61.06%
11%	0.00%	0.00%	0.00%	0.00%	0.04%	0.43%	2.07%	5.66%	11.04%	17.39%	23.86%	29.95%	35.41%	40.22%	44.42%	48.10%	51.33%	54.19%	56.73%	59.01%	61.05%
13%	0.00%	0.00%	0.00%	0.01%	0.15%	1.00%	3.32%	7.38%	12.78%	18.81%	24.87%	30.60%	35.80%	40.44%	44.55%	48.17%	51.37%	54.21%	56.74%	59.02%	61.05%
15%	0.00%	0.00%	0.00%	0.03%	0.41%	1.80%	4.74%	9.14%	14.51%	20.28%	26.00%	31.40%	36.35%	40.80%	44.77%	48.31%	51.46%	54.26%	56.78%	59.04%	61.08%
17%	0.00%	0.00%	0.02%	0.12%	0.84%	2.82%	6.27%	10.91%	16.24%	21.78%	27.21%	32.33%	37.03%	41.29%	45.11%	48.55%	51.62%	54.37%	56.85%	59.09%	61.11%
19%	0.00%	0.00%	0.05%	0.29%	1.46%	4.01%	7.88%	12.69%	17.96%	23.31%	28.49%	33.35%	37.82%	41.89%	45.57%	48.88%	51.86%	54.56%	56.98%	59.18%	61.18%
21%	0.00%	0.00%	0.13%	0.58%	2.26%	5.34%	9.56%	14.47%	19.67%	24.84%	29.80%	34.43%	38.70%	42.59%	46.11%	49.31%	52.20%	54.81%	57.18%	59.34%	61.30%
23%	0.00%	0.00%	0.26%	1.00%	3.22%	6.78%	11.27%	16.26%	21.38%	26.39%	31.14%	35.57%	39.64%	43.36%	46.75%	49.82%	52.61%	55.14%	57.45%	59.55%	61.47%
25%	0.00%	0.00%	0.48%	1.57%	4.33%	8.30%	13.01%	18.04%	23.07%	27.93%	32.50%	36.75%	40.64%	44.21%	47.45%	50.41%	53.10%	55.55%	57.78%	59.83%	61.70%
27%	0.00%	0.01%	0.80%	2.29%	5.57%	9.90%	14.77%	19.81%	24.76%	29.47%	33.88%	37.95%	41.69%	45.10%	48.22%	51.06%	53.65%	56.02%	58.18%	60.16%	61.99%
29%	0.00%	0.04%	1.23%	3.15%	6.92%	11.55%	16.55%	21.58%	26.43%	31.01%	35.26%	39.18%	42.77%	46.05%	49.04%	51.77%	54.26%	56.55%	58.64%	60.56%	62.33%
31%	0.00%	0.08%	1.77%	4.24%	8.35%	13.24%	18.33%	23.33%	28.10%	32.54%	36.65%	40.42%	43.87%	47.02%	49.89%	52.52%	54.92%	57.13%	59.15%	61.01%	62.72%
33%	0.00%	0.16%	2.43%	5.24%	9.87%	14.96%	20.11%	25.08%	29.75%	34.07%	38.04%	41.68%	44.99%	48.02%	50.79%	53.31%	55.63%	57.75%	59.70%	61.50%	63.16%
35%	0.00%	0.28%	3.21%	6.46%	11.44%	16.71%	21.90%	26.81%	31.38%	35.59%	39.43%	42.94%	46.13%	49.05%	51.71%	54.14%	56.37%	58.41%	60.30%	62.03%	63.64%
37%	0.00%	0.46%	4.11%	7.77%	13.07%	18.48%	23.67%	28.53%	33.00%	37.09%	40.81%	44.20%	47.28%	50.09%	52.65%	54.99%	57.14%	59.11%	60.93%	62.60%	64.15%
39%	0.00%	0.70%	5.11%	9.17%	14.74%	20.25%	25.45%	30.24%	34.61%	38.59%	42.19%	45.46%	48.43%	51.14%	53.60%	55.86%	57.93%	59.83%	61.58%	63.20%	64.70%
41%	0.00%	1.03%	6.22%	10.64%	16.45%	22.03%	27.21%	31.93%	36.20%	40.07%	43.56%	46.72%	49.59%	52.20%	54.58%	56.75%	58.75%	60.58%	62.27%	63.83%	65.28%
43%	0.00%	1.44%	7.42%	12.18%	18.18%	23.82%	28.96%	33.60%	37.78%	41.54%	44.92%	47.98%	50.75%	53.26%	55.56%	57.65%	59.58%	61.34%	62.98%	64.48%	65.88%
45%	0.00%	1.94%	8.71%	13.77%	19.94%	25.60%	30.70%	35.26%	39.34%	42.99%	46.27%	49.23%	51.90%	54.33%	56.54%	58.57%	60.42%	62.13%	63.70%	65.15%	66.50%
47%	0.01%	2.53%	10.07%	15.41%	21.71%	27.38%	32.42%	36.90%	40.88%	44.43%	47.61%	50.47%	53.06%	55.40%	57.53%	59.48%	61.27%	62.92%	64.44%	65.98%	67.14%
49%	0.01%	3.23%	11.51%	17.09%	23.48%	29.15%	34.13%	38.52%	42.40%	45.86%	48.94%	51.71%	54.20%	56.47%	58.53%	60.41%	62.13%	63.72%	65.19%	66.54%	67.80%
51%	0.01%	4.02%	13.01%	18.79%	25.27%	30.91%	35.83%	40.12%	43.91%	47.26%	50.25%	52.93%	55.34%	57.53%	59.52%	61.33%	63.00%	64.53%	65.94%	67.25%	68.47%
53%	0.03%	4.90%	14.57%	20.53%	27.05%	32.66%	37.50%	41.71%	45.40%	48.65%	51.55%	54.14%	56.48%	58.59%	60.51%	62.26%	63.87%	65.34%	66.71%	67.97%	69.14%
55%	0.05%	5.88%	16.17%	22.28%	28.83%	34.39%	39.15%	43.27%	46.86%	50.03%	52.84%	55.34%	57.60%	59.64%	61.49%	63.18%	64.73%	66.16%	67.48%	68.70%	69.83%
57%	0.08%	6.95%	17.82%	24.05%	30.61%	36.11%	40.79%	44.81%	48.31%	51.38%	54.10%	56.53%	58.71%	60.68%	62.47%	64.11%	65.60%	66.98%	68.25%	69.42%	70.52%
59%	0.12%	8.10%	19.50%	25.83%	32.38%	37.81%	42.40%	46.33%	49.74%	52.72%	55.36%	57.71%	59.82%	61.72%	63.45%	65.02%	66.47%	67.79%	69.02%	70.15%	71.21%
61%	0.19%	9.33%	21.21%	27.61%	34.13%	39.50%	43.99%	47.83%	51.14%	54.04%	56.59%	58.87%	60.90%	62.74%	64.41%	65.93%	67.33%	68.61%	69.79%	70.89%	71.90%
63%	0.28%	10.64%	22.95%	29.39%	35.88%	41.16%	45.56%	49.30%	52.52%	55.33%	57.81%	60.01%	61.98%	63.76%	65.37%	66.84%	68.18%	69.42%	70.56%	71.62%	72.60%
65%	0.39%	12.02%	24.70%	31.17%	37.61%	42.80%	47.11%	50.76%	53.89%	56.61%	59.01%	61.14%	63.04%	64.76%	66.32%	67.73%	69.03%	70.22%	71.32%	72.34%	73.29%
67%	0.55%	13.46%	26.47%	32.95%	39.32%	44.42%	48.64%	52.19%	55.23%	57.87%	60.19%	62.25%	64.09%	65.75%	67.25%	68.62%	69.87%	71.02%	72.09%	73.07%	73.98%
69%	0.74%	14.96%	28.25%	34.72%	41.01%	46.02%	50.14%	53.59%	56.55%	59.11%	61.36%	63.35%	65.13%	66.73%	68.18%	69.50%	70.71%	71.82%	72.84%	73.79%	74.67%
71%	0.99%	16.51%	30.03%	36.48%	42.69%	47.61%	51.61%	54.97%	57.84%	60.32%	62.50%	64.43%	66.15%	67.69%	69.09%	70.37%	71.53%	72.60%	73.59%	74.50%	75.35%
73%	1.28%	18.11%	31.81%	38.22%	44.34%	49.15%	53.06%	56.33%	59.11%	61.52%	63.63%	65.49%	67.15%	68.64%	69.99%	71.22%	72.35%	73.38%	74.33%	75.21%	76.03%
75%	1.63%	19.73%	33.60%	39.95%	45.97%	50.67%	54.49%	57.67%	60.36%	62.69%	64.73%	66.53%	68.13%	69.58%	70.88%	72.07%	73.15%	74.15%	75.06%	75.91%	76.70%
77%	2.04%	21.42%	35.37%	41.66%	47.58%	52.17%	55.89%	58.97%	61.59%	63.85%	65.82%	67.56%	69.10%	70.50%	71.75%	72.90%	73.94%	74.90%	75.79%	76.61%	77.37%
79%	2.52%	23.12%	37.14%	43.35%	49.16%	53.65%	57.26%	60.26%	62.79%	64.98%	66.88%	68.56%	70.06%	71.40%	72.61%	73.72%	74.72%	75.65%	76.50%	77.29%	78.03%
81%	3.06%	24.85%	38.91%	45.03%	50.71%	55.10%	58.61%	61.52%	63.97%	66.09%	67.93%	69.55%	70.99%	72.29%	73.46%	74.52%	75.49%	76.39%	77.21%	77.97%	78.68%
83%	3.68%	26.60%	40.64%	46.67%	52.25%	56.52%	59.93%	62.75%	65.13%	67.17%	68.95%	70.52%	71.91%	73.16%	74.29%	75.31%	76.25%	77.11%	77.90%	78.64%	79.32%
85%	4.37%	28.36%	42.37%	48.30%	53.75%	57.91%	61.23%	63.96%	66.26%	68.24%	69.96%	71.47%	72.81%	74.02%	75.10%	76.09%	76.99%	77.82%	78.59%	79.29%	79.95%
87%	5.13%	30.13%	44.08%	49.90%	55.23%	59.27%	62.50%	65.14%	67.38%	69.28%	70.94%	72.41%	73.69%	74.86%	75.90%	76.86%	77.73%	78.52%	79.26%	79.94%	80.57%
89%	5.97%	31.92%	45.77%	51.48%	56.68%	60.61%	63.74%	66.30%	68.46%	70.30%	71.90%	73.31%	74.56%	75.68%	76.69%	77.61%	78.44%	79.21%	79.92%	80.57%	81.18%
91%	6.88%	33.70%	47.43%	53.02%	58.10%	61.92%	64.95%	67.44%	69.52%	71.30%	72.84%	74.20%	75.41%	76.48%	77.46%	78.34%	79.15%	79.89%	80.57%	81.20%	81.78%
93%	7.87%	35.48%	49.08%	54.55%	59.49%	63.20%	66.14%	68.54%	70.55%	72.27%	73.76%	75.07%	76.23%	77.27%	78.21%	79.06%	79.84%	80.55%	81.20%	81.81%	82.37%
95%	8.93%	37.26%	50.70%	56.04%	60.85%	64.46%	67.30%	69.62%	71.57%	73.23%	74.66%	75.93%	77.04%	78.05%	78.95%	79.77%	80.51%	81.20%	81.83%	82.41%	82.95%
97%	10.06%	39.03%	52.29%	57.50%	62.18%	65.68%	68.44%	70.68%	72.56%	74.16%	75.54%	76.76%	77.84%	78.80%	79.67%	80.46%	81.17%	81.83%	82.44%	83.00%	83.52%
99%	11.26%	40.79%	53.86%	58.94%	63.49%	66.88%	69.54%	71.71%	73.52%	75.07%	76.40%	77.58%	78.61%	79.54%	80.37%	81.13%	81.82%	82.45%	83.04%	83.58%	84.08%
101%	12.52%	42.54%	55.41%	60.34%	64.76%	68.05%	70.62%	72.72%	74.47%	75.95%	77.24%	78.37%	79.36%	80.26%	81.06%	81.79%	82.45%	83.06%	83.62%	84.14%	84.62%

(Maduración 7 años al 5% Tasa Libre de Riesgo), Volatilidad (Volatility) y Cociente de Rendimiento (% in-the-money)

Real Options Analysis Value *(7-Year Maturity at 5% Risk-free Rate)*

Profitability Ratio (% in-the-money)

Volatility	-99%	-90%	-80%	-70%	-60%	-50%	-40%	-30%	-20%	-10%	0%	10%	20%	30%	40%	50%	60%	70%	80%	90%	100%
1%	0.00%	0.00%	0.00%	0.00%	0.00%	0.00%	0.00%	0.76%	11.91%	21.70%	29.53%	35.94%	41.28%	45.79%	49.67%	53.02%	55.96%	58.55%	60.85%	62.91%	64.77%
3%	0.00%	0.00%	0.00%	0.00%	0.00%	0.00%	0.07%	2.83%	12.09%	21.70%	29.53%	35.94%	41.28%	45.79%	49.67%	53.02%	55.96%	58.55%	60.85%	62.91%	64.77%
5%	0.00%	0.00%	0.00%	0.00%	0.00%	0.02%	0.78%	4.96%	13.03%	21.83%	29.55%	35.94%	41.28%	45.79%	49.67%	53.02%	55.96%	58.55%	60.85%	62.91%	64.77%
7%	0.00%	0.00%	0.00%	0.00%	0.01%	0.27%	2.13%	7.07%	14.46%	22.41%	29.71%	35.98%	41.28%	45.79%	49.67%	53.02%	55.96%	58.55%	60.85%	62.91%	64.77%
9%	0.00%	0.00%	0.00%	0.00%	0.09%	0.94%	3.83%	9.18%	16.10%	23.36%	30.16%	36.16%	41.36%	45.79%	49.67%	53.02%	55.96%	58.55%	60.85%	62.91%	64.77%
11%	0.00%	0.00%	0.00%	0.03%	0.38%	2.01%	5.71%	11.28%	17.85%	24.56%	30.88%	36.57%	41.57%	45.93%	49.73%	53.03%	55.96%	58.55%	60.85%	62.91%	64.77%
13%	0.00%	0.00%	0.00%	0.11%	0.94%	3.39%	7.70%	13.37%	19.65%	25.93%	31.84%	37.19%	41.96%	46.17%	49.87%	53.14%	56.02%	58.58%	60.87%	62.92%	64.77%
15%	0.00%	0.00%	0.01%	0.34%	1.79%	4.99%	9.74%	15.45%	21.49%	27.41%	32.95%	38.00%	42.53%	46.56%	50.14%	53.31%	56.14%	58.66%	60.92%	62.96%	64.80%
17%	0.00%	0.00%	0.06%	0.73%	2.91%	6.75%	11.82%	17.52%	23.34%	28.95%	34.18%	38.95%	43.24%	47.09%	50.53%	53.60%	56.35%	58.82%	61.04%	63.04%	64.86%
19%	0.00%	0.00%	0.18%	1.38%	4.25%	8.63%	13.92%	19.58%	25.20%	30.54%	35.49%	40.01%	44.08%	47.75%	51.04%	54.00%	56.66%	59.06%	61.22%	63.18%	64.97%
21%	0.00%	0.01%	0.41%	2.23%	5.78%	10.59%	16.03%	21.62%	27.06%	32.16%	36.87%	41.15%	45.02%	48.52%	51.67%	54.51%	57.07%	59.38%	61.49%	63.40%	65.14%
23%	0.00%	0.03%	0.77%	3.29%	7.45%	12.61%	18.14%	23.65%	28.91%	33.80%	38.28%	42.36%	46.04%	49.37%	52.38%	55.10%	57.56%	59.80%	61.83%	63.69%	65.38%
25%	0.00%	0.08%	1.30%	4.53%	9.24%	14.66%	20.25%	25.67%	30.76%	35.45%	39.73%	43.61%	47.13%	50.30%	53.18%	55.78%	58.14%	60.29%	62.25%	64.05%	65.69%
27%	0.00%	0.17%	2.00%	5.94%	11.12%	16.75%	22.35%	27.66%	32.59%	37.10%	41.20%	44.90%	48.26%	51.29%	54.03%	56.53%	58.79%	60.86%	62.73%	64.48%	66.06%
29%	0.00%	0.33%	2.87%	7.49%	13.07%	18.83%	24.43%	29.64%	34.42%	38.75%	42.68%	46.22%	49.42%	52.32%	54.94%	57.33%	59.50%	61.48%	63.30%	64.96%	66.50%
31%	0.00%	0.59%	3.91%	9.17%	15.08%	20.96%	26.50%	31.60%	36.22%	40.40%	44.16%	47.55%	50.62%	53.38%	55.90%	58.18%	60.26%	62.16%	63.91%	65.51%	66.99%
33%	0.00%	0.94%	5.11%	10.95%	17.13%	23.07%	28.56%	33.54%	38.02%	42.04%	45.65%	48.90%	51.83%	54.48%	56.88%	59.07%	61.06%	62.88%	64.56%	66.10%	67.52%
35%	0.00%	1.43%	6.45%	12.81%	19.20%	25.18%	30.59%	35.45%	39.79%	43.67%	47.14%	50.25%	53.06%	55.59%	57.89%	59.98%	61.90%	63.65%	65.25%	66.73%	68.10%
37%	0.00%	2.04%	7.93%	14.74%	21.30%	27.27%	32.61%	37.34%	41.54%	45.28%	48.61%	51.60%	54.29%	56.72%	58.92%	60.93%	62.76%	64.44%	65.98%	67.40%	68.71%
39%	0.00%	2.79%	9.52%	16.73%	23.41%	29.36%	34.60%	39.21%	43.27%	46.88%	50.08%	52.95%	55.53%	57.86%	59.97%	61.89%	63.64%	65.25%	66.73%	68.10%	69.36%
41%	0.01%	3.68%	11.22%	18.76%	25.52%	31.42%	36.56%	41.05%	44.98%	48.46%	51.54%	54.30%	56.77%	59.00%	61.02%	62.86%	64.55%	66.09%	67.51%	68.82%	70.03%
43%	0.02%	4.70%	13.00%	20.82%	27.63%	33.47%	38.50%	42.86%	46.67%	50.02%	52.99%	55.63%	58.01%	60.15%	62.08%	63.85%	65.46%	66.94%	68.30%	69.56%	70.72%
45%	0.04%	5.86%	14.87%	22.91%	29.73%	35.50%	40.42%	44.65%	48.33%	51.56%	54.42%	56.98%	59.24%	61.29%	63.15%	64.84%	66.38%	67.80%	69.11%	70.31%	71.43%
47%	0.07%	7.14%	16.79%	25.01%	31.82%	37.50%	42.30%	46.41%	49.97%	53.08%	55.83%	58.27%	60.46%	62.43%	64.21%	65.83%	67.31%	68.67%	69.92%	71.08%	72.15%
49%	0.12%	8.55%	18.77%	27.12%	33.89%	39.47%	44.16%	48.14%	51.58%	54.58%	57.22%	59.57%	61.67%	63.56%	65.27%	66.82%	68.24%	69.54%	70.74%	71.83%	72.88%
51%	0.20%	10.06%	20.80%	29.23%	35.95%	41.42%	45.98%	49.84%	53.17%	56.06%	58.60%	60.85%	62.87%	64.68%	66.32%	67.81%	69.17%	70.42%	71.57%	72.63%	73.62%
53%	0.32%	11.68%	22.85%	31.34%	37.98%	43.34%	47.77%	51.52%	54.72%	57.51%	59.95%	62.12%	64.05%	65.79%	67.36%	68.79%	70.09%	71.29%	72.39%	73.41%	74.36%
55%	0.48%	13.38%	24.94%	33.43%	39.98%	45.22%	49.53%	53.16%	56.25%	58.94%	61.29%	63.37%	65.22%	66.89%	68.39%	69.76%	71.01%	72.16%	73.22%	74.20%	75.10%
57%	0.70%	15.17%	27.03%	35.52%	41.96%	47.08%	51.26%	54.77%	57.75%	60.34%	62.60%	64.59%	66.37%	67.97%	69.42%	70.70%	71.93%	73.03%	74.04%	74.98%	75.85%
59%	0.99%	17.03%	29.14%	37.58%	43.91%	48.90%	52.96%	56.34%	59.22%	61.71%	63.88%	65.80%	67.51%	69.04%	70.43%	71.68%	72.83%	73.89%	74.86%	75.75%	76.59%
61%	1.34%	18.95%	31.25%	39.62%	45.83%	50.69%	54.62%	57.89%	60.67%	63.06%	65.14%	66.99%	68.62%	70.09%	71.42%	72.63%	73.73%	74.74%	75.67%	76.53%	77.32%
63%	1.78%	20.92%	33.36%	41.64%	47.72%	52.44%	56.25%	59.40%	62.08%	64.38%	66.38%	68.15%	69.72%	71.13%	72.40%	73.56%	74.61%	75.58%	76.47%	77.29%	78.05%
65%	2.31%	22.93%	35.46%	43.63%	49.57%	54.15%	57.84%	60.88%	63.46%	65.67%	67.59%	69.29%	70.80%	72.15%	73.37%	74.47%	75.48%	76.41%	77.26%	78.05%	78.78%
67%	2.93%	24.98%	37.55%	45.59%	51.38%	55.83%	59.39%	62.33%	64.81%	66.94%	68.78%	70.41%	71.85%	73.15%	74.31%	75.37%	76.34%	77.22%	78.04%	78.80%	79.50%
69%	3.65%	27.06%	39.62%	47.52%	53.16%	57.47%	60.91%	63.74%	66.13%	68.17%	69.94%	71.50%	72.88%	74.12%	75.24%	76.26%	77.18%	78.03%	78.81%	79.53%	80.20%
71%	4.47%	29.15%	41.66%	49.41%	54.91%	59.08%	62.40%	65.12%	67.41%	69.37%	71.07%	72.57%	73.90%	75.08%	76.15%	77.12%	78.01%	78.82%	79.57%	80.26%	80.90%
73%	5.40%	31.25%	43.69%	51.28%	56.61%	60.65%	63.83%	66.47%	68.67%	70.55%	72.18%	73.61%	74.88%	76.02%	77.04%	77.97%	78.82%	79.60%	80.31%	80.97%	81.58%
75%	6.44%	33.36%	45.68%	53.10%	58.27%	62.17%	65.26%	67.78%	69.89%	71.70%	73.26%	74.63%	75.85%	76.94%	77.92%	78.80%	79.61%	80.36%	81.04%	81.67%	82.26%
77%	7.58%	35.47%	47.63%	54.88%	59.90%	63.66%	66.63%	69.06%	71.09%	72.82%	74.31%	75.63%	76.79%	77.83%	78.77%	79.60%	80.39%	81.10%	81.75%	82.36%	82.92%
79%	8.82%	37.58%	49.58%	56.62%	61.48%	65.12%	67.97%	70.30%	72.25%	73.91%	75.34%	76.60%	77.71%	78.71%	79.60%	80.41%	81.15%	81.83%	82.45%	83.03%	83.57%
81%	10.16%	39.67%	51.47%	58.33%	63.03%	66.53%	69.28%	71.51%	73.38%	74.97%	76.34%	77.54%	78.61%	79.56%	80.41%	81.19%	81.89%	82.54%	83.14%	83.69%	84.20%
83%	11.60%	41.74%	53.33%	59.99%	64.53%	67.90%	70.54%	72.69%	74.48%	76.00%	77.31%	78.46%	79.48%	80.39%	81.20%	81.94%	82.62%	83.24%	83.81%	84.33%	84.82%
85%	13.13%	43.80%	55.15%	61.61%	65.99%	69.24%	71.77%	73.83%	75.54%	77.00%	78.25%	79.35%	80.33%	81.19%	81.97%	82.72%	83.32%	83.91%	84.46%	84.96%	85.42%
87%	14.74%	45.83%	56.93%	63.19%	67.42%	70.54%	72.97%	74.94%	76.58%	77.97%	79.17%	80.22%	81.15%	81.98%	82.74%	83.45%	84.00%	84.56%	85.09%	85.57%	86.01%
89%	16.43%	47.83%	58.67%	64.73%	68.80%	71.79%	74.13%	76.01%	77.58%	78.92%	80.07%	81.06%	81.95%	82.73%	83.48%	84.09%	84.68%	85.22%	85.71%	86.17%	86.59%
91%	18.20%	49.80%	60.37%	66.22%	70.14%	73.02%	75.25%	77.06%	78.56%	79.83%	80.92%	81.88%	82.73%	83.48%	84.16%	84.77%	85.33%	85.84%	86.31%	86.75%	87.15%
93%	20.03%	51.74%	62.02%	67.67%	71.44%	74.20%	76.34%	78.07%	79.50%	80.71%	81.76%	82.67%	83.48%	84.20%	84.89%	85.43%	85.96%	86.45%	86.90%	87.31%	87.70%
95%	21.93%	53.64%	63.63%	69.08%	72.70%	75.34%	77.39%	79.05%	80.41%	81.57%	82.57%	83.44%	84.21%	84.89%	85.51%	86.07%	86.57%	87.04%	87.47%	87.86%	88.23%
97%	23.87%	55.50%	65.19%	70.44%	73.92%	76.45%	78.41%	79.99%	81.30%	82.40%	83.35%	84.18%	84.92%	85.57%	86.15%	86.69%	87.17%	87.61%	88.02%	88.39%	88.74%
99%	25.86%	57.32%	66.71%	71.77%	75.10%	77.52%	79.40%	80.90%	82.15%	83.20%	84.11%	84.90%	85.60%	86.22%	86.78%	87.28%	87.74%	88.16%	88.55%	88.91%	89.24%
101%	27.88%	59.10%	68.19%	73.05%	76.24%	78.56%	80.35%	81.79%	82.98%	83.98%	84.84%	85.60%	86.26%	86.83%	87.38%	87.86%	88.30%	88.70%	89.07%	89.41%	89.72%

(Maduración 10 años al 5% Tasa Libre de Riesgo), Volatilidad (Volatility) y Cociente de Rendimiento (% in-the-money)

Real Options Analysis Value *(10-Year Maturity at 5% Risk-free Rate)*

Profitability Ratio (% in-the-money)

Volatility	-99%	-90%	-80%	-70%	-60%	-50%	-40%	-30%	-20%	-10%	0%	10%	20%	30%	40%	50%	60%	70%	80%	90%	100%
1%	0.00%	0.00%	0.00%	0.00%	0.00%	0.00%	0.80%	13.35%	24.18%	32.61%	39.35%	44.86%	49.46%	53.34%	56.65%	59.56%	62.09%	64.32%	66.30%	68.08%	69.67%
3%	0.00%	0.00%	0.00%	0.00%	0.00%	0.08%	3.28%	13.61%	24.19%	32.61%	39.35%	44.86%	49.46%	53.34%	56.68%	59.56%	62.09%	64.32%	66.30%	68.08%	69.67%
5%	0.00%	0.00%	0.00%	0.00%	0.03%	0.93%	5.81%	14.81%	24.41%	32.63%	39.35%	44.86%	49.46%	53.34%	56.68%	59.56%	62.09%	64.32%	66.30%	68.08%	69.67%
7%	0.00%	0.00%	0.00%	0.01%	0.32%	2.56%	8.33%	16.56%	25.15%	32.88%	39.42%	44.88%	49.46%	53.34%	56.68%	59.56%	62.09%	64.32%	66.30%	68.08%	69.67%
9%	0.00%	0.00%	0.00%	0.09%	1.11%	4.62%	10.84%	18.54%	26.34%	33.48%	39.70%	45.00%	49.51%	53.37%	56.69%	59.57%	62.09%	64.32%	66.30%	68.08%	69.67%
11%	0.00%	0.00%	0.01%	0.39%	2.39%	6.89%	13.35%	20.63%	27.82%	34.42%	40.23%	45.23%	49.69%	53.46%	56.74%	59.60%	62.11%	64.33%	66.31%	68.08%	69.67%
13%	0.00%	0.00%	0.07%	1.02%	4.06%	9.29%	15.84%	22.77%	29.47%	35.60%	41.05%	45.85%	50.04%	53.69%	56.88%	59.69%	62.17%	64.37%	66.33%	68.10%	69.69%
15%	0.00%	0.00%	0.26%	2.01%	6.01%	11.75%	18.31%	24.95%	31.23%	36.96%	42.07%	46.59%	50.57%	54.07%	57.15%	59.88%	62.31%	64.47%	66.40%	68.15%	69.72%
17%	0.00%	0.01%	0.63%	3.33%	8.15%	14.25%	20.77%	27.13%	33.06%	38.44%	43.24%	47.50%	51.27%	54.60%	57.56%	60.20%	62.55%	64.65%	66.55%	68.26%	69.81%
19%	0.00%	0.05%	1.28%	4.93%	10.43%	16.77%	23.20%	29.32%	34.94%	40.00%	44.52%	48.54%	52.11%	55.28%	58.11%	60.65%	62.90%	64.93%	66.77%	68.44%	69.96%
21%	0.00%	0.16%	2.18%	6.76%	12.81%	19.29%	25.61%	31.50%	36.83%	41.62%	45.89%	49.68%	53.06%	56.07%	58.76%	61.18%	63.35%	65.31%	67.09%	68.71%	70.18%
23%	0.00%	0.36%	3.34%	8.78%	15.35%	21.81%	28.00%	33.66%	38.74%	43.28%	47.31%	50.90%	54.10%	56.96%	59.52%	61.83%	63.90%	65.79%	67.50%	69.05%	70.48%
25%	0.00%	0.71%	4.74%	10.95%	17.74%	24.31%	30.36%	35.81%	40.66%	44.96%	48.78%	52.18%	55.22%	57.93%	60.36%	62.56%	64.54%	66.34%	67.98%	69.48%	70.85%
27%	0.00%	1.23%	6.37%	13.24%	20.35%	26.80%	32.69%	37.93%	42.56%	46.66%	50.28%	53.51%	56.38%	58.96%	61.27%	63.36%	65.25%	66.97%	68.54%	69.98%	71.30%
29%	0.00%	1.94%	8.18%	15.61%	22.77%	29.26%	34.99%	40.03%	44.46%	48.36%	51.80%	54.86%	57.59%	60.04%	62.24%	64.22%	66.03%	67.67%	69.17%	70.54%	71.81%
31%	0.01%	2.85%	10.16%	18.04%	25.30%	31.69%	37.26%	42.11%	46.34%	50.06%	53.33%	56.24%	58.83%	61.15%	63.24%	65.13%	66.85%	68.41%	69.85%	71.16%	72.37%
33%	0.01%	3.97%	12.28%	20.52%	27.81%	34.09%	39.49%	44.15%	48.20%	51.74%	54.86%	57.62%	60.09%	62.29%	64.28%	66.08%	67.71%	69.20%	70.57%	71.82%	72.98%
35%	0.02%	5.29%	14.51%	23.03%	30.30%	36.46%	41.69%	46.17%	50.04%	53.42%	56.39%	59.01%	61.35%	63.45%	65.34%	67.05%	68.61%	70.03%	71.33%	72.52%	73.63%
37%	0.04%	6.79%	16.84%	25.54%	32.77%	38.79%	43.84%	48.15%	51.86%	55.08%	57.90%	60.40%	62.63%	64.62%	66.42%	68.04%	69.52%	70.88%	72.12%	73.26%	74.31%
39%	0.09%	8.48%	19.23%	28.07%	35.21%	41.08%	45.96%	50.10%	53.64%	56.72%	59.41%	61.79%	63.90%	65.80%	67.51%	69.05%	70.46%	71.73%	72.93%	74.02%	75.02%
41%	0.18%	10.32%	21.68%	30.58%	37.62%	43.32%	48.04%	52.01%	55.40%	58.33%	60.90%	63.16%	65.17%	66.98%	68.60%	70.07%	71.41%	72.63%	73.76%	74.79%	75.75%
43%	0.31%	12.30%	24.16%	33.08%	40.00%	45.53%	50.07%	53.88%	57.12%	59.92%	62.37%	64.52%	66.43%	68.15%	69.69%	71.09%	72.36%	73.53%	74.60%	75.58%	76.49%
45%	0.51%	14.41%	26.67%	35.56%	42.33%	47.69%	52.07%	55.71%	58.81%	61.48%	63.81%	65.86%	67.68%	69.31%	70.78%	72.11%	73.32%	74.43%	75.44%	76.38%	77.25%
47%	0.79%	16.63%	29.20%	38.01%	44.62%	49.81%	54.01%	57.51%	60.47%	63.02%	65.23%	67.18%	68.92%	70.46%	71.86%	73.12%	74.27%	75.33%	76.29%	77.18%	78.01%
49%	1.17%	18.92%	31.72%	40.43%	46.86%	51.87%	55.91%	59.26%	62.09%	64.52%	66.63%	68.48%	70.14%	71.60%	72.93%	74.13%	75.22%	76.22%	77.14%	77.99%	78.77%
51%	1.67%	21.30%	34.23%	42.80%	49.05%	53.89%	57.77%	60.97%	63.67%	65.99%	68.00%	69.76%	71.33%	72.73%	73.99%	75.13%	76.16%	77.11%	77.99%	78.79%	79.54%
53%	2.29%	23.73%	36.73%	45.14%	51.20%	55.86%	59.58%	62.64%	65.22%	67.42%	69.33%	71.01%	72.50%	73.83%	75.03%	76.11%	77.10%	78.01%	78.83%	79.59%	80.30%
55%	3.03%	26.20%	39.20%	47.43%	53.30%	57.78%	61.34%	64.27%	66.72%	68.82%	70.64%	72.24%	73.65%	74.91%	76.05%	77.08%	78.01%	78.87%	79.66%	80.38%	81.06%
57%	3.95%	28.70%	41.64%	49.67%	55.34%	59.64%	63.06%	65.83%	68.19%	70.19%	71.92%	73.43%	74.78%	75.97%	77.05%	78.03%	78.92%	79.73%	80.48%	81.17%	81.80%
59%	5.01%	31.22%	44.04%	51.85%	57.33%	61.46%	64.72%	67.39%	69.62%	71.52%	73.16%	74.58%	75.85%	76.99%	78.04%	78.96%	79.80%	80.57%	81.28%	81.94%	82.54%
61%	6.21%	33.74%	46.40%	53.99%	59.26%	62.95%	66.59%	68.88%	71.00%	72.81%	74.37%	75.74%	76.95%	77.99%	78.96%	79.87%	80.67%	81.40%	82.08%	82.70%	83.27%
63%	7.57%	36.26%	48.72%	56.07%	61.14%	64.73%	67.91%	70.33%	72.35%	74.06%	75.55%	76.84%	77.99%	79.01%	79.80%	80.77%	81.52%	82.22%	82.85%	83.44%	83.98%
65%	9.07%	38.76%	50.98%	58.09%	62.96%	66.59%	69.62%	71.73%	73.65%	75.28%	76.69%	77.92%	78.98%	79.98%	80.83%	81.64%	82.35%	83.01%	83.61%	84.17%	84.68%
67%	10.72%	41.24%	53.19%	60.06%	64.73%	68.19%	70.90%	73.09%	74.91%	76.46%	77.80%	78.96%	79.98%	80.91%	81.74%	82.48%	83.16%	83.78%	84.35%	84.88%	85.37%
69%	12.50%	43.70%	55.35%	61.97%	66.44%	69.75%	72.32%	74.41%	76.14%	77.61%	78.87%	79.98%	80.95%	81.82%	82.60%	83.31%	83.95%	84.54%	85.08%	85.57%	86.04%
71%	14.41%	46.11%	57.45%	63.82%	68.10%	71.23%	73.70%	75.68%	77.32%	78.71%	79.91%	80.95%	81.88%	82.70%	83.44%	84.11%	84.71%	85.27%	85.78%	86.25%	86.69%
73%	16.43%	48.49%	59.49%	65.60%	69.69%	72.70%	75.02%	76.90%	78.46%	79.78%	80.91%	81.90%	82.77%	83.55%	84.25%	84.88%	85.46%	85.98%	86.46%	86.91%	87.32%
75%	18.56%	50.82%	61.47%	67.33%	71.24%	74.09%	76.30%	78.11%	79.56%	80.81%	81.88%	82.82%	83.64%	84.38%	85.04%	85.63%	86.18%	86.67%	87.13%	87.55%	87.94%
77%	20.78%	53.10%	63.39%	69.00%	72.72%	75.44%	77.54%	79.22%	80.62%	81.80%	82.82%	83.70%	84.48%	85.17%	85.80%	86.36%	86.87%	87.34%	87.77%	88.17%	88.53%
79%	23.08%	55.32%	65.23%	70.61%	74.16%	76.73%	78.72%	80.32%	81.64%	82.76%	83.71%	84.55%	85.29%	85.94%	86.53%	87.06%	87.54%	87.98%	88.39%	88.76%	89.11%
81%	25.44%	57.49%	67.04%	72.16%	75.53%	77.88%	79.69%	81.37%	82.62%	83.68%	84.58%	85.37%	86.06%	86.68%	87.24%	87.74%	88.19%	88.61%	88.99%	89.34%	89.67%
83%	27.86%	59.59%	68.77%	73.66%	76.86%	79.17%	80.96%	82.39%	83.56%	84.56%	85.41%	86.16%	86.81%	87.39%	87.92%	88.39%	88.82%	89.21%	89.57%	89.90%	90.21%
85%	30.33%	61.64%	70.44%	75.09%	78.13%	80.32%	82.01%	83.36%	84.47%	85.41%	86.22%	86.91%	87.53%	88.07%	88.57%	89.01%	89.42%	89.79%	90.13%	90.44%	90.73%
87%	32.82%	63.61%	72.04%	76.47%	79.33%	81.42%	83.01%	84.29%	85.34%	86.22%	86.98%	87.64%	88.22%	88.74%	89.20%	89.62%	90.00%	90.34%	90.66%	90.96%	91.23%
89%	35.34%	65.53%	73.58%	77.79%	80.51%	82.47%	83.98%	85.18%	86.17%	87.00%	87.71%	88.33%	88.88%	89.37%	89.80%	90.19%	90.55%	90.88%	91.18%	91.45%	91.71%
91%	37.86%	67.38%	75.06%	79.05%	81.63%	83.48%	84.90%	86.03%	86.96%	87.74%	88.42%	89.00%	89.52%	89.97%	90.38%	90.75%	91.08%	91.39%	91.67%	91.93%	92.17%
93%	40.38%	69.16%	76.48%	80.26%	82.70%	84.44%	85.78%	86.84%	87.72%	88.46%	89.09%	89.64%	90.12%	90.55%	90.93%	91.28%	91.59%	91.88%	92.15%	92.39%	92.62%
95%	42.89%	70.87%	77.84%	81.42%	83.72%	85.36%	86.62%	87.62%	88.45%	89.14%	89.73%	90.25%	90.70%	91.10%	91.46%	91.79%	92.08%	92.35%	92.60%	92.83%	93.04%
97%	45.38%	72.52%	79.14%	82.52%	84.69%	86.24%	87.42%	88.36%	89.14%	89.79%	90.34%	90.83%	91.25%	91.63%	91.97%	92.27%	92.55%	92.80%	93.03%	93.25%	93.45%
99%	47.84%	74.10%	80.38%	83.57%	85.62%	87.07%	88.19%	89.07%	89.80%	90.40%	90.93%	91.38%	91.78%	92.13%	92.45%	92.73%	92.99%	93.23%	93.45%	93.65%	93.84%
101%	50.26%	75.61%	81.56%	84.58%	86.50%	87.87%	88.91%	89.74%	90.42%	90.99%	91.48%	91.91%	92.28%	92.61%	92.91%	93.18%	93.42%	93.64%	93.85%	94.03%	94.21%

(Maduración 15 años al 5% Tasa Libre de Riesgo), Volatilidad (Volatility) y Cociente de Rendimiento (% in-the-money)

Real Options Analysis Value (*15-Year Maturity at 5% Risk-free Rate*)

Profitability Ratio (% in-the-money)

Volatility	-99%	-90%	-80%	-70%	-60%	-50%	-40%	-30%	-20%	-10%	0%	10%	20%	30%	40%	50%	60%	70%	80%	90%	100%
1%	0.00%	0.00%	0.00%	0.00%	0.00%	5.65%	21.27%	32.52%	40.95%	47.51%	52.76%	57.06%	60.64%	63.66%	66.26%	68.51%	70.48%	72.21%	73.76%	75.14%	76.38%
3%	0.00%	0.00%	0.00%	0.00%	0.43%	7.80%	21.35%	32.52%	40.95%	47.51%	52.76%	57.06%	60.64%	63.66%	66.26%	68.51%	70.48%	72.21%	73.76%	75.14%	76.38%
5%	0.00%	0.00%	0.00%	0.08%	2.27%	10.58%	22.17%	32.64%	40.97%	47.52%	52.76%	57.06%	60.64%	63.66%	66.26%	68.51%	70.48%	72.21%	73.76%	75.14%	76.38%
7%	0.00%	0.00%	0.01%	0.66%	4.84%	13.48%	23.75%	33.24%	41.16%	47.57%	52.78%	57.06%	60.64%	63.66%	66.26%	68.51%	70.48%	72.21%	73.76%	75.14%	76.38%
9%	0.00%	0.00%	0.13%	1.96%	7.70%	16.39%	25.76%	34.36%	41.71%	47.83%	52.90%	57.11%	60.65%	63.68%	66.26%	68.51%	70.48%	72.21%	73.76%	75.14%	76.38%
11%	0.00%	0.00%	0.52%	3.87%	10.71%	19.31%	27.48%	35.84%	42.63%	48.38%	53.22%	57.30%	60.77%	63.74%	66.30%	68.53%	70.49%	72.22%	73.79%	75.14%	76.38%
13%	0.00%	0.03%	1.36%	6.20%	13.77%	22.21%	30.31%	37.56%	43.84%	49.21%	53.78%	57.68%	61.02%	63.91%	66.42%	68.61%	70.54%	72.26%	73.79%	75.16%	76.40%
15%	0.00%	0.14%	2.66%	8.83%	16.86%	25.09%	32.71%	39.44%	45.27%	50.27%	54.56%	58.26%	61.45%	64.22%	66.63%	68.78%	70.67%	72.36%	73.86%	75.22%	76.44%
17%	0.00%	0.42%	4.39%	11.66%	19.95%	27.94%	35.13%	41.42%	46.84%	51.51%	55.53%	59.02%	62.04%	64.69%	67.02%	69.08%	70.91%	72.54%	74.01%	75.33%	76.53%
19%	0.00%	0.93%	6.47%	14.61%	23.02%	30.76%	37.57%	43.45%	48.52%	52.88%	56.65%	59.93%	62.79%	65.30%	67.53%	69.49%	71.23%	72.82%	74.23%	75.53%	76.70%
21%	0.00%	1.79%	8.85%	17.63%	26.06%	33.54%	39.99%	45.52%	50.27%	54.35%	57.89%	60.96%	63.66%	66.03%	68.14%	70.02%	71.70%	73.21%	74.58%	75.82%	76.95%
23%	0.00%	2.96%	11.46%	20.71%	29.07%	36.27%	42.40%	47.61%	52.06%	55.89%	59.20%	62.09%	64.63%	66.87%	68.87%	70.65%	72.25%	73.69%	75.00%	76.19%	77.27%
25%	0.02%	4.45%	14.24%	23.79%	32.04%	38.96%	44.78%	49.69%	53.87%	57.47%	60.58%	63.29%	65.68%	67.80%	69.68%	71.37%	72.88%	74.26%	75.50%	76.64%	77.68%
27%	0.02%	6.23%	17.14%	26.88%	34.95%	41.61%	47.13%	51.76%	55.70%	59.07%	61.99%	64.55%	66.79%	68.79%	70.56%	72.16%	73.59%	74.89%	76.08%	77.16%	78.15%
29%	0.05%	8.33%	20.14%	29.95%	37.82%	44.19%	49.44%	53.81%	57.52%	60.69%	63.44%	65.84%	67.93%	69.83%	71.50%	73.00%	74.36%	75.59%	76.72%	77.74%	78.68%
31%	0.13%	10.65%	23.19%	32.98%	40.63%	46.73%	51.70%	55.84%	59.33%	62.31%	64.89%	67.15%	69.14%	70.90%	72.48%	73.90%	75.18%	76.34%	77.40%	78.38%	79.27%
33%	0.27%	13.18%	26.27%	35.97%	43.37%	49.21%	53.93%	57.83%	61.12%	63.93%	66.35%	68.47%	70.33%	72.00%	73.49%	74.83%	76.03%	77.13%	78.13%	79.03%	79.90%
35%	0.50%	15.88%	29.36%	38.91%	46.06%	51.62%	56.10%	59.79%	62.88%	65.52%	67.81%	69.80%	71.56%	73.12%	74.53%	75.77%	76.91%	77.95%	78.89%	79.76%	80.56%
37%	0.87%	18.71%	32.44%	41.80%	48.67%	53.97%	58.22%	61.70%	64.62%	67.10%	69.25%	71.12%	72.77%	74.24%	75.55%	76.74%	77.81%	78.79%	79.68%	80.50%	81.25%
39%	1.39%	21.64%	35.49%	44.62%	51.22%	56.26%	60.28%	63.57%	66.31%	68.65%	70.67%	72.43%	73.98%	75.35%	76.60%	77.71%	78.72%	79.64%	80.48%	81.25%	81.96%
41%	2.11%	24.65%	38.51%	47.37%	53.69%	58.49%	62.29%	65.39%	67.97%	70.17%	72.07%	73.72%	75.18%	76.48%	77.64%	78.68%	79.63%	80.49%	81.28%	82.01%	82.68%
43%	3.03%	27.71%	41.47%	50.05%	56.09%	60.64%	64.24%	67.16%	69.59%	71.66%	73.44%	74.99%	76.36%	77.58%	78.67%	79.65%	80.54%	81.35%	82.09%	82.78%	83.41%
45%	4.17%	30.80%	44.38%	52.65%	58.41%	62.73%	66.12%	68.88%	71.17%	73.11%	74.78%	76.24%	77.53%	78.67%	79.69%	80.61%	81.44%	82.21%	82.90%	83.55%	84.14%
47%	5.54%	33.89%	47.22%	55.18%	60.66%	64.75%	67.95%	70.54%	72.70%	74.52%	76.09%	77.46%	78.66%	79.73%	80.69%	81.55%	82.34%	83.05%	83.71%	84.31%	84.87%
49%	7.15%	36.96%	49.99%	57.62%	62.83%	66.70%	69.72%	72.15%	74.18%	75.89%	77.36%	78.64%	79.77%	80.77%	81.67%	82.48%	83.22%	83.89%	84.50%	85.06%	85.59%
51%	8.98%	40.01%	52.69%	59.98%	64.93%	68.58%	71.42%	73.71%	75.61%	77.21%	78.59%	79.79%	80.85%	81.79%	82.63%	83.39%	84.08%	84.70%	85.28%	85.81%	86.30%
53%	11.03%	43.01%	55.30%	62.26%	66.94%	70.39%	73.06%	75.21%	76.99%	78.50%	79.79%	80.91%	81.90%	82.78%	83.56%	84.27%	84.92%	85.51%	86.04%	86.54%	87.00%
55%	13.28%	45.96%	57.82%	64.45%	68.88%	72.12%	74.64%	76.65%	78.32%	79.73%	80.94%	81.99%	82.92%	83.74%	84.47%	85.14%	85.74%	86.29%	86.79%	87.25%	87.68%
57%	15.70%	48.85%	60.26%	66.56%	70.74%	73.79%	76.15%	78.04%	79.60%	80.92%	82.05%	83.03%	83.90%	84.66%	85.35%	85.97%	86.53%	87.05%	87.52%	87.95%	88.35%
59%	18.30%	51.67%	62.61%	68.58%	72.52%	75.39%	77.60%	79.37%	80.83%	82.05%	83.12%	84.04%	84.84%	85.56%	86.20%	86.78%	87.31%	87.78%	88.25%	88.63%	89.00%
61%	21.03%	54.40%	64.87%	70.52%	74.23%	76.92%	78.99%	80.65%	82.01%	83.16%	84.15%	85.00%	85.75%	86.42%	87.02%	87.56%	88.05%	88.50%	88.91%	89.28%	89.63%
63%	23.87%	57.05%	67.04%	72.37%	75.86%	78.38%	80.32%	81.86%	83.14%	84.21%	85.13%	85.93%	86.63%	87.25%	87.81%	88.31%	88.77%	89.18%	89.57%	89.92%	90.24%
65%	26.81%	59.61%	69.11%	74.14%	77.44%	79.77%	81.58%	83.03%	84.22%	85.23%	86.07%	86.81%	87.47%	88.05%	88.57%	89.03%	89.46%	89.83%	90.20%	90.53%	90.83%
67%	29.82%	62.08%	71.09%	75.82%	78.89%	81.10%	82.79%	84.14%	85.25%	86.17%	86.97%	87.65%	88.27%	88.81%	89.29%	89.73%	90.12%	90.48%	90.81%	91.11%	91.40%
69%	32.88%	64.45%	72.99%	77.43%	80.30%	82.36%	83.94%	85.19%	86.22%	87.09%	87.83%	88.47%	89.03%	89.53%	89.98%	90.39%	90.75%	91.09%	91.39%	91.68%	91.94%
71%	35.96%	66.73%	74.79%	78.95%	81.64%	83.56%	85.03%	86.19%	87.15%	87.95%	88.64%	89.23%	89.76%	90.23%	90.64%	91.02%	91.36%	91.67%	91.95%	92.22%	92.46%
73%	39.03%	68.90%	76.50%	80.40%	82.91%	84.70%	86.06%	87.14%	88.03%	88.78%	89.42%	89.97%	90.46%	90.89%	91.28%	91.63%	91.95%	92.24%	92.49%	92.73%	92.96%
75%	42.12%	70.98%	78.13%	81.77%	84.11%	85.77%	87.04%	88.04%	88.87%	89.56%	90.15%	90.67%	91.12%	91.51%	91.87%	92.19%	92.49%	92.75%	93.00%	93.22%	93.43%
77%	45.17%	72.96%	79.67%	83.07%	85.24%	86.79%	87.96%	88.90%	89.66%	90.30%	90.85%	91.32%	91.74%	92.11%	92.44%	92.74%	93.01%	93.25%	93.48%	93.69%	93.88%
79%	48.18%	74.84%	81.13%	84.30%	86.31%	87.75%	88.84%	89.70%	90.41%	91.00%	91.51%	91.95%	92.33%	92.67%	92.98%	93.25%	93.50%	93.73%	93.94%	94.13%	94.31%
81%	51.13%	76.62%	82.50%	85.45%	87.32%	88.65%	89.66%	90.46%	91.11%	91.66%	92.13%	92.53%	92.89%	93.20%	93.49%	93.74%	93.97%	94.18%	94.38%	94.55%	94.71%
83%	54.01%	78.31%	83.80%	86.54%	88.28%	89.50%	90.44%	91.17%	91.78%	92.28%	92.71%	93.09%	93.42%	93.71%	93.97%	94.20%	94.41%	94.61%	94.78%	94.95%	95.10%
85%	56.81%	79.91%	85.02%	87.56%	89.17%	90.30%	91.16%	91.83%	92.40%	92.87%	93.26%	93.61%	93.91%	94.18%	94.42%	94.63%	94.83%	95.01%	95.17%	95.32%	95.46%
87%	59.53%	81.42%	86.17%	88.52%	90.01%	91.06%	91.85%	92.48%	92.99%	93.42%	93.78%	94.10%	94.38%	94.62%	94.84%	95.04%	95.22%	95.39%	95.54%	95.67%	95.80%
89%	62.15%	82.83%	87.25%	89.42%	90.79%	91.76%	92.49%	93.07%	93.54%	93.93%	94.27%	94.56%	94.81%	95.04%	95.24%	95.42%	95.59%	95.74%	95.88%	96.01%	96.12%
91%	64.67%	84.16%	88.26%	90.27%	91.53%	92.42%	93.09%	93.62%	94.05%	94.41%	94.72%	94.99%	95.22%	95.43%	95.62%	95.78%	95.94%	96.07%	96.20%	96.32%	96.43%
93%	67.09%	85.41%	89.20%	91.05%	92.21%	93.03%	93.65%	94.13%	94.53%	94.86%	95.15%	95.39%	95.61%	95.80%	95.97%	96.12%	96.26%	96.39%	96.50%	96.61%	96.71%
95%	69.41%	86.58%	90.08%	91.79%	92.85%	93.61%	94.17%	94.62%	94.98%	95.28%	95.54%	95.77%	95.97%	96.14%	96.30%	96.44%	96.56%	96.68%	96.79%	96.88%	96.97%
97%	71.61%	87.68%	90.90%	92.47%	93.45%	94.14%	94.66%	95.06%	95.40%	95.67%	95.91%	96.12%	96.30%	96.46%	96.60%	96.73%	96.85%	96.95%	97.05%	97.14%	97.22%
99%	73.70%	88.70%	91.67%	93.11%	94.00%	94.63%	95.11%	95.48%	95.79%	96.04%	96.26%	96.45%	96.61%	96.76%	96.89%	97.00%	97.11%	97.21%	97.29%	97.38%	97.45%
101%	75.69%	89.65%	92.38%	93.70%	94.52%	95.09%	95.53%	95.87%	96.15%	96.38%	96.58%	96.75%	96.90%	97.03%	97.15%	97.26%	97.35%	97.44%	97.52%	97.60%	97.67%

(Maduración 30 años al 5% Tasa Libre de Riesgo), Volatilidad (Volatility) y Cociente de Rendimiento (% in-the-money)

Real Options Analysis Value (30-Year Maturity at 5% Risk-Free Rate)

Profitability Ratio (% in-the-money)

Volatility	-99%	-90%	-80%	-70%	-60%	-50%	-40%	-30%	-20%	-10%	0%	10%	20%	30%	40%	50%	60%	70%	80%	90%	100%
1%	0.00%	0.00%	0.05%	25.62%	44.22%	55.37%	62.81%	68.12%	72.11%	75.21%	77.69%	79.72%	81.41%	82.84%	84.06%	85.12%	86.05%	86.87%	87.60%	88.26%	88.84%
3%	0.00%	0.00%	2.62%	25.82%	44.22%	55.37%	62.81%	68.12%	72.11%	75.21%	77.69%	79.72%	81.41%	82.84%	84.06%	85.12%	86.05%	86.87%	87.60%	88.26%	88.84%
5%	0.00%	0.02%	6.64%	27.30%	44.34%	55.38%	62.81%	68.12%	72.11%	75.21%	77.69%	79.72%	81.41%	82.84%	84.06%	85.12%	86.05%	86.87%	87.60%	88.26%	88.84%
7%	0.00%	0.37%	10.94%	29.75%	45.00%	55.54%	62.83%	68.13%	72.11%	75.21%	77.69%	79.72%	81.41%	82.84%	84.06%	85.12%	86.05%	86.87%	87.60%	88.26%	88.84%
9%	0.00%	1.57%	15.31%	32.67%	46.31%	56.06%	63.06%	68.22%	72.15%	75.22%	77.69%	79.72%	81.41%	82.84%	84.06%	85.12%	86.05%	86.87%	87.60%	88.26%	88.84%
11%	0.00%	3.71%	19.66%	35.80%	48.08%	57.01%	63.56%	68.49%	72.30%	75.31%	77.74%	79.75%	81.43%	82.85%	84.07%	85.13%	86.06%	86.88%	87.61%	88.26%	88.84%
13%	0.00%	6.63%	23.98%	39.03%	50.16%	58.30%	64.37%	68.93%	72.63%	75.53%	77.89%	79.85%	81.49%	82.90%	84.10%	85.15%	86.08%	86.89%	87.62%	88.26%	88.85%
15%	0.01%	10.13%	28.22%	42.28%	52.43%	59.80%	65.45%	69.76%	73.16%	75.91%	78.17%	80.06%	81.65%	83.02%	84.20%	85.23%	86.13%	86.94%	87.65%	88.29%	88.87%
17%	0.04%	14.03%	32.38%	45.51%	54.80%	61.59%	66.72%	70.71%	73.89%	76.47%	78.61%	80.40%	81.92%	83.24%	84.37%	85.37%	86.25%	87.03%	87.73%	88.36%	88.93%
19%	0.18%	18.17%	36.44%	48.70%	57.23%	63.36%	68.15%	71.83%	74.77%	77.18%	79.18%	80.87%	82.31%	83.56%	84.65%	85.60%	86.45%	87.20%	87.88%	88.49%	89.04%
21%	0.50%	22.46%	40.40%	51.83%	59.66%	65.36%	69.67%	73.06%	75.78%	78.01%	79.88%	81.46%	82.81%	83.99%	85.01%	85.92%	86.73%	87.45%	88.09%	88.68%	89.21%
23%	1.13%	26.82%	44.23%	54.88%	62.08%	67.30%	71.26%	74.37%	76.87%	78.94%	80.67%	82.14%	83.40%	84.50%	85.47%	86.32%	87.08%	87.77%	88.38%	88.94%	89.44%
25%	2.15%	31.19%	47.94%	57.84%	64.47%	69.25%	72.88%	75.73%	78.03%	79.94%	81.53%	82.90%	84.07%	85.10%	86.00%	86.80%	87.51%	88.15%	88.73%	89.26%	89.74%
27%	3.64%	35.51%	51.51%	60.70%	66.79%	71.18%	74.50%	77.11%	79.23%	80.98%	82.45%	83.71%	84.80%	85.75%	86.59%	87.33%	88.00%	88.60%	89.14%	89.63%	90.08%
29%	5.62%	39.75%	54.94%	63.46%	69.06%	73.07%	76.11%	78.51%	80.45%	82.05%	83.41%	84.57%	85.57%	86.45%	87.22%	87.91%	88.53%	89.09%	89.59%	90.05%	90.47%
31%	8.09%	43.88%	58.22%	66.10%	71.24%	74.92%	77.70%	79.89%	81.66%	83.13%	84.38%	85.44%	86.36%	87.17%	87.89%	88.53%	89.10%	89.61%	90.08%	90.51%	90.90%
33%	11.01%	47.89%	61.36%	68.63%	73.35%	76.71%	79.25%	81.25%	82.87%	84.21%	85.35%	86.33%	87.17%	87.92%	88.57%	89.16%	89.69%	90.16%	90.60%	91.00%	91.35%
35%	14.34%	51.74%	64.35%	71.04%	75.36%	78.43%	80.75%	82.57%	84.05%	85.28%	86.32%	87.21%	87.99%	88.67%	89.27%	89.81%	90.29%	90.73%	91.13%	91.49%	91.83%
37%	18.02%	55.44%	67.18%	73.34%	77.28%	80.08%	82.19%	83.85%	85.20%	86.32%	87.27%	88.08%	88.79%	89.41%	89.96%	90.46%	90.90%	91.30%	91.67%	92.00%	92.31%
39%	21.96%	58.96%	69.87%	75.51%	79.11%	81.66%	83.58%	85.09%	86.31%	87.33%	88.19%	88.94%	89.58%	90.15%	90.65%	91.10%	91.51%	91.87%	92.21%	92.52%	92.80%
41%	26.11%	62.31%	72.40%	77.56%	80.84%	83.15%	84.90%	86.27%	87.38%	88.31%	89.09%	89.76%	90.35%	90.87%	91.33%	91.74%	92.11%	92.44%	92.75%	93.02%	93.28%
43%	30.39%	65.48%	74.78%	79.49%	82.47%	84.57%	86.15%	87.39%	88.40%	89.24%	89.95%	90.56%	91.10%	91.56%	91.98%	92.35%	92.69%	92.99%	93.27%	93.53%	93.76%
45%	34.74%	68.47%	77.01%	81.30%	84.00%	85.90%	87.34%	88.46%	89.37%	90.13%	90.77%	91.34%	91.81%	92.23%	92.61%	92.95%	93.25%	93.53%	93.78%	94.01%	94.23%
47%	39.11%	71.28%	79.09%	82.99%	85.44%	87.16%	88.45%	89.47%	90.29%	90.98%	91.56%	92.06%	92.49%	92.88%	93.22%	93.52%	93.80%	94.05%	94.28%	94.49%	94.68%
49%	43.44%	73.90%	81.04%	84.57%	86.78%	88.33%	89.50%	90.41%	91.16%	91.77%	92.30%	92.75%	93.14%	93.48%	93.79%	94.07%	94.32%	94.54%	94.75%	94.94%	95.11%
51%	47.69%	76.33%	82.84%	86.04%	88.03%	89.43%	90.48%	91.30%	91.97%	92.52%	92.99%	93.40%	93.75%	94.06%	94.34%	94.59%	94.81%	95.01%	95.20%	95.37%	95.53%
53%	51.82%	78.63%	84.52%	87.40%	89.19%	90.44%	91.39%	92.12%	92.72%	93.22%	93.64%	94.01%	94.32%	94.60%	94.85%	95.08%	95.28%	95.46%	95.63%	95.78%	95.92%
55%	55.80%	80.74%	86.06%	88.65%	90.26%	91.39%	92.23%	92.89%	93.43%	93.87%	94.25%	94.58%	94.86%	95.11%	95.33%	95.53%	95.71%	95.88%	96.03%	96.17%	96.29%
57%	59.62%	82.68%	87.49%	89.81%	91.25%	92.26%	93.01%	93.60%	94.08%	94.48%	94.82%	95.11%	95.36%	95.59%	95.78%	95.96%	96.12%	96.27%	96.40%	96.53%	96.64%
59%	63.24%	84.47%	88.79%	90.87%	92.16%	93.05%	93.73%	94.26%	94.68%	95.04%	95.34%	95.60%	95.83%	96.02%	96.20%	96.36%	96.51%	96.64%	96.76%	96.87%	96.97%
61%	66.67%	86.12%	89.99%	91.85%	92.99%	93.79%	94.39%	94.87%	95.24%	95.55%	95.82%	96.05%	96.25%	96.43%	96.59%	96.73%	96.86%	96.98%	97.08%	97.18%	97.27%
63%	69.88%	87.62%	91.08%	92.73%	93.75%	94.46%	95.00%	95.41%	95.75%	96.03%	96.27%	96.47%	96.65%	96.81%	96.95%	97.07%	97.19%	97.29%	97.38%	97.47%	97.55%
65%	72.88%	88.99%	92.07%	93.54%	94.45%	95.08%	95.55%	95.91%	96.21%	96.46%	96.67%	96.85%	97.01%	97.15%	97.27%	97.38%	97.49%	97.58%	97.66%	97.74%	97.81%
67%	75.67%	90.23%	92.98%	94.28%	95.08%	95.63%	96.05%	96.37%	96.64%	96.86%	97.04%	97.20%	97.34%	97.46%	97.57%	97.67%	97.76%	97.84%	97.91%	97.98%	98.03%
69%	78.25%	91.36%	93.79%	94.94%	95.65%	96.14%	96.50%	96.79%	97.02%	97.21%	97.38%	97.52%	97.64%	97.75%	97.85%	97.93%	98.01%	98.08%	98.15%	98.21%	98.26%
71%	80.61%	92.38%	94.53%	95.54%	96.16%	96.59%	96.91%	97.16%	97.37%	97.54%	97.68%	97.81%	97.91%	98.01%	98.09%	98.17%	98.24%	98.30%	98.36%	98.41%	98.46%
73%	82.78%	93.29%	95.19%	96.08%	96.62%	97.00%	97.28%	97.50%	97.68%	97.83%	97.96%	98.07%	98.16%	98.24%	98.32%	98.38%	98.44%	98.50%	98.55%	98.60%	98.64%
75%	84.76%	94.11%	95.78%	96.56%	97.04%	97.37%	97.61%	97.81%	97.96%	98.09%	98.20%	98.30%	98.38%	98.45%	98.52%	98.58%	98.63%	98.68%	98.72%	98.76%	98.80%
77%	86.55%	94.83%	96.31%	96.99%	97.41%	97.70%	97.91%	98.08%	98.22%	98.33%	98.43%	98.51%	98.58%	98.65%	98.70%	98.75%	98.80%	98.84%	98.88%	98.91%	98.95%
79%	88.17%	95.50%	96.78%	97.37%	97.74%	97.99%	98.18%	98.32%	98.44%	98.54%	98.62%	98.70%	98.76%	98.81%	98.86%	98.91%	98.95%	98.98%	99.02%	99.05%	99.08%
81%	89.63%	96.09%	97.20%	97.72%	98.03%	98.25%	98.41%	98.54%	98.64%	98.73%	98.80%	98.86%	98.92%	98.97%	99.01%	99.05%	99.08%	99.11%	99.14%	99.17%	99.19%
83%	90.93%	96.60%	97.57%	98.02%	98.29%	98.48%	98.62%	98.73%	98.82%	98.90%	98.96%	99.01%	99.06%	99.10%	99.14%	99.17%	99.20%	99.23%	99.25%	99.28%	99.30%
85%	92.10%	97.06%	97.90%	98.28%	98.52%	98.68%	98.81%	98.90%	98.98%	99.04%	99.10%	99.14%	99.18%	99.22%	99.25%	99.28%	99.30%	99.33%	99.35%	99.37%	99.39%
87%	93.14%	97.46%	98.18%	98.52%	98.72%	98.87%	98.97%	99.05%	99.12%	99.17%	99.22%	99.26%	99.29%	99.33%	99.35%	99.38%	99.40%	99.42%	99.44%	99.46%	99.47%
89%	94.06%	97.81%	98.44%	98.73%	98.90%	99.02%	99.11%	99.18%	99.24%	99.29%	99.33%	99.36%	99.39%	99.42%	99.44%	99.46%	99.48%	99.50%	99.52%	99.53%	99.54%
91%	94.87%	98.12%	98.66%	98.91%	99.06%	99.16%	99.24%	99.30%	99.35%	99.39%	99.42%	99.45%	99.48%	99.50%	99.52%	99.54%	99.55%	99.57%	99.58%	99.60%	99.61%
93%	95.58%	98.39%	98.85%	99.06%	99.19%	99.28%	99.35%	99.40%	99.44%	99.48%	99.50%	99.53%	99.55%	99.57%	99.60%	99.62%	99.63%	99.64%	99.64%	99.65%	99.65%
95%	96.21%	98.63%	99.02%	99.20%	99.31%	99.39%	99.44%	99.49%	99.52%	99.55%	99.58%	99.60%	99.62%	99.63%	99.65%	99.66%	99.67%	99.68%	99.69%	99.70%	99.71%
97%	96.76%	98.83%	99.17%	99.32%	99.41%	99.48%	99.53%	99.56%	99.59%	99.62%	99.64%	99.66%	99.67%	99.69%	99.70%	99.71%	99.72%	99.73%	99.74%	99.75%	99.75%
99%	97.23%	99.01%	99.29%	99.42%	99.50%	99.56%	99.60%	99.63%	99.65%	99.68%	99.69%	99.71%	99.72%	99.73%	99.74%	99.75%	99.76%	99.77%	99.78%	99.78%	99.79%
101%	97.65%	99.16%	99.40%	99.51%	99.58%	99.62%	99.66%	99.69%	99.71%	99.72%	99.74%	99.75%	99.76%	99.77%	99.78%	99.79%	99.80%	99.81%	99.81%	99.82%	99.82%

RESPUESTAS A LAS PREGUNTAS Y EJERCICIOS DEL FINAL DE LOS CAPÍTULOS

Capítulo 1

1. El riesgo es importante en la toma de decisiones por que proporciona un elemento agregado de visión en el proyecto que se está evaluando. Los proyectos con retornos más altos usualmente cargan consigo riesgos más altos, y negar el elemento del riesgo significa que quien toma las decisiones puede seleccionar innecesariamente el proyecto más riesgoso.

2. Se podría definir el concepto de "bang for the buck" como aquel que implica seleccionar el mejor proyecto o combinación de proyectos que produzcan los retornos más altos sujetos a la cantidad mínima de riesgo. Es decir, dado un conjunto de riesgo, ¿cuál es el mejor proyecto o combinación de proyectos que proporcionen los mejores retornos? De manera contraria, también responde qué es el nivel mínimo de riesgo, sujeto a un nivel pre-especificado de retorno. Este concepto es la frontera eficiente de Markowitz en la optimización de portafolio discutida más adelante en este libro.

3. Incertidumbre implica la ocurrencia de un evento en el cual no conocemos o estamos seguros que pueda ocurrir. Incertidumbre puede abarcar desde las fluctuaciones en los precios del mercado de valores hasta la ocurrencia de eclipses. En contraste, la incertidumbre que afecta los resultados de un proyecto o activo directa o indirectamente es denominado riesgo.

Capítulo 2

1. La frontera eficiente fue introducida por el ganador del premio Nobel, Harry Markowitz, y ésta captura el concepto de "*bang for the buck*" en donde los proyectos o activos son agrupados en portafolios. Después se calcula la combinación de proyectos o activos que proporcione los retornos más altos sujetos a los grados variantes del riesgo. La mejor combinación se representa gráficamente y se determina la frontera eficiente.

2. La estadística inferencial se refiere a la rama de la estadística que realiza análisis en muestras más pequeñas para inferir la verdadera naturaleza de la población. Los pasos tomados incluyen el diseño del experimento, la recolección de información, el análisis de la información, la estimación de las condiciones alternativas, las pruebas de la hipótesis, la prueba de la bondad de ajuste y la toma de decisiones basada en los resultados.

3. La desviación estándar mide la desviación promedio de cada punto de información con respecto a la media, lo que implica que tanto la desviación desde arriba como desde abajo se capturan con un cálculo de desviación estándar. En contraste, solo las desviaciones desde abajo se capturan en la medida de desviación semiestándar. La desviación semiestándar es apropiada para usarse como una medida para el riesgo solo si las ocurrencias bajas son consideradas como riesgosas.

4. Manteniendo todo lo demás constante, los proyectos con una asimetría negativa son preferidos ya que las probabilidades más altas de ocurrencias son pesadas más en los retornos más altos.

5. La respuesta depende del tipo de proyecto. Por ejemplo, para activos financieros tales como los valores, una curtosis más baja implica una menor probabilidad de ocurrencia en las áreas extremas o que las pérdidas catastróficas no son tan probables. Sin embargo, la desventaja es que también se disminuye la probabilidad de unas ganancias extremas.

6. El Valor en Riesgo (VaR) mide los resultados del peor de los casos por un periodo particular con respecto a una probabilidad dada. Por ejemplo, el peor de los casos de 5% de probabilidad VaR de un proyecto particular es $1 millón por una vida económica de 10 años con una confianza estadística del 90%. Compare esto con el peor de los casos, en donde en la mayoría de los casos son estimaciones de un solo punto, por ejemplo, el peor de los casos para el proyecto es de una pérdida de $10,000. Los peores casos pueden ser agregados a los resultados probabilísticos como en la aproximación VaR, pero suelen ser estimaciones de un solo punto.

Capítulo 4

1. La simulación paramétrica es una aproximación que requiere que se asignen parámetros de distribución antes de que pueda empezar. Por ejemplo, una simulación Monte Carlo de 1,000 pruebas utilizando un supuesto de entreda de una distribución normal con un promedio de 10 y una desviación estándar de 2 es una simulación paramétrica. En contraste, las simulaciones no-paramétricas usa la información histórica o comparable para ejecutar la simulación, en donde los supuestos de distribución específicos (tamaño y forma de la distribución, tipo de distribución y sus entradas relacionadas tales como el promedio o la desviación estándar, etc.) no son requeridas. La simulación no-paramétrica es usada cuando la información "se deja sola para contar la historia".

2. El término "estocástico" significa lo opuesto a "determinista". Las variables estocásticas se caracterizan por su aleatoriedad, por ejemplo, el movimiento del precio de las acciones es un determinado tiempo. Un proceso estocástico es una relación matemática que captura esta característica aleatoria en un determinado tiempo. El proceso estocástico más común es el proceso de caminata aleatoria Movimiento Browniano usado para simular los precios de las acciones.

3. La función *ALEATORIO()* de Excel crea un número al azar para la distribución uniforme entre 0 y 1. Oprimiendo la tecla F9 repetidamente se generarán números al azar adicionales para la misma distribución.

4. La función *INV.NORM.ESTAND()* de Excel calcula la inversa de la distribución normal estándar acumulada con una media de cero y una desviación estándar de uno.

5. Cuando se usa en conjunto, la función *INV.NORM.ESTAND (ALEATORIO())* simula una variable aleatoria a partir de una distribución normal estándar.

Capítulo 5

1. Empezar un nuevo perfil es como empezar un archivo nuevo en Excel, pero un perfil es parte del archivo de Excel y contiene toda la información de los parámetros de la simulación; es decir, usted puede realizar análisis de escenarios en la simulación al crear varios perfiles similares y cambiar los supuestos de distribución y parámetros de cada uno para ver las diferencias resultantes.

2. El coeficiente de correlación de producto-momento de Pearson es una correlación paramétrica lineal, en donde se asume que las dos variables que se están correlacionando son linealmente relacionadas y la hipótesis subyacente es que la distribución de la correlación es normal. La correlación basada en rangos de Spearman es una correlación no-paramétrica que puede contar por las no-linealidad entre las variables, por lo tanto, es más robusta y adaptada para el uso en simulaciones en donde diferentes distribuciones pueden correlacionarse debido a sus propiedades no paramétricas que no se confían de la hipótesis normal.

3. Se requieren más intentos de simulación para obtener un nivel de error más bajo, un nivel de precisión más alto y un intervalo de confianza más estrecho.

4. El error y la precisión están relacionados, pero al mismo tiempo no son la misma cosa. El error se relaciona con qué tan lejos está un valor particular, es decir, su intervalo de pronóstico. Por ejemplo, la media es 10 con un error de 1, lo que significa que el intervalo de pronóstico está entre 9 y 11. Sin embargo, la precisión indica el nivel de confianza de este intervalo de pronóstico. Por ejemplo, este error tiene un 90% de precisión, lo que significa que 90% del tiempo, el error estará entre 9 y 11.

5. Si. Incluso usando reglas duras de pulgar como ±0.25 (correlación baja), ±0.50 (correlación moderada) y ±0.75 (correlación fuerte), cuando de hecho hay correlaciones entre las variables, aunque sus valores exactos sean desconocidos, proveerá mejores estimaciones que no aplicar estas correlaciones.

Capítulo 6

1. El gráfico de tornado y de araña se usan para obtener las sensibilidades estáticas de una variable al perturbar cada una de las variables precedentes una a la vez en un rango pre-especifico. Se aplican normalmente antes de que se ejecute la simulación y no se requieren de supuestos de simulación en el análisis. En contraste, el análisis de sensibilidad se aplica después de que se ejecutó la simulación y requiere de las hipótesis y de los pronósticos. Las hipótesis se aplican en un ambiente dinámico (con correlaciones y truncamientos relevantes) y las sensibilidades del pronóstico de cada uno de los supuestos son después calculadas.

2. Algunas de las distribuciones están relacionadas de una forma muy cercana las unas de las otras (por ejemplo, las distribuciones de Poisson y las binomiales se distribuyen normalmente cuando sus tasas y números de intentos aumentan) y no sería una sorpresa que alguna otra distribución sea un ajuste mejor. Además, las distribuciones como la beta son muy flexibles y pueden asumir múltiples formas y por lo tanto pueden ser usadas para ajustar varias distribuciones y conjuntos de información.

3. Una prueba de hipótesis se usa para probar si cierto valor o parámetro es similar o diferente de otro valor de hipótesis—por ejemplo, si dos medias de dos distribuciones diferentes son estadísticamente similares o diferentes.

4. La simulación *bootstrap* es usada para obtener un intervalo de confianza de las estadísticas del pronóstico para que pueda ser usado ydeterminar la precisión y el nivel de error de un estadístico.

5. El cuadrado del coeficiente de correlación no lineal de rangos es una aproximación del porcentaje de variación en un análisis de sensibilidad.

Capítulo 8

1. Los pronósticos de series de tiempo pueden ser usados para incorporar tendencias lineales y estacionalidades en los pronósticos, mientras la extrapolación no-lineal solo puede incorporar una tendencia no-lineal en su pronóstico. La anterior no puede incluir una tendencia no-lineal, mientras la posterior no puede tener un componente de estacionalidad en sus pronósticos.

2. Todos los métodos de pronóstico requieren información excepto los pronósticos del proceso estocástico, los cuales no requieren ninguna información histórica ni comparable, aunque la existencia de información puede ser aprovechada al ser usada para computar la tasa de crecimiento relevante, la volatilidad, la tasa de reversión, la tasa de salto, etc., generando los procesos estocásticos.

3. Un método de encuestas Delphi puede ser aplicado y los resultados de la encuesta pueden ser usados para generar una distribución personalizada. La simulación puede, por lo tanto, ser aplicada en esta distribución personalizada.

1. Esta declaración es cierta. La estacionalidad es fácil de pronosticar (en la mayoría de los casos), pero las fluctuaciones cíclicas son más difíciles, si no imposible, de predecir. Ejemplos de los efectos de la estacionalidad incluyen el nivel de ventas de tiquetes de esquí (altos durante invierno y bajos durante verano, son fáciles de pronosticar año tras año) contra los efectos de las fluctuaciones cíclicas como los ciclos de negocio o del precio de las acciones (extremadamente difíciles de pronosticar como el tiempo, la frecuencia y la magnitud de las alzas y las caídas).

Capítulo 9

1. Usando el Pasado para Predecir el Futuro

    a. Análisis de series de tiempo: La aplicación de la metodología de pronósticos en la información que depende en el tiempo.

    b. Mínimos cuadrados ordinarios: Un tipo de análisis de regresión que minimiza la suma del cuadrado de los errores.

    c. Análisis de regresión: La estimación de la línea que mejor se ajusta a través de una serie de información histórica usada para pronosticar una relación estadística o para pronosticar el futuro basándose en esta relación.

    d. Heteroscedasticidad: La varianza de los errores de un análisis de regresión es inestable con el tiempo.

    e. Auto-correlación: La información histórica de una variable depende de o está correlacionada de sí misma con el tiempo

    f. Multicolinealidad: Las variables independientes están altamente correlacionadas o existe una relación lineal exacta entre las variables independientes.

    g. ARIMA: Promedio Movible Auto-regresivo Integrado—un tipo de metodología de pronóstico.

2. El R-cuadrado o coeficiente de determinación se usa en las regresiones bivariadas, mientras que el R-cuadrado ajustado es usado en las regresiones multi-variantes. Este último penaliza el uso excesivo de variables independientes a través de un grado de corrección de libertad, haciendo que sea una medida más conservadora utilizada en las regresiones multi-variantes.

3. Heteroscedasticidad, Auto-correlación y Multicolinealidad.

    a. Heteroscedasticidad: En el evento de heteroscedasticidad, el R-cuadrado estimado es un poco bajo y la ecuación de regresión es insuficiente e incompleta, conllevando a grandes errores de estimación.

    b. Autocorrelación: Si la autocorrelación de la variable dependiente existe, las estimaciones de la pendiente y el intercepto serán imparciales, pero las estimaciones de sus varianzas no serán confiables y por lo tanto la validez de ciertas pruebas de "buen-ajuste" fallarán.

    c. Multicolinealidad: En una multicolinealidad perfecta, la ecuación de regresión no puede ser estimada de ninguna manera. En una multicolinealidad casi perfecta, la ecuación de regresión estimada será ineficiente e imprecisa. El R-cuadrado correspondiente se verá inflado y los estadísticos-t se verán más pequeños de lo que de verdad son.

5. Las variables independientes no-lineales pueden transformarse en variables lineales tomando el logaritmo, el cuadrado, la raíz cuadrada, o las combinaciones multiplicativas de las variables independientes. Una nueva regresión se ejecuta después basándose en estas variables transformadas.

Capítulo 10

1. La "optimización determinista" significa que las variables de entrada son valores deterministas de un solo punto, mientras que "optimización bajo incertidumbre" significa que las variables de entrada son inciertas y simuladas mientras el proceso de optimización está ocurriendo.

2. Objetivo, Restricción y Variables de Decisión.

    a. Objetivo: Un objetivo es que el valor de salida del pronóstico sea maximizado o minimizado en una optimización

    b. Restricción: Una limitación en una restricción que se observa es una optimización

    c. Variables de Decisión: Las variables que pueden ser cambiadas basándose en las decisiones de la gestión para que se logre el objetivo. Estas variables son usualmente sujetas a las limitaciones que tiene el modelo.

3. Algunos de los problemas que surgen de la aproximación de la programación lineal gráfica incluyen limitaciones no-lineales, soluciones sin límites, ninguna solución factible, múltiples soluciones y muchas limitaciones. Estos problemas no se pueden solucionar fácilmente de una forma gráfica.

4. La aproximación gráfica es fácil de implementar, pero puede ser muy tediosa si existen muchas restricciones o limitaciones no-lineales. La optimización también se puede resolver matemáticamente al tomar la primera y segunda derivada, pero es más difícil de hacer. El add-in Excel Solver puede ser usado para buscar sistemáticamente a través de una serie de combinaciones de entrada para hallar la solución óptima, pero los resultados pueden ser mínimos locales o máximos locales, proporcionando así las respuestas incorrectas. El Simulador de Riesgo también puede ser usado para resolver un problema de optimización bajo incertidumbre donde las hipótesis de entrada son desconocidas y simuladas.

SW

DESCARGA E INSTALACIÓN DEL SOFTWARE

Como las versiones actuales del software se actualizan todo el tiempo, le recomendamos que visite Real Options Valuation, Inc., en el sitio web y siga las siguientes instrucciones para instalar las últimas aplicaciones de software.

- Paso 1: Visite la página www.realoptionsvaluation.com y haga clic en Descargas y Descargar el Software (Figura A). Se le pedirá que inicie sesión. Por favor primero regístrese si usted es un usuario por primera vez (Figura B) y un sistema automatizado de correo electrónico le será enviado dentro de unos minutos. (Si usted no recibe un correo electrónico de registro después de registrarse, por favor envíe una nota support@realoptionsvaluation.com.). Mientras se espera el correo electrónico automatizado, navegue por esta página y vea los vídeos gratuitos para empezar, estudios de casos y modelos de ejemplo que se pueden descargar.

- Paso 2: Vuelva a este sitio e inicie sesión usando las credenciales de acceso que ha recibido por correo electrónico. Descargue e instale las últimas versiones del Simulador de Riesgo y Real Options SLS en esta página Web. Los enlaces de descarga, instrucciones de instalación y la información de identificación de hardware también se presentan en esta página (Figura C).

Figura A: Paso 1 – Descarga desde la página WEB

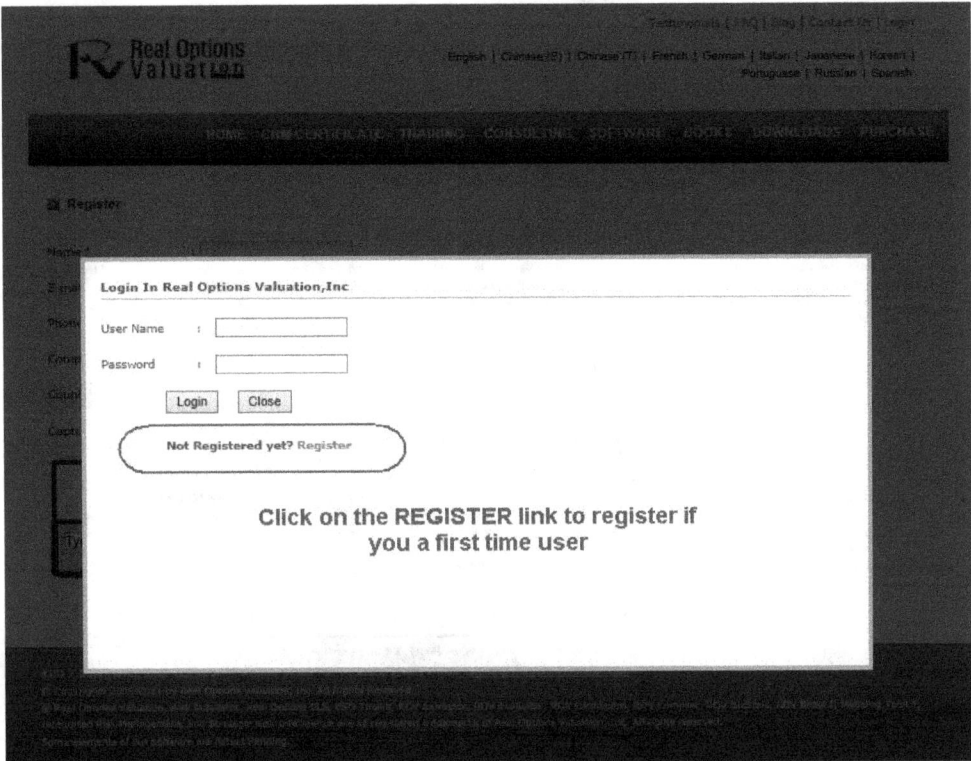

Figura B: Registro en caso de ser la primera vez que visita el sitio WEB

Real Options
Valuation

DOWNLOAD CENTER

You can also visit our mirror download site if you have problems downloading from this page

Welcome to Real Options Valuation, Inc.'s download center. Here you will be able to download trial versions of our software, full versions of the software you have purchased (license information required to install these full versions), product brochures, case studies and white papers, and sample training videos to help you get started in using our software, as well as sample Excel models to use with Risk Simulator and Real Options Super Lattice Solver software.

DOWNLOAD SOFTWARE

GETTING STARTED AND MODELING VIDEOS

PRODUCT BROCHURES

SAMPLE MODELS

WHITEPAPERS AND CASE STUDIES

SOFTWARE DOWNLOADS

Risk Simulator

SOFTWARE DOWNLOADS SOFTWARE DOWNLOAD: RISK SIMULATOR 2014
(ENGLISH, FRENCH, GERMAN, ITALIAN, JAPANESE, KOREAN, PORTUGUESE, SIMPLIFIED CHINESE, TRADITIONAL CHINESE, SPANISH, RUSSIAN)

FULL & TRIAL VERSION DOWNLOAD:

Download Risk Simulator 2014 [WIN x32/x64 and Excel x32 most common edition]
Download Risk Simulator 2014 [WIN x32/x64 and Excel x32 most common edition] (mirror site)

Download Risk Simulator 2014 [WIN x64 and Excel x64 special edition]
Download Risk Simulator 2014 [WIN x64 and Excel x64 special edition] (mirror site)

This is a full version of the software but will expire in 15 days, during which time you can purchase a license to permanently unlock the software. Please first **uninstall all previous versions** of Risk Simulator before installing this newer version.

To permanently unlock the software, purchase a license and e-mail us your Hardware ID (after installing the software, start **Excel**, click on **Risk Simulator, License,** and e-mail admin@realoptionsvaluation.com the 16 to 20 digit **Hardware ID** located on the bottom left of the splash screen). We will then e-mail you a permanent license file. **Save** this file to your hard drive, start **Excel**, click on **Risk Simulator, License, Install License** and point to the location of this license file, restart Excel and you are now permanently licensed. Installing the license only takes a few seconds.

System requirements, FAQ, and additional resources:

- Windows XP, Vista (32 and 64 bit), Windows 7 (32 and 64 bit), or Windows 8 (32 and 64 bit)
- Microsoft Excel XP, 2003, 2007, 2010, or 2013
- 1GB RAM Minimum (2 GB minimum recommended)
- 350 MB Hard Drive
- Administrative Rights to install software
- Microsoft .NET Framework 2.0, 3.0, 3.5 or later
- MAC OS users will require either Virtual Machine or Parallels running Microsoft Excel

Figura C: Descargar los enlaces y las instrucciones del Hardware ID

ÍNDICE

muestra, xxviii, xxix, xxxii, 40, 41, 43, 45, 46, 47, 48, 49, 52, 60, 62, 64, 65, 67, 68, 69, 70, 71, 89, 91, 94, 95, 102, 103, 117, 118, 119, 120, 123, 125, 129, 130, 131, 132, 133, 136, 137, 139, 140, 147, 149, 151, 154, 155, 156, 173, 174, 180, 189, 190, 194, 196, 201, 205, 206, 209, 210, 211, 215, 217, 218, 219, 223, 224, 227, 229, 231, 233, 237, 238, 240, 242, 246, 247, 248, 249, 250, 253, 260, 262, 270, 271, 273, 275, 283, 284, 285, 286, 287, 288, 293, 294, 299, 312, 315, 316, 317, 319, 329, 330, 331, 332, 334, 335, 338, 346, 348, 360, 368, 370, 371, 372, 374, 380, 381, 382, 384, 385, 399, 411, 412, 416, 419, 432, 434, 435, 439, 443, 446, 451, 453, 458, 461, 463, 466, 467, 475, 478, 482, 485, 487, 488, 490, 493, 499, 502, 510, 511, 512, 514, 515, 516, 518, 519, 521, 522, 526, 528, 530, 532, 542, 554, 564, 565, 569, 570, 571, 573, 574, 577, 586, 590, 592, 594, 596, 602, 604, 605, 608, 609, 628, 629, 632, 633, 634, 635, 641

multicolinealidad, xxx, xxxii, 114, 244, 436, 510, 516, 522, 532, 533, 545, 546

múltiple, ix, 142, 244, 265, 301, 398, 426, 429, 435, 436, 437, 471, 477, 511, 532, 545, 627, 632, 633

multiplicativo, 160, 169, 173, 177, 431, 432, 481, 495, 500, 540, 638

Myron Scholes, 57

navegación, 79, 87

Nicholas Leeson, 57

nivel, 137, 476, 478, 494, 499, 590, 591, 592

no estacionario, 386, 426, 430, 517, 518

no lineal, ix, 114, 131, 132, 203, 211, 216, 217, 224, 249, 252, 253, 255, 256, 258, 412, 426, 429, 430, 436, 442, 443, 445, 461, 466, 469, 472, 476, 477, 481, 501, 515, 521, 522, 524, 525, 526, 527, 529, 530, 533, 540, 544, 554, 561, 563, 588, 626, 628, 629, 631, 632, 665

no linealidad, ix, 217, 253, 477, 501, 515, 521, 524, 529, 530, 540, 544, 631

no paramétrica, 103, 108, 112, 128, 211, 229, 230, 246, 248, 258, 294, 382, 425, 473, 530, 533, 586, 629, 632, 633, 634, 664

no paramétrico, xxix, 102, 115, 269, 525

objetivo, xx, xxix, xxx, 41, 50, 114, 193, 215, 309, 342, 357, 365, 366, 369, 487, 542, 549, 552, 553, 554, 561, 562, 563, 565, 569, 573, 574, 579, 585, 588, 598, 600, 603, 604, 608, 666

oligopsonio, 345

OPCAR, 419, 420, 421, 422

opción, xxvii, 51, 120, 123, 124, 141, 190, 191, 194, 206, 218, 219, 230, 236, 248, 252, 262, 265, 299, 327, 349, 358, 359, 362, 366, 399, 432, 433, 472, 476, 477, 565, 568, 569, 594

opción de barrera, 362

opciones financieras, ix, xi

opciones reales, i, iii, ix, x, xi, xv, xvi, xviii, xxx, xxxi, xxxiii, 38, 49, 51, 52, 66, 68, 69, 114, 309, 321, 345, 366, 367, 397, 588, 607, 641

óptima, ix, xxx, 41, 52, 332, 370, 521, 567, 570, 584, 605, 608, 666

optimización, viii, x, xxx, xxxi, xxxiii, 41, 42, 49, 52, 72, 74, 114, 144, 229, 251, 260, 268, 308, 309, 310, 319, 321, 345, 426, 427, 433, 447, 454, 459, 475, 479, 487, 549, 550, 551, 552, 553, 554, 560, 561, 562, 563, 564, 565, 567, 568, 569, 570, 571, 573, 574, 575, 576, 579, 580, 581, 584, 585, 588, 598, 599, 600, 602, 603, 604, 605, 607, 608, 609, 610, 612, 630, 639, 643, 666

optimización determinista, 554, 666

optimización estocástica, ix, 114, 309, 321, 554, 562, 565, 569, 570, 573, 574, 575, 576, 580, 584, 585, 599, 601, 603, 604, 608, 610

parámetro, 60, 77, 79, 81, 84, 93, 102, 114, 116, 119, 120, 127, 140, 141, 143, 144, 150, 152, 153, 154, 155, 156, 157, 158, 159, 160, 161, 162, 163, 164, 165, 166, 167, 168, 169, 170, 171, 172, 173, 174, 175, 176, 177, 196, 200, 201, 204, 205, 206, 217, 225, 227, 229, 230, 231, 236, 238, 240, 246, 247, 248, 262, 268, 271, 275, 277, 280, 281, 289, 290, 291, 301, 328, 330, 366, 369, 370, 386, 390, 391, 393, 394, 395, 405, 419, 420, 425, 432, 433, 439, 440, 441, 446, 456, 459, 460, 463, 471, 479, 485, 487, 490, 492, 495, 497, 532, 533, 571, 574, 579, 590, 591, 592, 593, 594, 599, 604, 608, 610, 612, 629, 630, 631, 638, 639, 663, 664

Pareto, xxxiii, 250, 378, 390, 393, 394, 627

Patrick Haggerty, 308, 361

PDF, xxxiii, 124, 141, 151, 158, 160, 191, 236, 237, 238, 270, 271, 273, 274, 275, 277, 278, 279, 280, 283, 291

Pearson, 128, 132, 133, 148, 170, 171, 203, 210, 211, 258, 533, 628, 664

PEAT, viii, x, xxxii, xxxiii, 399, 400, 403, 407, 410

peor de los casos, xxxii, 74, 172, 199, 328, 354, 370, 384, 398, 418

pérdida dado el incumplimiento, 399

perfil, 58, 116, 117, 118, 119, 145, 188, 190, 194, 197, 198, 204, 230, 248, 262, 265, 267, 268, 269, 291, 329, 397, 401, 432, 433, 473, 479, 510, 561, 565, 569, 574, 579, 584, 585, 592, 603, 607, 612, 664

periodicidad, 400, 454, 481, 494, 499

periodo de permanencia, 73, 376

personalizar, 97, 236, 354, 439

PMF, 151, 236, 271

población, 60, 65, 67, 70, 131, 132, 135, 136, 154, 155, 167, 170, 173, 227, 229, 233, 234, 235, 243, 247, 248, 286, 287, 294, 297, 334, 349, 351, 352, 353, 355, 429, 453, 467, 477,

497, 499, 503, 506, 508, 509, 510, 514, 516, 519, 522, 526, 528, 529, 531, 532, 533, 541, 543, 545, 546, 554, 561, 564, 565, 568, 571, 573, 574, 576, 579, 582, 583, 586, 589, 590, 593, 600, 602, 607, 612, 626, 627, 628, 630, 631, 633, 634, 636, 637, 639, 640, 641, 642, 643, 664, 666

valor en riesgo, ix, xxxii, 66, 67, 73, 75, 76, 376, 402, 576, 588, 599

valor extremo, xxix, 164, 378, 382, 385, 391

valor presente neto, 50, 51, 65, 67, 310, 329, 408, 568, 607, 642

valores atípicos, 103, 490, 518, 528, 530, 627

valores-p, 263, 268, 284, 437, 511, 530, 533

valor-p, 227, 230, 244, 248, 263, 267, 268, 284, 286, 382, 418, 436, 437, 446, 480, 508, 533, 643

valuación, 167

VaR, 66, 73, 74, 75, 376, 377, 384, 385, 386, 400, 403, 404, 405, 406, 414, 418, 576, 599

variable, 43, 44, 45, 50, 51, 58, 60, 61, 72, 74, 84, 120, 127, 131, 133, 136, 140, 141, 142, 143, 150, 151, 159, 164, 166, 167, 168, 169, 170, 174, 190, 195, 199, 208, 215, 218, 219, 222, 225, 226, 228, 229, 230, 240, 248, 249, 251, 252, 256, 260, 262, 265, 267, 281, 291, 301, 303, 315, 354, 364, 390, 391, 426, 427, 429, 431, 432, 434, 436, 437, 440, 445, 449, 451, 455, 456, 458, 459, 460, 461, 464, 471, 472, 473, 474, 476, 477, 481, 487, 501, 503, 504, 506, 507, 509, 510, 511, 512, 514, 516, 517, 519, 521, 522, 524, 525, 526, 527, 528, 529, 530, 531, 532, 533, 534, 541, 542, 544, 545, 546, 550, 552, 554, 562, 563, 564, 565, 573, 574, 576, 579, 585, 590, 592, 593, 602, 603, 604, 607, 608, 612, 626, 629, 630, 631, 632, 634, 635, 636, 641, 643, 663, 664, 665

variable dependiente, 133, 143, 301, 427, 429, 434, 436, 445, 449, 451, 455, 458, 460, 471, 472, 474, 476, 477, 501, 503, 506, 509, 510, 517, 519, 521, 524, 525, 526, 527, 530, 542, 544, 546, 629, 630, 631, 632, 634, 636

variable independiente, 133, 229, 248, 434, 472, 501, 503, 506, 507, 509, 510, 511, 517, 519, 521, 524, 526, 527, 528, 529, 533, 542, 544, 546, 643

variables de decisión, xxx, 114, 145, 206, 315, 316, 487, 549, 550, 552, 553, 554, 560, 561, 562, 563, 564, 565, 568, 569, 571, 573, 574, 575, 576, 578, 579, 585, 588, 596, 597, 601, 602, 603, 604, 607, 608, 610, 612, 643, 666

varianza, 61, 62, 65, 67, 68, 70, 160, 231, 235, 244, 297, 319, 391, 393, 436, 455, 456, 510, 519, 523, 524, 525, 526, 527, 528, 545, 553, 576, 631, 635, 641, 665

VBA, xxviii, 79, 80, 85, 87, 88, 90, 91, 94, 95, 122, 142, 180, 194, 236

ventas, iv, xvi, xxvii, xxxi, 43, 44, 81, 87, 95, 102, 112, 155, 156, 174, 243, 258, 274, 275, 311, 312, 317, 331, 332, 415, 426, 430, 434, 481, 501, 503, 510, 511, 515, 517, 521, 529, 530, 631, 637, 639, 665

vinculación, 362, 587, 589, 600, 608

volatilidad, 39, 47, 48, 51, 61, 66, 67, 68, 70, 114, 141, 240, 317, 365, 366, 379, 380, 382, 384, 403, 404, 405, 412, 427, 439, 440, 454, 455, 456, 531, 563, 573, 586, 588, 592, 600, 637, 639, 641, 665

volatilidad periódica, 69, 455, 586

VPN, 218, 219, 223, 251, 260, 310, 329, 333, 334, 335, 336, 568, 607, 609, 642

WACC, 310, 328, 333, 641

OTROS TÍTULOS DE SU INTERÉS POR DR. JOHNATHAN MUN

Ver: www.amazon.com/author/johnathanmun

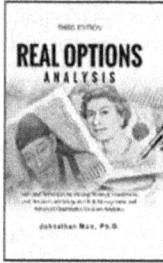

Real Options Analysis: Tools and Techniques for Valuing Strategic Investments & Decisions, 3rd Edition
680 Pages (2016)
ROV Press

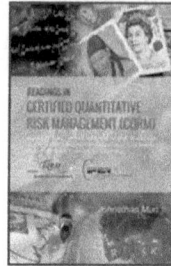

Certified Quantitative Risk Management (CQRM): Readings
736 Pages (2015)
IIPER Press

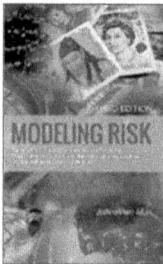

Modeling Risk: Applying Monte Carlo Risk Simulation, Strategic Real Options Analysis, Stochastic Forecasting, and Portfolio Optimization, 3rd Edition
1112 Pages (2015)
ISBN: 978-0470592212
Thomson–Shore

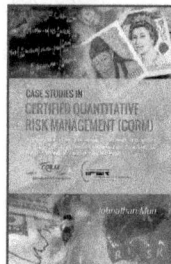

Certified Quantitative Risk Management (CQRM): Case Studies
352 Pages (2015)
IIPER Press

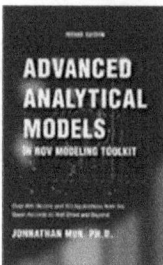

Advanced Analytical Models in ROV Modeling Toolkit: Over 800 Models and 300 Applications from the Basel Accords to Wall Street and Beyond
760 Pages (2016)
ROV Press

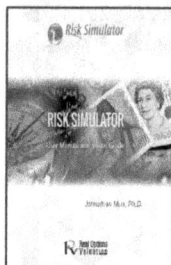

Risk Simulator Guide
216 Pages (2015)
ISBN: 978-1515273639
ROV Press

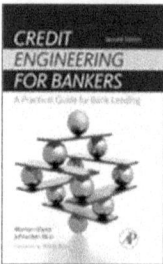

Credit Engineering for Bankers
(with Morton Glantz)
529 Pages (2010)
ISBN: 978-0123785855
Elsevier Academic Press

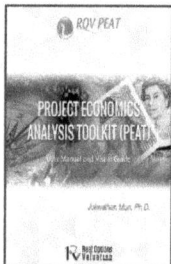

PEAT: Project Economics Analysis Tool
348 Pages (2015)
ISBN: 978-1515273530
ROV Press

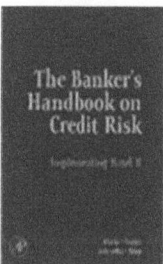

The Banker's Handbook on Credit Risk
(with Morton Glantz)
420 Pages (2008)
ISBN: 978-0123736666
Elsevier Science

Real Options SLS Guide
152 Pages (2015)
ISBN: 978-1515273677
ROV Press

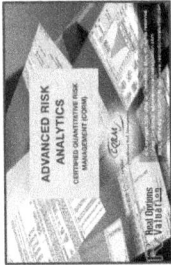

CQRM Training
250 Pages (2015)
ISBN: Restricted
ROV Press

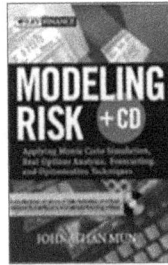

Modeling Risk:
Applying Monte Carlo
Simulation, Real
Options Analysis,
Stochastic Forecasting,
and Optimization
610 Pages (2006)
ISBN: 0-471-78900-3
Wiley Finance

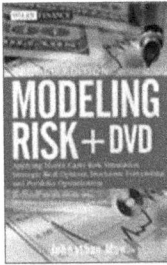

Modeling Risk:
Applying Monte Carlo
Risk Simulation,
Strategic Real Options,
Stochastic Forecasting,
Portfolio Optimization,
2nd Ed.
1112 Pages (2005)
ISBN: 978-1943290000
Wiley Finance

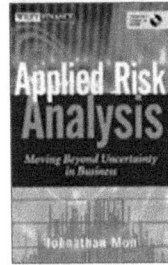

Applied Risk Analysis:
Moving Beyond
Uncertainty
460 Pages (2003)
ISBN: 0-471-47885-7
Wiley Finance

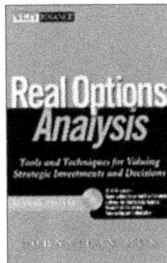

Real Options Analysis:
Tools and Techniques
for Valuing Strategic
Investments &
Decisions, 2nd Edition
670 Pages (2005)
ISBN: 978-0471747483
Wiley Finance

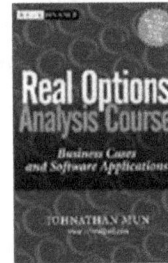

Real Options Analysis
Course: Business Cases
and Software
Applications
360 Pages (2003)
ISBN: 0-471-43001-3
Wiley Finance

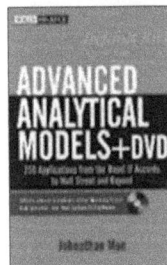

Advanced Analytical
Models: Over 800
Models and 300
Applications from the
Basel Accords to Wall
Street and Beyond
1002 Pages (2008)
ISBN: 978-0470179215
Wiley Finance

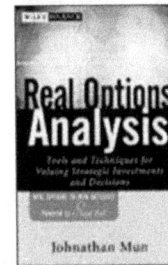

Real Options Analysis:
Tools and Techniques
for Valuing Strategic
Investments &
Decisions
416 Pages (2002)
ISBN: 0-471-25696-X
Wiley Finance

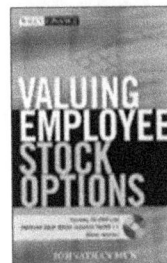

Valuing Employee
Stock Options: Under
2004
FAS 123
320 Pages (2004)
ISBN: 0-471-70512-8
Wiley Finance

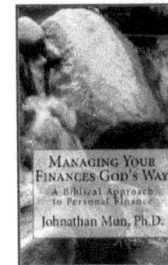

Managing Your
Finances God's Way
128 Pages (2015)
ISBN: 978-1515212362
ROV Press

www.ingramcontent.com/pod-product-compliance
Lightning Source LLC
Chambersburg PA
CBHW071940220326
41599CB00031BA/5776